U0856196

山东统计年鉴

SHANDONG STATISTICAL YEARBOOK

2014

(总第 26 期 No．26)

山　东　省　统　计　局
国家统计局山东调查总队
编

Compiled by

Shandong Provincial Bureau of Statistics

Survey Office of the National Bureau of Statistics in Shandong

图书在版编目(CIP)数据

山东统计年鉴. 2014 : 汉英对照 / 山东省统计局,国家统计局山东调查总队编.
-- 北京 : 中国统计出版社,2014.8
ISBN 978-7-5037-7200-9

Ⅰ. ①山… Ⅱ. ①山… ②国… Ⅲ. ①统计资料－山东省－2014－年鉴－汉、英
Ⅳ. ①C832.52-54

中国版本图书馆 CIP 数据核字(2014)第 182562 号

山东统计年鉴-2014

作　　者/ 山东省统计局　国家统计局山东调查总队
责任编辑/ 佘竞雄　王立群　曹亮
装帧设计/ 孙嘉怡
出版发行/ 中国统计出版社
地　　址/ 北京市丰台区西三环南路甲 6 号　邮政编码/ 100073
电　　话/ 邮购（010）63376909　书店（010）68783171
网　　址/ http://csp.stats.gov.cn
印　　刷/ 山东省统计局印务中心　山东新华印刷厂
经　　销/ 新华书店
开　　本/ 890mm×1240mm　1/16
字　　数/ 1900 千字
印　　张/ 52
版　　别/ 2014 年 8 月第 1 版
版　　次/ 2014 年 8 月第 1 次印刷
定　　价/ 460.00 元

本书附同版本 CD-ROM 一张，光盘内容以书面文字为准。
如有印装差错，由本社发行部调换。

《山东统计年鉴－2014》
编辑委员会

Shandong Statistical Yearbook – 2014

EDITORIAL BOARD AND STAFF

编辑说明

一、《山东统计年鉴》是一部全面反映山东省国民经济和社会发展情况的资料性年刊，是认识和研究山东省情、制定政策、指导国民经济发展的重要资料和历史性工具书。

二、《山东统计年鉴—2014》共包括特载、统计表和附录三大部分。特载部分包括政府工作报告、统计公报和统计工作综述，综合反映全省经济社会发展概况和山东省统计工作情况。

统计表部分收录了 2013 年度山东省国民经济和社会发展方面的统计数据，共有二十一篇：第一篇，综合；第二篇，国民经济核算；第三篇，人口；第四篇，就业人员、劳动报酬和社会保障；第五篇，固定资产投资；第六篇，对外经济、旅游和开发区；第七篇，能源；第八篇，财政和金融；第九篇，价格指数；第十篇，居民生活；第十一篇，城市建设；第十二篇，资源和环境；第十三篇，农业；第十四篇，工业；第十五篇，建筑业；第十六篇，运输和邮电；第十七篇，批发和零售、住宿和餐饮业；第十八篇，教育和科技；第十九篇，文化、体育和卫生；第二十篇，公共管理和社会服务；第二十一篇，各县（市、区）主要经济指标。

各篇章插页后附有简要说明，概括介绍各篇主要内容和资料来源；各篇章最后附有主要统计指标解释，简要介绍指标的概念、统计方法、统计口径和统计范围。

附录部分包括全国各省（市、自治区）主要经济指标、部分国际统计资料和山东省统计局工作大事记等。

三、本《年鉴》所列各项指标，《政府工作报告》和《统计公报》使用的数字为快报数或初步统计数；其他各部分为正式年报数据。凡与本《年鉴》数字不符的一律以本《年鉴》为准。

四、本《年鉴》的编辑，已根据现行国家统计制度，对统计指标概念、口径、范围、计算方法、计算价格等，作了统一调整，并分别在各部分的主要指标解释或表末加以注释；各表中价值量指标，凡未加说明的，均按当年价格计算。部分数据合计数或相对数由于单位取舍不同而产生的计算误差均未作机械调整。

五、《山东统计年鉴》公开出版以来，受到了广大读者的关心与支持，对此深表谢意。本《年鉴》编辑中难免存在不足之处，恳请广大读者提出宝贵意见，以便改进、提高。

PREFACE

I. *Shandong Statistical Yearbook* is an annual publication, which covers very comprehensive data and reflects various aspects of Shandong's social and economic development. It can also work as an important and historical reference book which will play a great role in comprehending and studying the basic conditions of Shandong, making policies, and guiding the development of society and economy.

II. The yearbook contains the following three parts: part one feature, part two statistics and part three appendixes. Feature mainly includes Government Work Report, Shandong Statistics Communiqué and Summary of Shandong Statistical Undertaking, comprehensively reflecting the development of society and economy and showing the achievements in statistics of Shandong Province.

Part 2 contains the following twenty-one chapters, 1. General Survey; 2. National Accounts; 3. Population; 4. Employment, Wages and Social Securities ; 5. Investment in Fixed Assets; 6. Foreign Trade, Tourism and Development Zone; 7. Energy; 8. Government Finance and Banking; 9. Price Indices; 10. People's Livelihood; 11. City Construction; 12. Natural Resources and Environment; 13. Agriculture; 14. Industry; 15. Construction; 16. Transport, Postal and Telecommunication Services; 17. Wholesale, Retail, Hotels and Catering Services; 18. Education, Science and Technology; 19. Culture,Sports and Health; 20.Public Management and Social Services;21. Main Indicators of Counties (Cities and Districts at County Level).

In brief introduction at the beginning of each chapter, main coverage of this chapter, data sources and statistical coverage are concerned. In addition, explanatory notes on main statistical indicators are provided at the end of each chapter, giving a brief explanation of statistical indicators, such as definition, statistical methods, statistical coverage and statistical scope.

Appendix contains the main economic indicators of some other provinces (municipality), international statistics and Events of Shandong Provincial Bureau of Statistics.

III. Data used in Government Work Report and Shandong Statistics Communiqué are preliminary statistics. data in other chapters is official annual data. Data in Shandong Statistical Yearbook are all verified and should be based on this standard.

IV. In *Shandong Statistical Yearbook*, statistical definitions, statistical coverage, statistical methods and prices are adjusted according to the current state statistical standards, and all changes have been noted at the end of the table or in the explanatory notes. Data in value terms are calculated at current prices if there are no notes. Statistical discrepancies on totals and relative figures due to rounding are not adjusted.

V. After this yearbook was published, it has received lots of concerns and support from readers whom we should thank. Because of our ability, it is inevitable that there are shortcomings in this book, so we welcome all candid comments and criticism from our readers to perfect this book and to offer readers better service.

目录

Contents

特　　载
ESPECIALLY PRINTED HERE ARE

统 计 表
STATISTICAL TABLE

第一篇　综　　合
CHAPTER 1 General Survey

第二篇 国民经济核算
CHAPTER 2 National Accounts

第三篇 人 口
CHAPTER 3 Population

第四篇 就业人员、劳动报酬和社会保障
CHAPTER 4 Employment , Wages and Social Securities

第五篇 固定资产投资

CHAPTER 5 Investment in Fixed Assets

第六篇 对外经济、旅游和开发区

CHAPTER 6 Foreign Trade, Tourism and Development Zone

第七篇 能 源
CHAPTER 7 Energy

第八篇 财政和金融
CHAPTER 8 Government Finance and Banking

第九篇 价格指数

CHAPTER 9 Price Indices

第十篇 居民生活

CHAPTER 10 People’s Livelihood

第十一篇 城市建设
CHAPTER 11 City Construction

第十二篇 资源和环境

CHARPTER 12 Natural Resources and Environment

第十三篇 农 业
CHAPTER 13 Agriculture

第十四篇 工 业

CHAPTER 14 Industry

第十五篇　建筑业
CHAPTER 15 Construction

第十六篇　运输和邮电
CHAPTER 16 Transport, Post and Telecommunication Services

第十七篇　批发和零售、住宿和餐饮业
CHAPTER 17 Wholesale, Retail, Hotels and Catering Services

第十八篇 教育和科技

CHAPTER 18 Education, Science and Technology

第十九篇　文化、体育和卫生
CHAPTER 19 Culture, Sports and Health

第二十篇 公共管理和社会服务

CHAPTER 20 Public Management and Social Services

政府工作报告

——2014年1月17日在山东省第十二届人民代表大会第三次会议上

山东省省长　郭树清

各位代表：

现在，我代表省人民政府向大会报告工作，请予审议，并请省政协各位委员提出意见。

一、关于2013年工作回顾

过去一年，在中共山东省委的领导下，我们认真贯彻党中央、国务院的各项决策部署，带领全省人民开拓创新、埋头苦干，圆满完成省十二届人大一次会议确定的年度任务，实现了本届政府的良好开局。

经济保持稳定快速增长。全省生产总值预计达到5.5万亿元，增长9.6%左右。粮食总产实现“十一连增”，达到905.6亿斤。固定资产投资增长19.6%，社会消费品零售总额增长13.4%，居民消费价格上涨2.2%。结构调整见到新的成效，服务业增加值比重预计提高1.2个百分点，规模以上工业增加值增长11.3%，高新技术产业比重上升到30.2%。发展质量有新的提高，公共财政收入4560亿元，增长12.3%；税收收入占比提高2.4个百分点，达到77.5%。规模以上工业企业主营业务收入、利税预计分别增长12.2%、10.8%。

地区协调发展取得新的突破。蓝黄两区科技创新、特色产业培育、未利用地开发成效明显。制定省会城市群经济圈和西部经济隆起带发展规划，基础设施建设、人才引进培训、投资环境改善都迈出实质性步伐。修订全省交通发展专项规划，把贯通全省的铁路、公路项目和西部机场列入优先位置。新开工济宁至鱼台等6条高速公路，德大等12个铁路项目进展顺利。制定了与农民工相关的工资、社保、教育、医疗、就业、户籍、住房保障等一系列政策措施，促进同工同酬和基本公共服务均等化。预计全省城镇化率达到53.7%。示范镇新增100个，农村新型社区新增600个。

重点领域改革进一步深化。省政府分三次取消和下放审批事项230项，投资核准事项减少40%，行政事业性收费由87项缩减为25项。改革工商登记制度，新增市场主体69万户，增长22%。全省开展了农村土地确权登记颁证试点，农民合作社、家庭农场快速发展。在资本市场引领下，各类企业规范改制步伐加快。进一步理顺了省以下财税关系，“营改增”试点工作稳步推进。地方金融机构改革和民间金融阳光化进程加快，启动建立地方金融监管体系，市场融资渠道进一步拓宽。民间资本管理机构超过100家，齐鲁股权交易中心完成公司制改造。在全国率先以省为单位推行新农合大病保险，选择30个县开展公立医院综合改革试点。统一了城乡居民基本养老保险管理体制，启动了城乡居民基本医疗保险整合工作。

对外开放迈出新的步伐。全省上下大力推进对外开放，与重点国家和地区的交流不断深化，国际友好城市和友好合作城市分别达到190对和187对。积极走访全球知名企业地区总部，与一批世界500强公司建立了更密切关系。成功举办第二届中非省市长对话、第七届华商企业科技创新合作交流会，香港、台湾山东周活动取得丰硕成果。全省进出口总额2671.6亿美元，增长8.8%。实际到账外资140.5亿美元，增长13.8%。农产品出口、境外投资、对外承包工程和外派劳务保持全国领先。国家级开发区达到32家。

法治政府建设取得新的进步。深入开展以“为民、务实、清廉”为主题的教育实践活动，作风建设和制度完善成效明显。严格执行省人大及其常委会的决议决定，自觉把政治协商纳入决策程序，主动听取民主党派、工商联和人民群众的意见建议。办理人大代表建议405件、政协提案752件。提请省人大审议通过地方性法规9件，制定政府规章14件。全面落实行政程序规定，加快推进政务公开。完善社区治理机制，推动行政管理、社会事务、便民服务一体化。建成城市社区服务站6286个，“一站式”服务大厅4019个。社区社会组织发展到1.8万个，社区志愿者达到92.9万人。加强惩治和预防腐败体系建设，全省纪检监察机关立案12242件，其中大案要案3601件，给予党纪政纪处分12182人。

各项社会事业繁荣兴旺。各级各类教育全面发展。试行职业教育与本科教育对口贯通分段培养，青岛、潍坊等地推进中小学校取消行政级别试点，山东农业大学、临沂大学等完善治理结构的探索取得成效。科技创新能力不断增强，全社会研发投入比重预计达到2.17%。青岛海洋科学与技术国家实验室启动建设。采取17市共同承办新模式，成功举办“十艺节”。加快推进文化体制机制改革，艺术精品创作取得丰硕成果。建成标准剧场34个，新建、改建县级图书馆和文化馆132个。一批经营性文化单位转企改制。城乡医疗卫生服务体系建设加快。全民健身工作取得新进展，十二届全运会山东蝉联金牌、奖牌榜冠军。

民生保障得到较好落实。大力实施基本公共服务体系建设行动计划，民生实事全部兑现。全年民生投入占地方财政支出的比重达到57.2%。预计城镇居民人均可支配收入28200元，增长9.5%；农民人均纯收入10500元，增长11%。城镇新增就业119.9万人，农村劳动力转移就业133.3万人。150万贫困人口实现脱贫。新增养老床位8.9万张。开工建设保障性住房27.9万套，建成22.2万套，分配18.9万套，提前完成国家计划。深入开展平安山东建设，立体化社会治安防控体系不断完善，“平安行•你我他”道路交通安全整治活动取得明显成效。持续开展安全生产大检查和“打非治违”专项行动，努力减少安全生产事故。理顺机构体制，加强对食品药品全过程监管。

生态文明建设扎实推进。编制实施大气污染防治规划和一期行动计划，积极构建大气污染联防联控机制。开展千家企业节能低碳行动，完成淘汰111家企业落后产能任务，全面淘汰立窑水泥生产线。新能源发电装机新增147万千瓦，占比提高到9.5%。南水北调东线山东段工程正式通水，沿线治污取得重大进展。胶东调水主体工程基本完工。小清河流域生态治理扎实推进，淮河流域治污和海河流域治污在国家考核中都名列第一。全省新治理水土流失面积1600平方公里。测土配方施肥面积占到播种面积的25%。造林335.6万亩，新增湿地保护面积130万亩。预计全年万元生产总值能耗降低5%左右。

各位代表，2013年全省各条战线都争先创优，奋发有为。国防动员、人民防空、民兵预备役建设、双拥共建和优抚安置工作不断加强，军政军民团结进一步巩固。人口计生、妇女儿童、青少年、慈善、残疾人、老龄事业持续发展，民族、宗教、对台、侨务、档案、史志、气象和防震减灾等工作取得新进步。

去年的成绩来之不易。这是党中央、国务院高度重视、亲切关怀的结果，是中共山东省委科学决策、正确领导的结果，是省人大、省政协和社会各界有效监督、大力支持的结果，是全省上下同心同德、共同努力的结果。在此，我代表省人民政府，向全省各族人民、各民主党派、工商联、各人民团体和各界人士，向驻鲁人民解放军、武警官兵、公安干警和中央驻鲁单位致以崇高的敬意！向关心支持山东发展的香港特别行政区同胞、澳门特别行政区同胞、台湾同胞、海外侨胞和国际友人表示诚挚的感谢！

在总结成绩的同时，我们也清醒地看到，我省经济社会发展还存在不少问题。经济下行压力较大，服务业比重偏低，工业结构过重，企业创新活力不足，资源环境约束增强，大气污染形势严峻，就业结构性矛盾突出，社会保障不够完善，政府职能转变还不到位，安全生产事故和干部腐败现象时有发生。对此，我们一定高度重视，采取有效措施加以解决。

二、关于2014年政府工作总体安排

今年是完成“十二五”规划任务的关键一年。综观国内外形势，我们既面临挑战，也具有许多机遇。习近平总书记去年11月视察山东并发表一系列重要讲话，为我省发展指明了方向，注入了强大动力。

习近平总书记要求我们切实转变观念，不再简单以国内生产总值增长率论英雄。要坚持腾笼换鸟、凤凰涅槃，端正思路、坚定信心，把使市场在资源配置中起决定性作用和更好发挥政府作用结合起来，努力在转变经济发展方式、全面提高经济发展质量和效益上起到领头雁作用。按照习近平总书记的指示，今后我们必须在发展理念、发展定位、发展动力、发展途径、考核导向等方面实现新的转变，逐步减少对资源

投入的严重依赖，在持续增长中调整经济结构，努力在推动科学发展、全面建成小康社会历史进程中走到前列。

2014年政府工作必须牢牢把握“稳中求进、改革创新”的核心要求，按照省委十届七次、八次全体会议部署，全面深化改革，加快产业结构调整，保障和改善民生，创新社会治理，加快发展社会主义市场经济、民主政治、先进文化、和谐社会、生态文明，让发展成果更多更公平惠及全省人民。

各位代表，综合考虑多方面因素，建议今年我省经济社会发展的主要预期目标为：地区生产总值增长9%左右，公共财政收入增长11%左右；固定资产投资增长17%，社会消费品零售总额增长13%，居民消费价格涨幅控制在3.5%左右；城镇新增就业100万人，农村劳动力转移就业120万人，城镇登记失业率控制在4%以内；进出口总额增长6%左右，实际利用外资保持稳定增长；城镇居民人均可支配收入增长10%左右，农民人均纯收入增长10%以上。人口自然增长率控制在8.5‰以内。全面完成国家下达的年度节能减排任务。

实现以上目标，综合政策方面需要采取以下措施：

——着力推动农业农村现代化。巩固农业基础地位，使之与工业化、城镇化和信息化的发展相协调，不断提高农业生产专业化水平，为国家粮食安全和食品安全做出更大贡献。做好农村发展规划，保留山水田园风光，挖掘乡土文化资源，发展乡村旅游和休闲农业，建设美丽乡村。

——着力改善国民收入分配格局。着重保护劳动所得，努力实现工资性收入和劳动生产率同步增长，提高劳动报酬在初次分配中的比重。进一步拓宽农民增收渠道，切实提高基层干部和教师的收入。完善企业工资集体协商制度。加强税收征管，依法组织预算收入，坚决反对弄虚作假，稳步提高财政收入在生产总值中的比重。

——着力调整地区经济总支出结构。贯彻中央积极的财政政策和稳健的货币政策，促进经济增长向依靠消费、投资、出口协调拉动转变。构建扩大服务性消费的长效机制，落实带薪休假，提高消费支出在国民经济中的比重。推进投资轻型化、社会化、多样化。深入实施以质取胜和市场多元化战略，优化出口结构，扩大资源、技术和设备进口，保持对外收支基本平衡。

——着力推进区域协调发展。深入实施“两区一圈一带”发展战略，发挥东部地区龙头带动作用，加快发展蓝色经济、高效生态经济。推动各种资源更多地向中西部地区倾斜，构建经济紧密型和一体化发展的省会城市群经济圈，加快建设西部经济隆起带，增强区域发展活力和动力。

——着力加强民主法制建设。严格依法行政，自觉接受人民群众和社会各界监督，接受人大及其常委会监督，健全接受人大审查、检查、询问、质询制度。支持人民政协完善协商民主，坚持协商于决策之前和决策之中。健全企事业单位民主管理制度，搞好村委会换届。支持司法机关依法独立公正行使审判权和检察权。

——着力提升文化软实力。加强社会主义核心价值体系建设，弘扬中华优秀传统文化，提高全民文明素质。推进文化体制机制创新，促进文化事业和文化产业协调发展，增创齐鲁文化新优势。

——着力提高社会治理水平。鼓励社会各方共同参与，实现政府治理、社会调节和居民自治之间的良性互动。坚持依法治理、综合治理，大力发展新型社会组织，激发社会内在活力。创新有效预防和化解矛盾体制，依法处理涉法涉诉信访问题，健全公共安全体系。

——着力建设生态山东。把尊重自然、顺应自然、保护自然的理念融入经济社会发展全过程。落实最严格的耕地保护、水资源管理和环境保护制度，全力推进环境治理和生态修复工作，促进资源节约和循环利用。

各位代表，山东人民勤劳诚信，富有智慧，勇于进取。只要我们万众一心，众志成城，就一定能够克服各种困难，不断开创各项工作的新局面。

三、关于全面深化经济体制改革

做好今年政府工作，最关键的是贯彻党的十八届三中全会精神，全面深化改革。其中，特别重要的是，切实发挥好经济体制改革的牵引作用。根据中央的规划和省委的部署，今年重点抓好以下方面：

第一，进一步简政放权。全面完成省市县政府机构改革。再取消和下放一批行政审批事项，放宽市场准入门槛，政府管理由事前审批更多地转为事中事后监管。继续推进工商登记制度改革。合理构建省级公共资源交易平台。推进行业协会、中介组织与行政机关脱钩。加大政府向社会力量购买服务力度。

第二，深化农村改革。构建以农户家庭经营为基础、合作与联合为纽带、社会化服务为支撑的现代农业经营体系。积极培育专业大户、家庭农场、农民合作社、农业企业等新型经营主体，开展职业农民培训，大力发展新型服务体系。落实集体所有权、稳定农户承包权、放活土地经营权，实现农民土地承包权和经营权分置并行。继续扩大农村土地承包经营权确权登记颁证试点，建立农村产权交易市场。深化征地制度改革，提高农民在土地增值收益中的分配比例。以土地托管、领办合作社为切入点深化供销社改革。

第三，建立和完善现代企业制度。积极发展混合所有制经济，鼓励国有资本、集体资本、非公有资本等交叉持股、融合发展。完善公司法人治理，推行职业经理人制度。深化省管国有企业改革，完善国有资产管理体制。以管资本为主加强国有资产监管，引导具备条件的国有大型集团公司改组为国有资本控股公司。划转部分国有资本充实社会保障基金。积极引导民营企业建立现代企业制度。

第四，完善现代市场体系。深化流通体制改革，加快要素市场体系建设。完善主要由市场决定价格的机制，健全居民用水、用电、用气阶梯式价格制度，推进药品、医疗、教育、交通等公用公益事业价格改革。健全劳动就业市场，积极推动农民工、编制外用工、劳务派遣用工同工同酬。缩小征地范围，规范征地秩序，建立城乡统一的建设用地市场。深化科技体制改革，发挥市场对技术研发方向、路线选择、要素价格的导向作用。

第五，加快事业单位分类改革。从事生产经营活动的事业单位，年内基本转为企业或社会组织。选择部分中小学、公立医院、科研院所开展去行政化试点。积极探索机关事业单位社会保障制度改革，统筹解决民办非营利机构就业人员的养老、医疗待遇。

第六，深化财税改革。加快构建全面规范、公开透明的预算制度。向省人代会报告全口径政府预算，全面公开省级财政总预决算、部门预决算和“三公”经费预决算，选择50%的市、县开展部门预算和“三公”经费公开试点。按照国家统一部署，推进税收制度改革，深入开展“营改增”试点。继续减少“三公”经费，按不低于5%的比例压减省直部门运转经费。清理、整合、规范专项转移支付项目，省级专项由243项压减到99项。完善一般性转移支付增长机制，力争把省对下一般性转移支付的比重提高到55%左右。积极推进预算绩效管理，形成“花钱必问效、无效必问责”机制。强化政府债务管理，加快消化存量债务，坚决防止出现债务危机。

第七，稳步推进金融改革。积极指导农民合作社内部的资金互助和信用合作，使之为“三农”提供最直接最基础的金融服务。继续深化农村信用社改革。鼓励小额贷款公司、村镇银行等中小型金融机构发展，稳步推动由民间资本发起设立银行。规范设立民间资本管理机构、民间融资登记服务机构。推动更多企业改制、挂牌和上市，利用多层次资本市场拓宽中小企业融资渠道。搞好济南区域金融中心和青岛财富管理中心建设。探索发展介于现货与期货之间的商品交易市场。推动保险业创新发展。进一步优化金融生态，防范和化解金融风险。

第八，健全城乡发展一体化体制机制。有序推进农业转移人口市民化，稳步实现城镇基本公共服务常住人口全覆盖。加快小城镇和农村新型社区建设，积极推动经济以非农产业为主体、人口达到一定规模的乡村和不在城镇驻地的企业工矿区，发展成为新型城镇化社区。组织好20个经济发达镇行政管理体制改革。有序推进具备条件的城中村、城边村改造，按标准建设新型社区。坚决避免不切实际的大拆大建、迁村并点、赶农民“上楼”等现象。

第九，加快对外经贸体制创新。推进国际贸易综合改革试点。支持增开国际客货运航线，发展多式联运。加快电子口岸建设，加快海关特殊监管区域整合优化，打造中小微企业国际贸易服务平台。推进中日韩地方经济合作示范区建设，支持青岛市申办建设自由贸易港区，开展经济开发区体制机制创新试点。积极参与丝绸之路经济带和海上丝绸之路建设。

第十，进一步改善跨境投资管理体制。下放外资审批管理权限，落实国家放宽投资准入政策措施，优化利用外资结构。深化与世界主要经济体及跨国公司的战略合作。支持有条件的企业全球布局产业链，搞好境外资源开发、优势产能转移、国际研发合作。审慎推进企业及个人对外投资，完善境外投资管理服务

平台和风险预警机制。加快培育本土跨国公司。办好亚太经合组织部长会议和高官会议。

四、关于产业结构调整升级

各位代表，能耗高、污染重、附加值低、产业链短已严重制约我省经济竞争力的提升。必须痛下决心，狠下功夫，加快产业结构调整升级。

我们将按照高端高质高效的方向，努力提高第三产业比重，降低一二产业比重；提高最终产品比重，降低初级产品比重；提高绿色环保产品比重，降低高污染产品比重；提高有记录可追溯产品比重，降低信息不完整产品比重。

持续推进千亿斤粮食产能建设，实施"渤海粮仓"科技工程和耕地质量提升计划，努力实现粮食生产稳步增长。落实农业特色产业振兴规划，推进种植业养殖业的标准化规模化。普及测土配方施肥，加强对农药使用的科学指导。积极筹建黄河三角洲国家农业高新技术开发区，加快建设现代农业示范区、现代渔业园区。引进高端人才，创新育种技术，做大做强种子和种苗产业。完善农产品质量标准、检测和认证体系，整建制推进农产品质量安全区建设。全面开工建设南水北调续建配套工程和引黄济青改扩建工程，启动实施雨洪资源利用一期工程，建设"旱能浇、涝能排"高标准农田385万亩。

传统工业遵循市场导向进行调整，可以释放出极大潜能。需要我们共同探讨的是，销往海内外的食品，能不能拥有更多名优商标和自主品牌；堆积如山的纸张，能不能转化为高档印刷品和精美包装；铺天盖地的布料，能不能变为服装、内饰和工艺品；多种多样的金属，能不能加工成各种特殊用材和金属制品；遍布各地的化工企业，能不能有一些转向生产精细产品；规模极大的建材工业，能不能提供更多的优质地板、高级陶瓷和卫生洁具；产量高达200万辆的汽车工业，能不能提高中高档乘用车的比例。

必须正视严重的产能过剩问题。坚持"消化一批、转移一批、整合一批、淘汰一批"，积极化解钢铁、水泥、船舶、化工、轮胎等行业的困境。加强重点领域节能，强化能耗、环保、安全等标准的硬约束。进一步敞开大门，面向全国和世界，鼓励各类市场化兼并重组。

在市场发挥决定性作用的前提下，大力培育发展新兴产业。支持企业加强产业链高端产品研发，加快推动科技成果资本化、产业化。重视发展新能源、新材料、生物制药、新一代信息技术、高端装备制造、海洋开发等产业，力争在节能环保、石油装备、集成电路、物联网、云计算、大数据等重点领域实现突破，打造新的优势产业。推进信息化和工业化深度融合，加快"智慧山东"建设。

推动服务业跨越发展，是我省产业结构升级的中心环节。全面落实相关政策措施，鼓励企业和个人创业创新，激发服务业发展活力。打破行业垄断，鼓励社会资本投向银行、保险、铁路、民航、教育、医疗、养老、健康等服务业。各级政府产业扶持和结构调整资金，要全面向服务业倾斜，重点培育那些处于初创时期或幼稚阶段的产业行业。加大财政对公益性事业和准公益性事业的支出。深化机关、学校后勤服务社会化。加快培育电子商务、连锁经营、物流配送等新兴业态，大力发展服务贸易、服务外包。加强旅游公共服务设施建设，提升"好客山东"品牌，推进旅游业转型升级。

交通、通信、互联网是经济结构调整优化的基础条件，也是现代形势下发展服务业的战略重点。今年将编制全省综合交通运输体系中长期发展规划。加快推进济南、青岛综合运输枢纽建设。开工建设莘县至南乐、蓬莱至栖霞、泰安至东阿、东阿至鲁冀界、龙口至莱西、文登至莱阳等6条高速公路。加快鲁南大通道的前期工作，争取完成跨微山湖的方案设计。完善全省快速铁路网规划，加快推进济青高铁等重大项目的规划建设，建成青烟威荣城际铁路。积极发展绿色、低碳的内河水运。争取日照、青岛新机场开工建设，抓紧做好聊城、菏泽等机场前期工作。深入实施"信息惠民"工程，推动城市光纤入户、农村宽带进村。加快第四代移动通信技术商用化进程，有序推进"三网融合"。创新投融资方式，带动经营性基础设施建设走出市场化融资新路子。

推进产业结构升级，从政府的角度来说，只有抓好以下几项工作，才能事半功倍，发挥出最大效能。

一是以更大决心和勇气推动民营经济发展。认真筹备全省民营经济大会，进一步完善促进民营经济发展的政策措施，努力在解决"玻璃门"、"弹簧门"、"旋转门"方面取得突破。承办好全国工商联十一届三次执委会暨助推山东转调创投资洽谈会，积极邀请优秀民营企业到我省投资兴业。把县域作为民营经济发展的重要载体，培育主导产业，形成产业集群。做大做强镇域经济，开展“百镇建设示范行动”。

二是真正实现对外地、外省和外国的全面开放。充分利用我省地处沿海的地理位置，努力塑造开放型经济发展新优势。着力清除市场壁垒，建立公平开放透明的市场规则，实行统一的市场准入制度，允许各类市场主体平等进入负面清单之外领域。推进工商注册制度便利化，由先证后照改为先照后证，建设法治化营商环境。废除妨碍统一市场的各种规定和做法，反对地方保护，反对垄断和不正当竞争。

三是把人才培养和引进放在更加突出的位置。深入实施人才强省战略，以高层次和高技能人才队伍建设为重点，统筹推进重点人才工程建设。探索实行国际通用的人才评价、培养、引进、使用、激励机制，引导人才向产业和科研一线流动。鼓励企业转变观念，加强与高校、科研机构合作，利用好国内外的人力资本和人才资源。

四是把鼓励创新的各项政策落到实处。强化企业在技术创新中的主体地位，健全产学研协同创新机制。打破行政主导和部门分割，建立主要由市场决定项目设立、经费分配和成果评价机制。改进政府科技专项资金的使用方式，围绕产业升级和结构调整，主要用于人才引进、节能环保、创业补助、创新奖励、基础研究和公共科技平台建设。深入实施质量强省和品牌带动战略，加强企业标准、计量和质量管理。支持企业创造新品牌、制定新标准，实现管理创新、商业模式创新。

五、关于社会事业和民生保障

坚持教育优先发展。启动第二轮学前教育三年行动计划，完善县域义务教育均衡发展机制。实施中小学校舍标准化建设工程，搞好学校规划布局，加强师资队伍特别是农村教师队伍建设，便利城乡居民子女就近就学。加快现代职业教育体系建设，扩大分段贯通培养招生规模。实施高等学校质量与教学改革工程，加快建立现代大学制度。深化考试招生制度改革。

推动文化繁荣发展。深入实施公民道德建设“四德工程”，大力推进乡村文明行动和文明城市创建。制订公共文化服务标准化、均等化指标体系，整体创建国家级公共文化服务示范区。办好一批文化惠民、服务群众的实事，丰富基层群众文化生活。推进全民阅读。建设地面无线数字电视覆盖网，建立应急广播体系。加快发展文化创意产业。深化文化管理体制改革，健全国有文化资产管理机构。加强文化遗产保护，实施“乡村记忆”工程。组织好第三届中国非物质文化遗产博览会，办好第五届山东文化产业博览交易会。筹办好山东省第二十三届运动会和第四届全民健身运动会。

促进就业创业。抓好以高校毕业生为重点的青年及农村转移劳动力、城镇困难人员、退役军人就业创业工作，注意做好化解产能过剩、企业兼并重组过程中企业职工的重新安置工作。依法调处劳动人事争议，构建和谐劳动关系。实施政府就业培训项目，完善就业困难援助机制，规划建设公共就业创业服务体系。要把政府支持创业创新的政策、资源和信息送进大学、送进社区、送进企业、送进家庭。把全社会都动员起来，关心就业，支持创业。鼓励每一位公民制定职业生涯规划，帮助他们创造条件，实现自己的梦想。

健全社会保障体系。提高基本社会保险统筹层次，完善社会保障待遇确定和正常调整机制。企业退休职工养老金提高 10%。做好养老保险基金的保值增值工作。推进城乡低保制度统筹发展，进一步提高保障标准，扩大覆盖面。抓好城乡社会救助工作，解决好特困家庭生活问题。加强以居家为基础、社区为依托、机构为支撑的社会养老服务体系建设。健全农村留守儿童、留守妇女、留守老年人关爱服务体系。全面推进残疾人“整体赶平均、共同奔小康”计划。加大扶贫开发力度。解决 280 万农村人口饮水安全问题。

深化医药卫生体制改革。整合城乡居民基本医疗保险制度，提高政府补助标准，实施城乡统一的大病保险制度。扩大县级公立医院综合改革试点范围。深入开展健康山东行动，加强基层医疗卫生服务网络建设，完善突发公共卫生事件应急和重大疾病防控机制。坚持计划生育基本国策，制定“单独两孩”政策实施方案。

加强环境保护和生态建设。狠抓大气污染防治，加强重点行业脱硝脱硫、城区裸露土地绿化和建筑扬尘综合整治，加快黄标车淘汰进度，落实分阶段逐步加严的大气污染物排放标准。控制能源消费总量，逐步降低煤炭消费比重。加大“外电入鲁”实施力度，积极稳妥推进“煤改气”工程。加强南水北调沿线和小清河流域水质监管及治污建设。实施地下水超采区和海水入侵区水生态治理，启动退耕还林和重金属污染土壤修复试点。加强森林、湿地、海洋生态保护，抓好水土流失、荒山荒滩、破损山体、采矿塌陷等生态脆弱区的恢复治理。持续推动生态文明乡村建设，积极开展农村面源污染治理。

统筹城乡公共基础设施建设。各级政府都要加强城乡规划建设工作，强化规划执行。坚持一切从实际出发，尊重自然风貌，保持地方特色，传承历史文化，注入绿色、智能等现代元素。从体制、政策上优先支持公共交通建设，方便群众出行。加快推进建筑工业化，加强建筑质量管理制度建设。抓好城市管网建设改造，增强防洪防涝能力，加快污水和垃圾处理设施建设。建制镇污水处理率达到45%，生活垃圾无害化处理达到70%，农村新型社区配备污水处理设施达到60%。

加快保障性住房建设。有序推进公租房和廉租房并轨，继续搞好棚户区改造。开工各类保障房 31.6 万套，建成 19 万套。新建农房 50 万户，改造农村危房 10 万户。探索将农民工纳入住房公积金制度，把符合条件的企业建房纳入保障房管理。改进住房公积金归集、使用、监管机制。

进一步创新社会治理。加强民生工作人员、社会工作者、志愿者“三支队伍”建设，完善基层综合服务管理平台，提高社区治理服务水平。深化平安山东建设，加强社会治安综合治理。健全党政同责、一岗双责、齐抓共管的安全生产责任体系，强化企业主体责任，抓好安全生产检查，坚决防止重特大事故发生。深入开展道路交通“平安行•你我他”行动。加快推进食品药品安全监管体制改革，健全统一权威的监管机构，加强监管能力、检验检测能力和信息化建设，持续开展食品药品专项整治。加强防汛抗旱、防灾减灾和应急工作。认真贯彻党的民族宗教政策，依法管理宗教事务，促进民族团结和睦、宗教关系和谐。

各位代表，任何时候我们都不能忘记国家安全。我们要进一步加强国防动员和后备力量建设，做好双拥共建、人民防空和交通战备工作，提高退役军人安置和优抚工作水平，推动军地、军民融合发展。

六、关于政府自身建设

打铁还需自身硬。面对艰巨繁重的改革发展任务，必须切实提高政府综合素质，全面推进政府治理体系和治理能力现代化。

持续推动作风建设。进一步巩固教育实践活动成果，持之以恒落实中央八项规定精神，毫不松懈地反对“四风”，推进作风建设制度化、常态化。健全领导干部带头深入基层调查研究制度，完善直接联系和服务群众机制。多到困难和矛盾集中的地方，倾听群众呼声，帮助解决问题。不断改进文风会风，严控会议和文件数量。认真贯彻《党政机关厉行节约反对浪费条例》，进一步完善公务接待、公务用车、办公用房等管理规定，坚持勤俭办一切事业。加强政府绩效管理，深化“庸懒散”专项治理。认真解决“门好进、脸好看，但事还是难办”的问题。多做打基础、利长远的事情，坚决不搞劳民伤财的形象工程、政绩工程。发扬钉钉子精神，弘扬求真务实、敢于担当的作风，以踏石留印、抓铁有痕的劲头抓好各项工作落实。

强化权力运行制约和监督。没有制约就没有公信力，没有监督就没有执行力。要摆正政府自身位置，科学分解权力，合理配置权力，加快构建决策科学、执行坚决、监督有力的权力运行体系。坚持用制度管权管事管人，把权力关进制度的笼子。政府各级各部门“一把手”都要定期述职述廉。涉及财务、土地、工程和干部人事的事项，绝不允许一个人说了算。进一步发挥好审计、监察部门的作用，重视舆论监督和互联网监督。严格行政问责，强化对滥用权力、失职渎职的责任追究。阳光是最好的防腐剂。要进一步加大政务公开力度，推行政府及其工作部门权力清单制度，依法公开权力运行流程。各级政府及公务人员必须依法向群众说真话、交实底，充分保障人民群众的知情权、参与权、表达权、监督权。完善政府信息发布制度，全面、准确地向社会发布相关信息，及时回应群众关切。

全面加强法治建设。制定实施法治政府建设规划纲要。坚持运用法治思维和法治方式深化改革、推动发展、化解矛盾，严格依照法定权限和程序行使权力、履行职责。健全依法科学民主决策机制。建立政府法律顾问制度，改进行政复议工作，做好有关规章和规范性文件的清理、修改、制定和备案。整合行政执法主体，相对集中执法权，推进跨部门、跨行业综合执法。全面加强普法依法治理工作，形成不愿违法、不能违法、不敢违法的法治环境。

不断增强政府公信力。政令信者强，政令不信者弱。各级政府及其工作人员必须带头践行社会主义核心价值观，带头抓好诚信建设，做到公私分明、克己奉公，以自身诚信带动社会诚信。优化工作流程，注重服务细节，提高政府精细化管理水平。加强社会征信体系建设，健全各领域信用评估体系，引导企业重质量、守信用，打造公平正义、重诺守信的营商环境。强化个人信用体系建设，从法律和道德两方面推动群众增强诚信意识，让山东人诚实守信的美德不断发扬光大。

进一步加大反腐倡廉工作力度。把党风廉政建设各项规定落实到政府工作各环节，对腐败现象零容忍，努力做到干部清正、政府清廉、政治清明。全面推进惩治和预防腐败体系建设，拓展从源头上防治腐败工作领域。既要健全制度，更要执行制度。各级政府要把检查执行廉政规定情况作为今年的一项重点工作，推进廉政风险防控。省政府领导成员要带头严格执行各项制度。各级政府公务人员都要严格要求自己，勤勉尽责，秉公用权。坚决纠正损害群众利益的不正之风，坚决查处各类违法违纪案件。真正做到，让暗箱操作没有空间，让腐败分子无处藏身。

各位代表，实现凤凰涅槃、浴火重生，谱写山东人民美好生活新篇章，关键在脚踏实地、真抓实干。让我们紧密团结在以习近平同志为总书记的党中央周围，高举中国特色社会主义伟大旗帜，以邓小平理论、“三个代表”重要思想、科学发展观为指导，在中共山东省委的坚强领导下，同心协力，顽强拼搏，为加快建设经济文化强省，实现中华民族伟大复兴的中国梦而努力奋斗！

2013 年山东省
国民经济和社会发展统计公报

山　东　省　统　计　局

国家统计局山东调查总队

2014 年 2 月 28 日

2013 年，全省人民在省委、省政府的正确领导下，坚持以科学发展观为指导，积极应对复杂严峻的国内外环境，全面贯彻落实中央宏观调控各项措施，紧紧围绕主题主线，以提高经济增长质量效益为中心，积极作为、改革创新，全省经济呈现稳中有进发展态势，物价水平总体稳定，民生持续得到改善，社会事业全面进步，经济文化强省建设迈出新步伐。

一、综　合

经济运行稳中有进。初步核算，全省实现生产总值（GDP）54684.3 亿元，按可比价格计算，比上年增长 9.6%。其中，第一产业增加值 4742.6 亿元，增长 3.8%；第二产业增加值 27422.5 亿元，增长 10.7%；第三产业增加值 22519.2 亿元，增长 9.2%。产业结构调整稳步推进，三次产业比例由上年的 8.6:51.4:40.0 调整为 8.7:50.1:41.2。人均生产总值 56323 元，增长 9.0%，按年均汇率折算为 9094 美元。

就业形势基本稳定。城镇新增就业 119.98 万人，新增农村劳动力转移就业 133.3 万人。失业人员再就业 55.5 万人，其中，困难群体再就业 11.7 万人，零就业家庭全部实现动态消零。城镇登记失业率为 3.24%，低于 4%的全年控制目标。

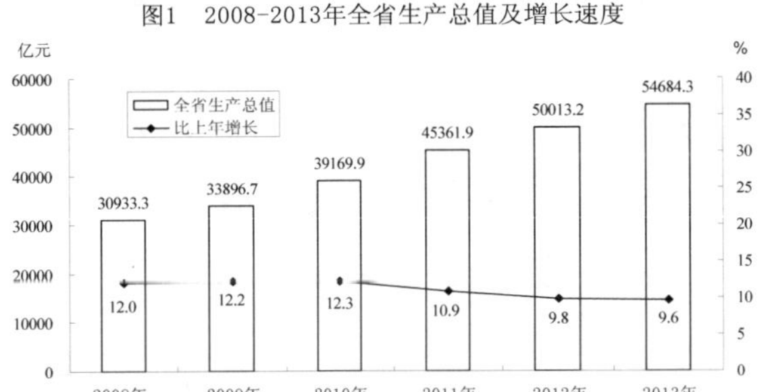

图1　2008-2013年全省生产总值及增长速度

物价水平总体平稳。居民消费价格总水平上涨 2.2%。其中，城市上涨 2.1%，农村上涨 2.5%；服务项目价格上涨 1.8%，消费品价格上涨 2.4%。农业生产资料价格上涨 1.2%。工业生产者出厂、购进价格均下降 1.6%。固定资产投资价格上涨 0.4%。

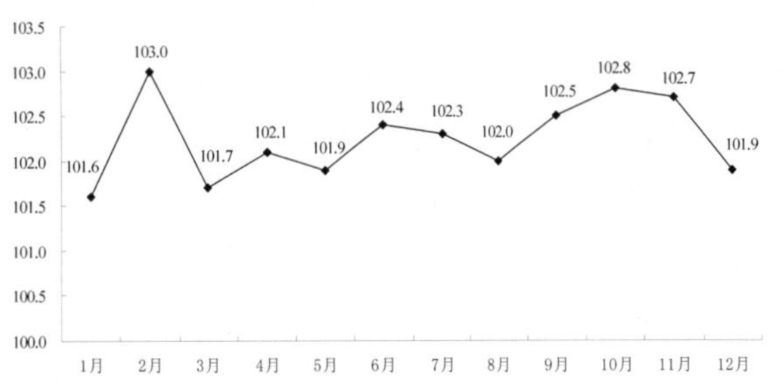

图2　2013年各月居民消费价格指数（以上年同期为100）

表 1　2013 年居民消费价格指数(以上年为 100)

指　　标	全 省	城 市	农 村
居民消费价格指数（CPI）	102.2	102.1	102.5
食品	104.8	104.3	105.8
#粮食	107.3	106.3	109.6
油脂	102.6	103.3	101.6
肉禽及其制品	103.2	103.4	102.8
蛋	102.2	101.2	103.7
鲜菜	109.3	107.6	113.6
烟酒	100.3	100.3	100.2
衣着	103.3	103.4	102.7
家庭设备用品及维修服务	100.3	100.5	99.9
医疗保健和个人用品	101.0	100.8	101.5
交通和通信	99.3	98.8	100.3
娱乐教育文化用品及服务	101.3	101.4	101.0
居住	101.4	101.5	101.0

区域经济协调发展。山东半岛蓝色经济区实现生产总值 25728.8 亿元，对全省经济增长的贡献率为 46.4%；黄河三角洲高效生态经济区、西部经济隆起带发展加快，分别实现生产总值 7985.2 亿元、16173.2 亿元，增速均超过全省 1.3 个百分点；省会城市群经济圈实现生产总值 19459.8 亿元，对全省经济增长的贡献率为

33.9%。县域经济实力不断壮大。公共财政预算收入过10亿元的县（市、区）达到112个，比上年增加18个。其中，过50亿元、80亿元、100亿元的县（市、区）分别达到20个、5个和2个。

市场主体增势良好。年末实有各类市场主体412.6万户，比上年增长12.1%；注册资本（金）49768.6亿元，增长20.7%；户均注册资本（金）120.6万元。其中，年末实有各类企业90.5万户，增长11.3%；注册资本（金）46338.4亿元，增长18.7%；户均注册资本（金）511.9万元。

重点领域改革稳步推进。省政府取消和下放审批事项230项，投资项目省级核准事项减少40%，行政事业性收费由87项缩减为25项。省以下财税关系进一步理顺，“营改增”试点为纳税人减负45亿元。地方金融机构改革和民间金融阳光化进程加快，启动建立了地方金融监管体系。农村土地承包经营权确权登记颁证试点顺利开展。整合城乡居民基本医疗保险意见已颁布，率先以省为单位推行新农合大病保险，30个县级公立医院综合改革试点工作稳步推进。

经济社会发展中存在的主要困难和问题：经济稳中向好发展的基础尚不够稳固，转型升级任务较为艰巨，生态环境压力依然较大，区域协调发展水平和民生保障水平有待进一步提高。

二、农林牧渔业

农林牧渔业稳定发展。农业增加值2649.0亿元，比上年增长4.3%；林业增加值84.8亿元，增长8.8%；牧业增加值975.1亿元，增长1.9%；渔业增加值857.1亿元，增长3.0%。

主要种植业产品质量提升。粮食总产量4528.2万吨，比上年增长0.4%，连续11年增产。果、菜标准化基地总面积148.4万公顷，无公害产地认定面积113.7万公顷。绿色食品原料产地环境监测面积68.3万公顷，增长9.3%。“三品一标”（无公害农产品、绿色食品、有机农产品和农产品地理标志）产品6100个，新认证登记835个。

图3　2008-2013年粮食总产量

表2　2013年主要种植业产品产量及增长速度

产品名称	单位	产　量	比上年增长（%）
粮食	万吨	4528.2	0.4
夏粮	万吨	2219.4	1.8
秋粮	万吨	2308.8	-1.0
棉花	万吨	62.1	-11.1
油料	万吨	349.6	-0.4
蔬菜	万吨	9658.2	2.9
园林水果	万吨	1601.5	5.1

林业生产稳固发展。林地面积331.3万公顷，林木绿化率为22.78%，活立木总蓄积12360.7万立方米。新增造林面积22.0万公顷，比上年增长11.1%。完成水系绿化12.6万公顷。木材产量464.0万立方米。

畜牧业生产基本稳定。生猪存栏2931.4万头，增长1.0%；生猪出栏4797.7万头，增长4.3%；家禽存栏62103.9万只，下降2.7%；家禽出栏183726.7万只，下降2.5%。猪牛羊禽肉产量763.3万吨，增长1.4%；禽蛋产量396.2万吨，下降1.4%；牛奶产量271.4万吨，下降4.4%。创建国家级、省级示范场分别为24个和276个。主要畜产品抽检合格率在99%以上。

渔业生产稳步增长。水产品总产量（不含远洋渔业产量）851.9万吨，比上年增长2.8%。其中，海水产品产量688.2万吨，增长2.3%；淡水产品产量163.7万吨，增长5.1%。渔业资源修复养护力度加大，投放苗种50.0亿单位，建设人工鱼礁区42处，新建国家级水产种质资源保护区5处，省级水产种质资源保护区10处。远洋渔业快速发展，拥有专业远洋渔船402艘，总功率39.0万千瓦。

农田水利建设扎实推进。完成重点小二型水库除险加固222座。综合治理水土流失面积1600.0平方公里。国家级和省级水利风景区217处，新增40处。

农村生产生活条件继续改善。农机总值795.0亿元，比上年增长6.3%；农机总动力1.27亿千瓦，增长2.5%；农作物生产综合机械化水平达到79.0%。农村自来水普及率达到93.0%；新建农村户用沼气池6.2万户。

三、工　业

工业企业发展壮大。规模以上工业企业38654家，比上年末净增1796家。其中，年主营业务收入过10亿元的企业1638家，增加237家；过100亿元的企业136家，增加13家。

工业生产平稳增长。全部工业增加值 24222.2 亿元，比上年增长 10.9%。其中，规模以上工业增加值增长 11.3%。在规模以上工业中，非公有企业增长 13.2%，私营企业增长 14.9%；41 个行业大类中，39 个行业实现增长，重要行业中，石油加工、炼焦和核燃料加工业增长 18.9%，橡胶和塑料制品业增长 17.2%，有色金属冶炼和压延加工业增长 15.1%，汽车制造业增长 14.9%，通用设备制造业增长 14.6%，化学原料和化学制品制造业增长 14.0%，电气机械和器材制造业增长 12.5%。

工业企业效益稳步回升。规模以上工业企业实现主营业务收入 132319.0 亿元，比上年增长 12.5%；实现利润 8507.7 亿元，增长 12.4%；实现利税 13690.0 亿元，增长 11.6%；亏损企业亏损额 264.9 亿元，下降 21.4%。

表 3　2013 年规模以上工业增加值增长速度

指　　标	比上年增长（%）
规模以上工业总计	11.3
# 轻工业	10.2
重工业	11.8
# 国有企业	5.3
集体企业	10.6
股份合作企业	22.0
股份制企业	12.3
外商及港澳台商投资企业	10.3
其他经济类型企业	10.6

工业产品产销良好。在国家重点调度的 120 种工业产品中，产量增长的有 80 种，占 66.7%。规模以上工业产品销售率为 98.8%。出口交货值 8216.1 亿元，比上年增长 4.5%。

表 4　2013 年主要工业产品产量及增长速度

产品名称	单位	产　量	比上年增长（%）
水泥	万吨	16217.8	5.3
平板玻璃	万重量箱	8279.7	7.5
粗钢	万吨	6351.0	3.0
钢材	万吨	8109.1	4.6
纱	万吨	871.5	4.5
布	亿米	128.5	-3.0
机制纸及纸板	万吨	2052.5	0.5
塑料制品	万吨	500.0	5.9
合成氨（无水氨）	万吨	783.1	2.1
啤酒	万千升	685.8	3.3
橡胶轮胎外胎	万条	42519.5	9.3
数控金属切削机床	万台	3.4	25.9
金属成形机床	万台	2.0	-13.0
动车组	辆	664	-34.7
汽车	万辆	150.9	14.3
摩托车整车	万辆	54.5	-20.8
发动机	万千瓦	22691.7	23.0
手机	万台	5096.7	23.9
彩色电视机	万台	1580.7	5.1
家用电冰箱	万台	524.4	-8.8
家用洗衣机	万台	651.4	4.9
化学药品原药	万吨	60.8	2.7
微型计算机设备	万台	119.1	-53.1
# 笔记本计算机	万台	96.7	-58.6
环境污染防治专用设备	台（套）	74779	11.9
工业锅炉	蒸发量吨	84678.5	18.3

四、固定资产投资和建筑业

固定资产投资较快增长。固定资产投资（不含农户）35875.9 亿元，比上年增长 19.6%。新开工项目 28682 个，增长 3.7%。其中，亿元以上新开工项目 5720 个，增长 35.2%。重点领域投资力度加大。服务业投资 18027.0 亿元，增长 19.7%；改建和技术改造投资 11223.2 亿元，增长 29.1%；高新技术产业投资 5687.0 亿元，增长 24.0%；基础设施投资 4340.1 亿元，增长 32.2%；民间固定资产投资 28998.5 亿元，增长 20.8%，占固定资产投资的比重为 80.8%。

房地产市场运行平稳。房地产开发投资 5444.5 亿元，比上年增长 15.6%。从商品房建设用途看，住宅投资 3976.6 亿元，增长 14.5%；商业营业用房投资 701.7 亿元，增长 21.8%。房屋施工面积 50549.2 万平方米，增长 17.7%；房屋竣工面积 7508.5 万平方米，增长 2.5%。商品房销售面积 10329.8 万平方米，增长 19.7%，其中，住宅销售面积 9300.3 万平方米，增长 20.1%。

保障性安居工程建设扎实推进。新开工各类保障性安居工程 28.3 万套，开工任务完成率为 120.1%，连同往年结转项目基本建成 24.6 万套，基本建成任务完成率为 144.8%。

建筑业稳定发展。全省具有资质等级的总承包和专业承包建筑业企业 5949 家，比上年增加 102 家。建筑业总产值 8332.7 亿元，增长 14.4%；实现利税 639.3

亿元，增长15.0%。其中，国有及国有控股企业建筑业总产值1999.0亿元，增长10.3%，实现利税130.7亿元，增长12.9%；非国有企业建筑业总产值6333.7亿元，增长15.8%，实现利税508.6亿元，增长15.6%。

五、国内贸易

消费品市场稳步增长。社会消费品零售总额21744.8亿元，比上年增长13.4%。其中，餐饮收入2238.2亿元，增长10.7%；商品零售19506.6亿元，增长13.7%。城镇消费品零售额17453.6亿元，增长13.3%；乡村消费品零售额4291.2亿元，增长13.8%。

主要商品销售良好。在限额以上批发和零售企业中，粮油、食品、饮料、烟酒类零售额1911.0亿元，比上年增长15.8%；服装、鞋帽、针纺织品类零售额1055.9亿元，增长12.6%；日用品类零售额377.9亿元，增长14.5%；金银珠宝类零售额252.7亿元，增长32.3%；建筑及装潢材料类零售额339.2亿元，增长22.5%；家用电器和音像器材类零售额769.5亿元，增长17.5%；通讯器材类零售额140.0亿元，增长16.9%；汽车类零售额2478.2亿元，增长13.3%。

六、对外经济

对外贸易平稳增长。进出口总额2671.6亿美元，比上年增长8.8%。其中，出口1345.1亿美元，增长4.5%；进口1326.5亿美元，增长13.5%。主要出口市场中，对美国、欧盟出口分别增长5.8%和3.4%，对韩国、日本出口分别下降4.5%和6.0%，对大洋洲、东盟、非洲出口分别增长16.1%、14.1%和11.1%。私营企业外贸活力增强，实现进出口总额1158.5亿美元，增长22.0%，占全省进出口总额的43.4%。

利用外资结构继续优化。新批外商投资项目1405个，比上年增长5.4%；合同外资177.1亿美元，增长7.0%；实际到帐外资140.5亿美元，增长13.8%。其中，新批服务业投资项目734个，实际到帐外资67.9亿美元，增长52.0%；新批制造业投资项目570个，实际到帐外资61.8亿美元。新批总投资过亿美元的项目49个，增长16.7%。引进世界500强企业投资项目35个，实际到帐外资5.5亿美元。

对外经济合作积极推进。新核准设立境外企业（机构）443家，比上年增长22.7%；核准境外投资总额55.6亿美元，增长25.4%，其中，核准中方投资45.1亿美元，增长23.1%。对外承包工程完成营业额84.8亿美元，增长4.5%；外派各类劳务人员52591人，增长2.3%。

七、交通、邮电和旅游

交通运输业稳步发展。铁路、公路、水路共完成旅客运量26.9亿人次，比上年增长1.7%；完成货运量34.4亿吨，增长4.5%。年末高速公路通车里程4994.0公里。沿海港口货物吞吐量11.8亿吨，增长10.8%。年末民用汽车拥有量1277.4万辆，增长13.8%。其中，私人轿车644.1万辆，增长21.3%，占轿车拥有量的92.1%。

表5　2013年客货运输量及增长速度

	旅　　客			
	运输量(亿人次)	比上年增长(%)	周转量(亿人公里)	比上年增长(%)
合计	26.9	1.7	1892.8	3.3
公路	25.8	1.4	1331.4	1.6
铁路	0.8	10.9	549.9	7.9
水路	0.3	0.2	11.5	-7.7

表5续表

	货　　物			
	运输量(亿吨)	比上年增长(%)	周转量(亿吨公里)	比上年增长(%)
合计	34.4	4.5	10260.9	3.7
公路	31.2	5.1	7498.9	6.2
铁路	1.9	-3.9	1389.1	-7.0
水路	1.4	5.4	1372.9	2.1

邮电通信业稳定增长。邮电业务总量919.7亿元，比上年增长8.3%。其中，电信业务总量863.7亿元，增长8.3%；邮政业务总量56.0亿元，增长8.5%。光缆线路总长度64.0万公里，增长9.6%；长途自动交换机容量45.7万路端。年末固定电话用户1744.4万户，下降7.6%；移动电话用户8333.4万户，增长9.8%。电话普及率为每百人104部。

旅游业较快发展。实现旅游总收入5183.9亿元，比上年增长14.7%。其中，入境旅游收入27.3亿美元。共有A级旅游景区667家，新评84家。其中，5A级景区9家，新评2家；4A级景区153家，新评12家。省级旅游度假区39家，新评12家。

八、财政和金融

财政收支结构优化。公共财政预算收入4560.0亿元，比上年增长12.3%。其中，税收收入3533.3亿元，增长15.8%；占地方财政收入的比重为77.5%，比上年提高2.4个百分点。公共财政预算支出6692.9亿元，

增长13.4%。民生支出3826.8亿元，增长15.4%，占全省财政支出的比重为57.2%，比上年提高1.0个百分点。其中，社会保障和就业支出增长14.1%，医疗卫生支出增长15.1%，城乡社区事务支出增长32.9%。

图4 2008-2013年公共财政预算收入及增长速度

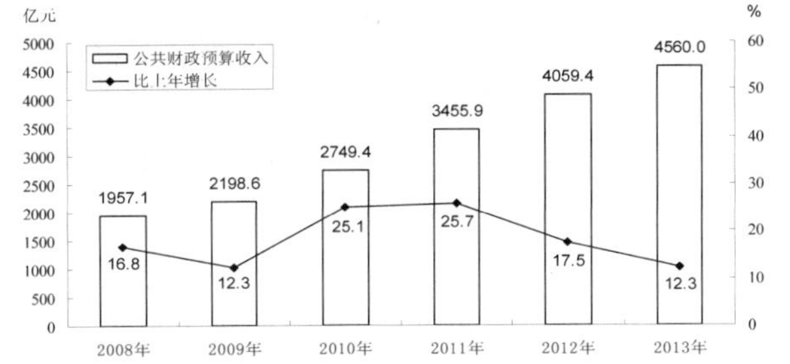

货币信贷平稳增长。年末金融机构本外币存款余额63357.9亿元，比年初增加7916.8亿元。其中，居民储蓄存款余额29967.3亿元，增加3462.8亿元。年末金融机构本外币贷款余额47952.1亿元，增加5023.0亿元。涉农贷款余额19191.3亿元，占全部贷款余额的40.0%。县域贷款新增2180.0亿元，占全省新增贷款的43.4%。小微企业贷款新增1749.3亿元，占全省企业新增贷款的55.1%。

资本市场运行平稳。上市公司再融资123.8亿元。其中，境内上市公司再融资92.6亿元；境外上市公司再融资31.2亿元。证券公司总交易金额3.6万亿元，其中，股票基金交易额2.5万亿元。期货公司代理交易金额10.0万亿元。

保险业平稳较快发展。共有保险公司主体79家，法人机构2家，从业人员37.1万人，保险业总资产2905.8亿元，比上年增长14.8%。保费收入1280.4亿元，增长13.5%。其中，财产险保费收入445.6亿元，增长16.5%；人身险保费收入834.8亿元，增长12.0%。承担各类风险责任29.1万亿元，增长50.0%。支付各项赔款与给付441.7亿元，增长36.1%。农业保险承保种植面积618.8万公顷，增长11.7%；保费收入10.0亿元，增长16.9%；为1791万户次农户提供了322.8亿元的风险保障。

九、科学技术

科技产出成果丰硕。获得国家级科技成果奖励21项，其中，国家自然科学奖1项，国家技术发明奖7项，国家科学进步奖13项。取得重要科技成果2332项，其中，农业领域297项，工业领域866项，医疗、卫生领域718项，其他领域451项。各项专利申请量15.5万件，比上年增长20.6%，其中，发明专利申请量6.8万件，增长67.5%。各项专利授权量7.7万件，增长1.9%，其中，发明专利授权量8913件，增长19.6%。每万人口发明专利授权数0.92件，比上年提高0.15件。

人才队伍建设成效明显。实施各类引智项目548项。新增“两院”院士3人，“百千万人才工程”国家级人选12人，享受国务院政府特殊津贴专家115人，山东省有突出贡献中青年专家99人，“泰山学者海外特聘专家”36人。新设立博士后科研工作站66个，新招收博士后科研人员700人。新设立国家级高技能人才培训基地3家，国家级技能大师工作室4个，省高技能人才培训基地6家，省级技师工作站11个。新增高技能人才26.2万人，其中，技师、高级技师7.5万人。

创新平台建设步伐加快。新增国家火炬计划特色产业基地3家，国家级科技企业孵化器7家。拥有国家级可持续发展实验区14家，新增3家。国家农业科技园区7家，新增3家。国家级科技合作基地32个，新增12个。国家级、省级工程技术研究中心分别为34家和1091家。国家重点实验室3个，企业国家重点实验室10个，省部共建国家重点实验室培育基地5个，省重点实验室215个。院士工作站256个。国家级创新型（试点）企业45家。

信息产业发展良好。信息技术制造业实现主营业务收入8030.0亿元，比上年增长16.5%；利润506.4亿元，增长19.5%；利税708.2亿元，增长17.2%。软件业实现业务收入2263.0亿元，增长30.2%；利润86.3亿元，增长15.0%；利税172.3亿元，增长15.2%。软件业务出口7.4亿美元，增长3.3%。全国重点软件（百强）企业6家，软件产业园14个。地理信息产业加快发展，设区市全部建成数字城市地理空间框架，县级启动率达到60%，建成率达到40%。

质量强省战略深入实施。拥有国家地理标志保护产品54个，新增3个；山东名牌产品1961个，新增135个；山东省服务名牌504个，新增59个。海尔集团荣获首届中国质量奖。创建全国知名品牌创建示范区3个，山东省优质产品生产基地76个，龙头骨干企业158家。国家级、省级质检中心分别有42家和113家。建立公用计量标准3687项。获得质量管理体系认证有效证书20377张，环境管理体系认证有效证书6671张。现行有效地方标准1990项，新增205项。

气象地震服务水平提升。发布气象灾害预警信号68次，重要天气预报109期。防雹保护面积2.9万平方公里。新增24小时定量降水落区预报业务、中小河流和山洪地质灾害气象风险预警业务。地震监测预报、灾害防御、应急救援等防震减灾整体能力有效提升，共有测震台站127个，强震台站151个，新建县级地震台网中心10个。

十、教育、文化、卫生和体育

教育事业全面协调发展。共有研究生培养机构 33 所，招生 2.6 万人，在校生 7.3 万人；普通高等教育学校 140 所，普通本专科招生 52.8 万人，在校生 169.9 万人；中等职业学校（不含技工学校）525 所，招生 36.4 万人，在校生 103.2 万人；技工学校 207 所，招生 14.4 万人，在校生 36.9 万人；普通中学 3464 所，招生 158.5 万人，在校生 488.5 万人；小学 11151 所，招生 115.7 万人，在校生 626.0 万人。特殊教育学校 144 所，招生 3340 人，在校生 20946 人。幼儿园 1.9 万所，招生 116.1 万人，在园幼儿 262.4 万人。

文化事业与文化产业欣欣向荣。共有艺术表演团体 102 个，艺术表演场馆 93 个；博物馆 210 个，公共图书馆 151 个，群众艺术馆、文化馆 158 个，文化站 1828 个，农村文化大院 6.9 万个。省、市、县、乡、村五级公共文化服务体系不断健全，青岛市为首批国家公共文化服务体系示范区，烟台市进入第二批国家示范区创建行列，有 5 个市、17 个县市区为首批省级示范区。年末广播人口综合覆盖率为 98.49%，电视人口综合覆盖率为 98.22%。全年城市电影票房收入 7.55 亿元，比上年增长 30.3%；年末加入城市电影院线的影院达 278 家。全年出版各类图书 12132 种，报纸 87 种，杂志 261 种。共有国家级文化产业示范基地 12 个，省级文化产业示范基地 104 个。成功举办了第十届中国艺术节。

卫生服务水平稳步提升。拥有医疗卫生机构 75480 所，其中，医院 1783 所，基层医疗卫生机构 72108 所，专业公共卫生机构 1392 所，其他卫生机构 197 所。各类医疗卫生机构拥有床位 49.8 万张，卫生技术人员 60.1 万人，其中，执业医师及执业助理医师 23.4 万人，注册护士 24.1 万人。城乡居民健康档案规范化电子建档率为 81.5%。

全民体育运动深入开展。新建县、乡、村公共健身工程 5747 个，成功举办了全民健身运动会。竞技体育实现重大突破。在第十二届全运会上获得金牌 65 枚、银牌 47.5 枚、铜牌 43 枚，金牌总数和奖牌总数蝉联第一。16 人次获得世锦赛和世界杯冠军。青少年体育活动进展顺利，继续成功举办中小学六大联赛和高校三大球联赛。

十一、城乡建设

城镇化进程稳步推进。全省城镇化率达到 53.75%，比上年提高 1.32 个百分点。

村镇建设进展明显。村镇建设完成投资 1470 亿元，比上年增长 11.0%。新建农房 55 万户，改造危房 12 万户。全省农村集体土地所有权、宅基地使用权、集体建设用地使用权发证率分别为 99.21%、94.01%和 93.43%。

城市综合承载能力增强。城市基础设施建设完成投资 1200 亿元，比上年增长 10.1%。新建城市生活垃圾无害化处理场 4 座，新增生活垃圾日无害化处理能力 1850 吨；新建餐厨垃圾无害化处理场 2 座，新增餐厨垃圾日无害化处理能力 320 吨。新建城市污水处理厂 31 座，新增日污水处理能力 89 万立方米。新增城市道路面积 6000 万平方米，新增集中供热面积 6721 万平方米。

十二、资源、环境和安全生产

资源勘探取得新成果。新发现矿产地 14 处，新增查明金金属量 215.8 吨，银金属量 266.5 吨，铁矿石量 9.25 亿吨，煤炭资源量 4203 万吨，石膏矿石量 4.91 亿吨。

节能降耗成效明显。初步核算，万元 GDP 能耗降低率超额完成年度和进度目标任务。关停小火电机组 51.7 万千瓦。淘汰炼铁落后产能 28.0 万吨、炼钢 300.0 万吨、焦炭 270.0 万吨、铁合金 0.3 万吨、铜冶炼 1.0 万吨、铅冶炼 6.5 万吨、水泥（熟料）681.0 万吨、造纸 110.9 万吨、酒精 2.0 万吨、印染 6.2 亿米、铅蓄电池极板 319 万千伏安时。在重点调查的 76 种单位产品能耗指标中，比上年下降的有 55 种，占 72.4%。风力、光伏发电加快。风电装机容量累计 500.2 万千瓦，比上年增长 30.9%；风力发电 89.0 亿千瓦时，增长 40.8%。光伏发电装机容量累计 11.8 万千瓦，增长 77.8%；光伏发电 1.0 亿千瓦时，增长 40.5%。完成既有居住建筑节能改造 2329.9 万平方米，公共建筑节能改造 243.5 万平方米，太阳能光热建筑一体化应用面积 2718.0 万平方米。

生态建设取得新进展。四项主要污染物化学需氧量、氨氮、二氧化硫和氮氧化物排放量分别比上年下降 3.93%、4.18%、5.94%和 5.04%。重点流域化学需氧量和氨氮年均浓度分别下降 3.3%和 6.8%。大气污染防

治体系基本建立，发布实施区域大气污染物重点行业排放标准 5 项，在全国率先建成省级机动车环保检测监控平台，淘汰黄标车 3 万辆。森林和湿地保护力度加大。森林公园总面积达到 40.6 万公顷。国家级森林公园 42 处，新建 3 处；省级森林公园 72 处，市级森林公园 127 处。湿地类型自然保护区 17 处，国家级湿地公园 39 处，新增 25 处；省级以上湿地公园 81 处。国家级生态城市 3 个，国家级生态乡镇 407 个，国家级生态村 6 个，国家级生态工业示范园区 5 个。

安全生产事故下降。八个行业（领域）发生各类生产安全事故 3386 起，比上年下降 7.2%；死亡 1752 人，增长 3.4%。亿元 GDP 生产安全事故死亡 0.078 人。

十三、人口、居民生活和社会保障

人口保持低速增长。全年出生人口 110.78 万人，出生率 11.41‰；死亡人口 62.14 万人，死亡率 6.40‰；自然增长率 5.01‰。年末常住人口 9733.39 万人。其中，0-14 岁人口占总人口的 16.11%，15-65 岁人口占 72.94%，65 岁及以上人口占 10.95%。

居民生活质量稳步提升。城镇居民人均可支配收入 28264 元，比上年增长 9.7%，扣除价格因素，实际增长 7.4%。城镇居民家庭人均总收入中，人均工资性收入 21562 元，增长 8.6%；人均经营净收入 2996 元，增长 14.3%；人均财产性收入 781 元，增长 10.8%；人均转移性收入 5288 元，增长 9.6%。城镇居民人均消费性支出 17112 元，增长 8.5%。其中，食品支出 5626 元，增长 8.2%，城镇居民恩格尔系数为 32.9%。农村居民人均纯收入 10620 元，比上年增长 12.4%，扣除价格因素，实际增长 9.7%。其中，人均工资性收入 5127 元，增长 17.0%；人均家庭经营纯收入 4525 元，增长 6.9%；人均财产性纯收入 284 元，增长 10.4%；人均转移性纯收入 684 元，增长 19.6%。农村居民人均生活消费支出 7393 元，增长 9.1%。其中，食品支出 2554 元，增长 10.0%，农村居民恩格尔系数为 34.5%。

图5　2008-2013年城镇居民人均可支配收入及增长速度

图6　2008-2013年农村居民人均纯收入及增长速度

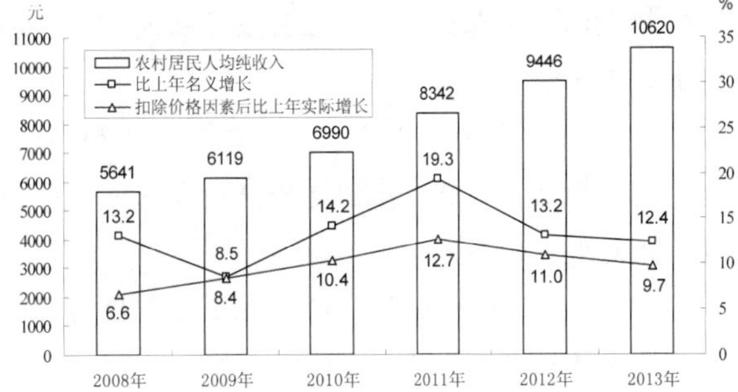

社会保障体系进一步健全。城镇职工基本养老、城镇基本医疗、失业、工伤、生育保险参保人数分别比上年末增加 196.4 万人、546.7 万人、79.8 万人、32.3 万人和 55.4 万人。居民基本养老保险参保人数 4512.8 万人。企业退休人员基本养老金月人均达到 2048 元。职工政策范围内住院报销比例达到 75%以上，城镇居民政策范围内住院报销比例达到 70%。失业保险金标准平均增长 14.7%，1 至 4 级工伤职工伤残津贴平均增长 12.0%。新型农村合作医疗覆盖面继续巩固扩大，参合人数为 6378.8 万人，参合率为 99.93%，人均筹资标准 350 元，政策范围内住院报销比例达 75%以上。

困难群众生活保障水平继续提高。城镇最低生活保障人数 48.7 万人，月人均保障标准 421 元，比上年提高 51 元。农村最低生活保障人数 259.9 万人，年人均保障标准 2510 元，比上年提高 296 元。

社会救助事业稳步发展。安排城乡医疗救助资金 7.3 亿元，比上年增长 6.0%；救助和资助居民 231.2 万人次。已建救助管理站和流浪未成年人救助保护中心共计 61 处。共有收养性社会福利单位 2473 个，床位数 38.6 万张（不含社区床位 7.6 万张），收养 25.8 万人。其中，农村养老机构 1589 个，床位数 24.6 万张，集中供养率为 75.1%。社会福利企业 1298 个，安置残疾人员就业 3.7 万人。各级慈善总会用于朝阳助学、夕阳扶老、情暖万家、康复助医、爱心助残五大工程的支出善款为 11.3 亿元。

注：

1. 本公报中数据均为初步统计数。

2. 全省生产总值、各产业增加值总量按现价计算，增长速度按不变价格计算。邮电业务总量按 2010 年不变价格计算。

3. 各类市场主体包括在工商部门登记注册的国有集体性质企业、外商投资企业、私营企业、个体工商户和农民专业合作社；各类企业包括在工商部门登记注册的国有集体性质企业、外商投资企业和私营企业。

4. 规模以上工业企业指年主营业务收入2000万元及以上的工业法人企业。

5. 固定资产投资（不含农户）包括城镇和非农户计划总投资500万元及以上固定资产投资项目的投资、房地产开发项目的投资。

6. 限额以上批发业企业指年主营业务收入2000万元及以上的批发业企业，限额以上零售业企业指年主营业务收入500万元及以上的零售业企业，限额以上住宿和餐饮业企业指年主营业务收入200万元及以上的住宿和餐饮业企业。

7. 各类生产安全事故起数、死亡人数统计范围包括生产经营性道路交通、水上交通、铁路交通、民航飞行、农业机械、渔业船舶、森林火灾和工矿商贸八个行业(领域)发生的事故，不再包括火灾事故和非生产经营性道路交通。

2013年山东统计工作综述

2013年是十分不平凡的一年，党的群众路线教育实践活动在全国深入开展，十八届三中全会开启了全面深化改革的进程。全省统计系统在省委、省政府的正确领导下，以党的十八大和十八届三中全会精神为指引，深入贯彻科学发展观，紧紧围绕全省转方式调结构工作大局，解放思想，求真务实，开拓进取，积极主动为全省经济社会发展提供优质统计服务，各项统计工作取得了新成绩。

一、认真学习贯彻党的十八大和十八届三中全会精神。党的十八大是在我国进入全面建成小康社会决定性阶段召开的一次十分重要的大会，党的十八届三中全会是我国在改革开放新的重要关头召开的一次具有里程碑意义的会议。认真学习贯彻党的十八大和十八届三中全会精神，是当前和今后一个时期的重大政治任务。全省统计系统按照中央和省委的统一部署，精心组织、周密安排，采取多种形式，迅速掀起学习宣传和贯彻落实的热潮。省统计局党组专门印发了学习通知，制定学习贯彻方案，各党支部坚持集中学习与个人自学相结合，把学习要求落到实处；各级统计部门也开展了形式多样的学习贯彻活动。通过学习，真正把会议精神转化为全省统计系统进一步解放思想、深化改革的持久动力，转化为推动统计改革和创新发展的战略举措，转化为加快实现统计现代化的实际行动，广大统计人员的进取意识、机遇意识、责任意识不断增强，统计能力、统计数据质量和政府统计公信力进一步提高。

二、党的群众路线教育实践活动深入开展。省统计局作为全省第一批教育实践活动单位，认真贯彻落实中央和省委的一系列重要文件会议精神，始终坚持“五个更加注重”基本原则，结合统计工作实际，扎实开展教育实践活动，取得了重要阶段性成果。通过党组中心组学习、党员干部自学、视频讲座等多种形式，深入学习系列理论，筑牢践行群众路线的思想根基。坚持开门搞活动，充分听取干部群众意见、广泛开展谈心活动，省统计局党组和各支部党小组分别召开专题民主生活会和组织生活会，查摆“四风”方面存在的主要问题，深入剖析存在问题的根源，明确努力方向，研究制定整改措施41条，代省政府起草了《关于在全省开展“查处制造假情况、假数字、假典型、虚报工作业绩问题”专项整治活动的工作方案》。坚持边学边改、边查边改，制定完善《各专业业务工作考核实施办法》、《统计分析工作标兵评选办法》、《统计政务信息工作标兵评选办法》等一批制度规范，形成推进统计事业健康发展的长效机制。

三、“统计质量效益年”活动成效明显。在全省统计系统开展“统计质量效益年”活动，将活动贯穿到各项统计工作中，统计工作质量效益得到明显提升。*统筹推进活动开展*。通过多种方式广泛征求意见，查找分析影响统计质量效益的各种问题，理清工作思路。加强制度建设，将各项具体工作逐一细化规范，形成《工作规范化操作手册》。全省统计系统上下联动，济南、青岛开通活动专题网站，淄博公开承诺践诺，东营、潍坊把活动考核与机关绩效考核挂钩，烟台、莱芜开展大讨论活动，泰安开展创新工作评比，日照印发《“统计质量效益年”服务手册》，菏泽举办“统计论坛”，推动活动蓬勃开展。*巩固提升四大工程建设*。全面部署企业联网直报“三查”工作，在全省范围内开展自查核查，清理统计代理机构代替企业联网直报的文件、规定和代理事务，加强基本单位名录库建设，确保做到“四个坚持”，严守“四条红线”。济南联合部门集中办公做好企业入库工作，东营推进“全市一库”的名录库维护模式，临沂实行联网直报企业网格化、无界限管理。在各级统计部门的共同努力下，全省8万多家三上企业和重点服务业企业，通过联网直接向国家及时报送数据。*不断完善数据质量控制机制*。加强统计数据审核评估，制定出台《统计数据质量管理办法》。加强分析预警，坚持关口前移，通过到部门、市县、企业调研分析，提前对主要宏观经济数据走势进行预测预警。青岛与部门、企业建立定期协商制度，莱芜建立数据质量控制体系，菏泽出台统计数据质量标准化管理办法，实现统计数据管理的科学化、规范化。*大力加强统计法制建设*。加强统计执法，抽取1500多家三上和重点服务业企业进行执法检查，组织统计案卷评查，对重点案件省统计局直接查处，对有关责任人员进行了严肃处理。开展统计法颁布30周年系列纪念宣传活动。各市积极推进依法统计，泰安开展“统计执法检查突击月”活动，威海举办全市各级领导干部统计法制专题讲座，德州举办纪念统计法颁布30周年座谈会。着力夯实统计基层基础建设。继续坚持“三个转变”的工作思路，开展县级统计机构规范化考核，加强企业统计星级管理，积极引导各市进行有益的探索。济南市政府出台《关于进一步加强和改进统计工作的意见》，枣庄、潍坊市政府召开统计基层基础工作现场会，东营、德州探索推行企业和基层统计人员考核补贴制度，威海、日照、滨州加大对基层统计人员的培训力度。

四、第三次全国经济普查工作稳步推进。认真贯彻落实国务院和省政府关于经济普查工作的部署要求，按照“早、细、严、实”的工作原则，扎实推进普查各项准备工作。落实普查机构、人员、经费和物资。在成立普查工作机构、落实工作人员和办公场所的基础上，各级普查机构积极筹措普查工作经费，全省共落实普查经费约 1.5 亿元，有力保障了普查工作的开展。全省共选聘普查员和普查指导员 18 万人，全力抓好普查业务和“两员”素质培训，为高质量完成普查工作提供强有力的人力支撑。落实普查工作机制。制定普查工作制度、规则、办法、职责，设计普查实施方案和工作流程，形成了科学严谨的普查工作运行机制。全力抓好普查综合试点工作，得到国务院经普办的充分肯定。积极开展部门调研和协调，充分利用部门行政登记资料，并与省工商局、省国资委等部门联合安排部署普查工作，形成工作合力。落实普查数据质量控制措施。认真开展普查单位核查，努力搞好普查区划分与绘图，全力做好普查软硬件的编程与测试，加强普查数据质量控制办法的落实，把提高普查数据质量贯穿于普查工作的全过程。省统计局班子成员坚持分片负责，并组成若干工作组全面督查指导，有效促进普查工作的开展。落实普查宣传。与省委宣传部联合开展普查宣传，各地充分利用报刊、广播、电视、网络、短信等进行广泛宣传动员，为依法普查营造浓厚的氛围。各市积极做好三经普各项准备工作，东营开发使用三经普数据比对系统，泰安建立普查工作情况定期报告制度，临沂推进个转企工作，为普查正式登记奠定了坚实的基础。

五、统计服务水平进一步提升。全省统计系统进一步提升对党委政府和社会公众的服务质量，逐步加强对调查对象的服务职能，切实推进现代化服务型统计。统计分析预警水平进一步提升。围绕省委省政府中心工作，时刻关注经济运行中的新情况、新问题、新变化，对工业、投资、能耗、房地产、贸易等重点领域敏感指标，进行提前调度，分析预警，为省领导把握形势、科学决策及时提供参考依据。加大调研力度，健全完善对企业生产经营的监测，定期组织重点联系企业进行交流，对行业、产业、产品、市场进行分析，增强了统计分析的针对性。统计信息服务水平进一步提高。不断提高统计信息的报送频率，既突出“短、平、快”，又突出“新、深、实”，增强统计服务的时效性。全局累计向省委、省政府“两办”报送统计信息 375 条，分别采用 146 条和 156 条，向国家统计局网站报送统计信息（含市）1436 条，采用 317 条，采用数量皆位居前列。统计科研宣传力度不断加大。精心组织全省第九届统计科研优秀成果奖评选活动和第 30 次统计科学讨论会论文集征文活动，统计科研水平进一步提高。做好统计新闻宣传服务，举办全省统计宣传骨干培训班，推动统计新闻宣传工作再上新水平。统计服务范围进一步拓展。积极为党委政府提供优质服务，为省领导参加重要会议、活动提供数据和分析材料，为省“两会”提供统计信息服务，开展对“两区一圈一带”统计监测，完成对山东全面建成小康社会进程的测算监测，协助省委组织部修改完善科学发展综合考核指标体系，高质量完成 17 市 9 项 27 个定量指标的搜集审核汇总，协助省委宣传部完成文化强省建设先进市县现场测评工作，得到省领导的充分肯定。服务调查对象的意识进一步增强。改进统计网站综合服务平台，开通统计政务微博，通过“阳光政务热线”、联网直报平台等媒介，努力为企业和社会公众提供咨询和信息查询服务。各市以建设现代化服务型统计为目标，进行大胆创新。青岛启用“数据青岛”综合数据信息平台，淄博、聊城建立统计监测联系点制度，枣庄打造智库式统计服务品牌，临沂编制“中国临沂商城指数”，被列为全国统计监测点。

六、各项统计调查工作取得新进展。认真组织实施工业、投资、建筑业、房地产业、批零住餐业、社会、科技、农业等领域各项常规统计调查工作。切实

加强服务业统计工作。省统计局单独设立了服务业统计综合处，加强对服务业统计的组织协调和业务指导。扎实开展重点服务业企业单位的核查认定，推广潍坊市服务业剥离工作经验，全省服务业调查单位突破1万家。召开部门服务业统计工作会议，建立完善行业统计制度，着力推进全行业统计。认真做好文化及文化创意产业统计工作。继续完善文化及文化创意产业分类和年定报相结合的统计监测制度，建立协调机制，制定方案流程，顺利完成调查单位库认定生成工作。对文化及文化创意产业增加值实行下算一级，增强了数据的准确性和协调性。统筹做好能源、资源、环境、气候统计工作。积极推进能耗核算制度改革，建立循环经济、资源利用与产出统计制度，高质量完成原煤生产企业清查任务，初步建立千家企业节能低碳统计监测体系，制定节能月度预警制度，联合下发节能预报晴雨表，积极参与省级温室气体排放清单编制工作。扎实做好全省1%人口和劳动力抽样调查和大城市月度劳动力调查。认真设计调查抽样方案，制定调查工作流程，事前开展清查摸底，事后进行质量抽查，圆满完成1%人口和劳动力抽样调查工作。大城市月度劳动力调查范围扩大为济南、青岛、烟台，认真抽取核实调查样本，加强现场登记检查指导，保证了调查数据基本平稳。积极做好社情民意调查。规范调查流程，更新CATI系统设备，加强访问员队伍建设，不断提高调查访问服务水平。圆满完成全省党的群众路线教育实践活动情况电话调查、政风行风电话评议调查等近20项电话调查，累计访问样本量达到16万个，在社会上产生较大反响，统计公信力不断提高。积极配合调查总队开展市县城乡住户调查一体化工作。各市在重点统计调查方面积极作为，烟台建立服务业基础数据分析制度和部门服务业定期统计分析例会制度，淄博建立文化创意产业调度工作制度，并联合宣传部督查单位核查认定工作，聊城探索建立“生态水城”环境监测指标体系，济宁加大社情民意调查硬件建设。

七、部门统计工作不断加强。强化对部门统计工作的管理协调和指导，积极引导部门统计规范化建设，联合省海洋渔业厅对全省渔业系统进行部门统计工作规范化认定。省农机局开展农机化统计规范化创建活动，人民银行济南分行牵头建立“一行三局”统计信息交流与共享制度，省经信委加强行业运行监测，省人社厅建立人社事业发展情况综合统计报表制度，省财政厅在全系统建立季度统计联席会议制度，省邮政管理局开展全省邮政行业统计检查，省交通厅启动交通运输统计分析监测和投资计划管理信息系统试点工程建设。各市也十分重视部门统计工作，济宁市政府召开会议部署部门统计工作，淄博建立部门统计联系人制度，滨州制定实施《部门统计工作规范化建设管理办法》。

八、各项机关建设成效显著。省统计局始终把机关建设作为统计事业的重要组成部分，下大力气抓实抓好。进一步转变工作作风。认真贯彻中央八项规定、省委实施办法和国家局若干规定，制定落实《关于进一步改进工作作风的若干规定》，取得明显成效。上报省委省政府的简报资料由原来的7种精简为1种，对各市局各专业的24项工作考核统一以1个文件下发，局发公文比2012年同期减少45件，会议数量减少16个，“三公”经费明显下降。认真开展“作风年”主题实践活动。在组织动员和学习提高的基础上，召开专题组织生活会，按照“摆、清、查、改”的标准要求，进行深入的思想和作风剖析，提出了切实可行的目标措施，着力解决在机关工作作风方面存在的突出问题，弘扬求真务实的工作作风。加强干部人才队伍建设。举办省、市、县三级业务骨干培训班，认真做好驻村“第一书记”工作，继续加大初中高级统计师考评工作力度，全面推进统计从业资格认定和继续教育工作，报名和考试通过人数再创历史新高。积极推进党风廉政建设和统计行风建设。高度重视党风廉政建设工作，修订《党风廉政建设责任制实施办法》，出台《廉政风险防控管理办法》，开展“庸懒散”专项治理活动。召开全省统计系统行风建设工作现场会，总结经验，推广典型，促进了统计行风建设。各市也十分注重发挥机关建设对统计事业的促进作用，泰安市局与泰山学院在统计数据开发应用、课题研究、人才培养等方面开展全方位合作共建，临沂市局开展了“三大纪律八项注意”活动，聘请了行风监督员，并被评为“全省人民满意公务员集体”。

回顾2013年的工作，全省统计系统付出了大量艰辛劳动，也收获了许多可喜成绩，得到了省委省政府和国家统计局的充分肯定，为加快建设经济文化强省、谱写山东人民美好生活新篇章作出了积极贡献。

第1篇

综　合

General Survey

简 要 说 明

一、本篇资料的主要内容

本篇资料是对我省乡镇以上行政区划、分行业法人单位数和国民经济、社会发展的综合反映，主要包括行政区划、法人单位数和平均每天社会经济活动、国民经济主要比例关系、国民经济和社会发展主要指标占全国的比重、国民经济和社会发展主要指标及其增长速度等资料。

二、本篇资料的来源

1、“行政区划一览表”主要包括2013年底各（地级）市、各县（市、区）和乡镇级的行政区划资料，数据来源于省民政厅。

2、法人单位情况由省统计局普查中心整理提供。

3、国民经济和社会发展综合部分来源于本年鉴各篇章中的资料，由省统计局综合处加工整理。

Brief Introduction

I. Main Content

Data in this chapter cover the main indicators on divisions of administrative areas, corporate units and national economy and social development, including divisions of administrative areas, number of corporate units and average daily social and economic activities, ratio, and percentage of main indicators of Shandong to the whole nation and growth rate.

II. Source of Data

(1) Data on divisions of administrative areas are provided by Shandong Provincial Department of Civil Affairs.

(2) Data on corporate units situation are provided and compiled by the Census Center of Shandong Provincial Bureau of Statistics.

(3) Data on general survey of economy and society are based on those of different chapters and compiled by the Division of Comprehensive Statistics of Shandong Provincial Bureau of Statistics.

1-1　行政区划(2013年底)

Divisions of Administrative Areas (Year-end of 2013)

单位:个　　　　(unit)

地　区	Region	县级单位数 Numbers of Counties	市辖区 Districts under the Jurisdiction of Cities	县级市 Cities at County Level	县 Coumty	乡镇级单位数 Numbers of Towns	街道办事处 Street Communities	乡 Townships	镇 Towns
全　省	**Total**	**137**	**48**	**29**	**60**	**1826**	**628**	**91**	**1107**
济南市	Jinan	10	6	1	3	143	90	2	51
青岛市	Qingdao	10	6	4		145	102		43
淄博市	Zibo	8	5		3	88	30		58
枣庄市	Zaozhuang	6	5	1		64	18	2	44
东营市	Dongying	5	2		3	40	14	3	23
烟台市	Yantai	12	4	7	1	154	67	6	81
潍坊市	Weifang	12	4	6	2	118	56		62
济宁市	Jining	11	2	2	7	156	44	8	104
泰安市	Tai'an	6	2	2	2	88	19	7	62
威海市	Weihai	4	1	3		71	23		48
日照市	Rizhao	4	2		2	55	11	4	40
莱芜市	Laiwu	2	2			20	7		13
临沂市	Linyi	12	3		9	156	28	9	119
德州市	Dezhou	11	1	2	8	134	27	17	90
聊城市	Liaocheng	8	1	1	6	135	32	13	90
滨州市	Binzhou	7	1		6	91	29	4	58
菏泽市	Heze	9	1		8	168	31	16	121

1-2 国民经济和社会发展主要指标

类别		Category		2000	2001
一、人口		**Population**			
年末总人口	(万人)	Total Population at the Year-end	(10 000 persons)	8997	9041
按性别分		**By Sex**			
男	(万人)	Male	(10 000 persons)	4562	4584
女	(万人)	Female	(10 000 persons)	4413	4440
按农业非农业分		**Agricultural and Non-agricultural Population**			
农业人口	(万人)	Agricultural Population	(10 000 persons)	6566	6507
非农业人口	(万人)	Non-agricultural Population	(10 000 persons)	2409	2517
人口密度	(人/平方公里)	Population Density	(persons/sq.km)	574	577
二、就业人员和劳动工资		**Employment and Wages**			
年末就业人员	(万人)	Year-end Employed Persons	(10 000 persons)	5441.8	5475.3
第一产业	(万人)	Primary Industry	(10 000 persons)	2887.7	2863.6
第二产业	(万人)	Secondary Industry	(10 000 persons)	1286.0	1308.6
第三产业	(万人)	Tertiary Industry	(10 000 persons)	1268.1	1303.1
乡村就业人员	(万人)	Rural Employed Persons	(10 000 persons)	3617.1	3589.9
城镇就业人员	(万人)	Urban Employed Persons	(10 000 persons)	1825.2	1885.4
职工年末人数	(万人)	Number of Staff and Workers at the Year-end	(10 000 persons)	790.1	770.5
#国有单位	(万人)	State-owned Units	(10 000 persons)	542.1	519.5
城镇集体单位	(万人)	Urban Collective-owned Units	(10 000 persons)	103.9	92.0
工资总额	(亿元)	Total Wages Bill	(100 million yuan)	695.1	773.9
#国有单位	(亿元)	State-owned Units	(100 million yuan)	524.4	577.7
城镇集体单位	(亿元)	Urban Collective-owned Units	(100 million yuan)	58.8	58.0
平均工资	(元)	Average Wage	(yuan)	8772	10007
#国有单位	(元)	State-owned Units	(yuan)	9655	11067
城镇集体单位	(元)	Urban Collective-owned Units	(yuan)	5585	6234
三、国民经济核算		**National Accounting**			
地区生产总值	(亿元)	Gross Domestic Product	(100 million yuan)	8337.47	9195.04
第一产业	(亿元)	Primary Industry	(100 million yuan)	1268.57	1359.49
第二产业	(亿元)	Secondary Industry	(100 million yuan)	4164.45	4556.01
工业	(亿元)	Industry	(100 million yuan)	3665.74	4004.09
建筑业	(亿元)	Construction	(100 million yuan)	498.71	551.92
第三产业	(亿元)	Tertiary Industry	(100 million yuan)	2904.45	3279.53
交通运输仓储邮电通信业	(亿元)	Transportation Post and Telecommunication Services	(100 million yuan)	545.13	657.57
批发零售贸易餐饮业	(亿元)	Wholesale Retail and Catering	(100 million yuan)	856.94	972.33
人均地区生产总值	(元)	Per Capita GDP	(yuan)	9326	10195
支出法计算的国内生产总值		**Gross Domestic Product by Expenditure Approach**			
#最终消费	(亿元)	Government Final Consumption Expenditure	(100 million yuan)	4021.46	4479.42
居民消费	(亿元)	Household Consumption Expenditures	(100 million yuan)	3082.06	3360.92
政府消费	(亿元)	Government Consumption Expenditure	(100 million yuan)	939.40	1118.50
资本形成总额	(亿元)	Gross Capital Formation	(100 million yuan)	4122.26	4422.24
#固定资产形成总额	(亿元)	Gross Fixed Capital Formation	(100 million yuan)	3159.03	3518.25
居民消费水平		**Household Consumption Expenditure**			
全省居民	(元)	Average Expenditure of All Residents	(yuan)	3447	3726
农村居民	(元)	Rural Residents	(yuan)	2118	2260
城镇居民	(元)	Urban Residents	(yuan)	5603	6020
四、固定资产投资		**Investment in Fixed Assets**			
全社会固定资产投资额	(亿元)	Total Investment in Fixed Assets	(100 million yuan)	2542.65	2807.79
国有经济	(亿元)	State-Owned Units	(100 million yuan)	1153.65	1157.44
集体经济	(亿元)	Collective-Owned Units	(100 million yuan)	679.48	688.61
个体经济	(亿元)	Individuals Economy	(100 million yuan)	353.93	384.06

注：1.2000和2010年年末总人口数据为人口普查时点数据。
2.2010年起，工资总额、平均工资数据为城镇单位就业人员口径。
3.2013起，农业和非农业人口数据改为农村和城镇常住人口口径。

Main Indicators on National Economic and Social Development

2002	2003	2004	2005	2006	2007	2008	2009	2010	2011	2012	2013
9082	9125	9180	9248	9309	9367	9417	9470	9579	9637	9685	9733
4607	4624	4652	4676	4707	4739	4761	4792	4839	4870	4868	4883
4463	4484	4512	4537	4575	4606	4632	4658	4697	4721	4712	4729
6435	6275	6212	6066	6055	5909	5860	5902	5698	5646	5559	4502
2634	2833	2951	3147	3228	3436	3532	3548	3839	3945	4021	5232
580	582	586	589	592	596	599	603	610	613	616	619
5527.0	5620.6	5728.1	5840.7	5960.0	6081.4	6187.6	6294.2	6401.9	6485.6	6554.3	6580.4
2769.6	2638.3	2542.1	2350.3	2328.0	2265.2	2313.5	2297.4	2273.1	2211.6	2168.0	2086.0
1375.1	1474.3	1581.0	1781.4	1870.3	1989.9	1955.5	2014.1	2086.7	2185.6	2245.2	2270.2
1382.3	1508.0	1605.0	1709.0	1761.7	1826.3	1918.6	1982.7	2042.1	2088.4	2141.1	2224.2
3578.3	3590.8	3587.7	3563.9	3535.0	3519.9	3507.5	3490.8	3474.5	3471.2	3470.0	3427.4
1948.6	2029.7	2140.4	2276.8	2425.0	2561.5	2680.1	2803.4	2927.4	3014.4	3084.3	3153.0
764.8	762.3	776.1	871.1	874.3	879.7	872.7	889.6	919.9	1006.0	1060.2	1237.6
493.5	487.5	483.6	415.8	409.3	411.6	413.9	413.3	422.4	424.4	431.8	397.6
82.0	74.1	67.2	63.3	59.6	57.8	54.1	54.4	54.6	58.4	60.5	55.5
868.4	954.8	1107.5	1440.3	1664.5	1992.6	2294.5	2629.3	3166.7	3956.1	4628.2	6098.9
630.5	679.1	772.6	823.7	929.9	1118.8	1285.8	1432.8	1683.5	1885.8	2125.1	2184.5
59.5	63.2	67.4	73.2	78.8	90.9	101.6	118.1	147.1	182.1	216.3	247.7
11374	12567	14332	16614	19228	22844	26404	29688	33321	37618	41904	47652
12777	13975	16030	19823	22804	27290	31169	34794	38490	43469	47894	53800
7129	8442	9864	11474	13132	15636	18656	21496	25626	29683	34001	42028
10275.50	12078.15	15021.84	18366.87	21900.19	25776.91	30933.28	33896.65	39169.92	45361.85	50013.24	54684.33
1390.00	1480.67	1778.45	1963.51	2138.90	2509.14	3002.65	3226.64	3588.28	3973.85	4281.70	4742.63
5184.98	6485.05	8478.69	10478.62	12574.03	14647.53	17571.98	18901.83	21238.49	24017.11	25735.73	27422.47
4518.87	5706.71	7576.12	9418.58	11378.82	13283.72	15894.95	16896.14	18861.45	21275.89	22798.33	24222.16
666.11	778.34	902.57	1060.04	1195.21	1363.81	1677.03	2005.69	2377.04	2741.22	2937.40	3200.31
3700.52	4112.43	4764.70	5924.74	7187.26	8620.24	10358.64	11768.18	14343.14	17370.89	19995.81	22519.23
655.64	710.18	969.13									
1142.54	1283.70	1431.58									
11340	13268	16413	19934	23603	27604	32936	35894	41106	47335	51768	56323
4887.40	5608.60	6568.66	7478.35	8888.17	10352.82	12368.40	13574.79	15331.20	18095.43	20543.68	
3555.72	3960.91	4506.51	5451.19	6553.88	7603.39	9085.22	9910.18	11058.97	12999.98	14583.38	
1331.68	1647.69	2062.15	2027.16	2334.29	2749.43	3283.18	3664.61	4272.23	5095.45	5960.30	
4840.39	5668.51	7455.96	9411.18	11177.54	13105.80	15587.57	18109.95	21499.29	24944.34	27551.54	
4192.58	5180.81	6896.07	8974.77	10829.36	12505.88	15035.08	17734.43	20800.55	24281.22	26808.85	
3924	4351	4924	5916	7064	8142	9673	10494	11611	13565	15095	
2366	2467	2662	3109	3608	4251	5081	5395	5733	7063	8212	
6232	6974	7965	9453	11193	12633	14815	16027	17726	19984	21528	
3509.29	5328.44	7629.04	10541.87	11136.06	12537.02	15435.93	19030.97	23276.69	26769.73	31255.96	36789.07
1237.16	1615.57	1762.29	1853.29	1855.41	1838.55	2431.54	3086.82	3648.45	3783.31	3949.65	4757.31
812.65	1177.00	2455.86	1042.41	1063.61	1269.64	1811.23	2308.54	2627.32	2715.00	3129.27	3113.17
487.31	733.64	772.28	2736.61	3096.56	3566.49	4360.90	5235.29	6505.00	8234.50	9879.75	12827.66

a)Total population data of 2000 and 2010 year-end are based on the national population census.
b)Since 2010,data of total wages bill and average wage refer to the range of employed persons in urban.
c)Since 2013, data of agriculture and non agriculture population refer to rural and urban resident population caliber.

1-2 续表 1

类 别		Category		2000	2001
其他经济	(亿元)	Others	(100 million yuan)	355.59	577.68
五、能 源		**Energy**			
能源生产总量	(万吨标煤)	Total Energy Production	(10 000 tons of SCE)	9648.75	11550.26
原 煤	(万吨标煤)	Coal	(10 000 tons of SCE)	5741.96	7634.32
原 油	(万吨标煤)	Crude Oil	(10 000 tons of SCE)	3822.49	3811.52
天燃气	(万吨标煤)	Natural Gas	(10 000 tons of SCE)	83.54	103.34
水 电	(万吨标煤)	Hydro-power	(10 000 tons of SCE)	0.76	1.08
水电和风电	(万吨标煤)	Hydro and Wind Power	(10 000 tons of SCE)		
六、财 政		**Government Finance**			
公共财政预算收入	(亿元)	Local Government Budgetary Revenue	(100 million yuan)	463.68	573.18
#增值税		Value Added Tax		89.69	100.29
营业税		Business Tax		87.66	92.69
企业所得税		Company Income Tax		81.87	149.11
个人所得税		Personal Income Tax		24.75	36.99
资源税		Resource Tax		6.22	6.44
城市维护建设税		Urban Maintenance and Development Tax		27.62	29.05
房产税		Tax on Real Estates		15.56	16.53
城镇土地使用税		Urban Land Using Tax		8.82	8.91
土地增值税		Land Value-added Tax		0.74	1.07
车船税		Tax on Vehicle and License		3.19	3.64
行政性收费收入		Incom from Adiministrative Fees		30.57	40.37
公共财政预算支出	(亿元)	Local Government Budgetary Expenditure	(100 million yuan)	613.08	753.78
#基本建设支出		Expenditure for Capital Construction		29.51	40.96
城市维护费		City Maintenance		38.88	48.58
支援农业支出		Expenditure for Supporting Rural Production		41.19	47.89
文教科学卫生事业费		Operating Expenses for Culture,Education, Science and Health Care		167.79	193.60
行政管理费		Expenditure for Government Administratio		62.21	74.31
#一般公共服务		General Public Service			
教育		Education			
社会保障和就业		Social Security and Employment			
医疗卫生		Health			
农林水事务		Farming、Forestry and Irrigation Affairs			
七、金 融		**Fiancial Intermediation**			
金融机构人民币存款余额	(亿元)	RMB Deposits	(100 million yuan)	7471.20	8501.73
#企业存款		Deposits by Enterprises		2077.20	2307.90
财政存款		Fiscal Deposits		76.45	114.04
农业存款		Agricultural Deposits		135.15	161.34
储蓄存款		Urban and Rural Household Savings Deposits		4466.72	5063.79
金融机构人民币贷款余额	(亿元)	RMB Loans	(100 million yuan)	6209.05	7017.66
#工业贷款		Loans to Industrial Sector		993.80	1147.20
农业贷款		Loans to Agricultural Sector		528.18	707.12
商业贷款		Loans to Commercial Sector		1124.92	1222.73
基建贷款		Loans to Capital Construction		731.59	837.34
技改贷款		Loans to Technical Innovation		267.82	285.43
八、价格指数		**Price Indices**			
居民消费价格总指数	(上年=100)	Consumer Price Index	(preceding year=100)	100.2	101.8
商品零售物价总指数	(上年=100)	Retail Price Index	(preceding year=100)	98.6	100.0
九、居民生活		**People's Livelihood**			
农民生活		Rural's Livelihood			
人均年末生活用房面积(平方米)		Per Capita Living Floor Space(the End of Year)	(sq.m)	23.61	24.60

continued

2002	2003	2004	2005	2006	2007	2008	2009	2010	2011	2012	2013
972.17	1802.23	2638.61	4909.56	5120.48	5862.34	6832.27	8400.32	10495.92	12036.92	14297.30	16090.93
13241.75	14384.08	14394.61	13995.62	14083.40	14616.67	14615.32	14600.08	16055.71	16351.80	17261.75	15187.65
9333.02	10476.85	10461.78	10021.63	10042.24	10526.28	10500.62	10424.07	11913.14	12255.64	13138.83	11052.66
3816.52	3808.65	3820.50	3849.36	3935.89	3990.22	3998.91	4040.38	3980.08	3973.65	3963.94	3950.87
91.07	98.36	111.84	123.03	103.46	99.22	113.05	119.97	129.01	69.16	79.80	67.93
1.14	0.22	0.49	1.60	1.82	0.95	2.74					
							15.66	33.48	53.35	79.19	116.19
610.22	713.79	828.33	1073.13	1356.25	1675.40	1957.05	2198.63	2749.38	3455.93	4059.43	4559.95
111.23	126.08	116.04	193.00	242.83	290.79	333.78	324.48	378.23	413.82	438.12	489.56
117.64	144.71	176.45	217.79	271.73	339.71	396.09	470.61	631.51	765.72	896.64	1068.33
78.39	66.44	86.06	110.83	148.28	198.50	229.97	220.30	293.31	398.56	441.64	445.95
31.09	26.03	31.96	38.89	45.84	56.81	61.13	64.67	81.01	96.58	95.11	104.59
9.76	10.48	13.51	18.24	26.14	28.99	28.81	32.81	33.29	38.36	91.11	92.62
30.80	44.40	54.93	65.95	78.43	92.46	104.14	109.08	130.74	179.60	198.88	217.84
20.98	24.47	26.78	32.80	38.70	44.35	47.26	57.86	64.65	74.02	100.83	111.75
11.72	19.81	21.17	29.44	35.97	65.96	103.57	120.88	137.69	158.46	211.69	229.16
1.73	5.49	9.08	14.39	22.02	32.53	36.56	43.84	66.19	105.67	145.21	205.91
4.36	4.84	4.93	5.60	6.42	7.53	12.64	17.69	23.27	29.72	35.86	40.26
54.02	75.74	90.99	108.07	133.20	144.44	163.20	171.59	203.02	278.82	305.29	284.12
860.65	1010.64	1189.37	1466.23	1833.44	2261.85	2704.66	3267.67	4145.03	5002.07	5904.52	6688.80
44.04	63.68	60.03	70.48	82.20							
54.80	68.52	88.60	117.97	147.03							
55.79	61.81	73.11	89.58	108.38							
229.07	255.33	309.11	375.17	454.28							
90.02	112.33	131.29	162.95	192.95							
					421.82	468.24	490.14	544.31	618.48	705.51	749.96
					453.36	550.99	613.49	770.45	1047.90	1311.80	1399.67
					251.78	285.05	342.79	416.77	501.54	596.48	681.98
					99.65	140.42	189.24	250.77	360.36	422.91	485.86
					163.01	235.30	369.35	465.98	564.00	673.82	748.14
10247.77	12438.24	14514.28	17103.51	19633.99	22072.24	26930.18	34697.78	41104.96	46345.41	54301.53	62077.88
2737.13	3396.56	3873.04	4123.86	4774.57	5910.20	6828.95	10020.94	11585.54			
131.87	148.65	225.83	259.66	343.11	479.06	535.25	868.34	1026.07	1109.49	1172.88	1226.84
205.05	243.82	271.55	322.20	395.44	431.06	447.17	660.50	277.96			
5805.72	6768.35	7721.46	9035.14	10358.03	11438.11	14382.19	17082.76	19648.21	22173.27	26343.31	29796.08
8536.60	10467.11	11782.83	13381.75	15709.60	17545.15	20053.91	25961.32	30722.64	35179.00	42899.91	44761.26
1346.65	1632.99	1925.57	2021.82	2837.25	3300.69	3550.94	3941.55				
907.36	1156.51	1340.13	1561.11	1844.65	2155.94	2463.43	2962.97				
1256.20	1256.67	1166.06	1086.77	998.19	1053.05	943.99	1117.77				
1134.36	1399.29	1683.42	2040.32	2627.80	3047.84	3644.33	5252.66				
111.11	153.75	194.66	206.97	143.32	140.52	152.83	132.83				
99.3	101.1	103.6	101.7	101.0	104.4	105.3	100.0	102.9	105.0	102.1	102.2
98.8	100.2	102.8	100.6	100.6	103.6	104.9	99.4	102.7	104.7	101.6	101.4
25.59	26.53	26.92	29.64	30.69	31.69	32.98	34.24	34.71	36.31	38.43	39.56

1-2 续表 2

类别		Category		2000	2001
人均总收入	(元)	Annual Per Capita Gross Income of Rural Households	(yuan)	3872	4139
人均纯收入	(元)	Annual Per Capita Disposable Income of Rural Households	(yuan)	2659	2805
人均总支出	(元)	Annual Per Capita Gross Expenditure of Rural Households	(yuan)	3036	3327
#购置生产性固定资产	(元)	Expenditure for Purchasing Productive Fixed Assets	(yuan)	108	102
生活消费支出	(元)	Living Expenditure of Rural Households	(yuan)	1771	1905
城镇居民生活		**Urban's Livelihood**			
人均全年可支配收入	(元)	Annual Per Capita Disposable Income of Urban Households	(yuan)	6490	7101
人均全年消费性支出	(元)	Annual Per Capita Consumption Expenditure of Urban Households	(yuan)	5022	5252
人均全年非消费支出	(元)	Annual Per Capita Non-consumption Expenditure of Urban Households	(yuan)	1037	1133
年末人均建筑面积	(平方米)	Per Captia Construction Area of Buildings	(sq.m)	13.8	14.2
十、农林牧渔业		**Farming,Forestry,Animal Husbandry and Fishery**			
农林牧渔业总产值	(亿元)	Gross Output Value of Farming Forestry, Animal Husbandry and Fishery	(100 million yuan)	2294.4	2454.0
农　业	(亿元)	Farming	(100 million yuan)	1300.4	1401.3
林　业	(亿元)	Forestry	(100 million yuan)	47.6	47.2
牧　业	(亿元)	Animal Husbandry	(100 million yuan)	599.2	654.7
渔　业	(亿元)	Fishery	(100 million yuan)	347.1	350.7
农林牧渔服务业	(亿元)	Services for Agriculture	(100 million yuan)		
农业生产情况		**Farming**			
粮食总产量	(万吨)	Total Output of Grain	(10 000 tons)	3837.7	3720.6
粮食单产	(千克/公顷)	Grain	(kilogram/hectare)	4938	5201
棉花总产量	(万吨)	Total Output of Cotton	(10 000 tons)	59.0	78.1
棉花单产	(千克/公顷)	Cotton	(kilogram/hectare)	1085	1062
油料总产量	(万吨)	Total Output of Oil-bearing Crops	(10 000 tons)	356.9	377.3
油料单产	(千克/公顷)	Oil-bearing Crops	(kilogram/hectare)	3730	3743
肉类总产量	(万吨)	Total Output of Grain	(10 000 tons)	500.0	531.5
猪存栏	(万头)	Number of Pigs	(10 000 heads)	2401.8	2500.3
牛存栏	(万头)	Number of Cattles	(10 000 heads)	779.9	778.5
羊存栏	(万只)	Number of Sheep and Goats	(10 000 heads)	2260.1	2357.2
家禽存栏	(万只)	Number of Poultry	(10 000 heads)	47789.9	50263.7
猪出栏	(万头)	Slaughtered Pigs	(10 000 heads)	3213.2	3370.7
牛出栏	(万头)	Slaughtered Cattle	(10 000 heads)	322.2	359.6
羊出栏	(万只)	Slaughtered Sheep	(10 000 heads)	2375.7	2530.1
家禽出栏	(万只)	Slaughtered Poultry	(10 000 heads)	91195.0	99493.7
禽蛋产量	(万吨)	Poultry Eggs	(10 000 tons)	301.0	311.6
奶类产量	(万吨)	Milk	(10 000 tons)	62.7	80.5
水产品总产量	(吨)	Total Aquatic Products	(tons)	6306551	6196988
海水产品	(吨)	Seawater Aquatic Products	(tons)	5375169	5266599
海洋捕捞	(吨)	Catching in Ocean	(tons)	2780483	2511170
海水养殖	(吨)	Seawater Aquiculture	(tons)	2594685	2755430
淡水产品产量	(吨)	Freshwater Aquatic Products	(tons)	931382	930389
捕捞量	(吨)	Catching	(tons)	81214	79991
养殖量	(吨)	Freshwater Aquiculture	(tons)	850168	850397
水产品养殖面积	(万亩)	Aquiculture Area	(10 000 mu)	788.4	829.4
海　水	(万亩)	Seawater Aquiculture Area	(10 000 mu)	420.7	435.0
淡　水	(万亩)	Freshwater Aquiculture Area	(10 000 mu)	367.6	394.4
十一、工　业		**Industry**			
工业总产值	(亿元)	Gross Industrial Output Value	(100 million yuan)	12509.5	13277.4
#国有经济	(亿元)	State-owned Enterprises	(100 million yuan)	2474.5	1223.5
集体经济	(亿元)	Collective-owned Enterprises	(100 million yuan)	2394.0	2078.3

continued

2002	2003	2004	2005	2006	2007	2008	2009	2010	2011	2012	2013
4306	4482	5038	5677	6189	7150	8137	8684	9877	12147	13645	
2954	3150	3507	3931	4368	4985	5641	6119	6990	8342	9446	10620
3439	3521	3999	4561	5090	5863	6697	7258	7981	10299	11463	
92	84	108	117	149	111	124	234	192	295	205	
1998	2133	2389	2736	3144	3622	4077	4417	4807	5901	6776	7393
7615	8400	9438	10745	12192	14265	16305	17811	19946	22792	25755	28264
5596	6069	6674	7457	8468	9667	11007	12013	13118	14561	15778	17112
1905	2221	2352	2432	3249	3522	3640	4060	4298	4781	4879	
24.6	25.7	26.4	28.5	29.3	29.8	31.3	31.8	32.1	33.2	33.4	36.4
2526.1	2902.5	3453.9	3741.8	4058.6	4766.2	5613.0	6003.1	6650.9	7409.8	7945.8	8750.0
1420.9	1599.3	1891.7	2034.0	2283.3	2604.1	2895.7	3224.0	3670.1	3843.6	3960.6	4509.9
48.3	53.7	59.5	57.6	65.5	82.0	102.2	101.3	86.5	100.0	107.0	120.3
698.4	831.3	1022.8	1125.0	1025.4	1313.0	1704.9	1683.8	1774.5	2171.9	2285.9	2359.0
358.5	370.0	426.1	465.5	522.9	580.4	686.3	747.4	847.4	999.1	1267.1	1397.4
	48.1	53.8	59.7	161.5	186.8	223.9	246.6	272.5	295.1	325.1	363.4
3292.7	3435.5	3516.7	3917.4	4093.0	4148.8	4260.5	4316.3	4335.7	4426.3	4511.4	4528.2
4763	5355	5570	5837	5848	5981	6125	6140	6120	6194	6264	6208.0
72.2	87.7	109.8	84.6	102.3	100.1	104.1	92.1	72.4	78.5	69.8	62.1
1086	994	1036	1000	1149	1112	1172	1151	945	1043	1012	923.0
340.4	361.8	369.7	363.9	328.2	328.6	340.6	334.5	342.2	341.0	351.0	349.6
3458	3572	3913	4044	4136	4097	4192	4247	4193	4227	4409	4398.0
559.7	591.0	621.7	657.8	681.0	618.7	660.31	684.13	704.36	711.05	764.16	774.8
2602.8	2686.1	2761.0	2772.0	2508.5	2656.5	2725.8	2753.1	2747.6	2837.1	2902.4	2931.4
787.9	804.3	771.5	750.4	632.7	570.7	522.5	485.6	483.7	492.9	499.3	500.1
2466.8	2543.3	2667.5	2646.0	2368.3	2342.3	2142.9	2096.9	2138.9	2150.9	2163.8	2158.1
53236.2	55031.3	56875.6	54641.3	52100.3	48779.5	53971.8	52028.8	54110.0	58541.2	64050.3	62299.0
3566.2	3765.9	4060.4	4263.5	4389.9	3654.0	3916.7	4155.7	4301.1	4234.2	4599.9	4797.7
380.1	396.5	413.2	425.7	436.6	449.7	458.2	454.3	449.3	433.4	437.3	443.4
2646.5	2731.2	2869.4	3003.0	3026.2	3080.7	3098.8	3057.1	3005.1	2901.2	2915.7	2967.3
105550.4	113458.2	122660.6	145089.4	151090.9	139652.9	152889.1	156864.2	163295.6	173553.9	188715.2	184002.0
328.3	349.1	355.8	363.2	353.9	359.9	365.6	377.7	384.8	401.6	402.4	396.6
103.9	132.1	167.9	196.7	212.4	242.2	254.9	258.2	271.6	279.0	294.1	281.2
6277536	6378795	6486528	6648983	6837469	7133795	7303048	7535939	7838259	8138280	8418840	8631599
5403654	5456872	5528613	5655207	5783299	5986873	6094766	6263895	6463345	6647212	6860649	6994590
2457272	2421393	2440631	2421396	2359570	2451596	2481256	2449591	2350888	2512437	2498206	2428240
2946382	3035479	3087982	3233811	3423729	3535277	3613510	3814304	3962643	4134775	4362443	4566350
873882	921923	957915	993776	1054170	1146922	1208282	1272044	1374914	1491068	1558191	1637009
71142	91019	93484	110887	117390	114368	129643	128342	130896	135378	139308	142253
802740	830904	864431	882889	936780	1032554	1078639	1143702	1244018	1355690	1418883	1494756
802.5	930.9	1014.3	1033.1	840.0	885.0	993.5	1029.3	1136.5	1174.4	1205.2	1240.4
439.2	537.5	598.0	611.1	564.6	609.3	639.3	662.1	751.4	768.2	785.6	820.2
363.4	393.4	416.3	422.0	275.4	275.7	354.1	367.2	385.1	406.2	419.6	420.1
15588.5	19891.5	26295.2	35387.4	43900.2	54428.3	62958.5	71209.4	83851.4	99505.0	114707.3	129906.0
1377.0	1484.0	2087.3	1982.9	2307.8	2988.1	4577.2	4074.7	5486.1	6200.8	5022.1	4250.1
2348.8	2526.4	2819.3	2264.9	2469.7	2922.8	2464.1	2775.7	2632.6	2983.4	3129.1	1750.4

1–2 续表 3

类　　别		Category		2000	2001
按轻重工业分		**Grouped by Light & Heavy Industries**			
轻工业	(亿元)	Light Industry	(100 million yuan)	5964.7	6437.4
重工业	(亿元)	Heavy Industry	(100 million yuan)	6544.8	6840.0
十二、交通运输邮电		**Transport,Posts and Telecommunications**			
铁路通车里程	(公里)	Length of Railways	(km)	2672	2709
公路通车里程	(公里)	Length of Highways	(km)	70686	71128
#晴雨通车	(公里)	Length of Highways Operating under All Weathers	(km)	70038	70701
内河通航里程	(公里)	Length of Navigable Inland Waterways	(km)	1476	1476
客运量	(万人)	Passenger Traffic	(10 000 persons)	66128	70497
铁　路	(万人)	Railways	(10 000 persons)	3840	3723
公　路	(万人)	Highways	(10 000 persons)	61466	65787
水　路	(万人)	Waterways	(10 000 persons)	822	987
客运周转量	(百万人公里)	Passenger Turnover	(million passenger-km)	54873	59432
铁　路	(百万人公里)	Railways	(million passenger-km)	22180	23373
公　路	(百万人公里)	Highways	(million passenger-km)	32358	35573
水　路	(百万人公里)	Waterways	(million passenger-km)	335	486
货运量	(万吨)	Freight Traffic	(10 000 tons)	92483	99464
铁　路	(万吨)	Railways	(10 000 tons)	11253	12426
公　路	(万吨)	Highways	(10 000 tons)	76778	81574
水　路	(万吨)	Waterways	(10 000 tons)	4452	5464
货运周转量	(百万吨公里)	Freight Turnover	(million ton-km)	403315	467545
铁　路	(百万吨公里)	Railways	(million ton-km)	79964	84815
公　路	(百万吨公里)	Highways	(million ton-km)	40575	41143
水　路	(百万吨公里)	Waterways	(million ton-km)	282776	341587
邮政局总计	(处)	Number of Post & Telecommunications Offices	(unit)	3011	3040
邮路总长度	(万公里)	Length of Postal Routes	(10 000 km)	16.95	15.93
函　件	(万件)	Number of Letters	(10 000 pcs)	32878	31400
电信业务总量	(亿元)	Business Volume of Telecommunication Services	(10 000 yuan)	186.5	230.0
长话电路	(路)	Long-distance Telephone Lines	(line)	222500	108000
长途电话	(万次)	Number of Long Distance Telephone Calls	(10 000 times)	96010	101682
市内电话	(万户)	Number of Urban Telephone Calls	(10 000 subscribers)	547.0	661.0
农村电话	(万户)	Number of Rural Telephone Calls	(10 000 subscribers)	559.0	827.0
十三、国内贸易		**Domestic Trade**			
社会消费品零售总额	(亿元)	Total Retail Sales of Consumer Goods	(100 million yuan)	3264.05	3634.60
市	(亿元)	City	(100 million yuan)	2017.18	2253.45
县	(亿元)	County	(100 million yuan)	313.35	352.56
县以下	(亿元)	Under County Level	(100 million yuan)	933.52	1028.59
按行业分		**By Sector**			
批零贸易业	(亿元)	Wholesale and Retail Trades	(100 million yuan)	2075.94	2340.68
住宿和餐饮业	(亿元)	Hotels and Catering Services	(100 million yuan)	339.46	399.81
其他行业	(亿元)	Others	(100 million yuan)	156.67	174.46
十四、对外贸易和旅游		**Foreign Economy and Trade,Tourism**			
对外贸易		Foreign Economy and Trade			
海关进出口总值	(万美元)	Total Value of Imports and Exports	(10 000 USD)	2498998	2896313
海关出口总值	(万美元)	Total Exports	(10 000 USD)	1552905	1812899
#一般贸易	(万美元)	General Trade	(10 000 USD)	746563	913253
来料加工装配贸易	(万美元)	Processing and Assembling with Customer's Materials	(10 000 USD)	293008	310013
进料加工贸易	(万美元)	Processing and Assembling with Import Materials	(10 000 USD)	507050	579125

continued

2002	2003	2004	2005	2006	2007	2008	2009	2010	2011	2012	2013
7630.5	9049.5	11383.0	13124.1	15638.9	19011.8	21315.3	24195.8	27161.8	31019.1	36682.8	40763.8
7958.1	10842.1	14912.3	22263.3	28261.4	35416.5	41643.3	47013.6	56689.6	68485.8	78024.5	89142.2
2709	3236	3348	3402	3405	3379	3329	3620	3833	4177	4306	4397
74029	76266	77768	80132	204911	212236	220687	226693	229858	233189	244586	252785
73665	75948	77483	79854	203363	211279	219525	225235	228906	232264	243779	252066
1476	1012	1012	1012	1012	1012	1012	1012	1150	1150	1150	1150
74626	75492	89388	98485	109472	123963	213387	234234	248720	250469	264935	269391
3566	3324	3857	3952	4757	5127	5470	5806	6041	6609	7650	8484
69948	71053	84290	93178	103298	117309	205917	226134	240044	241457	254711	258327
1112	1115	1241	1355	1417	1527	2000	2294	2635	2403	2574	2580
64294	61769	74799	82778	93014	106879	141867	158713	164471	172751	183196	189285
24644	22024	26696	28268	32223	34039	36694	37993	42135	45872	50951	54995
39173	39223	47545	53910	60128	72022	104569	119723	121151	125691	130995	133137
477	522	558	600	663	818	604	997	1185	1188	1250	1153
107454	117712	132036	147999	167511	198507	247489	284463	298055	314962	330270	344401
13624	17167	17862	18338	19126	19923	20872	19596	18056	19711	19814	19043
89714	95900	106887	120455	136750	163959	216604	251587	264366	279380	296752	311812
4116	4645	7287	9206	11635	14625	10013	13280	15633	15871	13704	13546
304075	342906	478309	558286	665521	642854	1010234	1095569	1174705	1258364	1099119	1026088
92525	107157	111109	121908	151159	131151	134133	134139	144775	152606	149384	138910
46009	50987	59606	71182	84510	106926	511792	604502	621680	662435	705922	749888
165541	184762	307594	365196	429852	404777	364309	356928	408250	443323	243813	137290
3012	3007	3009	3025	3043	3046	2934	2862	2840	2851	2856	2861
16.47	15.70	16.20	17.34	16.96	17.38	17.68	18.08	6.80	6.60	7.30	7.3
51496	58220	50087	24075	44356	47157	46362	52074	53963	46014	45663	42389
276.0	332.6	484.6	675.5	928.7	1179.9	1426.2	1586.8	1920.9	723.6	797.6	863.7
135000	268530	510000	290996	462662	350028	413082					
99470	149245	121275	152883	148631	157152	124858	123510				
790.0	1008.0	1314.0	1410.9	1380.5	1377.6	1398.4	1291.3	1193.5	1087.6	1071.3	1032.2
950.0	1085.0	1198.0	1275.7	1256.7	1211.5	1053.7	965.0	829.6	809.0	786.8	712.2
4078.02	4644.86	5290.50	6166.94	7217.13	8607.45	10658.76	12362.97	14620.30	17155.49	19651.94	22294.84
2577.31	2977.36	3320.64	3890.93	4593.55	5488.52	6766.32	8038.46				
379.26	469.13	588.76	687.50	804.90	971.12	1240.07	1437.80				
1121.45	1198.37	1381.10	1588.51	1818.68	2147.81	2652.37	2886.71				
2691.49	3836.66	4444.04	5173.89	6044.60	7205.96	9314.97	10348.40				
477.13	585.25	661.06	776.51	925.47	1123.47	1063.78	1673.61				
187.59	222.95	185.40	216.54	247.06	278.02	280.00	340.96				
3394175	4465752	6078136	7688876	9528817	12261798	15814480	13860378	18895058	23599191	24554487	26715854
2111511	2657285	3587286	4625113	5864717	7524374	9317486	7956530	10424695	12578809	12873171	13450998
1089063	1400709	1799792	2310122	3013461	3800924	4739880	3637582	4973019	6466907	6875045	7603996
341530	392861	483369	594991	655916	679014	722044	697915	750340	842878	867657	866031
669958	845249	1252126	1668351	2083042	2863332	3573434	3296132	4230872	4737751	4566215	4392892

1-2 续表 4

类　　别	Category	2000	2001
海关进口总值 (万美元)	Total Imports (10 000 USD)	946093	1083414
利用外资	**Utilization of Foreign Capital**		
合同项目个数 (个)	Number of Contracts (unit)	2733	3058
#外商直接投资 (个)	Direct Foreign Investments (unit)	2728	3047
合同外资金额 (万美元)	Total Amount of Contracted Foreign Capital (10 000 USD)	561066	715880
#外商直接投资 (万美元)	Direct Foreign Investments (10 000 USD)	507435	672040
实际利用外资金额 (万美元)	Total Amount of Foreign Capital Actually Utilized (10 000 USD)	381243	424886
#外商直接投资 (万美元)	Direct Foreign Investments (10 000 USD)	297119	362093
对外承包工程和劳务合作	**Foreign Contracted Projects Labor Cooperation**		
合同个数 (个)	Number of Contracts (unit)	1250	1580
合同金额 (万美元)	Contracted Value (10 000 USD)	61601	104622
营业额 (万美元)	Value of Business (10 000 USD)	45229	55913
年末在外人数 (人)	Population in Foreign Countries and Regions (person)	35028	36489
旅　游	**Tourism**		
接待海外旅游人数 (人次)	International Tourists (person-times)	723145	828664
外国人 (人次)	Foreigners (person-times)	480090	592413
港澳台胞 (人次)	Compatriots from Hong Kong Macao and Taiwan (person-times)	243055	236251
旅游外汇收入 (万元)	Foreign Exchange Earnings (10 000 yuan)	260839	316518
旅游外汇收入 (万美元)	Foreign Exchange Earnings (10 000 USD)	31513	38241
人民币对主要外币年平均汇价(中间价)	**Average Exchange Rate of RMB Yuan Against Main Convertible Currencies (Middle Rate)**		
100美元 (人民币元)	100 US Dollars (RMB yuan)	827.72	827.70
100日元 (人民币元)	100 Japanese Yen (RMB yuan)	7.39	6.81
100港元 (人民币元)	100 Hong Kong Dollars (RMB yuan)	106.08	106.08
十五、教　育	**Education**		
普通高等学校	**Regular Institutions of Higher Education**		
学校数 (所)	Number of Schools (unit)	58	65
教职工数 (人)	Teachers and Staff (person)	54910	64362
#专任教师 (人)	Full-time Teachers (person)	24764	30902
招生数 (人)	New Enrollment (person)	124817	183553
在校学生数 (人)	Total Enrollment (person)	303826	449360
毕业生数 (人)	Graduates (person)	49687	69583
中等专业学校基本情况	**Secondary Professional Schools**		
学校数 (所)	Number of Schools (unit)	243	200
招生数 (人)	New Enrollment (person)	93493	92215
毕业生数 (人)	Graduates (person)	103629	110827
在校学生数 (人)	Total Enrollment (person)	333184	310508
教职工数 (人)	Teachers and Staff (person)	37241	28002
#专任教师 (人)	Full-time Teachers (person)	20409	15607
普通中学基本情况	**Regular Senior Secondary Schools**		
学校数 (所)	Number of Schools (unit)	4575	4684
招生数 (万人)	New Enrollment (10 000 persons)	234.18	220.94
毕业生数 (万人)	Graduates (10 000 persons)	167.96	188.59
在校学生数 (万人)	Total Enrollment (10 000 persons)	678.60	702.18
教职工数 (人)	Teachers and Staff (person)	430754	451014
#专任教师 (人)	Full-time Teachers (person)	350353	359665
技工学校基本情况	**Technical Schools**		
学校数 (所)	Number of Schools (unit)	279	278
招生数 (人)	New Enrollment (person)	48008	53283
毕业生数 (人)	Graduates (person)	66546	55769
在校学生数 (人)	Total Enrollment (person)	137718	132122

注：2010年起，中等专业学校数据改为中等职业学校口径。

continued

2002	2003	2004	2005	2006	2007	2008	2009	2010	2011	2012	2013
1282664	1808467	2490850	3063763	3664100	4737424	6496994	5903848	8470390	11020382	11681316	13264856
4072	5305	5890	6415	4030							
4065	5305	5890	6415	4030	2717	1527	1468	1632	1433	1333	1405
1186072	1989296	2144647	2884398	1645089							
1130680	1341413	2028958	2749510	1624175	1173880	1014959	871045	1363381	1579081	1655717	1770879
652124	1125985	982105	1101441	1020966							
558603	709371	870064	897072	1000069	1101159	820246	801007	916833	1116022	1235267	1405315
1380	1322	1879	2171	2513	2642	2880	2397	3075			
134098	124243	146590	164091	392134	540344	754137	932312	1092504	948287	988209	1078349
83133	99213	151568	174518	232293	301928	358867	509083	602415	819857	898864	940828
43554	52077	62705	71610	83974	93797	90623	96421	102149	108662	103736	98988
976841	776725	1193101	1551056	1931342	2496437	2537575	3100379	3667909	4242277	4699116	4527082
741366	615457	961697	1247842	1560436	2020311	2065007	2411857	2778699	3123264	3422261	3273678
235475	161268	231404	303214	370906	476126	472568	688522	889210	1119013	1276855	1253404
391076	306360	468922	639142	808382	1027946	966397	1205874	1458866	1647486	1845554	1691487
47249	37013	56655	78023	101405	135185	139148	176530	215506	255076	292365	273120
827.70	827.70	827.68	819.17	797.18	760.40	694.51	683.10	676.95	645.88	631.25	619.32
6.62	7.15	7.66	7.45	6.86	6.46	6.74	7.30	7.73	8.11	7.90	6.33
106.07	106.24	106.23	105.30	102.62	97.46	89.19	88.12	87.13	82.97	81.38	79.85
75	85	97	104	109	111	114	128	133	139	137	140
72408	84391	93653	109920	121167	128761	134072	136753	139100	142698	142370	142240
37412	45457	53847	64636	74676	81889	87432	89734	91413	94621	96058	98685
218719	273894	327452	400573	445034	453479	514176	501082	495722	497292	498621	527539
583601	761417	946124	1171284	1338122	1440378	1534009	1592974	1631373	1645589	1658490	1698545
94697	117253	166959	224611	268384	355735	411143	431598	444003	472882	474266	475858
165	154	145	134	130	135	130	124	640	591	560	525
115941	94625	87889	86044	90432	98634	93217	99212	426954	444703	404670	363547
111333	64046	65953	75076	79902	92275	83077	88355	439337	386564	380451	378626
314135	256655	260276	257161	264456	283231	271905	271993	1131621	1177130	1147012	1031585
27005	23630	21621	20406	20563	20985	20308	19981	78769	74232	71449	66810
15369	13761	12771	12193	12634	13223	13224	13093	55465	53569	52430	50243
4648	4606	4569	4404	4175	4039	3893	3750	3645	3569	3522	3464
201.65	192.94	192.32	179.71	164.60	162.49	160.54	160.24	164.12	161.83	159.88	158.53
205.62	222.82	213.80	207.29	196.70	191.02	172.88	158.65	156.89	157.80	153.20	156.04
689.17	654.34	628.34	592.49	554.04	520.31	502.14	499.34	501.07	501.58	492.64	488.48
461898	468627	473687	470584	462298	454920	445545	442447	438787	462765	464942	466088
369664	374811	379100	377133	372370	370255	367658	372550	372082	376760	376819	382340
249	244	249	229	197	200	197	196	209	208	213	207
83186	105896	121444	138505	148625	159954	161000	147000	136995	149407	154546	144165
49634	46247	58834	78091	98239	110278	121000	140300	133615	123404	113066	121782
165386	212811	274432	325924	357648	385325	415000	396200	397719	381503	401207	369922

a)Data of secondary professional schools refer to the caliber of secondary vocational school since 2010 .

1-2 续表 5

类别		Category		2000	2001
教职工数	(人)	Teachers and Staff	(person)	24484	23152
#专任教师	(人)	Full-time Teachers	(person)	14066	16060
小学基本情况		**Regular Primary Schools**			
学校数	(所)	Number of Schools	(unit)	26017	21342
招生数	(万人)	New Enrollment	(10 000 persons)	104.48	101.36
毕业生数	(万人)	Graduates	(10 000 persons)	195.12	176.17
在校学生数	(万人)	Total Enrollment	(10 000 persons)	774.88	699.19
教职工数	(人)	Teachers and Staff	(person)	440161	422905
#专任教师	(人)	Full-time Teachers	(person)	408200	390374
成人高等学校基本情况		**Adult Institutions of Higher Education**			
学校数	(所)	Number of Schools	(unit)	40	34
招生数	(人)	New Enrollment	(person)	82423	103165
毕业生数	(人)	Graduates	(person)	70810	57373
在校学生数	(人)	Total Enrollment	(person)	219977	255775
教职工数	(人)	Teachers and Staff	(person)	14090	13911
#专任教师	(人)	Full-time Teachers	(person)	7084	6841
十六、科　技		**Science**			
重要科技成果		**Major Scientific Achievements**			
成果数量	(项)	Number of Achievements	(unit)	3728	3112
农　业	(项)	Agricultural	(unit)	575	494
工　业	(项)	Industry	(unit)	1289	1138
国际领先先进水平	(项)	Internationally Advanced	(unit)	599	506
国内领先先进水平	(项)	Nationally Advanced	(unit)	2861	2439
省内领先先进水平	(项)	Provincial Advanced	(unit)	182	167
专利情况		**Patent Applications**			
申请量	(件)	Number of Patent Applications Examined	(unit)	10019	11168
授权量	(件)	Number of Patent Applications Granted	(unit)	6962	6724
十七、卫生、文化事业基本情况		**Public Health and Culture**			
卫生机构床位数	(万张)	Number of Beds in Health Institutions	(10 000 units)	21.5	21.8
卫生技术人员数	(万人)	Medical Technical Personnel	(10 000 persons)	31.5	31.8
#医生数	(万人)	Doctors	(10 000 persons)	14.5	14.9
文化(艺术)馆		**Cultural(Arts) Centers**			
机构数	(个)	Number of Institutions	(unit)	159	159
人　数	(人)	Number of Employed Persons	(person)	3055	2975
文化站		**Cultural Stations**			
机构数	(个)	Number of Institutions	(unit)	2422	1912
人　数	(人)	Number of Employed Persons	(person)	3304	2943
艺术表演团体		**Arts Performance Troupes**			
机构数	(个)	Number of Institutions	(unit)	118	121
人　数	(人)	Number of Employed Persons	(person)	5943	5990
剧场(院)		**Theaters and Music Halls**			
机构数	(个)	Number of Institutions	(unit)	105	105
人　数	(人)	Number of Employed Persons	(person)	2473	2444
图书馆		**Libraries**			
机构数	(个)	Number of Institutions	(unit)	133	136
人　数	(人)	Number of Employed Persons	(person)	2506	2503
博物馆		**Museums**			
机构数	(个)	Number of Institutions	(unit)	59	66
人　数	(人)	Number of Employed Persons	(person)	1633	1611

continued

2002	2003	2004	2005	2006	2007	2008	2009	2010	2011	2012	2013
22190	20684	21370	22049	22309	26744	24700	24963	18183	24379	29909	30860
13072	13371	14607	15058	16211	23586	18847	19378	14962	21050	21451	23977
19590	18303	16943	15871	14611	14064	13503	12858	12405	12047	11573	11151
107.26	107.86	110.17	104.27	107.18	111.46	104.61	101.78	111.30	119.40	109.55	115.69
144.10	128.24	124.69	113.31	101.69	103.87	107.48	109.47	110.26	106.82	106.16	103.30
662.59	642.78	627.80	615.37	623.02	634.01	632.98	626.81	629.25	644.07	627.67	625.98
414600	410968	410264	410394	415117	420353	420552	421057	417504	393612	387203	383692
383816	380066	378793	377729	381673	386641	387957	389962	387453	386280	382562	387312
29	27	24	24	24	23	22	21	18	17	17	11
111023	128242	132313	108707	95858	106857	152713	136048	133191	147677	166515	165522
69723	79518	107645	118379	34999	97584	93079	105081	110347	144703	120404	128297
316605	373086	268112	258521	295189	297085	355307	377343	388741	386481	428180	459803
11797	9877	11056	11481	12775	12627	7390	6240	4225	3951	4286	2843
6182	5300	6247	6683	7516	7537	4840	4142	2946	2731	2917	1982
3018	2896	3028	2408	2313	2346	2330	2364	2367	2379	2393	2332
452	433	454	320	338	330	301	306	391	305	338	297
1117	1071	1120	539	630	704	677	849	751	723	853	866
486	466	485	534	448	543	592	751	676	647	609	681
2371	2276	2392	1741	1742	1662	1618	1412	1316	1296	1349	1067
161	154	151	133	123							
12855	15794	18388	28835	38284	46849	60247	66857	80856	109599	128614	155170
7293	9067	9733	10743	15937	22821	26688	34513	51490	58843	75522	76976
22.1	21.8	23.2	25.1	25.9	28.3	32.0	34.7	38.2	41.6	47.3	49.0
32.2	31.1	32.3	32.5	33.7	34.6	37.6	40.6	44.1	48.2	53.0	59.8
15.4	13.4	13.9	14.1	14.6	15.0	16.0	16.9	17.8	18.6	20.1	23.2
156	157	159	158	158	157	156	158	158	160	158	159
2935	2968	3136	2982	3058	3012	3025	3115	3055	3086	3033	3062
1866	1792	1783	1768	1857	1826	1826	1867	1855	1828	1821	1807
3019	3022	3190	3166	3330	3715	3754	4593	4543	4643	4987	4915
121	120	118	117	118	119	119	118	119	116	104	103
6030	5988	5995	6066	6250	6163	6254	6279	6268	6163	5722	5557
104	104	95	94	95	92	90	82	91	93	93	93
2434	2353	2088	1881	2098	1937	1827	1640	1904	2134	2083	1719
140	140	142	145	143	145	147	150	149	150	150	153
2559	2573	2633	2690	2624	2640	2606	2669	2680	2697	2647	2760
70	73	72	75	76	87	96	111	114	120	178	194
1566	1634	1684	1723	1770	1915	2064	2307	2456	2787	4353	4748

1-3 国民经济和社会发展主要指标增长速度

单位:%

类　　别	Category	2000	2001
一、人　口	**Population**		
年末总人口	Population at the Year-end	1.3	0.5
按性别分	**By Sex**		
男	Male	0.6	0.5
女	Female	0.6	0.6
按农业非农业分	**Agricultural and Non-agricultural Population**		
农业人口	Agricultural Population	-0.5	-0.9
非农业人口	Non-agricultural Population	3.8	4.5
人口密度	Population Density	1.2	0.5
二、就业人员和劳动工资	**Employment and Wages**		
年末就业人员	Year-end Employed Persons	2.4	0.6
第一产业	Primary Industry	2.7	-0.8
第二产业	Secondary Industry	3.2	1.8
第三产业	Tertiary Industry	0.9	2.8
乡村就业人员	Rural Employed Persons	-0.8	-0.8
城镇就业人员	Urban Employed Persons	9.3	3.3
职工年末人数	Number of Staff and Workers at the Year-end	-2.4	-2.5
#国有单位	State-owned Units	-4.3	-4.2
城镇集体单位	Urban Collective-owned Units	-12.8	-11.5
工资总额	Total Wages Bill	12.1	11.3
#国有单位	State-owned Units	10.2	10.2
城镇集体单位	Urban Collective-owned Units	-2.2	-1.4
平均工资	Average Wage	14.6	14.1
#国有单位	State-owned Units	15.1	14.6
城镇集体单位	Urban Collective-owned Units	12.0	11.6
三、国民经济核算	**National Accounting**		
地区生产总值	Gross Domestic Product	10.3	10.0
第一产业	Primary Industry	3.8	4.2
第二产业	Secondary Industry	12.0	11.0
工　业	Industry	12.2	11.2
建筑业	Construction	9.7	9.3
第三产业	Tertiary Industry	10.4	11.2
交通运输仓储邮电通信业	Transportation Post and Telecommunication Services	11.3	20.0
批发零售贸易餐饮业	Wholesale Retail and Catering	11.6	13.9
人均地区生产总值	Per Capita GDP	9.0	9.1
居民消费水平	**Household Consumption Expenditure**		
全省居民	Average Expenditure of All Residents	8.2	7.6
农村居民	Rural Residents	5.6	4.9
城镇居民	Urban Residents	9.1	7.8
四、固定资产投资	**Investment in Fixed Assets**		
全社会固定资产投资额	Total Investment in Fixed Assets	14.4	10.4
国有经济	State-Owned Units	10.6	0.3
集体经济	Collective-Owned Units	6.9	1.3
个体经济	Individuals Economy	13.9	8.5
其他经济	Others	52.7	62.5

注：1.2000和2010年年末总人口增速根据人口普查数据计算。
2.2010年起，工资总额、平均工资增长速度为城镇单位就业人员口径。

Growth Rates of Main Indicators on National Economic and Social Development

(%)

2002	2003	2004	2005	2006	2007	2008	2009	2010	2011	2012	2013
0.5	0.5	0.6	0.7	0.7	0.6	0.5	0.6	1.2	0.5	0.5	0.5
0.5	0.4	0.6	0.5	0.7	0.7	0.5	0.6	1.0	0.6	-0.0	0.3
0.5	0.5	0.6	0.6	0.8	0.7	0.6	0.6	0.9	0.5	-0.2	0.4
-1.1	-2.5	-1.0	-2.4	-0.2	-2.4	-0.8	0.7	-3.5	-0.9	-1.5	-1.4
4.7	7.6	4.2	6.6	2.6	6.4	2.8	0.5	8.2	2.8	1.9	2.7
0.5	0.3	0.7	0.5	0.5	0.7	0.5	0.7	1.2	0.5	0.4	0.5
0.9	1.7	1.9	2.0	2.0	2.0	1.7	1.7	1.7	1.3	1.1	0.4
-3.3	-4.7	-3.6	-7.5	-1.0	-2.7	2.1	-0.7	-1.1	-2.7	-2.0	-3.8
5.1	7.2	7.2	12.7	5.0	6.4	-1.7	3.0	3.6	4.7	2.7	1.1
6.1	9.1	6.4	6.5	3.1	3.7	5.1	3.3	3.0	2.3	2.5	3.9
-0.3	0.4	-0.1	-0.7	-0.8	-0.4	-0.4	-0.5	-0.5	-0.1	-0.0	-1.2
3.4	4.2	5.5	6.4	6.5	5.6	4.6	4.6	4.4	3.0	2.3	2.2
-0.7	-0.3	1.8	12.2	0.4	0.6	-0.8	1.9	3.4	5.4	5.4	16.7
-5.0	-1.2	-0.8	-14.0	-1.6	0.6	0.6	-0.1	2.2	-3.0	1.7	-7.9
-10.9	-9.6	-9.3	-5.8	-5.9	-3.0	-6.4	0.6	0.4	3.5	3.6	-8.3
12.2	10.0	16.0	30.1	15.6	19.7	15.2	14.6	17.3	24.9	17.0	31.8
9.1	7.7	13.8	6.6	12.9	20.3	14.9	11.4	15.2	12.0	12.7	2.8
2.6	6.2	6.7	8.6	7.7	15.4	11.8	16.2	20.3	23.8	18.8	14.5
13.7	10.5	14.0	15.9	15.7	18.8	15.6	12.4	13.3	12.9	11.4	13.7
15.5	9.4	14.7	23.7	15.0	19.7	14.2	11.6	11.5	12.9	10.2	12.3
14.4	18.4	16.8	16.3	14.5	19.1	19.3	15.2	15.5	15.8	14.5	23.6
11.7	13.4	15.3	15.0	14.7	14.2	12.0	12.2	12.3	10.9	9.8	9.6
2.5	5.6	7.0	4.8	5.2	4.0	5.1	4.2	3.6	4.0	4.7	3.8
15.0	16.8	19.3	17.4	16.6	15.8	12.0	13.9	12.8	11.7	10.5	10.7
14.6	17.5	21.1	18.1	17.2	16.6	12.6	12.8	12.8	12.5	11.1	10.9
18.0	11.6	5.0	12.0	11.1	8.2	6.4	25.4	12.6	5.1	5.9	8.4
10.9	11.4	12.3	14.4	14.5	14.6	13.9	11.2	13.5	11.3	9.8	9.2
0.9	11.6	33.2	14.4								
13.6	10.8	7.5	11.6								
11.2	12.9	14.7	14.5	13.9	13.5	11.4	11.6	11.3	10.2	9.2	9.0
8.1	7.5	9.9	15.2	15.4	13.6	13.3	10.8	10.4	9.6	10.4	
3.8	3.9	4.0	13.0	14.8	15.2	12.1	11.1	11.6	13.2	15.6	
8.3	6.8	11.1	13.3	13.4	11.5	12.7	9.5	8.4	6.6	6.9	
25.0	51.8	43.2	38.2	19.6	24.2	23.1	23.3	22.3	21.8	20.2	
6.9	30.6	9.1	5.2	2.9	4.4	32.3	26.9	18.2	3.7	12.0	21.8
18.0	44.8	108.7	-57.6	19.3	37.3	42.7	27.5	13.8	3.3	21.6	0.7
26.9	50.6	5.3	254.4	34.8	34.0	22.3	20.1	24.3	26.6	25.8	31.1
68.3	85.4	46.4	86.1	18.8	29.3	16.5	23.0	24.9	14.7	50.1	13.7

a)Growth rate on Total population of 2000 and 2010 are based on the national population census.

b)Since 2010,data of total wages bill and average wage refer to the range of employed persons in urban.

1-3 续表 1

单位:%

类别	Category	2000	2001
五、能　源	**Energy**		
能源生产总量	Total Energy Production	-6.5	19.7
原　煤	Coal	-10.6	33.0
原　油	Crude Oil	0.4	-0.3
天燃气	Natural Gas	-6.2	23.7
水　电	Hydro-power	4.1	42.1
水电和风电	Hydro and Wind Power		
六、财　政	**Government Finance**		
公共财政预算收入	Local Government Budgetary Revenue	14.6	23.6
#增值税	Value Added Tax	14.7	11.8
营业税	Business Tax	11.0	5.7
企业所得税	Company Income Tax	29.6	82.1
个人所得税	Personal Income Tax	31.9	49.5
资源税	Resource Tax	4.1	3.6
城市维护建设税	Urban Maintenance and Development Tax	16.0	5.2
房产税	Tax on Real Estates	15.4	6.3
城镇土地使用税	Urban Land Using Tax	22.8	1.0
土地增值税	Land Value-added Tax	111.9	43.6
车船税	Tax on Vehicle and License	64.2	14.2
行政性收费收入	Incom from Adiministrative Fees	43.9	32.1
公共财政预算支出	Local Government Budgetary Expenditure	11.5	23.0
#基本建设支出	Expenditure for Capital Construction	-9.2	38.8
城市维护费	City Maintenance	10.7	24.9
支援农业支出	Expenditure for Supporting Rural Production	2.3	16.3
文教科学卫生事业费	Operating Expenses for Culture,Education,Science and Health Care	15.5	15.4
行政管理费	Expenditure for Government Administration	14.2	19.5
#一般公共服务	General Public Service		
教育	Education		
社会保障和就业	Social Security and Employment		
医疗卫生	Health		
农林水事务	Farming、Forestry and Irrigation Affairs		
七、金　融	**Fiancial Intermediation**		
金融机构人民币存款余额	RMB Deposits	13.8	13.8
#企业存款	Deposits by Enterprises	20.4	11.1
财政存款	Fiscal Deposits	30.7	49.2
农业存款	Agricultural Deposits	24.6	19.4
储蓄存款	Urban and Rural Household Savings Deposits	8.7	13.4
金融机构人民币贷款余额	RMB Loans	9.3	13.0
#工业贷款	Loans to Industrial Sector	-4.4	15.4
农业贷款	Loans to Agricultural Sector	19.1	33.9
商业贷款	Loans to Commercial Sector	-11.1	8.7
基建贷款	Loans to Capital Construction	31.5	14.5
技改贷款	Loans to Technical Innovation	6.2	6.6
八、价格指数	**Price Indices**		
居民消费价格总指数	Consumer Price Index	0.2	1.8
商品零售物价总指数	Retail Price Index	-1.4	持平
九、居民生活	**People's Livelihood**		
农民生活	Rural's Livelihood		
人均年末生活用房面积	Per Capita Living Floor Space(the End of Year)	-5.8	4.2
人均总收入	Annual Per Capita Gross Income of Rural Households	6.2	6.9
人均纯收入	Annual Per Capita Disposable Income of Rural Households	4.3	5.5
人均总支出	Annual Per Capita Gross Expenditure of Rural Households	6.7	9.6
#购置生产性固定资产	Expenditure for Purchasing Productive Fixed Assets	10.8	-5.7
生活消费支出	Living Expenditure of Rural Households	5.4	7.6

continued

(%)

2002	2003	2004	2005	2006	2007	2008	2009	2010	2011	2012	2013
14.6	8.6	0.1	-2.8	0.6	3.8	0.0	-0.1	10.0	1.8	5.6	-12.0
22.3	12.3	-0.1	-4.2	0.2	4.8	-0.2	-0.7	14.3	2.9	7.2	-15.9
0.1	-0.2	0.3	0.8	2.3	1.4	0.2	1.0	-1.5	-0.2	-0.2	-0.3
-11.9	8.0	13.7	10.0	-15.9	-4.1	13.9	6.1	7.5	-46.4	15.4	-14.9
5.6	-80.7	122.7	226.5	13.8	-47.8	188.4					
								113.8	59.4	48.4	46.7
25.3	21.3	28.9	29.6	26.4	23.5	16.8	12.3	25.0	25.7	17.5	12.3
10.9	13.4	-8.0	66.3	25.8	19.8	14.8	-2.8	16.6	9.4	5.9	11.7
26.9	23.0	21.9	23.4	24.8	25.0	16.6	18.8	34.2	21.3	17.1	19.1
-47.4	-15.3	29.5	28.8	33.8	33.9	15.9	-4.2	33.1	35.9	10.8	1.0
-16.0	-16.3	22.8	21.7	17.9	24.0	7.6	5.8	25.3	19.2	-1.5	10.0
51.6	7.3	29.0	35.0	43.3	10.9	-0.6	13.9	1.5	15.2	137.5	1.7
6.0	44.2	23.7	20.1	18.9	17.9	12.6	4.7	19.9	37.4	10.7	9.5
26.9	16.7	9.4	22.5	18.0	14.6	6.6	22.4	11.7	14.5	36.2	10.8
31.5	69.0	6.9	39.1	22.2	83.4	57.0	16.7	13.9	15.1	33.6	8.3
62.0	218.0	65.5	58.4	53.0	47.7	12.4	19.9	51.0	59.6	37.4	41.8
19.9	11.0	1.9	13.5	14.7	17.2	68.0	39.9	31.5	27.7	20.6	12.3
33.8	40.2	20.1	18.8	23.3	8.4	13.0	5.1	18.3	37.3	9.5	-6.9
14.2	17.4	17.7	23.3	25.0	23.4	19.6	20.8	26.8	20.7	18.0	13.3
7.5	44.6	-5.7	17.4	16.6							
12.8	25.0	29.3	33.2	24.6							
16.5	10.8	18.3	22.5	21.0							
18.3	11.5	21.1	21.4	21.1							
21.1	24.8	16.9	24.1	18.4							
					21.6	11.0	4.7	11.1	13.6	14.1	6.3
					34.3	21.5	11.3	25.6	36.0	25.2	6.7
					28.4	13.2	20.3	21.6	20.3	18.9	14.3
					31.4	40.9	34.8	32.5	43.7	17.4	14.9
					22.7	44.3	57.0	26.2	21.0	19.5	11.0
20.5	21.4	16.7	17.8	14.8	12.4	22.0	28.8	18.5	12.7	17.2	14.3
18.6	24.1	14.0	6.5	15.8	23.8	15.6	46.7	15.6			
15.6	12.7	51.9	15.0	32.1	39.6	11.7	62.2	18.2	8.1	5.7	4.6
27.1	18.9	11.4	18.7	22.7	9.0	3.7	47.7	-57.9			
14.7	16.6	14.1	17.0	14.6	10.4	25.7	18.8	15.0	12.9	18.8	13.1
21.6	22.6	12.6	13.6	17.4	11.7	14.3	29.5	18.3	14.5	21.9	4.3
17.4	21.3	17.9	5.0	40.3	16.3	7.6	11.0				
28.3	27.5	15.9	16.5	18.2	16.9	14.3	20.3				
2.7	0.0	-7.2	-6.8	-8.2	5.5	-10.4	18.4				
35.5	23.4	20.3	21.2	28.8	16.0	19.6	44.1				
-61.1	38.4	26.6	6.3	-30.8	-2.0	8.8	-13.1				
-0.7	1.1	3.6	1.7	1.0	4.4	5.3	持平	2.9	5.0	2.1	2.2
-1.2	0.2	2.8	0.6	0.6	3.6	4.9	-0.6	3.3	4.7	1.6	1.4
4.0	3.7	1.5	10.1	3.5	3.3	4.1	3.8	1.4	4.6	5.8	2.9
4.0	4.1	12.4	12.7	9.0	15.5	13.8	6.7	13.7	23.0	12.3	
5.3	6.7	11.3	12.1	11.1	14.1	13.2	8.5	14.2	19.3	13.2	12.4
3.4	2.4	13.6	14.1	11.6	15.2	14.2	8.4	10.0	29.0	11.3	
-9.1	-9.3	28.6	8.7	27.5	-25.6	11.6	88.7	-17.9	53.4	-30.3	
4.9	6.8	12.0	14.5	14.9	15.2	12.6	8.3	8.8	22.7	14.8	9.1

1-3 续表 2

单位:%

类　　别	Category	2000	2001
城镇居民生活	**Urban's Livelihood**		
人均全年可支配收入	Annual Per Capita Disposable Income of Urban Households	11.7	9.4
人均全年消费性支出	Annual Per Capita Consumption Expenditure of Urban Households	11.2	4.6
人均全年非消费支出	Annual Per Capita Non-consumption Expenditure of Urban Households	-4.2	9.2
年末人均建筑面积	Per Captia Construction Area of Buildings	5.0	3.1
十、农林牧渔业	**Farming,Forestry,Animal Husbandry and Fishery**		
农林牧渔业总产值	**Gross Output Value of Farming Forestry,Animal Husbandry and Fishery**	**3.9**	**4.0**
农　业	Farming	4.0	4.1
林　业	Forestry	6.2	-6.2
牧　业	Animal Husbandry	5.4	7.4
渔　业	Fishery	0.5	-1.4
农林牧渔服务业	Services for Agriculture		
农业生产情况	**Farming**		
粮食总产量	Total Output of Grain	-10.1	-3.1
粮食单产	Grain	-6.3	5.3
棉花总产量	Total Output of Cotton	50.5	32.4
棉花单产	Cotton	1.2	-2.1
油料总产量	Total Output of Oil-bearing Crops	11.4	5.7
油料单产	Oil-bearing Crops	3.2	0.4
肉类总产量	Total Output of Grain	-4.7	6.3
猪存栏	Number of Pigs	-6.2	4.1
牛存栏	Number of Cattles	-20.2	-0.2
羊存栏	Number of Sheep and Goats	-10.9	4.3
家禽存栏	Number of Poultry	-10.4	5.2
猪出栏	Slaughtered Pigs	-1.1	4.9
牛出栏	Slaughtered Cattle	-17.6	11.6
羊出栏	Slaughtered Sheep	-16.3	6.5
家禽出栏	Slaughtered Poultry	-9.0	9.1
禽蛋产量	Poultry Eggs	-13.8	3.5
奶类产量	Milk	2.3	28.3
水产品总产量	Total Aquatic Products	0.5	-1.7
海水产品	Seawater Aquatic Products	-1.2	-2.0
海洋捕捞	Catching in Ocean	-7.4	-9.7
海水养殖	Seawater Aquiculture	6.5	6.2
淡水产品产量	Freshwater Aquatic Products	11.2	-0.1
捕捞量	Catching	1.5	-1.5
养殖量	Freshwater Aquiculture	12.2	0.0
水产品养殖面积	Aquiculture Area	9.1	5.2
海　水	Seawater Aquiculture Area	25.2	3.4
淡　水	Freshwater Aquiculture Area	-4.9	7.3
十一、工　业	**Industry**		
工业总产值	**Gross Industrial Output Value**	**17.9**	**10.6**
#国有经济	State-owned Enterprises	6.2	-45.6
集体经济	Collective-owned Enterprises	17.7	-14.2
按轻重工业分	**Grouped by Light & Heavy Industries**		
轻工业	Light Industry	20.0	11.9
重工业	Heavy Industry	15.9	8.9

continued

(%)

2002	2003	2004	2005	2006	2007	2008	2009	2010	2011	2012	2013
14.5	10.3	12.4	13.9	13.5	17.0	14.3	9.2	12.0	14.3	13.0	9.7
6.6	8.5	10.0	11.7	13.6	14.1	13.9	9.1	9.2	11.0	8.4	8.5
68.1	16.6	5.9	3.4	33.6	8.4	3.4	11.5	5.9	11.2	2.1	
	4.5	2.8	8.0	2.8	1.7	5.1	1.5	0.9	3.4	0.8	8.8
1.1	**5.5**	**5.7**	**5.2**	**5.2**	**3.3**	**5.1**	**4.3**	**3.6**	**3.8**	**4.7**	**3.8**
-2.5	6.5	5.9	3.9	5.4	3.4	3.6	2.7	2.5	3.9	2.5	4.4
-4.5	7.6	0.8	-3.7	10.7	7.8	13.9	9.9	9.9	9.3	3.4	9.0
6.8	5.7	6.1	7.3	4.4	0.8	5.9	5.2	3.9	2.5	7.7	2.1
2.3	1.7	4.4	6.7	3.9	4.7	5.9	6.2	4.9	4.4	4.1	3.3
	11.5	8.0	9.2	18.8	10.8	13.3	10.1	9.9	7.2	7.7	1.7
-11.5	4.3	2.4	11.4	4.5	1.4	2.7	1.3	0.4	2.1	1.9	0.4
-8.4	12.4	4.0	4.8	0.2	2.3	2.4	0.2	-0.3	1.2	1.1	-0.9
-7.6	21.5	25.2	-23.0	20.9	-2.2	4.0	-11.5	-21.4	8.4	-11.0	-11.1
2.3	-8.5	4.2	-3.5	14.9	-3.2	5.4	-1.8	-17.9	10.4	-3.0	-8.8
-9.8	6.3	2.2	-1.6	-9.8	0.1	3.7	-1.8	2.3	-0.4	2.9	-0.4
-7.6	3.3	9.6	3.4	2.3	-0.9	2.3	1.3	-1.3	0.8	4.3	-0.2
5.3	5.6	5.2	5.8	3.5	-9.1	6.7	3.6	3.0	1.0	7.5	1.4
4.1	3.2	2.8	0.4	-9.5	5.9	2.6	1.0	-0.2	3.3	2.3	1.0
1.2	2.1	-4.1	-2.7	-15.7	-9.8	-8.4	-7.1	-0.4	1.9	1.3	0.2
4.6	3.1	4.9	-0.8	-10.5	-1.1	-8.5	-2.1	2.0	0.6	0.6	-0.3
5.9	3.4	3.4	-3.9	-4.7	-6.4	10.6	-3.6	4.0	8.2	9.4	-2.7
5.8	5.6	7.8	5.0	3.0	-16.8	7.2	6.1	3.5	-1.6	8.6	4.3
5.7	4.3	4.2	3.0	2.6	3.0	1.9	-0.8	-1.1	-3.6	0.9	1.4
4.6	3.2	5.1	4.7	0.8	1.8	0.6	-1.3	-1.7	-3.5	0.5	1.8
6.1	7.5	8.1	18.3	4.1	-7.6	9.5	2.6	4.1	6.3	8.7	-2.5
5.4	6.3	1.9	2.1	-2.6	1.7	1.6	3.3	1.9	4.4	0.2	-1.5
29.1	27.1	27.2	17.1	8.0	14.0	5.3	1.3	5.2	2.7	5.4	-4.4
1.3	1.6	1.7	2.5	2.8	4.3	2.4	3.2	4.0	3.8	3.4	2.5
2.6	1.0	1.3	2.3	2.3	3.5	1.8	2.8	3.2	2.8	3.2	2.0
-2.1	-1.5	0.8	-0.8	-2.6	3.9	1.2	-1.3	-4.0	6.9	-0.6	-2.8
6.9	3.0	1.7	4.7	5.9	3.3	2.2	5.6	3.9	4.3	5.5	4.7
-6.1	5.5	3.9	3.7	6.1	8.8	5.3	5.3	8.1	8.4	4.5	5.1
-11.1	27.9	2.7	18.6	5.9	-2.6	13.4	-1.0	2.0	3.4	2.9	2.1
-5.6	3.5	4.0	2.1	6.1	10.2	4.5	6.0	8.8	9.0	4.7	5.3
-3.2	16.0	9.0	1.8	-18.7	5.4	12.3	3.6	10.4	3.3	2.6	2.9
1.0	22.4	11.3	2.2	-7.6	7.9	4.9	3.6	13.5	2.2	2.3	4.4
-7.9	8.3	5.8	1.4	-34.7	0.1	28.4	3.7	4.9	5.5	3.3	0.1
13.9	**21.6**	**30.3**	**36.6**	**21.2**	**22.8**	**14.1**	**20.1**	**12.1**	**12.0**	**17.2**	**15.1**
14.4	1.3	14.6	16.6	13.7	28.2	19.2	-5.4	-11.8	6.6	-17.7	-14.0
7.2	5.8	19.7	-25.1	6.6	16.5	9.0	19.7	11.7	6.9	6.6	-43.2
15.9	14.4	30.3	11.3	17.9	23.9	16.0	20.6	12.5	7.7	20.2	12.9
22.2	29.8	30.2	57.7	22.4	24.1	11.5	19.9	11.9	14.0	15.8	16.1

1-3 续表 3

单位:%

类　　别	Category	2000	2001
十二、交通运输邮电	**Transport,Posts and Telecommunications**		
铁路通车里程	Length of Railways	持平	1.4
公路通车里程	Length of Highways	4.2	0.6
#晴雨通车	Length of Highways Operating under All Weathers	4.5	1.0
内河通航里程	Length of Navigable Inland Waterways	持平	持平
客运量	Passenger Traffic	11.4	6.6
铁　路	Railways	4.6	-3.1
公　路	Highways	12.1	7.0
水　路	Waterways	-4.8	20.1
客运周转量	Passenger Turnover	5.9	8.3
铁　路	Railways	7.8	5.4
公　路	Highways	12.2	9.9
水　路	Waterways	-19.1	45.1
货运量	Freight Traffic	15.3	7.6
铁　路	Railways	6.6	10.4
公　路	Highways	13.4	6.3
水　路	Waterways	14.1	22.7
货运周转量	Freight Turnover	26.7	15.9
铁　路	Railways	8.7	6.1
公　路	Highways	14.8	1.4
水　路	Waterways	70.9	20.8
邮政局总计	Number of Post & Telecommunications Offices	-31.8	1.0
邮路总长度	Length of Postal Routes	-8.5	-6.0
函　件	Number of Letters	-6.4	-4.5
电信业务总量	Business Volume of Telecommunication Services	32.1	23.3
长话电路	Long-distance Telephone Lines	36.2	-51.5
长途电话	Number of Long Distance Telephone Calls	-0.6	5.9
市内电话	Number of Urban Telephone Calls	32.2	20.8
农村电话	Number of Rural Telephone Calls	97.0	47.9
十三、国内贸易	**Domestic Trade**		
社会消费品零售总额	**Total Retail Sales of Consumer Goods**	**13.6**	**11.4**
市	City	14.4	11.7
县	County	13.6	12.5
县以下	Under County Level	12.1	10.2
按行业分	**By Sector**		
批零贸易业	Wholesale and Retail Trades	14.9	12.8
餐饮业	Catering Services	20.6	17.8
其他行业	Others	16.0	11.4
十四、对外贸易和旅游	**Foreign Economy and Trade,Tourism**		
对外贸易	Foreign Economy and Trade		
海关进出口总值	Total Value of Imports and Exports	36.8	15.9
海关出口总值	Total Exports	34.1	16.7
#一般贸易	General Trade	37.9	22.3
来料加工装配贸易	Processing and Assembling with Customer's Materials	34.0	5.8
进料加工贸易	Processing and Assembling with Import Materials	28.4	14.2
海关进口总值	Total Imports	41.4	14.5

continued

(%)

2002	2003	2004	2005	2006	2007	2008	2009	2010	2011	2012	2013
持平	19.5	3.5	1.6	0.1	-0.8	-1.5	8.7	5.9	9.0	3.1	2.1
4.1	3.0	2.0	3.0	155.7	3.6	4.0	2.7	1.4	1.4	4.9	3.4
4.2	3.1	2.0	3.1	154.7	3.9	3.9	2.6	1.6	1.5	5.0	3.4
持平	-31.4	持平	持平	持平	持平	持平	持平	13.6	持平	持平	持平
5.9	1.2	18.4	10.2	11.2	13.2	72.1	9.8	6.2	0.7	5.8	1.7
-4.2	-6.8	16.0	2.5	20.4	7.8	6.7	6.1	4.0	9.4	15.7	10.9
6.3	1.6	18.6	10.5	10.9	13.6	75.5	9.8	6.2	0.6	5.5	1.4
12.7	0.3	11.3	9.2	4.6	7.8	31.0	14.7	14.9	-8.8	7.1	0.2
8.2	-3.9	21.1	10.7	12.4	14.9	32.7	11.9	3.6	5.0	6.0	3.3
5.4	-10.6	21.2	5.9	14.0	5.6	7.8	3.5	10.9	8.9	11.1	7.9
10.1	0.1	21.2	13.4	11.5	19.8	45.2	14.5	1.2	3.7	4.2	1.6
-1.9	9.4	6.9	7.5	10.5	23.4	-26.1	65.0	18.9	0.3	5.2	-7.8
8.0	9.6	12.2	12.1	13.2	18.5	24.7	14.9	4.8	5.7	4.9	4.3
9.6	26.0	4.1	2.7	4.3	4.2	4.8	-6.1	-7.9	9.2	0.5	-3.9
10.0	6.9	11.5	12.7	13.5	19.9	32.1	16.2	5.1	5.7	6.2	5.1
-24.7	12.9	56.9	26.3	26.4	25.7	-31.5	32.6	17.7	1.5	3.5	-1.2
-35.0	12.8	39.5	16.7	19.2	-3.4	57.1	8.4	7.2	7.1	-12.7	-6.6
9.1	15.8	3.7	9.7	24.0	-13.2	2.3	0.0	7.9	5.4	-2.1	-7.0
11.8	10.8	16.9	19.4	18.7	26.5	378.6	18.1	2.8	6.6	6.6	6.2
-51.5	11.6	66.5	18.7	17.7	-5.8	-10.0	-2.0	14.4	8.6	5.5	-43.7
-0.9	-0.2	0.1	0.5	0.6	0.1	-3.7	-2.5	-0.8	0.4	0.2	0.2
3.4	-4.7	3.2	6.8	-2.0	2.5	1.7	2.4	-62.4	-2.9	10.6	持平
64.0	13.1	-14.0	-51.9	84.2	6.3	-1.7	12.3	3.6	-14.7	-0.8	-7.2
20.0	20.5	45.7	39.4	37.5	27.1	20.9	11.3	21.1	14.8	10.2	8.3
25.0	98.9	89.9	-42.9	59.0	-24.3	18.0					
-2.2	50.0	-18.7	26.1	-2.8	5.7	-20.6	-1.1				
19.5	27.6	30.4	7.4	-2.2	-0.2	1.5	-7.7	-7.6	-9.2	-1.5	-3.6
14.9	14.2	10.4	6.5	-1.5	-3.6	-13.0	-8.4	-14.0	-2.5	-2.7	-9.5
12.2	**13.9**	**13.9**	**16.6**	**17.0**	**19.3**	**23.8**	**16.0**	**18.3**	**17.3**	**14.6**	**13.4**
14.4	15.5	11.5	17.2	18.1	19.5	23.3	18.8				
7.6	23.7	25.5	16.8	17.1	20.7	27.7	15.9				
9.0	6.9	15.3	15.0	14.5	18.1	23.5	8.8				
15.0	42.6	15.8	16.4	16.8	19.2	29.3	11.1				
19.3	22.7	13.0	17.5	19.2	21.4	-5.3	57.3				
7.5	18.9	-16.8	16.8	14.1	12.5	0.7	21.8				
17.2	31.6	36.1	26.5	23.9	28.7	29.0	-12.4	36.3	24.9	4.1	8.8
16.5	25.9	35.0	28.9	26.8	28.3	23.8	-14.6	31.0	20.7	2.4	4.5
19.3	28.6	28.5	28.4	30.5	26.1	24.7	-23.3	36.7	30.0	6.3	10.6
10.2	15.0	23.0	23.1	10.2	3.5	6.3	-3.3	7.5	12.3	2.9	-0.2
15.7	26.2	48.1	33.2	24.9	37.5	24.8	-7.8	28.4	12.0	-3.6	-3.8
18.4	41.0	37.7	23.0	19.6	29.3	37.1	-9.1	43.5	30.1	6.0	13.6

1-3 续表 4

单位:%

类　　别	Category	2000	2001
利用外资	**Utilization of Foreign Capital**		
合同利用外商直接投资	Direct contracted Foreign Investments	63.1	32.4
实际利用外商直接投资	Direct Foreign Investments	20.4	21.9
对外承包工程和劳务合作	**Foreign Contracted Projects Labor Cooperation**		
合同个数	Number of Contracts (unit)	12.0	26.4
合同金额	Contracted Value	-9.1	69.8
营业额	Value of Business	-28.9	23.6
年末在外人数	Population in Foreign Countries and Regions	13.1	4.2
旅　游	**Tourism**		
接待海外旅游人数	International Tourists	16.3	14.6
外国人	Foreigners	14.9	23.4
港澳台胞	Compatriots from Hong Kong Macao and Taiwan	23.5	-2.8
旅游外汇收入(人民币)	Foreign Exchange Earnings(RMB)	18.8	21.4
旅游外汇收入(美元)	Foreign Exchange Earnings(USD)	18.8	21.4
人民币对主要外币年平均汇价（中间价）	**Average Exchange Rate of RMB Yuan Against Main Convertible Currencies (Middle Rate)**		
100美元	100 US Dollars	0.0	持平
100日元	100 Japanese Yen	-8.5	-7.9
100港元	100 Hong Kong Dollars	-0.4	持平
十五、教　育	**Education**		
普通高等学校	**Regular Institutions of Higher Education**		
学校数	Number of Schools	11.5	12.1
招生数	New Enrollment	51.5	47.1
毕业生数	Graduates	0.2	40.0
在校学生数	Total Enrollment	42.2	47.9
教职工数	Teachers and Staff	10.7	17.2
#专任教师	Full-time Teachers	16.5	24.8
中等专业学校	**Secondary Professional Schools**		
学校数	Number of Schools	-3.2	-17.7
招生数	New Enrollment	-23.6	-1.4
毕业生数	Graduates	-2.9	7.0
在校学生数	Total Enrollment	-3.2	-6.8
教职工数	Teachers and Staff	-5.2	-24.8
#专任教师	Full-time Teachers	-4.2	-23.5
普通中学	**Regular Senior Secondary Schools**		
学校数	Number of Schools	-0.2	2.4
招生数	New Enrollment	5.4	-5.7
毕业生数	Graduates	1.9	12.3
在校学生数	Total Enrollment	9.4	3.5
教职工数	Teachers and Staff	3.9	4.7
#专任教师	Full-time Teachers	4.9	2.7
技工学校	**Technical Schools**		
学校数	Number of Schools	-7.6	-0.4
招生数	New Enrollment	-5.7	11.0
毕业生数	Graduates	-6.9	-16.2
在校学生数	Total Enrollment	-14.7	-4.1

continued

(%)

2002	2003	2004	2005	2006	2007	2008	2009	2010	2011	2012	2013
68.3	86.7	51.3	35.5	-40.9	7.4	-10.0	-14.2	56.5	15.8	4.9	7.0
54.3	48.9	22.7	3.1	11.5	10.1	10.2	-2.3	14.5	21.7	10.7	13.8
-12.7	-4.2	42.1	15.5	15.8	5.1	9.0	-16.8	28.3			
28.2	-7.4	18.0	11.9	139.0	37.8	39.6	23.6	17.2	-13.2	4.2	12.1
48.7	19.3	52.8	15.1	33.1	30.0	18.9	41.9	18.3	36.1	9.6	4.5
19.4	19.6	20.4	14.2	17.3	11.7	-3.4	6.4	5.9	6.4	-4.5	2.3
17.9	-20.5	53.6	30.0	24.5	29.3	1.7	22.2	18.3	15.7	10.8	-3.7
25.1	-17.0	56.3	29.8	25.1	29.5	2.2	16.8	15.2	12.4	9.6	-4.3
-0.3	-31.5	43.5	31.0	22.3	28.4	-0.8	45.7	29.1	25.8	14.1	-1.8
23.6	-21.7	53.1	36.3	26.5	27.2	-6.0	24.8	21.0	12.9	12.0	-8.3
23.6	-21.7	53.1	37.7	30.0	33.3	2.9	26.9	22.1	18.4	14.6	-6.6
持平	持平	持平	-1.0	-2.7	-4.6	-8.7	-1.6	-0.9	-4.6	-2.3	-1.9
-2.7	7.9	7.1	-2.7	-7.9	-5.8	4.3	8.3	5.9	4.9	-2.5	-19.9
0.0	0.2	0.0	-0.9	-2.6	-5.0	-8.5	-1.2	-1.1	-4.8	-1.9	-1.9
15.4	13.3	14.1	7.2	4.8	1.8	2.7	12.3	3.9	4.5	-1.4	2.2
19.2	25.2	19.6	22.3	11.1	1.9	13.4	-2.5	-1.1	2.6	-0.2	-0.1
36.1	23.8	42.4	34.5	19.5	32.5	15.6	5.0	2.9	3.5	1.5	2.7
29.9	30.5	24.3	23.8	14.2	7.6	6.5	3.8	2.4	0.3	0.3	5.8
12.5	16.6	11.0	17.4	10.2	6.3	4.1	2.0	1.7	0.9	0.8	2.4
21.1	21.5	18.5	20.0	15.5	9.7	6.8	2.6	1.9	6.5	0.3	0.3
-17.5	-6.7	-5.8	-7.6	3.0	3.8	-3.7	-4.6		-7.7	-5.2	-6.3
25.7	-18.4	-7.1	-2.1	5.1	9.1	-5.5	6.4		4.2	-9.0	-10.2
0.5	-42.5	3.0	13.8	6.4	15.5	-10.0	6.4		-12.0	-1.6	-0.5
1.2	-18.3	1.4	-1.2	2.8	7.1	-4.0	0.0		4.0	-2.6	-10.1
-3.6	-12.5	-8.5	-5.6	0.8	2.1	-3.2	-1.6		-5.8	-3.7	-6.5
-1.5	-10.5	-7.2	-4.5	3.6	4.7	0.0	-1.0		-3.4	-2.1	-4.2
-0.8	-0.9	-0.8	-3.6	-5.2	-3.3	-3.6	-3.7	-2.8	-2.1	-1.3	-1.6
-8.7	-4.3	-0.3	-6.6	-8.4	-1.3	-1.2	-0.2	2.4	-1.4	-1.2	-0.8
9.0	8.4	-4.1	-3.0	-5.1	-2.9	-9.5	-8.2	-1.1	0.6	-2.9	1.9
-1.9	-5.1	-4.0	-5.7	-6.5	-6.1	-3.5	-0.6	0.3	0.1	-1.8	-0.8
2.4	1.5	1.1	-0.7	-1.8	-1.6	-2.1	-0.7	-0.8	5.5	0.5	0.2
2.8	1.4	1.1	-0.5	-1.3	-0.6	-0.7	1.3	-0.1	1.3	0.02	1.5
-10.4	-2.0	2.1	-8.0	-14.0	1.5	-1.5	-0.5	6.6	-0.5	2.4	-2.8
56.1	27.3	14.7	14.1	7.3	7.6	0.7	-8.7	-6.8	9.1	3.4	-6.7
-11.0	-6.8	27.2	32.7	25.8	12.3	9.7	16.0	-4.8	-7.6	-8.4	7.7
25.2	28.7	29.0	18.8	9.7	7.7	7.7	-4.5	0.4	-4.1	5.2	-7.8

1-3 续表 5

单位:%

类　　别	Category	2000	2001
教职工数	Teachers and Staff	-15.2	-5.4
#专任教师	Full-time Teachers	-3.2	14.2
小　学	**Regular Primary Schools**		
学校数	Number of Schools	-11.7	-18.0
招生数	New Enrollment	-10.0	-3.0
毕业生数	Graduates	1.9	-9.7
在校学生数	Total Enrollment	-11.0	-9.8
教职工数	Teachers and Staff	-2.4	-3.9
#专任教师	Full-time Teachers	-2.5	-4.4
成人高等学校	**Adult Institutions of Higher Education**		
学校数	Number of Schools	持平	-15.0
招生数	New Enrollment	-5.4	25.2
毕业生数	Graduates	14.9	-19.0
在校学生数	Total Enrollment	-0.5	16.3
教职工数	Teachers and Staff	-1.7	-1.3
#专任教师	Full-time Teachers	-0.7	-3.4
十六、科　技	**Science**		
重要科技成果	**Major Scientific Achievements**		
成果数量	Number of Achievements	1.1	-16.5
#农　业	Agricultural	3.2	-14.1
工　业	Industry	1.5	-11.7
国际领先先进水平	Internationally Advanced	-19.5	-15.5
国内领先先进水平	Nationally Advanced	4.5	-14.8
省内领先先进水平	Provincial Advanced	-12.1	-8.2
专利情况	**Patent Applications**		
申请量	Number of Patent Applications Examined	16.7	11.5
授权量	Number of Patent Applications Granted	6.5	-3.4
十七、卫生、文化事业	**Public Health and Culture**		
卫生机构床位数	Number of Beds in Health Institutions	0.7	1.5
卫生技术人员数	Medical Technical Personnel	2.3	1.1
#医生数	Doctors	4.3	2.6
文化(艺术)馆	**Cultural (Arts) Centers**		
机构数	Number of Institutions	0.6	持平
人　数	Number of Employed Persons	-4.4	-2.6
文化站	**Cultural Stations**		
机构数	Number of Institutions	-2.9	-21.1
人　数	Number of Employed Persons	0.3	-10.9
艺术表演团体	**Arts Performance Troupes**		
机构数	Number of Institutions	0.9	2.5
人　数	Number of Employed Persons	-2.2	0.8
剧场(院)	**Theaters and Music Halls**		
机构数	Number of Institutions	-1.9	持平
人　数	Number of Employed Persons	-2.8	-1.2
图书馆	**Libraries**		
机构数	Number of Institutions	持平	2.3
人　数	Number of Employed Persons	-1.9	-0.1
博物馆	**Museums**		
机构数	Number of Institutions	3.5	11.9
人　数	Number of Employed Persons	-1.8	-1.4

continued

(%)

2002	2003	2004	2005	2006	2007	2008	2009	2010	2011	2012	2013
-4.2	-6.8	3.3	3.2	1.2	19.9	-7.6	1.1	-27.2	34.1	22.7	3.2
-18.6	2.3	9.2	3.1	7.7	45.5	-20.1	2.8	-22.8	40.7	1.9	11.8
-8.2	-6.6	-7.4	-6.3	-7.9	-3.7	-4.0	-4.8	-3.5	-2.9	-3.9	-3.6
5.8	0.6	2.1	-5.4	2.8	4.0	-6.2	-2.7	9.4	7.3	-8.2	5.6
-18.2	-11.0	-2.8	-9.1	-10.3	2.1	3.5	1.9	0.7	-3.1	-0.6	-2.7
-5.2	-3.0	-2.3	-2.0	1.2	1.8	-0.2	-1.0	0.4	2.4	-2.5	-0.3
-2.0	-0.9	-0.2	0.0	1.2	1.3	0.1	0.1	-0.8	-5.7	-1.6	-0.9
-1.7	-1.0	-0.3	-0.3	1.0	1.3	0.3	0.5	-0.6	-0.3	-1.0	1.2
-14.7	-6.9	-11.1	持平	持平	-4.2	-4.4	-4.5	-14.3	-5.6	持平	-35.3
7.6	15.5	3.2	-17.8	-11.8	11.5	42.9	-10.9	-2.1	10.9	12.8	-0.6
21.5	14.1	35.4	10.0	-70.4	178.8	-4.6	12.9	5.0	31.1	-16.8	6.6
23.8	17.8	-28.1	-3.6	14.2	0.6	19.6	6.2	3.0	-0.6	10.8	7.4
-15.2	-16.3	11.9	3.8	11.3	-1.2	-41.5	-15.6	-32.3	-6.5	8.5	-33.7
-9.6	-14.3	17.9	7.0	12.5	0.3	-35.8	-14.4	-28.9	-7.3	6.8	-32.1
-3.0	-4.0	4.6	-20.5	-4.0	1.4	-0.7	1.5	0.1	0.5	0.6	-2.5
-8.5	-4.2	4.9	-29.5	5.6	-2.4	-8.8	1.7	27.8	-22.0	10.8	-12.1
-1.9	-4.1	4.6	-51.9	16.9	11.7	-3.8	25.4	-11.5	-3.7	18.0	1.5
-4.0	-4.1	4.1	10.1	-16.1	21.2	9.0	26.9	-10.0	-4.3	-5.9	11.8
-2.8	-4.0	5.1	-27.2	0.1	-4.6	-2.6	-12.7	-6.8	-1.5	4.1	-20.9
-3.6	-4.4	-2.0	-11.9	-7.5							
15.1	22.9	16.4	56.8	32.8	22.4	28.6	11.0	20.9	35.5	17.3	20.6
8.5	24.3	7.4	10.4	48.4	43.2	16.9	29.3	49.2	14.3	28.3	1.9
1.3	-1.4	6.2	8.4	3.4	9.1	13.1	8.4	10.1	8.9	13.8	3.4
1.2	-3.4	3.9	0.6	3.6	2.8	8.7	8.0	8.6	9.2	10.0	12.8
3.6	-13.0	3.9	1.5	3.7	2.5	6.7	5.6	5.3	4.5	7.8	15.7
-1.9	0.6	1.3	-0.6	持平	-0.6	-0.6	1.3	持平	1.3	-1.3	0.6
-1.3	1.1	5.7	-4.9	2.6	-1.5	0.4	3.0	-1.9	1.0	-1.7	1.0
-2.4	-4.0	-0.5	-0.8	5.0	-1.7	持平	2.2	-0.6	-1.5	-0.4	-0.8
2.6	0.1	5.6	-0.8	5.2	11.6	1.0	22.3	-1.1	2.2	7.4	-1.4
持平	-0.8	-1.7	-0.9	0.9	0.8	持平	-0.8	0.8	-2.5	-10.3	-1.0
0.7	-0.7	0.1	1.2	3.0	-1.4	1.5	0.4	-0.2	-1.7	-7.2	-2.9
-1.0	持平	-8.7	-1.1	1.1	-3.2	-2.2	-8.9	11.0	2.2	持平	持平
-0.4	-3.3	-11.3	-9.9	11.5	-7.7	-5.7	-10.2	16.1	12.1	-2.4	-17.5
2.9	持平	1.4	2.1	-1.4	1.4	1.4	2.0	-0.7	0.7	持平	2.0
2.2	0.6	2.3	2.2	-2.5	0.6	-1.3	2.4	0.4	0.6	-1.9	4.3
6.1	4.3	-1.4	4.2	1.3	14.5	10.3	15.6	2.7	5.3	48.3	9.0
-2.8	4.3	3.1	2.3	2.7	8.2	7.8	11.8	6.5	13.5	56.2	9.1

1-4 国民经济主要比例关系

Proportions on National Economic Indicators

单位:% (%)

项目	Item	2010	2011	2012	2013
一、地区生产总值比例	**Structure of Gross Domestic Product**				
第一产业	Primary Industry	9.2	8.8	8.6	8.7
第二产业	Secondary Industry	54.2	52.9	51.4	50.1
第三产业	Tertiary Industry	36.6	38.3	40.0	41.2
二、国内支出总额比例	**Structure of Government Consumption**				
最终消费	Final Consumption	39.1	39.9	41.1	
资本形成	Capital Formation	54.9	55.0	55.1	
三、人口比例	**Structure of Population**				
按性别分	Sexual Structure				
男	Male	50.7	50.8	50.8	50.8
女	Female	49.3	49.2	49.2	49.2
按农业非农业分	Agricultural and Non-agricultural Structure				
农业人口	Agricultural Structure	59.8	58.9	58.0	57.0
非农业人口	Non-agricultural Structure	40.3	41.1	42.0	43.0
四、社会就业人员比例	**Structure of Employment**				
第一产业	Primary Industry	35.5	34.1	33.1	31.7
第二产业	Secondary Industry	32.6	33.7	34.2	34.5
第三产业	Tertiary Industry	31.9	32.2	32.7	33.8
五、农林牧渔业总产值比例	**Structure of Gross Output Value of Agriculture**				
农　业	Farming	55.2	51.9	49.8	51.5
林　业	Forestry	1.3	1.3	1.3	1.4
牧　业	Animal Husbandry	26.7	29.3	28.8	27.0
渔　业	Fishery	12.7	13.5	15.9	16.0
农林牧渔服务业	Services of Farming,Forestry,Animal Husbandry and Fishery	4.1	4.0	4.1	4.2
六、工业总产值中轻重工业比例	**Structure of Output Value of Light and Heavy Industries**				
轻工业	Light Industry	32.4	31.2	32.0	31.4
重工业	Heavy Industry	67.6	68.8	68.0	68.6
七、全社会固定资产投资比例	**Structure of Investment in Fixed Assets**				
国有经济	State-owned Units	15.7	14.1	12.6	12.9
集体经济	Collective-owned Units	11.3	10.1	10.0	8.5
个体经济	Self-employed Units	27.9	30.8	31.6	34.9
八、地方财政收入占地区生产总值的比重	**Proportion of Local Government Revenue to GDP**	**7.0**	**7.6**	**8.1**	**8.3**
九、财政支出比例	**Structure of Local Government Expenses**				
一般公共服务支出	General Public Service	13.1	12.4	11.9	11.2
科学技术	Science and Technology	2.0	2.2	2.1	2.2
教　育	Education	18.6	20.9	22.2	20.9
十、金融机构人民币存款余额比例	**Structure of RMB Deposits in Financial Institutions**				
企业存款	Deposits by Enterprises	28.2			
储蓄存款	Household Savings Deposits	47.8	47.8	48.5	48.0
财政存款	Financial Deposits	2.5	2.4	2.2	2.0

1-5　平均每天社会经济活动
Selected Indicators on Average Daily Social and Economic Activities

指 标 名 称	Item	2010	2011	2012	2013
一、全省每天创造的财富	**Daily Production**				
地区生产总值　(万元)	Gross Domestic Product　(10 000 yuan)	1073148	1242790	1370226	1498201
工业总产值　(万元)	Gross Output Value of Industry　(10 000 yuan)	2297299	2726164	3142665	3559069
农林牧渔业总产值　(万元)	Gross Output Value of Farming,Forestry, Animal Husbandry and Fishery　(10 000 yuan)	182218	203007	217692	239726
地方财政收入　(万元)	Government Revenue　(10 000 yuan)	75326	94683	111217	124930
布　(万米)	Cloth　(10 000 m)	3810	3411	3929	3521
发电量　(万千瓦时)	Electricity　(10 000 kwh)	83362	86636	87540	95890
原　油　(万吨)	Crude Oil　(10 000 tons)	7.6	7.6	7.6	7.6
粗　钢　(吨)	Steel　(ton)	144002	154937	163205	174000
二、全省每天消费量	**Daily Consumption**				
城乡居民消费总量　(万元)	Resident Consumption　(10 000 yuan)	302985	356164	400529	
社会消费品零售额　(万元)	Total Retail Sails of Consumer Goods　(10 000 yuan)	400556	470013	538409	610818
三、其他经济活动	**Other Daily Economic Activities**				
铁路、公路和水路客运人数　(万人)	Passenger Traffic　(10 000 persons)	681.4	686.2	725.8	738.1
住宅竣工面积　(平方米)	Floor Space of Residential Buildings Completed(sq.m)	117008	145528	166759	
四、全省人口变动和婚姻	**Daily Population Changes and Marriages**				
出生人口　(人)	Birth　(person)	4115	3137	3082	3204
死亡人口　(人)	Death　(person)	2232	1852	2189	1639
结婚对数　(对)	Marriages　(couples)	2536	2658	2557	2442
离婚对数　(对)	Divorces　(couples)	459	498	539	617

1-6 国民经济和社会发展主要指标占全国的比重(2013年)

Proportion of Main Economic and Social Indicators to the Whole Country(2013)

指 标 名 称	Item	山 东 Shandong	全 国 China	山东占全国比重(%) Proportion of Shandong to China(%)
一、人口与就业	**Population and Employment**			
年末总人口 (万人)	Population at the Year-end (10 000 persons)	9733	136072	7.2
就业人员 (万人)	Employment (10 000 persons)	6580	76977	8.5
二、土地面积 (万平方公里)	**Area of Land (10 000 sq.km)**	15.79	960	1.6
三、农林牧渔业总产值 (亿元)	**Gross Output Value of Farming, Forestry,AnimalHusbandry and Fishery (100 million yuan)**	8750	96995	9.0
四、地区生产总值 (亿元)	**Gross Domestic Product (100 million yuan)**	54684	568845	9.6
第一产业 (亿元)	Primary Industry (100 million yuan)	4743	56957	8.3
第二产业 (亿元)	Secondary Industry (100 million yuan)	27422	249684	11.0
第三产业 (亿元)	Tertiary Industry (100 million yuan)	22519	210689	10.7
五、人均地区生产总值 (元)	**Per Capita Gross Domestic Product (yuan)**	56323	41908	
六、主要工农业产品产量	**Output of Major Farm and Industrial Products**			
粮 食 (万吨)	Grain (10 000 tons)	4528.2	60193.8	7.5
棉 花 (万吨)	Cotton (10 000 tons)	62.1	629.9	9.9
油 料 (万吨)	Oil-bearing Crops (10 000 tons)	349.6	3517.0	9.9
肉 类 (万吨)	Meat (10 000 tons)	774.80	8535.0	9.1
水产品 (万吨)	Aquatic products (10 000 tons)	863.2	6172.0	14.0
原 油 (万吨)	Crude Oil (10 000 tons)	2765.6	20946.9	13.2
发电量 (亿千瓦时)	Electricity (100 million kwh)	3510.9	53975.9	6.5
家用电冰箱 (万台)	Household Refrigerators (10 000 units)	524.4	9261.0	5.7
彩色电视机 (万台)	Color Television Sets (10 000 units)	1580.7	12776.1	12.4
原 盐 (万吨)	Salt (10 000 tons)	1841.7	7037.0	26.2
化 肥 (万吨)	Chemical Fertilizer (10 000 tons)	760.0	7037.0	10.8
粗 钢 (万吨)	Steel (10 000 tons)	6119.8	77904.1	7.9
平板玻璃 (万重量箱)	Plate Glass (10 000 weight cases)	8279.7	77898.4	10.6
七、固定资产投资	**Investment in Fixed Assets**			
全社会固定资产投资额 (亿元)	Total Investment in Fixed Assets (100 million yuan)	36789	447074	8.2
八、运输、邮电	**Transport,Post and Telecommunication Services**			
货物周转量 (亿吨公里)	Total Freight Ton-kilometers (100 million ton-km)	8194	168165	4.9
旅客周转量 (亿人公里)	Total Passenger-kilometers (100 million person-km)	1084	27572	3.9
沿海主要港口货物吞吐量 (万吨)	Volume of Freight Handled in Major Coastal Ports (10 000 tons)	118137	728098	16.2
邮电业务总量 (亿元)	Total Volume of Post and Telecommunication Services (100 million yuan)	920	16679	5.5
九、财政金融	**Finance and Financial Intermediation**			
公共财政预算收入 (亿元)	Local Government Revenue (100 million yuan)	4560	68969	6.6
公共财政预算支出 (亿元)	Local Government Expenditure (100 million yuan)	6689	119273	5.6
城乡居民人民币储蓄存款余额(亿元)	RMB Savings and Deposit of Urban and Rural Households at the Year-end (100 million yuan)	29796	447602	6.7
十、国内贸易	**Domestic Trade**			
社会消费品零售额 (亿元)	Total Retail Sales of Consumer Goods (100 million yuan)	22295	237810	9.4
十一、外贸外经旅游	**Foreign Trade and Tourism**			
进出口总额 (亿美元)	Total Value of Imports and Exports (100 million USD)	2671.6	41596.9	6.4
出口总额 (亿美元)	Exports (100 million USD)	1345.1	22093.7	6.1
国际旅游外汇收入 (亿美元)	Foreign Exchange Earnings (100 million USD)	27.3	516.6	5.3
十二、价格指数	**Price Indices**			
商品零售物价指数 (%)	Retail Price Indices (%)	101.4	101.4	
居民消费价格指数 (%)	Consumer Price Indices (%)	102.2	102.6	
十三、人民生活	**People's Livelihood**			
城镇单位就业人员工资总额(亿元)	Total Wages of Employed Persons in Urban Units (100 million yuan)	6098.9	92996	6.6
城镇单位就业人员平均工资 (元)	Average Wage of Employed Persons in Urban Units (yuan)	46998	51474	
城镇居民人均可支配收入 (元)	Per Capita Disposabal Income of Urban Households (yuan)	28264	26955	
农民人均纯收入 (元)	Per Capita Annual Net Income of Rural Households (yuan)	10620	8896	
十四、教育、卫生	**Education and Health Care**			
普通本专科学校在校生数 (万人)	Total Enrollment of Institutions of Higher Education (10 000 persons)	169.1	2468.1	6.9
医院床位数 (万张)	Number of Hospital Beds (10 000 beds)	34.2	457.9	7.5
专业卫生技术人员数 (万人)	Number of Medical Technical Personnel (10 000 persons)	35.4	721.1	4.9

主要统计指标解释

行政区划　指国家对行政区域的划分。根据宪法规定，我国的行政区域划分如下：(1)全国分为省、自治区、直辖市；(2)省、自治区分为自治州、县、自治县、市；(3)自治州分为县、自治县、市；(4)县、自治县分为乡、民族乡、镇；(5)直辖市和较大的市分为区、县；(6)国家在必要时设立的特别行政区。

国民经济行业分类　自2012年定期报表开始使用新的《国民经济行业分类》(GB/T4754-2011)该分类是由国家统计局组织修订，经国家质量监督检验检疫总局批准，于2011年4月29日发布实施。这次修订是在2002年分类标准的基础上，参照联合国《全部经济活动的国际标准产业分类》(ISIC/Rev.4)进行的。修订后的《国民经济行业分类》(GB/T4754-2011)共有门类20个，大类96个，中类432个，小类1094个。大类增加1个，中类增加36个，小类增加181个。

企业(单位)登记注册类型　是以在工商行政管理机关登记注册的各类企业为划分对象，以工商行政管理部门对企业登记注册的类型为依据，将企业登记注册类型分为内资企业、港澳台商投资企业和外商投资企业三大类。内资企业包括国有企业、集体企业、股份合作企业、联营企业、有限责任公司、股份有限公司、私营公司和其他企业；港澳台商投资企业和外商投资企业分别包括合资经营企业、合作经营企业、独资经营企业和股份有限公司。对不在工商行政管理部门进行登记注册的行政机关、事业单位和社会团体，主要按其经费来源和管理方式进行划分。

国有企业　指企业全部资产归国家所有，并按《中华人民共和国企业法人登记管理条例》规定登记注册的非公司制的经济组织。不包括有限责任公司中的国有独资公司。

集体企业　指企业资产归集体所有，并按《中华人民共和国企业法人登记管理条例》规定登记注册的经济组织。

股份合作企业　指以合作制为基础，由企业职工共同出资入股，吸收一定比例的社会资产投资组建，实行自主经营，自负盈亏，共同劳动，民主管理，按劳分配与按股分红相结合的一种集体经济组织。

联营企业　指两个及两个以上相同或不同所有制性质的企业法人或事业单位法人，按自愿、平等、互利的原则，共同投资组成的经济组织。联营企业包括国有联营企业、集体联营企业、国有与集体联营企业和其他联营企业。

有限责任公司　指根据《中华人民共和国公司登记管理条例》规定登记注册，由两个以上、五十个以下的股东共同出资，每个股东以其所认缴的出资额对公司承担有限责任，公司以其全部资产对其债务承担责任的经济组织。有限责任公司包括国有独资公司以及其他有限责任公司。

股份有限公司　指根据《中华人民共和国公司登记管理条例》规定登记注册，其全部注册资本由等额股份构成并通过发行股票筹集资本，股东以其认购的股份对公司承担有限责任，公司以其全部资产对其债务承担责任的经济组织。

私营企业　指由自然人投资设立或由自然人控股，以雇佣劳动为基础的营利性经济组织。包括按照《公司法》、《合伙企业法》、《私营企业暂行条例》规定登记注册的私营有限责任公司、私营股份有限公司、私营合伙企业和私营独资企业。

其他企业　指上述企业之外的其他内资经济组织。

与港澳台商合资经营企业　指港澳台地区投资者与内地企业依照《中华人民共和国中外合资经营企业法》及有关法律的规定，按合同规定的比例投资设立、分享利润和分担风险的企业。

与港澳台商合作经营企业　指港澳台地区投资者与内地企业依照《中华人民共和国中外合作经营企业法》及有关法律的规定，依照合作合同的约定进行投资或提供条件设立、分配利润和分担风险的企业。

港澳台商独资经营企业　指依照《中华人民共和国外资企业法》及有关法律的规定，在内地由港澳台地区投资者全额投资设立的企业。

港澳台商投资股份有限公司　指根据国家有关规定，经原外经贸部依法批准设立，其中港、澳、台商的股本占公司注册资本的比例达25%以上的股份有限公司。凡其中港、澳、台商的股本占公司注册资本的比例小于25%的，属于内资企业中的股份有限公司。

中外合资经营企业　指外国企业或外国人与中国内地企业依照《中华人民共和国中外合资经营企业法》及有关法律的规定，按合同规定的比例投资设立、分享利润和分担风险的企业。

中外合作经营企业　指外国企业或外国人与中国内地企业依照《中华人民共和国中外合作经营企业法》及有关法律的规定，依照合作合同的约定进行投资或提供条件设立、分配利润和分担风险的企业。

外资企业　指依照《中华人民共和国外资企业法》及有关法律的规定，在中国内地由外国投资者全额投资设立的企业。

外商投资股份有限公司　指根据国家有关规定，经原外经贸部依法批准设立，其中外资的股本占公司注册资本的比例达25%以上的股份有限公司。凡其中外资股本占公司注册资本的比例小于25%的，属于内资企业中的股份有限公司。

行政机关、事业单位和社会团体　参照企业登记注册类型，主要按其经费来源和管理方式划分。具体规定如下：

⑴行政机关：包括国家机关和政党机关，原则上均列为“国有”。但有特殊规定的，如供销社等，则列为“集体”。

⑵事业单位：包括经国家机构编制部门和有关业务主管部门批准成立的各类事业单位，不包括实行企业化管理的事业单位。事业单位的划分办法如下：

①由国家财政预算拨款或列入财政预算外资金管理以及经费主要来源于国有主管部门或国有上级单位的事业单位，列为“国有”。

②经费主要来源于集体单位的事业单位，列为“集体”。

③公民个人(或个人合伙)开办的事业单位，列为“私营”。

④上述以外的其他事业单位，如果其经费来源不明确，按管理方式进行归类。

⑶社会团体：包括经民政部门批准成立以及未纳入社会团体管理条例范围的工会、妇联等各类社会团体。社会团体的划分办法如下：

①未纳入民政部社会团体管理条例范围的工会、妇联、共青团、青联、工商联、科协、侨联等社会团体，国家拨款设立的基金会或基金管理组织以及经费主要来源于国有业务主管部门或国有上级单位的社会团体，列为“国有”。

②经费主要来源于集体单位的社会团体，列为“集体”。

③公民个人(或个人合伙)开办的社会团体，划为“私营”。

④上述以外的其他社会团体，如果其经费来源不明确，改按管理方式进行归类。

Explanatory Notes on Main Statistical Indicators

Divisions of Administrative Areas refers to the division of administrative areas by the state. The Constitution of the People Republic of China stipulates that the administrative areas in China are divided as: 1) The whole country is divided into provinces, autonomous regions and municipalities directly under the central government; 2) Provinces and autonomous regions are divided into autonomous prefectures, counties, autonomous counties and cities; 3) Autonomous prefectures are divided into counties, autonomous counties and cities; 4) Counties and autonomous counties are divided into townships, nationality townships and towns; 5) Municipalities and large cities are divided into districts and counties, 6) The state shall, when necessary, establish special administrative regions.

Industrial Classification of the National Economy The new Industrial Classification of the National Economy (GB/T 4754-2011) is introduced starting from the compilation of 2012 annual statistics. The new revision was based on the 2002 classification and organized by the National Bureau of Statistics taking into consideration of the International Standards of the Industrial Classification of All Economic Activities (ISIC/Rev.4) of the United Nations, and the new Classification was promulgated by the National Administration of Quality Supervision, Inspection and Quarantine on April 29, 2011. The revised version of the Industrial Classification of the National Economy (GB/T 4754-2011) is composed of 20 major divisions, 96 divisions, 432 major groups and 1094 groups, including 1 new divisions, 36 major groups and 181 groups.

Registration Status of Enterprises are classified into 3 categories, namely domestic funded enterprises, enterprises with investment from Hong Kong, Macau and Taiwan, and enterprises with foreign investment, in the light of the registration status of an enterprise in industrial and commercial administration agencies. Domestic-funded enterprises include state-owned enterprises, collective-owned enterprises, cooperative enterprises, joint ownership enterprises, limited liability corporations, share-holding corporations Ltd., private enterprises and other enterprises. Included in the enterprises with investment from Hong Kong, Macau and Taiwan and enterprises with foreign investment are joint-venture enterprises, cooperative enterprises, sole investment enterprises and share holding corporations Ltd. For government agencies, institutions and social organizations which are not requested to be registered in industrial and commercial administration agencies, they are classified mainly by their sources of funds and way of management.

State-owned Enterprises refer to non-corporation economic units where the entire assets are owned by the state and which have registered in accordance with the Regulation of the People' s Republic of China on the Management of Registration of Corporate Enterprises. Excluded from this category are sole state funded corporations in the limited liability corporations.

Collective-owned Enterprises refer to economic units where the assets are owned collectively and which have registered in accordance with the Regulation of the People' s Republic of China on the Management of Registration of Corporate Enterprises.

Cooperative Enterprises refer to a form of collective economic units (enterprises) where capitals come mainly from employees as their shares, with certain proportion of capital from the outside, where production is organized on the basis of independent operation, independent accounting for profits and losses, joint work, democratic management, and a distribution system that integrates remuneration according to work with dividend according to capital share.

Joint Ownership Enterprises refer to economic units established by two or more corporate enterprises or corporate institutions of the same or different ownership, through joint investment on the basis of equality, voluntary participation and mutual benefits. They include state joint ownership enterprises, collective joint ownership enterprises, joint state-collective enterprises, other joint ownership enterprises.

Limited Liability Corporations refer to economic units established with investment from 2-50 investors and registered in accordance with the Regulation of the People' s Republic of China on the Management of Registration of Corporations, each investor bearing limited liability to the corporation depending on its share of investment, and the corporation bearing liability to its debt to the maximum of its total assets. Limited liability corporations include exclusive state funded limited liability corporations and other limited liability corporations.

Share-holding Corporations Ltd. refer to economic units registered in accordance with the Regulation of the People' s Republic of China on the Management of Registration of Corporations, with total registered capitals divided into equal shares and raised through issuing stocks. Each investor bears limited liability to the corporation depending on the holding of shares, and the corporation bears liability to its debt to the maximum of its total assets.

Private Enterprises refer to profit-making economic units invested and established by natural persons, or controlled by natural persons using employed labour. Included in this category are private limited liability corporations, private share-holding corporations Ltd., private partnership enterprises and private-funded enterprises registered in accordance with the Corporation Law, Partnership Enterprises Law and Interim Regulations on Private Enterprises.

Other Domestic-funded Enterprises refer to domestic funded economic units other than those mentioned above.

Cooperative Enterprises with Funds from Hong Kong Macau and Taiwan established by investors from Hong Kong, Macau and Taiwan with enterprises in the mainland of China in accordance with the Law of the People' s Republic of China on Sino-foreign Cooperative Enterprises and other relevant laws, where the investment or provision of facilities, and the share of profits and risks is stipulated in the cooperative contract.

Enterprises with Sole (exclusive) Investment from Hong Kong, Macau and Taiwan refer to enterprises established in the mainland of China with exclusive investment from investors from Hong Kong, Macau and Taiwan in accordance with the Law of the People's Republic of China on Foreign Funded Enterprises and other relevant laws.

Share-holding Corporations Ltd. with Investment from Hong Kong, Macau and Taiwan refer to share holding corporations Ltd. established with the approval from the former Ministry of Foreign Trade and Economic Relations in line with relevant state regulations, where the share of investment from Hong Kong, Macau or Taiwan businessmen exceeds 25% of the total registered capital of the corporation. In case the share of investment from Hong Kong, Macau or Taiwan is less than 25% of the total registered capital, the enterprise is to be classified as domestic-funded share-holding corporation Ltd.

Joint-venture Enterprises with Foreign Investment refer to enterprises jointly established by foreign enterprises or foreigners with enterprises in the mainland of China in accordance with the Law of the People' s Republic of China on Sino-foreign Joint Venture Enterprises and other relevant laws, where the share of investment, profits and risks is stipulated in the contract.

Cooperation Enterprises with Foreign Investment refer to enterprises jointly established by foreign enterprises or foreigners with enterprises in the mainland of China in accordance with the Law of the People' s Republic of China on Sino foreign Cooperative Enterprises and other relevant laws, where the investment or provision of facilities, and the share of profits and risks is stipulated in the cooperative contract.

Enterprises with Sole (exclusive) Foreign Investment refer to enterprises established in the mainland of China with exclusive investment from foreign investors in accordance with the Law of the People' s Republic of China on Foreign Funded Enterprises and other relevant laws.

Share-holding Corporations Ltd. with Foreign Investment refer to share-holding corporations Ltd. established with the approval from the Ministry of Foreign Trade and Economic Relations in line with relevant state regulations, where the share of investment from foreign investors exceeds 25% of the total registered capital of the corporation. In case the share of foreign investment is less than 25% of the total registered capital, the enterprise is to be classified as domestic funded share holding corporation Ltd.

Government Agencies, Institutions and Social Organizations are classified into following categories by source of funds and way of management taking reference of the registration status of enterprises:

(1) Government agencies: include state and party agencies, classified in principle as state owned. There are exceptions, such as supply and marketing cooperatives which are classified as collective-owned.

(2) Institutions: include institutions of various types established with the approval by organization and staffing departments of the government, but exclude institutions where enterprise management system is introduced. Institutions are further classified as follows:

(a) Institutions whose main budget is listed in the government budget appropriations or extra budget funds, or allocated from the budget of their competent government agencies. Such institutions are classified as state owned.

(b) Institutions whose budget mainly comes from collective units. Such institutions are classified as collective owned.

(c) Social organizations established by individual or a group of citizens,which are classified as private.

(d) Institutions other than those mentioned above whose source of budget is not clear. Such institutions are classified by way of management.

(3) Social organizations: include social organizations established with the approval from the Ministry of Civil Affairs, and organizations that are not covered by social organization management regulations such as trade unions, womens federations etc.. Social organizations are further classified as follows:

(a) Social organizations that are not covered by social organization management regulations of the Ministry of Civil Affairs such as trade unions, womens federations, communist youth leagues, youth associations, industrial and commerce associations, scientists associations, overseas Chinese associations, etc., foundations and fund management organizations established with funds from the state, and social organizations whose funds mainly come from the budget of their competent government agencies. Such institutions are classified as state owned.

(b) Social organizations whose budget mainly comes from collective units. Such institutions are classified as collective owned.

(c) Social organizations established by individual or a group of citizens, which are classified as private.

(d) Social organizations other than those mentioned above whose source of budget is not clear. Such organizations are classified by way of management.

第
2
篇

国民经济核算

National Accounts

简 要 说 明

一、本篇资料的主要内容

本篇资料从宏观上反映了经济发展的总体状况和发展水平，主要包括地区生产总值及其增长、结构、三次产业对经济增长的贡献、消费水平等方面的资料。

二、本篇资料的来源

本篇资料来源于国民经济核算统计报表，由省统计局核算处整理提供。

Brief Introduction

I. Main Content

Data in the chapter reflect the overall situation and development of economy on the macro level, including growth rate and components of GDP, share of the three industries to the increase of GDP and household consumption expenditure.

II. Source of Data

Data in this chapter are prepared according to the data of national accounts and compiled by the Division of National Accounts of Shandong Provincial Bureau of Statistics..

2-1 主要年份地区生产总值

Gross Domestic Product in Major Years

单位:亿元 (100 million yuan)

年 份 Year	地 区 生产总值 Gross National Product	第一产业 Primary Industry	第二产业 Secondary Industry			第三产业 Teritary Industry	人均地区 生产总值 (元) Per Capita GDP (yuan)
				工 业 Industry	建筑业 Construction		
1952	43.81	29.55	7.27	6.82	0.45	6.99	91
1955	57.78	35.52	11.42	10.81	0.61	10.84	113
1957	61.39	31.95	17.59	16.62	0.97	11.85	116
1962	64.38	30.42	16.91	15.90	1.01	17.05	120
1965	86.25	42.24	28.96	25.99	2.97	15.05	152
1970	126.31	52.23	53.71	50.16	3.55	20.37	199
1975	166.19	65.54	75.31	69.76	5.55	25.34	240
1976	179.58	68.88	84.70	78.23	6.47	26.00	242
1977	207.07	79.01	95.34	88.05	7.29	32.72	293
1978	225.45	75.06	119.35	108.53	10.82	31.04	316
1979	251.60	91.12	127.68	114.67	13.01	32.80	350
1980	292.13	106.43	146.11	130.55	15.56	39.59	402
1981	346.57	132.21	155.41	138.09	17.32	58.95	472
1982	395.38	154.07	166.05	147.10	18.95	75.26	531
1983	459.83	185.57	178.75	159.15	19.60	95.51	611
1984	581.56	222.13	239.27	214.20	25.07	120.16	765
1985	680.46	235.96	293.07	259.42	33.65	151.43	887
1986	742.05	252.73	313.21	274.80	38.41	176.11	956
1987	892.29	287.31	384.57	341.31	43.26	220.41	1131
1988	1117.66	331.94	497.10	435.51	61.59	288.62	1395
1989	1293.94	359.14	579.65	513.97	65.68	355.15	1595
1990	1511.19	425.29	635.98	568.25	67.73	449.92	1815
1991	1810.54	521.85	745.90	663.90	82.00	542.79	2122
1992	2196.53	534.62	999.11	889.59	109.52	662.80	2556
1993	2770.37	596.63	1355.71	1201.67	154.04	818.03	3212
1994	3844.50	775.03	1891.43	1692.10	199.33	1178.04	4441
1995	4953.35	1010.13	2355.78	2098.06	257.73	1587.44	5701
1996	5883.80	1200.17	2784.09	2475.99	308.10	1899.54	6746
1997	6537.07	1195.00	3147.37	2796.02	351.35	2194.70	7461
1998	7021.35	1215.81	3408.06	3008.45	399.61	2397.49	7968
1999	7493.84	1221.00	3644.32	3197.16	447.16	2628.52	8483
2000	8337.47	1268.57	4164.45	3665.74	498.71	2904.45	9326
2001	9195.04	1359.49	4556.01	4004.09	551.92	3279.53	10195
2002	10275.50	1390.00	5184.98	4518.87	666.11	3700.52	11340
2003	12078.15	1480.67	6485.05	5706.71	778.34	4112.43	13268
2004	15021.84	1778.45	8478.69	7576.12	902.57	4764.70	16413
2005	18366.87	1963.51	10478.62	9418.58	1060.04	5924.74	19934
2006	21900.19	2138.90	12574.03	11378.82	1195.21	7187.26	23603
2007	25776.91	2509.14	14647.53	13283.72	1363.81	8620.24	27604
2008	30933.28	3002.65	17571.98	15894.95	1677.03	10358.64	32936
2009	33896.65	3226.64	18901.83	16896.14	2005.69	11768.18	35894
2010	39169.92	3588.28	21238.49	18861.45	2377.04	14343.14	41106
2011	45361.85	3973.85	24017.11	21275.89	2741.22	17370.89	47335
2012	50013.24	4281.70	25735.73	22798.33	2937.40	19995.81	51768
2013	54684.33	4742.63	27422.47	24222.16	3200.31	22519.23	56323

注:本表按当年价格计算。

a)Data in this table are calculated at current prices.

2-2 续表 continued

(以上年为100) (preceding year=100)

年份 Year	地区生产总值 Gross Domestic Product	第一产业 Primary Industry	第二产业 Secondary Industry	工业 Industry	建筑业 Construction	第三产业 Teritary Industry
1955	109.5	110.4	104.6	104.7	101.8	112.2
1957	96.5	87.5	110.8	112.9	81.0	101.9
1962	97.4	106.8	79.8	80.7	72.6	108.2
1965	122.0	126.6	130.0	125.7	182.8	102.5
1970	115.7	103.5	126.1	127.1	111.7	117.4
1975	129.2	110.6	159.8	163.6	117.0	104.7
1976	105.2	104.8	106.3	105.5	116.5	102.5
1977	111.3	114.6	107.0	106.5	112.6	118.3
1978	110.1	94.0	125.4	123.5	148.4	100.8
1979	106.6	108.2	106.3	105.1	118.6	104.1
1980	112.2	109.8	112.0	111.4	117.2	118.9
1981	105.8	106.5	103.2	104.3	94.3	111.7
1982	111.3	110.8	105.6	104.9	111.6	127.2
1983	113.9	116.0	107.6	108.4	101.3	123.7
1984	117.4	118.3	117.7	116.7	125.8	115.3
1985	111.4	102.2	118.5	117.1	128.9	114.9
1986	106.3	99.4	110.7	111.5	104.9	108.7
1987	113.8	107.4	117.1	118.8	104.0	117.0
1988	112.5	99.8	122.7	122.2	126.2	109.6
1989	104.0	99.4	107.1	108.5	94.9	102.8
1990	105.3	105.4	107.2	108.0	99.1	100.7
1991	114.6	114.2	114.0	115.0	105.6	116.0
1992	116.9	100.2	128.6	129.4	120.6	116.3
1993	120.4	106.1	128.1	128.7	122.3	120.0
1994	116.2	107.3	117.4	117.6	115.5	120.7
1995	114.0	108.9	114.1	113.7	117.6	117.0
1996	112.1	106.6	113.8	113.7	114.9	112.5
1997	111.1	100.5	112.7	112.7	112.9	114.5
1998	110.8	105.7	112.1	112.1	111.9	111.2
1999	110.0	104.7	112.1	112.2	110.5	109.3
2000	110.3	103.8	112.0	112.2	109.7	110.4
2001	110.0	104.2	111.0	111.2	109.3	111.2
2002	111.7	102.5	115.0	114.6	118.0	110.9
2003	113.4	105.6	116.8	117.5	111.6	111.4
2004	115.3	106.9	119.3	121.1	105.0	112.3
2005	115.0	104.8	117.4	118.1	112.0	114.4
2006	114.7	105.2	116.6	117.2	111.1	114.5
2007	114.2	104.0	115.8	116.6	108.2	114.6
2008	112.0	105.1	112.0	112.6	106.4	113.9
2009	112.2	104.2	113.9	112.8	125.4	111.2
2010	112.3	103.6	112.8	112.8	112.6	113.5
2011	110.9	104.0	111.7	112.5	105.1	111.3
2012	109.8	104.7	110.5	111.1	105.9	109.8
2013	109.6	103.8	110.7	110.9	108.4	109.2

2-2 主要年份地区生产总值指数

Indices of Gross Domestic Product in Major Years

(以1952年为100) (1952=100)

年 份 Year	地 区 生产总值 Gross Domestic Product	第一产业 Primary Industry	第二产业 Secondary Industry	工 业 Industry	建筑业 Construction	第三产业 Teritary Industry
1952	100.0	100.0	100.0	100.0	100.0	100.0
1955	127.5	115.6	155.3	157.1	126.5	147.0
1957	137.5	101.6	262.0	264.6	226.6	154.6
1962	113.5	69.7	214.8	213.2	236.4	184.4
1965	171.3	107.2	405.0	386.0	693.0	197.8
1970	251.6	129.3	753.3	748.4	833.4	260.9
1975	361.8	154.6	1366.0	1374.6	1325.5	310.5
1976	380.6	162.0	1452.1	1450.2	1544.2	318.3
1977	423.6	185.7	1553.7	1544.5	1738.8	376.5
1978	466.4	174.6	1948.3	1907.5	2580.4	379.5
1979	497.2	188.9	2071.0	2004.8	3060.4	395.1
1980	557.9	207.4	2319.5	2233.3	3586.8	469.8
1981	590.3	220.9	2393.7	2329.3	3382.4	524.8
1982	657.0	244.8	2527.7	2443.4	3774.8	667.5
1983	748.3	284.0	2719.8	2648.6	3823.9	825.7
1984	878.5	336.0	3201.2	3090.9	4810.5	952.0
1985	978.6	343.4	3793.4	3619.4	6200.7	1093.8
1986	1040.3	341.3	4199.3	4035.6	6504.5	1189.0
1987	1183.9	366.6	4917.4	4794.3	6764.7	1391.1
1988	1331.9	365.9	6033.6	5858.6	8537.1	1524.6
1989	1385.2	363.7	6462.0	6356.6	8101.7	1567.3
1990	1458.6	383.3	6927.3	6865.1	8028.8	1578.3
1991	1671.6	437.7	7897.1	7894.9	8478.4	1830.8
1992	1954.1	438.6	10155.7	10216.0	10225.0	2129.2
1993	2352.0	465.4	13005.4	13142.9	12506.2	2554.0
1994	2733.9	499.3	15269.6	15454.7	14448.4	3081.4
1995	3115.8	544.0	17419.6	17579.7	16984.1	3604.3
1996	3491.3	579.9	19830.5	19993.4	19521.5	4054.1
1997	3878.5	582.6	22350.9	22532.6	22032.0	4639.9
1998	4295.4	615.5	25048.7	25254.5	24658.2	5159.6
1999	4725.8	644.4	28069.5	28340.7	27237.5	5639.4
2000	5211.6	668.9	31429.5	31795.4	29884.9	6228.2
2001	5734.9	697.0	34883.6	35366.0	32649.3	6927.6
2002	6407.6	714.1	40102.1	40515.3	38519.6	7682.7
2003	7266.8	753.7	46839.3	47613.6	42987.9	8555.5
2004	8385.9	806.1	55855.9	57664.8	45154.5	9608.6
2005	9643.7	845.2	65595.0	68077.3	50554.3	10995.6
2006	11063.2	888.7	76495.4	79812.9	56166.3	12593.5
2007	12636.4	924.2	88552.1	93032.1	60798.6	14426.5
2008	14155.5	970.9	99201.0	104738.8	64685.6	16437.5
2009	15879.3	1011.2	112952.6	118122.1	81147.8	18279.7
2010	17832.9	1047.9	127369.5	133220.3	91364.1	20752.6
2011	19769.1	1089.8	142274.7	149911.5	96062.9	23102.1
2012	21698.7	1140.5	157227.9	166483.6	101717.2	25375.7
2013	23771.2	1183.8	174001.8	184667.4	110270.0	27700.6

注：本表按可比价格计算。
a) Data in this table are calculated at constant prices.

2-3 主要年份地区生产总值构成
Composition of Gross Domestic Product in Major Years

单位:% (%)

年份 Year	地区生产总值 Gross Domestic Product	第一产业 Primary Industry	第二产业 Secondary Industry	工业 Industry	建筑业 Construction	第三产业 Teritary Industry
1952	100	67.4	16.6	15.6	1.0	16.0
1955	100	61.5	19.7	18.7	1.0	18.8
1957	100	52.0	28.7	27.1	1.6	19.3
1962	100	47.2	26.3	24.7	1.6	26.5
1965	100	49.0	33.5	30.1	3.4	17.5
1970	100	41.4	42.5	39.7	2.8	16.1
1975	100	39.4	45.3	42.0	3.3	15.3
1976	100	38.3	47.2	43.6	3.6	14.5
1977	100	38.2	46.0	42.5	3.5	15.8
1978	100	33.3	52.9	48.1	4.8	13.8
1979	100	36.2	50.8	45.6	5.2	13.0
1980	100	36.4	50.0	44.7	5.3	13.6
1981	100	38.2	44.8	39.8	5.0	17.0
1982	100	39.0	42.0	37.2	4.8	19.0
1983	100	40.3	38.9	34.6	4.3	20.8
1984	100	38.2	41.1	36.8	4.3	20.7
1985	100	34.7	43.0	38.1	4.9	22.3
1986	100	34.1	42.2	37.0	5.2	23.7
1987	100	32.2	43.1	38.3	4.8	24.7
1988	100	29.7	44.5	39.0	5.5	25.8
1989	100	27.8	44.8	39.7	5.1	27.4
1990	100	28.1	42.1	37.6	4.5	29.8
1991	100	28.8	41.2	36.7	4.5	30.0
1992	100	24.3	45.5	40.5	5.0	30.2
1993	100	21.5	49.0	43.4	5.6	29.5
1994	100	20.2	49.2	44.0	5.2	30.6
1995	100	20.4	47.6	42.4	5.2	32.0
1996	100	20.4	47.3	42.1	5.2	32.3
1997	100	18.3	48.1	42.7	5.4	33.6
1998	100	17.3	48.5	42.8	5.7	34.2
1999	100	16.3	48.6	42.6	6.0	35.1
2000	100	15.2	50.0	44.0	6.0	34.8
2001	100	14.8	49.5	43.5	6.0	35.7
2002	100	13.5	50.5	44.0	6.5	36.0
2003	100	12.3	53.7	47.3	6.4	34.0
2004	100	11.8	56.5	50.5	6.0	31.7
2005	100	10.7	57.0	51.3	5.8	32.3
2006	100	9.8	57.4	52.0	5.5	32.8
2007	100	9.7	56.8	51.5	5.3	33.5
2008	100	9.7	56.8	51.4	5.4	33.5
2009	100	9.5	55.8	49.8	5.9	34.7
2010	100	9.2	54.2	48.2	6.1	36.6
2011	100	8.8	52.9	46.9	6.0	38.3
2012	100	8.6	51.4	45.6	5.9	40.0
2013	100	8.7	50.1	44.3	5.9	41.2

注:本表按当年价格计算。
a)Data in this table are calculated at current prices.

2-4 地区生产总值

Gross Domestic Product

单位:亿元 (100 million yuan)

分　组	Sector	2011	2012	2013	2011年为2010年 % 2010=100	2012年为2011年 % 2011=100	2013年为2012年 % 2012=100
地区生产总值	**Gross Domestic Product**	**45361.85**	**50013.24**	**54684.33**	**110.9**	**109.8**	**109.6**
第一产业	Primary Industry	3973.85	4281.70	4742.63	104.0	104.7	103.8
第二产业	Secondary Industry	24017.11	25735.73	27422.47	111.7	110.5	110.7
工　业	Industry	21275.89	22798.33	24222.16	112.5	111.1	110.9
建筑业	Construction	2741.22	2937.40	3200.31	105.1	105.9	108.4
第三产业	Tertiary Industry	17370.89	19995.81	22519.23	111.3	109.8	109.2
交通运输、仓储和邮政业	Transport, Storage and Postal Services	2328.38	2516.19	2602.91	111.4	106.2	106.4
信息传输、计算机服务和软件业	Information Transmission, ComputerServices and Software	541.79	556.13	569.57	108.3	102.9	101.6
批发和零售业	Wholesale and Retail Trade	5400.19	6507.40	7349.05	113.5	111.5	115.1
住宿和餐饮业	Accommodations and Catering Services	881.58	1059.47	1021.11	114.4	109.0	100.5
金融业	Finance	1640.41	1936.11	2184.25	113.6	116.3	111.4
房地产业	Real Estate	1838.14	1984.49	2462.93	104.0	106.6	108.9
租赁和商务服务业	Leasing and Business Services	556.01	661.91	781.15	105.0	99.9	103.6
科学研究、技术服务和地质勘查业	Scientific Research, Technical Servicesand Geological Prospecting	317.99	367.83	395.02	109.2	110.3	100.3
水利、环境和公共设施管理业	Management of Water Conservancy, Environment and Public Facilities	163.51	198.60	224.98	101.7	106.7	86.6
居民服务和其他服务业	Services to Households and Other Services	497.61	599.98	728.29	122.6	118.1	118.5
教　育	Education	951.55	1076.10	1148.85	124.0	112.2	104.9
卫生、社会保障和社会福利业	Health Care, Social Security and Social Welfare	691.22	778.15	803.84	113.9	109.8	99.6
文化、体育和娱乐业	Culture, Sports and Recreation	144.82	165.58	208.09	116.0	113.7	112.0
公共管理和社会组织	Public Administration and Social Organizations	1417.69	1587.88	2039.21	101.4	108.2	106.4
人均地区生产总值(元)	**Per Capita GDP (yuan)**	**47335**	**51768**	**56323**	**110.2**	**109.2**	**109.0**
支出法计算的地区生产总值中	**Gross Domestic Product by Expenditure Approach**						
一、最终消费支出	Final Consumption Expenditure	18095.43	20543.68	22601.63	111.4	111.8	108.9
居民消费支出	Household Consumption Expenditures	12999.98	14583.38	16241.40	110.6	111.0	110.7
农村居民	Rural Household	3362.16	3832.86	4200.82	111.2	113.0	109.3
城镇居民	Urban Household	9637.82	10750.52	12040.58	110.4	110.3	111.2
二、资本形成总额	Gross Capital Formation	24944.34	27551.54	30952.89	112.9	111.2	111.2
三、货物和服务净流出	Net Exports of Goods and Services	2322.08	1918.02	1129.81	88.3	75.7	89.8

注:本表绝对数按当年价格计算,指数按可比价格计算。
a)Data in this table are calculated at current prices.Indices are calculated at constant prices.

2-5 1978-2013年支出法计算的地区生产总值

Gross Domestic Product by Expenditure Approach from 1978 to 2013

单位:亿元 (100 million yuan)

年份 Year	地区生产总值(支出法) Gross Domestic Product by Expenditure Approach	最终消费 Final Consumption Expenditure	居民消费 Household Consumption	政府消费 Government Consumption	资本形成总额 Gross Capital Formation	固定资本形成总额 Gross Capital Formation	存货增加 Change in Inventories	货物和服务净流出 Net Exports of Goods and Services
1978	225.45	143.67	120.59	23.08	77.08	62.32	14.76	4.70
1979	251.60	155.83	133.42	22.41	81.05	65.45	15.60	14.72
1980	292.13	188.26	161.67	26.59	95.27	71.31	23.96	8.60
1981	346.57	212.91	181.79	31.12	100.41	81.95	18.46	33.25
1982	395.38	257.12	221.77	35.35	126.52	102.30	24.22	11.74
1983	459.83	285.15	242.31	42.84	142.59	121.09	21.50	32.09
1984	581.56	318.40	264.67	53.73	192.49	153.86	38.63	70.67
1985	680.46	365.69	297.92	67.77	253.68	195.39	58.29	61.09
1986	742.05	410.40	330.87	79.53	279.80	230.54	49.26	51.85
1987	892.29	481.01	377.18	103.83	371.44	293.40	78.04	39.84
1988	1117.66	592.91	471.31	121.60	458.97	335.12	123.85	65.78
1989	1293.94	700.93	522.40	178.53	537.52	333.27	204.25	55.49
1990	1511.19	807.32	588.46	218.86	638.78	412.59	226.19	65.09
1991	1810.54	914.36	667.63	246.73	815.00	555.76	259.24	81.18
1992	2196.53	1078.95	780.50	298.45	1045.40	758.28	287.12	72.18
1993	2770.37	1259.92	906.93	352.99	1371.58	1023.16	348.42	138.87
1994	3844.50	1878.65	1319.71	558.94	1775.44	1225.52	549.92	190.41
1995	4953.35	2457.11	1684.63	772.48	2229.66	1473.83	755.83	266.58
1996	5883.80	2961.31	1988.53	972.78	2731.98	1765.43	966.55	190.51
1997	6537.07	3250.52	2375.94	874.58	3158.91	2027.75	1131.16	127.64
1998	7021.35	3477.58	2543.69	933.89	3409.36	2324.02	1085.34	134.41
1999	7493.84	3742.49	2807.77	934.72	3590.75	2632.54	958.21	160.60
2000	8337.47	4021.46	3082.06	939.40	4122.26	3159.03	963.23	193.75
2001	9195.04	4479.42	3360.92	1118.50	4422.24	3518.25	903.99	293.38
2002	10275.50	4887.40	3555.72	1331.68	4840.39	4192.58	647.81	547.71
2003	12078.15	5608.60	3960.91	1647.69	5668.51	5180.82	487.69	801.04
2004	15021.84	6568.66	4506.51	2062.15	7455.96	6896.07	559.89	997.22
2005	18366.87	7478.35	5451.19	2027.16	9411.18	8974.77	436.41	1477.34
2006	21900.19	8888.17	6553.88	2334.29	11177.54	10829.36	348.18	1834.48
2007	25776.91	10352.82	7603.39	2749.43	13105.80	12505.88	599.92	2318.29
2008	30933.28	12368.40	9085.22	3283.18	15587.57	15035.08	552.49	2977.31
2009	33896.65	13574.79	9910.18	3664.61	18109.95	17734.43	375.52	2211.91
2010	39169.92	15331.20	11058.97	4272.23	21499.29	20800.55	698.74	2339.43
2011	45361.85	18095.43	12999.98	5095.45	24944.34	24281.22	663.12	2322.08
2012	50013.24	20543.68	14583.38	5960.30	27551.54	26808.85	742.69	1918.02
2013	54684.33	22601.63	16241.40	6360.23	30952.89	29249.45	1703.44	1129.81

注:本表按当年价格计算。

a)Data in this table are calculated at current prices.

2-6 1978-2013年居民消费水平及指数

Household Consumption Expenditure and Indices from 1978 to 2013

年 份 Year	绝对额(元) Value(yuan)			指数(上年=100) Index(Preceding Year=100)			指数(1978年=100) Index(1978=100)		
	全省居民 All Households	农村居民 Rural Household	城镇居民 Urban Household	全省居民 All Households	农村居民 Rural Household	城镇居民 Urban Household	全省居民 All Households	农村居民 Rural Household	城镇居民 Urban Household
1978	169	136	529	110.0	113.9	97.5	100.0	100.0	100.0
1979	185	150	544	106.1	106.7	101.7	106.1	106.7	101.7
1980	223	181	632	107.6	106.3	110.8	114.2	113.4	112.7
1981	247	203	662	109.7	109.7	105.7	125.3	124.4	119.1
1982	298	259	642	111.3	116.2	96.2	139.5	144.6	114.6
1983	322	285	633	108.7	111.8	96.3	151.6	161.7	110.4
1984	348	310	642	106.7	107.2	99.8	161.8	173.3	110.2
1985	388	338	737	104.7	102.8	105.5	169.4	178.2	116.3
1986	426	373	795	106.3	107.2	102.7	180.1	191.0	119.4
1987	478	415	933	102.3	101.3	107.7	184.2	193.5	128.6
1988	588	494	1160	105.0	101.9	105.6	193.4	197.2	135.8
1989	644	514	1277	72.3	92.0	101.9	139.8	181.4	138.4
1990	698	563	1310	137.3	104.0	92.2	191.9	188.7	127.6
1991	780	617	1501	110.5	107.1	112.5	212.0	202.1	143.6
1992	909	667	1893	108.5	102.5	115.3	230.1	207.2	165.5
1993	1051	757	1935	112.0	110.2	107.6	257.7	228.3	178.1
1994	1524	1126	2265	116.3	111.2	119.8	299.7	253.8	213.4
1995	1939	1413	2895	112.5	107.2	114.0	337.1	272.1	243.2
1996	2280	1655	3391	108.5	106.4	106.8	365.8	289.5	259.8
1997	2712	1901	4123	111.4	110.7	111.1	407.5	320.5	288.6
1998	2887	1952	4479	108.9	106.2	111.8	443.8	340.4	322.7
1999	3178	2034	5085	110.1	106.7	113.4	488.6	363.2	365.9
2000	3447	2118	5603	108.2	105.6	109.1	528.7	383.5	399.2
2001	3726	2260	6020	107.6	104.9	107.8	568.8	402.3	430.3
2002	3924	2366	6232	108.1	103.8	108.3	614.9	417.6	466.0
2003	4351	2467	6974	107.5	103.9	106.8	661.0	433.9	497.7
2004	4924	2662	7965	109.9	104.0	111.1	726.5	451.3	553.0
2005	5916	3109	9453	115.2	113.0	113.3	836.8	509.9	626.3
2006	7064	3608	11193	115.4	114.8	113.4	965.7	585.4	710.3
2007	8142	4251	12633	113.6	115.2	111.5	1096.8	674.2	792.2
2008	9673	5081	14815	113.3	112.1	112.7	1243.2	755.6	892.5
2009	10494	5395	16027	110.8	111.1	109.5	1377.4	839.2	977.3
2010	11606	5730	17717	110.4	111.6	108.4	1519.4	936.5	1058.5
2011	13524	7041	19923	109.6	113.2	106.6	1665.9	1059.7	1128.4
2012	15095	8212	21528	110.4	115.6	106.9	1839.8	1225.3	1205.7
2013	16728	9224	23358	110.1	112.0	107.7	2026.1	1371.9	1298.4

注：本表绝对额按当年价格计算，指数按可比价格计算。

a)Data in this table are calculated at current prices.Indices are calculated at constant prices.

2-7 三次产业对经济增长的贡献率及拉动百分点

Share and Contribution of the Three Industries to the Inctrease of GDP

单位:% (%)

年 份 Year	贡 献 率 Share			地 区 生产总值 增 长 率 (%) Increase Rate of Gross Domestic Product	拉动百分点 Contribution		
	第一产业 Primary Industry	第二产业 Secondary Industry	第三产业 Tertiary Industry		第一产业 Primary Industry	第二产业 Secondary Industry	第三产业 Tertiary Industry
1980	25.6	53.4	21.0	12.2	3.1	6.5	2.6
1981	42.0	25.2	32.8	5.8	2.4	1.5	1.9
1982	36.2	22.4	41.4	11.3	4.1	2.5	4.7
1983	43.3	23.3	33.4	13.9	6.0	3.2	4.7
1984	40.3	41.0	18.7	17.4	7.0	7.1	3.3
1985	7.3	65.4	27.3	11.4	0.8	7.5	3.1
1986	-3.7	73.7	30.0	6.3	-0.2	4.6	1.9
1987	17.6	55.3	27.1	13.8	2.4	7.6	3.8
1988	-0.6	83.2	17.4	12.5	-0.1	10.4	2.2
1989	-4.6	89.3	15.3	4.0	-0.2	3.6	0.6
1990	27.0	70.3	2.7	5.3	1.4	3.7	0.2
1991	27.2	40.2	32.6	14.6	4.0	5.9	4.7
1992	0.3	70.7	29.0	16.9		12.0	4.9
1993	7.2	63.4	29.4	20.4	1.5	12.9	6.0
1994	9.5	52.5	38.0	16.2	1.5	8.5	6.2
1995	12.5	49.8	37.7	14.0	1.7	7.0	5.3
1996	10.2	56.8	33.0	12.1	1.2	6.9	4.0
1997	0.8	57.6	41.6	11.1	0.1	6.4	4.6
1998	8.4	57.3	34.3	10.8	0.9	6.2	3.7
1999	7.2	62.1	30.7	10.0	0.7	6.2	3.1
2000	5.4	61.2	33.4	10.3	0.6	6.3	3.4
2001	6.4	54.7	38.9	10.0	0.6	5.5	3.9
2002	3.0	64.3	32.7	11.7	0.4	7.5	3.8
2003	5.5	64.9	29.6	13.4	0.7	8.7	4.0
2004	3.9	66.9	29.2	15.3	0.5	10.3	4.5
2005	3.7	64.2	32.1	15.0	0.6	9.6	4.8
2006	3.7	64.4	31.9	14.7	0.5	9.5	4.7
2007	2.7	64.3	33.0	14.2	0.4	9.1	4.7
2008	3.7	58.8	37.5	12.0	0.4	7.1	4.5
2009	2.9	66.9	30.2	12.2	0.4	8.1	3.7
2010	2.3	61.9	35.8	12.3	0.3	7.6	4.4
2011	3.4	58.4	38.2	10.9	0.4	6.3	4.2
2012	4.1	58.8	37.1	9.8	0.4	5.8	3.6
2013	3.3	61.4	35.3	9.6	0.3	5.9	3.4

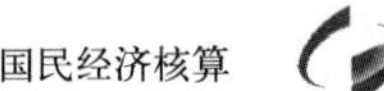

2-8 三大需求对经济增长的贡献率和拉动百分点
Share and Contribution of the Three Components of GDP to the Growth of GDP

单位:% (%)

年 份 Year	贡 献 率 Share			地 区 生产总值 增 长 率 (%) Increase Rate of Gross Domestic Product	拉动百分点 Contribution		
	最终消费 Final Consumption Expenditure	资本形成总 额 Gross Capital Formation	货物和服务净 流 出 Net Exports of Goods and Services		最终消费 Final Consumption Expenditure	资本形成总 额 Gross Capital Formation	货物和服务净 流 出 Net Exports of Goods and Services
1993	34.3	67.7	-2.0	20.4	7.0	13.8	-0.4
1994	54.4	40.5	5.1	16.2	8.8	6.6	0.8
1995	50.7	45.5	3.8	14.0	7.1	6.4	0.5
1996	46.3	52.5	1.2	12.1	5.6	6.4	0.1
1997	42.1	58.8	-0.9	11.1	4.7	6.5	-0.1
1998	43.8	51.0	5.2	10.8	4.8	5.4	0.6
1999	51.1	39.8	9.1	10.0	5.1	4.0	0.9
2000	45.7	49.7	4.6	10.3	4.7	5.1	0.5
2001	53.8	36.0	10.2	10.0	5.4	3.6	1.0
2002	46.9	40.2	12.9	11.7	5.5	4.7	1.5
2003	41.1	48.0	10.9	13.4	5.4	6.5	1.5
2004	41.1	54.7	4.2	15.3	6.3	8.4	0.6
2005	47.4	49.7	2.9	15.0	7.1	7.5	0.4
2006	46.0	49.1	4.9	14.7	6.8	7.2	0.7
2007	45.2	49.4	5.4	14.2	6.4	7.0	0.8
2008	49.2	48.6	2.2	12.0	5.9	5.8	0.3
2009	45.2	66.5	-11.7	12.2	5.5	8.1	-1.4
2010	41.5	62.3	-3.8	12.3	5.2	7.6	-0.5
2011	41.2	65.2	-6.4	10.9	4.5	7.1	-0.7
2012	47.7	64.2	-11.9	9.8	4.7	6.3	-1.2
2013	37.2	66.3	-3.5	9.6	3.6	6.3	-0.3

2-9 各市生产总值

Gross Domestic Product by Region

单位:亿元 (100 million yuan)

地区	Region	地区生产总值 Gross Domestic Product			第一产业增加值 Value-added of Primary Industry			第二产业增加值 Value-added of Secondary Industry		
		2012	2013	2013年为2012年% 2012=100	2012	2013	2013年为2012年% 2012=100	2012	2013	2013年为2012年% 2012=100
全省总计	**Total**	**50013.24**	**54684.33**	**9.6**	**4281.70**	**4742.63**	**3.8**	**25735.73**	**27422.47**	**10.7**
济南市	Jinan	4803.67	5230.19	9.6	252.92	284.71	3.9	1938.14	2053.24	10.1
青岛市	Qingdao	7302.11	8006.60	10.0	324.41	352.41	2.1	3402.23	3641.39	10.2
淄博市	Zibo	3557.21	3801.24	9.5	123.75	137.79	3.3	2101.19	2171.37	10.3
枣庄市	Zaozhuang	1702.92	1830.63	10.1	133.00	149.81	3.3	991.33	1037.55	11.4
东营市	Dongying	3000.66	3250.20	11.2	104.34	117.19	3.5	2126.02	2258.42	11.8
烟台市	Yantai	5281.38	5613.87	10.2	377.31	420.99	3.9	2985.09	3075.12	10.8
潍坊市	Weifang	4012.43	4420.70	10.6	390.52	433.09	3.3	2166.17	2297.42	11.5
济宁市	Jining	3189.37	3501.54	11.0	371.97	418.93	4.3	1673.50	1789.75	11.6
泰安市	Tai'an	2547.01	2790.70	10.6	233.05	260.11	3.7	1290.54	1367.77	11.1
威海市	Weihai	2337.86	2549.69	10.8	180.11	203.47	4.3	1249.30	1312.93	10.5
日照市	Rizhao	1352.57	1500.16	10.6	117.64	131.45	3.5	724.06	784.33	10.7
莱芜市	Laiwu	631.41	653.48	10.1	44.20	49.34	3.1	365.20	366.19	11.8
临沂市	Linyi	3012.81	3336.81	11.0	291.34	324.30	3.2	1463.45	1583.87	12.2
德州市	Dezhou	2230.55	2460.59	11.2	244.39	273.54	3.8	1208.65	1301.67	12.6
聊城市	Liaocheng	2146.75	2365.87	10.0	257.80	287.15	3.5	1186.38	1258.15	11.1
滨州市	Binzhou	1987.73	2155.73	9.8	189.51	211.02	3.7	1045.61	1106.10	11.5
菏泽市	Heze	1787.36	2050.01	12.0	241.01	255.00	3.0	974.22	1113.51	13.8

注:本表绝对额按当年价格计算,速度按可比价格计算。
a)Absolute figure in this table are calculated at current prices while growth rate at constant prices.

2-9 续表 continued

单位:亿元 (100 million yuan)

地区	Region	#工业增加值 Value-added of Industry			第三产业增加值 Value-added of Tertiary Industry			人均地区生产总值(元) Per Capita GDP (yuan)	
		2012	2013	2013年为2012年% 2012=100	2012	2013	2013年为2012年% 2012=100	2012	2013
全省总计	**Total**	**22798.33**	**24222.16**	**10.9**	**19995.81**	**22519.23**	**9.2**	**51768**	**56323**
济南市	Jinan	1603.08	1690.63	10.6	2612.61	2892.24	9.7	69444	74994
青岛市	Qingdao	3041.31	3248.44	10.4	3575.47	4012.80	10.5	82680	89797
淄博市	Zibo	1897.61	1950.80	10.5	1332.27	1492.08	8.7	77876	82889
枣庄市	Zaozhuang	905.60	942.96	11.5	578.59	643.27	9.0	45262	48346
东营市	Dongying	2007.59	2130.65	12.1	770.30	874.59	10.3	145395	156356
烟台市	Yantai	2694.25	2757.80	11.0	1918.98	2117.76	10.4	75672	80357
潍坊市	Weifang	1952.43	2063.24	11.7	1455.74	1690.19	11.4	43681	47943
济宁市	Jining	1514.29	1613.82	11.8	1143.90	1292.86	12.1	39165	42796
泰安市	Tai'an	1110.93	1173.80	11.6	1023.41	1162.82	11.3	46130	50296
威海市	Weihai	1122.80	1174.42	10.7	908.45	1033.29	12.5	83516	91010
日照市	Rizhao	634.20	685.90	10.9	510.87	584.38	12.1	47852	52778
莱芜市	Laiwu	332.50	331.06	12.2	222.01	237.95	8.3	48212	49390
临沂市	Linyi	1202.68	1297.31	12.8	1258.02	1428.64	11.3	29808	32902
德州市	Dezhou	1048.54	1127.06	13.1	777.52	885.38	11.2	39710	43542
聊城市	Liaocheng	1088.10	1149.55	11.2	702.57	820.57	10.3	36573	40084
滨州市	Binzhou	948.62	1001.56	11.9	752.61	838.61	8.6	52591	56771
菏泽市	Heze	858.05	984.27	14.2	572.13	681.50	12.5	21461	24542

2-10 各市生产总值构成

Composition of Gross Domestic Product by Region

单位:% (%)

地 区	Region	地区生产总值 Gross Domestic Product		第一产业 Primary Industry		第二产业 Secondary Industry		第三产业 Teritary Industry	
		2012	2013	2012	2013	2012	2013	2012	2013
全 省	**Total**	**100.0**	**100.0**	**8.6**	**8.7**	**51.4**	**50.1**	**40.0**	**41.2**
济南市	Jinan	100.0	100.0	5.3	5.4	40.3	39.3	54.4	55.3
青岛市	Qingdao	100.0	100.0	4.4	4.4	46.6	45.5	49.0	50.1
淄博市	Zibo	100.0	100.0	3.5	3.6	59.0	57.1	37.5	39.3
枣庄市	Zaozhuang	100.0	100.0	7.8	8.2	58.2	56.7	34.0	35.1
东营市	Dongying	100.0	100.0	3.5	3.6	70.8	69.5	25.7	26.9
烟台市	Yantai	100.0	100.0	7.2	7.5	56.5	54.8	36.3	37.7
潍坊市	Weifang	100.0	100.0	9.7	9.8	54.0	52.0	36.3	38.2
济宁市	Jining	100.0	100.0	11.6	12.0	52.5	51.1	35.9	36.9
泰安市	Tai'an	100.0	100.0	9.1	9.3	50.7	49.0	40.2	41.7
威海市	Weihai	100.0	100.0	7.7	8.0	53.4	51.5	38.9	40.5
日照市	Rizhao	100.0	100.0	8.7	8.7	53.5	52.3	37.8	39.0
莱芜市	Laiwu	100.0	100.0	7.0	7.6	57.8	56.0	35.2	36.4
临沂市	Linyi	100.0	100.0	9.7	9.7	48.5	47.5	41.8	42.8
德州市	Dezhou	100.0	100.0	10.9	11.1	54.2	52.9	34.9	36.0
聊城市	Liaocheng	100.0	100.0	12.0	12.1	55.3	53.2	32.7	34.7
滨州市	Binzhou	100.0	100.0	9.5	9.8	52.6	51.3	37.9	38.9
菏泽市	Heze	100.0	100.0	13.5	12.5	54.5	54.3	32.0	33.2

注:本表按当年价格计算。
a)Data in this table are calculated at current prices.

2-11 各市居民消费水平及指数

Household Consumption Expenditure and Indices by Region

地 区	Region	绝对额(元) Value(yuan)						2013年为2012年% Preceding Year =100		
		全体居民 All Households		农村居民 Rural Households		城镇居民 Urban Households		全省居民 All Households	农村居民 Rural Household	城镇居民 Urban Household
		2012	2013	2012	2013	2012	2013			
全 省	**Total**	**15095**	**16728**	**8212**	**9224**	**21528**	**23358**	**110.1**	**112.0**	**107.7**
济南市	Jinan	22755	25057	8630	9502	30234	33121	107.0	107.9	106.4
青岛市	Qingdao	20659	22790	10072	12046	25913	27911	108.0	117.6	105.4
淄博市	Zibo	18112	20554	11143	12514	21959	24854	113.5	112.8	113.0
枣庄市	Zaozhuang	12272	13720	8368	9464	16379	17991	114.6	116.8	112.1
东营市	Dongying	19370	20713	10870	11923	26543	28043	106.1	107.8	105.2
烟台市	Yantai	17194	18758	7653	8674	24556	26262	110.9	113.4	109.1
潍坊市	Weifang	15173	16707	9436	10851	20650	22065	111.2	116.9	107.5
济宁市	Jining	13604	15082	7713	8874	20484	21719	113.8	117.7	109.0
泰安市	Tai'an	16492	18162	8777	9909	23617	25433	110.8	115.3	107.8
威海市	Weihai	25660	28010	22458	24331	28190	30486	112.0	113.1	109.3
日照市	Rizhao	13384	14898	7091	7944	19718	21496	112.7	112.9	110.5
莱芜市	Laiwu	13849	15204	7726	8484	19199	20774	109.3	109.1	107.8
临沂市	Linyi	8944	9690	4745	5364	13333	13954	108.8	113.6	105.0
德州市	Dezhou	12310	13641	5860	6464	19821	21499	111.8	115.3	108.1
聊城市	Liaocheng	10819	12304	5594	6317	19007	20891	111.6	111.4	107.7
滨州市	Binzhou	15720	17242	9892	10695	21820	23482	112.0	108.4	110.9
菏泽市	Heze	9413	10827	5430	6277	15373	17410	114.4	112.6	113.9

注:本表绝对数按当年价格计算,指数按可比价格计算。
a)Data in this table are calculated at current prices.Indices are calculated at constant prices.

主要统计指标解释

国内生产总值（GDP） 指一个国家（或地区）所有常住单位在一定时期内生产活动的最终成果。

国内生产总值有三种表现形态，即价值形态、收入形态和产品形态。

从价值形态看，它是所有常住单位在一定时期内生产的全部货物和服务价值超过同期中间投入的全部非固定资产货物和服务价值的差额，即所有常住单位的增加值之和；

从收入形态看，它是所有常住单位在一定时期内创造并分配给常住单位和非常住单位的初次收入分配之和；

从产品形态看，它是所有常住单位在一定时期内最终使用的货物和服务价值与货物和服务净出口价值之和。

在实际核算中，国内生产总值有三种计算方法，即生产法、收入法和支出法。三种方法分别从不同的方面反映国内生产总值及其构成。

①生产法 是从生产过程中生产的货物和服务总产品价值入手，剔除生产过程中投入的中间产品的价值，得到增加价值的一种方法，公式为：

增加值＝总产出－中间投入

总产出 是一定时期内一个国家（或地区）常住单位生产的所有货物和服务的价值。既包括新增价值，也包括转移价值。

中间投入 是常住单位在生产或提供货物与服务过程中，消耗和使用的所有非固定资产货物和服务的价值。中间投入也称为中间消耗。

增加值 是指常住单位生产过程创造的新增价值和固定资产的转移价值。按生产法计算它等于总产出减去中间投入。

②收入法 收入法也称分配法，按收入法计算国内生产总值是从生产过程创造收入的角度，对常住单位的生产活动成果进行核算。按照这种计算方法，增加值由劳动者报酬、生产税净额、固定资产折旧和营业盈余四个部分组成。

用公式表示为：

增加值＝劳动者报酬+生产税净额+固定资产折旧+营业盈余

国民经济各部门的增加值之和等于国内生产总值。

劳动者报酬 指劳动者因从事生产活动所获得的全部报酬。它包括劳动者获得的各种形式工资、奖金和津贴，既包括货币形式的，也包括实物形式的，它还包括劳动者所享受的公费医疗和医疗卫生费、上下班交通补贴和单位直接支付的社会保险费等。

生产税净额 生产税减生产补贴后的差额。

生产税指政府对生产单位生产、销售和从事经营活动以及因从事生产活动使用某些生产要素，如固定资产、土地、劳动力所征收的各种税、附加费和规费。具体包括销售税金及附加、增值税、管理费中开支的各种税、应交纳的养路费、排污费和水电费附加、烟酒专卖上缴政府的专项收入等。

生产补贴与生产税相反，是政府对生产单位的单方面收入转移，因此视为负生产税处理，包括政策亏损补贴、粮食系统价格补贴、外贸企业出口退税收入等。

固定资产折旧 指一定时期内为弥补固定资产损耗按照核定的固定资产折旧率提取的固定资产折旧，或按国民经济核算统一规定的折旧率虚拟计算的固定资产折旧。它反映了固定资产在当期生产中的转移价值。各种类型企业和企业化管理的事业单位的固定资产折旧指实际计提并计入成本费用中的折旧费；不计提折旧的单位，如政府机关、非企业化管理的事业单位和居民住房的固定资产折旧则是按照统一规定的折旧率和固定资产原值计算的虚拟折旧。

营业盈余 是指常住单位创造的增加值扣除劳动者报酬、生产税净额和固定资产折旧后的余额。它相当于企业的营业利润加上生产补贴，但要扣除从利润中开支的工资和福利等。

③支出法 支出法是从最终使用角度来反映国内生产总值最终去向的一种方法。最终使用包括货物和服务的最终消费支出、资本形成总额、货物和服务净出口三部分。

最终消费 指常住单位在一定时期内对于货物和服务的全部最终消费支出，也就是常住单位为满足物质、文化和精神生活的需要，从本国经济领土和国外购买的货物和服务的支出；不包括非常住单位在本国经济领土内的消费支出。最终消费分为居民消费和政府消费。

居民消费 指常住住户对货物和服务的全部最终消费支出。居民消费按市场价格计算，即按居民支付的购买者价格计算。购买者价格是购买者取得货物所支付的价值，包括购买者支付的运输和商业费用。

居民消费除了直接以货币形式购买货物和服务的消费之外，还包括以其他方式获得的货物和服务的消费支出，即所谓的虚拟消费支出。居民虚拟消费支出包括以下几种类型：单位以实物报酬及实物转移的形式提供给劳动者的货物和服务；住户生产并由本住户消费的货物和服务，其中的服务仅指住户的自有住房服务；金融机构提供的金融媒介服务；保险公司提供的保险服务。

政府消费 指政府部门为全社会提供公共服务的消费支出和免费或以较低价格向住户提供的货物和服务的净支出。前者等于政府服务的产出价值减去政府单位所获得的经营收入的价值，政府服务的产出价值等于它的经常性业务支出加上固定资产折旧；后者等于政府部门免费或以较低价格向住户提供的货物和服务的市场价值减去向住户收取的价值。

资本形成总额 指常住单位在一定时期内获得减去处置的固定资产和存货的净额，包括固定资本形成总额和存货增加两部分。

固定资本形成总额 指常住单位购置、转入和自产自用的固定资产价值，扣除销售和转出的价值，包括有形固定资产形成总额和无形固定资产形成总额。有形固定资产形成总额包括一定时期内完成的建筑工程、安装工程和设备工器具购置（减处置）价值，商品房销售增值，土地改良形成的固定资产，新增役、种、奶、毛、娱乐用牲畜和新增经济林木价值。无形固定资产形成总额包括矿藏勘探、计算机软件、娱乐和文学艺术品原件等获得减处置的价值。

存货增加 指常住单位存货实物量变动的市场价值，即期末价值减期初价值的差额。存货增加可以是正值，也可以是负值；正值表示存货上升，负值表示存货下降。它包括生产单位购进的原材料、燃料和储备物资等存货，以及生产单位生产的产成品、在制品等存货等。

货物和服务净出口 指货物和服务出口减货物和服务进口的差额。出口包括常住单位向非常住单位出售或无偿转让的各种货物和服务的价值；进口包括常住单位从非常住单位购买或无偿得到的各种货物和服务的价值。由于服务活动的提供与使用同时发生，因此服务的进出口业务并不发生出入境现象，一般把常住单位从国外得到的服务作为进口，非常住单位从本国得到的服务作为出口。货物的出口和进口都按离岸价格计算。

三次产业 是根据社会生产活动历史发展的顺序对产业结构的划分，产品直接取自自然界的部门称为第一产业，对初级产品进行再加工的部门称为第二产业，为生产和消费提供各种服务的部门称为第三产业。它是世界上较为通用的产业结构分类，但各国的划分不尽一致。

按照国民经济行业分类标准和我国的实际情况，我国的三次产业划分是：

第一产业 农林牧渔业（包括农业、林业、畜牧业、渔业、农林牧渔服务业）。

第二产业 工业（包括采矿业，制造业，电力、燃气及水的生产和供应业）和建筑业。

第三产业 除第一、第二产业以外的其他各业。由于第三产业包括的行业多、范围广，根据我国的实际情况，第三产业分为十五个门类。具体为：

交通运输、仓储和邮政业，信息传输、计算机服务和软件业，批发和零售业，住宿和餐饮业，金融业，房地产业，租赁和商务服务业，科学研究、技术服务和地质勘查业，水利、环境和公共设施管理业，居民服务和其他服务业，教育，卫生、社会保障和社会福利业，文化、体育和娱乐业，公共管理和社会组织，国际组织。

当年价格 指报告期的实际价格，如工业品的出厂价格，农产品的收购价格，商业的零售价格等。按当年价格计算，是指一些以货币表现的物量指标，如工农业总产值、国内生产总值等，按照当年的实际价格来计算总量。使用当年价格计算的数字，是为了使国民经济各项指标互相衔接，便于考察当年社会经济效益，便于对生产流通、生产和分配、生产和消费进行经济核算和综合平衡。

按当年价格计算的价值指标，在不同年份之间进行对比时，因为包含有各年间价格变动的因素，不能确切地反映实物量的增减变动。必须消除价格变动因素后，才能真实反映经济发展动态。因此，在计算增长速度时都使用按可比价格计算的数字。

可比价格 指计算各种总量指标所采用的扣除了价格变动因素的价格，可进行不同时期总量指标的对比。按可比价格计算总量指标有两种方法：一种是直接用产品产量乘某一年的不变价格计算；另一种是用价格指数进行换算。

不变价格 指以同类产品某一时期的平均价格作为固定价格，用于计算各时期的产品价值。按不变价格计算的产品价值消除了价格变动因素，不同时期对比可以反映生产的发展速度。新中国成立后，随着工农业产品价格水平的变化，国家统计局先后八次制定了全国统一的工业产品不变价格和农业产品不变价格。从 1949 年到 1957 年使用 1952 年工（农）业产品不变价格，从 1957 年到 1971 年使用 1957 年不变价格，从 1971 年到 1981 年使用 1970 年不变价格，从 1981 年到 1990 年使用 1980 年不变价格，从 1991 年到 2000 年使用 1990 年不变价格，从 2001 年到 2005 年使用 2000 年不变价格，从 2006 年开始使用 2005 年不变价格，从 2011 年开始使用 2010 年不变价格。

Explanatory Notes on Main Statistical Indicators

Gross Domestic Product refers to the final products at market prices produced by all residents in a country (or a region) during a certain period of time.

Gross domestic product is expressed in three different forms, i.e. value, income, and products respectively.

GDP in its value form refers to the total value of all goods and services produced by all resident units during a certain period of time, minus the total value of input of goods of non-fixed assets and services; in other term, it is the sum of the value-added of all resident units.

GDP in the form of income includes the income created by all resident units and distributed to resident and non-resident units.

GDP in the form of products refers to the value of all goods and services for final consumption by all resident units minus the net exports of goods and services during a given period of time.

In the practice of national accounting, gross domestic product is calculated with three approaches, i.e. production approach, income approach and expenditure approach, which reflect gross domestic product and its composition from different aspects.

Production Approach focuses on the total value of goods and services produced in production activities. GDP by Production Approach equals the value of total output minus that of input consumed in production process.

GDP by Production Approach = gross output−intermediate input

Gross Output refers to the total value of goods and service produced by all residents in a given period,including newly-produced goods and service, and intermediate input.

Intermediate Input refers to non-fixed assets and paid service consumed during production process when goods and service are produced. Intermediate input is also called intermediate consumption.

Value-added refers to the value of newly-produced goods and service and that of consumed fixed assets. By production approach, it equals gross output minus intermediate input.

Income Approach (also known as distribution approach): refers to the method measuring the final results of production activities o from the perspective of income made by all residents. GDP of income approach includes laborers' remuneration,net taxed on production, depreciation of fixed assets and operating surplus.

GDP by income approach = laborers' remuneration+ net taxed on production+depreciation of fixed assets+operating surplus.

The sum of value added made by different industries is GDP.

Laborers' Remuneration refers to the whole payment of various forms earned by the laborers' from the productive activities they are engaged in. It includes wages, bonuses and allowances the laborers' earned in monetary form and in kind. It also includes the free medical services provided to the laborers' and the medicine expenses, traffic subsidies and social insurance, housing fund paid by the employers.

Net Taxes on Production refers to the difference of the taxes on production minus the subsidies on production.

Taxes on production refers to the various taxes, extra charges and fees levied on the production units on their production, sale and business activities as well as on the use of some factors of production, such as fixed assets, land and labor force in the production activities they are engaged in.

In contrast to the taxes on production, the subsidies on production refer to the unilateral government transfer to the production units and are therefore regarded as negative taxes on production.They include subsidies on the loss due to implementation of government policies, price subsidies, etc.

Depreciation of Fixed Assets refers to the depreciation of fixed assets of a given period, drawn in accordance with the stipulated depreciation rate for the purpose of compensating the wear loss of the fixed assets or the depreciation of fixed assets calculated in a fictitious way in accordance with the stipulated unified depreciation rate in the national economic accounting system. It reflects the value of transfer of the fixed assets in the production of the current period. The depreciation of fixed assets in various enterprises and institutions managed as enterprises refers to the depreciation expenses actually drawn. In government agencies and institutions not managed as enterprises which do not draw the depreciation expenses, as well as for the houses of residents, the depreciation of fixed assets is the imputed depreciation, which is calculated in accordance with the stipulated unified depreciation rate. In principle, the depreciation of fixed assets should be calculated on the basis of the re-purchased value of the fixed assets.

Operating Surplus refers to the balance of the value added created by the resident units deducting the laborers' remuneration, net taxes on production and the depreciation of fixed assets. It is equivalent to the business profit of the enterprises plus subsidies on production, but the wages and welfare expenses paid from the profits should be deducted.

GDP by Expenditure Approach refers to the method of measuring the final results of production activities of a country (region) during a given period from the perspective of final use. It includes final consumption expenditure, total capital formation and net export of goods and services.

Final Consumption Expenditure refers to the total expenditure on goods and services in a given period, which means the total expenditure of resident units for purchases of goods and services from domestic economic territory and abroad to meet the requirements of material, cultural and spiritual life. It excludes the expenditure of non-resident units on consumption in the economic territory of the country. The final consumption expenditure is broken down into household consumption expenditure and government consumption expenditure.

Household consumption refers to the consumption expenditure made by household on goods and services. It is calculated at market price which is the purchasers'price. Purchasers'price means the money the purchasers paid for goods, including transportation fees and operating fees.

In addition to the consumption of goods and services bought by the households directly with money, the households consumption expenditure also includes expenditure on goods and services obtained by the households in other ways, i.e. the so-called imputed consumption expenditure, which includes the following:

(a) the goods and services provided to the households by the employer in the form of payment in kind and transfer in kind; (b) goods and services produced and consumed by the households themselves, in which the services refer only to the owner-occupied housing and domestic and individual services provided by the paid household workers; (c) financial intermediate services provided by financial institutions; (d) insurance services provided by insurance companies.

Government Consumption Expenditure refers to the expenditure on the consumption of the public services provided by the government to the whole society and the net expenditure on the goods and services provided by the government to the households free of charge or at low prices. The former equals to the output value of the government services minus the value of operating income obtained by the government departments. The latter equals to the market value of the goods and services provided by the government free of charge or at low prices to the households minus the value received by the government from the households.

Total Capital Formation refers to the fixed assets acquired minus those disposed of and the net value of inventory, including the total fixed capital formation and the increase in inventory.

Total Fixed Capital Formation refers to the value of fixed assets acquired minus those disposed of during a given period. Fixed assets are the assets produced through production activities with specified unit value which could be used for over one year, excluding natural assets. Total fixed capital formation can be categorized into total tangible capital formation and total intangible capital formation. The total tangible capital formation include the value of the construction projects, installation projects completed and the equipment,apparatus and instruments purchased as well as the value of land improved, the value of draught animals, breeding stock, animals for milk, wool and for recreational purpose, and the newly increased forest with economic value during a given period. The total intangible capital formation includes the prospecting of minerals, the acquisition of computer software, artisticworks artistic minus the disposal of them.

Increase in Inventory refers to the market value of the change in inventory of resident units during a given period, i.e. the difference of value between the beginning and the end of the period minus the current gains due to the change in prices. The increase in inventory can be positive or negative. A positive value indicates the increase in inventory while a negative value indicates the decrease in stock. The inventory includes the raw materials, fuels and reserve materials purchased by the production units as well as the inventory of finished products, semi-finished products, work-in-progress, etc.

Net Export of Goods and Services refers to the difference of the exports of goods and services minus the imports of goods and services. The imports include the value of various goods and services sold or gratuitously transferred by the resident units to the non-resident units. The imports include the value of various goods and services purchased or gratuitously acquired by the resident units from the non-resident units. Because the provision of services and the use of them happen simultaneously, the acquisition of services by the resident units from abroad is usually treated as import while the acquisition of services by non-resident units in this country is usually treated as export. The export and import of goods are calculated at FOB.

Three Industries: Classification of economic activities into three branches of industries is based on the development of production. Primary industry refers to the production activities that obtain products from nature. Secondary industry refers to the production activities that process primary goods. Tertiary industry refers to the production activities that provide primary and secondary industries with services. Classification of economic activities into three branches of industries is a common practice in the world, although the grouping varies to some extent from country to country. According to the new Industrial Classification of National Economy, economic activities are categorized into following industries:

Primary industry refers to agriculture, forestry, animal husbandry and fishery.

Secondary Industry refers to mining and quarrying, manufacturing, production and supply of electricity, water and gas, and construction.

Tertiary industry refers to all other economic activities not included in primary or secondary industry.According to the economic condition in China, tertiary industry includes Transport, Storage and Post, Information Transmission, Computer Services and Software, Wholesale and Retail Trades, Hotels and Catering Services, Financial Intermediation, Real Estate, Leasing and Business Services, Scientific Research, Technical Services and Geologic Prospecting,Management of Water Conservancy, Environment and Public Facilities, Services to Households and Other Services,Education, Health, Social Security and Social Welfare, Culture, Sports and Entertainment, Public Management and Social Organizations, and International Organizations.

Current Price refers to the actual price during the reporting period, such as Ex-factory Price of Industrial Products, purchasing price of agricultural produces and retail price. Some indicators calculatedat current price are volume indicators in the value form, such as total value of output of industrial and agricultural industries and GDP, etc. Data calculated at current price are useful when it comes to evaluating the economic development and analyzing different aspects of economy, such as production, circulation,distribution and consumption.

When the different indicators calculated at current price are compared, it is in evitable that price changes will affect the comparison. Therefore, the change in volume cannot be showed. In order to eliminate the effect of price and reflect economic development, growth rate is calculated at current price.

Constant Price refers to the price without the effect of price change. By using constant price, total amount indices of different periods can be compared. There are two methods in which total amount indices are obtained, one using current price of some year to multiply the physical volume of certain products and the other using price index.

Fixed Price refers to the average price of similar products in a given period, with which the product value of different period can be calculated. The product value calculated at fixed price can show the growth rate of production in different period. Since 1949, NBS has framed the united industrial and agricultural fixed price 8 times, including the fixed price of 1952 used from 1949 to 1957, the fixed price of 1957 used from 1957 to 1971, the fixed price of 1970 used from 1971 to 1981, the fixed price of 1980 used from 1981 to 1990, the fixed price of 1990 used from 1991 to 2000, the fixed price of 2000 used from 2001 to 2005，the fixed price of 2005 used from 2006，and the fixed price of 2010 used from 2011.

第3篇

人　口

Population

简 要 说 明

一、本篇资料的主要内容

本篇资料主要反映了我省人口方面的基本情况，包括全省 17 个市的主要人口统计数据、历年人口数、农业和非农业人口数、人口出生率、死亡率、自然增长率。另外，还对建国以来开展的 6 次人口普查主要数据进行了比较。

二、本篇资料的来源

本篇资料分别来源于国家开展的人口普查、人口抽样调查和省公安厅的户籍登记资料，由省统计局人口处整理提供。

Brief Introduction

I. Main Content

Data in this chapter show the basic condition of population, such as the basic condition of 17 cities, population, agricultural and non-agricultural population, birth rate, death rate and natural growth rate. Furthermore, relevant figures obtained from six national population censuses have been compared.

II. Source of Data

Data in this chapter are from national population censuses, national sample survey. Some are derived from household registration provided by Shandong Provincial Department of Public Security. The data above are compiled by the Division of Population and Employment Statistics of Shandong Provincial Bureau of Statistics.

3-1　主要年份总人口
Population in Major Years

单位:万人　　(10 000 persons)

年 份 Year	总人口 Total	按性别分 Grouped by Sex		按农业非农业分 Grouped By Agricultural and Non-agricultural		人口密度 Density of Population (人/平方公里) (Person/sq.km)
		男 Male	女 Female	农业人口 Agricultural	非农业人口 Non-agricultural	
1949	(4549)	(2199)	(2350)	(4289)	(260)	290
1952	(4827)	(2392)	(2435)	(4538)	(289)	308
1955	(5174)	(2587)	(2587)	(4796)	(378)	330
1957	(5373)	(2694)	(2679)	(4936)	(437)	343
1962	(5426)	(2718)	(2708)	(5015)	(411)	346
1965	(5711)	(2866)	(2845)	(5258)	(453)	364
1970	(6441)	(3241)	(3200)	(5966)	(475)	411
1975	(6971)	(3524)	(3447)	(6408)	(563)	445
1976	(7038)	(3561)	(3477)	(6455)	(583)	449
1977	(7099)	(3592)	(3507)	(6507)	(592)	453
1978	(7160)	(3624)	(3536)	(6533)	(627)	457
1979	(7232)	(3660)	(3572)	(6570)	(661)	462
1980	(7296)	(3694)	(3602)	(6605)	(691)	466
1981	(7395)	(3750)	(3645)	(6659)	(736)	472
1982	(7494)	(3806)	(3688)	(6720)	(774)	478
1983	(7564)	(3847)	(3717)	(6753)	(811)	483
1984	(7637)	(3887)	(3750)	(6701)	(936)	487
1985	7711(7695)	(3922)	(3773)	(6676)	(1017)	492
1986	7818(7776)	(3967)	(3810)	(6797)	(979)	499
1987	7958(7889)	(4029)	(3860)	(6844)	(1045)	508
1988	8061(8009)	(4092)	(3917)	(6702)	(1307)	514
1989	8160(8181)	(4181)	(4000)	(6698)	(1483)	521
1990	8493(8424)	(4299)	(4125)	(6846)	(1578)	542
1991	8570(8534)	(4352)	(4182)	(6884)	(1650)	547
1992	8610(8580)	(4373)	(4207)	(6819)	(1761)	549
1993	8642(8620)	(4392)	(4228)	(6724)	(1896)	551
1994	8671(8653)	(4407)	(4246)	(6574)	(2079)	553
1995	8705(8701)	(4429)	(4272)	(6531)	(2170)	556
1996	8738(8747)	(4452)	(4295)	(6484)	(2263)	558
1997	8785(8810)	(4483)	(4327)	(6500)	(2310)	561
1998	8838(8872)	(4513)	(4359)	(6575)	(2296)	564
1999	8883(8922)	(4537)	(4385)	(6600)	(2322)	567
2000	8997(8975)	(4562)	(4413)	(6566)	(2409)	574
2001	9041(9024)	(4584)	(4440)	(6507)	(2517)	577
2002	9082(9069)	(4607)	(4463)	(6435)	(2634)	580
2003	9125(9108)	(4624)	(4484)	(6275)	(2833)	582
2004	9180(9163)	(4652)	(4512)	(6212)	(2951)	586
2005	9248(9212)	(4676)	(4537)	(6066)	(3147)	589
2006	9309(9282)	(4707)	(4575)	(6055)	(3228)	592
2007	9367(9346)	(4739)	(4606)	(5909)	(3436)	596
2008	9417(9392)	(4761)	(4632)	(5860)	(3532)	599
2009	9470(9449)	(4792)	(4658)	(5902)	(3548)	603
2010	9579(9536)	(4839)	(4697)	(5698)	(3839)	610
2011	9637(9591)	(4870)	(4721)	(5646)	(3945)	613
2012	9685(9580)	(4868)	(4712)	(5559)	(4021)	616
2013	9733(9612)	(4883)	(4729)	(5482)	(4130)	619

注:1990、2000和2010年为人口普查数,其余年份均为人口抽样调查数,括号内为公安户籍人口数。2006年之后的农业、非农业人口数据分别为公安机关统计的户口在农村、城镇的人口。

a)Data of 1990、2000 and 2010 are based on the national population census,and others are based on the sample surveys.Data in the brackets are taken from the annual reports of the Public Security Departments.Since 2006,the Agriculture, non-agricultural population are changed to the rural population and urban population from the the Public Security Departments.

3-2 主要年份人口出生率、死亡率、自然增长率

Birth Rate,Death Rate and Natural Growth Rate of Population in Major Years

年 份 Year	出生率 (‰) Birth Rate (‰)	死亡率 (‰) Death Rate (‰)	自然增长率 (‰) Natural Growth Rate (‰)	出生人口数 (万人) Population of Birth (10 000 persons)	死亡人口数 (万人) Population of Death (10 000 persons)	自然增长人数 (万人) Population of Natural Growth (10 000 persons)
1949	(28.10)	(12.20)	(15.90)			
1952	(31.50)	(12.20)	(19.30)			
1955	(37.30)	(13.70)	(23.60)	(191)	(70)	(121)
1957	(35.80)	(12.10)	(23.70)	(190)	(64)	(126)
1962	(38.10)	(12.40)	(25.70)	(204)	(66)	(138)
1965	(35.50)	(10.20)	(25.30)	(201)	(58)	(143)
1970	(33.89)	(7.34)	(26.55)	(215)	(47)	(168)
1975	(21.56)	(7.53)	(14.03)	(149)	(52)	(97)
1976	(18.46)	(7.63)	(10.83)	(129)	(53)	(76)
1977	(16.96)	(7.24)	(9.72)	(120)	(51)	(69)
1978	(16.80)	(6.50)	(10.30)	(119)	(46)	(73)
1979	(16.94)	(6.15)	(10.79)	(122)	(44)	(78)
1980	(13.91)	(6.40)	(7.51)	(101)	(47)	(54)
1981	(16.48)	(6.41)	(10.07)	(121)	(47)	(74)
1982	(17.05)	(6.10)	(10.95)	(127)	(45)	(82)
1983	15.10(12.76)	6.73(5.87)	8.37(6.89)	114(96)	51(44)	63(52)
1984	13.80(12.99)	5.80(6.03)	8.00(6.96)	104(99)	44(46)	60(53)
1985	15.12(11.75)	6.64(5.90)	8.48(5.85)	116(90)	51(45)	65(45)
1986	19.90(14.71)	7.28(5.86)	12.62(8.85)	156(114)	57(46)	99(68)
1987	23.35(17.43)	7.07(5.64)	16.28(11.79)	184(137)	56(44)	128(93)
1988	17.54(17.95)	6.04(5.95)	11.50(12.00)	140(143)	48(47)	92(96)
1989	16.88(18.87)	5.70(5.51)	11.18(13.36)	137(153)	46(45)	91(108)
1990	18.21(26.10)	6.96(6.02)	11.25(20.08)	152(217)	58(50)	94(167)
1991	15.40(16.39)	6.54(5.73)	8.86(10.66)	131(139)	56(49)	75(90)
1992	11.43(10.95)	6.88(6.02)	4.55(4.93)	98(94)	59(52)	39(42)
1993	10.49(9.47)	6.76(5.84)	3.73(3.63)	90(81)	58(50)	32(31)
1994	9.69(9.31)	6.67(5.99)	3.02(3.32)	84(80)	58(52)	26(28)
1995	9.82(9.66)	6.47(5.83)	3.35(3.83)	85(84)	56(51)	29(33)
1996	10.60(10.33)	6.76(6.04)	3.84(4.29)	92(90)	59(53)	33(37)
1997	11.28(10.84)	6.65(5.90)	4.63(4.94)	99(95)	58(52)	41(43)
1998	11.58(11.52)	6.12(5.95)	5.46(5.57)	102(102)	54(53)	48(49)
1999	11.08(10.23)	6.27(5.72)	4.81(4.51)	98(91)	55(51)	43(40)
2000	10.75(11.38)	6.29(6.70)	4.46(4.68)	97(102)	56(60)	40(42)
2001	11.12(9.93)	6.24(5.46)	4.88(4.47)	100(89)	56(49)	44(40)
2002	11.17(10.20)	6.62(5.86)	4.55(4.34)	101(92)	60(53)	41(39)
2003	11.42(9.31)	6.64(6.07)	4.78(3.24)	104(85)	61(55)	43(30)
2004	12.50(10.59)	6.49(5.60)	6.01(4.99)	114(97)	59(51)	55(46)
2005	12.14(10.17)	6.31(5.85)	5.83(4.32)	112(94)	58(54)	54(40)
2006	11.60(9.59)	6.10(5.62)	5.50(3.97)	108(89)	57(52)	51(37)
2007	11.11(10.05)	6.11(6.47)	5.00(3.58)	104(94)	57(60)	47(33)
2008	11.25(10.13)	6.16(6.81)	5.09(3.32)	106((95)	58(64)	48(31)
2009	11.70(10.96)	6.08(6.11)	5.62(4.86)	110(103)	57(58)	53(46)
2010	11.65(15.82)	6.26(8.58)	5.39(7.24)	111(150)	60(81)	51(69)
2011	11.50(11.97)	6.10(7.07)	5.40(4.90)	110(114)	59(68)	51(47)
2012	11.90(11.74)	6.95(8.33)	4.95(3.40)	115(113)	67(80)	48(33)
2013	11.41(12.19)	6.40(6.23)	5.01(5.95)	111(117)	59(60)	62(57)

注:1990、2000年为人口普查数，2010年为人口普查修正数据，其余年份均为人口抽样调查数，括号内为当年前往公安机关申报登记数。

a)Data of 1990 and 2000 are based on the national population census,2010 data are revised according to the national population census,others are based on the sample surveys. Data in the brackets are registration data of the public security department.

3-3 人口年龄结构、抚养比和性别比

Age Composition and Dependency Ratio of Population

单位：% (%)

年 份 Year	总人口性别比 (以女性为100) Sex Ratio of Total Population (female=100)	各年龄段所占比重 The Proportion of Total Population By Age			总抚养比 Gross Dependency Ratio		
		0-14岁 Aged 0-14	15-64岁 Aged 15-64	65岁及以上 Aged 65 and Over		少儿抚养比 Children Dependency Ratio	老年抚养比 Old Dependency Ratio
1982	102.9	31.0	63.4	5.6	57.7	48.9	8.8
1990	103.5	26.6	67.2	6.2	48.8	39.6	9.2
1995	103.7	24.6	68.0	7.4	47.1	36.2	10.9
2000	102.5	20.8	71.1	8.1	40.6	29.3	11.4
2001	102.7	20.4	71.4	8.2	40.1	28.6	11.5
2002	102.4	18.8	72.7	8.5	37.6	25.9	11.7
2003	100.4	18.4	72.6	9.1	37.8	25.3	12.5
2004	100.7	17.1	73.7	9.2	35.8	23.2	12.5
2005	102.0	15.9	74.1	9.9	34.9	21.5	13.4
2006	100.8	15.3	74.7	10.0	33.9	20.5	13.4
2007	101.4	15.0	74.8	10.2	33.7	20.1	13.6
2008	100.2	15.6	74.1	10.3	34.9	21.0	13.8
2009	102.3	15.7	73.9	10.4	35.4	21.2	14.1
2010	102.3	15.7	74.4	9.9	34.4	21.1	13.3
2011	102.0	15.7	74.3	10.0	34.6	21.1	13.5
2012	101.4	16.1	73.5	10.4	36.0	21.8	14.2
2013	101.2	16.1	72.9	11.0	37.1	22.1	15.0

注：1982、1990、2000和2010年数据为人口普查数据；2001—2004年为抽样调查样本数据；其他年份为抽样调查估算数据。

a)Data of 1982、1990、2000 and 2010 are taken from the national population census.Data of 2001-2004 are taken from Population Sample Survey. Others are estimated on population sample survey.

3-4 各市人口数和总户数(2013年)

Population and Households by Region (2013)

地　区	Region	年末总人口(万人) Total year-end Population (10 000 persons)	按性别分(万人) Grouped by Sex (10 000 persons)		按农村、城镇分(万人) Grouped by Agricultural and Non-agricultural (10 000persons)		年末总户数(万户) Total year-end Households (10 000 households)	平均家庭户规模(人/户) Average Family Size(person/household)
			男 Male	女 Femal	农村人口 Agricultural	城镇人口 Non-agricultural		
全省总计	**Total**	**9733.39(9612.04)**	**(4882.93)**	**(4729.11)**	**4501.69**	**5231.70**	**(3098.29)**	**(3.10)**
济南市	Jinan	699.88（613.25）	(304.93)	(308.32)	237.96	461.91	(199.67)	(3.07)
青岛市	Qingdao	896.41（773.67）	(385.24)	(388.43)	289.36	607.05	(251.00)	(3.08)
淄博市	Zibo	459.26（425.28）	(212.09)	(213.18)	159.32	299.94	(147.60)	(2.88)
枣庄市	Zaozhuang	380.1（395.96）	(206.48)	(189.48)	188.40	191.70	(117.68)	(3.36)
东营市	Dongying	208.49（186.99）	(93.55)	(93.44)	76.74	131.75	(65.17)	(2.87)
烟台市	Yantai	698.93（651.17）	(325.48)	(325.68)	294.59	404.34	(236.27)	(2.76)
潍坊市	Weifang	922.52（882.88）	(445.81)	(437.07)	445.06	477.46	(280.93)	(3.14)
济宁市	Jining	820.58（847.79）	(436.19)	(411.60)	424.00	396.58	(256.16)	(3.31)
泰安市	Tai'an	556.83（558.80）	(283.10)	(275.70)	257.49	299.34	(191.00)	(2.93)
威海市	Weihai	280.56（253.75）	(126.67)	(127.09)	111.34	169.22	(92.34)	(2.75)
日照市	Rizhao	285.05（290.13）	(147.98)	(142.16)	138.79	146.26	(102.94)	(2.82)
莱芜市	Laiwu	133.27（126.52）	(64.08)	(62.44)	59.73	73.54	(46.64)	(2.71)
临沂市	Linyi	1015.9（1090.43）	(562.64)	(527.79)	504.29	511.61	(342.78)	(3.18)
德州市	Dezhou	567.11（578.81）	(293.24)	(285.57)	296.37	270.74	(180.21)	(3.21)
聊城市	Liaocheng	591.13（597.52）	(305.75)	(291.78)	342.57	248.56	(189.18)	(3.16)
滨州市	Binzhou	380.59（381.64）	(192.45)	(189.18)	185.73	194.85	(123.29)	(3.10)
菏泽市	Heze	836.79（957.46）	(497.26)	(460.20)	488.60	348.19	(275.43)	(3.48)

注：年末总人口根据人口抽样调查数据推算，括号内为公安户籍统计数字。
a)Data on total year-end population are projected according to the population census data.Data in the brackets are taken from the annual reports of public security departments.

3-5 各市人口自然变动情况(2013年)

Natural Change of Population by Region (2013)

地　区	Region	出生率 Birth Rate (‰)	死亡率 Death Rate (‰)	自然增长率 Natural Growth Rate (‰)	出生人口数(万人) Population of Birth (10 000 persons)	死亡人口数(万人) Population of Death (10 000 persons)	自然增长人数(万人) Population of Natural Growth (10 000 persons)
全省总计	**Total**	**12.19**	**6.23**	**5.96**	**116.93**	**59.82**	**57.12**
济南市	Jinan	11.35	6.82	4.53	6.94	4.17	2.76
青岛市	Qingdao	10.45	7.63	2.82	8.06	5.89	2.18
淄博市	Zibo	9.18	5.98	3.20	3.90	2.54	1.36
枣庄市	Zaozhuang	18.09	7.05	11.04	7.15	2.79	4.37
东营市	Dongying	11.00	5.32	5.68	2.05	0.99	1.06
烟台市	Yantai	8.01	7.33	0.68	5.21	4.77	0.44
潍坊市	Weifang	10.84	6.41	4.43	9.55	5.64	3.90
济宁市	Jining	14.09	4.40	9.69	11.94	3.73	8.21
泰安市	Tai'an	11.76	6.79	4.97	6.57	3.79	2.78
威海市	Weihai	6.83	7.81	-0.98	1.73	1.98	-0.25
日照市	Rizhao	12.80	4.55	8.25	3.70	1.32	2.39
莱芜市	Laiwu	8.47	6.77	1.70	1.07	0.86	0.21
临沂市	Linyi	12.49	6.15	6.34	13.58	6.69	6.89
德州市	Dezhou	13.14	4.71	8.43	7.60	2.73	4.87
聊城市	Liaocheng	12.53	5.71	6.82	7.47	3.40	4.07
滨州市	Binzhou	11.72	5.88	5.84	4.47	2.24	2.22
菏泽市	Heze	16.67	6.57	10.10	15.96	6.29	9.66

注：本表为公安机关当年登记数字。
a) Data in the table are registration data of the public security department.

3-6　六次人口普查主要数据

Major Data of All Previous Provincial Population Census

指标	Item	第一次人口普查 The First (1953.7.1)	第二次人口普查 The Second (1964.7.1)	第三次人口普查 The Third (1982.7.1)	第四次人口普查 The Fourth (1990.7.1)	第五次人口普查 The Fifth (2000.11.1)	第六次人口普查 The Sixth (2010.11.1)
一、总人口　（万人）	**Total　(10000 person)**	**4887.65**	**5549.62**	**7441.91**	**8439.21**	**8997.18**	**9579.27**
按性别分	By Sex						
男	Male	2431.14	2790.45	3773.74	4291.32	4554.21	4844.69
女	Female	2456.52	2759.17	3668.16	4147.89	4442.97	4734.58
二、总户数　（万户）	**Total Households　(10000 unit)**	**1109.77**	**1277.08**	**1739.04**	**2197.56**	**2732.04**	**3079.47**
家庭户　（万户）	Households　(10000 unit)			1733.55	2187.44	2670.93	3010.55
平均家庭户规模(人)	Average Household Size　(person)			4.20	3.75	3.22	2.98
三、民　族	**Nationalities**						
民族个数　（个）	The number of Nationalities　(unit)	17	32	39	54	56	56
汉族人口　（万人）	Total Population of Han Nationality　(10000 person)	4862.40	5520.04	7401.14	8388.62	8933.90	9506.68
少数民族人口(万人)	Total Population of Minority Nationalities　(10000 person)	25.24	29.55	40.74	50.59	63.27	72.59
四、市镇人口　（万人）	**Population of City and Town (10000 person)**	**357.92**	**717.57**	**1419.05**	**2307.67**	**3432.59**	**4762.07**
五、平均预期寿命(岁)	**Life Expectancy　(year old)**			**69.2**	**70.6**	**73.9**	**76.5**
六、各种文化程度人口	**Population by Education**						
大　学　（万人）	University and Above　(10000 person)			26.32	82.29	300.08	832.87
高　中　（万人）	Senior Middle Schools　(10000 person)			438.72	603.36	994.64	1332.26
初　中　（万人）	Junior Middle Schools　(10000 person)			1316.97	2125.47	3297.35	3846.80
小　学　（万人）	Primary Schools　(10000 person)			2510.81	3061.20	2946.97	2391.22
文盲半文盲　（万人）	Illiterate or Semiliterate　(10000 Person)			2045.72	1425.61	765.43	475.73
七、6岁及以上人口平均受教育年限　（年）	**Years of education of Population Aged 6 and Over　(year)**			**4.9**	**6.2**	**7.5**	**8.8**
八、就业人口　（万人）	**Economically Active Population　(person)**			**4009.79**	**5077.21**	**5477.41**	**5902.34**

主要统计指标解释

人口数 指一定时点、一定地区范围内有生命的个人总和。

年度统计的年末人口数 指每年 12 月 31 日 24 时的人口数。

城镇人口和乡村人口 普查的城镇人口是指居住在城镇范围内的全部常住人口；乡村人口是除上述人口以外的全部人口。公安机关登记的城镇人口是指户口登记在城镇的人口，其统计口径是以居民常住户口所在地的城乡性质划分的。

出生率(又称粗出生率) 指在一定时期内(通常为一年)一定地区的出生人数与同期内平均人数(或期中人数)之比，用千分率表示。本资料中的出生率指年出生率，其计算公式为：

$$出生率=\frac{年出生人数}{年平均人数}\times 1000‰$$

式中：出生人数指活产婴儿，即胎儿脱离母体时(不管怀孕月数)，有过呼吸或其他生命现象。年平均人数指年初、年底人口数的平均数，也可用年中人口数代替。

死亡率(又称粗死亡率) 指在一定时期内(通常为一年)一定地区的死亡人数与同期内平均人数(或期中人数)之比，用千分率表示。本资料中的死亡率指年死亡率，其计算公式为：

$$死亡率=\frac{年死亡人数}{年平均人数}\times 1000‰$$

人口自然增长率 指在一定时期内(通常为一年)人口自然增加数(出生人数减死亡人数)与该时期内平均人数(或期中人数)之比，用千分率表示。计算公式为：

$$人口自然增长率=\frac{本年出生人数-本年死亡人数}{年平均人数}\times 1000‰$$

$$=人口出生率-人口死亡率$$

总抚养比 也称总负担系数。是指人口总体中非劳动年龄人口数与劳动年龄人口数之比。通常用百分比表示。说明每 100 名劳动年龄人口要负担多少名非劳动年龄人口。用于从人口角度反映人口与经济发展的基本关系。

计算公式为：

$$GDR=\frac{P_{0\sim14}+P_{65+}}{P_{15\sim64}}\times 100\%$$

其中：GDR 为总抚养比；

$P_{0\sim14}$ 为0~14岁少年儿童人口数；

P_{65+} 为65 岁及岁以上的老年人口数；

$P_{15\sim64}$ 为15~64 岁劳动年龄人口数。

老年人口抚养比 也称老年人口抚养系数。是指某人口总体中老年人口数与劳动年龄人口数之比。通常用百分比表示。用以表明每100名劳动年龄人口要负担多少名老年人。老年人口抚养比是从经济角度反映人口老化社会后果的指标之一。

计算公式为：

$$ODR=\frac{P_{65+}}{P_{15\sim64}}\times 100\%$$

其中：ODR 为老年人口抚养比；

P_{65+} 为65岁及岁以上的老年人口数；

$P_{15\sim64}$ 为15~64岁的劳动年龄人口数。

少年儿童抚养比 也称少年儿童抚养系数。是指某人口总体中少年儿童人口与劳动年龄人口数之比。通常用百分比表示。用以反映每100 名劳动年龄人口要负担多少名少年儿童。

计算公式为：

$$CDR=\frac{P_{0\sim14}}{P_{15\sim64}}\times 100\%$$

其中：CDR 为少年儿童抚养比；

$P_{0\sim14}$ 为0~14岁少年儿童人口数；

$P_{15\sim64}$ 为15~64岁劳动年龄人口数。

Explanatory Notes on Main Statistical Indicators

Total Population refers to the total number of people alive at a certain point of time within a given area.

The annual statistics on total population is taken at midnight, the 3lst of December.

Urban Population and Rural Population Urban population refer to all people residing in cities and towns, while rural population refer to population other than urban population. Urban population data of public security department only include persons whose household registration in urban.

Birth Rate (or Crude Birth Rate) refers to the ratio of the number of births to the average population (or mid period population) during a certain period of time (usually a year), expressed in ‰. Birth rate in the chapter refers to annual birth rate. The following formula is used:

$$\text{Birth Rate} = \frac{\text{Number of Births}}{\text{Annual Average Population}} \times 1000‰$$

Number of births in the formula refers to live births, i.e. when a baby has breathed or showed any vital phenomena regardless of the length of pregnancy.

Annual average number of population is the average of the number of population at the beginning of the year and that at the end of the year. Sometimes it is substituted by the mid year population.

Death Rate (or Crude Death Rate) refers to the ratio of the number of deaths to the average population (or mid period population) during a certain period of time (usually a year), expressed in ‰. Death rate in the chapter refers to annual death rate. The following formula is used:

$$\text{Death Rate} = \frac{\text{Number of Deaths}}{\text{Annual Average Population}} \times 1000‰$$

Natural Growth Rate of Population refers to the ratio of natural increase in population (number of births minus number of deaths) in a certain period of time (usually a year) to the average population (or mid period population) of the same period, expressed in ‰. The following formula is applied:

$$\text{Natural Growth Rate of Population} = \frac{\text{Number of Births} - \text{Number of Deaths}}{\text{Annual Average Population}} \times 1000‰$$

Natural Growth Rate of Population = Birth Rate－Death

Gross Dependency Ratio also called gross dependency coefficient, refers to the ratio of non-working-age population to the working-age population ,express in %. Describing in general the number of non-working-age population that every 100 people at working ages will take care of, this indicator reflects the basic relation between population and economic development from the demographic perspective. The gross dependency ratio is calculated with the following formula:

$$GDR = \frac{P_{0\sim14} + P_{65+}}{P_{15\sim64}} \times 100\%$$

Where: GDR is the gross dependency ratio,

$P_{0\sim14}$ is the population of children aged 0-14;

P_{65+} is the elderly population aged 65 and over ;

$P_{15\sim64}$ is the working –age population aged 15-64.

Old Dependency Ratio also called old dependency coefficient,refers to the ratio of the elderly population to the working-age population, express in %.It describes the number of the elderly population that every 100 people at working ages will take care of. Old dependency ratio is one of the indicators reflecting the social implication of population aging from the economic perspective. The old dependency ratio is calculated with the following formula:

$$ODR = \frac{P_{65+}}{P_{15\sim64}} \times 100\%$$

Where: ODR is the old dependency ratio,

P_{65+} is the elderly population aged 65 and over;

$P_{15\sim64}$ is the working –age population aged 15-64.

Children Dependency Ratio also called children dependency coefficient, refers to the ratio of the children population to the working-age population ,express in %.It describes the number of children population that every 100 people at working ages will take care of. The children dependency ratio is calculated with the following formula:

$$CDR = \frac{P_{0\sim14}}{P_{15\sim64}} \times 100\%$$

Where:CDR is the children dependency ratio;

$P_{0\sim14}$ is the children population aged 0-14;

$P_{15\sim64}$ is the working-age population aged 15-64.

第4篇

就业人员、劳动报酬和社会保障

Employment, Wages and Social Securities

简 要 说 明

一、本篇资料的主要内容

本篇资料反映我省劳动经济方面的基本情况，包括经济活动人口数，就业人员及职工人数，城镇登记失业人数，劳动报酬总额，人均劳动报酬及指数变化情况等。

二、本篇资料的来源

1.就业基本情况及分组资料、劳动报酬总额、职工工资总额等资料取自《劳动统计报表制度》、《劳动力调查制度》及《乡村社会经济调查方案》。

2.私营企业及个体工商业人员资料取自省工商行政管理局年报。

3.城镇劳动力供给和配置情况、城镇登记失业人员及失业率、社会保障等资料由人力资源和社会保障厅根据其相关统计制度整理提供。

4.乡镇企业就业人员资料来源于省中小企业办公室。

5.本篇资料由省统计局人口就业处整理提供。

Brief Introduction

I. Main Content

Data in this chapter show the basic conditions of Shandong's labor economy, including the economically active population,number of employed persons in urban areas, earning of employed persons,average earning of employed persons and the changes in index, etc.

II. Source of Data

(1) Data on basic conditions of employment,data by groups, earning of employed persons,total wage bills of staff and workers are collected and compiled through The Reporting Form System on Labour Statistics,The Sample Survey System on Labour Force,The System of Rural Social and Economic Surveys.

(2) Data on employed persons in urban private enterprises and self-employed individuals are derived from the Annual report of Shandong Administration of Industry and Commerce.

(3) Data on urban labor supply and configuration, registered unemployed persons in urban areas and unemployment rate and social securities are provided by Shandong Provincial Department of Human Resource and Social Security.

(4) Data on persons employed in township enterprises are provided by Shandong Provincial Office for Development of Medium and Small Businesses.

(5) Data in this chapter are prepared and compiled by the Division of Population and Employment Statistics of Shandong Provincial Bureau of Statistics.

4—1 就业基本情况
Employment

类　　别		Category		2010	2011	2012	2013
经济活动人口	**（万人）**	**Economically Active Population**	**(10 000 persons)**	**6482.3**	**6546.5**	**6615.8**	**6641.5**
就业人员合计	**（万人）**	**Total Number of Employed Persons**	**(10 000 persons)**	**6401.9**	**6485.6**	**6554.3**	**6580.4**
第一产业		Primary Industry	(10 000 persons)	2273.1	2211.6	2168.0	2086.0
第二产业		Secondary Industry	(10 000 persons)	2086.7	2185.6	2245.2	2270.2
第三产业		Tertiary Industry	(10 000 persons)	2042.1	2088.4	2141.1	2224.2
就业人员构成	**（合计=100）**	**Composition of Employed Persons**	**(total=100)**				
第一产业		Primary Industry		35.5	34.1	33.1	31.7
第二产业		Secondary Industry		32.6	33.7	34.2	34.5
第三产业		Tertiary Industry		31.9	32.2	32.7	33.8
按城乡分就业人员		**Number of Employed Persons by Urban and Rural Areas**					
城镇就业人员	（万人）	Urban Employed Persons	(10 000 persons)	2927.4	3014.4	3084.3	3153
#国有单位		State-owned Units		439.4	437.0	447.4	411.8
城镇集体单位		Urban Collective-owned Units		57.0	60.8	63.2	59.2
股份合作单位		Cooperative Units		16.1	13.5	12.7	8.5
联营单位		Joint Ownership Units		3.3	3.4	2.5	3.9
有限责任公司		Limited Liability Corporations		205.7	276.1	303.5	471.9
股份有限公司		Share-holding Corporations Ltd.		80.3	91.5	101.3	149.1
私营企业		Private Enterprises		371.1	410.9	431.2	428.5
港澳台投资单位		Units with Funds from Hong Kong,Macao & Taiwan		28.9	30.8	33.1	43.6
外商投资单位		Foreign Funded Units		112.1	115.6	121.2	120.5
个　　体		Self-employed Individuals		256.0	293.1	301.8	333.5
乡村就业人员	（万人）	Rural Employed Persons	(10 000 persons)	3474.5	3471.2	3470.0	3427.4
#私营企业		Private Enterprises		276.6	290.9	324.2	364.1
个　体		Self-employed Individuals		281.4	285.9	317.8	376.3
职工人数	**（万人）**	**Number of Staff and Workers**	**(10 000 persons)**	**919.9**	**1006.0**	**1060.2**	**1237.6**
国有单位		State-owned Units		422.4	424.4	431.8	397.6
城镇集体单位		Urban Collective-owned Units		54.6	58.4	60.5	55.5
其他单位		Units of Other Types of Ownership		442.9	523.3	567.9	784.5
城镇单位女性就业人员	**（万人）**	**Urban Employed Female Persons**		**359.1**	**374.8**	**380.8**	**437.7**
城镇累计新增就业人数	**（万人）**	**Number of Newly Employed Persons in Urban Areas**	**(10 000 persons)**	**115.3**	**118.7**	**119.9**	**120.0**
就业转失业人员再就业	**（万人）**	**Number of reemployed Persons**	**(10 000 persons)**	**52.7**	**55.0**	**55.6**	**55.5**
#困难群体再就业		Reemployed Persons in Difficult Groups		12.0	11.8	12.0	11.7
农村劳动力转移就业人数	**（万人）**	**Reemployed Persons in Difficult Groups**	**(10 000 persons)**	**129.4**	**136.0**	**137.4**	**133.3**
城镇登记失业人数	**（万人）**	**Number of Registered Unemployed Persons in Urban Areas**	**(10 000 persons)**	**44.5**	**45.1**	**43.4**	**42.2**
城镇登记失业率	**(%)**	**Registered Unemployment Rate in Urban Areas**	**(%)**	**3.4**	**3.4**	**3.3**	**3.2**

4-2 按三次产业分的年底就业人员数

Number of Employed Persons at the Year-end by Three Industries

年 份 Year	就业人员 (万人) Total Employed Persons (10 000 Persons)				构成(合计=100) Composition in Percentage(Total=100)		
		第一产业 Primary Industry	第二产业 Secondary Industry	第三产业 Tertiary Industry	第一产业 Primary Industry	第二产业 Secondary Industry	第三产业 Tertiary Industry
1949	1859.3						
1952	1897.2						
1955	1959.7						
1957	2150.4						
1962	1981.2						
1965	2146.0						
1970	2606.0						
1975	2925.0						
1978	2969.8	2350.9	366.6	252.3	79.2	12.3	8.5
1980	3117.5	2458.1	382.5	276.9	78.9	12.3	8.9
1981	3192.4	2508.2	389.0	295.2	78.6	12.2	9.3
1982	3270.0	2520.8	442.2	307.0	77.1	13.5	9.4
1983	3795.1	2950.8	465.8	378.5	77.8	12.3	10.0
1984	3563.7	2509.1	528.8	525.8	70.4	14.8	14.8
1985	3561.1	2438.6	705.3	417.2	68.5	19.8	11.7
1986	3651.2	2431.1	776.0	444.1	66.6	21.3	12.2
1987	3765.7	2422.6	848.2	494.9	64.3	22.5	13.1
1988	3887.1	2474.5	905.1	507.5	63.7	23.3	13.1
1989	3940.3	2527.6	902.6	510.1	64.2	22.9	13.0
1990	4043.2	2585.7	922.5	535.0	64.0	22.8	13.2
1991	4219.3	2708.0	958.7	552.6	64.2	22.7	13.1
1992	4302.6	2705.1	1000.8	596.7	62.9	23.3	13.9
1993	4379.3	2689.9	1070.4	619.0	61.4	24.4	14.1
1994	4382.1	2541.6	1098.0	742.5	58.0	25.1	16.9
1995	5207.4	2832.3	1305.5	1069.6	54.4	25.1	20.5
1996	5227.4	2788.0	1286.1	1153.3	53.3	24.6	22.1
1997	5256.0	2812.5	1311.9	1131.6	53.5	25.0	21.5
1998	5287.6	2837.3	1245.8	1204.5	53.7	23.6	22.8
1999	5314.7	2811.7	1245.7	1257.3	52.9	23.4	23.7
2000	5441.8	2887.7	1286.0	1268.1	53.1	23.6	23.3
2001	5475.3	2863.6	1308.6	1303.1	52.3	23.9	23.8
2002	5527.0	2769.6	1375.1	1382.3	50.1	24.9	25.0
2003	5620.6	2638.3	1474.3	1508.0	46.9	26.2	26.8
2004	5728.1	2542.1	1581.0	1605.0	44.4	27.6	28.0
2005	5840.7	2350.3	1781.4	1709.0	40.2	30.5	29.3
2006	5960.0	2328.0	1870.3	1761.7	39.1	31.4	29.5
2007	6081.4	2265.2	1989.9	1826.3	37.3	32.7	30.0
2008	6187.6	2313.5	1955.5	1918.6	37.4	31.6	31.0
2009	6294.2	2297.4	2014.1	1982.7	36.5	32.0	31.5
2010	6401.9	2273.1	2086.7	2042.1	35.5	32.6	31.9
2011	6485.6	2211.6	2185.6	2088.4	34.1	33.7	32.2
2012	6554.3	2168.0	2245.2	2141.1	33.1	34.2	32.7
2013	6580.4	2086.0	2270.2	2224.2	31.7	34.5	33.8

4–3 按行业分的年底就业人员数

Number of Employed Persons at the Year-end by Sector

单位：万人 (10 000 persons)

行　　业	Sector	2012	2013
总　　计	**Total**	**6554.3**	**6580.4**
农、林、牧、渔业	Agriculture,Forestry,Animal Husbandry and Fishing	2168.0	2086.0
采矿业	Mining	88.5	86.4
制造业	Manufacturing	1394.4	1410.1
电力、燃气及水的生产和供应业	Production and Supply of Electric Power and Heat Power	24.5	24.8
建筑业	Construction	737.9	749.9
批发和零售业	Wholesale and Retail Trade	686.8	701.2
交通运输、仓储和邮政业	Traffic,Transport,Storage and Post	256.4	269.8
住宿和餐饮业	Hotels and Catering Services	200.4	205.0
信息传输、软件和信息技术服务业	Information Transfer, Software and Information Technology Services	67.4	77.4
金融业	Financial Intermediation	38.4	39.8
房地产业	Real Estate	38.9	49.7
租赁和商务服务业	Leasing and Business Services	67.4	71.4
科学研究和技术服务业	Scientific Research and Technical Service	25.4	28.2
水利、环境和公共设施管理业	Management of Water Conservancy,Environment and Public Facilities	16.0	18.5
居民服务、修理和其他服务业	Households Services, Repair and Other Services	51.9	55.5
教　育	Education	121.6	132.2
卫生和社会工作	Health and Social Work	56.4	66.1
文化、体育和娱乐业	Culture,Sports and Entertainment	11.1	11.8
公共管理、社会保障和社会组织	Public management,Social Security and Social Organization	121.3	125.5
国际组织	International Organization		
其他	Others	381.5	371.1

4-4 按登记注册类型和行业分城镇单位就业人员数(2013年底)

Number of Employed Persons in Urban at the Year-end by Status of Registration and Sector(2013)

单位:万人 (10 000 persons)

类别	Category	总计 Total	在岗职工 Staff and Workers	国有单位 State -owned Units	城镇集体单位 Urban Collective -owned Units
总计	**Total**	**1290.6**	**1237.6**	**411.8**	**59.2**
按企、事业和机关分	**Grouped by Enterprises,institutions and Agencies**				
企业	Enterprises	977.6	934.6	113.1	50.0
事业	Institutions	220.8	213.0	210.6	8.4
机关	Agebcies & Organizations	86.4	84.4	86.3	
民间非营利组织	Civil Nonprofit Organization	1.1	1.1		0.1
其他	Others	4.6	4.5	1.8	0.7
按国民经济行业分	**Grouped by Sector**				
农、林、牧、渔业	Agriculture,Forestry,Animal Husbandry and Fishing	1.8	1.8	1.5	0.1
采矿业	Mining	74.6	72.3	11.9	0.8
制造业	Manufacturing	437.2	432.6	11.7	11.1
电力、燃气及水的生产和供应业	Production and Supply of Electric Power and Heat Power	23.9	22.8	12.9	0.1
建筑业	Construction	188.6	167.6	17.2	21.5
批发和零售业	Wholesale and Retail Trade	67.3	65.5	6.6	4.4
交通运输、仓储和邮政业	Traffic,Transport,Storage and Post	50.6	48.8	23.0	1.5
住宿和餐饮业	Hotels and Catering Services	19.3	18.8	3.9	3.0
信息传输、软件和信息技术服务业	Information Transfer, Software and Information Technology Services	17.5	17.4	3.9	
金融业	Financial Intermediation	34.8	27.1	8.8	3.6
房地产业	Real Estate	23.7	22.8	2.2	1.0
租赁和商务服务业	Leasing and Business Services	20.8	20.3	9.3	1.6
科学研究和技术服务业	Scientific Research and Technical Service	16.9	16.3	9.4	0.3
水利、环境和公共设施管理业	Management of Water Conservancy,Environment and Public Facilities	14.9	13.0	12.3	0.5
居民服务、修理和其他服务业	Households Services, Repair and Other Services	3.3	3.2	0.8	0.3
教育	Education	120.1	117.9	110.7	3.4
卫生和社会工作	Health and Social Work	56.2	53.0	48.2	5.5
文化、体育和娱乐业	Culture,Sports and Entertainment	7.2	7.0	5.7	0.1
公共管理、社会保障和社会组织	Public management,Social Security and Social Organization	112.1	109.4	111.7	0.2
国际组织	International Organization				

注：自2013年开始，劳动工资统计范围包含原属于乡镇企业的规模以上法人单位（下表同）。
a)Since 2013,the scope of labor wage statistics include Township Enterprises above Designated Size (the same below).

4-5 各市按城乡分的年底就业人员数(2013年底)
Number of Employed Persons at the Year-end in Urban and Rural Areas by Region(2013)

单位:万人 (10 000 persons)

地区	Region	总计 Total	城镇小计 Subtotal of Urban Area	国有单位 State-owned Units	集体单位 Collective-owned Units	股份合作单位 Cooperative Units	联营单位 Joint Ownership Units	有限责任公司 Limited Liability Corporations	股份有限公司 Share-holding Corporations Ltd.
全省合计	**Total**	**6580.4**	**3153.0**	**411.8**	**59.2**	**8.5**	**3.9**	**471.9**	**149.1**
济南市	Jinan	454.4	220.4	47.0	4.8	1.1	2.8	61.1	19.8
青岛市	Qingdao	571.4	275.3	37.8	5.4	1.2		40.1	15.0
淄博市	Zibo	316.3	148.2	22.7	3.1	0.8	0.1	36.9	20.8
枣庄市	Zaozhuang	291.3	99.8	16.9	3.2	0.2		24.2	2.6
东营市	Dongying	148.2	75.1	15.5	1.0	0.1	0.2	14.3	15.0
烟台市	Yantai	493.3	215.7	30.6	5.2	0.5	0.1	27.8	5.8
潍坊市	Weifang	563.1	181.2	29.6	3.4	0.6		31.7	15.1
济宁市	Jining	548.2	133.9	32.7	5.2	1.0	0.2	38.6	7.5
泰安市	Tai'an	405.1	117.3	20.8	10.2	0.5	0.2	34.9	7.0
威海市	Weihai	198.4	98.6	12.6	2.2	0.3		16.6	6.9
日照市	Rizhao	207.7	62.9	9.8	0.8	0.2	0.1	14.5	3.7
莱芜市	Laiwu	110.6	39.8	4.4	0.4			12.3	1.4
临沂市	Linyi	714.1	140.6	33.1	6.3	0.7		35.8	12.1
德州市	Dezhou	351.7	87.6	22.7	2.2	0.3	0.1	22.0	4.6
聊城市	Liaocheng	407.7	82.1	19.9	1.6	0.4		19.0	4.7
滨州市	Binzhou	285.4	88.3	13.8	1.5	0.2		30.2	3.9
菏泽市	Heze	513.5	98.9	28.7	2.5	0.3	0.1	11.7	2.7

4-5 续表 continued

单位:万人 (10 000 persons)

地区	Region	私营企业 Private Enterprises	港澳台商投资单位 Units with Funds from Hong Kong,Macao	外商投资单位 Foreign Funded Units	个体 Self-employed Individuals	乡村小计 Subtotal of Rural Area	私营企业 Private Enterprises	个体 Self-employed Individuals
全省合计	**Total**	**428.5**	**43.6**	**120.5**	**333.5**	**3427.4**	**364.1**	**376.3**
济南市	Jinan	49.2	5.5	3.8	35.2	233.9	21.8	11.5
青岛市	Qingdao	116.8	8.3	37.3	33.0	296.2	12.9	68.1
淄博市	Zibo	23.2	2.3	6.3	18.4	168.1	29.4	11.0
枣庄市	Zaozhuang	10.7	1.3	2.0	25.3	191.5	12.7	18.3
东营市	Dongying	10.1	0.8	0.8	8.4	73.1	6.7	4.9
烟台市	Yantai	50.8	8.8	27.5	27.7	277.6	29.3	19.3
潍坊市	Weifang	26.1	5.5	5.7	22.7	381.9	71.5	49.6
济宁市	Jining	16.0	1.9	4.8	24.9	414.3	28.1	32.8
泰安市	Tai'an	15.7	0.4	2.5	18.1	287.8	13.7	16.9
威海市	Weihai	17.6	1.8	14.6	12.8	99.8	9.7	6.0
日照市	Rizhao	9.9	0.6	1.9	4.8	144.8	15.1	13.7
莱芜市	Laiwu	7.6	0.1	0.3	6.6	70.8	5.2	2.9
临沂市	Linyi	17.3	2.9	6.2	39.0	573.5	31.4	36.3
德州市	Dezhou	9.8	0.7	2.6	16.3	264.1	24.6	20.4
聊城市	Liaocheng	10.4	0.7	1.3	15.4	325.6	18.0	19.9
滨州市	Binzhou	17.5	1.2	1.2	8.7	197.1	14.6	9.8
菏泽市	Heze	11.3	0.8	1.4	16.1	414.6	19.2	35.0

4-6 各市按行业分城镇单位就业人员数(2013年底)

Number of Employed Persons at the Year end by Sector(2013)

单位:万人 (10 000 persons)

地 区	Region	总 计 Total	农、林、牧、渔业 Agriculture, Forestry, Animal Husbandry and Fishing	采矿业 Mining	制造业 Manufacturing	电力、燃气及水的生产和供应业 Production and Supply of Electric Power and Heat Power	建筑业 Construction	批发和零售业 Wholesale and Retail Trade
全省总计	**Total**	**1290.6**	**1.8**	**74.6**	**437.2**	**23.9**	**188.6**	**67.3**
济 南 市	Jinan	148.1	0.1	0.8	32.5	1.8	36.5	11.6
青 岛 市	Qingdao	147.1	0.1	0.1	71.4	2.3	12.9	7.5
淄 博 市	Zibo	93.9	0.1	4.4	32.6	2.1	26.1	3.6
枣 庄 市	Zaozhuang	51.1		9.7	10.9	0.8	10.4	2.0
东 营 市	Dongying	48.8	0.1	13.9	11.1	0.4	6.7	1.6
烟 台 市	Yantai	107.9	0.2	4.8	48.6	1.9	6.9	3.4
潍 坊 市	Weifang	92.7	0.1	0.4	35.2	1.7	10.9	6.9
济 宁 市	Jining	92.3	0.2	20.7	19.1	2.1	12.7	4.2
泰 安 市	Tai'an	77.9	0.1	12.7	20.2	1.3	15.8	3.7
威 海 市	Weihai	56.0	0.1	0.1	31.8	1.2	3.8	2.4
日 照 市	Rizhao	32.1	0.1		12.7	0.5	5.1	1.7
莱 芜 市	Laiwu	19.1		2.2	8.3	0.4	2.1	0.8
临 沂 市	Linyi	101.1	0.3	3.1	30.1	1.6	16.0	8.0
德 州 市	Dezhou	57.0	0.1	0.4	18.9	1.3	5.8	3.8
聊 城 市	Liaocheng	48.5	0.1		17.2	1.1	4.0	2.0
滨 州 市	Binzhou	52.4		0.2	27.9	1.2	4.9	1.9
菏 泽 市	Heze	50.1	0.2	1.1	7.8	1.3	7.7	2.0

4-6 续表 1 continued

单位:万人 (10 000 persons)

地 区	Region	交通运输、仓储和邮政业 Traffic, Transport, Storage and Post	住宿和餐饮业 Hotels and Catering Services	信息传输、软件和信息技术服务业 Information Transfer, Software and Information Technology Services	金融业 Financial Intermediation	房地产业 Real Estate	租赁和商务服务业 Leasing and Business Services	科学研究和技术服务业 Scientific Research and Technical Service
全省总计	**Total**	**50.6**	**19.3**	**17.5**	**34.8**	**23.7**	**20.8**	**16.9**
济 南 市	Jinan	4.9	3.3	8.8	6.1	4.0	3.3	3.4
青 岛 市	Qingdao	8.8	2.6	1.3	3.6	2.9	2.5	2.1
淄 博 市	Zibo	1.3	0.8	0.4	1.9	1.0	1.6	0.6
枣 庄 市	Zaozhuang	1.1	0.3	0.2	0.9	0.8	0.5	0.5
东 营 市	Dongying	0.5	0.9	0.4	0.6	0.5	4.0	0.7
烟 台 市	Yantai	4.8	1.2	1.0	2.8	2.9	1.6	1.8
潍 坊 市	Weifang	3.0	1.4	1.0	1.9	1.9	1.1	1.1
济 宁 市	Jining	2.0	1.0	0.4	3.4	1.3	0.8	0.6
泰 安 市	Tai'an	1.7	0.8	0.5	1.3	1.3	1.1	0.9
威 海 市	Weihai	1.5	0.8	0.3	1.2	1.5	0.5	1.0
日 照 市	Rizhao	2.4	0.4	0.2	1.0	0.7	0.1	0.2
莱 芜 市	Laiwu	0.6	0.2	0.1	0.3	0.6		0.1
临 沂 市	Linyi	3.2	3.2	1.1	2.7	1.1	1.0	1.0
德 州 市	Dezhou	1.8	0.8	0.5	1.9	1.1	0.7	0.8
聊 城 市	Liaocheng	2.3	0.6	0.4	2.5	0.7	0.3	0.3
滨 州 市	Binzhou	1.0	0.4	0.4	1.0	0.7	0.8	0.3
菏 泽 市	Heze	1.6	0.3	0.4	1.6	0.7	0.3	0.6

4–6 续表 2 continued

单位:万人 (10 000 persons)

地　区	Region	水利、环境和公共设施管理业 Management of Water Conservancy, Environment and Public Facilities	居民服务、修理和其他服务业 Households Services, Repair and Other Services	教　育 Education	卫生和社会工作 Health and Social Work	文化、体育和娱乐业 Culture,Sports and Entertainment	公共管理、社会保障和社会组织 Public management, Social Security and Social Organization	国际组织 International Organization
全省总计	**Total**	**14.9**	**3.3**	**120.1**	**56.2**	**7.2**	**112.1**	
济 南 市	Jinan	1.4	0.5	11.3	6.1	1.7	10.0	
青 岛 市	Qingdao	1.4	0.9	11.8	5.2	1.2	8.7	
淄 博 市	Zibo	1.1	0.1	6.7	3.5	0.6	5.0	
枣 庄 市	Zaozhuang	0.8	0.1	4.6	2.1	0.2	5.3	
东 营 市	Dongying	0.4	0.1	2.4	1.0	0.1	3.4	
烟 台 市	Yantai	1.6	0.1	11.6	5.0	0.6	7.1	
潍 坊 市	Weifang	0.9	0.2	11.0	5.4	0.4	8.2	
济 宁 市	Jining	1.0	0.1	8.7	4.0	0.4	9.5	
泰 安 市	Tai'an	0.8	0.5	7.0	2.7	0.2	5.3	
威 海 市	Weihai	0.9	0.1	3.6	2.2	0.2	3.0	
日 照 市	Rizhao	0.2		2.8	1.4	0.1	2.7	
莱 芜 市	Laiwu	0.1		1.3	0.8	0.1	1.4	
临 沂 市	Linyi	1.6	0.1	11.7	5.2	0.4	9.6	
德 州 市	Dezhou	1.0	0.1	6.7	2.8	0.2	8.3	
聊 城 市	Liaocheng	0.6	0.1	5.8	3.0	0.3	7.3	
滨 州 市	Binzhou	0.2	0.3	3.9	1.9	0.2	5.1	
菏 泽 市	Heze	1.0	0.1	9.1	4.0	0.3	10.1	

4–7 各市按行业分私营企业和个体就业人数(2013年底)

Number of Engaged Persons in Private Enterprises and Self-employed Individuals at Year-end by Sector and Region(2013)

单位：万人 (10 000 persons)

地　区	Region	合　计	制造业 Manufacturing	建筑业 Construction	批发和零售业 Wholesale and Retail Trades	交通运输、仓储和邮政业 Traffic, Transport, Storage and Post	住宿和餐饮业 Hotels and Catering Services	租赁和商务服务业 Leasing and Business Service	居民服务、修理和其他服务业 Households Services, Repair and Other Services
全省总计	**Total**	**1502.3**	**354.2**	**61.5**	**663.9**	**51.1**	**79.2**	**68.5**	**80.9**
济 南 市	Jinan	117.7	15.9	5.5	58.4	2.7	5.2	9.9	6.1
青 岛 市	Qingdao	230.8	48.9	11.6	104.3	6.0	10.3	11.4	9.1
淄 博 市	Zibo	82.0	21.0	3.7	36.1	1.4	3.7	4.0	4.6
枣 庄 市	Zaozhuang	67.0	13.3	1.3	33.9	3.4	3.8	2.3	4.4
东 营 市	Dongying	30.2	4.3	1.6	13.8	0.5	2.3	1.6	2.3
烟 台 市	Yantai	127.1	35.4	7.4	51.0	3.6	5.7	6.7	6.2
潍 坊 市	Weifang	169.9	56.0	7.7	59.8	7.0	6.7	6.6	8.2
济 宁 市	Jining	101.8	19.8	2.2	44.6	6.4	11.8	4.3	4.8
泰 安 市	Tai'an	64.5	13.1	2.2	31.2	2.3	3.8	2.2	4.1
威 海 市	Weihai	46.1	10.4	2.9	17.9	1.4	2.4	2.4	3.1
日 照 市	Rizhao	43.5	8.6	3.0	19.9	2.9	1.6	1.9	2.3
莱 芜 市	Laiwu	22.3	3.0	1.1	13.4	0.4	1.2	0.9	0.9
临 沂 市	Linyi	124.0	34.9	3.0	59.2	4.9	6.2	3.3	5.8
德 州 市	Dezhou	71.1	18.7	2.4	30.0	2.5	3.3	1.9	3.9
聊 城 市	Liaocheng	63.7	17.1	1.4	29.8	1.4	2.9	1.9	4.8
滨 州 市	Binzhou	50.6	12.5	1.8	23.5	1.2	2.0	2.3	2.6
菏 泽 市	Heze	81.5	20.5	1.8	35.2	3.1	6.4	2.6	7.5

4–8 各市按行业分城镇私营企业和个体就业人员数(2013年底)

Number of Engaged Persons in Urban Private Enterprises and Self-employed Individuals at Year-end by Sector and Region(2013)

单位：万人 (10 000 persons)

地区	Region	合计 total	制造业 Manufacturing	建筑业 Construction	批发和零售业 Wholesale and Retail Trades	交通运输、仓储和邮政业 Traffic, Transport, Storage and Post	住宿和餐饮业 Hotels and Catering Services	租赁和商务服务业 Leasing and Business Service	居民服务、修理和其他服务业 Households Services, Repair and Other Services
全省总计	**Total**	**762.0**	**131.2**	**37.6**	**361.3**	**21.7**	**44.7**	**48.1**	**44.1**
济南市	Jinan	84.4	9.1	4.2	43.3	1.7	4.2	7.4	4.5
青岛市	Qingdao	149.8	33.8	10.5	62.7	4.6	4.1	10.5	4.8
淄博市	Zibo	41.6	7.0	1.6	20.6	0.7	2.5	2.4	2.9
枣庄市	Zaozhuang	36.0	5.9	0.8	19.0	1.5	2.5	1.3	2.6
东营市	Dongying	18.5	1.9	0.9	8.8	0.3	1.7	1.2	1.5
烟台市	Yantai	78.5	16.4	5.1	34.8	1.7	4.1	5.5	4.2
潍坊市	Weifang	48.9	8.5	2.5	21.2	1.4	2.9	3.3	3.5
济宁市	Jining	40.9	3.6	1.1	21.0	1.8	5.2	2.7	2.6
泰安市	Tai'an	33.8	5.9	1.1	16.8	1.3	2.4	1.3	2.4
威海市	Weihai	30.5	5.5	2.0	12.5	0.8	2.0	1.8	2.4
日照市	Rizhao	14.7	1.6	1.5	6.9	1.0	0.5	1.1	0.7
莱芜市	Laiwu	14.2	1.7	0.7	9.0	0.2	0.6	0.6	0.7
临沂市	Linyi	56.3	10.2	1.3	32.4	1.6	3.5	1.8	2.8
德州市	Dezhou	26.1	4.3	0.6	13.9	0.7	2.0	1.2	2.0
聊城市	Liaocheng	25.9	4.1	0.8	13.1	0.5	1.9	1.0	2.7
滨州市	Binzhou	26.2	5.4	1.2	11.7	0.6	1.4	1.6	1.6
菏泽市	Heze	27.4	5.7	0.9	11.5	1.3	3.0	1.2	2.0

4–9 各市私营企业就业人员数(2013年底)

Number of Employed Persons in Private Enterprises at the Year-end by Region(2013)

单位：万人 (10 000 persons)

地区	Region	户数(户) Number of Enterprises (household)	就业人数 Number of Employed Persons	#投资者 Investor	城镇就业人数 Number of Employed Persons in Urban Areas	#投资者 Investor	乡村就业人数 Number of Employed Persons in Rural Areas	#投资者 Investor
全省总计	**Total**	**753390**	**792.6**	**153.7**	**428.5**	**106.1**	**364.1**	**47.6**
济南市	Jinan	87232	71.0	17.7	49.2	12.3	21.8	5.4
青岛市	Qingdao	166874	129.7	32.3	116.8	30.0	12.9	2.3
淄博市	Zibo	40550	52.6	9.6	23.2	5.5	29.4	4.1
枣庄市	Zaozhuang	23186	23.4	4.1	10.7	2.6	12.7	1.5
东营市	Dongying	19799	16.8	4.6	10.1	3.4	6.7	1.2
烟台市	Yantai	67026	80.1	15.4	50.8	10.7	29.3	4.7
潍坊市	Weifang	66429	97.6	13.6	26.1	8.3	71.5	5.3
济宁市	Jining	44772	44.1	9.0	16.0	4.9	28.1	4.1
泰安市	Tai'an	27344	29.4	6.5	15.7	3.5	13.7	3.0
威海市	Weihai	30549	27.3	6.1	17.6	4.2	9.7	1.9
日照市	Rizhao	22044	25.0	4.5	9.9	3.1	15.1	1.4
莱芜市	Laiwu	13651	12.8	2.2	7.6	1.4	5.2	0.8
临沂市	Linyi	40934	48.7	7.8	17.3	4.2	31.4	3.6
德州市	Dezhou	26477	34.4	4.9	9.8	2.7	24.6	2.2
聊城市	Liaocheng	24725	28.4	4.7	10.4	2.4	18.0	2.3
滨州市	Binzhou	22824	32.1	4.3	17.5	3.2	14.6	1.1
菏泽市	heze	25390	30.5	5.1	11.3	2.4	19.2	2.7

4-10 各市个体就业人员数(2013年底)

Number of Self-employed Individuals at the Year-end by Region(2013)

地 区	Region	个体户数 (户) Number of Households (household)	个体就业人数 (万人) Number of Engaged Persons (10 000 persons)	城镇 Urban	乡村 Rural
全省总计	**Total**	**3122067**	**709.8**	**333.5**	**376.3**
济 南 市	Jinan	200109	46.7	35.2	11.5
青 岛 市	Qingdao	384692	101.1	33.0	68.1
淄 博 市	Zibo	146934	29.4	18.4	11.0
枣 庄 市	Zaozhuang	185833	43.6	25.3	18.3
东 营 市	Dongying	59635	13.3	8.4	4.9
烟 台 市	Yantai	246630	47.0	27.7	19.3
潍 坊 市	Weifang	344982	72.3	22.7	49.6
济 宁 市	Jining	250547	57.7	24.9	32.8
泰 安 市	Tai'an	163021	35.0	18.1	16.9
威 海 市	Weihai	94358	18.8	12.8	6.0
日 照 市	Rizhao	108374	18.5	4.8	13.7
莱 芜 市	Laiwu	34725	9.5	6.6	2.9
临 沂 市	Linyi	281558	75.3	39.0	36.3
德 州 市	Dezhou	160989	36.7	16.3	20.4
聊 城 市	Liaocheng	142260	35.3	15.4	19.9
滨 州 市	Binzhou	82292	18.5	8.7	9.8
菏 泽 市	Heze	235128	51.1	16.1	35.0

4-11 按登记注册类型和行业分城镇单位就业人员工资总额(2013年底)

Total Wages Bill of Employed Persons in Urban at the Year-end by Status of Registration and Sector(2013)

单位:万元 (10 000 yuan)

类别	Category	总计 Total	在岗职工 Staff and Workers	国有单位 State-owned Units	城镇集体单位 Urban Collective-owned Units
总计	**Total**	**60989152**	**59154539**	**21844568**	**2477460**
按企、事业和机关分	**Grouped by Enterprises,institutions and Agencies**				
企业	Enterprises	45097752	43515218	6563559	2072429
事业	Institutions	11466391	11268943	11011994	368315
机关	Agebcies & Organizations	4205176	4153831	4199465	1526
民间非营利组织	Civil Nonprofit Organization	44535	43883		2117
其他	Others	175299	172665	69551	33073
按国民经济行业分	**Grouped by Sector**				
农、林、牧、渔业	Agriculture,Forestry,Animal Husbandry and Fishing	71783	71291	61710	2395
采矿业	Mining	4786989	4638637	794075	33458
制造业	Manufacturing	18075483	17866116	617035	526649
电力、燃气及水的生产和供应业	Production and Supply of Electric Power and Heat Power	1383348	1343628	800708	4043
建筑业	Construction	7690133	6957628	800845	729056
批发和零售业	Wholesale and Retail Trade	2620466	2572350	327884	139601
交通运输、仓储和邮政业	Traffic,Transport,Storage and Post	2749730	2684092	1371294	50879
住宿和餐饮业	Hotels and Catering Services	718392	704002	140837	181071
信息传输、软件和信息技术服务业	Information Transfer, Software and Information Technology Services	1304456	1300793	285331	1638
金融业	Financial Intermediation	2770017	2560139	735355	255594
房地产业	Real Estate	1063482	1033433	91063	42638
租赁和商务服务业	Leasing and Business Services	1040785	993314	506228	53436
科学研究和技术服务业	Scientific Research and Technical Service	966800	947442	572398	17803
水利、环境和公共设施管理业	Management of Water Conservancy,Environment and Public Facilities	563343	523943	475968	13836
居民服务、修理和其他服务业	Households Services, Repair and Other Services	120341	118005	35453	12862
教育	Education	6232240	6179662	5839434	160292
卫生和社会工作	Health and Social Work	3058403	2965204	2708923	240016
文化、体育和娱乐业	Culture,Sports and Entertainment	408475	395717	331078	4109
公共管理、社会保障和社会组织	Public management,Social Security and Social Organization	5364485	5299143	5348947	8083
国际组织	International Organization				

注：自2013年开始，劳动工资统计包含原属于乡镇企业的规模以上法人单位（下表同）。

a)Since 2013,the scope of labor wage statistics include Township Enterprises above Designated Size (the same as following table).

4-12 各市城镇单位就业人员工资总额和指数(2013年底)

Total Wage Bill of Employed Persons in Urban Units and Related Indices by Region(2013)

地 区	Region	工资总额（亿元） Earning(100 million yuan)				指数（上年=100） Indices(preceding year=100)			
		合 计 Total	在岗职工 Staff and Workers	国有单位 State-owned Units	城镇集体单位 Urban Collective-owned Units	合 计 Total	在岗职工 Staff and Workers	国有单位 State-owned Units	城镇集体单位 Urban Collective-owned Units
全省合计	**Total**	**6098.9**	**5915.5**	**2184.5**	**247.7**	**131.8**	**131.8**	**102.8**	**114.5**
济 南 市	Jinan	792.8	776.8	276.6	17.0	131.6	133.5	115.9	105.6
青 岛 市	Qingdao	810.1	785.7	278.3	34.1	128.1	127.7	115.4	127.2
淄 博 市	Zibo	437.3	427.7	121.8	12.8	139.3	139.3	89.3	69.9
枣 庄 市	Zaozhuang	212.2	208.4	74.9	11.0	135.5	134.2	70.8	93.2
东 营 市	Dongying	284.0	272.6	100.6	4.0	120.4	116.8	60.9	88.9
烟 台 市	Yantai	525.1	514.1	176.7	21.5	122.6	122.1	122.1	117.5
潍 坊 市	Weifang	422.0	401.0	145.5	15.7	123.8	124.1	104.3	95.2
济 宁 市	Jining	425.8	401.1	160.8	15.6	127.5	126.6	67.9	100.6
泰 安 市	Tai'an	353.0	343.4	106.6	42.8	131.6	130.5	118.7	105.4
威 海 市	Weihai	245.5	243.4	68.1	9.4	112.6	112.8	109.8	82.5
日 照 市	Rizhao	135.4	130.7	47.6	3.5	160.4	158.2	112.0	120.7
莱 芜 市	Laiwu	88.9	86.5	24.5	1.2	126.6	124.6	110.9	150.0
临 沂 市	Linyi	439.7	417.8	156.5	30.2	151.3	159.6	119.6	377.5
德 州 市	Dezhou	222.9	219.0	93.4	7.6	161.5	160.9	129.7	107.0
聊 城 市	Liaocheng	186.7	177.8	79.9	6.5	142.7	139.9	116.5	138.3
滨 州 市	Binzhou	239.0	234.1	73.8	5.5	142.4	142.0	115.9	131.0
菏 泽 市	Heze	175.7	173.0	102.8	8.6	133.1	133.3	118.8	104.9

4-13 各市按行业分城镇单位就业人员工资总额(2013年底)

Total Wages Bill of Employed Persons by Sector and Region (2013)

单位：万元 (10 000 yuan)

地 区	Region	总 计 Total	农、林、牧、渔业 Agriculture, Forestry, Animal Husbandry and Fishing	采矿业 Mining	制造业 Manufacturing	电力、燃气及水的生产和供应业 Production and Supply of Electric Power and Heat Power	建筑业 Construction	批发和零售业 Wholesale and Retail Trade
全省合计	**Total**	**60989152**	**71783**	**4786989**	**18075483**	**1383348**	**7690133**	**2620466**
济 南 市	Jinan	7927677	2393	38047	1526134	108114	1534888	467108
青 岛 市	Qingdao	8100897	8195	4793	3231295	150277	588111	346719
淄 博 市	Zibo	4373381	3636	274812	1344854	137085	1180549	119707
枣 庄 市	Zaozhuang	2122055	1459	519954	354913	35911	383141	66550
东 营 市	Dongying	2840454	2741	1131089	455779	30159	299695	55903
烟 台 市	Yantai	5251062	9799	250520	2125415	121239	262824	128147
潍 坊 市	Weifang	4220413	2576	17034	1464600	92008	539358	293676
济 宁 市	Jining	4258360	8291	1431376	704957	129936	410698	123452
泰 安 市	Tai'an	3529803	6861	682797	777663	58235	627244	161419
威 海 市	Weihai	2455268	3832	1076	1287807	68706	148922	92169
日 照 市	Rizhao	1354457	2777	794	486031	30970	169634	52651
莱 芜 市	Laiwu	888831		127982	349893	23868	65562	26222
临 沂 市	Linyi	4396801	11402	205079	1216519	92077	568112	349946
德 州 市	Dezhou	2228855	2210	17608	684959	79774	232800	121098
聊 城 市	Liaocheng	1866565	1600		560729	60145	199467	73417
滨 州 市	Binzhou	2389732	335	7939	1159098	53318	213137	67788
菏 泽 市	Heze	1757066	3676	76089	246177	56247	236068	67915

4-13 续表 1 continued

单位:万元 (10 000 yuan)

地 区	Region	交通运输、仓储和邮政业 Traffic, Transport, Storage and Post	住宿和餐饮业 Hotels and Catering Services	信息传输、软件和信息技术服务业 Information Transfer,Software and Information Technology Services	金融业 Financial Intermediation	房地产业 Real Estate	租赁和商务服务业 Leasing and Business Services	科学研究和技术服务业 Scientific Research and Technical Service
全省合计	**Total**	**2749730**	**718392**	**1304456**	**2770017**	**1063482**	**1040785**	**966800**
济 南 市	Jinan	312662	103559	696022	612552	174445	169333	220251
青 岛 市	Qingdao	535190	103172	121788	504568	177624	130983	161677
淄 博 市	Zibo	58857	27613	25665	168447	39465	72167	34493
枣 庄 市	Zaozhuang	28044	8658	19825	66437	27926	18283	16716
东 营 市	Dongying	29027	35115	25854	43201	20694	280259	44118
烟 台 市	Yantai	261570	40399	69323	177555	146331	51990	98186
潍 坊 市	Weifang	121460	44190	48929	148814	78799	48803	54410
济 宁 市	Jining	64752	26240	22436	181679	47331	26301	30144
泰 安 市	Tai'an	68661	41015	29152	77466	53403	44493	47925
威 海 市	Weihai	60820	24959	17754	90496	60574	16457	52224
日 照 市	Rizhao	166067	11316	9353	64803	25099	3514	9565
莱 芜 市	Laiwu	30509	4215	5712	31336	28927	2197	2025
临 沂 市	Linyi	144619	179425	99505	146945	44354	27314	40547
德 州 市	Dezhou	80977	22591	25568	116382	45657	27613	28767
聊 城 市	Liaocheng	88826	15211	23296	153062	24233	8059	10628
滨 州 市	Binzhou	44077	12231	23517	96956	44826	57634	14433
菏 泽 市	Heze	59756	7890	24099	89319	23427	7350	18631

4-13 续表 2 continued

单位:万元 (10 000 yuan)

年 份 地 区	Year Region	水利、环境和公共设施管理业 Management of Water Conservancy, Environment and Public Facilities	居民服务、修理和其他服务业 Households Services, Repair and Other Services	教 育 Education	卫生和社会工作 Health and Social Work	文化、体育和娱乐业 Culture, Sports and Entertainment	公共管理、社会保障和社会组织 Public management, Social Security and Social Organization	国际组织 International Organization
全省合计	**Total**	**563343**	**120341**	**6232240**	**3058403**	**408475**	**5364485**	
济 南 市	Jinan	57722	14999	707793	429116	152460	600080	
青 岛 市	Qingdao	61154	33495	820718	354192	69960	696988	
淄 博 市	Zibo	38559	5725	367732	187566	33811	252638	
枣 庄 市	Zaozhuang	22481	4207	211245	98305	7072	230929	
东 营 市	Dongying	17999	2239	138631	48355	4926	174671	
烟 台 市	Yantai	83069	5935	692081	310369	28732	387577	
潍 坊 市	Weifang	28038	5386	552488	281505	17450	380890	
济 宁 市	Jining	31465	3948	405887	196136	14235	399098	
泰 安 市	Tai'an	34021	17297	367509	164037	9798	260807	
威 海 市	Weihai	33299	3335	205412	112475	9098	165855	
日 照 市	Rizhao	6584	746	135424	55411	4955	118765	
莱 芜 市	Laiwu	3049	278	74970	37341	2390	72355	
临 沂 市	Linyi	59247	2280	503622	276721	15662	413424	
德 州 市	Dezhou	35249	3692	261498	115512	6975	319924	
聊 城 市	Liaocheng	18357	1524	230406	138915	10599	248092	
滨 州 市	Binzhou	9425	12246	215984	103353	9338	244097	
菏 泽 市	Heze	23626	2431	338252	146928	9589	319598	

4-14 按登记注册类型和行业分城镇单位就业人员平均工资(2013年)

Average Earning of Employed Persons in Urban Units at the Year end by Status of Registration and Sector(2013)

单位:元 (yuan)

类别	Category	总计 Total	在岗职工 Staff and Workers	国有单位 State-owned Units	城镇集体单位 Urban Collective-owned Units
总计	**Total**	**46998**	**47652**	**52811**	**41416**
按企、事业和机关分	**Grouped by Enterprises,institutions and Agencies**				
企业	Enterprises	45807	46388	57168	40925
事业	Institutions	51836	52786	52223	44308
机关	Agebcies & Organizations	48750	49293	48757	38233
民间非营利组织	Civil Nonprofit Organization	40168	40248		41109
其他	Others	38108	38615	37964	42659
按国民经济行业分	**Grouped by Sector**				
农、林、牧、渔业	Agriculture,Forestry,Animal Husbandry and Fishing	39617	39879	40179	29675
采矿业	Mining	62390	63885	66603	40394
制造业	Manufacturing	41202	41185	52812	44878
电力、燃气及水的生产和供应业	Production and Supply of Electric Power and Heat Power	58181	59129	61638	37860
建筑业	Construction	40118	40770	45986	33999
批发和零售业	Wholesale and Retail Trade	39219	39586	49123	32010
交通运输、仓储和邮政业	Traffic,Transport,Storage and Post	55173	55846	61084	34720
住宿和餐饮业	Hotels and Catering Services	37068	37254	35532	57915
信息传输、软件和信息技术服务业	Information Transfer, Software and Information Technology Services	74249	74448	72581	52682
金融业	Financial Intermediation	80833	95542	84883	71744
房地产业	Real Estate	44393	44838	41005	39067
租赁和商务服务业	Leasing and Business Services	46167	48472	46146	31470
科学研究和技术服务业	Scientific Research and Technical Service	56233	56986	58436	46935
水利、环境和公共设施管理业	Management of Water Conservancy,Environment and Public Facilities	37195	39619	37890	28480
居民服务、修理和其他服务业	Households Services, Repair and Other Services	38233	38295	43981	37896
教育	Education	51658	52138	52481	47092
卫生和社会工作	Health and Social Work	54919	56334	56634	44776
文化、体育和娱乐业	Culture,Sports and Entertainment	56870	56635	58058	39249
公共管理、社会保障和社会组织	Public management,Social Security and Social Organization	48062	48632	48079	37492
国际组织	International Organization				

4-15 各市按登记注册类型分城镇单位就业人员平均工资(2013年)

Average Earning of Employed Persons in Urban Units at the Year-end by Status of Registration(2013)

单位：元 (yuan)

地区	Region	总计 Total	在岗职工 Staff and Workers	国有单位 State-owned Units	城镇集体单位 Urban Collective-owned Units	股份合作单位 Cooperative Units	联营单位 Joint Ownership Units
全省合计	**Total**	**46998**	**47652**	**52811**	**41416**	**49713**	**49549**
济南市	Jinan	53650	54389	58842	37264	64303	54817
青岛市	Qingdao	54829	55363	74126	57810	43617	57623
淄博市	Zibo	46564	47182	53712	41708	47314	36270
枣庄市	Zaozhuang	42055	42497	44709	34766	47374	30712
东营市	Dongying	53828	56814	57807	39235	35406	42270
烟台市	Yantai	47756	48088	55201	41247	42538	29160
潍坊市	Weifang	45281	46100	49405	46798	63615	42491
济宁市	Jining	46487	47304	49468	30448	39536	25575
泰安市	Tai'an	44444	44828	49428	40190	51008	44617
威海市	Weihai	43619	43671	53667	41762	33209	25291
日照市	Rizhao	43085	43946	49090	40285	43037	27476
莱芜市	Laiwu	46863	47482	53955	34434	32862	
临沂市	Linyi	44085	45140	48253	48430	40442	52759
德州市	Dezhou	38838	38945	41085	34033	55180	36150
聊城市	Liaocheng	37237	37649	40577	42551	62253	32410
滨州市	Binzhou	44745	45110	53309	33555	70496	52684
菏泽市	Heze	35318	35697	36126	34671	56917	34187

4-15 续表 continued

单位：元 (yuan)

地区	Region	有限责任公司 Limited Liability Corporations	股份有限公司 Share-holding Corporations Ltd.	其他内资 Others	港、澳、台商投资单位 Units with Funds from Hong Kong, Macao&Taiwan	外商投资单位 Foreign Funded Units
全省合计	**Total**	**42856**	**50613**	**40578**	**45770**	**42982**
济南市	Jinan	47162	63641	39942	65838	48152
青岛市	Qingdao	46738	60984	40672	49558	43562
淄博市	Zibo	42541	50249	37663	39637	38622
枣庄市	Zaozhuang	42312	43078	29892	40612	30886
东营市	Dongying	42936	62102	37139	45148	48759
烟台市	Yantai	45796	45639	39119	42355	45246
潍坊市	Weifang	41940	44520	47661	44532	42651
济宁市	Jining	48730	37435	34661	34514	47427
泰安市	Tai'an	44512	38996	36043	32377	38823
威海市	Weihai	37710	41494	38972	47234	43132
日照市	Rizhao	37868	47734	35370	47093	43424
莱芜市	Laiwu	44410	50988	56937	39445	31031
临沂市	Linyi	39869	42900	54614	37088	41518
德州市	Dezhou	36438	41720	37767	36775	38011
聊城市	Liaocheng	33293	39809	29265	30763	35884
滨州市	Binzhou	41351	50868	36675	36794	37177
菏泽市	Heze	34364	32003	30637	44326	30009

4–16 各市按行业分城镇单位就业人员平均工资(2013年)

Average Earning of Employed Persons in Urban Units at the Year-end by Sector and Region (2013)

单位:元 (yuan)

地 区	Region	总 计 Total	农、林、牧、渔业 Agriculture, Forestry, Animal Husbandry and Fishing	采矿业 Mining	制造业 Manufacturing	电力、燃气及水的生产和供应业 Production and Supply of Electric Power and Heat Power	建筑业 Construction	批发和零售业 Wholesale and Retail Trade
全省合计	**Total**	**46998**	**39617**	**62390**	**41202**	**58181**	**40118**	**39219**
济 南 市	Jinan	53650	27312	47541	46637	61327	42207	40425
青 岛 市	Qingdao	54829	54892	41898	44651	67124	46749	45415
淄 博 市	Zibo	46564	49408	61988	40790	62889	45398	33258
枣 庄 市	Zaozhuang	42055	36854	53658	32704	42443	38195	33890
东 营 市	Dongying	53828	40075	71757	41165	73595	41803	35344
烟 台 市	Yantai	47756	49564	52534	43140	62549	39880	37539
潍 坊 市	Weifang	45281	30027	41771	41841	54604	44163	43174
济 宁 市	Jining	46487	43819	68361	37495	61966	32595	30540
泰 安 市	Tai'an	44444	45227	52962	38189	47124	39308	41855
威 海 市	Weihai	43619	47193	18909	40564	55822	37680	38611
日 照 市	Rizhao	43085	37982	29835	39812	64134	34064	32218
莱 芜 市	Laiwu	46863		59883	44200	64841	31533	35315
临 沂 市	Linyi	44085	38940	67319	40556	56663	35757	44544
德 州 市	Dezhou	38838	27628	49254	36027	61346	37927	32887
聊 城 市	Liaocheng	37237	23055		32239	56448	35677	35605
滨 州 市	Binzhou	44745	45270	30208	40834	46131	38700	36202
菏 泽 市	Heze	35318	22266	73801	31687	42618	31089	33493

4–16 续表 1 continued

单位:元 (yuan)

地 区	Region	交通运输、仓储和邮政业 Traffic, Transport, Storage and Post	住宿和餐饮业 Hotels and Catering Services	信息传输、软件和信息技术服务业 Information Transfer,Software and Information Technology Services	金融业 Financial Intermediation	房地产业 Real Estate	租赁和商务服务业 Leasing and Business Services	科学研究和技术服务业 Scientific Research and Technical Service
全省合计	**Total**	**55173**	**37068**	**74249**	**80833**	**44393**	**46167**	**56233**
济 南 市	Jinan	64963	31722	79720	101782	44680	50659	65208
青 岛 市	Qingdao	61125	39847	86694	144047	58597	51745	76960
淄 博 市	Zibo	43566	34116	62888	89824	41368	45057	53402
枣 庄 市	Zaozhuang	27067	26420	100839	71980	35087	41040	42382
东 营 市	Dongying	54135	39808	63601	75368	46999	49878	46528
烟 台 市	Yantai	54848	31923	71615	63302	46942	33037	54563
潍 坊 市	Weifang	41461	31757	53934	77697	43235	46316	47905
济 宁 市	Jining	32146	26726	56230	55131	37928	32591	46183
泰 安 市	Tai'an	40289	39894	59240	61978	40008	36644	46336
威 海 市	Weihai	41712	31941	61200	75843	39606	35621	50061
日 照 市	Rizhao	70003	28440	54376	63908	36651	29730	46909
莱 芜 市	Laiwu	48752	24666	58047	94132	48196	46536	37427
临 沂 市	Linyi	45838	56199	87323	55947	41375	28592	39807
德 州 市	Dezhou	44352	29643	49551	59978	40019	38522	37456
聊 城 市	Liaocheng	39026	24072	56791	62097	33213	26089	41547
滨 州 市	Binzhou	45258	30523	62313	99076	54040	69539	52200
菏 泽 市	Heze	38068	23657	68288	57260	32628	28789	31620

4-16 续表 2 continued

单位:元 (yuan)

地 区	Region	水利、环境和公共设施管理业 Management of Water Conservancy, Environment and Public Facilities	居民服务、修理和其他服务业 Households Services, Repair and Other Services	教 育 Education	卫生和社会工作 Health and Social Work	文化、体育和娱乐业 Culture, Sports and Entertainment	公共管理、社会保障和社会组织 Public management, Social Security and Social Organization	国际组织 International Organization
全省合计	**Total**	**37195**	**38233**	**51658**	**54919**	**56870**	**48062**	
济 南 市	Jinan	39855	30742	62318	71992	87964	59821	
青 岛 市	Qingdao	46266	44476	69944	69278	59789	80513	
淄 博 市	Zibo	34027	41759	54979	53662	54385	51138	
枣 庄 市	Zaozhuang	30171	38346	46655	46922	44117	43750	
东 营 市	Dongying	54791	35315	57276	49712	51742	51082	
烟 台 市	Yantai	41078	41417	56485	59369	43077	54061	
潍 坊 市	Weifang	32451	34883	50591	53008	43463	46443	
济 宁 市	Jining	32834	34935	46611	49759	37373	42298	
泰 安 市	Tai'an	41970	36709	51614	58050	47267	47664	
威 海 市	Weihai	37626	32509	56575	50356	45766	54823	
日 照 市	Rizhao	41564	30557	48787	41969	40183	44531	
莱 芜 市	Laiwu	40383	37107	51954	51026	48374	48665	
临 沂 市	Linyi	38226	35349	44126	55011	41281	43824	
德 州 市	Dezhou	35394	36589	38865	42181	33973	38185	
聊 城 市	Liaocheng	30336	28543	39724	48203	35283	34327	
滨 州 市	Binzhou	41891	47464	54832	55680	50423	47974	
菏 泽 市	Heze	23190	26285	36996	37406	33658	31966	

4-17 各市按行业分城镇私营单位就业人员平均工资(2013年)

Average Wage of Staff and Workers by Sector and Region(2013)

单位:元 (yuan)

地 区	Region	总 计 Total	农、林、牧、渔业 Agriculture, Forestry, Animal Husbandry and Fishing	采矿业 Mining	制造业 Manufacturing	电力、燃气及水的生产和供应业 Production and Supply of Electric Power and Heat Power	建筑业 Construction	批发和零售业 Wholesale and Retail Trade
全省合计	**Total**	**34317**	**30394**	**35905**	**34705**	**39881**	**35392**	**31817**
济 南 市	Jinan	30874	26058	34042	31562	34120	34027	27814
青 岛 市	Qingdao	32636	30769	33579	33130	36951	34861	29082
淄 博 市	Zibo	33096	26190	38254	31160	31654	42376	33594
枣 庄 市	Zaozhuang	30753	25629	30963	32072	28917	29297	27776
东 营 市	Dongying	37034	31008	34339	37446	37556	31587	35660
烟 台 市	Yantai	34140	33215	33988	34283	31072	35460	32399
潍 坊 市	Weifang	36401	32133	35914	36244	35002	36273	35534
济 宁 市	Jining	29929	28217	28368	29617	37732	31406	29377
泰 安 市	Tai'an	30597	25997	32011	30433	29304	30884	30308
威 海 市	Weihai	31832	27102	29263	32090	25735	32623	31765
日 照 市	Rizhao	30623	27468	30178	30930	34528	27497	31225
莱 芜 市	Laiwu	28676	19146	34585	28570	22242	29352	26573
临 沂 市	Linyi	35739	31207	39807	36252	34127	32311	31869
德 州 市	Dezhou	34782	31661	37869	35398	33166	34778	32436
聊 城 市	Liaocheng	26868	26701	24766	25970	29691	29850	27318
滨 州 市	Binzhou	31930	27180	32818	32132	38520	32832	29634
菏 泽 市	Heze	28474	26706	26404	28168	27105	31396	27463

注：全省数据为城镇私营单位口径，各市数据为全部私营单位口径。
a)The statistics range of provincial data include urban private units,region data include all private units.

4-17 续表 1 continued

单位:元 (yuan)

地 区	Region	交通运输、仓储和邮政业 Traffic, Transport, Storage and Post	住宿和餐饮业 Hotels and Catering Services	信息传输、软件和信息技术服务业 Information Transfer, Software and Information Technology Services	金融业 Financial Intermediation	房地产业 Real Estate	租赁和商务服务业 Leasing and Business Services	科学研究和技术服务业 Scientific Research and Technical Service
全省合计	**Total**	**35833**	**30311**	**37675**	**35532**	**36515**	**35223**	**37934**
济 南 市	Jinan	32614	27971	33378	48105	33446	30985	32326
青 岛 市	Qingdao	31416	32445	43507	28104	35159	31987	39737
淄 博 市	Zibo	35731	27602	36923	33994	32456	31181	38173
枣 庄 市	Zaozhuang	32375	26425	27204	25945	29924	29536	30072
东 营 市	Dongying	41399	30383	30663	35800	35094	47262	71911
烟 台 市	Yantai	33166	32224	37326	33033	32920	37037	38170
潍 坊 市	Weifang	50759	30946	40963	37461	36583	37688	38790
济 宁 市	Jining	33557	26516	27726	29794	30152	31054	30010
泰 安 市	Tai'an	35060	31542	32636	29853	26942	32038	31383
威 海 市	Weihai	30658	30317	31954	30942	30713	29841	29959
日 照 市	Rizhao	35121	29030	29809	26497	31424	34250	32403
莱 芜 市	Laiwu	29118	23727	26794	28417	33124	38101	29474
临 沂 市	Linyi	47331	30435	38460	35386	34116	36925	34794
德 州 市	Dezhou	39719	30119	32106	35575	36022	34955	36306
聊 城 市	Liaocheng	35542	25425	27879	29062	29372	24188	40055
滨 州 市	Binzhou	41220	27668	29372	39091	29698	28609	29045
菏 泽 市	Heze	31746	25629	26559	27990	30731	28576	28516

4-17 续表 2 continued

单位:元 (yuan)

地 区	Region	水利、环境和公共设施管理业 Management of Water Conservancy, Environment and Public Facilities	居民服务、修理和其他服务业 Households Services, Repair and Other Services	教 育 Education	卫生和社会工作 Health and Social Work	文化、体育和娱乐业 Culture, Sports and Entertainment	公共管理、社会保障和社会组织 Public management, Social Security and Social Organization	国际组织 International Organization
全省合计	**Total**	**33750**	**33792**	**32741**	**32485**	**32012**	**31393**	
济 南 市	Jinan	29608	27199	32111	26604	28048	30756	
青 岛 市	Qingdao	34711	27875	31513	27076	36501		
淄 博 市	Zibo	29251	25874	29589	29244	28628	40778	
枣 庄 市	Zaozhuang	29413	28537	27762	26329	27403	25327	
东 营 市	Dongying	35311	32010	40602	24945	26475		
烟 台 市	Yantai	30460	32827	29258	35024	32695	31290	
潍 坊 市	Weifang	35800	30778	35773	35303	34700	33198	
济 宁 市	Jining	28279	28372	31495	32579	31840	29036	
泰 安 市	Tai'an	29622	30336	31063	31725	30856	32832	
威 海 市	Weihai	33908	29945	32937	33793	28612	34639	
日 照 市	Rizhao	30202	34931	30469	30399	26100	21059	
莱 芜 市	Laiwu	21412	26678	32276	24425	25141		
临 沂 市	Linyi	33554	31026	33707	33852	29036	34727	
德 州 市	Dezhou	34168	30819	33906	32464	32665	34590	
聊 城 市	Liaocheng	27672	28593	28020	29927	23643	28986	
滨 州 市	Binzhou	29069	33070	29321	31207	27113	38143	
菏 泽 市	Heze	27735	28574	29098	32205	26645	23750	

4-18 各市城镇登记失业人员及失业率

Registered Urban Unemployed Persons and Unemployment Rate by Region

地　区	Region	失业人员(万人) Unemployment(10 000 persons)			登记失业率(%) Unemployment Rate(%)		
		2011	2012	2013	2011	2012	2013
全省总计	**Total**	**45.1**	**43.4**	**42.2**	**3.4**	**3.3**	**3.2**
济 南 市	Jinan	5.6	4.8	3.7	3.6	3.1	2.4
青 岛 市	Qingdao	6.5	6.4	7.0	3.0	2.9	3.0
淄 博 市	Zibo	2.4	2.7	2.9	2.8	2.5	2.7
枣 庄 市	Zaozhuang	1.9	1.8	1.9	2.9	2.4	2.5
东 营 市	Dongying	1.0	0.9	0.9	1.9	1.9	2.0
烟 台 市	Yantai	4.9	5.0	5.1	3.3	3.3	3.3
潍 坊 市	Weifang	4.0	3.9	3.8	3.2	3.1	3.0
济 宁 市	Jining	3.9	3.1	3.1	3.0	3.0	3.0
泰 安 市	Tai'an	2.4	2.5	1.9	2.8	2.7	1.9
威 海 市	Weihai	0.8	0.8	0.8	1.5	1.5	1.5
日 照 市	Rizhao	1.2	1.3	1.3	2.3	2.4	2.3
莱 芜 市	Laiwu	0.5	0.5	0.5	2.1	2.1	2.1
临 沂 市	Linyi	1.8	1.9	1.7	1.6	1.6	1.6
德 州 市	Dezhou	2.0	1.8	1.8	2.8	2.9	2.9
聊 城 市	Liaocheng	2.7	2.6	2.6	3.3	3.1	3.1
滨 州 市	Binzhou	1.4	1.3	1.2	2.7	2.7	2.2
菏 泽 市	Heze	1.9	1.9	1.8	3.4	3.4	3.2

4-19 主要年份年末离休、退休、退职人员人数

Numbers of Retired and Resigned Persons at Year-end in Major Years

单位:人 (person)

年　份 Year	总　计 Total	离休人员 Retired Veterans	退休人员 Retired Persons	领取定期生活费的退职人员 Resigned Persons
2000	1803820	144063	1592549	67208
2001	1880547	141761	1684005	54781
2002	2005227	130318	1830820	44089
2003	2121128	124002	1948428	48698
2004	2244567	118302	2077937	48328
2005	2487619	114650	2372969	
2006	2617076	104437	2512563	
2007	2821703	99016	2722687	
2008	3050455	93560	2956895	
2009	3260326	88574	3171752	
2010	3450734	79974	3370760	
2011	3730537	71844	3623657	35036
2012	4163329	68132	4058431	36766
2013	4591639	62261	4492295	37083

注:本表不包括民政部门支付离休、退休、退职费的人数。
a)Data in this table exclude the number of retired or resigned people whose pensions are paid by civil affair departments.

4-20 离休、退休人员数(2013年底)

Numbers of Retired and Resigned Persons at Year-end(2013)

单位:人 (person)

类　别	Category	离休、退休退职人员 Retired and Resigned Persons	离休人员 Retired Veterans	退休人员 Retired Persons
总　计	**Total**	**4591639**	**62261**	**4492295**
一、城镇单位	**Urban Units**	**3895197**	**62251**	**3800122**
(一)企　业	Enterprises	3015448	30515	2954578
1.内资企业	Domestic Funded Enterprises			
国有企业	State-owned Enterprises	1518918	21728	1482853
集体企业	Collective Owned Enterprises	722846	4231	710512
其他企业	Others	729670	4381	718073
2.港、澳、台及外资企业	Enterprises with Investment from Hong Kong, Macao and Taiwan	44014	175	43140
(二)事　业	Institutions	671653	19218	650467
(三)机　关	Government Agencies	208096	12518	195077
二、其　他	**Others**	**696442**	**10**	**692173**

4-21 各市离休、退休人员数(2013年底)

Numbers of Retired and Resigned Persons at Year-end by Region(2013)

单位:人 (person)

地　区	Region	离休、退休退职人员 Retired and Resigned Persons	离休人员 Retired Veterans	退休人员 Retired Persons
全省总计	**Total**	**4041110**	**54058**	**3953512**
济 南 市	Jinan	423369	5692	414598
青 岛 市	Qingdao	668588	5844	658116
淄 博 市	Zibo	281690	3664	275038
枣 庄 市	Zaozhuang	118735	1403	115748
东 营 市	Dongying	37630	654	36643
烟 台 市	Yantai	523754	6970	511701
潍 坊 市	Weifang	372322	5109	362641
济 宁 市	Jining	258408	4147	252062
泰 安 市	Tai'an	184224	2432	180016
威 海 市	Weihai	194817	2290	191339
日 照 市	Rizhao	69331	883	67995
莱 芜 市	Laiwu	87217	604	85442
临 沂 市	Linyi	260945	4189	256582
德 州 市	Dezhou	148898	2709	145094
聊 城 市	Liaocheng	138509	2184	135471
滨 州 市	Binzhou	118927	2040	115231
菏 泽 市	Heze	153746	3244	149795

注：各市数据不包括省直管企业参保离退休人数。

a)Municipal data exclude the number of retired and resigned persons in provincial enterprises.

4–22 离休、退休人员保险福利费用(2013年)

Social Insurance and Welfare Funds for Retired Persons(2013)

单位:万元 (10 000 yuan)

类别	Category	总计 Total	离休金 Pensions for Retired Veterans	退休金 Pensions for Retired Persons
总计	**Total**	**12028363**	**381513**	**11564584**
一、城镇单位	**Urban Units**	**10767436**	**381475**	**10310518**
(一)企业	Enterprises	7504133	178056	7255306
1.内资企业	Domestic Funded Enterprises	7390294	176909	7143844
国有企业	State-owned Enterprises	4187543	125793	4013831
集体企业	Collective Owned Enterprises	1614788	23979	1578026
其他企业	Others	1587963	27137	1551987
2.港、澳、台及外资企业	Enterprises with Investment from HongKong,Macao and Taiwan	113839	1147	111462
(二)事业	Institutions	2471608	127193	2340993
(三)机关	Government Agencies	791695	76226	714219
二、其他	**Others**	**1260927**	**38**	**1254066**

4–23 各市离休、退休保险福利费用(2013年)

Social Insurance and Welfare Funds for Retired Persons by Region(2013)

单位:万元 (10 000 yuan)

地区	Region	总计 Total	离休金 Pensions for Retired Veterans	退休金 Pensions for Retired Persons
全省总计	**Total**	**12028363**	**381513**	**11564584**
济南市	Jinan	1142948	33232	1103364
青岛市	Qingdao	1787215	47396	1731310
淄博市	Zibo	698140	15059	677306
枣庄市	Zaozhuang	303649	10136	291391
东营市	Dongying	118548	3961	114000
烟台市	Yantai	1298293	44962	1245917
潍坊市	Weifang	926106	30165	888546
济宁市	Jining	678338	24370	650773
泰安市	Tai'an	461046	19062	435771
威海市	Weihai	455666	14951	438969
日照市	Rizhao	179362	5562	173220
莱芜市	Laiwu	195802	3073	191834
临沂市	Linyi	552742	25600	526910
德州市	Dezhou	371380	15457	354513
聊城市	Liaocheng	362080	14287	346448
滨州市	Binzhou	275337	14623	258443
菏泽市	Heze	441210	20541	419846

注：各市数据不包括省直管企业离退休费用。

a)Municipal data exclude the costs of retired and resigned persons in provincial enterprises.

4–24 社会保险基金收支及累计结余

Revenue, Expenses and Balance of Social Insurance Fund

单位：亿元 (100 million yuan)

年份 Year	合计 Total	基本养老保险 Basic Pension Insurance	失业保险 Unemployment Insurance	城镇基本医疗保险 Basic Medical Care Insurance	工伤保险 Work Injury Insurance	生育保险 Maternity Insurance
基金收入 Revenue						
2005	474.9	360.5	23.5	82.1	5.0	3.8
2006	593.0	441.2	31.3	108.2	7.3	5.0
2007	782.9	591.8	36.5	137.9	10.2	6.5
2008	938.3	687.4	45.5	183.0	13.3	9.1
2009	1109.3	825.7	41.8	215.4	16.7	9.7
2010	1283.0	943.5	43.1	264.2	20.5	11.7
2011	1646.0	1191.2	65.5	343.1	28.4	17.8
2012	1883.4	1316.6	83.2	425.8	34.7	23.1
2013	2114.7	1489.0	57.3	500.3	40.0	28.1
基金支出 Expenses						
2005	379.0	296.2	14.0	63.2	3.3	2.3
2006	450.9	352.2	13.2	77.7	4.8	3.0
2007	570.9	444.0	13.5	101.9	7.3	4.2
2008	690.7	530.5	14.7	131.2	8.7	5.6
2009	840.5	622.7	22.4	177.0	11.7	6.7
2010	1027.1	749.3	31.4	222.2	15.1	9.1
2011	1223.9	886.8	25.9	279.4	20.1	11.7
2012	1475.6	1059.0	35.3	336.0	28.0	17.3
2013	1783.8	1270.5	46.3	413.5	31.3	22.3
累计结余 Balance at Year-end						
2005	409.9	293.7	40.2	63.9	6.4	5.7
2006	551.7	382.7	58.3	94.4	8.6	7.7
2007	756.1	523.5	81.3	130.4	10.9	10.0
2008	1002.5	680.4	112.1	182.2	14.3	13.5
2009	1270.0	883.4	131.5	220.6	18.0	16.5
2010	1525.1	1077.6	143.2	262.6	22.6	19.0
2011	1946.1	1382.0	182.8	326.3	29.8	25.1
2012	2359.8	1639.5	230.7	416.7	41.9	31.0
2013	2693.4	1858.0	241.7	506.3	50.6	36.8

注：基本养老保险不含居民养老保险。

a)Data of Basic Pension Insurance excluding Residents Old-age Insurance.

4-25 主要年份年末社会保险参保人数

Number of Persons Participated in Social Insurance in Major Years

单位:万人 (10 000 persons)

年份 Year	城镇职工社会基本养老保险 Urban Basic Pension Insurance	企业基本养老保险 Enterprise's Pension Insurance	机关事业养老保险 Institution and Government Agency's Pension Insurance	医疗保险 Medcial Care Insurance	失业保险 Unemployment Insurance	工伤保险 Work Injury Insurance	生育保险 Maternity Insurance
2000	972.2	757.6	214.6	255.5	715.0	279.4	325.5
2001	1022.2	793.9	228.3	490.2	700.2	285.5	331.8
2002	1043.0	805.0	238.0	625.6	701.2	278.2	323.2
2003	1135.9	883.5	252.4	691.1	719.1	281.8	336.5
2004	1218.7	958.1	260.6	771.9	747.5	476.7	390.8
2005	1302.5	1027.4	275.1	861.5	771.1	578.7	461.2
2006	1368.0	1086.2	281.8	996.1	789.7	647.3	488.8
2007	1455.7	1165.4	291.6	1115.9	814.9	745.0	563.3
2008	1565.8	1266.1	299.7	1266.2	864.1	865.0	638.0
2009	1661.0	1352.1	308.9	2540.2	899.5	1064.6	703.0
2010	1773.0	1459.5	313.5	2770.6	931.2	1211.2	774.1
2011	1907.1	1589.4	317.6	2947.8	964.9	1276.1	857.8
2012	2063.2	1739.8	323.4	3101.2	1009.8	1339.6	919.0
2013	2259.6	1931.7	327.8	3647.9	1089.6	1371.9	974.4

注：城镇职工社会基本养老保险参保人数包含离退休人数；2009年起，医疗保险参保人数包含城镇居民医疗保险。2013年医疗保险参保人数中含新农合并入人员。

a) Number of persons participated in urban basic pension insurance include retirees.Since 2009,number of persons participated in medical care insurance include urban residents participated in medicalcare insurance.

4-26 各市社会保险参保人数(2013年底)

Number of Persons Participated in Social Insurance at Year-end by Region(2013)

单位:万人 (10000 persons)

地区	Region	城镇职工社会基本养老保险 Urban Basic Pension Insurance	企业基本养老保险 Enterprise's Pension Insurance	机关事业养老保险 Institution and Government Agency's Pension Insurance	医疗保险 Medcial Care Insurance	失业保险 Unemployment Insurance	工伤保险 Work Injury Insurance	生育保险 Maternity Insurance
全省总计	**Total**	**2259.6**	**1931.7**	**327.8**	**3647.9**	**1089.6**	**1371.9**	**974.4**
济南市	Jinan	190.2	172.7	17.4	294.3	120.0	135.7	107.8
青岛市	Qingdao	310.2	290.6	19.5	384.5	171.0	228.3	172.4
淄博市	Zibo	107.5	95.1	12.4	437.1	71.8	91.3	63.4
枣庄市	Zaozhuang	57.7	47.5	10.2	124.7	36.6	42.0	32.9
东营市	Dongying	42.4	36.2	6.2	190.2	19.8	55.3	41.1
烟台市	Yantai	172.6	155.1	17.5	290.0	105.5	115.3	94.6
潍坊市	Weifang	131.7	109.2	22.5	360.2	81.5	123.5	74.8
济宁市	Jining	110.0	89.5	20.6	248.5	69.9	87.5	65.1
泰安市	Tai'an	87.2	74.9	12.3	204.6	55.2	84.7	74.8
威海市	Weihai	83.6	76.3	7.3	136.4	50.8	67.4	55.8
日照市	Rizhao	38.9	32.4	6.5	105.2	21.4	31.5	25.2
莱芜市	Laiwu	28.4	24.7	3.6	41.9	18.3	24.6	17.4
临沂市	Linyi	98.1	75.6	22.4	209.7	52.7	93.2	50.3
德州市	Dezhou	59.0	44.5	14.5	138.4	32.4	57.3	36.9
聊城市	Liaocheng	54.4	41.2	13.2	158.7	31.1	43.6	20.1
滨州市	Binzhou	48.4	39.3	9.1	96.9	37.6	39.9	23.4
菏泽市	Heze	72.7	49.0	23.7	226.5	31.5	50.8	18.3

注:各市养老、失业保险人数不包括省直管企业人数。

a)Municipal data on pension insurance exclude the staff and workers of provincial enterprise.

4-27 城镇职工养老保险基本情况

Basic Statistics on Pension Insurance in Urban Areas

类　别		Category		2010	2011	2012	2013
一、年末参保人数	**（万人）**	**Number of People Insured**	**(10 000 persons)**	**1773.0**	**1907.1**	**2063.2**	**2259.6**
职　工	（万人）	Employed People	(10 000 persons)	1427.9	1534.0	1646.9	1800.4
#企　业	（万人）	Enterprises	(10 000 persons)	1190.2	1295.8	1407.2	1560.6
离休、退休、退职人数	（万人）	Retired and Resigned Persons	(10 000 persons)	345.1	373.1	416.3	459.2
二、基金收支情况		**Revenue and Expenses**					
基金收入	（亿元）	Revenue	(100 million yuan)	943.5	1191.2	1316.6	1489.0
基金支出	（亿元）	Expenses	(100 million yuan)	749.3	886.8	1059.0	1270.5
三、企业养老金社会化发放人情况		**Payment of Pension Insurance**					
养老金实发人数	（万人）	People Receiving Pension Insurance	(10 000 persons)	269.3	293.7	332.7	371.2
#社会化发放人数	（万人）	People Receiving Socialized Pension Insurance	(10 000 persons)	269.3	293.7	332.7	371.2
社会化发放率	(%)	Rate of Socialized Pension Insurance	(%)	100.0	100.0	100.0	100.0

4-28 各市居民基本养老保险试点情况(2013年)

Statistics on Residents Old-age Insurance by Region(2013)

地　区	Region	参保人数（人）Contributors at Year-end (person)	达到领取待遇年龄参保人数 Number of Participants Who Have Reached the Prescribed Age of Benefit Entilement	基金收支情况(亿元) Revenue and Expense(100 million yuan)		
				基金收入 Revenue	基金支出 Expenses	累计结余 Balance at Year-end
全省总计	**Total**	**45128085**	**12196935**	**210.9**	**138.6**	**358.3**
济 南 市	Jinan	2235125	638685	9.2	5.9	10.6
青 岛 市	Qingdao	3022051	867227	25.9	27.8	46.8
淄 博 市	Zibo	1447757	507613	13.3	5.0	24.3
枣 庄 市	Zaozhuang	1825706	434452	10.2	4.1	15.3
东 营 市	Dongying	765985	217310	5.6	3.4	6.4
烟 台 市	Yantai	3220435	761220	25.5	14.9	84.1
潍 坊 市	Weifang	4719937	1259893	18.8	11.8	37.5
济 宁 市	Jining	4462368	1034408	17.2	9.6	25.6
泰 安 市	Tai'an	2758205	702181	9.7	5.9	10.4
威 海 市	Weihai	987272	398939	7.8	5.2	18.4
日 照 市	Rizhao	1537435	434916	6.5	5.6	6.5
莱 芜 市	Laiwu	476443	161628	1.8	1.5	2.8
临 沂 市	Linyi	5544483	1447810	18.4	11.5	23.4
德 州 市	Dezhou	2935348	770403	9.7	5.8	11.3
聊 城 市	Liaocheng	2955762	776058	9.6	6.1	12.6
滨 州 市	Binzhou	1669646	552298	6.6	5.1	5.8
菏 泽 市	Heze	4564127	1231894	15.3	9.4	16.6

主要统计指标解释

经济活动人口 指在16周岁及以上，有劳动能力，参加或要求参加社会经济活动的人口。包括就业人员和失业人员。

就业人员 指在16周岁及以上，从事一定社会劳动并取得劳动报酬或经营收入的人员。这一指标反映了一定时期内全部劳动力资源的实际利用情况，是研究我国基本国情国力的重要指标。

单位就业人员 指在各级国家机关、政党机关、社会团体及企业、事业单位中工作，取得工资或其他形式的劳动报酬的全部人员。包括在岗职工、再就业的离退休人员、民办教师以及在各单位中工作的外方人员和港澳台方人员、兼职人员、借用的外单位人员和第二职业者。不包括离开本单位仍保留劳动关系的职工。单位就业人员反映了各单位实际参加生产或工作的全部劳动力。

城镇私营和个体就业人员 城镇私营就业人员指在工商管理部门注册登记，其经营地址设在县城关镇(含县城关镇)以上的私营企业就业人员，包括私营企业投资者和雇工。城镇个体就业人员指在工商管理部门注册登记，并持有城镇户口或在城镇长期居住，经批准从事个体工商经营的就业人员，包括个体经营者和在个体工商户劳动的家庭帮工和雇工。

城镇登记失业人员 指有非农业户口，在一定的劳动年龄内(16周岁至退休年龄)，有劳动能力，无业而要求就业，并在当地就业服务机构进行求职登记的人员。

城镇登记失业率 城镇登记失业人员与城镇单位就业人员(扣除使用的农村劳动力、聘用的离退休人员、港澳台及外方人员)、城镇单位中的不在岗职工、城镇私营业主、个体户主、城镇私营企业和个体就业人员、城镇登记失业人员之和的比。计算公式为：

$$\text{城镇登记失业率} = \frac{\text{城镇登记失业人数}}{(\text{城镇单位就业人员}-\text{使用的农村劳动力}-\text{聘用的离退休人员}-\text{聘用的港澳台及外方人员})+\text{不在岗职工}+\text{城镇私营业主}+\text{城镇个体户主}+\text{城镇私营企业及个体就业人员}+\text{城镇登记失业人数}} \times 100\%$$

职工 指在国有、城镇集体、联营、股份制、外商和港、澳、台投资、其他单位及其附属机构工作，并由其支付工资的各类人员。不包括下列人员：(1)乡镇企业就业人员；(2)私营企业就业人员；(3)城镇个体劳动者；(4)离休、退休、退职人员；(5)再就业的离、退休人员；(6)民办教师；(7)在城镇单位中工作的外方及港、澳、台人员；(8)其他按有关规定不列入职工统计范围的人员。(1998年及以后的数据均为在岗职工数据，其他相关指标如职工工资总额，职工平均工资等指标也从1998年按此口径进行了相应调整)。

国有单位 指资产归国家所有的经济组织。包括按《中华人民共和国企业法人登记管理条例》规定登记注册的非公司制的经济组织，以及中央、地方各级国家机关、事业单位和社会团体。

集体单位 指生产资料归集体所有，并按《中华人民共和国企业法人登记管理条例》规定登记注册的经济组织。

其他单位 包括股份合作单位、联营单位、有限责任公司、股份有限公司、港澳台商投资单位以及外商投资单位等其他登记注册类型单位。

在岗职工 指在本单位工作并由单位支付工资的人员，以及有工作岗位，但由于学习、病伤产假等原因暂未工作，仍由单位支付工资的人员。

工资总额 指各单位在一定时期内直接支付给本单位全部职工的劳动报酬总额。工资总额的计算原则应以直接支付给职工的全部劳动报酬为根据。各单位支付给职工的劳动报酬以及其他根据有关规定支付的工资，不论是计入成本的还是不计入成本的，不论是按国家规定列入计征奖金税项目的，还是未列入计征奖金税项目的，不论是以货币形式支付的还是以实物形式支付的，均包括在工资总额内。

平均工资 指企业、事业、机关单位的职工在一定时期内平均每人所得的货币工资额。它表明一定时期职工工资收入的高低程度，是反映职工工资水平的主要指标。计算公式为：

$$\text{平均工资} = \frac{\text{报告期实际支付的全部职工工资总额}}{\text{报告期全部职工平均人数}}$$

平均工资指数 指报告期职工平均工资与基期职工平均工资的比率，是反映不同时期职工货币工资水平变动情况的相对数。计算公式为：

$$\text{平均工资指数} = \frac{\text{报告期职工平均工资}}{\text{基期职工平均工资}} \times 100\%$$

平均实际工资指数 职工平均实际工资指扣除物价变动因素后的职工平均工资。职工平均实际工资指数是反映实际工资变动情况的相对数，表明职工实际工资水平提高或降低的程度。计算公式为：

$$\text{平均实际工资指数} = \frac{\text{报告期职工平均工资指数}}{\text{报告期城镇居民消费价格指数}} \times 100\%$$

基本养老保险

1.（参保）职工人数：指报告期末按照国家法律、法规和有关政策规定参加基本养老保险并在社保经办机构已建立缴费记录档案的职工人数，包括中断缴费但未终止养老保险关系的职工人数，不包括只登记未建立缴费记录档案的人数。

2.（参保）离退休人员人数：指报告期末参加基本养老保险的离休、退休和退职人员的人数。

3.基本养老保险基金收入：指根据国家有关规定，由纳入基本养老保险范围的缴费单位和个人按国家规定的缴费基数和缴费比例缴纳的养老保险基金，以及通过其他方式取得的形成基金来源的收入。包括单位和职工个人缴纳的基本养老保险费、基本养老保险基金利息收入、上级补助收入、下级上解收入、转移收入、财政补贴和其他收入。

4.基本养老保险基金支出：指按照国家政策规定的开支范围和开支标准从养老保险基金中支付给参加基本养老保险的离休、退休、退职人员个人的养老金、丧葬抚恤补助，以及由于保险关系转移、上下级之间调剂资金等原因而发生的支出。包括离休金、退休金、退职金、各种补贴、医疗费、死亡丧葬补助费、抚恤救济费、社会保险经办机构管理费、补助下级支出、上解上级支出、转移支出、其他支出等。

5.基本养老保险基金累计结余：指截止报告期末基本养老保险基金收支相抵后的累计余额。

离休、退休、退职人员 指正式办理了离休、退休、退职手续，并享受相应的离休、退休、退职待遇的人员。

基本医疗保险

1.参保人数：指报告期末按国家有关规定参加基本医疗保险的人数。包括参加保险的职工人数和退休人员人数。

2.基金收入：指根据国家有关规定，由纳入基本医疗保险范围的缴费单位和个人，按国家规定的缴费基数和缴费比例缴纳的基金，以及通过其他方式取得的形成基金来源的款项，包括：单位缴纳的社会统筹基金收入、个人缴纳的个人账户基金收入、财政补贴收入、利息收入、其他收入。

3.基金支出：指按照国家政策规定的开支范围和开支标准从社会统筹基金中支付给参加基本医疗保险的职工和退休人员的医疗保险待遇支出，和从个人帐户基金中支付给参加基本医疗保险的职工和退休人员的医疗费用支出，以及其他支出。包括：住院医疗费用支出、门急诊医疗费用支出、个人账户基金支出、其他支出。

4.基金累计结余：指截止报告期末基本医疗保险的社会统筹和个人帐户基金累计结余金额。包括银行存款、财政专户、债券投资和其他。

失业保险

1.参保人数：指报告期末按照国家法律、法规和有关政策规定参加了失业保险的城镇企业事业单位的职工及地方政府规定参加失业保险的其他人员的人数。

2.失业保险基金收入：指按照规定从企业、事业及其他单位筹集的失业保险费及其他并入失业保险基金收入的总额。包括单位和个人缴纳的失业保险费、失业保险基金利息收入、上级补助收入、下级上解收入、转移收入、财政补贴和其他收入。

3.失业保险基金支出：指报告期内为保障失业人员和下岗职工基本生活、促进其再就业等支出的基金总额。包括失业救济金、医疗费、死亡丧葬补助费、抚恤救济费、转业训练费支出、失业保险经办机构管理费、补助下级支出、上解上级支出、转移支出和其他支出。

4.基金累计结余：指截止报告期末失业保险基金收支相抵后的累计余额。

工伤保险

1.参加保险人数：指报告期末依据国家有关规定参加工伤保险的职工人数。

2.享受保险待遇人数：指劳动者因工负伤致残、死亡或因患职业病致残，根据有关规定享受工伤保险待遇职工或供养直系亲属人数。包括伤残人数、职业病人数、因工死亡人数、供养直系亲属人数。

3.基金收入：指根据国家有关规定，由参加工伤保险的单位按国家规定的缴费基数和缴费比例缴纳的工伤保险基金，以及通过其他形式取得的形成基金来源的款项。包括：单位缴纳的社会统筹基金收入、财政补贴收入、利息收入、其他收入。

4.基金支出：指按照国家政策规定的开支范围和开支标准从工伤保险基金中支付给参加工伤保险的人员及供养直系亲属工伤保险待遇支出及其他支出。包括工伤医疗费、伤残补助金、工亡补助金、护理费、丧葬补助费、工伤预防费用、职业康复费用和其他支出。

5.基金累计结余：指截止报告期末工伤保险基金累计结余金额。包括银行存款、财政专户、债券投资和其他。

生育保险

1.参保人数：指报告期末依据有关规定参加生育保险的职工人数。

2.基金收入：指根据国家有关规定，由参加生育保险的单位按照国家规定的缴费基数和缴费比例缴纳的生育保险基金，以及通过其他方式取得的形成基金来源的款项，包括：单位缴纳的基金收入、利息收入和其他收入。

3.基金支出：指按照国家政策规定的开支范围和开支标准，从生育保险基金中支付给参加生育保险的职工，因妊娠、分娩和计划生育手术而享受的待遇及其他支出。包括：生育津贴、医疗费用支出及其他支出。

4.基金累计结余：指截止报告期末生育保险基金累计结余金额。包括银行存款、财政专户、债券投资和其他。

离休、退休、退职人员保险福利费用 指离休、退休、退职人员实际得到的生活费用总额，包括从社会保险经办机构和单位得到的费用。

1.离休金：指按规定支付给离休人员的生活费用。

2.退休金：指按规定支付给退休人员的生活费用。

3.退职生活费：指按规定支付给退职人员的生活费用。

4.医疗卫生费：指单位直接支付给离休、退休、退职人员的医疗费、住院费以及住院伙食补助等费用。

5.其他：指离休金、退休金、退职生活费和医疗卫生费以外的其他保险福利费用，如丧葬抚恤救济费、生活补贴、物价补贴、冬季取暖补贴等。

Explanatory Notes on Main Statistical Indicators

Economically Active Population refers to the population aged 16 and over who are capable to work, are participating in or willing to participate in economic activities, including employed persons and unemployed persons.

Employed Persons refer to the persons aged 16 and over who are engaged in social working and receive remuneration payment or earn business income. This indicator reflects the actual utilization of total labour force during a certain period of time and is often used for the research on China' s economic situation and national power.

Persons Employed in Units refer to all the persons working in government agencies of various levels, political and party organizations, social organizations, enterprises and institutions, and receiving wages or other forms of payment. They include fully employed staff and workers, re employed retirees, teachers in schools run by the local people, foreigners and Chinese compatriots from Hong Kong, Macao, and Taiwan working in various units, part time employees, employees of other units working temporarily at current posts, and employees holding the second job, but exclude staff and workers who have left their working units while keeping their labour contract (employment relation) unchanged. This indicator reflects the total number of laborers actually engaged in production or other operations in various units.

Persons Employed in Private Enterprises and Self Employed Individuals in Urban Areas Persons employed in private enterprises refer to the persons employed in the private enterprises which have been registered at the departments of industrial and commercial administration and are situated at a county town (i.e. a town where the county government is located) for business operation or at urban areas with the level higher than a county town. The self employed individuals in urban areas refer to persons who hold the certificates of residence in urban areas or have resided in the urban areas for a long time and have been registered at the departments of industrial and commercial administration and approved to be engaged in individual industrial or commercial business, including self employed persons as well as helpers and hired labourers who work in the individual households engaged in industrial or commercial business.

Registered Urban Unemployed Persons refer to the persons with non agricultural household registration at certain working ages (16-50 years for male and 16-45 years for females), who are capable of work, unemployed and willing to work, and have been registered at the local employment service agencies to apply for a job.

Registered Urban Unemployment Rate refers to the ratio of the number of the registered unemployed persons to the sum of the number of persons employed in various units (minus the rural labour force, retirees, and Hong Kong, Macao, Taiwan or foreign employees they employ) laid off workers in urban units, owners and employees in urban private enterprises, urban self-employed individuals and the registered urban unemployed persons. The formula is as follows:

Registered urban unemployment rate=number of registered urban unemployed persons÷(number of persons employed in urban units - rural labour force employed retirees employed- Hong Kong, Macao, Taiwan or foreign employees employ+laid off workers+owners and employees in urban private enterprises+self employed individuals in urban areas+registered urban unemployed persons) ×100%.

Staff and Workers refer to persons working in, and receive payment from units of state ownership, collective ownership, joint ownership, share holding ownership, foreign ownership, and ownership by entrepreneurs from Hong Kong, Macao, and Taiwan, and other types of ownership and their affiliated units. They do not include 1) persons employed in township enterprises, 2) persons employed in private enterprises, 3) urban self employed persons, 4) retirees, 5) re employed retirees, 6) teachers in the schools run by the local people, 7) foreigners and persons from Hong Kong, Macao and Taiwan who work in urban units, and 8) other persons not to be included by relevant regulations. (Data of 1998 and afterward refer to fully employed staff and workers. Other related statistics such as total wage bill and average wage are adjusted since 1998 accordingly).

State owned Units refer to economic units whose assets are owned by the state. Included are non corporation units registered according to Regulation of the People Republic of China on the Registration of Enterprises and Corporations,state organs, institutions and social organizations at the central and local levels.

Collective Owned Units refer to economic units registered according to Regulation of the People Republic of China on the Registration of Enterprises and Corporations where the means of production are collectively owned.

Units of Other Types of Ownership refer to units registered with other types of ownership, including cooperative units, joint ownership units, limited companies, share holding corporations, units invested by entrepreneurs from Hong Kong, Macao, and Taiwan, and foreign invested units.

Fully Employed Staff and Workers refer to persons who work in, and receive wages from their working units, as well as persons who have their work posts, but are temporarily absent from work for reasons of study or on sick, injury or maternal leave and still receive wages from their working units.

Total Wages Bill refer to the total remuneration payment to staff and workers in various units during a certain period of time. The calculation of total wages is based on the total remuneration payment to the staff and workers. Therefore, all the wages and salaries and other payments to staff and workers are included in the total wages regardless of their sources, category, and forms (in kind or cash). (Total wages of staff and workers in this yearbook include only total wages of fully employed staff and workers, excluding the living allowances distributed to those who have left their working units while keeping their labour contract/employment relation unchanged).

Average Wage refers to the average wage in money terms per person during a certain period of time for staff and workers in enterprises, institutions, and government agencies, which reflects the general level of wage income during a certain period of time and is calculated as follows:

Average Wage=Total Wages of Staff and Workers at Reference Time/Average Number of Staff and Workers at Reference Time.

Average Wage Indices refers to the ratio of average wage of staff and workers in the report period to that in the base period, which reflects the change of wage of staff and workers at the different period. It is calculated as follows:

Average Wage Indices=Average Wage of Staff and Workers at Reference Time/Average Wage of Staff and Workers at Base Period × 100%

Average Real Wage Indices average real wage of staff and workers refers to the average wage of staff and workers after removing the effects of the price changes and average real wage indices of staff and workers refers to the change of real wage, which reflects the relative increasing or decreasing level of real wage of staff and workers, which is calculated as follows:

Average Real Wage Indices=Average Wage Indices of Staff and Workers at the Reference Time/Urban Consumer Price Indices at Reference Time × 100%

Basic Pension Insurance

1.Number of staff and workers covered refer to staff and workers participating in basic pension insurance programme in line with national laws, regulations and related policies by the end of reference period, who have already had payment records in social security management agencies, including those who interrupt payment without terminating the insurance programme. Those who have registered in the programme with no payment records are not included.

2. Number of retirees participating in basic pension insurance programme refer to number of retirees participating in basic pension insurance programme by the end of reference period.

3. Revenue of basic pension insurance refer to payments made by employers and individuals participating in pension insurance programs in accordance with the basis and proportion stipulated in state regulations, and income from other sources that become source of pension insurance fund, including the premium paid by employers and staff and works, interest income, subsidies from higher level agencies, income as transfer from subordinate agencies, transferred income, government financial subsidies and other income.

4. Expenses of basic pension insurance refer to payment made to those retired and resigned people covered in pension insurance program in terms of pension or compensation within the scope and standards of expenditure according to related national policies, and expenditure occurred due to shift of the insurance relationship or adjustment of funds among agencies, including pension for resigned people, pension for retired people, pension for people quitting jobs, various subsidies, medical fees, funeral subsidies, compensation pension, management fees for social security agencies, expenses on subsidies to lower subordinates, expenses as transfer to agencies at higher level, transferred expenditure and other expenditure.

5. Balance of basic pension insurance refers to the balance of basic pension insurance at the end of the reference period after deducting expenses from revenue.

Retired or Resigned Personnel refers to people who have formally completed formalities for their retirement or quitting work and enjoy the corresponding retirement treatments.

Basic Medical Care Insurance

1. Number of people participating in the insurance programme refers to people participating in the basic medical care insurance programme according to related regulations by the end of reference period, including number of staff and workers and retirees participating in this insurance programme.

2. Revenue of insurance programme refer to payments made by employers and individuals participating in medical care insurance programs in accordance with the basis and proportion stipulated in state regulations, and income from other sources that become source of medical insurance fund, including income of social comprehensive funds paid by employers, income from individual accounts, government financial subsidies, interest income and other income.

3. Expenses of insurance programme refer to payment made from social comprehensive funds to those retired and resigned people covered in basic medical care insurance within the scope and standards of expenditure according to related national policies, and medical care payment made from individual accounts to staff and workers and retirees, and other expenses, including medical expenses of hospital inpatients, medical expenses for outpatients and emergency patients, payment from individual accounts and other expenditure.

4. Balance of basic medical care insurance refer to the balance of medical care insurance of social comprehensive funds and individual accounts at the end of the reference period, including bank savings, special fiscal accounts, investment in bonds and others.

Unemployment Insurance

1. Number of people covered refers to staff and workers in urban enterprises or institutions who have participated in unemployment insurance programme in line relevant policies

and regulations, and other people who have participated according to local government regulations, by the end of reference period.

2. Revenue of unemployment insurance refer to payments made by employers and individuals participating in unemployment insurance programme in accordance with relevant regulations and other income contributed to this programme, including unemployment insurance premium made by employers and individuals, interest income, subsidies from higher level agencies, income as transfer from subordinate agencies, transferred income, government financial subsidies and other income.

3. Expenses of unemployment insurance refer to total expenses during the reference period to guarantee the basic livelihood of unemployed people and laid off staff and workers and to encourage their re employment. Included are unemployment relief, medical fees, funeral subsidies, compensation pension, training expenses, management fees for unemployment insurance agencies, subsidies to lower level agencies, expenses as transfer to higher level agencies, transferred expenditure and other expenditure.

4. Balance of unemployment insurance refer to the balance of unemployment revenue deducting unemployment expenses at the end of the reference period.

Work Injury Insurance

1. Number of people covered refers to staff and workers who have participated in work injury insurance programme in line with relevant national regulations.

2. Number of beneficiaries refers to staff and workers and their direct dependents who can, in line with relevant regulations, benefit from work injury insurance, as a result of work injury leading to disability or death of the staff/worker, or occupational disease leading to disability. Included in this category are number of injured and disabled people, number of people with occupational diseases, number of deaths at work places, and number of direct dependents.

3. Revenue of work injury insurance refer to payments made by employers participating in work injury insurance programs in accordance with the basis and proportion stipulated in state regulations, and income from other sources that become source of work injury insurance fund, including income of social comprehensive funds paid by employers, government financial subsidies, interest income and other income.

4. Expenses of work injury insurance refer to payments made from work injury insurance funds to those who participated in the work injury insurance programme and their direct dependents within the scope and standards of expenditure according to related national policies, and other expenditure, including medical fees for work injury, injury and disability subsidies, death subsidies, nursing fees, funeral subsidies, injury prevention fees, rehabilitation fees for occupational diseases and other expenditure.

5. Balance of work injury insurance refer to the balance of the work injury funds at the end of the reference period, including bank savings, special fiscal account, investment in bonds and others.

Maternity Insurance

1. Number of people covered refers to staff and workers who have participated in maternity insurance programme according to relevant regulation at the end of the reporting period.

2. Revenue of maternity insurance refers to payments made by employers participating in maternity insurance programs in accordance with the basis and proportion stipulated in state regulations, and income from other sources that become source of maternity insurance fund, including income of funds paid by employers, interest income and other income.

3. Expenses of maternity insurance refer to payments made from maternity insurance funds to staff and workers who participated in maternity insurance programme within the scope and standards of expenditure according to related national policies, expenses paid for pregnancy, child delivery or surgeries related to family planning, and other expenditure, including allowance for child bearing, medical fees and other expenditure.

4. Balance of the maternity insurance refers to the balance of the maternity insurance funds at the end of reference period, including bank savings, special fiscal account, investment in funds and others.

Insurance and Welfare Funds for Retirees refer to the total payment for living expenses actually received by retirees, including payment received from social insurance management agencies and units.

1. Pensions for retired veteran cadres refer to living expenses paid to retired veteran cadres according to related regulations.

2. Pensions for retirement refer to living expenses paid to retired staff and workers according to related regulations.

3. Living allowances for resigned staff and workers refer to living expenses paid to resigned staff and workers according to related regulation.

4. Medical care expenses refer to medical fees, hospitalization cost and per diem subsidies during hospitalizations paid by employers directly to retirees.

5. Others refer to insurance and welfare payments other than the above mentioned payments, including funeral subsidies, living allowances, price subsidies and heating subsidies during winter.

第5篇

固定资产投资

Investment in Fixed Assets

简 要 说 明

一、本篇资料的主要内容

本篇资料主要反映了全省固定资产投资方面的情况，主要包括固定资产投资的规模、结构、资金来源和投资的效果等方面的资料。2011 年，固定资产投资项目统计起点由 50 万元提高到 500 万元，名称统一规范为“固定资产投资”，其中包括城镇、非农户 500 万元及以上项目投资、房地产开发投资；“全社会固定资产投资”包括“固定资产投资加农户固定资产投资”。

二、本篇资料的来源

本篇资料来源于固定资产投资统计年报，由省统计局投资处整理提供。

Brief Introduction

I. Main Content

Data in this chapter show the basic conditions of investment in fixed assets of Shandong Province, mainly including the total investment in fixed assets, the structure of investment, the resources of investment and the results of investment, etc.Since 2011, the statistical criteria of fixed assets investment projects had been increased from 500 thousand to 5 million yuan. Investment in fixed assets include urban area and non-farmers 5 million and above project investments, real estate development investment; the total investment include investment in fixed assets and farmer investment in fixed assets.

II. Source of Data

Data in this chapter are based on the yearly report on investment in fixed assets and provided by the Division of Investment and Construction Statistics of Shandong Provincial Bureau of Statistics.

5-1 1978-2013年全社会固定资产投资总额

Total Investments in Fixed Assets from 1978 to 2013

单位:亿元 (100 million yuan)

年份 Year	全社会固定资产投资额 Total Investment	国有经济 State-owned Units	集体经济 Collective-owned Units	#城镇 Urban	个体经济 Self-employed Units	#农村 Rural	其他经济 Others
1978	41.87	29.27	8.42	1.78	4.18	3.98	
1979	61.35	31.62	18.97	1.55	10.76	10.41	
1980	69.97	35.83	22.24	3.12	11.90	11.47	
1981	79.60	29.63	32.08	3.27	17.89	17.28	
1982	85.00	43.29	23.38	4.38	18.33	17.46	
1983	96.46	49.11	19.19	3.76	28.16	26.48	
1984	140.15	67.09	25.29	5.01	47.77	44.43	
1985	194.33	100.42	30.21	8.64	63.70	58.51	
1986	223.08	121.95	43.09	11.95	58.04	52.32	
1987	297.77	155.65	78.75	17.84	63.37	56.05	
1988	369.82	192.20	100.97	35.46	76.65	64.83	
1989	305.54	162.30	69.68	19.68	73.56	62.00	
1990	335.66	185.44	71.51	18.63	78.71	67.47	
1991	439.82	234.04	104.73	25.06	101.05	85.73	
1992	601.50	343.17	186.43	42.27	71.90	54.19	
1993	892.48	476.26	245.90	49.90	105.44	83.05	64.88
1994	1108.00	537.59	318.42	56.42	118.45	92.30	133.54
1995	1320.97	611.92	383.97	51.62	140.54	113.13	184.55
1996	1558.01	691.76	484.79	79.79	202.65	166.14	178.81
1997	1792.22	773.30	569.70	60.15	241.76	198.68	207.46
1998	2056.97	938.73	610.20	66.70	274.20	227.00	233.84
1999	2222.17	1043.13	635.55	82.72	310.64	228.43	232.85
2000	2542.65	1153.65	679.48	108.63	353.93	254.11	355.59
2001	2807.79	1157.44	688.61	134.92	384.06	263.35	577.68
2002	3509.29	1237.16	812.65	196.78	487.31	285.64	972.17
2003	5328.44	1615.57	1177.00	321.79	733.64	296.03	1802.23
2004	7629.04	1762.29	2455.86	383.83	772.28	116.36	2638.61
2005	10541.87	1853.29	1042.41	620.23	2736.61	1491.55	4909.56
2006	11136.06	1855.41	1063.61	713.49	3096.56	1186.20	5120.48
2007	12537.02	1838.55	1269.64	857.34	3566.49	1141.34	5862.34
2008	15435.93	2431.54	1811.23	1333.23	4360.90	1304.02	6832.27
2009	19030.97	3086.82	2308.54	1717.74	5235.29	1586.71	8400.32
2010	23276.69	3648.45	2627.32	1841.40	6505.00	1822.99	10495.92
2011	26769.73	3783.31	2715.00		8234.50		12036.92
2012	31255.96	3949.65	3129.27		9879.75		14297.30
2013	36789.07	4757.31	3113.17		12827.66		16090.93

注:1.2011年起，集体经济和个体经济不再细分城镇和农村(下表同)。

2.2011年起，固定资产投资项目统计起点由50万元提高到500万元，名称统一规范为“固定资产投资”，其中包括城镇、非农户500万元及以上项目投资和房地产开发投资；“全社会固定资产投资”包括“固定资产投资加农户固定资产投资”(下表同)。

a)Collective-owned Units and Self-employed Units had no longer divided into urban and rural unit since 2011.The same applies to tables following.

b)Since 2011, the statistical criteria of fixed assets investment projects had been increased from 500 thousand to 5 million yuan. Investment in fixed assets include urban area and non-farmers 5 million and above project investments, real estate development and investment.Total investment include investment in fixed assets and farmer investment in fixed assets.The same applies to tables following.

5-2 1978-2013年全社会固定资产投资构成

Composition of Total Investments in Fixed Assets from 1978 to 2013

单位:% (%)

年 份 Year	全社会固定资产投资额 Total Investment	国有经济 State-owned Units	集体经济 Collective-owned Units	#城 镇 Urban	个体经济 Self-employed Units	#农 村 Rural	其他经济 Others
1978	100.0	69.9	20.1	4.2	10.0	9.5	
1979	100.0	51.5	30.9	2.5	17.6	17.0	
1980	100.0	51.2	31.8	4.5	17.0	16.4	
1981	100.0	37.2	40.3	4.1	22.5	21.7	
1982	100.0	50.9	27.5	5.1	21.6	20.5	
1983	100.0	50.9	19.9	3.9	29.2	27.5	
1984	100.0	47.9	18.0	3.6	34.1	31.7	
1985	100.0	51.7	15.5	4.5	32.8	30.1	
1986	100.0	54.7	19.3	5.4	26.0	23.5	
1987	100.0	52.3	26.4	6.0	21.3	18.8	
1988	100.0	52.0	27.3	9.6	20.7	17.5	
1989	100.0	53.1	22.8	6.4	24.1	20.3	
1990	100.0	55.2	21.3	5.6	23.5	20.1	
1991	100.0	53.2	23.8	5.7	23.0	19.5	
1992	100.0	57.1	31.0	7.0	11.9	9.0	
1993	100.0	53.4	27.6	5.6	11.8	9.3	7.2
1994	100.0	48.5	28.7	5.1	10.7	8.3	12.1
1995	100.0	46.3	29.1	3.9	10.6	8.6	14.0
1996	100.0	44.4	31.1	5.1	13.0	10.7	11.5
1997	100.0	43.1	31.8	3.4	13.5	11.1	11.6
1998	100.0	45.6	29.7	3.3	13.3	11.0	11.4
1999	100.0	46.9	28.6	3.7	14.0	10.3	10.5
2000	100.0	45.4	26.7	4.3	13.9	10.0	14.0
2001	100.0	41.2	24.5	4.8	13.7	9.4	20.6
2002	100.0	35.3	23.1	5.6	13.9	8.1	27.7
2003	100.0	30.3	22.1	6.0	13.8	5.6	33.8
2004	100.0	23.1	32.2	5.0	10.1	1.5	34.6
2005	100.0	17.6	9.9	5.9	25.9	14.1	46.6
2006	100.0	16.7	9.5	6.4	27.8	10.7	46.0
2007	100.0	14.7	10.1	6.8	28.4	9.1	46.8
2008	100.0	15.8	11.7	8.6	28.3	8.4	44.3
2009	100.0	16.2	12.1	9.0	27.5	8.3	44.1
2010	100.0	15.7	11.3	7.9	27.9	7.8	45.1
2011	100.0	14.1	10.1		30.8		45.0
2012	100.0	12.6	10.0		31.6		45.7
2013	100.0	12.9	8.5		34.9		43.7

5-3 按产业分固定资产投资总额

Total Investment in Fixed Assets by Three Strata of Industry

单位：亿元 (100 million yuan)

年 份 Year	固定资产投资额 Investment in Fixed Assets	按产业分 Grouped by Three Strata of Industry			构成(%) Grouped by Structure		
		第一产业 Primary Industry	第二产业 Secondary Industry	第三产业 Tertiary Industry	第一产业 Primary Industry	第二产业 Secondary Industry	第三产业 Tertiary Industry
2000	2542.7	77.1	1176.7	1288.8	3.0	46.3	50.7
2001	2807.8	95.0	1289.8	1423.1	3.4	45.9	50.7
2002	3509.3	131.7	1650.6	1727.0	3.8	47.0	49.2
2003	5328.4	167.5	2799.5	2361.5	3.1	52.5	44.3
2004	7629.0	249.7	4577.1	2802.3	3.3	60.0	36.7
2005	10541.9	308.4	6653.5	3579.6	2.9	63.1	34.0
2006	11136.1	291.7	6908.7	3935.6	2.6	62.0	35.3
2007	12537.0	360.4	7508.2	4668.4	2.9	59.9	37.2
2008	15435.9	563.2	8182.1	6690.6	3.6	53.0	43.3
2009	19031.0	614.8	9615.4	8800.8	3.2	50.5	46.2
2010	23276.7	551.8	11332.4	11392.5	2.4	48.7	48.9
2011	25927.1	533.3	12425.3	12968.5	2.1	47.9	50.0
2012	30319.8	679.6	14432.3	15207.9	2.2	47.6	50.2
2013	35875.9	644.8	17204.1	18027.0	1.8	48.0	50.2

注：2000—2010年数据为全社会固定资产投资口径，2011年以后数据为固定资产投资口径。
a)Caliber of 2000-2010 data is total investment, after 2011 data is investment in fixed assets.

5-4 固定资产投资(2013年)

Total Investments in Fixed Assets (2013)

单位:万元 (10 000 yuan)

类 别	Category	固定资产投资额 Investment in Fixed Assets	#房地产开发投资 Investment in Real Estate Development
总 计	**Total**	**358758558**	**54445312**
按登记注册类型分	**Registration Status**		
内 资	Domestic Fund	346131840	51120714
国 有	State-owned and State-owned	47573094	5367238
集 体	Collective-owned	31131668	862711
联 营	Joint Ownership Units	220997	
股份制	Share Holding Units	115203289	27804389
其 他	Others	152002792	17086376
港澳台商投资	Fund from Hong Kong,Macao and Taiwan	6212462	2649223
#合资经营	Joint Venture	2368073	1194794
合作经营	Collaborative Operation	423563	180973
独 资	Solely Foreign-owned	2786950	1271182
外商投资	Fund from Overseas	6414256	675375
#合资经营	Joint Venture	2034890	287731
合作经营	Collaborative Operation	216054	158268
独 资	Solely Foreign-owned	3549593	229376
按隶属关系分	**Investment by Jurisdiction of Management**		
中 央	Central Investment	9574972	1612964
地 方	Local Investment	349183586	52832348
省(自治区、直辖市)	Provincial	7449258	1860899
地区(州、盟、省辖市)	Prefecture	17620323	5625489
县(旗、县级市)	County	37221540	8289043
其 他	Others	286892465	37056917
按建设性质分	**Investment by Type of Construction**		
#新 建	New Construction	117400732	
扩 建	Expansion	60404295	
改建和技术改造	Reconstruction and Technical Transformation	113078643	
单纯建造生活设施	Housing	3639864	
迁 建	Removal and Reconstruction	4145271	
恢 复	Resumption	266369	
单纯购置	Purchase only	5378072	

注：本表固定资产投资不含农户投资，下表同。
a)Data in this table of investment in fixed asset does not include farmers investment.The same applies to tables following.

5-5 固定资产投资项目情况(2013年)
Investment Projects in Fixed Assets(2013)

类　别		Category		总计 Total	地方项目 Local Investment
建设总投资	**(万元)**	**Total Investment in Construction**	**(10 000 yuan)**	**590718907**	**573385533**
自开始建设累计完成投资	(万元)	Completed Investment from Beginning	(10 000 yuan)	422899179	408846613
本年完成投资	(万元)	Investment Completed This Year	(10 000 yuan)	304313246	296351238
#住宅投资	(万元)	Residential Buildings	(10 000 yuan)	7825462	7743889
按构成分		**Investment by Structure**			
建筑工程	(万元)	Construction	(10 000 yuan)	158463549	154535796
安装工程	(万元)	Installation	(10 000 yuan)	26929598	26046087
设备工器具购置	(万元)	Purchase of Equipment and Instruments	(10 000 yuan)	93560923	91151487
#购置旧设备	(万元)	Purchase of Second-hand Equipment	(10 000 yuan)	505886	505886
#用于更新的设备	(万元)	Purchase of Equipment to renwe old ones	(10 000 yuan)	13253164	13106098
其他费用	(万元)	Others	(10 000 yuan)	25359176	24617868
#旧建筑物购置费	(万元)	Purchase of Used Buildings	(10 000 yuan)	495684	495284
#土地购置费	(万元)	Purchase of Field	(10 000 yuan)	10990955	10822460
本年新增固定资产	**(万元)**	**Newly Increased Real Estate**	**(10 000 yuan)**	**204703694**	**199194380**
本年施工房屋面积	(平方米)	Project under Construction	(sq.m)	459951803	457058711
#住　宅	(平方米)	Residential Building	(sq.m)	55858212	55185783
本年竣工房屋面积	(平方米)	Project Completed and Put into Use	(sq.m)	107591694	107188197
#住　宅	(平方米)	Residential Building	(sq.m)	21765618	21695362
本年竣工房屋价值	(万元)	Value of Project Completed and Put into Use	(10 000 yuan)	18176147	18078061
#住　宅	(万元)	Residential Building	(10 000 yuan)	3521894	3510763
施工项目个数	(个)	Number of Projects Under Construction	(unit)	37496	37212
#本年新开工	(个)	Started This Year	(unit)	28823	28641
本年投产项目个数	(个)	Number of Projects Put into Use	(unit)	25675	25516
本年资金来源合计	**(万元)**	**Total Fund of Different Sources**	**(10 000 yuan)**	**328166202**	**319961745**
上年末结余资金	(万元)	Fund Left Last Year	(10 000 yuan)	7643868	7579336
本年资金来源小计	(万元)	Total Fund of This Year	(10 000 yuan)	320522334	312382409
国家预算内资金	(万元)	State Budgetary Appropriations	(10 000 yuan)	7069625	6476344
国内贷款	(万元)	Domestic Loans	(10 000 yuan)	29108128	28169519
债　券	(万元)	Stock	(10 000 yuan)	115150	115150
利用外资	(万元)	Overseas Funds	(10 000 yuan)	3453936	3453936
#外商直接投资	(万元)	Direct Foreign Investment	(10 000 yuan)	1822245	1822245
自筹资金	(万元)	Self-raised Fund	(10 000 yuan)	271519261	265099467
#企事业单位自有资金	(万元)	Fund of Enterprises	(10 000 yuan)	65046202	61910715
其他资金来源	(万元)	Others	(10 000 yuan)	9256234	9067993
本年各项应付款合计	**(万元)**	**Total of Account Payable**	**(10 000 yuan)**	**21313054**	**20780052**
#工程款	(万元)	for Projects	(10 000 yuan)	5016190	4952732

注：本表固定资产投资不含房地产开发投资和农户投资。
a)Data in this table of investment in fixed asset does not include investment in real estate development and farmers investment.

5-6 按行业分的固定资产投资(2013年)

Investments in Fixed Assets by Sector(2013)

单位:万元 (10 000 yuan)

类 别	Category	固定资产投资额 Investments in Fixed Assets	建设总投资 Total Investment in Construction	施工项目(个) Number of Project under Constructi-on(unit)	新开工项 目 Started This Year
总 计	**Provincial Total**	**358758558**	**590718907**	**37496**	**28823**
(一)农、林、牧、渔业	**Farming, Forestry, Animal Husbandry and Fishery**	**8309643**	**11749943**	**1808**	**1469**
农 业	Farming	2753566	4247357	639	526
林 业	Forestry	691796	944394	159	146
畜牧业	Animal Husbandry	2043413	3032442	425	321
渔 业	Fishery	959267	1168519	164	129
农、林、牧、渔服务业	Services for Farming, Forestry, Animal Husbandry and Fishery	1861601	2357231	421	347
(二)采矿业	**Mining**	**5923112**	**10883130**	**409**	**301**
煤炭开采和洗选业	Mining and Washing of Coal	597505	2125931	82	52
石油和天然气开采业	Extraction of Petroleum and Natural Gas	2890816	2932553	15	11
黑色金属矿采选业	Mining and Dressing of Ferrous Metal Ores	714581	2382899	67	45
有色金属矿采选业	Mining and Dressing of Nonferrous Metals Ores	643370	1175728	94	72
非金属矿采选业	Mining and Dressing of Nonmetal Ores	807106	995938	132	107
开采辅助活动	Mining Support Activities	236970	1209581	15	11
其他采矿业	Mining and Dressing of Other Ores	32764	60500	4	3
(三)制造业	**Manufacture**	**152583044**	**297605263**	**17458**	**13376**
农副食品加工业	Processing of Farm and Sideline Food	8667802	13933606	1357	1059
食品制造业	Manufacture of Food	3331337	6045883	479	386
酒、饮料和精制茶制造业	Manufacture of Wine, Drinks and Refined Tea	1900584	4044348	236	176
烟草制品业	Tobacco Products	50123	72153	2	1
纺织业	Textile Industry	5314381	9721056	737	573
纺织服装、服饰业	Manufacture of Textile Wearing Apparel and Finery	2981193	4171602	490	401
皮革、毛皮、羽毛及其制品和制鞋业	Manufacture of Leather, Fur, Feather & Its Products and Footwear	1144951	1528892	173	130
木材加工及木、竹、藤、棕、草制品业	Timber Processing, Bamboo, Cane, Palm Fiber & Straw Products	2560099	4470375	418	335
家具制造业	Manufacture of Furniture	1413600	2528184	213	165
造纸及纸制品业	Papermaking and Paper Products	3305073	6607611	315	243
印刷和记录媒介复制业	Printing, Reproduction of Recording Media	1835465	2587752	255	214
文教、工美、体育和娱乐用品制造业	Manufacture of Culture, Education,Arts and crafts, Sport and Entertainment Goods	1513807	2401390	266	234
石油加工、炼焦和核燃料加工业	Petroleum Refining, Coking and Nuclear Fuel Processing	3619775	8700138	248	171
化学原料和化学制品制造业	Manufacture of Raw Chemical Materials and Chemica Products	19951799	45620188	1777	1335
医药制造业	Manufacture of Medicines	5058268	11501105	497	340
化学纤维制造业	Manufacture of Chemical Fibers	299359	643948	34	23
橡胶和塑料制品业	Manufacture of Rubber and Plastic	7106123	12515118	705	543
非金属矿物制品业	Nonmetal Mineral Products	11681804	19807602	1702	1359
黑色金属冶炼及压延加工业	Smelting and Pressing of Ferrous Metals	3777030	6556089	316	253
有色金属冶炼及压延加工业	Smelting and Pressing of Nonferrous Metals	4760567	10980118	262	188
金属制品业	Manufacture of Metal Products	8469062	15942141	1033	812

注:建设总投资、施工及新开工项目个数等指标不含房地产企业开发数据(下表同)。

a)Data of total investment in construction , number of project under construction and new started no include those developed by real estate companies. The same applies to tables following.

5-6 续表 1 continued

单位:万元 (10 000 yuan)

类 别	Category	固定资产投资额 Investments in Fixed Assets	建设总投资 Total Investment in Construction	施工项目(个) Number of Project under Constructi-on(unit)	新开工项 目 Started This Year
通用设备制造业	Manufacture of General Purpose Machinery	14463385	26495679	1756	1379
专用设备制造业	Manufacture of Special Purpose Machinery	12278137	21492682	1596	1248
汽车制造业	Manufacture of Automotive	9142651	19778290	761	514
铁路、船舶、航空航天和其他运输设备制造业	Manufacture of Railroad,Marine,Aerospace and Other Transportation Equipment	2523829	8107631	267	168
电气机械及器材制造业	Manufacture of Electrical Machinery & Equipment	8422173	18235965	867	629
计算机、通信和其他电子设备制造业	Manufacture of Computer, Communications and Other Electronic Equipment	4071475	7830865	384	264
仪器仪表制造业	Manufacture of Measuring Instrument	1521171	2928976	144	104
其他制造业	Other Manufacture	532070	873385	71	54
废弃资源综合利用业	Comprehensive Utilization of Waste	395200	895660	46	33
金属制品、机械和设备修理业	Metal Products, Machinery and Equipment Repair Industry	490751	586831	51	42
(四)电力、燃气及水的生产和供应业	**Production and Supply of Electric Power, Gas and Water**	**9782845**	**20887618**	**906**	**683**
电力、热力生产和供应业	Production and Supply of Electric Power and Heating Power	7437888	17069713	547	404
燃气生产和供应业	Production and Supply of Gas	1041406	1911543	145	114
水的生产和供应业	Production and Supply of Tap Water	1303551	1906362	214	165
(五)建筑业	**Construction**	**4480179**	**6877145**	**707**	**607**
房屋建筑业	Building Construction	910826	1534087	183	159
土木工程建筑业	Civil Engineering Construction	2636211	4311783	424	356
建筑安装业	Construction Installment	151291	186153	27	25
建筑装饰和其他建筑业	Construction Decoration and Others	781851	845122	73	67
(六)批发和零售业	**Wholesale and Retail Trade**	**16208437**	**28719079**	**2147**	**1715**
批发业	Wholesale	8605615	14665885	1084	853
零售业	Retail Trade	7602822	14053194	1063	862
(七)交通运输、仓储和邮政业	**Transport, Storage and Postal Services**	**19830961**	**44023934**	**2067**	**1610**
铁路运输业	Railway Transport	1567834	4642558	41	24
道路运输业	Road Transport	8922084	20960408	1165	933
水上运输业	Waterway Transport	2050885	5115078	139	86
航空运输业	Air Transport	233603	647052	8	4
管道运输业	Pipeline Transport	728914	1345266	52	41
装卸搬运和运输代理业	Loading and Unloading and Other Transport Services	937332	1517960	96	78
仓储业	Storage	5310243	9690502	557	435
邮政业	Postal Services	80066	105110	9	9
(八)住宿和餐饮业	**Accommodations and Catering Services**	**3807257**	**9807111**	**582**	**437**
住宿业	Accommodations	2129612	7411224	265	164
餐饮业	Catering Services	1677645	2395887	317	273
(九)信息传输、软件和信息技术服务业	**Information Transmission, Computer Services and Software**	**1075316**	**2518694**	**130**	**91**
电信、广播电视和卫星传输服务	Telecommunications, Radio and Television and Satellite Transmission Services	452144	935966	57	37
互联网和相关服务	Internet and related Services	67423	114243	9	9
软件和信息技术服务业	Software and Information Technology Services	555749	1468485	64	45
(十)金融业	**Finance**	**617464**	**1209083**	**84**	**67**
货币金融服务	Monetary and Financial Services	415178	843486	60	50
资本市场服务	Capital Market Services	145650	250717	12	6

5-6 续表 2 continued

单位:万元 (10 000 yuan)

类 别	Category	固定资产投资额 Investments in Fixed Assets	建设总投资 Total Investment in Construction	施工项目(个) Number of Project under Constructi-on(unit)	新开工项目 Started This Year
保险业	Insurance	14615	22329	6	5
其他金融业	Others	42021	92551	6	6
(十一)房地产业	**Real Estate**	**78851475**	**49606569**	**2977**	**2120**
房地产业	Real Estate	78851475	49606569	2977	2120
(十二)租赁和商务服务业	**Leasing and Business Services**	**5315818**	**12424692**	**548**	**442**
租赁业	Leasing Services	481080	498110	96	90
商务服务业	Business Services	4834738	11926582	452	352
(十三)科学研究和技术服务	**Scientific Research and Technical Services**	**6638360**	**10407525**	**734**	**586**
研究与试验发展	Research and Experimental Development	1913430	3787575	174	129
专业技术服务业	Special Technical Services	1995351	2745979	313	247
科技推广和应用服务业	Science and Technology Promotion and Application Services	2729579	3873971	247	210
(十四)水利、环境和公共设施管理业	**Management of Water Conservancy, Environment and Public Facilities**	**18372781**	**32771828**	**2788**	**2167**
水利管理业	Management of Water Conservancy	2183136	3288002	380	300
生态保护和环境治理业	Ecological Protection and Environmental Management	1634883	2433288	250	194
公共设施管理业	Management of Public Facilities	14554762	27050538	2158	1673
(十五)居民服务、修理和其他服务业	**Households services, Repair and Other Services**	**4101390**	**6552425**	**583**	**459**
居民服务业	Services to Households	2310186	3658723	323	260
机动车、电子产品和日用产品修理业	Motor Vehicles, Electronics and Household Products Repair	778972	928251	92	71
其他服务业	Other Services	1012232	1965451	168	128
(十六)教 育	**Education**	**4494577**	**7855278**	**899**	**695**
教 育	Education	4494577	7855278	899	695
(十七)卫生和社会工作	**Health and Social Work**	**2445982**	**4568295**	**391**	**309**
卫 生	Health Care	1902682	3719074	268	201
社会工作	Social Work	543300	849221	123	108
(十八)文化、体育和娱乐业	**Culture, Sports and Recreation**	**6970375**	**17295534**	**803**	**557**
新闻和出版业	News and Publication	104512	413311	13	7
广播、电视、电影和影视录音制作业	Radio, Television, Film and Video Recording Production	166158	1308701	26	19
文化艺术业	Culture and Arts	4520608	11324355	559	382
体 育	Sports	666982	1116853	74	53
娱乐业	Recreation	1512115	3132314	131	96
(十九)公共管理、社会保障和社会组织	**Public Management,Social Security and Social Organizations**	**8949542**	**14955761**	**1475**	**1132**
中国共产党机关	CPC Agencies	102368	95766	16	15
国家机构	Government Agencies	4173478	6778513	800	608
人民政协、民主党派	CPPCC and Democratic Parties	59600	72300	5	5
社会保障	Social Security	464708	733089	33	30
群众团体、社会团体和其他成员组织	Mass Organizations, Social Organizations and Other Organizations	820837	1646860	85	54
基层群众自治组织	Self-governing Mass Organizations at the Grass-roots Level	3328551	5629233	536	420
(二十)国际组织	**International Organizations**				
国际组织	International Organizations				

5-7 按登记注册类型分的房地产开发投资情况(2013年)

类 别		Category		总计 Total	内资企业 Domestic Funded	国有企业 State-owned Enterprises
计划总投资	**(万元)**	**Intended Investment**	**(10 000 yuan)**	**284007462**	**263327152**	**8714913**
自开始建设累计完成投资	**(万元)**	**Cumulative Investment**	**(10 000 yuan)**	**172808339**	**160138614**	**4881381**
本年完成投资	**(万元)**	**Investment Completed in Current Year**	**(10 000 yuan)**	**54445312**	**51148545**	**1546990**
配套工程投资	(万元)	in Related Projects	(10 000 yuan)	827026	764860	8731
按构成分		**Grouped by Use of Funds**				
建筑工程	(万元)	Construction	(10 000 yuan)	37278349	35138766	980988
安装工程	(万元)	Installation	(10 000 yuan)	6220756	5865696	189675
设备工器具购置	(万元)	Purchase of Equipment and Instruments	(10 000 yuan)	601674	587224	3700
其他费用	(万元)	Others	(10 000 yuan)	10344533	9556859	372627
#旧建筑物购置费	(万元)	Purchase of Used Building	(10 000 yuan)	185488	177051	12965
土地购置费	(万元)	Purchase of Land	(10 000 yuan)	7579715	7086536	223763
按工程用途分		**Grouped by Use of Buildings**				
住 宅	(万元)	Residential Buildings	(10 000 yuan)	39766293	37338869	1194894
#90平方米以下住房	(万元)	Residential Buildings below 90sq.m	(10 000 yuan)	10585562	9916918	239993
144平方米以上住房	(万元)	Residential Buildings above 144sq.m	(10 000 yuan)	6778922	6234690	158087
别墅、高档公寓	(万元)	Villas and Upper-scale Apartments	(10 000 yuan)	1599637	1275008	30151
办公楼	(万元)	Office Buildings	(10 000 yuan)	2878102	2750070	41765
商业营业用房	(万元)	Buildings for Business	(10 000 yuan)	7017187	6595424	128904
其 他	(万元)	Others	(10 000 yuan)	4783730	4464182	181427
本年新增固定资产	**(万元)**	**Newly Increased Fixed Assets**	**(10 000 yuan)**	**25454296**	**23861671**	**738595**
本年资金来源合计	**(万元)**	**Total Funds of All Sources**	**(10 000 yuan)**	**89199038**	**82238168**	**2381946**
上年末结余资金	(万元)	Fund Left from Last Year	(10 000 yuan)	15486782	13643017	425389
本年资金来源小计	(万元)	Fund of All Sources in Currrent Year	(10 000 yuan)	73712256	68595151	1956557
国内贷款	(万元)	Domestic Loans	(10 000 yuan)	9953091	9054471	266301
#银行贷款	(万元)	from Banks	(10 000 yuan)	8817451	8010561	266301
非银行金融机构贷款	(万元)	from Other Financial Deparments	(10 000 yuan)	1135640	1043910	
利用外资	(万元)	Foreign Investment	(10 000 yuan)	335110		
#外商直接投资	(万元)	Foreign Direct Investment	(10 000 yuan)	316879		
自筹资金	(万元)	Self-Raising Funds	(10 000 yuan)	31490821	30661160	676285
#自有资金	(万元)	Self-owned Funds	(10 000 yuan)	13951806	13598738	396663
其他资金来源	(万元)	Others	(10 000 yuan)	31933234	28879520	1013971
#定金及预付款	(万元)	Earnest Money and Advance Charge	(10 000 yuan)	20895814	18873658	722247
个人按揭贷款	(万元)	Mortgage Loans	(10 000 yuan)	7239087	6538879	114736
本年各项应付款合计	(万元)	Account Payable	(10 000 yuan)	12711448	11976741	390916
#工程款	(万元)	Payment for Construction	(10 000 yuan)	6860591	6470694	165384
待开发土地面积	(平方米)	Space of Land to be Developed	(sq.m)	29239387	26886403	176075
本年购置土地面积	(平方米)	Space of Land Purchased in Current Year	(sq.m)	26150734	25110482	347125
本年土地成交价款	(万元)	Value of Commercial Land	(10 000 yuan)	5528498	5165016	81276
契税	(万元)	Contract tax	(10 000 yuan)	98425	89990	2145

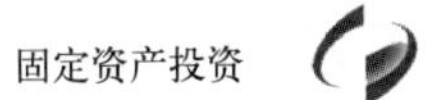

Investment in Real Development by Registration Status(2013)

集体企业 Collective-owned Enterprises	股份合作企业 Cooperative Enterprises	联营企业 Joint Ownership Enterprises	有限责任公司 Limited Liability Corporations	股份有限公司 Share-holding Corporations Limited	私营企业 Private Enterprises	其他企业 Other Enterprises	港澳台商投资企业 Enterprises with Funds from Hong Kong, Macao and Taiwan	外商投资企业 Foreign Funded Enterprises
524486	**1409143**	**524486**	**151970239**	**16800401**	**83487067**	**420903**	**15471021**	**5209289**
414911	**1145125**	**414911**	**92228428**	**10223857**	**50930248**	**314664**	**9402015**	**3267710**
168921	**201300**	**168921**	**29637772**	**3175415**	**16291347**	**126800**	**2610177**	**686590**
4949	2355	4949	395092	118869	234864		59008	3158
124637	121641	124637	19933591	2161992	11727785	88132	1638372	501211
15144	43698	15144	3228834	393578	1974738	20029	264685	90375
	1231		320648	74642	185411	1592	10685	3765
29140	34730	29140	6154699	545203	2403413	17047	696435	91239
			85000	44901	34185		8437	
28740	19852	28740	4670432	427681	1700299	15769	456665	36514
146231	147702	146231	21337419	2396039	12050260	66324	1940440	486984
6698	56167	6698	5924707	473664	3178985	36704	563899	104745
22502	3559	22502	3888233	411726	1750583		472286	71946
			773825	143863	327169		224527	100102
14	745	14	1894792	61984	742672	8098	87162	40870
4206	21724	4206	3630694	408466	2374955	26475	316314	105449
18470	31129	18470	2774867	308926	1123460	25903	266261	53287
44562	**204394**	**44562**	**12567876**	**1886510**	**8389569**	**30165**	**1005381**	**587244**
236179	**348991**	**236179**	**46247325**	**4808392**	**28076407**	**138928**	**5167690**	**1793180**
19124	74023	19124	7705826	753150	4652112	13393	1343960	499805
217055	274968	217055	38541499	4055242	23424295	125535	3823730	1293375
	43180		5881538	480846	2351693	30913	788240	110380
	43180		5051477	381755	2236935	30913	701740	105150
			830061	99091	114758		86500	5230
							315828	19282
							297597	19282
90138	100155	90138	16276603	1901272	11552851	63856	478321	351340
28550	42927	28550	7627636	952841	4532013	18108	175960	177108
126917	131633	126917	16383358	1673124	9519751	30766	2241341	812373
86352	83924	86352	10707763	1145090	6116011	12271	1526144	496012
25675	46109	25675	3688199	379768	2278418	5974	575166	125042
5554	78876	5554	6369820	679161	4398387	54027	558474	176233
5474	39582	5474	3345300	434074	2457291	23589	296629	93268
33509	241321	33509	14984465	2308420	9135848	6765	1189666	1163318
	7056		14345358	877722	9369950	163271	832622	207630
	1357		3277160	304845	1484639	15739	306678	56804
			55801	2422	29621	1	7494	941

5-8 按登记注册类型分的房地产开发财务情况(2013年)

单位:万元

类 别	Category	总 计 Total	内资企业 Domestic Funded	国有企业 State-owned Enterprises
一、期初存货	**Initial Inventory**	**92919756**	**84885092**	**3212313**
二、期末资产负债	**Property debt at the End**			
流动资产合计	Total Liquid Liabilities	197298470	181861828	6060267
#应收账款	Accounts receivable	5507636	5240742	138942
存 货	Inventory	112439070	103019997	3493351
固定资产原价	Fixed Asset Value	7336125	6703166	459874
累计折旧	Accumulated Depreciation	1598876	1462647	49380
#本年折旧	in Current Year	411826	377871	8806
资产总计	Assets	230142187	212766129	7008820
负债合计	Liabilities	182199243	170157697	5844765
所有者权益合计	Owners' Equity	47942945	42608432	1164056
#实收资本	Paid-up Capital	30125208	25521956	829637
三、损益及分配	**Net Income or Loss and Distribution**			
营业收入	Revenues from Business	**50817415**	**47785943**	**1742609**
#主营业务收入	Revenues from Principal Business	50516833	47500719	1740903
#土地转让收入	Revenues from Land Transfer	351698	318408	1618
商品房屋销售收入	Revenues from Commercial Housing Sales	48752736	45875434	1701620
房屋出租收入	Housing Rental Income	324386	276097	3231
其他收入	Others	1088013	1030781	34433
营业成本	Business Cost	36973705	34878529	1314161
#主营业务成本	Main Business Cost	36623143	34534354	1249353
营业税金及附加	Business Tax and Extra Charges	3984842	3722593	134373
#主营业务税金及附加	Main Business Tax and Extra Charges	3903643	3647058	133672
其他业务利润	Other Operating Profits	184393	160555	4639
销售费用	Sales Expenses	1241379	1124813	25311
管理费用	Management Expenses	2045093	1909980	58424
#税 金	Taxes	181862	170296	4743
财务费用	Financial Expenses	840357	805936	21541
营业利润	Business Profits	5948571	5555580	201617
营业外收入	Non-operating Income	247461	219954	4010
营业外支出	Non-operating Expenses	149348	132798	4078
利润总额	Total Profits	6059245	5654299	201549
应缴所得税	Income Tax Payable	1085078	980413	36292
四、人工成本	**Labor costs**			
本年应付工资总额	Wages Payable in Current Year	1070822	986482	34101

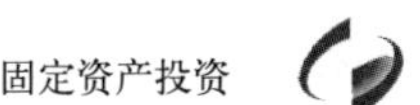

Financial Indicators of Real Estate Development by Registration Status(2013)

(10 000 yuan)

集体企业 Collective-owned Enterprises	股份合作企业 Cooperative Enterprises	联营企业 Joint Ownership Enterprises	有限责任公司 Limited Liability Corporations	股份有限公司 Share-holding Corporations Limited	私营企业 Private Enterprises	其他企业 Other Enterprises	港澳台商投资企业 Enterprises with Funds from Hong Kong, Macao and Taiwan	外商投资企业 Foreign Funded Enterprises
646736	**120613**		**51550312**	**4968626**	**24262404**	**124087**	**5421306**	**2613358**
1346992	376066		110851771	10884896	52145668	196168	11284914	4151729
51338	13593		2967319	370045	1693138	6366	224620	42275
700054	148806		63249714	5986069	29316465	125538	6692717	2726357
100747	8415		3423733	518349	2169873	22174	382775	250184
27690	3151		723594	142422	512789	3620	100894	35336
5772	613		207583	25226	126957	2914	23348	10607
1640170	391229		129484340	13030791	60882185	328593	12694595	4681463
1304354	327616		103405808	9973698	49082092	219364	8620593	3420953
335816	63613		26078533	3057093	11800093	109229	4074002	1260511
122891	42076		15720925	1278125	7492362	35942	3677246	926006
288120	**142514**		**26710024**	**3364207**	**15378756**	**159713**	**2132459**	**899013**
288120	142507		26529389	3321626	15318461	159713	2118728	897385
			255792	2279	58718		33291	
271842	142507		25556037	3253278	14797686	152463	2003446	873855
11072			124627	34785	100425	1956	39454	8834
5206			592933	31283	361632	5293	42537	14695
209765	103606		19532060	2409855	11198818	110263	1522083	573093
209759	103592		19346137	2385604	11129656	110253	1515896	572893
19591	10214		2088351	283634	1173870	12561	182186	80063
19584	10213		2050825	280287	1140448	12028	176730	79855
663			72243	29213	53456	342	18640	5199
4797	12748		612876	74604	388023	6454	71209	45356
18550	6249		1012753	134314	676070	3620	92478	42636
782	83		96575	11658	55726	729	7763	3803
5578	3695		409936	67649	294467	3071	25342	9078
28727	6092		3165731	418167	1711150	24096	237537	155454
1423	267		96435	42383	75419	17	22714	4793
1573	85		67715	8466	50852	28	13040	3511
28578	6274		3201769	453096	1738948	24085	247380	157566
6708	2695		556472	102936	273550	1761	59246	45418
11891	2368		525618	77078	329367	6060	63273	21068

5-9 房地产开发企业(单位)施工、销售和待售情况(2013年)

类　别		Category		合 计 Total
房屋施工面积	**(平方米)**	**Floor Space Under Construction**	**(sq.m)**	**505491659**
#新开工面积	(平方米)	Recently-started Projects	(sq.m)	153907591
房屋竣工面积	**(平方米)**	**Floor Space Completed**	**(sq.m)**	**75085237**
#不可销售面积	(平方米)	Space of Floor not Ready for Sale	(sq.m)	2118674
商品住宅竣工套数	**(套)**	**Number of Commercial Buildings Completed**	**(unit)**	
竣工房屋价值	**(万元)**	**Value of Buildings Completed**	**(10 000 yuan)**	**17313928**
出租房屋面积	**(平方米)**	**Floor Space of Buildings to Lease**	**(sq.m)**	**974472**
商品房销售面积	**(平方米)**	**Floor Space of Commercial Buildings Sold**	**(sq.m)**	**103298002**
#现房销售面积	(平方米)	Floor Space of Complete Dapartments	(sq.m)	21713577
期房销售面积	(平方米)	Floor Space of Forward Delivery Housin	(sq.m)	81584425
商品房销售额	**(万元)**	**Total Sale of Commercial Building**	**(10 000 yuan)**	**52151192**
#现房销售额	(万元)	Sale of Complete Dapartments	(10 000 yuan)	9543775
期房销售额	(万元)	Sale of Forward Delivery Housing	(10 000 yuan)	42607417
商品住宅销售套数	**(套)**	**Number of Commercial Buildings Sold**	**(unit)**	
#现房销售套数	(套)	Complete Dapartments	(unit)	
期房销售套数	(套)	Forward Delivery Housing	(unit)	
待售面积	**(平方米)**	**Floor Space of Waiting For Sale**	**(sq.m)**	**28019383**
#待售1-3年(含1年)	(平方米)	1 to 3 years	(sq.m)	13682805
待售3年以上(含3年)	(平方米)	more than 3 years	(sq.m)	979227

Construction and Sale of Buildings Made by Real Estate Enterprises(2013)

住宅 Residential Buildings	90平方米及以下住宅 below 90 sq.m	144平方米以上住宅 Above 144 sq.m	别墅、高档公寓 Villas and Upper-scale Apartments	办公楼 Office Buildings	商业营业用房 Buildings for Business	其他 Others
385718397	**84664401**	**50732517**	**9127931**	**15532625**	**61609498**	**42631139**
114972651	24617387	11726955	2077391	5672444	19768307	13494189
60633524	**14077017**	**7857840**	**1105436**	**1271712**	**8164655**	**5015346**
1115639	248383	30382		31995	325566	645474
540876	**175841**	**43895**	**4785**			
13717108	**3034869**	**2208106**	**296393**	**348855**	**2020220**	**1227745**
22138	**750**	**2356**	**2356**	**106130**	**804043**	**42161**
93002852	**21081097**	**12964084**	**1583765**	**1892927**	**6001172**	**2401051**
18896954	4939019	2681064	171984	429390	1823619	563614
74105898	16142078	10283020	1411781	1463537	4177553	1837437
44610664	**10204894**	**7603439**	**1561033**	**1761304**	**4821121**	**958103**
7724951	2007334	1352772	154629	350071	1187575	281178
36885713	8197560	6250667	1406404	1411233	3633546	676925
849625	**263091**	**72288**	**10861**			
173655	60012	15158	939			
675970	203079	57130	9922			
20788299	**5408079**	**3391759**	**851730**	**489490**	**5191630**	**1549964**
9867053	2813174	1844219	565059	286965	2796039	732748
487569	79180	189508	37135	43846	332037	115775

5-10 新增生产能力(2013年)

Newly Increased Production Capacity through Capital Construction(2013)

能力名称		Item		建设规模 Total Construction Size	本年施工规模 Under Construction This Year	新开工能力 Started This Year	累计新增生产能力 Accumulated Newly Increased	本年新增能力 Newly Increased This Year
原煤开采	(万吨/年)	Coal Mining	(10 000 tons/year)	2207	2129	645	803	758
洗　煤	(万吨/年)	Coal Washing	(10 000 tons/year)	1117	986	721	961	743
焦　炭	(万吨/年)	Coke	(10 000 tons/year)	1395	1377	1295	1379	1377
天然原油开采	(万吨/年)	Petroleum Extraction	(10 000 tons/year)	302	302	302	293	293
石油加工:		Petroleum Processing						
蒸馏设备能力	(处理万吨/年)	Distillation Equipment Capacity	(10 000 tons/year)	503	243	233	192	180
裂化设备能力	(处理万吨/年)	FCC Equipment Capacity	(10 000 tons/year)	765	582	414	553	387
铁矿开采(原矿)	(万吨/年)	Iron Ore Mining	(10 000 tons/year)	1232	870	825	980	800
铁矿选矿处理量	(万吨/年)	Iron Ore Processing capacity	(10 000 tons/year)	40	32	32	32	32
生　铁	(万吨/年)	Pig Iron	(10 000 tons/year)	1100	460	250	570	250
粗　钢	(万吨/年)	Crude Steel	(10 000 tons/year)	114	89	87	39	37
铁合金	(万吨/年)	Iron Alloy	(10 000 tons/year)	180	175	25	25	25
钢材	(万吨/年)	Steel	(10 000 tons/year)	1207	792	626	871	589
铝加工材	(吨/年)	Aluminum Machining	(ton/year)	3288360	2731378	2373678	1078860	897360
铜加工材	(吨/年)	Copper Machining	(ton/year)	473810	278310	278310	381310	228310
黄金	(公斤/年)	Gold	(Kilogram/year)	4954	3425	1126	4235	3385
火力发电	(万千瓦)	Thermal Power	(10 000 kw)	609	387	198	284	66
核能发电	(万千瓦)	Nuclear Power	(10 000 kw)	270	270	20	20	20
风力发电	(万千瓦)	Wind Power	(10 000 kw)	161	138	103	102	92
太阳能发电	(万千瓦)	Solar Power	(10 000 kw)	2054	1988	1977	1890	1885
其他发电	(万千瓦)	Others	(10 000 kw)	159	129	128	11	6
输电线路长度(11万伏及以上)	(公里)	Length of Transmission Line	(over 110kv) (km)	2099	1987	1925	1864	1808
水　泥	(万吨/年)	Cement	(10 000 tons/year)	3387	2725	2465	2756	2422
平板玻璃	(万重量箱/年)	Plain Glass	(10 000 weight-box/year)	1263	1047	999	1057	1047
氮　肥	(吨/年)	Nitrogen Fertilizers	(ton/year)	1155363	443890	412590	274890	262990
磷　肥	(吨/年)	Phosphate Fertilizers	(ton/year)	30200	30200	29000	30200	29300
钾　肥	(吨/年)	Potassium Fertilizer	(ton/year)	24735	24735	23335	19735	18835
化学农药原药	(吨/年)	Chemical Pesticides	(ton/year)	9586	586	586	9586	586
塑料树脂及共聚物	(吨/年)	Plastics,Colophony and Copolymer	(ton/year)	1453761	1398005	1246387	323187	259777

5-10 续表 continued

能力名称		Item		建设规模 Total Construc -tion Size	本年施工规模 Under Construc -tion This Year	新开工能力 Started This Year	累计新增生产能力 Accumu lated Newly Increased	本年新增能力 Newly Incre ased This Year
合成橡胶	(吨/年)	Synthetic Rubber	(ton/year)	640500	602050	131550	60050	30050
轮胎外胎	(万条/年)	Tires	(10 000 units/year)	6486	3968	2968	3639	3582
轮胎内胎	(万条/年)	Tire Tubes	(10 000 units/year)	1439	1314	314	264	264
内燃机	(台/年)	Internal Combustion Engines	(units / year)	611500	91500	91500	591500	91500
内燃机	(万千瓦/年)	Internal Combustion Engines	(10 000 kw / year)	9150	150	150	9150	150
载货汽车制造	(辆/年)	Trucks	(unit/year)	1750	500	500	500	500
客车制造	(辆/年)	Buses	(unit/year)	220000	140000	135000	15000	15000
其它汽车制造	(辆/年)	Others	(unit/year)	34000	28300	28300	29300	28300
化学纤维	(吨/年)	Chemical Fiber	(ton/year)	96855	50989	47459	40202	21589
棉纺锭	(锭)	Cotton Spindles	(unit)	3183771	2413671	1872171	2268315	1979315
啤　酒	(万吨/年)	Beer	(10 000 tons/year)	6	5	5	1	1
白　酒	(万吨/年)	Wine	(10 000 tons/year)	14	13	13	14	13
其他酒	(万吨/年)	Others	(10 000 tons/year)	2	1	1	2	1
机制纸浆	(万吨/年)	Machine-made Pulp	(10 000 tons/year)	116	105	39	53	45
新建铁路里程	(公里)	Length of Newly-built Railway	(km)	479	422	220	263	223
新建公路	(公里)	Length of Newly-built Highway	(km)	935	762	552	767	680
#高速公路	(公里)	Expressway	(km)	55	34	23	11	11
一级公路	(公里)	Class-A Highway	(km)	134	127	47	92	86
二级公路	(公里)	Class-B Highway	(km)	130	130	102	117	117
改建公路	(公里)	Length of Reconstructed Highway	(km)	1931	1699	1590	1863	1640
一级公路	(公里)	Class-A Highway	(km)	92	92	92	81	72
二级公路	(公里)	Class-B Highway	(km)	981	973	882	929	926
新建独立公路桥梁	(延长米)	Length of Newly-built Bridges	(m)	7811	4213	3213	7761	4163
-座数	(座)	Number	(unit)	14	14	12	12	12
新(扩)建港口码头	(万吨/年)	Newly-built or Expanded Ports	(10 000 tons/year)	27044	21694	5183	21041	20591
-年吞吐量	(标准集装箱)	Annual Handling Capacity	(Standard Container)	1240898	1224448	722068	1039448	1024448
-泊位	(个)	Berths	(unit)	68	44	19	31	27
新(扩)建客、货运站	(个)	Cargo or Passenger Terminals	(unit)	36	33	31	26	23
-面积	(平方米)	Area	(sq.m)	637192	427192	372454	365362	240862
城市自来水供水能力	(万吨/日)	Volume of Water Supply	(10 000 tons/day)	13	12	12	12	12
城市污水处理能力	(万吨/日)	Capacity of Sewage Treatment	(10 000 tons/day)	36	35	32	23	23

主要统计指标解释

全社会固定资产投资 是以货币形式表现的在一定时期内全社会建造和购置固定资产的工作量以及与此有关的费用的总称。该指标是反映固定资产投资规模、结构和发展速度的综合性指标,又是观察工程进度和考核投资效果的重要依据。全社会固定资产投资按登记注册类型可分为国有、集体、个体、联营、股份制、外商、港澳台商、其他等。

房地产开发投资 指各种登记注册类型的房地产开发公司、商品房建设公司及其他房地产开发法人单位和附属于其他法人单位实际从事房地产开发或经营活动的单位统一开发的包括统代建、拆迁还建的住宅、厂房、仓库、饭店、宾馆、度假村、写字楼、办公楼等房屋建筑物和配套的服务设施，土地开发工程（如道路、给水、排水、供电、供热、通讯、平整场地等基础设施工程）的投资；不包括单纯的土地交易活动。

农村投资 指发生在农村区域范围内的非农户固定资产投资项目完成的投资。

建设总规模 是指在报告期内所有施工项目的计划总投资。这个指标和施工项目相对应。

在建总规模 是指在报告期末所有在建项目的计划总投资。

在建净规模 是指报告期末所有在建项目建成投产尚需的投资总量。

在建净规模＝在建总规模－累计完成投资

固定资产投资的资金来源 根据固定资产投资的资金来源不同，分为国家预算内资金、国内贷款、利用外资、自筹资金和其他资金。

(1)国家预算内资金：分为财政拨款和财政安排的贷款两部分。包括中央财政的基本建设基金(分经营性基金和非经营性基金两部分)、专项支出(如煤代油专项等)、收回再贷、贴息资金，财政安排的挖潜改造和新产品试制支出、城建支出、商业部门简易建筑支出、不发达地区发展基金等资金中用于固定资产投资的资金；地方财政中由国家统筹安排的资金等。

(2)国内贷款：指报告期固定资产投资单位向银行及非银行金融机构借入的用于固定资产投资的各种国内借款，包括银行利用自有资金及吸收的存款发放的贷款、上级主管部门拨入的国内贷款、国家专项贷款(包括煤代油贷款、劳改煤矿专项贷款等)、地方财政专项资金安排的贷款、国内储备贷款、周转贷款等。

(3)利用外资：指报告期收到的用于固定资产建造和购置的国外资金(包括设备、材料、技术在内)。包括对外借款(外国政府、国际金融组织贷款、出口信贷、外国银行商业贷款、对外发行债券和股票)、外商直接投资及外商其他投资。不包括我国自有外汇资金(国家外汇、地方外汇、留成外汇、调剂外汇和中国银行自有资金发行的外汇贷款等)。计算利用外资时，需要折算成人民币，折算中所使用的外汇汇率按现汇计算，即按使用外汇时的汇率计算。

(4)自筹资金：指固定资产投资单位报告期收到的，由各地区、各部门及企、事业单位筹集用于固定资产投资的预算外资金，包括中央各部门、各级地方和企、事业单位的自筹资金。

(5)其他资金：指在报告期收到的除以上各种资金之外其他用于固定资产投资的资金，包括企业或金融机构通过发行各种债券筹集到的资金、群众集资、个人资金、无偿捐赠的资金及其他单位拨入的资金等。

固定资产投资按国民经济行业分 根据建设项目建成投产后的主要产品或主要用途及社会经济活动性质来确定国民经济行业。一般情况下，一个建设项目或一个企业、事业单位只能属于一种国民经济行业。

固定资产投资按隶属关系分 是按建设单位或企业、事业、行政单位的主管上级机关确定的。

(1) 中央：是指中共中央、人大常委会和国务院各部、委、局、总公司以及直属机构直接领导的建设项目和企业、事业、行政单位。这些单位的固定资产投资计划由国务院各部门直接编制和下达，建设中所需物资、主要设备以及建设中的问题都由中央有关部门安排和解决。

(2) 地方：是由省（自治区、直辖市）、地区（州、盟、省辖市）、县（旗、县级市）三级政府及业务主管部门直接领导和管理的建设项目、企业、事业、行政单位。地方项目还包括不隶属以上各级政府及主管部门的建设项目和企业、事业单位，如外商投资企业和无主管部门的企业等。

固定资产投资按建设性质分 根据整个建设项目情况来确定。建设项目的性质一般分为新建、扩建、改建和技术改造、迁建、恢复。房地产开发单位投资不划分建设性质。

(1)新建：一般指从无到有“平地起家”开始建设的企业、事业和行政单位或建设项目。现有企业、事业、行政单位一般不属于新建。但如有的单位原有基础很小，经过建设后新增的固定资产价值超过该企、事业、行政单位原有固定资产价值(原值)三倍以上的也应作为新建。

(2)扩建：指在厂内或其他地点，为扩大原有产品的生产能力(或效益)或增加新的产品生产能力，而增建主要的生产车间(或主要工程)、分厂、独立的生产线。行政、事业单位在原单位增建业务用房(如学校增建教学用房、医院增建门诊部、病房等)也作为扩建。

现有企、事业单位为扩大原有主要产品生产能力或增加新的产品生产能力，增建一个或几个主要生产车间(或主要工程)、分厂，同时进行一些更新改造工程的，也应作为扩建。

(3)改建和技术改造：指现有企业、事业单位，对原有设施进行技术改造或更新(包括相应配套的辅助性生产、生活福利设施)的建设项目。现有企业、事业单位为适应市场变化的需要，而改变企业的主要产品种类(如军工企业转产民用品等)的建设项目，应作为改建。原有产品生产作业线由于各工序(车间)之间能力不平衡，为填平补齐充分发挥原有生产能力而增建不增加本企业主要产品设计能力的车间，也应作为改建。技术改造是指企业、事业单位在现有基础上，用先进的技术代替落后的技术，用先进的工艺和装备代替落后的工艺和装备，以改变企业落后的技术经济面貌，实现以内涵为主的扩大再生产，达到提高产品质量、促进产品更新换代、节约能源、降低消耗、扩大生产规模、全面提高社会经济效益的目的。技术改造具体包括以下内容：机器设备和工具的更新改造；生产工艺改革、节约能源和原材料的改造；厂房建筑和公共设施的改造；劳动条件和生产环境的改造等。

固定资产投资按构成分 固定资产投资活动按其工作内容和实现方式分为建筑安装工程，设备、工具、器具购置，其他费用三个部分。

(1)建筑安装工程(建筑安装工作量)：指各种房屋、建筑物的建造工程和各种设备、装置的安装工程。包括各种房屋建造工程；各种用途设备基础和各种工业窑炉的砌筑工程及金属结构工程；为施工而进行的各种准备工作和临时工程以及完工后的清理工作等；铁路、道路的铺设，矿井的开凿及石油管道的架设等；水利工程；防空地下建筑等特殊工程；列入房屋工程预算内的暖气、卫生、通风、照明、煤气等设备的价值及装设油饰工程；列入建筑工程预算内的各种管道(蒸汽、压缩空气、石油、给排水等管道)、电力、电讯电缆导线等的敷设工程；以及各种机械设备的安装工程；为测定安装工程质量，对设备进行的试运工作；房地产开发单位进行的商品房屋开发建设工程、土地开发工程。

在安装工程中，不包括被安装设备本身的价值。

(2)设备、工具、器具购置：指建设单位或企、事业单位购置或自制的，达到固定资产标准的设备、工具、器具的价值。新建单位及扩建单位的新建车间，按照设计或计划要求购置或自制的全部设备、工具、器具，不论是否达到固定资产标准均计入“设备、工具、器具购置”中。

(3)其他费用：指在固定资产建造和购置过程中发生的，除上述几项内容以外的各种应分摊计入固定资产的费用。

施工项目 指报告期内进行过建筑或安装施工活动的项目。凡是报告期内施过工的建设项目，不论施工时间长短，均作为施工项目统计。施工项目个数可以反映一定时期固定资产投资的实际规模，与同期全部建成投产项目个数相比，可以从建设速度的角度反映固定资产投资的效果。根据建设项目施工活动的不同性质，施工项目又分为：本年正式施工项目、本年收尾项目和以前年度全部停缓建项目。

全部建成投产项目 工业项目指设计文件规定形成生产能力的主体工程及其相应配套的辅助设施全部建成，经负荷试运转，证明具备生产设计规定合格产品的条件，并经过验收鉴定合格或达到竣工验收标准，与生产性工程配套的生活福利设施可以满足近期正常生产的需要，正式移交生产的建设项目。非工业项目指设计文件规定的主体工程和相应的配套工程全部建成，能够发挥设计规定的全部效益，经验收鉴定合格或达到竣工验收标准，正式移交使用的建设项目。

新增生产能力(或工程效益) 指通过固定资产投资活动而增加的设计能力(或工程效益)，该指标是以实物形态表现的反映固定资产投资成果的指标，也是考核投资经济效果的重要依据之一。

新增生产能力(或工程效益)一般有以下几种表现形式：

(1)用产品数量表示，以工程在单位时间内(一般是一年)所能生产的产品数量(即年产量)表示。如原煤开采用万吨／年表示，化学农药用吨／年表示，拖拉机制造用台／年表示等。某些化工产品由于含量差别较大，按其设计含量计算折合量表示，如硫酸、纯碱、烧碱等。

(2)用单位时间内所能处理的原料数量表示，以工程每天(或小时)所能处理原料的数量表示。如机制糖工程日处理原料吨，食用植物油日处理原料吨，城市污水处理能力用万吨／日表示等。

(3)用新增加的主要设备的数量或容量表示，如新增棉布织机、丝织机等台数，毛纺锭等锭数，发电厂新增发电机组容量用千瓦表示等。

(4)用建筑物容积、容量、面积、长度表示，是非工业项目或工程新增效益的一种表现形式。如铁路投产里程、新建公路、水库容量、粮食仓库、学校学生席位、医院病床、有效灌溉面积等。

根据工程的特点，有时需要用两种或两种以上的复合计量单位表示新增生产能力(或工程效益)，如新增内燃机生产能力同时用年产台数、千瓦数表示等。

为了规范新增生产能力(或工程效益)的名称和计算单位，国家统计局制订了《新增生产能力(或工程效益)目录及代码》。各固定资产投资单位在统计新增生产能力(或工程效益)时，必须按目录中规定的名称、计量单位和代码填报。

房屋建筑面积 指房屋建筑物勒脚以上外墙外围的水平截面面积，包括房屋建筑物的有效面积和结构面积。该指标是从实物形态上反映建设规模和建设成果的重要指标之一，也是检查工程形象进度、计算工程造价、分析投资效果、研究施工任务和建筑材料之间平衡情况的重要依据。

住宅建筑面积 指施工和竣工房屋建筑面积中供居住用的房屋建筑面积。

施工面积 指报告期内施工的全部房屋建筑面积。包括本期新开工的面积和上期开工跨入本期继续施工的房屋面积，以及上期已停建在本期恢复施工的房屋面积。本期竣工和本期施工后又停缓建的房屋，其建筑面积仍计入本期房屋施工面积中。

竣工面积 指在报告期内房屋建筑按照设计要求已经全部完工，达到住人和使用条件，经验收鉴定合格(或达到竣工验收标准)，正式移交使用单位的各栋房屋建筑面积的总和。

房屋建筑面积竣工率 指一定时期内房屋竣工面积占同期房屋施工面积的比率。是从房屋建筑施工速度的角度反映投资效果的指标。

新增固定资产 指报告期内已经完成建造和购置过程，并已交付生产或使用单位的固定资产价值。该指标是表示固定资产投资成果的价值指标，也是反映建设进度，计算固定资产投资效果的重要指标。

项目建设投产率 指一定时期内全部建成投产项目个数与同期施工项目个数的比率。该指标是从建设单位建设速度的角度反映投资效果的指标。

固定资产交付使用率 指一定时期新增固定资产与同期完成投资额的比率。该指标是反映固定资产动用速度，衡量建设过程中宏观投资效果的综合指标。由于新增固定资产是较长时期内形成的结果，而投资额则是当年完成的，因此，该指标一般适宜于反映较长时期内固定资产的动用情况。

商品房销售面积 指报告期内出售商品房屋的合同总面积(即双方签署的正式买卖合同中所确定的建筑面积)。由现房销售建筑面积和期房销售建筑面积两部分组成。

商品房销售额 指报告期内出售商品房屋的合同总价款(即双方签署的正式买卖合同中所确定的合同总价)。该指标与商品房销售面积同口径，由现房销售额和期房销售额两部分组成。

Explanatory Notes on Main Statistical Indicators

Total Investment in Fixed Assets in the Whole Country refers to the volume of activities in construction and purchases of fixed assets and related fees, expressed in monetary terms. It is a comprehensive indicator which shows the size, structure and growth of the investment in fixed assets, providing basis for observing the progress of construction projects and evaluating results of investment. Total investment in fixed assets in the whole country includes, by type of ownership, the investment by the state owned units, collective units, individuals, joint ownership units, share holding units, as well as investment by businessmen from foreign countries and from Hong Kong, Macao and Taiwan, and by other units.

Investment in Real Estate Development refers to the investment by the real estate development companies, commercial buildings construction companies and other real estate development units of various types of ownership in the construction of house buildings, such as residential buildings, factory buildings, warehouses, hotels, guesthouses, holiday villages, office buildings, and the complementary service facilities and land development projects, such as roads, water supply, water drainage, power supply, heating, telecommunications, land leveling and other projects of infrastructure. It excludes the activities in pure land transactions.

Investment in Rural Areas refers to investment in fixed assets by enterprises, institutions and individuals in rural areas.

Total Size of Construction refers to the planned total investment for all construction projects during the reference period.

Total Size of Investment in Projects under Construction refers to the planned total investment of all projects under construction at the end of the reference period.

Net Size of Investment in Projects under Construction refers to the required investment of all projects under construction at the end of the reference period.

Net Size of Investment=Total Size of Investment-accumulated completed investment

Sources of Funds for Investment in Fixed Assets include fund from state budget, domestic loans, foreign investment, self raised funds, and others depending on the source of investment.

(1) Fund from state budget consists of budgetary appropriation and loans from state budget. More specifically, it includes, from the budget of the central government, capital construction fund (operation fund and non-operational fund), special expenses (e.g. expenses on substituting petroleum with coal), loans from repayment, discount fund, expenses on innovation and trial production of new products, expenses on urban construction, expenses on temporary construction by trade departments, development fund for less developed areas, as well as local budgetary fund transferred from the central budget.

(2) Domestic loans refer to loans of various forms borrowed by investing units from banks and non-bank financial institutions during the reference period for the purpose of investment in fixed assets, including loans issued by banks from their self owned funds and deposit, loans appropriated by higher responsible authorities, special loans by government (including loan for substituting petroleum with coal, special loan for reform through labour coal mines), loans arranged by local government from special funds, domestic reserve loan, and working loan, etc.

(3) Foreign Investment refers to foreign funds received during the reference period for the construction and purchase of investment in fixed assets (covering equipment, materials and technology), including foreign borrowings (loans from foreign governments and international financial institutions, export credit, commercial loans from foreign banks, issue of bonds and stocks overseas), foreign direct investment and other foreign investment. Excluded in this category are capitals in foreign exchanges owned by China (foreign exchanges owned by the central and local governments, foreign exchanges retained by enterprises, foreign exchanges by enterprises through regulating mechanism, loans in foreign exchanges issued by the Bank of China with its own fund, etc.). In calculating the utilization of foreign capitals, foreign currencies are converted into Chinese Renminbi applying the current exchange rate when the foreign capitals are actually used.

(4) Self-raised funds refer to extra budgetary funds for investment in fixed assets received by investing units from central government ministries, local governments, enterprises and institutions, including their self raised funds.

(5) Others refer to funds for investment in fixed assets received from the sources other than those listed above, including capitals raised through issuing bonds by enterprises or financial institutions, funds raised from individuals and through donations, and funds transferred from other units.

Investment in Fixed Assets by Sector The classification of construction projects by sector is determined by the major products or the purpose of the projects when they are put into production or use, and by the nature of their social economic activities. In general, one project or one enterprise or institution can only be classified into one sector.

Investment in Fixed Assets by Jurisdiction of Management refers to the classification of investment by the competent authorities under which investment is made by construction units, enterprises, institutions or administrative units.

(1) Central investment refers to the investment in projects or by enterprises, institutions or administrative units which are under the direct leadership and management of the CPC Central Committee, the NPC Standing Committee, the State Council and of the national commissions, ministries, agencies and state

owned large corporations. Various ministries and departments of the State Council prepare and implement plans for investment in fixed assets by those departments, and arrange and ensure the supply of materials and key equipment required for the projects.

(2) Local investment refers to the investment in projects or by enterprises, institutions or administrative units which are under the direct leadership and management of departments under the provincial, prefecture and county governments. Also included are projects by foreign invested enterprises and enterprises without competent managing authorities.

Investment in Fixed Assets by Type of Construction The construction projects in general can be classified, by the type of construction, into new construction, expansion, reconstruction and technical transformation, moving and restoration. However, investment by type of construction is not applied to investment by real estate development units.

(1) New construction in general refers to newly constructed enterprises, institutions, administrative agencies or independent projects from scratch. Construction in the existing enterprises, institutions or agencies is not considered as new construction. In case the assets of the existing unit is quite small, and the value of newly added fixed assets exceeds the original value of assets by three times, the expansion will be considered as new construction.

(2) Expansion refers to construction of new major production workshop, branch factory or independent production line within a factory or in other locations, for the purpose of increasing the production capacity (or improving efficiency) of the original products. Newly constructed houses for the operation of institutions and administrative organizations (such as the newly constructed buildings for teaching in schools, buildings for clinics or wards in hospitals, etc.) are also classified as expansion.

Also included in the expansion are investments by existing enterprises or institutions in building major production line(s) or branch factory(ies) along with some work on innovation, for the purpose of expending the production capacity of original products or producing new products.

(3) Reconstruction refers to construction projects by existing enterprises or institutions in innovation or technical transformation of the old facilities (including auxiliary production equipment and welfare facilities).Also considered as reconstruction is the construction of new workshops by the existing enterprises or institutions to change the variety of products to meet the market demand (such as the production of civil products by defence industries), or to bring the designed production capacity into full play through a more balanced production process on production lines. Technical transformation refers to replacement of old technology or equipment by new technology or equipment, in order to expand the reproduction through improvement of technology contents in production, to improve product quality, to promote new products, to save energy and reduce consumption and to improve overall social economic efficiency. Contents of technical transformation include: updating of machinery, equipment and tools; reforming production process by using energy or materials saving technology; construction of factory workshops and transformation of public facilities; improvement of working conditions and environment, etc.

Investment in Fixed Assets by Structure By their contents, investment activities are classified into 3 categories, i.e. construction and installation, purchase of equipment and instrument, and other expenses.

(1) Construction and installation (work volume of construction and installation) refers to the construction of various houses and buildings and installation of various kinds of equipment and instruments. They include construction of various houses; equipment foundations, industrial kilns and stoves, and metal structure work; preparation works for project construction, and clearing up works post project construction; pavement of railways and roads, drilling of mines and putting up of oil pipes; construction of projects of water conservancy; construction of underground air raid shelters and construction of other special projects; value of equipment for heating, sanitation, ventilation, lighting, gas, painting, etc. that are covered by the budget of housing projects; laying out of various pipelines (for steam, compressed air, petroleum, tap water and sewage) and lines for electric power and for communications; installation of various machinery equipment, testing operation for pre testing the quality of installation projects, and land and other development work conducted by real estate developers for commercial housing. The value of equipment installed is not included in the value of installation projects.

(2) Purchase of equipment and instruments refers to the total value of equipment, tools, and instruments purchased or self produced which come up to standards for fixed assets by the construction units or investing enterprises or institutions. Equipment, tools and instruments purchased or self produced for new workshops by newly established or expanded units are categorized as "purchase of equipment and instruments" no matter whether they come up to the standards for fixed assets.

(3)Other expenses refer to expenses occurring during the construction or purchase of fixed assets other than those mentioned above.

Projects under Construction refer to projects with construction and installation activities undertaken in the reference period. All projects that have construction activities undertaken during the reference period are reported as projects under construction irrespective of the length of construction work. The number of projects under construction can reflect the actual size of investment in fixed assets during a given period, and when compared with the number of projects completed and put into use during the same period, it demonstrates the results of investment in fixed assets. Depending on the nature of construction activities, projects under construction can also be classified into projects under construction in current year, winding up projects in current year and stopped or suspended projects in previous years (with preservation work in current year).

Projects Completed and Put into Use Industrial projects refer to the major projects and accessory facilities completed which result in forming production capacity and have been checked and accepted while the living and welfare facilities have been completed and can ensure normal production and formally put into production. Non industrial projects refer to the major projects and accessory facilities completed which possess the designed capacity and have been checked, accepted and formally put into production.

Newly Increased Production Capacity(or Project Efficiency) refers to the increase of designed capacity (or project efficiency) through investment in fixed assets, which reflects the accomplishment of investment in fixed assets in kind and serves as important basis for evaluating the economic efficiency of investment.

The newly increased production capacity (project efficiency) are usually expressed in one of the following forms:

(1) output of products, i.e. the output that the project can produce during a given period (usually a year). For instance, the capacity in coal mining is expressed in 10,000 tons/year, the capacity in producing chemical pesticides expressed in ton/year, the capacity in producing tractors in tractor/year, etc. For some chemical products where the effective contents differ significantly, the production capacity is expressed as the designed effective content equivalent, such as in the case of sulphuric acid, soda ash, caustic soda, etc;

(2) raw materials processing capacity, i.e. the volume of raw materials that could be processed by the project per day (or per hour), such as tons of materials processed per day by a sugar refining project or edible vegetable oil project, or tons of urban sewage processed per day;

(3) number or capacity of major equipment increased, such as number of cotton or silk looms increased, wool spindles increased, or capacity (in kilowatts) of power generators increased;

(4) physical measures (volume, capacity, area, and length) of construction, which is typical for non industrial projects, for instance, the length of railways put into operation, the length of highways, the capacity of reservoirs, the capacity of warehouses, the floor space of housing projects, capacity for new students in schools or beds in hospitals, areas under new irrigation project, etc.

Features of projects sometimes call for combined use of two or more measurement to reflect the increased production capacity (or project efficiency), for instance, the new capacity for the production of internal combustion engines are expressed in sets per year and kilowatts per year simultaneously.

To standardize the nomenclature and unit of measurement for new production capacity (or project efficiency), the National Bureau of Statistics has developed Nomenclature and Codes for New Production Capacity (Project Efficiency). All reporting units with investment activities are required to follow these two nomenclatures in reporting statistics on new production capacity (project efficiency).

Floor Space of Buildings under Construction refers to total floor space of the horizontal section of outer walls above the plinth of the building, including the effective area and the area occupied by the structure. This indicator is one of the important indicators in physical terms to reflect the scale and accomplishment of the construction industry, and important basis for monitoring the progress, calculating the cost, analyzing the efficiency and studying the supply of building materials in relation with the construction projects.

Floor Space of Residential Buildings refers to the floor space of the residential buildings among the total space of buildings under construction or completed.

Floor Space under Construction refers to total floor space of all buildings under construction during the reference period, including floor space of newly started buildings during the reference period, floor space of construction extended from the previous period to the current period, and floor space of construction suspended during the previous period and resumed in the current period. Floor space of construction completed in the current period, and floor space of construction started and then suspended in the current period are also included in the floor space under construction of the current year.

Floor Space of Buildings Completed refers to the floor space of all buildings completed in the reference period, which have been appraised and accepted (or come up to the designed standards) and have been transferred to the owners for use.

Completion Rate of Floor Space of Buildings refers to the ratio of the floor space of buildings completed in certain period of time to the floor space of buildings under construction in the same period. This indicator reflects the investment result from the perspective of the speed of construction.

Newly Increased Fixed Assets refer to the newly increased value of fixed assets, constructed or purchased, that have been transferred to the investors. This is an indicator that demonstrates the results of investment in fixed assets in monetary terms, and an important indicator to reflect the speed of construction and to calculate the efficiency of investment.

Rate of Construction Projects Completed and Put into Use refers to the ratio of the number of construction projects completed and put into use in certain period of time to the number of projects under construction in the same period. This reflects the investment efficiency from the perspective of the speed of projects construction.

Rate of Projects of Fixed Assets Completed and Put into Operation refers to the ratio of the newly increased fixed assets to the total investment made in the same period. This is a comprehensive indicator reflecting the speed of the employment of fixed assets and the investment efficiency at the macro level. As the newly increase fixed assets is the result of a long period while the investment is completed in the current year, this indicator is expected to be used to reflect the employment of fixed assets over a long period of time.

Area of Commercial Housing Sold refers to total contracted area of commercial housing (i.e. area of floor space as designated in the formal contracts signed by both sides) during the reference time. It constitutes floor space of completed housing and floor space of future housing.

Value of Commercial Housing Sold refer to total value of contracts (i.e. value of sales/purchase for selling/purchase of commercial housing as designated in the contracts signed by both sides) during the reference time. It has the same coverage as the area of commercial housing sold, constituting completed housing and floor space of future housing.

第
6
篇

对外经济、旅游和开发区

Foreign Trade, Tourism and Development Zone

简 要 说 明

一、本篇资料的主要内容

本篇资料反映了全省外经外贸、旅游和开发区的基本情况，主要包括进出口、利用外资、境外投资、对外承包工程和劳务合作、人民币外汇牌价、旅游业基本情况、经济开发区和高新技术开发区等方面的内容。

二、本篇资料的来源

1.进、出口数据来源于海关统计，进出口商品价值，出口按离岸价（FOB）、进口按到岸价（CIF）统计。

2.利用外资、对外承包工程和劳务合作、境外投资等资料来源于省商务厅。

3.历年人民币对主要外币的年平均汇价资料来源于国家外汇管理局，是根据当年国家外汇管理局提供的每日汇价进行加权平均计算而得出的当年年平均汇价。

4.旅游资料来源于省旅游局。

5.开发区资料来源于省统计局开发区统计年报。

本篇资料由省统计局贸易外经处整理提供。

Brief Introduction

I. Content

Data in this chapter show the basic conditions of foreign trade, tourism and development zones, mainly including imports and exports, utilization of foreign capitals, overseas direct investments, contracted projects, labor services cooperation, exchange rate of RMB to other currencies, tourism and economic development zone, etc.

II. Source of Data

(1)Data on foreign trade are based on the statements made by the Administration of Customs. Exports are calculated at FOB, imports at CIF.

(2)Data on utilization of foreign capitals, contracted projects and labor services cooperation are provided by the Bureau of Commerce of Shandong Province.

(3)Average exchange rates of RMB yuan to other currencies over the years come from the State Administration of Exchange Control. The annual average exchange rate is calculated as the weighted mean of the daily exchange rates provided by the State Administration of Exchange Control.

(4)Data on tourism are provided by Shandong Tourism Administration.

(5)Data on economic development zones are based on the annual reports of economic development zones, which are provided by Shandong Provincial Bureau of Statistics.

Data in this chapter are prepared and compiled by the Division of Trade and External Economic Relations Statistics of Shandong Provincial Bureau of Statistics.

6-1 1978-2013年人民币对主要外币年平均汇价(中间价)

Average Exchange Rate of RMB Yuan Against Main Convertible Currencies from 1978 to 2013(Middle Rate)

单位:人民币元 (RMB yuan)

年 份 Year	100美元 100 US Dollars	100日元 100 Japanese Yen	100港元 100 Hong Kong Dollars	100欧元 100Euros
1978	168.36	0.8058	36.16	
1979	155.49	0.7131	31.35	
1980	149.84	0.6635	30.15	
1981	170.51	0.7735	30.41	
1982	189.26	0.7607	31.15	
1983	197.57	0.8318	27.36	
1984	232.70	0.9780	29.71	
1985	293.67	1.2457	37.57	
1986	345.28	2.0694	44.22	
1987	372.21	2.5799	47.74	
1988	372.21	2.9082	47.70	
1989	376.59	2.7360	48.28	
1990	478.38	3.3233	61.39	
1991	532.27	3.9602	68.45	
1992	551.49	4.3608	71.24	
1993	576.19	5.2020	74.41	
1994	861.87	8.4370	111.53	
1995	835.07	8.9225	107.96	
1996	831.42	7.6352	107.51	
1997	828.98	6.8600	107.09	
1998	827.91	6.3488	106.88	
1999	827.96	8.0720	106.53	
2000	827.72	7.3877	106.08	
2001	827.70	6.8075	106.08	
2002	827.70	6.6237	106.07	800.58
2003	827.70	7.1466	106.24	936.13
2004	827.68	7.6552	106.23	1029.00
2005	819.17	7.4484	105.30	1019.53
2006	797.18	6.8570	102.62	1001.90
2007	760.40	6.4632	97.46	1041.75
2008	694.51	6.7427	89.19	1022.27
2009	683.10	7.2986	88.12	952.70
2010	676.95	7.7279	87.13	897.25
2011	645.88	8.1050	82.97	900.11
2012	631.25	7.9037	81.38	810.67
2013	619.32	6.3323	79.85	822.19

6–2　1984–2013年海关进出口情况

Basic Statistics on Imports and Exports from 1984 to 2013

单位:万美元　　　　(10 000 USD)

年　份 Year	进出口总值 Total Value of Imports and Exports	出口总值 Total Value of Exports	一般贸易 General Trade	来料加工装配贸易 Processing and Assembling Trade with Sent Materials	进料加工贸　易 Processing Trade with Imported Materials	其他贸易 Other Trades	进口总值 Total Value of Imports
1984	352012	207786					144226
1985	414448	234652					179796
1986	382840	191926					190914
1987	355294	289938	264633	2566	19232	3507	65356
1988	573361	309773	261451	3796	40458	4068	263588
1989	616511	327015	266337	6274	49047	5357	289496
1990	428522	341719	274898	8660	53152	5009	86803
1991	483200	375230	293951	13681	63430	4168	107970
1992	778140	433752	330729	18598	79452	4973	344388
1993	728586	420360	292058	23834	96748	7720	308226
1994	962927	587011	371013	40640	168470	6888	375916
1995	1395007	816101	460278	77503	270177	8143	578906
1996	1616394	918298	449683	130565	331035	6339	698096
1997	1753631	1085888	483895	185156	410664	6173	667743
1998	1661740	1034705	458607	172262	396013	7823	627035
1999	1827094	1157909	541405	218625	394880	2999	669185
2000	2498998	1552905	746563	293008	507050	6284	946093
2001	2896313	1812899	913253	310013	579125	10508	1083414
2002	3394175	2111511	1089063	341530	669958	10960	1282664
2003	4465752	2657285	1400709	392861	845249	18466	1808467
2004	6078136	3587286	1799792	483369	1252126	51999	2490850
2005	7688876	4625113	2310122	594991	1668351	51649	3063763
2006	9528817	5864717	3013461	655916	2083042	112298	3664100
2007	12261798	7524374	3800924	679014	2863332	181104	4737424
2008	15814480	9317486	4739880	722044	3573434	282128	6496994
2009	13860378	7956530	3637582	697915	3296132	324901	5903848
2010	18895085	10424695	4973019	750340	4230872	470464	8470390
2011	23599191	12578809	6466907	842878	4737751	531273	11020382
2012	24554487	12873171	6875045	867657	4566215	564254	11681316
2013	26715854	13450998	7603966	866031	4392892	588109	13264856

6-3 进出口主要分类情况
Imports and Exports by Category

单位:亿美元 (100 million USD)

类　别	Category	2000	2005	2010	2012	2013
一、进出口总值	**Total Value of Imports and Exports**	**249.9**	**768.9**	**1889.5**	**2455.4**	**2671.6**
出口额	Exports	155.3	462.3	1042.5	1287.3	1345.1
进口额	Imports	94.6	306.4	847.0	1168.1	1326.5
二、出口商品构成 (%)	**Structure of Exported Goods (%)**					
初级产品	Primary Goods	21.7	16.8			
工业制成品	Manufactured Goods	78.3	83.2			
三、进口商品构成 (%)	**Structure of Imported Goods (%)**					
初级产品	Primary Goods	26.9	38.3			
工业制成品	Manufactured Goods	73.1	61.7			
四、纺织服装进出口总值	**Total Value of Imports and Exports of Textile Apparel**	**58.4**	**121.3**	**188.5**	**213.4**	**231.9**
出口额	Exports	47.1	106.2	173.3	197.5	216.0
进口额	Imports	11.3	15.1	15.2	15.9	15.9
五、农(副)产品进出口总值	**Total Value of Imports and Exports of Agricultural Products(By-products)**	**57.3**	**119.2**	**250.6**	**366.8**	**409.8**
出口额	Exports	35.3	69.1	127.0	150.2	152.0
进口额	Imports	22.0	50.1	123.6	216.6	257.8
六、机电产品进出口总值	**Total Value of Imports and Exports of Mechanical and Electrical Products**	**61.3**	**240.3**	**725.0**	**754.2**	**781.3**
出口额	Exports	31.3	135.7	450.7	503.3	508.8
进口额	Imports	30.0	104.6	274.3	250.9	272.5
七、高新技术产品进出口总值	**Total Value of Imports and Exports of High and New-tech Products**	**17.2**	**85.0**	**329.1**	**283.9**	**328.8**
出口额	Exports	6.5	42.5	175.8	143.2	172.6
进口额	Imports	10.7	42.6	153.3	140.7	156.2
八、外商投资企业进出口总值	**Total Value of Imports and Exports of**	**139.3**	**413.9**	**962.8**	**1019.7**	**1010.3**
出口额	Exports	79.3	238.1	565.7	604.9	582.4
进口额	Imports	60.0	175.8	397.1	414.8	427.9
九、一般贸易进出口总值	**Total Value of Imports and Exports under General Trades**	**105.1**	**358.6**	**974.4**	**1429.0**	**1669.5**
出口额	Exports	74.7	231.0	497.3	687.5	760.4
进口额	Imports	30.4	127.5	477.0	741.5	909.1
十、加工贸易进出口总值	**Total Value of Imports and Exports under Processing Trades**	**131.3**	**360.9**	**756.4**	**808.9**	**787.4**
出口额	Exports	80.0	226.3	498.1	543.4	525.9
进口额	Imports	51.3	134.6	258.3	265.5	261.5
来料加工贸易进出口总值	Total Value of Imports and Exports under Processing Trades with Sent Materials	49.4	99.0	118.3	135.4	131.9
出口额	Exports	29.3	59.5	75.0	86.8	86.6
进口额	Imports	20.1	39.5	43.3	48.6	45.3
进料加工贸易进出口总值	Total Value of Imports and Exports under ProcessingTrades with Imported Materials	81.9	261.9	638.1	673.5	655.5
出口额	Exports	50.7	166.8	423.1	456.6	439.3
进口额	Imports	31.2	95.1	215.0	216.9	216.2

注:农副产品2004年以后为农产品数据，纺织服装进口额不含服装进口数据。
a)Since 2004,data of agricultural by-products is agricultural products data.Total value of imports of textile apparel no include the value of apparel.

6-4 按主要国家(地区)分海关进出口商品总值(2013年)
Total Value of Import and Export Commodities by Countries or Regions(2013)

单位:万美元 (10 000 USD)

国别(地区)	Country(Region)	进出口总值 Total Value of Imports and Exports	出口总值 Total Value of Exports	进口总值 Total Value of Imports
合　计	**Total**	**26715854**	**13450998**	**13264856**
亚　洲	**Asia**	**11819252**	**6268355**	**5550897**
东　盟	ASEAN	3096498	1232772	1863725
香　港	Hong kong	573934	552435	21498
日　本	Japan	2230804	1614263	616541
韩　国	Repulic of Korea	2944663	1270672	1673991
台　湾	Taiwan	474697	156781	317916
马来西亚	Malaysia	684083	248076	436007
印度尼西亚	Indonesia	899070	248494	650576
新加坡	Singapore	264641	168201	96440
印　度	India	563730	295735	267995
泰　国	Thailand	685568	205458	480110
非　州	**Africa**	**1446481**	**845906**	**600575**
南　非	South Africa	288917	116182	172736
欧　州	**Europe**	**3988057**	**2562012**	**1426045**
欧　盟	EU	2918424	2114888	803536
英　国	United Kingdom	449874	377066	72807
德　国	Germany	634670	368653	266017
法　国	France	215259	173348	41911
意大利	Italy	249829	172743	77086
荷　兰	Netherlands	379283	308259	71024
西班牙	Spain	173616	144331	29285
瑞　典	Sweden	62650	44977	17673
瑞　士	Switzerland	100093	15262	84832
俄罗斯	Russia	778534	344766	433768
比利时	Belgium	170145	118620	51524
南美州	**South America**	**3318606**	**1020695**	**2297911**
阿根廷	Argentina	179357	61453	117904
巴　西	Brazil	1578423	248145	1330278
智　利	Chile	510283	96272	414011
墨西哥	Mexico	305045	219315	85730
巴拿马	Panama	71540	71299	241
北美州	**North America**	**4020240**	**2376303**	**1643937**
美　国	United States	3497229	2153216	1344013
加拿大	Canada	504925	209283	295642
大洋州	**Oceanic**	**2106330**	**377221**	**1729110**
澳大利亚	Australia	1964249	327327	1636922
新西兰	New Zealand	118360	33171	85189

注:进口国别指原产国,出口国别指最终消费国。
a)The importing country refers to country of origin and the exporting country refers to country of final consumption.

6-5 海关进出口商品分类金额(2013年)

Imports and Exports Value by Category of Commodities(2013)

单位:万美元 (10 000 USD)

商品类别	Category	出口 Export	进口 Import
总 计	**Total**	**13450998**	**13264856**
一、活动物;动物产品	Live Animals & Animal Products	358459	277960
二、植物产品	Plant Products	464060	1622126
三、动植物油脂、蜡及分解产品;食用油	Animal and Vegetable Oils; Fats and Wax; Edible Oils and Fats	4768	179529
四、食品饮料酒醋;烟草及代用品	Food; Beverages; Liquor and Vinegar; Tobacco and Tobacco Substitutes	640080	182631
五、矿产品	Minerals	121197	4618995
六、化学工业及其相关工业产品	Chemicals and Related Products	1041770	416690
七、塑料及其制品;橡胶及其制品	Plastics and Related Products; Rubber and Related Products	1366029	1154559
八、皮及皮制品;旅行用品;动物肠线	Leather and Leather Products; Travel Articles; Animal Casing	182580	99792
九、木及软木制品、编结材料制品	Wood and Wooden Products; Plaited Products	233470	215078
十、木浆及纤维状纤维素浆;废纸纸板及制品	Paper Pulp and Cellulose Pulp; Paper and Waste Paper; Paperboard and Related Products	164674	304150
十一、纺织原料及纺织制品	Textile Materials and Products	2056588	426624
十二、鞋帽伞杖鞭及零件;羽毛人发制品	Footwear; Headgear; Umbrellas; Canes; Whips;Feather and Wigs and Related Products	267981	13936
十三、石料膏泥棉云母及制品;陶瓷玻璃	Gypsum; Cement; Asbestos; Mica; Ceramic Glass	315037	16797
十四、珍珠宝石贵金属及制品;仿首饰	Pearls and Precious Stones;Precious Metal and Related Products;Artificial Jewelry	127771	27612
十五、贱金属及制品	Base Metals and Related Products	1220989	985190
十六、机械、电气设备、电视机及音响设备	Machinery; Electric Equipment;TV Sets and Audio	3163025	2065797
十七、车辆,航空器,船舶及运输设备	Locomotives; Vehicles; Aircraft; Ship and Related Transportation Equipment	814757	211368
十八、照相计量医疗精密仪器及设备,零附件	Photographic,Measuring and Mwdical Instruments and Equipment;Related Parts and Accessories	186020	348607
十九、武器弹药及其零件、附件	Weapons and Ammunition; Related Parts and Accessories	1413	1
二十、杂项制品	Miscellaneous Products	685673	28031
二十一、艺术品,收藏品及古物	Works of Art, Collectibles and Antiques	1237	129
二十二、特殊交易品及未分类商品	Special Transactions Goods and Products Not Otherwise Classified	3423	69256

6–6 各市海关进口总值
Import Value by Region

单位:万美元 (10 000 USD)

地 区	Region	2000	2005	2008	2009	2010	2011	2012	2013
全省总计	**Total**	**946093**	**3063763**	**6496994**	**5903848**	**8470390**	**11020382**	**11681316**	**13264856**
济南市	Jinan	86827	198370	342979	260998	338077	435313	341237	408513
青岛市	Qingdao	526331	1360157	2102054	1755250	2316976	3173616	3241127	3595284
淄博市	Zibo	26301	111835	205905	177199	267156	371128	421339	375846
枣庄市	Zaozhuang	4233	5843	15052	10567	16510	22341	19205	30477
东营市	Dongying	6843	62810	214698	220500	524370	585887	731888	734502
烟台市	Yantai	117324	499666	1438396	1446015	1830134	1865388	1944322	1983808
潍坊市	Weifang	37827	98977	183779	187374	305563	372440	400365	455585
济宁市	Jining	15959	70406	140346	128281	216172	267509	191947	189611
泰安市	Tai'an	6897	19984	58676	37051	66296	63595	93837	111785
威海市	Weihai	67860	281329	435009	379524	498919	618131	646678	644731
日照市	Rizhao	9990	122377	674233	694373	1116594	1693053	2141712	2916013
莱芜市	Laiwu	4615	39251	139664	98256	168635	245070	139196	175308
临沂市	Linyi	13933	52039	135924	123114	194120	320861	398994	477219
德州市	Dezhou	7244	18292	32854	48143	61408	93557	85025	151165
聊城市	Liaocheng	5028	17787	139075	138370	234233	377913	374313	418645
滨州市	Binzhou	8630	100308	222730	160084	253989	384626	344896	474668
菏泽市	Heze	249	4334	15620	38749	61237	129954	165234	121695

6–7 各市海关出口总值
Export Value by Region

单位:万美元 (10 000 USD)

地 区	Region	2000	2005	2008	2009	2010	2011	2012	2013
全省总计	**Total**	**1552905**	**4625113**	**9317486**	**7956530**	**10424695**	**12578809**	**12873171**	**13450998**
济南市	Jinan	57108	177843	459720	304706	405065	604702	571423	548093
青岛市	Qingdao	826891	1942323	3263130	2729865	3388997	4058082	4079090	4195962
淄博市	Zibo	49930	201683	363348	306267	403077	532422	531938	524998
枣庄市	Zaozhuang	9492	31357	51829	48925	74567	84410	93923	94656
东营市	Dongying	7487	85448	197233	175539	275753	435919	498199	580290
烟台市	Yantai	196621	648308	2064703	1983380	2547962	2669482	2835914	2947468
潍坊市	Weifang	99413	295085	654075	615288	869581	1036386	1096820	1160420
济宁市	Jining	21467	116360	186457	156771	229866	307012	319613	333417
泰安市	Tai'an	13652	54476	92087	70540	92614	118548	122221	136696
威海市	Weihai	129519	473400	745478	681808	891721	1074178	1065926	1070238
日照市	Rizhao	45724	132341	252525	162672	221080	390635	387622	387918
莱芜市	Laiwu	16868	66029	136619	59144	103202	114131	73382	75095
临沂市	Linyi	22541	127688	262958	218801	282591	362193	389726	463548
德州市	Dezhou	12600	55209	121922	95504	133596	174642	186760	202646
聊城市	Liaocheng	9145	46001	151546	83701	128938	187526	184919	200303
滨州市	Binzhou	27958	124096	230108	176567	254980	284489	282876	354250
菏泽市	Heze	6489	47465	83749	87050	121105	144051	152819	175000

6-8 各市外商投资企业进口总值

Import Value of Foreign- funded Enterprises by Region

单位:万美元 (10 000 USD)

地 区	Region	2000	2005	2008	2009	2010	2011	2012	2013
济南市	Jinan	20911	64166	64408	74057	98172	94825	85119	137608
青岛市	Qingdao	358883	765464	989834	800873	946037	1083821	941800	935831
淄博市	Zibo	18857	55656	64871	51379	73952	101691	88517	72702
枣庄市	Zaozhuang	3326	4407	8927	7449	9145	10917	6859	6137
东营市	Dongying	3408	5119	66073	107460	225175	206647	259554	199707
烟台市	Yantai	86491	426616	1288380	1249108	1523651	1415388	1408391	1318853
潍坊市	Weifang	23830	56398	110498	91750	119937	172322	139381	153361
济宁市	Jining	11641	63631	127769	115459	182080	194136	134841	138489
泰安市	Tai'an	1860	2921	6216	1842	3546	5365	4938	4583
威海市	Weihai	50478	213080	303899	288077	356285	367974	353942	332885
日照市	Rizhao	5375	43823	159197	122795	200410	430882	462024	560543
莱芜市	Laiwu	377	1224	1659	944	4746	2946	703	4158
临沂市	Linyi	5939	15493	59334	49853	81620	123438	141203	195419
德州市	Dezhou	3193	7078	9274	4952	8884	11925	11957	14373
聊城市	Liaocheng	1371	7034	43436	28062	41743	63460	43793	54378
滨州市	Binzhou	3753	24800	77641	70753	83601	66914	42249	129309
菏泽市	Heze	113	1497	8378	16712	17199	18666	22938	20673

6-9 各市外商投资企业出口总值

Export Value of Foreign-funded Enterprises by Region

单位:万美元 (10 000 USD)

地 区	Region	2000	2005	2008	2009	2010	2011	2012	2013
济南市	Jinan	17404	41785	114935	97779	131488	168105	152160	160182
青岛市	Qingdao	443829	1072594	1715079	1424379	1676534	1930536	1764622	1660659
淄博市	Zibo	18493	105493	187591	167562	212442	266416	261842	248033
枣庄市	Zaozhuang	2850	6885	22154	15726	22546	30939	30954	29827
东营市	Dongying	1037	7118	47085	33449	62815	63541	60123	46084
烟台市	Yantai	136296	461920	1715035	1709612	2170903	2171242	2077348	1967676
潍坊市	Weifang	44170	132678	273463	207628	301865	388930	381763	392609
济宁市	Jining	7654	51804	78457	58687	81702	121998	125593	125724
泰安市	Tai'an	6056	14106	24932	17665	22570	25976	23355	22901
威海市	Weihai	77825	313405	472998	429674	566264	623334	607243	570564
日照市	Rizhao	10969	57602	148180	80322	108232	237396	235944	243267
莱芜市	Laiwu	763	7370	8153	12198	15125	14208	8037	9245
临沂市	Linyi	10773	51720	113847	97240	123593	154818	157795	172855
德州市	Dezhou	5249	14710	33054	29539	38784	46408	49103	54410
聊城市	Liaocheng	2980	17416	38064	21737	27318	31230	21974	18049
滨州市	Binzhou	4316	12927	48031	48373	61757	59168	51299	51793
菏泽市	Heze	2131	11242	26549	26736	32385	38242	39775	49986

6-10 1979-2013年利用外资情况

Statistics on Utilization of Foreign Capitals from 1979 to 2013

单位:万美元 (10 000 USD)

年份 Year	合同项目个数(个) Number of Contracted Projects	#外商直接投资 Foreign Direct Investments	合同外资金额 Total Amount of Contracted Foreign Capital	#外商直接投资 Foreign Direct Investments	实际利用外资金额 Total Amount of Foreign Capital Actually Utilized	#外商直接投资 Foreign Direct Investments
1979	49		1278		1276	
1980	46		1254		1245	
1981	40	1	1296	10	1296	10
1982	60		1348		1327	
1983	51		2010		1831	
1984	100	16	15283	10470	1642	40
1985	232	32	10994	4925	6375	559
1986	109	37	13377	5927	11743	1939
1987	151	53	30520	3890	10219	2381
1988	458	203	59553	26020	14231	3908
1989	485	240	55272	17855	31498	13132
1990	674	366	55164	23283	31123	15084
1991	1187	801	102358	65481	46789	17950
1992	4651	4109	471994	391961	137684	97335
1993	8012	7229	754863	705116	226068	184319
1994	4747	3650	624570	526217	340137	253566
1995	5035	2709	532980	462521	326698	260719
1996	2223	2175	633894	539797	339426	259041
1997	1681	1597	454145	328037	358447	250044
1998	1434	1366	367072	221866	361036	222262
1999	1745	1717	421333	311087	374464	246878
2000	2733	2728	561066	507435	381243	297119
2001	3058	3047	715880	672040	424886	362093
2002	4072	4065	1186072	1130680	652124	558603
2003	5305	5305	1989296	1341413	1125985	709371
2004	5890	5890	2144647	2028958	982105	870064
2005	6415	6415	2884398	2749510	1101441	897072
2006	4030	4030	1645089	1624175	1020966	1000069
2007		2717		1173880		1101159
2008		1527		1014959		820246
2009		1468		871045		801007
2010		1632		1363381		916833
2011		1433		1579081		1116022
2012		1333		1655717		1235267
2013		1405		1770879		1405315

注:2003年实际利用外资金额是全口径数据包括对外借款,合同外资个数和合同外资金额不包括对外借款部分。2004年起实行新的外商投资统计制度取消对外借款部分,外商直接投资数据为商务部反馈数。2008年实际利用外资改为实际到帐外资。

a)In 2003,data of total amount of foreign capital actually utilized are including foreign loads.And Data of projects for contracted foreign capital and total amount of contracted foreign capital are excluding foreign loads.Since 2004,foreign loads is canceled according to the new statistical lations on foreign investments.Data of foreign direct investments come from the Ministry of Commerce.In 2008 the foreign capital actually utilized is changed to the actual received foreign capital.

6-11 按主要国家(地区)分外商直接投资
Foreign Direct Investment by Countries or Regions

单位:万美元 (10 000 USD)

国家(地区)	Country(Region)	合同项目个数(个) Number of Contracted Projects (unit)		合同外商投资金额 Total Amount of Contracted Foreign Capital		实际使用外商投资金额 Total Amount of Foreign Capital Actually Utilized	
		2012	2013	2012	2013	2012	2013
总计	**Total**	**1333**	**1405**	**1655717**	**1770879**	**1235267**	**1405315**
韩国	Republic of Korea	320	365	235747	219443	111452	119996
香港	Hong Kong	460	493	844755	907240	610864	797263
美国	United States	64	80	84675	48926	45622	38385
日本	Japan	113	92	98704	65209	71954	49000
台湾省	Taiwan	99	82	60816	85088	29169	26157
英属维尔京群岛	Virgin Islands	29	28	73039	73856	83232	74753
新加坡	Singapore	38	54	70569	112164	70947	57553
英国	United Kingkom	14	17	14560	8780	8755	11411
加拿大	Canada	17	19	848	33737	6499	13621
澳大利亚	Australia	20	18	8221	6594	7968	11960
法国	France	8	7	10897	3886	16980	3459
德国	Germany	18	34	9755	14733	10027	8496
毛里求斯	Mauritius	4	2	6559	4112	9492	5684
马来西亚	Malaysia	8	5	4500	12577	571	12021
萨摩亚	Samoa	8	10	-1670	5685	12246	5647
意大利	Italy	6	7	787	114	5744	2267
荷兰	Netherlands	4	3	6417	6001	14268	6456
开曼群岛	Cayman Islands	2	3	4410	163	2498	20145
泰国	Thailand	2	5	-158	5897	17	677
澳门	Macao	5	4	2374	3474	58	
瑞士	Switzerlan	5	7	733	13724	4732	811
巴拿马	Panama	1	1	91	7		9
百慕大	Bermuda		2	5656	8328	6866	12505
俄罗斯	Russia	7	9	2345	980	341	816
菲律宾	Philippines			231		896	
丹麦	Denmark	6	2	414	1410	264	1718
印度尼西亚	Indonesia	3	1	3029	-274	618	317
奥地利	Austria	1		204	2056	221	58
西班牙	Spain	1	6	-180	2629	3361	554
新西兰	New Zealand	8	7	636	4506	1041	2242
卢森堡	Luxembourg	1		1352	2581	379	2056
瑞典	Sweden	1	3	-1737	2884	3058	596
比利时	Belgium	1	3	-386	17	28	17
欧洲联盟	The European Union	70	86	42659	48691	65480	41353
东南亚联盟	Southeast Asian Union	54	66	78913	131332	75346	70981

6-12 按行业分外商直接投资(2013年)

单位:万美元

行业	Sector	项目数(个) Number of Projects(unit)		
		本年新增 Newly Added in the Year	比上年增长(%) Growth Rate (%)	2013年止累计 Accumulative number end to 2013
总计	**Total**	**1405**	**5.4**	**66269**
第一产业	**Primary Industry**	**61**	**-14.1**	**2231**
农、林、牧、渔业	Agriculture, Forestry, Animal Husbandry and Fishing	61	-14.1	2231
第二产业	**Secondary Industry**	**610**	**-2.4**	**52033**
采矿业	Mining	6	20.0	226
制造业	Manufacturing	570	-2.4	50188
电力、燃气及水的生产和供应业	Production and Supply of Electricity, Gas and Water	26	13.0	409
建筑业	Construction	8	-38.5	1210
第三产业	**Tertiary Industry**	**734**	**15.2**	**12005**
交通运输、仓储和邮政业	Transport, Storage and Post	30	11.1	728
信息传输、计算机服务和软件业	Information Transmission, Computer Services and Software	29	-17.1	317
批发和零售业	Wholesale and Retail Trade	360	4.7	3497
住宿和餐饮业	Hotels and Catering Services	24	-4.0	1360
金融业	Financial Intermediation	35	150.0	79
房地产业	Real Estate	50	35.1	2244
租赁和商务服务业	Leasing and Business Services	102	17.2	2168
居民服务和其他服务业	Services to Households and Other Services	19	90.0	190
科学研究、技术服务和地质勘查业	Scientific Research, Technical Service and Geologic Prospecting	69	64.3	499
水利、环境和公共设施管理业	Management of Water Conservancy, Enviro and Public Facilities	3	-40.0	114
教育	Education	3	200.0	89
文化、体育和娱乐业	Culture, Sports and Entertainment	8		640
卫生、社会保障和社会福利业	Health, Social Security and Social Welfare	2		80

Foreign Direct Investment by Sector(2013)

(10000 USD)

合同外资金额 Total Amount of Contracted Foreign Capital			实际使用外资金额 Total Amount of Foreign Capital Actually Utilized		
本　　年 This Year	比上年 增 长 (%) Growth Rate (%)	2013年止累计 Accumulative number end to 2013	本　　年 This Year	比上年 增 长 (%) Growth Rate (%)	2013年止累计 Accumulative number end to 2013
1770879	**7.0**	**22775618**	**1405315**	**13.8**	**13921317**
88873	**58.5**	**717528**	**46886**	**21.3**	**431282**
88873	58.5	717528	46886	21.3	431282
915803	**-3.2**	**16471054**	**678978**	**-9.4**	**10210734**
2921	191.5	124833	2440	-44.5	112826
864853	-2.4	15332751	618267	-12.0	9430059
36990	-22.0	721433	51010	51.7	509802
11039	-3.7	292037	7262	-21.3	158050
766203	**17.2**	**5587080**	**679451**	**52.0**	**3279173**
83233	-2.8	720453	59158	50.5	380726
24013	216.3	132954	14359	203.8	38927
156779	5.8	716808	155716	36.2	594035
5947	——	268423	5052	26.5	23147
58784	141.4	113775	18385	25.4	77853
231266	1.2	2253250	296702	83.9	1407269
61841	-9.5	624245	62021	93.5	322711
19203	729.9	74012	9758	688.2	29181
106305	70.4	316664	51149	-21.0	175366
3480	-61.7	119275	1168	-70.6	50554
650	3962.5	17829	1152	1.4	8557
7742	18.6	185922	4290	-20.9	85892
6960	-44.7	43470	541		6774

6-13 按方式分外商直接投资

Basic Statistics on Foreign Direct Investments by Form

单位:万美元 (10 000 USD)

类 别	Category	合同项目个数(个) Number of Contracted Projects(unit)			实际外资金额 Total Amount of Foreign Capital Actually Utilized		
		2011	2012	2013	2011	2012	2013
外商直接投资	**Foreign Direct Investments**	**1433**	**1333**	**1405**	**1116022**	**1235267**	**1405315**
合资经营企业	Sino-foreign Joint-ventures enterprises	439	366	422	314463	273852	365199
合作经营企业	Sino-foreign Cooperative Operation enterprises	19	17	8	9975	55294	5057
外资企业	Foreign Investment Enterprises	971	949	974	754364	881521	1026169
外商投资股份制企业	Foreign Investment Share Enterprises	4	1	1	37220	24600	8890
合作开发	Cooperative Development						
其他	Others						

6-14 各市外商直接投资

Foreign Direct Investment by Region

单位:万美元 (10 000 USD)

地 区 Region	项目数(个) Number of Projects(unit)		合同外资 Amount of Contracted Foreign Capital		实际使用外资 Amount of Foreign Capital Actually Utilized	
	2012	2013	2012	2013	2012	2013
全省总计 Total	**1333**	**1405**	**1655717**	**1770879**	**1235267**	**1405315**
济 南 市 Jinan	84	86	162081	165341	122016	132054
青 岛 市 Qingdao	553	645	600231	758057	460027	552084
淄 博 市 Zibo	24	21	59297	21019	50025	52666
枣 庄 市 Zaozhuang	24	11	22484	7952	14241	15850
东 营 市 Dongying	21	19	22831	25927	16232	19335
烟 台 市 Yantai	288	258	243425	260080	141037	160597
潍 坊 市 Weifang	46	49	150508	172595	76812	81021
济 宁 市 Jining	45	31	58427	29222	77008	83015
泰 安 市 Tai'an	42	57	22409	52644	16982	30689
威 海 市 Weihai	87	112	90600	92258	80013	92018
日 照 市 Rizhao	14	22	44430	37896	42122	52991
莱 芜 市 Laiwu	19	5	21059	2676	12006	12134
临 沂 市 Linyi	23	40	28019	51474	23531	30870
德 州 市 Dezhou	20	18	27609	16819	21093	21472
聊 城 市 Liaocheng	9	9	19623	17430	11521	16302
滨 州 市 Binzhou	14	8	54665	31394	54093	30399
菏 泽 市 Heze	20	14	28019	28095	16505	21818

6–15 境外投资情况

Overseas Investment

类　别	Category	境外投资项目(个) Overseas Investment Projects (unit)		核准投资总额(万美元) Total of Agreement Investments (10 000 USD)			
				合 计 Total		中 方 Chinese Investor	
		2013	2013年止累计 Accumulative number end to 2013	2013	2013年止累计 Accumulative number end to 2013	2013	2013年止累计 Accumulative number end to 2013
总　计	**Total**	**443**	**3562**	**556082**	**1999523**	**451205**	**1642238**
贸易性企业	Trade Enterprises	181	1330	100671	299128	87657	270850
非贸易性企业	Non-trade Enterprises	234	1594	455410	1700395	363548	1371388
#加工贸易企业	Processing Trade Enterprises	111	521	236145	587071	167673	458450
资源开发企业	Resource Development Enter prises	58	326	113871	568292	108928	456465

6–16 各市境外投资情况

Overseas Investment by Region

单位:万美元 (10 000 USD)

地　区	Region	企业数(个) Number of Enterprises(unit)		核准中方投资额 Agreement Chinese Investment		对外实际投资额 Actual amount of Overseas Investment	
		2012	2013	2012	2013	2012	2013
全省总计	**Total**	**361**	**443**	**366422**	**451205**	**305774**	**335009**
济 南 市	Jinan	42	48	53412	54231	46377	18783
青 岛 市	Qingdao	82	93	95760	104298	86157	52795
淄 博 市	Zibo	15	29	15725	30769	7665	8718
枣 庄 市	Zaozhuang	2	6	10055	5393	9159	186
东 营 市	Dongying	14	30	8558	13099	1622	2520
烟 台 市	Yantai	33	36	27596	39139	24271	31610
潍 坊 市	Weifang	58	60	38288	48856	7223	49044
济 宁 市	Jining	30	15	17993	24754	78348	81121
泰 安 市	Tai'an	9	8	5720	10601	1203	1044
威 海 市	Weihai	27	24	19054	27582	8642	7781
日 照 市	Rizhao	11	13	9117	13150	2969	8231
莱 芜 市	Laiwu	3	1	3860	150	251	563
临 沂 市	Linyi	13	33	35846	39065	12625	12683
德 州 市	Dezhou	4	12	5923	3957	453	940
聊 城 市	Liaocheng	7	18	4455	11997	3608	1502
滨 州 市	Binzhou	3	14	11510	14140	10877	2494
菏 泽 市	Heze	8	3	3549	10025	726	84

6-17 按主要国别(地区)分境外投资情况

Overseas Investment by Countries or Regions

单位:万美元 (10 000 USD)

国别(地区)	Country(Region)	项目数(个) Number of Projects(unit)		核准投资总额 Agreement Investmemts		核准中方投资 Agreement Chinese Investments	
		2012	2013	2012	2013	2012	2013
总计	**Total**	**361**	**443**	**443312**	**556082**	**366422**	**451205**
亚洲小计	**Subtotal of Asia**	**180**	**229**	**247327**	**266685**	**225741**	**245712**
阿富汗	Afghanistan						
阿联酋	UAE	4	7	2710	5074	1327	4281
澳门	Macao						
巴基斯坦	Pakistan	1	5	5000	8530	750	6436
朝鲜	Korea DPR	2		665		408	
东帝汶	East Timor	1	1	4000	300	3800	300
菲律宾	Philippine	1	2	4000	1000	2160	1000
哈萨克斯坦	Kazakhstan		1				
韩国	Republic of Korea	19	15	9191	8128	5929	6916
吉尔吉斯斯坦	Kyrgyzstan		1				
柬埔寨	Cambodia	18	16	39116	35715	38116	34325
卡塔尔	Qatar						
科威特	Kuwait						
老挝	Laos	1	1	2980	7280	2980	6298
马来西亚	Malaysia	9	12	6774	11538	4874	11529
蒙古	Mongolia	5	3	3130	2790	2179	1590
孟加拉	Bangladesh	5	2	1760	1180	1760	1180
缅甸	Myanmar	3	3	1720	4180	1720	4180
日本	Japan	21	15	3133	3070	1857	1842
沙特阿拉伯	Saudi Arabia		2		47		32
斯里兰卡	Sri Lanka	1	1	2200		2200	
塔吉克斯坦	Tajikistan	1		950		950	
中国台湾	Taiwan,China		1		580		580
泰国	Thailand	2	4	2953	1189	2953	940
土库曼斯坦	Turkmenistan						
乌兹别克斯坦	Uzbekistan		3		310		256
香港	Hong Kong	51	84	103984	107658	103506	106987
新加坡	Singapore	14	16	19823	32074	19823	27327
叙利亚	Syria						
也门	Yemen	1		2500		2500	
伊朗	Iran	1	2	1000	515	490	358
以色列	Israel						
印度	India	2	5	200	1780	200	1780
印度尼西亚	Indonesia	9	19	3700	31338	1960	25245
约旦	Jordan	1		9900		7425	
越南	Vietnam	7	7	15937	1910	15873	1830
伊拉克			1		500		500
非洲小计	**Subtotal of Africa**	**48**	**54**	**53590**	**44632**	**35504**	**40935**
阿尔及利亚	Algeria		1		60		25
埃及	Egypt		1				
埃塞俄比亚	Ethiopia	1	3	800	796	320	600
安哥拉	Angola		4		2920		1850
贝宁	Benin						
博茨瓦纳	Botswana						

6-17 续表 1 continued

单位:万美元 (10 000 USD)

国别(地区)	Country(Region)	项目数(个) Number of Projects(unit)		核准投资总额 Agreement Investmemts		核准中方资额 Agreement Chinese Investments	
		2012	2013	2012	2013	2012	2013
赤道几内亚	Eq.Guinea						
多哥	Togo	1		10		10	
厄立特里亚	Eritrea						
佛得角	Cape Verde						
冈比亚	Gambia						
刚果(布)	Congo Rep	1		500	2900	500	2900
刚果(金)	Congo DR		1		5		2
几内亚	Guinea						
加纳	Ghana	8	6	2572	5830	2312	5406
加蓬	Gabon		2		900		900
津巴布韦	Zimbabwe	2		16577		9955	
喀麦隆	Cameroon		1		530		530
科特迪瓦			1		1000		800
肯尼亚	Kenya	5		205		205	
莱索托	Lesotho		1		11		11
利比里亚	Liberia		2		210		130
利比亚	Libya						
马里	Mali	2	1	4880	1300	4880	1300
马达加斯加	Madagascar						
毛里求斯	Mauritius						
毛里塔尼亚	Mauritania	1		3000		3000	
摩洛哥	Morocco		1				
马拉维	Mavila						
莫桑比克	Mozambique	3	6	9445	5000	2242	5000
纳米比亚	Namibia				100		100
南非	South Africa	3	1	1480	600	1480	600
南苏丹	South Sudan	1	3		2700		2500
尼日利亚	Nigeria	3	4	957	4160	953	4160
塞内加尔	Senegal						
塞拉利昂	Sierra Leone	6		1780		1300	
塞舌尔	Seychelles	1		100	420	100	420
北苏丹	North Sudan	3	3	5970	5053	3085	5049
坦桑尼亚	Tanzania	3	5	3460	4482	3460	4482
突尼斯	Tunisia	1		300		147	
乌干达	Uganda	2	3	1540	2950	1540	1705
赞比亚	Zambia	1	4	15	2705	15	2465
中非	Central Africa						
欧洲小计	**Subtotal of Europe**	**38**	**36**	**20783**	**95682**	**20449**	**44500**
阿塞拜疆	Azerbaijan						
白俄罗斯	Belorussia						
保加利亚	Bulgaria						
比利时	Belgium	2		43		43	
波黑			1		16000		1600
波兰	Poland		1		200		200
德国	Germany	9	5	2538	2219	2538	2219
丹麦	Denmark		1	300	821	300	821
俄罗斯	Russia	9	6	2259	2246	2139	1897
法国	France	4	4	1384	12286	1125	12260
芬兰	Finland				410		410
荷兰	Netherlands	1	2	2800	853	2800	853
捷克	Czech		1		257		206

6-17 续表 2 continued

单位:万美元 (10 000 USD)

国别(地区)	Country(Region)	项目数(个) Number of Projects(unit)		核准投资总额 Agreement Investmemts		核准中方投资额 Agreement Chinese Investments	
		2012	2013	2012	2013	2012	2013
拉托维亚	Latvia						
立陶宛	Lithuania						
卢森堡	Luxembourg	1		2900		2900	
罗马尼亚	Romania						
挪威	Norway						
葡萄牙	Portugal						
瑞典	Sweden	3	1	700	44546	700	9800
瑞士	Switzerland	3		410	6076	410	6076
斯洛伐克	Slovakia						
塞浦路斯		1					
土耳其	Turkey		3		300		300
乌克兰	Ukraine	1	2	800	2600	800	2600
西班牙	Spain		3		1123		1123
希腊	Greece						
匈牙利	Hungary	2		5392		5392	
亚美尼亚	Armenia						
意大利	Italy		1	139		184	
英国	United Kingdom	2	5	1119	5745	1119	4135
拉丁美洲小计	**Subtotal of Latin America**	**20**	**18**	**14406**	**31494**	**13444**	**26298**
阿根廷	Argentina	2	2		2700		2500
安提瓜和巴布达	Antigua and Barbuda						
巴巴多斯	Barbados						
巴拉圭		1					
巴拿马	Panama		1				
巴西	Brazil	4	4	600	687	570	657
玻利维亚	Bolivia	1	1		8000		4000
多米尼加		1					
厄瓜多尔	Ecuador	1	1	200	380	200	380
圭亚那	Guyana	1	1	3000	93	2100	93
哥伦比亚	Colombia	1	1		200		120
哥斯达黎加		1	1		100		100
古巴	Cuba						
秘鲁	Peru	2	2	950	5300	950	5300
开曼群岛		1		100		70	
苏里南	Surinam						
特立尼达和多巴哥		1		200		200	
危地马拉	Guatemala						
委内瑞拉	Venezuela						
乌拉圭	Uruguay	1					
英属维尔京群岛	British Virgin Islands	2	1	9356	10274	9354	9516
智利	Chile		3		3760		3633
北美小计	**Subtotal of North America**	**48**	**79**	**26080**	**82202**	**21775**	**60879**
加拿大	Canada	8	14	9150	8355	5358	12750
美国	United States	39	64	16930	73347	16476	47629
墨西哥	Mexico	1	1		500	-59	500
大洋州小计	**Subtotal of Oceanic**	**27**	**27**	**81127**	**35388**	**49508**	**32882**
澳大利亚	Australia	26	22	80177	34384	48558	31878
巴布亚新几内亚	Papua New Guinea						
斐济	Fiji	1		950		950	
新西兰	New Zealand		5		1004		1004
所罗门	Solomon						

6-18 1982-2013年对外承包工程和劳务合作情况

Statistics on Contracted Projects and Labor Services Cooperation with Foreign Countries 1982 to 2013

年份 Year	合同个数(个) Number of Contracts (unit)	合同金额(万美元) Contracted Value (10 000 USD)	营业额(万美元) Turnover (10 000 USD)	年末在外人数(人) Number of Persons outside the Country at Year-end (person)	派出人数(人) Number of Persons Sent out(person)
1982	1	421	421		
1983	1	1286	40	408	
1984	1	451	664	783	
1985	4	645	852	1147	
1986	26	1099	876	1597	
1987	33	802	999	1239	
1988	34	502	987	865	
1989	69	1389	1000	1179	
1990	91	3377	1712	1462	
1991	123	5952	3017	2326	
1992	192	8747	3882	3571	
1993	299	20250	6959	7254	
1994	411	31882	12222	10288	
1995	672	38604	18274	16217	
1996	880	52005	28933	23355	
1997	966	57654	36315	26626	
1998	1296	73703	46508	29121	
1999	1116	67729	63615	30979	
2000	1250	61601	45229	35028	
2001	1580	104622	55913	36489	
2002	1380	134098	83133	43554	
2003	1322	124243	99213	52077	
2004	1879	146590	151568	62705	
2005	2171	164091	174518	71610	37797
2006	2513	392134	232293	83974	41369
2007	2642	540344	301928	93797	45212
2008	2880	754137	358867	90623	45269
2009	2397	932312	509083	96421	46296
2010	3075	1092504	602415	102149	47300
2011		948287	819857	108662	48836
2012		988209	898864	103736	51425
2013		1078349	940828	98988	52591

注：2011年起，商务部不再对外公布对外劳务合作合同数(下表同)。

a)The Commerce Department had no longer published data refer to Contracts of Labor Cooperation since 2011.The same applies to tables following.

6–19 对外承包工程和劳务合作情况

Statistics on Contracted Projects and Labour Cooperation with Foreign Countries or Regions

项目		Item		2011	2012	2013
一、承包工程合同个数	**(个)**	**Number of Contracted Projects**	**(unit)**	**288**	**183**	**210**
二、合同金额	**(万美元)**	**Contracted Value**	**(10 000 USD)**	**948287**	**988209**	**1078349**
承包工程	(万美元)	Contracted Projects	(10 000 USD)	869806	879954	986474
劳务合作	(万美元)	Labor Cooperation	(10 000 USD)	78481	108255	91875
三、营业额	**(万美元)**	**Turnover**	**(10 000 USD)**	**819857**	**898864**	**940828**
承包工程	(万美元)	Contracted Projects	(10 000 USD)	747265	811423	847624
劳务合作	(万美元)	Labor Cooperation	(10 000 USD)	72592	87441	93204
四、年末在国外人数	**(人)**	**Number of Persons outside the Country at year end**	**(person)**	**108662**	**103736**	**98988**
承包工程	(人)	Contracted Projects	(person)	26921	25302	27261
劳务合作	(人)	Labor Cooperation	(person)	81741	78434	71727
五、派出人数	**(人)**	**Number of Persons Sent out**	**(person)**	**48836**	**51425**	**52591**
承包工程	(人)	Contracted Projects	(person)	18328	14882	17687
劳务合作	(人)	Labor Cooperation	(person)	30508	36543	34904

6–20 旅 游 业 情 况

Tourism

类别		Category		2012	2013
旅行社总数	(个)	Total Number of Travel Agencies	(unit)	1951	2001
旅行社职工人数	(人)	Number of Staff and Workers of Travel Agencies	(person)	23585	21834
旅游饭店总数	(个)	Total Number of Tourist Hotels	(unit)	913	904
接待入境游客	(万人次)	Number of International Tourists Arrival to China	(10 000 person-time)	469.91	452.71
外国人	(万人次)	Foreigners	(10 000 person-time)	342.23	327.37
港澳台胞	(万人次)	Hong Kong, Macao and Taiwan Compatriots	(10 000 person-time)	127.69	125.34
港澳同胞	(万人次)	Compatriots from Hong Kong and Macao	(10 000 person-time)	71.76	70.20
台湾同胞	(万人次)	Compatriots from Taiwan	(10 000 person-time)	55.93	55.14
旅行社外联入境游客	(万人)	Number of International Tourists Outreached by Travel Agencies	(10 000 person)	145.46	154.53
旅行社接待入境游客	(万人)	Number of International Tourists Recepted by Travel Agencies	(10 000 person)	172.21	176.69
国内旅游人数	(万人次)	Number of Domestic Tourists	(10 000 person-time)	48739	54262
旅游总收入	(亿元)	Total Tourism Earnings	(100 million yuan)	4519.7	5183.9
入境旅游收入	(万美元)	International Tourism Earnings	(10 000 USD)	292365	273120
国内旅游收入	(亿元)	Domestic Tourism Earnings	(100 million yuan)	4335.0	5014.7

6–21 1995–2013年国内旅游情况
Domestic Tourism 1995 to 2013

年 份 Year	总人次 (万人次) Domestic Tourists (10 000 person-time)	总花费 (亿元) Total Expenditure (100 million yuan)	人均花费 (元) Per Capita Expenditure (yuan)
1995	4655	157.68	338.7
1996	5151	187.43	363.9
1997	5488	213.02	388.2
1998	5844	245.83	420.7
1999	6429	285.17	443.6
2000	7007	386.49	551.6
2001	8086	462.64	572.2
2002	9573	571.53	595.8
2003	8918	542.78	608.6
2004	11479	767.65	653.4
2005	14097	974.59	691.3
2006	16775	1214.82	724.2
2007	20343	1550.76	762.3
2008	24046	1908.53	793.7
2009	28882	2331.70	807.3
2010	34990	2915.80	833.3
2011	41696	3573.70	857.1
2012	48739	4335.03	889.4
2013	54262	5014.74	924.2

6–22 按主要国家分接待外国旅游人数

Number of Foreigner Tourists by Country

单位:人 (person)

国别	Country	1995	2000	2005	2010	2011	2012	2013
总计	**Total**	**304280**	**480090**	**1247842**	**2778699**	**3123264**	**3422261**	**3273678**
亚洲	**Asia**	**220757**	**377862**	**1030169**	**2159102**	**2294655**	**2457852**	**2309149**
印度	India		2762	6759	23932	28861	29010	31113
印度尼西亚	Indonesia	3378	6319	6881	24835	29759	30022	33275
日本	Japan	81071	132619	278170	566511	524594	482360	381054
马来西亚	Malaysia	5581	10700	22534	40230	55282	62954	63466
蒙古	Mongolia		851	1155	7064	8869	10550	11211
菲律宾	Philippines	14015	14906	16327	42487	45599	40721	41097
新加坡	Singapore	9275	16182	25509	70126	86383	99630	94525
韩国	Republic of Korea	98568	183567	640056	1292880	1387535	1533199	1496143
泰国	Thailand	1781	2545	7281	13387	17400	18006	21601
非洲	**Africa**		**1501**	**3819**	**15843**	**24621**	**26152**	**60911**
欧洲	**Europe**	**36510**	**47999**	**109671**	**331858**	**433962**	**517852**	**483604**
英国	United Kingdom	4515	6812	17295	62730	82692	99127	86088
德国	Germany	8207	9065	22459	63694	83803	93166	87993
法国	France	3669	6137	13794	40839	52925	67685	71115
意大利	Italy	2333	3805	9004	24532	32443	34538	35071
荷兰	Netherlands	1436	1750	3008	6376	10302	8569	7074
瑞典	Sweden	877	1573	3162	8498	10970	12157	10480
瑞士	Switzerland	843	1053	2435	8358	10365	10135	9908
俄罗斯	Russia	10566	8926	19484	63036	86748	103432	97171
美洲	**America**	**29012**	**40786**	**73303**	**191175**	**252620**	**290059**	**281332**
加拿大	Canada	4900	7008	13513	39869	51624	56435	51458
美国	United States	23273	31994	54510	133305	178310	198638	199980
大洋洲	**Oceanic**	**3853**	**8009**	**15393**	**58310**	**83773**	**97920**	**91492**
澳大利亚	Australia	3046	5956	10643	40738	56523	62649	56120
新西兰	New Zealand	519	1183	2369	12588	20270	20690	16279
其他	**Others**	**14148**	**3933**	**15487**	**22311**	**33982**	**32426**	**47252**

6-23 各市按主要国家分接待外国旅游人数(2013年)

Number of Foreigner Tourists by Country and Region(2013)

单位:人次 (person-time)

地 区 Region	合 计 Total	#韩 国 Republic of Korea	日 本 Japan	马来西亚 Malaysia	新加坡 Singapore	菲律宾 Philippines	印 尼 Indonesia	泰 国 Thailand	印 度 India	美 国 United States
全省总计 Total	**3273678**	**1496143**	**381054**	**63466**	**94525**	**41097**	**33275**	**21601**	**31113**	**199980**
济 南 市 Jinan	194003	32026	24457	9988	13525	2231	3135	2973	8016	19243
青 岛 市 Qingdao	870554	337976	130868	16429	17138	10478	10011	3692	8176	54153
淄 博 市 Zibo	125577	40607	39063	5706	4202	448	2963	331	1026	6597
枣 庄 市 Zaozhuang	11942	8332	198	205	3851	527	133	730	261	3802
东 营 市 Dongying	34010	2124	748	450	2145	53	38	1375	97	753
烟 台 市 Yantai	415628	244123	53768	3529	10449	5005	3186	1080	3376	14856
潍 坊 市 Weifang	274002	129257	30224	4687	6811	3414	2213	2276	1899	16375
济 宁 市 Jining	214837	52587	31139	6718	11353	3886	4323	4705	3276	13583
泰 安 市 Tai'an	210972	69092	23923	9087	10521	1248	2337	1250	1097	38253
威 海 市 Weihai	412663	358188	17157	383	816	598	263	225	113	3514
日 照 市 Rizhao	266467	173764	415	1461	5360	9387	1510	1024	853	5801
莱 芜 市 Laiwu	5656	1049	1560	101	62	31	64	49	276	290
临 沂 市 Linyi	102990	20554	10468	1301	2758	1056	1309	1212	1604	4220
德 州 市 Dezhou	43697	5237	3906	2123	2956	1829	1122	207	544	5498
聊 城 市 Liaocheng	44932	14724	9681	546	1338	423	220	432	77	9228
滨 州 市 Binzhou	42422	5500	3228	659	868	396	404	20	388	3521
菏 泽 市 Heze	3326	1003	251	93	372	87	44	20	34	293

6-23 续表 continued

单位:人次 (person-time)

地 区 Region	加拿大 Canada	德 国 Germany	俄罗斯 Russia	英 国 United Kingdom	法 国 France	意大利 Italy	瑞 典 Sweden	荷 兰 Netherlands	澳大利亚 Australia	新西兰 New Zealand
全省总计 Total	**51458**	**87993**	**97171**	**86088**	**71115**	**35071**	**10480**	**7074**	**56120**	**16279**
济 南 市 Jinan	5283	13245	4758	8978	5873	3752	1100	663	8250	1448
青 岛 市 Qingdao	9721	21254	26579	17052	17787	5678	2396	1465	11142	1452
淄 博 市 Zibo	1923	5326	1439	3818	1691	892	1288	145	1639	713
枣 庄 市 Zaozhuang	1699	923	3561	1010	921	729	127	136	2063	916
东 营 市 Dongying	348	272	68	720	539	202	43	21	394	257
烟 台 市 Yantai	6264	10206	5334	10851	10308	5124	499	1220	5123	1563
潍 坊 市 Weifang	3815	5898	6460	6410	4535	2403	484	222	4032	1260
济 宁 市 Jining	7988	7109	4284	11187	8909	3880	1572	1238	5470	3547
泰 安 市 Tai'an	4022	5868	5617	7721	6484	1774	967	564	5447	1003
威 海 市 Weihai	678	956	22928	1555	727	284	113	130	529	148
日 照 市 Rizhao	2111	7747	11178	7846	5932	3417	298	348	3089	521
莱 芜 市 Laiwu	151	334	102	45	75	333	56	46	86	29
临 沂 市 Linyi	2140	2065	1968	2154	1983	1107	635	490	2554	1176
德 州 市 Dezhou	2551	1851	1338	3192	1956	1500	244	219	3051	858
聊 城 市 Liaocheng	820	1158	249	2361	1755	384	96	13	473	207
滨 州 市 Binzhou	1873	3661	1151	1060	1557	3530	551	131	2715	1161
菏 泽 市 Heze	71	120	157	128	83	82	11	23	63	20

6–24 接待入境游客构成

Structure of Foreigner Tourists

单位:%　　(%)

指　　标	Indicator	2008	2009	2010	2011	2012	2013
总　计	**Total**	**100.0**	**100.0**	**100.0**	**100.0**	**100.0**	**100.0**
按性别分	**by Sex**	**100.0**	**100.0**	**100.0**	**100.0**	**100.0**	**100.0**
男	Male	70.3	69.8	67.8	68.7	69.9	67.7
女	Female	29.7	30.2	32.2	31.3	30.1	31.5
按年龄分	**by Age**	**100.0**	**100.0**	**100.0**	**100.0**	**100.0**	**100.0**
14岁以下	14 and under	1.2	1.6	1.6	1.5	2.2	1.9
15～24岁	15-24	9.6	9.7	9.1	9.6	10.0	9.3
25～44岁	25-44	49.5	49.6	51.5	50.3	51.6	46.0
45～64岁	45-64	33.3	32.9	31.8	32.1	29.8	36.1
65岁以上	65 and over	6.4	6.3	6.0	6.5	6.4	5.9
按来鲁目的分	**by Purpose of Coming to Shandong**	**100.0**	**100.0**	**100.0**	**100.0**	**100.0**	**100.0**
从事经济商务活动	Business	48.3	48.2	46.3	47.7	54.4	46.5
从事文化学术交流	Cultural and Academic Exchanges	5.7	5.7	7.7	6.3	8.2	7.9
探亲访友	Visiting relatives and Friends	4.3	4.2	4.4	4.5	6.2	6.4
旅游观光	Sightseeing	39.8	40.4	39.6	39.8	26.5	31.2
其　它	Others	2.0	1.6	2.1	1.8	3.7	7.6

6–25 各市接待入境游客人数

Number of Foreigner Tourists by Region

单位:万人次　　(10 000 person-time)

地　区	Region	2008	外国人 Foreigner	2009	外国人 Foreigner	2010	外国人 Foreigner	2011	外国人 Foreigner	2012	外国人 Foreigner	2013	外国人 Foreigner
全省总计	**Total**	**253.8**	**206.5**	**310.0**	**241.2**	**366.8**	**277.9**	**424.2**	**312.3**	**469.9**	**342.2**	**452.7**	**327.4**
济南市	Jinan	17.0	10.7	18.7	11.6	23.1	15.3	29.0	19.4	31.6	20.6	30.7	19.4
青岛市	Qingdao	80.1	69.8	100.1	80.1	108.1	82.7	115.6	80.7	127.0	87.8	123.6	87.1
淄博市	Zibo	9.4	7.2	12.5	8.2	17.1	11.5	20.9	13.7	23.2	13.9	21.9	12.6
枣庄市	Zaozhuang	1.0	0.6	1.3	0.8	2.6	1.7	3.2	1.8	4.1	2.5	5.5	3.4
东营市	Dongying	1.9	1.5	2.5	1.8	3.3	2.2	4.3	3.2	5.3	3.9	3.1	1.2
烟台市	Yantai	35.2	29.5	40.1	33.3	47.2	39.0	54.9	44.5	53.0	41.7	52.0	41.6
潍坊市	Weifang	13.2	10.6	17.3	13.9	22.2	18.1	28.9	23.6	34.8	28.4	33.5	27.4
济宁市	Jining	19.1	10.9	24.5	14.6	28.9	16.1	34.0	20.9	37.4	24.2	35.4	21.5
泰安市	Tai'an	19.0	12.6	24.1	15.2	29.8	18.0	35.3	20.3	40.6	23.1	38.5	21.1
威海市	Weihai	28.8	27.5	32.3	30.9	37.3	35.6	41.5	38.9	45.7	42.8	44.0	41.3
日照市	Rizhao	15.2	15.1	18.0	17.9	21.5	21.1	25.5	24.7	29.3	27.7	28.1	26.6
莱芜市	Laiwu	0.2	0.2	0.2	0.2	0.4	0.3	0.6	0.5	0.8	0.6	0.7	0.6
临沂市	Linyi	6.5	5.1	8.5	5.3	12.1	6.7	14.7	8.5	18.9	10.7	18.2	10.3
德州市	Dezhou	2.9	1.4	4.2	2.0	5.8	2.7	6.5	3.4	6.8	4.1	6.3	4.4
聊城市	Liaocheng	1.9	1.7	2.6	2.2	3.5	3.1	4.5	4.0	5.5	4.7	5.4	4.5
滨州市	Binzhou	1.7	1.7	2.4	2.4	3.0	2.9	3.7	3.6	4.6	4.4	4.4	4.2
菏泽市	Heze	0.6	0.5	0.8	0.6	0.9	0.8	1.1	0.9	1.4	1.0	1.4	0.3

6–26 各市入境旅游外汇收入
Foreign Exchange Earnings by Region

单位:万美元 (10 000 USD)

地区	Region	2000	2005	2008	2009	2010	2011	2012	2013
全省总计	**Total**	**31513**	**78023**	**139148**	**176530**	**215506**	**255076**	**292365**	**273120**
济南市	Jinan	3152	4175	8340	9318	11354	14228	16034	15127
青岛市	Qingdao	14213	41493	50045	55178	60104	68933	82459	79363
淄博市	Zibo	407	982	4472	5832	9206	11441	12801	11574
枣庄市	Zaozhuang	39	113	321	419	824	976	1078	4772
东营市	Dongying	39	77	1508	2214	3128	4126	5082	770
烟台市	Yantai	6097	13207	26708	31081	37707	46816	48146	46313
潍坊市	Weifang	657	1055	7081	12254	16238	20535	25258	23182
济宁市	Jining	947	2603	6105	12103	17118	17767	18413	15965
泰安市	Tai'an	1118	3740	9518	15050	18380	21852	25745	23223
威海市	Weihai	4203	7086	13734	16083	19151	21855	25283	23851
日照市	Rizhao	202	1908	4432	8168	9795	11497	13583	12416
莱芜市	Laiwu	15	25	171	209	314	463	611	506
临沂市	Linyi	213	648	4271	5165	7717	9057	11325	10232
德州市	Dezhou	15	446	898	763	1752	2105	2195	1894
聊城市	Liaocheng	153	342	860	1128	1580	2118	2703	2392
滨州市	Binzhou	14	85	527	763	898	1058	1345	1268
菏泽市	Heze	29	38	157	199	239	249	302	273

6–27 入境旅游外汇收入及构成
Foreign Exchange Earnings and Its Composition

单位:万美元 (10 000 USD)

类别	Category	2010		2011		2012		2013	
		数额 Value	比重(%) Proportion	数额 Value	比重(%) Proportion	数额 Value	比重(%) Proportion	数额 Value	比重(%) Proportion
总计	**Total**	**215505.8**	**100.0**	**255076.2**	**100.0**	**292365.1**	**100.0**	**273120.1**	**100.0**
长途交通	Long Distance Transportation	60772.6	28.2	72110.0	28.3	81833.0	28.0	76500.9	28.0
#民航	Civil Aviation	48273.3	22.4	56040.2	22.0	64671.2	22.1	60810.7	22.3
铁路	Railway	2586.1	1.2	3214.0	1.3	3713.0	1.3	3448.2	1.3
汽车	Highway	6249.7	2.9	8468.5	3.3	8595.5	2.9	7766.8	2.8
轮船	Waterway	3663.6	1.7	4387.3	1.7	4853.3	1.7	4524.0	1.7
游览	Visiting	25429.7	11.8	29894.9	11.7	29499.6	10.1	24978.6	9.1
住宿	Accommodation	26722.7	12.4	34588.3	13.6	37481.2	12.8	34365.0	12.6
餐饮	Food and Beverage	17456.0	8.1	23237.4	9.1	31721.6	10.9	24116.5	8.8
购物	Shopping	40084.1	18.6	46730.0	18.3	60665.7	20.8	59176.3	21.7
娱乐	Entertainment	17671.5	8.2	20890.7	8.2	22599.8	7.7	18440.7	6.8
邮电通讯	Post and Communication Services	7973.7	3.7	9667.4	3.8	10876.0	3.7	10153.3	3.7
市内交通	Local Transportation	6680.7	3.1	5611.7	2.2	6724.4	2.3	8977.0	3.3
其他服务	Other Services	12714.8	5.9	12345.7	4.8	10963.7	3.8	16363.0	6.0

6–28 各经济开发区主要经济指标(2013年)
Main Indicators of the Economic Development Areas(2013)

开发区名称	Development Area	注册企业数(个) Number of Registered Enterprises (unit)	外商投资企业 Foreign -funded Enterprises	高新技术企业 High and New-tech Enterprises	实际利用外资额(万美元) Amount of Foreign Capital Actually Utilized (10 000 USD)
国家级	**National**				
济南综合保税区	Jinan Bonded Zone	200	14	6	3934
明水经济技术开发区	Mingshui Economic and Technological Development Zone	300	29	40	20087
青岛经济技术开发区	Qingdao Economic and Technological Development Zone	19998	770	97	95300
青岛保税港区	Qingdao Bonded Port	3843	285	11	10061
青岛西海岸出口加工区	Qingdao West Coast Export Processing Zone	27	11		5078
青岛出口加工区	Qingdao Export Processing Zone	95	46	3	6481
胶州经济技术开发区	Jiaozhou Economic and Technological Development Zone	7736	381	65	43256
东营经济技术开发区	Dongying Economic and Technological Development Zone	1773	29	27	4631
烟台保税港区	Yantai Bonded Port	140	51	1	1502
烟台经济技术开发区	Yantai Economic and Technological Development Zone	8185	929	65	46800
招远经济技术开发区	Zhaoyuan Economic and Technological Development Zone	614	130	48	6644
滨海经济技术开发区	Binzhou Economic and Technological Development Zone	2172	50	35	12817
威海经济技术开发区	Weihai Economic and Technological Development Zone	4688	286	21	13989
临港经济技术开发区	Lingang Economic and Technological Development Zone	1458	227	12	10369
威海出口加工区	Weihai Export Processing Zone	54	41		2540
日照经济技术开发区	Rizhao Economic and Technological Development Zone	2845	50	10	28000
临沂经济技术开发区	Linyi Economic and Technological Development Zone	2437	28	20	7836
德州经济技术开发区	Dezhou Economic and Technological Development Zone	1341	20	47	1838
聊城经济技术开发区	Liaocheng Economic and Technological Development Zone	2341	6	23	1384
滨州经济技术开发区	Binzhou Economic and Technological Development Zone	999	13	7	1626
邹平经济技术开发区	Zouping Economic and Technological Development Zone	636	14	13	19193
省　级	**Provincial**				
济南市	Jinan				
济南槐荫工业园区	Jinan Huaiyin Industry Park	596	2	9	2715
济南化工产业园区	Jinan Chemical Industry Park	245	4	15	1120
济南临港经济开发区	Jinan Lingang Economic Development Zone	3578	76	27	9275
济南经济开发区	Jinan Economic Development Zone	705	9	24	11000
平阴工业园区	Pingyin Industry Park	202	3	18	1380
济北经济开发区	Jibei Economic Development Zone	2360	70		6730
商河经济开发区	Shanghe Economic Development Zone	168	3	5	2071
青岛市	Qingdao				
青岛环海经济开发区	Qingdao Seaside Economic Development Zone	992	589	9	13125
即墨经济开发区	Jimo Economic Development Zone	2045	225	119	43286
平度经济开发区	Pingdu Economic Development Zone	3675	246	41	19945
胶南经济开发区	Jiaonan Economic Development Zone	907	163	30	12370
青岛临港经济开发区	Qingdao Lingang Economic Development Zone	528	50	8	6196
淄博市	Zibo				
淄川经济开发区	Zichuan Economic Development Zone	688	49	86	4593
张店经济开发区	Zhangdian Economic Development Zone	109	3	10	208
博山经济开发区	Boshan Economic Development Zone	887	13	35	477
临淄经济开发区	Linzi Economic Development Zone	676	6	18	
周村经济开发区	Zhoucun Economic Development Zone	556	22	9	2459

6-28 续表 1 Continued

开发区名称	Development Area	注册企业数(个) Number of Registered Enterprises (unit)	外商投资企业 Foreign-funded Enterprises	高新技术企业 High and New-tech Enterprises	实际利用外资额(万美元) Amount of Foreign Capital Actually Utilized (10 000 USD)
桓台东岳氟硅材料产业园	Huantai Dongyue International Fluorine -siliconMaterial Industry Zone	23	3	6	4097
桓台经济开发区	Huantai Economic Development Zone	816	36	51	2202
高青经济开发区	Gaoqing Economic Development Zone	97	3	19	1490
沂源经济开发区	Yiyuan Economic Development Zone	258	7	29	
枣庄市	Zaozhuang				
枣庄经济开发区	Zaozhuang Economic Development Zone	224	14		1620
薛城经济开发区	Xuecheng Economic Development Zone	159	6	22	1973
峄城经济开发区	Yicheng Economic Development Zone	185	33	90	622
台儿庄经济开发区	Taierzhuong Economic Development Zone	196	3	29	979
山亭经济开发区	Shantieng Economic Development Zone	200	17	6	292
滕州经济开发区	Tengzhou Economic Development Zone	1290	6	73	4985
东营市	Dongying				
东营胜利工业园区	Dongying Shengli Industry Park	217	17	58	1950
河口经济开发区	Hekou Economic Development Zone	336	13	42	1100
垦利经济开发区	Kenli Economic Development Zone	358	10	12	1299
利津经济开发区	Lijin Economic Development Zone	107	1	14	86
广饶经济开发区	Guangrao Economic Development Zone	279	5	121	2359
烟台市	Yantai				
牟平经济开发区	Muping Economic Development Zone	616	135	12	10937
龙口经济开发区	Longkou Economic Development Zone	1968	247	55	10920
龙口高新产业园区	Longkou Hi-Tech Industrial Park	220	59	21	3020
莱阳经济开发区	Laiyang Economic Development Zone	510	119	31	4232
莱州工业园区	Laizhou Hi-Tech Industrial Park	543	14	24	5897
莱州经济开发区	Laizhou Economic Development Zone	822	53	28	10224
蓬莱经济开发区	Penglai Economic Development Zone	682	163	23	9300
栖霞经济开发区	Qixia Economic Development Zone	1131	46	2	1945
海阳经济开发区	Haiyang Economic Development Zone	538	63	36	6510
潍坊市	Weifang				
潍城经济开发区	Weicheng Economic Development Zone	298	11	18	470
寒亭经济开发区	Hantieng Economic Development Zone	228	28	8	2556
潍坊经济开发区	Weifang Economic Development Zone	1843	220	97	1064
潍坊城南工业园区	Weifang Chengnan Industry Park	357	24	26	540
临朐经济开发区	Linqu Economic Development Zone	651	51	20	3222

6–28 续表 2 Continued

开发区名称	Development Area	注 册 企业数 (个) Number of Registered Enterprises (unit)	外商投资企业 Foreign -funded Enterprises	高新技术企业 High and New-tech Enterprises	实际利用外资额 (万美元) Amount of Foreign Capital Actually Utilized (10 000 USD)
昌乐经济开发区	continuedChangle Economic Development Zone	329	42	12	3000
青州经济开发区	Qingzhou Economic Development Zone	703	18	40	4412
诸城经济开发区	Zhucheng Economic Development Zone	859	19	20	8922
寿光经济开发区	Shouguang Economic Development Zone	837	38	43	17418
安丘经济开发区	Anqiu Economic Development Zone	525	89	15	1656
高密经济开发区	Gaomi Economic Development Zone	678	95	29	3306
昌邑经济开发区	Changyi Economic Development Zone	385	16	21	5500
济宁市	Jining				
济宁经济开发区	Jining Economic Development Zone	707		15	650
任城经济开发区	Rencheng Economic Development Zone	767	27	41	2475
鱼台经济开发区	Yutai Economic Development Zone	190	1	37	1875
金乡经济开发区	Jinxiang Economic Development Zone	820	29	28	1372
嘉祥经济开发区	Jiaxang Economic Development Zone	218	42	55	1650
汶上经济开发区	Wenshang Economic Development Zone	245	6	33	2109
泗水经济开发区	Shishui Economic Development Zone	341	19	29	2010
梁山经济开发区	Liangshan Economic Development Zone	382	34	22	1501
曲阜经济开发区	Qufu Economic Development Zone	462	31	29	4934
兖州经济开发区	Yanzhou Economic Development Zone	120			
兖州工业园区	Yanahou Industry Park	665	17	14	1180
邹城经济开发区	Zoucheng Economic Development Zone	428	23	29	6800
邹城工业园区	Zoucheng Industry Park	416	33	29	5320
泰安市	Taian				
泰山工业园区	Taishan Industry Park	149	6	55	1432
岱岳工业园区	Daiyue Industry Park	699	7	28	450
宁阳工业园区	Ningyang Industry Park	342	5	43	1290
东平工业园区	Dongping Industry Park	160	10	42	106
威海市	Weihai				
文登经济开发区	Wendeng Economic Development Zone	673	259	67	4610
文登工业园区	Wendeng Industry Park	577	84	56	536
荣成经济开发区	Rongcheng	1320	98	41	5400
荣成工业园区	Rongcheng Industry Park	106	17	4	1600
乳山经济开发区	Rushan Economic Development Zone	758	123	33	6223

6-28 续表 3 Continued

开发区名称	Development Area	注 册 企业数 (个) Number of Registered Enterprises (unit)	外商投资 企 业 Foreign -funded Enterprises	高新技术 企 业 High and New-tech Enterprises	实际利用 外资额 (万美元) Amount of Foreign Capital Actually Utilized (10 000 USD)
日照市	Rizhao				
岚山经济开发区	Lanshan	2322	53	3	8049
五莲工业园区	Wulian Industry Park	139	12	10	9092
莱芜市	Laiwu				
莱芜工业园区	Laiwu Industry Park	432	9	15	1348
莱芜钢城经济开发区	Laiwu Gangcheng Economic Development Zone	758	20	30	2013
临沂市	Linyi				
临沂工业园区	Linyi Industry Park	367	21	17	5574
临沂河东工业园区	Linyi Hedong Industry Park	274	11	11	50
沂南经济开发区	Yinan Economic Development Zone	216	18	11	676
郯城经济开发区	Tancheng Economic Development Zone	142	12	8	401
沂水经济开发区	Yishui Economic Development Zone	232	7	7	1595
苍山经济开发区	Changshan Economic Development Zone	385	18	6	4581
费县经济开发区	Feixian Economic Development Zone	560	2	6	491
平邑经济开发区	Pinyi Economic Development Zone	380	17	15	145
莒南经济开发区	Junan Economic Development Zone	390	18	12	3055
蒙阴经济开发区	Mengyen Economic Development Zone	241	3	2	245
临沭经济开发区	Lienshu Economic Development Zone	428	21	8	5000
德州市	Dezhou				
德州运河经济开发区	Deznou Yunhe Economic Development Zone	460	2	6	800
陵县经济开发区	Lingxian Economic Development Zone	332	39	12	1550
宁津经济开发区	Ningjin Economic Development Zone	308	26	18	1383
庆云经济开发区	Qinyuen Economic Development Zone	248	34	34	45
临邑经济开发区	Linyi Economic Development Zone	473	11	62	2047
齐河经济开发区	Qihe Economic Development Zone	204	50	70	322
平原经济开发区	Pingyuan Economic Development Zone	286	6	16	307
夏津经济开发区	Xiajin Economic Development Zone	300		11	625
武城经济开发区	Wucheng Economic Development Zone	298	3	128	105
乐陵经济开发区	Laoling Economic Development Zone	353	13	24	5200

6-28 续表 4 Continued

开发区名称	Development Area	注册企业数(个) Number of Registered Enterprises (unit)	外商投资企业 Foreign-funded Enterprises	高新技术企业 High and New-tech Enterprises	实际利用外资额(万美元) Amount of Foreign Capital Actually Utilized (10 000 USD)
聊城市	Liaocheng				
聊城嘉明经济开发区	Liaocheng Jiaming	268	5	15	10
阳谷工业园区	Yangu Industry Park	168	3	38	9457
莘县工业园区	Shenxian Industry Park	209	24	34	30
东阿工业园区	Donge Industry Park	727	74	90	4987
滨州市	Binzhou				
惠民经济开发区	Huimin Economic Development Zone	200	1	7	10
阳信经济开发区	Yiangxin Economic Development Zone	130	9	12	92
无棣工业园区	Wudi Industry Park	1274	9	1	298
沾化经济开发区	Zhanhua Economic Development Zone	240	2	9	3557
博兴经济开发区	Boxing Economic Development Zone	530	2	10	3457
菏泽市	Heze				
菏泽经济开发区	Heze Economic Development Zone	3617	30	7	533
菏泽牡丹工业园区	Heze Mudan Industry Park	183	15	28	1812
曹县工业园区	Caoxian Industry Park	260	30	27	1544
单县工业园区	Shanxian Industry Park	215	3	23	
成武工业园区	Chengwu Industry Park	113	7	13	422
巨野工业园区	Juye Industry Park	254	3	9	
郓城工业园区	Yuncheng Industry Park	320	6	12	18
鄄城工业园区	Juancheng Industry Park	203	5		
定陶工业园区	Dingtao Industry Park	166	4	21	
东明工业园区	Dongming Industry Park	227	6	12	521

6-28 续表 5 continued

开发区名称	Development Area	固定资产投资额（万元）Investment in Fixed Assets (10 000 yuan)	公共财政预算收入（万元）Budgetary Revenue of Local Government (10 000 yuan)	规模以上工业总产值（万元）Gross Output of Industrial Enterprises above Designated Size (10 000 yuan)	规模以上工业主营业务收入（万元）Business Revenue of Industrial Enterprises above Designated Size (10 000 yuan)	规模以上工业利税总额（万元）Total Profits and Taxes of Industrial Enterprises above Designated Size (10 000 yuan)
国家级	**National**					
济南综合保税区	Jinan Bonded Zone	510908	5809	345844	345747	26203
明水经济技术开发区	Mingshui Economic and Technological Development Zone	2197180	239112	10030285	10229935	960917
青岛经济技术开发区	Qingdao Economic and Technological Development Zone	7504752	871809	48767984	49176609	4400673
青岛保税港区	Qingdao Bonded Port	60147	63910	759807	691266	123830
青岛西海岸出口加工区	Qingdao West Coast Export Processing Zone	30650	1109	27986	38049	2167
青岛出口加工区	Qingdao Export Processing Zone	57214	10846	381300	333553	23631
胶州经济技术开发区	Jiaozhou Economic and Technological Development Zone	3778382	347342	14903877	14462417	2040404
东营经济技术开发区	Dongying Economic and Technological Development Zone	2561517	151896	15014700	13833426	1480173
烟台保税港区	Yantai Bonded Port	5383	8527	9637091	8718062	248294
烟台经济技术开发区	Yantai Economic and Technological Development Zone	3583014	600628	31562395	30887559	2951253
招远经济技术开发区	Zhaoyuan Economic and Technological Development Zone	1845072	240808	10036024	10955697	819530
滨海经济技术开发区	Binzhou Economic and Technological Development Zone	4059771	259925	11034629	10611515	630936
威海经济技术开发区	Weihai Economic and Technological Development Zone	1106374	181206	3923889	3564646	240257
临港经济技术开发区	Lingang Economic and Technological Development Zone	820418	59601	1947674	1889235	149364
威海出口加工区	Weihai Export Processing Zone	29160	5839	372161	308166	5938
日照经济技术开发区	Rizhao Economic and Technological Development Zone	1274000	151200	6246500	5969494	418906
临沂经济技术开发区	Linyi Economic and Technological Development Zone	1942364	215478	7164783	7294514	587835
德州经济技术开发区	Dezhou Economic and Technological Development Zone	1909230	215731	8246365	8190009	954838
聊城经济技术开发区	Liaocheng Economic and Technological Development Zone	1554210	133556	4916950	4665230	357920
滨州经济技术开发区	Binzhou Economic and Technological Development Zone	1060990	81699	1938496	1866865	155302
邹平经济技术开发区	Zouping Economic and Technological Development Zone	638531	179854	22201281	22817319	1695096

6-28 续表 6 continued

开发区名称	Development Area	固定资产投资额（万元）Investment in Fixed Assets (10 000 yuan)	公共财政预算收入（万元）Budgetary Revenue of Local Government (10 000 yuan)	规模以上工业总产值（万元）Gross Output of Industrial Enterprises above Designated Size (10 000 yuan)	规模以上工业主营业务收入（万元）Business Revenue of Industrial Enterprises above Designated Size (10 000 yuan)	规模以上工业利税总额（万元）Total Profits and Taxes of Industrial Enterprises above Designated Size (10 000 yuan)
省 级	**Provincial**					
济南市	Jinan					
济南槐荫工业园区	Jinan Huaiyin Industry Park	326232	35270	434551	432707	57393
济南化工产业园区	Jinan Chemical Industry Park	527701	29729	402082	405872	27928
济南临港经济开发区	Jinan Lingang Seaport Economic Development Zone	1170858	151934	2440720	2510662	136702
济南经济开发区	Jinan Economic Development Zone	736790	49054	1355053	1382637	66223
平阴工业园区	Pingyin Industry Park	1129392	25740	1659220	1638057	311927
济北经济开发区	Jibei Economic Development Zone	1281762	139630	2990955	2868293	493770
商河经济开发区	Shanghe Economic Development Zone	357851	31068	1066047	1088752	83320
青岛市	Qingdao					
青岛环海经济开发区	Qingdao Seaside Economic Development Zone	200514	58746	2422392	1683201	92052
即墨经济开发区	Jimo Economic Development Zone	2102734	148735	13365927	12485143	1547846
平度经济开发区	Pingdu Economic Development Zone	2222265	146777	4836826	4913225	400175
胶南经济开发区	Jiaonan Economic Development Zone	521807	188932	5545285	5447013	609238
青岛临港经济开发区	Qingdao Lingang Economic Development Zone	241570	70048	3149905	2946747	398107
淄博市	Zibo					
淄川经济开发区	Zichuan Economic Development Zone	940375	195378	12812283	12427915	1367070
张店经济开发区	Zhangdian Economic Development Zone	126508	25478	1956866	1973835	489049
博山经济开发区	Boshan Economic Development Zone	813756	41105	3090235	2925664	464273
临淄经济开发区	Linzi Economic Development Zone	419555	36916	5162868	4842715	230172
周村经济开发区	Zhoucun Economic Development Zone	1311949	111648	5009996	4989656	553137

6-28 续表 7 continued

开发区名称	Development Area	固定资产投资额(万元) Investment in Fixed Assets (10 000 yuan)	公共财政预算收入(万元) Budgetary Revenue of Local Government (10 000 yuan)	规模以上工业总产值(万元) Gross Output of Industrial Enterprises above Designated Size (10 000 yuan)	规模以上工业主营业务收入(万元) Business Revenue of Industrial Enterprises above Designated Size (10 000 yuan)	规模以上工业利税总额(万元) Total Profits and Taxes of Industrial Enterprises above Designated Size (10 000 yuan)
桓台东岳氟硅材料产业园区	Huantai Dongyue Fluorine and Silicon Material Industry Zone	275689	29891	3297514	3255332	119618
桓台经济开发区	Huantai Economic Development Zone	1406556	209675	11959283	11901684	491895
高青经济开发区	Gaoqing Economic Development Zone	520000	58874	2169620	2003600	251000
沂源经济开发区	Yiyuan Economic Development Zone	491585	104236	3278474	2957244	613345
枣庄市	Zaozhuang					
枣庄经济开发区	Zaozhuang Economic Development Zone	805113	100972	4005610	3781580	287852
薛城经济开发区	Xuecheng Economic Development Zone	423404	50512	1411591	1431603	116052
峄城经济开发区	Yicheng Economic Development Zone	584875	62596	2067269	2352822	271739
台儿庄经济开发区	Taierzhuong Economic Development Zone	467004	46882	1441769	1338978	261131
山亭经济开发区	Shantieng Economic Development Zone	515828	44152	1281163	1206011	103451
滕州经济开发区	Tengzhou Economic Development Zone	2297000	368992	12116043	10952905	1192939
东营市	Dongying					
东营胜利工业园区	Dongying Shengli Industry Park	516621	144780	8731417	8716444	799606
河口经济开发区	Hekou Economic Development Zone	354067	69551	2621420	2608722	523892
垦利经济开发区	Kenli Economic Development Zone	2182031	116080	13131766	12803542	1072332
利津经济开发区	Lijin Economic Development Zone	773479	41019	6032206	5600971	579150
广饶经济开发区	Guangrao Economic Development Zone	1386356	80939	13362294	13207882	1618800
烟台市	Yantai					
牟平经济开发区	Muping Economic Development Zone	1157843	103477	7310504	5734034	525651
龙口经济开发区	Longkou Economic Development Zone	2048390	323070	18574030	16276510	1819390
龙口高新产业园区	Longkou Hi-Tech Industrial Park	1296870	152250	8721246	8387650	997290
莱阳经济开发区	Laiyang Economic Development Zone	1042381	69892	5157836	5132782	472675
莱州工业园区	Laizhou Hi-Tech Industrial Park	816437	121802	3161457	3160633	374816
莱州经济开发区	Laizhou Economic Development Zone	2316777	280360	11333591	11345849	1353704
蓬莱经济开发区	Penglai Economic Development Zone	1514378	116500	8249718	8168922	893621
栖霞经济开发区	Qixia Economic Development Zone	504976	47706	1492920	1483507	98403
海阳经济开发区	Haiyang Economic Development Zone	809014	130643	1922975	1497542	78326
潍坊市	Weifang					
潍城经济开发区	Weicheng Economic Development Zone	924000	86200	1003000	1022560	60500
寒亭经济开发区	Hantieng Economic Development Zone	1077142	89042	3249996	3146831	261542
潍坊经济开发区	Weifang Economic Development Zone	1775487	125325	4523900	4498621	276589
潍坊城南工业园区	Weifang Chengnan Industry Park	872106	90055	508117	509934	49278
临朐经济开发区	Linqu Economic Development Zone	1368469	66042	3019513	2751027	135178

6–28 续表 8 continued

开发区名称	Development Area	固定资产投资额(万元) Investment in Fixed Assets (10 000 yuan)	公共财政预算收入(万元) Budgetary Revenue of Local Government (10 000 yuan)	规模以上工业总产值(万元) Gross Output of Industrial Enterprises above Designated Size (10 000 yuan)	规模以上工业主营业务收入(万元) Business Revenue of Industrial Enterprises above Designated Size (10 000 yuan)	规模以上工业利税总额(万元) Total Profits and Taxes of Industrial Enterprises above Designated Size (10 000 yuan)
昌乐经济开发区	Changle Economic Development Zone	1773169	150270	5906100	5982450	402095
青州经济开发区	Qingzhou Economic Development Zone	3056783	273852	13463360	12802588	735261
诸城经济开发区	Zhucheng Economic Development Zone	3541390	461940	14041820	13744750	1265170
寿光经济开发区	Shouguang Economic Development Zone	3728371	458553	15499019	14783891	1168030
安丘经济开发区	Anqiu Economic Development Zone	1402135	94918	2732459	2764913	172543
高密经济开发区	Gaomi Economic Development Zone	2413814	237830	11539772	11262308	1080901
昌邑经济开发区	Changyi Economic Development Zone	1859951	173433	8276182	8111542	642360
济宁市	Jining					
济宁经济开发区	Jining Economic Development Zone	573192	26346	346534	338124	24589
任城经济开发区	Rencheng Economic Development Zone	994785	99041	2804781	2232101	253654
鱼台经济开发区	Yutai Economic Development Zone	641680	81138	385686	502354	166253
金乡经济开发区	Jinxiang Economic Development Zone	742611	25723	1215368	1327092	147024
嘉祥经济开发区	Jiaxang Economic Development Zone	1058765	86083	1489502	1483316	103629
汶上经济开发区	Wenshang Economic Development Zone	1083956	41292	1106820	1062812	132250
泗水经济开发区	Shishui Economic Development Zone	726002	46890	1421006	136224	88512
梁山经济开发区	Liangshan Economic Development Zone	768723	51232	1751225	1690854	171176
曲阜经济开发区	Qufu Economic Development Zone	1230435	86140	2496815	1785687	183450
兖州经济开发区	Yanzhou Economic Development Zone	235875	30960	1984654	1957643	167805
兖州工业园区	Yanahou Industry Park	1036724	121298	10437840	6852357	624227
邹城经济开发区	Zoucheng Economic Development Zone	1052358	237681	5531405	4670952	573226
邹城工业园区	Zoucheng Industry Park	883458	193599	4694275	4061582	483578
泰安市	Taian					
泰山工业园区	Taishan Industry Park	706589	63227	2615549	2614572	303701
岱岳工业园区	Daiyue Industry Park	804830	31329	735890	730053	46979
宁阳工业园区	Ningyang Industry Park	872348	26773	2896527	2868418	279704
东平工业园区	Dongping Industry Park	1169426	85876	6450581	6465362	628514
威海市	Weihai					
文登经济开发区	Wendeng Economic Development Zone	852019	113517	12218303	11869328	801800
文登工业园区	Wendeng Industry Park	1300601	88874	5605057	5492956	514304
荣成经济开发区	Rongcheng	2740282	272228	13120572	12503295	1192783
荣成工业园区	Rongcheng Industry Park	459164	17946	3745255	3577337	270551
乳山经济开发区	Rushan Economic Development Zone	1273236	92839	3430782	3194177	385492

6-28 续表 9 continued

开发区名称	Development Area	固定资产投资额（万元）Investment in Fixed Assets (10 000 yuan)	公共财政预算收入（万元）Budgetary Revenue of Local Government (10 000 yuan)	规模以上工业总产值（万元）Gross Output of Industrial Enterprises above Designated Size (10 000 yuan)	规模以上工业主营业务收入（万元）Business Revenue of Industrial Enterprises above Designated Size (10 000 yuan)	规模以上工业利税总额（万元）Total Profits and Taxes of Industrial Enterprises above Designated Size (10 000 yuan)
日照市	Rizhao					
岚山经济开发区	Lanshan	3696735	196840	9796900	10093100	392400
五莲工业园区	Wuulian Industry Park	465030	18557	1797146	1797039	143763
莱芜市	Laiwu					
莱芜工业园区	Laiwu Industry Park	507120	16956	1314002	1257500	113175
莱芜钢城经济开发区	Laiwu Gangcheng Economic Development Zone	585649	27733	1726689	1657622	184323
临沂市	Linyi					
临沂工业园区	Linyi Industry Park	1409275	28713	3806459	3656284	397433
临沂河东工业园区	Linyi Hedong Industry Park	840000	52762	2691380	2703930	210249
沂南经济开发区	Yinan Economic Development Zone	1223980	76890	4406460	4324600	302195
郯城经济开发区	Tancheng Economic Development Zone	1028937	51075	3023559	3107543	336792
沂水经济开发区	Yishui Economic Development Zone	1577631	69757	6531271	6501381	497393
苍山经济开发区	Changshan Economic Development Zone	1245158	71390	3986207	3925858	373399
费县经济开发区	Feixian Economic Development Zone	530070	44537	3410979	3358696	350698
平邑经济开发区	Pinyi Economic Development Zone	1220757	69959	3043621	3013780	278212
莒南经济开发区	Junan Economic Development Zone	1152853	83708	4294615	4211839	328627
蒙阴经济开发区	Mengyen Economic Development Zone	713915	45977	2287873	2226103	198290
临沭经济开发区	Lienshu Economic Development Zone	681145	41857	3651139	3663695	223455
德州市	Dezhou					
德州运河经济开发区	Deznou Yunhe Economic Development Zone	387420	46914	1849015	1941122	290500
陵县经济开发区	Lingxian Economic Development Zone	1057056	73841	5427519	5095657	547872
宁津经济开发区	Ningjin Economic Development Zone	1139600	47315	4087032	4080250	433799
庆云经济开发区	Qinyuen Economic Development Zone	499618	42714	2831128	2920879	317131
临邑经济开发区	Linyi Economic Development Zone	1258740	90304	5214037	5657883	678331
齐河经济开发区	Qihe Economic Development Zone	1488490	191775	7251075	7608200	938900
平原经济开发区	Pingyuan Economic Development Zone	1147016	56318	5126319	5058188	321920
夏津经济开发区	Xiajin Economic Development Zone	682584	49804	4536171	4768400	529983
武城经济开发区	Wucheng Economic Development Zone	1161086	59917	4999523	5114560	617814
乐陵经济开发区	Laoling Economic Development Zone	745830	40086	4281210	4279700	507153

6-28 续表 10 continued

开发区名称	Development Area	固定资产投资额（万元）Investment in Fixed Assets (10 000 yuan)	公共财政预算收入（万元）Budgetary Revenue of Local Government (10 000 yuan)	规模以上工业总产值（万元）Gross Output of Industrial Enterprises above Designated Size (10 000 yuan)	规模以上工业主营业务收入（万元）Business Revenue of Industrial Enterprises above Designated Size (10 000 yuan)	规模以上工业利税总额（万元）Total Profits and Taxes of Industrial Enterprises above Designated Size (10 000 yuan)
聊城市	Liaocheng					
聊城嘉明经济开发区	Liaocheng Jiaming Economic Development Zone	588052	58154	3653108	3605341	399522
阳谷工业园区	Yangu Industry Park	1085640	77346	8490776	8485567	890024
莘县工业园区	Shenxian Industry Park	897381	58835	3973764	4118723	595703
东阿工业园区	Donge Industry Park	1730742	211460	11446293	11415904	1150073
滨州市	Binzhou					
惠民经济开发区	Huimin Economic Development Zone	1240843	39289	1433256	1438666	149862
阳信经济开发区	Yiangxin Economic Development Zone	302613	35990	1475609	1935513	161268
无棣工业园区	Wudi Industry Park	848121	57521	1617274	1412782	151308
沾化经济开发区	Zhanhua Economic Development Zone	1092600	59106	2317460	2338977	177025
博兴经济开发区	Boxing Economic Development Zone	1246610	173674	6900809	8285960	276838
菏泽市	Heze					
菏泽经济开发区	Heze Economic Development Zone	1005761	173074	6212478	6006850	955870
菏泽牡丹工业园区	Heze Mudan Industry Park	307600	97747	2572600	2336000	363800
曹县工业园区	Caoxian Industry Park	194120	95257	3027282	3159898	363440
单县工业园区	Shanxian Industry Park	672415	59432	3672209	3694238	399876
成武工业园区	Chengwu Industry Park	418620	56269	1805150	1881230	350646
巨野工业园区	Juye Industry Park	572660	41693	1400722	1334051	164173
郓城工业园区	Yuncheng Industry Park	447555	82317	2694849	2828746	300899
鄄城工业园区	Juancheng Industry Park	501867	38480	1951392	1730379	227548
定陶工业园区	Dingtao Industry Park	214621	57815	1018702	1217964	230291
东明工业园区	Dongming Industry Park	389128	109718	6202413	5731885	566186

6–29 各高新技术产业开发区主要经济指标(2013年)

Main Indicators of the High and New-tech Development Zone(2013)

开发区名称	Development Area	注册企业数(个) Number of Registered Enterprises (unit)	外商投资企业 Foreign -funded Enterprises	高新技术企业 High and New-tech Enterprises	实际利用外资额(万美元) Amount of Foreign Capital Actually Utilized (10 000 USD)
国家级	**National**				
济南高新技术产业开发区	Jinan High and New-tech Development Zone	9616	149	220	26006
青岛高新技术产业开发区	Qingdao High and New-tech Development Zone	2019	118	137	14940
淄博高新技术产业开发区	Zibo High and New-tech Development Zone	3069	182	128	8156
烟台高新技术产业开发区	Yantai High and New-tech Development Zone	744	27	16	3680
烟台高新技术产业开发区(福山园)	Yantai High and New-tech Development Zone (Fushan Zone)	861	252	46	
烟台高新技术产业开发区(莱山园)	Jinan High and New-tech Development Zone (Laishan Zone)	5828	409	83	10014
潍坊高新技术产业开发区	Weifang High and New-tech Development Zone	5761	247	139	42890
济宁高新技术产业开发区	Jining and New-tech Development Zone	4373	61	348	22003
泰安高新技术产业开发区	Taian High and New-tech Development Zone	1320	34	40	9220
威海高新技术产业开发区	Weihai High and New-tech Development Zone	5088	356	51	13671
临沂高新技术产业开发区	Linyi High and New-tech Development Zone	1805	57	26	3690
省　级	**Provincial**				
即墨高新技术产业开发区	Jimo High and New-tech Development Zone	142	44	41	23421
枣庄高新技术产业开发区	Zaozhuang High and New-tech Development Zone	1901	38	56	8000
东营高新技术产业开发区	Dongying High and New-tech Development Zone	1773	29	27	4631
嘉祥高新技术产业开发区	Jiaxiang High and New-tech Development Zone	218	42	55	1650
文登高新技术产业开发区	Wendeng High and New-tech Development Zone	577	84	56	536
日照高新技术产业开发区	Rizhao High and New-tech Development Zone	694	74	8	3540
莱芜高新技术产业开发区	Laiwu High and New-tech Development Zone	1733	56	57	7137
禹城高新技术产业开发区	Yucheng High and New-tech Development Zone	358	11	10	2300
聊城高新技术产业开发区	Liaocheng High and New-tech Development Zone	2341	6	23	1384
滨州高新技术产业开发区	Binzhou High and New-tech Development Zone	392		17	10
菏泽高新技术产业开发区	Heze High and New-tech Development Zone	183	15	28	1812

6-29 续表 continued

单位：万元 (10 000 yuan)

开发区名称	Development Area	固定资产投资额 Investment in Fixed Assets	公共财政预算收入 Budgetary Revenue of Local Government	规模以上工业总产值 Gross Output of Industrial Enterprises above Designated Size	规模以上工业主营业务收入 Business Revenue of Industrial Enterprises above Designated Size	规模以上工业利税总额 Total Profits and Taxes of Industrial Enterprises above Designated Size
国家级	**National**					
济南高新技术产业开发区	Jinan High and New-tech Development Zone	3724285	645267	20023151	20763211	1836279
青岛高新技术产业开发区	Qingdao High and New-tech Development Zone	1232073	263695	14870973	16633947	1733483
淄博高新技术产业开发区	Zibo High and New-tech Development Zone	3222596	1083963	21449862	21125641	3034085
烟台高新技术产业开发区	Yantai High and New-tech Development Zone	291815	28065	286502	265525	18960
烟台高新技术产业开发区(福山园)	Yantai High and New-tech Development Zone (Fushan Zone)	1381162	63120	2186631	2197619	130847
烟台高新技术产业开发区(莱山园)	Jinan High and New-tech Development Zone (Laishan Zone)	2709913	270018	2640781	2452010	347390
潍坊高新技术产业开发区	Weifang High and New-tech Development Zone	2404115	688854	14304855	14653180	2112126
济宁高新技术产业开发区	Jining and New-tech Development Zone	2818079	648287	23318096	10296600	1761826
泰安高新技术产业开发区	Taian High and New-tech Development Zone	660949	165893	4764825	4798820	295717
威海高新技术产业开发区	Weihai High and New-tech Development Zone	1100087	399676	11028188	11653584	1235158
临沂高新技术产业开发区	Linyi High and New-tech Development Zone	4148700	177350	8809600	8715420	914100
省　级	**Provincial**					
即墨高新技术产业开发区	Jimo High and New-tech Development Zone	814589	35661	2613213	2445896	248942
枣庄高新技术产业开发区	Zaozhuang High and New-tech Development Zone	2618625	152811	6568115	6458569	667793
东营高新技术产业开发区	Dongying High and New-tech Development Zone	2561517	151896	15014700	13833426	1480173
嘉祥高新技术产业开发区	Jiaxiang High and New-tech Development Zone	1058765	86083	1489502	1483316	103629
文登高新技术产业开发区	Wendeng High and New-tech Development Zone	1300601	88874	5605057	5492956	514304
日照高新技术产业开发区	Rizhao High and New-tech Development Zone	1273870	50730	2122501	1387346	74123
莱芜高新技术产业开发区	Laiwu High and New-tech Development Zone	1929603	200947	7088018	6899065	593714
禹城高新技术产业开发区	Yucheng High and New-tech Development Zone	1042000	106210	7083100	6885480	784100
聊城高新技术产业开发区	Liaocheng High and New-tech Development Zone	1554210	133556	4916950	4665230	357920
滨州高新技术产业开发区	Binzhou High and New-tech Development Zone	603972	30019	549848	506727	29302
菏泽高新技术产业开发区	Heze High and New-tech Development Zone	307600	97747	2572600	2336000	363800

主要统计指标解释

进出口总额 指实际进出我国国境的货物总金额。包括对外贸易实际进出口货物，来料加工装配进出口货物，国家间、联合国及国际组织无偿援助物资和赠送品，华侨、港澳台同胞和外籍华人捐赠品，租赁期满归承租人所有的租赁货物，进料加工进出口货物，边境地方贸易及边境地区小额贸易进出口货物(边民互市贸易除外)，中外合资企业、中外合作经营企业、外商独资经营企业进出口货物和公用物品，到、离岸价格在规定限额以上的进出口货样和广告品(无商业价值、无使用价值和免费提供出口的除外)，从保税仓库提取在中国境内销售的进口货物，以及其他进出口货物。该指标可以观察一个国家在对外贸易方面的总规模。我国规定出口货物按离岸价格统计，进口货物按到岸价格统计。

商品经营单位所在地进、出口额 指所在地海关注册登记的有进出口经营权的企业实际进、出口额。

商品目的地进口额和商品货源地出口额 目的地进口额指进口货物的消费、使用或最终抵运地的实际进口额；货源地出口额指出口货物的产地或原始发货地的实际出口额。

利用外资 指我国各级政府、部门、企业和其他经济组织通过对外借款、吸收外商直接投资以及用其他方式筹措的境外现汇、设备、技术等。

对外借款 指通过对外正式签订借款协议，从境外筹措的资金，包括外国政府贷款、国际金融组织贷款、外国银行商业贷款、出口信贷以及对外发行债券等。1996年及以前还包括对外发行股票。该指标是我国利用外资的重要部分。

外商直接投资 指外国企业和经济组织或个人(包括华侨、港澳台胞以及我国在境外注册的企业)按我国有关政策、法规，用现汇、实物、技术等在我国境内开办外商独资企业、与我国境内的企业或经济组织共同举办中外合资经营企业、合作经营企业或合作开发资源的投资(包括外商投资收益的再投资)，以及经政府有关部门批准的项目投资总额内企业从境外借入的资金。

外商其他投资 指除对外借款和外商直接投资以外的各种利用外资的形式。包括企业在境内外股票市场公开发行的以外币计价的股票（目前主要是在香港证券市场发行的H股和在境内证券市场发行的B股）发行价总额，国际租赁进口设备的应付款，补偿贸易中外商提供的进口设备、技术、物料的价款，加工装配贸易中外商提供的进口设备、物料的价款。

对外直接投资 指我国国内投资者以现金、实物、无形资产等方式在国外及港澳台地区设立、购买国（境）外企业，并以控制该企业的经营管理权为核心的经济活动。

对外承包工程 指各对外承包公司以招标议标承包方式承揽的下列业务：(1)承包国外工程建设项目；(2)承包我国对外经援项目；(3)承包我国驻外机构的工程建设项目；(4)承包我国境内利用外资进行建设的工程项目；(5)与外国承包公司合营或联合承包工程项目时我国公司分包部分；(6)对外承包兼营的房屋开发业务。对外承包工程的营业额是以货币表现的本期内完成的对外承包工程的工作量，包括以前年度签订的合同和本年度新签订的合同在报告期内完成的工作量。

对外劳务合作 指以收取工资的形式向业主或承包商提供技术和劳动服务的活动。我国对外承包公司在境外开办的合营企业，中国公司同时又提供劳务的，其劳务部分也纳入劳务合作统计。劳务合作营业额按报告期内向雇主提交的结算数(包括工资、加班费和奖金等)统计。

旅游者人数

(1)入境国际旅游者人数：指来中国参观、访问、旅行、探亲、访友、休养、考察、参加会议和从事经济、科技、文化、教育、宗教等活动的外国人、华侨、港澳同胞和台湾同胞的人数。不包括外国在我国的常驻机构，如使领馆、通讯社、企业办事处的工作人员；来我国常住的外国专家、留学生以及在岸逗留不过夜人员。

(2)出境居民人数：指大陆居民因公务活动或私人事务短期出境的人数。公务活动出境居民人数包括在国际交通工具上的中国服务员工，因私出境居民人数不包括在国际交通工具上的中国服务员工。

(3)国内旅游者人数：指我国大陆居民和在我国常住1年以上的外国人、华侨、港澳台同胞离开常住地在境内其他地方的旅游设施内至少停留一夜，最长不超过6个月的人数。

国际旅游(外汇)收入 指入境旅游的外国人、华侨、港澳同胞和台湾同胞在中国大陆旅游过程中发生的一切旅游支出，其对于国家来说就是国际旅游(外汇)收入。

国际旅行社 指经营对外招徕并接待外国人、华侨、港澳同胞和台湾同胞来中国、归国或回内地旅游业务的旅行社。

国内旅行社 指负责经营招徕、组团、接待国内旅客的旅游业务，以及不对外招徕，负责经营接待国际旅行社或其它涉外部门组织的外国人、华侨、港澳同胞和台湾同胞来中国、归国或回内地的旅游业务的旅行社。

Explanatory Notes on Main Statistical Indicators

Total Imports and Exports at Customs refer to the real value of commodities imported into and exported from the boundary of China. They include the actual imports and exports through foreign trade, imported and exported goods under the processing and assembling trades and materials, supplies and gifts as aid given gratis between governments and by the United Nations and other international organizations, and contributions donated by overseas Chinese, compatriots in Hong Kong and Macao and Chinese with foreign citizenship, leasing commodities owned by tenant at the expiration of leasing period, the imported and exported commodities processed with imported materials, commodities trading in border areas (excluding mutual exchange goods), the imported and exported commodities and articles for public use of the Sino foreign joint ventures, cooperative enterprises and ventures exclusively with foreign own investment. Also included are import or export of samples and advertising goods for whose CIF or FOB value are beyond the permitted ceiling (excluding goods of no trading or use value and free commodities for export), imported goods sold in China from bonded warehouses and other imported or exported goods. The indicator of the total imports and exports at customs can be used to observe the total size of external trade in a country. In accordance with the stipulation of the Chinese government, imports are calculated at CIF, while exports are calculated at FOB.

Import and Export Value by Location of Foreign Trade Managing Units refers to actual value of imports and exports carried out by corporations which have been registered by the local customhouse and are vested with right to run import export business.

Import and Export Value of Commodities by Destination and Origin of goods in China: The former indicator refers to the value of import commodities of the places of their consumption, utilization or the places of their final destination. The latter indicator refers to the value of export commodities of the places of their origin or the places of the commodities dispatched.

Utilization of Foreign Capitals refers to remittance, equipment and technology financed from abroad, by loans, foreign direct investment and other forms undertaken by the Chinese governments at all levels, by various departments, enterprises and other economic units.

Foreign Borrowings refer to funds borrowed from abroad through formal signing of borrowing agreements with foreign institutions, including loans of foreign governments, loans of international financial institutions, commercial loans of foreign banks, export credit, and funds raised by Chinese bonds (and shares before 1996) issued abroad. It is an important part of China’ s utilization of foreign capitals.

Foreign Direct Investment refers to the investments inside China by foreign enterprises and economic organizations or individuals (including overseas Chinese, compatriots from Hong Kong, Macao and Taiwan, and Chinese enterprises registered abroad), following the relevant policies and laws of China, for the establishment of ventures exclusively with foreign own investment, Sino oreign joint ventures and cooperative enterprises or for co perative exploration of resources with enterprises or economic organizations in China. It includes the re investment of the foreign entrepreneurs with the profits gained from the investment and the funds that enterprises borrow from abroad in the total investment of projects which are approved by the relevant department of the government.

Other Investment by Foreign Entrepreneurs refers to all forms of utilization of foreign capitals other than foreign borrowings and foreign direct investment. It includes the total value of stock shares in foreign currencies issued by enterprises at domestic or foreign stock exchanges (now mainly consisting of H shares issued at Hong Kong Security Market and B shares issued at domestic security markets), rent payable for the imported equipment through international leasing arrangement, cost of imported equipment, technology and materials provided by foreign counterparts in compensation trade and processing and assembly trade.

Overseas Direct Investment refers to enterprises set up or bought by domestic investors in foreign countries and in Hong Kong, Macao and Taiwan, and the economic activities centering on operation and management of those enterprises are under the control of domestic investors. The statistical scope covers various corporation type enterprises and non-corporation type enterprises receiving direct investment from domestic investment entities.

Contracted Projects with Foreign Countries refer to projects undertaken by Chinese contractors (project contracting companies) through bidding process. They include:(1) overseas civil engineering construction projects financed by foreign investors; (2) overseas projects financed by the Chinese government through its foreign aid programs; (3) construction projects of Chinese diplomatic missions, trade offices and other institutions stationed abroad; (4) construction projects in China financed by foreign investment; (5) sub-contracted projects to be taken by Chinese contractors through a joint umbrella project with foreign contractor(s); (6) housing development projects. The business income from international contracted projects is the work volume of contracted projects completed during the reference period, expressed in monetary terms, including completed work on projects signed in previous years.

Service Cooperation with Foreign Countries refers to

the activities of providing technology and labour services to employers or contractors in the forms of receiving salaries and wages. Labour services providing by contractual joint ventures of Chinese international contracting corporations should be included in the statistics of service co-operation with foreign countries. The business income of labour service cooperation is the income in the form of wages and salaries, overtime pay, bonuses and other remuneration received from the employers during the reference period.

Number of Tourists

(1) International tourists refer to foreigners, overseas Chinese, Chinese compatriots from Hong Kong, Macao and Taiwan coming to China for sight seeing, visits, tours, family reunions, vacations, study tours, conferences and other activities of a business, scientific and technological, cultural, educational and religious nature. It does not include representatives and employees of resident institutions of foreign countries in China such as embassies, consulates, news agencies and offices of foreign companies and organizations, nor does it include long-term foreign experts or students residing in China, or persons in transition without spending a night in China.

(2) Chinese residents going abroad refer to Chinese residents going abroad for short terms for either public business or private purposes. Chinese employees working on international transport carriers are included in those going abroad for public business purpose, not in those for private purpose.

(3) Domestic tourists refer to residents of the mainland of China who stay for one night at least but no more than 6 months at tourist facilities in other places than their permanent residence within the territory of the mainland China, including foreigners, overseas Chinese and Chinese compatriots from Hong Kong, Macao and Taiwan who have resided in China for over one year.

Foreign Exchange Earnings from International Tourism refer to the total expenditures of foreigners, overseas Chinese, Chinese compatriots from Hong Kong, Macao and Taiwan during their stay in the mainland of China, which are earnings of foreign exchange from international tourism from the point of view from China.

International Travel Agencies refer to travel agencies engaged in the promotion, solicitation, organization and reception of tours to the mainland of China by foreigners, overseas Chinese, Chinese compatriots from Hong Kong, Macao and Taiwan.

Domestic Travel Agencies refer to travel agencies engaged in the promotion, solicitation, organization and reception of domestic tourists, and in the reception of foreigners, overseas Chinese, Chinese compatriots from Hong Kong, Macao and Taiwan organized by international travel agencies or other departments concerned, without their own promotion and solicitation programmes.

第7篇

能　源

Energy

简 要 说 明

一、本篇资料的主要内容

本篇资料反映了全省能源生产和消费状况，主要包括能源生产、消费及品种构成，能源生产和消费弹性系数，生活用能源消费量，全省各市主要发展约束性指标，以及分行业能耗情况。

二、本篇资料的来源

本篇资料主要来源于全省能源平衡表，全省主要能源统计指标公报，由省统计局能源处编制提供。

三、关于数据口径与计算的说明

1.一次能源生产量，采用规模以上工业产品产量统计数据。

2.行业分类采用现行统一的国民经济行业分类国家标准。

3.电力、热力折算成标准煤时，分别按照当量、等价两种折标系数计算。电力和热力折算标准煤的当量系数分别为1.229（吨标准煤/万千瓦时）、0.0341（吨标准煤/百万千焦）；电力和热力折算标准煤的等价系数，按平均发电、供热标准煤耗计算。

4.本篇出现的“煤碳”，包括原煤、洗精煤、其它洗煤和煤制品（即型煤），不包括焦炭。煤品包括煤碳、焦碳、焦炉煤气、高炉煤气、转炉煤气和其它焦化产品。

Brief Introduction

I. Main Content

Data in this chapter show the energy production and consumption of Shandong Province, including mainly energy production and consumption and their composition, the elasticity ratio of energy production and consumption, the consumption of energy for residential use, main binding indicators on development of Shandong, and the energy consumption grouped by sector.

II. Source of Data

Data in this chapter are mainliy based on the energy balance sheet of the whole province, the statistics communiqué of main energy indicators of Shandong . The data are provided by the Division of Energy Statistics of Shandong Statistical Bureau.

III. Notes on Coverage and Calculation of Data

(1)Data on the production of primary energy are based on output of industrial products made by enterprises above designate size.

(2) Data by industries in this chapter are based on the new National Industrial Classification of All Economic Activities.

(3) The coefficient for conversion of electric power into the standard coal equivalent is calculated on the basis of heat value equivalent. One kilowatt is equal to 0.1229 kg SCE. The coefficient for conversion of heating into the standard coal equivalent is calculated on the basis of equal caloric value. One million KJ is equal to 0.0341 ton SCE. The coefficient is calculated according to the average consumption of coal for generating electricity or heating.

(4) In this chapter,Coal includes crude coal, washing coal,other washing coal and coal products and excludes coke.Coal products includes coal, coke, coke oven gas,blast furnace gas,converter gas and other coking products.

7-1 主要年份一次能源生产总量

Primary Energy Output in Major Years

单位:万吨标煤 (10 000 tons of SCE)

年 份 Year	能源生产总量 Total Energy Production	原 煤 Coal	原 油 Crude Oil	天燃气 Natural Gas	水电和风电 Hydro and Wind Power
1949	120.79	120.79			
1952	258.58	258.58			
1955	342.73	342.73			
1956	386.58	386.58			
1957	440.37	440.37			
1962	1041.29	1041.17	0.01		0.11
1965	1362.94	1242.89	119.81		0.24
1970	2383.80	1716.18	667.59		0.03
1975	4555.04	2036.54	2388.62	128.62	1.26
1976	5013.70	2382.91	2500.65	128.88	1.26
1977	5387.37	2727.99	2502.71	155.88	0.79
1978	5901.83	2928.71	2781.49	190.46	1.17
1979	6075.07	3170.21	2697.14	205.49	2.23
1980	5873.37	3064.71	2616.94	189.00	2.72
1981	5392.54	2950.42	2301.75	138.72	1.65
1982	5505.80	3040.71	2335.21	129.41	0.47
1983	5898.00	3132.28	2625.00	139.79	0.93
1984	6696.54	3258.96	3288.36	148.17	1.05
1985	7531.89	3516.00	3861.74	151.89	2.26
1986	8046.80	3642.79	4215.52	185.94	2.55
1987	8511.34	3798.47	4514.38	197.24	1.25
1988	8918.29	3970.94	4757.61	188.73	1.01
1989	9038.69	4067.83	4765.07	205.35	0.44
1990	9262.21	4282.54	4786.70	191.39	1.58
1991	9269.98	4282.53	4793.22	191.25	2.98
1992	9508.88	4535.86	4780.24	191.92	0.86
1993	9875.38	4519.97	5171.83	182.08	1.50
1994	10624.66	5560.85	4887.14	173.78	2.89
1995	10757.67	6305.32	4294.76	156.04	1.55
1996	10697.72	6392.56	4159.57	144.62	0.97
1997	10620.51	6496.14	4002.01	121.67	0.69
1998	10436.05	6412.17	3901.51	122.09	0.28
1999	10322.39	6425.10	3807.55	89.01	0.73
2000	9648.75	5741.96	3822.49	83.54	0.76
2001	11550.26	7634.32	3811.52	103.34	1.08
2002	13241.75	9333.02	3816.52	91.07	1.14
2003	14384.08	10476.85	3808.65	98.36	0.22
2004	14394.61	10461.78	3820.50	111.84	0.49
2005	13995.62	10021.63	3849.36	123.03	1.60
2006	14083.40	10042.24	3935.89	103.46	1.82
2007	14616.67	10526.28	3990.22	99.22	0.95
2008	14615.32	10500.62	3998.91	113.05	2.74
2009	14600.08	10424.07	4040.38	119.97	15.66
2010	16055.71	11913.14	3980.08	129.01	33.48
2011	16351.80	12255.64	3973.65	69.16	53.35
2012	17261.75	13138.83	3963.94	79.80	79.19
2013	15187.65	11052.66	3950.87	67.93	116.19

注：1.本表使用当量折标系数折算标准煤。2.2009年开始，一次能源包含水电和风电，1949—2008年数据不包括风电。
a)Data of standard coal equivalent is calculated on the basis of heat value equivalent.
b)Since 2009, Primary Energy included hydro and wind power. 1949-2008 data do not include wind power.

7-2 1979-2013年能源生产、能源消费弹性系数

Elasticity Ratio of Energy Production and Energy Consumption from 1979 to 2013

年 份 Year	能源生产弹性系数 Elasticity Ratio of Energy Production				能源消费弹性系数 Elasticity Ratio of Energy Consumption			
	能源生产比上年增长(%) Growth Rate of Energy Production over Preceding Year (%)	电力生产比上年增长(%) Growth Rate of Electricity Production over Preceding Year (%)	能源生产弹性系数 Elasticity Ratio of Energy Production	电力生产弹性系数 Elasticity Ratio of Electricity Production	能源消费比上年增长(%) Growth Rate of Energy Consumption over Preceding Year (%)	电力消费比上年增长(%) Growth Rate of Electricity Consumption over Preceding Year (%)	能源消费弹性系数 Elasticity Ratio of Energy Consumption	电力消费弹性系数 Elasticity Ratio of Electricity Consumption
1979	1.69	9.68	0.15	0.84		11.03		0.95
1980	-3.33	8.78		0.55	0.62	5.96	0.03	0.40
1981	-8.17	4.58		0.25	-12.23	6.13		0.33
1982	2.12	4.62	0.15	0.33	21.98	6.06	1.56	0.43
1983	7.11	7.26	0.44	0.44	-13.50	7.43		0.46
1984	13.53	8.33	0.51	0.31	7.34	12.43	0.27	0.47
1985	12.46	10.83	0.73	0.63	-12.67	8.70		0.51
1986	6.83	14.46	0.75	1.59	7.34	11.02	0.81	1.22
1987	5.79	10.62	0.29	0.52	13.68	9.68	0.68	0.48
1988	4.78	14.41	0.19	0.57	5.73	8.04	0.23	0.32
1989	1.36	10.58	0.09	0.67	4.84	7.17	0.31	0.45
1990	2.46	6.33	0.15	0.38	3.46	9.76	0.21	0.58
1991	0.52	11.20	0.03	0.57	3.05	9.75	0.15	0.49
1992	2.14	14.06	0.16	0.66	1.92	13.92	0.09	0.65
1993	-0.14	7.85		0.30	-1.07	7.77		0.29
1994	8.27	10.95	0.21	0.28	13.09	10.50	0.33	0.29
1995	6.13	9.09	0.21	0.31	10.58	9.48	0.36	0.32
1996	-2.77	7.28		0.38	3.12	7.51	0.16	0.39
1997	1.52	7.68	0.13	0.66	-0.02	7.38		0.64
1998	-1.81	-7.09			12.70	-1.19	1.10	
1999	-1.01	14.84		0.58	0.22	14.57	0.87	0.53
2000	-6.52	9.91		0.55	-9.17	10.12		0.56
2001	1.71	9.86	0.17	0.98	10.41	10.94	1.03	1.09
2002	4.68	13.19	0.40	1.14	18.06	12.42	1.56	1.07
2003	8.49	11.75	0.62	0.86	18.74	13.47	1.36	0.98
2004	0.07	17.50	0.01	1.15	21.30	17.50	1.39	1.14
2005	-2.78	16.58		1.11	20.08	16.58	1.32	1.09
2006	0.64	15.24	0.04	1.04	10.96	15.24	0.74	1.04
2007	3.79	14.23	0.27	1.00	8.66	14.26	0.61	1.00
2008	-0.01	3.89		0.32	4.48	5.04	0.37	0.42
2009	-0.10	3.95		0.33	5.73	7.85	0.48	0.66
2010	9.97	6.29	0.80	0.50	7.54	12.15	0.60	0.97
2011	1.84	2.64	0.17	0.24	6.68	10.21	0.62	0.94
2012	5.56	4.20	0.57	0.43	4.76	4.38	0.49	0.45
2013	-12.02	8.82	-1.26	0.92	4.64	7.60	0.49	0.80

7-3　一次能源生产量及构成
Primary Energy Output and Composition

类　　别	Category	2000	2005	2010	2011	2012	2013
能源生产总量(折标准煤)	**Total Energy Production**	**9648.75**	**13995.62**	**16055.71**	**16351.80**	**17261.75**	**15187.65**
(万吨标准煤)	**(10 000 tons of SCE)**						
构　成	Composition						
原　煤　(%)	Coal　(%)	59.51	71.61	74.20	74.95	76.12	72.77
原　油　(%)	Crude Oil　(%)	39.62	27.51	24.79	24.30	22.96	26.01
电　力　(%)	Electricity　(%)	0.01	0.01	0.21	0.33	0.46	0.77

注：本表使用当量折标系数折算标准煤。
a)Data of standard coal equivalent is calculated on the basis of heat value equivalent.

7-4　能源消费量及构成
Total Consumption and Composition of Energy

类　　别	Category	2000	2005	2010	2011	2012	2013
一、一次能源消费量(万吨标准煤)	**Primary Energy Consumption**	**12513.21**	**25687.50**	**36299.64**	**38507.29**	**40035.78**	**40837.34**
(折标准煤)	**(10 000 tons of SCE)**						
构　成	Composition						
原　煤　(%)	Coal　(%)	78.76	80.76	76.17	76.47	75.21	73.82
原　油　(%)	Crude Oil　(%)	20.68	18.35	22.01	21.62	22.38	23.67
电　力　(%)	Electricity　(%)	0.01		0.09	0.14	0.20	0.28
二、终端能源消费量(万吨标准煤)	**Final Energy Consumption**	**8178.05**	**17729.40**	**25480.51**	**26956.98**	**28403.60**	**29616.87**
(折标准煤)	**(10 000 tons of SCE)**						
构　成	Composition						
煤　品　(%)	Coal　(%)	49.50	53.03	48.16	48.18	48.45	47.32
油　品　(%)	Crude Oil　(%)	30.53	24.09	21.86	23.13	22.68	23.43
电　力　(%)	Electricity　(%)	15.03	13.70	15.91	16.58	16.42	16.94
其　他　(%)	Others　(%)	4.95	9.18	14.07	12.13	12.45	12.31

注：本表使用当量折标系数折算标准煤。
a)Data of standard coal equivalent is calculated on the basis of heat value equivalent.

7–5 综合能源平衡表

Overall Energy Balance Sheet

单位：万吨标准煤 (10 000 tons of SCE)

项　　目	Item	2011	2012	2013
可供消费的能源总量	**Total Energy for Consumption**	**35970**	**37650**	**39423**
一次能源生产量	Primary Energy Output	16352	17359	15552
回收能	Recover of Energe	371	561	672
外省(区、市)调入量	Allocation from Other Provinces	26672	25189	31371
进口量	Imports	4161	5045	6030
本省(区、市)调出量(－)	Allocation to Other Provinces(-)	9298	10076	13269
出口量(–)	Exports(-)	61	32	239
年初年末库存差额	Stock Changes in the Year	-244	166	-23
能源消费总量	**Total Energy Consumption**	**35978**	**37650**	**39423**
在总量中：	Consumption by srctor			
1.农、林、牧、渔、水利业	1.Agriculture,Forestry,Animal Husbandry,Fishery and Water Conservancy	399	343	498
2.工　业	2.Industry	28072	29155	30248
3.建筑业	3.Construction	716	638	672
4.交通运输、仓储和邮政业	4.Transport,Storage and Post	2717	3024	3254
5.批发、零售业和住宿、餐饮业	5.Wholesale and Retail Trades,Hotels and Catering Services	1013	1107	1164
6.其他行业	6.Other Sectors	945	1071	1208
7.生活消费	7.Household Consumption	2117	2313	2380
在总量中：	Consumption by Usage			
(一) 终端消费	(I)End-use Consumption	26955	28404	29617
#工业	Industry	19051	19908	20441
(二) 加工转换损失量	(II)Losses During the Process of Energy Conversion	9021	9247	9806
#炼焦	Coking	587	597	629
炼油	Petroleum Refining	792	865	976
(三) 损失量	(III)Energy Losses			
平衡差额	**Balance**	**-8**	**0**	**0**

注：本表使用当量折标系数折算标准煤。
a)Data of standard coal equivalent is calculated on the basis of heat value equivalent.

7-6 石油平衡表

Petroleum Balance Sheet

单位：万吨 (10 000 tons)

项 目	Item	2011	2012	2013
一、可供量	**Total Energy Available for Consumption**	**5034.2**	**5178.6**	**5602.3**
原油产量	Crude Output	2781.5	2774.7	2765.6
外省(区、市)调入量	Allocation from Other Provinces	2032.6	3418.8	6227.5
进口量	Imports	2920.3	3550.7	2270.4
本省(区、市)调出量(－)	Allocation to Other Provinces(-)	2706.8	4575.3	5558.3
出口量(－)	Exports(-)	21.2	5.0	119.0
年初年末库存差额	Stock Changes in the Year	27.8	14.7	16.2
年初库存量	Stock of early Year	365.2	337.3	336.7
年末库存量(－)	Stock of Year end(-)	337.3	322.6	320.6
二、消费量	**Total Energy Consumption**	**5039.2**	**5178.6**	**5602.3**
在总量中：	Consumption by srctor			
1.农、林、牧、渔、水利业	1.Agriculture,Forestry,Animal Husbandry, Fishery and Water Conservancy	157.8	145.7	249.7
2.工 业	2.Industry	1841.4	1751.9	1821.5
3.建筑业	3.Construction	429.4	381.3	400.7
4.交通运输、仓储和邮政业	4.Transport,Storage and Post	1743.7	1956.8	2123.3
5.批发、零售业和住宿、餐饮业	5.Wholesale and Retail Trades,Hotels and Catering Services	97.5	110.5	124.1
6.其他行业	6.Other Sectors	147.5	156.0	198.2
7.生活消费	7.Household Consumption	621.9	676.3	684.7
在总量中：	Consumption by Usage			
1.终端消费	1.End-use Consumption	4357.3	4486.0	4820.8
#工业	Industry	1159.6	1059.4	1039.9
2.加工转换损失	2.Losses During the Process of Energy Conversion	681.8	692.5	781.6
火力发电	Thermal Power	25.3	20.3	12.5
供 热	Heating	60.5	62.3	47.0
炼油损耗	Petroleum Refining	596.1	610.0	722.0
制 气	Gas Production			
3.损 失 量	3.Other Losses			
三、平衡差额	**Balance**	**-5**	**0**	**0**

7-7 煤炭平衡表

Coal Balance Sheet

单位：万吨 (10 000 tons)

项目	Item	2011	2012	2013
一、可供量	**Total Energy Available for Consumption**	**38920.5**	**40232.8**	**40885.0**
原煤生产量	Raw coal output	16113.6	17667.6	14951.1
外省(区、市)调入量	Allocation from Other Provinces	29935.5	26289.9	29631.4
进口量	Imports			3801.0
本省(区、市)调出量(-)	Allocation to Other Provinces(-)	6736.0	3770.2	7336.2
出口量(-)	Exports(-)	32.8	34.8	89.1
年初年末库存差额	Stock Changes in the Year	-359.7	80.1	-73.1
年初库存量	Stock of early Year	2011.0	2370.7	2350.9
年末库存量(-)	Stock of Year end(-)	2370.7	2290.5	2424.0
二、消费量	**Total Energy Consumption**	**38920.5**	**40232.8**	**40885.0**
在总量中：	Consumption by srctor			
1.农、林、牧、渔、水利业	1.Agriculture,Forestry,Animal Husbandry, Fishery and Water Conservancy	89.0	58.0	54.0
2.工　业	2.Industry	36753.7	37936.9	38434.1
3.建筑业	3.Construction	98.6	72.6	73.1
4.交通运输、仓储和邮政业	4.Transport,Storage and Post	30.6	27.3	32.3
5.批发、零售业和住宿、餐饮业	5.Wholesale and Retail Trades,Hotels and Catering Services	869.2	948.9	1029.5
6.其他行业	6.Other Sectors	584.1	723.8	796.8
7.生活消费	7.Household Consumption	495.4	465.4	465.3
在总量中：	Consumption by Usage			
1.终端消费	1.End-use Consumption	13042.4	13822.6	13927.8
#工业	Industry	10875.5	11526.6	11476.9
2.用于加工转换	2.Energy Conversion	25878.2	26410.2	26957.1
火力发电	Thermal Power	14543.5	15398.7	15634.6
供　热	Heating	4307.3	4589.9	4331.5
洗煤损耗	Losses in Coal Washing and Dressing	1313.5	894.3	852.5
炼　焦	Coking	5653.7	5693.1	6159.9
制　气	Gas Production	58.1	52.7	38.2
型煤加工损耗	Losses in briquette Processing	2.2	218.4	0
3.损失量	3.Other Losses			
三、平衡差额	**Balance**	**0**	**0**	**0**

7-8 电力平衡表

Electricity Balance Sheet

单位：亿千瓦小时　(100 million kwh)

项　目	Item	2011	2012	2013
一、可供量	**Total Energy Available for Consumption**	**3634.8**	**3794.6**	**4083.1**
生产量	Output	3172.4	3305.8	3597.5
火力发电	Hydropower	3129.0	3241.4	3502.9
水力发电、核发电、其它发电	Hydro,Nuclear and other Power	43.4	64.4	94.5
外省(区、市)调入量	Allocation from Other Provinces	462.8	488.7	485.7
进口量	Imports			
本省(区、市)调出量(-)	Allocation to Other Provinces(-)	0.4	0	0
出 口 量(-)	Exports(-)			
二、消费量	**Total Energy Consumption**	**3635.3**	**3794.6**	**4083.1**
在总量中：	Consumption by srctor			
1.农、林、牧、渔、水利业	1.Agriculture,Forestry,Animal Husbandry, Fishery and Water Conservancy	85.4	73.5	78.3
2.工　业	2.Industry	2812.0	2899.7	3117.6
3.建筑业	3.Construction	32.3	34.4	37.6
4.交通运输、仓储和邮政业	4.Transport,Storage and Post	57.8	65.9	66.5
5.批发、零售业和住宿、餐饮业	5.Wholesale and Retail Trades,Hotels and Catering Services	90.5	110.5	121.4
6.其他行业	6.Other Sectors	169.0	197.3	204.7
7.生活消费	7.Household Consumption	388.2	413.2	457.0
在总量中：	Consumption by Usage			
1. 终端消费	1.End-use Consumption	3635.3	3794.6	4083.1
#工业	Industry	2812.0	2899.7	3117.6
2. 输配电损失量	2.Losses in Transmission			
三、平衡差额	**Balance**	**-0.4**	**0**	**0**

7-9 按行业分能耗消费量(2013年)
Consumption of Energy by Sector(2013)

单位：万吨标准煤 (10 000 tons of SCE)

行业	Sector	消费量 Total Consumption	比上年增长(%) Growth Rate(%)
消 费 总 计	**Total Consumption**	**40704.5**	**4.6**
农、林、牧、渔业	**Agriculture,Forestry,Animal Husbandry,Fishery**	**670.5**	**31.8**
工业	**Gross Industrial Enterprises**	**29396.6**	**3.6**
采矿业	**Mining**	**2176.2**	**-2.3**
煤炭开采和洗选业	Mining and Washing of Coal	1541.7	-4.0
石油和天然气开采业	Extraction of Petroleum and Natural Gas	422.3	1.5
黑色金属矿采选业	Mining and Dressing of Ferrous Metal Ores	77.3	4.4
有色金属矿采选业	Mining and Dressing of Nonferrous Metals Ores	71.8	4.4
非金属矿采选业	Mining and Dressing of Nonmetal Ores	62.4	4.0
开采辅助活动	Mining Support Activities	0.7	-71.9
其他采矿业	Mining and Dressing of Other Ores	0.03	6.1
制造业	**Manufacture**	**25722.5**	**4.0**
农副食品加工业	Processing of Farm and Sideline Food	973.1	4.0
食品制造业	Manufacture of Food	477.8	2.3
酒、饮料和精制茶制造业	Manufacture of Wine, Drinks and Refined Tea	132.7	3.0
烟草制品业	Tobacco Products	10.3	5.5
纺织业	Textile Industry	1209.3	5.3
纺织服装、服饰业	Manufacture of Textile Wearing Apparel and Finery	161.7	3.4
皮革、毛皮、羽毛及其制品和制鞋业	Manufacture of Leather, Fur, Feather & Its Products and Footwear	69.9	3.1
木材加工及木、竹、藤、棕、草制品业	Timber Processing, Bamboo, Cane, Palm Fiber & Straw Products	216.5	2.5
家具制造业	Manufacture of Furniture	56.7	4.7
造纸及纸制品业	Papermaking and Paper Products	1071.5	10.0
印刷和记录媒介复制业	Printing, Reproduction of Recording Media	37.6	6.6
文教、工美、体育和娱乐用品制造业	Manufacture of Culture, Education,Arts and crafts,Sport and Entertainment Goods	99.0	3.6
石油加工、炼焦和核燃料加工业	Petroleum Refining, Coking and Nuclear Fuel Processing	2671.8	4.4
化学原料和化学制品制造业	Manufacture of Raw Chemical Materials and Chemica Products	5159.2	6.5
医药制造业	Manufacture of Medicines	406.1	3.1
化学纤维制造业	Manufacture of Chemical Fibers	111.8	3.1
橡胶和塑料制品业	Manufacture of Rubber and Plastic	637.8	6.8
非金属矿物制品业	Nonmetal Mineral Products	3139.0	7.8
黑色金属冶炼及压延加工业	Smelting and Pressing of Ferrous Metals	5425.1	-1.9
有色金属冶炼及压延加工业	Smelting and Pressing of Nonferrous Metals	1522.4	5.0
金属制品业	Manufacture of Metal Products	481.8	3.7
通用设备制造业	Manufacture of General Purpose Machinery	429.2	4.6
专用设备制造业	Manufacture of Special Purpose Machinery	254.4	5.0
汽车制造业	Manufacture of Automotive	309.9	4.2
铁路、船舶、航空航天和其他运输设备制造业	Manufacture of Railroad,Marine,Aerospace and Other Transportation Equipment	89.7	5.4
电气机械及器材制造业	Manufacture of Electrical Machinery & Equipment	388.2	2.3
计算机、通信和其他电子设备制造业	Manufacture of Computer, Communications and Other Electronic Equipment	137.0	4.6
仪器仪表制造业	Manufacture of Measuring Instrument	27.0	4.9
其他制造业	Other Manufacture	7.8	4.2
废弃资源综合利用业	Comprehensive Utilization of Waste Repair Industry	5.8	3.3
金属制品、机械和设备修理业	Metal Products, Machinery and Equipment	2.2	3.3
电力、燃气及水的生产和供应业	**Production and Supply of Electric Power, Gas and Water**	**1497.9**	**5.0**
电力、热力生产和供应业	Production and Supply of Electric Power and Heating Power	1416.3	4.8
燃气生产和供应业	Production and Supply of Gas	48.5	6.5
水的生产和供应业	Production and Supply of Tap Water	33.1	8.9
建筑业	**Construction**	**755.4**	**5.6**
交通运输、仓储和邮政业	**Transport, Storage and Postal Services**	**3400.6**	**7.2**
批发、零售业和住宿、餐饮业	**Wholesale and Retail Trades,Hotels and Catering Services**	**1432.5**	**5.6**
其他行业	**Others**	**1659.7**	**9.5**
生活消费	**Household Consumption**	**3389.4**	**4.4**

注：本表数据使用等价折标系数折算标准煤。
a)Data of standard coal equivalent are calculated on the basis of the consumed heat value equivalent.

7–10 平均每天各种能源消费量

Average Daily Energy Consumption by Type of Energy

类别	Category	2000	2005	2010	2011	2012	2013
合计（吨标准煤）	**Total (tons of SCE)**	**311668**	**662885**	**938790**	**985711**	**1031512**	**1080091**
煤炭（吨）	Coal (ton)	337560	713870	1022682	1066316	1102268	1120136
焦炭（吨）	Coke (ton)	12254	54591	84043	90816	96056	93981
原油（吨）	Crude Oil (ton)	49616	90421	153244	159627	171822	185370
燃料油（吨）	Fuel Oil (ton)	8603	9025	35254	40181	46444	69155
汽油（吨）	Gasoline (ton)	7373	15942	21984	22093	22235	23052
煤油（吨）	Kerosene (ton)	235	602	1058	1078	2112	2322
柴油（吨）	Diesel Oil (ton)	17653	29817	39675	45597	49708	55755
液化石油气（吨）	Liquefied Petroleum (ton)	2762	4730	6485	6856	7928	9733
电力（万千瓦时）	Electricity (10 000 kwh)	27407	54161	90369	99596	103960	111866

注：1.本表使用当量折标系数折算标准煤。2.2010年起，燃料油消费量含炼油再投入量，2000–2009年燃料油消费量不含此项。

a)Data of standard coal equivalent is calculated on the basis of heat value equivalent.

b)Since 2010,data on consumption of fuel oil include those for refining oil,but data of 2000-2009 no including.

7–11 平均每人年生活用能源

Annual Per Captita Energy Consumption for Non-Production Purpose

类别	Category	2000	2005	2010	2011	2012	2013
合计（千克标准煤）	**Total (Kg of SCE)**	**71.87**	**133.66**	**208.86**	**219.65**	**239.44**	**245.16**
煤炭（千克）	Coal (kg)	22.43	36.36	49.41	51.40	48.17	48.04
汽油（千克）	Gasoline (kg)	12.32	20.84	33.79	36.15	39.99	40.30
液化石油汽（千克）	Liquefied Petroleum (kg)	6.84	10.02	13.96	14.82	15.76	16.17
电力（千瓦小时）	Electricity (kwh)	136.06	227.92	386.16	402.80	427.73	471.83

注：本表使用当量折标系数折算标准煤。

a)Data of standard coal equivalent is calculated on the basis of heat value equivalent.

7–12 分品种生活能源年消费总量

Annual Energy Consumption for Non-Production Purpose by Category

类别	Category	2000	2005	2010	2011	2012	2013
合计（万吨标准煤）	**Total (10 000 tons of SCE)**	**646.60**	**1231.48**	**1990.25**	**2116.80**	**2313.21**	**2380.30**
煤炭（万吨）	Coal (10 000 tons)	262.00	335.00	470.86	495.40	465.40	465.30
汽油（万吨）	Gasoline (10 000 tons)	131.00	192.00	322.00	348.34	386.34	390.34
液化石油汽（万吨）	Liquefied Petroleum (10 000 tons)	57.20	92.30	133.04	142.83	152.23	156.63
电力（亿千瓦小时）	Electricity (100 million kwh)	122.41	210.00	367.97	388.19	413.24	456.96

注：本表使用当量折标系数折算标准煤。

a)Data of standard coal equivalent is calculated on the basis of heat value equivalent.

7-13 各市电力消费量
Electricity Consumption by Region

单位:亿千瓦时 (100 million kwh)

地 区 Region	全社会用电量 Electricity Consumption			工业用电 Industrial Electricity Consumption			城乡居民生活用电 Household Electricity Consumption		
	2011	2012	2013	2011	2012	2013	2011	2012	2013
全省总计 Total	**3635.26**	**3794.55**	**4083.12**	**2812.02**	**2899.69**	**3117.56**	**388.19**	**413.24**	**456.96**
济南市 Jinan	256.57	253.57	258.27	161.91	148.86	149.04	40.71	44.42	48.34
青岛市 Qingdao	313.44	318.36	339.27	203.42	199.99	208.46	50.13	51.64	57.52
淄博市 Zibo	329.53	327.52	328.44	286.00	283.93	281.28	22.27	21.68	24.39
枣庄市 Zaozhuang	117.84	120.41	128.42	92.92	91.33	96.06	11.63	13.49	15.58
东营市 Dongying	185.09	194.86	218.75	166.70	175.77	197.01	7.91	7.49	8.47
烟台市 Yantai	329.39	353.81	386.27	263.84	280.36	306.28	30.28	31.69	34.74
潍坊市 Weifang	331.77	361.30	401.01	249.84	273.28	305.55	37.83	39.57	42.61
济宁市 Jining	251.04	260.29	276.39	197.04	198.81	208.36	25.13	29.70	34.72
泰安市 Tai'an	148.54	151.86	167.41	115.88	114.70	125.66	16.54	19.05	21.82
威海市 Weihai	93.93	97.52	100.67	64.58	66.82	68.46	12.23	12.52	13.48
日照市 Rizhao	140.13	153.98	160.94	118.15	128.66	132.74	9.49	10.81	12.39
莱芜市 Laiwu	111.15	99.57	104.26	102.64	89.85	93.89	3.92	4.51	4.88
临沂市 Linyi	273.49	305.70	349.69	211.77	232.83	267.82	31.70	36.43	42.82
德州市 Dezhou	174.16	190.50	197.45	127.02	145.87	155.66	22.63	20.50	20.87
聊城市 Liaocheng	245.71	260.54	276.71	200.30	210.76	221.99	21.18	22.21	24.89
滨州市 Binzhou	180.84	195.24	210.73	150.89	163.71	177.63	13.27	14.50	15.76
菏泽市 Heze	126.59	138.82	157.69	73.10	84.45	100.90	31.34	32.03	33.69

注：本表数据由山东省电力集团公司提供。
a)Data in this table are provided by shandong Electric Power Corporation.

主要统计指标解释

能源生产总量　指一定时期内，一个地区一次能源生产量的总和。该指标是观察一个地区能源生产水平、规模、构成和发展速度的总量指标。一次能源生产量包括原煤、原油、天然气、水电、核能及其他动力能(如风能、地热能等)发电量，不包括低热值燃料生产量、生物质能、太阳能等的利用和由一次能源加工转换而成的二次能源产量。

能源消费总量　指一定时期内，一个地区物质生产部门、非物质生产部门和生活消费的各种能源的总和。该指标是观察能源消费水平、构成和增长速度的总量指标。能源消费总量包括原煤和原油及其制品、天然气、电力，不包括低热值燃料、生物质能和太阳能等的利用。能源消费总量分为终端能源消费量、能源加工转换损失量和能源损失量三部分。

(1)终端能源消费量：指一定时期内，一个地区生产和生活消费的各种能源在扣除了用于加工转换二次能源消费量和损失量以后的数量。

(2)能源加工转换损失量：指一定时期内，一个地区投入加工转换的各种能源数量之和与产出各种能源产品之和的差额。该指标是观察能源在加工转换过程中损失量变化的指标。

(3)能源损失量：指一定时期内，能源在输送、分配、储存过程中发生的损失和由客观原因造成的各种损失量，不包括各种气体能源放空、放散量。

能源生产弹性系数　是研究能源生产增长速度与国民经济增长速度之间关系的指标。计算公式：

$$能源生产弹性系数=\frac{能源生产总量年平均增长速度}{国民经济年平均增长速度}$$

国民经济年平均增长速度，可根据不同的目的或需要，用国民生产总值、国内生产总值等指标来计算，本年鉴是采用国内生产总值指标计算的。

电力生产弹性系数　是研究电力生产增长速度与国民经济增长速度之间关系的指标。一般来说，电力的发展应当快于国民经济的发展，也就是说电力应超前发展。计算公式为：

$$电力生产弹性系数=\frac{电力生产量年平均增长速度}{国民经济年平均增长速度}$$

能源消费弹性系数　反映能源消费增长速度与国民经济增长速度之间比例关系的指标。计算公式为：

$$能源消费弹性系数=\frac{能源消费量年平均增长速度}{国民经济年平均增长速度}$$

电力消费弹性系数　反映电力消费增长速度与国民经济增长速度之间比例关系的指标。计算公式为：

$$电力消费弹性系数=\frac{电力消费量年平均增长速度}{国民经济年平均增长速度}$$

Explanatory Notes on Main Statistical Indicators

Total Energy Production refers to the total production of primary energy by all energy producing enterprises in the region in a given period of time. It is a comprehensive indicator to show the capacity, scale, composition and development of energy production of the country. The production of primary energy includes that of coal, crude oil, natural gas, hydro power and electricity generated by nuclear energy and other means such as wind power and geothermal power. However, it excludes the production of fuels of low calorific value, bio energy, solar energy and the secondary energy converted from the primary energy.

Total Domestic Energy Consumption refers to the total consumption of energy of various kinds by material production sectors, non material production sectors and households in the country in a given period of time. It is a comprehensive indicator to show the scale, composition and development of energy consumption. The total energy consumption includes that of coal, crude oil and their products, natural gas and electricity, However, it excludes the consumption of fuel of low calorific value, bio energy and solar energy. Total domestic energy consumption can be divided into three parts: final energy consumption, loss during the process of energy conversion, and energy loss.

(1)Final Energy Consumption: It refers to the total energy consumption by material production sectors, non material production sectors and households in the region in a given period of time, but excludes the consumption in conversion of the primary energy into the secondary energy and the loss in the process of energy conversion.

(2)Loss During the Process of Energy Conversion: It refers to the total input of various kinds of energy for conversion, minus the total output of various kinds of energy in the region in a given period of time. It is an indicator to show the loss that occurs during the process of energy conversion.

(3)Energy Loss: It refers to the total of the loss of energy during the course of energy transport, distribution and storage and the loss caused by any objective reason in a given period of time. The loss of various kinds of gas due to gas discharges and stocktaking is excluded.

Elasticity Ratio of Energy Production is an indicator to show the relationship between the growth rate of energy production and the growth rate of the national economy. The formula is:

$$\text{Elasticity Ratio of Energy Production} = \frac{\text{Average Annual Growth Rate of Energy Production}}{\text{Average Annual Growth Rate of National Economy}}$$

The average annual growth rate of the national economy can be shown by the gross national product, gross domestic product and other indicators, depending upon the purposes or needs. The gross domestic product is used in calculation of the ratio in this chapter.

Elasticity Ratio of Electricity Production is an indicator to show the relationship between the growth rate of electricity production and the growth rate of the national economy. Generally speaking, the growth rate of electricity production should be higher than that of the national economy.

Its formula is:

$$\text{Elasticity Ratio of Electricity Production} = \frac{\text{Average Annual Growth Rate of Electricity Production}}{\text{Average Annual Growth Rate of National Economy}}$$

Elasticity Ratio of Energy Consumption is an indicator to show the relationship between the growth rate of energy consumption and the growth rate of the national economy. The formula is:

$$\text{Elasticity Ratio of Energy Consumption} = \frac{\text{Average Annual Growth Rate of Energy Consumption}}{\text{Average Annual Growth Rate of National Economy}}$$

Elasticity Ratio of Electricity Consumption is an indicator to show the relationship between the growth rate of electricity consumption and the growth rate of the national economy. The formula is:

$$\text{Elasticity Ratio of Electricity Consumption} = \frac{\text{Average Annual Growth Rate of Electricity Consumption}}{\text{Average Annual Growth Rate of National Economy}}$$

第8篇

财政和金融

Government Finance and Banking

简 要 说 明

一、本篇资料的主要内容

本篇资料反映了全省财政收支、金融和保险、证券方面的情况，主要包括财政收入、财政支出、金融机构存贷款、现金收支、保险机构、保险业务开展和山东省辖区证券市场等方面的资料。

二、本篇资料的来源

1.财政部分的资料来源于省财政厅。根据财政部2007年《财政收支分类科目》，财政支出科目变动较大，与往年不可比。

2.金融方面的资料来源于中国人民银行济南分行。

3.保险方面的资料来源于中国保监会山东监管局。

4.证券方面的资料来源于中国证监会山东监管局。

5.本篇资料由省统计局综合处整理。

Brief Introduction

I. Main Content

Data in this chapter show the conditions of local government budgetary finance, banking and insurance,and securities, including government revenue and expenditure, credit funds, cash income and expenses, statistics on insurance companies and basic stituation of securities markets in Shandong province.

II. Source of Data

（1）Data on local government finance are provided by Shandong Provincial Department of Finance. Because of reform of Government Revenue and Expenditure Classification Items issued by the Ministry of Finance of China in 2007,data on items cannot be compared with those of preceding years.

（2）Data on banking are provided by Jinan Branch of the People's Bank of China.

（3）Data on insurance are provided by China Insurance Regulatory Commission of Shandong Bureau.

（4）Data on securities are provided by China Securities Regulatory Commission of Shandong Bureau.

（5）Data in this chapter are prepared and compiled by the Division of Comprehensive Statistics of Shandong Provincial Bureau of Statistics.

8-1 主要年份公共财政预算收入

Total Local Government Budgetary Revenue in Major Years

单位:万元　　(10 000 yuan)

年份 Year	公共财政预算收入 Total Revenue	税收收入 Tax Revenue	增值税 Value Added Tax	营业税 Business Tax	企业所得税 Enterprise Income Tax	个人所得税 Individual Income Tax	城市维护建设税 Tax on City Maintenance and Construction	房产税 Tax on Real Estates	印花税 Stamp Tax
1950	44253	35209							
1952	76284	62545							
1955	89333	79914							
1957	107262	92112							
1962	125506	96577							
1965	164766	100184							
1970	309438	167361							
1975	459668	233132							
1976	496749	270119							
1977	559590	313898							
1978	641286	327465							
1979	569948	322814							
1980	481097	335362							
1981	511850	368177	471			3			
1982	492888	416477	3001			5			
1983	504050	428911	12980			8			
1984	536022	484039	21457	13611		15			
1985	675316	638230	45950	101566		216	30811		
1986	621535	567351	86294	131137		498	37058	440	
1987	727901	652813	108184	159799		515	41417	10663	
1988	826814	825681	192216	216442		371	51037	11012	362
1989	1009416	973118	223717	274118		452	59324	14781	7451
1990	1091082	1058745	241241	291283	84831	687	63936	19110	5754
1991	1285184	1145170	264599	315116	89766	744	71381	26116	5994
1992	1393225	1287334	312552	367710	76817	980	77163	27263	6175
1993	1943978	1908554	545599	458562	85753	1566	90282	32420	6515
1994	1346611	1264642	363371	311355	163942	22983	117238	38577	7115
1995	1790025	1635139	416401	405456	256396	55930	140782	49773	9273
1996	2416742	2156333	518976	515829	365781	89493	172075	61064	10053
1997	3044232	2648693	617844	622148	484919	126801	202164	80812	13373
1998	3523912	3019024	701402	752239	468054	46780	131149	226211	107540
1999	4044829	3429430	782176	789669	631666	187585	238123	134879	19983
2000	4636788	3929022	896895	876638	818659	247492	276205	155591	22440
2001	5731793	4883422	1002918	926921	1491110	369925	290458	165321	26963
2002	6102242	4950266	1112319	1176414	783934	310934	307978	209770	37256
2003	7137877	5582820	1260824	1447077	664382	260262	444019	244706	46613
2004	8283306	6274331	1160390	1764502	860624	319637	549266	267768	62914
2005	10731250	8264612	1930040	2177928	1108282	388938	659514	327950	92515
2006	13562526	10357905	2428345	2717252	1482753	458361	784298	387000	123031
2007	16753980	13083516	2907862	3397121	1985020	568145	924642	443522	159005
2008	19570541	15335324	3337763	3960900	2299728	611251	1041367	472576	203026
2009	21986324	17203455	3244846	4706109	2203040	646665	1090776	578637	238728
2010	27493842	21498997	3782348	6315107	2933058	810098	1307440	646535	337443
2011	34559267	26031329	4138174	7657247	3985551	965805	1796032	740189	411070
2012	40594301	30502010	4381207	8966409	4416434	951065	1988839	1008346	465851
2013	45599463	35334906	4895590	10683275	4459540	1045930	2178411	1117476	528630

注:本表中1994年以来的财政收入及分组均系新口径数,与历史资料不可比。

a)Data from 1994 are based on new grouping method,so they cannot compare with other data.

8-2 1950-2006年地方财政支出

Total Local Government Budgetary Expenditure from 1950 to 2006

单位:万元 (10 000 yuan)

年 份 Year	地方财政支出 Expenditure of Local Government	#基本建设 Expenditure for Capital Construction	#城市维护费 Expenditure on City Maintenance	#支援农业支出 Expenditure for Agriculture	#文教科学卫生事业费 Expenditure for Culture, Education, Science and Health	#行政管理费 Expenditure for Government Administration
1950	10281	556	79	266		4704
1951	15965	3221	490	364		7357
1952	31886	8860	245	735		8332
1953	32272	5719	263	433		9548
1954	33657	6505	245	1447		9381
1955	31143	4023	209	1954		9868
1956	47155	13244	107	3484		12695
1957	49164	10522	201	4770		11790
1958	120740	75087	67	4468		12461
1959	158857	78459	22	16116		14162
1960	239314	98855	82	23717		14571
1961	135988	19073	69	27392		13612
1962	63594	6560	334	9526		11753
1963	79714	10271	1018	12029		13054
1964	89615	17557	1535	12620		13212
1965	95407	18711	1807	10048		13144
1966	104100	24115	1690	10425		13691
1967	102007	33442	1669	9728		12064
1968	88752	31016	1719	7476		12264
1969	113952	49590	1756	7683		12669
1970	142528	70447	1805	8389		14245
1971	159105	67943	1743	11247		17779
1972	188907	82551	1621	15603		19336
1973	194872	66635	2419	21980		18541
1974	191061	56996	2005	24284		18435
1975	212560	52389	2194	26906		21241
1976	214205	48383	2579	29119		22899
1977	226136	48648	2610	32399		24449
1978	319044	83503	3750	40221		26553
1979	316239	69982	9535	41812	77298	31908
1980	300736	46680	9484	38422	90951	39017
1981	255341	32150	13144	28754	94093	39200
1982	294482	32395	17044	37525	110039	45512
1983	324119	39875	18184	38058	122536	52391
1984	389763	51801	22063	39512	144038	69508
1985	512953	55562	39340	42453	174126	70091
1986	679384	63375	47595	49892	208135	79655
1987	752168	48880	48156	57550	219751	83423
1988	940725	59630	63024	78301	278458	114421
1989	1136714	55472	75062	102293	324427	98493
1990	1238530	78060	76532	111848	354574	107220
1991	1320610	73926	80209	116383	390775	121071
1992	1456988	85542	89276	141474	457972	158948
1993	1883646	115922	104912	163489	536522	208572
1994	2187683	100904	121656	176277	721820	269520
1995	2758656	179597	163339	224793	832336	315337
1996	3589836	248334	226014	276556	1032168	402325
1997	4233342	239629	281070	367611	1182892	456970
1998	4878175	318452	367382	377198	1325393	501269
1999	5500034	325120	351390	402651	1453237	544497
2000	6130774	295068	388802	411914	1677928	622058
2001	7537781	409608	485770	478933	1936046	743144
2002	8606484	440415	547982	557939	2290732	900217
2003	10106395	636760	685165	618116	2553316	1123337
2004	11893716	600330	885953	731073	3091148	1312928
2005	14662271	704835	1179667	895847	3751654	1629489
2006	18334400	821963	1470287	1083756	4542846	1929519

8-5 公共财政预算支出

Total Local Government Budgetary Expenditure

单位:万元 (10 000 yuan)

类别	Category	2010	2011	2012	2013
公共财政预算支出	**Local Government Budgetary Expenditure**	**41450320**	**50020701**	**59045188**	**66888000**
一般公共服务	General Public Service	5443095	6184774	7055140	7499609
公共安全	Public Security	2440277	2746937	3173784	3418333
教　育	Education	7704472	10478987	13118009	13996715
科学技术	Science and Technology	843643	1086163	1249751	1491372
文化体育与传媒	Culture、Sports and Media	740270	915667	1142709	1275325
社会保障和就业	Social Security and Employment	4167672	5015394	5964793	6819826
医疗卫生	Health	2507742	3603575	4229136	4858614
城乡社区事务	Urban and Rural Community Affairs	3884029	4016987	4680867	6184955
农林水事务	Farming、Forestry and Irrigation Affairs	4659775	5640015	6738161	7481384
交通运输	Transport	2304993	2949121	3229315	3711490

8-6 各市公共财政预算收入(2013年)

Total Local Government Budgetary Revenue by Region (2013)

单位:万元 (10 000 yuan)

地区	Region	公共财政预算收入 Local Government Budgetary Revenue	税收收入 Tax Revenue	增值税 Value -added Tax	营业税 Business Tax	企业所得税 Enterprise Income Tax	个人所得税 Personal Income Tax
全省总计	**Total**	**45599463**	**35334906**	**4895590**	**10683275**	**4459540**	**1045930**
济南市	Jinan	4820722	3818832	428793	1481247	517575	175719
青岛市	Qingdao	7889313	6509915	799547	1982421	905478	248589
淄博市	Zibo	2730688	2007023	283512	503341	202178	62796
枣庄市	Zaozhuang	1307206	983900	107049	229660	70311	19086
东营市	Dongying	1837943	1420899	239941	469114	131061	44387
烟台市	Yantai	4372295	3454892	422784	945680	518149	136560
潍坊市	Weifang	3839158	3186164	417135	1003639	315524	61074
济宁市	Jining	3022366	2208515	336967	594638	325039	59821
泰安市	Tai'an	1688136	1184410	159090	342059	106854	33323
威海市	Weihai	1952242	1665336	183617	555944	173644	36569
日照市	Rizhao	1000923	757142	126403	260357	106787	21069
莱芜市	Laiwu	467616	381497	74976	102532	44846	13610
临沂市	Linyi	2161016	1843367	270429	650991	177973	36517
德州市	Dezhou	1500169	1168409	143044	388600	114506	24742
聊城市	Liaocheng	1355503	1009625	170193	313027	127610	28458
滨州市	Binzhou	1700901	1283048	231380	325487	171173	23639
菏泽市	Heze	1593001	1235382	134247	434801	114978	19971

8-6 续表 1 continued

单位:万元 (10 000 yuan)

地 区	Region	资源税 Resource Tax	城市维护建设税 Tax on City Maintenance and Construction	耕地占用税 Farmland Occupation Tax	契税 Contract Tax	烟叶税 Tobacco Leaf Tax	其他各项税收收入 Others
全省总计	**Total**	**926161**	**2178411**	**2050687**	**2656012**	**39926**	**6399374**
济 南 市	Jinan	12500	253181	30089	271201		648527
青 岛 市	Qingdao	4917	404134	529312	642620	1328	991569
淄 博 市	Zibo	46217	119565	231796	162250	900	394468
枣 庄 市	Zaozhuang	30810	106590	36335	63343		320716
东 营 市	Dongying	2780	155356	10630	75979		291651
烟 台 市	Yantai	91337	196551	192157	286173		665501
潍 坊 市	Weifang	67441	209429	109318	271771	15610	715223
济 宁 市	Jining	46664	131370	212101	150100		351815
泰 安 市	Tai'an	52093	64957	71778	134539		219717
威 海 市	Weihai	21578	92838	39024	125654		436468
日 照 市	Rizhao	6803	49438	16017	55914	6191	108163
莱 芜 市	Laiwu	10599	29551	16147	15043	1780	72413
临 沂 市	Linyi	61075	101772	82320	127632	14117	320541
德 州 市	Dezhou	4040	62396	92765	105540		232776
聊 城 市	Liaocheng	790	57711	93181	52766		165889
滨 州 市	Binzhou	6023	88641	166688	56907		213110
菏 泽 市	Heze	46018	54931	121029	58580		250827

8-6 续表 2 continued

单位:万元 (10 000 yuan)

地 区	Region	非税收入 Total Non-tax Revenue	专项收入 Special Program Receipts	行政事业性收费收入 Income from Administrative Fees	罚没收入 Penalty and Confiscatory Income	国有资本经营收入 Profits of State-owned Enterprises	国有资源(资产)有偿使用收入 Revenue of Compensable Use of State-owned Resources (Assets)	其他收入 Others
全省总计	**Total**	**10264557**	**1635835**	**2841150**	**1255129**	**586813**	**3435161**	**510469**
济 南 市	Jinan	1001890	150558	222990	102325	-6735	440354	92398
青 岛 市	Qingdao	1379398	189585	344579	96987	32449	691388	24410
淄 博 市	Zibo	723665	97484	141390	56517	138036	250230	40008
枣 庄 市	Zaozhuang	323306	46455	81576	64364	49883	37423	43605
东 营 市	Dongying	417044	86018	57465	36440	12726	209104	15291
烟 台 市	Yantai	917403	104200	127092	128411	46460	503892	7348
潍 坊 市	Weifang	652994	119128	160777	102023	1541	235483	34042
济 宁 市	Jining	813851	117313	333079	56263	69801	219262	18133
泰 安 市	Tai'an	503726	90441	119310	36573	98098	147620	11684
威 海 市	Weihai	286906	50962	109964	32719	39163	53659	439
日 照 市	Rizhao	243781	34489	53865	36960	46107	68960	3400
莱 芜 市	Laiwu	86119	16229	31001	10972	-40	11835	16122
临 沂 市	Linyi	317649	68887	87746	77618	1399	53122	28877
德 州 市	Dezhou	331760	48466	180930	55468		40772	6124
聊 城 市	Liaocheng	345878	40265	114994	61182	36864	49693	42880
滨 州 市	Binzhou	417853	52032	77409	77563	3511	122643	84695
菏 泽 市	Heze	357619	40422	139814	116164	17550	38722	4947

8-7 各市公共财政预算支出(2013年)

Total Local Government Budgetary Expenditure by Region (2013)

单位:万元 (10 000 yuan)

地 区	Region	公共财政预算支出 Local Government Budgetary Expenditure	一般公共服务 General Public Service	公共安全 Public Security	教育 Education	科学技术 Science and Technology	文化体育与传媒 Culture、Sports and Media	社会保障和就业 Social Security and Employment	医疗卫生 Health
全省总计	**Total**	**66888000**	**7499609**	**3418333**	**13996715**	**1491372**	**1275325**	**6819826**	**4858614**
济南市	Jinan	5193190	718094	341336	889605	108807	150938	616241	416767
青岛市	Qingdao	10142273	1268336	492214	1723376	259345	157663	719925	416616
淄博市	Zibo	3245438	408878	178135	760205	93916	60354	357081	220976
枣庄市	Zaozhuang	2077978	272303	114381	383663	17793	64481	224659	163793
东营市	Dongying	2322472	228421	94893	441862	50338	34402	167301	140224
烟台市	Yantai	5417439	672845	243628	1019819	148168	90581	695979	372290
潍坊市	Weifang	4939637	582728	220385	1320019	153705	66181	412753	374368
济宁市	Jining	4282702	510216	207126	956281	77989	121052	371324	395471
泰安市	Tai'an	2590660	263919	111113	514605	38756	41281	300079	244533
威海市	Weihai	2639893	244909	98374	548148	86661	45982	313447	144561
日照市	Rizhao	1582461	151756	78783	321007	17913	26123	166490	134028
莱芜市	Laiwu	758101	70942	34562	178422	19909	9086	80638	53943
临沂市	Linyi	4054963	441260	195223	960888	47713	69162	527471	461820
德州市	Dezhou	2673485	244840	133841	604627	54229	32907	332860	253975
聊城市	Liaocheng	2582490	305598	127122	533481	34754	52621	286870	262488
滨州市	Binzhou	2517062	256127	118132	515652	42252	38814	322975	204824
菏泽市	Heze	3202391	429234	133372	691512	35648	45694	480695	380766

8-7 续表 continued

单位:万元 (10 000 yuan)

地 区	Region	节能环保 Energy-saving and Environment Protection	城乡社区事务 Urban and Rural Community Affairs	农林水事务 Farming, Forestry and Irrigation Affairs	交通运输 Transport	资源勘探电力信息等事务 Exploration, Power and Information Affairs	商业服务业等事务 Commerce and Services Affairs	金融监管等事务支出 Financial Supervision Affairs	国土资源气象等事务 Land and Weather Affairs	住房保障支出 Housing Security Affairs
全省总计	**Total**	**2128095**	**6184955**	**7481384**	**3711490**	**2455389**	**888715**	**129281**	**1324737**	**1265379**
济南市	Jinan	106518	776877	309407	152132	212526	128672	2698	127879	73370
青岛市	Qingdao	642809	1832767	526435	589657	475726	150672	36867	140768	170258
淄博市	Zibo	102002	250706	314051	88993	175107	38526	4768	31718	41599
枣庄市	Zaozhuang	51287	124768	197955	68556	253417	17353	1343	45862	55680
东营市	Dongying	78280	282141	326673	78412	87923	59605	613	62601	39408
烟台市	Yantai	141798	464738	714815	211582	135004	54053	1658	99418	173475
潍坊市	Weifang	197528	337314	597916	202933	208475	64715	14186	50657	71651
济宁市	Jining	125818	426973	485940	133094	159508	38088	2822	133632	62649
泰安市	Tai'an	55747	184421	344481	84157	147896	45330	1024	91652	37812
威海市	Weihai	108651	251280	419370	105032	59965	45752	10458	55243	69683
日照市	Rizhao	44026	140916	251755	64201	16878	21426	188	53729	40595
莱芜市	Laiwu	21309	54950	76940	34105	64594	8039	542	20758	12785
临沂市	Linyi	83476	236544	463267	170994	60434	47620	15431	64528	152803
德州市	Dezhou	85741	230105	352718	103719	50859	34950	1328	11786	70105
聊城市	Liaocheng	127441	180100	319198	96127	59205	36816	28952	19291	83222
滨州市	Binzhou	66384	222075	341017	144268	131622	21539	868	19844	48420
菏泽市	Heze	66412	175693	405255	131227	67214	32355	3441	22143	61843

8-8 主要年份金融机构人民币存款余额
RMB Deposits of Financial Institutions in Major Years

单位:万元 (10 000 yuan)

年份 Year	存款余额 Deposits	企业存款 Deposits of Enterprises	财政存款 Financial Deposits	农业存款 Agricultural Deposits	储蓄存款 Savings Deposits
1952	27761	13282	10177	101	4201
1955	66543	12862	38541	2255	12885
1957	66853	13671	21811	10970	20401
1962	147935	41050	53695	15974	20691
1965	173968	52426	65917	18600	37025
1970	539978	97982	355104	41358	45534
1975	722193	142258	417459	67018	95458
1976	765045	160536	419241	76113	109155
1977	782107	123030	460033	66737	132307
1978	900037	130437	556357	68941	144302
1979	655921	219751	27280	106696	195573
1980	879427	312830	22597	151545	297520
1981	1135778	403119	33461	150207	395513
1982	1231364	356001	38951	141051	510980
1983	1554862	397019	52104	164557	730519
1984	2333485	725014	47686	219520	1001699
1985	2788151	799892	66522	190082	1301761
1986	3515824	972556	73213	215275	1755638
1987	4702246	1201345	90726	247034	2427793
1988	5913422	1416925	77620	263310	3282031
1989	7246567	1544788	118179	276931	4291525
1990	9340575	1976484	153542	335938	5754706
1991	11636250	2845002	159394	404736	7216749
1992	14482703	3893897	114525	443904	8841510
1993	18166260	4648492	159034	492086	11182415
1994	25225337	6194052	257887	521413	16003992
1995	34243843	8776853	263884	656439	21971982
1996	42938411	11317043	239414	829448	28177108
1997	49698489	13914367	246182	852300	32657331
1998	57554782	15010890	441380	883521	37353766
1999	65629934	17250542	584925	1084540	41098425
2000	74711987	20771967	764478	1351492	44667153
2001	85017294	23079030	1140353	1613431	50637936
2002	102477706	27371339	1318673	2050450	58057165
2003	124382360	33965555	1486500	2438209	67683453
2004	145142781	38730410	2258323	2715491	77214610
2005	171035148	41238617	2596570	3221967	90351351
2006	196339878	47745652	3431146	3954365	103580272
2007	220722430	59101969	4790568	4310596	114381079
2008	269301809	68289510	5352549	4471688	143821895
2009	346977763	100209426	8683402	6605038	170827554
2010	411049645	115855356	10260711	2779643	196482092
2011	463454133		11094869		221732725
2012	543015254		11728756		263433050
2013	620778809		12268371		297960833

8-9 主要年份金融机构人民币贷款余额

RMB Loans of Financial Institutions in Major Years

单位:万元 (10 000 yuan)

年 份 Year	贷款余额 Loans	工业贷款 Industrial Loans	农业贷款 Agricultural Loans	商业贷款 Commercial Loans	基建贷款 Infrastructure Loans	技改贷款 Technology Loans
1952	15674	2786	3796	9092		
1955	140448	6580	11898	121970		
1957	168720	10248	33183	125289		
1962	414574	72815	75921	265838		
1965	389927	41769	86353	261805		
1970	669092	136735	97501	434856		
1975	917553	235441	69972	607077		5063
1976	1029329	282332	101031	639958		6008
1977	1208633	323841	122037	754734		8021
1978	1337139	352225	135620	839518		9776
1979	1248830	376931	119144	735148		3355
1980	1801830	456971	101552	1161848		29478
1981	2064250	515804	123506	1305492		51834
1982	2354235	533949	125550	1505177	1135	86526
1983	2650117	530720	144154	1742243	3916	110909
1984	3666770	713687	291226	2088860	51276	164851
1985	4464893	849353	290436	2496747	103677	212522
1986	5549438	1189134	386722	2731161	135384	285757
1987	6678425	1464076	533772	2938915	203120	383431
1988	8031351	1821004	635129	3261651	285119	467099
1989	9413406	2279606	782795	3637710	352348	513105
1990	11667880	3023434	939869	4179923	499006	595666
1991	14280093	3570738	1130450	4737915	736741	868499
1992	17205544	4033468	1389718	5360085	916789	1124986
1993	20791075	4795134	1568072	6225867	1243646	1342356
1994	25204369	5434972	1118700	7388355	1477151	1718007
1995	31289040	6487091	1516858	8850079	1985458	2013439
1996	36802427	7658151	2474472	10289962	2250044	2531164
1997	44567197	9219803	3177039	11798956	2780310	2536443
1998	51067900	9795567	4189496	12097868	3879386	2522862
1999	56798630	10391030	4435895	12657508	5563931	2522178
2000	62090468	9938023	5281785	11249154	7315876	2678175
2001	70176588	11472037	7071209	12227300	8373434	2854302
2002	85365991	13466479	9073641	12561986	11343636	1111118
2003	104671108	16329927	11565081	12566663	13992866	1537491
2004	117828279	19255716	13401333	11660566	16834244	1946567
2005	133817463	20218176	15611128	10867721	20403236	2069666
2006	157096014	28372457	18446480	9981885	26278047	1433182
2007	175451466	33006922	21559437	10530468	30478416	1405230
2008	200539104	35509421	24634301	9439945	36443285	1528325
2009	259613230	39415542	29629694	11177739	52526564	1328334
2010	307226360					
2011	351789985					
2012	400214919					
2013	447612638					

8-10 金融机构本外币信贷收支情况(2013年)
RMB and Foreign Currencies Credit Funds Balance Sheet of Financial Institution (2013)

单位:亿元 (100 million yuan)

类　　别	Category	2013年末余额 2013 Year-end	比年初增减额 Increase/ Decrease from Year Beginning
各项存款	**Deposits in Various Forms**	**63357.9**	**7916.8**
单位存款	Deposits of Units	30075.8	3536.3
活期存款	Current Deposits	12122.0	787.7
定期存款	Time Deposits	7668.9	615.7
通知存款	Notice Deposits	525.1	34.1
保证金存款	Margin deposits	6714.7	1556.2
个人存款	Individual deposits	30791.4	3973.0
储蓄存款	Savings Deposits	29967.3	3462.8
保证金存款	Margin deposits	77.9	21.3
结构性存款	Structured Deposit	746.2	488.8
财政性存款	Treasury Deposits	1225.4	54.1
临时性存款	Temporary Deposits	161.5	17.2
委托存款	Commissioned Deposits	210.5	95.1
其他存款	Other Deposits	893.3	241.1
各项贷款	**Loans in Various Forms**	**47952.1**	**4925.4**
境内贷款	**Domestic Loans**	**46419.4**	**4768.0**
短期贷款	Short-term Loans	25005.7	2511.4
个人贷款及透支	Personal Loans and Overdrafts	4184.9	249.1
个人消费贷款	Personal Consumption Loans	623.6	106.5
单位普通贷款及透支	Unit General Loans and Overdrafts	17478.5	2139.7
银团贷款	Syndicated Loans	90.4	9.6
贸易融资	Trade Finance	3251.9	114.0
中长期贷款	Medium & Long-term Loans	19498.2	2489.4
个人贷款	Personal Loans	7039.8	1367.1
个人消费贷款	Personal Consumption Loans	6126.0	1231.5
单位普通贷款	Unit General Loans	10776.0	885.4
普通并购贷款	General Mergers and Acquisitions Loans	72.5	15.1
银团贷款	Syndicated Loans	1343.7	166.8
贸易融资	Trade Finance	236.2	44.0
融资租赁	Circulating Funds Tenancy	10.1	4.3
票据融资	Ciruclating Funds of Bills	1859.2	-246.4
各项垫款	Paying in Advance	46.2	9.4
境外贷款	**Overseas Loans**	1532.7	157.4

8-11 金融机构人民币信贷收支情况(2013年)
RMB Credit Funds Balance Sheet of Financial Institution (2013)

单位:亿元 (100 million yuan)

类　　别	Category	2013年末余额 2013 Year-end	比年初增减额 Increase/ Decrease from Year Beginning
各项存款	**Deposits in Various Forms**	**62077.9**	**7722.4**
单位存款	Deposits of Units	29001.4	3373.7
活期存款	Current Deposits	11624.0	757.1
定期存款	Time Deposits	7335.0	558.5
通知存款	Notice Deposits	509.4	29.6
保证金存款	Margin deposits	6487.8	1485.6
个人存款	Individual deposits	30614.3	3953.1
储蓄存款	Savings Deposits	29796.1	3442.5
保证金存款	Margin deposits	77.5	21.3
结构性存款	Structured Deposit	740.8	489.3
财政性存款	Treasury Deposits	1226.8	54.0
临时性存款	Temporary Deposits	140.5	13.5
委托存款	Commissioned Deposits	210.2	95.0
其他存款	Other Deposits	884.7	233.2
各项贷款	**Loans in Various Forms**	**44761.3**	**4613.3**
境内贷款	**Domestic Loans**	**44559.7**	**4655.6**
短期贷款	Short-term Loans	23531.3	2459.7
个人贷款及透支	Personal Loans and Overdrafts	4184.2	248.9
个人消费贷款	Personal Consumption Loans	622.9	106.2
单位普通贷款及透支	Unit General Loans and Overdrafts	17132.8	2086.6
银团贷款	Syndicated Loans	90.3	9.6
贸易融资	Trade Finance	2124.0	115.7
中长期贷款	Medium & Long-term Loans	19123.8	2429.4
个人贷款	Personal Loans	7039.8	1367.0
个人消费贷款	Personal Consumption Loans	6125.9	1231.4
单位普通贷款	Unit General Loans	10603.0	871.0
普通并购贷款	General Mergers and Acquisitions Loans	52.0	2.4
银团贷款	Syndicated Loans	1220.8	158.0
贸易融资	Trade Finance	207.7	30.3
融资租赁	Circulating Funds Tenancy	10.1	4.3
票据融资	Circulating Funds of Bills	1859.1	-246.4
各项垫款	Paying in Advance	35.3	8.6
境外贷款	**Overseas Loans**	**201.6**	**-42.2**

8-12 金融机构(不含外资)分行业本外币贷款情况(2013年)

Loans of RMB and Foreign Currencies of Financial institutions (Excluding Foreign-funded Institutions) by sector(2013)

单位:亿元 (100 million yuan)

行业	Sector	2013年末余额 2013 Year-end	比年初增减额 Increase/Decrease from Year Beginning
贷款总计	**Total**	**46092.87**	**5171.89**
农、林、牧、渔业	Agriculture,Forestry,Animal Husbandry and Fishing	493.12	103.39
采矿业	Mining	1410.81	139.09
制造业	Manufacturing	14509.61	1355.04
电力、燃气及水的生产和供应业	Production and Supply of Electric Power and Heat Power	1545.60	94.92
建筑业	Construction	1550.02	280.32
批发和零售业	Wholesale and Retail Trade	4857.54	735.38
交通运输、仓储和邮政业	Traffic,Transport,Storage and Post	2249.42	159.91
住宿和餐饮业	Hotels and Catering Services	229.56	27.63
信息传输、软件和信息技术服务业	Information Transfer, Software and Information Technology Services	69.45	5.64
金融业	Financial Intermediation	61.17	-15.01
房地产业	Real Estate	1874.52	170.74
租赁和商务服务业	Leasing and Business Services	1955.71	196.43
科学研究和技术服务业	Scientific Research and Technical Service	41.60	6.16
水利、环境和公共设施管理业	Management of Water Conservancy,Environment and Public Facilities	1860.34	54.32
居民服务、修理和其他服务业	Households Services, Repair and Other Services	89.86	8.25
教　育	Education	119.42	-7.53
卫生和社会工作	Health and Social Work	208.68	28.66
文化、体育和娱乐业	Culture,Sports and Entertainment	112.32	25.49
公共管理、社会保障和社会组织	Public management,Social Security and Social Organization	96.68	29.47
国际组织	International Organization		

8-13 各市金融机构本外币存贷款余额(2013年)

RMB and Foreign Currencies Deposits and Loans of Financial Institutions by Region(2013)

单位:亿元 (100 million yuan)

地区	Region	各项存款 Total Deposits		#居民储蓄存款 Savings Deposits of Residents		各项贷款 Total Loans	
		余额 Year-end	比年初增减 Increase/Decrease from Year Beginning	余额 Year-end	比年初增减 Increase/Decrease from Year Beginning	余额 Year-end	比年初增减 Increase/Decrease from Year Beginning
全省总计	**Total**	**63357.88**	**7916.76**	**29967.33**	**3462.78**	**47952.10**	**4925.44**
济南市	Jinan	10925.82	1037.95	3291.94	379.53	9211.22	570.10
青岛市	Qingdao	11418.26	1551.45	4195.19	388.83	9642.36	988.25
淄博市	Zibo	3484.62	292.13	1891.30	193.94	2379.46	210.96
枣庄市	Zaozhuang	1249.85	102.88	781.64	86.28	975.08	53.70
东营市	Dongying	2848.00	453.19	1057.29	109.93	2161.31	349.94
烟台市	Yantai	6020.53	731.53	3099.34	310.68	3942.99	373.73
潍坊市	Weifang	5059.77	620.54	2802.48	342.01	4005.76	461.51
济宁市	Jining	3561.07	368.87	1956.26	220.48	2276.51	281.75
泰安市	Tai'an	2278.37	330.06	1381.26	190.55	1426.31	178.85
威海市	Weihai	2379.25	317.47	1351.44	133.03	1564.98	184.42
日照市	Rizhao	1780.07	310.13	762.49	99.77	1489.45	180.02
莱芜市	Laiwu	760.97	35.34	419.39	40.15	604.27	34.88
临沂市	Linyi	3710.77	666.00	2255.16	308.57	2531.13	372.07
德州市	Dezhou	1933.43	286.15	1270.21	159.18	1300.33	178.39
聊城市	Liaocheng	1945.83	258.18	1187.29	166.94	1432.46	138.64
滨州市	Binzhou	1926.84	229.90	835.77	124.32	1691.99	188.46
菏泽市	Heze	1918.86	310.91	1428.86	208.59	1230.75	161.00

8–14 1997–2013年保险费收入和赔款给付

Premium and Payment of Insurance Companies 1997 to 2013

年 份 Year	保险费收入 (万元) Premium (10 000 yuan)	赔款及给付支出 (万元) Settled Claim and Payment (10 000 yuan)	简单赔付率 (%) Simple Payment Rate (%)
1997	785298	317889	40.5
1998	837500	294648	35.2
1999	956496	365490	38.2
2000	1110622	402204	36.2
2001	1533204	409588	26.7
2002	2238236	456801	20.4
2003	2835306	561804	19.8
2004	3171584	656966	20.7
2005	3408050	766254	22.5
2006	3962203	1209078	30.5
2007	5017177	1717385	34.2
2008	6739812	1983902	29.4
2009	7928870	2283924	28.8
2010	10300687	2286398	22.2
2011	10360352	2712276	26.2
2012	11280360	3245582	28.8
2013	12804211	4416570	34.5

8–15 人身保险公司主要业务指标(2013年)

Major Business Indicators of Life Insurance Companies (2013)

单位:万元 (10 000 yuan)

类 别	Category	保费收入 Premium Income	赔款支出 Indemnity Expenditure	年金给付 Total Annuity Payment	满期给付 Total Mature Payment	死伤医疗给 付 Payment for Death,Injury and Medical Treatment
总 计	**Total**	**8179344**	**232021**	**288151**	**1229856**	**212339**
一、人寿保险	**Life Insurance**	**7166935**		**288151**	**1227790**	**125676**
(一)非分红产品	Non-dividend Insurance	753806		167197	69352	54478
定期寿险	Time Insurance	37469			71	7543
两全寿险	Endowment Insurance	379200		34084	66638	11418
终身寿险	WLL	251300			1609	27805
年 金	Total Annuity Payment	85837		133113	1034	7712
(二)分红产品	Dividend Insurance	6339118		120948	1153521	59173
定期寿险	Time Insurance					
两全寿险	Endowment Insurance	4848671		61086	1144512	47187
终身寿险	WLL	472560			5	7575
年 金	Total Annuity Payment	1017887		59862	9004	4412
(三)投资连接产品	Investment Link Insurance	1953			130	223
(四)万能产品	Universal Life Insurance	72058		6	4787	11801
二、意外伤害保险	**Accident Injury Insurance**	**213846**	**55265**			
一年期以内	Within-One-year Period Business	18692	1541			
一年期	One-year Period Business	183027	53724			
一年期以上	One-year Period Business	12127				
三、健康保险	**Health Insurance**	**798563**	**176756**		**2066**	**86663**
一年期(及一年期以内)	Within-One-year Period Business	223665	176756			
一年期以上	One-year Period Business	574898			2066	86663

8-16 财产保险公司主要业务指标(2013年)

Major Business Indicators of Insurance Companies(2013)

单位:万元 (10 000 yuan)

类 别	Category	保费收入 Premium	赔款支出 Payment
总 计	**Total**	**4624866**	**2454204**
机动车辆及第三者责任险	Motor Vehicle and Third Party Liability	3726872	1981364
企财险	Enterprise Property insurance	229148	107732
家财险	Family Property Insurance	16606	4866
工程险	Project Insurance	18229	6557
责任险	Liability Insurance	109682	40464
信用险	Credit Insurance	62725	48170
保证保险	Guarantee Insurance	100259	9444
船舶险	Ship Insurance	21965	16262
货运险	Freight Transport Insurance	52140	21206
特殊风险保险	Peculiar Risk Insurance	16459	17629
农业保险	Agriculture Insurance	100196	106973
健康险	Health Insurance	89591	68669
意外伤害险	Accident Injury Insurance	79311	24561
其 他	Other Property Insurance	1685	307

8-17 各市保险业务情况(2013年)

Basic Statistics on Insurance by Region (2013)

单位:亿元 (100 million yuan)

地 区	Region	保费收入 Premium	财产险 Property Insurance	人寿险 Life Insurance	赔款与给付 Claim and Payment	财产险 Property Insurance	人寿险 Life Insurance
全省总计	**Total**	**1280.4**	**462.5**	**817.9**	**441.7**	**245.4**	**196.2**
济 南 市	Jinan	143.5	46.3	97.1	48.7	23.8	24.9
青 岛 市	Qingdao	179.0	76.7	102.3	62.7	40.3	22.4
淄 博 市	Zibo	75.1	28.7	46.4	23.9	13.3	10.6
枣 庄 市	Zaozhuang	37.0	10.0	27.1	9.8	4.9	4.9
东 营 市	Dongying	47.8	21.4	26.4	19.7	12.0	7.6
烟 台 市	Yantai	121.4	42.7	78.7	44.2	21.6	22.6
潍 坊 市	Weifang	106.9	42.8	64.1	39.7	24.0	15.6
济 宁 市	Jining	90.7	30.8	60.0	28.8	16.0	12.8
泰 安 市	Tai'an	56.6	14.4	42.2	17.4	7.0	10.3
威 海 市	Weihai	55.5	19.0	36.5	22.6	10.7	11.9
日 照 市	Rizhao	33.8	15.2	18.5	11.7	7.4	4.3
莱 芜 市	Laiwu	16.6	4.6	12.0	5.1	2.2	2.9
临 沂 市	Linyi	106.6	40.4	66.3	35.7	20.4	15.4
德 州 市	Dezhou	57.3	17.5	39.8	18.9	10.3	8.5
聊 城 市	Liaocheng	49.1	19.4	29.6	17.7	11.8	5.9
滨 州 市	Binzhou	50.5	19.5	31.0	17.9	12.7	5.2
菏 泽 市	Heze	53.1	13.2	39.9	17.2	7.0	10.2

8-18 山东辖区证券市场基本情况
Basic Stituation of Securities Markets Under Shandong Province

项　　目		Item		2011	2012	2013
上市公司数	（家）	Number of Listed Companies	(unit)	126	133	134
# 发行A股公司数	（家）	A Shares	(unit)	124	129	131
发行B股公司数	（家）	B Shares	(unit)	6	6	6
A、B股均发行公司数	（家）	Number of Listed Companies (A Shares and B Shares)	(unit)	4	4	4
境外发行公司数	（家）	Number of Overseas-listed companies	(unit)		6	6
境内、外均发行公司数	（家）	Companies Listed Overseas and Domestic	(unit)	6	6	6
ST公司数	（家）	Number of ST Listed Companies	(unit)	9	8	4
#*ST公司数	（家）	*ST Listed Companies	(unit)	1	7	4
证券公司数	（家）	Number of Securities Companies	(unit)	1	1	1
证券公司分公司	（家）					25
证券营业部数	（家）	No.of Securities Business Department	(unit)	194	222	244
证券交易服务部数	（家）	No.of Securities Trading Service	(unit)			
期货公司	（家）	No.of Futures Broker Companies	(unit)	3	3	3
期货公司营业部	（家）	No.of Trading Offices of Futures Broker Companies	(unit)	41	47	51
证券投资咨询机构数	（家）	No.of Securities Investment Consultative Institutions	(unit)	3	5	6
证券投资者资金开户数	（万户）	No.of Opening Account of Securities Investors	(10 000 households)	486.4	508.3	526.8
上市公司当年境内募集资金总额	（亿元）	Total Domestic Capital Volume Collected by Listed Companies	(100 million yuan)	329.1	394.7	72.0
首次公开发行	（亿元）	IPO	(100 million yuan)	115.6	39.1	
配股	（亿元）	Share Right Issued	(100 million yuan)		6.2	
增发	（亿元）	Adding the Share Issue	(100 million yuan)	174.4	181.3	43.0
可转债	（亿元）	Transferable Loans	(100 million yuan)		60	
公司债	（亿元）	Corporate Bond	(100 million yuan)	39.0	108.0	29.0
市价总值	（亿元）	Total Market Value	(100 million yuan)	7494.0	7628.3	7838.7
证券经营机构证券交易量	（亿元）	Trading Volume of Securities Managerial Institutions	(100 million yuan)	24595.4	18880.2	29033.6
期货公司代理交易额	（亿元）	Trading Volume of Agency by Futures Managerial Institutions	(100 million yuan)	43702.4	46648.6	99678.0

注：证券营业部、期货公司营业数为已开业家数。

主要统计指标解释

财政收入 指国家财政参与社会产品分配所取得的收入，是实现国家职能的财力保证。财政收入所包括的内容几经变化，目前主要包括：

（1）税收收入：包括增值税、营业税、企业所得税、个人所得税、资源税、固定资产投资方向调节税、城市维护建设税、房产税、印花税、城镇土地使用税、土地增值税、车船税、耕地占用税、契税、烟叶税、其他税收收入。

（2）非税收入：包括专项收入、行政事业性收费收入、罚没收入、国有资本经营收入、国有资源(资产)有偿使用收入、其他收入。

财政支出 国家财政将筹集起来的资金进行分配使用，以满足经济建设和各项事业的需要，主要包括：

（1）一般公共服务支出：反映政府提供一般公共服务的支出。

（2）公共安全：反映政府维护社会公共安全方面的支出，有关事务包括武装警察、公安、国家安全、检察、法院、司法行政、监狱、劳教、国家保密、缉私警察等。

（3）教育支出：反映政府教育事务支出。有关具体教育事务包括教育行政管理、学前教育、小学教育、初中教育、普通高中教育、普通高等教育、初等职业教育、中专教育、技校教育、职业高中教育、高等职业教育、广播电视教育、留学生教育、特殊教育、干部继续教育、教育机关服务等。

（4）科学技术：反映政府用于科学技术方面的支出。

（5）文化体育与传媒：反映政府在文化、文物、体育、广播电视、新闻出版等方面的支出。

（6）社会保障和就业：反映政府在社会保障与就业方面的支出。有关事项包括社会保障与就业管理事务、民政管理事务、财政对社会保险基金的补助、补充全国社会保障基金、行政事业单位离退休、企业改革补助、就业补助、抚恤、退役安置、社会福利、残疾人事业、城市居民最低生活保障、其他城镇社会救济、农村社会救济、自然灾害生活补助、红十字事务等。

（7）医疗卫生支出：反映政府医疗卫生方面的支出。具体包括医疗卫生管理事务支出、医疗服务支出、医疗保障支出、疾病预防控制支出、卫生监督支出、妇幼保健支出、农村卫生支出等。

（8）城乡社区事务：反映政府城乡社区事务支出。具体包括：城乡社区管理事务支出、城乡社区规划与管理支出、城乡社区公共设施支出、城乡社区住宅支出、城乡社区环境卫生支出、建设市场管理与监督支出等

（9）农林水事务：反映政府农林水事务方面的支出。具体包括农业、林业、水利、扶贫支出、农业综合开发支出等。

存　款 指企业、机关、团体或居民根据资金必须收回的原则，把货币资金存入银行或其他信贷机构保管并取得一定利息的一种信用活动形式。根据存款对象或性质的不同可划分为企业存款、财政存款、机关团体存款、基本建设存款、储蓄存款、农村存款、委托存款、其他存款等科目。它是银行信贷资金的主要来源。

贷　款 指银行或其他信贷机构根据资金必须归还的原则，按一定利率，为企业、个人等提供资金的一种信用活动形式。我国银行贷款分为短期贷款、中期流动资金贷款、中长期贷款、信托贷款、融资租赁、委托贷款、票据融资、各项垫款等。

保险公司 在中国境内的、经过保险监督管理部门批准设立，并依法登记注册的各类商业保险公司。

保险金额 指保险人承担赔偿或者给付保险金责任的最高限额。

保　费 指投保人为取得保险人在约定范围内所承担赔偿责任而支付给保险人的费用。

赔　款 指保险人根据保险合同的规定，向被保险人支付的赔偿保险责任损失的金额。

给　付 包括死伤医疗给付和满期给付。死伤医疗给付是指保险人根据人寿保险及长期健康保险合同的规定，因被保险人在保险期内发生保险责任范围内的保险事故支付给被保险人(或受益人)的金额。满期给付是指被保险人生存期满，保险人按人寿保险合同规定支付给被保险人的满期保险金额。

Explanatory Notes on Main Statistical Indicators

Government Revenue refers to the revenue of the government finance by means of participating in the distribution of the social products, which is the financial resources for ensuring the government to function. The contents of government revenue have been changed several times. Now it includes the following main items:

(1) Various tax revenues including value added tax, business tax, enterprise income tax, personal income tax, resources tax, fixed assets investment direction regulating tax, tax on city maintenance and construction, real estate tax, stamp tax, tax on use of urban land, land value added tax, vehicle and vessel tax, tax on occupancy of cultivated land, property tax, tobacco leaf tax, and other tax revenues.

(2) Non-tax Revenues including special revenues, revenues from Administrative and institutional fees, penalty and confiscatory revenues , revenues from state-owned capital operationg,revenues from paid use of state-owned resources, and other revenues .

Government Expenditure refers to the distribution and use of the funds the government finance has raised, so as to meet the needs of economic construction and various causes. It includes the following main items:

(1) Expenditure for general public services: It reflects the expenditure from the government for general public services.

(2) Expenditure on public security: It reflects the expenditure from the government towards safeguarding the public security, including the related affairs of armed police, public security, state security, procuratorial administration,law court, judicial administration, jail , reeducation through labor, state confidentiality, anti-smuggling Patrol,etc.

(3) Expenditure on education: It reflects the expenditure from the government on education, including the related affairs of educational administration management, preschool education, primary education, junior secondary educate, regular senior secondary educate, regular higher education, primary vocational education, specialized secondary educate, technical educate, vocational senior secondary educate, vocational higher education, radio and television education, foreign student educate, special education, cadre continuing education, education institution services,etc.

(4) Expenditure on science and technology: It reflects the expenditure from the government on science and technology.

(5) Expenditure on culture, sport and media: It reflects the expenditure from the government on culture, cultural relics, sport, radio and television, publication, etc.

(6)Expenditure on social security and employment:It reflects the expenditure from the government on social security and employment, including the related affairs of management of social security and employment, civil administration, subsidies to social insurance funds, supplement to national social security funds, retirees of government agencies and institutions, subsidies to enterprises reform, subsidies to employment, pension, settling down demobilized servicemen,social security, disabled person administration, minimum living allowance in urban area, other social relief in urban area, social relief in rural area, subsidies to natural disaster, Red Cross business,etc.

(7)Expenditure on health care: It reflects the expenditure from the government on health care, including expenditure on management of health care, medical services, medical security, disease control and prevention, public health supervision, rural health care,etc.

(8) Expenditure on urban and rural community affairs: It reflects the expenditure from the government on urban and rural community affairs, including expenditure on management of urban and rural community affairs, plan and management of urban and rural community, public utility of urban and rural community, residential buildings of urban and rural community, environmental sanitation of urban and rural community, management and supervision of markets construction, etc.

(9) Expenditure on agriculture, forest and irrigation: It reflects the expenditure from the government on agriculture, forest and irrigation, including expenditure on agriculture, forest, irrigation, poverty alleviation, comprehensive development of agriculture, etc.

Deposit is a form of credit by which enterprises, institutions, organizations or households can put money into banks and other credit institutions for safekeeping and interest earning under the principle of free withdrawal. According to different depositors, deposits are divided into enterprise deposits, treasury deposits, deposits of government agencies and organizations, capital construction deposits, savings deposits, rural saving deposits, entrusted deposits and other deposits. Deposits are major sources of the credit funds of banks.

Loan is a form of credit by which banks and other credit institutions provide funds at certain interest rate to enterprises and individuals in the light of the principle of unconditional repayment. Loans from Chinese banks include circulating capital loans, fixed assets loans, loans to urban and rural individuals engaged in industrial and commercial business and agricultural loans.

Insurance Companies refers to commercial insurance companies of various forms registered by law and established in China with the approval of insurance regulatory agencies.

Amount Insured refers to the maximum that the insurant will get for the claim of the case insured.

Premium is the fee paid by the insurant to the insurer to obtain the obligation of compensation from the insurance within the agreed terms.

Settled Claim is the compensation paid by the insurer to the insurant in accordance with the insurance contract.

Payment includes payment for death, injury or medical treatment and mature payment. Payment for death, injury or medical treatment refers to the money paid to the insurant (or the beneficiary) in accordance with the life or health insurance contract when the insurant encounters accidents within the insured period covered in the contract. Mature payment refers to the mature payment to the insurant in accordance with the life insurance contract at the end of the insured period.

第
9
篇

价格指数

Price Indices

简 要 说 明

一、本篇资料的主要内容

本篇资料反映了全省生产、投资、流通、消费等环节价格变动状况，主要包括居民消费、商品零售、生产资料、工业品出厂、原材料燃料动力购进、固定资产投资、房地产等价格指数。

二、本篇资料的来源

1.居民消费、商品零售和农业生产资料价格指数来源于消费价格统计调查年报，由国家统计局山东调查总队消费价格调查处整理提供。

2.工业生产者出厂、工业生产者购进、固定资产投资、住宅销售等价格指数来源于生产价格统计调查年报，由国家统计局山东调查总队生产投资价格调查处整理提供。

Brief Introduction

I. Main Content

Data on the price indices in this chapter show the changing trend in production, investment, circulation and consumption, including mainly consumer price indices of residents, retail price indices, price indices of means of production, production price indices of industrial products, purchasing price indices of raw materials, fuels and power, price indices of investment in fixed assets and real estate price indices.

II. Source of Data

(1) Data on consumer price indices of residents, retail price indices and price indices of agricultural means of production are based on yearly report on consumer price and are provided by the Division of Consumer Price Survey of the National Bureau of Statistics in Shandong.

(2) Data on producer price indices of industrial products, industrial producer purchasing price indices, price indices of investment in fixed assets and real estate price indices are based on yearly report on production price and are provided by the Division of Production and Investment Price Survey of the National Bureau of Statistics in Shandong.

9-1 居民消费价格指数

Consumer Price Indices

(上年=100)

类　别	Category	2009	2010	2011	2012	2013
居民消费价格指数	**Consumer Price Index**	**100.0**	**102.9**	**105.0**	**102.1**	**102.2**
城　市	Urban Areas	99.9	102.6	104.7	102.1	102.1
农　村	Rural Areas	100.1	103.5	105.9	102.0	102.5
服务项目价格指数	**Services Price Index**	**101.2**	**100.8**	**103.5**	**102.1**	**101.8**
消费品价格指数	**Consumer Goods Price Index**	**99.7**	**103.5**	**105.6**	**102.1**	**102.4**
食　品	Food	101.3	108.3	111.3	103.5	104.8
粮　食	Grain	104.4	113.0	108.7	102.5	107.3
油　脂	Oil or Fat	86.2	106.2	113.2	107.5	102.6
肉禽及其制品	Meal, Poultry and Their Products	91.2	103.6	122.9	101.6	103.2
蛋	Eggs	100.8	107.1	114.7	95.9	102.2
水产品	Aquatic Products	102.3	106.8	114.4	108.8	103.4
鲜　菜	Fresh Vegetables	119.2	125.5	101.2	112.9	109.3
烟　酒	Tobacco and Liquor	102.4	102.5	103.9	102.8	100.3
衣　着	Clothing	97.2	97.6	101.5	103.3	103.3
家庭设备用品及维修服务	Household Facilities, Articles and Services	100.1	99.6	101.0	101.2	100.3
医疗保健和个人用品	Health Care and Personal Articles	101.3	101.9	102.5	102.1	101.0
交通和通信	Transportation and Communication	98.1	99.3	100.6	100.2	99.3
娱乐教育文化用品及服务	Recreation, Education and Culture Articles	100.8	99.7	100.4	100.3	101.3
居　住	Residence	98.8	103.6	105.8	101.8	101.4
商品零售价格指数	**Retail Price Index**	**99.4**	**102.7**	**104.7**	**101.6**	**101.4**
城　市	Urban Areas	99.3	102.4	104.3	101.5	101.2
农　村	Rural Areas	99.4	103.2	105.3	101.9	101.8
农业生产资料价格指数	**Price Indices of Means of Agricultural production**	**96.3**	**103.0**	**111.1**	**105.9**	**101.2**

9-2 居民消费和商品零售价格总指数(2013年)

General Consumer and Retail Price Indices(2013)

类　别	Categoty	居民消费价格总指数 General Consumer Price Indices			商品零售价格总指数 General Retail Price Indices			农业生产资料价格总指数 General Price Indices of Means of Agricultural Production
		全 省 Provincial Indices	城 市 Urban Indices	农 村 Rural Indices	全 省 Provincial Indices	城 市 Urban Indices	农 村 Rural Indices	
以1950年价格为100	1950=100	670.1	669.2		525.7	498.0	490.8	467.4
以1952年价格为100	1952=100	591.0	591.3		437.1	436.5	444.9	482.9
以1957年价格为100	1957=100	544.5	550.5		398.3	358.5	407.9	450.7
以1965年价格为100	1965=100	536.5	535.9		380.0	388.7	389.3	501.5
以1970年价格为100	1970=100	550.2	550.1		386.0	399.4	395.8	554.5
以1978年价格为100	1978=100	549.6	549.8	543.2	386.5	397.6	396.6	600.6
以1980年价格为100	1980=100	520.1	526.8	510.9	369.3	386.4	379.2	594.8
以1985年价格为100	1985=100	448.2	446.6	435.3	333.5	345.1	344.4	504.9
以1990年价格为100	1990=100	275.3	285.5	269.1	208.4	208.5	218.1	334.2
以1995年价格为100	1995=100	150.1	147.8	155.9	123.7	118.7	133.7	175.2
以2000年价格为100	2000=100	134.8	128.4	144.0	123.2	118.3	133.1	190.2
以上年价格为100	Preceding Year=100	102.2	102.1	102.5	101.4	101.2	101.8	101.2

9-3 历年居民消费价格总指数

General Consumer Price Indices over the Years

年 份 Year	以1950年为100 1950=100	以1952年为100 1952=100	以1978年为100 1978=100	以1990年为100 1990=100	以1995年为100 1995=100	以上年为100 Preceding Year=100
1952	113.2					102.2
1955	120.8	106.7				99.9
1957	122.9	108.6				101.0
1962	132.2	116.9				100.5
1965	124.8	110.4				97.8
1970	121.7	107.6				98.9
1975	121.5	107.4				100.2
1976	121.7	107.6				100.2
1977	121.5	107.4				99.8
1978	121.9	107.7				100.3
1979	122.8	108.5	100.7			100.7
1980	128.9	113.9	105.7			105.0
1981	131.2	116.0	107.6			101.8
1982	132.4	117.0	108.6			100.9
1983	135.6	119.8	111.2			102.4
1984	137.6	121.6	112.9			101.5
1985	149.6	132.2	122.7			108.7
1986	156.3	138.1	128.2			104.5
1987	169.1	149.5	138.7			108.2
1988	200.7	177.4	164.7			118.7
1989	235.5	208.1	199.1			117.3
1990	243.5	215.2	199.7			103.4
1991	255.4	225.7	209.5	104.9		104.9
1992	272.8	241.1	223.7	112.0		106.8
1993	307.4	271.7	252.2	126.3		112.7
1994	379.4	335.3	311.2	155.8		123.4
1995	446.1	394.3	365.9	183.2		117.6
1996	489.0	432.1	401.1	200.8	109.6	109.6
1997	502.6	443.2	412.3	206.4	112.7	102.8
1998	499.6	440.5	409.8	205.2	112.0	99.4
1999	496.1	437.4	406.9	203.8	111.2	99.3
2000	497.1	438.3	407.7	204.2	111.4	100.2
2001	506.0	446.2	415.0	207.9	113.4	101.8
2002	502.5	443.1	412.1	206.4	112.6	99.3
2003	508.0	448.0	416.6	208.7	113.8	101.1
2004	526.3	464.1	431.6	216.2	117.9	103.6
2005	535.2	472.0	439.0	219.9	119.9	101.7
2006	540.6	476.7	443.4	222.1	121.1	101.0
2007	564.4	497.7	462.9	231.9	126.4	104.4
2008	594.3	524.1	487.4	244.2	133.1	105.3
2009	594.3	524.1	487.4	244.2	133.1	100.0
2010	611.5	539.3	501.6	251.3	137.0	102.9
2011	642.2	566.4	526.7	263.9	143.9	105.0
2012	655.7	578.3	537.8	269.4	146.9	102.1
2013	670.2	591.0	549.6	275.4	150.2	102.2

9-4 历年城市居民消费价格总指数

General Urban Consumer Price Indices over the Years

年 份 Year	以1930-1936年平均价格为100 Average Price (1930-1936)=100	以1952年为100 1952=100	以1978年为100 1978=100	以1980年为100 1980=100	以1990年为100 1990=100	以1995年为100 1995=100	以上年为100 Preceding Year=100
1949	260.9						
1952	302.2						102.2
1955	322.5	106.7					99.9
1957	328.0	108.5					101.0
1962	352.9	116.8					100.5
1965	333.5	110.3					97.8
1970	324.9	107.4					98.9
1975	324.2	107.3					100.2
1976	324.9	107.5					100.2
1977	324.3	107.3					99.8
1978	325.2	107.6					100.3
1979	329.7	109.1	101.4				101.4
1980	339.3	112.3	104.3				102.9
1981	346.4	114.6	106.5	102.1			102.1
1982	347.4	115.0	106.9	102.4			100.3
1983	345.3	114.3	106.2	101.8			99.4
1984	350.5	116.0	107.8	103.3			101.5
1985	381.4	126.2	117.3	112.4			108.8
1986	400.5	132.5	123.2	118.0			105.0
1987	436.9	144.6	134.4	128.8			109.1
1988	526.9	174.4	162.1	155.3			120.6
1989	609.6	201.7	187.5	179.7			115.7
1990	625.5	207.0	192.4	184.4			102.6
1991	664.3	219.8	204.3	195.8	106.2		106.2
1992	721.4	238.7	221.9	212.6	115.3		108.6
1993	826.7	273.6	254.3	243.7	132.1		114.6
1994	1036.7	343.1	318.9	305.6	165.7		125.4
1995	1210.9	400.7	372.5	356.9	193.6		116.8
1996	1338.0	442.8	411.6	394.4	213.9	110.5	110.5
1997	1380.8	457.0	424.8	407.0	220.7	114.0	103.2
1998	1376.7	455.6	423.5	405.8	220.0	113.7	99.7
1999	1376.7	455.6	423.5	405.8	220.0	113.7	100.0
2000	1393.2	461.1	428.6	410.7	222.6	115.1	101.2
2001	1408.5	466.2	433.3	415.2	225.0	116.4	101.1
2002	1390.2	460.1	427.7	409.8	222.1	114.9	98.7
2003	1399.9	463.3	430.7	412.7	223.7	115.7	100.7
2004	1439.1	476.3	442.7	424.2	230.0	118.9	102.8
2005	1454.9	481.5	447.6	428.9	232.5	120.2	101.1
2006	1469.5	486.3	452.1	433.2	234.8	121.4	101.0
2007	1525.3	504.8	469.3	449.7	243.7	126.0	103.8
2008	1597.0	528.5	491.4	470.8	255.2	131.9	104.7
2009	1596.1	528.2	491.1	470.6	255.0	131.8	99.9
2010	1637.6	542.0	503.8	482.8	261.6	135.3	102.6
2011	1714.1	567.3	527.4	505.3	273.9	141.8	104.7
2012	1750.1	579.2	538.5	515.9	279.6	144.8	102.1
2013	1786.9	591.4	549.8	526.7	285.5	147.8	102.1

9-5 历年农村居民消费价格总指数

General Rural Consumer Price Indices over the Years

年 份 Year	以1978年为100 1978=100	以1980年为100 1980=100	以1985年为100 1985=100	以1990年为100 1990=100	以1995年为100 1995=100	以上年为100 Preceding Year=100
1979	100.4					100.4
1980	106.2					105.8
1981	107.9	101.6				101.6
1982	109.1	102.7				101.1
1983	113.0	106.4				103.6
1984	114.7	108.0				101.5
1985	124.7	117.4				108.7
1986	129.8	122.2	104.1			104.1
1987	139.4	131.2	111.8			107.4
1988	163.1	153.5	130.8			117.0
1989	194.0	182.5	155.5			118.9
1990	201.7	189.8	161.7			104.0
1991	209.8	197.4	168.2	104.0		104.0
1992	219.5	206.5	175.9	108.8		104.6
1993	242.9	228.6	194.7	120.4		110.7
1994	295.7	278.2	236.9	146.5		121.7
1995	348.6	328.0	279.3	172.7		117.9
1996	379.9	357.5	304.4	188.2	109.0	109.0
1997	389.1	366.1	311.7	192.7	111.6	102.4
1998	385.2	362.4	308.6	190.8	110.5	99.0
1999	379.8	357.3	304.3	188.1	109.0	98.6
2000	377.1	354.8	302.2	186.8	108.2	99.3
2001	386.2	363.3	309.5	191.3	110.8	102.4
2002	385.8	362.9	309.2	191.1	110.7	99.9
2003	391.6	368.3	313.8	194.0	112.4	101.5
2004	409.6	385.2	328.2	202.9	117.5	104.6
2005	419.4	394.5	336.1	207.8	120.3	102.4
2006	423.6	398.4	339.5	209.9	121.6	101.0
2007	446.1	419.5	357.5	221.0	128.0	105.3
2008	473.8	445.5	379.7	234.7	135.9	106.2
2009	474.1	445.8	380.0	234.9	136.0	100.1
2010	490.7	461.4	393.2	243.1	140.8	103.5
2011	519.5	488.7	416.4	257.4	149.1	105.9
2012	529.9	498.5	424.7	262.6	152.1	102.0
2013	543.1	510.9	435.3	269.1	155.9	102.5

9-6 历年商品零售价格总指数

General Retail Price Indices over the Years

年 份 Year	以1930-1936年平均价格为100 Average Price (1930-1936)=100	以1952年为100 1952=100	以1978年为100 1978=100	以1980年为100 1980=100	以1990年为100 1990=100	以1995年为100 1995=100	以上年为100 Preceding Year=100
1949	257.0						
1952	303.6						100.4
1955	325.6	107.2					100.2
1957	333.5	109.8					101.7
1962	359.9	118.5					100.4
1965	349.4	115.1					97.6
1970	343.8	113.3					99.2
1971	343.5	113.2					99.9
1972	342.5	112.8					99.7
1973	342.2	112.7					99.9
1974	341.8	112.6					99.9
1975	342.2	112.7					100.1
1976	342.5	112.8					100.1
1977	342.2	112.7					99.9
1978	343.5	113.2					100.4
1979	349.0	115.0	101.6				101.6
1980	359.5	118.5	104.6				103.0
1981	365.6	120.5	106.4	101.7			101.7
1982	367.8	121.2	107.1	102.3			100.6
1983	363.0	119.7	105.6	101.0			98.7
1984	367.0	121.0	106.8	102.1			101.1
1985	398.2	131.3	115.9	110.8			108.5
1986	416.1	137.2	121.1	115.8			104.5
1987	450.6	148.6	131.2	125.4			108.3
1988	536.3	176.8	156.1	149.2			119.0
1989	626.9	206.7	182.5	174.4			116.9
1990	636.9	210.0	185.4	177.2			101.6
1991	668.1	220.3	194.5	185.9	104.9		104.9
1992	709.5	233.9	206.6	197.4	111.4		106.2
1993	782.6	258.0	227.8	217.7	122.9		110.3
1994	941.5	310.4	274.1	261.9	147.8		120.3
1995	1075.2	354.5	313.0	299.1	168.8		114.2
1996	1150.6	378.9	334.9	320.1	180.6	107.0	107.0
1997	1159.8	381.9	337.6	322.7	182.0	107.9	100.8
1998	1126.2	370.8	327.8	313.3	176.7	104.8	97.1
1999	1093.5	360.0	318.3	304.2	171.6	101.8	97.1
2000	1078.2	355.0	313.8	299.9	169.2	100.4	98.6
2001	1078.2	355.0	313.8	299.9	169.2	100.4	100.0
2002	1065.3	350.7	310.0	296.3	167.2	99.2	98.8
2003	1067.4	351.4	310.7	296.9	167.5	99.4	100.2
2004	1097.3	361.3	319.4	305.2	172.2	102.2	102.8
2005	1103.9	363.4	321.3	307.0	173.2	102.8	100.6
2006	1110.5	365.6	323.2	308.9	174.3	103.4	100.6
2007	1150.5	378.8	334.8	320.0	180.6	107.1	103.6
2008	1206.9	397.4	351.2	335.7	189.4	112.3	104.9
2009	1199.3	394.9	349.0	333.6	188.3	111.6	99.4
2010	1231.6	405.5	358.4	342.6	193.3	114.7	102.7
2011	1288.9	424.3	375.1	358.5	202.3	120.0	104.7
2012	1309.6	431.1	381.1	364.2	205.6	121.9	101.6
2013	1327.9	437.1	386.4	369.3	208.4	123.6	101.4

注：本表已根据现行价格调查统计制度予以调整，均不包括农业生产资料部分。

a)The data in this form have been adjusted according to current statistical system of price survey.Means of agricultural production are excluded.

9-7 历年农业生产资料价格总指数

General Price Indices of Means of Agricultural Production over the Years

年 份 Year	以1950年为100 1950=100	以1952年为100 1952=100	以1978年为100 1978=100	以1990年为100 1990=100	以1995年为100 1995=100	以上年为100 Preceding Year=100
1952	97.0					102.2
1955	103.8	107.0				94.1
1957	103.4	106.7				99.7
1962	106.8	110.1				99.3
1965	92.7	95.5				96.8
1970	84.2	86.8				99.9
1975	79.2	81.6				100.0
1976	79.2	81.6				100.0
1977	79.2	81.6				100.0
1978	78.5	80.9				99.1
1979	78.6	81.0	100.1			100.1
1980	78.6	81.0	100.1			100.0
1981	79.9	82.4	101.8			101.7
1982	80.8	83.3	102.9			101.1
1983	82.9	85.5	105.6			102.6
1984	88.9	91.7	113.2			107.2
1985	92.5	95.5	117.8			104.1
1986	94.4	97.5	120.3			102.1
1987	99.9	103.2	127.3			105.8
1988	114.6	118.4	146.0			114.7
1989	135.5	139.9	172.6			118.2
1990	139.8	144.4	178.1			103.2
1991	142.6	147.3	181.7	102.0		102.0
1992	144.6	149.4	184.2	103.4		101.4
1993	161.4	166.7	205.6	115.4		111.6
1994	200.3	206.9	255.1	143.2		124.1
1995	267.0	275.8	340.1	190.9		133.3
1996	281.7	291.0	358.8	201.4	105.5	105.5
1997	272.1	281.1	346.6	194.6	101.9	96.6
1998	261.8	270.4	336.5	187.2	98.0	96.2
1999	249.0	257.2	320.0	178.0	93.2	95.1
2000	245.8	253.9	315.8	175.7	92.0	98.7
2001	250.2	258.5	321.5	178.9	93.7	101.8
2002	251.0	259.3	322.5	179.4	94.0	100.3
2003	257.0	265.5	330.2	183.7	96.2	102.4
2004	283.2	292.6	363.9	202.5	106.0	110.2
2005	300.7	310.7	386.4	215.0	112.6	106.2
2006	309.8	320.0	398.0	221.5	116.0	103.0
2007	331.8	342.7	426.3	237.2	124.2	107.1
2008	395.8	408.8	508.6	283.0	148.2	119.3
2009	381.2	393.7	489.8	272.5	142.7	96.3
2010	392.6	405.5	504.4	280.7	147.0	103.0
2011	436.2	450.6	560.4	311.9	163.4	111.1
2012	461.9	477.2	593.5	330.3	173.0	105.9
2013	467.5	482.9	600.6	334.3	175.1	101.2

9−8 居民消费价格分类指数(2013年)

Consumer Price Indices by Category(2013)

(上年=100) (preceding year=100)

商品类别	Category	全省 Provincial Indices	城市 Urban Indices	农村 Rural Indices
居民消费价格指数	**Consumer Price Index**	**102.2**	**102.1**	**102.5**
非食品价格指数	Non-food Price Index	101.1	101.2	101.0
服务项目价格指数	Services Price Index	101.8	101.8	101.8
扣除鲜菜鲜果总指数	General Index Discounting Fresh Vegetables and Fresh Fruit	101.8	101.8	101.9
消费品价格指数	Consumer Goods Price Index	102.4	102.2	102.8
一、食　品	**Food**	**104.8**	**104.3**	**105.8**
1.粮　食	Grain	107.3	106.3	109.6
2.淀粉及制品	Starch and related products	104.4	104.7	103.1
3.干豆类及豆制品	Beans and Bean Products	104.9	104.3	106.6
4.油　脂	Oil or Fat	102.6	103.3	101.6
5.肉禽及其制品	Meal, Poultry and Their Products	103.2	103.4	102.8
(1)食用畜肉及副产品	Animal Meat and Products	104.0	104.4	103.2
(2)禽	Poultry	100.2	99.2	101.4
(3)加工肉禽	Processing Products of Meal and Poultry	102.5	102.6	102.4
6.蛋	Eggs	102.2	101.2	103.7
7.水产品	Aquatic Products	103.4	103.6	102.8
(1)鱼	Fishes	102.1	102.6	100.9
(2)其它水产品	Other Aquatic Products	105.3	104.9	107.6
8.菜	Vegetables	109.1	107.4	113.4
9.调味品	Flavoring	102.6	102.6	102.9
10.糖	Carbohydrate	100.5	101.6	99.4
11.茶及饮料	Tea and Beverages	101.4	101.5	100.8
(1)茶　叶	Tea	99.8	99.6	100.5
(2)饮　料	Beverages	102.6	103.1	101.1
12.干鲜瓜果	Dried and Fresh Melons and Fruits	108.6	106.9	113.3
13.糕点饼干面包	Cake, Biscuit and Bread	101.7	101.8	101.5
14.液体乳及乳制品	Milk and Its Products	104.2	104.7	102.8
15.在外用膳食品	Outward Dinner	104.5	103.6	107.7
16.其它食品	Other Foods	100.8	100.9	100.7
二、烟　酒	**Tobacco and Liquor**	**100.3**	**100.3**	**100.2**
1.烟　草	Tobacco	100.5	100.3	100.8
2.酒	Liquor	100.1	100.4	99.7
三、衣　着	**Clothing**	**103.3**	**103.4**	**102.7**
1.服　装	Garments	103.9	104.3	101.5
(1)男式服装	Men's Clothing	103.9	104.3	101.9
(2)女式服装	Women's Clothing	104.2	104.7	101.2
(3)儿童服装	Children's Clothing	101.8	101.9	101.3
2.衣着材料	Clothing Material	107.4	100.7	112.7
3.鞋袜帽	Footwear and Hats	101.3	100.8	103.3
(1)鞋	Shoes	101.3	100.7	103.7
(2)袜子	Socks	100.4	100.3	101.0
(3)帽子	Hats	103.2	103.8	100.9
4.衣着加工服务费	Clothing Proceeding Services	106.3	103.2	109.1

9-8 续表 continued

(上年=100) (preceding year=100)

商品类别	Category	全省 Provincial Indices	城市 Urban Indices	农村 Rural Indices
四、家庭设备用品及维修服务	**Household Facilities, Articles and Services**	**100.3**	**100.5**	**99.9**
1.耐用消费品	Durable Consumer Goods	99.2	99.5	98.6
(1)家　具	Furniture	100.2	100.2	100.2
(2)家庭设备	Household Facilities	98.6	99.0	97.7
2.室内装饰品	Interior Decorations	99.7	99.7	99.4
3.床上用品	Bed Articles	100.6	100.8	99.8
4.家庭日用杂品	Grocery for Daily Use	101.6	101.4	102.0
5.家庭服务及加工维修服务	Household Service and Proceeding Upkeep	104.5	104.7	104.0
五、医疗保健和个人用品	**Health Care and Personal Articles**	**101.0**	**100.8**	**101.5**
1.医疗保健	Health Care	100.8	100.7	101.0
(1)医疗器具及用品	Medical Instrument and Articles	99.8	99.3	100.7
(2)中药材及中成药	Traditional Chinese Medicinal Materials and Medicines	101.8	101.9	101.7
(3)西　药	Western Medicine	99.1	99.3	98.6
(4)保健器具及用品	Health Care Appliances and Articles	101.6	102.2	100.2
(5)医疗保健服务	Health Care Services	102.0	101.3	103.6
2.个人用品及服务	Personal Articles and Services	101.5	100.9	102.7
(1)化妆美容用品	Makeup Beauty Products	101.3	101.4	101.0
(2)清洁类化妆品	Clean Cosmetics	102.1	101.7	103.3
(3)个人饰品	Personal Decorations	97.7	98.0	96.9
(4)个人服务	Personal Services	105.1	103.2	108.0
六、交通和通信	**Transportation and Communication**	**99.3**	**98.8**	**100.3**
1.交通	Transportation	99.7	99.2	100.9
(1)交通工具	Transportation Facility	99.0	98.4	100.6
(2)车用燃料及零配件	Fuels and Parts	99.2	99.3	99.0
(3)车辆使用及维修费	Using and Upkeep	101.6	101.0	104.2
(4)市区公共交通费	Incity Public Traffic	100.5	100.0	102.7
(5)城市间交通费	Intercity Traffic	100.4	99.4	102.3
2.通信	Communication	98.6	98.2	99.3
(1)通信工具	Communication Facility	92.7	89.8	96.8
(2)通信服务	Communication Service	99.8	99.7	100.0
七、娱乐教育文化用品及服务	**Recreation, Education and Culture Articles and Services**	**101.3**	**101.4**	**101.0**
1.文娱用耐用消费品及服务	Durable Consumer Goods for Cultural and Recreational Use and Services	97.8	98.0	96.6
2.教育	Education	101.8	102.2	101.3
(1)教材及参考书	Teaching Materials and Reference Books	101.4	101.3	101.6
(2)教育服务	Education services	101.9	102.3	101.2
3.文化娱乐类	Cultural and Entertainment	101.2	100.8	102.8
(1)文化娱乐用品	Cultural and Entertainment Supplies	100.3	100.2	100.7
(2)书报杂志	Books, Newspapers and Magazines	100.9	101.0	100.5
(3)文娱费	Expenditure of Culture and Recreation	102.5	101.4	109.2
4.旅游	Touring	104.1	104.2	103.0
八、居　住	**Residence**	**101.4**	**101.5**	**101.0**
1.建房及装修材料	Building and Building Decoration Materials	101.2	100.8	101.8
2.住房租金	Rent	101.7	101.7	101.6
3.自有住房	Private Housing	102.0	102.2	101.2
4.水、电、燃料	Water, Electricity and Fuels	100.5	100.7	100.0

9-9 商品零售价格分类指数(2013年)

Retail Indices by Category(2013)

(上年=100) (preceding year=100)

商品类别	Category	全 省 Provincial Indices	城 市 Urban Indices	农 村 Rural Indices
商品零售价格总指数	**Retail Index**	**101.4**	**101.2**	**101.8**
一、食 品	**Food**	**104.9**	**104.2**	**106.0**
1.粮 食	Grain	107.2	106.1	108.8
2.淀粉及制品	Starch and Related Products	103.9	105.0	102.1
3.干豆类及豆制品	Beans and Bean Products	105.4	104.5	107.0
4.油 脂	Oil or Fat	102.6	103.2	101.9
5.肉禽及其制品	Meal, Poultry and Their Products	103.2	103.1	103.4
(1)食用畜肉及副产品	Animal Meat and Products	104.0	104.0	104.0
(2)禽	Poultry	100.7	99.7	101.7
(3)加工肉禽	Processing Products of Meal and Poultry	102.6	102.5	102.7
6.蛋	Eggs	102.7	101.5	104.2
7.水产品	Aquatic Products	102.7	102.5	103.0
(1)鱼	Fishes	101.1	101.2	101.1
(2)其它水产品	Other Aquatic Products	104.8	104.0	108.2
8.菜	Vegetables	109.2	107.5	112.2
9.调味品	Flavoring	102.9	102.4	103.9
10.糖	Carbohydrate	100.5	102.0	99.3
11.干鲜瓜果	Dried and Fresh Melons and Fruits	108.7	106.9	112.6
12.糕点饼干面包	Cake Biscuit and Bread	101.5	101.5	101.5
13.液体乳及乳制品	Milk and Its Products	103.9	104.3	103.1
14.在外用膳食品	Outward Dinner	104.9	103.6	107.8
15.其它食品	Other Foods	101.0	101.0	101.0
二、饮料、烟酒	**Beverages,Tobacco and Liquor**	**100.6**	**100.7**	**100.3**
1.茶及饮料	Tea and Beverages	101.1	101.3	100.7
(1)茶 叶	Tea	100.2	100.1	100.5
(2)饮 料	Beverages	101.8	102.4	100.7
2.烟 草	Tobacco	100.5	100.4	100.7
3.酒	Liquor	100.3	100.6	99.9
三、服装、鞋帽	**Garments,Footwear and Hats**	**102.8**	**103.2**	**101.8**
1.服装	Garments	103.5	104.1	101.5
(1)男式服装	Men's Clothing	103.7	104.2	102.0
(2)女式服装	Women's Clothing	103.6	104.5	101.0
(3)儿童服装	Children's Clothing	101.7	101.8	101.6
2.鞋袜帽	Footwear and Hats	101.4	100.8	102.8
(1)鞋	Shoes	101.4	100.7	103.1
(2)袜 子	Socks	100.4	100.2	100.8
(3)帽 子	Hats	103.2	104.2	101.0
3.其 它	Others	101.5	102.1	100.2
四、纺织品	**Textiles**	**101.3**	**100.5**	**102.6**
1.衣着材料	Clothing Material	103.2	100.8	104.2
2.床上用品	Bed Articles	100.4	100.5	100.3

9-9 续表 continued

(上年=100) (preceding year=100)

商品类别	Category	全省 Provincial Indices	城市 Urban Indices	农村 Rural Indices
五、家用电器及音像器材	**Household Appliances, Music and Video Equipment**	**98.0**	**98.6**	**97.1**
1.家庭设备	Household Facilities	98.8	99.3	98.0
2.文娱用耐用消费品	Durable Consumer Goods for Cultural and Recreational Use	96.5	97.1	95.8
3.专业音像器材	Professional Music and Video Equipment	99.7	99.9	99.2
六、文化办公用品	**Cultural and Office Appliances**	**98.9**	**98.1**	**100.5**
七、日用品	**Articles for Daily Use**	**100.7**	**100.7**	**100.8**
1.日用百货	General Merchandise for Daily Use	100.4	100.5	100.2
2.日用杂品	Grocery for Daily Use	101.0	100.5	102.6
3.洗涤用品	Washing Products	102.0	102.6	100.9
4.其它日用品	Other Articles for Daily Use	99.7	99.4	100.2
八、体育娱乐用品	**Sports and Recreation Articles**	**100.5**	**100.7**	**100.0**
1.体育用品	Sports Articles	100.6	101.3	99.7
2.娱乐用品	Recreation Articles	100.3	100.2	100.4
九、交通、通信用品	**Transportation and Communication Articles**	**97.4**	**96.7**	**98.7**
1.交通运输机械	Transport machinery	98.6	98.4	99.0
2.通信器材	Communication Equipment	95.3	92.7	98.4
十、家　具	**Furniture**	**100.3**	**100.0**	**100.7**
十一、化妆品	**Cosmetics**	**101.4**	**101.3**	**101.7**
十二、金银珠宝	**Gold, Silver and Jewelry**	**93.9**	**94.2**	**93.2**
十三、中西药品及医疗保健用品	**Traditional Chinese and Western Medicines and Health Care Articles**	**100.5**	**100.6**	**100.3**
1.医疗器具及用品	Medical Apparatus and Articles	101.0	100.8	101.4
2.中药材及中成药	Traditional Chinese Medicinal Materials and Medicines	101.8	101.8	101.8
3.西　药	Western Medicines	99.2	99.3	99.1
4.保健器具及用品	Health Care Appliances and Supplies	101.3	101.7	100.4
十四、书报杂志及电子出版物	**Books, Newspapers, Magazines and Electronic Publications**	**101.1**	**101.2**	**100.9**
1.教材及参考书	Teaching Materials and Reference Books	101.4	101.1	101.8
2.书报杂志	Books, Newspapers and Magazines	101.2	101.5	100.7
3.电子音像制品	Electronic Audio-visual Products	100.4	100.6	100.0
十五、燃　料	**Fuels**	**99.5**	**99.9**	**98.8**
1.煤炭及制品	Coal and Products	98.4	99.1	97.8
2.石油及制品	Petroleum and Products	100.0	100.2	99.5
十六、建筑材料及五金电料	**Building Materials and Hardware**	**100.3**	**99.6**	**101.0**
1.建筑装潢材料	Building Decoration Materials	99.8	99.3	100.3
2.五金电料	Hardware	101.3	100.2	102.6

9-10 农产品生产者价格指数
Producers' Price Indices for Farm Products

(上年＝100) (preceding year=100)

指　标	Item	2010	2011	2012	2013
农产品生产者价格指数	**Producers' Price Indices for Farm Products**	**118.8**	**109.7**	**102.5**	**105.9**
种植业产品	**Planting Products**	**126.7**	**102.0**	**104.3**	**111.0**
#谷物	Cereal	114.7	108.4	102.0	106.3
#小麦	Wheat	109.7	104.5	101.8	111.3
稻谷	Rice	119.0	110.0	100.1	104.2
玉米	Corn	118.2	111.7	102.2	102.1
大豆	Beans	104.4	113.1	109.4	105.2
油料	Oil-bearing Crops	132.4	113.7	109.5	93.1
棉花	Cotton	151.7	121.5	84.9	106.3
蔬菜	Vegetable	138.6	76.2	112.5	123.6
水果	Fruit	110.1	119.2	108.5	105.4
林业产品	**Forestry Products**	**114.6**	**105.6**	**101.9**	**103.9**
畜牧业产品	**Animal Husbandry Products**	**105.9**	**121.6**	**96.7**	**98.7**
猪（毛重）	Pig（gross weight）	101.3	131.9	95.9	98.8
牛（毛重）	Cattle and Buffaloes（gross weight）	107.6	108.8	114.9	107.8
羊（毛重）	Sheep and Goats（gross weight）	106.8	115.4	114.9	108.2
肉禽（毛重）	Poultry（gross weight）	108.1	112.2	94.4	96.1
蛋类	Eggs	108.9	116.6	96.2	102.4
奶类	Milk	113.4	108.3	101.6	112.0
渔业产品	**Fishery Products**	**113.8**	**113.2**	**105.7**	**103.1**
海水养殖鱼类	Seawater Fish	108.3	104.4	110.1	83.1
淡水养殖鱼类	Freshwater Fish	109.9	107.6	107.4	105.5

9-11 工业、投资价格指数
Price Indices for Industrial, Investment

年 份 Year	以1988年为100 (1988=100)		以1990年为100 (1990=100)	以上年为100 (preceding year=100)		
	工业生产者出厂价格指数 Producer Price Indices for Industrial Products	工业生产者购进价格指数 Industrial Producer Purchasing Price Indices	固定资产投资价格指数 Price Indices for Investment in Fixed Assets	工业生产者出厂价格指数 Producer Price Indices for Industrial Products	工业生产者购进价格指数 Industrial Producer Purchasing Price Indices	固定资产投资价格指数 Price Indices for Investment in Fixed Assets
1988	100.0	100.0				
1989	123.8	136.7		123.8	136.7	
1990	129.6	144.1	100.0	104.7	105.4	
1991	133.5	154.2	112.4	103.0	107.0	112.4
1992	146.5	171.0	134.2	109.7	110.9	119.4
1993	180.1	230.3	163.9	123.0	134.7	122.1
1994	223.7	279.4	189.8	124.2	121.3	115.8
1995	261.8	316.2	202.3	117.0	113.2	106.6
1996	272.5	334.3	208.6	104.1	105.7	103.1
1997	275.8	336.3	209.4	101.2	100.6	100.4
1998	264.7	318.1	207.7	96.0	94.6	99.2
1999	257.3	297.1	206.9	97.2	93.4	99.6
2000	272.5	311.1	211.8	105.9	104.7	102.4
2001	270.1	311.1	214.8	99.1	100.0	101.4
2002	266.8	307.0	217.2	98.8	98.7	101.1
2003	276.2	324.5	223.5	103.5	105.7	102.9
2004	293.8	369.3	240.0	106.4	113.8	107.4
2005	304.7	391.1	247.0	103.7	105.9	102.9
2006	311.7	407.9	251.5	102.3	104.3	101.8
2007	322.0	427.5	261.7	103.3	104.8	104.0
2008	349.7	483.5	281.8	108.6	113.1	107.7
2009	329.1	461.7	273.1	94.1	95.5	96.9
2010	352.6	504.6	282.9	107.2	109.3	103.6
2011	373.7	550.9	302.3	106.0	109.2	106.8
2012	367.7	546.5	304.7	98.4	99.2	100.8
2013	361.8	537.8	305.9	98.4	98.4	100.4

9-12 工业生产者出厂价格指数
Producer Price Indices for Industrial Products

(上年=100) (preceding year=100)

类 别	Category	2010	2011	2012	2013
总指数	**Total Price Indices**	**107.2**	**106.0**	**98.4**	**98.4**
轻工业	Light Industry	104.7	106.3	99.6	100.1
以农产品为原料	Agricultural Products as Raw Materials	107.1	107.4	99.7	100.5
以非农产品为原料	Non-agricultural Products as Raw Materials	102.2	102.8	99.4	98.9
重工业	Heavy Industry	109.5	105.8	97.9	97.7
采 掘	Mining	129.5	112.6	96.4	92.3
原 料	Raw Materials	111.8	108.0	97.6	96.8
加 工	Processing	103.0	104.0	98.1	98.6
生产资料	Means of Production	108.4	106.2	97.6	97.8
采 掘	Mining	127.7	112.6	96.4	92.3
原 料	Raw Materials	111.5	108.2	97.4	96.7
加 工	Processing	104.5	104.9	97.8	98.7
生活资料	Consumer Goods	103.4	105.1	100.9	100.4
食 品	Food	105.7	106.7	101.9	100.7
衣 着	Clothing	102.3	104.4	101.4	101.4
一般日用品	Articles for Daily Use	103.6	106.7	100.4	99.5
耐用消费品	Durable Consumer Goods	97.6	97.2	97.7	99.6
按工业部门分	**by Industrial Department**				
冶金工业	Metallurgical Industry	109.8	106.7	92.9	95.4
电力工业	Power Industry	102.7	102.9	104.1	100.6
煤炭及炼焦工业	Coal Industry	115.5	106.4	91.0	89.0
石油工业	Petroleum Industry	129.1	115.3	102.5	95.4
化学工业	Chemical Industry	107.6	109.2	97.3	97.7
机械工业	Machine Building Industry	100.3	101.2	99.5	99.3
建筑材料工业	Building Materials Industry	104.7	106.5	98.7	99.3
森林工业	Timber Industry	101.1	103.5	100.7	101.1
食品工业	Food Industry	106.0	106.7	102.2	101.1
纺织工业	Textile Industry	113.8	113.2	94.6	99.9
缝纫工业	Tailoring Industry	101.9	104.4	101.2	101.7
皮革工业	Leather Industry	102.4	104.2	102.0	100.8
造纸工业	Paper Industry	103.7	101.3	98.8	97.5
文教艺术用品工业	Industry of Cultural, Educational& Handicrafts Articles	100.6	99.8	101.5	99.7
其它工业	Others	103.4	105.0	99.9	99.7

9-13 工业生产者出厂价格指数(2013年)

Producer Price Indices for Industrial Products(2013)

(上年=100) (preceding year=100)

类　别	Category	全年平均 Annual Average	一季度 1st Quarter	二季度 2nd Quarter	三季度 3rd Quarter	四季度 4th Quarter
总指数	**Total Price Indices**	**98.4**	**98.5**	**97.7**	**98.5**	**99.0**
(一)核心指数	**Core Indices**	**98.5**	**98.3**	**98.0**	**98.7**	**99.1**
(二)高技术	**High Technology**	**99.3**	**99.3**	**99.2**	**99.0**	**99.5**
(三)能源	**Energy**	**95.1**	**95.0**	**92.6**	**95.8**	**97.3**
(四)按轻重工业分	**By Light and Heavy Industry**					
1.轻工业	Light Industry	100.1	100.8	100.0	99.7	100.0
(1)以农产品为原料	Agricultural Products as Raw Materials	100.5	101.5	100.3	99.9	100.2
(2)以非农产品为原料	Non-agricultural Products as Raw Materials	98.9	98.5	98.9	99.1	99.1
2.重工业	Heavy Industry	97.7	97.5	96.7	97.9	98.5
(1)采掘	Mining	92.3	91.4	90.2	93.8	94.0
(2)原料	Raw Materials	96.8	97.1	95.1	97.0	98.1
(3)加工	Processing	98.6	98.3	98.2	98.7	99.2
(五)按生产生活资料分	**By Means of Production and Consumer Goods**					
1.生产资料	Means of Production	97.8	97.6	96.9	98.1	98.7
(1)采掘	Mining	92.3	91.4	90.2	93.8	94.0
(2)原料	Raw Materials	96.7	96.9	94.9	96.9	98.1
(3)加工	Processing	98.7	98.4	98.4	98.9	99.4
2.生活资料	Consumer Goods	100.4	101.5	100.3	99.8	99.9
(1)食品	Food	100.7	103.3	100.5	99.4	99.8
(2)衣着	Clothing	101.4	101.1	101.3	101.8	101.6
(3)一般日用品	Articles for Daily Use	99.5	99.5	99.8	99.5	99.3
(4)耐用消费品	Durable Consumer Goods	99.6	99.4	99.4	99.7	99.9
(六)按初级中间最终产品分	**By Primary、Intermediate and Final Products**					
1.初级产品	Primary Products	92.1	90.9	89.8	93.4	94.6
(1)矿产品	Minerals	92.0	90.8	89.6	93.3	94.5
(2)废料	Scrap	100.0	100.0	100.0	100.0	100.0
2.中间产品	Intermediate Products	98.3	98.6	97.6	98.3	98.9
3.最终产品	Final Products	99.5	99.9	99.1	99.3	99.6
(1)最终投资品	Investment Goods	98.9	99.0	98.5	98.9	99.3
(2)最终消费品	Consumer Goods	100.4	101.4	100.3	99.9	100.0
(七)按工业部门分	**By Industrial Department**					
1.冶金工业	Metallurgical Industry	95.4	94.9	93.3	96.2	97.1
2.电力工业	Power Industry	100.6	101.1	100.2	100.5	100.5
3.煤炭及炼焦工业	Coal Industry	89.0	86.0	86.7	89.7	94.8
4.石油工业	Petroleum Industry	95.4	97.0	91.4	96.5	96.9
5.化学工业	Chemical Industry	97.7	97.8	97.2	97.6	97.9
6.机械工业	Machine Building Industry	99.3	99.1	99.3	99.3	99.6
7.建筑材料工业	Building Materials Industry	99.3	98.3	99.0	99.6	100.2
8.森林工业	Timber Industry	101.1	101.4	101.6	101.1	100.5
9.食品工业	Food Industry	101.1	103.8	101.0	99.5	100.0
10.纺织工业	Textile Industry	99.9	98.9	99.4	100.3	100.8
11.缝纫工业	Tailoring Industry	101.7	101.5	101.7	101.9	101.6
12.皮革工业	Leather Industry	100.8	99.8	100.1	101.6	101.5
13.造纸工业	Paper Industry	97.5	97.0	97.1	97.6	98.2
14.文教艺术用品工业	Industry of Cultural, Educational & Handicrafts Articles	99.7	99.9	99.7	99.3	99.7
15.其它工业	Others	99.7	99.0	99.5	99.9	100.3

9－13 续表 continued

(上年=100) (preceding year=100)

类别	Category	全年平均 Annual Average	一季度 1st Quarter	二季度 2nd Quarter	三季度 3rd Quarter	四季度 4th Quarter
(八)按工业行业分	**by Industrial Sector**					
煤炭开采和洗选业	Mining and Washing of Coal	88.2	85.3	85.8	88.7	94.0
石油和天然气开采业	Extraction of Petroleum and Natural Gas	92.5	90.9	86.7	98.6	94.8
黑色金属矿采选业	Mining of Ferrous Metal Ores	95.3	90.5	90.0	98.0	104.2
有色金属矿采选业	Mining of Non-ferrous Metal Ores	95.2	101.9	98.4	91.9	88.9
非金属矿采选业	Mining and Processing of Nonmetal Ores	100.4	97.8	99.5	101.7	102.6
开采辅助活动	Mining Support Activities	100.0	100.0	100.0	100.0	100.0
其他采矿业	Mining of Other Ores					
农副食品加工业	Processing of Food from Agricultural Products	100.9	104.5	100.9	98.9	99.4
食品制造业	Manufacture of Foods	99.5	98.1	100.2	100.4	99.3
酒、饮料和精制茶制造业	Manufacture of Wine, Drinks and Refined Tea	101.1	101.2	101.2	100.9	100.9
烟草制品业	Manufacture of Tobacco	100.1	100.7	100.1	100.0	99.8
纺织业	Manufacture of Textile	100.0	99.1	99.6	100.4	100.9
纺织服装、服饰业	Manufacture of Textile Wearing Apparel and Finery	101.8	101.7	101.9	102.0	101.7
皮革、毛皮、羽毛及其制品和制鞋业	Manufacture of Leather, Fur, Feather & Its Products and Footwear	101.1	100.2	100.5	101.8	101.8
木材加工及木 竹、藤、棕、草制品业	Processing of Timbers, Manufacture of Wood, Bamboo, Rattan, Palm, and Straw Products	101.0	101.1	101.5	101.0	100.3
家具制造业	Manufacture of Furniture	101.9	102.1	101.9	102.0	101.7
造纸及纸制品业	Manufacture of Paper and Paper Products	97.5	97.0	97.1	97.6	98.2
印刷和记录媒介复制业	Printing, Reproduction of Recording Media	100.0	99.8	100.1	99.8	100.1
文教、工美、体育和娱乐用品制造业	Manufacture of Culture, Education,Arts and crafts, Sport and Entertainment Goods	100.0	100.1	100.1	99.9	100.0
石油加工、炼焦和核燃料加工业	Processing of Petroleum, Coking and Nucleus Fuel	95.5	97.3	92.2	95.6	97.2
化学原料和化学制品制造业	Manufacture of Chemical Raw Material and Chemical Products	96.7	97.2	95.9	96.5	97.2
医药制造业	Manufacture of Medicines	101.8	102.5	102.1	101.4	101.2
化学纤维制造业	Manufacture of Chemical Fiber	95.1	94.4	95.2	95.4	95.5
橡胶和塑料制品业	Manufacture of Rubber and Plastic	98.2	97.8	97.5	98.5	99.2
非金属矿物制品业	Manufacture of Non-metallic Mineral Products	99.1	98.3	98.9	99.4	99.9
黑色金属冶炼及压延加工业	Manufacture and Processing of Ferrous Metals	93.6	91.7	89.6	95.7	97.9
有色金属冶炼及压延加工业	Manufacture & Processing of Non-ferrous Metals	95.4	96.7	95.0	95.0	94.9
金属制品业	Manufacture of Metal Products	98.2	97.6	97.4	98.8	98.9
通用设备制造业	Manufacture of General Purpose Machinery	100.1	99.9	100.2	100.0	100.2
专用设备制造业	Manufacture of Special Purpose Machinery	100.2	99.5	100.1	100.4	100.8
汽车制造业	Manufacture of Automotive	99.9	99.9	100.1	99.7	100.0
铁路、船舶、航空航天和其他运输设备制造业	Manufacture of Railroad,Marine,Aerospace and Other Transportation Equipment	100.0	100.1	99.8	100.0	100.0
电气机械及器材制造业	Manufacture of Electrical Machinery & Equipment	99.1	98.9	99.3	99.1	99.1
计算机、通信和其他电子设备制造业	Manufacture of Computer, Communications and Other Electronic Equipment	97.9	97.8	97.7	97.7	98.5
仪器仪表制造业	Manufacture of Measuring Instrument	100.3	100.4	100.7	100.2	100.0
其他制造业	Other Manufacture	100.4	102.0	98.5	98.9	102.3
废弃资源综合利用业	Comprehensive Utilization of Waste	100.0	100.0	100.0	100.0	100.0
金属制品、机械和设备修理业	Metal Products, Machinery and Equipment Repair Industry	101.3	101.1	101.5	101.7	100.8
电力、热力生产和供应业	Production and Supply of Electric Power and Heat Power	100.6	101.1	100.2	100.5	100.5
燃气生产和供应业	Production and Supply of Gas	101.6	100.5	100.2	101.9	103.8
水的生产和供应业	Production and Supply of Water	100.3	100.1	100.1	100.5	100.5

9-14 工业生产者购进价格指数(2013年)
Industrial Producer Purchasing Price Indices(2013)

(上年=100) (preceding year=100)

类 别	Category	全年平均 Annual Average	一季度 1st Quarter	二季度 2nd Quarter	三季度 3rd Quarter	四季度 4th Quarter
总指数	**Total Price Indices**	**98.4**	**98.2**	**97.6**	**98.7**	**99.1**
一、按初级中间最终产品分	**By Primary and Intermediate Products**					
1.初级产品	Primary Products	97.6	97.1	95.6	98.5	99.2
(1)农产品	Farm Produce	100.7	101.8	99.4	100.3	101.2
(2)矿产品	Minerals	94.9	93.1	92.3	97.1	97.5
(3)废料	Scrap	93.0	91.7	92.0	92.9	95.7
2.中间产品	Intermediate Products	98.6	98.5	98.2	98.7	99.0
二、九大类原材料购进价格指数	**By Nine Categories of Raw Material**					
1.燃料、动力类	Fuel and Power	96.8	96.4	95.7	98.0	97.2
2.黑色金属材料类	Ferrous Metals	94.8	92.4	93.0	95.9	98.3
(1)钢材	Steel	94.8	93.5	93.7	95.6	96.5
(2)其它	Others	94.8	91.2	92.2	96.2	100.1
3.有色金属材料及电线类	Nonferrous Metals	97.1	99.3	97.2	96.7	95.4
4.化工原料类	Raw Chemical Materials	97.8	97.6	97.3	97.8	98.6
5.木材及纸浆类	Timber and Paper Pulp	99.9	99.9	99.5	100.0	100.4
6.建筑材料及非金属类	Building Materials and Nonmetal Ores	100.0	99.9	100.1	100.0	100.1
7.其它工业原材料及半成品类	Other Industrial Raw Materials and Semi-finished Products	99.5	99.3	99.2	99.6	100.0
8.农副产品类	Agricultural Products	100.7	101.8	99.4	100.3	101.3
9.纺织原料类	Textile Materials	99.5	98.7	98.7	99.7	100.7

9-15 固定资产投资价格指数(2013年)
Price Indices for Investment in Fixed Assets(2013)

(上年=100) (preceding year=100)

类 别	Category	全年平均 Annual Average	一季度 1st Quarter	二季度 2nd Quarter	三季度 3rd Quarter	四季度 4th Quarter
固定资产投资	**Investment in Fixed Assets**	**100.4**	**100.1**	**100.0**	**100.4**	**101.0**
建筑安装、装修装饰工程	Construction and Installation	100.5	100.3	99.9	100.6	101.4
人工费	Labor Costs	107.4	107.2	108.5	107.1	106.6
材料费	Material Costs	98.1	97.7	96.8	98.3	99.7
钢 材	Steel	95.3	95.2	93.9	95.2	96.9
木 材	Wood	100.6	99.8	100.3	101.4	100.7
水 泥	Cement	98.1	99.4	95.8	98.0	99.1
地方建筑材料	Local Building Materials	101.2	100.4	100.7	101.3	102.2
化工材料	Chemical Materials	101.1	100.1	100.5	100.9	102.8
电 料	Electric Materials	101.0	101.1	101.2	100.2	101.4
其他材料	Other Materials	101.6	102.0	101.7	101.3	101.4
机械费	Machinery Costs	102.1	102.7	102.0	101.6	101.9
设备、工器具购置	Purchase for Equipment,Tools and Instrum	99.3	99.1	99.2	99.1	99.8
其他费用	Other Costs	102.1	101.8	102.6	102.3	101.6

9-16 固定资产投资价格指数
Price Indices for Investment in Fixed Assets

(上年=100) (preceding year=100)

年份 Year	全省固定资产投资 Provincial Investment in Fixed Assets	建筑安装工程 Construction and Installation	人工费 Labor Costs	材料费 Material Costs	钢材 Steel	木材 Wood	水泥 Cement
1991	112.4	116.6	122.7	120.9	119.6	121.2	118.5
1992	119.4	123.8	118.7	122.4	117.0	109.4	107.8
1993	122.1	124.6	142.9	126.5	127.7	121.6	110.4
1994	115.7	120.1	159.1	119.4	118.9	132.0	107.0
1995	106.6	105.7	111.4	104.2	99.3	100.1	101.9
1996	103.1	103.2	112.8	101.0	99.6	99.9	102.1
1997	100.4	100.7	106.3	100.6	99.3	100.8	101.7
1998	99.2	100.2	104.7	99.0	97.6	100.9	98.3
1999	99.6	101.3	105.8	100.1	98.4	102.1	99.8
2000	102.4	105.1	105.1	106.2	107.4	109.9	98.2
2001	101.4	103.2	106.6	102.7	101.8	111.4	103.8
2002	101.1	102.3	103.3	100.5	100.9	106.1	99.3
2003	102.9	104.7	103.9	106.7	110.9	110.3	101.8
2004	107.4	110.4	108.0	113.2	120.3	106.4	108.6
2005	102.9	103.7	109.5	102.4	101.0	103.3	100.0
2006	101.8	102.1	109.0	100.1	97.2	102.7	101.4
2007	104.0	105.5	110.3	104.7	105.6	106.2	103.2
2008	107.7	110.7	110.5	112.4	116.3	110.4	110.2
2009	96.9	95.4	106.8	91.3	82.2	101.5	101.2
2010	103.6	105.3	110.3	104.4	105.1	102.7	104.3
2011	106.8	109.7	115.1	109.1	108.8	106.6	115.3
2012	100.8	101.2	111.0	97.8	94.8	101.7	98.1
2013	100.4	100.5	107.4	98.1	95.3	100.6	98.1

9-16 续表 continued

(上年=100) (preceding year=100)

年份 Year	地方材料 Local Building Materials	化工材料 Chemical Materials	电料 Electric Materials	其它材料 Other Materials	机械使用费 Machinery Costs	设备工器具购置 Purchase of Equipment,Tools and Instruments	其它费用 Other Costs
1991	101.9	115.3	105.7	105.3	107.1	105.3	107.1
1992	99.9	113.6	96.5	115.0	106.2	115.0	106.2
1993	99.7	121.8	92.5	118.8	113.5	118.8	113.5
1994	100.5	122.6	100.4	107.6	106.0	107.6	106.0
1995	100.0	107.1	108.2	106.2	113.8	106.2	113.8
1996	100.1	102.0	104.8	101.6	107.2	101.6	107.2
1997	101.9	101.7	96.5	98.7	103.5	98.7	103.5
1998	99.9	100.0	92.5	96.0	102.0	96.0	102.0
1999	99.7	101.0	100.4	96.2	98.3	96.2	98.3
2000	100.0	101.6	102.2	97.2	100.4	97.2	100.4
2001	98.4	98.7	102.2	97.1	102.1	97.1	102.1
2002	100.6	101.0	107.6	97.3	104.1	97.3	104.1
2003	100.0	101.1	101.7	98.5	104.2	98.5	104.2
2004	108.5	104.7	103.4	101.1	106.7	101.1	106.7
2005	104.8	103.2	102.6	100.8	103.5	100.8	103.5
2006	103.7	103.5	103.9	100.6	103.4	100.6	103.4
2007	105.7	103.3	104.2	100.8	104.6	100.8	104.6
2008	110.0	114.5	102.7	105.8	104.8	102.5	104.4
2009	103.0	97.1	97.3	101.2	101.3	98.0	102.0
2010	103.9	105.3	103.2	100.9	103.3	100.2	103.6
2011	109.1	108.2	103.5	103.9	105.8	101.8	104.9
2012	100.8	100.6	101.3	103.4	103.6	99.2	103.0
2013	101.2	101.1	101.0	101.6	102.1	99.3	102.1

9-17 各市工业生产者出厂价格指数(2013年)

Ex-factory Price Indices of Industrial Products by Region(2013)

(上年=100) (preceding year=100)

类 别	Category	济南 Ji-nan	青岛 Qing-dao	淄博 Zi-bo	枣庄 Zao-zhuang	东营 Dong-ying	烟台 Yan-tai	潍坊 Wei-fang	济宁 Ji-ning	泰安 Tai 'an
总指数	**Total Price Indices**	**98.8**	**98.8**	**98.0**	**98.2**	**97.0**	**97.9**	**98.4**	**96.6**	**96.8**
(一)核心指数	**Core Indices**	**98.5**	**99.1**	**98.8**	**100.0**	**98.0**	**97.5**	**98.7**	**99.1**	**98.7**
(二)高技术	**High Technology**	**100.6**	**95.1**	**98.0**	**100.9**	**98.2**	**99.5**	**109.1**	**99.8**	**100.8**
(三)能源	**Energy**	**98.6**	**99.7**	**93.6**	**90.0**	**95.2**	**99.6**	**97.3**	**90.5**	**89.0**
(四)按轻重工业分	**By Light and Heavy Industry**									
1.轻工业	Light Industry	100.8	99.1	101.3	100.5	101.3	99.3	97.7	100.1	101.0
(1)以农产品为原料	Agricultural Products as Raw Materials	102.1	98.9	101.3	101.1	101.4	99.0	97.5	100.3	100.9
(2)以非农产品为原料	Non-agricultural Products as Raw Materials	98.6	99.4	101.3	99.0	99.6	100.3	99.6	98.4	101.5
2.重工业	Heavy Industry	98.4	98.6	97.2	97.2	96.1	97.4	98.8	95.1	95.7
(1)采掘	Mining	92.7	91.7	94.2	89.5	95.3	97.7	100.4	86.0	86.3
(2)原料	Raw Materials	98.3	99.2	95.5	95.9	96.6	95.6	96.5	96.9	94.9
(3)加工	Processing	98.5	98.6	100.5	100.3	96.7	97.6	100.3	99.9	98.0
(五)按生产生活资料分	**By Means of Production and Consumer Goods**									
1.生产资料	Means of Production	98.4	98.6	97.5	97.2	96.5	97.4	97.9	95.7	96.0
(1)采掘	Mining	92.7	91.7	94.2	89.5	95.3	97.7	100.4	86.0	86.3
(2)原料	Raw Materials	98.0	99.3	95.6	96.0	96.5	95.6	95.1	96.7	94.7
(3)加工	Processing	98.6	98.5	100.4	99.8	97.8	97.6	99.0	99.7	98.3
2.生活资料	Consumer Goods	100.8	99.2	100.6	101.6	102.1	99.9	99.9	100.8	101.3
(1)食品	Food	101.6	95.3	101.8	102.6	102.3	99.8	96.9	102.2	101.0
(2)衣着	Clothing	103.4	102.7	100.1	104.6	103.7	98.6	103.8	99.8	102.0
(3)一般日用品	Articles for Daily Use	100.0	101.4	99.8	99.2	99.6	100.0	104.2	96.9	101.5
(4)耐用消费品	Durable Consumer Goods	99.3	98.4	100.5	99.6	101.9	102.1	99.2	98.2	100.6
(六)按初级中间最终产品分	**By Primary、Intermediate and Final Products**									
1.初级产品	Primary Products	93.7	91.7	94.2	89.5	95.2	97.7	100.4	86.0	86.3
(1)矿产品	Minerals	92.7	91.7	94.2	89.5	95.2	97.7	100.4	86.0	86.3
(2)废料	Scrap	100.0								
2.中间产品	Intermediate Products	98.6	98.6	98.1	98.5	97.6	97.4	96.6	99.0	97.5
3.最终产品	Final Products	99.7	99.3	99.3	101.0	97.5	99.5	99.5	100.2	100.0
(1)最终投资品	Investment Goods	99.4	99.1	98.8	100.6	96.7	99.2	99.7	99.7	99.6
(2)最终消费品	Consumer Goods	100.7	99.5	100.7	101.6	102.1	99.9	99.0	101.0	100.9
(七)按工业部门分	**by Industrial Department**									
1.冶金工业	Metallurgical Industry	93.4	95.8	96.4	101.3	96.3	93.7	93.9	99.1	94.3
2.电力工业	Power Industry	100.1	99.8	98.2	99.5	100.1	100.0	100.2	101.1	100.3
3.煤炭及炼焦工业	Coal Industry	96.2	99.7	86.2	87.2	99.0	97.3	80.7	87.3	86.7
4.石油工业	Petroleum Industry	98.0	99.6	95.3	100.4	95.1	100.1	98.0	100.5	98.4
5.化学工业	Chemical Industry	99.0	97.5	98.5	98.0	96.7	100.0	95.1	98.3	99.6
6.机械工业	Machine Building Industry	99.6	99.4	100.9	101.0	99.6	99.3	102.0	99.9	98.9
7.建筑材料工业	Building Materials Industry	98.8	98.1	100.9	100.9	96.7	94.6	97.8	99.9	98.8
8.森林工业	Timber Industry	99.9	99.9	108.0	100.9	102.8	100.7	105.5	100.5	101.4
9.食品工业	Food Industry	101.9	95.8	104.6	102.6	103.6	99.9	97.3	102.5	101.5
10.纺织工业	Textile Industry	105.2	99.2	101.1	97.7	99.9	96.6	97.3	99.4	99.6
11.缝纫工业	Tailoring Industry	102.9	103.2	100.1	104.5		98.5	103.8	99.8	102.0
12.皮革工业	Leather Industry	105.8	102.1	97.0	104.4	103.7	100.0			99.5
13.造纸工业	Paper Industry	97.1	96.1	98.2	97.3	98.4	98.8	92.4	97.5	99.4
14.文教艺术用品工业	Industry of Cultural, Educational & Handicrafts Articles	100.0	104.8	100.2	98.8	102.4	100.1	107.1	94.6	99.7
15.其它工业	Others	100.1	99.5	99.3	99.8	104.9	101.1	101.3	98.6	103.7

9-17 续表 continued

(上年=100) (preceding year=100)

类别	Category	威海 Wei-hai	日照 Ri-zhao	莱芜 Lai-wu	临沂 Lin-yi	德州 De-zhou	聊城 Liao-cheng	滨州 Bin-zhou	菏泽 He-ze
总指数	**General Indices**	**94.5**	**97.5**	**96.8**	**98.6**	**100.5**	**99.0**	**98.1**	**99.9**
(一)核心指数	**Core Indices**	**95.8**	**97.0**	**94.8**	**98.1**	**100.1**	**98.9**	**98.6**	**99.7**
(二)高技术	**High Technology**	**95.8**	**100.1**	**93.4**	**104.2**	**99.9**	**106.5**	**100.6**	**101.1**
(三)能源	**Energy**	**100.0**	**98.8**	**97.7**	**95.6**	**98.7**	**99.7**	**94.3**	**95.5**
(四)按轻重工业分	**By Light and Heavy Industry**								
1.轻工业	Light Industry	91.2	98.8	111.7	99.9	101.2	100.5	100.1	101.2
(1)以农产品为原料	Agricultural Products as Raw Materials	90.3	98.8	111.9	99.8	101.6	101.0	99.7	100.8
(2)以非农产品为原料	Non-agricultural Products as Raw Materials	94.1	98.7	101.2	100.8	99.6	97.0	105.1	102.7
2.重工业	Heavy Industry	97.1	96.6	94.9	97.8	99.8	98.2	95.0	99.0
(1)采掘	Mining	104.0	104.4	98.5	93.1			103.3	63.8
(2)原料	Raw Materials	99.9	98.4	100.6	98.3	99.1	96.5	95.1	99.9
(3)加工	Processing	96.7	96.0	93.4	98.2	100.0	99.2	94.8	98.9
(五)按生产生活资料分	**By Means of Production and Consumer Goods**								
1.生产资料	Means of Production	96.7	97.0	95.2	97.7	99.6	98.7	97.8	98.0
(1)采掘	Mining	104.0	104.4	98.5	93.1			103.3	63.8
(2)原料	Raw Materials	100.0	98.6	100.6	98.3	99.0	96.4	95.2	99.5
(3)加工	Processing	96.3	96.5	93.9	98.0	99.8	99.6	98.8	97.5
2.生活资料	Consumer Goods	91.2	98.2	121.4	100.4	101.6	100.5	99.0	103.7
(1)食品	Food	90.5	97.7	124.7	100.3	102.2	101.2	98.5	104.7
(2)衣着	Clothing	91.8	100.5	101.1	100.2	102.6	101.1	103.2	103.9
(3)一般日用品	Articles for Daily Use	90.2	98.6	99.8	101.2	100.1	96.7	100.5	102.9
(4)耐用消费品	Durable Consumer Goods	97.3	102.2	110.1	99.7	99.5	118.2	100.0	101.6
(六)按初级中间最终产品分	**By Primary 、Intermediate and Final Products**								
1.初级产品	Primary Products	104.0	104.2	98.5	93.1			103.3	63.8
(1)矿产品	Minerals	104.0	104.4	98.5	93.1			103.3	63.8
(2)废料	Scrap		100.1						
2.中间产品	Intermediate Products	93.8	96.9	96.5	98.8	100.4	98.1	98.0	99.9
3.最终产品	Final Products	94.5	99.9	106.6	99.8	100.8	100.7	97.7	101.5
(1)最终投资品	Investment Goods	96.9	100.7	100.8	99.2	99.8	100.9	96.5	99.9
(2)最终消费品	Consumer Goods	91.6	98.9	121.4	100.4	101.5	100.4	99.2	103.7
(七)按工业部门分	**by Industrial Department**								
1.冶金工业	Metallurgical Industry	96.5	90.7	93.7	94.4	101.7	93.7	94.9	97.3
2.电力工业	Power Industry	98.2	100.0	100.4	99.9	99.7	100.9	100.7	99.4
3.煤炭及炼焦工业	Coal Industry		91.1	91.3	88.8		88.9	85.2	81.6
4.石油工业	Petroleum Industry			107.3	99.8	96.9	100.0	94.7	98.8
5.化学工业	Chemical Industry	97.2	99.4	103.6	99.0	99.7	96.7	94.2	99.3
6.机械工业	Machine Building Industry	97.5	98.9	99.0	99.3	100.5	101.8	102.3	98.9
7.建筑材料工业	Building Materials Industry	92.5	103.0	95.3	100.0	100.2	101.6	98.7	98.9
8.森林工业	Timber Industry	100.1	102.1	105.4	100.3	99.5	98.3	102.1	106.4
9.食品工业	Food Industry	90.2	98.2	121.5	99.8	102.3	100.4	98.4	105.1
10.纺织工业	Textile Industry	90.6	100.9	99.7	99.8	100.5	102.2	100.2	96.1
11.缝纫工业	Tailoring Industry	94.0	100.5	100.7	101.7	102.6	100.4	103.2	104.3
12.皮革工业	Leather Industry	88.9		106.0	98.8	99.7	103.5	100.0	101.8
13.造纸工业	Paper Industry	86.3	99.2		96.7	95.1	99.8	98.1	94.0
14.文教艺术用品工业	Industry of Cultural, Educational & Handicrafts Articles	99.4	99.8	100.4	102.2	99.4	97.8	100.0	99.0
15.其它工业	Others	90.0	100.7	101.4	101.4	98.3	109.7	100.0	103.4

9-18 各市住宅销售价格指数(2013年)
Price Indices for Real Estate(2013)

(上月=100) (Last Month=100)

类 别	Category	1月 January	2月 February	3月 March	4月 April	5月 May	6月 June	7月 July	8月 August	9月 September	10月 October	11月 November	12月 December
新建商品住宅	**New Commercial Residential Buildings**												
济南	Jinan	100.8	100.9	100.9	101.1	100.6	100.5	101.0	101.0	100.6	100.5	100.6	100.5
青岛	Qingdao	100.7	101.4	101.0	100.8	101.0	100.9	100.8	101.3	100.4	100.5	100.5	100.6
淄博	Zibo	100.2	100.1	100.0	100.3	100.0	100.3	100.0	100.4	100.0	100.1	100.1	100.0
枣庄	Zaozhuang	100.1	100.2	100.2	100.4	100.0	100.3	100.4	100.3	100.0	100.1	100.1	100.1
东营	Dongying	100.0	100.2	100.1	100.2	100.3	100.6	100.2	100.5	100.3	100.3	100.3	100.3
烟台	Yantai	100.0	100.9	101.4	100.8	100.3	100.5	100.7	101.1	100.8	100.7	100.6	100.7
潍坊	Weifang	100.3	100.3	100.5	100.1	100.5	100.0	100.2	100.4	100.1	100.1	100.4	99.9
济宁	Jining	100.3	101.0	101.2	100.8	100.4	101.3	100.7	101.2	100.2	101.3	100.3	100.9
泰安	Tai'an	100.2	100.2	100.2	100.0	100.4	100.1	100.1	100.0	100.2	100.1	100.6	100.5
威海	Weihai	100.4	100.1	100.2	100.7	100.2	100.1	99.5	100.1	100.7	100.3	100.3	99.8
日照	Rizhao	100.1	100.1	100.6	100.4	100.2	100.0	100.0	100.0	100.3	100.1	100.1	100.6
莱芜	Laiwu	100.1	100.2	100.1	100.1	100.0	99.9	100.1	100.2	100.2	100.2	100.1	100.1
临沂	Linyi	100.3	100.2	100.1	100.2	100.1	100.2	100.2	100.2	100.1	100.0	100.2	100.4
德州	Dezhou	99.9	99.9	100.1	99.9	100.1	100.1	100.2	100.2	100.1	100.4	100.8	100.2
聊城	Liaocheng	100.1	99.9	100.1	100.1	100.0	100.2	100.0	100.2	100.2	100.3	101.0	100.0
滨州	Binzhou	100.5	100.0	100.3	99.7	100.2	100.0	100.2	100.1	100.2	100.2	100.1	100.1
菏泽	Heze	100.1	100.5	100.2	100.2	100.3	100.2	100.2	100.2	100.2	100.2	100.2	100.1
二手住宅	**Second-hand House**												
济南	Jinan	100.1	100.6	100.2	100.3	100.4	100.3	100.6	100.4	100.3	100.3	100.2	100.4
青岛	Qingdao	100.1	100.4	100.3	100.4	100.5	100.4	100.3	100.4	100.2	100.1	100.1	100.5
淄博	Zibo	100.0	100.3	100.4	100.0	100.1	100.1	100.0	100.3	100.1	100.3	100.2	100.0
枣庄	Zaozhuang	99.9	100.4	100.6	100.5	100.2	100.1	100.1	100.2	100.0	100.1	100.0	100.1
东营	Dongying	100.3	100.0	100.2	100.3	100.4	100.3	100.3	100.1	100.1	100.2	100.2	100.0
烟台	Yantai	99.8	100.6	100.7	100.8	100.6	100.5	100.8	100.2	100.4	100.6	100.5	100.5
潍坊	Weifang	100.3	100.0	100.4	100.2	100.1	100.0	100.1	100.1	100.1	99.9	100.1	99.7
济宁	Jining	99.9	100.6	100.7	100.5	100.4	100.4	100.2	100.1	100.2	100.1	100.1	100.5
泰安	Tai'an	100.2	100.4	100.2	99.3	100.0	100.3	100.2	100.5	100.4	100.2	100.1	100.0
威海	Weihai	100.1	100.0	100.3	100.5	100.3	100.3	99.9	100.0	100.3	100.8	100.0	99.4
日照	Rizhao	100.1	100.2	99.6	100.1	100.0	100.1	100.0	100.5	100.0	100.0	100.1	100.1
莱芜	Laiwu	100.2	99.9	100.2	100.1	100.0	99.9	100.1	100.3	100.2	100.1	100.1	100.2
临沂	Linyi	100.1	100.1	100.6	100.5	100.5	99.9	100.3	100.4	100.6	100.0	100.3	100.1
德州	Dezhou	100.1	100.1	100.2	100.1	100.1	100.1	99.8	100.4	100.2	100.3	100.2	100.2
聊城	Liaocheng	100.1	100.1	100.2	100.1	100.1	100.1	100.0	100.1	100.1	100.2	100.2	100.1
滨州	Binzhou	100.0	99.4	100.1	99.7	100.1	100.1	100.0	100.4	100.2	100.4	100.2	100.1
菏泽	Heze	100.4	100.2	100.1	100.7	100.1	100.4	100.3	100.2	100.3	100.2	100.2	100.4

主要统计指标解释

居民消费价格指数 是反映一定时期内城乡居民所购买的生活消费品价格和服务项目价格变动趋势和程度的相对数，是对城市居民消费价格指数和农村居民消费价格指数进行综合汇总计算的结果。该指数可以观察和分析消费品的零售价格和服务价格变动对城乡居民实际生活费支出的影响程度。

城市居民消费价格指数 是反映一定时期内城市居民家庭所购买的生活消费品价格和服务项目价格变动趋势和程度的相对数。该指数可以观察和分析消费品的零售价格和服务项目价格变动对城镇职工货币工资的影响，作为研究职工生活和确定工资政策的依据。

农村居民消费价格指数 是反映一定时期内农村居民家庭所购买的生活消费品价格和服务项目价格变动趋势和程度的相对数。该指数可以观察农村消费品的零售价格和服务项目价格变动对农村居民生活消费支出的影响，直接反映农民生活水平的实际变化情况，为分析和研究农村居民生活问题提供依据。

商品零售价格指数 是反映一定时期内城乡商品零售价格变动趋势和程度的相对数。商品零售价格的变动直接影响到城乡居民的生活支出和国家的财政收入，影响居民购买力和市场供需的平衡，影响到消费与积累的比例关系。因此，该指数可以从一个侧面对上述经济活动进行观察和分析。

农业生产资料价格指数 指反映一定时期内农业生产资料价格变动趋势和程度的相对数。农业生产资料价格指数分为农用手工工具、饲料、产品畜、半机械化农具、机械化农具、化学肥料、农药及农药械、农用机油、其他农业生产资料、农业生产服务十大类。其编制目的是了解农业生产中物质资料投入价格的变动状况，服务于国民经济核算。1994年以前，农业生产资料价格指数仅仅是商品零售价格指数的一个类别，此后，从商品零售价格指数中分离出来，单独编制。

农产品生产价格指数 是反映一定时期内，农产品生产者出售农产品价格水平变动趋势及幅度的相对数。该指数可以客观反映全国农产品生产价格水平和结构变动情况，满足农业与国民经济核算需要。其中某代表品生产价格指数是通过对全部有出售该产品行为的调查单位的个体指数进行几何平均求得的，类价格指数是通过对其所属的类（或代表品）的价格指数进行加权平均求得的。季度累计价格指数的计算方法与分季指数的计算方法相同。

工业生产者价格指数是由工业生产者出厂价格指数和工业生产者购进价格指数两部分组成。

工业生产者出厂价格指数 是反映一定时期内工业企业产品第一次出售时的出厂价格总水平的变动趋势和程度的相对数，包括工业企业售给本企业以外所有单位的各种产品和直接售给居民用于生活消费的产品。该指数可以观察出厂价格变动对工业总产值及增加值的影响。

工业生产者购进价格指数 是反映工业企业作为生产投入，而从物资交易市场和能源、原材料生产企业购买原材料、燃料和动力产品时，所支付的价格水平变动趋势和程度的统计指标，是扣除工业企业物质消耗成本中的价格变动影响的重要依据。

固定资产投资价格指数 是反映一定时期内固定资产投资品及项目的价格变动趋势和程度的相对数。固定资产投资额是由建筑安装工程投资完成额、设备工器具购置投资完成额和其他费用投资完成额三部分组成的。编制固定资产投资价格指数应首先分别编制上述三部分投资的价格指数，然后采用加权算术平均法求出固定资产投资价格总指数。

该指数可以准确地反映固定资产投资中涉及的各类投资品和取费项目价格变动趋势和变动幅度，消除按现价计算的固定资产投资指标中的价格变动因素，真实地反映固定资产投资的规模、速度、结构和效益，为国家科学地制定、检查固定资产投资计划并提高宏观调控水平，为完善国民经济核算体系提供科学的、可靠的依据。

住宅销售价格指数 是综合反映住宅商品价格总体变化趋势和变化幅度的相对数。各市住宅销售价格指数是由新建住宅销售价格指数和二手住宅销售价格指数组成。

Explanatory Notes on Main Statistical Indicators

Consumer Price Indices reflect the trend and degree of changes in prices of consumer goods and services purchased by urban and rural households during a given period.They are obtained by combining Consumer Price Indices of Urban Household and Consumer Price Indice of Rural Household.The Indices enable the observation and analysis of the degree of impact of the changes in the prices of retailed goods and services on the actual living expenses of urban and rural residents.

Urban Consumer Price Indices reflect the trend and degree of changes in prices of consumer goods and services purchased by urban households during a given period. It can be used to observe and analyze the impact of price changes in consumer goods and services on wages (in monetary terms) of urban staff and workers, and provide basis for policy making concerning the living cost and wages of staff and workers.

Rural Consumer Price Indices reflect the trend and degree of changes in prices of consumer goods and services purchased by rural households during a given period. It can be used to observe the impact of change in retail prices of consumer goods and service prices in rural areas on living expenditure of rural households, and to show the changes in the living standard of peasants. It provides basis for analysis and research on condition of life in rural areas.

Retail Price Indices reflect the trend and degree of change in retail prices of commodities during a given period. The change in retail prices of commodities directly affect the living expenditure of urban and rural residents, government revenue, purchasing power of residents and the equilibrium of market supply and demand, and the ratio of consumption to accumulation. Therefore, the retail price indices are useful to analyze the changes of the above economic activities.

Price Indices of Means of Agricultural Production reflect the trend and degree of changes in prices of means of agricultural production during a given period. Price indices of means of agricultural production are composed of 10 categories including Agricultural hand tools, feeds, Product livestock, semi-mechanized farm machinery, mechanized farm machinery, chemical fertilizers, pesticides and spraying machinery, fuels for farm machinery, other means of agricultural production and Agricultural production services. Compilation of these indices helps to understand the changes in prices of input into agricultural production and facilitate the compilation of national account statistics. Before 1994, price indices of means of agricultural production was a sub-category in the in the retail price indices of commodities, and it has been compiled separately since 1994.

Indices of Producers' Prices for Farm Products reflect the trend and degree of changes in producers' prices received by farmers when they sell farm products during a given period. These indices depict the change in the level and structure of producers' prices of farm products of the country and meet the needs of agriculture statistics and national account statistics. The producers' price index of a given product is calculated through geometrical mean of individual indices of all surveyed units who sell such product, and the indices of a product category is obtained through weighted mean of price indices of all products in the category. Method for calculating accumulative quarterly indices is the same as for calculating the distinctive quarterly indices.

Producer Price Indices for Industrial Products reflect the trend and degree of changes in price of all industrial products for the first time to sell during a given period, including sales of industrial products by an industrial enterprise to all units outside the enterprise, as well as sales of consumer goods to residents. It can be used to analyze the impact of ex factory prices on gross output value and value added of the industrial sector.

Industrial Producer Purchasing Price Indices reflect changes in the level and degree of prices paid by industrial enterprises when they purchase production input such as raw materials, fuels and power from the market or from other energy or raw materials producing enterprises. These indices provide important basis for measuring the material consumption of industrial enterprises after removing influence of price changes.

At present, close to 1,800 products in 9 categories, including fuels and power, ferrous metals, non ferrous metals, chemicals, building materials, are covered in China for the survey to produce indices of purchasing prices of raw materials, fuels and power.

Price Indices of Investment in Fixed Assets reflect the trend and degree of changes in prices of investment goods and projects in fixed assets during a given period. The investment in fixed assets consists of three components, namely the investment in construction and installation, the investment in purchases of equipment and instrument, and the investment in other items. Price indices of investment in fixed assets are calculated as the weighted arithmetic mean of the price indices of the three components of investment in fixed assets.

Removing the factor of price change in the aggregates of investment at current prices, this indicator shows the changes in the prices of commodities and fees involved in the investment of fixed assets, and can be used to observe the actual size, growth, structure, and efficiency of investment in fixed assets and provides reliable and scientific data for government planning, management, decision making, and further improving the current national accounting system.

Price Indices for Real Estate reflect the trend and degree of changes in prices of real estate during a given period, including price indices for selling houses and buildings, price indices for leasing houses and buildings and price indices for land transaction. The methods for the compilation of the three sets of indices are similar in that they all use bottom—up approach under which data are reported from lower level to higher level.

第10篇

居民生活

People's Livelihood

简 要 说 明

一、本篇资料的主要内容

本篇资料反映了全省全体居民、城镇、农村居民的家庭收支、就业、居住、耐用消费品拥有、生产和生活等方面的情况。

二、本篇资料的来源

1.本篇资料中历年城乡居民收支相关资料来源于城镇住户调查年报和农村住户调查年报,2013 年居民收支相关资料来源于住户收支与生活状况调查年报，由国家统计局山东调查总队居民收支调查处整理提供。

2.本篇资料中农村住户人口与就业情况，由国家统计局山东调查总队住户专项调查处整理提供。

3.各市农村居民主要指标来源于农村住户调查年报，由省统计局农村处整理提供。

Brief Introduction

I. Content

Data in this chapter show the basic conditions of the people's livelihood in Shandong Province, including income and expenditure of the households, employment, housing condition, consumption and possession of the major consumer goods, etc.

II. Source of Data

(1) Data in this chapter over the years are collected by the sample survey on urban and rural households ,data of 2013 are collected by annual survey of household incomes and living conditions and are prepared and provided by the Division of Household Income and Expenditure Survey of the National Bureau of Statistics in Shandong.

(2) Data on population and employment of rural households are prepared and provided by the Division of Household Special Survey of the National Bureau of Statistics in Shandong.

(3) Data on the main indicators of rural residents' livelihood are based on the sample survey of rural households and are prepared and provided by the Division of Countryside Statistics of Shandong Provincial Bureau of Statistics.

10–1 主要年份城镇居民家庭基本情况

Basic Conditions of Urban Households of Major Years

年份 Year	调查户数(户) Number of Households Surveyed (household)	平均每户家庭人口(人) Average Household Size (person)	平均每户就业人口(人) Average Number of Employed Persons per Household (person)	平均每一就业者负担人数(人) Number of Dependents per Employee (person)	人均全年可支配收入(元) Per Capita Annual Disposable Income (yuan)	人均全年消费性支出(元) Per Capita Annual Consumption Expenditure (yuan)	人均住宅建筑面积(平方米) Per Capita Construction Area of Building (sq.m)
1984	430	3.93	2.35	1.67	639	521	6.90
1985	900	3.57	2.10	1.70	748	670	7.77
1986	1630	3.54	2.05	1.72	854	751	9.15
1987	1730	3.53	2.05	1.72	987	813	9.61
1988	1830	3.51	2.06	1.71	1163	1026	9.96
1989	2080	3.43	2.01	1.71	1349	1161	10.25
1990	2180	3.38	2.00	1.69	1466	1229	10.05
1991	2180	3.31	1.98	1.67	1688	1407	10.49
1992	2180	3.26	1.98	1.65	1974	1599	10.80
1993	2080	3.24	1.96	1.65	2515	1947	11.20
1994	2080	3.21	1.96	1.64	3444	2635	11.88
1995	2050	3.19	1.96	1.63	4264	3285	12.35
1996	2050	3.16	1.99	1.59	4890	3771	12.13
1997	2100	3.17	2.01	1.58	5191	4041	12.70
1998	2300	3.14	1.98	1.59	5380	4144	12.82
1999	2400	3.12	1.93	1.62	5809	4515	13.10
2000	2500	3.10	1.87	1.66	6490	5022	13.75
2001	2450	3.06	1.82	1.68	7101	5252	14.17
2002	2650	3.02	1.78	1.70	7615	5596	24.57
2003	2650	2.98	1.77	1.68	8400	6069	25.67
2004	2650	2.95	1.77	1.67	9438	6674	26.39
2005	2800	2.91	1.69	1.72	10745	7457	28.49
2006	3000	2.91	1.71	1.70	12192	8468	29.29
2007	3050	2.87	1.68	1.71	14265	9667	29.80
2008	3300	2.87	1.64	1.75	16305	11007	31.33
2009	3300	2.86	1.64	1.74	17811	12013	31.80
2010	3300	2.86	1.67	1.71	19946	13118	32.09
2011	3300	2.83	1.69	1.67	22792	14561	33.18
2012	3300	2.83	1.69	1.67	25755	15778	33.44
2013	3661	2.79	1.63	1.71	28264	17112	36.39

注：住宅建筑面积指标2001年以前为人均居住面积，2002年以后为人均建筑面积。

a)Data before 2001 on construction area of builiding means per capita living space, data after 2002 per capita floor space.

10–2 主要年份城镇居民年人均收入

Per Capital Annual Income of Urban Households of Major Years

单位：元 (yuan)

年份 Year	可支配收入 Disposable Income	总收入 Total Income	工资性收入 Income of Wages and Salaries	经营净收入 Net Business Income	财产性收入 income from Properties	转移性收入 Income from Transfer
1984	638.6	651.8	594.8	0.4		54.8
1985	747.6	754.6	653.8	5.6		92.3
1986	853.5	855.2	717.6	6.9		125.9
1987	987.1	987.2	852.4	4.2		124.9
1988	1163.5	1169.7	976.9	4.5		183.8
1989	1349.2	1349.3	1091.6	6.5	12.1	233.6
1990	1466.2	1516.4	1233.7	5.6	15.6	256.9
1991	1687.6	1687.6	1369.9	5.6	16.3	290.4
1992	1974.5	1976.6	1680.4	5.4	27.1	259.7
1993	2515.1	2517.5	2123.5	13.0	37.4	340.9
1994	3444.4	3445.1	2940.6	1.9	54.5	445.3
1995	4264.1	4265.4	3651.1	10.3	66.6	532.3
1996	4890.2	4893.4	4315.7	4.2	103.0	465.6
1997	5190.8	5217.2	4617.4	7.2	118.9	462.0
1998	5380.1	5414.2	4737.8	16.1	118.5	532.5
1999	5809.0	5840.5	5044.0	26.7	108.1	659.0
2000	6490.0	6521.6	5561.0	74.1	112.5	769.4
2001	7101.1	7141.2	5981.9	93.2	147.8	898.9
2002	7614.5	8158.1	6703.0	155.1	79.1	1221.0
2003	8399.9	9057.6	7418.4	227.9	109.8	1301.5
2004	9437.8	10187.1	8327.1	299.9	116.8	1443.2
2005	10744.8	11607.8	9026.6	492.1	151.9	1937.3
2006	12192.2	13222.9	10442.1	558.2	220.7	2002.0
2007	14264.7	15366.3	11814.2	730.2	304.7	2517.2
2008	16305.4	17549.0	12940.6	1194.4	346.9	3067.1
2009	17811.0	19336.9	13985.8	1379.0	412.8	3559.3
2010	19945.8	21736.9	15731.2	1703.7	490.2	3811.8
2011	22791.8	24889.8	17629.4	2294.9	615.7	4349.9
2012	25755.2	28005.6	19856.1	2621.4	704.9	4823.2
2013	28264.1	30628.1	21562.1	2996.2	781.4	5288.4

10−3 主要年份城镇居民年人均支出

Per Capital Annual Expenditure of Urban Households of Major Years

单位:元 (yuan)

年份 Year	消费性支出 Consumption Expenditure	食品 Food	衣着 Clothing	居住 Residence	家庭设备用品及服务 Household Appliances and Services	医疗保健 Health care and Medical Services	交通和通信 Transport and Communicatio-ns	教育文化娱乐服务 Recreation, Education and Cultural Services	其他商品和服务 Miscellaneous Goods and Services
1984	520.9	312.0	85.0	24.1	41.1	3.4	12.0	30.5	12.6
1985	670.0	338.9	102.9	32.4	72.4	4.6	10.9	86.2	21.4
1986	751.3	378.4	106.4	58.7	84.8	4.6	12.8	77.4	27.6
1987	812.5	433.1	120.8	37.7	96.6	7.4	13.9	72.0	30.3
1988	1025.8	523.6	154.7	38.9	155.7	11.5	19.0	85.8	35.7
1989	1160.5	603.4	158.0	47.6	145.3	16.2	18.7	121.2	50.1
1990	1229.3	636.0	186.1	46.5	141.2	22.5	23.0	125.5	48.4
1991	1407.1	734.2	228.9	59.7	150.7	23.0	28.1	123.6	59.1
1992	1598.9	816.4	266.8	78.8	166.2	32.4	38.3	140.9	59.0
1993	1946.9	898.0	349.2	124.7	186.2	48.2	58.8	205.9	75.6
1994	2635.2	1212.5	473.6	179.5	247.7	72.4	94.9	250.2	104.2
1995	3285.5	1489.1	570.8	223.9	309.2	107.2	169.2	294.1	121.8
1996	3771.0	1651.3	657.6	262.4	323.6	147.2	194.2	397.3	137.2
1997	4040.6	1662.2	674.4	325.0	344.3	179.9	236.0	474.9	143.9
1998	4144.0	1649.5	581.0	371.3	384.6	188.1	269.5	552.0	147.8
1999	4515.1	1682.3	613.3	455.1	467.3	219.8	289.9	624.7	162.7
2000	5022.0	1755.7	665.6	482.2	474.2	322.6	375.2	754.3	192.1
2001	5252.4	1809.9	700.3	512.0	451.8	327.5	434.2	827.8	188.8
2002	5596.4	1927.6	751.8	459.7	397.0	407.7	538.5	929.1	185.0
2003	6069.4	2051.3	790.6	551.8	461.1	444.0	638.2	931.5	200.9
2004	6673.8	2310.7	829.2	601.5	457.3	484.4	801.2	983.1	206.3
2005	7457.3	2512.7	925.9	751.7	503.4	579.0	902.3	1040.0	242.3
2006	8468.4	2711.7	1091.2	838.2	526.3	624.1	1175.6	1202.0	299.5
2007	9666.6	3180.6	1238.3	1027.6	661.0	708.6	1333.6	1191.2	325.6
2008	11006.6	3699.4	1394.1	1247.0	806.4	799.8	1410.5	1277.4	372.0
2009	12012.7	3954.3	1548.8	1280.0	885.0	885.2	1719.7	1333.0	406.8
2010	13118.2	4205.9	1745.2	1408.6	915.0	885.8	2140.4	1401.8	415.6
2011	14560.7	4827.6	2008.8	1510.8	1013.8	938.9	2204.0	1538.4	518.3
2012	15778.2	5201.3	2197.0	1572.4	1126.0	1005.3	2370.2	1655.9	650.2
2013	17112.2	5625.9	2277.0	1780.1	1269.6	1109.4	2474.8	1909.8	665.5

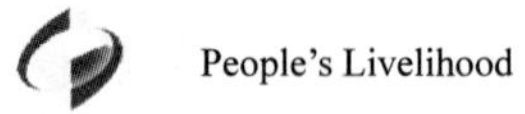

10-4 主要年份农村居民家庭主要指标

Major Indicators of Rural Households of Major Years

年 份 Year	调查户数 (户) Number of Households Surveyed (household)	调 查 户 常住人口 (人) Number of Permanent Residents in the Households Surveyed (person)	平均每户 常住人口 (人) Average Number of Permanent Residents Per Household (person)	平均每户 整半劳力 (人) Average Number of Full/Semi Labour Force Per Household (person)	人均年末 生活用房 面 积 (平方米) Per Capita Space of Living House at Year-end (sq.m)	平均每人 全年纯收入 (元) Per Capita Annual Net Income (yuan)	生活消费 支 出 (元) Expense on Household Consumption (yuan)
1978	715	4126	5.77	2.54	9.81	115	94
1979	732	4138	5.65	2.67	9.91	160	128
1980	825	4649	5.64	2.70	10.98	210	165
1981	827	4538	5.49	2.63	10.03	252	202
1982	1529	7849	5.13	2.54	10.64	300	230
1983	1438	7266	5.05	2.85	12.50	361	264
1984	1558	7730	4.96	2.86	14.54	395	287
1985	4000	18896	4.72	2.84	15.13	408	322
1986	4200	19667	4.68	2.85	15.74	449	365
1987	4200	19339	4.60	2.86	16.48	518	406
1988	4200	19074	4.54	2.86	17.34	584	482
1989	4200	18749	4.46	2.85	17.96	631	513
1990	4200	18486	4.40	2.82	18.48	680	547
1991	4200	18241	4.34	2.77	19.87	764	613
1992	4200	17886	4.26	2.75	19.31	803	656
1993	4200	17494	4.17	2.77	20.64	953	725
1994	4200	17239	4.10	2.76	21.15	1320	996
1995	4200	17089	4.07	2.78	21.56	1715	1339
1996	4200	16847	4.01	2.68	22.32	2086	1653
1997	4200	16574	3.95	2.65	23.16	2292	1626
1998	4200	16379	3.90	2.64	23.91	2453	1595
1999	4200	16116	3.84	2.60	25.07	2550	1680
2000	4200	15918	3.79	2.60	23.61	2659	1771
2001	4200	15671	3.73	2.54	24.60	2805	1905
2002	4200	15569	3.71	2.58	25.59	2954	1998
2003	4200	15405	3.67	2.62	26.53	3151	2133
2004	4200	15386	3.66	2.67	26.92	3507	2389
2005	4200	15382	3.66	2.69	29.64	3931	2736
2006	4200	15298	3.64	2.69	30.69	4368	3144
2007	4200	15204	3.62	2.69	31.69	4985	3622
2008	4200	15121	3.60	2.68	32.98	5641	4077
2009	4200	15012	3.57	2.68	34.24	6119	4417
2010	4200	14878	3.54	2.67	34.71	6990	4807
2011	4200	14722	3.51	2.53	36.31	8342	5901
2012	4200	14338	3.41	2.51	38.43	9446	6776
2013	3398	10702	3.15	2.30	39.56	10620	7393

注:1978年至1980年的生活用房面积中包括生产用房。

a)The space of production house is included in the space of living house from 1978 to 1980.

10–5 主要年份农村居民纯收入
Per Capita Annual Net Income of Rural Households of Major Years

单位：元 (yuan)

年 份 Year	纯收入 Net Income	工资性收入 Income from Wages and Salaries	家庭经营纯收入 Income from Household Operations	财产性收入 Income from Properties	转移性收入 Income from Transfers
1978	114.6	82.4	20.8	6.8	4.6
1979	159.8	109.4	36.7	3.4	10.3
1980	210.2	141.3	44.9	9.6	14.4
1981	251.6	165.0	57.4	10.9	18.3
1982	300.0	219.9	59.9	9.5	10.7
1983	360.6	54.5	285.6	7.7	12.8
1984	395.0	63.1	314.3	4.0	13.6
1985	408.1	80.9	309.2	5.7	12.3
1986	449.3	90.7	338.9	6.9	12.8
1987	517.7	111.6	384.6	6.2	15.3
1988	583.7	143.5	415.7	9.0	15.5
1989	630.6	161.2	443.5	9.2	16.7
1990	680.2	167.8	486.0	9.4	17.0
1991	764.0	180.5	551.0	9.4	23.1
1992	802.9	228.4	536.5	15.3	22.7
1993	952.7	226.2	687.7	8.5	30.3
1994	1319.7	294.8	961.3	16.5	47.1
1995	1715.1	409.0	1230.6	28.8	46.7
1996	2086.3	522.9	1466.6	47.5	49.3
1997	2292.1	686.3	1495.1	29.6	81.1
1998	2452.8	722.7	1603.1	49.0	78.0
1999	2549.6	791.2	1599.7	68.9	89.8
2000	2659.2	850.6	1676.9	57.8	73.9
2001	2804.5	965.7	1705.3	34.7	98.8
2002	2954.0	1056.7	1728.7	53.8	114.8
2003	3150.5	1095.5	1874.5	63.9	116.6
2004	3507.4	1178.3	2147.5	64.9	116.7
2005	3930.5	1437.6	2258.0	102.8	132.1
2006	4368.3	1671.5	2409.8	127.6	159.4
2007	4985.3	1950.8	2700.5	144.3	189.7
2008	5641.4	2263.5	2963.0	163.9	251.1
2009	6118.8	2496.6	3129.3	196.1	296.8
2010	6990.3	2958.1	3456.9	238.3	337.0
2011	8342.1	3715.3	3935.2	246.4	445.2
2012	9446.4	4383.2	4234.4	257.2	571.6
2013	10619.9	5127.2	4525.2	283.9	683.8

10–6 主要年份农村居民年人均生活消费支出

Per Capita Consumption Expenditure of Rural Households of Major Years

单位：元 (yuan)

年份 Year	生活消费支出 Consumption Expenditure	食品 Food	衣着 Clothing	居住 Residence	家庭设备及用品 Household Facilities and Aticles	交通通信 Transport and Communications	文教娱乐 Education, Culture and Recreation	医疗保健 Health Care and Medical Services	其他 Others
1978	93.7	57.7	13.0	11.0					
1979	128.0	78.4	17.3	15.4					
1980	165.3	99.4	23.8	21.2	10.8	3.1	3.8	2.2	1.0
1981	202.1	112.7	27.0	31.7	18.6	3.8	4.3	2.8	1.2
1982	230.0	115.8	30.8	47.3	22.0	4.0	5.7	3.0	1.4
1983	264.4	134.1	34.6	50.1	25.4	5.7	8.3	4.5	1.7
1984	287.2	149.2	34.5	57.0	24.0	5.0	10.6	5.4	1.5
1985	322.0	168.2	35.7	66.1	24.3	5.4	14.2	6.7	1.4
1986	364.6	182.2	39.2	86.2	25.7	5.8	15.9	8.3	1.3
1987	406.3	202.2	42.3	97.0	27.8	5.9	20.6	9.5	1.0
1988	482.1	238.0	48.9	115.2	36.4	7.7	23.8	11.3	0.8
1989	513.1	259.1	53.5	113.2	37.3	6.0	30.5	12.7	0.8
1990	547.1	297.1	52.8	105.7	34.2	6.3	32.7	17.1	1.2
1991	613.0	333.1	60.6	105.1	39.9	10.0	41.3	20.8	2.2
1992	655.7	357.6	62.4	106.0	39.1	13.8	48.1	25.9	2.8
1993	724.5	415.6	60.2	98.8	40.6	14.8	60.3	24.7	9.5
1994	995.7	576.7	75.4	150.5	53.4	20.4	76.3	30.7	12.3
1995	1338.5	748.7	102.0	208.6	73.7	43.0	106.1	40.3	16.1
1996	1652.5	871.5	131.3	265.3	97.6	58.8	143.5	64.1	20.4
1997	1626.3	871.7	131.3	216.0	98.0	64.4	149.4	71.3	24.2
1998	1595.1	820.4	116.4	225.4	92.1	78.6	156.3	84.6	21.3
1999	1679.7	820.4	113.8	225.4	106.8	90.3	182.1	89.6	51.3
2000	1770.8	781.9	117.5	299.8	114.9	101.6	207.9	118.7	28.5
2001	1905.0	802.6	121.9	361.4	91.4	133.1	224.1	114.9	55.6
2002	1997.8	838.3	130.3	335.7	96.3	155.8	256.3	127.6	57.5
2003	2133.2	891.8	134.3	341.7	92.2	187.0	291.3	138.8	56.1
2004	2389.3	1000.1	139.2	366.0	110.1	221.9	298.2	155.9	97.9
2005	2735.8	1087.6	159.7	445.7	136.5	294.4	377.2	188.5	46.2
2006	3143.8	1191.3	198.1	548.1	158.7	352.2	408.8	221.8	64.8
2007	3621.6	1369.2	224.2	682.1	196.0	422.4	424.9	230.8	72.0
2008	4077.0	1551.8	250.3	804.8	240.9	452.6	417.3	280.5	79.0
2009	4417.2	1618.7	265.6	945.8	273.8	533.6	400.0	301.6	78.3
2010	4807.2	1804.4	305.6	832.9	324.7	649.2	421.9	383.9	84.5
2011	5900.6	2107.1	399.8	1127.0	411.6	753.0	482.7	508.4	111.0
2012	6776.1	2321.5	454.7	1399.9	405.7	937.6	501.0	635.3	120.2
2013	7392.7	2553.7	493.4	1409.6	438.1	1040.5	571.7	738.8	146.8

10-7 调查户和调查人口基本情况(2013年)

Condition of Households Surveyed and Residents Surveyed(2013)

指标名称		Indicator		全体居民 All Household	城镇居民 Urban Household	农村居民 Rural Household
一、调查户基本情况		**Basic Statistics on Households Surveyed**				
(一)调查样本住户数	(户)	Number of Households Surveyed	(household)	7059	3661	3398
(二)住户类型		Types of Households Surveyed				
1.家庭居住户	(%)	Family Households	(%)	97.9	96.2	100.0
2.集体居住户	(%)	Collective Households	(%)	2.1	3.8	
(三)户主文化程度		Education of Head of Household				
1.未上过学	(%)	Can not Read	(%)	2.6	1.4	4.0
2.小学	(%)	Primary School	(%)	15.1	9.0	22.3
3.初中	(%)	Junior High School	(%)	45.8	33.9	60.1
4.高中	(%)	Senior High School	(%)	20.7	27.6	12.4
5.大学专科	(%)	Junior College	(%)	9.3	16.1	1.2
6.大学本科	(%)	Bachelor	(%)	6.0	11.0	0.03
7.研究生	(%)	Graduate	(%)	0.5	0.9	
(四)农业经营户比例	(%)	Proportion of Farming Households	(%)	50.8	14.3	92.7
二、期末户均调查人口	**(人)**	**Average Number of Residents Surveyed**	**(person)**	**3.03**	**2.82**	**3.28**
三、期末常住成员情况		**Condition of Permanent Residents**				
(一)户均常住成员	(人)	Average Number of Permanent Residents Per Household	(person)	2.95	2.79	3.15
其中：在校学生人数		Total Enrollment		0.47	0.45	0.50
(二)性别		Sex				
1.男性	(%)	Male	(%)	50.7	50.4	51.1
2.女性	(%)	Female	(%)	49.3	49.6	48.9
(三)户口状况		Condition of Resident Accounts				
1.农业	(%)	Agricultural	(%)	65.7	35.3	98.2
2.非农业(%)		Non-agricultural	(%)	34.1	64.5	1.8
3.其他(%)		Others	(%)	0.1	0.2	0.0
四、常住从业人员情况		**Employment of Permanent Residents**				
(一)户均常住从业人数	(人)	Average Number of Employed Permanent Residents Per Household	(person)	1.9	1.6	2.2
(二)就业状况		Employment				
1.雇主	(%)	Employer	(%)	1.6	2.5	0.8
2.公职人员	(%)	Public Officials	(%)	2.8	5.6	0.4
3.事业单位人员	(%)	Institution staff	(%)	6.3	12.5	0.8
4.国有企业雇员	(%)	Employees of State-owned Enterprises	(%)	5.2	10.5	0.5
5.其他雇员	(%)	Other Employees	(%)	38.0	45.8	31.1
6.农业自营	(%)	Agricultural Operations	(%)	35.4	9.8	57.9
7.非农自营	(%)	Non-Agricultural Operations	(%)	10.8	13.3	8.5
(三)主要从事行业		Sector Employment				
1.第一产业	(%)	Primary Industry	(%)	36.5	11.7	58.3
2.第二产业	(%)	Second Industry	(%)	27.6	30.0	25.5
3.第三产业	(%)	Teriary Industry	(%)	35.9	58.3	16.2

10−8 居民可支配收入(2013年)

Disposable Income of Households(2013)

单位：元/人 (yuan/person)

指 标 名 称	Indicator	全体居民 All Households
可支配收入	**Diaposable Income**	**19008.3**
一、工资性收入	**Income of Wages and Salaries**	**10990.8**
(一)工资	Wage	10203.7
(二)实物福利	Benefits in kind	53.4
(三)其他	Others	733.7
二、经营净收入	**Net Business Income**	**4297.8**
(一)第一产业净收入	Net Income from Primary Industry	1918.7
1.农业	Farming	1509.7
2.林业	Forestry	59.7
3.牧业	Animal Husbandry	229.3
4.渔业	Fishery	119.9
(二)第二产业净收入	Net Income from Second Industry	385.4
(三)第三产业净收入	Net Income from Teriary Industry	1993.7
三、财产净收入	**Net Income from Properties**	**1215.8**
(一)利息净收入	Net Income from Interest	109.2
(二)红利收入	Income from Bonus	84.0
(三)储蓄性保险净收益	Income from Savings Insurance	5.8
(四)转让承包土地经营权租金净收入	Net Income from Land Management Rights Transfer	62.4
(五)其他	Others	951.8
四、转移净收入	**Net Income from Transfer**	**2503.8**
(一)转移性收入	Income from Transfer	3257.7
1.养老金或离退休金	Old-age Pensions	2428.7
2.社会救济和补助	Relief and Pensions	38.6
3.政策性生活补贴	Policy-living Allowance	37.4
4.报销医疗费	Allowance of Medical Expense	68.8
5.家庭外出从业人员寄回带回收入	Sent Back by Non-permanent Resident	331.1
6.赡养收入	Alimony Income	145.1
7.其他经常转移收入	Others	111.6
(二)转移性支出	Expenditure for Transfers	753.9
1.个人所得税	Personal Income Tax	28.8
2.社会保障支出	Social Security Expenditure	554.0
3.外来从业人员寄给家人的支出	Sent to Familiy by Outland Employees	38.7
4.赡养支出	Alimony Expense	60.6
5.其他经常转移支出	Others	71.7
五、自有住房折算净租金	**Income from Rent of Own House**	**766.3**

10—9 居民生活消费支出(2013年)
Expense on Consumption of Households(2013)

单位：元/人 (yuan/person)

指 标 名 称	Indicator	全体居民 All Households
居民生活消费支出	**Expense on Household Consumption**	**11774.9**
一、食品烟酒	Food,Tobacco and liquor	3442.0
二、衣着	Clothing	1031.3
三、居住	Residence	2660.4
四、生活用品及服务	Supplies and Services	800.7
五、交通和通信	Transport and Communications	1540.8
六、教育、文化和娱乐	Recreation,Education and Cultural	1136.6
七、医疗保健	Health care	902.1
八、其他用品及服务	Others	261.2

10—10 居民家庭能源消费数量和金额(2013年)
Energy consumption of Households(2013)

指 标 名 称	Indicator	全体居民 All Households		城镇居民 Urban Households		农村居民 Rural Households	
		数量 Amount	金额(元/人) Money (yuan/person)	数量 Amount	金额(元/人) Money (yuan/person)	数量 Amount	金额(元/人) Money (yuan/person)
一、生活用电 (度)	**Electricity Consumption (kwh)**	**405.94**	**226.81**	**523.59**	**293.64**	**281.59**	**156.19**
二、生活用燃料	**Living With Fuel**		**245.30**		**248.56**		**241.85**
(一)燃气	Gas						
1.罐装液化石油气 (公斤/人)	Bottled LPG (kg/person)	8.92	59.52	7.97	51.67	9.92	67.82
2.管道液化石油气(立方米/人)	LPG Pipeline (Cum/person)	0.30	1.35	0.54	2.26	0.05	0.38
3.管道煤气 (立方米/人)	Gas Pipeline (Cum/person)	0.54	1.42	1.00	2.44	0.06	0.34
4.管道天然气 (立方米/人)	Natural gas pipeline(Cum/person)	16.77	39.76	32.21	76.16	0.46	1.29
(二)燃料用油	Fuel Oil						
1.汽油 (升/人)	Gasoline (Liters/person)	2.36	17.93	4.03	30.62	0.60	4.53
2.柴油 (升/人)	Diesel Oil (Liters/person)	0.38	2.85	0.10	0.68	0.68	5.14
3.其他油 (升/人)	Others (Liters/person)	0.04	0.21	0.04	0.20	0.04	0.23
(三)其他燃料	Other Fuels						
1.煤炭 (公斤/人)	Coke (kg/person)	116.09	121.02	78.29	83.56	156.03	160.61
2.柴 (公斤/人)	Firewood (kg/person)	0.02	0.29	0.02	0.20	0.03	0.38
3.草 (公斤/人)	Grass (kg/person)	0.00	0.02	0.00	0.01	0.00	0.03
4.沼气 (立方米/人)	(Cum/person)	0.21	0.28	0.04	0.16	0.39	0.40
5.其他	Others		0.64		0.60		0.69

10-11 居民家庭食品消费数量(2013年)
Food Consumption of Households(2013)

单位：公斤/人 (kg/person)

指标名称	Indicator	全体居民 All Households	城镇居民 Urban Households	农村居民 Rural Households
一、粮食	**Grain**	**147.75**	**136.65**	**159.48**
(一)谷物	Cereal	137.42	123.26	152.39
1.小麦	Wheat	105.85	85.44	127.41
2.稻谷	Rice	14.80	18.65	10.74
3.玉米	Corn	11.51	12.27	10.71
4.其他谷物及制品	Others	5.27	6.90	3.54
(二)薯类	Tubers	1.54	1.67	1.39
1.红薯	Sweet Potato	0.81	0.70	0.93
2.马铃薯	Potato	0.39	0.57	0.20
3.其他薯类及制品	Others	0.33	0.39	0.26
(三)豆类	Beans	8.79	11.72	5.69
1.大豆	Soybean	0.99	0.90	1.09
2.其他豆类及制品	Others	7.79	10.82	4.60
二、蔬菜及食用菌	**Vegetables and Mushroom**	**85.06**	**99.90**	**69.38**
(一)鲜菜	Fresh Vegetables	82.17	96.28	67.25
(二)干菜及菜制品	Dried Vegetables and Products	1.29	1.45	1.11
(三)鲜菌	Fresh Mushrooms	1.43	1.92	0.91
(四)干菌及制品	Dry Bacteria and Products	0.17	0.24	0.10
三、肉禽及制品	**Meat,Poultry and Products**	**24.61**	**30.05**	**18.87**
1.猪肉	Pork	12.93	15.07	10.66
2.牛肉	Beef	0.93	1.51	0.32
3.羊肉	Mutton	0.70	1.00	0.39
4.家禽	Poultry	3.83	4.04	3.61
5.其他肉类及制品	Others	6.22	8.43	3.88
四、蛋类及蛋制品	**Eggs and Products**	**13.60**	**15.50**	**11.60**
五、奶和奶制品	**Milk and Products**	**17.24**	**24.18**	**9.92**
六、水产品	**Aquatic Products**	**10.50**	**14.94**	**5.81**
(一)鱼类	Fish	6.34	8.14	4.45
(二)虾蟹贝类	Shrimp,Shellfish and Crab	2.87	4.71	0.93
(三)藻类	Algae	0.24	0.38	0.09
(四)其他水产品及制品	Others	1.05	1.71	0.34
七、食用油	**Cooking oil**	**11.33**	**9.54**	**13.22**
(一)食用植物油	Edible vegetable oil	11.25	9.48	13.13
(二)食用动物油	Edible animal oil	0.08	0.07	0.09
八、糖果糕点类	**Candy Cakes**	**6.74**	**8.74**	**4.64**
九、水果类	**Fruits**	**25.11**	**31.20**	**18.67**
十、瓜类	**Melons**	**25.11**	**31.17**	**18.70**
1.西瓜	Watermelon	0.10		0.21
2.其他瓜类	Others	25.01	31.17	18.49
十一、坚果类	**Nuts**	**3.14**	**4.24**	**1.98**
十二、茶叶	**Tea**	**0.44**	**0.56**	**0.31**
十三、烟叶	**Tobacco**	**22.67**	**19.35**	**26.17**
十四、酒	**Liquor**	**13.03**	**12.91**	**13.17**
1.白酒	White Spirit	4.71	4.03	5.42
2.啤酒	Beer	8.23	8.74	7.70
3.果酒	Wine	0.09	0.13	0.05

10-12 居民家庭住房和耐用消费品拥有情况(2013年)

Household Ownership of Housing and Durables Consumer Goods(2013)

单位：% (%)

指标名称	Indicator	全体居民 All Households	城镇居民 Urban Households	农村居民 Rural Households
一、现住房情况	**Housing Condition**			
(一)人均住房建筑面积 (平方米)	Per Capita Construction Area of Building (sq.m)	37.93	36.39	39.56
(二)按居住空间样式分的户数比重	Proportion of Housing Style			
1.单栋楼房	Single Building Housing	6.26	6.26	6.25
2.单栋平房	Single Bungalow	52.84	21.68	90.05
3.单元房	Units Housing	38.13	68.86	1.42
4.筒子楼或连片平房	Tube-shaped Apartment or Contiguous Bungalow	2.28	3.17	1.23
5.其他	Others	0.49	0.03	1.05
(三)按主要建筑材料分的户数比重	Proportion of Housing Building Materials			
1.钢筋混凝土	Reinforced Concrete	22.06	36.08	5.31
2.砖混材料	Brick and Concrete Materials	42.66	49.02	35.07
3.砖瓦砖木	Brick and Wood Materials	33.74	14.57	56.64
4.竹草土坯	Bamboo,Grass, Adobe Materials	1.34	0.28	2.60
5.其他	Others	0.20	0.04	0.38
(四)按房屋来源分的户数比重	Proportion of Housing Source			
1.租赁住房	Leasehold	3.28	5.92	0.13
2.自建住房	Self-built	57.59	24.47	97.16
3.购买商品房	Commercial Housing	19.00	34.42	0.58
4.购买房改住房	Reform Housing	10.30	18.49	0.52
5.购买保障性住房	Indemnificatory Housing	0.70	1.29	
6.拆迁安置房	Resettlement Housing	5.89	10.22	0.72
7.继承或获赠住房	Inheritance or Gift Housing	0.32	0.33	0.31
8.其他	Others	2.91	4.86	0.58
(五)住房外道路为硬化路面的户比重	Proportion of Hardening Road Near Housing	86.46	95.97	75.10
二、生活设施状况	**Living Condition**			
(一)饮用水状况	Drinking Water Condition			
1.是否有管道设施	Pipeline Facilities Condition			
①管道供水入户	Pipeline into Housing	86.84	92.98	79.50
②管道供水至公共取水点	Pipeline into Public Points	1.44	1.47	1.39
③没有管道设施	No Pipeline Facilities	11.73	5.55	19.11
2.主要饮用水来源	Source of Drinking Water			
①经过净化处理的自来水	Tap Water	73.10	85.95	57.74
②受保护的井水和泉水	Protected Wells and Springs	17.03	5.68	30.60
③不受保护的井水和泉水	Non-Protected Wells and Springs	5.80	3.36	8.72
④江河湖泊水	Rivers and Lakes Water	0.26	0.35	0.16
⑤其他饮用水来源	Others(%)	3.80	4.66	2.78

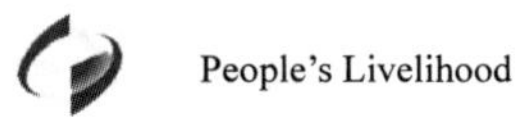

10-12 续表 continued

单位：% (%)

指 标 名 称	Indicator	全体居民 All Households	城镇居民 Urban Households	农村居民 Rural Households
3.获取饮用水存在的主要困难	Major Difficulty on Obtaining Drinking Water			
①单次取水往返时间超过半小时	Round-trip Time More Than Half Hour	0.30	0.17	0.46
②间断或定时供水	Intermittent or Regular Supply	7.52	3.27	12.60
③当年连续缺水超过15天	Water over More than 15 days	0.23	0.10	0.40
④获取饮用水无困难	No Difficulty	91.95	96.46	86.55
4.饮用前家里采取的主要处理措施	Treatment of Drinking Water			
①煮沸	Boiling	91.22	90.91	91.59
②加漂白剂/氯等	Add bleach / chlorine	0.29	0.24	0.35
③使用水过滤器	Water Filter	1.30	2.08	0.36
④其他处理措施	Others	1.15	1.28	0.99
⑤没有任何水处理措施	No Treatment	6.04	5.48	6.72
(二)住宅内厕所状况	Toilet Condition			
1.水冲式卫生厕所	Flushing Sanitary Toilet	44.01	76.54	5.15
2.水冲式非卫生厕所	Flushing Non-Sanitary Toilet	1.11	1.04	1.18
3.卫生旱厕	Sanitary toilet	13.06	6.88	20.44
4.普通旱厕	Ordinary Toilet	40.84	13.80	73.14
5.无厕所	No Toilet	0.98	1.73	0.09
(三)主要炊用能源	Major Source of Cooking			
1.天然气、煤气、液化石油气	Natural Gas, Coal Gas, Liquefied Petroleum Gas	59.31	81.33	33.01
2.煤炭	Coal	8.04	5.66	10.89
3.电	Electricity	9.98	7.71	12.69
4.沼气	Biogas	0.24	0.01	0.50
5.其他	Others	22.44	5.30	42.91
三、每百户耐用消费品拥有情况	**Number of Durable Consumer Goods Owned by Per 100 Households**			
(一)家用汽车(辆)	Automobiles (unit)	27.28	35.82	17.07
(二)摩托车(辆)	Motorcycles (unit)	41.82	22.80	64.55
(三)电冰箱(柜)(台)	Refrigerators (unit)	87.95	93.23	81.63
(四)洗衣机(台)	Washing Machines (unit)	85.67	91.23	79.04
(五)热水器(台)	Water Heaters (unit)	74.78	87.26	59.88
其中：太阳能热水器 (台)	Solar Water Heaters (unit)	55.59	56.97	53.94
(六)空调(台)	Air Conditioner (unit)	60.73	90.41	25.26
(七)彩色电视机(台)	Color TV Sets (unit)	105.35	104.41	106.47
(八)摄像机(台)	Pickup Cameras (unit)	5.34	9.35	0.55
(九)照相机(台)	Cameras (unit)	24.57	41.13	4.78
(十)计算机(台)	Computers (unit)	49.00	69.12	24.96
其中：接入互联网的计算机 (台)	Computers With Internet Access (unit)	39.70	57.23	18.75
(十一)中高档乐器(架)	High-grade Instruments (unit)	2.55	4.30	0.46
(十二)固定电话(线)	Fixed-line Phones (unit)	37.00	40.50	32.82
(十三)移动电话(部)	Mobile Phones (unit)	189.72	197.35	180.59
其中：接入互联网的移动电话(部)	Mobile Phones With Internet Access (unit)	53.36	69.72	33.81

10-13　社区基础设施和居民享有的基本社会服务情况(2013年)

Community Infrastructure and Basic Social Services(2013)

单位：%　　　　(%)

指标名称	Indicator	全体居民 All Households	城镇居民 Urban Households	农村居民 Rural Households
一、社区基础设施情况和基本公共服务	**Community Infrastructure and Basic Social Services**			
(一)社区通公路的户比重	Proportion of Community Access Roads	98.5	99.1	97.8
(二)社区能便利地乘坐公共汽车的户比重	Proportion of Communities Through Bus	86.8	97.2	74.6
(三)社区通电的户比重	Proportion of Community Having Powered	100.0	100.0	100.0
(四)社区通电话的户比重	Proportion of Community Having Phone	99.7	100.0	99.4
(五)社区能接收有线电视信号的户比重	Proportion of Communities Can Receive TV signals	98.7	99.5	97.9
(六)社区饮用水经过了集中净化处理的户比重	Proportion of Community Drinking Purification water	77.0	89.6	62.3
(七)社区主要饮用水水源无化学污染的户比重	Proportion of Community Water Source Free of Chemical Contamination	94.0	94.7	93.1
(八)社区开通了管道燃气的户比重	Proportion of Community Open Gas Pipeline	38.8	70.6	1.6
(九)社区有集中供暖的户比重	Proportion of Community Have Central Heating	39.7	72.1	1.7
(十)按进社区道路状况分的户比重	Proportion of Road Into the Community			
1.水泥或柏油路面	Cement or Asphalt Road	96.4	98.8	93.6
2.沙石或石板等硬质路面	Hardening Road	2.3	0.8	4.0
3.其他	Others	1.3	0.4	2.4
(十一)按社区内主要道路状况分的户比重	Proportion of Community Road Conditions			
1.水泥或柏油路面	Cement or Asphalt Road	92.4	96.2	87.9
2.沙石或石板等硬质路面	Hardening Road	6.0	3.6	8.7
3.其他	Others	1.7	0.2	3.3
(十二)社区主要道路有路灯的户比重	Proportion of Community Main Road Have Streetlights	88.3	96.7	78.5
(十三)社区内垃圾能集中处理的户比重	Proportion of Community Can Focus Process Garbage	80.3	94.9	63.1
(十四)社区有健身器材的户比重	Proportion of Community With Fitness Equipment	66.7	83.0	47.5
(十五)社区有绿化园林景观的户比重	Proportion of Community Have Green Landscape	49.3	72.5	21.9
(十六)社区有卫生站(室)的户比重	Proportion of Community Have Health Stations	90.1	93.1	86.7
(十七)按上幼儿园便利程度分的户比重	Proportion of Classification by Kindergarten			
1.社区内有，且便利	Community kindergarten,Convenience	59.6	69.4	48.2
2.社区内无，但入园较便利	No Community kindergarten,Convenience	32.8	28.3	38.2
3.不便利	No Convenience	7.5	2.3	13.7
(十八)按上小学便利程度分的户比重	Proportion of Classification by Primary school and Convenience			
1.社区内有，且便利	Community Primary school,Convenience	43.3	49.5	36.0
2.社区内无，但入学较便利	No Community Primary school,Convenience	48.7	48.4	49.1
3.不便利	No Convenience	8.0	2.1	14.9
(十九)社区本年度未发生盗窃或其他刑事案件的户比重	Proportion of Community Without Theft or Other Criminal Cases	72.6	72.0	73.3
(二十)社区有安全保卫的户比重	Proportion of Community with Security	59.8	78.7	37.6
(二十一)行政村拥有合法行医证的医生的户比重	Proportion of Village have Legitimate Doctor	83.9	89.4	82.8
(二十二)行政村有合格接生员的户比重	Proportion of Village Have Qualified Midwives	4.8	10.3	3.8
二、社会保障	**Social Securities**			
(一)参加医疗保险或享受公费医疗的人数比重	Proportion of Participated Medical Insurance or Public Health Services			
1.新型农村合作医疗	New Rural Cooperative Medical	60.9	27.9	95.7
2.城镇职工基本医疗保险	Urban Basic Medical Insurance	22.7	42.3	2.1
3.(城镇)居民基本医疗保险	Resident Basic Medical Insurance	10.4	19.7	0.6
4.公费医疗	Public Health Services	1.0	1.9	0.1
5.商业医疗保险	Commercial Medical Insurance	1.5	2.4	0.5
6.其他医疗保险	Others	0.8	1.4	0.1
7.没有参加任何医疗保险	No Medical Insurance	2.9	5.0	0.6
(二)16岁及以上人口参加或享受养老保险的人数比重	Proportion of Population aged 16 and over Participated Old-age Insurance			
1.新型农村社会养老保险	New Rural Social Pension Insurance	42.7	20.2	66.5
2.城镇职工基本养老保险	Urban Basic Medical Insurance	21.9	39.9	2.8
3.(城镇)居民社会养老保险	Resident Basic Medical Insurance	3.8	6.9	0.6
4.商业养老保险	Commercial Pension Insurance	0.7	0.9	0.6
5.其他养老保险	Other Pension Insurance	0.5	0.8	0.1
6.没有参加任何养老保险	No Pension Insurance	4.3	5.6	2.9

10-14 各市城乡居民年人均收支主要指标(2013年)

Per Capital Income and Expenditure of Urban and Rural Households by Region(2013)

单位:元/人 (yuan/person)

地区名称	Region	城市居民 Urban Households		农村居民 Rural Households	
		可支配收入 Disposable Income	生活消费支出 Expense on Household Consumption	纯收入 Net Income	生活消费支出 Expense on Household Consumption
济 南 市	Jinan	35648	21667	13248	7799
青 岛 市	Qingdao	35227	22060	15731	9786
淄 博 市	Zibo	30889	18425	13932	8133
枣 庄 市	Zaozhuang	25238	16201	10878	6866
东 营 市	Dongying	33983	19569	13000	7813
烟 台 市	Yantai	32956	22006	14952	7343
潍 坊 市	Weifang	28386	17482	13273	8556
济 宁 市	Jining	27956	18502	11348	6262
泰 安 市	Tai'an	28201	18201	11547	6319
威 海 市	Weihai	31442	20127	15582	8493
日 照 市	Rizhao	25090	15901	11304	5314
莱 芜 市	Laiwu	29179	16977	12161	6737
临 沂 市	Linyi	30317	15529	10389	6204
德 州 市	Dezhou	24812	15475	10876	5432
聊 城 市	Liaocheng	26087	16766	10083	5623
滨 州 市	Binzhou	28363	17202	11358	7854
菏 泽 市	Heze	21236	13689	9309	5163

10−15 农村住户人口与就业情况
Population and Employment of Rural Households

单位:人 (person)

类 别	Category	2011	2012	2013
一、农村住户人口状况	**Population of Rural Households**			
(一)家庭人口	Households Population	14678	14591	15509
(二)家庭人口与户主关系	Relationship with the Head of Household			
1.户 主	the Head of the Household	4200	4200	4802
2.配 偶	Spouses	4041	4030	4424
3.子 女	Children	5312	5221	5165
4.孙子女	Grandchildren	698	736	705
5.父 母	Parents	381	356	376
6.祖父母	Grandparents	6	8	14
7.兄弟姐妹	Brothers and Sisters	15	14	17
8.其他亲属	Other Relatives	23	24	6
9.非亲属	Unrelated	2	2	0
(三)年龄状况	Age Status			
1.6岁及以下	6 Year-old and Under	853	797	977
2.7−15岁	Between 7 and 15 Year-old	1638	1617	1514
3.16−18岁	Between 16 and 18 Year-old	441	479	481
4.19−22岁	Between 19 and 22 Year-old	1045	835	637
5.23−25岁	Between 23 and 25 Year-old	933	926	955
6.26−30岁	Between 26 and 30 Year-old	829	915	1105
7.31−40岁	Between 31 and 40 Year-old	1951	1798	1829
8.41−50岁	Between 41 and 50 Year-old	3146	3246	3358
9.51−60岁	Between 51 and 60 Year-old	2355	2332	2463
10.61岁及以上	61 Year-old and Above	1487	1646	2190
(四)在校学生人数	Students Enrollment	2427	2430	2366
二、农村住户劳动力素质状况	**Labor Force Quality of Rural Households**			
(一)整半劳动力数	Number of Full/Semi Labour Force	11454	11530	12295
#男劳动力人数	Number of Male Labour Force	5966	5928	6387
整劳动力人数	Number of Full Labour Force	7255	6913	7052
(二)年龄状况	Age Status			
1.16−18岁	Between 16 and 18 Year-old	441	477	481
2.19−22岁	Between 19 and 22 Year-old	1045	832	635
3.23−25岁	Between 23 and 25 Year-old	933	919	947
3.26−30岁	Between 26 and 30 Year-old	829	912	1100
5.31−40岁	Between 31 and 40 Year-old	1951	1766	1815
6.41−50岁	Between 41 and50 Year-old	3146	3184	3322
7.51−60岁	Between51 and 60 Year-old	2241	2249	2410
8.61岁及以上	61 Year-old and Above	868	1191	1585

10-15 续表 1 continued

单位:人 (person)

类 别	Category	2011	2012	2013
(三)文化程度	Education of Labor Force			
1.不识字或识字很少	Can Not Read or Read Very Little	360	399	464
2.小学	Primary School	1967	2047	2471
3.初中	Junior High School	6246	6242	6661
4.高中(中专)	Senior High School	1682	1651	1907
5.中专	Secondary School	484	469	
6.大专及以上	Junior College and over	715	722	792
三、农村住户劳动力就业情况	**Employment of Rural Labor Force**			
(一)就业劳动力人数	Number of Full/Semi Labour Force	10385	10347	10983
#男劳动力人数	Number of Male Labour Force	5453	5448	5800
整劳动力人数	Number of Full Labour Force	6480	6231	6358
(二)年内就业状况	Employment during the year			
1.本地务农	Engaged Agriculture at Local	8029	7944	8040
2.本地非农自营	Operating at Local	1093	1058	1102
3.本地非农务工	Working at local	3727	3780	3560
4.外出从业	Working Outside	2327	2196	2233
(三)主要就业地点	Place of Employment			
1.乡 内	In the Village	8430	8397	8983
2.县内乡外	In the County but outside the Village	813	799	801
3.省内县外	In the Province but outside the County	759	781	879
4.国内省外	In China but outside the Province	374	362	314
5.国 外	Abroad	9	8	6
(四)行业分布	Sector Employment			
1.第一产业	Primary Industry	5202	5084	5383
2.第二产业	Secondary Industry	2989	3056	3329
3.第三产业	Teriary Industry	2194	2207	2271
(五)年内从业时间(月)	Working time during the year (month)			
1.本地务农	Engaged Agriculture at Local	44070	43094	42421
2.本地非农自营	Operating at Local	8089	8213	8771
3.本地非农务工	Working at local	22711	23739	26059
4.外出从业	Working Outside	18816	18860	19340
(六)年末就业状况	Employment at Year-end			
1.本地务农	Engaged Agriculture at Local	5331	5192	5289
2.本地非农自营	Operating at Local	818	813	875
3.本地非农务工	Non-agriculture Employment at local	2022	2139	2411
4.外出从业	Non-local Employment	1951	1952	2021
5.其他从业	Other Employment	117	113	132
6.未从业	No Employment	146	138	255

10-15 续表 2 continued

单位:人 (person)

类　别	Category	2011	2012	2013
(七)参加医疗保险情况	Conditions of Participated in Medical Insurance			
1.农村新型农村合作医疗	New Cooperative Medical System	9934	9911	10413
2.城镇医疗保险	Urban Medical Insurance	389	393	541
3.商业医疗保险	Commercial Medical Insurance	110	106	60
4.其他医疗保险	Other Medical Insurance	3	0	7
5.没有参加任何医疗保险	Non-participated in Medical Insurance	83	68	20
(八)参加养老保险情况	Conditions of Participated in Pension Insurance			
1.农村社会养老保险	New Rural Old-age Insurance	6793	7339	10048
2.城镇基本养老保险	Urban Basic Pension Insurance	658	666	672
3.商业养老保险	Commercial Pension Insurance	260	238	114
4.其他养老保险	Other Pension Insurance	13	1	8
5.没有参加任何养老保险	Non-participated in Pension Insurance	2752	2202	226
四、外出劳动力情况	**Migrant worker**			
(一)外出劳动力人数	Number of Migrant worker	2327	2196	2233
#男劳动力人数	Number of Male Migrant worker	1690	1628	1659
整劳动力	Number of Full Labour Force	2045	1922	1910
(二)年龄状况	Age Status			
1.16-18岁	Between 16 and 18 Year-old	46	35	49
2.19-22岁	Between 19 and 22 Year-old	362	262	168
3.23-25岁	Between 23 and 25 Year-old	444	402	396
3.26-30岁	Between 26 and 30 Year-old	340	392	433
5.31-40岁	Between 31 and 40 Year-old	434	405	429
6.41-50岁	Between 41 and50 Year-old	488	483	506
7.51-60岁	Between51 and 60 Year-old	182	184	198
8.61岁及以上	61 Year-old and Above	31	33	54
(三)文化程度	Education of Labor Force			
1.不识字或识字很少	Can Not Read or Read Very Little	13	14	19
2.小学	Primary School	171	148	193
3.初中	Junior High School	1420	1322	1362
4.高中(中专)	Senior High School	372	353	448
5.中专	Secondary School	177	157	
6.大专及以上	Junior College and over	174	202	211
(四)接受农业技术培训人数	Number of Persons accepted Agricultural Technology Training	294	286	268
(五)接受非农职业技能培训人数	Number of Persons accepted Non-agricultural Vocational Skills Training	646	607	853
(六)外出地区	Work Region			
1.乡外县内	In the County but outside the Village	998	928	909
2.县外省内	In the Province but outside the County	907	861	975
3.省外	Outside Province	422	407	349

10-15　续表 3 continued

单位:人 (person)

类　别	Category	2011	2012	2013
(七)地区类型	Type of Region			
1.直辖市	Municipalities	171	152	145
2.省会城市	Capital cities	265	272	270
3.地级市	Cities at Prefecture-level	681	628	614
4.县级市	Cities at County-level	815	796	968
5.建制镇	Towns	360	321	211
6.其他地区	Others	35	27	25
(八)从事行业	Sector Employment			
1.第一产业	Primary Industry	21	17	35
2.第二产业	Secondary Industry	1503	1429	1429
3.第三产业	Teriary Industry	803	750	769
(九)从事工作种类	Type of Job			
1.专业技术	Professional Technology	418	405	328
2.办事人员及有关	Staff Member	82	86	95
3.商业和服务业	Business	335	295	357
4.农、林、牧、渔、水利业生产	Production of Agriculture, Forestry, Animal Husbandry, Fishery and Water Conservancy	23	13	45
5.生产、运输设备操作人员及有关	Production and Transport Equipment Operators	816	823	908
6.其他	Others	653	574	500
(十)参加医疗保险情况	Conditions of Participated in Medical Insurance			
1.农村新型农村合作医疗	New Cooperative Medical System	2182	2072	2074
2.城镇医疗保险	Urban Medical Insurance	126	121	153
3.商业医疗保险	Commercial Medical Insurance	31	31	13
4.其他医疗保险	Other Medical Insurance	1	0	4
5.没有参加任何医疗保险	Non-participated in Medical Insurance	26	18	4
(十一)参加养老保险情况	Conditions of Participated in Pension Insurance			
1.农村社会养老保险	New Rural Old-age Insurance	1231	1311	1926
2.城镇基本养老保险	Urban Basic Pension Insurance	258	254	213
3.商业养老保险	Commercial Pension Insurance	95	77	27
4.其他养老保险	Other Pension Insurance	7	1	2
5.没有参加任何养老保险	Non-participated in Pension Insurance	758	575	79

10-16 各市农村居民主要指标(2013年)

Major Indicators of Rural Households by Region(2013)

单位:元/人 (yuan/person)

地 区	Region	调查户数(户) Number of Households Surveyed (household)	常住人口(人) Number of Permanent Residents (person)	全 年 总收入 Total Income	工资性收 入 Income from Wages and Salaries	家庭经营收 入 Income from Household Operations	财产性收 入 Income from Properties	转移性收 入 Income from Transfers
济南市	Jinan	748	2682	16923	6953	8387	533	1050
青岛市	Qingdao	680	2220	21689	7195	13292	350	852
淄博市	Zibo	800	2542	16883	8262	7181	340	1101
枣庄市	Zaozhuang	525	1805	13358	5670	7015	73	601
东营市	Dongying	500	1630	18918	5999	11593	593	733
烟台市	Yantai	1050	2955	17825	6789	9837	309	890
潍坊市	Weifang	1160	3933	18519	6170	11424	281	643
济宁市	Jining	1111	3999	14628	6094	7485	428	621
泰安市	Tai'an	527	1805	14268	6230	7210	228	599
威海市	Weihai	360	925	20512	8071	10928	358	1155
日照市	Rizhao	400	1234	16198	6024	9624	161	389
莱芜市	Laiwu	200	576	14772	6003	8118	133	518
临沂市	Linyi	1200	3944	14168	4308	8865	235	760
德州市	Dezhou	1040	3498	13750	5337	7707	237	468
聊城市	Liaocheng	748	2454	14047	4750	8772	167	359
滨州市	Binzhou	719	2290	15850	6201	8760	416	474
菏泽市	Heze	884	3215	11084	5185	5207	151	540

10-16 续表 1 continued

单位:元/人 (yuan/person)

地 区	Region	全 年 纯收入 Net Income	工资性纯收入 Net Income from Wages and Salaries	家庭经营纯 收 入 Net Income from Household Operations	财产性纯收入 Net Income from Properties	转移性纯收入 Net Income from Transfers	现 金 纯收入 Cash Net Income	全 年 总支出 Total Expenditure	家庭经营费用支出 Expenditure for Household Operations
济南市	Jinan	13248	6953	4900	533	862	12288	12081	3109
青岛市	Qingdao	15731	7195	7408	350	777	15008	16449	5294
淄博市	Zibo	13932	8262	4410	340	921	12936	11740	2279
枣庄市	Zaozhuang	10878	5670	4559	73	577	10254	10582	2224
东营市	Dongying	13000	5999	5747	593	661	11721	14372	5216
烟台市	Yantai	14952	6789	7011	309	842	14170	11019	2454
潍坊市	Weifang	13273	6170	6278	281	543	12762	13934	4326
济宁市	Jining	11348	6094	4350	428	477	10969	9712	2530
泰安市	Tai'an	11547	6230	4620	228	468	10590	9439	2298
威海市	Weihai	15582	8071	6089	358	1064	14134	14295	4562
日照市	Rizhao	11304	6024	4757	161	362	10247	9958	4085
莱芜市	Laiwu	12161	6003	5535	133	490	11724	9821	2294
临沂市	Linyi	10389	4308	5209	235	637	9442	10246	3140
德州市	Dezhou	10876	5337	4849	237	452	9842	8285	2348
聊城市	Liaocheng	10083	4750	4800	167	366	8801	9738	3407
滨州市	Binzhou	11358	6201	4298	416	442	10957	12481	3689
菏泽市	Heze	9309	5185	3453	151	520	8708	7228	1480

10–16 续表 2 continued

单位:元/人 (yuan/person)

地　区	Region	购置生产性固定资产支出 Expenditure for Purchase of Productive Fixed Assets	建造生产性固定资产雇工支出 Expenditure for Building of Productive Fixed Assets	税　费支　出 Expenditure for Taxes and Fees	生活消费支　出 Expense on Household Consumption	财产性支　出 Expenditure for Properties	转移性支　出 Expenditure for Transfers	全年生活消费总支出 Total Expense on Household Consumption	食品消费支　出 Food
济南市	Jinan	324		18	7799	10	821	7799	2641
青岛市	Qingdao	289	5	3	9786	7	1065	9786	3415
淄博市	Zibo	204	6	7	8133	15	1097	8133	2731
枣庄市	Zaozhuang	265	3		6866	21	1203	6866	2307
东营市	Dongying	266		5	7813	21	1049	7813	2417
烟台市	Yantai	85	3	1	7343	2	1132	7343	2785
潍坊市	Weifang	238	17	7	8556	1	789	8556	2503
济宁市	Jining	134	7	7	6262	6	767	6262	2339
泰安市	Tai'an	81	2	1	6319	20	718	6319	2269
威海市	Weihai	84		4	8493		1151	8493	2916
日照市	Rizhao	111	1	5	5314	10	430	5314	1919
莱芜市	Laiwu	189		2	6737	13	587	6737	2448
临沂市	Linyi	205	11	3	6204	90	593	6204	2279
德州市	Dezhou	136	2	16	5432	17	334	5432	1820
聊城市	Liaocheng	145		16	5623	49	498	5623	2054
滨州市	Binzhou	300	1	12	7854	21	603	7854	2251
菏泽市	Heze	164	2	4	5163	5	409	5163	2001

10–16 续表 3 continued

单位:元/人 (yuan/person)

地　区	Region	衣着消费支　出 Clothing	居住消费支　出 Residence	家庭设备、用品消费支出 Household Appliances and Services	交通和通讯消费支出 Transport and Communications	文化教育、娱乐消费支出 Recreation, Education and Cultural Services	医疗保健消费支出 Health Care and Medical Services	其他商品和服务消费支出 Other Goods and Services
济南市	Jinan	452	1387	554	846	1252	583	85
青岛市	Qingdao	909	1749	602	584	1566	753	207
淄博市	Zibo	718	1330	592	703	1131	789	140
枣庄市	Zaozhuang	552	1336	586	480	832	500	273
东营市	Dongying	589	1360	549	463	1694	598	144
烟台市	Yantai	724	1128	382	674	963	550	138
潍坊市	Weifang	517	2187	527	499	1470	712	140
济宁市	Jining	522	1018	492	485	849	406	151
泰安市	Tai'an	395	1022	507	469	751	841	65
威海市	Weihai	823	1377	483	542	1251	900	201
日照市	Rizhao	500	911	482	253	806	317	126
莱芜市	Laiwu	460	1174	448	431	1320	356	99
临沂市	Linyi	531	1121	466	330	852	451	174
德州市	Dezhou	461	967	439	491	868	278	109
聊城市	Liaocheng	365	918	357	530	824	449	126
滨州市	Binzhou	487	1798	471	718	1453	536	139
菏泽市	Heze	403	795	385	444	546	488	102

主要统计指标解释

居民可支配收入 指调查户在调查期内获得的、可用于最终消费支出和储蓄的总和,即调查户可以用来自由支配的收入。可支配收入既包括现金,也包括实物收入。按照收入的来源,可支配收入包含五项,分别为:工资性收入、经营净收入、财产净收入、转移净收入和自有住房折算净租金。计算公式为:

可支配收入 = 工资性收入 + 经营净收入 + 财产净收入 + 转移净收入+ 自有住房折算净租金

其中:经营净收入 = 经营收入 − 经营费用 − 生产性固定资产折旧−生产税净额(生产税−生产补贴)

财产净收入 = 财产性收入 − 财产性支出

转移净收入 = 转移性收入 − 转移性支出

居民消费性支出(生活消费支出) 指住户用于满足家庭日常生活消费需要的全部支出,包括用于消费品的支出和用于服务性消费的支出。根据用途不同,消费支出可划分为食品烟酒、衣着、居住、生活用品及服务、交通通信、教育文化娱乐、医疗保健、其他用品及服务八大类。根据来源不同,消费支出可划分为现金消费支出、实物消费支出(含自产自用、来自单位、来自政府和其他社会组织)。

城镇家庭人口 指居住在一起,经济上合在一起共同生活的家庭成员。凡计算为家庭人口的成员其全部收支都包括在本家庭中。

城镇就业者负担人数 指家庭人口与就业人口之比。

城镇家庭总收入 指家庭成员得到的工资性收入、经营净收入、财产性收入、转移性收入之和,不包括出售财物收入和借贷收入。

城镇家庭可支配收入 指家庭成员得到可用于最终消费支出和其它非义务性支出以及储蓄的总和,即居民家庭可以用来自由支配的收入。它是家庭总收入扣除交纳的所得税、个人交纳的社会保障支出以及记账补贴后的收入。计算公式为:

可支配收入=家庭总收入−交纳所得税
−个人交纳的社会保障支出−记帐补贴

城镇家庭总支出 指除借贷支出以外的全部家庭支出。包括消费性支出、购房建房支出、转移性支出、财产性支出、社会保障支出。

城镇家庭消费性支出 指家庭用于日常生活的支出,包括食品、衣着、家庭设备用品及服务、医疗保健、交通和通信、娱乐教育文化服务、居住、杂项商品和服务等八大类支出。

恩格尔系数 指食物支出金额在消费性总支出金额中所占的比例。计算公式为:

$$恩格尔系数=\frac{食品支出金额}{消费性总支出金额}\times 100\%$$

农村住户 指农村常住户。农村常住户是指在农村范围内居住或即将居住半年以上的家庭户。户口不在本地而在本地居住或即将居住半年及以上的住户也包括在本地农村常住户范围内;有本地户口,但举家外出谋生半年以上的住户,无论是否保留承包耕地都不包括在本地农村住户范围内。

农村常住人口 指全年经常在家或在家居住 6 个月以上,而且经济和生活与本户连成一体的人口。外出从业人员在外居住时间虽然在6个月以上,但收入主要带回家中,经济与本户连为一体,仍视为家庭常住人口;在家居住,生活和本户连成一体的国家职工、退休人员也为家庭常住人口。但是现役军人、中专及以上(走读生除外)的在校学生、以及常年在外(不包括探亲、看病等)且已有稳定的职业与居住场所的外出从业人员,不算家庭常住人口。家庭常住人口主要作为计算农村住户平均每人收入、消费和积累水平及分析家庭人口状况的依据。

农村整、半劳动力 整劳动力指男子18周岁到50周岁,女子18周岁到45周岁;半劳动力指男子16周岁到17周岁,51 周岁到 60 周岁;女子 16 周岁到 17 周岁,46 周岁到 55 周岁,同时具有劳动能力的人。虽然在劳动年龄之内,但已丧失劳动能力的人,不应算为劳动力;超过劳动年龄,但能经常参加劳动,计入半劳动力数内。

农村居民工资性收入 指农村住户成员受雇于单位或个人,靠提供劳动而获得的收入。

农村居民家庭经营收入 指农村住户以家庭为生产经营单位进行生产筹划和管理而获得的收入。农村住户家庭经营活动按行业划分为农业、林业、牧业、渔业、工业、建筑业、交通运输业邮电业、批发和零售贸易餐饮业、社会服务业、文教卫生业和其他家庭经营。

农村居民财产性收入 指金融资产或有形非生产性资产的所有者向其他机构单位提供资金或将有形非生产性资产供其支配,作为回报而从中获得的收入。

农村居民转移性收入 指农村住户和住户成员无须付出任何对应物而获得的货物、服务、资金或资产所有权等,不包括无偿提供的用于固定资本形成的资金。一般情况下,是指农村住户在二次分配中的所有收入。

农村居民纯收入 指农村住户当年从各个来源得到的总收入相应地扣除所发生的费用后的收入总和。计算方法:

纯收入=总收入−家庭经营费用支出−税费支出
−生产性固定资产折旧

纯收入主要用于再生产投入和当年生活消费支出,也可用于储蓄和各种非义务性支出。“农民人均纯收入”按人口平均的纯收入水平,反映的是一个地区或一个农户农村居民的平均收入水平。

Explanatory Notes on Main Statistical Indicators

Disposable income of households refer to the households income sum can be used to final consumption expenditure and savings during the period of investigation, Disposable income including cash and in kind. According to sources of income, disposable income including: the wage income, net operating income, net property income,net transfer income and net rent income from owned housing. The formula for computing:

Disposable income of households =the wage income+ net operating income+net property income+net rent income from owned housing

Net operating income = income - operating costs and depreciation of productive fixed assets - net taxes on production(production tax - production subsidies)

Net property income = income from property - property expenditure

The transfer of net income = income from transfer - transfer expenditure

Expense on Consumption of Households refers to meet the familydaily life consumption of all expenditure needs, including for the consumer spending and for service consumption expenditure. According to different purposes,consumption can be divided into tobacco and food, clothing, housing, daily necessitiesand services, transportation and communication, education, culture and entertainment,health care, the other eight articles and services. According to different sources,consumption can be divided into cash consumption, real consumer spending (includingself occupied, from the unit, from the government and other social organizations).

Population of Urban Households refer to members of the household living and sharing economically together. All income and expenditure of the population of the household are included in the income and expenditure of the household.

Number of Dependents per Urban Employee refers to the ratio between number of persons in urban households and the number of dependents.

Total Income of Urban Households refers to the sum of wage and salary, net business income, income from properties, and income from transfers of members of the households, excluding income from selling of properties and income from borrowings.

Disposable Income of Urban Households refers to the actual income at the disposal of members of the households which can be used for final consumption, other non compulsory expenditure and savings. This equals to total income minus income tax, personal contribution to social security and sample household subsidy for keeping diaries. Following formula is used:

Disposable income=total household income-income tax-personal contribution to social security-sample household subsidy for keeping diaries

Total Expenditure of Urban Households refer to all expenditure of the households except expenditure on leading. It includes expenditure on consumption, on purchasing or building houses, on transfers, on properties and on social security.

Consumption Expenditure of Urban Households refers to total expenditure of the sample households for consumption in daily life,including expenditure on eight categories such as food, clothing, household appliances and services, health care and medical services, transport and communications, recreation, education and cultural services, housing, miscellaneous goods and services.

Engel Coefficient refers to the percentage of expenditure on food in the total consumption expenditure, using the following formula:

Engel Coefficient=(expenditure on food/total consumption expenditure)×100%

Rural Households refer to resident households in rural areas residing for nearly or more than half-year. Migrated households residing in the current addresses for nearly or more than half-year with their household registration in other places are included in the resident households of their current addresses. For households with their household registration in one place but all members of the households moving away for living in another place for over half-year, they will not be included in the rural households of the area where they are registered, irrespective of whether they still keep their contracted land.

Rural Resident Population refers to population staying at home permanently or for over 6 months during a year and sharing life economically with the household. Members of the household staying away from the household for over 6 months but keeping a close economic relation with the household by sending the majority of income to the household are regarded as resident population of the household. Government staff and workers or retirees living as close members of the household are also considered as resident population. However, servicemen, students of secondary technical schools or schools of higher education and persons with stable jobs and residence outside the household (excluding those visiting relatives or seeking medical service) are not included as resident population of the household. Resident population is used in calculating income, consumption, accumulation on per capita basis of rural households and in analyzing composition of rural households.

Rural Full/Semi Labour Force Full labour force refers to persons capable of work, aged 18-50 for males and 18-45 for females. Semi labour force refers to persons capable of work, aged 16-17 and 51-60 for males and 16-17 and 46-55 for females. Persons at their working ages but not capable of work are not to be included as labour force. Persons not at working ages but participating regularly in work are included in semi labour force. For staff and workers as resident population of the household, they are included as full or semi labour force of the household if they are in the labour force.

Rural Households Income from Wages and Salaries refers to income from labour earned by the members of rural households employed by other units or individuals.

Rural Households Income from Household Operations refers to income by the rural households as units of production and operations. Operations by rural households are classified by economic activities as agriculture, forestry, animal husbandry, fishery, manufacturing, construction, transportation, post and telecommunications, wholesale, retail and catering, social service, culture, education, health, and other household operations.

Rural Households Income from Properties refers to the income received as returns by owners of financial assets or tangible non productive assets by providing capitals or tangible non productive assets to other institutional units.

Rural Households Income from Transfers refers to the receipt by rural households and their members of goods, services, capitals or rights of assets without giving or repaying accordingly, excluding capitals provided to them for the formation of fixed assets. In general, it refers to all income received by rural households through redistribution.

Rural Households Net Income refers to the total income of rural households from all sources minus all corresponding expenses. The formula for calculation is as follows:

Net income=total income-household operation expenses-taxes and fees depreciation of fixed assets for production

Net income is mainly used as input for reproduction and as consumption expenditure of the year, and also used for savings and non-compulsory expenses of various forms. "Per capita net income of farmers" is the level of net income averaged by population which reflects the average income level of rural households in a given area.

第11篇

城市建设

City Construction

简 要 说 明

一、本篇资料的主要内容

本篇资料反映了全省各城市基础设施基本情况，包括市政设施、设施水平、供水、公共交通、园林绿化、燃气供热和建设用地等方面的资料。

二、本篇资料的来源

本篇资料来源于省住房、城乡建设厅和省交通运输厅，由山东省统计局综合处和工交处整理提供。

Brief Introduction

I. Content

Data in this chapter show the basic conditions of public facilities of main cities in Shandong, including urban construction and infrastructure, water supply, public communications, urban greenery, gas and heating and land for construction, etc.

II. Source of Data

Data in this chapter are provided by the Housing and Urban-Rural Development and Transportation Department of Shandong Province. Data in this chapter are prepared and compiled by Comprehensive Statistics, Industry and Transport Statistics of Shandong Provincial Bureau of Statistics.

11−1　城市基础设施

Basic Statistics on Urban Infrastructure

指标名称		Item		2011	2012	2013
一、设施水平		**Urban Facilities**				
城市人口密度	(人/平方公里)	Population Density	(person/sq.km)	1389	1349	1361
人均日生活用水量	(升)	Per Capita Daily Water Consumption	(litre)	129.8	131.6	134.9
用水普及率	(%)	Coverage Rate of Water Supply	(%)	99.7	99.9	99.9
燃气普及率	(%)	Coverage Rate of Natural Gas Supply	(%)	99.5	99.5	99.6
人均城市道路面积	(平方米)	Per Capita Area of Roads	(sq.m)	23.6	24.7	25.3
建成区排水管道密度	(公里/平方公里)	Built-up Area Density of Sewage Pipelines	(km/sq.km)	10.7	11.0	11.0
人均公园绿地面积	(平方米)	Per Capita Public Green Areas	(sq.m)	16.0	16.4	16.8
建成区绿化覆盖率	(%)	Coverage Rate of Urban Green Areas	(%)	41.5	42.1	42.6
二、供水情况		**Water Supply**				
供水总量	(万立方米)	Volume of Water Supply	(10 000 cu.m)	313500	327449	331898
#生产运营用水	(万立方米)	For Productive Use	(10 000 cu.m)	139700	143546	140888
用水人口	(万人)	Population Using Water	(10 000 persons)	2792	2887	2941
三、公共交通		**Public Transportation**				
客运总量	(万人次)	Volume of Passenger Traffic	(10 000 person-times)	380085	398268	411311
运营车数	(辆)	Number of Operating Vehicles	(unit)	31230	32869	35031
出租汽车数	(辆)	Number of Taxis	(unit)	58462	58758	59080
四、市政设施及污水处理		**Infrastructure and Waste Water Treatment**				
道路面积	(万平方米)	Area of Roads	(10 000 sq.m)	66123	71390	74646
人行道面积		Area of Sidewalks		13999	14971	15701
道路长度	(公里)	Length of Roads	(km)	34681	36566	37821
路灯盏数	(盏)	Number of Streetlights	(unit)	1445771	1629070	1687459
桥梁数	(座)	Numer of Bridges	(unit)	4359	4660	4769
污水年排放量	(万吨)	Volume of Waste Water Discharged	(10 000 tons)	265465	277437.7	281133.2
污水年处理量	(万吨)	Volume of Waste Water Treated	(10 000 tons)	247348	261415.4	266888.8
五、园林绿化		**Parks,Gardens and Green Areas**				
园林绿地面积	(公顷)	Garden Green Areas	(ha)	165577	176342	193646.9
建成区园林绿地面积	(公顷)	Urban Garden Green Areas	(ha)	44800	47318	49518
绿化覆盖面积	(公顷)	Coverage of Green Area	(ha)	188136	199899	217366
#建成区绿化覆盖面积	(公顷)	Coverage of Urban Green Area	(ha)	155699	165409	178528.6
公园个数	(个)	Number of Parks	(unit)	660	686	733
公园面积	(公顷)	Area of Parks	(ha)	22919	25023	29466

11-2 城市设施水平(2013年)
Basic Statistics on Urban Infrastructure by City(2013)

城市名称 City	城市人口密度(人/平方公里) Population Density (person/sq.km)	人均日生活用水量(升) Per Capita Daily Water Consumption (litre)	用水普及率(%) Coverage Rate of Water Supply (%)	燃气普及率(%) Coverage Rate of Gas Supply (%)	人均城市道路面积(平方米) Per Capita Area of Roads (sq.m)	人均公园绿地面积(平方米) Per Capita Public Green Areas (sq.m)	建成区绿化覆盖率(%) Coverage Rate of Urban Green Areas (%)
全 省 Total	**1361**	**134.9**	**99.9**	**99.6**	**25.3**	**16.8**	**42.6**
济南市 Jinan	2471	140.6	100.0	100.0	24.9	10.4	39.0
章丘市 Zhangqiu	722	123.2	100.0	100.0	22.3	16.8	42.3
青岛市 Qingdao	1624	177.2	100.0	100.0	24.7	14.6	44.7
胶州市 Jiaozhou	820	136.7	100.0	100.0	22.5	12.1	44.4
即墨市 Jimo	901	129.0	100.0	99.8	20.9	12.4	43.6
平度市 Pingdu	642	114.6	100.0	95.1	18.7	10.4	41.8
莱西市 Laixi	705	135.6	100.0	100.0	24.8	14.6	45.5
淄博市 Zibo	2391	124.9	100.0	100.0	23.3	15.8	44.2
枣庄市 Zaozhuang	2675	120.3	99.3	99.4	25.5	14.6	40.2
滕州市 Tengzhou	3702	146.9	100.0	99.8	21.5	13.5	39.5
东营市 Dongying	598	146.6	100.0	99.8	34.5	20.9	42.7
烟台市 Yantai	1616	151.5	100.0	100.0	22.3	23.5	43.1
龙口市 Longkou	2748	86.5	100.0	99.7	26.1	14.9	44.6
莱阳市 Laiyang	1190	100.3	99.8	99.7	11.5	13.8	41.8
莱州市 Laizhou	991	90.2	100.0	99.7	21.2	14.6	42.5
蓬莱市 Penglai	1069	103.6	94.1	99.1	26.3	14.0	41.2
招远市 Zhaoyuan	1450	121.8	100.0	100.0	21.8	17.5	41.0
栖霞市 Qixia	5375	109.4	98.7	99.4	8.7	12.5	35.6
海阳市 Haiyang	354	120.1	99.6	99.6	16.7	14.7	42.0
潍坊市 Weifang	1068	117.5	100.0	100.0	27.2	17.7	40.7
青州市 Qingzhou	1199	105.9	100.0	100.0	29.8	25.5	46.2
诸城市 Zhucheng	914	109.3	100.0	100.0	33.5	23.6	42.5
寿光市 Shouguang	1040	119.3	100.0	100.0	30.4	23.5	44.9
安丘市 Anqiu	818	105.7	100.0	100.0	25.0	26.9	44.3
高密市 Gaomi	1398	138.7	100.0	100.0	30.5	23.8	40.8
昌邑市 Changyi	1266	215.7	100.0	100.0	21.5	20.9	48.5
济宁市 Jining	1523	151.6	100.0	96.8	31.6	13.7	35.9
曲阜市 Qufu	3030	172.0	100.0	100.0	26.0	15.0	38.9
邹城市 Zoucheng	2997	118.2	100.0	93.9	20.6	14.5	40.7
泰安市 Tai'an	1609	155.0	100.0	100.0	25.7	19.9	44.0
新泰市 Xintai	1004	98.7	100.0	100.0	26.1	20.3	45.0
肥城市 Feicheng	1802	104.5	100.0	100.0	27.1	20.9	48.0
威海市 Weihai	2612	129.0	100.0	100.0	31.8	25.2	48.0
文登市 Wendeng	781	124.1	100.0	100.0	28.1	22.7	48.0
荣成市 Rongcheng	820	112.9	100.0	100.0	24.9	22.8	47.3
乳山市 Rushan	1336	103.1	100.0	100.0	30.6	18.3	45.0
日照市 Rizhao	1623	128.1	100.0	99.4	27.4	22.3	43.0
莱芜市 Laiwu	976	112.6	100.0	99.9	27.9	19.0	44.4
临沂市 Linyi	1516	162.5	100.0	99.7	21.4	18.9	41.6
德州市 Dezhou	1297	105.2	100.0	100.0	34.9	24.5	43.0
乐陵市 Leling	2280	94.2	99.8	99.9	30.2	11.2	33.9
禹城市 Yucheng	2810	110.8	97.9	95.1	24.8	15.7	37.3
聊城市 Liaocheng	1557	150.0	99.1	99.6	32.9	13.1	46.5
临清市 Linqing	1161	143.0	99.6	99.6	30.4	13.0	42.3
滨州市 Binzhou	1316	92.4	100.0	100.0	20.5	18.7	44.3
菏泽市 Heze	1823	112.2	98.2	99.7	19.3	11.8	40.9

11-3 城市供水(2013年)

Urban Water Supply by City(2013)

城市名称	City	综合生产能力(万立方米/日) Production Capacity of Water Supply (10 000 cu.m/day)	地下水 Groundwater	供水管道长度(公里) Length of Water Supply Pioelines (km)	供水总量(万立方米) Volume of Water Supply (10 000 cu.m)	生产运营用水 For Productive Use	公共服务用水 For Public Service	居民家庭用水 For Households Use	用水人口(万人) Population with Access to Tap Water (10 000 persons)
全　省	**Total**	**1701.9**	**696.4**	**43944**	**331898.4**	**140887.9**	**45150.5**	**99142.3**	**2940.8**
济南市	Jinan	195.7	98.0	3553	33569.4	10812.6	2666.1	12680.8	299.0
章丘市	Zhangqiu	19.5	19.5	288	2761.0	1178.0	100.0	1088.0	26.4
青岛市	Qingdao	167.7	22.0	5766	43133.8	15308.5	7909.2	12705.7	318.8
胶州市	Jiaozhou	14.0	4.0	444	3947.0	1380.0	772.0	1289.0	41.4
即墨市	Jimo	26.5		700	6612.6	3624.6	609.0	1990.0	55.2
平度市	Pingdu	12.9	8.7	526	3670.0	1150.0	422.6	1512.4	46.3
莱西市	Laixi	15.5	2.0	515	3259.0	1392.0	406.0	1158.0	31.6
淄博市	Zibo	175.8	106.9	2446	27102.0	17388.8	1579.8	5551.7	158.2
枣庄市	Zaozhuang	69.2	60.4	1654	9516.0	3462.9	1068.7	2948.4	92.7
滕州市	Tengzhou	21.0	20.0	897	5886.0	2736.4	254.0	1630.0	35.1
东营市	Dongying	84.5		1157	9413.0	3530.0	1155.0	2363.0	65.7
烟台市	Yantai	104.3	20.0	3220	15710.4	5855.2	3535.2	4517.9	145.6
龙口市	Longkou	15.9	1.9	353	1688.1	576.9	307.0	595.0	28.6
莱阳市	Laiyang	13.2	8.2	323	2661.6	1211.0	344.4	809.2	31.5
莱州市	Laizhou	13.0	0.5	645	1771.7	330.4	447.5	753.8	36.5
蓬莱市	Penglai	9.1	1.5	332	1366.6	457.2	175.6	428.0	16.0
招远市	Zhaoyuan	6.0	3.5	385	2047.9	1069.2	388.1	501.5	20.0
栖霞市	Qixia	4.3	1.3	108	786.0	59.0	264.0	406.0	17.0
海阳市	Haiyang	5.1		329	1660.9	367.0	151.0	970.9	25.6
潍坊市	Weifang	77.6	23.0	2157	15285.0	8646.1	2006.9	3426.7	126.7
青州市	Qingzhou	16.8	16.8	624	3082.0	1531.0	372.0	903.0	33.0
诸城市	Zhucheng	20.0		336	6602.0	3930.0	315.0	1514.0	45.9
寿光市	Shouguang	18.5	11.7	366	5766.0	3913.0	180.0	1307.0	34.2
安丘市	Anqiu	16.5	11.6	254	3225.9	1803.9	336.3	806.8	29.6
高密市	Gaomi	30.5	9.0	211	6847.1	4586.1	418.1	969.5	27.4
昌邑市	Changyi	16.8	16.8	105	4700.0	3342.0	242.0	954.0	15.2
济宁市	Jining	75.0	75.0	996	16039.4	6089.4	2240.0	4877.0	134.1
曲阜市	Qufu	10.0	9.0	307	2765.5	1298.2	678.2	572.2	20.0
邹城市	Zoucheng	15.0	15.0	337	3830.8	2194.0	245.0	988.5	29.3
泰安市	Tai'an	29.0	9.0	1513	6630.0	1938.6	1551.5	2143.7	65.3
新泰市	Xintai	17.8	1.1	828	3059.0	673.4	281.0	1501.0	49.8
肥城市	Feicheng	6.1	6.1	178	1894.0	733.0	175.0	767.0	24.7
威海市	Weihai	39.2	3.1	2277	6655.1	2944.0	1321.6	1508.0	60.1
文登市	Wendeng	13.0	2.9	580	3151.0	1506.0	812.0	670.0	32.7
荣成市	Rongcheng	27.0	5.0	784	2995.0	1345.0	811.0	718.5	37.1
乳山市	Rushan	15.6	4.5	547	1422.1	540.0	310.0	397.0	18.8
日照市	Rizhao	33.4	14.7	1484	6715.6	2986.7	1077.6	1985.4	65.5
莱芜市	Laiwu	25.5	12.8	930	4462.4	1379.2	528.4	1935.0	60.0
临沂市	Linyi	59.8	11.9	1634	18692.8	3867.4	4748.5	6745.4	193.8
德州市	Dezhou	41.0		779	7132.5	3963.9	596.2	2040.7	69.9
乐陵市	Leling	8.8	6.0	76	975.1	92.5	281.3	501.3	22.8
禹城市	Yucheng	11.2	11.2	168	2333.7	1509.2	210.8	456.4	16.5
聊城市	Liaocheng	25.8	22.8	966	6446.0	2377.0	1183.0	2305.0	63.7
临清市	Linqing	16.0	15.0	256	2629.0	720.0	275.0	1307.0	30.3
滨州市	Binzhou	44.2	0.2	1346	7407.5	3776.8	393.9	2089.1	73.6
菏泽市	Heze	18.9	3.9	268	4591.0	1312.0	1005.0	1854.0	69.8

11-4 城市公共交通(2013年)
Public Transportation by City(2013)

城市名称	City	运营车数(辆) Number of Operating Vehicles (unit)	标准运营车数(标台) Number of Standard Operating Vehicles (unit)	运营线路总长度(公里) Length of Operation Lines (km)	客运总量(万人次) Volume of Passenger Traffic (10 000 person-times)	出租汽车数(辆) Number of Taxis (unit)
全省	**Total**	**35031**	**39877**	**51412**	**411311**	**59080**
济南市	Jinan	4652	5636	3918	83423	8357
章丘市	Zhangqiu	114	114	292	1100	267
青岛市	Qingdao	5900	7547	5405	97748	9564
胶州市	Jiaozhou	674	712	772	5003	239
即墨市	Jimo	624	678	1737	8687	641
平度市	Pingdu	287	261	794	3117	134
胶南市	Jiaonan	279	333	593	3360	262
莱西市	Laixi	159	164	281	657	129
淄博市	Zibo	2433	2633	7018	19727	6084
枣庄市	Zaozhuang	1197	1226	1572	5090	834
滕州市	Tengzhou	646	670	914	6516	706
东营市	Dongying	679	803	1592	6713	2932
烟台市	Yantai	2249	2731	2393	36734	2169
龙口市	Longkou	181	206	472	1339	442
莱阳市	Laiyang	87	87	105	1210	399
莱州市	Laizhou	64	65	80	843	450
蓬莱市	Penglai	103	94	178	578	617
招远市	Zhaoyuan	133	146	140	1253	374
栖霞市	Qixia	73	72	776	584	350
海阳市	Haiyang	100	104	284	699	373
潍坊市	Weifang	1134	1304	1532	13950	2298
青州市	Qingzhou	326	304	720	3500	469
诸城市	Zhucheng	368	396	1440	3002	372
寿光市	Shouguang	186	180	740	1736	376
安丘市	Anqiu	142	123	238	630	292
高密市	Gaomi	153	155	253	578	232
昌邑市	Changyi	95	95	260	580	211
济宁市	Jining	1761	1962	1522	16898	2060
曲阜市	Qufu	190	177	817	1275	209
邹城市	Zoucheng	311	290	823	2909	797
泰安市	Tai'an	1097	1207	631	7750	1292
新泰市	Xintai	305	348	295	3185	258
肥城市	Feicheng	248	231	339	2650	403
威海市	Weihai	1211	1434	1600	15050	1543
文登市	Wendeng	101	76	369	960	291
荣成市	Rongcheng	153	157	240	1650	325
乳山市	Rushan	257	243	1023	3239	270
日照市	Rizhao	629	725	747	6605	1068
莱芜市	Laiwu	988	1088	1787	7743	1600
临沂市	Linyi	1530	1723	1326	12472	2750
德州市	Dezhou	655	687	1067	5306	2405
乐陵市	Leling	69	54	338	398	199
禹城市	Yucheng	42	29	175	161	259
聊城市	Liaocheng	649	668	1848	5480	1416
临清市	Linqing	76	55	264	508	333
滨州市	Binzhou	1237	1333	1075	5282	714
菏泽市	Heze	484	551	629	3435	1315

11-5 城市市政设施(2013年)
Infrastructure by City(2013)

城市名称	City	道路长度(公里) Length of Roads (km)	道路面积(万平方米) Area of Roads (10 000 sq.m)	人行道面积(万平方米) Area of Sidewalks (10 000 sq.m)	路灯盏数(盏) Number of Streetlights (unit)	桥梁数(座) Number of Bridges (unit)
合　　计	**Total**	**37821**	**74645.9**	**15700.5**	**1687459**	**4769**
济南市	Jinan	4749	7452.25	1544.9	112414	765
章丘市	Zhangqiu	237	589.60	153.7	26450	33
青岛市	Qingdao	4334	7859.41	1736.1	136528	523
胶州市	Jiaozhou	648	929.00	142.0	13863	71
即墨市	Jimo	830	1155.38	312.9	17451	56
平度市	Pingdu	661	863.80	213.2	17989	131
莱西市	Laixi	502	784.79	145.2	19041	54
淄博市	Zibo	1532	3684.15	678.7	70279	264
枣庄市	Zaozhuang	1115	2380.81	637.1	51333	90
滕州市	Tengzhou	553	754.85	215.0	21853	30
东营市	Dongying	820	2267.17	266.1	39304	126
烟台市	Yantai	1592	3243.86	692.3	131378	104
龙口市	Longkou	325	747.21	212.7	17480	33
莱阳市	Laiyang	186	364.52	105.9	7530	35
莱州市	Laizhou	207	773.35	114.8	26990	12
蓬莱市	Penglai	257	445.72	104.4	13628	43
招远市	Zhaoyuan	274	435.19	89.3	9488	51
栖霞市	Qixia	100	148.75	34.3	9505	27
海阳市	Haiyang	198	429.00	156.0	7432	20
潍坊市	Weifang	1673	3448.67	969.0	90396	81
青州市	Qingzhou	554	982.00	223.3	41024	22
诸城市	Zhucheng	713	1533.72	395.2	26145	30
寿光市	Shouguang	706	1039.48	195.4	41639	7
安丘市	Anqiu	358	741.20	113.6	14996	58
高密市	Gaomi	510	835.44	247.8	16500	82
昌邑市	Changyi	158	326.85	83.5	8145	29
济宁市	Jining	1318	4241.47	761.7	68679	166
曲阜市	Qufu	300	520.32	93.9	49990	32
邹城市	Zoucheng	594	602.88	192.5	8564	42
泰安市	Tai'an	800	1680.36	371.1	39321	149
新泰市	Xintai	541	1302.74	151.4	13094	37
肥城市	Feicheng	201	669.84	71.2	18693	34
威海市	Weihai	813	1910.44	332.6	45509	227
文登市	Wendeng	394	918.92	228.0	19064	68
荣成市	Rongcheng	427	925.00	148.8	21982	97
乳山市	Rushan	303	575.80	103.3	18238	74
日照市	Rizhao	1362	1792.36	369.2	41817	85
莱芜市	Laiwu	907	1675.12	338.3	37795	103
临沂市	Linyi	2137	4153.03	680.1	146194	120
德州市	Dezhou	846	2438.00	432.0	38001	62
乐陵市	Leling	355	688.00	183.0	5800	20
禹城市	Yucheng	206	418.40	53.0	5119	64
聊城市	Liaocheng	672	2114.73	528.9	39312	131
临清市	Linqing	418	925.00	286.0	7701	29
滨州市	Binzhou	827	1508.34	300.6	33529	281
菏泽市	Heze	610	1369.00	293.0	40276	171

11-5 续表 continued

城市名称	City	排水管道长度(公里) Length of Sewage Pipelines (km)	污水年排放量(万吨) Volume of Waste Water Discharged (10 000 tons)	污水处理总量(万吨) Volume of Waste Water Treated Yearly (10 000 tons)	生活垃圾清运量(万吨) Volume of Garbage Disposal (10 000 tons)	生活垃圾无害化处理量(万吨) Volume of Garbage Harmless Diposed (10 000 tons)
全　省	**Total**	**46025**	**281133.22**	**266888.78**	**1007.4**	**1002.0**
济南市	Jinan	2328	28533.96	28191.95	103.68	98.31
章丘市	Zhangqiu	761	2346.85	1996.82	8.68	8.68
青岛市	Qingdao	6537	36663.71	34605.07	110.54	110.54
胶州市	Jiaozhou	638	3354.95	3249	13.58	13.58
即墨市	Jimo	677	5620.69	5403	18.14	18.14
平度市	Pingdu	764	3119.50	2948.59	15.19	15.19
莱西市	Laixi	718	2770.15	2687.05	10.38	10.38
淄博市	Zibo	2550	23036.73	21904.8	54.86	54.86
枣庄市	Zaozhuang	1227	8088.63	7534	32.37	32.37
滕州市	Tengzhou	434	5003.10	4674	11.55	11.55
东营市	Dongying	959	7624.53	7150.58	22.80	22.80
烟台市	Yantai	3065	13353.87	12718.25	52.76	52.76
龙口市	Longkou	513	1434.87	1391.82	9.39	9.39
莱阳市	Laiyang	278	2262.33	2194.46	10.38	10.38
莱州市	Laizhou	425	1505.98	1460.8	11.99	11.99
蓬莱市	Penglai	341	1161.61	1112	5.57	5.57
招远市	Zhaoyuan	438	1740.67	1567.8	6.57	6.57
栖霞市	Qixia	172	668.12	648.08	5.65	5.65
海阳市	Haiyang	310	1411.77	1254	8.44	8.44
潍坊市	Weifang	1997	12992.23	12102.46	43.94	43.94
青州市	Qingzhou	699	2619.70	2541.11	10.83	10.83
诸城市	Zhucheng	571	5611.70	5443.35	15.06	15.06
寿光市	Shouguang	752	4901.10	4754.07	11.22	11.22
安丘市	Anqiu	553	2826.62	2741.84	9.73	9.73
高密市	Gaomi	460	5131.50	4977.56	9.00	9.00
昌邑市	Changyi	179	3995.00	3875.15	4.99	4.99
济宁市	Jining	1347	13633.52	12759.45	46.49	46.49
曲阜市	Qufu	210	2350.69	2237.55	6.57	6.57
邹城市	Zoucheng	274	3256.18	3008	9.63	9.63
泰安市	Tai'an	858	5635.50	5322.46	22.64	22.64
新泰市	Xintai	516	2600.15	2502.25	16.37	16.37
肥城市	Feicheng	264	1609.90	1561.6	8.11	8.11
威海市	Weihai	2631	5656.84	5312	20.83	20.83
文登市	Wendeng	720	2678.35	2598	10.75	10.75
荣成市	Rongcheng	786	2545.75	2469.38	12.20	12.20
乳山市	Rushan	572	1208.79	1136	6.17	6.17
日照市	Rizhao	1377	5708.23	5372.98	22.72	22.72
莱芜市	Laiwu	1020	3793.05	3576.16	20.79	20.79
临沂市	Linyi	2302	15888.85	14945	67.18	67.18
德州市	Dezhou	930	6062.62	5757	24.25	24.25
乐陵市	Leling	119	828.84	748.8	7.49	7.49
禹城市	Yucheng	216	1983.65	1924.14	5.54	5.54
聊城市	Liaocheng	1114	5479.10	5184.22	22.21	22.21
临清市	Linqing	302	2234.65	2112.88	9.99	9.99
滨州市	Binzhou	1352	6296.38	5738.1	25.52	25.52
菏泽市	Heze	773	3902.35	3495.2	24.65	24.65

11-6 城市园林绿化(2013年)

Parks, Gardens and Green Areas by City(2013)

城市名称	City	绿化覆盖面积(公顷) Coverage of Green Area (ha)	建成区 Urban Green Area	园林绿地面积(公顷) Green Areas (ha)	公园绿地面积 Public Park	公园个数(个) Number of Parks (unit)	公园面积(公顷) Area of Parks (ha)
合　　计	**Total**	**217366**	**178529**	**193647**	**49518**	**733**	**29466**
济南市	Jinan	14494	14494	12858	3094	35	2414
章丘市	Zhangqiu	1776	1775	1622	444	7	222
青岛市	Qingdao	30627	20992	28007	4649	87	2698
胶州市	Jiaozhou	2316	2160	2015	502	7	175
即墨市	Jimo	2659	2468	2369	686	8	244
平度市	Pingdu	2309	2240	1947	483	9	115
莱西市	Laixi	1586	1446	1316	460	9	321
淄博市	Zibo	17568	11040	16409	2498	32	859
枣庄市	Zaozhuang	6140	5870	5497	1361	36	747
滕州市	Tengzhou	2110	2023	2005	476	7	213
东营市	Dongying	7150	4826	6841	1374	35	2079
烟台市	Yantai	11921	11920	11533	3415	30	614
龙口市	Longkou	2417	1837	1608	427	10	223
莱阳市	Laiyang	1771	1757	1506	436	1	73
莱州市	Laizhou	1759	1743	1613	533	28	190
蓬莱市	Penglai	1423	1052	1101	238	6	52
招远市	Zhaoyuan	1273	1250	1136	350	8	347
栖霞市	Qixia	622	608	580	215	4	41
海阳市	Haiyang	1557	1448	1413	378	6	401
潍坊市	Weifang	9811	6841	9562	2248	21	815
青州市	Qingzhou	2531	2276	2447	841	16	148
诸城市	Zhucheng	3692	1993	2889	1080	13	592
寿光市	Shouguang	2993	1759	2763	801	11	605
安丘市	Anqiu	1987	1770	1640	796	5	709
高密市	Gaomi	2310	2012	1871	653	5	175
昌邑市	Changyi	1495	1212	1112	318	3	280
济宁市	Jining	8334	6310	7077	1834	27	2264
曲阜市	Qufu	1083	1050	939	300	25	392
邹城市	Zoucheng	1768	1668	1665	424	12	282
泰安市	Tai'an	5539	5327	4875	1298	12	627
新泰市	Xintai	3009	3009	2967	1011	17	971
肥城市	Feicheng	1799	1551	1579	515	5	454
威海市	Weihai	7294	6809	6285	1513	19	534
文登市	Wendeng	2406	2168	2078	741	12	476
荣成市	Rongcheng	2364	2213	2060	845	10	590
乳山市	Rushan	1570	1455	1378	344	7	53
日照市	Rizhao	4227	4171	4007	1463	21	758
莱芜市	Laiwu	6393	5328	6208	1137	13	265
临沂市	Linyi	11898	8526	10376	3662	35	3873
德州市	Dezhou	4652	4617	4174	1712	21	351
乐陵市	Leling	1127	1120	1027	255	2	110
禹城市	Yucheng	1167	1167	1066	264	6	77
聊城市	Liaocheng	5150	3430	2800	839	15	737
临清市	Linqing	1280	1090	1059	394	7	178
滨州市	Binzhou	5726	5028	4863	1375	18	650
菏泽市	Heze	4284	3680	3504	836	10	472

11−7 城市燃气供热情况(2013年)
Gas Supply and Heating by City(2013)

城市名称	City	人工煤气供气量(万立方米) Total Gas Supply (10 000 cu.m)	居民家庭用量 Residential Use	天然气供气量(万立方米) Total Natural Gas Supply (10 000 cu.m)	居民家庭用量 Residential Use	液化石油气供气量(吨) Total Liquefied Petroleum Gas Supply (ton)	居民家庭用量 Residential Use	集中供热面积(万平方米) Heating Area (10 000 sq.m)	住宅 Houses
全 省	**Total**	**9209.8**	**4237.2**	**610754.5**	**123514.1**	**484287**	**310663**	**75721.2**	**61235.6**
济南市	Jinan	3000.0	2100.0	41000.0	11122.0	45000	25000	8896.0	6996.8
章丘市	Zhangqiu			3816.0	648.0	3966	3900	720.0	525.0
青岛市	Qingdao			70918.4	17398.8	41302	18851	11224.4	9410.5
胶州市	Jiaozhou			6377.2	1120.0	2808	2808	922.8	790.7
即墨市	Jimo			4678.7	1654.0	6219	6219	816.0	775.0
平度市	Pingdu			4056.4	538.0	9058	7188	825.0	716.7
莱西市	Laixi			4381.3	657.0	5510	4810	435.5	409.5
淄博市	Zibo			93780.1	10348.9	46648	12128	4599.4	4105.9
枣庄市	Zaozhuang	2771.80	1861.20	4798.2	1750.5	11523	7665	1382.3	1291.8
滕州市	Tengzhou			9867.0	939.0	5513	4360	690.0	635.0
东营市	Dongying			26907.0	12988.5	10762	10247	3298.8	2279.9
烟台市	Yantai			24633.4	5535.9	37634	11248	6884.0	5050.1
龙口市	Longkou			37104.0	2335.0	2630	2450	860.0	750.0
莱阳市	Laiyang			2395.6	495.0	3100	2650	347.0	296.0
莱州市	Laizhou			1488.0	562.0	3100	1900	680.0	540.0
蓬莱市	Penglai			4647.2	503.0	3400	3000	491.0	411.0
招远市	Zhaoyuan			1225.0	381.0	4597	3295	465.0	422.0
栖霞市	Qixia			899.6	567.0	3340	3120	118.7	110.2
海阳市	Haiyang			737.0	255.0	3600	3300	480.0	456.0
潍坊市	Weifang	3438.00	276.0	22860.0	3162.0	8800	8800	3840.5	3100.0
青州市	Qingzhou			3502.0	657.0	2900	2760	791.6	721.7
诸城市	Zhucheng			5338.1	764.9	8409	8310	1206.0	906.0
寿光市	Shouguang			3062.5	890.0	2300	2300	763.0	670.0
安丘市	Anqiu			1615.0	383.7	6748	5870	550.0	400.5
高密市	Gaomi			2804.6	1715.4	2060	2055	466.0	226.3
昌邑市	Changyi			1779.0	1200.0	1520	1380	524.9	474.9
济宁市	Jining			17503.6	2646.0	6988	3990	2869.5	2297.9
曲阜市	Qufu			3374.0	309.0	250	93	425.0	341.0
邹城市	Zoucheng			1980.0	760.0	1249	610	880.0	840.0
泰安市	Tai'an			47023.0	7036.0	1021	839	1550.0	886.0
新泰市	Xintai			1115.0	312.0	6291	6260	640.0	513.0
肥城市	Feicheng			3700.0	1609.0			355.8	302.0
威海市	Weihai			6338.0	1839.9	7845	949	3197.0	2402.0
文登市	Wendeng			2397.0	279.0	5031	4152	697.0	542.0
荣成市	Rongcheng			563.0	472.0	6895	2360	680.0	509.0
乳山市	Rushan			551.7	412.0	132		389.0	285.0
日照市	Rizhao			7255.0	2190.0	12896	10730	1420.0	1080.0
莱芜市	Laiwu			9150.5	1578.0	9414	7224	1151.6	1011.6
临沂市	Linyi			56934.9	14500.9	45902	33348	3316.1	2909.6
德州市	Dezhou			15113.4	2321.4	6576	6440	1555.8	1203.6
乐陵市	Leling			1850.1	1400.0	3323	2631	119.5	114.1
禹城市	Yucheng			4894.1	332.2	810	810	270.3	210.0
聊城市	Liaocheng			15905.0	3753.6	5200	4600	1632.0	1354.5
临清市	Linqing			3420.0	1630.0	559	559	610.7	445.2
滨州市	Binzhou			12420.0	1031.5	52650	52640	1094.0	983.5
菏泽市	Heze			14595.0	530.0	28807	6815	590.0	534.0

11-8 城市建设用地(2013年)

Land for Construction by City(2013)

城市名称	City	市区面积(平方公里) City Area (sq.km)	#建成区面积 Area of Urban Districts	城市建设用地面积(平方公里) Space of Land for Construction (sq.km)	#居住用地 Land for Dewelling	公用管理与公共服务用地 Land for Public Facilities	工业用地 Land for Industry	道路与交通设施用地 Land for Transport Facilities
全 省	**Total**	**83739.4**	**4187.5**	**3828.3**	**1139.3**	**407.1**	**807.9**	**493.2**
济 南 市	Jinan	3257.0	371.7	371.7	95.6	58.3	70.8	67.6
章 丘 市	Zhangqiu	1855.0	42.0	40.7	8.9	12.4	8.8	1.1
青 岛 市	Qingdao	3231.2	469.6	202.8	54.4	22.7	47.4	37.9
胶 州 市	Jiaozhou	1324.0	48.7	48.7	12.2	4.3	16.2	5.5
即 墨 市	Jimo	1780.0	56.6	53.0	23.0	2.3	13.7	8.2
平 度 市	Pingdu	3167.0	53.6	52.2	15.2	4.9	17.9	7.5
莱 西 市	Laixi	1568.0	31.8	31.8	11.6	3.5	6.4	3.5
淄 博 市	Zibo	2989.0	250.0	245.1	81.2	19.8	70.1	30.0
枣 庄 市	Zaozhuang	3076.1	146.0	142.0	46.5	16.1	21.7	13.1
滕 州 市	Tengzhou	1496.0	51.2	50.8	25.0	4.8	10.3	1.3
东 营 市	Dongying	3294.4	113.0	111.4	37.4	14.8	20.9	3.6
烟 台 市	Yantai	2722.3	276.5	275.8	75.4	21.5	63.0	32.7
龙 口 市	Longkou	901.0	41.2	41.2	10.7	5.1	2.2	6.6
莱 阳 市	Laiyang	1731.5	42.0	42.0	18.9	7.0	1.6	2.5
莱 州 市	Laizhou	1878.1	41.0	41.0	13.1	12.5	10.0	0.3
蓬 莱 市	Penglai	1128.6	25.5	24.5	7.5	4.0	0.7	3.3
招 远 市	Zhaoyuan	1433.2	30.5	30.5	9.2	3.8	8.1	0.5
栖 霞 市	Qixia	2016.0	17.1	16.6	4.4	1.3	3.7	2.5
海 阳 市	Haiyang	1886.8	34.4	28.2	7.5	2.8	4.5	1.9
潍 坊 市	Weifang	2006.0	168.2	168.2	61.3	4.1	32.8	24.2
青 州 市	Qingzhou	1569.0	49.3	48.8	13.6	3.9	6.4	9.9
诸 城 市	Zhucheng	2151.0	46.9	41.2	13.2	4.1	9.4	3.2
寿 光 市	Shouguang	1990.0	39.2	39.2	9.1	5.4	7.2	2.7
安 丘 市	Anqiu	1712.0	40.0	40.0	10.7	2.9	11.6	5.5
高 密 市	Gaomi	1527.0	49.3	46.3	15.6	5.8	11.3	0.5
昌 邑 市	Changyi	1628.0	25.0	25.0	8.7	1.3	5.1	4.4
济 宁 市	Jining	1644.0	175.8	174.1	50.6	12.1	40.3	25.9
曲 阜 市	Qufu	815.0	27.0	27.0	9.0	3.0	4.9	1.5
邹 城 市	Zoucheng	1616.0	41.0	41.0	12.0	4.0	2.2	4.9
泰 安 市	Tai'an	2087.0	121.2	121.2	46.6	10.7	22.3	20.5
新 泰 市	Xintai	1933.0	66.9	66.9	15.8	4.6	1.3	7.5
肥 城 市	Feicheng	1277.0	32.3	32.3	13.5	1.6	4.3	5.0
威 海 市	Weihai	777.0	142.0	142.0	40.5	9.8	52.1	20.6
文 登 市	Wendeng	1829.0	45.1	45.1	9.1	3.7	1.9	5.6
荣 成 市	Rongcheng	1526.0	46.8	46.8	11.8	2.7	7.7	2.1
乳 山 市	Rushan	1654.0	32.3	32.3	7.2	4.5	5.3	2.4
日 照 市	Rizhao	2043.1	97.1	97.1	28.8	4.9	21.9	13.5
莱 芜 市	Laiwu	2246.0	120.0	81.0	21.2	6.6	21.5	10.0
临 沂 市	Linyi	2656.9	204.9	198.4	54.3	23.6	35.9	23.1
德 州 市	Dezhou	539.0	107.4	107.4	29.1	21.4	20.8	18.5
乐 陵 市	Leling	1168.0	33.0	32.3	5.0	6.5	3.8	5.3
禹 城 市	Yucheng	990.0	31.3	31.3	5.9	4.2	7.7	5.7
聊 城 市	Liaocheng	1710.0	73.7	68.0	17.7	7.0	20.3	9.3
临 清 市	Linqing	950.0	25.8	25.8	8.4	3.7	5.0	3.3
滨 州 市	Binzhou	1545.1	113.6	109.9	32.1	14.2	23.4	16.8
菏 泽 市	Heze	1415.0	90.0	89.9	31.1	9.0	23.5	12.1

主要统计指标解释

供水综合生产能力 指按供水设施取水、净化、送水、出厂输水干管等环节设计能力计算的综合生产能力。包括在原设计能力的基础上，经挖、革、改增加的生产能力。计算时，以四个环节中最薄弱的环节为主确定能力。

年末供水管道长度 指从送水泵至用户水表之间所有管道的长度。不包括新安装尚未使用的管道。

全年供水总量 指报告期供水企业(单位)供出的全部水量。包括有效供水量和漏损水量。

生活用水量 包括公共服务用水和居民家庭用水。公共服务用水指为城市社会公共生活服务的用水。包括行政事业单位、部队营区和公共设施服务、社会服务业、批发零售贸易业、旅馆饮食业以及其他公共服务业等单位的用水。居民家庭用水指城市范围内所有居民家庭的日常生活用水。包括城市居民、农民家庭、公共供水站用水。

用水普及率 指城市用水人口数与城市人口总数的比率。计算公式：

$$用水普及率=\frac{城市用水人口数}{城市人口总数}\times 100\%$$

人工煤气生产能力 指报告期末人工煤气生产厂制气、净化、输送等环节的综合生产能力，不包括备用设备能力。一般按设计能力计算，如果实际生产能力大于设计能力时，应按实际测定的生产能力计算。测定时应以制气、净化、输送三个环节中最薄弱的环节为主。

供气管道长度 指报告期末从气源厂压缩机的出口或门站出口至各类用户引入管之间的全部已经通气投入使用的管道长度。不包括煤气生产厂、输配站、液化气储存站、灌瓶站、储配站、气化站、混气站、供应站等厂(站)内的管道。

全年供气总量 指全年燃气企业(单位)向用户供应的燃气数量。包括销售量和损失量。

燃气普及率 指报告期末使用燃气的城市人口数与城市人口总数的比率。计算公式为：

$$燃气普及率=\frac{城市用气人口数}{城市人口总数}\times 100\%$$

城市供热能力 指供热企业(单位)向城市热用户输送热能的设计能力。

城市供热总量 指在报告期供热企业(单位)向城市热用户输送全部蒸汽和热水的总热量。

城市供热管道长度 指从各类热源到热用户建筑物接入口之间的全部蒸汽和热水的管道长度。不包括各类热源厂内部的管道长度。

年末道路长度 指年末道路长度和与道路相通的广场、桥梁、隧道的长度，按车行道中心线计算。在统计时只统计路面宽度在3.5米(含3.5米)以上的各种铺装道路，包括开放型工业区和住宅区道路在内。

城市桥梁 指为跨越天然或人工障碍物而修建的构筑物。包括跨河桥、立交桥、人行天桥以及人行地下通道等。包括永久性桥和半永久性桥。

城市排水管道长度 指所有排水总管、干管、支管、检查井及连接井进出口等长度之和。城市污水日处理能力 指污水处理厂(或处理装置)每昼夜处理污水量的设计能力。

年末运营车数 指年末公交企业(单位)用于运营业务的全部车辆数。以企业(单位)固定资产台帐中已投入运营的车辆数为准。

园林绿地面积 指报告期末用作园林和绿化的各种绿地面积。包括公共绿地、居住区绿地、单位附属绿地、防护绿地、生产绿地、道路绿地和风景林地面积。

不包括：

1.屋顶绿化、垂直绿化、阳台绿化和室内绿化。

2.以物质生产为主的林地、耕地、牧草地、果园和竹园等。

3.城市总体规划中不列入绿地的水域。

 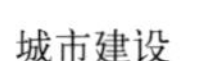 

Explanatory Notes on Main Statistical Indicators

Production Capacity of Water Supply refers to the designed comprehensive production capacity of water facilities, covering the 4 links of water collection, purification, conveyance, and outflow through trunk pipelines. Increase capacity through transformation and innovation projects are included as well. The capacity is determined mainly on the weakest of the above mentioned 4 links.

Length of Water Supply Pipelines at the Year-end refers to the total length of all the pipelines between the water pumps and the user water meters, excluding pipelines newly installed but not used yet.

Annual Volume of Water Supply refers to the total volume of water supplied by water works (units) during the reference period, including both the effective water supply and loss during the water supply.

Consumption of Water for Residential Use refers to the water consumption of households for daily life and the water consumption of public service facilities. The latter refers to water consumption for urban public services, including the consumption of government agencies and public institutions, military barracks, public facilities, wholesale and retail outlets, restaurants, hotels, and other units providing public services. Household water consumption refers to consumption of water for daily life of all households in the boundary of cities, including households of urban residents and farmers, and public water supply stations.

Percentage of Urban Population with Access to Tap Water refers to the ratio of the urban population with access to tap water to the total urban population. The formula is:

$$\text{Coverage of urban population with access to tap water} = \frac{\text{Urban population with access to tap water}}{\text{Urban population}} \times 100\%$$

Production Capacity of Gaswork Gas refers to the comprehensive production capacity of the urban gasworks in gas generation, purification and delivery at the end of the reference period, excluding capacity of the reserved facilities. In general, it is determined by the designed capacity, and when actual production capacity is larger than the designed capacity, the capacity is determined by the actual measurement on the weakest link in the production, purification and delivery.

Length of Gas Pipelines refers to the total length of pipelines in use between the outlet of the compressor of gas work or outlet of gas stations and the leading pipe of users, excluding pipelines within gasworks, delivery stations, LPG storage stations, refilling stations, gas mixing stations and supply stations.

Volume of Gas Supply refers to the total volume of gas provided to users by gas producing enterprises (units) in a year, including the volume sold and the volume lost.

Percentage of Urban Population with Access to Gas refers to the ratio of the urban population with access to gas to the total urban population at the end of the reference period. The formula is:

$$\text{Coverage rate of urban population with access to gas} = \frac{\text{Urban population with access to gas}}{\text{Urban population}} \times 100\%$$

Heating Capacity in Urban Area refers to the designed capacity of heating enterprises (units) in supplying heating energy to urban users during the reference period.

Quantity of Heat Supplied in Urban Area refers to the total quantity of heat from steam and hot water supplied to urban users by heating enterprises (units) during the reference period.

Length of Heating Pipelines refers to the total length of steam or hot water pipelines for sources of heat to the leading pipelines of the buildings of the users, excluding internal pipelines in heat generating enterprises.

Length of Paved Roads at the Year-end refers to the length of roads with paved surface including squares bridges and tunnels connected with roads by the end of the year.Length of the roads is measured by the central lines for vehicles for paved roads with a width of 3.5 meters and over, including roads in open ended factory compounds and residential quarters.

Urban Bridges refer to bridges built to cross over natural or man made barriers, including bridges over rivers, overpasses for traffic and for pedestrian, underpasses for pedestrian, etc. Both permanent and semi permanent bridges are included.

Length of Urban Sewage Pipes refers to the total length of general drainage, trunks. branch and inspection wells, connection wells, inlets and outlets, etc.

Daily Disposal Capacity of Urban Sewage refers to the designed 24 hour capacity of sewage disposal by the sewage treatment works or facilities.

Number of Vehicles under Operation at the Year-end refers to the total number of vehicles under operation by public transport enterprises (units) at the end of the year, based on the records of operational vehicles by the enterprises (units).

Garden Green Areas refers to the total area occupied for green projects at the end of the reference period, including public green land, green land in residential quarters, green land attached to institutions, protection green land, production green land, roadside green land and forest in scenic spots. It does not include the following:

(1)Greenery and plants on roofs, balconies, indoors and vertical green areas;

(2)Forest, cultivated land, grassland, orchards and bamboo grooves that are for production purpose;

(3)Water areas that are not included in urban master plan as green land.

第12篇

资源和环境

Natural Resources and Environment

简 要 说 明

一、本篇资料的主要内容

本篇资料主要反映了全省资源和环境保护事业发展状况，资源部分主要包括自然资源、湖泊、河流、山脉和气候以及土地利用和水资源状况，环境保护部分主要包括工业废水、废气、固体废物等工业污染物排放及处理情况和工业污染治理项目建设情况。

二、本篇资料的来源

1、自然资源和湖泊、河流、山脉等表，由省统计局综合处根据年鉴积累资料整理。

2、气象资料主要包括各市平均气温、降水量、日照等方面的资料，数据来源于省气象局，由省统计局综合处整理提供。

3、湿地和造林资料来源于省林业局，由省统计局能源处整理提供。

4、土地利用情况来源于省国土资源厅，由省统计局能源处整理提供。

5、水资源资料来源于省水利厅，由省统计局能源处整理提供。

6、环境保护资料来源于省环境保护厅，由省统计局能源处整理提供。

Brief Introduction

I. Content

Data in this chapter reflect natural resources of Shandong and development in environment protection Resources mainly include natural resources, lakes, rivers, mountains and climate. Envirnment protection mainly shows treatment and discharge of industrial waste water, solid waste and waste gas, construction of projects for pollution treatment.

II. Source of Data

(1) Data on natural resources, lakes, rivers, and mountains are prepared by the Division of Comprehensive Statistics of Shandong Provincial Bureau of Statistics.

(2) Data on climate mainly include average temperature, precipitation and sunshine hours,. The data are provided by the Meteorological Bureau of Shandong Province and prepared by the Division of Comprehensive Statistics of Shandong Provincial Bureau of Statistics.

(3) Data on wetland and plantation are provided by the Department of Forestry of Shandong Province and prepared by the Division of Social,Science and Technology Statistics of Shandong Provincial Bureau of Statistics.

(4) Data on land use are provided by the Shandong Department of Land and Resources and prepared by the Division of Energy Statistics of Shandong Provincial Bureau of Statistics.

(5) Data on water resource are provided by the Department of Water Resources of Shandong Province and prepared by the Division of Energy Statistics of Shandong Provincial Bureau of Statistics.

(6) Data on environment protection are provided by the Environmental Protection Department of Shandong Province and prepared by the Division of Energy Statistics of Shandong Provincial Bureau of Statistics.

12-1 人口和自然资源(2013年)
Population and Natural Resources (2013)

项 目		Item		2013
一、人 口		**Population**		
年末总人口	(万人)	Total Population(year-end)	(10 000 persons)	9733.39
人口密度	(人/平方公里)	Density of Population	(person/sq.km)	619
二、土 地 (2012年)		**Land (2012)**		
全省土地面积	(万公顷)	Land Area	(10 000 hectares)	1579.01
农用地		Land for Agriculture Use		1158.02
耕地		Cultivated Land		763.57
园地		Garden Land		73.16
牧草地		Grazing and Pasture Land		0.58
建设用地		Land for Construction		273.54
城镇村及工矿用地		Land for Urban Village, Mining and Manufacturing		230.62
交通用地		Land for Transport Facilities		20.05
水利设施用地		Land for Water Conservancy Facilities		22.87
三、矿 产		**Mineral Resources**		
已发现矿产种类	(种)	Mineral Resources Discovered	(kind)	150
已探明储量的矿产种类	(种)	Number of Mineral Resources with Insured Reserves	(kind)	81
能源矿产	(种)	Energy Resources	(kind)	7
金属矿产	(种)	Metal Mineral	(kind)	25
非金属矿产	(种)	Nonmetal Mineral	(kind)	46
水气矿产	(种)	Water and Gas	(kind)	3
四、水文、水利		**Water Resources**		
水资源总量	(亿立方米)	Average Volume of Water Resources	(100 million cu.m)	291.7
地表水资源量	(亿立方米)	Surface Water Volume	(100 million cu.m)	191.1
海岸线长度	(公里)	Length of Coastlines	(km)	3345

12–2　主要湖泊、河流基本情况

Basic Statistics on Major Lakes and Rivers

湖泊名	Names of Lakes	面　积（平方公里） Area of Lakes (sq.km)	蓄水量（亿立方米） Reserve of lakes (100 million cu.m)	河流名	Names of Rivers	面　积（平方公里） Drainage Area (sq.km)	河　长（公里） Length (km)
小　计	Total	1494.6	23.5	徒骇河	Tuhaihe River	13136.6	446.5
微山湖	Weishan Lake	531.7	7.8	沂　河	Yihe River	10909.9	287.5
昭阳湖	Zhaoyang Lake	337.1	4.3	马颊河	Majiahe River	10638.4	448.0
独山湖	Dushan Lake	144.6	1.8	小清河	Xiaoqinghe River	10498.8	233.0
南阳湖	Nanyang Lake	211.0	3.4	大汶河	Dawenhe River	9069.0	211.0
东平湖	Dongping Lake	167.0	3.1	潍　河	Weihe River	6493.2	233.0
麻大湖	Mada Lake	110.0	1.0	沭　河	Shuhe River	6161.4	263.0
白云湖	Baiyun Lake	16.2	0.3	大沽河	Daguhe River	4161.9	179.9
青沙湖	Qingsha Lake	11.1	0.2	弥　河	Mihe River	3847.5	206.0

12–3　主要山脉高度

Height of Major Mountains

山　名	Mountain Range	标　高（米） Height of MountainPeak (m)	山　名	Mountain Range	标　高（米） Height of MountainPeak (m)
泰　山	Taishan Mountains	1532	马耳山	Maer Mountains	707
蒙　山	Mengshan Mountains	1156	龙须崮	Longxvgu Mountains	707
崂　山	Laoshan Mountains	1133	凤凰山	Fenghuang Mountains	648
鲁　山	Lushan Mountains	1108	四海山	Sihai Mountains	625
沂　山	Yishan Mountains	1032	鳌子崮	Aozigu Mountains	616
徂徕山	Culai Mountains	1028	黑　山	Heishan Mountains	612
昆嵛山	Kunyu Mountains	923	珂楼埠山	Keloubu Mountains	577
九顶山	Jiuding Mountains	834	大　山	Dashan Mountains	560
艾　山	Aishan Mountains	814	伟德山	Weide Mountains	554
牙　山	Yashan Mountains	806	招虎山	Zhaohu Mountains	550
大泽山	Daze Mountains	737	孟良崮	Menglianggu Mountains	536
摩天岭	Motianling Mountains	735	布　山	Bushan Mountains	447

12-4 各市平均气温(2013年)

Monthly Average Temperature by Region(2013)

单位:摄氏度 (℃)

城市名	City	一 月 Jan.	二 月 Feb.	三 月 Mar.	四 月 Apr.	五 月 May	六 月 June
济南市	Jinan	-1.6	1.9	9.3	14.2	22.1	25.7
青岛市	Qingdao	-1.2	0.9	5.0	9.9	16.1	20.2
淄博市	Zibo	-3.4	0.7	8.0	12.5	20.6	25.5
枣庄市	Zaozhuang	-0.7	2.8	9.0	14.3	20.8	24.5
东营市	Dongying	-2.9	-0.2	6.7	11.8	20.5	24.8
烟台市	Yantai	-2.5	-0.8	4.2	9.6	17.9	21.8
潍坊市	Weifang	-3.3	0.1	6.5	11.5	19.8	23.7
济宁市	Jining	-0.9	3.1	10.0	14.9	22.2	26.3
泰安市	Tai'an	-2.5	1.6	8.3	13.4	21.1	24.6
威海市	Weihai	-1.6	-0.5	4.5	9.8	18.2	22.1
日照市	Rizhao	-0.8	1.5	6.6	11.6	17.7	21.5
莱芜市	Laiwu	-2.6	1.2	7.6	13.0	21.2	24.2
临沂市	Linyi	-1.5	2.0	8.0	13.8	20.0	23.6
德州市	Dezhou	-3.2	0.3	8.5	13.1	21.5	25.7
聊城市	Liaocheng	-2.8	1.3	8.7	13.4	21.4	25.4
滨州市	Binzhou	-3.7	-0.3	7.0	11.9	20.5	25.0
菏泽市	Heze	-1.0	2.9	10.3	14.9	22.2	26.7

12-4 续表 continued

单位:摄氏度 (℃)

城市名	City	七 月 July	八 月 Aug.	九 月 Sept.	十 月 Oct.	十一月 Nov.	十二月 Dec.	全年平均 Annual Average
济南市	Jinan	27.6	28.6	22.7	16.5	8.2	1.9	14.8
青岛市	Qingdao	25.2	27.0	22.3	16.7	9.3	2.6	12.8
淄博市	Zibo	27.6	27.9	22.1	14.6	6.5	-0.2	13.5
枣庄市	Zaozhuang	28.3	28.5	22.4	16.8	8.8	1.5	14.8
东营市	Dongying	27.3	28.8	22.8	15.5	7.7	1.0	13.7
烟台市	Yantai	25.3	27.2	21.7	15.8	8.1	1.9	12.5
潍坊市	Weifang	27.4	28.4	22.3	15.3	6.6	-0.4	13.2
济宁市	Jining	28.8	29.5	22.6	15.7	7.8	1.4	15.1
泰安市	Tai'an	27.2	28.0	21.2	14.4	6.7	-0.4	13.6
威海市	Weihai	25.6	27.5	22.1	16.3	8.9	2.5	13.0
日照市	Rizhao	27.0	28.1	22.5	16.8	9.4	2.9	13.7
莱芜市	Laiwu	27.1	28.1	21.8	15.2	7.1	0.3	13.7
临沂市	Linyi	28.2	28.5	21.8	16.0	8.4	1.3	14.2
德州市	Dezhou	27.4	28.4	22.5	15.4	7.6	1.0	14.0
聊城市	Liaocheng	27.0	27.4	21.4	14.4	6.5	-0.1	13.7
滨州市	Binzhou	27.3	28.3	22.1	14.6	6.7	-0.4	13.3
菏泽市	Heze	28.4	29.3	22.8	16.3	8.0	2.1	15.2

12-5 各市降水量(2013年)
Monthly Precipitation by Region(2013)

单位:毫米 (millimeters)

城市名	City	一 月 Jan.	二 月 Feb.	三 月 Mar.	四 月 Apr.	五 月 May	六 月 June
济 南 市	Jinan	15.4	18.5	4.4	11.3	68.5	64.9
青 岛 市	Qingdao	13.9	10.7	9.5	9.0	147.6	17.8
淄 博 市	Zibo	7.8	18.1	12.3	18.9	62.5	41.6
枣 庄 市	Zaozhuang	4.1	12.8	10.7	18.7	172.1	19.9
东 营 市	Dongying	6.1	19.1	16.0	21.7	86.9	30.4
烟 台 市	Yantai	21.8	18.3	13.5	21.1	85.7	52.0
潍 坊 市	Weifang	8.9	13.1	12.1	18.2	95.2	17.6
济 宁 市	Jining	2.9	12.2	12.9	12.2	128.7	14.9
泰 安 市	Tai'an	5.1	13.2	13.6	12.8	98.0	36.8
威 海 市	Weihai	16.8	17.9	14.8	18.9	86.8	33.7
日 照 市	Rizhao	14.8	12.2	14.7	11.9	253.5	64.9
莱 芜 市	Laiwu	9.3	12.7	9.0	14.5	72.1	78.8
临 沂 市	Linyi	4.1	15.0	13.6	17.1	182.3	25.8
德 州 市	Dezhou	6.7	18.4	0.3	23.1	37.1	72.2
聊 城 市	Liaocheng	4.9	14.1	0.0	11.7	59.6	21.9
滨 州 市	Binzhou	10.3	18.6	8.3	24.0	64.1	50.1
菏 泽 市	Heze	1.7	12.2	7.9	17.0	127.8	6.0

12-5 续表 continued

单位:毫米 (millimeters)

城市名	City	七 月 July	八 月 Aug.	九 月 Sept.	十 月 Oct.	十一月 Nov.	十二月 Dec.	全 年 Annual Total
济 南 市	Jinan	384.3	100.3	12.8	20.5	33.9	1.2	736.0
青 岛 市	Qingdao	168.1	43.3	97.6	0.4	63.7	1.0	582.6
淄 博 市	Zibo	396.7	46.6	62.6	6.6	35.3	0.3	709.3
枣 庄 市	Zaozhuang	409.8	149.0	49.2	1.4	42.9	0.0	890.6
东 营 市	Dongying	323.0	60.9	12.7	6.6	28.6	0.9	612.9
烟 台 市	Yantai	362.7	78.1	58.4	4.6	69.9	13.9	800.0
潍 坊 市	Weifang	255.4	24.0	7.6	3.5	35.5	1.5	492.6
济 宁 市	Jining	264.6	45.2	8.9	4.4	35.6	0.0	542.5
泰 安 市	Tai'an	399.8	42.9	11.0	3.7	26.5	0.0	663.4
威 海 市	Weihai	287.7	114.4	222.2	1.2	53.6	18.1	886.1
日 照 市	Rizhao	201.9	51.8	128.1	1.7	46.2	0.3	802.0
莱 芜 市	Laiwu	373.8	70.0	11.5	3.3	27.7	0.0	682.7
临 沂 市	Linyi	302.7	167.0	93.4	3.5	37.0	0.2	861.7
德 州 市	Dezhou	401.6	148.3	87.0	26.7	11.1	0.2	832.7
聊 城 市	Liaocheng	519.4	278.9	13.3	11.8	18.6	0.0	954.2
滨 州 市	Binzhou	502.1	95.6	5.2	12.1	25.0	0.6	816.0
菏 泽 市	Heze	244.3	35.6	6.6	7.4	42.6	0.0	509.1

12-6 各市日照时数(2013年)

Monthly Sunshine Hours by Region(2013)

单位:小时 (hours)

城市名	City	一 月 Jan.	二 月 Feb.	三 月 Mar.	四 月 Apr.	五 月 May	六 月 June
济南市	Jinan	148.4	120.0	221.1	246.9	227.5	220.3
青岛市	Qingdao	133.2	95.5	232.3	230.4	181.8	152.5
淄博市	Zibo	114.7	96.1	214.0	236.7	199.1	202.3
枣庄市	Zaozhuang	106.0	74.4	193.4	224.8	194.7	158.8
东营市	Dongying	147.2	133.8	233.6	256.0	220.5	237.5
烟台市	Yantai	132.3	156.4	246.4	246.5	250.6	243.1
潍坊市	Weifang	162.0	122.4	247.1	269.9	246.1	227.8
济宁市	Jining	123.3	95.6	210.2	237.7	206.7	208.2
泰安市	Tai'an	132.0	128.4	206.0	238.4	234.6	203.1
威海市	Weihai	132.8	147.9	242.7	252.5	241.5	212.3
日照市	Rizhao	169.2	105.6	224.2	243.2	203.8	148.9
莱芜市	Laiwu	159.9	128.3	226.7	249.6	233.2	204.6
临沂市	Linyi	128.1	84.3	191.2	239.6	193.3	135.4
德州市	Dezhou	102.0	109.2	241.0	263.3	253.7	211.1
聊城市	Liaocheng	88.5	95.1	191.4	217.7	191.5	188.1
滨州市	Binzhou	108.0	107.3	226.8	250.8	206.5	217.1
菏泽市	Heze	116.0	108.9	222.1	251.2	247.6	264.1

12-6 续表 continued

单位:小时 (hours)

城市名	City	七 月 July	八 月 Aug.	九 月 Sept.	十 月 Oct.	十一月 Nov.	十二月 Dec.	全 年 Annual Total
济南市	Jinan	165.5	275.2	173.4	234.2	188.5	187.0	2408 0
青岛市	Qingdao	95.3	257.9	211.3	240.3	191.8	177.6	2199.9
淄博市	Zibo	137.1	244.5	178.2	213.1	164.7	142.4	2142.9
枣庄市	Zaozhuang	129.1	226.2	138.0	206.9	166.5	141.8	1960.6
东营市	Dongying	139.1	251.9	191.9	215.3	194.4	201.7	2422.9
烟台市	Yantai	128.4	276.6	218.6	223.6	174.6	160.7	2457.8
潍坊市	Weifang	148.6	270.7	202.7	234.5	191.9	205.2	2528.9
济宁市	Jining	119.8	274.4	187.4	247.3	189.4	180.0	2280.0
泰安市	Tai'an	154.9	271.3	178.2	226.0	192.4	194.7	2360.0
威海市	Weihai	125.0	274.3	210.6	230.2	146.0	114.8	2330.6
日照市	Rizhao	121.8	248.2	181.8	232.3	191.1	186.0	2256.1
莱芜市	Laiwu	130.7	256.4	167.4	225.7	177.6	169.7	2329.8
临沂市	Linyi	84.9	221.5	143.4	212.7	177.7	144.5	1956.6
德州市	Dezhou	177.4	246.8	181.8	212.8	205.8	183.0	2387.9
聊城市	Liaocheng	133.7	249.3	140.0	202.0	173.2	158.8	2029.3
滨州市	Binzhou	139.1	244.0	191.5	229.8	191.7	183.9	2296.5
菏泽市	Heze	206.8	300.1	186.7	231.8	175.4	171.4	2482.1

12-7 各市土地利用情况（2012年）
Land Use by Region(2012)

单位:公顷 (hectares)

地 区	土地调查面积 Area under Land Survey	农用地 Land for Agriculture Use	#园地 Garden Land	#牧草地 Grazing and Pasture Land	建设用地 Land for Construction	城镇村及工矿用地 Land for Urban Village, Mining and Manufacturing	交通用地 Land for Transport Facilities	水利设施用地 Land for Water Conservancy Facilities
全省总计	**15790106**	**11580155**	**731619**	**5762**	**2735369**	**2306204**	**200495**	**228669**
济南市	799841	543173	26485		161898	139087	11542	11268
青岛市	1128200	812324	38571		235450	194032	22463	18955
淄博市	596492	419418	58728		117678	100867	10044	6767
枣庄市	456353	331629	14850		84843	71654	7340	5848
东营市	824326	425619	4112	5597	132374	87026	11276	34072
烟台市	1385150	1064561	234940	81	201469	168859	17978	14633
潍坊市	1614314	1162194	59115	0	300131	258783	19221	22126
济宁市	1118698	775320	9430		183900	151502	14487	17911
泰安市	776141	587797	40560		125650	108632	8283	8734
威海市	579698	445805	36276	63	84607	74891	5853	3863
日照市	535857	426183	26286		79053	65474	5596	7982
莱芜市	224603	146314	16066		39157	32819	2656	3683
临沂市	1719121	1325762	104288		279453	235534	19021	24899
德州市	1035767	811696	14233		182439	154733	11264	16442
聊城市	862801	699818	10557		151256	137487	10346	3423
滨州市	917219	637154	30317	13	162379	134717	10745	16917
菏泽市	1215523	965389	6807	8	213633	190107	12379	11147

12-8 各市湿地面积(2013年)
Area of Wetlands by Region (2013)

地 区	Region	湿地面积(千公顷) Area of Wetlands (1 000 hectares)	天然湿地 Natural Wetlands	近岸及海岸 Coasts and Seashores	河流 Rivers	湖泊 Lakes	沼泽 Marshland	人工湿地 Man-made Wetlands	湿地面积占行政面积比重(%) Proportion of Wetlands in Total Area of Territory (%)
全省总计	**Total**	**1737.50**	**1103.04**	**728.51**	**257.80**	**62.63**	**54.11**	**634.45**	**11.09**
济南市	Jinan	22.01	11.22		10.44	0.25	0.52	10.79	2.68
青岛市	Qingdao	139.97	102.87	84.62	17.94		0.31	37.10	12.84
淄博市	Zibo	13.58	7.56		6.28		1.28	6.02	2.28
枣庄市	Zaozhuang	15.86	8.97		8.97			6.89	3.47
东营市	Dongying	456.77	339.96	277.45	20.59	0.07	41.85	116.81	57.65
烟台市	Yantai	178.75	141.65	127.70	13.25	0.64	0.05	37.11	13.04
潍坊市	Weifang	215.95	106.13	80.92	20.53	0.80	3.88	109.82	13.62
济宁市	Jining	152.36	67.86		20.04	45.74	2.09	84.50	13.48
泰安市	Tai'an	50.72	36.14		19.51	14.69	1.94	14.58	6.53
威海市	Weihai	114.57	85.44	79.03	6.25		0.17	29.13	21.08
日照市	Rizhao	39.21	25.53	19.68	5.85			13.68	7.38
莱芜市	Laiwu	5.70	2.96		2.96			2.74	2.55
临沂市	Linyi	57.64	32.66		32.66			24.98	3.36
德州市	Dezhou	25.94	11.47		11.47			14.47	2.51
聊城市	Liaocheng	15.31	7.11		6.69	0.42		8.20	1.76
滨州市	Binzhou	176.32	72.19	59.11	11.25		1.82	104.13	18.65
菏泽市	Heze	56.82	43.33		43.12	0.01	0.20	13.49	4.57

12-9 造林面积情况

Area of Afforestation

单位:公顷 (hectare)

年份 Year / 地区 Region		造林总面积 Total Area of Afforestation	按造林方式分 By Approach: 人工造林 Manual Planting	按林种用途分 By Function of Forest: 用材林 Timber Forests	经济林 By-product Forests	防护林 Protection Forests	薪炭林 Fuel Forests	特种用途林 Forests for Special Purpose
2000		153389	153389	18007	100769	34268	63	282
2001		135259	135259	19019	84039	32155		46
2002		152597	152597	43671	80066	27670	1098	92
2003		344079	344079	192653	92130	57709	1039	548
2004		262711	262711	134193	53536	74441	233	308
2005		141141	141141	47470	42674	49559	633	805
2006		134423	134423	40421	34252	59193	7	550
2007		156738	156738	49409	26971	68046	66	254
2008		185575	184928	69516	25947	89726	20	366
2009		182171	180529	42463	26172	113067		469
2010		205131	198998	36101	37856	129877		1297
2011		219028	219028	34598	51154	130896		2380
2012		197956	195875	25178	49195	122277		1306
2013		220473	219129	32569	63604	122536		1764
济南市	Jinan	13637	13637	1837	6813	4987		
青岛市	Qingdao	9951	9951	1198	4033	4720		
淄博市	Zibo	9112	9112	704	1392	7016		
枣庄市	Zaozhuang	17784	17784	784	6616	10154		230
东营市	Dongying	8251	6947	108	1138	7005		
烟台市	Yantai	16625	16625	888	4727	10937		73
潍坊市	Weifang	23312	23312	3704	3505	15156		947
济宁市	Jining	17307	17307	2133	7889	7220		65
泰安市	Tai'an	13933	13933	1608	7262	5063		
威海市	Weihai	6629	6629	128	2201	4300		
日照市	Rizhao	8964	8924	1851	3899	3214		
莱芜市	Laiwu	2904	2904	148	382	2374		
临沂市	Linyi	22595	22595	5121	7560	9560		354
德州市	Dezhou	15100	15100	3242	1306	10552		
聊城市	Liaocheng	11431	11431	2886	2919	5613		
滨州市	Binzhou	14944	14944	3745	358	10759		82
菏泽市	Heze	7994	7994	2484	1604	3906		

12-10 供水用水情况

Water Supply and Water Use

年份 Year 地区 Region		供水总量(亿立方米) Water Supply (100 millioncu.m)	地表水 Surface Water	地下水 Ground-water	其他 Others	用水总量(亿立方米) Water Use (100 millioncu.m)	农业 Agricul-ture	工业 Industry	生活 Consump-tion	生态 Ecological Protection
2000		249.46	114.40	131.81	3.25	244.09	179.84	43.65	20.61	
2001		251.61	115.60	133.71	2.30	252.73	187.40	41.92	23.08	0.34
2002		252.39	117.66	132.96	1.77	244.73	192.87	36.59	14.98	0.29
2003		219.34	104.12	113.95	1.27	215.70	162.54	27.96	23.92	1.38
2004		214.88	106.28	107.40	1.20	211.30	160.14	24.81	24.67	1.68
2005		211.02	106.70	102.67	1.65	207.65	161.73	18.38	25.17	2.37
2006		225.53	119.77	103.90	1.86	222.24	175.07	18.93	25.62	2.62
2007		219.55	115.59	101.98	1.98	219.55	164.81	24.12	27.42	3.20
2008		219.89	115.51	101.23	3.15	219.89	162.76	24.69	28.71	3.73
2009		219.99	119.62	97.05	3.33	219.99	161.60	24.70	29.77	3.94
2010		222.47	127.15	91.31	4.01	222.47	159.65	26.84	31.34	4.64
2011		224.05	127.33	89.34	7.38	224.05	154.26	29.72	32.89	7.17
2012		221.79	126.12	89.26	6.41	221.79	154.23	28.10	32.81	6.66
2013		217.94	124.94	86.86	6.15	217.94	149.72	28.86	33.31	6.06
济南市	Jinan	17.15	9.71	6.68	0.76	17.15	10.05	2.48	3.77	0.85
青岛市	Qingdao	10.59	6.72	3.45	0.43	10.59	3.98	1.97	3.97	0.67
淄博市	Zibo	10.50	4.18	6.09	0.23	10.50	5.73	2.50	1.80	0.47
枣庄市	Zaozhuang	6.05	1.80	4.10	0.15	6.05	3.39	1.04	1.49	0.13
东营市	Dongying	9.03	8.03	0.81	0.19	9.03	5.50	1.90	1.17	0.46
烟台市	Yantai	9.72	5.51	4.17	0.03	9.72	6.61	1.23	1.78	0.10
潍坊市	Weifang	15.48	6.85	8.32	0.30	15.48	9.31	2.90	2.76	0.51
济宁市	Jining	24.10	13.58	9.26	1.26	24.10	18.99	2.42	2.42	0.27
泰安市	Tai'an	12.09	4.72	5.89	1.48	12.09	7.87	1.65	2.09	0.48
威海市	Weihai	3.61	2.15	1.46		3.61	2.05	0.67	0.85	0.03
日照市	Rizhao	5.54	3.82	1.64	0.08	5.54	3.17	1.21	1.07	0.10
莱芜市	Laiwu	3.04	1.08	1.54	0.42	3.04	1.52	0.96	0.52	0.05
临沂市	Linyi	17.41	12.49	4.71	0.22	17.41	11.46	2.06	3.17	0.72
德州市	Dezhou	18.13	11.77	6.36		18.13	15.25	1.37	1.44	0.07
聊城市	Liaocheng	17.87	9.36	8.21	0.29	17.87	14.13	2.16	1.46	0.12
滨州市	Binzhou	14.21	12.78	1.43		14.21	11.75	0.97	1.01	0.48
菏泽市	Heze	23.43	10.38	12.73	0.31	23.43	18.96	1.39	2.53	0.56

12-11 水 资 源 情 况

Water Resources

年 份 地 区	Year Region	水资源总量（亿立方米） Total Amount of Water Resources (100 millioncu.m)	地 表 水资源量 Surface Water Resources	地下水资源与地表水资源不重复量 Unduplicated Measurement Between Surface Water and Groundwater
	2003	489.69	349.29	140.40
	2004	349.46	234.51	114.55
	2005	415.86	295.85	120.01
	2006	199.78	109.56	90.22
	2007	387.11	280.19	106.93
	2008	328.71	228.96	99.75
	2009	284.95	173.80	111.16
	2010	309.12	199.08	110.04
	2011	347.61	237.49	110.12
	2012	274.08	182.17	91.90
	2013	291.70	191.07	100.64
济 南 市	Jinan	21.15	11.58	9.58
青 岛 市	Qingdao	10.22	6.79	3.43
淄 博 市	Zibo	11.78	7.03	4.74
枣 庄 市	Zaozhuang	12.09	8.31	3.78
东 营 市	Dongying	9.19	7.79	1.40
烟 台 市	Yantai	39.79	34.72	5.07
潍 坊 市	Weifang	15.12	8.50	6.61
济 宁 市	Jining	12.61	5.58	7.03
泰 安 市	Tai'an	11.34	7.76	3.58
威 海 市	Weihai	8.37	6.19	2.18
日 照 市	Rizhao	12.32	10.76	1.56
莱 芜 市	Laiwu	5.00	4.13	0.87
临 沂 市	Linyi	46.61	39.13	7.47
德 州 市	Dezhou	25.52	11.46	14.05
聊 城 市	Liaocheng	17.97	5.26	12.71
滨 州 市	Binzhou	18.63	12.57	6.06
菏 泽 市	Heze	14.00	3.50	10.51

12-12 1981-2013年主要污染物排放及处理情况

Discharge and Treatment of Major Pollutants from 1981 to 2013

单位:万吨 (10 000 tons)

年份 Year	废水排放量 Volume of Waste Water Discharged	# 工业 Industry	二氧化硫排放量 Volume of Sulphur Dioxide Discharged	烟尘排放量 Volume of Soot Discharged	工业固体废物产生量 Volume of Industrial Solid Waste	工业固体废物综合利用量 Volume of Industrial Solid Waste Utilized
1981	104790	87673	119	77	2522	639
1982	105942	82641	120	97	2615	723
1983	110938	88168	122	85	2559	716
1984	129033	106275	142	117	2743	760
1985	131898	105375	160	120	2748	765
1986	127277	98913	171	129	2860	847
1987	132770	93811	173	116	2848	894
1988	144346	97136	191	128	3325	968
1989	137165	91360	189	130	3610	1117
1990	136573	87631	193	121	3880	1337
1991	137051	88728	204	121	3837	2169
1992	137721	86412	226	125	3941	2410
1993	142322	86350	228	135	4201	2353
1994	147979	87316	225	130	4263	2871
1995	158681	96214	232	130	4484	2899
1996	204200	101018			4652	2824
1997	246100	130918	247	108	5131	3448
1998	234048	117069	226	92	5109	3777
1999	224100	107975	183	71	5166	3877
2000	229000	110324	180	67	5407	4173
2001	235271	115233	172	65	6215	5224
2002	230709	106668	169	62	6559	5704
2003	245782	115933	184	62	6786	6054
2004	264014	128706	182	52	7922	7191
2005	280377	139071	200	62	9175	8683
2006	302637	144365	196	58	11011	10397
2007	334255	166574	182	46	11935	11615
2008	358910	176977	169	44	12988	12173
2009	386731	182673	159	42	14138	13826
2010	436371	208257	154	39	16038	15297
2011	443331	187245	183	78	19533	18298
2012	479100	183634	175	70	18343	17073
2013	494570	181179	164	70	18172	17134

12-13 各市主要污染物排放情况(2013年)

Dicharge of Major Pollutants by Region (2013)

地 区	Region	废 水 排放量 (万吨) Volume of Waste Water Discharged (10 000 tons)	工 业 Industry	生 活 Daily Life	化学需氧量排放量 (吨) Volume of COD Discharged (ton)	工 业 Industry	生 活 Daily Life	氨 氮 排放量 (吨) Volume of Ammonia Nitrogen Discharged (ton)	工 业 Industry	生 活 Daily Life
全省总计	**Total**	**494570**	**181179**	**313124**	**1845706**	**132727**	**413286**	**161517**	**10224**	**79757**
济 南 市	Jinan	38402	8596	29788	108889	5413	30317	8482	380	4982
青 岛 市	Qingdao	51557	10661	40880	144279	8286	24776	12222	730	6100
淄 博 市	Zibo	35286	15460	19825	63749	13695	14991	5858	1109	2934
枣 庄 市	Zaozhuang	20518	10188	10328	54193	6092	18149	5797	315	3606
东 营 市	Dongying	20695	10111	10580	66046	7522	7732	3870	627	1285
烟 台 市	Yantai	32667	9530	23110	145108	6833	30530	12574	373	6559
潍 坊 市	Weifang	54107	28103	25986	176150	20227	21848	16725	2525	5455
济 宁 市	Jining	42543	15680	26853	136809	9349	34391	14124	519	6480
泰 安 市	Tai'an	23523	8224	15298	117376	6412	32385	9674	195	5792
威 海 市	Weihai	11474	2740	8714	30842	1850	10698	4429	158	3000
日 照 市	Rizhao	15557	7911	7634	47732	4579	15749	4918	291	2929
莱 芜 市	Laiwu	5231	1388	3838	17448	917	8315	1986	36	1405
临 沂 市	Linyi	40157	9833	30311	155897	7588	49900	17468	563	10409
德 州 市	Dezhou	23583	9353	14131	158319	7536	28077	12839	462	4205
聊 城 市	Liaocheng	25178	8510	16662	142890	6338	17965	9117	373	3507
滨 州 市	Binzhou	27315	15921	11381	140974	12760	17174	8100	1129	3106
菏 泽 市	Heze	26778	8972	17805	139005	7331	50290	13335	439	8003

12-13 续表 continued

地 区	Region	二氧化硫 排放量 (吨) Volume of Sulphur Dioxide Discharged (ton)	工 业 Industry	生 活 Daily Life	烟(粉)尘 排放量 (吨) Volume of Soot and Dust Discharged (ton)	工 业 Industry	生 活 Daily Life
全省总计	**Total**	**1644967**	**1445348**	**199411**	**696817**	**542371**	**108087**
济 南 市	Jinan	107265	81118	26087	58250	47117	8355
青 岛 市	Qingdao	96835	69337	27497	42058	27803	9954
淄 博 市	Zibo	211697	206723	4973	52987	47252	3988
枣 庄 市	Zaozhuang	73591	60372	13218	28509	21651	5305
东 营 市	Dongying	54660	52818	1721	7559	5636	926
烟 台 市	Yantai	87889	79834	8053	43769	34945	5608
潍 坊 市	Weifang	140709	128227	12480	46489	33823	6905
济 宁 市	Jining	136544	122930	13601	75248	59809	9958
泰 安 市	Tai'an	79855	60160	19695	24437	14241	8739
威 海 市	Weihai	44586	36212	8371	18863	7999	8902
日 照 市	Rizhao	65238	52084	13153	35713	29328	5300
莱 芜 市	Laiwu	75295	73084	2210	78472	76489	1170
临 沂 市	Linyi	117956	105438	12518	57171	45082	7510
德 州 市	Dezhou	87624	78214	9410	25039	16400	6612
聊 城 市	Liaocheng	90571	88846	1725	21886	18293	2198
滨 州 市	Binzhou	83973	80330	3643	25493	21842	2465
菏 泽 市	Heze	90678	69621	21057	54874	34661	14193

12-14 各市工业固体废物排放及处理利用情况(2013年)

Emission、Treatment and Utilization of Industrial Solid Wastes by Region(2013)

单位：万吨 (10 000 tons)

地 区	Region	一般工业固体废物产生量 Total Volume of Industrial Solid Waste Produced	一般工业固体废物综合利用量 Total Volume of Industrial Solid Waste Utilized	一般工业固体废物处置量 Volume of Industrial Solid Waste Treated	一般工业固体废物贮存量 Volume of Industrial Wastes in Solid Stocks	危险废物产生量 Hazardous Wastes Produced	危险废物综合利用量 Hazardous Wastes Utilized	危险废物处置量 Hazardous Wastes Disposed
全省总计	**Total**	**18172.4**	**17134.4**	**787.6**	**436.1**	**509.1**	**442.4**	**61.8**
济 南 市	Jinan	932.4	920.4	11.5	0.5	15.8	3.0	12.8
青 岛 市	Qingdao	821.8	791.2	22.4	20.4	3.2	1.5	1.8
淄 博 市	Zibo	1688.4	1614.3	4.6	76.8	63.3	49.1	14.4
枣 庄 市	Zaozhuang	766.5	774.6	0.1		1.4	1.3	0.1
东 营 市	Dongying	326.7	321.8	4.9		23.2	4.8	18.4
烟 台 市	Yantai	2488.7	2083.3	369.8	35.7	192.2	181.4	6.2
潍 坊 市	Weifang	887.7	812.2	22.4	66.1	8.5	6.9	1.3
济 宁 市	Jining	2217.4	2022.1	139.8	63.3	5.2	4.9	0.3
泰 安 市	Tai'an	1166.8	1250.6	0.4	18.1	5.8	5.4	0.5
威 海 市	Weihai	347.2	324.0	21.2	7.0	0.8	0.0	0.8
日 照 市	Rizhao	967.1	956.8	6.5	3.9	0.4	0.0	0.4
莱 芜 市	Laiwu	1710.3	1678.9	59.7		11.5	11.3	0.2
临 沂 市	Linyi	1297.3	1176.8	97.1	23.5	40.8	37.1	3.7
德 州 市	Dezhou	749.6	743.0	6.6	0.0	82.9	82.7	0.2
聊 城 市	Liaocheng	583.1	574.4	8.8	0.9	42.4	42.3	0.1
滨 州 市	Binzhou	795.2	664.1	11.8	119.9	1.6	1.3	0.3
菏 泽 市	Heze	426.2	426.2			9.8	9.4	0.4

主要统计指标解释

自然资源 指人类可以直接从自然界获得，并用于生产和生活的物质资源。自然资源一般可以分成可再生资源和非再生资源两大类。可再生资源指在较短时间内可以再生、可以循环利用的资源，包括土地资源、水资源、气候资源、生物资源和海洋资源等。非再生资源指在使用后不能再生的资源，包括矿产资源和地热能源。

土地资源 土地指陆地的表层部分，它主要由岩石、岩石的风化物和土壤构成。土地资源按利用类型可以分为农用地、建筑用地和未利用地。农用地包括耕地、园地、林地、牧草地和水面。建筑用地包括居民点及工矿用地、交通用地和水利设施用地。未利用地指农用地和建筑用地以外的土地，包括滩涂、荒漠、戈壁、冰川和石山等。

耕地面积 指经过开垦用以种植农作物并经常进行耕耘的土地面积。包括种有作物的土地面积、休闲地、新开荒地和抛荒未满三年的土地面积。

森林资源 指森林、林木、林地以及依托森林、林木、林地生存的野生动物、植物和微生物。林木指树木和竹子。森林指以乔木为主体的植物群落，是集生的乔木及与共同作用的植物、动物、微生物和土壤、气候等的总体。

活立木总蓄积量 指一定范围内土地上全部树木蓄积的总量，包括森林蓄积、疏林蓄积、散生木蓄积和四旁树蓄积。

森林面积 指由乔木树种构成，郁闭度 0.2 以上(含 0.2)的林地或冠幅宽度 10 米以上的林带的面积，即有林地面积。森林面积包括天然起源和人工起源的针叶林面积、阔叶林面积、针阔混交林面积和竹林面积，不包括灌木林地面积和疏林地面积。

森林覆盖率 指一个国家或地区森林面积占土地总面积的百分比。森林覆盖率是反映森林资源的丰富程度和生态平衡状况的重要指标。在计算森林覆盖率时，森林面积包括郁闭度 0.2 以上的乔木林地面积和竹林地面积，国家特别规定的灌木林地面积、农田林网以及四旁(村旁、路旁、水旁、宅旁)林木的覆盖面积。计算公式为：

$$\text{森林覆盖率}(\%)=\frac{\text{森林面积}}{\text{土地总面积}}\times 100\%$$

水资源 水在自然界中以固体、液体和气态三种聚集状态存在，分布于海洋、陆地(包括土壤)以及大气之中，通过水循环形成水资源。水资源包括经人类控制并直接可供灌溉、发电、给水、航运、养殖等用途的地表水和地下水，以及江河、湖泊、井、泉、潮汐、港湾和养殖水域等。水资源是发展国民经济不可缺少的重要自然资源。

地表水和地下水 陆地上的水因空间分布不同，分为地表水和地下水。地表水指分别存在于河流、湖泊、沼泽、冰川和冰盖等水体中水分的总称，又称陆地水。地下水指储存在地面以下饱和岩土孔隙、裂隙及溶洞中的水。

水资源总量 指评价区内降水形成的地表和地下产水总量，即地表产流量与降水入渗补给地下水量之和，不包括过境水量。

地表水资源量 指评价区内河流、湖泊、冰川等地表水体中可以逐年更新的动态水量，即当地天然河川径流量。

地下水资源量 指评价区内降水和地表水对饱水岩土层的补给量，包括降水入渗补给量和河道、湖库、渠系、渠灌田间等地表水体的入渗补给量。

内陆水域总面积 指江、河、湖泊、池塘、塘堰、水库等各种流水或蓄水的水面占地面积。

海　洋 是海和洋的统称。洋为地球表面上相连接的广大咸水水体的主体部分。海为地球表面相连接的广大咸水水体被陆地、岛礁、半岛包围或分隔的边缘部分。

海水可养殖面积 指利用滩涂、浅海、港湾进行鱼、虾、蟹、贝、藻等海水经济动植物的人工养殖的水面面积。

径　流 指陆地上接受降水后扣除损耗外，从地表和地下向流域出口断面汇集的水流。径流可分为地表径流、地下径流和壤中流。地表径流指沿地表向河流、湖泊、沼泽、海洋等汇集的水流；地下径流指沿潜水层或隔水层间的含水层，向河流、湖泊、沼泽、海洋等汇集的地下水水流。

径流量 指在一定时段内通过河流某一过水断面的水量，用以反映一个国家或地区水资源的丰歉程度。计算公式为：

径流量=降水量−蒸发量

矿产资源 矿产指由地质作用形成，富集于地壳中或出露于地表达到工农业利用要求的有用矿物。矿产是一种重要的自然资源，是社会发展的重要物质基础。

矿产基础储量 基础储量是查明矿产资源的一部分。它能满足现行采矿和生产所需的指标要求，是控制的、探明的并通过可行性或预可行性研究认为属于经济的、边界经济的部分，用未扣除设计、采矿损失的数量表示。

气　温 指空气的温度，我国一般以摄氏度(℃)为单位表示。气象观测的温度表是放在离地面约 1.5 米处通风良好的百叶箱里测量的，因此，通常说的气温指的是离地面 1.5 米处百叶箱中的温度。其统计计算方法为：

月平均气温是将全月各日的平均气温相加，除以该月的天数而得。

年平均气温是将 12 个月的月平均气温累加后除以 12 而得。

相对湿度 指空气中实际所含水蒸气密度和同温度下饱和水蒸气密度的百分比值。其统计方法与气温相同。

降水量 指从天空降落到地面的液态或固态(经融化后)水，未经蒸发、渗透、流失而在地面上积聚的深度。其统计计算方法为：

月降水量是将全月各日的降水量累加而得。

年降水量是将 12 个月的月降水量累加而得。

日照时数 指太阳实际照射地面的时间。其统计方法与降水量相同。

工业废水排放达标量 指报告期内废水中各项污染物指标都达到国家或地方排放标准的外排工业废水量，包括未经处理外排达标的，经废水处理设施处理后达标排放的，以及经污水处理厂处理后达标排放的。

工业废水排放达标率 指工业废水排放达标量占工业废水排放量的百分率，计算公式为：

$$工业废水排放达标率=\frac{工业废水排放达标量}{工业废水排放量}\times 100\%$$

城镇生活污水排放量 指城镇居民每年排放的生活污水。用人均系数法测算。测算公式为：

$$\begin{matrix}生活污水\\排放量\end{matrix}=\begin{matrix}城镇生活污水\\排放系数\end{matrix}\times\begin{matrix}市镇非\\农业人口\end{matrix}\times 365$$

城镇生活污水中化学需氧量(COD)产生量 指城镇居民每年排放的生活污水中的 COD 的产生量。用人均系数法测算。测算公式为：

$$\begin{matrix}城镇生活污水\\中COD排放量\end{matrix}=\begin{matrix}城镇生活污水中\\COD产生系数\end{matrix}\times\begin{matrix}市镇非\\农业人口\end{matrix}\times 365$$

化学需氧量(COD) 测量有机和无机物质化学分解所消耗氧的质量浓度的水污染指数。

工业废气排放量 指报告期内企业厂区内燃料燃烧和生产工艺过程中产生的各种排入大气的含有污染物的气体的总量，以标准状态(273K，101325Pa)计算。测算公式为：

$$\begin{matrix}工业废气\\排放量\end{matrix}=\begin{matrix}燃料燃烧过程\\中废气排放量\end{matrix}+\begin{matrix}生产工艺过程\\中废气排放量\end{matrix}$$

生活及其他 SO_2 排放量 以生活及其他煤炭消费量和其含硫量为基础，根据以下公式计算：

$$\begin{matrix}生活及其他\\SO_2排放量\end{matrix}=\begin{matrix}生活及其他\\煤炭消费量\end{matrix}\times 含硫量\times 0.8\times 2$$

工业 SO_2 排放量 指报告期内企业在燃料燃烧和生产工艺过程中排入大气的 SO_2 总量，计算公式为：

$$\begin{matrix}工业SO_2\\排放量\end{matrix}=\begin{matrix}燃料燃烧过程\\中SO_2排放量\end{matrix}+\begin{matrix}生产工艺过程\\中SO_2排放量\end{matrix}$$

工业烟尘排放量 指企业厂区内燃料燃烧过程中产生的烟气中夹带的颗粒物排放量。

生活及其他烟尘排放量 指除工业生产活动以外的所有社会、经济活动及公共设施的经营活动中燃烧所排放的烟尘纯重量。以生活及其他煤炭消费量为基础进行测算。

工业粉尘排放量 指企业在生产工艺过程中排放的能在空气中悬浮一定时间的固体颗粒物排放量。如钢铁企业的耐火材料粉尘、焦化企业的筛焦系统粉尘、烧结机的粉尘、石灰窑的粉尘、建材企业的水泥粉尘等。不包括电厂排入大气的烟尘。

工业固体废物产生量 指报告期内企业在生产过程中产生的固体状、半固体状和高浓度液体状废弃物的总量，包括危险废物、冶炼废渣、粉煤灰、炉渣、煤矸石、尾矿、放射性废物和其他废物等；不包括矿山开采的剥离废石和掘进废石(煤矸石和呈酸性或碱性的废石除外)。酸性或碱性废石指采掘的废石其流经水、雨淋水的 pH 值小于 4 或 pH 值大于 10.5 者。

危险废物 指列入国家危险废物名录或根据国家规定的危险废物鉴别标准和鉴别方法认定的，具有爆炸性、易燃性、易氧化性、毒性、腐蚀性、易传染疾病等危险特性之一的废物。

工业固体废物综合利用量 指报告期内企业通过回收、加工、循环、交换等方式，从固体废物中提取或者使其转化为可以利用的资源、能源和其他原材料的固体废物量(包括当年利用往年的工业固体废物贮存量)，如用作农业肥料、生产建筑材料、筑路等。综合利用量由原产生固体废物的单位统计。

工业固体废物综合利用率 指工业固体废物综合利用量占工业固体废物产生量(包括综合利用往年贮存量)的百分率。计算公式为：

$$\begin{matrix}工业固体废物\\综合利用率\end{matrix}=\frac{\begin{matrix}工业固体废物\\综合利用量\end{matrix}}{\begin{matrix}工业固体废物产生量+\\综合利用往年贮存量\end{matrix}}\times 100\%$$

工业固体废物贮存量 指报告期内企业以综合利用或处置为目的，将固体废物暂时贮存或堆存在专设的贮存设施或专设的集中堆存场所内的数量。专设的固体废物贮存场所或贮存设施必须有防扩散、防流失、防渗漏、防止污染大气、水体的措施。

工业固体废物处置量 指报告期内企业将固体废物焚烧或者最终置于符合环境保护规定要求的场所，并不再回取的工业固体废物量(包括当年处置往年的工业固体废物贮存量)。处置方式有填埋(其中危险废物应安全填埋)、焚烧、专业贮存场(库)封场处理、深层灌注、回填矿井及海洋处置(经海洋管理部门同意投海处置)等。

工业固体废物排放量 指报告期内企业将所产生的固体废物排到固体废物污染防治设施、场所以外的数量，不包括矿山开采的剥离废石和掘进废石(煤矸石和呈酸性或碱性的废石除外)。

"三废"综合利用产品产值 指报告期内利用"三废"作为主要原料生产的产品价值(现行价)；已经销售或准备销售的应计算产品价值，留作生产自用的不应计算产品价值。

生活垃圾清运量 指报告期内收集和运送到垃圾处理厂(场)的生活垃圾数量。生活垃圾指城市日常生活或为城市日常生活提供服务的活动中产生的固体废物以及法律行政规定的视为城市生活垃圾的固体废物。包括：居民生活垃圾、商业垃圾、集市贸易市场垃圾、街道清扫垃圾、公共场所垃圾和机关、学校、厂矿等单位的生活垃圾。

生活垃圾无害化处理率 指报告期生活垃圾无害化处理量与生活垃圾产生量的比率。在统计上，由于生活垃圾产生量不易取得，可用清运量代替。计算公式为：

$$\text{生活垃圾无害化处理率}=\frac{\text{生活垃圾无害化处理量}}{\text{生活垃圾产生量}}\times 100\%$$

Explanatory Notes on Main Statistical Indicators

Natural Resources refer to material resources that could be obtained from the nature by human being and used for production and living. Natural resources in general can be classified as renewable resources and non-renewable resources. Renewable resources refer to resources that could be renewed and recycled during a relatively short period of time, including land resource, water resource, climate resource, biology resource and marine resource. Non-renewable resources include resources that could not be renewed, such as minerals and geothermal resource.

Land Resources refers to the surface of the earth, consisting of mainly rocks and its whethering and earth. Land resource can be classified, by its utilization, as land for agriculture, land for construction and unused land. Land for agriculture includes cultivated land, plantation land, forestland, grassland and waters. Land for construction includes land for residential purpose, for manufacturing and mining, for transportation and for water-conservancy projects. Unused land refers to land other than land for agriculture and construction, including beaches, deserts, Gobi, glaciers and rock mountains.

Area of Cultivated Land refers to area of land reclaimed for the regular cultivation of various farm crops, including crop-cover land, fallow, newly reclaimed land and land laid idle for less than 3 years.

Forest Resource refers to forests, trees, forestland and wild animals, plants and microorganism that live on forest and trees. Trees include trees and bamboo. Forest refers to the population of clusters of trees and other plants, animals and microorganism as well as the earth and climate that have interactions with the trees.

Total Standing Stock Volume refers to the total stock volume of trees growing in land, including trees in forest, tress in sparse forest, scattered trees and trees planted by the side of villages, farm houses and along roads and rivers.

Forest Area refers to the area of forest where trees and bamboo grow with canopy density above 0.2, including land of natural woods and planted woods, but excluding bush land and thin forest land. It reflects the total areas of afforestation.

Forest Coverage Rate refers to the ratio of area of afforested land to total land area. It is a very important indicator that reflects the status of abundance of forest resource and ecosystem balance. Forest area includes the area of trees and bamboo grow with canopy density above 0.2, the area of shrubby tree according to regulations of the government, the area of forest land inside farm land and the area of trees planted by the side of villages, farm houses and along roads and rivers. The formula for calculating forest coverage rate is as follows:

Forestry coverage rate (%) = (Area of Afforested Land/Area of Total Land) ×100%

Water Resource Water exists in the nature in solid, liquid and gaseous states, is distributed in the ocean, land (including earth) and air, and constitutes the water resource through the circulation of water. Water resource includes the surface water and underground water that is controlled by the human being for irrigation, power-generation, water supply, navigation and cultivation. It also includes rivers, lakes, wells, springs, tides, gulf and water area for cultivation. Water resource as an important natural resource is indispensable for the development of the national economy.

Surface Water and Underground Water Water on earth can be divided into surface water and underground water according to its distribution. Surface water refers to moisture exists in rivers, lakes, swamps, glaciers, icecaps and so on. It is also called land water. The underground water refers to water deposited underground in the cranny and the hole of saturated rock soil and in the water-eroded cave.

Total Water Resources refers to total volume of water resources measured as run-off for surface water from rainfall and recharge for groundwater in a given area, excluding transit water.

Surface Water Resources refers to total renewable resources which exist in rivers, lakes, glaciers and other collectors from rainfall and are measured as run-off of rivers.

Groundwater Resources refers to replenishment of aquifers with rainfall and surface water.

Inland Water Area refers to water area of rivers, lakes, ponds, reservoir, etc.

Ocean is the general name for sea and ocean. Ocean refers to the main body of large salt water connected with the earth. Sea refers to the edge areas of the salt water on the earth that are comparted or surrounded by land, island, reef or peninsula.

Marine Cultivatable Areas refer to water areas in beach, shallow sea and lough that are used to breed marine cash propagation, such as fish, shrimp, crab, shellfish, alga and so on.

Runoff refers to the water gathered at the way out of the cross section of drainage area either from the surface or underground after deducting the wastage of the precipitation on the land. Runoff can be divided into surface runoff, underground runoff and within soil runoff. Surface runoff refers to water flow to the rivers, lakes, swamps, and seas on the surface of the earth. Underground runoff refers to water flow to rivers, lakes, swamps, and seas through the water-bearing stratum of confined layer or unconfined layer.

Volume of Runoff refers to the total volume of water running through a certain cross section of a river during a certain period of time, reflecting the water resource condition in a country or a region. The formula for calculating volume or runoff is as follows:

Runoff =Precipitation-Evaporation

Mineral Resources refer to useful minerals that can be used for industrial or agricultural purposes enriched in lithosphere or on earth due to the geological process. Minerals are important natural resources, and important material base for social development.

Ensured Mineral Reserves refer to the actual mineral reserves, which equal to the proven mineral reserves (including industrial reserves and prospective reserves) minus extracted parts and underground losses.

Temperature refers to the air temperature. China uses centigrade as the unit. The thermometry used for weather observation is put in a breezy shutter, which is 1.5 meters high from the ground. Therefore, the commonly used temperature refers to the temperature in the breezy shutter 1.5 meters away from the ground. The calculation method is as follows:

Monthly Average Temperature is the summation of average daily temperature of one month divided by the actual days of that particular month.

Annual Average Temperature is the summation of monthly average of a year divided by 12 months.

Relative Humidity refers to the ratio of actual water vapor pressure to the saturation water vapor density under the current temperature. The statistical method is the same as that of temperature.

Volume of Precipitation refers to the deepness of liquid state or solid state (thawed) water falling from the sky to the ground that has not been evaporated, infiltrated or run off. The calculation method is as follows:

Monthly precipitation is the summation of daily precipitation of a month.

Annual precipitation is the summation of 12 months precipitation of a year.

Sunshine Hours refer to the actual hours of sun irradiating the earth. The calculation method is the same as that of the precipitation.

Industrial Waste Water Meeting Discharge Standards refers to volume of industrial waste water discharge which, with or without treatment, reaches national or local standards with regard to all pollutants.

Ratio of Industrial Waste Water Meeting Discharge Standards refers to percentage of industrial waste water meeting discharge standards over total industrial waste water discharge. It is calculated as:

$$\text{Ratio of industrial waste water meeting discharge standards} = \frac{\text{industrial waste water meeting discharge standards}}{\text{total industrial waste water discharge}} \times 100\%$$

Urban Non industrial Waste Water Discharge refers to annual discharge of non industrial waste water by urban households. It is estimated by per capita coefficient using the formula:

$$\text{Urban non-industrial waste water discharge} = \text{urban non-industrial waste water discharge coefficient} \times \text{urban non-agricultural population} \times 365$$

Volume of Chemical Oxygen Demand (COD) Generated by Urban Non industrial Waster Water refers to chemical oxygen demand generated through the annual discharge of non industrial waste water by urban households. It is estimated as:

$$\text{Volume of chemical oxygen demand (cod) generated by urban non-industrial waster water} = \text{Coefficient of COD generated through urban non-industrial waste water} \times \text{urban non-agricultural population} \times 365$$

Chemical Oxygen Demand (COD) refers to index of water pollution measuring the mass concentration of oxygen consumed by the chemical breakdown of organic and inorganic matter.

Industrial Waste Air Emission refers to discharge into atmosphere of waste air containing pollutants generated from fuel burning and production process in enterprises within a given period of time. It is calculated at standard status (273K, 101325Pa) as:

$$\text{Industrial waste air emission} = \text{emission through fuel burning} + \text{emission through production process}$$

SO_2 Emission through Non-industrial and Other Activities is calculated on the basis of consumption of coal by households and other activities and the sulphur content of coal with the following formula:

$$SO_2\ \text{emission through non-industrial and other activities} = \text{of coal by households and other activities} \times \text{sulphur content} \times 0.8 \times 2$$

SO_2 Emission through Industrial Activities refers to volume of sulphur dioxide emission from fuel burning and production process by enterprises during a given period of time. It is calculated as:

$$SO_2\ \text{emission through industrial activities} = SO_2\ \text{emission from fuel burning} + SO_2\ \text{emission from production process}$$

Industrial Soot Emission refers to volume of soot in smoke emitted in process of fuel burning in premises of enterprises.

Soot Emission by Consumption and Others refers to net volume of soot emitted by fuel burning from all social and economic activities and operation of public facilities other than industrial activities. It is calculated on the basis of coal consumption by households and others.

Industrial Dust Emission refers to volume of dust emitted by production process of enterprises and suspended in the air for a given period of time, including dust from refractory material of iron and steel works, dust from coke screening systems and sintering machines of coke plants, dust from lime kilns and dust from cement production in building material enterprises, but excluding soot and dust emitted from power plants.

Industrial Solid Wastes Produced refers to total volume of solid, semi solid and high concentration liquid residues produced by industrial enterprises from production process in a given period of time, including hazardous wastes, slag, coal ash, gangue, tailings, radioactive residues and other wastes, but excluding stones stripped or dug out in mining (gangue and acid or alkaline stones not included). A stone is acid or alkaline depending on the pH value of the water below 4 or above 10.5 when the stone is in, or soaked by, the water.

Hazardous Wastes refers to those included in the national hazardous wastes catalogue or specified as any one of the following properties in the national hazardous wastes identification standards: explosive, ignitable, oxidizable, toxic, corrosive or liable to cause infectious diseases or lead to other dangers.

Industrial Solid Wastes Utilized refers to volume of solid wastes from which useful materials can be extracted or which can be converted into usable resources, energy or other materials by means of reclamation, processing, recycling and exchange (including utilizing in the year the stocks of industrial solid wastes of the previous year). Examples of such utilizations include fertilizers, building materials and road materials. The information shall be collected by the producing units of the wastes.

Ratio of Industrial Solid Wastes Utilized refers to the percentage of industrial solid wastes utilized over industrial solid wastes produced (including stocks of the previous years). It is calculated as:

$$\text{Rate of utilization of industrial solid wastes} = \frac{\text{volume of industrial solid wastes utilized}}{\text{industrial solid wastes produced} + \text{stock of previous years}} \times 100\%$$

Stocks of Industrial Solid Wastes refers to volume of solid wastes placed in special facilities or special sites for purposes of utilization or disposal. The sites or facilities should take measures against dispersion, loss, seepage, and air and water contamination.

Industrial Solid Wastes Disposed refers to quantity of industrial solid wastes which are burnt or placed ultimately in the sites meeting the requirements for environmental protection and not salvaged or recycled (including disposition in the year of those wastes of previous years). The disposition includes landfill (Safe landfills should be conducted for hazardous wastes), incineration, containment spaces, deep underground disposal, backfill in mining pits and disposal at sea.

Industrial Solid Wastes Discharged refers to volume of industrial solid wastes discharged by producing enterprises to disposal facilities or to other sites. The wastes exclude stones stripped or dug from mining (gangue and acid or alkaline waste stones not included).

Output Value of Products Made from Waste Gas, Waste Water and Solid Wastes refers current value of products with waste gas, waste water and solid wastes as main materials of production. Products sold and ready to sell shall be included while those produced for own use shall not be included.

Consumption Wastes Transported refers to volume of consumption wastes collected and transported to disposal factories or sites. Consumption wastes are solid wastes produced from urban households or from service activities for urban households, and solid wastes regarded by laws and regulations as urban consumption wastes, including those from households, commercial activities, markets, cleaning of streets, public sites, offices, schools, factories, mining units and other sources.

Ratio of Consumption Wastes Treated refers to consumption wastes treated over that produced. In practical statistics, as it is difficult to estimate, the volume of consumption wastes produced is replaced with that transported. It is calculated as:

$$\text{Ratio of consumption wastes treated} = \frac{\text{consumption wastes treated}}{\text{consumption wastes produced}} \times 100\%$$

第13篇

农　业

Agriculture

简 要 说 明

一、本篇资料的主要内容

本篇资料反映了全省农业生产和农村经济的基本情况，主要包括农林牧渔业总产值、增加值、耕地、主要农产品产量、农业机械年末拥有量、农村电气化和农业化学化情况以及农田水利建设等方面的统计资料。

二、本篇资料的来源

本篇资料粮食数据由山东调查总队农业调查处整理提供，其余资料来源于农村综合统计年报，由省统计局农村处整理提供。

三、本篇资料的统计范围和统计口径

本篇资料的统计范围包括省内所属的各种经济类型、各个系统的全部农林牧渔业生产单位以及各非农行业附属的农林牧渔业生产活动单位。军委系统的农业生产（除军马外）也包括在内，但不包括农业科学试验机构进行的农业生产。

Brief Introduction

I. Content

Data in this chapter show the basic conditions of agricultural production and rural economy, mainly including agricultural output, value added, cultivated land, output of main agricultural produces, agricultural machinery, electrification and chemistry in rural areas and basic construction on irrigation and drainage.

II. Source of Data

Data on Grain are provided by the Division of Agriculture Survey of the National Bureau of Statistics in Shandong.Other data in this chapter are based on the statstical Reporting summary tables and are prepared and compiled by the Division of Countryside Statistics of Shandong Province.

III. Scope and Coverage of Statistics

The coverage of the comprehensive statistical reporting includes all productive units of farming, forestry, animal husbandry and fishery and those related non-agricultural affiliated units with various ownership and the activities of horse raising for military purpose and those undertaken by agricultural research institutions are excluded.

13-1 主要年份农林牧渔业总产值

Gross Output Value of Farming,Forestry, Animal Husbandry and Fishery in Major Years

单位:亿元 (100 million yuan)

年 份 Year	农林牧渔业总产值 Gross Output Value of Farming, Forestry,Animal Husbandry and Fishery	农 业 Farming	种植业 Planting	林 业 Forestry	牧 业 Animal Husbandry	渔 业 Fishery	农林牧渔服务业 Farming,Forestry, Animal Husbandry and Fishery Service
1949	20.07	18.01	16.01	0.12	1.66	0.28	
1952	40.00	35.05	31.16	0.25	3.98	0.72	
1955	44.97	40.05	35.40	0.66	3.37	0.89	
1957	36.44	31.21	30.36	0.87	3.54	0.82	
1962	38.32	32.77	32.71	0.26	4.09	1.20	
1965	50.49	42.88	42.79	0.55	5.76	1.30	
1970	66.78	55.75	55.62	0.90	8.14	1.99	
1975	93.43	75.85	75.64	2.65	12.33	2.60	
1976	100.36	80.37	80.12	2.60	14.24	3.15	
1977	99.27	78.83	78.40	2.10	14.72	3.62	
1978	102.22	84.77	83.71	1.81	12.19	3.45	
1979	135.92	113.34	111.33	2.04	16.61	3.93	
1980	160.91	128.81	126.22	4.52	23.43	4.15	
1981	198.50	155.62	151.83	4.91	33.04	4.94	
1982	218.51	171.58	167.98	7.22	34.12	5.59	
1983	259.50	208.75	202.87	8.48	36.21	6.06	
1984	310.11	245.19	236.64	8.60	48.20	8.12	
1985	335.42	248.17	236.62	11.07	62.82	13.36	
1986	361.19	269.51	255.92	12.67	62.84	16.17	
1987	413.18	313.76	299.05	12.11	64.15	23.16	
1988	494.53	331.59	313.98	14.80	108.07	40.07	
1989	547.66	366.24	347.61	14.28	124.71	42.43	
1990	645.75	419.50	397.85	20.45	150.19	55.61	
1991	779.18	491.76	471.53	22.19	186.52	78.71	
1992	815.62	462.58	437.03	23.73	215.73	113.58	
1993	944.99	526.66	511.48	28.24	239.90	150.19	
1994	1282.25	660.13	649.84	36.78	348.78	236.56	
1995	1678.16	931.89	922.96	41.81	433.62	270.84	
1996	1962.12	1090.64	1078.05	49.97	512.60	308.91	
1997	2058.32	1137.19	1107.33	49.86	550.58	320.69	
1998	2174.54	1219.85	1184.65	45.91	583.40	325.38	
1999	2202.95	1254.87	1232.44	44.93	572.95	330.20	
2000	2294.35	1300.44	1280.12	47.62	599.17	347.12	
2001	2453.96	1401.34	1385.22	47.22	654.71	350.69	
2002	2526.05	1420.88	1402.81	48.25	698.44	358.48	
2003	2902.45	1599.32		53.70	831.34	370.04	48.05
2004	3453.91	1891.73		59.49	1022.84	426.09	53.76
2005	3741.81	2033.95		57.57	1125.04	465.52	59.73
2006	4058.62	2283.29		65.48	1025.37	522.94	161.54
2007	4766.23	2604.07		81.98	1313.00	580.35	186.83
2008	5612.96	2895.68		102.24	1704.90	686.28	223.87
2009	6003.09	3223.99		101.27	1683.83	747.42	246.58
2010	6650.94	3670.07		86.53	1774.46	847.37	272.52
2011	7409.75	3843.62		99.96	2171.92	999.11	295.14
2012	7945.76	3960.62		107.01	2285.92	1267.07	325.14
2013	8749.99	4509.88		120.30	2358.99	1397.42	363.40

注:本表绝对数按当年价格计算。

a)Data are caculated at current prices.

13-2 主要年份农林牧渔业总产值指数(以1952年为100)

Indices of Farming,Forestry,Animal Husbandry and Fishery in Major Years(1952=100)

年份 Year	农林牧渔业总产值 Indices of Farming,Forestry, Animal Husbandry and Fishery	农业 Farming	种植业 Planting	林业 Forestry	牧业 Animal Husbandry	渔业 Fishery	农林牧渔服务业 Farming,Forestry, Animal Husbandry and Fishery Service
1949	57.7	59.1	59.1	56.9	48.0	44.2	
1952	100.0	100.0	100.0	100.0	100.0	100.0	
1955	108.1	109.9	109.3	256.9	81.3	118.4	
1957	94.2	92.1	100.8	360.8	91.9	118.4	
1962	65.5	63.9	71.8	70.6	70.0	114.3	
1965	99.8	96.7	108.6	174.5	114.3	142.9	
1970	123.5	117.7	132.1	264.7	151.2	204.8	
1975	163.2	151.2	169.6	745.1	216.5	252.4	
1976	166.9	152.6	171.1	692.2	237.8	291.8	
1977	164.8	149.4	167.1	556.9	245.5	334.7	
1978	177.1	160.6	178.2	680.4	253.4	383.7	
1979	193.9	177.1	195.7	637.3	287.2	338.8	
1980	212.1	190.0	209.7	680.4	347.4	375.5	
1981	218.8	198.2	218.1	627.5	352.9	336.1	
1982	239.2	215.3	236.9	1043.1	373.1	383.0	
1983	273.7	253.2	275.9	988.2	386.1	399.3	
1984	326.0	302.4	326.8	1109.8	462.2	449.7	
1985	338.2	306.5	326.8	1427.5	520.9	491.8	
1986	339.2	304.4	321.2	1380.4	539.2	566.0	
1987	366.3	331.7	350.4	1364.7	551.7	681.6	
1988	378.6	324.4	337.3	1325.5	703.9	887.8	
1989	383.5	321.8	333.9	1259.2	768.7	959.7	
1990	404.2	335.6	345.3	1235.3	823.3	1150.7	
1991	452.3	370.2	384.0	1315.6	922.9	1393.5	
1992	455.9	345.4	352.9	1380.1	985.7	1721.0	
1993	510.6	381.0	399.8	1526.4	1080.3	2103.1	
1994	578.0	411.1	436.2	1770.6	1295.3	2523.7	
1995	629.4	441.9	471.1	1839.7	1463.7	2720.5	
1996	675.3	478.1	507.4	2141.6	1551.5	2902.8	
1997	707.0	490.1	506.4	2154.4	1716.0	2975.4	
1998	777.0	589.3	562.1	2068.2	1915.1	3121.2	
1999	819.7	615.2	599.2	2072.3	2045.3	3345.9	
2000	851.7	639.8	625.6	2200.8	2155.7	3362.6	
2001	885.8	666.0	655.6	2064.4	2315.2	3315.5	
2002	895.5	649.4	637.2	1971.5	2472.6	3391.8	
2003	944.8	691.6		2121.3	2613.5	3449.5	111.5
2004	998.7	732.4		2138.3	2772.9	3601.3	108.0
2005	1050.6	761.0		2059.2	2975.3	3842.6	109.2
2006	1105.2	802.1		2279.5	3106.2	3992.5	118.8
2007	1141.7	829.4		2457.3	3131.0	4180.1	110.8
2008	1199.9	859.3		2798.9	3315.7	4426.7	113.3
2009	1251.5	882.5		3076.0	3488.1	4701.2	110.1
2010	1296.6	904.6		3380.5	3624.1	4931.6	109.9
2011	1345.9	939.9		3694.9	3714.7	5148.6	107.2
2012	1409.2	963.4		3820.5	4000.7	5359.7	107.7
2013	1462.7	1005.8		4164.3	4084.7	5536.6	109.5

注：本表按可比价格计算；农林牧渔服务业指数以上年为100。

a)Data are caculated at constant prices.Indices of Farming,Forestry,Animal Husbandry and Fishery service in preceding year is considered as 100%.

13-3 农林牧渔业总产值

Gross Output Value of Farming,Forestry,Animal Husbandry and Fishery

单位:亿元　　(100 million yuan)

类　别	Category	2011	2012	2013	2013为2012% 2012=100
农林牧渔业总产值	**Gross Output Value of Farming,Forestry, Animal Husbandry and Fishery**	**7409.75**	**7945.76**	**8749.99**	**103.8**
一、农业产值	**Output Value of Farming**	**3843.62**	**3960.62**	**4509.88**	**104.4**
1.谷物及其他作物	Cereal and Other Corps	1641.36	1661.44	1793.18	101.8
#粮食	Grain	942.27	975.27	1056.32	100.4
油料	Oil	210.42	215.29	223.22	111.6
棉花	Cotton	230.51	203.94	186.25	86.7
2.蔬菜园艺作物	Vegetable Gardening Crops	1417.21	1371.95	1671.01	102.6
#蔬菜(含菜用瓜)	Vegetables	1334.95	1295.32	1582.00	102.8
3.水果坚果饮料	Fruit and Nut Beverages	745.96	883.64	997.64	112.2
#水果坚果(含果用瓜)	Fruit and Nut	697.25	870.31	972.23	111.4
4.中药材	Chinese Herbal Medicines	39.10	43.59	48.05	106.1
二、林业产值	**Output Value of Forestry**	**99.96**	**107.01**	**120.30**	**109.0**
1.林木的培育和种植	Trees Cultivation and Planting	41.89	45.92	51.21	108.2
2.竹木采运	Bamboo Logging and Transport	20.12	20.47	23.40	111.2
3.林产品	Forestry Products	37.94	40.62	45.69	108.9
三、牧业产值	**Output Value of Animal Husbandry**	**2171.92**	**2285.92**	**2358.99**	**102.1**
1.牲畜饲养	Livestock Feeding	388.95	429.49	454.75	103.2
2.猪的饲养	Pig Feeding	900.44	924.44	947.43	104.2
3.家禽的饲养	Poultry Feeding	697.46	727.46	729.50	98.3
#肉禽	Poultry for Eating	358.12	363.63	362.10	102.4
禽蛋	Egg of Poultry	339.34	363.82	367.39	99.0
4.狩猎和捕捉动物	Animal Hunting and Trapping	1.22	1.35	1.59	106.9
5.其他畜牧业	Other Animal Husbandry	183.85	203.18	225.72	103.8
四、渔业产值	**Output Value of Fishery**	**999.11**	**1267.07**	**1397.42**	**103.3**
1.海水产品	Seawater Aquatic Products	799.60	1007.95	1112.64	102.9
2.内陆水域水产品	Inland waterways Aquatic Products	199.51	259.12	284.77	104.7
五、农林牧渔服务业产值	**Output Value of Farming,Forestry,Animal Husbandry and Fishery Service**	**295.14**	**325.14**	**363.40**	**109.5**

注:本表绝对数按当年价格计算,速度按可比口径及价格计算。

a)Absolute data in the table are calculated at current prices, the speed are caculated at constant price and caliber.

13-4 各市农林牧渔业总产值(2013年)

Gross Output Value of Farming,Forestry,Animal Husbandry and Fishery by Region(2013)

单位:万元 (10 000 yuan)

地 区	Region	农林牧渔业总产值 Output Value of Farming,Forestry, Animal Husbandry and Fishery	农业产值 Output Value of Farming	林业产值 Output Value of Forestry	牧业产值 Output Value of Animal Husbandry	渔业产值 Output Value of Fishery	农林牧渔服务业产值 Output Value of Services to Farming, Forestry,Animal Husbandry and Fishery
全省总计	**Total**	**87499891**	**45098788**	**1203033**	**23589894**	**13974156**	**3634020**
济南市	Jinan	5088380	3194607	109953	1561559	60936	161325
青岛市	Qingdao	6118581	2841323	22178	1640755	1394753	219572
淄博市	Zibo	2423721	1615929	126149	564006	48163	69474
枣庄市	Zaozhuang	2820500	1869531	27795	709614	74934	138626
东营市	Dongying	2306532	930831	21491	645978	525063	183169
烟台市	Yantai	7474478	3716512	138222	1276124	2117795	225825
潍坊市	Weifang	8506521	4823094	63788	2915524	420167	283948
济宁市	Jining	8150032	4711170	99267	2458622	598962	282011
泰安市	Tai'an	4544123	2531991	67830	1622698	125432	196172
威海市	Weihai	3992158	1015008	9180	756935	2081133	129902
日照市	Rizhao	2291558	1031211	31707	632660	506331	89649
莱芜市	Laiwu	895180	569596	15645	285020	13399	11520
临沂市	Linyi	5864409	3818369	194407	1536363	152915	162355
德州市	Dezhou	5685580	3138018	131108	2047096	133119	236239
聊城市	Liaocheng	5209957	3798800	29045	1214378	69684	98050
滨州市	Binzhou	4095118	2134104	84158	1194693	497367	184796
菏泽市	Heze	4589011	2917761	98163	1336651	113515	122921

13-5 各市农林牧渔业增加值(2013年)

Added Value of Farming,Forestry, Animal Husbandry and Fishery by Region(2013)

单位:万元 (10 000 yuan)

地 区	Region	增加值 Added Value	农业 Farming	林业 Forestry	牧业 Animal Husbandry	渔业 Fishery	农林牧渔服务业 Services to Farming, Forestry,Animal Husbandry and Fishery
全省总计	**Total**	**47426326**	**26490210**	**847478**	**9751232**	**8570803**	**1766603**
济南市	Jinan	2847033	1869760	78971	780790	40310	77202
青岛市	Qingdao	3522459	1817524	11644	728744	846272	118275
淄博市	Zibo	1377871	976274	81823	261409	25083	33282
枣庄市	Zaozhuang	1498134	1087051	15948	271276	46448	77411
东营市	Dongying	1171920	596359	10730	248729	241868	74234
烟台市	Yantai	4209873	2176276	87612	667171	1147292	131522
潍坊市	Weifang	4330944	2908302	38011	1008005	206566	170060
济宁市	Jining	4189413	2704006	60296	1047461	271985	105665
泰安市	Tai'an	2601096	1602446	51997	756538	92029	98086
威海市	Weihai	2034653	480783	4745	314075	1172476	62574
日照市	Rizhao	1314532	629667	23069	316200	289409	56187
莱芜市	Laiwu	493411	381630	9385	91207	7503	3686
临沂市	Linyi	3243005	2376325	127338	558468	94501	86373
德州市	Dezhou	2735395	1430368	79580	978524	89380	157544
聊城市	Liaocheng	2871475	2249983	22887	493863	45657	59085
滨州市	Binzhou	2110223	1299211	44871	442146	235720	88274
菏泽市	Heze	2550006	1771138	74311	579050	90391	35116

13-6 主要年份粮、棉、油产量

Output of Grain,Cotton and Oil-bearing Crops in Major Years

年 份 Year	粮 食 Grain		棉 花 Cotton		油 料 Oil-bearing Crops	
	总产量 (万吨) Gross Output (10 000 tons)	单 产 (千克/公顷) Output Per Hectare (kg/hectare)	总产量 (万吨) Gross Output (10 000 tons)	单 产 (千克/公顷) Output Per Hectare (kg/hectare)	总产量 (万吨) Gross Output (10 000 tons)	单 产 (千克/公顷) Output Per Hectare (kg/hectare)
1949	870.0	795	8.1	180	55.6	1170
1952	1199.0	1035	16.9	240	84.5	1470
1955	1276.0	1110	20.9	285	106.1	1485
1957	1126.0	990	17.4	225	70.0	945
1962	910.0	915	3.9	105	42.4	1875
1965	1332.0	1350	19.9	300	67.1	1395
1970	1465.0	1575	27.3	390	78.5	1575
1975	2170.5	2355	24.1	390	84.2	1515
1976	2241.5	2460	15.8	255	58.5	1065
1977	2099.0	2370	14.9	240	67.7	2025
1978	2288.0	2595	15.4	255	95.9	1785
1979	2472.0	2835	16.7	315	109.1	1800
1980	2384.0	2820	53.7	735	143.0	2160
1981	2312.5	2835	67.5	720	142.1	2010
1982	2375.0	3090	96.0	720	142.5	2190
1983	2700.0	3465	122.5	825	152.0	2460
1984	3040.0	3885	172.5	1005	182.0	2790
1985	3137.7	3930	106.2	915	267.9	2745
1986	3250.0	3840	94.1	930	207.6	2355
1987	3393.7	4125	124.4	1020	234.3	2940
1988	3225.0	3990	113.7	825	197.8	2505
1989	3250.0	4035	102.5	780	150.0	1995
1990	3570.0	4380	102.8	690	212.1	2910
1991	3916.9	4845	135.1	870	233.1	3285
1992	3589.3	4533	67.7	455	166.3	2380
1993	4100.0	4992	41.0	539	268.4	3434
1994	4091.1	5015	55.9	705	338.3	3781
1995	4245.0	5220	47.1	707	315.0	3580
1996	4332.7	5260	37.2	773	309.3	3767
1997	3852.2	4766	35.4	894	240.9	2977
1998	4264.8	5244	41.3	996	335.6	3908
1999	4269.0	5271	39.2	1072	320.5	3614
2000	3837.7	4938	59.0	1085	356.9	3730
2001	3720.6	5201	78.1	1062	377.3	3743
2002	3292.7	4763	72.2	1086	340.4	3458
2003	3435.5	5355	87.7	994	361.8	3572
2004	3516.7	5570	109.8	1036	369.7	3913
2005	3917.4	5837	84.6	1000	363.9	4044
2006	4093.0	5848	102.3	1149	328.2	4136
2007	4148.8	5981	100.1	1112	328.6	4097
2008	4260.5	6125	104.1	1172	340.6	4192
2009	4316.3	6140	92.1	1151	334.5	4247
2010	4335.7	6120	72.4	945	342.2	4193
2011	4426.3	6194	78.5	1043	341.0	4227
2012	4511.4	6264	69.8	1012	351.0	4409
2013	4528.2	6208	62.1	923	349.6	4398

13-7 1978-2013年畜牧业生产情况

Production of Animal Husbandry1978 to 2013

年 份 Year	肉类总产量 (万吨) Output of Meat (10 000 tons)	猪存栏 (万头) Stocked Pigs (10 000 heads)	牛存栏 (万头) Stocked Cattle (10 000 heads)	羊存栏 (万只) Stocked Sheep (10 000 heads)	家禽存栏 (万只) Stocked Poultry (10 000 heads)
1978	60.80	1992.00	227.60	756.40	6766.00
1979	65.18	2117.60	221.50	925.80	7204.00
1980	90.10	2112.50	217.80	1041.30	7997.00
1981	96.26	1901.10	213.70	1025.60	8075.00
1982	94.98	1726.20	213.60	989.50	9115.00
1983	94.54	1562.70	222.10	901.80	10216.80
1984	104.38	1681.50	232.60	753.90	14688.90
1985	128.62	1812.80	258.00	783.30	16548.20
1986	141.78	1668.90	292.50	985.30	15120.70
1987	141.02	1547.00	344.60	1404.10	16916.30
1988	171.47	1688.60	416.00	1436.40	21582.10
1989	195.63	1604.10	472.40	1491.30	20471.30
1990	221.61	1576.70	511.80	1528.10	23974.60
1991	241.49	1599.40	501.40	1591.20	24136.80
1992	250.67	1602.60	531.90	1655.20	25810.80
1993	286.61	1603.70	603.00	1703.50	27188.70
1994	338.77	1701.50	681.30	1799.80	35118.60
1995	394.42	1718.10	714.10	1866.10	34613.80
1996	405.52	1723.60	740.10	1877.20	37485.00
1997	460.64	2209.70	811.90	2038.60	41833.00
1998	497.90	2485.90	911.80	2322.00	48484.00
1999	524.49	2560.48	977.25	2536.22	53332.00
2000	499.99	2401.81	779.90	2260.06	47789.90
2001	531.49	2500.29	778.54	2357.24	50263.73
2002	559.66	2602.80	787.88	2466.79	53236.24
2003	591.00	2686.09	804.31	2543.26	55031.28
2004	621.72	2761.01	771.51	2667.51	56875.64
2005	657.78	2771.96	750.45	2645.96	54641.26
2006	681.00	2508.50	632.70	2368.30	52100.30
2007	618.70	2656.50	570.70	2342.30	48779.50
2008	660.31	2725.80	522.49	2142.88	53971.78
2009	684.13	2753.06	485.61	2096.94	52028.80
2010	704.36	2747.55	483.67	2138.88	54352.49
2011	711.05	2837.13	492.86	2150.90	58541.17
2012	764.16	2902.39	499.27	2163.81	64050.31
2013	774.77	2931.41	500.07	2158.05	62298.99

13-7 续表 continued

年 份 Year	猪出栏 (万头) Slaughtered Pigs (10 000 heads)	牛出栏 (万头) Slaughtered Cattle (10 000 heads)	羊出栏 (万只) Slaughtered Sheeps (10 000 heads)	家禽出栏 (万只) Slaughtered Poultry (10 000 heads)	禽蛋产量 (万吨) Output of Poultry Eggs (10 000 tons)	奶类产量 (万吨) Output of Milk (10 000 tons)
1978	901.20	4.60	142.40		22.50	6.83
1979	1047.50	6.70	228.60		23.67	6.95
1980	1241.60	8.80	377.50		25.62	6.80
1981	1296.80	11.50	460.70		29.47	5.24
1982	1213.20	10.60	521.60		34.30	8.77
1983	1159.20	18.90	616.30		41.07	11.43
1984	1284.00	18.40	519.10		62.28	13.34
1985	1482.60	27.60	558.30	8283.10	72.50	13.26
1986	1681.20	32.30	617.60	9234.50	69.66	15.81
1987	1514.00	49.80	842.10	11397.30	79.14	17.28
1988	1619.60	69.00	1219.00	15904.00	102.97	19.53
1989	1845.40	82.80	1348.40	16701.20	109.43	21.24
1990	1936.20	110.10	1416.40	22769.00	124.25	22.53
1991	1983.50	119.50	1348.70	30792.70	149.14	23.65
1992	2046.00	140.90	1366.10	33467.90	154.30	25.17
1993	2092.90	177.10	1411.00	42837.30	184.07	28.05
1994	2185.70	213.10	1668.20	64716.70	240.75	32.45
1995	2453.00	248.40	2034.10	71286.50	247.15	36.98
1996	2500.90	272.40	2051.80	73508.00	267.30	41.14
1997	2801.10	334.50	2269.30	82549.00	294.30	45.82
1998	3123.20	354.90	2518.90	91299.00	322.00	53.98
1999	3248.13	391.10	2838.80	100246.00	349.06	61.29
2000	3213.24	322.25	2375.73	91195.00	301.04	62.72
2001	3370.69	359.63	2530.15	99493.75	311.58	80.48
2002	3566.19	380.13	2646.54	105550.38	328.33	103.92
2003	3765.90	396.47	2731.23	113458.25	349.11	132.05
2004	4060.41	413.21	2869.43	122660.64	355.83	167.92
2005	4263.54	425.73	3002.98	145089.38	363.20	196.66
2006	4389.90	436.60	3026.20	151090.90	353.90	212.40
2007	3654.00	449.70	3080.70	139652.90	359.90	242.18
2008	3916.74	458.24	3098.80	152889.08	365.63	254.92
2009	4155.66	454.34	3057.08	156864.19	377.72	258.15
2010	4301.11	449.35	3005.11	163572.63	384.84	271.56
2011	4234.24	433.39	2901.22	173553.90	401.64	278.95
2012	4599.87	437.29	2915.73	188715.23	402.44	294.09
2013	4797.67	443.41	2967.34	184002.02	396.59	281.22

13-8 1978-2013年渔业生产情况
Output of Fishery from 1978 to 2013

单位：吨 (tons)

年份 Year	水产品总产量 Total Aquatic Products	海水产品 Seawater Aquatic Products	海洋捕捞 Ocean Fishing	海水养殖 Mariculture
1978	740283	691451	501504	189947
1979	627531	581165	432700	148465
1980	619591	570854	416814	154040
1981	589905	540408	407194	133214
1982	657698	611824	477729	134095
1983	674813	623122	465382	157740
1984	754572	693277	525027	168250
1985	814047	729568	531977	197591
1986	914411	806086	599376	206710
1987	1106641	983119	717588	265531
1988	1355865	1220408	809820	410588
1989	1539905	1403323	899265	504058
1990	1677973	1522059	1032683	489376
1991	1981169	1779214	1138436	640778
1992	2481648	2251437	1384628	866809
1993	3192828	2896171	1555657	1340514
1994	3506539	3053106	1608172	1444934
1995	3440763	2956402	1461525	1494876
1996	5299159	4683795	2337772	2346023
1997	5512326	4840507	2686824	2153683
1998	5875574	5116993	3003764	2113228
1999	6277843	5440155	3003387	2436767
2000	6306551	5375169	2780483	2594685
2001	6196988	5266599	2511170	2755430
2002	6277536	5403654	2457272	2946382
2003	6378795	5456872	2421393	3035479
2004	6486528	5528613	2440631	3087982
2005	6648983	5655207	2421396	3233811
2006	6837469	5783299	2359570	3423729
2007	7133795	5986873	2451596	3535277
2008	7303048	6094766	2481256	3613510
2009	7535939	6263895	2449591	3814304
2010	7838259	6463345	2350888	3962643
2011	8138280	6647212	2512437	4134775
2012	8418840	6860649	2498206	4362443
2013	8631599	6994590	2428240	4566350

13−8 续表 continued

年 份 Year	淡水产品产量(吨) Freshwater Aquatic Products (ton)	捕捞量 Fishing Output	养殖量 Breeding Output	水产品养殖面积(万亩) Water Area for Breeding Aquatics (10 000 mu)	海 水 Seawater	淡 水 Freshwater
1978	48832	32507	16325	202.30	26.80	175.50
1979	46366	30968	15398	193.29	26.54	166.75
1980	48737	32436	16301	203.21	28.50	174.71
1981	49497	31489	18008	182.24	28.66	153.58
1982	45874	29696	16178	176.15	35.18	140.97
1983	51691	31713	19978	160.05	32.31	127.74
1984	61295	34438	26857	165.10	37.70	127.40
1985	84479	37370	47109	215.14	49.58	165.56
1986	108325	38641	69684	243.14	56.70	186.44
1987	123522	34103	89419	257.65	70.87	186.78
1988	135457	29354	106103	234.90	104.27	180.63
1989	136582	26847	109735	246.73	103.72	143.01
1990	155914	31545	124369	273.52	105.01	168.51
1991	201955	41772	160183	304.04	112.54	191.50
1992	230211	41074	189137	312.30	115.89	196.41
1993	296657	50088	246569	400.16	223.76	176.40
1994	453433	58373	395060	466.56	197.36	269.21
1995	484362	55428	428933	497.39	197.81	299.58
1996	615364	67222	548142	564.54	242.45	322.09
1997	671819	73221	598598	618.91	274.04	344.87
1998	758582	80336	678246	649.80	283.22	366.58
1999	837689	80002	757687	722.78	336.14	386.65
2000	931382	81214	850168	788.35	420.71	367.64
2001	930389	79991	850397	829.39	434.99	394.40
2002	873882	71142	802740	802.51	439.15	363.36
2003	921923	91019	830904	930.91	537.52	393.38
2004	957915	93484	864431	1014.34	598.02	416.32
2005	993776	110887	882889	1033.11	611.09	422.02
2006	1054170	117390	936780	840.03	564.62	275.42
2007	1146922	114368	1032554	884.99	609.26	275.73
2008	1208282	129643	1078639	993.45	639.33	354.12
2009	1272044	128342	1143702	1029.30	662.10	367.20
2010	1374914	130896	1244018	1136.51	751.42	385.09
2011	1491068	135378	1355690	1174.40	768.19	406.21
2012	1558191	139308	1418883	1205.16	785.56	419.60
2013	1637009	142253	1494756	1240.35	820.23	420.12

13-9 农作物播种面积和产量

Sown Area and Output of Farm Crops

类　别	Category	2012 播种面积(公顷) Sown Area (hectare)	2012 总产量(吨) Total Output (ton)	2012 单产(千克/公顷) Output per Hectare (kg/hectare)	2013 播种面积(公顷) Sown Area (hectare)	2013 总产量(吨) Total Output (ton)	2013 单产(千克/公顷) Output per Hectare (kg/hectare)
农作物总播种面积	**Total Sown Area of Crops**	**10866977**			**10976440**		
一、粮食作物合计	**Grain**	**7202333**	**45114152**	**6264**	**7294580**	**45282258**	**6208**
(一)夏收粮食	Summer Harvest Grain	3626867	21799148	6010	3674270	22194000	6040
1.谷物	Cereals	3626836	21799000	6010	3673637	22190358	6040
#小麦	Wheat	3625867	21795000	6011	3673267	22188000	6040
2.夏杂豆	Beans	31	148	4774	633	3642	5754
(二)秋收粮食	Autumn Harvest Grain	3575466	23315004	6521	3620310	23088258	6377
1.谷物	Cereals	3166866	21058603	6650	3208013	20781200	6478
(1)稻谷	Rice	123867	1033791	8346	123133	1036300	8416
(2)玉米	Corn	3018067	19945135	6609	3060713	19671400	6427
(3)谷子	Millet	18733	58898	3144	18600	56200	3022
(4)高粱	Chinese Sorghum	4800	15802	3292	4667	14900	3193
(5)其他	Others	1399	4977	3558	900	2400	2667
2.豆类合计	Beans	163600	398505	2436	163827	400658	2446
#大豆	Soybean	146400	374308	2557	145867	358000	2454
3.薯类(按折粮计算)	Tubers	245000	1857896	7583	248470	1906400	7673
二、油料作物合计	**Oil-bearing Crops**	**796033**	**3509513**	**4409**	**794948**	**3496095**	**4398**
#花生果	Peanuts	787073	3486528	4430	780338	3456820	4430
油菜籽	Rapeseeds	7983	20823	2608	9517	24218	2545
芝　麻	Sesame	644	1125	1748	590	958	1623
三、棉花	**Cotton**	**689867**	**698490**	**1012**	**672800**	**620961**	**923**
四、生麻	**Fiber Crops**	**20**	**45**	**2187**	**20**	**45**	**2231**
#生黄红麻	Jute and Ambary Hemp	1	2	2400		1	3150
生 大 麻	Hemp	20	43	2179	20	44	2216
五、甜菜	**Beetroots**	**3**	**72**	**28500**	**3**	**67**	**26340**
六、烟叶	**Tobacco**	**39913**	**103419**	**2591**	**42348**	**112154**	**2648**
#烤烟	Flue-cured Tobacco	39909	103401	2591	41582	111308	2677
七、中草药材	**Medical Materials**	**29628**			**31557**		
八、蔬菜及食用菌	**Vegetable and Mushroom**	**1805974**	**93860081**	**51972**	**1832920**	**96582023**	**52693**
九、瓜果类	**Melon**	**277148**	**14006911**	**50539**	**279120**	**14273060**	**51136**
#西瓜	Watermelon	205674	11051267	53732	207405	11091830	53479
十、其它农作物	**Other Farm Crops**	**26058**			**28144**		
#青饲料	Fresh Feed	2434			4048		

13-10 各市农作物播种面积和产量(2013年)

Sown Area and Output of Farm Crops by Region(2013)

地 区	Region	农作物总播种面积(公顷) Total Sown Area of Farm Crops (hectare)	一、粮食作物合计 Grain Crops			(一)夏收粮食 Summer Harvest Grain		
			播种面积(公顷) Sown Area (hectare)	总产量(吨) Total Output (ton)	单 产(千克/公顷) Output per Hectare (kg/hectare)	播种面积(公顷) Sown Area (hectare)	总产量(吨) Total Output (ton)	单 产(千克/公顷) Output per Hectare (kg/hectare)
全省总计	**Total**	**10976440**	**7294580**	**45282258**	**6208**	**3674270**	**22194000**	**6040**
济 南 市	Jinan	591695	444667	2666004	5996	210400	1238505	5886
青 岛 市	Qingdao	709941	500391	3223879	6443	251067	1518351	6048
淄 博 市	Zibo	285138	234320	1425937	6085	112880	709437	6285
枣 庄 市	Zaozhuang	385510	267047	1712075	6411	141333	852689	6033
东 营 市	Dongying	287625	128980	723102	5606	52200	341000	6533
烟 台 市	Yantai	511638	356053	2119500	5953	149300	847000	5673
潍 坊 市	Weifang	1069874	736033	4752500	6457	359000	2245500	6255
济 宁 市	Jining	972481	649733	4503933	6932	328003	2115748	6450
泰 安 市	Tai'an	593564	389706	2812696	7217	194307	1312736	6756
威 海 市	Weihai	249913	158264	898714	5679	70397	406838	5779
日 照 市	Rizhao	256416	165800	1020200	6153	84000	474200	5645
莱 芜 市	Laiwu	86334	48060	282433	5877	16067	82416	5130
临 沂 市	Linyi	1059256	696487	4391500	6305	340040	1986500	5842
德 州 市	Dezhou	1012996	833427	6271007	7524	437533	3141708	7181
聊 城 市	Liaocheng	986628	733313	4660630	6356	368053	2422000	6581
滨 州 市	Binzhou	604527	431360	2660476	6168	211400	1364976	6457
菏 泽 市	Heze	1394070	968487	5643500	5827	566733	3350000	5911

13-10 续表 1 continued

地 区	Region	1.谷 物 Cereals			#小 麦 Wheat			2.夏杂豆 Beans		
		播种面积(公顷) Sown Area (hectare)	总产量(吨) Total Output (ton)	单 产(千克/公顷) Output per Hectare (kg/hectare)	播种面积(公顷) Sown Area (hectare)	总产量(吨) Total Output (ton)	单 产(千克/公顷) Output per Hectare (kg/hectare)	播种面积(公顷) Sown Area (hectare)	总产量(吨) Total Output (ton)	单 产(千克/公顷) Output per Hectare (kg/hectare)
全省总计	**Total**	**3673637**	**22190358**	**6040**	**3673267**	**22188000**	**6040**	**633**	**3642**	**5754**
济 南 市	Jinan	210400	1238505	5886	210400	1238505	5886			
青 岛 市	Qingdao	251067	1518351	6048	251067	1518351	6048			
淄 博 市	Zibo	112880	709437	6285	112880	709437	6285			
枣 庄 市	Zaozhuang	141333	852689	6033	141333	852689	6033			
东 营 市	Dongying	52200	341000	6533	52200	341000	6533			
烟 台 市	Yantai	149298	846997	5673	149298	846997	5673	2	3	1358
潍 坊 市	Weifang	358495	2243318	6258	358489	2240297	6249	505	2182	4322
济 宁 市	Jining	327999	2115735	6450	327999	2115735	6450	4	13	3000
泰 安 市	Tai'an	194307	1312736	6756	194307	1312736	6756			
威 海 市	Weihai	70396	406830	5779	70396	406830	5779	2	8	4371
日 照 市	Rizhao	83999	474199	5645	83996	474181	5645	1	1	1228
莱 芜 市	Laiwu	16067	82416	5130	16067	82416	5130			
临 沂 市	Linyi	340040	1986500	5842	339261	1982947	5845			
德 州 市	Dezhou	437533	3141708	7181	437533	3141708	7181			
聊 城 市	Liaocheng	368053	2422000	6581	368053	2422000	6581			
滨 州 市	Binzhou	211400	1364976	6457	211400	1364976	6457			
菏 泽 市	Heze	566733	3350000	5911	566733	3350000	5911			

13-10 续表 2 continued

地 区 Region		(二)秋收粮食 Autumn Harvest Grain			1.谷 物 Cereals			(1)稻 谷 Rice		
		播种面积(公顷) Sown Area (hectare)	总产量(吨) Total Output (ton)	单 产(千克/公顷) Output per Hectare (kg/hectare)	播种面积(公顷) Sown Area (hectare)	总产量(吨) Total Output (ton)	单 产(千克/公顷) Output per Hectare (kg/hectare)	播种面积(公顷) Sown Area (hectare)	总产量(吨) Total Output (ton)	单 产(千克/公顷) Output per Hectare (kg/hectare)
全省总计	**Total**	**3620310**	**23088258**	**6377**	**3208013**	**20781200**	**6478**	**123133**	**1036300**	**8416**
济 南 市	Jinan	234267	1427499	6093	218038	1355895	6219	4440	28695	6463
青 岛 市	Qingdao	249324	1705529	6841	237650	1660161	6986	103	581	5644
淄 博 市	Zibo	121440	716500	5900	117910	699384	5932	535	3580	6686
枣 庄 市	Zaozhuang	125713	859387	6836	111454	773180	6937	2125	15198	7154
东 营 市	Dongying	76780	382102	4977	73894	376860	5100	5160	22050	4274
烟 台 市	Yantai	206753	1272500	6155	184566	1157996	6274	98	677	6885
潍 坊 市	Weifang	377033	2507000	6649	364910	2442664	6694	2	15	7500
济 宁 市	Jining	321730	2388185	7423	293536	2262704	7708	38801	311859	8037
泰 安 市	Tai'an	195399	1499960	7676	180835	1431277	7915	225	1741	7740
威 海 市	Weihai	87867	491877	5598	75553	431295	5709			
日 照 市	Rizhao	81800	546000	6675	70576	461880	6544	6653	49627	7459
莱 芜 市	Laiwu	31993	200018	6252	28758	175303	6096			
临 沂 市	Linyi	356447	2405000	6747	291261	2018776	6931	44825	378048	8434
德 州 市	Dezhou	395893	3129299	7904	393347	3120006	7932	213	1280	6000
聊 城 市	Liaocheng	365260	2238630	6129	359415	2214161	6160	200	1155	5783
滨 州 市	Binzhou	219960	1295500	5890	216433	1283561	5931	660	4282	6488
菏 泽 市	Heze	401753	2293500	5709	376303	2213360	5882	4985	41627	8350

13-10 续表 3 continued

地 区 Region		(2)玉 米 Corn			(3)谷 子 Millet			(4)高 粱 Chinese Sorghum		
		播种面积(公顷) Sown Area (hectare)	总产量(吨) Total Output (ton)	单 产(千克/公顷) Output per Hectare (kg/hectare)	播种面积(公顷) Sown Area (hectare)	总产量(吨) Total Output (ton)	单 产(千克/公顷) Output per Hectare (kg/hectare)	播种面积(公顷) Sown Area (hectare)	总产量(吨) Total Output (ton)	单 产(千克/公顷) Output per Hectare (kg/hectare)
全省总计	**Total**	**3060713**	**19671400**	**6427**	**18600**	**56200**	**3022**	**4667**	**14900**	**3193**
济 南 市	Jinan	207745	1309951	6306	4867	14911	3064	871	1926	2210
青 岛 市	Qingdao	237191	1658129	6991	153	623	4070	111	478	4324
淄 博 市	Zibo	116741	693962	5944	485	1352	2786	148	490	3301
枣 庄 市	Zaozhuang	108814	755998	6948	394	1474	3744	118	487	4110
东 营 市	Dongying	67644	351506	5196	18	34	1830	1072	3270	3050
烟 台 市	Yantai	183557	1154247	6288	632	2096	3318	159	515	3236
潍 坊 市	Weifang	363187	2437444	6711	1228	3979	3242	394	863	2188
济 宁 市	Jining	254628	1950386	7660	8	32	4086	89	382	4289
泰 安 市	Tai'an	180108	1427774	7927	370	1306	3526	132	457	3462
威 海 市	Weihai	75538	431251	5709				5	13	2792
日 照 市	Rizhao	63226	409468	6476	597	2388	4003	62	251	4026
莱 芜 市	Laiwu	28330	173713	6132	307	1197	3903	120	388	3233
临 沂 市	Linyi	244117	1632996	6689	1500	5129	3420	751	2393	3189
德 州 市	Dezhou	392933	3117826	7935						
聊 城 市	Liaocheng	359086	2212595	6162	102	352	3445	25	56	2228
滨 州 市	Binzhou	215404	1278006	5933	220	707	3214	149	565	3784
菏 泽 市	Heze	370770	2169812	5852	446	1552	3477	94	340	3620

13-10 续表 4 continued

地 区	Region	(5)其它谷物 Other Cereals			2.豆 类 Beans			#大 豆 Soybean		
		播种面积(公顷) Sown Area (hectare)	总产量(吨) Total Output (ton)	单 产(千克/公顷) Output per Hectare (kg/hectare)	播种面积(公顷) Sown Area (hectare)	总产量(吨) Total Output (ton)	单 产(千克/公顷) Output per Hectare (kg/hectare)	播种面积(公顷) Sown Area (hectare)	总产量(吨) Total Output (ton)	单 产(千克/公顷) Output per Hectare (kg/hectare)
全省总计	**Total**	**900**	**2400**	**2667**	**163827**	**400658**	**2446**	**145867**	**358000**	**2454**
济 南 市	Jinan	115	413	3579	6844	18496	2703	5984	16075	2686
青 岛 市	Qingdao	92	349	3774	8210	19640	2392	8208	19635	2392
淄 博 市	Zibo				1546	3802	2460	1056	2619	2479
枣 庄 市	Zaozhuang	3	22	6420	7432	26242	3531	7023	24917	3548
东 营 市	Dongying				2666	3944	1479	2029	2989	1473
烟 台 市	Yantai	120	460	3852	10752	28195	2622	9945	26149	2629
潍 坊 市	Weifang	99	363	3684	5173	15478	2992	5105	15343	3005
济 宁 市	Jining	10	45	4586	14668	42829	2920	14547	42347	2911
泰 安 市	Tai'an				7415	21459	2894	7221	20904	2895
威 海 市	Weihai	10	31	3020	6524	16471	2525	6491	16123	2484
日 照 市	Rizhao	38	147	3865	3098	9033	2915	3041	8901	2927
莱 芜 市	Laiwu	1	5	5010	233	639	2738	227	633	2794
临 沂 市	Linyi	69	209	3039	21656	57765	2667	20740	55295	2666
德 州 市	Dezhou	200	900	4500	2200	6273	2851	1633	4623	2830
聊 城 市	Liaocheng	2	4	1605	4033	9764	2421	3889	9680	2489
滨 州 市	Binzhou				2761	6752	2445	2320	5724	2467
菏 泽 市	Heze	7	28	4100	20597	53732	2609	19512	51442	2636

13-10 续表 5 continued

地 区	Region	3.薯类(按折粮薯类计算) Tubers			二、油 料 Oil-bearing Crops			#花 生 果 Peanuts		
		播种面积(公顷) Sown Area (hectare)	总产量(吨) Total Output (ton)	单 产(千克/公顷) Output per Hectare (kg/hectare)	播种面积(公顷) Sown Area (hectare)	总产量(吨) Total Output (ton)	单 产(千克/公顷) Output per Hectare (kg/hectare)	播种面积(公顷) Sown Area (hectare)	总产量(吨) Total Output (ton)	单 产(千克/公顷) Output per Hectare (kg/hectare)
全省总计	**Total**	**248470**	**1906400**	**7673**	**794948**	**3496095**	**4398**	**780338**	**3456820**	**4430**
济 南 市	Jinan	9385	53108	5659	15161	56909	3754	13316	53313	4004
青 岛 市	Qingdao	3465	25727	7425	95808	443938	4634	95800	443909	4634
淄 博 市	Zibo	1985	13314	6709	6738	23039	3419	6715	23018	3428
枣 庄 市	Zaozhuang	6827	59965	8783	22261	95587	4294	21033	91681	4359
东 营 市	Dongying	219	1297	5911	1101	2714	2465	1065	2655	2492
烟 台 市	Yantai	11436	86309	7547	108631	453933	4179	108620	453915	4179
潍 坊 市	Weifang	6951	48859	7029	49785	246852	4958	49681	246587	4963
济 宁 市	Jining	13526	82652	6110	39669	173604	4376	39341	172613	4388
泰 安 市	Tai'an	7149	47224	6606	52087	233319	4479	51502	231693	4499
威 海 市	Weihai	5789	44111	7619	66249	247215	3732	66249	247215	3732
日 照 市	Rizhao	8126	75087	9241	55191	246213	4461	55189	245861	4455
莱 芜 市	Laiwu	3002	24076	8019	6305	17223	2732	6300	17217	2733
临 沂 市	Linyi	43531	328459	7545	176123	852351	4840	175827	849463	4831
德 州 市	Dezhou	347	3020	8712	4117	18652	4530	3719	16972	4564
聊 城 市	Liaocheng	1811	14704	8117	28037	117351	4186	26749	114362	4275
滨 州 市	Binzhou	766	5188	6772	3698	9257	2503	3658	9175	2508
菏 泽 市	Heze	4853	26408	5441	63988	257938	4031	55573	237171	4268

13-10 续表 6 continued

地 区	Region	#油菜籽 Rapeseeds			#芝 麻 Sesame			三、棉 花 Cotton		
		播种面积（公顷） Sown Area (hectare)	总产量（吨） Total Output (ton)	单 产（千克/公顷） Output per Hectare (kg/hectare)	播种面积（公顷） Sown Area (hectare)	总产量（吨） Total Output (ton)	单 产（千克/公顷） Output per Hectare (kg/hectare)	播种面积（公顷） Sown Area (hectare)	总产量（吨） Total Output (ton)	单 产（千克/公顷） Output per Hectare (kg/hectare)
全省总计	**Total**	**9517**	**24218**	**2545**	**590**	**958**	**1623**	**672800**	**620961**	**923**
济 南 市	Jinan	1504	2876	1912	294	438	1491	16162	19769	1223
青 岛 市	Qingdao							2292	3429	1496
淄 博 市	Zibo				24	21	885	4270	4182	979
枣 庄 市	Zaozhuang	1049	2717	2590	116	228	1958	3582	4940	1379
东 营 市	Dongying	7	21	3137	4	2	642	128095	95424	745
烟 台 市	Yantai	5	8	1500	4	4	913	188	278	1473
潍 坊 市	Weifang	68	156	2294	16	32	1947	36042	38507	1068
济 宁 市	Jining	266	787	2956	20	32	1609	79920	112048	1402
泰 安 市	Tai'an	554	1548	2794	13	18	1361	6696	8595	1284
威 海 市	Weihai									
日 照 市	Rizhao							1388	2247	1619
莱 芜 市	Laiwu				4	6	1355	951	1381	1452
临 沂 市	Linyi	245	378	1541	36	48	1354	8970	11713	1306
德 州 市	Dezhou							67947	103642	1525
聊 城 市	Liaocheng	1288	2988	2320				39450	47643	1208
滨 州 市	Binzhou	40	82	2041				111995	97101	867
菏 泽 市	Heze	4490	12657	2819	59	129	2161	133603	178151	1333

13-10 续表 7 continued

地 区	Region	四、生 麻 Fiber Crops			#生大麻 Raw Hemp			五、甜 菜 Beetroots		
		播种面积（公顷） Sown Area (hectare)	总产量（吨） Total Output (ton)	单 产（千克/公顷） Output per Hectare (kg/hectare)	播种面积（公顷） Sown Area (hectare)	总产量（吨） Total Output (ton)	单 产（千克/公顷） Output per Hectare (kg/hectare)	播种面积（公顷） Sown Area (hectare)	总产量（吨） Total Output (ton)	单 产（千克/公顷） Output per Hectare (kg/hectare)
全省总计	**Total**	**20**	**45**	**2231**	**20**	**44**	**2216**	**3**	**67**	**26340**
济 南 市	Jinan							3	67	26340
青 岛 市	Qingdao									
淄 博 市	Zibo									
枣 庄 市	Zaozhuang									
东 营 市	Dongying									
烟 台 市	Yantai									
潍 坊 市	Weifang									
济 宁 市	Jining									
泰 安 市	Tai'an	20	44	2216	20	44	2216			
威 海 市	Weihai									
日 照 市	Rizhao									
莱 芜 市	Laiwu									
临 沂 市	Linyi		1	3150						
德 州 市	Dezhou									
聊 城 市	Liaocheng									
滨 州 市	Binzhou									
菏 泽 市	Heze									

13−10 续表 8 continued

地 区	Region	六、烟 叶 Tobacco			#烤 烟 Cigarettes			七、药材播种面积(公顷) Sown Area of Medical Materials (hectare)
		播种面积(公顷) Sown Area (hectare)	总产量(吨) Total Output (ton)	单 产(千克/公顷) Output per Hectare (kg/hectare)	播种面积(公顷) Sown Area (hectare)	总产量(吨) Total Output (ton)	单 产(千克/公顷) Output per Hectare (kg/hectare)	
全省总计	**Total**	**42348**	**112154**	**2648**	**41582**	**111308**	**2677**	**31557**
济 南 市	Jinan							886
青 岛 市	Qingdao	702	1987	2830	702	1987	2830	16
淄 博 市	Zibo	1375	3569	2595	1375	3569	2595	4976
枣 庄 市	Zaozhuang							211
东 营 市	Dongying							70
烟 台 市	Yantai							83
潍 坊 市	Weifang	14315	38841	2713	14315	38841	2713	1391
济 宁 市	Jining							757
泰 安 市	Tai'an	9	25	2678	9	25	2678	682
威 海 市	Weihai							1906
日 照 市	Rizhao	7352	18253	2483	6873	18253	2656	3991
莱 芜 市	Laiwu	2111	5372	2544	2023	5176	2559	617
临 沂 市	Linyi	16483	44106	2676	16285	43456	2668	9933
德 州 市	Dezhou							90
聊 城 市	Liaocheng							1190
滨 州 市	Binzhou							
菏 泽 市	Heze							4757

13−10 续表 9 continued

地 区	Region	八、蔬菜及食用菌 Vegetable and Edible Fungi		#马铃薯 Potato		九、瓜果类 Melon	
		播种面积(公顷) Sown Area (hectare)	总产量(吨) Total Output (ton)	播种面积(公顷) Sown Area (hectare)	总产量(吨) Total Output (ton)	播种面积(公顷) Sown Area (hectare)	总产量(吨) Total Output (ton)
全省总计	**Total**	**1832920**	**96582023**	**110218**	**4650729**	**279120**	**14273060**
济 南 市	Jinan	99853	6571182	4193	194973	13113	787527
青 岛 市	Qingdao	100906	5754180	19507	935788	9440	466382
淄 博 市	Zibo	29535	2308387	895	41390	3872	194176
枣 庄 市	Zaozhuang	88230	4527702	28174	1147557	4103	205153
东 营 市	Dongying	21598	1459119	17	863	4020	130112
烟 台 市	Yantai	39288	2011022	2422	91796	7064	331685
潍 坊 市	Weifang	188802	11655516	11552	462560	38999	2027486
济 宁 市	Jining	179430	6585161	8515	333567	22519	1079858
泰 安 市	Tai'an	135413	7902995	15625	675631	3106	155096
威 海 市	Weihai	20039	949451	2271	83082	3296	144680
日 照 市	Rizhao	19059	1121898	1105	54792	2716	145944
莱 芜 市	Laiwu	28035	980390	2435	94406	209	9447
临 沂 市	Linyi	131734	6434150	10255	385558	16165	857758
德 州 市	Dezhou	100995	5568948	946	60337	6122	321552
聊 城 市	Liaocheng	159069	8859537	379	12639	25223	1317278
滨 州 市	Binzhou	39803	1894644	697	24239	15870	577659
菏 泽 市	Heze	159717	7112144	1230	51550	59564	2629565

13-10 续表 10 continued

地 区	Region	#西 瓜 Watermelon		#香瓜(甜瓜) Muskmelon		十、其它农作物播种面积(公顷) Sown Area of Other Farm Crops (hectare)	#青饲料播种面积 Fresh Feed Succulence
		播种面积(公顷) Sown Area (hectare)	总产量(吨) Total Output (ton)	播种面积(公顷) Sown Area (hectare)	总产量(吨) Total Output (ton)		
全省总计	**Total**	**207405**	**11091830**	**48917**	**2201755**	**28144**	**4048**
济 南 市	Jinan	9912	631839	2179	102955	1850	120
青 岛 市	Qingdao	4541	280698	2619	90121	386	63
淄 博 市	Zibo	3546	184572	63	1899	52	18
枣 庄 市	Zaozhuang	3111	167891	463	20739	76	
东 营 市	Dongying	3347	101190	500	19936	3761	3144
烟 台 市	Yantai	3950	214587	941	30949	331	14
潍 坊 市	Weifang	26451	1438476	6827	335240	4507	
济 宁 市	Jining	14477	778334	7368	275831	453	
泰 安 市	Tai'an	2238	118618	587	24487	5845	
威 海 市	Weihai	1726	85831	434	12673	159	30
日 照 市	Rizhao	2194	118771	38	1712	919	6
莱 芜 市	Laiwu	154	7086	9	268	46	
临 沂 市	Linyi	10998	625908	1482	77474	3361	71
德 州 市	Dezhou	5718	301809	94	3942	298	
聊 城 市	Liaocheng	17005	888287	7940	408157	346	41
滨 州 市	Binzhou	15048	552117	713	22291	1801	407
菏 泽 市	Heze	50502	2300784	8999	327008	3954	135

13-11 各市茶叶、水果生产情况(2013年)

Production of Tea and Fruits by Region(2013)

单位:吨 (ton)

地 区	Region	茶叶产量 Output of Tea	水果产量 Output of Fruits	苹果 Apple	梨 Pear	葡萄 Grape
全省总计	**Total**	**15740**	**16015350**	**9304735**	**1271992**	**1124653**
济 南 市	Jinan	14	522228	253691	39922	21258
青 岛 市	Qingdao	1979	749501	473876	72390	99028
淄 博 市	Zibo	57	1158585	655327	10437	153058
枣 庄 市	Zaozhuang		252005	73250	14685	6695
东 营 市	Dongying		93862	48533	8206	11123
烟 台 市	Yantai	548	5088297	4189980	248192	420870
潍 坊 市	Weifang	297	914910	378139	63218	73951
济 宁 市	Jining		280419	90318	20312	85770
泰 安 市	Tai'an	262	529441	162495	23315	14515
威 海 市	Weihai	348	939633	838033	48863	21813
日 照 市	Rizhao	11041	237773	142042	8686	4043
莱 芜 市	Laiwu		95359	21671	2997	995
临 沂 市	Linyi	1011	2017660	608042	50017	94681
德 州 市	Dezhou		392672	97734	27887	18352
聊 城 市	Liaocheng		571391	268997	184209	57521
滨 州 市	Binzhou		861136	129745	224398	6512
菏 泽 市	Heze	182	585563	347944	124257	34469

13-11 续表 1 continued

单位:吨 (ton)

地 区	Region	桃 Peach	杏 Apricot	红枣 Jujube	柿子 Persimmon	山楂 Hawthorn	其它 Others
全省总计	**Total**	**2464826**	**183202**	**910650**	**156978**	**201699**	**396615**
济南市	Jinan	108449	43662	9808	20696	10996	13747
青岛市	Qingdao	62994	10066	2565	9356	5174	14051
淄博市	Zibo	282718	2979	4378	8208	9033	32448
枣庄市	Zaozhuang	63339	2873	10865	11449	2663	66185
东营市	Dongying	3257	557	22132	11		43
烟台市	Yantai	73813	13168	1860	10755	2302	127356
潍坊市	Weifang	238358	8857	22822	36786	66936	25843
济宁市	Jining	45362	6601	14128	4162	5281	8485
泰安市	Tai'an	190449	40146	28165	8349	15680	46324
威海市	Weihai	18354	271	126	558	172	11444
日照市	Rizhao	65474	2032	382	6197	1269	7649
莱芜市	Laiwu	43499	2166	875	10968	10360	1828
临沂市	Linyi	1118083	24633	11505	24857	62301	23541
德州市	Dezhou	18968	5171	213789	249	6488	4035
聊城市	Liaocheng	23945	5750	16692	640	2330	11307
滨州市	Binzhou	38033	11269	447630	1673	588	1289
菏泽市	Heze	69730	3002	2928	2063	126	1044

13-11 续表 2 continued

单位:公顷 (hectare)

地 区	Region	年末实有果园面积 Orchard Area at the Year-end	#苹果园 Apple	梨园 Pear	葡萄园 Grape	桃园 Peach
全省总计	**Total**	**633851**	**303368**	**45636**	**39880**	**104012**
济南市	Jinan	33048	15351	1851	1286	5576
青岛市	Qingdao	25731	13843	2062	3226	2916
淄博市	Zibo	36590	17986	480	4098	9581
枣庄市	Zaozhuang	15486	3905	579	461	3638
东营市	Dongying	6299	2455	333	380	448
烟台市	Yantai	158227	118027	8409	16045	3281
潍坊市	Weifang	38439	11132	1979	2361	11223
济宁市	Jining	18633	3960	823	2333	3451
泰安市	Tai'an	27053	7070	955	661	7762
威海市	Weihai	33671	27074	2045	1363	874
日照市	Rizhao	20342	7243	223	142	5284
莱芜市	Laiwu	11146	2044	260	101	4662
临沂市	Linyi	76634	19198	1716	2589	39834
德州市	Dezhou	13483	3560	856	662	611
聊城市	Liaocheng	36660	14232	8842	2616	1715
滨州市	Binzhou	37969	5664	7325	237	1247
菏泽市	Heze	18547	11692	3297	1319	1910

13-12 各市林业生产情况(2013年)

Production of Forestry by Region(2013)

地区	Region	按主要林种用途分(公顷) by Purpose of Major Forest Types(hectare)			主要林产品产量(吨) Output of Major Forestry Products(ton)		农村集体、农民采伐木材消耗蓄积量(立方米) Volume of Timber Consumption Cut by Rural Collective and Households (cu.m)
		用材林 Forest for Timber	经济林 Economic Forest	防护林 Protection Forest	核桃 Walnut	板栗 Chestnut	
全省总计	**Total**	**32569**	**63604**	**122536**	**100376**	**314753**	**4340194**
济南市	Jinan	1837	6813	4987	28158	12435	134156
青岛市	Qingdao	1198	4033	4720	292	2278	66594
淄博市	Zibo	704	1392	7016	1199	7523	102692
枣庄市	Zaozhuang	784	6616	10154	1870	7950	32282
东营市	Dongying	108	1138	7005			40657
烟台市	Yantai	888	4727	10937	3166	38374	27482
潍坊市	Weifang	3704	3505	15156	3175	24781	254978
济宁市	Jining	2133	7889	7220	15986	10913	342417
泰安市	Tai'an	1608	7262	5063	32258	53967	222347
威海市	Weihai	128	2201	4300	33	15535	10191
日照市	Rizhao	1851	3899	3214	309	29236	72384
莱芜市	Laiwu	148	382	2374	670	6089	24521
临沂市	Linyi	5121	7560	9560	11563	105670	808561
德州市	Dezhou	3242	1306	10552	905		343588
聊城市	Liaocheng	2886	2919	5613	165		230689
滨州市	Binzhou	3745	358	10759	325	2	326519
菏泽市	Heze	2484	1604	3906	302		1300136

13-12 续表 continued

单位:公顷 (hectare)

地区	Region	营林情况 Forestation					
		当年人工造林面积 Forested Area in the Year	迹地更新面积 Update Area	零星植树(万株) Surrounding Tree Planting (10000 trees)	当年育苗面积 Nursery Garden Area in the Year	幼林抚育作业面积(公顷次) Laid out Area of Young Trees (hectare.time)	成林抚育面积 Laid out Area of Grown-up Trees
全省总计	**Total**	**219129**	**7219**	**19145**	**55889**	**557467**	**413850**
济南市	Jinan	13637	120	1377	3185	34119	14513
青岛市	Qingdao	9951	568	521	1426	8024	3419
淄博市	Zibo	9112		804	1743	7560	30334
枣庄市	Zaozhuang	17784	92	744	1891	51534	13186
东营市	Dongying	6947		238	3799	22836	21633
烟台市	Yantai	16625	25	317	1180	68895	20470
潍坊市	Weifang	23312	538	2945	5553	60929	23334
济宁市	Jining	17307		2948	8951	43192	10931
泰安市	Tai'an	13933	746	1300	1806	44350	28576
威海市	Weihai	6629	11	378	686	1600	16038
日照市	Rizhao	8924	47	513	1137	38825	6666
莱芜市	Laiwu	2904	40	221	346	771	6670
临沂市	Linyi	22595	1240	2404	4739	38222	30102
德州市	Dezhou	15100		1439	4990	24417	43620
聊城市	Liaocheng	11431	3060	1344	2032	12520	40666
滨州市	Binzhou	14944	330	445	9069	61044	58085
菏泽市	Heze	7994	402	1207	3356	38629	45607

13-13 各市畜牧业生产情况(2013年)

Production of Animal Husbandry by Region(2013)

地 区	Region	大牲畜年末存栏(万头) Stocked Large Livestock at Year-end (10000 heads)	#牛 Cattle	猪年末存栏(万头) Stocked Pigs at Year-end (10000 heads)	羊年末存栏(万只) Stocked Sheep and Goats at Year-end (10000 heads)	山羊 Goats	绵羊 Sheep	家 禽年末存栏(万只) Stocked Poultry at Year-end (10000 heads)	兔年末存栏(万只) Stocked Hare at Year-end (10000 heads)
全省总计	**Total**	**514.40**	**500.07**	**2931.41**	**2158.05**	**1600.33**	**557.72**	**62298.99**	**3308.97**
济 南 市	Jinan	77.23	76.64	210.05	150.39	106.72	43.67	3662.78	262.00
青 岛 市	Qingdao	24.09	24.06	226.09	18.25	13.48	4.77	5687.42	54.74
淄 博 市	Zibo	15.48	15.47	67.86	48.83	45.62	3.20	1559.20	136.41
枣 庄 市	Zaozhuang	11.71	11.00	119.09	116.93	113.35	3.58	2658.18	374.81
东 营 市	Dongying	25.92	25.63	73.19	114.80	40.20	74.60	2413.06	27.80
烟 台 市	Yantai	17.68	17.58	252.96	37.07	28.90	8.16	5067.07	53.70
潍 坊 市	Weifang	37.67	37.49	470.11	94.40	54.85	39.54	11940.24	83.05
济 宁 市	Jining	33.37	33.13	340.52	250.16	157.73	92.43	7826.04	484.40
泰 安 市	Tai'an	39.14	38.89	210.42	175.24	117.12	58.12	3570.42	176.01
威 海 市	Weihai	7.41	7.41	101.64	12.44	12.14	0.30	2127.77	62.15
日 照 市	Rizhao	8.90	8.76	151.09	72.44	71.49	0.95	2774.17	289.07
莱 芜 市	Laiwu	1.63	1.63	52.71	35.81	28.68	7.13	754.98	107.57
临 沂 市	Linyi	31.80	31.68	410.33	238.83	222.63	16.20	7323.79	751.50
德 州 市	Dezhou	171.34	165.38	402.55	194.89	153.36	41.53	6466.26	48.93
聊 城 市	Liaocheng	39.39	37.50	160.69	142.62	95.37	47.25	4957.35	63.03
滨 州 市	Binzhou	60.60	58.79	130.99	85.26	32.66	52.59	4610.61	51.47
菏 泽 市	Heze	49.97	47.96	377.15	773.32	665.60	107.72	4576.31	282.34

13-13 续表 1 continued

地 区	Region	牛当年出栏(万头) Slaughtered Cattle in the Year (10000 heads)	猪当年出栏(万头) Slaughtered Pigs in the Year (10000 heads)	羊当年出栏(万只) Slaughtered Sheep and Goats in the Year (10000 heads)	家禽当年出栏(万只) Slaughtered Poultry in the Year (10000 heads)	兔当年出栏(万只) Slaughtered Hare in the Year (10000 heads)
全省总计	**Total**	**443.41**	**4797.67**	**2967.34**	**184002.02**	**6244.22**
济 南 市	Jinan	49.67	316.10	224.78	5596.26	385.30
青 岛 市	Qingdao	7.10	382.57	19.60	20415.06	209.78
淄 博 市	Zibo	11.52	130.19	58.65	5316.60	523.81
枣 庄 市	Zaozhuang	7.54	174.68	202.17	7575.05	476.89
东 营 市	Dongying	23.66	132.85	172.12	7615.95	72.36
烟 台 市	Yantai	8.46	386.63	39.39	12615.33	14.00
潍 坊 市	Weifang	29.79	824.10	127.25	49675.21	260.00
济 宁 市	Jining	22.42	654.71	443.94	18705.66	1815.21
泰 安 市	Tai'an	19.19	377.74	296.76	8928.44	386.39
威 海 市	Weihai	2.97	143.91	12.25	5410.01	32.62
日 照 市	Rizhao	7.59	202.42	82.10	5705.42	489.12
莱 芜 市	Laiwu	1.03	55.03	43.77	1568.89	119.30
临 沂 市	Linyi	31.05	616.48	314.73	17988.11	833.10
德 州 市	Dezhou	106.11	574.52	215.97	13120.47	83.54
聊 城 市	Liaocheng	26.15	265.56	224.21	17716.84	212.51
滨 州 市	Binzhou	53.83	202.01	162.42	15348.50	168.51
菏 泽 市	Heze	53.98	553.55	1067.43	8086.35	161.79

13-13 续表 2 continued

单位:吨 (ton)

地 区	Region	肉类总产量 Output of Meat	#牛肉 Beef	#猪肉 Pork	#羊肉 Mutton	#禽肉 Poultry Meat	奶类产量 Output of Milk	#牛奶 Cow Milk
全省总计	**Total**	**7747713**	**678959**	**3928943**	**336873**	**2688027**	**2812220**	**2714308**
济南市	Jinan	402436	68114	229684	23673	76373	318240	318240
青岛市	Qingdao	614888	9731	279279	2140	320579	371439	333697
淄博市	Zibo	183499	15708	93357	5824	62508	120654	120505
枣庄市	Zaozhuang	262393	10049	127324	16454	101618	47250	47020
东营市	Dongying	275507	32743	100794	18352	122277	187139	187139
烟台市	Yantai	492392	13505	285862	4741	188080	207287	179316
潍坊市	Weifang	1428300	41181	615784	12124	755181	271088	263754
济宁市	Jining	835037	30885	491938	37655	249476	136211	134542
泰安市	Tai'an	454341	26521	279722	29838	112791	563106	563106
威海市	Weihai	184664	4154	108353	1217	70306	174795	155442
日照市	Rizhao	211612	9123	127187	7559	63348	21782	21742
莱芜市	Laiwu	65832	1299	38918	3943	20140	2019	2019
临沂市	Linyi	768185	41033	435524	30045	250745	105001	101751
德州市	Dezhou	714122	136892	411827	18482	145206	186114	186107
聊城市	Liaocheng	537770	35556	210525	23064	264013	86722	86554
滨州市	Binzhou	473788	73048	155888	16221	225294	112896	112896
菏泽市	Heze	659601	74776	392766	94295	93901	64893	64893

13-13 续表 3 continued

单位:吨 (ton)

地 区	Region	羊毛产量 Output of Wool	山羊毛 Goat Wool	绵羊毛 Sheep Wool	禽蛋产量 Poultry Eggs	#鸡蛋 Hen's Eggs	蚕茧产量 Output of Cocoon	#桑蚕茧 Cocoon	#柞蚕茧 Oak Cocoon
全省总计	**Total**	**14377**	**4737**	**9640**	**3965893**	**3720150**	**30954**	**30854**	**100**
济南市	Jinan	1101	602	499	355883	339787	90	90	
青岛市	Qingdao	7	3	4	190224	189151	600	600	
淄博市	Zibo	197	148	49	70122	60909	1848	1848	
枣庄市	Zaozhuang	392	242	150	112061	96450	3	3	
东营市	Dongying	373	44	330	131011	113373	112	112	
烟台市	Yantai	145	2	142	243577	237693	400	365	35
潍坊市	Weifang	700	92	608	259855	238450	2187	2187	
济宁市	Jining	2042	798	1244	598703	458454	207	207	
泰安市	Tai'an	1319	252	1067	198872	184832	7794	7794	
威海市	Weihai	1			142701	138916	294	267	27
日照市	Rizhao	21	13	8	122014	119901	4095	4057	38
莱芜市	Laiwu	150	80	70	30405	29902	189	189	
临沂市	Linyi	829	620	209	289644	250918	2532	2532	
德州市	Dezhou	490	151	338	431536	267949			
聊城市	Liaocheng	1490	194	1296	304601	289992			
滨州市	Binzhou	968	83	885	238790	202007	4442	4442	
菏泽市	Heze	4156	1412	2744	393325	357878	6160	6160	

13-14 各市水产品产量和养殖面积(2013年)
Output and Breeding Area of Aquatic Products by Region (2013)

地区	Region	水产品总产量(吨) Total Aquatic Products (ton)	海水产品 Seawater Aquatic products	海洋捕捞 Ocean Fishing	海水养殖 Seawater Cultured	内陆水域水产品 Inland waterways Aquatic Products
全省总计	**Total**	**8631599**	**6994590**	**2428240**	**4566350**	**1637009**
济南市	Jinan	46048				46048
青岛市	Qingdao	1108504	1063182	270384	792798	45322
淄博市	Zibo	26858				26858
枣庄市	Zaozhuang	92905				92905
东营市	Dongying	520931	418590	85423	333167	102341
烟台市	Yantai	1898080	1863637	719873	1143764	34443
潍坊市	Weifang	578559	463787	175882	287905	114772
济宁市	Jining	406084				406084
泰安市	Tai'an	91160				91160
威海市	Weihai	2384045	2343688	821717	1521971	40357
日照市	Rizhao	566129	526615	243415	283200	39514
莱芜市	Laiwu	3536				3536
临沂市	Linyi	148789	472	472		148317
德州市	Dezhou	98947				98947
聊城市	Liaocheng	75223				75223
滨州市	Binzhou	430200	280695	77150	203545	149505
菏泽市	Heze	121677				121677
省属远洋捕捞企业	Provincial Ocean Fishing Enterprises	33924		33924		

13-14 续表 continued

地区	Region	内陆捕捞 Landlocked Fishing	内陆养殖 Landlocked Cultured	水产品养殖面积(公顷) Breeding Area of Aquatic Products (hectare)	海水养殖 Seawater Cultured	内陆养殖 Landlocked Cultured
全省总计	**Total**	**142253**	**1494756**	**826897**	**546814**	**280083**
济南市	Jinan	905	45143	7428		7358
青岛市	Qingdao		45322	51155	35030	16125
淄博市	Zibo	715	26143	5618		5615
枣庄市	Zaozhuang	5212	87693	12182		9952
东营市	Dongying	8992	93349	126666	104201	22465
烟台市	Yantai	822	33621	167968	157614	10354
潍坊市	Weifang	16538	98234	98897	67032	31085
济宁市	Jining	54066	352018	59772		58626
泰安市	Tai'an	16500	74660	11741		11939
威海市	Weihai		40357	74363	69819	4544
日照市	Rizhao	912	38602	51309	38775	12534
莱芜市	Laiwu	548	2988	2069		2069
临沂市	Linyi	17494	130823	30354		30370
德州市	Dezhou	2065	96882	11961		11961
聊城市	Liaocheng	5355	69868	8665		8665
滨州市	Binzhou	3328	146177	90597	74343	16244
菏泽市	Heze	8801	112876	22203		20177
省属远洋捕捞企业	Provincial Ocean Fishing Enterprises					

13-15 主要农业机械年末拥有量
Major Agricultural Machinery at the Year-end

类 别	单位	Category	Unit	2012	2013
农业机械总动力	**(万千瓦)**	**total power of agricultural machinery**	**(10000 kw)**	**12419.87**	**12739.83**
一、拖拉机及配套机械		**Tractors and related machinery**			
拖拉机	(万台)	Tractor	(10000 units)	250.66	249.77
	(万千瓦)		(10000 kw)	3364.59	3475.33
#大中型(14.7千瓦及以上)	(万台)	Large and Medium-sized(14.7 kw and above)	(10000 units)	47.69	50.07
	(万千瓦)		(10000 kw)	1688.82	1802.24
拖拉机配套农具	(万部)	Tractor Supporting Tools	(10000 units)	420.86	426.75
#大中型	(万部)	Large and Medium-sized	(10000 units)	98.56	101.94
二、种植业机械		**Farming Machinery**			
机引犁	(万台)	Mechanical Power Plow	(10000 units)	143.95	143.96
旋耕机	(万台)	Rotary Tiller	(10000 units)	31.77	32.31
播种机	(万台)	Seeder	(10000 units)	66.82	69.84
农用水泵	(万台)	Agricultural Water-pump	(10000 units)	296.71	297.27
节水灌溉类机械	(万套)	Water-saving Irrigation Machinery	(10000 units)	48.69	50.50
机动喷雾(粉)机	(万台)	Mobile Spray (Powder) Machinery	(10000 units)	48.85	50.09
	(万千瓦)		(10000 kw)	102.56	108.48
联合收获机	(万台)	Combine Harvester	(10000 units)	21.49	23.40
	(万千瓦)		(10000 kw)	737.54	855.20
#玉米联合收获机	(万台)	Corn Combine Harvester	(10000 units)	7.45	8.26
秸秆粉碎还田机	(万台)	Straw crushing Machinery	(10000 units)	9.56	10.45
机动脱粒机	(万台)	Thresher	(10000 units)	40.09	40.53
三、畜牧养殖机械	**(万台)**	**Animal Husbandry Machinery**	**(10000 units)**	**19.11**	**22.12**
	(万千瓦)		(10000 kw)	112.53	127.18
四、渔业机械	**(万台)**	**Fishery Machinery**	**(10000 units)**	**12.58**	**13.31**
	(万千瓦)		(10000 kw)	233.30	232.44
五、林果业机械	**(万台)**	**Fruit Industry Machinery**	**(10000 units)**	**1.00**	**1.18**
	(万千瓦)		(10000 kw)	6.74	7.26
六、农产品初加工机械		**Agricultural Products Primary Processing Machinery**			
农产品初加工动力机械	(万台)	Agricultural Products Primary Processing Power Machinery	(10000 units)	99.89	101.00
	(万千瓦)		(10000 kw)	893.53	913.42
农产品初加工作业机械	(万台)	Agricultural Products Primary Processing Operating Machinery	(10000 units)	49.65	50.26
七、农田基本建设机械	**(万台)**	**Farmland Capital Construction Machinery**	**(10000 units)**	**4.21**	**4.32**
	(万千瓦)		(10000 kw)	282.43	290.28
八、运输机械		**Transport Machinery**			
#农村运输车	(万台)	Rural Transport Vehicles	(10000 units)	284.12	284.62
	(万千瓦)		(10000 kw)	3615.17	3654.29
九、其他机械		**Other Machinery**			
#农用飞机	(架)	Agricultural Aircraft	(unit)	8	16
农业机械原值	**(亿元)**	**Total Value of Agricultural Machinery**	**(100 million Yuan)**	**748.45**	**796.65**

13-16 各市主要农业机械年末拥有量(2013年)

Number of Major Agricultural Machinery at the Year-end by Region(2013)

地 区	Region	农业机械总动力(千瓦) total power of agricultural machinery (kw)	#拖拉机及配套机械 Tractors and related machinery			#联合收获机 Combine Harvester		农业机械原值(万元) Total Value of Agricultural Machinery (10000 yuan)
			拖拉机 Tractor		拖拉机配套农具 Tractor Supporting Tools			
			(台) (unit)	(千瓦) (kw)	(部) (unit)	(台) (unit)	(千瓦) (kw)	
全省总计	**Total**	**127398306**	**2497657**	**34753272**	**4267511**	**233998**	**8552035**	**7966536**
济南市	Jinan	5520587	61816	1222295	107216	10902	366443	328332
青岛市	Qingdao	8093141	206309	2968332	402250	13640	677475	550086
淄博市	Zibo	3587403	28253	797630	56246	9916	225229	318245
枣庄市	Zaozhuang	3264167	35223	873717	109285	9639	490385	286023
东营市	Dongying	2446576	55197	948190	122132	5654	185924	255828
烟台市	Yantai	9431850	268835	2711567	355270	8305	290802	609062
潍坊市	Weifang	13601752	189750	2848544	287871	22441	966933	933939
济宁市	Jining	10567005	112368	2338198	203034	26886	547151	666064
泰安市	Taian	5194840	79235	1403040	144988	15396	291649	339441
威海市	Weihai	5446986	282623	2456858	498989	4829	161510	373640
日照市	Rizhao	3122275	211302	1496526	521540	1559	60652	287499
莱芜市	Laiwu	1068026	22952	297562	30176	836	11830	91628
临沂市	Linyi	9300439	428209	4086028	602858	10731	456108	546139
德州市	Dezhou	14398951	260407	4333947	303159	30439	1332684	740958
聊城市	Liaocheng	11785801	72317	1705899	129335	22101	926249	533430
滨州市	Binzhou	5915386	80606	1510506	163446	14324	492286	323690
菏泽市	Heze	14653121	102255	2754433	229716	26400	1068727	782531

13-17 各市地类面积(2012年)

Land Category Area by Region(2012)

单位:公顷 (hectare)

地 区	Region	农用地 agricultural land	耕地 Cultivated Land	水浇地 Irrigated Land	建设用地 Land for construction	未利用地 unutilized land
全省总计	**Total**	**11580155**	**7635670**	**5167839**	**2735369**	**1474582**
济南市	Jinan	543173	360279	265366	161898	94770
青岛市	Qingdao	812324	528095	248295	235450	80426
淄博市	Zibo	419418	211111	140098	117678	59396
枣庄市	Zaozhuang	331629	237185	126765	84843	39881
东营市	Dongying	425619	223493	166792	132374	266334
烟台市	Yantai	1064561	446875	143935	201469	119119
潍坊市	Weifang	1162194	798314	482257	300131	151990
济宁市	Jining	775320	609809	460354	183900	159478
泰安市	Tai'an	587797	364721	223249	125650	62695
威海市	Weihai	445805	195943	26707	84607	49286
日照市	Rizhao	426183	241491	55089	79053	30622
莱芜市	Laiwu	146314	72434	35892	39157	39132
临沂市	Linyi	1325762	843763	330379	279453	113906
德州市	Dezhou	811696	639696	639285	182439	41633
聊城市	Liaocheng	699818	565460	565013	151256	11726
滨州市	Binzhou	637154	465200	433279	162379	117686
菏泽市	Heze	965389	831800	825085	213633	36501

13-18　各市灌溉面积(2013年)

Irrigated Area by Region(2013)

单位:千公顷　　(1000 hectares)

地　区	Region	有效灌溉面积 Effective Irrigated Area	#当年实灌 Irrigated in the Year	林地灌溉面积 Irrigated Area of Forest Lands	果园灌溉面积 Irrigated Area of Orchard
全省总计	**Total**	**5022.24**	**4518.63**	**156.17**	**318.41**
济南市	Jinan	250.91	237.32	8.53	7.50
青岛市	Qingdao	302.79	262.79	10.01	18.02
淄博市	Zibo	136.62	126.33	5.27	26.16
枣庄市	Zaozhuang	163.85	127.03	0.36	11.00
东营市	Dongying	185.67	140.72	8.94	5.24
烟台市	Yantai	240.41	204.81	4.54	66.48
潍坊市	Weifang	497.12	458.69	21.22	37.59
济宁市	Jining	468.45	453.40	8.44	6.89
泰安市	Tai'an	228.65	215.45	5.23	15.10
威海市	Weihai	118.74	84.38	0.88	17.14
日照市	Rizhao	98.57	92.00	3.84	10.98
莱芜市	Laiwu	37.34	34.44	0.41	3.43
临沂市	Linyi	357.73	296.86	14.03	29.62
德州市	Dezhou	467.18	463.26	36.06	19.45
聊城市	Liaocheng	489.09	484.74	9.47	9.67
滨州市	Binzhou	361.45	282.83	5.75	12.11
菏泽市	Heze	617.67	553.58	13.18	22.04

13-19　各市农村基层情况(2013年)

Basic Conditions of Rural Grass-root Units by Region(2013)

地　区	Region	农村基层组织情况(个) Rural Grass-root Units(unit)			农村基础设施(个) Rural Infrastructure(unit)		
		乡镇级单位 Number of Towns	#镇 Towns	村委会个数 Number of Villager`s Committees	自来水受益村数 Number of Villages Benefit from Water	通汽车村数 Number of Villages with Automobile Traffic	通电话村数 Number of Villages with Telephone Lines
全省总计	**Total**	**1826**	**1107**	**74767**	**71434**	**74743**	**74765**
济南市	Jinan	143	51	4532	4515	4532	4532
青岛市	Qingdao	145	43	5445	5388	5439	5443
淄博市	Zibo	88	58	3102	3091	3102	3102
枣庄市	Zaozhuang	64	44	2113	2105	2113	2113
东营市	Dongying	40	23	1781	1781	1781	1781
烟台市	Yantai	154	81	6159	5838	6158	6159
潍坊市	Weifang	118	62	6273	6265	6273	6273
济宁市	Jining	156	104	6255	6225	6240	6255
泰安市	Tai'an	88	62	3575	3538	3575	3575
威海市	Weihai	71	48	2511	2511	2509	2511
日照市	Rizhao	55	40	2979	2675	2979	2979
莱芜市	Laiwu	20	13	1016	1012	1016	1016
临沂市	Linyi	156	119	5094	4284	5094	5094
德州市	Dezhou	134	90	7986	7897	7986	7986
聊城市	Liaocheng	135	90	5495	4897	5495	5495
滨州市	Binzhou	91	58	4972	4880	4972	4972
菏泽市	Heze	168	121	5479	4532	5479	5479

13-20　各市农村电气化和农业化学化情况(2013年)

Rural Electrification and Agriculture Chemicals by Region(2013)

单位:吨　(ton)

地　区	Region	农用化肥施用量(实物量) Consumption of Chemical Fertilizer (physical volume)	氮　肥 Nitrogenous Fertilizer	磷　肥 Phosphate Fertilizer	钾　肥 Potash Fertilizer	复合肥 Compound Fertilizer	农用化肥施用量(折纯量) Consumption of Chemical Fertilizer (convert to pure volume)	氮　肥 Nitrogenous Fertilizer	磷　肥 Phosphate Fertilizer
全省总计	**Total**	**14129291**	**5315340**	**2276970**	**1198774**	**5338207**	**4726568**	**1581705**	**488009**
济南市	Jinan	842231	385073	190841	52133	214183	231394	90366	35039
青岛市	Qingdao	790472	188664	70654	60184	470969	291157	53129	13945
淄博市	Zibo	331186	122740	41276	21306	145864	98012	32380	7661
枣庄市	Zaozhuang	643316	243448	52458	39956	307454	212815	72782	12115
东营市	Dongying	376190	161613	92392	20788	101397	122350	45323	19627
烟台市	Yantai	1062637	326661	141713	125475	468788	383421	109570	30896
潍坊市	Weifang	1439212	353084	131444	112250	842434	543034	110075	31880
济宁市	Jining	1145023	404786	186060	105162	449015	440387	143775	43964
泰安市	Tai'an	651679	263334	99757	69928	218660	205965	58685	21584
威海市	Weihai	396504	134881	45319	43152	173152	115007	32725	9888
日照市	Rizhao	358760	107779	35807	30450	184724	121414	29587	9039
莱芜市	Laiwu	123842	50089	16175	12549	45029	37739	10936	2717
临沂市	Linyi	1390860	565822	148986	146947	529105	418040	132753	33795
德州市	Dezhou	1183802	572737	239218	78320	293527	385497	183736	45911
聊城市	Liaocheng	1148608	468902	241763	103401	334542	417970	164425	65743
滨州市	Binzhou	665969	301802	114911	39660	209596	209287	78467	26782
菏泽市	Heze	1579000	663925	428195	137113	349767	493080	232993	77424

13-20　续表　continued

单位:吨　(ton)

地　区	Region	钾　肥 Potash Fertilizer	复合肥 Compound Fertilizer	农用塑料薄膜使用量 Plastic Film Consumption	地膜使用量 Film Consumption	农用柴油量 Diesel Consumption	农药施用量 Pesticides Consumption	地膜覆盖面积(公顷) Film Coverage (hectare)	农村用电量(万千瓦时) Electricity Consumption in Rural Area (10000 kwh)
全省总计	**Total**	**440709**	**2216144**	**318727**	**136830**	**1746392**	**158384**	**2381218**	**4713759**
济南市	Jinan	18317	87672	14451	4399	51577	3229	54227	263548
青岛市	Qingdao	20511	203573	17922	10679	229158	6493	166852	359138
淄博市	Zibo	6930	51041	10477	3290	29685	5738	32548	492891
枣庄市	Zaozhuang	14058	113860	8403	3585	15333	4699	30027	306856
东营市	Dongying	8730	48671	9029	6389	41116	6371	140503	48125
烟台市	Yantai	48153	194802	11685	7990	234768	21347	134812	906378
潍坊市	Weifang	45907	355173	77851	16247	157391	15065	232457	621827
济宁市	Jining	43779	208869	13149	9088	106133	15101	158773	155109
泰安市	Tai'an	24555	101141	10045	4577	53101	6871	69390	102213
威海市	Weihai	16621	55773	3811	2503	302517	8833	32727	168597
日照市	Rizhao	11002	71785	9989	6129	155461	6775	111497	103220
莱芜市	Laiwu	5585	18501	2578	1885	10569	1292	23863	76660
临沂市	Linyi	48141	203351	49546	20733	99452	15546	328387	313528
德州市	Dezhou	29389	126461	24969	13184	64358	11929	376527	110832
聊城市	Liaocheng	42883	144919	24036	6599	75886	9286	121877	138189
滨州市	Binzhou	15150	88888	7265	5805	33678	8053	148958	105435
菏泽市	Heze	40998	141664	23521	13749	86208	11758	217792	441212

主要统计指标解释

农林牧渔业总产值 指以货币表现的农、林、牧、渔业全部产品和对农林牧渔业生产活动进行的各种支持性服务活动的价值总量，它反映一定时期内农林牧渔业生产总规模和总成果。1957 年以前的农林牧渔业总产值中包括了厩肥和农民自给性手工业(如农民自制衣服、鞋、袜，自己从事粮食初步加工等)。1958 年及以后，林业中增加了村及村以下竹木采伐产值；牧业中取消了厩肥产值；副业中取消了农民自给性手工业产值，增加了村及村以下办的工业产值；渔业中增加了海洋捕捞水产品产值。1980 年及以后，在副业中增加了农民家庭兼营工业商品部分的产值。从 1984 年起村及村以下工业产值划归工业。从 1993 年起取消副业，将野生动物的捕猎划入牧业，野生植物采集和农民家庭兼营商品性工业划归农业。从 2003 年起，执行新的国民经济行业分类标准，农林牧渔业总产值中包括了农林牧渔服务业产值。林业中增加了森林采运业产值。农业中取消了家庭兼营商品性工业产值，将野生林产品的采集划归林业。

农林牧渔业总产值的计算方法通常是按农、林、牧、渔业产品及其副产品的产量分别乘以各自单位产品价格求得；少数生产周期较长，当年没有产品或产品产量不易统计的，则采用间接方法匡算其产值；然后将四业产品产值相加即为农林牧渔业总产值。

粮食产量 指全社会的产量。包括国有经济经营的、集体统一经营的和农民家庭经营的粮食产量，还包括工矿企业办的农场和其他生产单位的产量。粮食除包括稻谷、小麦、玉米、高粱、谷子及其他杂粮外，还包括薯类和豆类。其产量计算方法，豆类按去豆荚后的干豆计算；薯类(包括甘薯，不包括芋头和木薯)1963 年以前按每 4 公斤鲜薯折 1 公斤粮食计算，从 1964 年开始改为按 5 公斤鲜薯折 1 公斤粮食计算。作为蔬菜的薯类(如马铃薯等)按鲜品计算，并且不作粮食统计。其他粮食一律按脱粒后的原粮计算。1989 年以前全国粮食产量数据主要靠全面报表取得，1989 年开始使用抽样调查数据。

棉花产量 指全社会的产量。包括春播棉和夏播棉。产量按皮棉计算。不包括木棉。

油料产量 指全部油料作物的生产量。包括花生、油菜籽、芝麻、向日葵籽、胡麻籽（亚麻籽）和其他油料。不包括大豆、木本油料和野生油料。花生以带壳干花生计算。

水产品产量 指人工养殖的水产品和天然生长的水产品的捕捞量。包括海水的鱼类、虾蟹类、贝类和藻类以及内陆水域的鱼类、虾蟹类和贝类，不包括淡水生植物。水产品产量是通过各级水产和统计部门逐级上报取得数据。1995 年及以前，贝类中牡蛎按鲜肉计算；蚶、蛤、蛏按 5 斤鲜品折 1 斤计算。1996 年以后则统一按鲜品计算。

猪、牛、羊肉产量 指当年出栏并已屠宰、除去头蹄下水后带骨肉(即胴体重)的重量。包括全社会范围内的产量。由于畜牧业产品年报数据与普查数据之间存在一定的差距，根据国家统计局有关文件精神，从 2000 年起，对畜牧业年报数据与普查数据进行衔接。

期初(末)畜禽存栏头(只)数 指报告期初(末)农村各种合作经济组织和国营农场、农民个人、机关、团体、学校、工矿企业、部队等单位以及城镇居民饲养的大牲畜、猪、羊、家禽等畜禽的存栏数。数据上报方式及数据调整情况同猪、牛、羊肉产量。

农作物播种面积 指实际播种或移植有农作物的面积。凡是实际种植有农作物的面积，不论种植在耕地上还是种植在非耕地上，均包括在农作物播种面积中。在播种季节基本结束后，因遭灾而重新改种和补种的农作物面积，也包括在内。它是反映我国耕地面积利用情况的一个重要指标。目前，农作物播种面积主要包括粮食、棉花、油料、糖料、麻类、烟叶、蔬菜和瓜类、药材和其他农作物九大类。

有效灌溉面积 指具有一定的水源，地块比较平整，灌溉工程或设备已经配套，在一般年景下，当年能够进行正常灌溉的耕地面积。在一般情况下，有效灌溉面积应等于灌溉工程或设备已经配备，能够进行正常灌溉的水田和水浇地面积之和。它是反映我国耕地抗旱能力的一个重要指标。

农用化肥施用量 指本年内实际用于农业生产的化肥数量，包括氮肥、磷肥、钾肥和复合肥。化肥施用量要求按折纯量计算数量。折纯量是指把氮肥、磷肥、钾肥分别按含氮、含五氧化二磷、含氧化钾的百分之百成份进行折算后的数量。复合肥按其所含主要成分折算。公式为：

折纯量=实物量×某种化肥有效成份含量的百分比

农业机械总动力 指主要用于农、林、牧、渔业的各种动力机械的动力总和。包括耕作机械、排灌机械、收获机械、农用运输机械、植物保护机械、牧业机械、林业机械、渔业机械和其他农业机械〔内燃机按引擎马力折成瓦(特)计算、电动机按功率折成瓦(特)计算〕。不包括专门用于乡、镇、村、组办工业、基本建设、非农业运输、科学试验和教学等非农业生产方面用的动力机械与作业机械。这个指标的统计数据主要来源于农机部门。

Explanatory Notes on Main Statistical Indicators

Gross Output Value of Farming, Forestry, Animal Husbandry and Fishery refers to the total value of products of farming, forestry, animal husbandry and fishery, and total value of services rendered to support farming, forestry, animal husbandry and fishery activities. It reflects the total scale and results of agricultural production during a given period. Prior to 1957, Chinas gross agricultural output value included barnyard manure and handicraft products for self consumption (clothes, shoes, stockings, and initial grain processing undertaken by peasants). Since 1958, cutting and felling of bamboo and trees by villages and other cooperative organizations under villages have been included in forestry; value of barnyard manure has been excluded from animal husbandry; self consumed handicrafts has been excluded from sideline occupations, while the output value of industries run by villages and cooperative organizations under village had been included in sideline occupations and the output value of fish catches by motor fishing boats has been added to fishery. Since 1980, the value of handicraft products made for sale by individuals in households had been added to sideline occupations. Since 1984, industries run by villages and under villages have been included in the sector of industry. Since 1993, the subdivision of sideline occupations has been canceled, and the hunting of wild animals has been classified into animal husbandry, and the gathering of wild plants and commodity industry run by rural household have been included in farming. A new industrial classification of economic activities was introduced in 2003. Under the new classification, value of services to farming, forestry, animal husbandry and fishery is included in the gross output value of agriculture, value of wood felling and transport is included in forestry, value of industrial output by rural households is not included in agriculture, and the collection of wild forest products is taken from agriculture and included in the forestry. The first agriculture census of China revealed some discrepancy between the production of animal products from the annual reports and that from the census. Efforts were made by the Rural Socio economic Survey Organization of NBS to adjust the output value of animal husbandry to make the figures from the annual reports consistent with the census data.

Gross output value of agriculture is obtained by first multiplying the output of each product or by product by its price, resulting in the output value of each single item. For a small number of products, annual output of which is not available or difficult to get due to the long production (growing) process involved, the output value is estimated through an indirect approach. The sum of output value of all products of farming, forestry, animal husbandry and fishery is then equal to the gross output value of agriculture.

Grain Output refers to the total output in the whole country including grains produced by state farms, collective units, rural households, as well as by farms affiliated to industrial and mining enterprises and other production units. Grain includes rice, wheat, corn, sorghum, millet and other miscellaneous grains as well as tubers and bean. Output of beans refers to dry beans without pods. The output of tubers (sweet potatoes, not including taros and cassava) was converted into that of grain at the ratio 4：1, i.e. 4 kilograms of fresh tubers was equivalent to 1 kilogram of grain up to 1963. Since 1964 the ratio for conversion has been 5:1. Tubers supplied as vegetables (such as potatoes) are calculated as fresh vegetables and their output is not included in the output of grain. Output of all other grains refers to husked grain. Data on grain production before 1989 were obtained through Comprehensive Statistical Reporting System. Since 1989, data from sample surveys are used.

Cotton Output refers to the cotton production in the whole country including cotton sown in spring and in autumn. Output is measured as the weight of ginned cotton. Ceiba is not included.

Output of Oil-bearing Crops refers to the total production of oil bearing crops of various kinds, including peanuts, (dry, in shell) rapeseeds, sesame, sunflower seeds, flax seeds, and other oil bearing crops. Soybeans, oil bearing woody plants, and wild oil bearing crops are not included.

Output of Aquatic Products refers to catches of both artificially cultured and naturally grown aquatic products, including fish, shrimps, crabs and shellfish in sea and inland water as well as seaweed. Freshwater plants are not included.Data on output of aquatic products are reported by aquatic product and statistical agencies level by level. Before 1995, among the shellfish, the oyster was counted as fresh meat; 5 kilograms of ark shell, clams and frogs are equivalent to 1 kilogram of fresh aquatic products; they are all counted as fresh aquatic products since 1996.

Output of Pork, Beef, and Mutton refers to the meat of slaughtered hogs, cattle, sheep and goats with head, feet, and offal taken away. Data refers to the production of the whole country. The first agriculture census of China in 1996 revealed some discrepancy between the production of animal products from the annual reports and that from the census. Efforts were made by the Rural Socio economic Survey Organization of NBS to adjust the output value of animal husbandry to make the figures from the annual reports consistent with the census data. Since 1999, NBS conducted sample survey for the major animal husbandry products, such as hogs, cattle, sheep and goats and fowls, and the data from sample surveys are used as national finalized data. Those products, which are not covered by the sample survey, are still reported by statistical agencies level by level.

Number of Livestock or Poultry in Stock at Beginning (or End) refers to the total number of large animals, pigs, sheep, fowls, etc. raised by rural cooperative organizations, state farms, rural individuals, government agencies, schools, industrial and mining enterprises, army, and urban residents at the beginning (or end) of the reference period. Data reporting system and data adjustment are the same as that in the output of pork, beef and mutton.

Sown Area of Crops refers to area of land sown or

transplanted with crops regardless of being in cultivated area or non cultivated area. Area of land re sown due to natural disasters is also included. This is an important indicator that can reflect the utilization condition of the cultivated land in China. At present, the sown area of crops mainly include the following 9 categories of crops: grain, cotton, oil bearing crops, sugar crops, fiber crops, Tobacco, Vegetables and melons, medicinal materials and other farm crops.

Irrigated Area refers to areas that are effectively irrigated, i.e. level land, which has water source and complete sets of irrigation facilities to lift and move adequate water for irrigation purpose under normal conditions. Under normal conditions, irrigated area is the sum of watered fields and irrigated fields where irrigation systems or equipment have been installed for regular irrigation purpose. This important indicator reflects drought resistance capacity of the cultivated land in China.

Consumption of Chemical Fertilizers in Agriculture refers to the quantity of chemical fertilizers applied in agriculture in the year, including nitrogenous fertilizer, phosphate fertilizer, potash fertilizer, and compound fertilizer. The consumption of chemical fertilizers is required in calculation to convert the gross weight into weight containing 100% effective component (e.g. 100% nitrogen content in nitrogenous fertilizer, 100% phosphorous pent oxide contents in phosphate fertilizer, 100% potassium oxide contents in potash fertilizer). Compound fertilizer is converted with its major component. The formula is :

Volume of effective component=physical quantity×effective component of certain chemical fertilizer (%)

Total Power of Farm Machinery refers to total mechanical power of machinery used in farming, forestry, animal husbandry, and fishery, including ploughing, irrigation and drainage, harvesting, transport, plant protection, stock breeding, forestry and fishery. The power of internal combustion engines is required to convert horsepower into watts and the power of electric motors is required to be converted into watts. Machinery employed for non agricultural purposes, such as the machines used in township run and village run industry, construction, non agricultural transport, scientific experiments and teaching, is excluded. Data are mainly from agricultural machinery agencies.

第14篇

工　业

Industry

简 要 说 明

一、本篇资料的主要内容

本篇资料反映了全省工业生产和基本效益情况，主要包括历年工业总产值及指数、规模以上工业、国有控股工业、国有工业、集体工业、外商投资和港澳台投资工业、大中型工业企业、非公有工业、高新技术产业的主要经济指标、相关的财务分析指标和主要工业产品产量等方面的内容。自 2011 年开始，规模以上工业企业划分标准由年主营业务收入 500 万元及以上提高到 2000 万元及以上。

二、本篇资料的来源

本篇资料来源于工业统计年报，由省统计局工业交通统计处整理提供。

Brief Introduction

I. Content

Data in this chapter show the basic condition of industry in Shandong, mainly including the gross industrial output value and indices, the output of major industrial products and major economic and relevant financial indicators of industrial enterprises. Industrial enterprises include enterprises above designated size, state share holding enterprises, state owned enterprises, collective owned enterprises, foreign funded enterprises, enterprises with funds from Hong Kong, Macao and Taiwan, large and medium sized enterprises, private enterprises and high tech enterprises.Since 2011, criteria of revenue from principal business for the industrial enterprises above designated size has been increased from 5 million yuan and above to 20 million yuan and above.

II. Source of Data

Data in this chapter are based on the annual report of industrial statistics and are prepared and provide by the Division of Industry and Transport Statistics of Shandong Provincial Bureau of Statistics.

14-1　主要年份工业总产值
Gross Industrial Output Value in Major Years

年 份 Year	工业总产值(亿元) Gross Industrial Output Value (100 millioon yuan)	国有经济 State-owned	集体经济 Collective-owned	轻工业总产值 Light Industry	重工业总产值 Heavy Industry	占全部工业总产值的比重(%) As Percentage of Gross Industrial Output Value(%) 国有经济 State-owned	集体经济 Collective-owned	轻工业 Light Industry	重工业 Heavy Industry
1949	9.15	3.42	0.01	8.25	0.90	37.38	0.11	90.16	9.84
1952	20.08	9.07	0.88	17.84	2.24	45.17	4.38	88.84	11.16
1955	30.10	14.81	2.31	25.36	4.74	49.20	7.67	84.25	15.75
1957	43.31	15.83	2.36	35.34	7.97	36.55	5.45	81.60	18.40
1962	45.70	33.99	6.27	31.22	14.48	74.38	13.72	68.32	31.68
1965	71.38	55.79	8.95	48.21	23.17	78.16	12.54	67.54	32.46
1970	141.22	109.22	21.37	81.88	59.34	77.34	15.13	57.98	42.02
1975	189.78	138.41	38.39	96.65	93.13	72.93	20.23	50.93	49.07
1976	220.00	157.01	52.12	107.03	112.97	71.37	23.69	48.65	51.35
1977	262.24	178.85	70.70	127.92	134.32	68.20	26.96	48.78	51.22
1978	296.82	200.74	78.60	144.28	152.54	67.63	26.48	48.61	51.39
1979	314.34	217.62	78.52	157.52	156.82	69.23	24.98	50.11	49.89
1980	340.32	229.89	90.46	183.81	156.51	67.55	26.58	54.01	45.99
1981	358.37	238.57	96.69	212.33	146.04	66.57	26.98	59.25	40.75
1982	393.21	261.91	100.28	233.57	159.64	66.61	25.50	59.40	40.60
1983	441.85	292.55	110.46	261.04	180.81	66.21	25.00	59.08	40.92
1984	534.91	318.30	164.80	317.58	217.33	59.51	30.81	59.37	40.63
1985	682.78	397.07	205.53	370.41	312.37	58.15	30.10	54.25	45.75
1986	784.33	415.12	234.86	419.38	364.95	52.93	29.94	53.47	46.53
1987	1032.88	521.66	302.57	533.38	499.50	50.51	29.29	51.64	48.36
1988	1455.24	662.48	441.05	751.70	703.54	45.52	30.31	51.65	48.35
1989	1920.94	833.86	575.95	982.99	937.95	43.41	29.98	51.17	48.83
1990	2200.85	911.88	650.38	1118.76	1082.09	41.43	29.55	50.83	49.17
1991	2599.17	1038.69	764.67	1326.78	1272.39	39.96	29.42	51.05	48.95
1992	3115.45	1301.39	993.81	1536.64	1578.81	41.77	31.90	49.32	50.68
1993	4713.48	1678.89	1285.42	2125.93	2587.55	35.62	27.27	45.10	54.90
1994	7023.23	2012.72	1812.72	3367.58	3655.65	28.66	25.81	47.95	52.05
1995	8906.60	2600.54	1840.75	4403.84	4502.76	29.20	20.67	49.44	50.56
1996	9126.63	2423.77	2380.09	4540.14	4586.49	26.56	26.08	49.75	50.25
1997	9984.12	2513.03	2512.01	4926.50	5057.61	25.17	25.16	49.34	50.66
1998	10579.17	2177.73	2206.64	5110.02	5469.15	20.59	20.86	48.30	51.70
1999	11195.46	2058.49	2218.99	5373.71	5821.75	18.39	19.82	48.00	52.00
2000	12509.53	2474.49	2393.99	5964.70	6544.83	19.78	19.14	47.68	52.32
2001	13277.37	1223.49	2078.33	6437.42	6839.96	9.21	15.65	48.48	51.52
2002	15588.53	1377.03	2348.82	7630.45	7958.08	8.83	15.07	48.95	51.05
2003	19891.54	1484.04	2526.39	9049.49	10842.05	7.46	12.70	45.49	54.51
2004	26295.24	2087.28	2819.30	11382.95	14912.29	7.94	10.72	43.29	56.71
2005	35387.43	1982.94	2264.87	13124.13	22263.30	5.60	6.40	37.09	62.91
2006	43900.21	2307.84	2469.67	15638.85	28261.36	5.26	5.63	35.62	64.38
2007	54428.27	2988.11	2922.80	19011.79	35416.48	5.49	5.37	34.93	65.07
2008	62958.53	4577.21	2464.08	21315.28	41643.25	7.27	3.91	33.86	66.14
2009	71209.42	4074.70	2775.66	24195.79	47013.62	5.72	3.90	33.98	66.02
2010	83851.40	5486.12	2632.65	27161.78	56689.62	6.54	3.14	32.39	67.61
2011	99504.98	6200.76	2983.41	31019.15	68485.83	6.23	3.00	31.17	68.83
2012	114707.29	5022.12	3129.06	36682.83	78024.46	4.38	2.73	31.98	68.02
2013	129906.01	4250.08	1750.38	40763.79	89142.21	3.27	1.35	31.38	68.62

注：1. 本表按当年价格计算，1998年及以后集体工业为规模以上集体工业；
2. 自2011年开始，规模以上工业企业划分标准由年主营业务收入500万元及以上提高到2000万元及以上(下表同)。

a)Data in this table are caculated at current prices,collective-owned industry refers to collective-owned industry above designated size since 1998.

b)The criteria of revenue from principal business for the industrial enterprises above designated size has been increased from 5 million yuan and above to 20 million yuan and above since 2011.The same applies to the fllowing tables.

14-2 主要年份工业总产值指数(以1952年为100)

Indice of Gross Industrial Output Value in Major Years(1952=100)

年 份 Year	工业总产值指数 Indice of Gross Industrial Output Value	国有单位 State-owned	集体单位 Collective-owned	按轻重工业分 Grouped by Light & Heavy Industries 轻工业 Light Industry	重工业 Heavy Industry
1949	45.2	37.4	1.3	46.2	39.9
1952	100.0	100.0	100.0	100.0	100.0
1955	151.6	165.0	264.9	141.0	210.4
1957	236.0	224.7	344.2	206.0	370.0
1962	214.9	353.9	671.4	154.4	570.4
1965	366.7	633.5	1045.4	260.2	995.8
1970	723.4	1238.6	2494.8	435.6	2514.1
1975	1122.4	1812.0	5168.8	590.4	4529.6
1976	1304.7	2061.0	7037.7	655.5	5508.5
1977	1560.1	2352.4	9564.9	785.1	6563.4
1978	1766.4	2644.2	10646.8	886.7	7464.3
1979	1850.0	2834.6	10522.1	957.5	7589.3
1980	2001.2	2992.2	12111.7	1116.6	7571.8
1981	2091.4	3081.7	12845.4	1280.8	7014.1
1982	2269.7	3309.1	13571.4	1393.6	7583.1
1983	2524.2	3652.8	14849.3	1541.5	8500.0
1984	2887.8	3651.0	21459.7	1772.2	9655.9
1985	3530.6	4267.7	26046.7	1979.7	13293.4
1986	4110.2	4592.0	29223.4	2271.5	15740.8
1987	5089.9	5247.0	36481.8	2716.5	20260.6
1988	6803.9	6289.4	49739.0	3718.2	26390.7
1989	8029.9	6845.8	59622.0	4368.6	31314.3
1990	9081.8	7221.1	67151.9	4910.3	35635.7
1991	10630.2	7880.3	79849.3	5814.8	41232.5
1992	13203.8	9169.6	104332.3	6983.6	52983.8
1993	17410.5	10252.6	152395.2	8422.2	75660.9
1994	22325.5	10611.4	201009.3	11471.0	90112.1
1995	27482.7	12230.2	219100.8	14563.6	110026.9
1996	31954.1	12946.9	272154.0	17820.0	121491.7
1997	35820.6	13736.4	294951.4	19946.0	136423.0
1998	39954.3	12309.5	267429.8	21672.0	156345.4
1999	44702.4	12274.7	267143.4	23594.6	173193.0
2000	52713.1	13031.4	314292.3	28303.2	200740.0
2001	58288.7	7085.8	269624.9	31681.3	218566.7
2002	66406.7	8105.5	289070.9	36715.1	267094.8
2003	80723.9	8209.3	305837.0	41983.7	346635.6
2004	105142.9	9409.0	366085.2	54702.7	451415.2
2005	143609.4	10969.1	274178.2	60887.4	711789.0
2006	174082.5	12474.5	292134.7	71800.2	871484.8
2007	213754.5	15993.0	340762.7	88991.2	1081129.3
2008	243985.2	19063.9	371280.7	103190.2	1205057.4
2009	293138.0	18027.4	444262.5	124426.5	1445148.9
2010	328691.6	15909.7	496117.7	140021.7	1617429.3
2011	367977.8	16964.2	530394.5	150855.5	1843387.5
2012	431094.8	13963.1	565333.7	181300.5	2134280.9
2013	496153.3	12008.7	321387.7	204746.1	2478044.6

注：本表按可比价格计算，1998年及以后集体工业指数为规模以上集体工业指数。

a)Data in this table are caculated at current prices,the index of collective-owned industry refers to index of collective-owned industry above designated size since 1998.

14–3 2007–2013年规模以上工业增加值

Value Added of Industry Enterprises above Designated Size From 2007 to 2013

单位:万元 (10 000 yuan)

类 别	Category	2007		2008		2009	
		工业增加值 Value Added of Industry Enterprises	比上年增长(%) Growth Rate(%)	工业增加值 Value Added of Industry Enterprises	比上年增长(%) Growth Rate(%)	工业增加值 Value Added of Industry Enterprises	比上年增长(%) Growth Rate(%)
全省总计	**Total**	**132121756**	**20.77**	**167187522**	**13.80**	**188477760**	**14.93**
在总计中:轻工业	of which:Light Industry	44745712	18.96	54514692	13.21	62715602	12.13
重工业	Heavy Industry	87376044	21.70	112672831	14.10	125762158	16.24
在总计中:国有企业	of which:State-owned Enterprises	7548811	10.08	9844121	4.60	8776650	4.57
集体企业	Collective-owned Enterprises	6851061	14.46	8265316	8.27	8267032	17.82
股份制企业	Cooperative Enterprises	76973065	21.08	98632264	15.11	112143312	15.96
外商及港澳台商投资企业	Enterprises with Funds from Foreign Countries,Hong Kong, Macao and Taiwan	25719594	23.24	31373575	14.06	35485979	11.01
在总计中:国有控股企业	of which:State-holding Enterprises	29953246	11.69	37261436	8.17	33276261	4.67
在总计中:大中型工业企业	of which:Large and Medium-sized Enterprises	73064688	14.94	73106839	8.73	76047431	9.14

注:本表绝对数按当年价格计算,增幅按可比价计算。
a)Data in this table are calculated at current prices, growth rate at costant prices.

14–3 续表 continued

单位:万元 (10 000 yuan)

类 别	Category	2010	2011	2012	2013
		工业增加值比上年增长(%) Growth Rate(%)	工业增加值比上年增长(%) Growth Rate(%)	工业增加值比上年增长(%) Growth Rate(%)	工业增加值比上年增长(%) Growth Rate(%)
全省总计	**Total**	**15.00**	**14.03**	**11.43**	**11.34**
在总计中:轻工业	of which:Light Industry	12.91	11.88	11.21	10.25
重工业	Heavy Industry	16.08	15.06	11.54	11.85
在总计中:国有企业	of which:State-owned Enterprises	13.24	15.71	6.07	5.28
集体企业	Collective-owned Enterprises	9.93	11.50	10.54	10.65
股份制企业	Cooperative Enterprises	15.64	14.59	12.32	12.29
外商及港澳台商投资企业	Enterprises with Funds from Foreign Countries,Hong Kong, Macao and Taiwan	14.12	11.13	7.85	10.32
在总计中:国有控股企业	of which:State-holding Enterprises	12.54	6.08	3.68	4.84
在总计中:大中型工业企业	of which:Large and Medium-sized Enterprises	13.31	11.04	7.97	9.45

14-4 按行业分规模以上工业增加值构成
Its Composition of Industry Enterprises above Designated Size by Sector

类　　别	Category	2012 增加值占规模以上工业比重(%) Composition(%)	2012 工业增加值比上年增长(%) Growth Rate (%)
全省总计	**Total**	**100.0**	**11.4**
采掘业	**Mining**	**9.8**	**4.2**
煤炭开采和洗选业	Mining and Washing of Coal	3.9	4.6
石油和天然气开采业	Extraction of Petroleum and Natural Gas	4.2	1.6
黑色金属矿采选业	Mining of Ferrous Metal Ores	0.8	15.8
有色金属矿采选业	Mining of Non-ferrous Metal Ores	0.4	9.9
非金属矿采选业	Mining and Processing of Nonmetal Ores	0.5	2.1
开采辅助活动	Mining Support Activities	0.0	29.7
其他采矿业	Mining of Other Ores	0.0	7.4
制造业	**Manufacturing**	**87.5**	**12.5**
农副食品加工业	Processing of Food from Agricultural Products	8.0	11.6
食品制造业	Manufacture of Foods	2.0	10.9
酒、饮料和精制茶制造业	Manufacture of Wine, Drinks and Refined Tea	1.5	11.3
烟草制品业	Manufacture of Tobacco	0.9	9.5
纺织业	Manufacture of Textile	5.8	14.8
纺织服装、服饰业	Manufacture of Textile Wearing Apparel and Finery	2.2	8.1
皮革、毛皮、羽毛及其制品和制鞋业	Manufacture of Leather, Fur, Feather & Its Products and Footwear	1.0	6.0
木材加工及木 竹、藤、棕、草制品业	Processing of Timbers, Manufacture of Wood, Bamboo, Rattan, Palm, and Straw Products	1.3	15.8
家具制造业	Manufacture of Furniture	0.7	13.7
造纸及纸制品业	Manufacture of Paper and Paper Products	1.9	9.4
印刷和记录媒介复制业	Printing, Reproduction of Recording Media	0.5	12.9
文教、工美、体育和娱乐用品制造业	Manufacture of Culture, Education,Arts and crafts, Sport and Entertainment Goods	1.1	12.4
石油加工、炼焦和核燃料加工业	Processing of Petroleum, Coking and Nucleus Fuel	4.5	10.0
化学原料和化学制品制造业	Manufacture of Chemical Raw Material and Chemical Products	10.0	17.3
医药制造业	Manufacture of Medicines	2.4	13.7
化学纤维制造业	Manufacture of Chemical Fiber	0.3	12.4
橡胶和塑料制品业	Manufacture of Rubber and Plastic	3.3	13.4
非金属矿物制品业	Manufacture of Non-metallic Mineral Products	5.8	10.2
黑色金属冶炼及压延加工业	Manufacture and Processing of Ferrous Metals	3.9	10.8
有色金属冶炼及压延加工业	Manufacture & Processing of Non-ferrous Metals	5.0	21.3
金属制品业	Manufacture of Metal Products	3.2	15.0
通用设备制造业	Manufacture of General Purpose Machinery	5.5	12.4
专用设备制造业	Manufacture of Special Purpose Machinery	4.4	12.7
汽车制造业	Manufacture of Automotive	3.6	6.0
铁路、船舶、航空航天和其他运输设备制造业	Manufacture of Railroad,Marine,Aerospace and Other Transportation Equipment	1.2	4.7
电气机械及器材制造业	Manufacture of Electrical Machinery & Equipment	3.6	11.8
计算机、通信和其他电子设备制造业	Manufacture of Computer, Communications and Other Electronic Equipment	3.3	11.3
仪器仪表制造业	Manufacture of Measuring Instrument	0.4	16.3
其他制造业	Other Manufacture	0.3	-0.5
废弃资源综合利用业	Comprehensive Utilization of Waste	0.1	19.6
金属制品、机械和设备修理业	Metal Products, Machinery and Equipment Repair Industry	0.1	-6.0
电力、燃气及水的生产和供应业	**Production and Supply of Electric,Gas and Water**	**2.7**	**5.9**
电力、热力生产和供应业	Production and Supply of Electric Power and Heat Power	2.4	5.4
燃气生产和供应业	Production and Supply of Gas	0.2	14.8
水的生产和供应业	Production and Supply of Water	0.1	4.9

14-4 续表 continued

类 别	Category	2013 增加值占规模以上工业比重(%) Composition(%)	2013 工业增加值比上年增长(%) Growth Rate (%)
全省总计	**Total**	**100.0**	**11.3**
采掘业	**Mining**	**8.1**	**2.7**
煤炭开采和洗选业	Mining and Washing of Coal	3.0	0.6
石油和天然气开采业	Extraction of Petroleum and Natural Gas	3.4	0.3
黑色金属矿采选业	Mining of Ferrous Metal Ores	0.8	21.2
有色金属矿采选业	Mining of Non-ferrous Metal Ores	0.3	3.2
非金属矿采选业	Mining and Processing of Nonmetal Ores	0.5	12.1
开采辅助活动	Mining Support Activities	0.0	-47.0
其他采矿业	Mining of Other Ores	0.0	12.3
制造业	**Manufacturing**	**88.2**	**12.5**
农副食品加工业	Processing of Food from Agricultural Products	7.9	9.1
食品制造业	Manufacture of Foods	2.0	9.8
酒、饮料和精制茶制造业	Manufacture of Wine, Drinks and Refined Tea	1.3	5.2
烟草制品业	Manufacture of Tobacco	0.9	6.9
纺织业	Manufacture of Textile	5.9	10.4
纺织服装、服饰业	Manufacture of Textile Wearing Apparel and Finery	2.1	6.3
皮革、毛皮、羽毛及其制品和制鞋业	Manufacture of Leather, Fur, Feather & Its Products and Footwear	0.9	5.9
木材加工及木 竹、藤、棕、草制品业	Processing of Timbers, Manufacture of Wood, Bamboo, Rattan, Palm, and Straw Products	1.4	13.4
家具制造业	Manufacture of Furniture	0.7	9.9
造纸及纸制品业	Manufacture of Paper and Paper Products	1.9	10.4
印刷和记录媒介复制业	Printing, Reproduction of Recording Media	0.5	21.6
文教、工美、体育和娱乐用品制造业	Manufacture of Culture, Education,Arts and crafts，Sport and Entertainment Goods	1.3	17.3
石油加工、炼焦和核燃料加工业	Processing of Petroleum, Coking and Nucleus Fuel	4.4	18.9
化学原料和化学制品制造业	Manufacture of Chemical Raw Material and Chemical Products	9.8	14.0
医药制造业	Manufacture of Medicines	2.8	28.3
化学纤维制造业	Manufacture of Chemical Fiber	0.2	8.8
橡胶和塑料制品业	Manufacture of Rubber and Plastic	3.6	17.2
非金属矿物制品业	Manufacture of Non-metallic Mineral Products	5.7	9.7
黑色金属冶炼及压延加工业	Manufacture and Processing of Ferrous Metals	3.6	8.7
有色金属冶炼及压延加工业	Manufacture & Processing of Non-ferrous Metals	4.8	15.1
金属制品业	Manufacture of Metal Products	3.4	15.4
通用设备制造业	Manufacture of General Purpose Machinery	5.8	14.6
专用设备制造业	Manufacture of Special Purpose Machinery	4.5	10.1
汽车制造业	Manufacture of Automotive	3.8	14.9
铁路、船舶、航空航天和其他运输设备制造业	Manufacture of Railroad,Marine,Aerospace and Other Transportation Equipment	1.2	9.1
电气机械及器材制造业	Manufacture of Electrical Machinery & Equipment	3.7	12.5
计算机、通信和其他电子设备制造业	Manufacture of Computer, Communications and Other Electronic Equipment	3.2	9.4
仪器仪表制造业	Manufacture of Measuring Instrument	0.4	11.9
其他制造业	Other Manufacture	0.3	0.0
废弃资源综合利用业	Comprehensive Utilization of Waste	0.1	23.5
金属制品、机械和设备修理业	Metal Products, Machinery and Equipment Repair Industry	0.1	-22.2
电力、燃气及水的生产和供应业	**Production and Supply of Electric,Gas and Water**	**3.7**	**6.9**
电力、热力生产和供应业	Production and Supply of Electric Power and Heat Power	3.5	6.0
燃气生产和供应业	Production and Supply of Gas	0.2	23.1
水的生产和供应业	Production and Supply of Water	0.1	13.1

14-5 规模以上工业企业主要经济指标

单位:万元

类别	Category	企业单位数(个) Number of Industial Enterprises (unit)	#亏损企业 Loss Enterprises
	2000	11679	1444
	2001	12268	1672
	2002	13468	1759
	2003	16177	1885
	2004	23915	3407
	2005	27540	2390
	2006	31936	2529
	2007	36145	2445
	2008	42629	3134
	2009	45518	2723
	2010	44037	2114
	2011	35813	1715
	2012	37625	2301
	2013	40467	2403
一、按登记注册类型分	**by Status of Registration**		
内资企业	Domestic Funded Enterprises	36102	1724
国有企业	State-owned Enterprises	340	95
中央企业	Central Enterprises	59	5
地方企业	Local Enterprises	281	90
集体企业	Collective-owned Enterprises	344	18
股份合作企业	Cooperative Enterprises	88	9
联营企业	Joint Ownership Enterprises	16	2
国有联营企业	State Joint Ownership Enterprises	2	1
集体联营企业	Collective Joint Ownership Enterprises	10	
国有与集体联营企业	Joint State-collective Enterprises	3	1
其他联营企业	Other Joint Ownership Enterprises	1	
有限责任公司	Limited Liability Corporations	7980	681
国有独资公司	State Sole funded Corporations	210	52
其他有限责任公司	Other Limited Liability Corporations	7770	629
股份有限公司	Share-holding Corporations Limited	1004	90
私营企业	Private Enterprises	25995	814
私营独资企业	Private-funded Enterprises	2068	23
私营合作企业	Private Partnership Enterprises	105	3
私营有限责任公司	Private Limited Liability Corporations	22860	738
私营股份有限公司	Private Share-holding Corporations Ltd.	962	50
其他企业	Other Enterprises	335	15
港、澳、台商投资企业	Enterprises with Funds from Hong Kong, Macao and Taiwan	1080	165
合资经营企业(港或澳、台资)	Joint-ventures Enterprises	597	79
合作经营企业(港或澳、台资)	Cooperative Enterprises	22	5
港澳台商独资经营企业	Enterprises with Sole Investment	444	79
港澳台商投资股份有限公司	Share-holding Corporations Ltd. With Funds from Hong Kong, Macao and Taiwan	16	2
其他企业	Others	1	
外商投资企业	Foreign Funded Enterprises	3285	514
中外合资经营企业	Joint-venture Enterprises	1275	159
中外合作经营企业	Cooperation Enterprises	57	7
外资企业	Enterprises with Sole Foreign Funds	1892	343
外商投资股份有限公司	Share-holding Corporations Ltd. With Foreign Investment	52	5
其他企业	Others	9	
二、在总计中:亏损企业	**of which:Loss Enterprises**	**2403**	**2403**
在总计中:国有控股企业	of which:State-holding Enterprises	1199	287
在总计中:农村工业	of which:Industry in Rural Area	369	12
按轻重工业分	**by Light & Heavy Industry**		
轻工业	Light Industry	16253	949
重工业	Heavy Industry	24214	1454
按企业规模分	**by Enterprise Size**		
大型企业	Large-sized Enterprises	952	73
中型企业	Medium-sized Enterprises	4565	539
小型企业	Small-sized Enterprises	34950	1791

Main Economic Indicators of Industrial Enterprises above Designated Size

(10 000 yuan)

工业总产值 Gross Industrial Output Value	工业销售产值 Industrial Output Value of Products Sold	#出口交货值 Export Delivery Value	资产合计 Total Assets	产成品 Finished Products	流动资产合计 Total Working Capitals	固定资产合计 Total Fixed Assets
83115250	81333731		97019617	5828823	38953991	39837025
93773726	91686051		105219953	6362129	42865444	42135407
114975327	112416603		119048719	6598734	48110953	46802238
153795446	150617682	20455625	144616035	7407029	58577265	55559493
225218944	220390333	29112157	185873748	9317070	76760058	70552540
305228616	299821716	34900993	221312416	11733123	94374934	83096180
387800991	381725527	45088074	264753536	13044729	112015984	101857165
498730040	490205752	55241949	319449143	15902408	133694410	123329283
629585284	607312375	62670428	392245052	19647783	165790969	149254050
712094180	701481473	55916115	460526941	20467726	192869139	202208903
838513994	826521387	66380488	537612783	22484979	238304625	227881083
995049762	980059403	71054688	608187652	22576063	286009369	243357519
1147072920	1131142455	73454167	711076642	27387746	334398297	273129323
1299060058	1284887277	82831071	815347755	27803173	390102784	305127670
1113622434	1101613392	43251002	702713976	23618927	328938847	265653562
42500774	42456523	437807	39075447	649917	11631804	11749543
23183414	23175912	61150	23848945	242749	5742280	4556244
19317361	19280610	376658	15226502	407168	5889524	7193299
17503839	17350563	740708	13213497	792178	9314904	2343663
1540489	1500611	64581	672984	22240	294834	293266
3211009	3199009	89334	1469029	60469	423223	813558
2931691	2928990	89069	1345616	51643	363718	778796
220341	212644		89338	7563	47793	33374
55570	54141	265	31681	419	9671	1039
3407	3235		2393	843	2042	350
365321611	364157452	14435943	311982130	9922251	151039290	109185150
51972479	51593277	2712339	87045156	2326901	37256451	24355729
313349132	312564176	11723604	224936974	7595351	113782839	84829421
115834594	114336859	6859053	106057990	3421831	44992260	44783095
561518618	552527600	20469579	227914603	8681530	110152917	95484895
35924153	35426523	731393	8172965	248217	3139533	4218219
1921702	1892982	10748	416423	71286	153898	220243
489245772	481453068	17185857	201136600	7679943	97274952	84351819
34426992	33755028	2541581	18188616	682084	9584535	6694614
6191199	6084774	153997	2328297	68512	1089616	1000393
40702137	39688481	7803178	28321749	1216230	14651757	11132429
25314142	24601838	4633834	17119181	746531	8998691	6608997
600379	590081	57230	255645	9759	113635	129961
14160990	13860766	2958512	10009540	423922	5212796	3994786
594159	605914	139991	884400	33604	317789	358580
32467	29882	13612	52983	2414	8846	40105
144735487	143585404	31776890	84312031	2968015	46512179	28341678
62879988	61962000	9313928	42577348	1377500	24236982	14364816
6331964	6307826	1932595	3265303	216994	2278692	863143
69111431	68416613	19047118	33159057	1185026	18113953	11438531
5805988	6302939	1424679	5159313	187179	1830752	1580532
606116	596027	58571	151009	1317	51800	94656
58266046	**57787757**	**5370062**	**70566805**	**3038311**	**34587925**	**26978373**
201736606	200248055	6269932	236681052	5854804	89367748	90348004
14885823	14686378	386394	5195927	144006	2176786	2246812
407637927	406254868	38110700	214922734	9543479	107661788	81455099
891422131	878632409	44720372	600425021	18259693	282440995	223672571
470942272	469425984	40432685	410481242	14044893	196701204	150173667
270914693	266229033	20342208	172198568	6955614	87545074	65471061
557203093	549232261	22056178	232667945	6802666	105856507	89482941

14—5 续表 1

单位:万元

类别	Category	企业单位数(个) Number of Industial Enterprises (unit)	#亏损企业 Loss Enterprises
三、按行业大类分	**by Sector**		
采掘业	**Mining**		
煤炭开采和洗选业	Mining and Washing of Coal	265	47
石油和天然气开采业	Extraction of Petroleum and Natural Gas	21	1
黑色金属矿采选业	Mining of Ferrous Metal Ores	170	11
有色金属矿采选业	Mining of Non-ferrous Metal Ores	88	5
非金属矿采选业	Mining and Processing of Nonmetal Ores	320	7
开采辅助活动	Mining Support Activities	3	1
其他采矿业	Mining of Other Ores	2	
制造业	**Manufacturing**		
农副食品加工业	Processing of Food from Agricultural Products	4102	198
食品制造业	Manufacture of Foods	1110	39
酒、饮料和精制茶制造业	Manufacture of Wine, Drinks and Refined Tea	485	29
烟草制品业	Manufacture of Tobacco	12	2
纺织业	Manufacture of Textile	2823	183
纺织服装、服饰业	Manufacture of Textile Wearing Apparel and Finery	1338	101
皮革、毛皮、羽毛及其制品和制鞋业	Manufacture of Leather, Fur, Feather & Its Products and Footwear	519	35
木材加工及木 竹、藤、棕、草制品业	Processing of Timbers, Manufacture of Wood, Bamboo, Rattan, Palm, and Straw Products	1390	25
家具制造业	Manufacture of Furniture	576	28
造纸及纸制品业	Manufacture of Paper and Paper Products	767	53
印刷和记录媒介复制业	Printing, Reproduction of Recording Media	482	23
文教、工美、体育和娱乐用品制造业	Manufacture of Culture, Education,Arts and crafts, Sport and Entertainment Goods	1177	71
石油加工、炼焦和核燃料加工业	Processing of Petroleum, Coking and Nucleus Fuel	320	40
化学原料和化学制品制造业	Manufacture of Chemical Raw Material and Chemical Products	3770	248
医药制造业	Manufacture of Medicines	744	42
化学纤维制造业	Manufacture of Chemical Fiber	83	6
橡胶和塑料制品业	Manufacture of Rubber and Plastic	1853	92
非金属矿物制品业	Manufacture of Non-metallic Mineral Products	3902	178
黑色金属冶炼及压延加工业	Manufacture and Processing of Ferrous Metals	783	53
有色金属冶炼及压延加工业	Manufacture & Processing of Non-ferrous Metals	445	33
金属制品业	Manufacture of Metal Products	2207	125
通用设备制造业	Manufacture of General Purpose Machinery	3368	170
专用设备制造业	Manufacture of Special Purpose Machinery	2190	101
汽车制造业	Manufacture of Automotive	1301	82
铁路、船舶、航空航天和其他运输设备制造业	Manufacture of Railroad,Marine,Aerospace and Other Transportation Equipment	377	33
电气机械及器材制造业	Manufacture of Electrical Machinery & Equipment	1627	97
计算机、通信和其他电子设备制造业	Manufacture of Computer, Communications and Other Electronic Equipment	673	68
仪器仪表制造业	Manufacture of Measuring Instrument	331	16
其他制造业	Other Manufacture	95	8
废弃资源综合利用业	Comprehensive Utilization of Waste	67	4
金属制品、机械和设备修理业	Metal Products, Machinery and Equipment Repair Industry	23	2
电力、燃气及水的生产和供应业	**Production and Supply of Electric,Gas and Water**		
电力、热力的生产和供应业	Production and Supply of Electric Power and Heat Power	444	104
燃气生产和供应业	Production and Supply of Gas	99	6
水的生产和供应业	Production and Supply of Water	115	36

continued

(10 000 yuan)

工 业 总产值 Gross Industrial Output Value	工 业 销售产值 Industrial Output Value of Products Sold	#出 口 交货值 Export Delivery Value	资产合计 Total Assets	产成品 Finished Products	流动资产 合 计 Total Working Capitals	固定资产 合 计 Total Fixed Assets
27872061	27527199	14288	57599658	898442	21788618	15969740
12330119	12330510		17222215	96688	2169255	14141457
4760953	4712865	844	4877922	75798	1812292	1710401
8621809	8683217	1522	6787572	284391	2411853	2455010
5139478	5045866	13129	2185865	86508	907769	942883
1941946	1941946		1605221	1578	595899	724698
37032	37032		17193	797	4548	11736
115153785	113909956	10415372	48522966	2858599	25590541	17445303
23718597	23385733	1948348	12758233	408134	6282155	5039928
12672326	13130457	483172	8929749	424824	3971013	3180316
5206100	5179394	1396	3085576	11106	1892025	522153
79401993	81794608	6180667	36893756	1415562	16651228	16744016
21487732	21079381	4850058	8956395	424634	4294565	3791792
9633388	9466358	1226400	3474166	177757	1874844	1247940
19245668	18948572	1054382	5302165	225818	2406836	2370581
7998570	7855955	1136373	3498685	145395	1658071	1475611
23677750	23507296	779969	22372917	619545	9338308	9773125
7361928	7225734	118520	2889514	90344	1300070	1228424
18633972	18379726	4353420	6493114	343337	3361907	2636500
69057817	68475496	88838	35150809	1796244	19826341	12211631
145875207	143850301	4740300	85165750	2680623	39761147	33608980
32072558	31399139	2142202	22766762	912919	10993769	8800290
2284963	2237982	148480	2037183	88114	886895	847028
55534005	54479210	8735373	28859007	1337191	14514949	12081945
70878448	69417958	1616799	39949796	1227751	17704576	17212980
56394245	55403459	1507271	50950579	1474735	28463696	18272303
56030346	55409675	374076	34347824	777832	17968187	14162587
50537622	49538663	2787846	24604076	1021815	13980947	8240323
71477709	70148885	3235329	39963693	1633947	20736378	13966760
55196417	54112138	2450796	30056420	1642682	17294483	9250063
55445347	54799265	3589793	37410115	1610538	22493943	10044935
14722832	14561984	1470588	13144035	274741	8129231	3598078
59645807	58716826	3027885	36697322	1757608	22852248	9463880
44203129	43696192	13661803	19204758	769812	12322520	4646763
6567426	6439965	421120	3224782	105236	2034470	746781
1348099	1321916	233568	516750	13834	246908	210902
854341	838855	2525	480367	15100	245157	155458
445574	419296	18595	164251	6161	99607	57818
42289856	42211856	21	50417814	34966	8822822	22924896
2357915	2326374	3	2917469	26600	1088993	1324710
945189	940041		3845313	5467	1323724	1886946

14-5 续表 2

单位:万元

类 别	Category	负债合计 Total Liabilities	主营业务收入 Revenue from Principal Business
2000		60677134	80613925
2001		63422782	90888177
2002		71042729	110385253
2003		85861030	149322101
2004		110649305	218097900
2005		129169987	300238710
2006		152945606	381160618
2007		178855860	491862417
2008		215766273	620341916
2009		246764808	708261319
2010		289698944	836629973
2011		338476209	997662407
2012		392415791	1180869228
2013		461421063	1321303408
一、按登记注册类型分	**by Status of Registration**		
内资企业	Domestic Funded Enterprises	402154612	1140521200
国有企业	State-owned Enterprises	25807785	45690608
中央企业	Central Enterprises	15840460	29875610
地方企业	Local Enterprises	9967324	15814998
集体企业	Collective-owned Enterprises	8803510	19354030
股份合作企业	Cooperative Enterprises	231724	1504319
联营企业	Joint Ownership Enterprises	980577	1342641
国有联营企业	State Joint Ownership Enterprises	927872	1098083
集体联营企业	Collective Joint Ownership Enterprises	42755	207537
国有与集体联营企业	Joint State-collective Enterprises	8518	33452
其他联营企业	Other Joint Ownership Enterprises	1432	3569
有限责任公司	Limited Liability Corporations	197801545	389015211
国有独资公司	State Sole funded Corporations	58694900	64345435
其他有限责任公司	Other Limited Liability Corporations	139106645	324669776
股份有限公司	Share-holding Corporations Limited	59393917	121378429
私营企业	Private Enterprises	107921672	556794083
私营独资企业	Private-funded Enterprises	2521089	35315844
私营合作企业	Private Partnership Enterprises	147497	1915087
私营有限责任公司	Private Limited Liability Corporations	96050038	485835493
私营股份有限公司	Private Share-holding Corporations Ltd.	9203048	33727660
其他企业	Other Enterprises	1213882	5441879
港、澳、台商投资企业	Enterprises with Funds from Hong Kong, Macao and Taiwan	15148929	39514840
合资经营企业(港或澳、台资)	Joint-ventures Enterprises	9782064	24530958
合作经营企业(港或澳、台资)	Cooperative Enterprises	93273	610131
港澳台商独资经营企业	Enterprises with Sole Investment	4841213	13724600
港澳台商投资股份有限公司	Share-holding Corporations Ltd. With Funds from Hong Kong, Macao and Taiwan	406207	615186
其他企业	Others	26172	33964
外商投资企业	Foreign Funded Enterprises	44117522	141267368
中外合资经营企业	Joint-venture Enterprises	23108500	61143652
中外合作经营企业	Cooperation Enterprises	2183674	5728538
外资企业	Enterprises with Sole Foreign Funds	16818977	67652494
外商投资股份有限公司	Share-holding Corporations Ltd. With Foreign Investment	1969888	6152053
其他企业	Others	36483	590631
二、在总计中:亏损企业	**of which:Loss Enterprises**	**54958498**	**56027191**
在总计中:国有控股企业	of which:State-holding Enterprises	152451724	221409116
在总计中:农村工业	of which:Industry in Rural Area	2259255	14571749
按轻重工业分	**by Light & Heavy Industry**		
轻工业	Light Industry	109053141	415696920
重工业	Heavy Industry	352367921	905606488
按企业规模分	**by Enterprise Size**		
大型企业	Large-sized Enterprises	247188319	500576155
中型企业	Medium-sized Enterprises	102077030	268982965
小型企业	Small-sized Enterprises	112155714	551744288

continued

(10 000 yuan)

#主营业务税金及附加 Taxes and Other Charges on Principal Business	营业费用 Cost of Business	管理费用 Cost of Management	利润总额 Total Profits	亏损企业亏损总额 Losses of Loss Enterprises	利税总额 Total Profits and Taxes	本年应交增值税 Value-added Tax Payable	全部从业人员年平均人数(人) Annual Average of Empolyed Persons (person)
979126	2655084	4361840	5440003	413877	10025880	3606752	5223652
1065092	3057361	4674791	5609071	460741	10510808	3837726	5230823
1238379	3520233	5545515	6218859	458789	11619227	4161988	5563693
1537247	4375115	6625794	9202699	480295	16057373	5317427	5954189
2084286	5799204	9356350	14078571	1059788	23533842	7370985	6901536
2806248	7274800	10179479	21646981	711535	34529239	10076010	7382292
3904132	8525325	11812749	26325786	975994	42707592	12477674	7881051
4975418	10669050	14853591	33911532	835577	54603330	15716380	8305254
7391871	13010112	21464407	39235594	3426307	66056176	19428711	9126970
8845353	14718012	21594578	45126582	1450096	74490030	20518095	9266002
10836997	17692625	31919733	61079916	1207839	97376175	25459263	9315033
12191685	18943364	29271577	70977118	2307650	112335263	28636010	8597697
14105167	22107655	34155618	80163518	3461849	128710297	34261957	9184645
14958253	24315410	36422550	87153560	2793481	141241730	38897305	9482280
13795926	19984792	30767504	75083202	2118562	122982661	33895923	7989413
1661471	383406	1676921	2392883	187827	5617626	1545434	244979
1535624	152420	565073	1894100	22315	4424866	982096	69289
125847	230986	1111847	498783	165512	1192760	563338	175690
128900	1134450	786853	1440022	11894	2027190	458046	106646
25633	19735	48033	128778	699	208900	54071	14067
8019	14389	55901	-23754	40874	14420	30155	30138
5676	12048	49846	-39581	40730	-14374	19532	27764
1762	2257	4536	12489		23610	9357	1576
575	72	1446	2855	144	4680	1250	662
5	12	72	483		504	16	136
3945037	6721641	11460186	20859643	1087350	36033087	11149739	2860242
575848	1369893	3301161	2539508	292549	5221230	2072976	627081
3369190	5351749	8159025	18320135	794801	30811857	9076763	2233161
4073725	2493397	5105773	9186762	412521	17585159	4316503	810032
3918331	9129578	11541488	40669697	368424	60869070	16183144	3878656
300117	511388	626186	2642557	2047	4119964	1176464	242376
18514	25832	26567	132957	159	200624	49153	12834
3340438	7802963	9984545	35704194	330472	53105831	13981937	3396338
259263	789396	904191	2189989	35746	3442651	975591	227108
34810	88195	92350	429172	8974	627210	158830	44653
226438	1125108	1406152	2878293	140892	4359046	1250405	341361
156309	848228	847466	1968417	51877	2860632	734067	187539
5593	19472	36212	35651	3077	64652	23382	6314
62978	240546	485578	843251	82391	1388230	479957	135090
1189	16307	35495	30318	3546	42828	11321	10969
369	555	1401	657		2704	1678	1449
935889	3205511	4248894	9192066	534028	13900023	3750977	1151506
535549	1334523	1769986	4594387	188819	7145648	2012278	429257
18567	126181	105185	373470	6771	531427	139390	27490
306897	1328176	2172407	3693926	337983	5473671	1455430	635940
72286	413234	196155	495460	455	696265	128279	56284
2590	3396	5161	34822		53012	15600	2535
1308738	**1078593**	**3115583**	**-2793481**	**2793481**	**-208051**	**1261874**	**824283**
7633023	3553926	10079952	12730436	1276615	28984829	8530141	1616494
89095	170948	259781	1249477	2624	1717511	378729	80356
4309647	10864404	10978111	27263465	567649	43653265	12007506	3721701
10648606	13451006	25444439	59890095	2225832	97588464	26889799	5760579
8041893	9968527	15621776	31041299	968848	53304352	14155153	3333803
2616737	5023953	8054818	16516381	976181	26966596	7781220	2434783
4299624	9322930	12745956	39595880	848453	60970782	16960932	3713694

14-5 续表 3

单位:万元

类　　别	Category	负债合计 Total Liabilities	主营业务收入 Revenue from Principal Business
三、按行业大类分	**by Sector**		
采掘业	**Mining**		
煤炭开采和洗选业	Mining and Washing of Coal	38420651	38117939
石油和天然气开采业	Extraction of Petroleum and Natural Gas	7308923	13034894
黑色金属矿采选业	Mining of Ferrous Metal Ores	2388572	4798768
有色金属矿采选业	Mining of Non-ferrous Metal Ores	3871432	9881971
非金属矿采选业	Mining and Processing of Nonmetal Ores	929278	5223084
开采辅助活动	Mining Support Activities	1135106	2007361
其他采矿业	Mining of Other Ores	4934	35768
制造业	**Manufacturing**		
农副食品加工业	Processing of Food from Agricultural Products	25338065	116088592
食品制造业	Manufacture of Foods	6039129	23661255
酒、饮料和精制茶制造业	Manufacture of Wine, Drinks and Refined Tea	3806651	13606468
烟草制品业	Manufacture of Tobacco	921170	3228530
纺织业	Manufacture of Textile	18861553	84853867
纺织服装、服饰业	Manufacture of Textile Wearing Apparel and Finery	4090927	20958729
皮革、毛皮、羽毛及其制品和制鞋业	Manufacture of Leather, Fur, Feather & Its Products and Footwear	1690218	10374689
木材加工及木 竹、藤、棕、草制品业	Processing of Timbers, Manufacture of Wood, Bamboo, Rattan, Palm, and Straw Products	2096777	19126210
家具制造业	Manufacture of Furniture	1626978	8120912
造纸及纸制品业	Manufacture of Paper and Paper Products	13251758	24100887
印刷和记录媒介复制业	Printing, Reproduction of Recording Media	1286721	7248872
文教、工美、体育和娱乐用品制造业	Manufacture of Culture, Education,Arts and crafts, Sport and Entertainment Goods	2919218	18579576
石油加工、炼焦和核燃料加工业	Processing of Petroleum, Coking and Nucleus Fuel	24883426	70885282
化学原料和化学制品制造业	Manufacture of Chemical Raw Material and Chemical Products	49327257	147192420
医药制造业	Manufacture of Medicines	9024129	31244984
化学纤维制造业	Manufacture of Chemical Fiber	1274628	2312076
橡胶和塑料制品业	Manufacture of Rubber and Plastic	15285203	53621282
非金属矿物制品业	Manufacture of Non-metallic Mineral Products	20155251	70542013
黑色金属冶炼及压延加工业	Manufacture and Processing of Ferrous Metals	36362827	60529091
有色金属冶炼及压延加工业	Manufacture & Processing of Non-ferrous Metals	17485359	56833268
金属制品业	Manufacture of Metal Products	13069591	49521084
通用设备制造业	Manufacture of General Purpose Machinery	18819940	70685210
专用设备制造业	Manufacture of Special Purpose Machinery	15568976	54293690
汽车制造业	Manufacture of Automotive	22921372	55234292
铁路、船舶、航空航天和其他运输设备制造业	Manufacture of Railroad,Marine,Aerospace and Other Transportation Equipment	9063682	13963498
电气机械及器材制造业	Manufacture of Electrical Machinery & Equipment	20803365	60774854
计算机、通信和其他电子设备制造业	Manufacture of Computer, Communications and Other Electronic Equipment	10228342	44557818
仪器仪表制造业	Manufacture of Measuring Instrument	1468196	6445123
其他制造业	Other Manufacture	238734	1342868
废弃资源综合利用业	Comprehensive Utilization of Waste	237557	859119
金属制品、机械和设备修理业	Metal Products, Machinery and Equipment Repair Industry	57973	375168
电力、燃气及水的生产和供应业	**Production and Supply of Electric,Gas and Water**		
电力、热力的生产和供应业	Production and Supply of Electric Power and Heat Power	35331917	43646867
燃气生产和供应业	Production and Supply of Gas	1614975	2431438
水的生产和供应业	Production and Supply of Water	2210304	963592

continued

(10 000 yuan)

#主营业务税金及附加 Taxes and Other Charges on Principal Business	营业费用 Cost of Business	管理费用 Cost of Management	利润总额 Total Profits	亏损企业亏损总额 Losses of Loss Enterprises	利税总额 Total Profits and Taxes	本年应交增值税 Value-added Tax Payable	全部从业人员年平均人数(人) Annual Average of Empolyed Persons (person)
448017	472842	2786385	2270582	166437	4742542	1991900	579056
2397843	34524	1077567	3196885	43	6897339	1301425	127349
91954	57620	203525	550178	3352	949496	270722	43461
41953	63756	416518	737656	5030	834568	54867	52295
75263	176495	187332	419116	3480	683666	189257	51874
23409	1465	111514	-6062	15031	150595	133093	32058
353	91	197	3033		4358	972	507
576852	1897522	2338275	6276188	148355	9470466	2613028	859520
172121	732099	642923	1773636	23061	2668830	719347	204329
454007	870368	400827	1180551	28793	2129083	494133	120445
1452576	96622	213513	385092	2160	2175467	337799	13213
418841	802553	1320075	5318109	83501	8065518	2292942	810561
160297	477614	847331	1384408	31367	2158578	612403	377560
72446	174644	300808	656367	14288	998644	265222	130619
132061	315860	314239	1428557	10144	2076541	514248	186669
67544	176132	218408	588863	12458	948333	283755	82879
127789	520529	612380	1345538	28826	2111471	637600	185880
57170	141900	274954	506591	5311	778037	213575	64176
151318	406044	564892	1250495	20737	2125077	716450	215314
2976886	424010	1158517	2149611	273999	7137514	2010117	124404
907052	2234776	3164646	10304425	412348	15173682	3954053	664028
277330	2223370	1290354	3275899	31226	4893124	1338596	225891
10096	40626	70660	114475	4546	178951	54282	20933
315854	1063237	1263312	3922960	67192	5626568	1367651	358105
535543	1405378	1779348	5741082	118461	9030767	2748137	589547
194483	501704	1011079	1773056	224278	2989710	1021837	331784
134178	326900	576764	3316332	111677	4730303	1279688	162359
374791	827631	1443960	3338219	75589	5054286	1337697	354378
565518	1775670	2502939	5297058	155340	8253813	2385876	591281
377896	1227630	1686251	4120579	108584	6283104	1767569	400120
520247	1040242	1418855	3449656	99503	5205288	1234061	373360
84421	242622	900912	886082	120896	1418322	446295	111896
371646	2096098	2261406	3771329	84242	5698745	1553330	376065
142493	1042670	1403729	2554664	78461	3590770	892901	341905
39106	202997	281866	535988	6533	790583	215117	57589
11898	27143	30659	86983	2610	146295	47413	15206
8485	14092	21432	71639	492	106915	26791	5820
3024	2399	31107	33855	319	49195	12269	3359
162883	61318	1052679	2872294	168296	4512191	1455793	191685
15009	86763	118713	226701	5053	314904	70365	17712
7603	29458	121702	44894	41466	88095	34732	27088

14-6 规模以上国有控股工业企业主要经济指标

单位:万元

类别	Category	企业单位数(个) Number of Industial Enterprises (unit)	#亏损企业 Loss Enterprises
	2000	2774	596
	2001	2403	569
	2002	2082	498
	2003	1961	471
	2004	1496	492
	2005	1394	370
	2006	1360	357
	2007	1306	316
	2008	1238	347
	2009	1287	301
	2010	1215	265
	2011	1115	266
	2012	1165	308
	2013	1199	287
在总计中:	**of which:**		
亏损企业	Loss Enterprises	287	287
一、按隶属关系分	**by Type of Ownership**		
中央企业	Central Enterprises	59	5
地方企业	Local Enterprises	281	90
二、按轻重工业分	**by Light & Heavy Industry**		
轻工业	Light Industry	262	76
重工业	Heavy Industry	937	211
三、按企业规模分	**by Enterprise Size**		
大型企业	Large-sized Enterprises	213	40
中型企业	Medium-sized Enterprises	429	123
小型企业	Small-sized Enterprises	557	124

Main Economic Indicators of State-holding Industrial Enterprises above Designated Size

(10 000 yuan)

工业总产值 Gross Industrial Output Value	工业销售产值 Industrial Output Value of Products Sold	#出口交货值 Export Delivery Value	资产合计 Total Assets	产成品 Finished Products	流动资产合计 Total Working Capitals	固定资产合计 Total Fixed Assets
34865374	34582037		61171986	2648035	21559936	26865483
36451434	36075026		63133220	2596606	22619070	27560219
42011174	41427624		66635177	2450859	23463473	28577367
51487207	50844736	3517105	74887872	2695640	26726934	31848291
61113296	60064712	3613516	77434607	2467721	27344202	32361321
74010339	73313626	4044683	83290508	2852847	30467518	34492399
92291515	91593439	5307039	100154308	3002772	35011142	43339200
106319329	105639312	5825394	110202051	3354872	37987413	48369892
124176021	112293098	5970544	121311503	3880315	44288814	51646274
128851751	128318585	3727250	148415245	3846745	53040758	71533991
167269747	166962124	6385364	171793672	5044322	66485777	78535944
194537092	193514621	6527608	196679001	5825084	77628679	84039276
187946816	186360682	6560195	219524744	6782764	85148983	83129393
201736606	200248055	6269932	236681052	5854804	89367748	90348004
30831077	30724578	1003615	31745608	1151359	12345408	14956319
23183414	23175912	61150	23848945	242749	5742280	4556244
19317361	19280610	376658	15226502	407168	5889524	7193299
21532126	21436286	2122910	23290016	1004214	13192349	6263376
180204480	178811769	4147022	213391036	4850590	76175399	84084628
136011046	135119074	5544532	176955849	4643769	71136074	67075983
37132791	36680374	545230	33953913	945515	12146979	17401267
28592770	28448608	180171	25771291	265519	6084696	5870754

14-6 续表 1

单位:万元

类 别	Category	企业单位数(个) Number of Industial Enterprises (unit)	#亏损企业 Loss Enterprises
三、按行业大类分	**by Sector**		
采掘业	**Mining**		
煤炭开采和洗选业	Mining and Washing of Coal	78	21
石油和天然气开采业	Extraction of Petroleum and Natural Gas	14	1
黑色金属矿采选业	Mining of Ferrous Metal Ores	13	2
有色金属矿采选业	Mining of Non-ferrous Metal Ores	19	3
非金属矿采选业	Mining and Processing of Nonmetal Ores	8	
开采辅助活动	Mining Support Activities	1	1
其他采矿业	Mining of Other Ores		
制造业	**Manufacturing**		
农副食品加工业	Processing of Food from Agricultural Products	37	10
食品制造业	Manufacture of Foods	19	2
酒、饮料和精制茶制造业	Manufacture of Wine, Drinks and Refined Tea	32	4
烟草制品业	Manufacture of Tobacco	11	2
纺织业	Manufacture of Textile	14	8
纺织服装、服饰业	Manufacture of Textile Wearing Apparel and Finery	5	1
皮革、毛皮、羽毛及其制品和制鞋业	Manufacture of Leather, Fur, Feather & Its Products and Footwear	4	
木材加工及木 竹、藤、棕、草制品业	Processing of Timbers, Manufacture of Wood, Bamboo, Rattan, Palm, and Straw Products	6	1
家具制造业	Manufacture of Furniture		
造纸及纸制品业	Manufacture of Paper and Paper Products	15	3
印刷和记录媒介复制业	Printing, Reproduction of Recording Media	15	3
文教、工美、体育和娱乐用品制造业	Manufacture of Culture, Education,Arts and crafts, Sport and Entertainment Goods	2	1
石油加工、炼焦和核燃料加工业	Processing of Petroleum, Coking and Nucleus Fuel	20	6
化学原料和化学制品制造业	Manufacture of Chemical Raw Material and Chemical Products	91	24
医药制造业	Manufacture of Medicines	24	2
化学纤维制造业	Manufacture of Chemical Fiber	3	1
橡胶和塑料制品业	Manufacture of Rubber and Plastic	21	8
非金属矿物制品业	Manufacture of Non-metallic Mineral Products	86	12
黑色金属冶炼及压延加工业	Manufacture and Processing of Ferrous Metals	18	7
有色金属冶炼及压延加工业	Manufacture & Processing of Non-ferrous Metals	12	5
金属制品业	Manufacture of Metal Products	35	10
通用设备制造业	Manufacture of General Purpose Machinery	62	15
专用设备制造业	Manufacture of Special Purpose Machinery	40	6
汽车制造业	Manufacture of Automotive	44	13
铁路、船舶、航空航天和其他运输设备制造业	Manufacture of Railroad,Marine,Aerospace and Other Transportation Equipment	34	11
电气机械及器材制造业	Manufacture of Electrical Machinery & Equipment	31	2
计算机、通信和其他电子设备制造业	Manufacture of Computer, Communications and Other Electronic Equipment	18	3
仪器仪表制造业	Manufacture of Measuring Instrument	7	1
其他制造业	Other Manufacture	2	
废弃资源综合利用业	Comprehensive Utilization of Waste	1	
金属制品、机械和设备修理业	Metal Products, Machinery and Equipment Repair Industry	1	
电力、燃气及水的生产和供应业	**Production and Supply of Electric,Gas and Water**		
电力、热力的生产和供应业	Production and Supply of Electric Power and Heat Power	280	65
燃气生产和供应业	Production and Supply of Gas	21	2
水的生产和供应业	Production and Supply of Water	55	31

continued

(10 000 yuan)

工　业 总产值 Gross Industrial Output Value	工　业 销售产值 Industrial Output Value of Products Sold	#出　口 交货值 Export Delivery Value	资产合计 Total Assets	产成品 Finished Products	流动资产合　计 Total Working Capitals	固定资产合　计 Total Fixed Assets
23692000	23364004	4694	54798984	813350	20009131	15340108
12141921	12142648		16770517	96530	1917298	13982936
1035993	1029509		2209659	23345	680543	762399
6261524	6336177	1522	5841448	264560	2091604	1920744
125450	121406	1694	119964	12880	67343	49881
1906422	1906422		1552986	652	557658	713606
2449984	2442327	257759	1226468	77837	775080	309883
723252	698577	2272	325156	14791	163166	122531
1833352	1829171	56970	1910447	113532	1006583	715973
5196172	5170054	1396	3084923	11089	1891693	521832
866257	839909	368290	1141565	78545	644998	300829
69451	68612	4639	96090	4864	66360	28177
77664	73463	1836	37046	9964	26929	7580
195900	196966		110680	9570	59100	48820
2069143	2043266	209946	4901387	91995	2469857	1348483
162277	161351		219110	9655	111723	92283
33977	33393	2896	6116	275	3913	1800
27538090	27318375	1387	10128722	658378	4454646	4818840
13003635	12987854	1140690	13474385	431890	4638805	6438668
2223061	2138676	290851	2461766	157995	1328032	800947
397260	402522	34169	561878	27927	221817	255415
1038501	1056953	285236	1469161	98227	900402	388438
2670691	2601035	134282	5403453	116871	2138583	2361673
10953762	10840606	397475	13680642	360096	4443189	7747094
5423841	5419333	1938	1440120	103479	800277	518649
1033535	1033029	27710	769835	58807	538638	190420
4559427	4393850	182787	8323694	362570	4968823	1895168
3680929	3633141	286608	3959666	351223	2758127	879602
16053102	15923296	1144850	18393991	821767	12353292	3373090
4456346	4382821	172774	5527733	71308	3422583	1456987
2164357	2096604	262454	2391385	158315	1481902	512898
6702435	6653054	992794	4827505	392656	3586661	686141
82887	73935	11	102107	5003	61206	32511
40172	40087		28774		21558	4970
10796	10796		6159	911	5599	548
22799	22799		6787	602	1499	5288
39463115	39408844		45320527	25605	7242338	19885710
939726	920445		1330547	15011	472751	523538
437401	432748		2719670	2729	984043	1303545

14-6 续表 2

单位:万元

类　别	Category	负债合计 Total Liabilities	主营业务收入 Revenue from Principal Business
	2000	38067876	37970654
	2001	37483411	40271259
	2002	39713021	44943840
	2003	44344094	56629328
	2004	46536736	63587181
	2005	50122726	77742855
	2006	60927702	95306527
	2007	65045428	111558833
	2008	70344746	128756909
	2009	86788971	133129344
	2010	102957123	174910226
	2011	124052763	200407014
	2012	137390693	218890641
	2013	152451724	221409116
在总计中:	**of which:**		
亏损企业	Loss Enterprises	24167526	27864976
一、按隶属关系分	**by Type of Ownership**		
中央企业	Central Enterprises	15840460	29875610
地方企业	Local Enterprises	9967324	15814998
二、按轻重工业分	**by Light & Heavy Industry**		
轻工业	Light Industry	12488192	22267786
重工业	Heavy Industry	139963532	199141331
三、按企业规模分	**by Enterprise Size**		
大型企业	Large-sized Enterprises	110940415	156314239
中型企业	Medium-sized Enterprises	24281146	37455238
小型企业	Small-sized Enterprises	17230163	27639639

continued

(10 000 yuan)

#主营业务税金及附加 Taxes and Other Charges on Principal Business	营业费用 Cost of Business	管理费用 Cost of Management	利润总额 Total Profits	亏损企业亏损总额 Losses of Loss Enterprises	利税总额 Total Profits and Taxes	本年应交增值税 Value-added Tax Payable	全部从业人员年平均人数(人) Annual Average of Empolyed Persons (person)
701911	1100187	2583426	3038705	255271	5946153	2205537	2447147
759947	1296629	2641532	2826951	278147	5747731	2160883	2210739
831106	1371031	3099209	2667128	262877	5675976	2177741	2046430
993791	1580906	3586621	3976276	252046	7618829	2648762	2012836
1098150	1559258	4272468	5083589	573420	9232606	3050867	1664496
1266031	1744348	4268502	7470903	299658	12199176	3462241	1490223
2063986	1904728	4562370	8889270	380727	15419255	4465998	1485997
2475585	2218373	5576619	9768777	377289	17304550	5060188	1440311
4184459	2432221	7836139	8704701	2448306	18378706	5489546	1383296
4581942	2701601	7254743	8737389	652659	18732617	5413285	1456558
6227344	3271169	9854555	12893837	610626	25924570	6803389	1548876
7682939	3746306	9602337	14886026	1413532	30473305	7584804	1477406
7941539	3914845	10143328	13440302	1919374	29675020	8246128	1583298
7633023	3553926	10079952	12730436	1276615	28984829	8530141	1616494
1106255	367293	1647182	-1276615	1276615	648711	815197	328971
1535624	152420	565073	1894100	22315	4424866	982096	69289
125847	230986	1111847	498783	165512	1192760	563338	175690
1647835	1326292	1017516	1582088	101649	4196645	965048	200993
5985188	2227633	9062437	11148348	1174966	24788184	7565093	1415501
6333374	2864161	7870541	10632882	725883	23282413	6271925	1210984
1149798	468318	1793618	1048017	422180	3811957	1576417	272885
149850	221446	415793	1049537	128553	1890459	681800	132625

14-6 续表 3

单位:万元

类　　别	Category	负债合计 Total Liabilities	主营业务收　入 Revenue from Principal Business
三、按行业大类分	**by Sector**		
采掘业	**Mining**		
煤炭开采和洗选业	Mining and Washing of Coal	36808989	33799293
石油和天然气开采业	Extraction of Petroleum and Natural Gas	7266740	12846951
黑色金属矿采选业	Mining of Ferrous Metal Ores	1083456	1073281
有色金属矿采选业	Mining of Non-ferrous Metal Ores	3411245	7521885
非金属矿采选业	Mining and Processing of Nonmetal Ores	79379	131366
开采辅助活动	Mining Support Activities	1114626	1971839
其他采矿业	Mining of Other Ores		
制造业	**Manufacturing**		
农副食品加工业	Processing of Food from Agricultural Products	767286	2462658
食品制造业	Manufacture of Foods	181652	731970
酒、饮料和精制茶制造业	Manufacture of Wine, Drinks and Refined Tea	834396	2226512
烟草制品业	Manufacture of Tobacco	920824	3219190
纺织业	Manufacture of Textile	822034	954440
纺织服装、服饰业	Manufacture of Textile Wearing Apparel and Finery	67960	67441
皮革、毛皮、羽毛及其制品和制鞋业	Manufacture of Leather, Fur, Feather & Its Products and Footwear	26799	73888
木材加工及木 竹、藤、棕、草制品业	Processing of Timbers, Manufacture of Wood, Bamboo, Rattan, Palm, and Straw Products	113012	108720
家具制造业	Manufacture of Furniture		
造纸及纸制品业	Manufacture of Paper and Paper Products	3217157	2305553
印刷和记录媒介复制业	Printing, Reproduction of Recording Media	104328	150508
文教、工美、体育和娱乐用品制造业	Manufacture of Culture, Education,Arts and crafts, Sport and Entertainment Goods	2862	33921
石油加工、炼焦和核燃料加工业	Processing of Petroleum, Coking and Nucleus Fuel	7420560	27555071
化学原料和化学制品制造业	Manufacture of Chemical Raw Material and Chemical Products	9102915	14422934
医药制造业	Manufacture of Medicines	993211	2171941
化学纤维制造业	Manufacture of Chemical Fiber	317701	412020
橡胶和塑料制品业	Manufacture of Rubber and Plastic	994924	892570
非金属矿物制品业	Manufacture of Non-metallic Mineral Products	3526600	2626740
黑色金属冶炼及压延加工业	Manufacture and Processing of Ferrous Metals	10436255	12919654
有色金属冶炼及压延加工业	Manufacture & Processing of Non-ferrous Metals	992904	6408428
金属制品业	Manufacture of Metal Products	523144	1086177
通用设备制造业	Manufacture of General Purpose Machinery	4100649	4763090
专用设备制造业	Manufacture of Special Purpose Machinery	2615079	4244524
汽车制造业	Manufacture of Automotive	12217531	16855401
铁路、船舶、航空航天和其他运输设备制造业	Manufacture of Railroad,Marine,Aerospace and Other Transportation Equipment	3885316	4283483
电气机械及器材制造业	Manufacture of Electrical Machinery & Equipment	1491068	2385352
计算机、通信和其他电子设备制造业	Manufacture of Computer, Communications and Other Electronic Equipment	2435802	8252484
仪器仪表制造业	Manufacture of Measuring Instrument	46811	73573
其他制造业	Other Manufacture	19473	43619
废弃资源综合利用业	Comprehensive Utilization of Waste	2555	10796
金属制品、机械和设备修理业	Metal Products, Machinery and Equipment Repair Industry	958	19897
电力、燃气及水的生产和供应业	**Production and Supply of Electric,Gas and Water**		
电力、热力的生产和供应业	Production and Supply of Electric Power and Heat Power	32155153	40910309
燃气生产和供应业	Production and Supply of Gas	703613	949135
水的生产和供应业	Production and Supply of Water	1646761	442505

continued

(10 000 yuan)

#主营业务税金及附加 Taxes and Other Charges on Principal Business	营业费用 Cost of Business	管理费用 Cost of Management	利润总额 Total Profits	亏损企业亏损总额 Losses of Loss Enterprises	利税总额 Total Profits and Taxes	本年应交增值税 Value-added Tax Payable	全部从业人员年平均人数（人） Annual Average of Empolyed Persons (person)
405301	402327	2590211	2011508	137526	4232568	1784355	507160
2359930	33705	1067518	3124812	43	6767878	1281949	126119
18608	7158	107503	137427	77	276624	88299	14850
26704	36200	340146	464549	4329	526061	34716	36973
3032	13548	6522	8502		19209	7675	1403
23086	835	108886	-15031	15031	139964	131754	31514
5875	32482	37986	85171	16691	107587	16519	12615
4229	33619	20793	59652	104	79616	15735	6168
116532	223995	89468	229992	9004	448047	101511	21035
1452214	96622	213390	383692	2160	2173451	337545	13165
2126	14299	30508	6644	9800	43683	34138	25181
613	974	3714	1803	228	4832	2416	3328
1045	1928	2537	2733		6178	2399	2007
1167	1669	4699	4961	485	8549	2421	976
6909	70861	84503	87125	2407	139267	45233	19797
873	2105	17640	11975	930	19401	6552	4616
45	362	118	3199	2	3497	253	122
2482434	72704	712348	193029	196878	3863025	1187414	41906
84778	184747	365516	396960	186952	696576	214697	67600
21013	273092	143511	308824	2029	458333	128497	30576
1794	9345	25388	17923	1259	30277	10561	6580
3737	32750	46922	-3186	19238	14844	14156	15360
21861	120689	151905	254994	13062	406691	129564	39646
35714	60861	368129	-93584	184623	148026	205887	116473
3045	18613	43704	-72710	85380	4083	73748	13459
5443	16454	48305	25475	12063	51269	20343	10980
33347	250008	409876	537633	71175	778717	207182	61627
15486	145457	204408	198537	22985	450102	236049	29384
267358	401446	487905	839947	44734	1469381	361801	77444
26950	108436	633641	212273	69443	368891	129218	30660
8107	114974	128490	114742	1003	180489	57341	19030
36578	677312	480685	482165	1437	772467	253093	34992
508	5375	12152	5655	25	9471	3307	1921
183	1201	1676	1169		2026	674	234
59	249	1081	220		731	452	105
280	108	121	2072		2869	517	80
147358	33726	949954	2634157	121294	4160109	1357502	164273
4174	33582	46767	88715	3920	116642	22718	7412
4530	20112	91329	-23288	40300	3398	21949	19723

14-7 规模以上外商投资和港澳台商投资工业企业主要经济指标

单位:万元

类　别	Category	企业单位数(个) Number of Industial Enterprises (unit)	#亏损企业 Loss Enterprises
2000		1740	373
2001		2020	484
2002		2385	541
2003		2925	665
2004		4315	1059
2005		4684	773
2006		5227	819
2007		5747	847
2008		5900	1068
2009		6052	986
2010		5536	756
2011		4481	590
2012		4457	701
2013		4365	679
在总计中:	**of which:**		
亏损企业	Loss Enterprises	679	679
在总计中:	**of which:**		
港、澳、台商投资企业	Enterprises with Funds from Hong Kong,Macao and Taiwan	1080	165
合资经营企业(港或澳、台资)	Joint-ventures Enterprises	597	79
合作经营企业(港或澳、台资)	Cooperative Enterprises	22	5
港澳台商独资经营企业	Enterprises with Sole Investment	444	79
港澳台商投资股份有限公司	Share-holding Corporations Ltd. with Funds from Hong Kong, Macao and Taiwan	16	2
其他企业	Others	1	
外商投资企业	Foreign Funded Enterprises	3285	514
中外合资经营企业	Joint-venture Enterprises	1275	159
中外合作经营企业	Cooperation Enterprises	57	7
外资企业	Enterprises with Sole Foreign Funds	1892	343
外商投资股份有限公司	Share-holding Corporations Ltd. with Foreign Investment	52	5
其他企业	Others	9	
在总计中:	**of which:**		
国有控股企业	State-holding Enterprises	94	23
在总计中:	**of which:**		
农村工业	Industry in Rural Area	29	1
一、按轻重工业分	**by Light & Heavy Industry**		
轻工业	Light Industry	2309	362
重工业	Heavy Industry	2056	317
二、按企业规模分	**by Enterprise Size**		
大型企业	Large-sized Enterprises	177	13
中型企业	Medium-sized Enterprises	965	160
小型企业	Small-sized Enterprises	3223	506

Main Economic Indicators of Industrial Enterprises above Designated Size with Funds from Foreign Countries (Territories),Hong Kong,Macao and Taiwan

(10 000 yuan)

工 业 总产值 Gross Industrial Output Value	工 业 销售产值 Industrial Output Value of Products Sold	#出 口 交货值 Export Delivery Value	资产合计 Total Assets	产 成 品 Finished Products	流动资产合计 Total Working Capitals	固定资产合计 Total Fixed Assets
11733444	11407902		11450417	766490	5149741	4763392
14570101	14184782		13978219	885669	6218800	5561049
17707902	17224508		16056232	965904	7330202	6278224
24832436	24336050	9283568	22387343	1189967	9810521	9084614
37836423	36920480	13536351	30386016	1636652	13195818	12040507
54014093	53031835	16756713	38447493	2063357	16996280	15011741
72090688	71138467	22454787	49903969	2635215	22336522	18732001
96955087	95104911	28979286	63158104	3186410	28783090	23543356
115354778	112502839	33732027	71304227	4060074	33656735	24364312
129775048	127998832	32424654	86379610	3878036	39585096	33430492
143659376	140914565	34755802	94554908	4123696	47889846	34450993
157964343	155929217	36071412	97369768	4071581	52534687	36493277
173259205	170199834	35718741	109629355	4644505	58337502	40856902
185437624	183273885	39580069	112633779	4184245	61163937	39474108
10912195	10852256	3277224	12665910	686719	6860877	4450511
40702137	39688481	7803178	28321749	1216230	14651757	11132429
25314142	24601838	4633834	17119181	746531	8998691	6608997
600379	590081	57230	255645	9759	113635	129961
14160990	13860766	2958512	10009540	423922	5212796	3994786
594159	605914	139991	884400	33604	317789	358580
32467	29882	13612	52983	2414	8846	40105
144735487	143585404	31776890	84312031	2968015	46512179	28341678
62879988	61962000	9313928	42577348	1377500	24236982	14364816
6331964	6307826	1932595	3265303	216994	2278692	863143
69111431	68416613	19047118	33159057	1185026	18113953	11438531
5805988	6302939	1424679	5159313	187179	1830752	1580532
606116	596027	58571	151009	1317	51800	94656
12842943	12770152	452585	10829158	126122	5401431	4728933
1547846	1542678	96826	548756	14678	249087	270512
72636065	72140353	16422605	43747411	1956982	22432293	15802937
112801559	111133533	23157464	68886368	2227263	38731643	23671171
78215970	77790482	18257498	49670650	1718119	27525866	16394552
51838965	50659750	10846978	32614626	1408692	18063231	11637109
55382688	54823653	10475593	30348503	1057435	15574839	11442446

14-7 续表 1

单位:万元

类　别	Category	企业单位数(个) Number of Industial Enterprises (unit)	#亏损企业 Loss Enterprises
三、按行业大类分	**by Sector**		
采掘业	**Mining**		
煤炭开采和洗选业	Mining and Washing of Coal	3	2
石油和天然气开采业	Extraction of Petroleum and Natural Gas		
黑色金属矿采选业	Mining of Ferrous Metal Ores	2	
有色金属矿采选业	Mining of Non-ferrous Metal Ores	5	1
非金属矿采选业	Mining and Processing of Nonmetal Ores	5	
开采辅助活动	Mining Support Activities		
其他采矿业	Mining of Other Ores		
制造业	**Manufacturing**		
农副食品加工业	Processing of Food from Agricultural Products	565	65
食品制造业	Manufacture of Foods	150	14
酒、饮料和精制茶制造业	Manufacture of Wine, Drinks and Refined Tea	55	10
烟草制品业	Manufacture of Tobacco		
纺织业	Manufacture of Textile	206	43
纺织服装、服饰业	Manufacture of Textile Wearing Apparel and Finery	339	73
皮革、毛皮、羽毛及其制品和制鞋业	Manufacture of Leather, Fur, Feather & Its Products and Footwear	140	24
木材加工及木 竹、藤、棕、草制品业	Processing of Timbers, Manufacture of Wood, Bamboo, Rattan, Palm, and Straw Products	47	2
家具制造业	Manufacture of Furniture	66	11
造纸及纸制品业	Manufacture of Paper and Paper Products	76	16
印刷和记录媒介复制业	Printing, Reproduction of Recording Media	46	6
文教、工美、体育和娱乐用品制造业	Manufacture of Culture, Education,Arts and crafts，Sport and Entertainment Goods	313	51
石油加工、炼焦和核燃料加工业	Processing of Petroleum, Coking and Nucleus Fuel	16	4
化学原料和化学制品制造业	Manufacture of Chemical Raw Material and Chemical Products	274	39
医药制造业	Manufacture of Medicines	76	6
化学纤维制造业	Manufacture of Chemical Fiber	11	3
橡胶和塑料制品业	Manufacture of Rubber and Plastic	205	39
非金属矿物制品业	Manufacture of Non-metallic Mineral Products	222	34
黑色金属冶炼及压延加工业	Manufacture and Processing of Ferrous Metals	43	9
有色金属冶炼及压延加工业	Manufacture & Processing of Non-ferrous Metals	30	8
金属制品业	Manufacture of Metal Products	223	37
通用设备制造业	Manufacture of General Purpose Machinery	225	36
专用设备制造业	Manufacture of Special Purpose Machinery	163	26
汽车制造业	Manufacture of Automotive	176	15
铁路、船舶、航空航天和其他运输设备制造业	Manufacture of Railroad,Marine,Aerospace and Other Transportation Equipment	60	11
电气机械及器材制造业	Manufacture of Electrical Machinery & Equipment	188	29
计算机、通信和其他电子设备制造业	Manufacture of Computer, Communications and Other Electronic Equipment	274	47
仪器仪表制造业	Manufacture of Measuring Instrument	39	3
其他制造业	Other Manufacture	16	6
废弃资源综合利用业	Comprehensive Utilization of Waste	5	
金属制品、机械和设备修理业	Metal Products, Machinery and Equipment Repair Industry	5	1
电力、燃气及水的生产和供应业	**Production and Supply of Electric,Gas and Water**		
电力、热力的生产和供应业	Production and Supply of Electric Power and Heat Power	42	3
燃气生产和供应业	Production and Supply of Gas	39	3
水的生产和供应业	Production and Supply of Water	15	2

continued

(10 000 yuan)

工 业 总产值 Gross Industrial Output Value	工 业 销售产值 Industrial Output Value of Products Sold	#出 口 交货值 Export Delivery Value	资产合计 Total Assets	产成品 Finished Products	流动资产合计 Total Working Capitals	固定资产合计 Total Fixed Assets
598858	597074		701328	8359	134695	561838
100556	100522		11017	311	1283	9734
23473	23672		18581	1430	9737	8231
247042	243444	5439	88111	2248	24075	47899
22201942	22038227	4485987	10154918	645515	6182758	2973384
5753716	5697700	902014	3676922	113403	2068617	1249503
3317413	3917713	378398	3385165	99079	1284796	994353
7744160	7507599	2566123	5035508	239174	2333306	2081785
5845831	5743765	2040549	2928198	121933	1338342	1371127
2872181	2777293	830525	1074955	51752	610756	352701
987159	981957	315654	460048	27310	313918	114930
1150616	1106136	260732	585995	32124	308452	220799
3297729	3317397	229440	4739047	123451	1830744	2328015
1195854	1175066	30949	689175	25202	349586	212232
4735855	4685507	1926903	1659758	116162	937019	575494
487315	496135		584305	12868	349227	210888
17048910	16730619	1273972	11168395	339993	5737251	3608344
6501948	6325620	1006925	5462135	208814	2760416	2066886
384588	359722	66849	560138	36448	256965	227502
6620793	6375427	2178281	4479424	263610	2393653	1779563
5272537	5183584	511520	3728158	145188	1884485	1490622
4247565	4192975	171721	2147103	70597	1278675	675345
4018833	3971825	18667	2294980	29331	1748867	404582
7783961	7593373	1402621	3687729	148234	2029185	1433563
5922471	5795851	1851509	4713302	216740	2841677	1503882
7199679	7042292	859307	5006998	401282	3386693	1020565
13833445	13726205	1490810	9218661	204349	6037153	2688234
3352764	3357616	923418	4255715	129257	2785838	1148492
7529048	7399606	1670731	4198752	144451	2031695	1706468
29382444	29122373	11675304	9277156	174116	5916785	2281421
1265454	1221056	333849	826535	17464	607690	136283
260896	253634	156729	152554	6057	99705	45205
58830	54585		74341	2137	55674	9247
75668	65953	15144	70486	1834	35276	31182
2576145	2572761		3529858	120	459716	2899264
1411511	1392124		1495511	23904	612375	713342
130437	127479		492818		126855	291204

14-7 续表 2

单位:万元

类　别	Category	负债合计 Total Liabilities	主营业务收入 Revenue from Principal Business
2000		6974187	10608335
2001		7975312	12695597
2002		9002705	15655508
2003		12602882	23176116
2004		16498501	35828528
2005		21083916	52377071
2006		26832468	70456341
2007		34261658	94561330
2008		38145531	110043170
2009		45394957	127005719
2010		49181433	138639700
2011		51712845	152985089
2012		57272370	169409527
2013		59266450	180782207
在总计中:	**of which:**		
亏损企业	Loss Enterprises	8764995	10531013
在总计中:	**of which:**		
港、澳、台商投资企业	Enterprises with Funds from Hong Kong,Macao and Taiwan	15148929	39514840
合资经营企业(港或澳、台资)	Joint-ventures Enterprises	9782064	24530958
合作经营企业(港或澳、台资)	Cooperative Enterprises	93273	610131
港澳台商独资经营企业	Enterprises with Sole Investment	4841213	13724600
港澳台商投资股份有限公司	Share-holding Corporations Ltd. with Funds from Hong Kong, Macao and Taiwan	406207	615186
其他企业	Others	26172	33964
外商投资企业	Foreign Funded Enterprises	44117522	141267368
中外合资经营企业	Joint-venture Enterprises	23108500	61143652
中外合作经营企业	Cooperation Enterprises	2183674	5728538
外资企业	Enterprises with Sole Foreign Funds	16818977	67652494
外商投资股份有限公司	Share-holding Corporations Ltd. with Foreign Investment	1969888	6152053
其他企业	Others	36483	590631
在总计中:	**of which:**		
国有控股企业	State-holding Enterprises	6062942	11866227
在总计中:	**of which:**		
农村工业	Industry in Rural Area	209102	1445225
一、按轻重工业分	**by Light & Heavy Industry**		
轻工业	Light Industry	21151835	71873094
重工业	Heavy Industry	38114616	108909113
二、按企业规模分	**by Enterprise Size**		
大型企业	Large-sized Enterprises	28173210	76172778
中型企业	Medium-sized Enterprises	16901005	50342626
小型企业	Small-sized Enterprises	14192236	54266804

continued

(10 000 yuan)

#主营业务税金及附加 Taxes and Other Charges on Principal Business	营业费用 Cost of Business	管理费用 Cost of Management	利润总额 Total Profits	亏损企业亏损总额 Losses of Loss Enterprises	利税总额 Total Profits and Taxes	本年应交增值税 Value-added Tax Payable	全部从业人员年平均人数（人） Annual Average of Empolyed Persons (person)
45189	397752	511820	607409	123586	1068901	416302	570940
42749	500409	587803	747735	133568	1381549	591069	677208
52771	656697	715305	946420	121496	1585217	586026	782462
77214	844733	893503	1437357	173975	2218336	703765	942482
142675	1155656	1409829	2388875	238522	3616446	1084896	1268481
256875	1404591	1578402	3498964	215791	5220808	1464969	1485932
305226	1989506	2156705	4373503	235135	6473118	1794389	1607730
410640	2621917	2640990	5535820	252042	8226755	2280295	1716875
433346	2871686	3300860	5972969	595461	8957825	2551510	1689902
561210	3061011	3482913	7213796	558728	10879283	3104278	1740004
770021	3668294	5700645	10010172	351316	14429266	3649074	1657493
732375	3427756	4713939	10851122	527423	15764843	4109348	1512465
1063958	4017676	5592666	11374074	793262	16933454	4484316	1546846
1162327	4330618	5655046	12070359	674920	18259068	5001382	1492867
61083	369090	651842	-674920	674920	-461925	145120	187754
226438	1125108	1406152	2878293	140892	4359046	1250405	341361
156309	848228	847466	1968417	51877	2860632	734067	187539
5593	19472	36212	35651	3077	64652	23382	6314
62978	240546	485578	843251	82391	1388230	479957	135090
1189	16307	35495	30318	3546	42828	11321	10969
369	555	1401	657		2704	1678	1449
935889	3205511	4248894	9192066	534028	13900023	3750977	1151506
535549	1334523	1769986	4594387	188819	7145648	2012278	429257
18567	126181	105185	373470	6771	531427	139390	27490
306897	1328176	2172407	3693926	337983	5473671	1455430	635940
72286	413234	196155	495460	455	696265	128279	56284
2590	3396	5161	34822		53012	15600	2535
274297	158828	274891	1310002	48202	2041486	457091	49421
6223	15296	25614	135066	168	177683	36365	5875
472365	2427043	2446432	4751422	223828	7327627	2082491	769196
689962	1903576	3208614	7318936	451091	10931442	2918891	723671
501428	1709458	1665561	5339757	128782	7971572	2129184	528383
267869	1461595	1781390	3366281	247808	5005894	1366678	546521
393031	1159566	2208095	3364320	298330	5281602	1505521	417963

14-7 续表 3

单位：万元

类　别	Category	负债合计 Total Liabilities	主营业务收　入 Revenue from Principal Business
三、按行业大类分	**by Sector**		
采掘业	**Mining**		
煤炭开采和洗选业	Mining and Washing of Coal	398457	591224
石油和天然气开采业	Extraction of Petroleum and Natural Gas		
黑色金属矿采选业	Mining of Ferrous Metal Ores	4298	97344
有色金属矿采选业	Mining of Non-ferrous Metal Ores	8187	23750
非金属矿采选业	Mining and Processing of Nonmetal Ores	32940	242922
开采辅助活动	Mining Support Activities		
其他采矿业	Mining of Other Ores		
制造业	**Manufacturing**		
农副食品加工业	Processing of Food from Agricultural Products	5722370	22015107
食品制造业	Manufacture of Foods	1719884	5782669
酒、饮料和精制茶制造业	Manufacture of Wine, Drinks and Refined Tea	1328493	3856666
烟草制品业	Manufacture of Tobacco		
纺织业	Manufacture of Textile	2069679	7885208
纺织服装、服饰业	Manufacture of Textile Wearing Apparel and Finery	1259315	5609240
皮革、毛皮、羽毛及其制品和制鞋业	Manufacture of Leather, Fur, Feather & Its Products and Footwear	560670	2745370
木材加工及木 竹、藤、棕、草制品业	Processing of Timbers, Manufacture of Wood, Bamboo, Rattan, Palm, and Straw Products	192772	1002581
家具制造业	Manufacture of Furniture	301196	1087906
造纸及纸制品业	Manufacture of Paper and Paper Products	2824726	3345632
印刷和记录媒介复制业	Printing, Reproduction of Recording Media	264132	1155931
文教、工美、体育和娱乐用品制造业	Manufacture of Culture, Education,Arts and crafts, Sport and Entertainment Goods	696590	4594850
石油加工、炼焦和核燃料加工业	Processing of Petroleum, Coking and Nucleus Fuel	399326	543675
化学原料和化学制品制造业	Manufacture of Chemical Raw Material and Chemical Products	6414968	16827107
医药制造业	Manufacture of Medicines	2067374	6141211
化学纤维制造业	Manufacture of Chemical Fiber	419789	363654
橡胶和塑料制品业	Manufacture of Rubber and Plastic	2579678	6144297
非金属矿物制品业	Manufacture of Non-metallic Mineral Products	1650398	5196684
黑色金属冶炼及压延加工业	Manufacture and Processing of Ferrous Metals	1503050	3968682
有色金属冶炼及压延加工业	Manufacture & Processing of Non-ferrous Metals	1317084	3938656
金属制品业	Manufacture of Metal Products	1904337	7563645
通用设备制造业	Manufacture of General Purpose Machinery	2184107	5942680
专用设备制造业	Manufacture of Special Purpose Machinery	2904873	7000326
汽车制造业	Manufacture of Automotive	5298645	12954064
铁路、船舶、航空航天和其他运输设备制造业	Manufacture of Railroad,Marine,Aerospace and Other Transportation Equipment	3143074	2900407
电气机械及器材制造业	Manufacture of Electrical Machinery & Equipment	1746059	7337012
计算机、通信和其他电子设备制造业	Manufacture of Computer, Communications and Other Electronic Equipment	5382023	28542371
仪器仪表制造业	Manufacture of Measuring Instrument	329510	1249303
其他制造业	Other Manufacture	100750	271664
废弃资源综合利用业	Comprehensive Utilization of Waste	28420	62147
金属制品、机械和设备修理业	Metal Products, Machinery and Equipment Repair Industry	28456	70221
电力、燃气及水的生产和供应业	**Production and Supply of Electric,Gas and Water**		
电力、热力的生产和供应业	Production and Supply of Electric Power and Heat Power	1403179	2147841
燃气生产和供应业	Production and Supply of Gas	815171	1456161
水的生产和供应业	Production and Supply of Water	262470	124003

continued

(10 000 yuan)

#主营业务税金及附加 Taxes and Other Charges on Principal Business	营业费用 Cost of Business	管理费用 Cost of Management	利润总额 Total Profits	亏损企业亏损总额 Losses of Loss Enterprises	利税总额 Total Profits and Taxes	本年应交增值税 Value-added Tax Payable	全部从业人员年平均人数（人） Annual Average of Empolyed Persons (person)
9822	20664	49289	173523	3782	251932	68587	1704
1028	2104	673	11830		15189	2331	368
172	513	1889	2170	241	2371	29	731
772	28404	19179	25877		32954	6305	2431
68575	354549	443212	1002078	77327	1626939	554056	173870
44667	293338	206487	548940	15885	800899	203734	47188
106134	433986	118669	321302	15741	571911	144476	30894
42285	112892	265233	578806	19644	801789	179748	104579
35816	154350	301689	332422	25087	520235	151332	119962
22573	49399	100709	138598	5969	223182	61115	59368
8948	22954	25805	88791	993	114709	16970	8557
7306	31580	40973	69836	3988	118424	34547	16390
15695	91322	127275	193289	5925	310328	101180	23585
7301	23967	89124	62795	2946	103501	33367	9054
32953	98333	178117	243083	17088	435240	155968	67844
3292	19989	21142	31803	570	48390	13295	3013
102324	333063	429963	1006819	49398	1566662	456009	67814
50767	584010	302939	863861	2347	1238011	323374	40180
575	9703	11630	6693	3212	10281	2915	3633
33090	177647	257465	418751	33802	589971	137570	58144
30668	133921	166702	409945	53430	668862	227899	48410
7800	42846	50457	168736	6065	250013	73477	10816
5618	21004	39335	165206	7249	436034	265210	6341
58845	121635	385553	392979	31530	663426	210389	55570
42282	230850	368653	402777	45131	595569	149802	60680
43351	236229	225949	463015	49822	717141	210593	41260
250470	202999	252839	1177752	26577	1747123	318897	69848
17615	47222	111026	223042	63619	359208	118140	30081
26104	162452	214712	443431	22311	592075	122265	66816
49396	185867	590059	1429262	73521	1892410	413708	217252
6413	48398	81976	111324	1427	166164	48427	13070
1915	2779	8695	11084	2518	18407	5408	4975
91	631	2921	8407		9736	1238	709
849	416	13443	4575	113	8720	3296	1894
18283	7416	72854	385617	2339	541584	137673	13882
7994	43061	63637	134996	4404	188305	44826	9775
539	129	14776	16946	920	21377	3229	2179

14-8 规模以上国有工业企业主要经济指标

单位:万元

类别	Category	企业单位数(个) Number of Industial Enterprises (unit)	#亏损企业 Loss Enterprises
	2000	2114	486
	2001	1592	400
	2002	1387	349
	2003	1151	309
	2004	972	332
	2005	842	243
	2006	746	212
	2007	661	184
	2008	609	186
	2009	649	162
	2010	597	148
	2011	517	135
	2012	506	152
	2013	340	95
在总计中:	**of which:**		
亏损企业	Loss Enterprises	95	95
在总计中:	**of which:**		
中央企业	Central Enterprises	59	5
地方企业	Local Enterprises	281	90
一、按轻重工业分	**by Light & Heavy Industry**		
轻工业	Light Industry	83	34
重工业	Heavy Industry	257	61
二、按企业规模分	**by Enterprise Size**		
大型企业	Large-sized Enterprises	47	6
中型企业	Medium-sized Enterprises	153	47
小型企业	Small-sized Enterprises	140	42

Main Economic Indicators of State-owned Industrial Enterprises above Designated Size

(10 000 yuan)

工　业 总产值 Gross Industrial Output Value	工　业 销售产值 Industrial Output Value of Products Sold	#出　口 交货值 Export Delivery Value	资产合计 Total Assets	产 成 品 Finished Products	流动资产合计 Total Working Capitals	固定资产合计 Total Fixed Assets
24744936	24607993		42208919	1617992	14019235	19245575
12234932	12037423		27531520	921428	9429088	11637665
13770330	13600891		27580401	813504	9294926	11563565
14840375	14566769	749626	28068618	732614	9725574	11768793
19715003	19142465	817147	27013217	607810	8782685	12164842
19829441	19639882	687504	24493249	561662	8482461	10266814
23078362	22921402	582201	27104824	521067	9139735	11828055
27367017	27151997	571583	30119677	569429	9963162	13476671
45772078	35078287	1117299	44055195	1007282	12046865	22574394
40747007	40355963	1164851	42604000	986200	14396493	20675274
54861225	54639308	1408178	49684216	1107398	18421339	24524408
62007599	61464686	1616105	53398134	1206047	18802859	24894871
50221213	49609803	1609776	56610910	1253476	19648070	26465685
42500774	42456523	437807	39075447	649917	11631804	11749543
2581117	2585655	117401	5081723	113133	1768310	2741036
23183414	23175912	61150	23848945	242749	5742280	4556244
19317361	19280610	376658	15226502	407168	5889524	7193299
5907754	5868940	269401	5893923	194600	3537782	1270530
36593020	36587583	168406	33181524	455317	8094022	10479013
15399547	15480820	301170	15161266	442812	6824673	5667830
9610231	9478377	130226	8692400	176112	2715908	5036660
17490997	17497326	6411	15221781	30993	2091223	1045053

14-8 续表 1

单位:万元

类别	Category	企业单位数(个) Number of Industial Enterprises (unit)	#亏损企业 Loss Enterprises
三、按行业大类分	**by Sector**		
采掘业	**Mining**		
煤炭开采和洗选业	Mining and Washing of Coal	21	7
石油和天然气开采业	Extraction of Petroleum and Natural Gas	1	
黑色金属矿采选业	Mining of Ferrous Metal Ores	3	
有色金属矿采选业	Mining of Non-ferrous Metal Ores	2	
非金属矿采选业	Mining and Processing of Nonmetal Ores	2	
开采辅助活动	Mining Support Activities		
其他采矿业	Mining of Other Ores		
制造业	**Manufacturing**		
农副食品加工业	Processing of Food from Agricultural Products	18	5
食品制造业	Manufacture of Foods	5	1
酒、饮料和精制茶制造业	Manufacture of Wine, Drinks and Refined Tea	5	
烟草制品业	Manufacture of Tobacco	2	
纺织业	Manufacture of Textile	2	1
纺织服装、服饰业	Manufacture of Textile Wearing Apparel and Finery	1	
皮革、毛皮、羽毛及其制品和制鞋业	Manufacture of Leather, Fur, Feather & Its Products and Footwear	1	
木材加工及木 竹、藤、棕、草制品业	Processing of Timbers, Manufacture of Wood, Bamboo, Rattan, Palm, and Straw Products	2	
家具制造业	Manufacture of Furniture		
造纸及纸制品业	Manufacture of Paper and Paper Products	2	
印刷和记录媒介复制业	Printing, Reproduction of Recording Media	6	1
文教、工美、体育和娱乐用品制造业	Manufacture of Culture, Education,Arts and crafts, Sport and Entertainment Goods		
石油加工、炼焦和核燃料加工业	Processing of Petroleum, Coking and Nucleus Fuel	1	
化学原料和化学制品制造业	Manufacture of Chemical Raw Material and Chemical Products	13	4
医药制造业	Manufacture of Medicines	1	
化学纤维制造业	Manufacture of Chemical Fiber		
橡胶和塑料制品业	Manufacture of Rubber and Plastic	2	
非金属矿物制品业	Manufacture of Non-metallic Mineral Products	10	2
黑色金属冶炼及压延加工业	Manufacture and Processing of Ferrous Metals	2	
有色金属冶炼及压延加工业	Manufacture & Processing of Non-ferrous Metals		
金属制品业	Manufacture of Metal Products	4	
通用设备制造业	Manufacture of General Purpose Machinery	17	4
专用设备制造业	Manufacture of Special Purpose Machinery	12	2
汽车制造业	Manufacture of Automotive	5	1
铁路、船舶、航空航天和其他运输设备制造业	Manufacture of Railroad,Marine,Aerospace and Other Transportation Equipment	7	3
电气机械及器材制造业	Manufacture of Electrical Machinery & Equipment	3	
计算机、通信和其他电子设备制造业	Manufacture of Computer, Communications and Other Electronic Equipment		
仪器仪表制造业	Manufacture of Measuring Instrument	1	
其他制造业	Other Manufacture		
废弃资源综合利用业	Comprehensive Utilization of Waste		
金属制品、机械和设备修理业	Metal Products, Machinery and Equipment Repair Industry		
电力、燃气及水的生产和供应业	**Production and Supply of Electric,Gas and Water**		
电力、热力的生产和供应业	Production and Supply of Electric Power and Heat Power	149	38
燃气生产和供应业	Production and Supply of Gas	3	
水的生产和供应业	Production and Supply of Water	37	26

continued

(10 000 yuan)

工　业 总产值 Gross Industrial Output Value	工　业 销售产值 Industrial Output Value of Products Sold	#出　口 交货值 Export Delivery Value	资产合计 Total Assets	产成品 Finished Products	流动资产合计 Total Working Capitals	固定资产合计 Total Fixed Assets
2188293	2234575		3592602	90268	1635504	1210382
52854	52854		14998		7812	7186
377563	380854		1127812	13008	353310	258684
104479	104472		151920	3752	33001	55997
40325	38119		56956	9222	36846	19918
1337432	1320561	215101	646487	53710	426958	188038
94265	83781	2159	64364	6886	25360	37317
78736	79773		78666	7201	54822	16674
3117544	3111442		2706575	9001	1751958	407798
14529	13822		6633	1822	3104	1394
21963	21979		19048	2367	15971	2635
43509	38997		8268	2841	6102	2166
32014	34819		36249	5285	15806	18598
55284	55806		67870	8353	23501	34649
46140	44993		72995	3703	39358	23569
133164	132772		122113	8149	66038	40796
3147119	3181292	15820	2396332	135771	1006345	997828
66672	66534		82931	3348	29473	11746
42319	40433		9290		6755	
254816	231129	1420	604195	13500	290958	260777
36478	37424		45061	3516	30241	14820
55324	56228		44846	4545	35207	8885
459114	497524	24519	1039608	78262	543781	465764
366516	357518	4580	775921	82468	505135	132279
224676	208693	93033	298228	18166	196641	78927
224178	218715	14007	350044	13082	241490	96880
792066	752798	67169	761222	51771	532924	85554
4850	4850		3077	648	2764	288
28760514	28733243		22767142	17665	3224375	6840829
135433	130287		56109	477	16713	22209
192607	190236		1067886	1131	473550	406957

14-8 续表 2

单位:万元

类　别	Category	负债合计 Total Liabilities	主营业务收　入 Revenue from Principal Business	#主营业务税金及附加 Taxes and Other Charges on Principal Business
2000		26686324	27821717	492552
2001		17653620	16006815	294059
2002		17777286	17815410	343306
2003		18009322	19793599	385228
2004		17664902	20631866	234423
2005		16133478	20149674	215660
2006		17375838	23656937	673855
2007		18561850	27623229	777269
2008		21171736	47675137	3251935
2009		26103211	42480695	1094712
2010		32202345	56271894	1501435
2011		34552035	64126688	1617389
2012		36998582	66890135	1856220
2013		25807785	45690608	1661471
在总计中：	**of which:**			
亏损企业	Loss Enterprises	3898122	2669502	12674
在总计中：	**of which:**			
中央企业	Central Enterprises	15840460	29875610	1535624
地方企业	Local Enterprises	9967324	15814998	125847
一、按轻重工业分	**by Light & Heavy Industry**			
轻工业	Light Industry	2811545	6356923	1470663
重工业	Heavy Industry	22996240	39333685	190808
二、按企业规模分	**by Enterprise Size**			
大型企业	Large-sized Enterprises	8919921	15965360	1576426
中型企业	Medium-sized Enterprises	6340177	9744964	42639
小型企业	Small-sized Enterprises	10547687	19980284	42406

continued

(10 000 yuan)

营业费用 Cost of Business	管理费用 Cost of Management	利润总额 Total Profits	亏损企业亏损总额 Losses of Loss Enterprises	利税总额 Total Profits and Taxes	本年应交增值税 Value-added Tax Payable	全部从业人员年平均人数（人） Annual Average of Empolyed Persons (person)
547576	1754897	2554426	194180	4711091	1664113	1652934
351126	1044379	520439	149112	1542737	728243	984032
329434	1073754	610973	131676	1748879	794695	883357
339400	1135605	724762	126296	1944990	835000	769190
259600	1345339	508887	358415	1679671	936360	668702
233128	1153373	767749	130004	1827104	843695	536010
276963	1308489	1098603	116777	2868286	1095828	480364
324251	1493013	1304975	162156	3361138	1278894	453495
729708	2645622	6139923	630451	12337647	2945789	568582
961122	2234651	1523331	314887	4140177	1522134	491752
1122616	2993266	2338185	267808	5787735	1948115	489028
1133742	3118712	2776635	511041	6514906	2108989	433337
1072948	3122828	3467936	367401	7621470	2287898	424081
383406	1676921	2392883	187827	5617626	1545434	244979
45392	240752	-187827	187827	-84852	88970	52601
152420	565073	1894100	22315	4424866	982096	69289
230986	1111847	498783	165512	1192760	563338	175690
234130	349708	517815	25094	2380454	391820	45953
149276	1327212	1875068	162733	3237171	1153614	199026
247011	860946	1649029	55107	4004982	774577	111472
114035	730026	126292	99339	502677	329676	96663
22360	85949	617562	33381	1109967	441182	36844

14-8 续表 3

单位:万元

类别	Category	负债合计 Total Liabilities	主营业务收入 Revenue from Principal Business
三、按行业大类分	**by Sector**		
采掘业	**Mining**		
煤炭开采和洗选业	Mining and Washing of Coal	2034460	2185853
石油和天然气开采业	Extraction of Petroleum and Natural Gas	9542	52854
黑色金属矿采选业	Mining of Ferrous Metal Ores	361017	376969
有色金属矿采选业	Mining of Non-ferrous Metal Ores	60083	109429
非金属矿采选业	Mining and Processing of Nonmetal Ores	42842	42215
开采辅助活动	Mining Support Activities		
其他采矿业	Mining of Other Ores		
制造业	**Manufacturing**		
农副食品加工业	Processing of Food from Agricultural Products	325295	1346944
食品制造业	Manufacture of Foods	35002	91967
酒、饮料和精制茶制造业	Manufacture of Wine, Drinks and Refined Tea	73399	79303
烟草制品业	Manufacture of Tobacco	811654	3086772
纺织业	Manufacture of Textile	4563	22684
纺织服装、服饰业	Manufacture of Textile Wearing Apparel and Finery	17929	18898
皮革、毛皮、羽毛及其制品和制鞋业	Manufacture of Leather, Fur, Feather & Its Products and Footwear	7313	38997
木材加工及木 竹、藤、棕、草制品业	Processing of Timbers, Manufacture of Wood, Bamboo, Rattan, Palm, and Straw Products	56343	34819
家具制造业	Manufacture of Furniture		
造纸及纸制品业	Manufacture of Paper and Paper Products	46264	43688
印刷和记录媒介复制业	Printing, Reproduction of Recording Media	44098	46340
文教、工美、体育和娱乐用品制造业	Manufacture of Culture, Education,Arts and crafts, Sport and Entertainment Goods		
石油加工、炼焦和核燃料加工业	Processing of Petroleum, Coking and Nucleus Fuel	96416	132946
化学原料和化学制品制造业	Manufacture of Chemical Raw Material and Chemical Products	2158914	3226435
医药制造业	Manufacture of Medicines	65737	53312
化学纤维制造业	Manufacture of Chemical Fiber		
橡胶和塑料制品业	Manufacture of Rubber and Plastic	6464	42298
非金属矿物制品业	Manufacture of Non-metallic Mineral Products	426747	241922
黑色金属冶炼及压延加工业	Manufacture and Processing of Ferrous Metals	21856	36093
有色金属冶炼及压延加工业	Manufacture & Processing of Non-ferrous Metals		
金属制品业	Manufacture of Metal Products	39552	62537
通用设备制造业	Manufacture of General Purpose Machinery	475375	499325
专用设备制造业	Manufacture of Special Purpose Machinery	459912	578082
汽车制造业	Manufacture of Automotive	243786	217842
铁路、船舶、航空航天和其他运输设备制造业	Manufacture of Railroad,Marine,Aerospace and Other Transportation Equipment	227159	232780
电气机械及器材制造业	Manufacture of Electrical Machinery & Equipment	550630	1056729
计算机、通信和其他电子设备制造业	Manufacture of Computer, Communications and Other Electronic Equipment		
仪器仪表制造业	Manufacture of Measuring Instrument	637	4850
其他制造业	Other Manufacture		
废弃资源综合利用业	Comprehensive Utilization of Waste		
金属制品、机械和设备修理业	Metal Products, Machinery and Equipment Repair Industry		
电力、燃气及水的生产和供应业	**Production and Supply of Electric,Gas and Water**		
电力、热力的生产和供应业	Production and Supply of Electric Power and Heat Power	16363523	31391340
燃气生产和供应业	Production and Supply of Gas	21671	139796
水的生产和供应业	Production and Supply of Water	719602	196589

continued

(10 000 yuan)

#主营业务税金及附加 Taxes and Other Charges on Principal Business	营业费用 Cost of Business	管理费用 Cost of Management	利润总额 Total Profits	亏损企业亏损总额 Losses of Loss Enterprises	利税总额 Total Profits and Taxes	本年应交增值税 Value-added Tax Payable	全部从业人员年平均人数(人) Annual Average of Empolyed Persons (person)
62620	27838	239746	179194	37632	391669	149343	42911
924		2842	8832		18520	8764	273
9101	2740	70739	75122		125380	40927	9186
69	178	19665	19674		19803	60	1884
1254	1971	2828	768		5151	3129	720
3456	8448	13033	89726	915	105784	12582	8232
1776	5516	4776	3040	44	9330	4514	1775
6500	3864	3772	5176		13292	1606	1846
1451143	91164	195399	371108		2153316	331065	5959
312	182	382	1321	56	2216	583	417
65	285	62	41		545	438	760
913	451	451	1635		3799	1251	880
389	591	1363	1938		3876	1549	359
237	855	838	1050		3051	1764	2496
277	694	6160	4339	565	6397	1781	1932
220	1975	2329	2534		4469	1714	885
27945	21637	52772	39031	39217	132022	65047	11755
747	32957	6286	733		5098	3618	317
269	2140	1825	2407		3846	1170	
2362	8063	13774	37136	160	53647	14149	4238
221	992	4915	1454		3441	1766	941
631	982	2529	2594		5326	2102	633
4402	19026	55340	-3805	18016	17666	16638	8845
2699	39854	39947	41431	1674	58510	14380	7349
310	7265	18302	-2421	3277	-368	1743	2910
639	3915	28969	7878	1452	12125	3608	4372
882	58177	42632	23421		37053	12740	7187
57	638	1675	243		775	475	97
77855	28344	773352	1483742	61305	2409924	831827	103707
1331	3876	10881	14950		20961	4680	916
1864	8791	59339	-21409	23514	-8996	10423	11197

14-9 规模以上非公有工业主要经济指标

单位:万元

类 别	Category	企业单位数(个) Number of Industial Enterprises (unit)	#亏损企业 Loss Enterprises
	2002	8377	1047
	2003	11584	1247
	2004	20324	2726
	2005	24092	1871
	2006	28015	1920
	2007	32395	1884
	2008	39486	2569
	2009	43942	2508
	2010	41210	1712
	2011	34758	1558
	2012	36626	2126
	2013	39783	2290
在总计中:	**of which:**		
亏损企业	Loss Enterprises	2290	2290
在总计中:	**of which:**		
农村工业	Industry in Rural Area	251	10
一、按轻重工业分	**by Light & Heavy Industry**		
轻工业	Light Industry	16091	912
重工业	Heavy Industry	23692	1378
二、按企业规模分	**by Enterprise Size**		
大型企业	Large-sized Enterprises	895	67
中型企业	Medium-sized Enterprises	4354	486
小型企业	Small-sized Enterprises	34534	1737

Main Economic Indicators of Non-public Industry above Designated Size

(10 000 yuan)

工 业 总产值 Gross Industrial Output Value	工 业 销售产值 Industrial Output Value of Products Sold	#出 口 交货值 Export Delivery Value	资产合计 Total Assets	产成品 Finished Products	流动资产合计 Total Working Capitals	固定资产合计 Total Fixed Assets
45461718	44155651		35949602	2814383	16729064	12760819
73393784	71515263	14474997	52877008	3521911	23879407	18379772
138152594	135022277	22988004	95685397	5954466	42876737	34492541
200549717	196288717	28331918	122189852	7796259	55761512	44012262
243089184	238524116	33703704	132257499	8023085	61749264	47266989
330029176	323122998	42754269	171807847	10132134	77982898	62484427
449737185	440291558	51970618	237467651	13989404	105926599	86484833
643590615	633853190	53674627	404207876	18823010	172041728	175656063
606536704	595826013	54743512	322702466	15339365	150171419	132698502
903208063	888938143	68315148	536092157	20645959	256825142	212133365
1065561126	1050554293	70879204	634695966	25257558	303657882	239722487
1239055445	1225080191	81652556	763058811	26361078	369156076	291034464
55469995	54946250	5249304	64773330	2916531	32376427	23979117
10098531	9992543	369163	3946239	109725	1693656	1699225
391921946	390658124	37204870	198802409	8642339	96343770	78980738
847133498	834422067	44447686	564256402	17718739	272812306	212053726
445894549	444372108	39414580	385094232	12903638	182054266	143313832
258709641	254125504	20191318	162095603	6734436	84057296	59916906
534451254	526582579	22046659	215868976	6723004	103044514	87803726

14-9 续表 1

单位:万元

类　　别	Category	企业单位数(个) Number of Industial Enterprises (unit)	#亏损企业 Loss Enterprises
三、按行业大类分	**by Sector**		
采掘业	**Mining**		
煤炭开采和洗选业	Mining and Washing of Coal	235	38
石油和天然气开采业	Extraction of Petroleum and Natural Gas	20	1
黑色金属矿采选业	Mining of Ferrous Metal Ores	163	11
有色金属矿采选业	Mining of Non-ferrous Metal Ores	71	4
非金属矿采选业	Mining and Processing of Nonmetal Ores	287	7
开采辅助活动	Mining Support Activities	3	1
其他采矿业	Mining of Other Ores	2	
制造业	**Manufacturing**		
农副食品加工业	Processing of Food from Agricultural Products	4065	193
食品制造业	Manufacture of Foods	1104	38
酒、饮料和精制茶制造业	Manufacture of Wine, Drinks and Refined Tea	476	29
烟草制品业	Manufacture of Tobacco	10	2
纺织业	Manufacture of Textile	2812	181
纺织服装、服饰业	Manufacture of Textile Wearing Apparel and Finery	1334	101
皮革、毛皮、羽毛及其制品和制鞋业	Manufacture of Leather, Fur, Feather & Its Products and Footwear	513	35
木材加工及木 竹、藤、棕、草制品业	Processing of Timbers, Manufacture of Wood, Bamboo, Rattan, Palm, and Straw Products	1387	25
家具制造业	Manufacture of Furniture	576	28
造纸及纸制品业	Manufacture of Paper and Paper Products	751	53
印刷和记录媒介复制业	Printing, Reproduction of Recording Media	475	22
文教、工美、体育和娱乐用品制造业	Manufacture of Culture, Education,Arts and crafts, Sport and Entertainment Goods	1175	71
石油加工、炼焦和核燃料加工业	Processing of Petroleum, Coking and Nucleus Fuel	316	39
化学原料和化学制品制造业	Manufacture of Chemical Raw Material and Chemical Products	3720	243
医药制造业	Manufacture of Medicines	739	42
化学纤维制造业	Manufacture of Chemical Fiber	83	6
橡胶和塑料制品业	Manufacture of Rubber and Plastic	1835	91
非金属矿物制品业	Manufacture of Non-metallic Mineral Products	3852	175
黑色金属冶炼及压延加工业	Manufacture and Processing of Ferrous Metals	776	52
有色金属冶炼及压延加工业	Manufacture & Processing of Non-ferrous Metals	440	33
金属制品业	Manufacture of Metal Products	2173	120
通用设备制造业	Manufacture of General Purpose Machinery	3324	166
专用设备制造业	Manufacture of Special Purpose Machinery	2160	98
汽车制造业	Manufacture of Automotive	1285	81
铁路、船舶、航空航天和其他运输设备制造业	Manufacture of Railroad,Marine,Aerospace and Other Transportation Equipment	367	29
电气机械及器材制造业	Manufacture of Electrical Machinery & Equipment	1605	96
计算机、通信和其他电子设备制造业	Manufacture of Computer, Communications and Other Electronic Equipment	671	68
仪器仪表制造业	Manufacture of Measuring Instrument	327	16
其他制造业	Other Manufacture	95	8
废弃资源综合利用业	Comprehensive Utilization of Waste	66	3
金属制品、机械和设备修理业	Metal Products, Machinery and Equipment Repair Industry	23	2
电力、燃气及水的生产和供应业	**Production and Supply of Electric,Gas and Water**		
电力、热力的生产和供应业	Production and Supply of Electric Power and Heat Power	294	66
燃气生产和供应业	Production and Supply of Gas	96	6
水的生产和供应业	Production and Supply of Water	77	10

continued

(10 000 yuan)

工 业 总产值 Gross Industrial Output Value	工 业 销售产值 Industrial Output Value of Products Sold	#出 口 交货值 Export Delivery Value	资产合计 Total Assets	产成品 Finished Products	流动资产合计 Total Working Capitals	固定资产合计 Total Fixed Assets
25585652	25198798	10932	53961583	807698	20135649	14738405
12277265	12277656		17207216	96688	2161443	14134271
4323164	4271770	844	3724645	62282	1451528	1437217
8001426	8064824	1522	6157846	271640	2231197	2113435
4550793	4468888	12503	1964405	71956	775888	870164
1941946	1941946		1605221	1578	595899	724698
37032	37032		17193	797	4548	11736
112628801	111407001	10200271	47587800	2790605	25048291	17104690
23604040	23281659	1946189	12689711	401160	6255483	4999766
12567819	13025089	483172	8834871	417575	3912475	3156380
2088555	2067952	1396	379001	2105	140067	114356
78628621	81047234	6180667	36628723	1403373	16590873	16602369
21459551	21051195	4850058	8926480	421718	4273429	3783538
9528850	9364260	1226400	3433298	173620	1840726	1242256
19200561	18901233	1054382	5260115	220532	2386330	2351982
7998570	7855955	1136373	3498685	145395	1658071	1475611
23429532	23263970	779969	22251494	610146	9282825	9721736
7303856	7168962	118520	2814162	86641	1259723	1203487
18570637	18317538	4353420	6466739	343334	3344908	2629157
68909948	68328036	88838	35024440	1788095	19758592	12168812
141933071	139892098	4722277	82392615	2541335	38485872	32532686
31975461	31302695	2142202	22671228	908268	10957389	8783259
2284963	2237982	148480	2037183	88114	886895	847028
55213380	54170986	8735373	28767028	1331859	14463099	12056011
69621185	68194611	1613355	39085079	1200859	17290941	16866626
56258892	55265881	1507271	50840384	1463685	28399552	18227677
55288453	54679987	373034	34182566	777832	17862704	14106556
49324007	48299222	2706637	24006011	1004519	13597807	8066819
70173151	68812909	3195247	38750170	1549268	20145044	13411426
54277334	53208378	2446215	29200608	1556588	16763819	9073926
54928205	54297661	3496760	37025955	1587390	22268322	9939896
14484032	14328287	1456581	12780478	261268	7880904	3495202
50815070	49987919	2326033	26071728	1016294	14617595	8380992
44184539	43677619	13661803	19191022	769579	12313576	4643739
6521912	6395638	421120	3202429	104588	2014612	744751
1348099	1321916	233568	516750	13834	246908	210902
845042	829555	2525	471710	14942	238429	153667
445574	419296	18595	164251	6161	99607	57818
13523812	13473082	21	27631377	17301	5593189	16070138
2222483	2196087	3	2861361	26122	1072280	1302501
750162	747385		2775251	4336	849591	1478779

14-9 续表 2

单位:万元

类别	Category	负债合计 Total Liabilities	主营业务收入 Revenue from Principal Business	#主营业务税金及附加 Taxes and Other Charges on Principal Business
	2002	21313899	41315596	265544
	2003	31712472	67129307	391312
	2004	56824804	130437492	827335
	2005	70425050	192709468	1329910
	2006	73382178	235060091	1511572
	2007	93063256	319128552	2110216
	2008	126815011	436168759	2871983
	2009	214058654	637480523	7568442
	2010	162927222	595223019	4197912
	2011	294259825	902292626	10363286
	2012	345482335	1081250402	12049937
	2013	426809768	1256258770	13167882
在总计中:	**of which:**			
亏损企业	Loss Enterprises	50404392	53086678	1295182
在总计中:	**of which:**			
农村工业	Industry in Rural Area	1825466	9796798	62038
一、按轻重工业分	**by Light & Heavy Industry**			
轻工业	Light Industry	98896256	397512549	2765175
重工业	Heavy Industry	327913512	858746221	10402707
二、按企业规模分	**by Enterprise Size**			
大型企业	Large-sized Enterprises	230992811	473039082	6395850
中型企业	Medium-sized Enterprises	94800823	256655637	2559480
小型企业	Small-sized Enterprises	101016135	526564052	4212551

continued

(10 000 yuan)

营业费用 Cost of Business	管理费用 Cost of Management	利润总额 Total Profits	亏损企业亏损总额 Losses of Loss Enterprises	利税总额 Total Profits and Taxes	本年应交增值税 Value-added Tax Payable	全部从业人员年平均人数(人) Annual Average of Empolyed Persons (person)
1406356	1694016	2220200	171370	3776911	1291168	2478177
1989872	2256070	3746152	208135	6123624	1986160	3020689
3514626	4298966	7637171	461794	12172233	3707727	4610483
4679003	5123287	12365312	389101	19492812	5797590	5269529
5209981	5788106	13992516	453323	22082783	6578696	5444440
6920189	7575783	19972972	404202	30976672	8893484	5893386
9042107	11320595	26931151	875847	42263661	12460527	7025463
12595614	18188751	41734576	1126436	67554841	18251824	8479293
11855499	19120365	42864781	539966	63939221	16876527	7036804
16533052	25029180	65803258	1783797	102402332	25718545	7957302
19697931	29862331	73977449	3076861	117287023	31089690	8568781
22797555	33958776	83320655	2593761	133596914	36893825	9130655
1027557	2855598	-2593761	2593761	-115941	1169156	766889
131562	182654	786441	1988	1072315	223700	50194
9598146	10017839	25946721	542393	40205502	11421115	3624879
13199409	23940937	57373935	2051368	93391412	25472710	5505776
8697828	14179597	28593258	913742	48251287	13201121	3176506
4879536	7245933	16195017	865953	26170196	7367518	2310104
9220191	12533247	38532380	814066	59175431	16325186	3644045

14-9 续表 3

单位:万元

类 别	Category	负债合计 Total Liabilities	主营业务收入 Revenue from Principal Business
三、按行业大类分	**by Sector**		
采掘业	**Mining**		
煤炭开采和洗选业	Mining and Washing of Coal	36361253	35837569
石油和天然气开采业	Extraction of Petroleum and Natural Gas	7299381	12982040
黑色金属矿采选业	Mining of Ferrous Metal Ores	2020498	4361558
有色金属矿采选业	Mining of Non-ferrous Metal Ores	3474031	9232783
非金属矿采选业	Mining and Processing of Nonmetal Ores	823281	4569809
开采辅助活动	Mining Support Activities	1135106	2007361
其他采矿业	Mining of Other Ores	4934	35768
制造业	**Manufacturing**		
农副食品加工业	Processing of Food from Agricultural Products	24919802	113522559
食品制造业	Manufacture of Foods	6003366	23549583
酒、饮料和精制茶制造业	Manufacture of Wine, Drinks and Refined Tea	3726791	13498982
烟草制品业	Manufacture of Tobacco	109516	141757
纺织业	Manufacture of Textile	18778605	83976906
纺织服装、服饰业	Manufacture of Textile Wearing Apparel and Finery	4071962	20931813
皮革、毛皮、羽毛及其制品和制鞋业	Manufacture of Leather, Fur, Feather & Its Products and Footwear	1643311	10238848
木材加工及木 竹、藤、棕、草制品业	Processing of Timbers, Manufacture of Wood, Bamboo, Rattan, Palm, and Straw Products	2040434	19081792
家具制造业	Manufacture of Furniture	1626978	8120912
造纸及纸制品业	Manufacture of Paper and Paper Products	13174110	23870999
印刷和记录媒介复制业	Printing, Reproduction of Recording Media	1241130	7183618
文教、工美、体育和娱乐用品制造业	Manufacture of Culture, Education,Arts and crafts, Sport and Entertainment Goods	2899728	18523456
石油加工、炼焦和核燃料加工业	Processing of Petroleum, Coking and Nucleus Fuel	24785951	70739937
化学原料和化学制品制造业	Manufacture of Chemical Raw Material and Chemical Products	46889395	143197261
医药制造业	Manufacture of Medicines	8951876	31171371
化学纤维制造业	Manufacture of Chemical Fiber	1274628	2312076
橡胶和塑料制品业	Manufacture of Rubber and Plastic	15233606	53313286
非金属矿物制品业	Manufacture of Non-metallic Mineral Products	19602322	69319983
黑色金属冶炼及压延加工业	Manufacture and Processing of Ferrous Metals	36293058	60324997
有色金属冶炼及压延加工业	Manufacture & Processing of Non-ferrous Metals	17429792	56168224
金属制品业	Manufacture of Metal Products	12772901	48363399
通用设备制造业	Manufacture of General Purpose Machinery	18294113	69372676
专用设备制造业	Manufacture of Special Purpose Machinery	15077192	53192701
汽车制造业	Manufacture of Automotive	22649901	54728440
铁路、船舶、航空航天和其他运输设备制造业	Manufacture of Railroad,Marine,Aerospace and Other Transportation Equipment	8832203	13715736
电气机械及器材制造业	Manufacture of Electrical Machinery & Equipment	13120881	49865208
计算机、通信和其他电子设备制造业	Manufacture of Computer, Communications and Other Electronic Equipment	10224196	44539528
仪器仪表制造业	Manufacture of Measuring Instrument	1458505	6397624
其他制造业	Other Manufacture	238734	1342868
废弃资源综合利用业	Comprehensive Utilization of Waste	231470	843439
金属制品、机械和设备修理业	Metal Products, Machinery and Equipment Repair Industry	57973	375168
电力、燃气及水的生产和供应业	**Production and Supply of Electric,Gas and Water**		
电力、热力的生产和供应业	Production and Supply of Electric Power and Heat Power	18953819	12250408
燃气生产和供应业	Production and Supply of Gas	1593304	2291642
水的生产和供应业	Production and Supply of Water	1489734	764685

continued

(10 000 yuan)

#主营业务税金及附加 Taxes and Other Charges on Principal Business	营业费用 Cost of Business	管理费用 Cost of Management	利润总额 Total Profits	亏损企业亏损总额 Losses of Loss Enterprises	利税总额 Total Profits and Taxes	本年应交增值税 Value-added Tax Payable	全部从业人员年平均人数(人) Annual Average of Empolyed Persons (person)
384530	442353	2541443	2082541	127868	4336491	1837893	532451
2396919	34524	1074725	3188054	43	6878819	1292660	127076
81332	54764	132542	470302	3352	813289	225243	33548
37909	54784	363196	658356	4570	743305	46947	44861
65773	162128	163378	375415	3480	602169	160951	43103
23409	1465	111514	-6062	15031	150595	133093	32058
353	91	197	3033		4358	972	507
564960	1869879	2280597	6099197	147440	9242502	2573968	843365
170132	726037	637137	1768863	23016	2655795	713073	202461
447017	864807	396129	1172952	28793	2112133	491781	118349
1433	5457	18114	13984	2160	22150	6733	7254
416031	801405	1318378	5240659	83428	7973298	2280983	802210
160076	476687	846494	1383822	31367	2156793	611425	376318
71329	173504	299248	653249	14288	992163	262975	128660
131659	315269	312861	1426555	10144	2072568	512680	186240
67544	176132	218408	588863	12458	948333	283755	82879
125318	518312	608500	1326212	28826	2079129	627055	181422
56786	140923	267667	500276	4746	768321	210559	62093
151133	405996	564107	1244545	20737	2115029	712537	214854
2976640	421886	1155817	2146248	273972	7132191	2008403	123443
875856	2205633	3099008	10202606	366896	14948597	3861984	647037
276183	2189853	1282525	3272978	31226	4884019	1333560	225141
10096	40626	70660	114475	4546	178951	54282	20933
314637	1056437	1257106	3904362	67118	5593086	1353984	355768
525473	1382608	1747936	5624170	117685	8846909	2691261	579422
193674	498251	1001999	1764461	224025	2974151	1015682	329308
132755	325075	570095	3229740	111677	4632409	1269809	159612
363415	802511	1415042	3254284	72751	4924346	1303071	345638
554736	1751324	2438702	5228775	137324	8120555	2332112	578360
371927	1179432	1632880	4029746	106891	6151172	1732577	389917
516605	1029877	1392395	3428411	96227	5162153	1215814	367548
83711	238561	871720	877019	119373	1404369	442115	107149
309607	1029824	1657955	3107858	84112	4808964	1389140	338532
142461	1042392	1402575	2553819	78461	3589763	892772	341614
38785	199217	278322	531739	6533	783352	212457	56785
11898	27143	30659	86983	2610	146295	47413	15206
8378	13874	18988	71853	278	106277	26045	5656
3024	2399	31107	33855	319	49195	12269	3359
84996	32974	278785	1388537	106991	2102183	623929	87921
13678	82887	107832	211751	5053	293943	65685	16796
5706	20258	62036	66171	17952	96796	24179	15801

14-10 规模以上工业企业主要财务分析指标

类 别	Category	总资产贡献率 (%) Ratio of Total Assets to Industrial Output Value (%)
	2000	
	2001	
	2002	
	2003	
	2004	
	2005	
	2006	19.07
	2007	18.74
	2008	18.48
	2009	17.56
	2010	19.45
	2011	19.88
	2012	19.66
	2013	18.80
一、按登记注册类型分	**by Status of Registration**	
内资企业	Domestic Funded Enterprises	19.04
国有企业	State-owned Enterprises	15.48
中央企业	Central Enterprises	19.37
地方企业	Local Enterprises	9.39
集体企业	Collective-owned Enterprises	15.78
股份合作企业	Cooperative Enterprises	31.89
联营企业	Joint Ownership Enterprises	3.17
国有联营企业	State Joint Ownership Enterprises	1.21
集体联营企业	Collective Joint Ownership Enterprises	27.85
国有与集体联营企业	Joint State-collective Enterprises	15.19
其他联营企业	Other Joint Ownership Enterprises	21.51
有限责任公司	Limited Liability Corporations	13.25
国有独资公司	State Sole funded Corporations	7.37
其他有限责任公司	Other Limited Liability Corporations	15.53
股份有限公司	Share-holding Corporations Limited	17.92
私营企业	Private Enterprises	28.24
私营独资企业	Private-funded Enterprises	52.11
私营合作企业	Private Partnership Enterprises	50.35
私营有限责任公司	Private Limited Liability Corporations	27.95
私营股份有限公司	Private Share-holding Corporations Ltd.	20.27
其他企业	Other Enterprises	28.27
港、澳、台商投资企业	Enterprises with Funds from Hong Kong, Macao and Taiwan	16.55
合资经营企业(港或澳、台资)	Joint-ventures Enterprises	18.05
合作经营企业(港或澳、台资)	Cooperative Enterprises	27.24
港澳台商独资经营企业	Enterprises with Sole Investment	14.67
港澳台商投资股份有限公司	Share-holding Corporations Ltd. With Funds from Hong Kong, Macao and Taiwan	6.24
其他企业	Others	6.59
外商投资企业	Foreign Funded Enterprises	17.57
中外合资经营企业	Joint-venture Enterprises	18.00
中外合作经营企业	Cooperation Enterprises	17.17
外资企业	Enterprises with Sole Foreign Funds	17.46
外商投资股份有限公司	Share-holding Corporations Ltd. with Foreign Investment	14.44
其他企业	Others	35.42
二、在总计中:亏损企业	**of which:Loss Enterprises**	**1.42**
在总计中:国有控股企业	of which:State-holding Enterprises	13.59
在总计中:农村工业	of which:Industry in Rural Area	34.27
在总计中:轻工业	of which:Light Industry	21.94
重工业	Heavy Industry	17.67
在总计中:大型企业	of which:Large-sized Enterprises	14.54
中型企业	Medium-sized Enterprises	17.23
小型企业	Small-sized Enterprises	27.47

Main Financial Indicators of Industrial Enterprises above Designated Size

产值利税率 (%) Ratio of Profits and Taxes to Output Value (%)	销售产值利税率 (%) Ratio of Profits and Taxes to Output Value of Sales (%)	资产负债率 (%) Assets-Liability Ratio (%)	流动资产周转率 (次) Ratio of Turnover Working Capitals (time)	成本费用利润率 (%) Ratio of Profits to Cost (%)	产品销售率 (%) Proportion of Products Sold (%)
12.06	12.33	62.54	2.07	7.31	97.86
11.21	11.46	60.28	2.12	6.61	97.77
10.11	10.34	59.68	2.43	6.02	97.77
10.44	10.66	59.37	2.55	6.62	97.93
10.45	10.68	59.53	3.22	6.96	97.86
11.31	11.52	58.37	3.53	7.91	98.23
11.01	11.19	57.77	3.40	7.58	98.43
10.95	11.14	55.99	3.68	7.57	98.29
10.49	10.88	55.01	3.74	6.87	96.46
10.46	10.46	53.58	3.67	6.96	98.51
11.61	11.78	53.89	3.51	7.93	98.57
11.29	11.46	55.65	3.54	7.70	98.49
11.22	11.38	55.19	3.58	7.34	98.61
10.87	10.99	56.59	3.43	7.07	98.91
11.04	11.16	57.23	3.51	7.07	98.92
13.22	13.23	66.05	3.97	5.56	99.90
19.09	19.09	66.42	5.24	7.00	99.97
6.17	6.19	65.46	2.73	3.13	99.81
11.58	11.68	66.63	2.11	7.92	99.12
13.56	13.92	34.43	5.11	9.65	97.41
0.45	0.45	66.75	3.28	-1.71	99.63
-0.49	-0.49	68.96	3.14	-3.39	99.91
10.71	11.10	47.86	4.35	6.55	96.51
8.42	8.64	26.89	3.46	9.55	97.43
14.80	15.59	59.83	1.75	15.68	94.96
9.86	9.89	63.40	2.63	5.60	99.68
10.05	10.12	67.43	1.82	3.84	99.27
9.83	9.86	61.84	2.89	5.98	99.75
15.18	15.38	56.00	2.77	8.23	98.71
10.84	11.02	47.35	5.07	8.00	98.40
11.47	11.63	30.85	11.26	8.24	98.61
10.44	10.60	35.42	12.45	7.63	98.51
10.85	11.03	47.75	5.01	8.05	98.41
10.00	10.20	50.60	3.55	6.98	98.05
10.13	10.31	52.14	5.02	8.63	98.28
10.71	10.98	53.49	2.77	7.64	97.51
11.30	11.63	57.14	2.77	8.62	97.19
10.77	10.96	36.49	5.38	6.50	98.28
9.80	10.02	48.37	2.77	6.17	97.88
7.21	7.07	45.93	1.96	4.97	101.98
8.33	9.05	49.40	4.09	1.87	92.04
9.60	9.68	52.33	3.07	6.92	99.21
11.36	11.53	54.27	2.55	8.11	98.54
8.39	8.42	66.88	2.59	6.80	99.62
7.92	8.00	50.72	3.76	5.75	98.99
11.99	11.05	38.18	3.45	8.39	108.56
8.75	8.89	24.16	11.42	6.29	98.34
-0.36	**-0.36**	**77.88**	**1.71**	**-4.56**	**99.18**
14.37	14.47	64.41	2.56	6.04	99.26
11.54	11.69	43.48	6.69	9.47	98.66
10.71	10.75	50.74	3.90	7.06	99.66
10.95	11.11	58.69	3.25	7.08	98.57
11.32	11.36	60.22	2.60	6.54	99.68
9.95	10.13	59.28	3.12	6.49	98.27
10.94	11.10	48.20	5.22	7.87	98.57

14-10 续表

类 别	Category	总资产贡献率 (%) Ratio of Total Assets to Industrial Output Value (%)
三、按行业大类分	by Sector	
采掘业	Mining	
煤炭开采和洗选业	Mining and Washing of Coal	9.80
石油和天然气开采业	Extraction of Petroleum and Natural Gas	40.52
黑色金属矿采选业	Mining of Ferrous Metal Ores	20.62
有色金属矿采选业	Mining of Non-ferrous Metal Ores	13.50
非金属矿采选业	Mining and Processing of Nonmetal Ores	32.78
开采辅助活动	Mining Support Activities	11.13
其他采矿业	Mining of Other Ores	25.95
制造业	Manufacturing	
农副食品加工业	Processing of Food from Agricultural Products	21.30
食品制造业	Manufacture of Foods	22.41
酒、饮料和精制茶制造业	Manufacture of Wine, Drinks and Refined Tea	24.71
烟草制品业	Manufacture of Tobacco	70.60
纺织业	Manufacture of Textile	24.80
纺织服装、服饰业	Manufacture of Textile Wearing Apparel and Finery	25.26
皮革、毛皮、羽毛及其制品和制鞋业	Manufacture of Leather, Fur, Feather & Its Products and Footwear	30.42
木材加工及木 竹、藤、棕、草制品业	Processing of Timbers, Manufacture of Wood, Bamboo, Rattan, Palm, and Straw Products	40.86
家具制造业	Manufacture of Furniture	28.85
造纸及纸制品业	Manufacture of Paper and Paper Products	11.37
印刷和记录媒介复制业	Printing, Reproduction of Recording Media	28.02
文教、工美、体育和娱乐用品制造业	Manufacture of Culture, Education,Arts and crafts, Sport and Entertainment Goods	34.36
石油加工、炼焦和核燃料加工业	Processing of Petroleum, Coking and Nucleus Fuel	22.18
化学原料和化学制品制造业	Manufacture of Chemical Raw Material and Chemical Products	19.34
医药制造业	Manufacture of Medicines	22.65
化学纤维制造业	Manufacture of Chemical Fiber	10.62
橡胶和塑料制品业	Manufacture of Rubber and Plastic	21.40
非金属矿物制品业	Manufacture of Non-metallic Mineral Products	24.07
黑色金属冶炼及压延加工业	Manufacture and Processing of Ferrous Metals	7.41
有色金属冶炼及压延加工业	Manufacture & Processing of Non-ferrous Metals	15.39
金属制品业	Manufacture of Metal Products	21.98
通用设备制造业	Manufacture of General Purpose Machinery	21.72
专用设备制造业	Manufacture of Special Purpose Machinery	22.07
汽车制造业	Manufacture of Automotive	14.66
铁路、船舶、航空航天和其他运输设备制造业	Manufacture of Railroad,Marine,Aerospace and Other Transportation Equipment	11.43
电气机械及器材制造业	Manufacture of Electrical Machinery & Equipment	16.61
计算机、通信和其他电子设备制造业	Manufacture of Computer, Communications and Other Electronic Equipment	19.26
仪器仪表制造业	Manufacture of Measuring Instrument	25.67
其他制造业	Other Manufacture	29.25
废弃资源综合利用业	Comprehensive Utilization of Waste	23.21
金属制品、机械和设备修理业	Metal Products, Machinery and Equipment Repair Industry	30.83
电力、燃气及水的生产和供应业	Production and Supply of Electric,Gas and Water	
电力、热力的生产和供应业	Production and Supply of Electric Power and Heat Power	10.76
燃气生产和供应业	Production and Supply of Gas	11.47
水的生产和供应业	Production and Supply of Water	3.05

continued

产值利税率 (%) Ratio of Profits and Taxes to Output Value (%)	销售产值利税率 (%) Ratio of Profits and Taxes to Output Value of Sales (%)	资产负债率 (%) Assets-Liability Ratio (%)	流动资产周转率 (次) Ratio of Turnover Working Capitals (time)	成本费用利润率 (%) Ratio of Profits to Cost (%)	产品销售率 (%) Proportion of Products Sold (%)
17.02	17.23	66.70	1.84	5.85	98.76
55.94	55.94	42.44	6.01	44.49	100.00
19.94	20.15	48.97	2.66	13.33	98.99
9.68	9.61	57.04	4.10	8.08	100.71
13.30	13.55	42.51	5.76	8.96	98.18
7.75	7.75	70.71	3.41		100.00
11.77	11.77	28.70	7.87	9.37	100.00
8.22	8.31	52.22	4.58	5.73	98.92
11.25	11.41	47.34	3.79	8.23	98.60
16.80	16.21	42.63	3.48	9.58	103.62
41.79	42.00	29.85	1.73	26.97	99.49
10.16	9.86	51.12	5.16	6.68	103.01
10.05	10.24	45.68	4.89	7.15	98.10
10.37	10.55	48.65	5.62	6.73	98.27
10.79	10.96	39.55	7.95	8.19	98.46
11.86	12.07	46.50	4.90	7.99	98.22
8.92	8.98	59.23	2.61	5.91	99.28
10.57	10.77	44.53	5.59	7.58	98.15
11.40	11.56	44.96	5.54	7.34	98.64
10.34	10.42	70.79	3.69	3.18	99.16
10.40	10.55	57.92	3.73	7.55	98.61
15.26	15.58	39.64	2.85	11.92	97.90
7.83	8.00	62.57	2.62	5.16	97.94
10.13	10.33	52.97	3.72	7.89	98.10
12.74	13.01	50.45	4.01	8.94	97.94
5.30	5.40	71.37	2.21	2.92	98.24
8.44	8.54	50.91	3.19	6.17	98.89
10.00	10.20	53.12	3.56	7.28	98.02
11.55	11.77	47.09	3.43	8.20	98.14
11.38	11.61	51.80	3.17	8.27	98.04
9.39	9.50	61.27	2.48	6.69	98.83
9.63	9.74	68.96	1.74	6.47	98.91
9.55	9.71	56.69	2.68	6.65	98.44
8.12	8.22	53.26	3.68	5.98	98.85
12.04	12.28	45.53	3.18	9.11	98.06
10.85	11.07	46.20	5.46	7.01	98.06
12.51	12.75	49.45	3.51	9.08	98.19
11.04	11.73	35.30	3.80	9.59	94.10
10.67	10.69	70.08	5.01	6.82	99.82
13.36	13.54	55.36	2.38	9.57	98.66
9.32	9.37	57.48	0.76	4.34	99.46

14-11 规模以上国有控股工业企业主要财务分析指标

类 别	Category	总资产贡献率 (%) Ratio of Total Assets to Industrial Output Value (%)
	2000	
	2001	
	2002	
	2003	
	2004	
	2005	
	2006	18.25
	2007	17.64
	2008	16.65
	2009	13.95
	2010	16.35
	2011	16.81
	2012	14.96
	2013	13.59
在总计中：	**of which:**	
亏损企业	Loss Enterprises	3.95
在总计中：	**of which:**	
中央企业	Central Enterprises	19.37
地方企业	Local Enterprises	9.39
一、按轻重工业分	**by Light & Heavy Industry**	
轻工业	Light Industry	18.88
重工业	Heavy Industry	13.02
二、按企业规模分	**by Enterprise Size**	
大型企业	Large-sized Enterprises	14.46
中型企业	Medium-sized Enterprises	13.10
小型企业	Small-sized Enterprises	8.28

Enterprises above Designated Size

产值利税率 (%) Ratio of Profits and Taxes to Output Value (%)	销售产值利税率 (%) Ratio of Profits and Taxes to Output Value of Sales (%)	资产负债率 (%) Assets-Liability Ratio (%)	流动资产周转率 (次) Ratio of Turnover Working Capitals (time)	成本费用利润率 (%) Ratio of Profits to Cost (%)	产品销售率 (%) Proportion of Products Sold (%)
17.05	17.19	62.23	1.76	8.85	99.19
15.77	15.93	59.37	1.78	7.65	98.97
13.51	13.70	59.60	1.95	6.39	98.61
14.80	14.98	59.21	2.12	7.71	98.75
15.11	15.37	60.10	2.35	8.82	98.28
16.48	16.64	60.18	2.52	10.83	99.06
16.71	16.83	60.83	2.72	10.51	99.24
16.28	16.38	59.02	2.94	9.91	99.36
14.80	16.37	57.99	2.91	7.36	90.43
14.54	14.54	58.48	2.51	7.19	99.59
15.50	15.53	59.93	2.63	8.07	99.82
15.66	15.75	63.07	2.72	7.80	99.47
15.79	15.92	62.59	2.67	6.49	99.16
14.37	14.47	64.41	2.56	6.04	99.26
2.10	2.11	76.13	2.40	-4.22	99.25
19.09	19.09	66.42	5.24	7.00	99.97
6.17	6.19	65.46	2.73	3.13	99.81
19.49	19.58	53.62	1.75	7.86	99.55
13.76	13.86	65.59	2.69	5.85	99.23
17.12	17.23	62.69	2.27	7.24	99.34
10.27	10.39	71.51	3.21	2.79	98.78
6.61	6.65	66.86	4.58	3.96	99.50

14-11 续表

类 别	Category	总资产贡献率 (%) Ratio of Total Assets to Industrial Output Value (%)
三、按行业大类分	**by Sector**	
采掘业	**Mining**	
煤炭开采和洗选业	Mining and Washing of Coal	9.32
石油和天然气开采业	Extraction of Petroleum and Natural Gas	40.84
黑色金属矿采选业	Mining of Ferrous Metal Ores	13.29
有色金属矿采选业	Mining of Non-ferrous Metal Ores	9.89
非金属矿采选业	Mining and Processing of Nonmetal Ores	17.29
开采辅助活动	Mining Support Activities	10.78
其他采矿业	Mining of Other Ores	
制造业	**Manufacturing**	
农副食品加工业	Processing of Food from Agricultural Products	11.32
食品制造业	Manufacture of Foods	24.92
酒、饮料和精制茶制造业	Manufacture of Wine, Drinks and Refined Tea	23.92
烟草制品业	Manufacture of Tobacco	70.55
纺织业	Manufacture of Textile	5.81
纺织服装、服饰业	Manufacture of Textile Wearing Apparel and Finery	6.01
皮革、毛皮、羽毛及其制品和制鞋业	Manufacture of Leather, Fur, Feather & Its Products and Footwear	18.81
木材加工及木 竹、藤、棕、草制品业	Processing of Timbers, Manufacture of Wood, Bamboo, Rattan, Palm, and Straw Products	8.07
家具制造业	Manufacture of Furniture	
造纸及纸制品业	Manufacture of Paper and Paper Products	4.69
印刷和记录媒介复制业	Printing, Reproduction of Recording Media	9.63
文教、工美、体育和娱乐用品制造业	Manufacture of Culture, Education,Arts and crafts, Sport and Entertainment Goods	57.25
石油加工、炼焦和核燃料加工业	Processing of Petroleum, Coking and Nucleus Fuel	40.22
化学原料和化学制品制造业	Manufacture of Chemical Raw Material and Chemical Products	6.92
医药制造业	Manufacture of Medicines	19.62
化学纤维制造业	Manufacture of Chemical Fiber	6.80
橡胶和塑料制品业	Manufacture of Rubber and Plastic	1.83
非金属矿物制品业	Manufacture of Non-metallic Mineral Products	9.36
黑色金属冶炼及压延加工业	Manufacture and Processing of Ferrous Metals	3.20
有色金属冶炼及压延加工业	Manufacture & Processing of Non-ferrous Metals	1.97
金属制品业	Manufacture of Metal Products	7.86
通用设备制造业	Manufacture of General Purpose Machinery	9.41
专用设备制造业	Manufacture of Special Purpose Machinery	12.68
汽车制造业	Manufacture of Automotive	8.44
铁路、船舶、航空航天和其他运输设备制造业	Manufacture of Railroad,Marine,Aerospace and Other Transportation Equipment	7.10
电气机械及器材制造业	Manufacture of Electrical Machinery & Equipment	8.69
计算机、通信和其他电子设备制造业	Manufacture of Computer, Communications and Other Electronic Equipment	16.21
仪器仪表制造业	Manufacture of Measuring Instrument	9.39
其他制造业	Other Manufacture	7.58
废弃资源综合利用业	Comprehensive Utilization of Waste	13.84
金属制品、机械和设备修理业	Metal Products, Machinery and Equipment Repair Industry	42.46
电力、燃气及水的生产和供应业	**Production and Supply of Electric,Gas and Water**	
电力、热力的生产和供应业	Production and Supply of Electric Power and Heat Power	11.02
燃气生产和供应业	Production and Supply of Gas	9.38
水的生产和供应业	Production and Supply of Water	0.56

continued

产值利税率 (%) Ratio of Profits and Taxes to Output Value (%)	销售产值利税率 (%) Ratio of Profits and Taxes to Output Value of Sales (%)	资产负债率 (%) Assets-Liability Ratio (%)	流动资产周转率 (次) Ratio of Turnover Working Capitals (time)	成本费用利润率 (%) Ratio of Profits to Cost (%)	产品销售率 (%) Proportion of Products Sold (%)
17.86	18.12	67.17	1.79	5.81	98.62
55.74	55.74	43.33	6.70	43.96	100.01
26.70	26.87	49.03	1.59	14.62	99.37
8.40	8.30	58.40	3.60	6.60	101.19
15.31	15.82	66.17	1.98	7.27	96.78
7.34	7.34	71.77	3.58	-0.75	100.00
4.39	4.41	62.56	3.19	3.61	99.69
11.01	11.40	55.87	4.53	8.85	96.59
24.44	24.49	43.68	2.22	12.12	99.77
41.83	42.04	29.85	1.72	27.01	99.50
5.04	5.20	72.01	1.54	0.67	96.96
6.96	7.04	70.73	1.27	2.51	98.79
7.95	8.41	72.34	2.75	3.89	94.59
4.36	4.34	102.11	1.85	4.73	100.54
6.73	6.82	65.64	0.94	3.84	98.75
11.96	12.02	47.61	1.40	8.17	99.43
10.29	10.47	46.80	8.67	12.63	98.28
14.03	14.14	73.26	6.39	0.75	99.20
5.36	5.36	67.56	3.17	2.80	99.88
20.62	21.43	40.35	1.64	16.44	96.20
7.62	7.52	56.54	1.89	4.09	101.32
1.43	1.40	67.72	1.02	-0.35	101.78
15.23	15.64	65.27	1.27	10.08	97.39
1.35	1.37	76.28	3.18	-0.66	98.97
0.08	0.08	68.95	8.08	-1.12	99.92
4.96	4.96	67.96	2.11	2.32	99.95
17.08	17.72	49.26	1.00	11.86	96.37
12.23	12.39	66.04	1.63	4.62	98.70
9.15	9.23	66.42	1.39	5.22	99.19
8.28	8.42	70.29	1.27	4.56	98.35
8.34	8.61	62.35	1.64	4.95	96.87
11.53	11.61	50.46	2.48	5.69	99.26
11.43	12.81	45.85	1.22	8.21	89.20
5.04	5.05	67.68	2.02	2.76	99.79
6.77	6.77	41.48	2.05	1.97	100.00
12.58	12.58	14.12	13.27	11.81	100.00
10.54	10.56	70.95	5.72	6.66	99.86
12.41	12.67	52.88	2.23	9.11	97.95
0.78	0.79	60.55	0.48	-4.14	98.94

14-12 规模以上国有工业企业主要财务分析指标

类　别	Category	总资产贡献率 (%) Ratio of Total Assets to Industrial Output Value (%)
2000		
2001		
2002		
2003		
2004		
2005		
2006		12.35
2007		18.92
2008		16.65
2009		11.01
2010		12.91
2011		13.39
2012		14.74
2013		15.48
在总计中：	**of which:**	
亏损企业	Loss Enterprises	0.06
在总计中：	**of which:**	
中央企业	Central Enterprises	19.37
地方企业	Local Enterprises	9.39
一、按轻重工业分	**by Light & Heavy Industry**	
轻工业	Light Industry	40.92
重工业	Heavy Industry	10.96
二、按企业规模分	**by Enterprise Size**	
大型企业	Large-sized Enterprises	27.56
中型企业	Medium-sized Enterprises	7.48
小型企业	Small-sized Enterprises	8.02

Main Financial Indicators of State-owned Industrial Enterprises above Designated Size

产值利税率 (%) Ratio of Profits and Taxes to Output Value (%)	销售产值利税率 (%) Ratio of Profits and Taxes to Output Value of Sales (%)	资产负债率 (%) Assets-Liability Ratio (%)	流动资产周转率 (次) Ratio of Turnover Working Capitals (time)	成本费用利润率 (%) Ratio of Profits to Cost (%)	产品销售率 (%) Proportion of Products Sold (%)
19.04	19.14	63.22	1.98	10.21	99.45
12.61	12.82	64.12	1.70	3.37	98.39
12.70	12.86	64.46	1.90	3.57	98.77
13.11	13.35	64.16	2.04	3.83	98.16
8.52	8.77	65.39	2.23	2.55	97.10
9.21	9.30	65.87	2.05	4.01	99.04
12.43	12.51	64.11	2.59	4.99	99.32
12.28	12.38	61.63	2.77	5.11	99.21
26.95	35.17	48.06	3.96	15.97	76.64
10.16	10.16	61.27	2.95	3.77	99.04
10.55	10.59	64.81	3.05	4.36	99.60
10.51	10.60	64.71	3.48	4.42	99.12
15.18	15.36	65.36	3.48	5.40	98.78
13.22	13.23	66.05	3.97	5.56	99.90
-3.29	-3.28	76.71	1.59	-5.99	100.18
19.09	19.09	66.42	5.24	7.00	99.97
6.17	6.19	65.46	2.73	3.13	99.81
40.29	40.56	47.70	1.82	11.53	99.34
8.85	8.85	69.30	4.91	4.87	99.99
26.01	25.87	58.83	2.38	12.47	100.53
5.23	5.30	72.94	3.64	1.21	98.63
6.35	6.34	69.29	9.59	3.19	100.04

14-12 续表

类　　别	Category	总资产贡献率 (%) Ratio of Total Assets to Industrial Output Value (%)
三、按行业大类分	**by Sector**	
采掘业	**Mining**	
煤炭开采和洗选业	Mining and Washing of Coal	12.12
石油和天然气开采业	Extraction of Petroleum and Natural Gas	123.48
黑色金属矿采选业	Mining of Ferrous Metal Ores	11.74
有色金属矿采选业	Mining of Non-ferrous Metal Ores	16.94
非金属矿采选业	Mining and Processing of Nonmetal Ores	11.27
开采辅助活动	Mining Support Activities	
其他采矿业	Mining of Other Ores	
制造业	**Manufacturing**	
农副食品加工业	Processing of Food from Agricultural Products	18.33
食品制造业	Manufacture of Foods	16.10
酒、饮料和精制茶制造业	Manufacture of Wine, Drinks and Refined Tea	17.67
烟草制品业	Manufacture of Tobacco	79.65
纺织业	Manufacture of Textile	34.25
纺织服装、服饰业	Manufacture of Textile Wearing Apparel and Finery	2.94
皮革、毛皮、羽毛及其制品和制鞋业	Manufacture of Leather, Fur, Feather & Its Products and Footwear	48.51
木材加工及木 竹、藤、棕、草制品业	Processing of Timbers, Manufacture of Wood, Bamboo, Rattan, Palm, and Straw Products	10.70
家具制造业	Manufacture of Furniture	
造纸及纸制品业	Manufacture of Paper and Paper Products	5.08
印刷和记录媒介复制业	Printing, Reproduction of Recording Media	10.63
文教、工美、体育和娱乐用品制造业	Manufacture of Culture, Education,Arts and crafts，Sport and Entertainment Goods	
石油加工、炼焦和核燃料加工业	Processing of Petroleum, Coking and Nucleus Fuel	4.97
化学原料和化学制品制造业	Manufacture of Chemical Raw Material and Chemical Products	8.09
医药制造业	Manufacture of Medicines	7.84
化学纤维制造业	Manufacture of Chemical Fiber	
橡胶和塑料制品业	Manufacture of Rubber and Plastic	43.45
非金属矿物制品业	Manufacture of Non-metallic Mineral Products	10.33
黑色金属冶炼及压延加工业	Manufacture and Processing of Ferrous Metals	9.23
有色金属冶炼及压延加工业	Manufacture & Processing of Non-ferrous Metals	
金属制品业	Manufacture of Metal Products	15.28
通用设备制造业	Manufacture of General Purpose Machinery	1.82
专用设备制造业	Manufacture of Special Purpose Machinery	8.31
汽车制造业	Manufacture of Automotive	1.07
铁路、船舶、航空航天和其他运输设备制造业	Manufacture of Railroad,Marine,Aerospace and Other Transportation Equipment	3.66
电气机械及器材制造业	Manufacture of Electrical Machinery & Equipment	5.89
计算机、通信和其他电子设备制造业	Manufacture of Computer, Communications and Other Electronic Equipment	
仪器仪表制造业	Manufacture of Measuring Instrument	25.19
其他制造业	Other Manufacture	
废弃资源综合利用业	Comprehensive Utilization of Waste	
金属制品、机械和设备修理业	Metal Products, Machinery and Equipment Repair Industry	
电力、燃气及水的生产和供应业	**Production and Supply of Electric,Gas and Water**	
电力、热力的生产和供应业	Production and Supply of Electric Power and Heat Power	11.71
燃气生产和供应业	Production and Supply of Gas	38.56
水的生产和供应业	Production and Supply of Water	-0.52

continued

产值利税率 (%) Ratio of Profits and Taxes to Output Value (%)	销售产值利税率 (%) Ratio of Profits and Taxes to Output Value of Sales (%)	资产负债率 (%) Assets-Liability Ratio (%)	流动资产周转率 (次) Ratio of Turnover Working Capitals (time)	成本费用利润率 (%) Ratio of Profits to Cost (%)	产品销售率 (%) Proportion of Products Sold (%)
17.90	17.53	56.63	1.38	8.60	102.11
35.04	35.04	63.62	6.77	20.49	100.00
33.21	32.92	32.01	1.09	23.96	100.87
18.95	18.96	39.55	3.32	22.46	99.99
12.77	13.51	75.22	1.17	1.86	94.53
7.91	8.01	50.32	3.16	7.15	98.74
9.90	11.14	54.38	3.66	3.36	88.88
16.88	16.66	93.31	1.45	7.63	101.32
69.07	69.21	29.99	1.78	28.61	99.80
15.25	16.03	68.80	7.31	6.35	95.14
2.48	2.48	94.13	1.39	0.19	100.07
8.73	9.74	88.45	6.39	4.48	89.63
12.11	11.13	155.43	2.22	5.76	108.76
5.52	5.47	68.17	1.86	2.55	100.94
13.86	14.22	60.41	1.25	9.39	97.51
3.36	3.37	78.96	2.01	1.94	99.71
4.20	4.15	90.09	3.28	1.20	101.09
7.65	7.66	79.27	1.82	1.22	99.79
9.09	9.51	69.59	6.26	9.95	95.54
21.05	23.21	70.63	0.88	16.07	90.70
9.43	9.19	48.50	1.25	4.09	102.59
9.63	9.47	88.20	1.78	4.39	101.63
3.85	3.55	45.73	0.95	-0.66	108.37
15.96	16.37	59.27	1.16	7.53	97.54
-0.16	-0.18	81.74	1.15	-1.01	92.89
5.41	5.54	64.89	0.97	3.38	97.56
4.68	4.92	72.34	2.02	2.21	95.04
15.99	15.99	20.70	1.78	5.19	100.00
8.38	8.39	71.87	9.80	4.83	99.91
15.48	16.09	38.62	8.37	11.83	96.20
-4.67	-4.73	67.39	0.45	-8.77	98.77

14-13 各市规模以上工业企业主要经济指标(2013年)

Main Economic Indicators of Industrial Enterprises above Designated Size by Region(2013)

地 区	Region	企业单位数(个) Number of Industial Enterprises (unit)	大型企业 Large-sized Enterprises	中型企业 Medium-sized Enterprises	小型企业 Small-sized Enterprises	亏损企业数(个) Number of Loss Enterprises (unit)	工业总产值(万元) Gross Industrial Output Value (10 000 yuan)	内资企业 Domestic Funded Enterprises
全省总计	**Total**	**40467**	**952**	**4565**	**34950**	**2403**	**1299060058**	**1113622434**
济南市	Jinan	1902	42	199	1661	185	46576937	41936630
青岛市	Qingdao	4917	97	599	4221	495	155232955	112956588
淄博市	Zibo	3131	75	319	2737	205	112070385	98876161
枣庄市	Zaozhuang	1507	18	301	1188	58	33841224	31641667
东营市	Dongying	940	54	137	749	59	119971790	112412378
烟台市	Yantai	2767	98	464	2205	278	138914439	89978911
潍坊市	Weifang	4281	108	436	3737	201	116098022	104571685
济宁市	Jining	1954	58	212	1684	126	50529024	44674339
泰安市	Tai'an	1958	70	213	1675	61	61883480	59754898
威海市	Weihai	1631	73	364	1194	114	60030971	43140706
日照市	Rizhao	596	20	110	466	84	26862860	19958342
莱芜市	Laiwu	489	15	45	429	79	15947600	15731705
临沂市	Linyi	4137	73	419	3645	94	86304077	76641881
德州市	Dezhou	3728	47	260	3421	67	77179218	72951708
聊城市	Liaocheng	2620	39	161	2420	41	75025763	73115165
滨州市	Binzhou	1367	44	150	1173	181	65127320	61899107
菏泽市	Heze	2538	18	176	2344	75	52754513	49359405

14-13 续表 1 continued

单位:万元 (10 000 yuan)

地 区	Region	国有工业 State-owned Enterprises	集体工业 Collective-owned Enterprises	股份合作企业 Cooperative Enterprises	联营企业 Joint Ownership Enterprises	有限责任公司 Limited Liability Corporations	股份有限公司 Share-holding Corporations Limited
全省总计	**Total**	**42500774**	**17503839**	**1540489**	**3211009**	**365321611**	**115834594**
济南市	Jinan	2806259	365495	177479	2975685	20129931	4377627
青岛市	Qingdao	3854364	7819758	307427	16965	38182180	11332711
淄博市	Zibo	2981153	2531866	373705	134186	29909704	15711672
枣庄市	Zaozhuang	1134793	246814		11432	10934431	480131
东营市	Dongying	4335376	522606	9746		26682741	24524157
烟台市	Yantai	3139746	3290783	10905	2731	21117157	8133033
潍坊市	Weifang	3380234	662044	24702		20940692	13407698
济宁市	Jining	3302520	181463	38487	5202	19403047	5465987
泰安市	Tai'an	2371352	455477	91777		22552725	2616831
威海市	Weihai	832302	839284	249798	16226	11440869	4735028
日照市	Rizhao	1254015	4283	48925	16516	12541970	1509991
莱芜市	Laiwu	742174	3878	2471	9240	11911110	953893
临沂市	Linyi	2562551	154960	73344	3407	20055783	6927332
德州市	Dezhou	1856263	140262	49073		20324970	3871567
聊城市	Liaocheng	2130132	187951	49500	19418	27109617	3023990
滨州市	Binzhou	1138261	59937			40295966	5754474
菏泽市	Heze	1565072	36978	33151		11788720	2101523

14-13　续表 2 continued

单位:万元 (10 000 yuan)

地　区	Region	私营企业 Private Enterprises	其他企业 Other Enterprises	港澳台商投资企业 Enterprises with Funds from Hong Kong, Macao and Taiwan	外商投资企业 Foreign Funded Enterprises	高新技术产业 High and New-tech Industry 总产值 Gross Output Value	占规模以上工业比重(%) Portion in Industries Above Designated Size	工业销售产值(当年价) Industrial Output Value of Products Sold (current prices)	#出口交货值 Export Delivery Value
全省总计	**Total**	**561518618**	**6191499**	**40702137**	**144735487**	**395827438**	**30.23**	**1284887277**	**82831071**
济南市	Jinan	10747987	356167	1147365	3492942	19301771	40.56	45582359	2459884
青岛市	Qingdao	51316428	126756	8329624	33946743	58285615	39.94	152401033	19998857
淄博市	Zibo	46896983	336892	2728367	10465857	33674952	29.60	110081474	3676417
枣庄市	Zaozhuang	18799332	34733	922938	1276619	6033891	17.40	33631334	583052
东营市	Dongying	56102586	235166	3260127	4299285	39581463	33.49	118942188	4664316
烟台市	Yantai	54166189	118369	8835485	40100043	56480240	40.05	137387917	17451327
潍坊市	Weifang	65418995	737320	5228202	6298135	35145541	28.99	114566254	8414298
济宁市	Jining	16221925	55709	848810	5005875	12332505	23.64	49871488	2719489
泰安市	Tai'an	31147001	519736	302372	1826210	15129562	24.24	61022092	1166141
威海市	Weihai	24877742	149456	1364983	15525282	23124410	36.61	59000371	9058808
日照市	Rizhao	4394618	188023	297758	6606761	4807634	17.97	26116437	2493107
莱芜市	Laiwu	2076182	32756	31926	183969	2723957	17.39	15706914	555261
临沂市	Linyi	46015455	849050	2673947	6988249	21037921	24.67	84920572	2947723
德州市	Dezhou	46181988	527586	528677	3698832	19389013	25.40	76224116	1709199
聊城市	Liaocheng	39289605	1304951	446460	1464139	16831275	21.50	74306670	1076834
滨州市	Binzhou	14453517	196953	1700028	1528184	15929338	25.13	68048911	2132585
菏泽市	Heze	33412085	421876	2055068	1340039	16018350	30.01	52373771	1723774

14-13　续表 3 continued

单位:万元 (10 000 yuan)

地　区	Region	资产合计 Total Assets	产成品 Finished Products	流动资产合计 Total Working Capitals	固定资产合计 Total Fixed Assets	负债合计 Total Liabilities	主营业务收入 Revenue from Principal Business	主营业务税金及附加 Taxes and Other Charges on Principal Business
全省总计	**Total**	**815347755**	**27803173**	**390102784**	**305127670**	**461421063**	**1321303408**	**14958253**
济南市	Jinan	46898410	2100266	25121201	14842286	28741109	49498730	716531
青岛市	Qingdao	87222572	3647388	51089037	24597194	51447279	149334103	2527476
淄博市	Zibo	57169277	2226623	26289681	20945075	31027407	108279197	1295617
枣庄市	Zaozhuang	19467121	532346	8100884	9248051	10432433	34375507	277692
东营市	Dongying	77487254	2332302	34356267	37512969	38685623	119419441	3117138
烟台市	Yantai	72524982	2966102	35901126	28661808	37305974	138479620	573378
潍坊市	Weifang	71910620	2987456	34748758	28966277	42500544	114880143	607188
济宁市	Jining	60925211	1540168	27360585	18509169	38499876	54073383	355790
泰安市	Tai'an	37292345	980647	15302317	13720513	22461837	63088952	682602
威海市	Weihai	36052753	1236701	16691384	15510956	17033248	60762356	390332
日照市	Rizhao	24574640	744232	14744895	7415070	17401349	26075261	143474
莱芜市	Laiwu	10860650	409787	4669182	4364082	7080828	14369594	46093
临沂市	Linyi	38784123	1690588	18633125	15168796	21299466	86798260	506276
德州市	Dezhou	35352639	861044	13464683	17322810	13766445	77878409	885297
聊城市	Liaocheng	41961436	833189	24110764	14600340	23583103	75103378	401147
滨州市	Binzhou	49871934	1944692	24914126	19720475	32867950	72560916	365773
菏泽市	Heze	24283748	760642	10262327	11894180	12850077	53571375	572187

14-13 续表 4 continued

单位:万元 (10 000 yuan)

地 区	Region	营业费用 Cost of Business	管理费用 Cost of Management	利润总额 Total Profits	亏损企业亏损总额 Losses of Loss Enterprises	利税总额 Total Profits and Taxes	本年应交增值税 Value-added Tax Payable	全部从业人员年平均人数(人) Annual Average Empolyed Persons (person)
全省总计	**Total**	**24315410**	**36422550**	**87153560**	**2793481**	**141241730**	**38897305**	**9482280**
济南市	Jinan	1691316	2507529	2500264	270314	4651785	1424446	453846
青岛市	Qingdao	5070657	7980738	8956766	470870	16776409	5240029	1093933
淄博市	Zibo	1238721	2484223	7615418	416471	12773356	3858990	678965
枣庄市	Zaozhuang	790258	1416011	1858765	121152	3493870	1354129	480297
东营市	Dongying	1106646	2635333	12397350	80194	19626545	4105376	427979
烟台市	Yantai	2021685	3054804	10455357	256618	13878617	2847594	922351
潍坊市	Weifang	2367205	3118000	6471222	246980	9537382	2455695	877168
济宁市	Jining	966480	2063161	3290183	193065	5512200	1816344	582437
泰安市	Tai'an	1009196	1922290	4525180	73378	7369057	2156198	532161
威海市	Weihai	1316969	1922789	3448706	105737	5525399	1684042	542006
日照市	Rizhao	348264	579296	803527	129029	1334332	386754	171831
莱芜市	Laiwu	177902	346143	272785	141190	479885	160776	135877
临沂市	Linyi	1722121	1598509	5496485	35054	8097537	2056419	783305
德州市	Dezhou	1664615	1369542	5187040	42909	9174734	3101306	536074
聊城市	Liaocheng	960526	1086155	5248032	38249	7573592	1890387	429403
滨州市	Binzhou	715261	1077337	3032194	130348	4746637	1345796	414858
菏泽市	Heze	1056782	1044521	4525635	41924	7302369	2199599	405705

14-14 各市规模以上国有控股工业企业主要经济指标(2013年)

Main Economic Indicators of State-holding Industrial Enterprises above Designated Size by Region(2013)

单位:万元 (10 000 yuan)

地 区	Region	企业单位数(个) Number of Industial Enterprises (unit)	#亏损企业 Number of Loss Enterprises	工业总产值 Gross Industrial Output Value	工业销售产值 Industrial Output Value of Products Sold	#出口交货值 Export Delivery Value	资产合计 Total Assets
全省总计	**Total**	**1199**	**287**	**201736606**	**200248055**	**6269932**	**236681052**
济南市	Jinan	149	36	19325778	18942651	1186164	26997545
青岛市	Qingdao	139	44	32577747	32426864	1435555	24670052
淄博市	Zibo	94	32	15934178	15905866	298685	13608300
枣庄市	Zaozhuang	64	20	6112939	6088695	71544	10031802
东营市	Dongying	37	1	22178422	22178164	595376	23073277
烟台市	Yantai	126	39	26565048	26453437	777657	19361197
潍坊市	Weifang	80	13	16052465	15879828	272110	17427130
济宁市	Jining	124	24	14423606	14347386	382622	35682280
泰安市	Tai'an	71	19	9986949	9763455	100863	15150097
威海市	Weihai	43	6	2637600	2624721	207028	3917321
日照市	Rizhao	22	7	3194623	3124434	215101	2211667
莱芜市	Laiwu	16	6	4893672	4902742	174342	3660776
临沂市	Linyi	55	5	4288108	4270223	27327	3931831
德州市	Dezhou	53	11	6943187	6831111	70971	5125260
聊城市	Liaocheng	61	7	5191216	5091713	140421	4112614
滨州市	Binzhou	29	6	4129422	4123360	313981	2628361
菏泽市	Heze	32	11	2592168	2590030	187	2383501

14-14　续表 1 continued

单位:万元　(10 000 yuan)

地　区	Region	产成品 Finished Products	流动资产合计 Total Working Capitals	固定资产合计 Total Fixed Assets	负债合计 Total Liabilities	主营业务收入 Revenue from Principal Business	#主营业务税金及附加 Taxes and Other Charges on Principal Business
全省总计	**Total**	**5854804**	**89367748**	**90348004**	**152451724**	**221409116**	**7633023**
济南市	Jinan	1179906	13132943	9953124	18457810	22829554	478922
青岛市	Qingdao	868322	14650869	7521729	16252192	31035569	1243465
淄博市	Zibo	551725	4672439	5584812	7582905	15717970	749314
枣庄市	Zaozhuang	247634	4723632	3967456	6134827	6247262	76127
东营市	Dongying	320689	4353289	17439479	11481458	22024797	2436327
烟台市	Yantai	673132	7782816	8016607	11964753	28372391	283291
潍坊市	Weifang	454418	7877778	5912036	10933805	14135101	145359
济宁市	Jining	634258	13570208	9706441	24599232	17003609	184853
泰安市	Tai'an	332347	5061403	5200149	11682162	13180914	157796
威海市	Weihai	30723	1163901	2137973	2495035	2740801	21317
日照市	Rizhao	86350	959473	1050242	1503104	2473070	15038
莱芜市	Laiwu	40718	1091075	1792031	2713688	1964945	13954
临沂市	Linyi	103962	913684	2502342	3111224	4593551	16680
德州市	Dezhou	117625	1743412	2843992	3138440	6559632	131167
聊城市	Liaocheng	92030	1842512	1664507	2632386	4393765	20246
滨州市	Binzhou	83644	1028855	1292242	1916136	3548588	140908
菏泽市	Heze	28319	457018	1635223	1416051	1832815	23995

14-14　续表 2 continued

单位:万元　(10 000 yuan)

地　区	Region	营业费用 Cost of Business	管理费用 Cost of Management	利润总额 Total Profits	亏损企业亏损总额 Losses of Loss Enterprises	利税总额 Total Profits and Taxes	本年应交增值税 Value-added Tax Payable	全部从业人员年平均人数(人) Annual Average Empolyed Persons (person)
全省总计	**Total**	**3553926**	**10079952**	**12730436**	**1276615**	**28984829**	**8530141**	**1616494**
济南市	Jinan	675479	1283833	235264	171903	1231805	516322	183751
青岛市	Qingdao	871192	1577032	1268470	193123	3863266	1348452	123945
淄博市	Zibo	265917	771396	264807	260240	1538093	521466	132013
枣庄市	Zaozhuang	114655	559873	295016	62964	692068	319062	124387
东营市	Dongying	63400	1290075	3422847	15031	7446334	1585593	167849
烟台市	Yantai	344883	795768	1541137	79671	2298186	472805	118545
潍坊市	Weifang	284176	510067	787245	118845	1371617	437390	83863
济宁市	Jining	263627	1247330	1218967	130890	2441003	1010403	254805
泰安市	Tai'an	167721	806158	500788	42962	1171534	509868	148270
威海市	Weihai	48400	144214	218395	12553	340053	100240	22812
日照市	Rizhao	20257	68670	97164	26953	166406	53864	10410
莱芜市	Laiwu	20738	131449	-50698	104100	18521	55252	46410
临沂市	Linyi	49538	124423	887869	2947	1068797	128920	53768
德州市	Dezhou	67933	146306	341627	15996	648266	175127	40563
聊城市	Liaocheng	151400	165229	288245	19834	423650	114745	45304
滨州市	Binzhou	23611	100360	116685	10301	487147	229304	22340
菏泽市	Heze	30192	141603	227956	8302	390057	137903	23375

14-15 各市规模以上外商和港澳台投资工业主要经济指标(2013年)

Main Economic Indicators of Industry with Funds from Foreign Countries (Territories), Hong Kong,Macao and Taiwan by Region(2013)

单位:万元 (10 000 yuan)

地区	Region	企业单位数(个) Number of Industial Enterprises (unit)	#亏损企业 Number of Loss Enterprises	工业总产值 Gross Industrial Output Value	工业销售产值 Industrial Output Value of Products Sold	#出口交货值 Export Delivery Value	资产合计 Total Assets
全省总计	**Total**	**4365**	**679**	**185437624**	**183273885**	**39580069**	**112633779**
济南市	Jinan	176	30	4640307	4463100	325630	4456613
青岛市	Qingdao	1551	303	42276367	41650829	10958052	26518240
淄博市	Zibo	202	32	13194224	13131238	1538299	8405290
枣庄市	Zaozhuang	73	10	2199557	2174136	173002	1714142
东营市	Dongying	48	4	7559412	7508995	283387	4729816
烟台市	Yantai	701	101	48935528	48551107	13383421	21556809
潍坊市	Weifang	371	33	11526337	11443171	2312848	8640007
济宁市	Jining	116	21	5854684	5694334	1415770	4484736
泰安市	Tai'an	77	9	2128582	2132788	132810	1186162
威海市	Weihai	452	55	16890266	16522259	5853659	8839808
日照市	Rizhao	86	25	6904518	6894893	757871	5448696
莱芜市	Laiwu	25	6	215895	211813	29714	317488
临沂市	Linyi	222	16	9662196	9571634	1194327	6738466
德州市	Dezhou	96	6	4227510	4158231	567558	2064252
聊城市	Liaocheng	41	5	1910598	1916576	225409	1163246
滨州市	Binzhou	59	19	3228213	3257184	174459	2981494
菏泽市	Heze	68	4	3395108	3303276	253854	2265225

14-15 续表 1 continued

单位:万元 (10 000 yuan)

地区	Region	产成品 Finished Products	流动资产合计 Total Working Capitals	固定资产合计 Total Fixed Assets	负债合计 Total Liabilities	主营业务收入 Revenue from Principal Business	#主营业务税金及附加 Taxes and Other Charges on Principal Business
全省总计	**Total**	**4184245**	**61163937**	**39474108**	**59266450**	**180782207**	**1162327**
济南市	Jinan	166107	2455998	1416920	1861964	4537232	45257
青岛市	Qingdao	856246	15836624	7313594	13970282	40389466	417201
淄博市	Zibo	361480	4144377	3036217	4487545	12811316	56876
枣庄市	Zaozhuang	70011	733860	861736	1083066	2086164	13479
东营市	Dongying	179376	3359632	1035724	2931702	7464268	21119
烟台市	Yantai	717503	13019862	6796230	12097994	47422598	269072
潍坊市	Weifang	446350	4306732	3390674	4944065	11657895	48236
济宁市	Jining	193519	2268956	1679504	1861256	6190896	30474
泰安市	Tai'an	41330	634413	419450	540528	2064563	15670
威海市	Weihai	255513	4329849	3545560	3734605	16324048	88717
日照市	Rizhao	196489	2579726	2439263	3559042	6824264	18366
莱芜市	Laiwu	18428	158703	112432	160943	216695	1708
临沂市	Linyi	394054	3807598	1996342	3665601	9557298	49760
德州市	Dezhou	55293	707304	1213273	754305	4294183	26065
聊城市	Liaocheng	48593	535761	556390	454045	1657685	8106
滨州市	Binzhou	110489	1085742	1633428	1599987	3275814	14069
菏泽市	Heze	73464	1113030	1067528	977324	3319502	31442

14-15 续表 2 continued

单位:万元 (10 000 yuan)

地 区	Region	营业费用 Cost of Business	管理费用 Cost of Management	利润总额 Total Profits	亏损企业亏损总额 Losses of Loss Enterprises	利税总额 Total Profits and Taxes	本年应交增值税 Value-added Tax Payable	全部从业人员年平均人数(人) Annual Average Empolyed Perss (person)
全省总计	**Total**	**4330618**	**5655046**	**12070359**	**674920**	**18259068**	**5001382**	**1492867**
济南市	Jinan	228829	240257	444300	29600	656455	166541	51098
青岛市	Qingdao	1388187	2145408	2479601	205612	4176866	1262270	408315
淄博市	Zibo	193980	305943	817732	39669	1201627	326964	84760
枣庄市	Zaozhuang	62287	67940	77038	27200	152084	61536	35382
东营市	Dongying	85212	95519	436224	3279	848030	390486	15301
烟台市	Yantai	627634	877593	3444019	104533	4652884	939424	329888
潍坊市	Weifang	342631	428375	647839	62963	953035	256325	102438
济宁市	Jining	105200	165520	431275	23508	613908	148603	61119
泰安市	Tai'an	70201	64797	211419	13603	291610	64471	21839
威海市	Weihai	275219	521909	876157	62189	1343468	377815	165786
日照市	Rizhao	109974	143389	230787	50115	325432	76279	24632
莱芜市	Laiwu	16217	11704	1453	11257	8170	4978	4136
临沂市	Linyi	382789	287894	670937	5716	1133840	412193	86234
德州市	Dezhou	83188	77411	345041	5502	521787	150494	34217
聊城市	Liaocheng	39520	42428	103245	8626	169622	58270	17736
滨州市	Binzhou	54153	63916	146425	20541	206392	45896	25249
菏泽市	Heze	265399	93763	604671	1009	844916	208801	21627

14-16 各市规模以上非公有工业主要经济指标(2013年)

Main Economic Indicators of Non-public Industry Enterprises above Designated Size by Region(2013)

单位:万元 (10 000 yuan)

地 区	Region	企业单位数(个) Number of Industial Enterprises (unit)	#亏损企业 Number of Loss Enterprises	工业总产值 Gross Industrial Output Value	工业销售产值 Industrial Output Value of Products Sold	#出口交货值 Export Delivery Value	资产合计 Total Assets
全省总计	**Total**	**39783**	**2290**	**1239055445**	**1225080191**	**81652556**	**763058811**
济南市	Jinan	1842	173	43405183	42437825	2417294	43928163
青岛市	Qingdao	4862	483	143558833	140800746	19217077	75545981
淄博市	Zibo	3012	185	106557366	104619812	3646728	53394524
枣庄市	Zaozhuang	1475	50	32459617	32262669	579696	17826057
东营市	Dongying	922	59	115113808	114046372	4579843	75526175
烟台市	Yantai	2679	265	132483911	131017204	17449659	70184383
潍坊市	Weifang	4236	196	112055743	110531389	8412299	70058104
济宁市	Jining	1902	118	47045041	46287289	2718069	57327222
泰安市	Tai'an	1921	57	59056652	58238883	1165826	36374799
威海市	Weihai	1598	113	58359385	57338776	9043245	34853460
日照市	Rizhao	585	80	25604562	24869290	2278006	24165756
莱芜市	Laiwu	485	77	15201548	14960794	555261	10399006
临沂市	Linyi	4100	92	83586566	82208585	2947443	37237055
德州市	Dezhou	3698	60	75182693	74230368	1709199	34853314
聊城市	Liaocheng	2599	37	72707680	72019838	1076834	41063727
滨州市	Binzhou	1350	178	63929123	66847407	2132303	49431024
菏泽市	Heze	2515	67	51152462	50767672	1723774	23602069

14-16 续表 1 continued

单位:万元 (10 000 yuan)

地　区	Region	产成品 Finished Products	流动资产合计 Total Working Capitals	固定资产合计 Total Fixed Assets	负债合计 Total Liabilities	主营业务收　入 Revenue from Principal Business	#主营业务税金及附加 Taxes and Other Charges on Principal Business
全省总计	**Total**	**26361078**	**369156076**	**291034464**	**426809768**	**1256258770**	**13167882**
济 南 市	Jinan	1998363	24020816	13388949	26748917	47507990	704013
青 岛 市	Qingdao	2902649	42504190	22869688	42947119	137378906	2457464
淄 博 市	Zibo	2111398	24646697	19613541	28965953	104060465	1263139
枣 庄 市	Zaozhuang	514462	7475411	8377099	9182270	33637918	270164
东 营 市	Dongying	2213313	33205924	36768022	37350278	115458687	3084990
烟 台 市	Yantai	2912454	35063750	27385128	36151223	133709757	555726
潍 坊 市	Weifang	2960352	34376261	28182829	41125195	112581048	593031
济 宁 市	Jining	1508639	25793741	17218705	36440656	51864397	326607
泰 安 市	Tai'an	898820	14973069	13178329	21722541	61074332	637014
威 海 市	Weihai	1221056	16384237	14816431	16043811	59022998	379572
日 照 市	Rizhao	702062	14559402	7220121	17122586	25560731	140372
莱 芜 市	Laiwu	400904	4565262	4195731	6895078	14169576	39226
临 沂 市	Linyi	1645091	18435793	14113054	19976690	83972439	499868
德 州 市	Dezhou	854401	13332007	16977736	13375399	76683210	876698
聊 城 市	Liaocheng	825104	23754471	14163968	22954020	73360025	394719
滨 州 市	Binzhou	1940332	24782951	19443901	32464934	71925215	364237
菏 泽 市	Heze	751678	10096891	11382960	12360269	52695806	567395

14-16 续表 2 continued

单位:万元 (10 000 yuan)

地　区	Region	营业费用 Cost of Business	管理费用 Cost of Management	利润总额 Total Profits	亏损企业亏损总额 Losses of Loss Enterprises	利税总额 Total Profits and Taxes	本年应交增值税 Value-added Tax Payable	全部从业人员年平均人数(人) Annual Average Empolyed Persons (person)
全省总计	**Total**	**22797555**	**33958776**	**83320655**	**2593761**	**133596914**	**36893825**	**9130655**
济 南 市	Jinan	1609339	2345978	2463466	242090	4507280	1329970	428666
青 岛 市	Qingdao	4001691	7189831	8300347	452684	15864431	5054952	1043591
淄 博 市	Zibo	1160691	2269893	7321446	384977	12235413	3648160	632061
枣 庄 市	Zaozhuang	767335	1353929	1853164	79100	3446913	1320410	457627
东 营 市	Dongying	1084620	2550286	12215549	80194	19310675	4003677	420826
烟 台 市	Yantai	1981455	2926989	10057381	247873	13358022	2743076	887322
潍 坊 市	Weifang	2355995	3036740	6397831	242919	9378743	2386036	856594
济 宁 市	Jining	939368	1869979	3159651	162569	5216974	1681750	544062
泰 安 市	Tai'an	980355	1791421	4383562	71199	7093534	2067993	515106
威 海 市	Weihai	1305867	1868502	3385845	99180	5410141	1642476	529682
日 照 市	Rizhao	343695	545987	793582	128709	1311230	376835	164768
莱 芜 市	Laiwu	176456	303641	247882	141012	426336	138997	129362
临 沂 市	Linyi	1711060	1524708	4707363	34616	7232003	1989684	766394
德 州 市	Dezhou	1655172	1318114	5158736	31106	9085379	3049113	524886
聊 城 市	Liaocheng	955573	1029869	5183855	35385	7475440	1863168	417636
滨 州 市	Binzhou	713495	1034403	3026423	124162	4720253	1326838	409537
菏 泽 市	Heze	1055388	977228	4492450	35985	7226721	2162117	394187

14—17 各市规模以上工业主要财务分析指标(2013年)
Main Financial Indicators of Industry above Designated Size by Region(2013)

单位：%　　(%)

地 区	Region	总资产贡献率 Ratio of Total Assets to Industrial Output Value	产 值 利税率 Ratio of Profits and Taxes to Output Value	销售产值 利 税 率 Ratio of Profits and Taxes to Output Value of Sales	资 产 负债率 Assets-Liability Ratio	流动资产 周 转 率 (次) Ratio of Turnover Working Capitals (time)	成本费用 利 润 率 Ratio of Profits to Cost	产 品 销售率 Proportion of Products Sold
全省总计	**Total**	**18.80**	**10.87**	**10.99**	**56.59**	**3.43**	**7.07**	**98.91**
济 南 市	Jinan	10.96	9.99	10.21	61.28	2.03	5.23	97.86
青 岛 市	Qingdao	20.08	10.81	11.01	58.98	2.98	6.24	98.18
淄 博 市	Zibo	23.69	11.40	11.60	54.27	4.17	7.59	98.23
枣 庄 市	Zaozhuang	19.40	10.32	10.39	53.59	4.32	5.69	99.38
东 营 市	Dongying	26.91	16.36	16.50	49.93	3.51	11.85	99.14
烟 台 市	Yantai	20.28	9.99	10.10	51.44	3.87	8.15	98.90
潍 坊 市	Weifang	14.84	8.21	8.32	59.10	3.33	5.98	98.68
济 宁 市	Jining	10.72	10.91	11.05	63.19	2.06	6.20	98.70
泰 安 市	Tai'an	21.49	11.91	12.08	60.23	4.17	7.77	98.61
威 海 市	Weihai	16.99	9.20	9.37	47.25	3.67	6.00	98.28
日 照 市	Rizhao	6.80	4.97	5.11	70.81	1.82	3.10	97.22
莱 芜 市	Laiwu	6.74	3.01	3.06	65.20	3.11	1.95	98.49
临 沂 市	Linyi	22.36	9.38	9.54	54.92	4.74	6.73	98.40
德 州 市	Dezhou	27.61	11.89	12.04	38.94	5.80	7.67	98.76
聊 城 市	Liaocheng	19.63	10.09	10.19	56.20	3.13	7.55	99.04
滨 州 市	Binzhou	11.94	7.29	6.98	65.90	2.94	4.34	104.49
菏 泽 市	Heze	31.83	13.84	13.94	52.92	5.25	9.26	99.28

14—18 各市规模以上国有控股工业主要财务分析指标(2013年)
Main Financial Indicators of State holding Industry Enterprises above Designated Size by Region(2013)

单位：%　　(%)

地 区	Region	总资产贡献率 Ratio of Total Assets to Industrial Output Value	产 值 利税率 Ratio of Profits and Taxes to Output Value	销售产值 利 税 率 Ratio of Profits and Taxes to Output Value of Sales	资 产 负债率 Assets-Liability Ratio	流动资产 周 转 率 (次) Ratio of Turnover Working Capitals (time)	成本费用 利 润 率 Ratio of Profits to Cost	产 品 销售率 Proportion of Products Sold
全省总计	**Total**	**13.59**	**14.37**	**14.47**	**64.41**	**2.56**	**6.04**	**99.26**
济 南 市	Jinan	5.77	6.37	6.50	68.37	1.82	1.00	98.02
青 岛 市	Qingdao	16.52	11.86	11.91	65.88	2.21	4.14	99.54
淄 博 市	Zibo	12.40	9.65	9.67	55.72	3.50	1.69	99.82
枣 庄 市	Zaozhuang	7.93	11.32	11.37	61.15	1.43	4.57	99.60
东 营 市	Dongying	33.06	33.57	33.58	49.76	5.15	21.03	100.00
烟 台 市	Yantai	12.93	8.65	8.69	61.80	3.66	5.73	99.58
潍 坊 市	Weifang	9.26	8.54	8.64	62.74	1.83	5.82	98.92
济 宁 市	Jining	8.56	16.92	17.01	68.94	1.36	6.84	99.47
泰 安 市	Tai'an	10.14	11.73	12.00	77.11	2.68	3.78	97.76
威 海 市	Weihai	10.08	12.89	12.96	63.69	2.38	7.85	99.51
日 照 市	Rizhao	9.39	5.21	5.33	67.96	2.78	3.79	97.80
莱 芜 市	Laiwu	2.71	0.38	0.38	74.13	1.82	-2.54	100.19
临 沂 市	Linyi	29.12	24.92	25.03	79.13	5.05	23.77	99.58
德 州 市	Dezhou	14.39	9.34	9.49	61.23	3.84	5.52	98.39
聊 城 市	Liaocheng	12.48	8.16	8.32	64.01	2.41	6.91	98.08
滨 州 市	Binzhou	20.85	11.80	11.81	72.90	3.49	3.46	99.85
菏 泽 市	Heze	18.16	15.05	15.06	59.41	4.05	13.84	99.92

14-19 规模以上工业主要产品产量(2013年)
Output of Major Industrial Products above Designated Size(2013)

名称		Item		生产量 Output
铁矿石原矿量	(万吨)	Ironstone in Original Iron Ores	(10 000 tons)	2153.3
原　盐	(万吨)	Salt	(10 000 tons)	1841.7
大　米	(万吨)	Rice	(10 000 tons)	48.5
小麦粉	(万吨)	Wheat Flour	(10 000 tons)	2401.5
精制食用植物油	(万吨)	Refined Edible Vegetable Oil	(10 000 tons)	937.0
鲜冷藏冻肉	(万吨)	Frozen,Fresh Meat	(10 000 tons)	1022.0
配混合饲料	(万吨)	Mixed Feed	(10 000 tons)	2000.8
速冻米面食品	(万吨)	Quick-frozen Food	(10 000 tons)	6.9
方便面	(万吨)	Instant Noodles	(10 000 tons)	47.0
乳制品	(万吨)	Milk Products	(10 000 tons)	274.7
液体乳	(万吨)	Liquid Milk	(10 000 tons)	231.6
罐　头	(万吨)	Canned Food	(10 000 tons)	102.4
酱　油	(万吨)	Soy Sauce	(10 000 tons)	77.0
发酵酒精(折96度，商品量)	(万千升)	Fermenting Alcohol	(10 000 kiloliter)	32.5
饮料酒	(万千升)	Liquor	(10 000 kiloliter)	871.0
白酒(折65度，商品量)	(万千升)	White Spirit	(10 000 kiloliter)	131.7
啤　酒	(万千升)	Beer	(10 000 kiloliter)	685.8
葡萄酒	(万千升)	Wine	(10 000 kiloliter)	44.5
软饮料	(万吨)	Soft Drinks	(10 000 tons)	637.1
碳酸饮料	(万吨)	Carbonated Drinks	(10 000 tons)	40.1
果汁及果汁饮料	(万吨)	Juice and Juice Beverage	(10 000 tons)	113.9
包装饮用水	(万吨)	Bottled Drinking Water	(10 000 tons)	363.7
冷冻饮品	(万吨)	Frozen Drinks	(10 000 tons)	19.0
精制茶	(万吨)	Refined Tea	(10 000 tons)	0.2
卷　烟	(亿支)	Cigarettes	(100 million pieces)	1420.1
化学纤维用浆粕	(万吨)	Chemical Fiber Pulp	(10 000 tons)	25.8
化学纤维	(万吨)	Chemical Fiber	(10 000 tons)	75.5
粘胶纤维	(万吨)	Viscose Fiber	(10 000 tons)	23.2
合成纤维	(万吨)	Synthetic Fiber	(10 000 tons)	51.6
锦纶纤维	(万吨)	Nylon Fiber	(10 000 tons)	3.5
涤纶纤维	(万吨)	Polyester Fiber	(10 000 tons)	34.6
腈纶纤维	(万吨)	Acrylic Fiber	(10 000 tons)	5.5
丙纶纤维	(万吨)	Polypropylene Fiber	(10 000 tons)	4.0
纱	(万吨)	Yarn	(10 000 tons)	871.5
布	(亿米)	Cloth	(100 million m)	128.5
棉　布	(亿米)	Cotton Cloth	(100 million m)	107.4
棉混纺布(混纺交织布)	(亿米)	Cotton Blended Cloth	(100 million m)	15.6
化学纤维布(纯化纤布)	(亿米)	Chemical Fiber Cloth	(100 million m)	5.6
印染布	(亿米)	Printed Fabric	(100 million m)	35.8
帘子布	(万吨)	Cord Fabric	(10 000 tons)	33.4
绒线(毛线)	(万吨)	Knitting Wool	(10 000 tons)	5.8
毛机织物(呢绒)	(万米)	Wool Fabric	(10 000 m)	9468.0
亚麻布	(万米)	Ramie and Flax Cloth	(10 000 m)	3301.1

14-19 续表 1 continued

名 称		Item		生产量 Output
服 装	(万件)	Garments	(10 000 pieces)	321731.2
梭织服装	(万件)	Woven Garments	(10 000 pieces)	109007.0
西服套装	(万件)	Suits	(10 000 pieces)	5119.3
衬 衫	(万件)	Shirts	(10 000 pieces)	6399.4
羽绒服	(万件)	Down Wear	(10 000 pieces)	1616.7
针织服装	(万件)	Knitted Clothing	(10 000 pieces)	212724.2
轻 革	(万平方米)	Leather	(10 000 sq.m)	3973.2
皮革鞋靴	(万双)	Shoes	(10 000 pairs)	21837.5
皮革服装	(万件)	Leather Apparel	(10 000 pieces)	174.3
天然毛皮服装	(万件)	Natural Fur Apparel	(10 000 units)	14.3
人造板	(万立方米)	Manmade Plates	(10 000 cu.m)	6590.5
胶合板	(万立方米)	Plywood	(10 000 cu.m)	5045.5
纤维板	(万立方米)	Fiberboard	(10 000 cu.m)	558.1
刨花板	(万立方米)	Flakeboard	(10 000 cu.m)	83.6
人造板表面装饰板(人造板	(万立方米)	Secondary Processing Decorative Plates	(10 000 cu.m)	1520.5
实木地板(木地板)	(万平方米)	Solid Wood Floor	(10 000 sq.m)	26.6
复合地板	(万平方米)	Engineered Floor	(10 000 sq.m)	4473.0
家 具	(万件)	Furniture	(10 000 units)	4322.7
木质家具	(万件)	Wood Furniture	(10 000 units)	3955.2
软体家具(包括床垫、沙发)	(万件)	Soft Furniture	(10 000 units)	157.8
金属家具	(万件)	Metal Furniture	(10 000 units)	99.9
纸 浆	(万吨)	Paper Pulp	(10 000 tons)	555.9
机制纸及纸板	(万吨)	Machine-made Paper and Paperboards	(10 000 tons)	2052.5
新闻纸	(万吨)	Newsprint	(10 000 tons)	165.1
未涂布印刷书写用纸	(万吨)	Uncoated Writing Printing Paper	(10 000 tons)	277.5
纸制品	(万吨)	Paper Products	(10000 tons)	429.2
瓦楞纸箱(纸箱)	(万吨)	Corrugated Box	(10000 tons)	245.2
硫酸(折100%)	(万吨)	Sulfuric	(10 000 tons)	656.4
盐酸(含量31%以上)	(万吨)	Hydrochloric Acid(content of more than 31%)	(10 000 tons)	98.2
氢氧化钠(烧碱)(折100%)	(万吨)	Caustic	(10 000 tons)	580.6
离子膜法烧碱	(万吨)	Ionic Membrane Caustic	(10 000 tons)	458.1
碳酸钠(纯碱)	(万吨)	Soda Ash	(10 000 tons)	393.3
碳化钙(电石)(折300升/千克)	(万吨)	Calcium carbide(convert to 300 L/kg)	(10 000 tons)	4.4
合成氨	(万吨)	Synthetic Ammonia	(10 000 tons)	783.1
农用氮、磷、钾化学肥料总计(折纯)	(万吨)	Chemical Fertilizer	(10 000 tons)	826.3
氮 肥(折含N 100%)	(万吨)	Nitrogen Fertilizer	(10 000 tons)	690.2
尿 素	(万吨)	Urea	(10 000 tons)	496.2
磷肥(折合P2O5 100%)	(万吨)	Phosphate Fertilizer	(10 000 tons)	100.3

14—19 续表 2 continued

名 称		Item		生产量 Output
化学农药原药(折有效成分100%)	(万吨)	Chemical Pesticide	(10 000 tons)	90.6
杀虫剂原药	(万吨)	Insecticides Pesticide	(10 000 tons)	6.0
杀菌剂原药	(万吨)	Fungicides Pesticide	(10 000 tons)	0.5
除草剂原药	(万吨)	Herbicide Pesticide	(10 000 tons)	77.1
乙 烯	(万吨)	Ethylene	(10 000 tons)	78.3
纯 苯	(万吨)	Benzene	(10 000 tons)	77.7
精甲醇	(万吨)	Extracted Methanol	(10 000 tons)	476.7
冰醋酸	(万吨)	Acetic Acid	(10 000 tons)	80.9
涂料(油漆)	(万吨)	Paint	(10 000 tons)	98.5
初级形态的塑料(塑料树脂及共聚物)	(万吨)	Primary Plastic	(10 000 tons)	462.2
聚氯乙烯树脂	(万吨)	PVC Colophony	(10 000 tons)	99.5
聚丙烯树酯	(万吨)	Polypropylene Colophony	(10 000 tons)	87.8
合成橡胶	(万吨)	Synthetic Rubber	(10 000 tons)	58.2
合成纤维单体	(万吨)	Synthetic Fiber Monomer	(10 000 tons)	24.2
合成纤维聚合物	(万吨)	Synthetic Fiber Polymers	(10 000 tons)	21.7
合成洗涤剂	(万吨)	Synthetic Detergents	(10 000 tons)	67.9
中成药	(万吨)	Traditional Chemical Medicine	(10 000 tons)	16.3
橡胶轮胎外胎(轮胎外胎)	(万条)	Tires	(10 000 tires)	42519.5
子午线轮胎外胎	(万条)	Radial Tires	(10 000 tires)	25924.7
塑料制品	(万吨)	Plastic Articles	(10 000 tons)	500.0
塑料薄膜	(万吨)	Plastic Film	(10 000 tons)	88.9
农用薄膜	(万吨)	Agricultural Film	(10 000 tons)	40.9
塑料人造革、合成革	(万吨)	Plastic leather and synthetic leather	(10 000 tons)	7.3
泡沫塑料	(万吨)	Foam	(10 000 tons)	7.1
日用塑料制品	(万吨)	Plastic Products for Daily Use	(10 000 tons)	20.6
水泥熟料	(万吨)	Cement Chamotte	(10 000 tons)	8896.4
窑外分解窑熟料(预分解窑熟料)	(万吨)	Precalciner Kiln Clinker	(10 000 tons)	7655.7
水 泥	(万吨)	Cement	(10 000 tons)	16217.8
水泥排水管	(千米)	Cement Drain Pipes	(1 000 m)	23605.2
水泥压力管	(千米)	Cement Pressure Pipes	(1 000 m)	1361.7
水泥混凝土电杆	(万根)	Cement Concrete Poles	(10 000 units)	50.0
商品混凝土	(万立方米)	Concrete	(10 000 cu.m)	6764.8
预应力混凝土桩	(万米)	Prestressed concrete piles	(10 000 m)	837.8
砖(折标准砖)	(亿块)	Brick	(100 million units)	343.0
瓦	(亿片)	Tile	(100 million units)	38.8
天然大理石建筑板材(大理石板材)	(万平方米)	Natural Marble Building Block	(10 000 sq.m)	975.6
天然花岗石建筑板材(花岗石板材)	(万平方米)	Natural Granite Building Block	(10 000 sq.m)	6005.5

14–19 续表 3 continued

名　　称		Item		生产量 Output
工业锅炉	(蒸发量吨)	Industrial Boilers	(evaporation ton)	84678.5
电站汽轮机	(万千瓦)	Turbine Power Plant	(10 000 kw)	362.9
金属切削机床	(万台)	Metal-cutting Machine Tools	(10 000 units)	14.4
金属成形机床(锻压设备)	(万台)	Metal Forming Machine	(10 000 units)	2.0
数控金属成形机床(数控锻压设备)	(台)	CNC Metal Forming Machine	(units)	3279.0
铸造机械	(万台)	Casting Machinery	(10 00 0 units)	7.0
起重机	(万吨)	Lifting Equipment	(10 000 tons)	218.3
输送机械	(万台)	Conveyer	(10 000 units)	7.9
泵(液体泵)	(万台)	Pumps	(10 000 units)	115.8
风　机	(万台)	Fans	(10 000 units)	27.5
气体压缩机	(台)	Gas Compressor	(unit)	805.3
减速机	(万台)	Reducer	(10 000 units)	10.6
滚动轴承(轴承)	(亿套)	Rolling Bearings	(100 million units)	23.1
阀　门	(万吨)	Valves	(10 000 tons)	33.9
液压元件	(万件)	Hydraulic Components	(10 000 units)	673.7
气动元件	(万件)	Pneumatic Components	(10 000 units)	276.4
粉末冶金零件	(万吨)	Sintered Metal Products	(10 000 tons)	17.9
采矿设备(矿山设备)	(万吨)	Mining Equipment	(10 000 tons)	76.5
饲料加工机械	(台)	Feed Processing Machinery	(unit)	13749.0
棉花加工设备	(台)	Cotton Processing Machinery	(unit)	27602.0
印刷专用设备	(吨)	Printing Special Equipment	(ton)	5029.6
水泥专用设备(水泥设备)	(吨)	Cement Special Equipment	(ton)	81826.0
金属冶炼设备(冶炼设备)	(吨)	Metal Smelting Equipment	(ton)	70914.5
金属轧制设备	(吨)	Metal Rolling Equipment	(ton)	237.0
包装专用设备(包装机械)	(台)	Packaging Special Equipment	(unit)	10594.0
大型拖拉机	(台)	Large Tractors	(unit)	33740.0
中型拖拉机	(台)	Medium Tractors	(unit)	134298.0
小型拖拉机	(万台)	Small Tractors	(10 000 units)	74.0
收获机械	(台)	Harvesting Machinery	(unit)	117829.0
挖掘、铲土运输机械	(台)	Mining and Shoveling Transport Machinery	(unit)	147964.0
压实机械	(台)	Compacting Machinery	(unit)	2078.0
混凝土机械	(台)	Concrete Machinery	(unit)	73756.0
环境保护专用设备	(台(套))	Special Equipment for Environmental Protection	(unit)	74779.0
水质污染防治设备	(台(套))	Water Pollution Control Equipment	(unit)	14755.0
大气污染防治设备	(台(套))	Air Pollution Control Equipment	(unit)	12605.0
铁路客车	(辆)	Railway Passenger Coaches	(unit)	442.0
铁路货车	(辆)	Railway Freight Wagons	(unit)	3976.0

14-19 续表 4 continued

名 称		Item		生产量 Output
汽　车	(万辆)	Motor Vehicles	(10 000 units)	150.9
载货汽车	(万辆)	Trucks	(10 000 units)	77.6
公路客车	(万辆)	Buses	(10 000 units)	1.2
轿　车	(万辆)	Cars	(10 000 units)	60.5
改装汽车	(万辆)	Modified Cars	(10 000 units)	13.9
摩托车	(万辆)	Motorcycles	(10 000 units)	54.5
两轮自行车(自行车)	(万辆)	bicycles	(10 000 units)	9.2
电动自行车	(万辆)	Electric Bicycle	(10000 units)	599.9
民用钢质船舶	(万总吨)	Civil Steel Vessels	(10 000 tons)	345.7
发电设备	(万千瓦)	Power Generating Equipment	(10 000 kw)	939.7
汽轮发电机	(万千瓦)	Steam Turbogenerator	(10 000 kw)	873.5
交流电动机	(万千瓦)	AC Motors	(10 000 kw)	2691.6
变压器	(万千伏安)	Transformers	(10 000 KVA pm)	23323.4
高压开关板	(万面)	High Voltage Switch Plate	(10 000 units)	169306.0
低压开关板	(万面)	Low Voltage Switch Plate	(10 000 units)	28.9
电力电缆	(万千米)	Power Cable	(10 000 km)	288.2
通信及电子网络用电缆	(万对千米)	Cable for Communications and Electronic Network	(10 000 couples·km)	83.3
光缆(光纤通讯电缆)	(万芯千米)	Fire Optic Cable	(10 000 cores·km)	691.5
绝缘制品	(吨)	Insulation Products	(ton)	40457.7
原电池及原电池组(折R20标准只)	(亿只)	Primary Cells and Batteries	(100 million units)	26.7
灯具及照明装置	(万套(台、个)	Lamps and Lighting Fixtures	(10 000 units)	4049.4
电光源(灯泡)	(万只)	Light Bulbs	(10 000 units)	84844.8
家用洗衣机	(万台)	Household Washing Machines	(10 000 units)	651.4
家用电冰箱	(万台)	Household Refrigerators	(10000 units)	524.4
冷柜(含冷冻箱、冷藏箱、展示柜)	(万台)	Freezers	(10000 units)	599.7
房间空气调节器	(万台)	Air Conditioners	(10000 units)	637.2
吸排油烟机	(万台)	Vacuum Cleaners	(10000 units)	159.4
电热水器	(万台)	Electric Water Heater	(10000 units)	358.3
微波炉	(万台)	Microwave Ovens	(10000 units)	121.4
电饭锅	(万个)	Electric Cookers	(10000 units)	131.5
电焊机	(万台)	Welders	(10000 units)	7.2
程控交换机	(万线)	Program-controlled Switchboards	(10000 lines)	30.9
电话单机	(万台)	Telephone Sets	(10000 units)	321.0
移动通信手持机(手机)	(万台)	Mobile Telephones	(10000 units)	5096.7
电子计算机	(万台)	Computers	(10000 units)	136.1
笔记本计算机	(万台)	Notebook computer	(10000 units)	96.7
显示器	(万台)	Display	(10000 units)	109.2
打印机	(万台)	Printers	(10000 units)	604.6
半导体分立器件	(亿只)	Discrete Semiconductor Devices	(100 million units)	136.1
彩色电视机	(万台)	Color Television Sets	(10000 units)	1580.7

主要统计指标解释

工　业　指从事自然资源的开采，对采掘品和农产品进行加工和再加工的物质生产部门。具体包括：(1)对自然资源的开采，如采矿、晒盐等(但不包括禽兽捕猎和水产捕捞)；(2)对农副产品的加工、再加工，如粮油加工、食品加工、缫丝、纺织、制革等；(3)对采掘品的加工、再加工，如炼铁、炼钢、化工生产、石油加工、机器制造、木材加工等，以及电力、自来水、煤气的生产和供应等；(4)对工业品的修理、翻新，如机器设备的修理、交通运输工具(如汽车)的修理等。

工业统计调查单位为独立核算法人工业企业。

独立核算法人工业企业指从事工业生产经营活动的单位。独立核算法人工业企业应同时具备以下条件：①依法成立，有自己的名称、组织机构和场所，能够承担民事责任；②独立拥有和使用资产，承担负债，有权与其他单位签订合同；③独立核算盈亏，并能够编制资产负债表。

本年鉴中涉及的企业登记注册类型：

国有及国有控股企业　指国有企业加上国有控股企业。国有企业(即原全民所有制工业或国营工业)指企业全部资产归国家所有，并按《中华人民共和国企业法人登记管理条例》规定登记注册的非公司制的经济组织。包括国有企业、国有独资公司和国有联营企业。1957 年以前的公私合营和私营工业，后均改造为国营工业，1992 年改为国有工业，这部分工业的资料不单独分列时，均包括在国有企业内。国有控股企业是对混合所有制经济的企业进行的“国有控股”分类。它是指这些企业的全部资产中国有资产(股份)相对其他所有者中的任何一个所有者占资(股)最多的企业。该分组反映了国有经济控股情况。

集体企业　指企业资产归集体所有，并按《中华人民共和国企业法人登记管理条例》规定登记注册的经济组织。是社会主义公有制经济的组成部分。包括城乡所有使用集体投资举办的企业，以及部分个人通过集资自愿放弃所有权并依法经工商行政管理机关认定为集体所有制的企业。

股份合作企业　指以合作制为基础，由企业职工共同出资入股，吸收一定比例的社会资产投资组建，实行自主经营，自负盈亏，共同劳动，民主管理，按劳分配与按股分红相结合的一种集体经济组织。

联营企业　指两个及两个以上相同或不同所有制性质的企业法人或事业单位法人，按自愿、平等、互利的原则，共同投资组成的经济组织。联营企业包括：

国有联营企业指国有企业与国有企业间的联营；

集体联营企业指集体企业与集体企业间的联营；

国有与集体联营企业指国有企业与集体企业间的联营。

有限责任公司　指根据《中华人民共和国公司登记管理条例》规定登记注册，由两个以上，五十个以下的股东共同出资，每个股东以其所认缴的出资额对公司承担有限责任，公司以其全部资产对其债务承担责任的经济组织。

有限责任公司包括国有独资公司以及其他有限责任公司。

股份有限公司　指根据《中华人民共和国企业法人登记管理条例》规定登记注册，其全部注册资本由等额股份构成并通过发行股票筹集资本，股东以其认购的股份对公司承担有限责任，公司以其全部资产对其债务承担责任的经济组织。

私营企业　指由自然人投资设立或由自然人控股，以雇佣劳动为基础的营利性经济组织。包括按照《公司法》、《合伙企业法》、《私营企业暂行条例》规定登记注册的私营有限责任公司、私营股份有限公司、私营合伙企业和私营独资企业。

港、澳、台商投资企业　指企业注册登记类型中的港、澳、台资合资、合作、独资经营企业和股份有限公司之和。

外商投资企业　指企业注册登记类型中的中外合资、合作经营企业、外资企业和外商投资股份有限公司之和。

“三资”企业系指港、澳、台商投资企业和外资企业的简称。

轻工业　指主要提供生活消费品和制作手工工具的工业。按其所使用的原料不同，可分为两大类：(1)以农产品为原料的轻工业，是指直接或间接以农产品为基本原料的轻工业。主要包括食品制造、饮料制造、烟草加工、纺织、缝纫、皮革和毛皮制作、造纸以及印刷等工业；(2)以非农产品为原料的轻工业，是指以工业品为原料的轻工业。主要包括文教体育用品、化学药品制造、合成纤维制造、日用化学制品、日用玻璃制品、日用金属制品、手工工具制造、医疗器械制造、文化和办公用机械制造等工业。

重工业　指为国民经济各部门提供物质技术基础的主要生产资料的工业。按其生产性质和产品用途，可以分为下列三类：(1)采掘(伐)工业，是指对自然资源的开采，包括石油开采、煤炭开采、金属矿开采、非金属矿开采等工业；(2)原材料工业，指向国民经济各部门提供基本材料、动力和燃料的工业。包括金属冶炼及加工、炼焦及焦炭、化学、化工原料、水泥、人造板以及电力、石油和煤炭加工等工业；(3)加工工业，是指对工业原材料进行再加工制造的工业。包括装备国民经济各部门的机械设备制造工业、金属结构、水泥制品等工业，以及为农业提供的生产资料如化肥、农药等工业。

根据上述划分原则，修理业中以重工业产品为修理作业对象的划为重工业，反之划为轻工业。

工业总产值

(1)定义：

工业总产值是以货币形式表现的，工业企业在一定时期内生产的工业最终产品或提供工业性劳务活动的总价值量。它反映一定时间内工业生产的总规模和总水平。

(2)计算原则：

工业生产的原则，即凡是企业在报告期生产的经检验合格的产品，不管是否在报告期销售，均包括在内。

最终产品的原则，即凡是计入工业总产值的产品，必须是本企业生产的经检验合格的，不需要再进行任何加工的最终产品。如果企业有中间产品(半成品)对外销售，则对外销售的中间产品应视为企业的最终产品。

工厂法原则，即工业总产值是以工业企业作为基本计算(核算)单位，即按企业的最终产品计算工业总产值。按这种方法计算的工业总产值，不允许同一产品价值在企业内部重复计算，不能把企业内部各个车间(分厂)生产的成果相加，但允许企业间的重复计算。

(3)内容及计算方法：

1995 年全国工业普查对工业总产值(原规定)的内容及计算原则和方法做了某些修订，修订后的工业总产值(新规定)包括三项内容：即本期生产成品价值、对外加工费收入、在制品半成品期末期初差额价值三部分。

本期生产成品价值：指企业本期生产，并在报告期内不再进行加工，经检验、包装入库的全部工业成品(半成品)价值合计，包括企业生产的自制设备及提供给本企业在建工程、其他非工业部门和福利部门等单位使用的成品价值。本期生产成品价值为按自备原材料生产的产品的数量乘以本期不含增值税(销项税额)的产品实际销售平均单价计算；会计核算中按成本价格转帐的自制设备和自产自用的成品，按成本价格计算生产成品价值。生产成品价值中不包括用定货者来料加工的成品(半成品)价值。

对外加工费收入：指企业在报告期内完成的对外承接的工业品加工(包括用定货者来料加工产品)的加工费收入和对外工业修理作业所取得的加工费收入。对外加工费收入按不含增值税(销项税额)的价格计算，可根据会计“产品销售收入”科目的有关资料取得。

对于本企业对内非工业部门提供的加工修理、设备安装的劳务收入，如果企业会计核算基础较好，能取得这部分资料，而且这部分价值所占比重较大，应包括在对外加工费收入中。自制半成品在制品期末期初差额价值：指企业报告期在制品期末减期初的差额价值，本指标一般可以从会计核算资料中取得。如果会计产品成本核算中不计算半成品、在制品的成本，则总产值中也不包括这部分价值，反之则包括。

(4)工业总产值统计范围变化和计算方法修订情况：

1984 年以前工业总产值不包括村办工业，村办工业总产值划归农业。1984 年以后工业总产值包括村办工业。

1995 年工业普查对工业总产值计算方法做了修订，即从 1995 年始按新修订(新规定)方法计算工业总产值。新规定与原规定的区别如下：

全价与加工费的计算原则不同：新规定为凡自备原材料，不论其生产繁简程度如何，一律按全价计算工业总产值；凡来料加工，允许按加工费计算工业总产值。原规定则视生产加工的繁简程度不同，规定哪些行业按全价，哪些行业按加工费计算工业总产值。

自制半成品、在产品期末期初差额价值的计算原则不同：新规定要求，凡会计产品成本核算时计算了成本的差额价值，总产值中就应包括，否则可不包括；原规定则按生产周期六个月的界限区分，凡生产周期六个月以上的企业，总产值计算中应包括这部分差额价值，否则可不包括。

计算价格不同：新规定按不含增值税(销项税额)的价格计算；原规定则按含增值税(销项税额)的价格计算。

工业增加值 指工业企业在报告期内以货币表现的工业生产活动的最终成果。

工业增加值有两种计算方法：一是生产法，即工业总产出减去工业中间投入加上应交增值税；二是收入法，即从收入的角度出发，根据生产要素在生产过程中应得到的收入份额计算，具体构成项目有固定资产折旧、劳动者报酬、生产税净额、营业盈余，这种方法也称要素分配法。本年鉴中的工业增加值是以生产法计算的。

生产法工业增加值的计算方法为：

工业增加值=工业总产出−工业中间投入+应交增值税

(1)工业总产出：指工业企业在一定时期内工业生产活动的总成果。工业总产出包括：成品生产价值，对外加工费收入，自制半成品、在产品期末期初差额价值。1995 年后用新规定计算的工业总产值代替。

(2)工业中间投入：指工业企业在工业生产活动中消耗的外购物质产品和对外支付的服务费用。服务费用包括支付给物质生产部门(工业、农业、批发零售贸易业、建筑业、运输邮电业)的服务费用和支付给非物质生产部门(如保险、金融、文化教育、科学研究、医疗卫生、行政管理等)的服务费用。工业中间投入的确定须遵循以下原则：必须从外部购入的，并已计入工业总产出的产品和服务价值；必须是本期投入生产，并一次性消耗掉(包括本期摊销的低值易耗品等)的产品和服务价值。

工业中间投入包括直接材料费用、制造费用中的工业中间投入、管理费用中的工业中间投入、销售费用中的工业中间投入和利息支出五部分。

资产总计 指企业拥有或控制的能以货币计量的经济资源，包括各种财产、债权和其他权利。资产按流动性分为流动资产、长期投资、固定资产、无形资产、递延资产和其他资产。该指标根据企业会计“资产负债表”中“资产总计”项目的期末数增列。

流动资产 指企业可以在一年内或者超过一年的一个生产周期内变现或者耗用的资产，包括现金及各种存款、短期投资，应收及预付款项、存货等。

流动资产平均余额 指企业在报告期内全部流动资产

的平均余额。

固定资产原价 指企业在建造、购置、安装、改建、扩建、技术改造某项固定资产时所支出的全部货币总额。它一般包括买价、包装费、运杂费和安装费等。

固定资产净值年平均余额 指固定资产净值在报告期内余额的平均数。计算公式为：

$$\text{固定资产净值年平均余额}=\frac{\text{1至12月各月月初、月末固定资产净值之和}}{24}$$

该指标根据“资产负债表”中“固定资产原价”、“累计折旧”指标的期初、期末数计算填列。

固定资产净值指固定资产原价减去历年已提折旧额后的净额。计算公式为：

固定资产净值=固定资产原价−累计折旧

负债合计 指企业所承担的能以货币计量，将以资产或劳务偿付的债务，偿还形式包括货币、资产或提供劳务。负债一般按偿还期长短分为流动负债和长期负债。根据会计“资产负债表”中“负债合计”的年末数填列。

所有者权益 指企业投资人对企业净资产的所有权。企业净资产等于企业全部资产减去全部负债后的余额，包括企业投资人对企业的最初投入的实际到位的资产及资本公积金、盈余公积金和未分配利润。所有者权益合计数小于零，表示企业资不抵债。

主营业务收入 指会计“利润表”中对应指标的本年累计数。未执行2001年《企业会计制度》的企业，用“产品销售收入”的本期累计数代替。

主营业务成本 指会计“利润表”中对应指标的本年累计数。未执行2001年《企业会计制度》的企业，用“产品销售成本”的本期累计数代替。

主营业务税金及附加 指会计“利润表”中对应指标的本年累计数。未执行2001年《企业会计制度》的企业，用“产品销售税金及附加”的本期累计数代替。

利润总额 指企业生产经营活动的最终成果，是企业在一定时期内实现的盈亏相抵后的利润总额(亏损以“−”号表示)，它等于营业利润加上补贴收入加上投资收益加上营业外净收入再加上以前年度损益调整。

本年应交增值税 指企业在报告期内应交纳的增值税额。它等于本年销项税额加上出口退税加上进项税额转出数减去本年进项税额。小规模纳税企业直接按全年计税销售额乘以征收率计算取得。

从业人员平均人数 是指报告期内每天拥有的从业人员人数。其计算公式为：

$$\text{季平均人数}=\frac{\text{季内各月平均人数之和}}{3}$$

$$\text{月平均人数}=\frac{\text{报告月内每天实有人数之和}}{\text{报告月日历日数}}$$

$$\text{年平均人数}=\frac{\text{年内各月平均人数之和}}{12}$$

总资产贡献率 反映企业全部资产的获利能力，是企业经营业绩和管理水平的集中体现，是评价和考核企业盈利能力的核心指标。计算公式为：

$$\text{总资产贡献率(\%)}=\frac{\text{利润总额}+\text{税金总额}+\text{利息支出}}{\text{平均资金总额}}\times100\%$$

公式中：税金总额为产品销售税金及附加与应交增值税之和；平均资产总额为期初期末资产之和的算术平均值。

资产负债率 该指标既反映企业经营风险的大小，也反映企业利用债权人提供的资金从事经营活动的能力。计算公式为：

$$\text{资产负债率(\%)}=\frac{\text{负债总额}}{\text{资产总额}}\times100\%$$

资产与负债均为报告期期末数。

流动资产周转次数 指一定时期内流动资产完成的周转次数，反映投入工业企业流动资金的周转速度。计算公式为：

$$\text{流动资产周转次数}=\frac{\text{产品销售收入}}{\text{全部流动资产平均余额}}$$

公式中：全部流动资产平均余额为期初和期末的流动资产之和的算术平均值。

成本费用利润率 反映企业投入的生产成本及费用的经济效益，同时也反映企业降低成本所取得的经济效益。计算公式为：

$$\text{成本费用利润率(\%)}=\frac{\text{利润总额}}{\text{成本费用总额}}\times100\%$$

公式中：成本费用总额为产品销售成本、销售费用、管理费用、财务费用之和。

全员劳动生产率 该指标反映企业的生产效率和劳动投入的经济效益。计算公式为：

$$\text{全员劳动生产率}(\text{元}/\text{人})=\frac{\text{工业增加值}}{\text{全部从业人员平均人数}}$$

产品销售率 该指标反映工业产品已实现销售的程度，是分析工业产销衔接情况，研究工业产品满足社会需求的指标。计算公式为：

$$\text{产品销售率(\%)}=\frac{\text{工业销售产值}}{\text{工业总产值(现价)}}\times100\%$$

Explanatory Notes on Main Statistical Indicators

Industry refers to the material production sector which is engaged in extraction of natural resources and processing and reprocessing of minerals and agricultural products, including (1) extraction of natural resources, such as mining, salt production (but not including hunting and fishing); (2) processing and reprocessing of farm and sideline produces, such as rice husking, flour milling, wine making, oil pressing, silk reeling, spinning and weaving, and leather making; (3) manufacture of industrial products, such as steel making, iron smelting, chemicals manufacturing, petroleum processing, machine building, timber processing; water and gas production and electricity generation and supply; (4)repairing of industrial products such as the repairing of machinery and means of transport (including cars).

Units of industrial statistics survey corporate industrial enterprises with independent accounting system.

Corporate industrial enterprises with independent accounting system refer to enterprises engaging in industrial production activities, which meet the following requirements: (1)They are established legally, having their own names, organizations, location, able to take civil liability; (2)They possess and use their assets independently, assume liabilities, and are entitled to sign contracts with other units; (3)They are financially independent and compile their own balance sheets.

Enterprises covered in the industrial statistics in the Yearbook include following categories by their registration:

State-owned and State-holding Enterprises refer to state owned enterprises plus state holding enterprises. State owned enterprises (originally known as state run enterprises with ownership by the whole society) are non corporate economic entities registered in accordance with the Regulation of the People's Republic of China on the Management of Registration of Legal Enterprises, where all assets are owned by the state. Included in this category are state owned enterprises, state funded corporations and state owned joint operation enterprises. Joint state private industries and private industries, which existed before 1957, were transformed into state run industries since 1957, and into state owned industries after 1992. Statistics on those enterprises are included in the state owned industries instead of grouping them separately. State holding enterprises is a sub classification of enterprises with mixed ownership, referring to enterprises where the percentage of state assets (or shares by the state) is larger than any other single share holder of the same enterprise. This sub classification illustrates the control of the state over a particular industry.

Collective-owned Enterprises refer to economic entities registered in accordance with the Regulation of the People's Republic of China on the Management of Registration of Legal Enterprises, where assets are owned by collectively. Collective enterprises constitute an integral part of the socialist economy with public ownership. They include urban and rural enterprises invested by collectives, and some enterprises registered in industrial and commercial administration agency as collective units where funds are pulled together by individuals who voluntarily give up their right of ownership.

Share-holding Cooperative Enterprises refer to economic units set up on cooperative basis, with funding partly from members of the enterprise and partly from outside investment, where the operation and management is decided by the members who also participate in the production, and the distribution of income is based both on work (labour input) and on shares (capital input).

Joint Operation Enterprises refer to economic units that are established by joint investment by two or more corporate enterprises or institutions of the same or different types of ownership on voluntary, equal and mutual beneficial basis. They include:

a)state owned joint operation enterprises (joint operation between state owned enterprises);

b)collective joint operation enterprises (joint operation between collective enterprises; and

c)state collective joint operation enterprises (joint operation between state and collective enterprises).

Limited Liability Corporations refer to economic units registered in accordance with the Regulation of the People's Republic of China on the Management of Registration of Corporations, with capitals from 2 to 49 investors, each investor bears limited liability to the corporation depending on his/her holding of shares, and the corporation bears liability to its debt to the maximum of its total assets.

Share-holding Corporations Ltd. refer to economic units registered in accordance with the Regulation of the People's Republic of China on the Management of Registration of Corporate Enterprises, with total registered capitals divided into equal shares and raised through issuing stocks. Each investor bears limited liability to the corporation depending on the holding of shares, and the corporation bears liability to its debt to the maximum of its total assets.

Private Enterprises refer to economic units invested or controlled (by holding the majority of the shares) by natural persons who hire labours for profit making activities. Included in this category are private limited liability corporations, private share holding corporations Ltd., private partnership enterprises and private sole investment enterprises registered in accordance with the Corporation Law, Partnership Enterprise Law and Tentative Regulation on Private Enterprises.

Enterprises with Funds from Hong Kong, Macao and Taiwan refers to all industrial enterprises registered as the joint venture, cooperative, sole (exclusive) investment industrial enterprises and limited liability corporations with funds from Hong Kong, Macao and Taiwan.

Foreign Funded Enterprises refers to all industrial enterprises registered as the joint venture, cooperative, sole (exclusive) investment industrial enterprises and limited liability corporations with foreign funds.

Enterprises with Hong Kong, Macao, Taiwan and foreign fund refer to all the enterpries with funds from Hong Kong Macao and Taiwan and foreign funded enterprises.

Light Industry refers to the industry that produces consumer goods and hand tools. It consists of two categories, depending on the materials used:

(1) Industries using farm products as raw materials. These are branches of light industry which directly or indirectly use farm products as basic raw materials, including the manufacture of food and beverages, tobacco processing, textile, clothing, fur and leather manufacturing, paper making, printing, etc.

(2) Industries using non farm products as raw materials. These are branches of light industry which use manufactured goods as raw materials, including the manufacture of cultural, educational articles and sports goods, chemicals, synthetic fiber, chemical products for daily use, glass products for daily use, metal products for daily use, hand tools, medical apparatus and instruments, and the manufacture of cultural and clerical machinery.

Heavy Industry refers to the industry which produces capital goods, and provides various sectors of the national economy with necessary material and technical basis. It consists of the following three branches according to the purpose of production or the use of products:

(1) Mining, quarrying and logging industry refers to the industry that extracts natural resources, including extraction of petroleum, coal, metal and non metal ores.

(2) Raw materials industry refers to the industry that provides various sectors of the national economy with raw materials, fuels and power. It includes smelting and processing of metals, coking and coke chemistry, chemical materials and building materials such as cement, plywood, and power, petroleum refining and coal dressing.

(3) Manufacturing industry refers to the industry that processes raw materials. It includes machine building industry which equips sectors of the national economy, industries of metal structure and cement products, industries producing means of agricultural production, such as chemical fertilizers and pesticides.

According to the above principle of classification, the repairing trades, which are engaged primarily in repairing products of heavy industry are classified into heavy industry while these engaged in repairing products of light industry are classified into light industry.

Gross Industrial Output Value

(1) Definition: Gross industrial output value is the total volume of final industrial products produced and industrial services provided during a given period. It reflects the total achievements and overall scale of industrial production during a given period.

(2) Principles for calculation:

Statistics on industrial production follow the principle that all products produced by the enterprises and accepted during the reference period are to be included no matter whether they are sold or not during the reference period.

Determination of final products follow the principle that all products that are included in the calculation of grow industrial output value are the final products of the enterprise which have been accepted through quality check and require no further processing. If an enterprise has intermediate (semi finished) products to sell, these intermediate products are considered as the final products of the enterprise.

Gross industrial output value is calculated following the principle of factory approach, i.e. industrial enterprise is used as the basic accounting unit in calculating the gross industrial output value. By this approach, value of the same product is not to be double counted, and the output value of different workshops (branch factories) should not be added. However, this approach does not exclude the possibility of double counting between enterprises.

(3) Content and calculation method: The old definition of gross industrial output value was modified during the national industrial census in 1995. The revised (new) definition of gross industrial output value consists of 3 components: value of the finished products during the reference period, income from external processing, and value of change in semi finished products at the end and at the beginning of the reference period.

Value of the finished products during the reference period: refers to the value of all finished (semi finished) industrial products that are produced during the reference period without the need for further processing, checked for acceptance, packed and put into the warehouse of the enterprise, including the value of own produced equipment and the value of products provided to the projects under construction of the enterprise, and to other non industrial or welfare units. Value of finished products during the reference period is calculated by the quantity of products produced using own materials multiplied by the average unit prices at which products are sold (excluding value added tax). Own produced equipment and products produced for own use are value at cost prices as in the case of enterprise accounting. Value of finished products does not include the value of finished products (semi finished products) that are produced using the materials from the clients who make the orders.

Income from external processing: refers to income from contracted external processing of industrial products (including processing of industrial products using materials from the clients), and the income from industrial repairing work provided to other units. Income from external processing is calculated using information from the item "products sales income" in the enterprise accounting at the prices excluding value added tax.

For income from services such as processing, repairing and installation of equipment provided to non industrial units within the enterprise, if the accounting work of the enterprise is good enough to separate it from other records, and the share of such services is significant, it should also be included in the income from external processing.

Value of change in semi finished products at the end and at the beginning of the reference period: refers to the value of change in semi finished products at the end and at the beginning of the reference period, which generally can be obtained from accounting records of enterprises. If the enterprise accounting excludes the cost of semi finished products, then it should not be included in the gross industrial output value, and vice versa.

(4) Changes in the coverage and method of calculation of gross industrial output value

Prior to 1984, the value of rural industry run by villages was classified into agriculture instead of industry. Since 1984, it has been included in the gross industrial output value. Method of calculation for the gross industrial output value was modified in the industrial census in 1995. The difference in the new method as compared with the old one is outlined below:

Principle in using full value vs. processing fee: The new method stipulates that all products produced using own materials are to be calculated with full value in reporting the gross industrial output value irrespective of sophistication of production, and for external processing, it allows calculation using processing fee. In the old method, however, the use of full value or processing fee was determined by the degree of sophistication of production in different branches of industries.

Principle in determining the value of change in semi finished products: The new method requires that value of the change in semi finished products should be included in the gross industrial output value if it is included in the accounting record of the enterprise, otherwise it should not be included. By the old method, it is determined by the type of enterprises in terms of production cycle. If the production cycle is over 6 months, the value of change in semi finished products is included in the gross industrial output value, otherwise it is excluded.

Difference in prices: The new method uses prices excluding value added tax in the calculation of gross industrial output value, while the old method used prices including value added tax.

Value-added of Industry refers to the final results of industrial production of industrial enterprises in money terms during the reference period.

Industrial value added can be calculated by two approaches: the production approach, i.e. gross industrial output value minus intermediate input plus value added tax, and the income approach, i.e. income for various factors used in the course of production, including depreciation of fixed assets, remuneration of labourers, net of production tax, and operating surplus. Value added of industry in the Yearbook is calculated by production approach as following:

Value added of industry=gross industrial outputindustrial intermediate input+value added tax

(1)Gross industrial output: refers to the total achievements of industrial production during a given period. Gross industrial output includes value of finished products, income from external processing, and value of change in semi finished products at the end and at the beginning of the reference period. Since 1995, it was substituted by the gross industrial output value by new method.

(2) Industrial intermediate input: refers to purchased goods and paid services consumed during the industrial production of enterprises. Fees paid for services include fees paid for the services provided by material production sectors (industry, agriculture, wholesale and retail trade, construction, transport, post and telecommunications) and by non material production sectors (insurance, banking, culture, education, scientific research, health and medical care, public administration, etc.). The determination of industrial intermediate input follows the principle that the goods and services must be purchased from outside and included in the gross industrial output, and that the goods and services are inputted into production and consumed (include low value consumables) during the reference period.

Industrial intermediate input includes 5 components, namely direct consumption of materials, industrial intermediate input in manufacturing cost, industrial intermediate input in management cost, industrial intermediate input in marketing cost and expenditure on interest.

Total Assets refer to all economic resources, in monetary terms, that is owned or controlled by enterprises, including properties, creditors equity and other economic rights of all forms. Classified by the degree of equitability, total assets include circulating assets, long term investment, fixed assets, intangible assets and deferred assets, and other assets. Data on this indicator can be obtained by the year end figures of total assets in the Assets and Liability Table of accounting records of enterprises.

Working Capitals refer to capitals that an enterprise can cash or use during one year or one production cycle that may exceeds one year, including cash and savings deposits of various forms, short term investment,money receivable and prepaid money, inventories, etc.

Annual Average Value of Working Capitals refers to the average value of all working capitals of the enterprise during the reference period.

Original Value of Fixed Assets refers to the total value, in monetary terms, that an enterprise spent on fixed assets, through construction, purchase, installation, transformation, expansion or technical upgrading. Generally, it covers cost ofpurchase, packing, transportation and installation, etc.

Annual Average of Net Value of Fixed Assets refer to average of the net value of fixed assets during the reference period, calculated with the following formula:

$$\text{Annual Average of Net Value of Fixed Assets} = \frac{\text{sum of net value of fixed assets at the beginning and at the end of each month from January to December}}{24}$$

Information on this indicator can be obtained from the beginning and ending figures of the original value of fixed assets and cumulative depreciation from the Assets and Liability Table of enterprises.

Net value of fixed assets refers to the original value of fixed assets minus depreciation over the years, i.e.:

Net value of fixed assets=original value of fixed assets cumulative depreciation

Total Liabilities refer to payable liabilities of enterprises that have to repay in terms of money, assets or labour services. In terms of payment, it can be divided into liquid liabilities and long term liabilities. Data on this item is obtained from the ending figures on total liabilities from the Assets and Liability Table from the enterprises.

Owner's Equity refers to the ownership of net assets of enterprise by its investors. The net assets equal the total assets minus total liabilities of the enterprise, including the actual assets invested into the enterprise by investors, accumulation of capitals and operating surplus and non distributed profits. The enterprise's assets is less than its liabilities if the sum of owner's equity is smaller than zero.

Revenue from Principal Business refers to the annual accumulation of corresponding item in the "profit table"of the accountant. For enterprises that do not follow the 2001 Enterprise Accounting Standards, the year end accumulation of revenue from the sales of products is used as a substitute.

Cost of Principal Business refers to the annual accumulation of corresponding item in the "profit table" of the accountant. For enterprises that do not follow the 2001 Enterprise Accounting Standards, the year end accumulation of cost for the sales of products is used as a substitute.

Tax and Extra Charges from Principal Business refer to the annual accumulation of corresponding item in the"profit table" of the accountant. For enterprises that do not follow the 2001 Enterprise Accounting Standards, the year end accumulation of tax and extra charges from the sales of products is used as a substitute.

Total Profits refer to the final achievements of production and operation of the enterprises, represented by the total profits after deducting losses (loss is expressed by the negative figure). It is the sum of profits from operation, income from subsidies, investment earnings, net income from activities other than operation, and adjustment of profits and losses of previous years.

Value added Tax Payable refers to the amount of the value added tax which should be paid by the enterprises during the reference period. It is the sum of tax on sales, export rebate, and transferred tax on purchases of the current year, minus the tax on purchases of the current year. Value added tax payable of small size enterprises is determined by the taxable sales of the year multiplied by the tax rate.

Average Annual Number of Employed Persons Employed persons refer to all those who are employed in enterprises and receive remunerations therefrom, including currently working employees, retirees who are re employed, teachers of local run schools, as well as foreigners, staff from Hong Kong, Macao and Taiwan, part time employees and persons with second job who are employed by the enterprise, and employees of other units temporarily working in the enterprises, but excluding former employees who left the enterprise with their employment records still kept by the enterprises.

Average number of employed persons refers to the number of employees everyday during the reference period, calculated with the following formula:

$$\text{Monthly average number} = \frac{\text{sum of actual employees everyday in reference month}}{\text{number of calendar dates in reference month}}$$

$$\text{Quarterly average number} = \frac{\text{sum of monthly average number in reference quarter}}{3}$$

$$\text{Annual average number} = \frac{\text{sum of monthly average number in reference year}}{12}$$

Ratio of Profits, Taxes and Interests to Average Assets reflects the profit making capability of all assets of the enterprise and is a key indicator manifesting the performance and management and evaluating the profit making potential of the enterprise. It is calculated as follows:

$$\text{Ratio of Profits, Taxes and Interests to Average Assets (\%)} = \frac{\text{total profits + total taxes + interest payment}}{\text{average assets}} \times 100\%$$

In the above formula, total taxes is the sum of tax and extra charges on the sales of products and value added tax payable; and average assets is the arithmetic mean of the sum of beginning assets and ending assets.

Ratio of Debts to Assets reflect both the operation risk and the capability of the enterprise in making use of the capital from the creditors. It is calculated as follows:

$$\text{Ratio of Debts to Assets (\%)} = \frac{\text{total debts}}{\text{total assets}} \times 100\%$$

Both assets and debts are figures at the end of the reference period.

Turnover of Working Capitals refers to the number of times of turnover of working capital in a given period of time, which reflects the speed of the turnover of working capital of industrial enterprises, and is calculated as follows:

$$\text{Turnover of Working Capital} = \frac{\text{sales revenue of products}}{\text{average balance of total working capital}}$$

In the above formula, average balance of total working capital refers to the arithmetic mean of the sum of working capital at the beginning and at the end of the reference period.

Ratio of Profits to Total Industrial Costs refers to the ratio of profits realized in a given period to the total costs in the same period, which reflects the economic efficiency of input cost and is calculated as follows:

$$\text{Ratio of Profits to Total Industrial Cost (\%)} = \frac{\text{total profits}}{\text{total costs}} \times 100\%$$

Total costs in the above formula is the sum of cost of products sold, marketing cost, management cost and financial cost.

Overall Labour Productivity is an indicator reflecting the production efficiency of an enterprise and the economic efficiency of its labour input, calculated by the formula:

$$\text{Overall Labour Productivity (yuan/person)} = \frac{\text{industrial value-added}}{\text{average of all persons engaged}}$$

Sales Ratio of Products is an indicator reflecting the actual sale of industrial products, analyzing the production selling and supply demand relations. It is calculated as:

$$\text{Sales Ratio of Products (\%)} = \frac{\text{value of industrial sales}}{\text{gross industrial output value (current prices)}} \times 100\%$$

第15篇

建筑业

Construction

简 要 说 明

一、本篇资料的主要内容

本篇资料反映了全省建筑业基本情况，主要包括建筑业总产值、从业人员、建筑企业生产指标、财务指标等方面的内容。

二、本篇资料的来源

本篇资料来源于建筑业统计年报，由省统计局投资处整理提供。

Brief Introduction

I. Content

Data in this chapter show the basic conditions of the construction industry in Shandong Province, mainly including the gross output value of construction, number of employed persons, major production indices and financial indicators.

II. Source of Data

Data in this chapter are based on the annual report of construction industry, and are prepared and provided by the Division of Investment and Construction Statistics of Shandong Provincial Bureau of Statistics

15-1 主要年份建筑业总产值

Gross Output Value of Construction Enterprises in Major Years

单位:亿元 (100 million yuan)

年 份 Year	总 计 Total	#国有经济 State-owned Construction Enterprises	中 央 Central	地 方 Local	#集体经济 Collective Owned Construction Enterprises	#城 镇 Township
1957	1.32	1.32	0.67	0.65		
1962	1.20	0.99	0.44	0.55	0.21	0.21
1965	2.51	1.66	0.53	1.13	0.85	0.85
1970	3.02	1.76	0.76	1.00	1.26	1.26
1975	7.24	4.66	2.27	2.39	2.58	2.58
1978	11.34	7.62	2.54	5.08	3.72	3.72
1979	11.96	8.14	2.62	5.52	3.82	3.82
1980	14.26	9.76	4.01	5.75	4.50	4.50
1981	13.42	9.41	4.98	4.43	4.01	4.01
1982	14.50	9.46	4.41	5.05	5.04	5.04
1983	15.89	10.45	4.56	5.89	5.44	5.44
1984	23.07	16.25	8.62	7.63	6.82	6.82
1985	31.21	22.05	12.21	9.84	9.16	9.16
1986	34.71	24.44	14.87	9.57	10.27	10.27
1987	40.91	28.67	17.51	11.16	12.24	12.24
1988	49.38	33.34	20.04	13.30	16.04	16.04
1989	55.24	37.94	22.36	15.71	17.30	17.30
1990	58.89	40.60	24.27	16.33	18.29	18.29
1991	71.40	47.77	27.40	20.38	32.63	32.63
1992	98.66	61.86	32.81	29.05	36.81	36.81
1993	141.14	93.32	46.57	46.75	46.71	46.71
1994	206.42	133.92	78.70	55.22	65.13	65.13
1995	257.95	163.73	92.25	71.48	82.08	82.08
1996	593.90	198.27	101.45	96.82	363.92	100.44
1997	652.59	228.26	112.47	115.79	387.09	120.19
1998	702.64	279.97	101.79	135.25	328.63	102.06
1999	770.80	248.19	113.14	135.05	326.12	113.55
2000	820.52	249.48	120.37	129.11	310.30	110.27
2001	986.49	246.45	94.37	152.08	286.76	189.22
2002	1153.24	254.86	86.30	168.56	274.99	186.23
2003	1485.89	331.17	126.80	204.37	294.14	201.40
2004	1969.01	657.70	302.85	354.85	263.02	
2005	2509.17	782.56	365.49	417.07	320.29	
2006	2791.81	799.34	370.15	429.19	309.72	
2007	3289.05	977.26	459.81	517.45	329.43	
2008	3842.52	963.53	478.23	485.30	338.76	
2009	4579.15	1136.65	599.49	537.16	337.03	
2010	5496.59	1368.34	704.30	664.04	377.57	
2011	6482.90	1680.49	920.80	759.69	401.61	
2012	7281.33	1811.97	968.40	843.57	426.27	
2013	8467.67	1984.39	1068.93	915.46	383.52	

注:1.1995年前不含县以下集体施工企业。2.从2004年开始国有经济含国有控股。
a)Data in this table don't include the data of enterprises of collective owned ones under county level.
b)Since 2004,state-owned enterprises include state-controlled ones.

15-2 主要年份计算建筑业劳动生产率的平均人数

Average Number of Employed Persons in Construction Enterprises for calculating the Labor Productivity in Major Years

单位:万人 (10 000 persons)

年份 Year	总计 Total	#国有经济 State-owned Construction Enterprises	中央 Central	地方 Local	#集体经济 Collective Owned Construction Enterprises	#城镇 Township
1957	4.21	4.21	2.14	2.07		
1962	6.48	4.91	2.13	2.78	1.56	1.56
1965	7.35	4.77	1.52	3.25	2.59	2.59
1970	10.31	5.76	2.66	3.10	4.52	4.52
1975	18.81	11.33	5.36	5.97	7.47	7.47
1978	25.20	16.21	5.40	10.81	9.07	9.07
1979	26.00	16.96	6.24	10.72	8.88	8.88
1980	26.91	18.07	8.91	9.16	9.00	9.00
1981	28.55	19.20	11.07	8.20	9.11	9.11
1982	27.36	17.52	9.00	8.71	9.51	9.51
1983	27.88	18.02	6.42	11.55	9.71	9.71
1984	33.93	22.26	9.37	12.93	11.56	11.56
1985	40.53	26.89	13.13	13.67	13.47	13.47
1986	38.57	24.69	15.17	9.67	13.88	13.88
1987	39.34	24.50	14.97	9.62	14.93	14.93
1988	40.48	24.88	14.74	10.08	15.73	15.73
1989	38.90	22.86	13.63	10.83	14.54	14.54
1990	38.15	21.83	11.65	10.18	14.87	14.87
1991	39.72	23.83	12.51	11.32	15.89	15.89
1992	45.10	23.44	11.66	11.78	19.85	19.85
1993	52.78	29.57	11.87	17.70	22.94	22.94
1994	66.22	37.17	20.10	17.07	27.36	27.36
1995	66.84	35.32	14.91	20.40	29.13	29.13
1996	188.02	40.96	14.82	26.14	138.19	38.19
1997	175.78	40.49	14.39	26.10	126.15	40.15
1998	169.11	38.59	11.28	27.30	100.52	31.99
1999	164.95	33.56	10.86	22.70	92.07	26.96
2000	171.94	31.80	10.27	21.53	85.33	25.60
2001	181.07	29.15	8.15	21.00	71.17	50.65
2002	183.56	23.08	4.57	18.50	61.28	39.98
2003	210.11	29.43	8.50	20.93	54.59	34.83
2004	238.91	53.85	16.50	37.35	43.98	
2005	249.81	48.93	16.21	32.72	45.07	
2006	282.30	59.04	27.76	31.28	42.53	
2007	288.40	51.78	17.36	34.42	41.09	
2008	300.24	44.74	18.32	26.42	41.15	
2009	305.99	42.81	17.99	24.82	33.15	
2010	344.88	54.00	25.20	28.80	34.19	
2011	307.56	45.07	21.18	23.89	27.74	
2012	270.26	38.87	18.57	20.30	22.76	
2013	305.01	44.17	23.15	21.02	20.57	

注:1.1995年前不含县以下集体施工企业。2.从2004年开始国有经济含国有控股。

a)Data in this table don't include the data of enterprises of collective owned ones under county level.

b)Since 2004,state-owned enterprises include State-controlled ones.

15-3 建筑业企业生产指标(2013年)

Main Production Indicators of Construction Enterprises(2013)

类 别	Category	企业个数(个) Number of Enterprises (unit)	建筑业总产值(万元) Gross Output Value (10 000 yuan)	竣工产值(万元) Value of Projects Completed (10 000 yuan)	签定合同额(万元) Value of Contracts (10 000 yuan)	#上年结转 Carryover of Last Year
总 计	**Total**	**5912**	**84676747**	**46362052**	**133445929**	**45989074**
#国有及国有控股企业	State-owned and State-controlled Enterprises	479	19843899	7925561	42303098	18085614
一、按登记注册类型分	**Grouped by Registration Status**					
内资企业	Domestic Funded	5874	84246007	46038564	132027167	45223796
国有企业	State-owned	285	6281924	3337029	11148668	4528059
集体企业	Collective-owned	423	3835245	2632561	4988495	1507105
股份合作企业	Stock-holding Cooperation	41	227311	171740	320474	98575
联营企业	Joint-owned	5	44973	43844	50804	9204
国有联营企业	State-owned	0	0	0	0	0
集体联营企业	Collective-owned	3	34934	34344	38994	9154
国有与集体联营企业	State-and-collective owned	0	0	0	0	0
其他联营企业	Others	2	10039	9500	11810	50
有限责任公司	Company with Limited Liabilition	1967	42520143	21250330	68409478	24745707
国有独资公司	State-owned	50	5024282	1674073	9988658	4228317
其他有限责任公司	Others	1917	37495861	19576257	58420820	20517390
股份有限公司	Stock-holding Company limited	319	9699104	4931340	18407171	6224452
私营企业	Private-owned	2827	21579970	13657174	28638074	8065918
私营独资企业	Solely Owned	27	156496	80949	184660	24207
私营合伙企业	Joint Owned	6	70354	19087	129245	56551
私营有限责任公司	Company with Limited Liabilition	2604	19296941	12204818	25671660	7193533
私营股份有限公司	Stock-holding Company limited	190	2056180	1352320	2652510	791627
其他企业	Others	7	57336	14546	64003	44777
港、澳、台商投资企业	Funded from Hong Kong,Macao and Taiwan	19	374382	305162	1342348	749178
合资经营企业(港或澳、台资)	Joint Ventures	17	355719	286499	1323685	749178
合作经营企业(港或澳、台资)	Cooperative Joint Venture	0	0	0	0	0
港、澳、台商独资经营企业	Solely Owned	2	18663	18663	18663	0
港、澳、台商投资股份有限公司	Share-holding Company Limited	0	0	0	0	0
外商投资企业	Foreign Funded	19	56358	18326	76413	16100
中外合资经营企业	Chinese-foreign Joint Venture	12	45147	13719	65022	15475
中外合作经营企业	Chinese-foreign Cooperative Joint Venture	2	3137	3137	3255	208
外资企业	Solely Owned	3	1496	1471	1471	0
外商投资股份有限公司	Share-holding Company Limited	0	0	0	0	0

15-3 续表 1 continued

类 别	Category	企业个数(个) Number of Enterprises (unit)	建筑业总产值(万元) Gross Output Value (10 000 yuan)	竣工产值(万元) Value of Projects Completed (10 000 yuan)	签定合同额(万元) Value of Contracts (10 000 yuan)	#上年结转 Carryover of Last Year
二、按国民经济行业分	**by Sector**					
房屋和土木工程建筑业	Building and Civil Engineering Construction	4188	77019429	41807994	124223307	44333248
房屋工程建筑	Building	3161	56365207	32935326	85992373	29006565
土木工程建筑	Civil Engineering	1027	20654222	8872668	38230934	15326683
建筑安装业	Construction Installation	668	3791202	2476382	4773815	913861
建筑装饰业	Construction Decoration	766	2834432	1369501	3290638	569722
其它建筑业	Others	290	1031685	708176	1158168	172244
工程准备	Preparation	91	317109	237458	361329	55899
提供工程设备服务	Service	33	186531	133319	190364	14233
其它未列明的建筑活动	Others	166	528045	337400	606475	102112
三、按隶属关系分	**by Ownership**					
中 央	Central	60	10918863	3626634	30525602	14688595
地 方	Local	5852	73757884	42735418	102920327	31300479
省(自治区、直辖市)	Provincial	74	3933426	1619996	5183037	1208962
地(区、市、州、盟)	Region	466	13886199	6918112	21369095	7758028
县(区、市、旗)及县以下	County	5312	55938259	34197311	76368196	22333489
四、按企业资质等级分	**by Qualification Criteria**					
施工总承包	Construction Contract	3907	76648784	41623817	123684948	44129357
特 级	Special Grade	15	8769270	3990255	19664636	7645021
一 级	First Grade	330	37999907	18461424	64534983	25575930
二 级	Second Grade	1444	18697429	11693003	25791721	7773247
三级及以下	Third Grade and below	2118	11182178	7479136	13693609	3135159
专业承包	Professional Contract	2005	8027963	4738235	9760980	1859717
一 级	First Grade	159	2832811	1326245	3843548	1038774
二 级	Second Grade	620	2444820	1554287	2933628	478491
三级及以下	Third Grade and below	1226	2750332	1857704	2983805	342451
五、按营业状态分	**by Business Status**					
营 业	Open	5779	83474634	45969621	132081411	45738138
停业(歇业)	Close	70	113029	56002	129959	29463
筹 建	Prepared to Start					
当年关闭	Closed in Current Year	42	1080379	335764	1224763	219048
当年破产	Bankruptcy	4				
其 它	Others	17	8705	666	9796	2425
六、按控股情况分	**by Share Holding**					
#国有控股	State-controlled	479	19843899	7925561	42303098	18085614
#集体控股	Collective-controlled	742	9096713	5925676	12197916	3599080
#私人控股	Private-controlled	4216	47058376	27929467	65007109	19317573
#港澳台商控股	Controlled by Investors from Hong Kong,Macao and Taiwan	11	107125	93136	124319	13572
#外商控股	Foreign-controlled	16	54890	16909	74877	15892

15-3 续表 2 continued

类 别	Category	房屋建筑施工面积(平方米) Floor Space of Buildings under Construction (sq.m)	房屋建筑竣工面积(平方米) Floor Space of Buildings Completed (sq.m)	#住 宅 Residential	年末从业人员(人) Staff Employed (person)
总 计	**Total**	**645898840**	**237372907**	**166227824**	**2938034**
#国有及国有控股企业	State-owned and State-controlled Enterprises	76087392	15555486	8581343	429724
一、按登记注册类型分	**Grouped by Registration Status**				
内资企业	DomesticFunded	645446532	237209916	166134029	2928720
国有企业	State-owned	13742921	4134057	2531741	143760
集体企业	Collective-owned	39286415	18679590	14867758	199342
股份合作企业	Stock-holding Cooperation	2611758	1180560	847590	13545
联营企业	Joint-owned	445923	380220	283531	1968
国有联营企业	State-owned				
集体联营企业	Collective-owned	364423	298720	213531	1272
国有与集体联营企业	State-and-collective owned				
其他联营企业	Others	81500	81500	70000	696
有限责任公司	Company with Limited Liabilition	345119809	106830863	74453001	1338126
国有独资公司	State-owned	25453543	5499721	2750836	104008
其他有限责任公司	Others	319666266	101331142	71702165	1234118
股份有限公司	Stock-holding Company limited	71850273	27911346	17915069	326497
私营企业	Private-owned	171975472	78012677	55163856	903233
私营独资企业	Solely Owned	509365	297262	215862	5228
私营合伙企业	Joint Owned	326803	107651	45362	2208
私营有限责任公司	Company with Limited Liabilition	157481501	71564933	50130921	816964
私营股份有限公司	Stock-holding Company limited	13657803	6042831	4771711	78833
其他企业	Others	413961	80603	71483	2249
港、澳、台商投资企业	Funded from Hong Kong,Macao and Taiwan	241064	131195	93795	8046
合资经营企业(港或澳、台资)	Joint Ventures	241064	131195	93795	7418
合作经营企业(港或澳、台资)	Cooperative Joint Venture				
港、澳、台商独资经营企业	Solely Owned				628
港、澳、台商投资股份有限公司	Share-holding Company Limited				
外商投资企业	Foreign Funded	211244	31796		1268
中外合资经营企业	Chinese-foreign Joint Venture	179448			667
中外合作经营企业	Chinese-foreign Cooperative Joint Venture	31796	31796		175
外资企业	Solely Owned				124
外商投资股份有限公司	Share-holding Company Limited				

15-3 续表 3 continued

类 别	Category	房屋建筑施工面积(平方米) Floor Space of Buildings under Construction (sq.m)	房屋建筑竣工面积(平方米) Floor Space of Buildings Completed (sq.m)	#住 宅 Residential	年末从业人员(人) Staff Employed (person)
二、按国民经济行业分	**by Sector**				
房屋和土木工程建筑业	Building and Civil Engineering Construction	638250010	233519641	164243854	2699255
房屋工程建筑	Building	624877454	229269993	161942443	2253967
土木工程建筑	Civil Engineering	13372556	4249648	2301411	445288
建筑安装业	Construction Installation	6836516	3482070	1782055	122391
建筑装饰业	Construction Decoration	155661	97894	91694	86224
其它建筑业	Others	656653	273302	110221	30164
工程准备	Preparation	243786	138040	70334	8677
提供工程设备服务	Service	61848	49917	4737	6144
其它未列明的建筑活动	Others	351019	85345	35150	15343
三、按隶属关系分	**by Ownership**				
中 央	Central	36544961	6104494	2718701	229410
地 方	Local	609353879	231268413	163509123	2708624
省(自治区、直辖市)	Provincial	22456481	7307409	5048627	98897
地(区、市、州、盟)	Region	115770656	28345327	18611190	401310
县(区、市、旗)及县以下	County	471126742	195615677	139849306	2208417
四、按企业资质等级分	**by Qualification Criteria**				
施工总承包	Construction Contract	632582687	229555491	164200713	2689089
特 级	Special Grade	82163462	20792070	13014691	290099
一 级	First Grade	280207282	83125632	54043116	991607
二 级	Second Grade	170434653	73447190	56495185	851258
三级及以下	Third Grade and below	99777290	52190599	40647721	556125
专业承包	Professional Contract	13316153	7817416	2027111	248945
一 级	First Grade	3708596	2422826	199628	66971
二 级	Second Grade	5343593	3018872	815567	81786
三级及以下	Third Grade and below	4263964	2375718	1011916	100188
五、按营业状态分	**by Business Status**				
营 业	Open	641043705	236184276	165427673	2901274
停业(歇业)	Close	1139493	359858	298166	3961
筹 建	Prepared to Start				
当年关闭	Closed in Current Year	3620865	822119	495331	32136
当年破产	Bankruptcy				
其 它	Others	94777	6654	6654	663
六、按控股情况分	**by Share Holding**				
#国有控股	State-controlled	76087392	15555486	8581343	429724
#集体控股	Collective-controlled	79227655	35483578	26500042	356950
#私人控股	Private-controlled	418404414	161893658	113836791	1847753
#港澳台商控股	Controlled by Investors from Hong Kong,Macao and Taiwan	202464	115995	83995	2856
#外商控股	Foreign-controlled	179448			1134

15−4 建筑业主要财务指标(2013年)

Major Financial Indicators of Construction Enterprises(2013)

单位:万元 (10 000 yuan)

类 别	Category	年初存货 Inventory at Beginning of year	流动资产 Liquid Assets	固定资产 Fixed Assets	在建工程 Project under Construction	资产合计 Total Assets	流动负债 Liquid Liabilities
总 计	**Total**	**14357819**	**65642381**	**9830391**	**797457**	**81810875**	**52460125**
#国有及国有控股企业	State-owned and State-controlled Enterprises	4817539	19657852	2641608	153121	23914550	17930471
一、按登记注册类型分	**Grouped by Registration Status**						
内资企业	Domestic Funded	14308416	65106004	9768466	797038	81171009	51960615
国有企业	State owned	1149605	6995440	773189	54093	8734030	6700503
集体企业	Collective-owned	536398	2181952	509352	42972	2934329	1557053
股份合作企业	Stock-holding Cooperation	46459	252458	27861	1585	297608	174336
联营企业	Joint-owned	2631	11397	7205	210	23785	7380
国有联营企业	State-owned						
集体联营企业	Collective-owned	1047	7612	4907		14322	4208
国有与集体联营企业	State and collective owned						
其他联营企业	Others	1583	3785	2298	210	9463	3172
有限责任公司	Company with Limited Liabilition	8178024	33527617	4019931	349530	40516222	28186395
国有独资公司	State owned	962839	3373083	501638	30307	4058811	2917388
其他有限责任公司	Others	7215185	30154535	3518294	319224	36457411	25269007
股份有限公司	Stock holding Company limited	1350904	7582398	1376149	82609	9790744	6229902
私营企业	Private owned	3042732	14540459	3052366	266038	18855110	9094097
私营独资企业	Solely Owned	10211	56470	28846	1921	87152	38066
私营合伙企业	Joint Owned	14857	87244	36323	496	131751	63767
私营有限责任公司	Company with Limited Liabilition	2769878	13077134	2663185	232296	16910968	8088827
私营股份有限公司	Stock holding Company limited	247786	1319611	324013	31325	1725239	903438
其他企业	Others	1664	14284	2413		19181	10949
港、澳、台商投资企业	Funded from Hong Kong,Macao and Taiwan	42604	475225	24283	9	539098	431223
合资经营企业(港或澳、台资)	Joint Ventures	42384	474337	22974	9	536901	430801
合作经营企业(港或澳、台资)	Cooperative Joint Venture						
港、澳、台商独资经营企业	Solely Owned	220	888	1309		2197	422
港、澳、台商投资股份有限公司	Share holding Company Limited						
外商投资企业	Foreign Funded	6799	61152	37642	410	100769	68287
中外合资经营企业	Chinese foreign Joint Venture	4065	35189	32819	218	68981	46539
中外合作经营企业	Chinese foreign Cooperative Joint Venture	1086	18306	1955	192	20603	16950
外资企业	Solely Owned	1641	1529	626		2155	663
外商投资股份有限公司	Share holding Company Limited						

15-4 续表 1 continued

单位:万元 (10 000 yuan)

类别	Category	年初存货 Inventory at Beginning of year	流动资产 Liquid Assets	固定资产 Fixed Assets	在建工程 Project under Construction	资产合计 Total Assets	流动负债 Liquid Liabilities
二、按国民经济行业分	**by Sector**						
房屋和土木工程建筑业	Building and Civil Engineering Construction	13271226	60167490	8590822	698508	74609961	48550231
房屋工程建筑	Building	8701812	38168886	5174357	504671	47104585	29230094
土木工程建筑	Civil Engineering	4569414	21998604	3416464	193836	27505376	19320136
建筑安装业	Construction Installation	530045	2806453	661543	58854	3724211	2072501
建筑装饰业	Construction Decoration	453310	1873208	367975	32852	2386945	1230967
其它建筑业	Others	103238	795229	210052	7244	1089758	606427
工程准备	Preparation	35309	225252	63423	2594	317378	171063
提供工程设备服务	Service	8036	148036	28815	331	197468	143329
其它未列明的建筑活动	Others	59893	421941	117815	4319	574912	292036
三、按隶属关系分	**by Ownership**						
中　央	Central	2328083	9761346	1430834	52604	11921455	9571026
地　方	Local	12029736	55881035	8399557	744853	69889420	42889099
省(自治区、直辖市)	Provincial	1479225	4613723	248388	28131	5118063	3779053
地(区、市、州、盟)	Region	2306364	12326581	1241043	127534	14857554	10644775
县(区、市、旗)及县以下	County	8244148	38940731	6910127	589187	49913803	28465271
四、按企业资质等级分	**by Qualification Criteria**						
施工总承包	Construction Contract	13232884	58887882	8443787	706964	73082113	47466425
特　级	Special Grade	2171307	8294051	858179	13881	10135299	7508398
一　级	First Grade	6364532	28683528	2905916	223253	34426490	24817851
二　级	Second Grade	3215150	14205644	2679137	291278	18165128	10497268
三级及以下	Third Grade and below	1481895	7704658	2000555	178552	10355196	4642908
专业承包	Professional Contract	1124936	6754499	1386605	90493	8728762	4993700
一　级	First Grade	397898	2419749	371931	39325	2928287	2053650
二　级	Second Grade	385230	2186172	449025	32447	2908122	1442245
三级及以下	Third Grade and below	341807	2148578	565648	18720	2892353	1497805
五、按营业状态分	**by Business Status**						
营　业	Open	14073346	63894843	9673766	786669	79858313	51421087
停业(歇业)	Close	105795	775206	19581	918	805349	54297
筹　建	Prepared to Start						
当年关闭	Closed in Current Year	177815	927619	136001	9624	1095533	935368
当年破产	Bankruptcy						
其　它	Others	863	44712	1043	245	51681	49373
六、按控股情况分	**by Share Holding**						
#国有控股	State-controlled	4817539	19657852	2641608	153121	23914550	17930471
#集体控股	Collective-controlled	1329145	6199780	1009753	86609	8008834	4902050
#私人控股	Private-controlled	7116465	32768214	5290685	487711	41301891	23776298
#港澳台商控股	Controlled by Investors from Hong Kong,Macao and Taiwan	9995	88199	12693	9	101616	60817
#外商控股	Foreign-controlled	6575	58613	37984	218	99994	66741

15-4 续表 2 continued

单位：万元 (10 000 yuan)

类 别	Category	非流动负债 Non-current liabilities	负债合计 Total Liabilities	所有者权益 Creditors' Equity	主营业务收入 Revenue from Principal Business	主营业务成本 Cost of Principal Business
总 计	**Total**	**2305726**	**56431122**	**25379754**	**80426278**	**69363223**
#国有及国有控股企业	State owned and State controlled Enterprises	1281595	19348789	4565762	21355555	19110992
一、按登记注册类型分	**Grouped by Registration Status**					
内资企业	Domestic Funded	2299972	55912000	25259009	79955218	68950852
国有企业	State-owned	92007	6875714	1858316	7423375	6570972
集体企业	Collective-owned	106537	1859250	1075079	3375486	2797467
股份合作企业	Stock-holding Cooperation	1980	180470	117138	225337	186477
联营企业	Joint-owned	5	7485	16300	41177	31761
国有联营企业	State-owned					
集体联营企业	Collective-owned		4308	10014	31187	24252
国有与集体联营企业	State-and-collective owned					
其他联营企业	Others	5	3177	6286	9989	7508
有限责任公司	Company with Limited Liabilition	1141503	30037772	10478450	39623560	34675535
国有独资公司	State-owned	261291	3209452	849360	4847344	4357310
其他有限责任公司	Others	880212	26828321	9629090	34776217	30318224
股份有限公司	Stock-holding Company limited	748984	7110450	2680295	8993631	7823031
私营企业	Private-owned	208951	9829805	9025305	20250760	16846649
私营独资企业	Solely Owned	2803	45426	41725	94221	70170
私营合伙企业	Joint Owned		63767	67984	66342	51613
私营有限责任公司	Company with Limited Liabilition	187802	8755497	8155472	18098877	15066175
私营股份有限公司	Stock-holding Company limited	18346	965115	760124	1991319	1658691
其他企业	Others	5	11055	8125	21893	18961
港、澳、台商投资企业	Funded from Hong Kong,Macao and Taiwan	5488	448175	90923	407683	366724
合资经营企业(港或澳、台资)	Joint Ventures	5488	447753	89148	381520	352210
合作经营企业(港或澳、台资)	Cooperative Joint Venture					
港、澳、台商独资经营企业	Solely Owned		422	1775	26163	14514
港、澳、台商投资股份有限公司	Share-holding Company Limited					
外商投资企业	Foreign Funded	266	70947	29821	63377	45648
中外合资经营企业	Chinese-foreign Joint Venture		48539	20443	50180	36360
中外合作经营企业	Chinese-foreign Cooperative Joint Venture	266	17216	3387	3253	2395
外资企业	Solely Owned		663	1492	2702	2514
外商投资股份有限公司	Share-holding Company Limited					

15-4 续表 3 continued

单位:万元 (10 000 yuan)

类别	Category	非流动负债 Non-current liabilities	负债合计 Total Liabilities	所有者权益 Creditors' Equity	主营业务收入 Revenue from Principal Business	主营业务成本 Cost of Principal Business
二、按国民经济行业分	**by Sector**					
房屋和土木工程建筑业	Building and Civil Engineering Construction	2236084	52300424	22309538	72892837	63167447
房屋工程建筑	Building	1233468	31604342	15500243	51023183	44091865
土木工程建筑	Civil Engineering	1002616	20696082	6809294	21869654	19075581
建筑安装业	Construction Installation	29797	2179519	1544692	3843650	3216430
建筑装饰业	Construction Decoration	24844	1311369	1075576	2647382	2143234
其它建筑业	Others	15001	639810	449948	1042409	836113
工程准备	Preparation	4734	184044	133334	314988	260011
提供工程设备服务	Service	2537	146129	51340	195329	158585
其它未列明的建筑活动	Others	7731	309638	265275	532092	417516
三、按隶属关系分	**by Ownership**					
中　央	Central	592509	10172696	1748759	12750331	11710062
地　方	Local	1713217	46258425	23630995	67675946	57653161
省(自治区、直辖市)	Provincial	393838	4186769	931293	4138132	3619984
地(区、市、州、盟)	Region	462883	11316056	3541499	11925713	10576761
县(区、市、旗)及县以下	County	856496	30755600	19158203	51612101	43456417
四、按企业资质等级分	**by Qualification Criteria**					
施工总承包	Construction Contract	2194467	51109884	21972229	72577134	63024855
特　级	Special Grade	648584	8156982	1978317	8547642	7735497
一　级	First Grade	956034	26117727	8308763	36261657	32191204
二　级	Second Grade	277549	11300744	6864384	17515625	14797729
三级及以下	Third Grade and below	312301	5534431	4820765	10252210	8300425
专业承包	Professional Contract	111259	5321237	3407525	7849144	6338369
一　级	First Grade	59643	2145336	782951	2753076	2357226
二　级	Second Grade	14242	1582212	1325910	2419370	1914004
三级及以下	Third Grade and below	37373	1593690	1298664	2676698	2067138
五、按营业状态分	**by Business Status**					
营　业	Open	2269887	55343092	24515221	79244898	68295045
停业(歇业)	Close	950	57255	748094	89036	67330
筹　建	Prepared to Start					
当年关闭	Closed in Current Year	34889	981401	114132	1080748	991047
当年破产	Bankruptcy					
其　它	Others		49373	2308	11596	9802
六、按控股情况分	**by Share Holding**					
#国有控股	State-controlled	1281595	19348789	4565762	21355555	19110992
#集体控股	Collective-controlled	266803	5500485	2508349	7914675	6634493
#私人控股	Private-controlled	572678	25360422	15941469	42893443	36299861
#港澳台商控股	Controlled by Investors from Hong Kong,Macao and Taiwan		72281	29336	114570	94109
#外商控股	Foreign-controlled		69135	30859	63227	43598

15-4 续表 4 continued

单位:万元 (10 000 yuan)

类 别	Category	主营业务税金及附加 Taxes and Other Charges on Principal Business	销售费用 Sales Expenses	管理费用 Management Expenses	财务费用 Financial Expenses	利润总额 Total Profits
总 计	**Total**	**2638959**	**334619**	**2660912**	**581540**	**4312209**
#国有及国有控股企业	State-owned and State-controlled Enterprises	590197	37847	757552	107518	732255
一、按登记注册类型分	**Grouped by Registration Status**					
内资企业	Domestic Funded	2625240	331138	2648865	573919	4290970
国有企业	State-owned	188476	13296	281572	24046	253417
集体企业	Collective-owned	119657	23141	115363	23114	285684
股份合作企业	Stock-holding Cooperation	9098	1317	7958	2349	11519
联营企业	Joint-owned	1619	994	1311	268	5225
国有联营企业	State-owned					
集体联营企业	Collective-owned	1286	575	984	246	3845
国有与集体联营企业	State-and-collective owned					
其他联营企业	Others	334	419	326	22	1381
有限责任公司	Company with Limited Liabilition	1279578	126208	1263810	252089	1807406
国有独资公司	State-owned	152491	3124	124697	47685	196349
其他有限责任公司	Others	1127087	123084	1139114	204404	1611057
股份有限公司	Stock-holding Company limited	292046	43452	299953	83099	426337
私营企业	Private-owned	734099	122641	678372	188917	1499943
私营独资企业	Solely Owned	4919	1216	3578	759	12619
私营合伙企业	Joint Owned	2620	406	4519	2520	4059
私营有限责任公司	Company with Limited Liabilition	641650	99416	608809	167021	1360679
私营股份有限公司	Stock holding Company limited	84911	21603	61466	18617	122586
其他企业	Others	667	92	525	38	1440
港、澳、台商投资企业	Funded from Hong Kong,Macao and Taiwan	13104	2560	6627	6771	12070
合资经营企业(港或澳、台资)	Joint Ventures	11014	2547	6552	6759	3173
合作经营企业(港或澳、台资)	Cooperative Joint Venture					
港、澳、台商独资经营企业	Solely Owned	2090	13	75	12	8897
港、澳、台商投资股份有限公司	Share-holding Company Limited					
外商投资企业	Foreign Funded	615	921	5420	850	9169
中外合资经营企业	Chinese-foreign Joint Venture	253	601	4100	559	7871
中外合作经营企业	Chinese-foreign Cooperative Joint Venture	69	232	194	56	311
外资企业	Solely Owned	44	68	168	73	-149
外商投资股份有限公司	Share-holding Company Limited					

15-4 续表 5 continued

单位:万元 (10 000 yuan)

类别	Category	主营业务税金及附加 Taxes and Other Charges on Principal Business	销售费用 Sales Expenses	管理费用 Management Expenses	财务费用 Financial Expenses	利润总额 Total Profits
二、按国民经济行业分	**by Sector**					
房屋和土木工程建筑业	Building and Civil Engineering Construction	2413142	240506	2259327	535069	3787924
房屋工程建筑	Building	1776949	183883	1317678	389517	2790168
土木工程建筑	Civil Engineering	636193	56623	941650	145553	997755
建筑安装业	Construction Installation	109569	42203	205810	14233	235891
建筑装饰业	Construction Decoration	85503	29500	141431	23073	201492
其它建筑业	Others	30746	22410	54344	9165	86902
工程准备	Preparation	9558	4049	17671	2462	20535
提供工程设备服务	Service	6322	1526	9083	774	17737
其它未列明的建筑活动	Others	14866	16836	27589	5929	48630
三、按隶属关系分	**by Ownership**					
中　央	Central	322539	14707	399155	33284	328373
地　方	Local	2316420	319912	2261757	548256	3983836
省(自治区、直辖市)	Provincial	124269	8549	186515	30494	179164
地(区、市、州、盟)	Region	350392	21968	400874	120063	380106
县(区、市、旗)及县以下	County	1841759	289395	1674367	397700	3424566
四、按企业资质等级分	**by Qualification Criteria**					
施工总承包	Construction Contract	2402011	237931	2212679	515807	3702523
特　级	Special Grade	262409	9584	227903	51313	308371
一　级	First Grade	1114782	66869	992020	260032	1422851
二　级	Second Grade	638389	82927	580799	133081	1126586
三级及以下	Third Grade and below	386431	78550	411956	71380	844715
专业承包	Professional Contract	236948	96688	448233	65733	609686
一　级	First Grade	76919	21986	117840	21457	147063
二　级	Second Grade	71571	29011	146886	19179	205277
三级及以下	Third Grade and below	88458	45691	183507	25096	257346
五、按营业状态分	**by Business Status**					
营　业	Open	2601629	332499	2629970	571984	4288652
停业(歇业)	Close	2296	223	4277	2065	5185
筹　建	Prepared to Start					
当年关闭	Closed in Current Year	34512	1896	26274	7498	17485
当年破产	Bankruptcy					
其　它	Others	523	0	391	-7	887
六、按控股情况分	**by Share Holding**					
#国有控股	State-controlled	590197	37847	757552	107518	732255
#集体控股	Collective-controlled	273424	45369	304264	57344	555248
#私人控股	Private-controlled	1515646	228758	1314013	356534	2690402
#港澳台商控股	Controlled by Investors from Hong Kong,Macao and Taiwan	4236	49	2549	2622	10440
#外商控股	Foreign-controlled	587	908	5523	844	10993

15−5 各市建筑业主要生产指标(2013年)

Main Production Indicators of Construction Enterprises by Region(2013)

地 区 Region	企业个数(个) Number of Enterprises (unit)	建筑业合同(万元) Value of Construction Contracts (10 000 yuan)	#上年结转合同额 Carryover of Last Year	建筑业总产值(万元) Gross Output Value of Construction (10 000 yuan)	竣工产值(万元) Value of Construction Completed (10 000 yuan)	房屋建筑施工面积(平方米) Floor Space under Construction (sq.m)	房屋建筑竣工面积(平方米) Floor Space Completed (sq.m)	#住宅 Residential	年末从业人员(人) Employees at year-end (person)
全省总计 Total	**5912**	**133445929**	**45989074**	**84676747**	**46362052**	**645898840**	**237372907**	**166227824**	**2938034**
济南市 Jinan	463	32208675	14577242	13848207	6457841	76962450	20120725	12812673	406878
青岛市 Qingdao	580	19912854	8056702	11342339	4749604	93355317	21143793	13771732	323143
淄博市 Zibo	392	12417133	3177476	8432463	4863389	73577951	27999469	17323669	316923
枣庄市 Zaozhuang	225	4398087	1317545	2811967	1755540	26077577	11516137	8423670	136011
东营市 Dongying	222	4102316	973868	3232854	2405915	9450325	5030965	3016919	93610
烟台市 Yantai	830	8322939	2319953	6217831	4032548	42569382	17392766	13170578	235001
潍坊市 Weifang	519	9170189	3151197	7026991	3904044	71722491	24657201	16271035	227247
济宁市 Jining	379	9010823	2916085	5649806	3335898	43524149	18502604	13691697	193864
泰安市 Tai'an	341	8066779	1456612	6903689	4284663	37182932	21295893	16294629	272619
威海市 Weihai	440	3118992	1071086	2342348	1531447	25807716	9673733	6778307	78414
日照市 Rizhao	211	3111546	1182359	2239004	937545	12809798	5833179	4558174	67018
莱芜市 Laiwu	134	944406	314747	696320	465974	5074777	2922035	1760916	43101
临沂市 Linyi	362	7523126	2116998	5781976	3017365	57349243	22378199	17094794	243617
德州市 Dezhou	201	2795388	576562	2521517	1185850	17551694	7450662	5593400	79449
聊城市 Liaocheng	212	3356772	1482935	1850788	1153071	24441785	7827091	5604247	56178
滨州市 Binzhou	218	2365698	645613	1770907	1024824	11988422	5353750	3773180	57728
菏泽市 Heze	183	2620206	652097	2007738	1256536	16452831	8274705	6288204	107233

15-6 各市建筑业主要财务指标(2013年)

Financial Indicators of Construction Enterprises by Region(2013)

单位:万元 (10 000 yuan)

地 区	Region	流动资产 Liquid Assets	固定资产 Fixed Assets	在建工程 Projects under Construction	资产合计 Total Assets	流动负债 Liquid Liabilities	非流动负债 Non-current liabilities	负债合计 Total Liabilities
全省总计	**Total**	**65642381**	**9830391**	**797457**	**81810875**	**52460125**	**2305726**	**56431122**
济南市	Jinan	12799555	1309411	57550	15482395	11454101	650703	12278566
青岛市	Qingdao	10072212	968619	82478	12354955	8331978	613232	9197218
淄博市	Zibo	4002511	778008	60900	5050793	2946755	37032	3039693
枣庄市	Zaozhuang	2047936	418920	35669	2500935	1665086	16967	1726560
东营市	Dongying	3028824	669678	35627	3859169	2521276	51929	2599064
烟台市	Yantai	5288729	869121	65018	6639476	4162584	112838	4369055
潍坊市	Weifang	5167236	737259	80489	6330668	3867809	114193	4180715
济宁市	Jining	3828154	548982	41975	4584108	2807985	199654	3086143
泰安市	Tai'an	3349667	550958	48956	4202312	1762336	78739	2040234
威海市	Weihai	2113696	690991	47222	2988797	1751475	68634	1852627
日照市	Rizhao	1927125	301816	58982	2394037	1536574	31296	1626019
莱芜市	Laiwu	573392	160054	37108	775630	377239	5593	396383
临沂市	Linyi	6198639	636019	33943	7750647	5480685	221497	5844229
德州市	Dezhou	1501435	280689	29788	1915628	1131241	29615	1181388
聊城市	Liaocheng	1340710	223057	23662	1660527	1047496	3200	1095041
滨州市	Binzhou	1445348	337300	34432	1938236	1142668	40663	1243547
菏泽市	Heze	957213	349510	23659	1382563	472838	29943	674640

15-6 续表 continued

单位:万元 (10 000 yuan)

地 区	Region	所有者权益 Owner's Equity	实收资本 Paid-in Capitals	主营业务收入 Revenue from Principal Business	主营业务成本 Cost of Principal Business	主营业务税金及附加 Taxes and Other Charges on Principal Business	管理费用 Management Expenses	财务费用 Financial Expenses	利润总额 Total Profits
全省总计	**Total**	**25379754**	**14590697**	**80426278**	**69363223**	**2638959**	**2660912**	**581540**	**4312209**
济南市	Jinan	3203829	2088723	13635232	12019996	428128	513484	63618	499552
青岛市	Qingdao	3157737	2027246	12448339	11087158	314541	372750	81816	409131
淄博市	Zibo	2011100	948769	8478603	7565516	274483	250334	48751	303983
枣庄市	Zaozhuang	774375	388671	2618718	2196530	98303	120915	19059	158073
东营市	Dongying	1260105	581938	3156193	2713695	90142	128545	34218	163328
烟台市	Yantai	2270421	1254785	6225471	5087278	219010	232753	57626	566318
潍坊市	Weifang	2149954	898117	6462638	5493417	237934	172829	50081	465354
济宁市	Jining	1497965	800713	5044981	4328699	166998	154201	43808	262393
泰安市	Tai'an	2162078	1500637	5456963	4433612	214548	203048	35809	527056
威海市	Weihai	1136169	639511	2084330	1672829	105611	102266	22903	151344
日照市	Rizhao	768018	510108	1978339	1717858	66442	62371	23789	89985
莱芜市	Laiwu	379248	207958	617146	459364	21127	22170	5577	46359
临沂市	Linyi	1906419	1034195	5129597	4435708	167022	116445	42090	292752
德州市	Dezhou	734240	398907	2000284	1695413	67569	52018	14316	142621
聊城市	Liaocheng	565486	444858	1741645	1557607	56070	59199	11198	52841
滨州市	Binzhou	694689	418579	1525058	1291280	46538	55702	14097	94085
菏泽市	Heze	707922	446983	1822742	1607265	64494	41884	12782	87035

主要统计指标解释

建筑业统计单位 指从事房屋、构筑物建造和设备安装活动的法人企业。建筑业法人企业应具有建筑业资质并能够独立核算，同时其应具备以下条件：①依法成立，有自己的名称、组织机构和场所，能够承担民事责任；②独立拥有和使用资产，承担负债，有权与其他单位签订合同；③独立核算盈亏，能够编制资产负债表。

建筑业总产值 是以货币形式表现的建筑业企业在一定时期内生产的建筑业产品和提供的服务的总和。建筑业总产值包括：

⑴建筑工程产值：指列入建筑工程预算内的各种工程价值。

⑵安装工程产值：指设备安装工程价值，不包括被安装设备本身的价值。

⑶其他产值：建筑业总产值中除建筑工程、安装工程以外的产值。包括房屋构筑物修理产值、非标准设备制造产值、总包企业向分包企业收取的管理费以及不能明确划分的施工活动所完成的产值。

a.房屋构筑物修理产值：指房屋和构筑物修理所完成的产值，但不包括被修理房屋、构筑物本身价值和生产设备的修理产值。

b.非标准设备制造产值：指加工制造没有定型的非标准生产设备的加工费和原材料价值(如化工厂、炼油厂用的各种罐、槽，矿井生产统一使用的各种漏斗、三角槽、阀门等)以及附属加工厂为本企业承建工程制作的非标准设备的价值。

建筑业增加值 指建筑业企业在报告期内以货币形式表现的建筑业生产经营活动的最终成果。

从 2004 年第一次全国经济普查开始，建筑业现价增加值按生产法和分配法(收入法)两种方法计算，以收入法的计算结果为准，即从收入的角度出发，根据生产要素在生产过程中应得的收入份额计算。具体计算方法：经济普查年度建筑业增加值按照《经济普查年度 GDP 核算方案》计算，非经济普查年度建筑业增加值按照《非经济普查年度 GDP 核算方案》计算。

房屋建筑施工面积 指在报告期内施过工的全部房屋建筑面积，包括本期新开工的房屋面积、上期施工跨入本期继续施工的房屋面积、上期停缓建在本期恢复施工的房屋面积、本期竣工的房屋面积及本期施工后又停缓建的房屋面积。

房屋建筑竣工面积 指在报告期内房屋建筑按照设计要求全部完工，达到了使用条件，经验收鉴定合格，正式移交使用单位的房屋建筑面积。

Explanatory Notes on Main Statistical Indicators

Statistical Unit in Construction refers to corporate enterprise engaged in the construction of buildings and structures and in the installation of equipment. A corporate construction enterprise should have qualification certificates with independent accounting system, and should meet the following 3 requirements: a) being set up in line with relevant legal basis, having its full name, organization and location, and capable of taking civil liabilities; b) independently possessing and using its assets and assuming its liabilities, and entitled to sign contracts with other institutions; and c) making independent accounts of its profits and losses, and capable of compiling its own balance sheet.

Gross Output Value of Construction refers to total of construction products and services, expressed in money terms, produced or rendered by construction and installation enterprises during a given period of time. It includes:

(1)Output value of construction projects, that is the value of projects covered by the project budgets;

(2)Output value of installation projects, that is the value of the installation of equipment, (excluding the value of the equipment to be installed);

(3)Output value of others, that is the output value of construction industry excluding that of construction projects and installation projects. It includes: output value of repair of buildings and structures; output value of non standard equipment manufacturing; overhead expenses received by contracted enterprises to the sub contracted enterprises and the completed output value of construction activities that have no clear definition.

a. Output value of repair of buildings and structures, that is the value created through the repairs of buildings or structures, but does not include the value of buildings or structures being repaired and the value of the repair of production equipment;

b. Output value of manufactured non standard equipment, that is the value of non standard production equipment including raw materials and manufacturing cost made for the construction project (i.e., chemical plant; kettles or tanks used by refineries; various fillers, triangle tanks, valves used by mines), and the output value of equipment manufactured by subsidiary workshops.

Value added of Construction refers to the final result of the activities of production and management of construction industry in monetary terms in the reference period.

Starting from the 2004 economic census, value added of construction is calculated by both production approach and income approach, with the income approach as the final approach, where the calculation is based on the share of production factor in the production process. Specifically, value added of construction for census years is calculated in accordance with the Programme of Compilation of GDP and National Accounts for the Year of Economic Census, and value added of construction for other years is calculated in accordance with the Programme of Compilation of GDP and National Accounts for the Non Economic Census Years.

Floor Space of Buildings under Construction refers to floor space of buildings under construction during the reference period, including newly started buildings, buildings started earlier and continued during the reference period, and buildings suspended earlier but restarted during the reference period, buildings completed during the reference period, and buildings under construction and then suspended during the reference period.

Floor Space of Buildings Completed refers to the floor space of buildings that are completed in the reference period in accordance with the requirements of the design, up to the standard for putting them into use, and have been checked and accepted by concerned departments as qualified ones.

第16篇

运输和邮电

Transport, Post and Telecommunication Services

简 要 说 明

一、本篇资料的主要内容

本篇资料反映了全省交通运输业和邮电通讯业发展的基本状况，主要包括交通设施基本情况、客货运量及周转量、交通运输企业主要技术经济指标、沿海主要港口货物吞吐量、邮政和电信基本情况、地方交通和营业性运输车辆、民用汽车拥有量等方面的内容。

二、本篇资料的来源

本篇资料中，交通运输资料分别来源于济南铁路局、山东省地方铁路局、邯济铁路有限公司、省交通厅、省民航安监办、省公安厅交警总队，邮电通信业资料来源于省通信管理局和省邮政局。

本篇资料由省统计局工业交通处整理提供。

Brief Introduction

I. Content

Data in this chapter cover mainly the basic conditions of the development of transport, post and telecommunications in Shandong Province, including the basic conditions of transport, the freight traffic and passenger traffic accomplished by various means, major financial indices of related enterprises, cargo handled at principal sea ports, the possession of the transport equipment and the basic conditions of post and telecommunication services.

II. Source of Data

Data in this chapter are provided by Jinan Railway Board, Shandong Local Railway Board, Hanji Railway Co., Ltd, Shandong Communications Department, Shandong Aviation Administration of Work Security, and Traffic Police General Brigade of Shandong Public Security Department. Data on post and telecommunication services are provided by Shandong Communication Administration and Shandong Post Bureau.

Data in this chapter are prepared and compiled by the Division of Industry and Transport Statistics of Shandong Provincial Bureau of Statistics.

16-1 主要年份运输线路长度
Length of Transport Routes in Major Years

单位:公里 (km)

年 份 Year	铁 路 通车里程 Length of Railways in operation	公 路 通车里程 Length of Highways in Operation	#晴雨通车 In Operation Regardless of Weather	内 河 通航里程 Length of Navigabe Inland Waterways	#通机动船 In Operation for Motor Vessels
1949	887	3152	65	1082	
1952	954	7669	170	1459	409
1955	956	9070	667	1459	409
1957	1154	13425	2115	1642	1063
1962	1168	15766	4189	2179	1353
1965	1208	22176	5669	1827	1310
1970	1276	29159	12666	1821	1629
1975	1275	31712	20212	1876	1764
1976	1386	32978	21645	2118	1802
1977	1386	33629	23636	2343	1811
1978	1385	34244	25289	2403	1880
1979	1388	35139	26106	1972	1953
1980	1411	35311	26544	1970	1736
1981	1582	35292	27284	1849	1712
1982	1565	35504	27875	1859	1722
1983	1565	35722	28480	1859	1722
1984	1569	35935	29427	1859	1725
1985	1572	36327	30250	1840	1706
1986	2041	37005	31286	1840	1706
1987	2042	37530	32468	1840	1706
1988	2042	38759	34057	1840	1706
1989	2042	39783	35557	1840	1706
1990	2041	40772	37015	1840	1706
1991	2042	41937	39081	1891	1780
1992	2048	43134	40612	1891	1780
1993	2048	46033	43992	1891	1780
1994	2048	50225	48385	1891	1780
1995	2048	54243	52702	1891	1780
1996	2620	57271	55882	1891	1780
1997	2721	59260	58028	1414	1302
1998	2658	64145	63142	1414	1302
1999	2672	67847	67055	1476	
2000	2672	70686	70038	1476	
2001	2709	71128	70701	1476	
2002	2709	74029	73665	1476	
2003	3236	76266	75948	1012	
2004	3348	77768	77483	1012	
2005	3402	80132	79854	1012	
2006	3405	204911	203363	1012	
2007	3379	212236	211279	1012	
2008	3329	220687	219525	1012	
2009	3620	226693	225235	1012	
2010	3833	229858	228906	1150	
2011	4177	233189	232264	1150	
2012	4306	244586	243779	1150	
2013	4397	252785	252066	1150	

注:2006年起，村道纳入公路通车里程。
a)Length of highways includes that of village-level highways since 2006.

16-2 主要年份旅客运量及周转量

Passenger Traffic and Turnover Volume in Major Years

年 份 Year	客运量 (万人) Passenger Traffic (10 000 Persons)	铁 路 Railways	公 路 Highways	水 路 Waterways	周转量 (百万人公里) Passenger Turnover (million Passenger-km)	铁 路 Railways	公 路 Highways	水 路 Waterways
1949	928	846	82		1368	1287	81	
1952	1196	938	251	7	1553	1365	180	8
1955	1775	1086	678	11	2229	1786	438	5
1957	3019	1872	1128	19	3002	2427	565	10
1962	7590	5923	1599	68	7664	6690	933	41
1965	4566	2457	2077	32	3664	2699	953	12
1970	5725	2454	3240	31			1445	14
1975	7084	3202	3844	38	6676	4708	1953	15
1976	7614	3233	4239	52	6996	4791	2189	16
1977	8679	3522	5103	54	7702	5127	2560	15
1978	9431	3467	5897	67	8448	5535	2895	18
1979	10857	3431	7338	88	9373	5950	3403	19
1980	12208	3586	8532	90	10624	6769	3839	16
1981	12682	3600	8994	88	11365	7272	4077	16
1982	13109	3695	9322	92	12283	7788	4477	18
1983	14839	3792	10942	102	14237	8954	5264	19
1984	17309	4071	13125	113	17058	10615	6423	20
1985	19772	4073	15565	134	20357	12433	7901	23
1986	26459	4005	22311	143	24671	13895	10752	24
1987	25209	4212	20811	186	27316	15608	11680	28
1988	29035	4447	24297	291	32412	17974	14402	36
1989	30718	3905	26419	344	32286	16552	15693	41
1990	29798	3303	26136	359	30138	14830	15255	53
1991	31940	3286	28240	405	32620	15873	16598	96
1992	33920	3244	30145	486	35164	17043	18002	119
1993	33634	3346	29693	595	34068	17785	16114	169
1994	34592	3587	30253	627	35627	18273	17126	222
1995	36425	3414	32317	694	35097	17418	17449	230
1996	39199	2854	35611	734	35344	15317	19696	331
1997	43218	3071	39234	913	40060	17277	22347	436
1998	50904	3223	46467	868	45229	18327	24599	483
1999	59350	3670	54817	863	51828	20568	28846	414
2000	66128	3840	61466	822	54873	22180	32358	335
2001	70497	3723	65787	987	59432	23373	35573	486
2002	74626	3566	69948	1112	64294	24644	39173	477
2003	75492	3324	71053	1115	61769	22024	39223	522
2004	89388	3857	84290	1241	74799	26696	47545	558
2005	98485	3952	93178	1355	82778	28268	53910	600
2006	109472	4757	103298	1417	93014	32223	60128	663
2007	123963	5127	117309	1527	106879	34039	72022	818
2008	213387	5470	205917	2000	141867	36694	104569	604
2009	234234	5806	226134	2294	158713	37993	119723	997
2010	248720	6041	240044	2635	164471	42135	121151	1185
2011	250469	6609	241457	2403	172751	45872	125691	1188
2012	264935	7650	254711	2574	183196	50951	130995	1250
2013	269391	8484	258327	2580	189285	54995	133137	1153

注:2008年起,公路、水路数据改用全国公路水路运输量专项调查数据(下同)。
a)Since 2008, data on highways and waterways are based on the National Special Highway and Waterways Survey.The same as the following tables.

16-3 主要年份货物运量及周转量
Freight Traffic and Turnover Volume in Major Years

年份 Year	货运量(万吨) Freight Traffic (10 000 tons)	铁路 Railways	公路 Highways	水路 Waterways	周转量(百万吨公里) Freight Turnover (million ton-km)	铁路 Railways	公路 Highways	水路 Waterways
1949	547	381	166	0.2	1245	1178	66	1
1952	1802	640	1029	133	3711	3346	154	211
1955	3305	895	2013	397	4919	4359	246	344
1957	4558	1238	2973	347	6923	6190	327	406
1962	4500	1801	2419	280	8106	7309	421	376
1965	7544	2821	4339	385	11929	10721	750	458
1970	10081	3911	5693	477	19167	17346	1186	635
1975	14598	4214	9781	603	22198	18947	2374	877
1976	17320	4904	11732	684	24062	20096	2942	1024
1977	21484	5365	15255	864	27326	22293	3865	1168
1978	22964	5940	16128	896	31005	25746	4060	1199
1979	22536	5951	15748	837	31586	26540	3634	1113
1980	22086	5687	15629	770	31329	26087	4005	1237
1981	20496	5306	14427	763	31941	26332	4093	1516
1982	21641	5415	15413	813	35160	28400	4937	1823
1983	23726	5655	17216	855	38996	30966	5787	2243
1984	25310	6035	18389	886	41974	33250	6505	2219
1985	27371	6403	20105	863	48431	37342	8139	2468
1986	32299	6789	24619	893	57599	44618	10287	2694
1987	36012	7072	28008	932	64533	49069	12231	3234
1988	39866	7322	31670	874	72723	53851	15325	3547
1989	43098	7934	34331	833	78996	58657	16612	3727
1990	41443	8012	32654	777	77845	58546	15705	3594
1991	44145	8372	34587	1186	81402	59694	16660	5047
1992	47676	8609	37684	1381	87617	62750	18931	5936
1993	51250	9023	40820	1407	92257	63127	20444	8687
1994	57187	9259	46485	1443	101437	66744	23069	11625
1995	66546	9256	55669	1621	112655	69857	26397	16401
1996	70664	10226	58270	2168	122849	71385	30559	20895
1997	72780	10368	60340	2072	126093	73323	31915	20855
1998	76813	10224	64716	1867	118753	65877	34322	18513
1999	80212	10553	67696	1956	127304	73588	35350	18330
2000	92483	11253	76778	4452	403315	79964	40575	282776
2001	99464	12426	81574	5464	467545	84815	41143	341587
2002	107454	13624	89714	4116	304075	92525	46009	165541
2003	117712	17167	95900	4645	342906	107157	50987	184762
2004	132036	17862	106887	7287	478309	111109	59606	307594
2005	147999	18338	120455	9206	558286	121908	71182	365196
2006	167511	19126	136750	11635	665521	151159	84510	429852
2007	198507	19923	163959	14625	642854	131151	106926	404777
2008	247489	20872	216604	10013	1010234	134133	511792	364309
2009	284463	19596	251587	13280	1095569	134139	604502	356928
2010	298055	18056	264366	15633	1174705	144775	621680	408250
2011	314962	19711	279380	15871	1258364	152606	662435	443323
2012	330270	19814	296752	13704	1099119	149384	705922	243813
2013	344401	19043	311812	13546	1026088	138910	749888	137290

16-4 沿海主要港口货物吞吐量
Volume of Freight Handled in Major Coastal Ports

单位:千吨 (1000 tons)

港口名称	Seaport	1990	1995	2000	2005	2010	2011	2012	2013
总 计	**Total**	**54449**	**105940**	**160249**	**384010**	**864210**	**961880**	**1066554**	**1181370**
青岛港	Qingdao	30340	51030	86607	186785	350121	372297	414658	457825
烟台港	Yantai	6680	13610	19639	45060	150327	180293	243453	286800
日照港	Rizhao	9250	14520	26738	84208	225967	252603	283870	318085
威海港	Weihai	1001	3787	6583	15317	24072	30025	62000	70007

16-5 交通运输企业主要技术经济指标
Major Technical and Economic Indicators of Transportation Enterprises

类 别	Category	2010	2011	2012	2013
铁路运输	**Railway Transport**				
货车周转时间 (天)	Turning Around Time of Freight Locomotives (day)	1.8	1.8	2.0	2.0
货车全周转距离 (公里)	Turning Around Length of Freight Locomotives (km)	415	410	428	426
货车中转距离 (公里)	Transfer Length of Freight Locomotives (km)	203	198	196	198
平均一日装车数 (车)	Daily Loading Coach (coach)	7905	8601	8578	8251
平均一日卸车数 (车)	Daily Unloading Coach (coach)	9213	9707	9285	9099
货车静载重 (吨)	Static Load of Freight Locomotives (ton)	62.6	62.8	63.1	63.2
货运机车日产量 (万总重吨公里)	Average Daily Ton-kilometers of Freight Locomotives (10 000 tonkm)	137.1	143.7	144.0	135.3
内燃机车每万吨公里耗油 (公斤)	Oil Consumption of Diesel Locomotives per 10000 Ton-km (kg)	25.1	27.6	27.8	27.9
沿海水运船舶	**Coastal Waterways Transport**				
全部船舶净载重量 (万吨)	Static Load of Vessels (10 000 tons)	1190	1296	1430	1489
码头舶位 (个)	Berths in Ports (unit)	473	485	501	519
最大靠舶能力 (万吨)	Maximum Capacity on Berths (10 000 tons)	30	30	30	30
年综合通过能力 (万吨)	Integrated Capacity (10 000 tons)	45642	48212	53099	57309
旅客吞吐量 (万人)	Passenger Handled (10 000 persons)	2266	1879	1313	1298

16-6 1978-2013年邮政基本情况

Basic Conditions of Post Services 1978 to 2013

年份 Year	邮政局总计(处) Post &Telecommunication offices (unit)	#设在农村 in Rural Area	邮路总长度(万公里) Length of Postal Routes (10 000 km)	函件(万件) Letters (10 000 pcs)	报刊期发数(万份) Issue of Newspapers and Magazines (10 000 copies)
1978	2349	2048		15532	542
1979	2348	2042	22.6	16336	613
1980	2363	2057	22.5	17324	775
1981	2363	2052	22.8	17540	859
1982	2371	2050	4.2	17340	946
1983	2384	2048	4.2	17434	1131
1984	2415	2060	4.4	18958	1572
1985	2516	2153	4.7	21930	2017
1986	2531	2174	5.0	23745	1743
1987	2540	2176	5.2	26940	1888
1988	2576	2196	5.3	28884	1777
1989	2608	2210	5.3	30043	1176
1990	2647	2233	5.8	29486	1047
1991	2672	2247	5.7	28001	1174
1992	2699	2267	6.7	28266	1326
1993	3259	2492	8.5	32966	1247
1994	4180		9.7	35920	982
1995	4080	3400	10.5	38789	1180
1996	3727	3013	13.4	35112	1020
1997	5397		15.1	32859	996
1998	5382		15.1	33114	1147
1999	4414	3497	18.5	35138	1568
2000	3011	2255	17.0	32878	1701
2001	3040	2225	15.9	31400	1324
2002	3012	2193	16.5	51496	972
2003	3007	2166	15.7	58220	1152
2004	3009	2118	16.2	50087	716
2005	3025	2118	17.3	24075	823
2006	3043	2105	17.0	44356	703
2007	3046	2086	17.4	47157	763
2008	2934	2080	17.7	46362	823
2009	2862	2030	18.1	52074	868
2010	2840	1991	6.8	53963	1618
2011	2851	2012	6.6	46014	796
2012	2856	2022	7.3	45663	976
2013	2861	2022	7.3	42389	914

16-7 1978-2013年电信业务总量

Business Volume of Telecommunication Services 1978 to 2013

年 份 Year	电信业务总量(万元) Business Volume of Telecommunication Services (10 000 Yuan)	电 报(万份) Telegraph (10 000 copies)	长话电路(路) Lines of Long-distance Calls (line)	长途电话(万次) Long-distance Calls (10 000 times)	市内电话(万户) Local Telephones (10 000 subscribers)	农村电话(万户) Rural Telephones (10 000 subscribers)
1978	10058	588	1082	1308	6.3	3.8
1979	10515	632	1177	1428	7.1	4.3
1980	11030	711	1282	1525	7.5	4.4
1981	11291	789	1415	1532	8.0	4.5
1982	11629	805	1532	1649	8.5	4.6
1983	12529	917	1653	1789	9.4	4.8
1984	13751	908	1929	1963	10.7	5.1
1985	16186	1132	2190	2325	12.1	5.2
1986	17735	1203	2638	2569	13.4	5.5
1987	20719	1519	3341	2984	15.2	5.9
1988	27124	1918	4392	3987	18.5	6.4
1989	32153	1812	5694	4693	22.3	6.9
1990	39401	1634	7436	5800	26.5	7.3
1991	103322	1651	12675	8724	32.9	8.1
1992	156134	1673	18422	16978	45.8	9.5
1993	274917	1412	32615	32273	69.6	12.8
1994	404027	987	47589	52719	84.8	19.2
1995	537135	667	40634	55755	165.8	46.1
1996	697719	458	54179	61409	227.0	80.0
1997	957400	324	67834	79719	283.5	128.6
1998	1338886	226	98760	97077	346.7	179.6
1999	1411800	202	163381	96553	413.8	283.8
2000	1865000	178	222500	96010	547.0	559.0
2001	2300200	138	108000	101682	661.0	827.0
2002	2759820		135000	99470	790.0	950.0
2003	3325632		268530	149245	1008.0	1085.0
2004	4846250		510000	121275	1314.0	1198.0
2005	6754670		290996	152883	1410.9	1275.7
2006	9286877		462662	148631	1380.5	1256.7
2007	11799357		350028	157152	1377.6	1211.5
2008	14262026		413082	124858	1398.4	1053.7
2009	15867854		1238400	123510	1291.3	965.0
2010	19209000				1193.5	829.6
2011	7236000				1087.6	809.0
2012	7976000				1101.3	786.8
2013	8637000				1032.2	712.2

注：2011年起，电信业务总量按2010年价格计算。
a)The business volume of telecommunication services was calculated at 2010 constant prices since 2011.

16-8 邮电业务基本情况
Basic Conditions of Post and Telecommunication Services

类　别		Category		2011	2012	2013
邮电业务总量	(亿元)	Business Volume of Telecommunication Services	(100 million yuan)	771.2	849.2	919.7
函　件	(万件)	Letters	(10 000 pcs)	46014	45663	42389
特快专递	(万件)	Express Mail Services	(10000 pcs)			
报刊期发数	(万份)	Issue of Newspapers and Magazines	(10 000 copies)	796	976	914
年末移动电话用户	(万户)	Number of Mobile Telephone Subscribers at Year-end	(10 000 subscribers)	7118	7588.9	8333.4
#3G移动电话用户	(万户)	3G Mobile Phone Subscribers	(10 000 subscribers)	881	1517	2592
固定电话年末用户	(万户)	Number of Fixed Telephone Subscribers at Year-end	(10 000 subscribers)	1896.6	1888.1	1744.4
#城市电话用户	(万户)	Urban Fixed Telephone Subscribers	(10 000 subscribers)	1087.6	1101.3	1032.2
农村电话用户	(万户)	Rural Telephone Subscribers	(10 000 subscribers)	809.0	786.8	712.2
邮政所	(处)	Post Offices	(unit)	2851	2856	2861
邮路总长度	(公里)	Length of Postal Routes	(km)	66179	72556	72703
国际互联网总网民数	(万人)	Number of Internet Subscribers	(10 000 persons)	3625	3866	4329
互联网宽带接入用户	(万户)	Number of Internet Broad Band Subscribers	(10 000 subscribers)	1154.1	1364.1	1465.1
移动互联网用户	(万户)	Number of Mobile Internet Subscribers	(10 000 persons)	4371	4865.1	5556.1

注：2011年起，邮电业务总量按2010年价格计算。
a)The business volume of post and telecommunication services was calculated at 2010 constant prices since 2011.

16-9 各市邮电业务基本情况(2013年)
Basic Conditions of Post and Telecommunication Services by Region(2013)

地　区	Region	邮电业务总量(亿元) Business Volume of Post and Telecommunication Services (100 million yuan)	邮政业务总量(亿元) Business Volume of Post Services (100 million yuan)	电信业务总量(亿元) Business Volume of Telecommunication Services (100 million yuan)	移动电话用户数(万户) Number of Mobile Telephone Subscribers (10 000 subscribers)	固定电话用户数(万户) Number of Fixed Telephone Subscribers (10 000 subscribers)	互联网宽带接入用户(万户) Number of Internet Broad Band Subscribers (10 000 subscribers)
全省总计	**Total**	**919.7**	**56.0**	**863.7**	**8333.4**	**1744.4**	**1465.1**
济南市	Jinan	102.4	4.9	97.5	914.9	182.7	177.5
青岛市	Qingdao	125.2	6.9	118.3	1001.2	236.5	195.4
淄博市	Zibo	48.6	2.4	46.2	468.6	97.2	79.5
枣庄市	Zaozhuang	31.1	1.4	29.7	304.8	65.3	50.0
东营市	Dongying	28.4	1.4	27.1	265.9	54.3	47.2
烟台市	Yantai	74.1	4.5	69.6	647.7	167.6	133.6
潍坊市	Weifang	85.1	4.0	81.1	764.8	166.4	121.7
济宁市	Jining	61.5	4.1	57.4	583.3	101.4	90.1
泰安市	Tai'an	44.3	2.8	41.4	404.3	86.4	71.0
威海市	Weihai	35.8	2.6	33.2	294.9	74.9	67.0
日照市	Rizhao	24.0	1.2	22.8	233.6	46.2	42.9
莱芜市	Laiwu	10.1	0.9	9.2	109.8	26.1	20.3
临沂市	Linyi	77.0	1.8	75.2	747.8	120.6	117.4
德州市	Dezhou	40.6	4.1	36.5	369.4	80.3	59.9
聊城市	Liaocheng	41.9	3.9	38.0	406.5	76.1	66.0
滨州市	Binzhou	33.8	4.1	29.7	306.0	70.1	54.1
菏泽市	Heze	55.4	5.0	50.4	509.8	62.3	71.6

16-10 各市公路情况(2013年)
Basic Conditions of Highways by Region (2013)

单位:公里 (km)

地　区	Region	公路里程 Length of Highways	等级公路里程 Expressway and Class I to IV Highways	二级及二级以上公路合计 Second Class and Above	高速公路里程 Length of Expressway	晴雨通车里程 Length of Highways Regardless of Weather	公路密度(公里/百平方公里) Road Density (km/100 sq.km)
全省总计	**Total**	**252785**	**251424**	**39596**	**4994**	**252066**	**161**
济南市	Jinan	12697	12644	1910	355	12679	155
青岛市	Qingdao	16270	16261	4124	729	16270	147
淄博市	Zibo	10924	10473	1783	206	10713	183
枣庄市	Zaozhuang	8007	7889	1353	164	7946	175
东营市	Dongying	8609	8609	1126	181	8609	103
烟台市	Yantai	17024	17024	4059	507	17024	124
潍坊市	Weifang	25225	25225	4393	428	25225	164
济宁市	Jining	18198	17997	2414	254	18057	164
泰安市	Tai'an	14329	14045	2109	239	14082	185
威海市	Weihai	7060	7060	1732	125	7060	122
日照市	Rizhao	8153	8153	1477	163	8153	152
莱芜市	Laiwu	4161	4145	699	140	4155	185
临沂市	Linyi	25577	25558	4073	515	25567	149
德州市	Dezhou	21587	21587	2068	349	21587	208
聊城市	Liaocheng	17402	17402	1795	181	17402	194
滨州市	Binzhou	15858	15647	2194	199	15833	168
菏泽市	Heze	21704	21704	2287	261	21704	177

16-11 各市地方交通旅客运输量(2013年)
Passenger Transport Volume of Local Traffic by Region(2013)

地　区	Region	客运量(万人) Passenger Traffic (10 000persons)	公路 Highways	水运 Waterways	周转量(百万人公里) Passenger-Kilometers (million passenger-km)	公路 Highways	水运 Waterways
全省总计	**Total**	**260907**	**258327**	**2580**	**134290**	**133137**	**1153**
济南市	Jinan	12286	12262	24.3	14121	14120	1.0
青岛市	Qingdao	23921	23588	332.9	14476	14422	54.6
淄博市	Zibo	42041	42035	5.6	14081	14081	0.1
枣庄市	Zaozhuang	7759	7736	23.3	5087	5086	1.1
东营市	Dongying	4486	4420	66.0	4268	4264	4.4
烟台市	Yantai	36084	35369	714.5	13822	13207	615.4
潍坊市	Weifang	23530	23524	6.1	11147	11146	0.9
济宁市	Jining	10382	10198	184.0	6527	6519	8.0
泰安市	Tai'an	6416	6305	111.4	4797	4794	3.3
威海市	Weihai	17439	16922	517.0	7920	7500	420.1
日照市	Rizhao	4698	4585	113.1	3183	3160	23.0
莱芜市	Laiwu	4094	4055	39.0	1306	1303	2.7
临沂市	Linyi	23739	23620	119.4	10949	10940	9.4
德州市	Dezhou	12262	12134	127.8	6868	6863	5.3
聊城市	Liaocheng	9333	9305	28.2	5173	5172	1.4
滨州市	Binzhou	6501	6434	67.1	4040	4039	1.1
菏泽市	Heze	15935	15835	100.0	6522	6520	1.4

16-12 各市地方交通货物运输量(2013年)

Freight Transport Volume of Local Traffic by Region(2013)

地 区	Region	货运量(万吨) Volume of Freight Traffic (10 000tons)	公路 Highways	水运 Waterways	周转量(百万吨公里) Freight Turnover (million ton-km)	公路 Highways	水运 Waterways
全省总计	**Total**	**325358**	**311812**	**13546**	**887180**	**749888**	**137291**
济南市	Jinan	17759	17570	189	32072	30575	1497
青岛市	Qingdao	24583	23270	1313	92344	49560	42784
淄博市	Zibo	26436	26436		89327	89327	
枣庄市	Zaozhuang	23903	22894	1009	31177	26628	4549
东营市	Dongying	7206	7029	177	17892	16138	1754
烟台市	Yantai	21147	17653	3494	79644	49333	30311
潍坊市	Weifang	25967	24600	1367	89250	78740	10510
济宁市	Jining	27832	24562	3270	69161	54671	14490
泰安市	Tai'an	12068	11964	104	17214	16693	521
威海市	Weihai	6331	4829	1502	29972	9440	20532
日照市	Rizhao	13759	12966	793	41039	32039	9001
莱芜市	Laiwu	6519	6519		5867	5867	
临沂市	Linyi	35188	35188		102885	102885	
德州市	Dezhou	18773	18773		38724	38724	
聊城市	Liaocheng	15712	15712		42399	42399	
滨州市	Binzhou	14278	14160	118	35605	35396	209
菏泽市	Heze	27897	27687	210	72610	71475	1135

16-13 各市民用汽车拥有量(2013年)

Possession of Private Vehicles by Region(2013)

单位:辆 (Unit)

地 区	Region	民用汽车总计 Total	载客汽车 Passenger Vehicles	大型 Large	中型 Medium	小型 Small	微型 Minicar
全省总计	**Total**	**12774365**	**10168474**	**97114**	**70732**	**9475956**	**524672**
济南市	Jinan	1213435	1052371	11197	4877	993405	42892
青岛市	Qingdao	1524634	1320414	16916	10227	1225289	67982
淄博市	Zibo	675568	569976	6022	3382	539407	21165
枣庄市	Zaozhuang	397072	319058	2974	3105	283638	29341
东营市	Dongying	497003	407206	3827	2522	389031	11826
烟台市	Yantai	1097199	919610	9198	9152	852732	48528
潍坊市	Weifang	1595971	1204634	8165	5024	1127172	64273
济宁市	Jining	737851	544750	5680	3167	512461	23442
泰安市	Tai'an	452644	351084	3869	2729	329547	14939
威海市	Weihai	486896	397901	4872	5443	373373	14213
日照市	Rizhao	348567	282878	2788	1459	264345	14286
莱芜市	Laiwu	164920	136654	1197	756	127336	7365
临沂市	Linyi	1238081	965942	5831	4539	873188	82384
德州市	Dezhou	615837	471205	2805	2647	441830	23923
聊城市	Liaocheng	584530	422814	3086	1651	392007	26070
滨州市	Binzhou	545948	413888	3914	2090	394899	12985
菏泽市	Heze	541875	333047	3806	5158	305913	18170

16-13 续表 continued

单位:辆 (Unit)

地区	Region	载货汽车 Trucks	大型 Large	中型 Medium	小型 Smail	微型 Minicar	其它汽车 Others
全省总计	**Total**	**1762195**	**484941**	**112036**	**1160169**	**5049**	**843696**
济南市	Jinan	136865	24851	4360	107387	267	24199
青岛市	Qingdao	175373	37729	18112	119148	384	28847
淄博市	Zibo	90295	24972	4575	60423	325	15297
枣庄市	Zaozhuang	60318	20965	3172	36083	98	17696
东营市	Dongying	59742	18304	2745	38416	277	30055
烟台市	Yantai	127268	35124	9682	82381	81	50321
潍坊市	Weifang	232886	47388	16105	168745	648	158451
济宁市	Jining	134227	52057	5531	76437	202	58874
泰安市	Tai'an	57689	13454	4815	39315	105	43871
威海市	Weihai	76677	14370	5046	56850	411	12318
日照市	Rizhao	52679	14369	2385	35631	294	13010
莱芜市	Laiwu	20760	5023	962	14737	38	7506
临沂市	Linyi	217016	67105	16946	131511	1454	55123
德州市	Dezhou	87254	26440	4414	56262	138	57378
聊城市	Liaocheng	72699	27261	2829	42455	154	89017
滨州市	Binzhou	76918	21766	4066	51033	53	55142
菏泽市	Heze	82764	33749	6224	42675	116	126064

16-14 各市私人汽车拥有量(2013年)
Possession of Private Vehicles by Region(2013)

单位:辆 (Unit)

地区	Region	汽车总计 Total	载客汽车 Passenger Vehicles	大型 Large	中型 Medium	小型 Smail	微型 Minicar
全省总计	**Total**	**11128223**	**9193555**	**10261**	**30358**	**8658729**	**494207**
济南市	Jinan	1051380	940694	1072	1856	897935	39831
青岛市	Qingdao	1249590	1143114	308	2855	1078646	61305
淄博市	Zibo	587036	515087	783	1472	493068	19764
枣庄市	Zaozhuang	346768	292528	317	1875	261669	28667
东营市	Dongying	425160	366786	765	936	353936	11149
烟台市	Yantai	961528	828680	551	4781	777259	46089
潍坊市	Weifang	1464720	1126383	1872	2628	1060110	61773
济宁市	Jining	626315	494424	485	1350	471281	21308
泰安市	Tai'an	401295	318633	466	1063	303348	13756
威海市	Weihai	423374	358060	524	2486	341779	13271
日照市	Rizhao	303033	255907	450	688	241313	13456
莱芜市	Laiwu	147063	123875	136	300	116440	6999
临沂市	Linyi	1113314	909610	399	2480	826425	80306
德州市	Dezhou	550407	440854	497	1391	415955	23011
聊城市	Liaocheng	515607	390336	284	782	364766	24504
滨州市	Binzhou	488356	382702	607	927	368756	12412
菏泽市	Heze	468584	301189	745	2482	281455	16507

16-14 续表 continued

单位:辆 (Unit)

地 区	Region	载货汽车 Trucks	大 型 Large	中 型 Medium	小 型 Small	微 型 Minicar	其它汽车 Others
全省总计	**Total**	**1176425**	**153745**	**72484**	**945738**	**4458**	**758243**
济南市	Jinan	90925	8406	2168	80103	248	19761
青岛市	Qingdao	83020	3124	3894	75765	237	23456
淄博市	Zibo	58862	8098	3340	47134	290	13087
枣庄市	Zaozhuang	40592	6849	2418	31231	94	13648
东营市	Dongying	33346	4521	1423	27160	242	25028
烟台市	Yantai	86438	14621	6213	65537	67	46410
潍坊市	Weifang	196151	33278	13362	148914	597	142186
济宁市	Jining	89290	23142	3945	62033	170	42601
泰安市	Tai'an	44214	6946	3655	33526	87	38448
威海市	Weihai	55182	8666	2960	43242	314	10132
日照市	Rizhao	35691	3936	1471	30027	257	11435
莱芜市	Laiwu	16279	2752	756	12737	34	6909
临沂市	Linyi	152189	13311	14386	123093	1399	51515
德州市	Dezhou	54425	1730	2952	49612	131	55128
聊城市	Liaocheng	38585	2559	1698	34188	140	86686
滨州市	Binzhou	53502	6077	3221	44162	42	52152
菏泽市	Heze	47734	5729	4622	37274	109	119661

16-15 各市营业性运输车辆(2013年)

Transport Vehicles in Operation by Region(2013)

单位:辆 (Unit)

地 区	Region	汽车 Vehicles	客车 Passenger Vehicles	货车 Trucks	其它机动车 Others
全省总计	**Total**	**1137611**	**32206**	**1105405**	**90782**
济南市	Jinan	104279	3708	100571	3349
青岛市	Qingdao	108184	3685	104499	
淄博市	Zibo	58523	1058	57465	60
枣庄市	Zaozhuang	35492	1200	34292	1053
东营市	Dongying	33937	706	33231	7368
烟台市	Yantai	82431	3071	79360	3404
潍坊市	Weifang	119744	2961	116783	4649
济宁市	Jining	95370	2052	93318	1756
泰安市	Tai'an	33150	1876	31274	180
威海市	Weihai	48661	1500	47161	4956
日照市	Rizhao	25574	1000	24574	
莱芜市	Laiwu	11683	139	11544	1015
临沂市	Linyi	148015	2611	145404	11019
德州市	Dezhou	67887	1292	66595	12923
聊城市	Liaocheng	50308	1480	48828	152
滨州市	Binzhou	50926	1078	49848	20540
菏泽市	Heze	63447	2789	60658	18358

注:公路营运载客汽车不包括在公路运输管理部门管理并注册登记为公共汽车和出租汽车的车辆。

a)Passenger vehicles do not include those managed by department of highway transportation and registered as buses and taxis.

主要统计指标解释

铁路营业里程 又称营业长度(包括正式营业和临时营业里程)，指办理客货运输业务的铁路正线总长度。凡是全线或部分建成双线及以上的线路，以第一线的实际长度计算；复线、站线、段管线、岔线和特殊用途线以及不计算运费的联络线都不计算营业里程。该指标可以反映铁路运输业基础设施的发展水平，也是计算客货周转量、运输密度和机车车辆运用效率等指标的基础资料。

公路里程 指在一定时期内实际达到《公路工程\[WTBZ\]技术标准 JTJ01-88》规定的等级公路，并经公路主管部门正式验收交付使用的公路里程数。包括大中城市的郊区公路以及通过小城镇街道部分的公路里程和桥梁、渡口的长度，不包括大中城市的街道、厂矿、林区生产用道和农业生产用道的里程。两条或多条公路共同经由同一路段，只计算一次，不得重复计算里程长度。该指标可以反映公路建设的发展规模，也是计算运输网密度等指标的基础资料。

内河航道里程 也称内河通航里程，指在一定时期内，能通航运输船舶及排筏的天然河流、湖泊水库、运河及通航渠道的长度。包括全年季节性通航累计三个月以上的航道，不包括仅供零散流放竹、木排的河道。该指标可以反映内河水运网的规模、水平和发展情况。

货(客)运量 指在一定时期内，各种运输工具实际运送的货物(旅客)数量。该指标是反映运输业为国民经济和人民生活服务的数量指标，也是制定和检查运输生产计划、研究运输发展规模和速度的重要指标。货运按吨计算，客运按人计算。货物不论运输距离长短、货物类别，均按实际重量统计。旅客不论行程远近或票价多少，均按一人一次客运量统计；半价票、小孩票也按一人统计。

货物(旅客)周转量 指在一定时期内，由各种运输工具运送的货物(旅客)数量与其相应运输距离的乘积之总和。该指标可以反映运输业生产的总成果，也是编制和检查运输生产计划，计算运输效率、劳动生产率以及核算运输单位成本的主要基础资料。计算货物周转量通常按发出站与到达站之间的最短距离，也就是计费距离计算。计算公式为：

货物（旅客）周转量=Σ（货物（旅客）运输量×运输距离）

铁路货车平均静载重 指铁路货车在始发站静止状态下平均每车装载的货物重量，用以分析货车完成装车时车辆载重力的利用情况。计算公式为：

$$\text{货车平均静载量}=\frac{\text{货物发送吨数}}{\text{装车数}}$$

铁路货运机车日产量 指在一定时期内，平均每台货运机车在一昼夜内所完成的总重吨公里数，包括载运货物的重量和车辆本身的自重。该指标从时间和牵引能力两方面反映了机车运用效率。计算公式为：

$$\text{货运机车平均日产量}=\frac{\text{货运总重吨公里数}}{\text{货运机车台日数}}$$

沿海主要港口货物吞吐量 指经水运进出沿海主要港区范围，并经过装卸的货物数量，包括邮件及办理托运手续的行李、包裹以及补给运输船舶的燃、物料和淡水。货物吞吐量按货物流向分为进口、出口吞吐量，按货物交流性质分为外贸货物吞吐量和国内贸易货物吞吐量。货物吞吐量的货类构成及其流向，是衡量港口生产能力大小的重要指标。

民用汽车拥有量 指报告期末，在公安交通管理部门按照《机动车注册登记工作规范》，已注册登记领有民用车辆牌照的全部汽车数量。汽车拥有量统计的主要分类：根据汽车结构分为载客汽车、载货汽车及其他汽车；根据汽车所有者不同分为个人(私人)汽车、单位汽车；根据汽车的使用性质分为营运汽车、非营运汽车；根据汽车大小规格不同载客汽车分为大型、中型、小型和微型，载货汽车分为重型、中型、轻型和微型。

邮电业务总量 指以价值量形式表现的邮电通信企业为社会提供各类邮电通信服务的总数量。邮电业务量按专业分类包括函件、包件、汇票、报刊发行、邮政快件、特快专递、邮政储蓄、集邮、公众电报、用户电报、传真、长途电话、出租电路、无线寻呼、移动电话、分组交换数据通信、出租代维等。计算方法为各类产品乘以相应的平均单价(不变价)之和，再加上出租电路和设备、代用户维护电话交换机和线路等的服务收入。该指标综合反映了一定时期邮电业务发展的总成果，是研究邮电业务量构成和发展趋势的重要指标。计算公式为：

邮电业务总量=Σ（各类邮电业务量×不变单价）
+出租代维及其他业务收入
=邮政业务总量+电信业务总量

移动电话用户 指通过移动电话交换机进入移动电话网、占用移动电话号码的各类电话用户。包括签约用户和智能网预付费用户。一个移动电话号码统计为一户。

互联网上网人数 指平均每周使用互联网至少 1 小时的中国公民人数。

本地电话用户 指接入本地电信运营商固定电话网上的电话用户。包括：住宅用户、单位用户、公用电话用户等。按电话用户位置又分为市内电话用户和农村电话用户。1997年以前，“市内电话用户”是指接入县城及县以上城市的电话网上的电话用户；“农村电话用户”是指接入县邮电局农话台及县以下农村电话交换点，以县城为中心(除市话用户外)联通县、乡(镇)、行政村、村民小组的用户。从 1997 年起，电话用户数分组调整为以用户所在区域划分为“城市电话用户”和“乡村电话用户”，与过去的按市内电话和农村电话划分方法不同。而电话用户总数、电话机总部数统计范围不变。

城市电话用户 指直辖市、省辖市、地级市、县级市的市区、市郊区及县城(包括县人民政府所在地的县城关区或行政建制相当于县人民政府所在地的镇)范围内接入局用交换机的电话用户数，包括分布在农村地区的独立工矿区、林区、驻军等电话用户数。

农村电话用户 指按行政区划属于城市范围以外的乡(镇)、村的电话用户数。

Explanatory Notes on Main Statistical Indicators

Length of Railways in Operation refers to the total length of the trunk line under passenger and freight transportation (including both full operation and temporary operation). The calculation is based on the actual length of the first line even if this line has a full or partial double track or more tracks, excluding double tracks, station sidings, tracks under the charge of stations, branch lines, special purpose lines and the non payable connecting lines. The length of railways in operation is an important indicator to show the development of the infrastructure for the railway transport, and also the essential data to calculate volume of passenger freight transport, traffic density and utilization efficiency of the locomotives and carriages.

Length of Highways refers to the length of highways which are built in conformity with the grades specified by the highway engineering standard formulated by the Ministry of Communications,and have been formally checked and accepted by the departments of highways and put into use. The length of highways includes that of the suburb highways at large and medium sized cities, highways passing through streets at small cities and towns, and also the length of bridges and ferries. It does not include the length of streets in big and medium sized cities and highways built for the production purpose at factories, mines, forest areas and agricultural areas. If two or more highways go the same section of the way, the length of the section is only calculated for once and no duplication is allowed. The length of highways is an important indicator to show the development of the highway construction and to provide essential information to calculate the transport network density.

Length of Navigable Inland Waterways it is an indicator reflecting the size and development of inland water network, it refers to the length of the natural rivers, lakes, reservoirs, canals, and ditches open to navigation during a given period, which enables the transport by ships and rafts. It includes the channels open to navigation for over an accumulative 3 months in a year, yet this does not include the river courses, which are only used to float odd logs and bamboo rafts. This indicator can reflect the scale, level and development situation of the inland waterway network.

Freight (Passenger) Traffic refers to the volume of freight (passenger) transported with various means. Freight transport is calculated in tons and passenger traffic is calculated in the number of persons. Despite the type of freight and traveling distance, the freight transport is calculated in the actual weight of the goods: and despite the traveling distance and ticket price, the passenger traffic is calculated by the principle that one person can be counted only once in one travel. The passengers who travel with a half price ticket or a child ticket is also calculated as one person. The freight (passenger) traffic provides a quantitative measure to show how the transport industry serves the national economy and people, and is also an important indicator for planning the transport industry and for studying the development scale and speed of the transport industry.

Freight Ton kilometers (Passenger kilometers) refer to the sum of the products of the volume of transported cargo (passengers) multiplying by the transport distance. It is an important indicator to reflect the achievement of transportation industry. Normally, the shortest distance between the departure station and the destination station (i.e., the payable distance) is the basis to calculate the freight ton kilometers. This is an important indicator to show the total results of the transport industry, to prepare and examine the transport plan and to measure the efficiency, the labour productivity and the unit cost of transport.The formula is as follows:

$$\begin{matrix}\text{Freight ton - kilometres}\\ \text{(passenger - kilometres)}\end{matrix} = \sum \begin{matrix}\text{freight}\\ \text{(passenger)traffic}\end{matrix} \times \begin{matrix}\text{distance of}\\ \text{transportation}\end{matrix}$$

Static Load of Freight Cars refers to the average cargo weight as loaded by each freight car under the static condition at the departure station. It is used to show the utilization extent of the loading capacity of the freight cars. The formula is:

$$\begin{matrix}\text{Static load (ton)}\\ \text{of freight car}\end{matrix} = \frac{\text{tonnage of goods dispatched}}{\text{number of freight cars loaded}}$$

Average Daily Haul of Freight Locomotives refers to the average total ton kilometers accomplished by each freight transport locomotive over day and night during a given period of time. It includes both the weight of the goods carried and the dead weight of the train itself. It is a comprehensive indicator reflecting the locomotive efficiency in terms of both time and the pulling force.

$$\begin{matrix}\text{Average daily haul of}\\ \text{freight transport locomotive}\\ \text{(ton - kilometre)}\end{matrix} = \frac{\begin{matrix}\text{Total ton - kilometres}\\ \text{of freight}\end{matrix}}{\begin{matrix}\text{Daily number of freight}\\ \text{transport locomotive}\end{matrix}}$$

Volume of Freight Handled in Major Coastal Ports refers to the volume of cargo passing in and out the harbor area of the major coastal ports and having been loaded and unloaded. The volume includes that of the postal matters, registered luggage and fuels, materials and fresh water as supplies of the ships. The volume of freight handled may be classified by direction of flow as freight for import and freight for export, or by nature of cargo as freight for domestic trade and freight for foreign trade. As an important indicator, the volume of freight handled by type of cargo and by main flow direction reflects the production capacity of ports.

Possession of Civil Motor Vehicles refer to the total

numbers of vehicles that are registered and received vehicles license tags according to the Work Standard for Motor Vehicles Registration formulated by transport management office under department of public security at the end of reference period. They are divided into following categories according to the structure of motor vehicles: passenger vehicles, trucks and others; and private vehicles and vehicles for units use according to ownerships; working vehicles and non working vehicles according to kind of usage; large passenger vehicles, medium passenger vehicles, small passenger vehicles and mini passenger vehicle, heavy trucks, light heavy trucks, light trucks and mini trucks according to sizes of vehicles.

Business Volume of Post and Telecommunications refers to the total amount of post and telecommunication services, expressed in value terms, provided by the post and telecommunications departments for the society. Post and telecommunication services can be classified as letters, parcels, remittance, issue of newspapers and magazines, fast mail service, express mail service, savings deposits, stamps for collection, public and individual telegraph service, facsimiles, long distance telephone service, leasing of telephone lines, urban paging service, mobile telephone service, data transfer and transmission, etc. The accounting approach is to multiply the service products of all types with their average unit price (constant price) to get sum of business value, plus income from other services such as leasing of telephone lines and equipment, maintenance of telephone switchboards and lines on behalf of customers. This indicator reflects the overall results of post and telecommunications service during a given period, and is important to study the composition of business service and the development of post and telecommunications service.

The formula is as follows:

Business volume of post and telecommunications

=∑(Transaction of post and telecommunication services ×price[constant price])

+Income from leasing, maintenance and other services

= business volume of postal service

+ business volume of telecommunications service

Mobile Telephone Subscribers refer to the persons who own mobile telephone numbers and are connected with the mobile telephone communication network through the mobile telephone switchboards, including contracted subscribers and pre paid subscribers for intelligent network. One mobile telephone is taken as a subscriber.

Internet Users refer to the number of Chinese citizens who use Internet at least for one hour each week.

Local Telephone Subscribers refer to subscribers that are connected to the local telecommunication service provider through fix line network, including household subscribers, institutional subscribers and public telephones. They are also classified as city subscribers and rural subscribers according to locations. Before 1997, city subscribers referred to those connected to city telephone networks in county towns and cities, while village subscribers referred to those connected to village telephone stations at and below counties. Since 1997, the classification of telephone subscribers was modified on the basis of physical location of the subscribers as urban telephone subscribers and rural telephone subscribers, which is different from the previous classification of categorizing local telephones and rural telephones, while the definition of total subscribers and total number of telephones remain unchanged.

Urban Telephone Subscribers refer to number of telephone subscribers, located at municipalities, cities under the jurisdiction of province, cities at prefecture level, downtown and suburb of city at county level town and county towns (including country towns where county government located, and towns of county level according to the administrative organizational system), that are connected to the public line telephone network, including rural mineral area, forest area, military area.

Rural Telephone Subscribers refer to telephone subscribers, located at counties (towns) and villages outside the range of cities according to administrative jurisdiction.

第17篇

批发和零售、住宿和餐饮业

Wholesale, Retail, Hotels and Catering Services

简 要 说 明

一、本篇资料的主要内容

本篇资料反映全省市场发展情况、批发和零售业、住宿和餐饮业经营情况和效益情况等，主要包括 2013 年批发和零售业商品流转情况及财务状况、住宿和餐饮业经营情况及财务状况、社会消费品零售总额等内容。

二、本篇资料的来源

本篇资料中除特别注明外，其余均来自 2013 年限额以上批发和零售业、住宿和餐饮业年报资料和 2013 年定期报表统计资料。

本篇资料由省统计局贸易外经处整理提供。

Brief Introduction

I. Content

Data in this chapter are supposed to show the development of Shandong's domestic market, wholesale and retail trade, hotels and catering services, mainly including the circulation of commodities in the wholesale and retail trade, the financial indices of related businesses and the total retail sales of consumer goods in 2013.

II. Source of Data

Except the data specifically noted, all data in this chapter are based on the annual report of wholesale, retail, hotels and catering services and periodic statistical statements of 2013.

Data in this chapter are prepared and compiled by the Division of Trade and External Economic Relations Statistics of Shandong Provincial Bureau of Statistics.

17-1 批发和零售业情况

Basic Conditions of Wholesale and Retail Trades

指　　标	Item	2011	2012	2013
批发和零售业	**Wholesale and Retail Trades**			
法人企业 (个)	Number of Corporation Enterprises (unit)	12026	13644	17134
年末从业人数 (万人)	Engaged Persons at Year-end (10 000 persons)	81	87	102
商品购进额 (亿元)	Total Purchases (100 million yuan)	18306.3	22845.8	27460.6
#进口额 (亿元)	Imports (100 million yuan)	819.8	1135.8	1337.5
商品销售额 (亿元)	Total Sale (100 million yuan)	20586.7	24366.9	31193.4
#出口额 (亿元)	Exports (100 million yuan)	712.4	1000.2	998.5
期末商品库存额 (亿元)	Total Stock at Year-end (100 million yuan)	1208.7	1353.8	1901.5
批发业	**Wholesalel Trade**			
法人企业 (个)	Number of Corporation Enterprises (unit)	5237	6398	8431
年末从业人数 (万人)	Engaged Persons at Year-end (10 000 persons)	29	34	41
商品购进额 (亿元)	Total Purchases (100 million yuan)	12244.8	15784.5	19379.9
#进口额 (亿元)	Imports (100 million yuan)	758.5	1052.8	1255.5
商品销售额 (亿元)	Total Sales (100 million yuan)	13926.1	16786.2	22074.2
#出口额 (亿元)	Exports (100 million yuan)	708.9	997.4	994.4
期末商品库存额 (亿元)	Total Stock at Year-end (100 million yuan)	702.6	773.5	982.4
零售业	**Retail Trade**			
法人企业 (个)	Number of Corporation Enterprises (unit)	6789	7246	8703
年末从业人数 (万人)	Engaged Persons at Year-end (10 000 persons)	52	53	61
商品购进额 (亿元)	Total Purchases (100 million yuan)	6061.5	7061.3	8080.7
#进口额 (亿元)	Imports (100 million yuan)	61.0	83.0	82.0
商品销售额 (亿元)	Total Sales (100 million yuan)	6660.6	7580.7	9119.2
#出口额 (亿元)	Exports (100 million yuan)	3.6	2.9	4.1
期末商品库存额 (亿元)	Total Stock at Year-end (100 million yuan)	506.1	580.4	919.1
年末零售营业面积 (万平方米)	Business Area of Retail at Year-end (10 000 sq.m)	2350	2490	2894

17-2 限额以上批发和零售业商品购进、销售、库存总额(2013年)

单位:万元

指标名称	Indicator	法人单位(个) Corporate Unit (unit)
总　　计	**Total**	**17134**
一、批发业	**Wholesale Trade**	**8431**
1.按登记注册类型分	by Status of Registration	
内　资	Domestic Funded Enterprises	8319
国　有	State-owned	143
集　体	Collective-owned	87
股份合作	Cooperative	14
联营企业	Joint Ownership	5
国有联营	State Joint Ownership	1
集体联营	Collective Joint Ownership	2
国有与集体联营	Joint State-collective	1
其他联营	Other Joint Ownership	1
有限责任公司	Limited Liability Corporations	1953
国有独资公司	State Sole Funded Corporations	46
其他有限责任公司	Other Limited Liability Corporations	1907
股份有限公司	Share-holding Corporations Ltd.	143
私营企业	Private Enterprises	5631
私营独资	Private-funded Enterprises	178
私营合伙	Private Partnership Enterprises	7
私营有限责任公司	Private Limited Liability Corporations	5311
私营股份有限公司	Private Share-holding Corporations Ltd.	135
其　他	Others	343
港澳台商投资企业	Enterprises with Funds from Hong Kong,Macao and Taiwan	36
与港澳台商合资经营	Joint-venture	7
与港澳台商合作经营	Cooperative	1
港澳台商独资	Sole Investment	28
港澳台商独资股份有限公司	Share-holding Corporations Ltd. with Sole Investment	
其他港澳台投资企业	Others	
外商投资企业	Foreign Funded Enterprises	76
中外合资经营	Joint-venture	14
中外合作经营	Cooperative	3
外资企业	Sole Foreign Investment	57
外商投资股份有限公司	Share-holding Corporations Ltd. with Foreign Investment	1
其他外商投资企业	Others	1
2.按国民经济行业分	by Sector	
农、林、牧产品批发业	Wholesale of Farm Produce and Livestock Products	721
食品、饮料及烟草制品批发	Wholesale of Food, Beverages and Tobaccos	1078
纺织、服装及家庭用品批发	Wholesale of Textiles, Garments and Daily Consumer Articles	477
文化、体育用品及器材批发	Wholesale of Culture, Sports Appliances and Equipments	148
医药及医疗器材批发	Wholesale of Medicines and Medical Appliances	276
矿产品、建材及化工产品批发	Wholesale of Mineral Products, Building Materials and Chemical Products	4352
机械设备、五金产品及电子产品批发	Wholesale of Machinery, Hardware and Electronic Equipment	1049
贸易经纪与代理	Trade Broker and Agency	53
其他批发业	Other Wholesale not Classified Elsewhere	277

Total Purchases,Sales and Inventory of Enterprises above Designated Size of Wholesale and Retail Trades(2013)

(10 000 yuan)

购进总额		销售总额 Total Sale Value				年末库存总额
Total Purchases Value	#进口 Import	合计 Total	批发 Wholesale	#出口 Export	零售 Retail	Inventory (year-end)
274605988	**13374982**	**311934042**	**210598446**	**9985372**	**101335597**	**19015212**
193799042	**12555443**	**220741893**	**201115899**	**9943972**	**19625994**	**9823834**
191809138	12338211	217543591	198322335	9092287	19221256	9633388
19840468	53565	21393709	19669634	906371	1724075	804884
1889701	1591	3089798	2581546	620212	508251	142100
136818		179231	121570		57662	18779
1511687	8173	1527643	1428521		99121	14186
1360054	8173	1357193	1357193			10194
26720		25366	25366			2794
120220		140555	42333		98222	1025
4693		4528	3629		899	173
78390145	7280718	91941036	87467055	3792396	4473981	3710037
8148530	875257	10217749	10160816	151067	56932	513581
70241615	6405462	81723287	77306239	3641329	4417049	3196456
10508587	688349	12990400	8428206	196846	4562194	457494
75166009	4194004	81392140	74248583	3563404	7143557	4345676
1332933	1097	1442716	1250929		191787	33654
75587		75942	75162		780	187
70932400	3290304	76521291	69974674	3492880	6546617	4210723
2825090	902604	3352191	2947818	70523	404373	101113
4365724	111812	5029634	4377220	13059	652414	140232
939566	26936	1876756	1646456	683972	230300	117569
89466	6978	225175	123642	3981	101534	22838
226974		226775	157512		69264	198
623126	19958	1424806	1365303	679991	59503	94532
1050339	190295	1321546	1147108	167713	174438	72878
151819	19342	310967	301209	24019	9758	31695
195110	893	200888	187912	194	12976	9396
673922	170060	759930	627019	143500	132911	30867
3331		3267	3071		196	754
26158		46495	27897		18598	166
7740963	348217	8336532	8018215	114708	318318	634630
23676821	841428	28200509	24759440	531123	3441069	2029583
12873606	623932	14859804	13622678	2783603	1237126	917629
4362649	30412	4936094	4209735	66301	726359	473398
7336043	35366	8060931	7002373	22173	1058558	553431
114509681	8610376	129336398	118563417	3263602	10772981	3976793
16389220	498601	19313845	18103084	2867730	1210760	877217
1722898	877427	1997262	1822814	82112	174448	157304
5187162	689684	5700517	5014144	212620	686374	203849

17-2 续表

单位:万元

指 标 名 称	Indicator	法人单位(个) Corporate Unit (unit)
二、零售业	**Retail Trade**	**8703**
1.按登记注册类型分	by Status of Registration	
内 资	Domestic Funded Enterprises	8592
国 有	State-owned	106
集 体	Collective-owned	332
股份合作	Cooperative	31
联营企业	Joint Ownership	19
国有联营	State Joint Ownership	1
集体联营	Collective Joint Ownership	15
国有与集体联营	Joint State-collective	2
其他联营	Other Joint Ownership	1
有限责任公司	Limited Liability Corporations	2194
国有独资公司	State Sole Funded Corporations	32
其他有限责任公司	Other Limited Liability Corporations	2162
股份有限公司	Share-holding Corporations Ltd.	248
私营企业	Private Enterprises	5500
私营独资	Private-funded Enterprises	764
私营合伙	Private Partnership Enterprises	24
私营有限责任公司	Private Limited Liability Corporations	4544
私营股份有限公司	Private Share-holding Corporations Ltd.	168
其 他	Others	162
港澳台商投资企业	Enterprises with Funds from Hong Kong,Macao and Taiwan	56
与港澳台商合资经营	Joint-venture	12
与港澳台商合作经营	Cooperative	1
港澳台商独资	Sole Investment	37
港澳台商独资股份有限公司	Share-holding Corporations Ltd. with Sole Investment	4
其他港澳台投资企业	Others	2
外商投资企业	Foreign Funded Enterprises	55
中外合资经营	Joint-venture	12
中外合作经营	Cooperative	4
外资企业	Sole Foreign Investment	37
外商投资股份有限公司	Share-holding Corporations Ltd. With Foreign Investment	2
其他外商投资企业	Others	
2.按国民经济行业分	by Sector	
综合零售	Integrated Retail	1363
食品、饮料及烟草制品专门零售	Retail of Food, Beverages and Tobaccos	752
纺织、服装及日用品专门零售	Special Retail of Textiles, Garments and Daily Consumer Articles	510
文化、体育用品及器材专门零售	Retail of Culture, Sports Appliances and Equipments	284
医药及医疗器材专门零售业	Retail of Medicines and Medical Appliances	441
汽车、摩托车、燃料及零配件专门零	Retail of Motor Vehicles, Motorcycles,Fuel and Parts	3033
家用电器及电子产品专门零售业	Special Retail of Household Electric Appliances and Electronic Products	1015
五金、家具及室内装修材料专门零售	Special Retail of Hardware, Furniture and Decoration Materials	821
货摊、无店铺及其他零售业	Non-shop and Other Retails	484

continued

(10 000 yuan)

购进总额 Total Purchases Value	#进口 Import	销售总额 Total Sale Value 合计 Total	批发 Wholesale	#出口 Export	零售 Retail	年末库存总额 Inventory (year-end)
80806945	**819539**	**91192149**	**9482547**	**41401**	**81709603**	**9191378**
77264537	753647	87067593	8553168	41401	78514425	8722068
1080622	585	1144881	113528	397	1031352	55737
3560226		3658369	549135		3109234	106486
283199		294528	919		293609	20194
148899		155110	20522		134588	6344
7254		10434			10434	188
109043		111079	7615		103464	5335
26697		28308	11232		17076	205
5905		5290	1675		3615	615
28460872	452387	30975567	2870824	13977	28104743	2622298
421060		457644	69203	3419	388441	15646
28039812	452387	30517923	2801621	10558	27716302	2606652
9593868	28888	14002883	1799446		12203437	599022
32318101	268476	34882331	2789341	27027	32092990	5137678
2638043	33301	2785833	129307	3	2656527	105218
110082		110511	12844		97667	5569
27994176	234495	30280751	2543934	25077	27736817	2311679
1575799	681	1705236	103257	1947	1601979	2715212
1818751	3312	1953924	409452		1544472	174308
1476416	29815	1789106	91365		1697741	224853
259767	3300	312307	36235		276072	50230
15852		15740	4373		11368	112
1092764	26515	1355570	50757		1304813	159369
73144		70338			70338	12062
34889		35150			35150	3080
2065993	36077	2335451	838014		1497437	244457
609510		697386	41319		656067	58539
888331		997328	791369		205959	130319
529432	36077	593932	5326		588606	55271
38720		46805			46805	328
24376457	2398	28941711	2706520		26235191	1958844
2776515	3847	3071771	363999	15474	2707771	144695
3216699	21830	3858237	502161	1846	3356076	393176
1300421	974	1527632	151831	3416	1375801	221704
3867824	5207	4202194	1139240		3062954	373047
31709749	764145	34840197	2768566	17528	32071631	2547828
6429460	13253	6611880	692377	95	5919503	3079004
4037344	2118	4696089	459751	303	4236339	346435
3092477	5768	3442440	698102	2739	2744338	126645

17–3 限额以上批发和零售业企业财务状况(2013年)

单位:万元

指标名称	Indicator	企业数(个) Number of Enterprises (unit)
总　计	**Total**	**17134**
一、批发业	**Wholesale Trade**	**8431**
1.按登记注册类型分	by Status of Registration	
内　资	Domestic Funded Enterprises	8319
国　有	State-owned	143
集　体	Collective-owned	87
股份合作	Cooperative	14
联营企业	Joint Ownership	5
国有联营	State Joint Ownership	1
集体联营	Collective Joint Ownership	2
国有与集体联营	Joint State-collective	1
其他联营	Other Joint Ownership	1
有限责任公司	Limited Liability Corporations	1953
国有独资公司	State Sole Funded Corporations	46
其他有限责任公司	Other Limited Liability Corporations	1907
股份有限公司	Share-holding Corporations Ltd.	143
私营企业	Private Enterprises	5631
私营独资	Private-funded Enterprises	178
私营合伙	Private Partnership Enterprises	7
私营有限责任公司	Private Limited Liability Corporations	5311
私营股份有限公司	Private Share-holding Corporations Ltd.	135
其　他	Others	343
港澳台商投资企业	Enterprises with Funds from Hong Kong,Macao and Taiwan	36
与港澳台商合资经营	Joint-venture	7
与港澳台商合作经营	Cooperative	1
港澳台商独资	Sole Investment	28
港澳台商独资股份有限公司	Share-holding Corporations Ltd. with Sole Investment	
其他港澳台投资企业	Others	
外商投资企业	Foreign Funded Enterprises	76
中外合资经营	Joint-venture	14
中外合作经营	Cooperative	3
外资企业	Sole Foreign Investment	57
外商投资股份有限公司	Share-holding Corporations Ltd. with Foreign Investment	1
其他外商投资企业	Others	1
2.按国民经济行业分	by Sector	
农、林、牧产品批发业	Wholesale of Farm Produce and Livestock Products	721
食品、饮料及烟草制品批发	Wholesale of Food, Beverages and Tobaccos	1078
纺织、服装及家庭用品批发	Wholesale of Textiles, Garments and Daily Consumer Articles	477
文化、体育用品及器材批发	Wholesale of Culture, Sports Appliances and Equipments	148
医药及医疗器材批发	Wholesale of Medicines and Medical Appliances	276
矿产品、建材及化工产品批发	Wholesale of Mineral Products, Building Materials and Chemical Products	4352
机械设备、五金产品及电子产品批发	Wholesale of Machinery, Hardware and Electronic Equipment	1049
贸易经纪与代理	Trade Broker and Agency	53
其他批发业	Other Wholesale not Classified Elsewhere	277

Financial Indicators of Enterprises above Designated Size of Wholesale and Retail Trades(2013)

(10 000 yuan)

年末资产负债 Assets and Liabilities at Year-end						损益及分配 Losses,Profits and Distribution	
流动资产合计 Total Working Capitals	固定资产原价 Original Value of Fixed Assets	本年折旧 Depreciation in the Year	资产合计 Total Assests	负债合计 Total Liabilities	所有者权益合计 Total Owner's Equities	营业收入合计 Business Revenue	主营业务收入 Revenue from Principal Business
83065439	**20940303**	**1312457**	**113289279**	**82805730**	**30483549**	**294051241**	**291061687**
59626176	**10838651**	**634513**	**77104644**	**56821808**	**20282836**	**210751695**	**208640296**
58176036	10650657	615096	75323065	55922337	19400728	207794858	205696521
3529143	656802	36153	4432844	2807451	1625393	18974361	18834316
1210177	94476	3136	1393049	1278473	114576	2910113	2906889
50533	18835	1108	70900	46710	24190	158992	157536
115465	25849	1378	174416	156365	18051	1331580	1327456
101590	8170	623	117569	104637	12931	1159994	1159994
10321	10539	80	32184	29079	3105	27694	23572
3395	5603	482	22562	22562		139391	139388
159	1537	194	2102	87	2014	4502	4502
29292344	2700368	169636	33939257	28166771	5772486	84441073	83071993
1411958	370485	20754	2027627	915543	1112084	9117934	8994015
27880387	2329883	148882	31911630	27251228	4660402	75323139	74077978
2756399	1659743	82792	5331004	3114063	2216941	20265220	20033454
20612259	5213131	304633	28938636	19700434	9238202	74751857	74437919
110689	112554	5234	284384	97025	187359	1337053	1325714
1303	1886	192	5051	1793	3258	75672	75491
19740548	4947196	291013	27269726	18596326	8673400	70133947	69838090
759719	151495	8195	1379474	1005289	374185	3205186	3198625
609715	281453	16260	1042960	652070	390890	4961662	4926957
828387	109620	12720	1055860	589614	466247	1712841	1704216
57113	40085	1518	80132	53134	26998	207098	205117
115903	23491	3683	139536	29670	109866	153820	153820
655372	46044	7518	836192	506809	329383	1351923	1345279
621753	78375	6697	725719	309858	415861	1243996	1239559
296583	26836	2217	320252	98377	221876	289454	289165
44472	17204	1984	54094	37547	16547	200006	200006
256450	33263	2438	326425	165107	161319	710326	706178
54	175	14	340	104	236	3064	3064
24194	897	46	24607	8723	15884	41146	41146
2531938	892348	45354	3897816	2390860	1506956	7904773	7868687
6381264	2266869	144038	9057042	4786150	4270892	25595895	25461060
4178407	473217	31254	5130983	3865401	1265582	13520181	13449989
1752844	275045	13410	2192106	1685414	506692	4419108	4341948
3085833	258718	19288	3688780	3086495	602286	7101734	7068715
33663694	5405499	305076	43286443	33678510	9607933	127133264	125543880
6140960	901581	52394	7303472	5426172	1877301	17813710	17693696
696353	36489	2448	847365	719008	128357	1959165	1949139
1194884	328885	21251	1700637	1183799	516838	5303866	5263182

17-3 续表 1

单位:万元

指标名称	Indicator	企业数(个) Number of Enterprises (unit)
二、零售业	**Retail Trade**	**8703**
1.按登记注册类型分	by Status of Registration	
内　资	Domestic Funded Enterprises	8592
国　有	State-owned	106
集　体	Collective-owned	332
股份合作	Cooperative	31
联营企业	Joint Ownership	19
国有联营	State Joint Ownership	1
集体联营	Collective Joint Ownership	15
国有与集体联营	Joint State-collective	2
其他联营	Other Joint Ownership	1
有限责任公司	Limited Liability Corporations	2194
国有独资公司	State Sole Funded Corporations	32
其他有限责任公司	Other Limited Liability Corporations	2162
股份有限公司	Share-holding Corporations Ltd.	248
私营企业	Private Enterprises	5500
私营独资	Private-funded Enterprises	764
私营合伙	Private Partnership Enterprises	24
私营有限责任公司	Private Limited Liability Corporations	4544
私营股份有限公司	Private Share-holding Corporations Ltd.	168
其　他	Others	162
港澳台商投资企业	Enterprises with Funds from Hong Kong,Macao and Taiwan	56
与港澳台商合资经营	Joint-venture	12
与港澳台商合作经营	Cooperative	1
港澳台商独资	Sole Investment	37
港澳台商独资股份有限公司	Share-holding Corporations Ltd. with Sole Investment	4
其他港澳台投资企业	Others	2
外商投资企业	Foreign Funded Enterprises	55
中外合资经营	Joint-venture	12
中外合作经营	Cooperative	4
外资企业	Sole Foreign Investment	37
外商投资股份有限公司	Share-holding Corporations Ltd. With Foreign Investment	2
其他外商投资企业	Others	
2.按国民经济行业分	by Sector	
综合零售	Integrated Retail	1363
食品、饮料及烟草制品专门零售	Retail of Food, Beverages and Tobaccos	752
纺织、服装及日用品专门零售	Special Retail of Textiles, Garments and Daily Consumer Articles	510
文化、体育用品及器材专门零售	Retail of Culture, Sports Appliances and Equipments	284
医药及医疗器材专门零售业	Retail of Medicines and Medical Appliances	441
汽车、摩托车、燃料及零配件专门零售	Retail of Motor Vehicles, Motorcycles,Fuel and Parts	3033
家用电器及电子产品专门零售业	Special Retail of Household Electric Appliances and Electronic Products	1015
五金、家具及室内装修材料专门零售	Special Retail of Hardware, Furniture and Decoration Materials	821
货摊、无店铺及其他零售业	Non-shop and Other Retails	484

continued

(10 000 yuan)

年末资产负债 Assets and Liabilities at Year-end						损益及分配 Losses,Profits and Distribution	
流动资产合计 Total Working Capitals	固定资产原价 Original Value of Fixed Assets	本年折旧 Depreciation in the Year	资产合计 Total Assests	负债合计 Total Liabilities	所有者权益合计 Total Owner's Equities	营业收入合计 Business Revenue	#主营业务收入 Revenue from Principal Business
23439263	**10101652**	**677944**	**36184635**	**25983922**	**10200713**	**83299546**	**82421391**
22165325	9502201	617372	34380007	24644704	9735303	79618388	78804217
218057	99653	6248	337753	295090	42663	1096999	1092746
386596	333334	19950	760613	402992	357622	3452542	3436026
50595	39465	1740	95157	53906	41251	285855	277474
25921	16635	2489	45758	26684	19074	143412	141148
1738	5029	2176	4756	4812	-55	8899	8772
20053	6674	198	33339	20459	12880	104113	101976
4041	4780	93	7463	1288	6174	25115	25115
90	153	23	200	125	75	5285	5285
8617311	3619377	231526	13231320	9938476	3292844	28405927	28092784
35761	77063	4140	102753	45577	57176	418815	414326
8581550	3542315	227386	13128567	9892899	3235668	27987112	27678458
4973656	1821503	116325	7858463	5995976	1862487	12474711	12265155
7671500	3366276	227267	11590354	7696517	3893837	32026839	31791209
295072	308423	20222	589094	270571	318524	2617978	2607566
12487	11619	836	21879	8584	13296	98806	98663
7068980	2840723	193887	10444767	7048391	3396376	27724053	27503997
294961	205511	12322	534614	368971	165642	1586002	1580983
221690	205958	11828	460589	235064	225525	1732103	1707675
420009	292597	31700	682443	462761	219682	1637393	1612790
89911	44201	3246	130911	107605	23306	292744	286160
1620	2474	62	3707	2463	1244	15740	15740
294582	214472	25838	485186	276724	208461	1228650	1211220
20274	24737	2193	42843	66302	-23460	66079	66079
13621	6714	360	19797	9667	10130	34181	33592
853929	306854	28873	1122186	876457	245729	2043764	2004383
227098	140777	8762	349919	221648	128271	603746	580907
384754	62402	4627	416935	332529	84405	869066	862399
233044	88266	14326	332735	316086	16649	527842	517968
9033	15408	1157	22597	6193	16404	43110	43110
8702100	4661434	284074	14643484	11024499	3618985	26083996	25658959
550281	450201	25714	1044726	558431	486295	2869882	2855326
691829	307953	29993	1008290	602565	405724	3570068	3561106
458431	192438	10614	682896	414064	268832	1412652	1398080
1612410	325360	22236	2051008	1552009	498999	3723782	3712147
8031090	2597201	202057	11294352	8364553	2929798	32278153	32036574
1406240	487004	39386	2032696	1389337	643359	5993524	5911597
924573	649075	37724	1713575	918595	794981	4117081	4088228
1062308	430987	26146	1713607	1159869	553739	3250408	3199375

17-3 续表 2

单位:万元

指标名称	Indicator	主营业务成本 Cost of Principal Business
总计	**Total**	**260417593**
一、批发业	**Wholesale Trade**	**189245816**
1.按登记注册类型分	by Status of Registration	
内资	Domestic Funded Enterprises	186686123
国有	State-owned	16774193
集体	Collective-owned	2569222
股份合作	Cooperative	137852
联营企业	Joint Ownership	1300200
国有联营	State Joint Ownership	1152642
集体联营	Collective Joint Ownership	22993
国有与集体联营	Joint State-collective	120669
其他联营	Other Joint Ownership	3896
有限责任公司	Limited Liability Corporations	76355118
国有独资公司	State Sole Funded Corporations	7934463
其他有限责任公司	Other Limited Liability Corporations	68420656
股份有限公司	Share-holding Corporations Ltd.	18843679
私营企业	Private Enterprises	66272645
私营独资	Private-funded Enterprises	1040830
私营合伙	Private Partnership Enterprises	68189
私营有限责任公司	Private Limited Liability Corporations	62473044
私营股份有限公司	Private Share-holding Corporations Ltd.	2690583
其他	Others	4433214
港澳台商投资企业	Enterprises with Funds from Hong Kong,Macao and Taiwan	1521055
与港澳台商合资经营	Joint-venture	187410
与港澳台商合作经营	Cooperative	115233
港澳台商独资	Sole Investment	1218412
港澳台商独资股份有限公司	Share-holding Corporations Ltd. with Sole Investment	
其他港澳台投资企业	Others	
外商投资企业	Foreign Funded Enterprises	1038639
中外合资经营	Joint-venture	202088
中外合作经营	Cooperative	173015
外资企业	Sole Foreign Investment	631347
外商投资股份有限公司	Share-holding Corporations Ltd. with Foreign Investment	2563
其他外商投资企业	Others	29625
2.按国民经济行业分	by Sector	
农、林、牧产品批发业	Wholesale of Farm Produce and Livestock Products	6808996
食品、饮料及烟草制品批发	Wholesale of Food, Beverages and Tobaccos	20362760
纺织、服装及家庭用品批发	Wholesale of Textiles, Garments and Daily Consumer Articles	12284406
文化、体育用品及器材批发	Wholesale of Culture, Sports Appliances and Equipments	3899328
医药及医疗器材批发	Wholesale of Medicines and Medical Appliances	6511291
矿产品、建材及化工产品批发	Wholesale of Mineral Products, Building Materials and Chemical Products	116761736
机械设备、五金产品及电子产品批发	Wholesale of Machinery, Hardware and Electronic Equipment	16078315
贸易经纪与代理	Trade Broker and Agency	1800854
其他批发业	Other Wholesale not Classified Elsewhere	4738130

continued

(10 000 yuan)

损益及分配 Losses,Profits and Distribution							工资、福利、增值税 Wages,Welfare and Value Added Tax	
主营业务税金及附加 Taxes and Other Charges on Principal Business	营业费用 Expenses on Business	管理费用 Expenses on Management	财务费用 Expenses on Finance	营业利润 Profits from Business	利润总额 Total Profits	应交所得税 Income Tax Payable	本年应付工资总额 Total Wages Payable	本年应交增值税 Value Added Tax Payable
2528262	**7483087**	**5213906**	**1731444**	**14538748**	**13715649**	**1951599**	**4464846**	**4838473**
1698453	**4124207**	**2980870**	**1085847**	**9800532**	**9078900**	**1255595**	**2216369**	**3070902**
1683057	3989518	2905442	1073535	9649496	8948797	1244923	2153829	3045375
418257	309211	393485	59402	911568	834425	135617	215237	396079
10978	76514	80287	9116	164014	156095	9471	42033	13160
734	4665	4200	1189	10619	3621	830	3795	1091
408	21224	2550	5494	-176	-329	216	3349	4186
116	1192	884	4004	760	760	195	811	887
178	485	761	1310	-1476	-1514	22	465	2041
102	19407	800	89	282	232		2000	1242
11	140	106	91	259	193		73	16
608034	1489552	943946	407115	3408618	3072581	480583	752345	1068785
200095	132937	222149	2987	524397	509713	99740	162633	176178
407939	1356616	721797	404128	2884221	2562867	380843	589712	892607
28559	495743	232137	36863	403406	373265	48350	291921	248066
591308	1531198	1203365	538422	4405260	4162498	540495	804265	1204857
27038	31555	25603	7433	197731	184685	17752	17989	41739
514	357	392	222	5997	5997	34	651	143
499555	1427308	1124084	510004	3899937	3680337	489211	748169	1114299
64201	71977	53287	20764	301595	291479	33498	37456	48676
24778	61412	45470	15934	346186	346643	29361	40884	109153
8670	75502	40253	11403	49893	49868	2869	37949	8865
769	6025	2849	938	9346	10387	1707	5845	2450
701	10615	12351	601	14319	13892	141	14324	
7200	58862	25053	9865	26228	25590	1021	17780	6416
6726	59188	35176	909	101144	80234	7803	24592	16661
4327	25390	8871	-1454	49860	47338	2336	7414	6236
233	3865	1995	641	20374	678	131	6786	2408
1954	25653	20936	1587	26890	28197	4547	10043	7034
24	83	83	34	277	277	40	128	32
188	4197	3292	101	3743	3743	749	221	951
55979	142051	128816	73663	671375	661618	49634	93784	96440
717394	871653	859005	80497	2647852	2638180	456732	680197	716486
52958	407674	168807	25819	546914	543427	63186	164278	131491
14015	128336	94349	-9381	226808	213210	14411	103420	50524
17404	233841	117087	44909	153814	131302	23954	98579	149294
682965	1826495	1229801	710356	4468296	3941630	531533	783930	1654860
117572	378356	282560	111913	733271	715203	84787	237103	183299
6474	52084	15806	14469	66778	69007	7268	13555	16855
33693	83718	84640	33604	285425	165324	24090	41525	71654

17-3 续表 3

单位：万元

指 标 名 称	Indicator	主营业务成本 Cost of Principal Business
二、零售业	**Retail Trade**	**71171777**
1.按登记注册类型分	by Status of Registration	
内 资	Domestic Funded Enterprises	68053621
国 有	State-owned	866150
集 体	Collective-owned	2791076
股份合作	Cooperative	231757
联营企业	Joint Ownership	116173
国有联营	State Joint Ownership	7473
集体联营	Collective Joint Ownership	84780
国有与集体联营	Joint State-collective	19688
其他联营	Other Joint Ownership	4232
有限责任公司	Limited Liability Corporations	24403445
国有独资公司	State Sole Funded Corporations	322247
其他有限责任公司	Other Limited Liability Corporations	24081198
股份有限公司	Share-holding Corporations Ltd.	11075738
私营企业	Private Enterprises	27063794
私营独资	Private-funded Enterprises	2063334
私营合伙	Private Partnership Enterprises	83587
私营有限责任公司	Private Limited Liability Corporations	23588248
私营股份有限公司	Private Share-holding Corporations Ltd.	1328625
其 他	Others	1505488
港澳台商投资企业	Enterprises with Funds from Hong Kong,Macao and Taiwan	1370987
与港澳台商合资经营	Joint-venture	255181
与港澳台商合作经营	Cooperative	9999
港澳台商独资	Sole Investment	1019012
港澳台商独资股份有限公司	Share-holding Corporations Ltd. with Sole Investment	56263
其他港澳台投资企业	Others	30534
外商投资企业	Foreign Funded Enterprises	1747169
中外合资经营	Joint-venture	475640
中外合作经营	Cooperative	784408
外资企业	Sole Foreign Investment	453987
外商投资股份有限公司	Share-holding Corporations Ltd. with Foreign Investment	33134
其他外商投资企业	Others	
2.按国民经济行业分	by Sector	
综合零售	Integrated Retail	21858179
食品、饮料及烟草制品专门零售	Retail of Food, Beverages and Tobaccos	2265138
纺织、服装及日用品专门零售	Special Retail of Textiles, Garments and Daily Consumer Articles	2896652
文化、体育用品及器材专门零售	Retail of Culture, Sports Appliances and Equipments	1156111
医药及医疗器材专门零售业	Retail of Medicines and Medical Appliances	3091716
汽车、摩托车、燃料及零配件专门零售	Retail of Motor Vehicles, Motorcycles,Fuel and Parts	29011469
家用电器及电子产品专门零售业	Special Retail of Household Electric Appliances and Electronic Products	5015446
五金、家具及室内装修材料专门零售	Special Retail of Hardware, Furniture and Decoration Materials	3203066
货摊、无店铺及其他零售业	Non-shop and Other Retails	2674000

continued

(10 000 yuan)

损益及分配 Losses,Profits and Distribution							工资、福利、增值税 Wages,Welfare and Value Added Tax	
主营业务税金及附加 Taxes and Other Charges on Principal Business	营业费用 Expenses on Business	管理费用 Expenses on Management	财务费用 Expenses on Finance	营业利润 Profits from Business	利润总额 Total Profits	应交所得税 Income Tax Payable	本年应付工资总额 Total Wages Payable	本年应交增值税 Value Added Tax Payable
829810	**3358880**	**2233036**	**645597**	**4738216**	**4636749**	**696004**	**2248477**	**1767572**
812195	3061803	2069692	631994	4659979	4568281	668457	2112603	1680531
15215	26595	39103	4128	58818	87273	15933	45571	28963
35223	91008	94539	23447	409085	393420	51057	64581	84019
3329	17005	7366	1707	21741	7900	1134	11453	3305
3373	2625	1970	763	14197	12473	1324	4608	4876
73	525	495	-1	331	334		436	1362
2087	1885	1166	638	9250	8621	782	3848	2425
1053	163	104	83	4024	2926	482	291	1084
160	53	205	44	592	592	60	33	6
263173	1362562	753307	223764	1350839	1356988	218965	864527	620341
3600	10544	7508	1000	72941	72822	4474	11062	44041
259573	1352018	745799	222764	1277898	1284166	214491	853466	576300
69936	496849	302556	94749	382726	389174	43473	282942	207103
416537	987957	841275	275928	2325470	2226149	323404	773197	710680
49868	74710	68862	20866	335128	324315	44475	58452	64865
1956	2159	2248	1039	7796	7797	1120	1982	2141
321366	863945	735797	240810	1859047	1772787	259983	682208	611861
43346	47143	34369	13213	123500	121250	17826	30555	31814
11246	77204	29577	7509	97104	94903	13168	65725	21246
7388	174821	38306	9898	40139	42523	11058	71279	51287
798	19126	8413	4553	4688	4037	1933	8721	6383
1809	820	1514	718	880	880		46	392
4540	138266	26430	3806	37641	40541	8862	57259	41911
155	13831	1271	748	-3104	-2979	230	4399	2167
86	2778	678	73	33	45	34	854	435
10227	122256	125038	3704	38099	25945	16489	64595	35754
3971	45336	70162	-2251	2619	2277	3002	34846	12184
2126	29694	25290	-2062	34471	34385	8752	11716	6168
2864	45003	28262	7912	-4049	-15776	3067	16674	13820
1266	2223	1324	106	5058	5058	1669	1358	3582
310410	1503289	912838	211309	1257493	1253124	197825	963693	465898
47733	114317	83836	25048	319302	293677	37131	85065	69260
37775	184673	113770	17334	318243	313313	52209	125106	85010
17856	58044	63894	12046	99682	99603	15489	63100	30195
28209	204618	134735	29310	229688	201118	38228	124265	109141
196023	832957	584809	247764	1261998	1255927	180835	569906	658024
63898	229060	141479	28762	480679	434582	74942	131468	114727
87939	144419	112783	40642	478957	492136	61840	128658	108704
39968	87503	84893	33380	292173	293269	37506	57216	126612

17-4 各市限额以上批发和零售业商品购进、销售、库存总额(2013年)

Total Purchases,Sales and Inventory of Enterprises above Designated Size of Wholesale and Retail Trades by Region(2013)

单位：亿元 (100 million yuan)

地区	Region	法人单位(个) Corporate Unit (unit)	年末从业人数(万人) Persons Employed at Year-end (10 000 person)	购进总额 Total Purchases Value	#进口 Import	销售总额 Total Sale Value 合计 Total	批发 Wholesale	出口 Export	零售 Retail	年末库存总额 Inventory (year-end)
全省总计	**Total**	**17134**	**102.2**	**27460.6**	**1337.5**	**31193.4**	**21059.8**	**998.5**	**10133.6**	**1901.5**
济南市	Jinan	1819	13.9	3780.2	64.3	4209.2	3033.4	187.2	1175.7	298.9
青岛市	Qingdao	1650	10.9	4643.6	627.7	5620.7	4491.5	509.1	1129.1	288.2
淄博市	Zibo	761	5.5	1576.5	85.3	1844.7	1091.7	4.2	753.0	335.9
枣庄市	Zaozhuang	772	3.7	689.3	1.5	739.7	525.6	1.1	214.1	27.5
东营市	Dongying	440	3.8	1021.8	51.5	1056.8	695.5	79.1	361.3	116.5
烟台市	Yantai	1264	7.5	2337.5	69.3	2577.6	1739.9	49.7	837.8	124.6
潍坊市	Weifang	2218	12.6	2211.3	21.2	2718.7	1834.6	72.1	884.1	151.1
济宁市	Jining	1147	7.1	1605.0	9.8	1818.7	1104.4	10.6	714.3	70.2
泰安市	Tai'an	1176	5.5	1889.9	0.1	2128.7	1432.3	0.9	696.5	88.0
威海市	Weihai	434	3.4	883.1	56.2	963.9	402.6	15.3	561.4	43.8
日照市	Rizhao	190	1.9	1504.8	258.3	1563.4	1367.4	19.4	195.9	63.0
莱芜市	Laiwu	250	1.2	243.4	12.0	288.2	205.7	1.5	82.5	22.9
临沂市	Linyi	1204	7.7	1829.0	46.2	2037.8	942.8	30.0	1095.0	120.9
德州市	Dezhou	1435	6.3	963.0	2.7	1079.9	554.3	2.7	525.6	44.4
聊城市	Liaocheng	645	3.3	858.0	10.9	933.3	712.5	6.1	220.8	33.9
滨州市	Binzhou	416	2.9	559.3	19.4	659.1	442.9	9.1	216.2	33.2
菏泽市	Heze	1313	5.1	864.9	1.1	953.0	482.6	0.2	470.4	38.4

17-5 各市限额以上批发和零售业财务状况(2013年)

Financial Indicators of Enterprises above Designated Size of Wholesale and Retail Trades by Region(2013)

单位:亿元 (100 million yuan)

地区	Region	企业数(个) Number of Enterprises (unit)	流动资产合计 Total Working Capitals	固定资产原价 Original Value of Fixed Assets	本年折旧 Depreciati-on in the Year	资产合计 Total Assests	负债合计 Total Liabilities	所有者权益合计 Total Owners' Equities	营业收入合计 Business Revenue	主营业务收入 Revenue from Principal Business
全省总计	**Total**	**17134**	**8306.5**	**2094.0**	**131.2**	**11328.9**	**8280.6**	**3048.4**	**29405.1**	**29106.2**
济南市	Jinan	1819	1485.6	240.6	14.9	1934.5	1550.1	384.4	4553.7	4519.4
青岛市	Qingdao	1650	2022.4	230.5	17.4	2473.6	2045.6	428.0	5142.3	5025.0
淄博市	Zibo	761	401.4	113.2	6.4	544.2	380.1	164.2	1662.0	1653.7
枣庄市	Zaozhuang	772	126.8	68.2	3.4	214.5	114.1	100.4	700.0	697.5
东营市	Dongying	440	283.8	95.9	5.3	400.0	290.8	109.1	954.7	948.3
烟台市	Yantai	1264	572.0	162.2	11.2	790.7	533.4	257.4	2317.4	2299.3
潍坊市	Weifang	2218	704.8	252.0	16.8	992.7	722.5	270.2	2479.7	2456.2
济宁市	Jining	1147	369.8	92.5	6.2	584.5	314.1	270.4	1691.3	1672.7
泰安市	Tai'an	1176	238.8	147.5	7.2	402.6	201.9	200.7	2017.8	2010.9
威海市	Weihai	434	289.0	70.6	4.7	381.3	303.5	77.8	877.4	867.3
日照市	Rizhao	190	506.8	34.4	1.8	594.7	534.2	60.4	1479.4	1469.7
莱芜市	Laiwu	250	100.7	18.7	1.0	128.9	111.6	17.4	279.2	277.8
临沂市	Linyi	1204	435.7	153.3	10.6	638.0	421.5	216.5	1856.4	1841.5
德州市	Dezhou	1435	124.4	204.8	11.9	352.3	165.1	187.2	1028.9	1020.6
聊城市	Liaocheng	645	332.8	55.3	3.6	413.4	312.7	100.7	845.9	839.6
滨州市	Binzhou	416	191.8	65.0	4.0	269.1	170.9	98.2	622.2	611.8
菏泽市	Heze	1313	119.9	89.1	4.9	213.8	108.5	105.3	896.7	894.9

17-5 续表 continued

单位:亿元 (100 million yuan)

地区	Region	主营业务成本 Cost of Principal Business	主营业务税金及附加 Taxes and Other Charges on Principal Business	营业费用 Expenses on Business	管理费用 Expenses on Managem-ent	财务费用 Expenses on Finance	营业利润 Profits from Business	利润总额 Total Profits	应交所得税 Income Tax Payable	本年应付工资总额 Total Wages Payable	本年应交增值税 Value Added Tax Payable
全省总计	**Total**	**26041.8**	**252.8**	**748.3**	**521.4**	**173.1**	**1453.9**	**1371.6**	**195.2**	**446.5**	**483.8**
济南市	Jinan	4237.4	14.4	131.7	70.5	17.7	56.2	54.3	12.8	72.1	58.0
青岛市	Qingdao	4648.8	41.5	125.7	83.1	24.1	124.6	104.1	17.9	62.5	71.8
淄博市	Zibo	1499.8	10.7	38.5	29.6	9.4	68.1	67.1	8.9	21.9	21.9
枣庄市	Zaozhuang	592.2	8.1	16.3	12.4	3.5	65.9	59.3	8.6	12.4	27.8
东营市	Dongying	854.4	4.5	22.7	17.0	9.5	44.1	42.5	4.6	15.4	11.9
烟台市	Yantai	2023.0	16.6	75.3	47.3	13.5	130.6	127.9	22.1	37.0	54.4
潍坊市	Weifang	2166.0	16.1	77.9	50.7	13.1	141.4	129.6	15.5	59.6	33.1
济宁市	Jining	1480.8	32.4	34.9	26.4	9.9	98.0	77.0	8.3	19.2	27.6
泰安市	Tai'an	1712.5	32.2	34.2	39.4	14.4	178.7	174.0	25.7	18.8	37.2
威海市	Weihai	756.4	13.9	30.9	17.2	4.4	50.1	50.9	7.0	18.6	18.9
日照市	Rizhao	1395.7	3.3	23.8	16.6	9.4	25.6	23.3	2.8	10.6	19.8
莱芜市	Laiwu	253.4	1.2	6.0	5.2	2.7	9.9	6.9	0.5	4.2	1.6
临沂市	Linyi	1598.4	10.0	53.4	37.2	9.8	130.0	133.5	20.5	34.3	27.1
德州市	Dezhou	772.7	28.4	20.5	19.6	7.5	176.8	171.1	15.5	22.5	30.1
聊城市	Liaocheng	757.9	6.2	16.5	13.8	11.8	37.1	36.6	5.0	11.4	10.4
滨州市	Binzhou	541.8	5.2	14.8	11.4	5.0	36.5	34.6	5.6	9.6	9.9
菏泽市	Heze	750.4	8.4	25.2	24.0	7.5	80.3	79.0	13.7	16.4	22.3

17-6 限额以上住宿和餐饮业情况
Basic Conditions of Hotels and Catering Services

指　标	Item	2011	2012	2013
住宿和餐饮业	**Hotels and Catering Services**			
法人企业 (个)	Number of Corporation Enterprises (unit)	3401	3188	3538
年末从业人数 (万人)	Engaged Persons at Year-end (10 000 persons)	28.6	28.0	27.4
营业额 (亿元)	Business Revenue (100 million yuan)	504.4	540.3	553.6
#餐费收入 (亿元)	From Meals (100 million yuan)	347.3	377.9	377.3
年末餐饮营业面积(万平方米)	Business Area of Catering Services at Year-end(10 000 sq.m)	849.81	706.78	738.56
住宿业	**Hotels**			
法人企业 (个)	Number of Corporation Enterprises (unit)	949	1020	1108
年末从业人数 (万人)	Engaged Persons at Year-end (10 000 persons)	11.6	12.1	11.7
营业额 (亿元)	Business Revenue (100 million yuan)	186.3	211.3	217.7
#客房收入 (亿元)	From Hotel Rooms (100 million yuan)	82.7	82.4	91.7
餐费收入 (亿元)	From Meals (100 million yuan)	83.5	107.8	105.0
客房数 (万间)	Number of Room (10 000 rooms)	11.4	19.4	15.3
床位数 (万位)	Number of Beds (10 000 beds)	19.7	33.3	26.4
年末餐饮营业面积 (万平方米)	Business Area of Catering Services at Year-end (10 000 sq.m)	259.9	251.3	234.0
餐饮业	**Catering Services**			
法人企业 (个)	Number of Corporation Enterprises (unit)	2452	2168	2430
年末从业人数 (万人)	Engaged Persons at Year-end (10 000 persons)	17.0	15.9	15.7
营业额 (亿元)	Business Revenue (100 million yuan)	318.1	328.9	335.9
#餐费收入 (亿元)	From Meals (100 million yuan)	263.8	270.1	272.3
年末餐饮营业面积 (万平方米)	Business Area of Catering Services at Year-end (10 000 sq.m)	589.9	455.5	504.6

17−7 限额以上住宿和餐饮业经营情况(2013年)

Business of Hotels and Catering Services above Designated Size(2013)

指标名称	Indicator	法人单位(个) Corporate Unit (unit)	从业人数(人) Employed Persons (person)
总 计	**Total**	**3538**	**273887**
一、住宿业	**Hotels**	**1108**	**117079**
1.按登记注册类型分	by Status of Registration		
内 资	Domestic Funded Enterprises	1076	109621
国 有	State-owned	145	24627
集 体	Collective-owned	39	3380
股份合作	Cooperative	3	276
联营企业	Joint Ownership		
国有联营	State Joint Ownership		
集体联营	Collective Joint Ownership		
国有与集体联营	Joint State-collective		
其他联营	Other Joint Ownership		
有限责任公司	Limited Liability Corporations	340	42008
国有独资公司	State Sole Funded Corporations	16	4008
其他有限责任公司	Other Limited Liability Corporations	324	38000
股份有限公司	Share-holding Corporations Ltd.	52	5358
私营企业	Private Enterprises	481	32458
私营独资	Private-funded Enterprises	65	2853
私营合伙	Private Partnership Enterprises	6	110
私营有限责任公司	Private Limited Liability Corporations	392	28527
私营股份有限公司	Private Share-holding Corporations Ltd.	18	968
其 他	Others	16	1514
港澳台商投资企业	Enterprises with Funds from Hong Kong,Macao and Taiwan	19	5341
与港澳台商合资经营	Joint-venture	9	3411
与港澳台商合作经营	Cooperative	1	324
港澳台商独资	Sole Investment	9	1606
港澳台商独资股份有限公司	Share-holding Corporations Ltd. with Sole Investment		
其他港澳台投资企业	Others		
外商投资企业	Foreign Funded Enterprises	13	2117
中外合资经营	Joint-venture	7	1356
中外合作经营	Cooperative	1	245
外资企业	Sole Foreign Investment	5	516
外商投资股份有限公司	Share-holding Corporations Ltd. With Foreign Investment		
其他外商投资企业	Others		
2.按国民经济行业分	by Sector		
旅游饭店	Tourist Hotels	715	94846
一般旅馆	General Hotels	364	20167
其他住宿业	Other Accommodation Services	29	2066

17–7 续表 1 continued

指标名称	Indicator	法人单位(个) Corporate Unit (unit)	从业人数(人) Employed Persons (person)
二、餐饮业	**Catering Services**	**2430**	**156808**
1.按登记注册类型分	by Status of Registration		
内　资	Domestic Funded Enterprises	2387	147799
国　有	State-owned	77	8801
集　体	Collective-owned	30	1413
股份合作	Cooperative	5	352
联营企业	Joint Ownership	2	115
国有联营	State Joint Ownership		
集体联营	Collective Joint Ownership	2	115
国有与集体联营	Joint State-collective		
其他联营	Other Joint Ownership		
有限责任公司	Limited Liability Corporations	599	43293
国有独资公司	State Sole Funded Corporations	10	1294
其他有限责任公司	Other Limited Liability Corporations	589	41999
股份有限公司	Share-holding Corporations Ltd.	65	9886
私营企业	Private Enterprises	1536	80210
私营独资	Private-funded Enterprises	415	14058
私营合伙	Private Partnership Enterprises	6	391
私营有限责任公司	Private Limited Liability Corporations	1071	62911
私营股份有限公司	Private Share-holding Corporations Ltd.	44	2850
其　他	Others	73	3729
港澳台商投资企业	Enterprises with Funds from Hong Kong,Macao and Taiwan	20	5359
与港澳台商合资经营	Joint-venture	6	1513
与港澳台商合作经营	Cooperative		
港澳台商独资	Sole Investment	14	3846
港澳台商独资股份有限公司	Share-holding Corporations Ltd. with Sole Investment		
其他港澳台投资企业	Others		
外商投资企业	Foreign Funded Enterprises	23	3650
中外合资经营	Joint-venture	7	324
中外合作经营	Cooperative		
外资企业	Sole Foreign Investment	16	3326
外商投资股份有限公司	Share-holding Corporations Ltd. with Foreign Investment		
其他外商投资企业	Others		
2.按国民经济行业分	by Sector		
正餐服务	Dinner service	2333	144744
快餐服务	Fast Food Service	74	9399
饮料及冷饮服务	Beverages and cold drinks service	2	192
其他餐饮业	Other Catering Services	21	2473

17-7 续表 2 continued

单位:万元 (10 000 yuan)

指标名称	Indicator	营业额 Business Revenue	客房收入 Revenue from Hotel Rooms	餐费收入 Revenue from Meals	商品销售收入 Revenue from Commodities	其他收入 Other Revenue
总　计	**Total**	**5535854**	**1289077**	**3772874**	**259548**	**214355**
一、住宿业	**Hotels**	**2177031**	**917109**	**1050103**	**83480**	**126339**
1.按登记注册类型分	by Status of Registration					
内　资	Domestic Funded Enterprises	2035659	854662	994741	76365	109891
国　有	State-owned	392839	143706	193065	13681	42387
集　体	Collective-owned	60994	21982	32924	3924	2164
股份合作	Cooperative	4994	2083	2534	250	128
联营企业	Joint Ownership					
国有联营	State Joint Ownership					
集体联营	Collective Joint Ownership					
国有与集体联营	Joint State-collective					
其他联营	Other Joint Ownership					
有限责任公司	Limited Liability Corporations	717780	307282	352042	20052	38404
国有独资公司	State Sole Funded Corporations	61183	25752	24193	1651	9587
其他有限责任公司	Other Limited Liability Corporations	656597	281530	327849	18401	28817
股份有限公司	Share-holding Corporations Ltd.	114011	38287	60534	7999	7192
私营企业	Private Enterprises	704311	326184	331026	28235	18867
私营独资	Private-funded Enterprises	80415	41050	31456	6600	1309
私营合伙	Private Partnership Enterprises	7409	3260	3824	279	46
私营有限责任公司	Private Limited Liability Corporations	592349	270456	283345	21235	17313
私营股份有限公司	Private Share-holding Corporations Ltd.	24138	11417	12402	121	199
其　他	Others	40731	15140	22617	2225	750
港澳台商投资企业	Enterprises with Funds from Hong Kong, Macao and Taiwan	105433	43842	39089	7001	15501
与港澳台商合资经营	Joint-venture	59568	24631	21471	5338	8128
与港澳台商合作经营	Cooperative	4720	1396	2243	216	865
港澳台商独资	Sole Investment	41145	17815	15375	1447	6508
港澳台商独资股份有限公司	Share-holding Corporations Ltd. with Sole Investment					
其他港澳台投资企业	Others					
外商投资企业	Foreign Funded Enterprises	35938	18605	16274	113	947
中外合资经营	Joint-venture	25636	12573	12239	29	794
中外合作经营	Cooperative	2976	919	1913		144
外资企业	Sole Foreign Investment	7327	5113	2122	84	8
外商投资股份有限公司	Share holding Corporations Ltd. With Foreign Investment					
其他外商投资企业	Others					
2.按国民经济行业分	by Sector					
旅游饭店	Tourist Hotels	1667574	639089	855136	62235	111114
一般旅馆	General Hotels	459216	249233	177250	18353	14381
其他住宿业	Other Accommodation Services	50241	28787	17718	2892	844

17-7 续表 3 continued

单位:万元 (10 000 yuan)

指标名称	Indicator	营业额 Business Revenue	客房收入 Revenue from Hotel Rooms	餐费收入 Revenue from Meals	商品销售收入 Revenue from Commodities	其他收入 Other Revenue
二、餐饮业	**Catering Services**	**3358823**	**371969**	**2722771**	**176068**	**88016**
1.按登记注册类型分	by Status of Registration					
内 资	Domestic Funded Enterprises	3013809	362234	2393330	173624	84621
国 有	State-owned	133690	33798	90671	5015	4206
集 体	Collective-owned	33723	3341	28502	819	1062
股份合作	Cooperative	3577	1114	2211	215	37
联营企业	Joint Ownership	3149	73	2971	84	22
国有联营	State Joint Ownership					
集体联营	Collective Joint Ownership	3149	73	2971	84	22
国有与集体联营	Joint State-collective					
其他联营	Other Joint Ownership					
有限责任公司	Limited Liability Corporations	684559	116957	508913	37218	21471
国有独资公司	State Sole Funded Corporations	31589	4268	21294	5415	612
其他有限责任公司	Other Limited Liability Corporations	652970	112689	487619	31803	20859
股份有限公司	Share-holding Corporations Ltd.	196274	39778	132834	8523	15138
私营企业	Private Enterprises	1867896	159008	1548308	118683	41897
私营独资	Private-funded Enterprises	457052	23619	392138	37447	3849
私营合伙	Private Partnership Enterprises	6259	5	5618	636	
私营有限责任公司	Private Limited Liability Corporations	1314053	125105	1076536	75736	36676
私营股份有限公司	Private Share-holding Corporations Ltd.	90532	10279	74016	4864	1373
其 他	Others	90941	8165	78920	3068	789
港澳台商投资企业	Enterprises with Funds from Hong Kong, Macao and Taiwan	80233	5046	72534	2257	397
与港澳台商合资经营	Joint-venture	21173	2819	17107	850	397
与港澳台商合作经营	Cooperative					
港澳台商独资	Sole Investment	59061	2227	55427	1407	
港澳台商独资股份有限公司	Share-holding Corporations Ltd.					
其他港澳台投资企业	with Sole Investment					
外商投资企业	Foreign Funded Enterprises	264781	4689	256907	187	2999
中外合资经营	Joint-venture	9317	2553	6498		266
中外合作经营	Cooperative					
外资企业	Sole Foreign Investment	255464	2136	250409	187	2733
外商投资股份有限公司	Share-holding Corporations Ltd.					
其他外商投资企业	with Foreign Investment					
2.按国民经济行业分	by Sector					
正餐服务	Dinner service	2954479	371091	2335152	165728	82508
快餐服务	Fast Food Service	367657	676	358428	4654	3899
饮料及冷饮服务	Beverages and cold drinks service	9471		6850	2621	
其他餐饮业	Other Catering Services	27217	201	22341	3066	1609

17-8 各市限额以上住宿和餐饮业经营情况(2013年)

Business of Hotels and Catering Services above Designated Size by Region (2013)

地 区	Region	法人单位(个) Corporation Unit (unit)	从业人数(人) Persons Employed (person)	营业额(万元) Business Revenue (10000 yuan)	客房收入 Revenue from Hotel Rooms	餐费收入 Revenue from Meals	商品销售收入 Revenue from Commodi -ties	其他收入 Other Revenue
全省总计	**Total**	**3538**	**273887**	**5535854**	**1289077**	**3772874**	**259548**	**214355**
济南市	Jinan	382	43457	598504	169993	367066	11744	49701
青岛市	Qingdao	320	39930	908550	222978	610551	26482	48539
淄博市	Zibo	221	13901	310087	47678	240608	18031	3770
枣庄市	Zaozhuang	115	7042	108244	27954	65664	11660	2966
东营市	Dongying	61	11082	179851	48475	104980	9096	17299
烟台市	Yantai	376	27140	770985	193429	551380	13262	12914
潍坊市	Weifang	371	23199	301924	73091	205017	15161	8655
济宁市	Jining	268	17315	251587	63169	178366	5625	4427
泰安市	Tai'an	269	15132	529181	102790	402777	15717	7898
威海市	Weihai	175	13022	293974	54126	206322	19680	13846
日照市	Rizhao	65	5111	64673	22795	39325	1691	862
莱芜市	Laiwu	38	2467	22165	6494	12625	2197	850
临沂市	Linyi	155	13393	218858	49055	131797	29151	8856
德州市	Dezhou	248	14072	444493	108126	291473	21529	23365
聊城市	Liaocheng	101	9156	108131	22290	70751	10483	4607
滨州市	Binzhou	83	6524	75307	18450	49972	4364	2521
菏泽市	Heze	290	11944	349340	58185	244201	43676	3279

17-9 限额以上住宿和餐饮业财务状况(2013年)

单位:万元

指标名称	Indicator	企业数(个) Number of Enterprises (unit)
总计	**Total**	**3538**
一、住宿业	**Hotels**	**1108**
1.按登记注册类型分	by Status of Registration	
内资	Domestic Funded Enterprises	1076
国有	State-owned	145
集体	Collective-owned	39
股份合作	Cooperative	3
联营企业	Joint Ownership	
国有联营	State Joint Ownership	
集体联营	Collective Joint Ownership	
国有与集体联营	Joint State-collective	
其他联营	Other Joint Ownership	
有限责任公司	Limited Liability Corporations	340
国有独资公司	State Sole Funded Corporations	16
其他有限责任公司	Other Limited Liability Corporations	324
股份有限公司	Share-holding Corporations Ltd.	52
私营企业	Private Enterprises	481
私营独资	Private-funded Enterprises	65
私营合伙	Private Partnership Enterprises	6
私营有限责任公司	Private Limited Liability Corporations	392
私营股份有限公司	Private Share-holding Corporations Ltd.	18
其他	Others	16
港澳台商投资企业	Enterprises with Funds from Hong Kong,Macao and Taiwan	19
与港澳台商合资经营	Joint-venture	9
与港澳台商合作经营	Cooperative	1
港澳台商独资	Sole Investment	9
港澳台商独资股份有限公司	Share-holding Corporations Ltd. With Sole Investment	
其他港澳台投资企业	Others	
外商投资企业	Foreign Funded Enterprises	13
中外合资经营	Joint-venture	7
中外合作经营	Cooperative	1
外资企业	Sole Foreign Investment	5
外商投资股份有限公司	Share-holding Corporations Ltd. with Foreign Investment	
其他外商投资企业	Others	
2.按国民经济行业分	by Sector	
旅游饭店	Tourist Hotels	715
一般旅馆	General Hotels	364
其他住宿业	Other Accommodation Services	29

Financial Indicators of Enterprises above Designated Size of Hotels and Catering Services(2013)

(10 000 yuan)

年末资产负债 Assets and Liabilities at Year-end						损益及分配 Losses,Profits and Distribution	
流动资产合计 Total Working Capitals	固定资产原价 Original Value of Fixed Assets	本年折旧 Depre-ciation in the Year	资产合计 Total Assests	负债合计 Total Liabilities	所有者权益合计 Total Owner's Equities	营业收入合计 Business Revenue	主营业务收入 Revenue from Principal Business
2875346	**5922405**	**335684**	**8941884**	**5966061**	**2975823**	**5428358**	**5390925**
1536647	**3551628**	**181062**	**4848820**	**3310420**	**1538400**	**2157463**	**2137635**
1442023	2935319	158772	4196599	2832879	1363720	2016154	2005167
236384	840345	39794	869287	380403	488883	389503	387051
26850	67410	2711	83933	40438	43496	59637	59306
1319	8230	304	11310	10279	1031	4994	4963
563430	1146143	61532	1685934	1236550	449384	719437	714691
37932	312345	11305	275376	119325	156051	61426	59425
525498	833798	50228	1410557	1117225	293333	658011	655266
68356	186508	8543	245575	187453	58122	109371	109201
524768	671089	45223	1268635	963476	305159	692468	690105
21803	39710	3689	59695	32065	27630	77897	77836
1221	1840	165	2814	2017	796	7031	7031
491774	620026	40857	1184402	916741	267661	585863	583581
9971	9513	512	21724	12653	9071	21677	21657
20917	15593	665	31926	14281	17645	40745	39848
78845	542710	19394	587477	425140	162338	105573	96782
54152	322928	13725	357795	319745	38050	59610	57329
3349	9077	270	5836	4778	1058	4720	4720
21345	210705	5399	223847	100617	123230	41243	34733
15778	73599	2896	64743	52401	12342	35737	35686
8156	45808	1449	32419	28657	3762	25747	25697
4623	11224	871	11311	9671	1640	2976	2976
2999	16567	575	21014	14073	6941	7014	7014
1278662	3077718	153662	4096514	2761833	1334681	1658031	1640885
220867	406759	23266	656005	471210	184795	449877	447362
37119	67151	4134	96301	77377	18924	49555	49387

17–9 续表1

单位:万元

指 标 名 称	Indicator	企业数（个）Number of Enterprises (unit)
二、餐饮业	**Catering Services**	**2430**
1.按登记注册类型分	by Status of Registration	
内 资	Domestic Funded Enterprises	2387
国 有	State-owned	77
集 体	Collective-owned	30
股份合作	Cooperative	5
联营企业	Joint Ownership	2
国有联营	State Joint Ownership	
集体联营	Collective Joint Ownership	2
国有与集体联营	Joint State-collective	
其他联营	Other Joint Ownership	
有限责任公司	Limited Liability Corporations	599
国有独资公司	State Sole Funded Corporations	10
其他有限责任公司	Other Limited Liability Corporations	589
股份有限公司	Share-holding Corporations Ltd.	65
私营企业	Private Enterprises	1536
私营独资	Private-funded Enterprises	415
私营合伙	Private Partnership Enterprises	6
私营有限责任公司	Private Limited Liability Corporations	1071
私营股份有限公司	Private Share-holding Corporations Ltd.	44
其 他	Others	73
港澳台商投资企业	Enterprises with Funds from Hong Kong,Macao and Taiwan	20
与港澳台商合资经营	Joint-venture	6
与港澳台商合作经营	Cooperative	
港澳台商独资	Sole Investment	14
港澳台商独资股份有限公司	Share-holding Corporations Ltd. With Sole Investment	
其他港澳台投资企业	Others	
外商投资企业	Foreign Funded Enterprises	23
中外合资经营	Joint-venture	7
中外合作经营	Cooperative	
外资企业	Sole Foreign Investment	16
外商投资股份有限公司	Share-holding Corporations Ltd. with Foreign Investment	
其他外商投资企业	Others	
2.按国民经济行业分	by Sector	
正餐服务	Dinner service	2333
快餐服务	Fast Food Service	74
饮料及冷饮服务	Beverages and cold drinks service	2
其他餐饮业	Other Catering Services	21

continued

(10 000 yuan)

年末资产负债 Assets and Liabilities at Year-end						损益及分配 Losses,Profits and Distribution	
流动资产合计 Total Working Capitals	固定资产原价 Original Value of Fixed Assets	本年折旧 Depre-ciation in the Year	资产合计 Total Assests	负债合计 Total Liabilities	所有者权益合计 Total Owner's Equities	营业收入合计 Business Revenue	#主营业务收入 Revenue from Principal Business
1338699	**2370777**	**154622**	**4093064**	**2655641**	**1437423**	**3270895**	**3253290**
1271860	2239715	142754	3830836	2425815	1405021	2928175	2913255
83507	252804	12803	351445	233648	117798	131899	129534
15081	19287	664	34359	25131	9228	32461	32405
2728	4868	182	6367	5935	432	3512	3512
1072	174	80	2299	1421	878	3116	3116
1072	174	80	2299	1421	878	3116	3116
328877	912801	53078	1305230	770924	534306	653853	648045
5092	24768	1686	26635	18127	8508	31344	31344
323785	888033	51392	1278594	752797	525798	622509	616701
124758	127192	9873	405308	337747	67561	174839	174474
679569	905597	64301	1668871	1015455	653416	1837903	1831783
66870	126173	9909	196656	78244	118412	448786	448358
734	1507	226	1920	664	1257	6236	6236
595122	756066	52724	1417621	905601	512021	1293541	1288027
16843	21852	1442	52674	30947	21727	89341	89162
36268	16993	1773	56957	35554	21403	90593	90387
35426	62240	3931	125345	108761	16584	78750	78750
24009	31861	2303	79329	69584	9745	20451	20451
11417	30379	1629	46017	39177	6839	58300	58300
31413	68822	7937	136882	121064	15818	263970	261285
8597	5961	246	13488	8821	4667	8476	8476
22816	62862	7691	123395	112243	11152	255494	252809
1285247	2269533	144060	3884225	2494359	1389866	2870403	2855943
43546	90587	9694	184713	150049	34665	363979	361102
2274	1561	158	5044	1810	3235	9353	9353
7632	9095	710	19081	9423	9658	27159	26893

17-9 续表 2

单位:万元

指 标 名 称	Indicator	主营业务成 本 Cost of Principal Business
总 计	**Total**	**2823272**
一、住宿业	**Hotels**	**988627**
1.按登记注册类型分	by Status of Registration	
内 资	Domestic Funded Enterprises	954870
国 有	State-owned	163278
集 体	Collective-owned	32865
股份合作	Cooperative	2035
联营企业	Joint Ownership	
国有联营	State Joint Ownership	
集体联营	Collective Joint Ownership	
国有与集体联营	Joint State-collective	
其他联营	Other Joint Ownership	
有限责任公司	Limited Liability Corporations	303477
国有独资公司	State Sole Funded Corporations	18856
其他有限责任公司	Other Limited Liability Corporations	284621
股份有限公司	Share-holding Corporations Ltd.	64041
私营企业	Private Enterprises	367898
私营独资	Private-funded Enterprises	42989
私营合伙	Private Partnership Enterprises	4428
私营有限责任公司	Private Limited Liability Corporations	308105
私营股份有限公司	Private Share-holding Corporations Ltd.	12375
其 他	Others	21277
港澳台商投资企业	Enterprises with Funds from Hong Kong,Macao and Taiwan	21863
与港澳台商合资经营	Joint-venture	14212
与港澳台商合作经营	Cooperative	1331
港澳台商独资	Sole Investment	6320
港澳台商独资股份有限公司	Share-holding Corporations Ltd. with Sole Investment	
其他港澳台投资企业	Others	
外商投资企业	Foreign Funded Enterprises	11894
中外合资经营	Joint-venture	7863
中外合作经营	Cooperative	1131
外资企业	Sole Foreign Investment	2899
外商投资股份有限公司	Share-holding Corporations Ltd. With Foreign Investment	
其他外商投资企业	Others	
2.按国民经济行业分	by Sector	
旅游饭店	Tourist Hotels	733948
一般旅馆	General Hotels	229209
其他住宿业	Other Accommodation Services	25470

continued

(10 000 yuan)

损益及分配 Losses,Profits and Distribution							工资、福利费 Wages and Welfare
主营业务税金及附加 Taxes and Other Charges on Principal Business	营业费用 Expenses on Business	管理费用 Expenses on Management	财务费用 Expenses on Finance	营业利润 Profits from Business	利润总额 Total Profits	应交所得税 Income Tax Payable	本年应付工资总额 Total Wages Payable
268291	**989124**	**776656**	**114950**	**447589**	**417611**	**81849**	**940994**
108411	**467422**	**416928**	**54858**	**120588**	**119542**	**23126**	**416562**
101308	431024	356071	47928	125727	125312	22864	381972
19794	109343	96519	2020	2564	7711	1886	92148
3070	8627	7554	1297	6140	5877	595	10263
280	1063	1808	88	-282	-201	1	777
37513	181992	140537	24350	29869	33750	8163	152137
3714	15410	25001	424	-3496	-2892	260	17886
33798	166582	115536	23926	33365	36641	7903	134251
5205	15244	14865	2435	6737	5833	987	16234
33996	110759	89789	17109	72421	69342	10801	106427
3302	6542	7095	1846	16104	15973	1381	8400
409	372	740	79	954	856	167	329
29472	101807	80742	14261	51022	48060	8951	94894
813	2038	1212	922	4342	4453	303	2803
1450	3997	4999	629	8277	3002	431	3986
5220	27260	49295	5375	-4844	-5098	162	25428
3129	15181	27356	2980	4301	-3988	140	15607
268	1353	2056	79	-368	-363		1066
1823	10725	19883	2316	-175	-748	22	8755
1883	9138	11563	1555	-296	-672	101	9163
1355	6567	9054	872	36	84	42	6679
167	740	901	500	-463	-463		782
361	1831	1608	184	131	-293	58	1702
86232	391189	363819	43110	39779	52830	16341	344675
20014	68498	49598	11059	70854	56775	6523	64407
2164	7735	3512	689	9954	9936	262	7480

17-9 续表3

单位:万元

指 标 名 称	Indicator	主营业务成本 Cost of Principal Business
二、餐饮业	**Catering Services**	**1834645**
1.按登记注册类型分	by Status of Registration	
内 资	Domestic Funded Enterprises	1664084
国 有	State-owned	70981
集 体	Collective-owned	21795
股份合作	Cooperative	1570
联营企业	Joint Ownership	2320
国有联营	State Joint Ownership	
集体联营	Collective Joint Ownership	2320
国有与集体联营	Joint State-collective	
其他联营	Other Joint Ownership	
有限责任公司	Limited Liability Corporations	349857
国有独资公司	State Sole Funded Corporations	19821
其他有限责任公司	Other Limited Liability Corporations	330036
股份有限公司	Share-holding Corporations Ltd.	73780
私营企业	Private Enterprises	1088604
私营独资	Private-funded Enterprises	263746
私营合伙	Private Partnership Enterprises	3384
私营有限责任公司	Private Limited Liability Corporations	768100
私营股份有限公司	Private Share-holding Corporations Ltd.	53373
其 他	Others	55177
港澳台商投资企业	Enterprises with Funds from Hong Kong,Macao and Taiwan	35942
与港澳台商合资经营	Joint-venture	12140
与港澳台商合作经营	Cooperative	
港澳台商独资	Sole Investment	23802
港澳台商独资股份有限公司	Share-holding Corporations Ltd. with Sole Investment	
其他港澳台投资企业	Others	
外商投资企业	Foreign Funded Enterprises	134619
中外合资经营	Joint-venture	6560
中外合作经营	Cooperative	
外资企业	Sole Foreign Investment	128059
外商投资股份有限公司	Share-holding Corporations Ltd. With Foreign Investment	
其他外商投资企业	Others	
2.按国民经济行业分	by Sector	
正餐服务	Dinner service	1632718
快餐服务	Fast Food Service	183784
饮料及冷饮服务	Beverages and cold drinks service	2890
其他餐饮业	Other Catering Services	15252

continued

(10 000 yuan)

损 益 及 分 配 Losses,Profits and Distribution							工资、福利费 Wages and Welfare
主营业务税金及附加 Taxes and Other Charges on Principal Business	营业费用 Expenses on Business	管理费用 Expenses on Management	财务费用 Expenses on Finance	营业利润 Profits from Business	利润总额 Total Profits	应交所得税 Income Tax Payable	本年应付工资总额 Total Wages Payable
159880	**521702**	**359728**	**60092**	**327002**	**298069**	**58723**	**524431**
141504	417277	325039	55222	317159	288910	53932	462809
6770	25782	20858	2078	4141	3121	987	29145
1578	2698	2738	264	3429	3628	774	4919
249	953	941	200	-404	-411	2	833
161	334	129	26	146	582	9	293
161	334	129	26	146	582	9	293
32961	138610	89071	13533	26676	22707	8167	131119
1478	2100	2453	624	4869	4871	706	4832
31483	136510	86618	12910	21807	17836	7461	126287
9124	45218	36753	1905	7673	3452	826	36176
86578	195463	165209	36084	262914	247941	41918	248330
22003	27325	26781	7383	101675	98693	15438	42675
247	919	644	129	914	533	125	931
60120	156727	129896	25662	150146	139337	24618	195799
4209	10493	7889	2910	10179	9378	1736	8925
4084	8219	9340	1133	12584	7889	1250	11994
3797	30712	8306	2392	-2307	-2970	691	16978
854	3261	4874	1465	-2050	-2358	19	4555
2943	27451	3432	928	-257	-612	672	12423
14579	73713	26382	2478	12149	12130	4100	44644
422	927	721	181	-275	-225	52	1038
14158	72786	25661	2297	12425	12354	4048	43606
138897	410210	324513	56202	300219	272012	51856	452303
18371	106388	30944	3535	20694	18960	6104	62650
485	3488	527	142	1820	1767	458	1398
2127	1615	3743	213	4268	5331	306	8080

17-10 各市限额以上住宿和餐饮业财务状况(2013年)

Financial Indicators of Enterprises above Designated Size of Hotels and Catering Services by Region(2013)

单位:万元 (10 000 yuan)

地区	Region	企业数(个) Number of Enterprises (unit)	流动资产合计 Total Working Capitals	固定资产原价 Original Value of Fixed Assets	本年折旧 Deprecia-tion in the Year	资产合计 Total Assests	负债合计 Total Liabilities	所有者权益合计 Total Owners' Equities	营业收入合计 Business Revenue	主营业务收入 Revenue from Principal Business
全省总计	**Total**	**3538**	**2875346**	**5922405**	**335684**	**8941884**	**5966061**	**2975823**	**5428358**	**5390925**
济南市	Jinan	382	358213	662001	37842	1003011	712656	290355	594687	590732
青岛市	Qingdao	320	657817	1158972	56474	1713218	1222561	490658	900649	886399
淄博市	Zibo	221	142340	146050	9652	357484	307210	50274	298766	297650
枣庄市	Zaozhuang	115	120701	147572	5905	281291	159457	121834	108346	107525
东营市	Dongying	61	139969	208569	15283	509219	436482	72737	158777	157645
烟台市	Yantai	376	249309	791629	42334	1007292	548029	459264	754611	753102
潍坊市	Weifang	371	386852	418877	28727	791518	670090	121427	299462	296888
济宁市	Jining	268	84687	278514	13812	480553	313028	167525	249157	246792
泰安市	Tai'an	269	92695	262385	14716	324942	153879	171063	524960	524924
威海市	Weihai	175	152780	391298	24473	522269	372308	149961	282468	281913
日照市	Rizhao	65	49262	91198	4726	165122	153770	11351	66102	65984
莱芜市	Laiwu	38	40222	58853	1980	103614	66688	36927	22095	21957
临沂市	Linyi	155	131907	413052	16102	593450	256900	336549	218951	217219
德州市	Dezhou	248	91294	488617	41506	491926	198954	292973	421807	416666
聊城市	Liaocheng	101	50527	103858	5863	147070	93440	53630	107301	105634
滨州市	Binzhou	83	68759	171743	5008	272879	223863	49015	74964	74717
菏泽市	Heze	290	58012	129217	11282	177027	76744	100282	345255	345177

17-10 续表 continued

单位:万元 (10 000 yuan)

地区	Region	主营业务成本 Cost of Principal Business	主营业务税金及附加 Taxes and Other Charges on Principal Business	营业费用 Expenses on Business	管理费用 Expenses on Management	财务费用 Expenses on Finance	营业利润 Profits from Business	利润总额 Total Profits	应交所得税 Income Tax Payable	本年应付工资总额 Total Wages Payable
全省总计	**Total**	**2823272**	**268291**	**989124**	**776656**	**114950**	**447589**	**417611**	**81849**	**940994**
济南市	Jinan	235472	32344	223133	110371	8826	-17404	-14842	2224	147583
青岛市	Qingdao	369846	53107	250692	192225	25992	10115	9233	8916	200443
淄博市	Zibo	158587	15969	44339	38901	12110	27691	25728	3557	46887
枣庄市	Zaozhuang	65959	5109	9855	8225	2410	16474	13234	2563	18123
东营市	Dongying	61326	8232	48502	42858	3033	-5735	-4040	128	42238
烟台市	Yantai	447774	33658	92612	85901	6676	87670	84285	13775	102195
潍坊市	Weifang	151263	16318	61292	49151	8506	11059	10557	2165	74850
济宁市	Jining	150802	12018	33555	29077	2289	20368	17566	2428	42659
泰安市	Tai'an	319528	26657	38288	41577	10695	88010	87031	12614	51592
威海市	Weihai	177920	13647	38195	50842	6775	-4804	506	2494	43752
日照市	Rizhao	32754	3592	18892	14125	1143	-4455	-4616	240	14086
莱芜市	Laiwu	10513	1037	6876	3677	1259	-1195	-953	32	5878
临沂市	Linyi	116471	8436	44065	32968	6016	10369	11054	1476	40903
德州市	Dezhou	250611	16671	14205	18859	4850	114408	86345	10457	39331
聊城市	Liaocheng	61400	5248	19310	14541	1821	5557	5781	1722	20654
滨州市	Binzhou	41649	3554	13108	15153	3226	-1890	800	1408	18646
菏泽市	Heze	171398	12692	32206	28205	9323	91352	89940	15650	31176

17-11 亿元以上商品交易市场情况(2013年)

Basic Statistics on Commodity Exchange Markets of Turnover above 100 Million Yuan (2013)

类　别	Category	市场数量(个) Number of Markets (unit)	摊位数(个) Number of Booths (unit)	年末出租摊位数(个) Number of Booths Rented at Year End (unit)	年末营业面积(平方米) Operating Area at Year End (sq.m)	成交额(亿元) Turnover (100 million yuan)
总　计	**Total**	**558**	**414120**	**390642**	**38902961**	**9039.0**
按市场类别分组	**Grouped by Market Category**					
综合市场	Comprehensive Markets	90	89650	83597	5471597	989.0
生产资料综合市场	Means of production Comprehensive Markets	5	1343	1318	221000	23.6
工业消费品综合市场	Industrial consumer products Comprehensive Markets	35	45718	42322	2696338	666.1
农产品综合市场	Farmer Produces Comprehensive Markets	24	21524	19921	1136023	221.0
其他综合市场	Other Comprehensive Markets	26	21065	20036	1418236	78.3
专业市场	Special Markets	468	324470	307045	33431364	8050.0
生产资料市场	Means of Production Markets	86	33232	30700	10907693	3043.3
农业生产用具市场	Agricultural Tools Markets	5	627	599	169000	20.8
农用生产资料市场	Agricultural Production Markets	5	745	718	68550	28.0
煤炭市场	Coal and Charcoal Markets					
木材市场	Wood Markets	16	4822	4410	2140940	308.7
建材市场	Building Materials Markets	20	10810	10633	1483619	236.9
化工材料及制品市场	Chemical Materials and Products Markets	4	2649	2523	289626	124.2
金属材料市场	Metal Materials Markets	29	8979	7258	5561130	2177.4
机械设备市场	Mechanical Device Markets	4	3207	3166	341571	117.5
其他生产资料市场	Other Means of Production Markets	3	1393	1393	853257	29.7
农产品市场	Agricultural Products Markets	150	145369	138093	11795699	2600.4
粮油市场	Grain and Oil Markets	17	11379	11258	730388	311.9
肉禽蛋市场	Meat, Poultry and Eggs Markets	8	3725	3560	120340	20.8
水产品市场	Aquatic Products Markets	22	39457	35685	1404532	605.4
蔬菜市场	Vegetables Markets	60	59672	58071	5359828	875.3
干鲜果品市场	Dried and Fresh Melons and Fruits Markets	25	19383	19049	1123631	429.3
棉麻土畜、烟叶市场	Cotton ,Hemp,Local Livestock and Tobacco Markets	7	1809	1728	2548280	202.3
其他农产品市场	Other Agricultural Products Markets	11	9944	8742	508700	155.4
食品、饮料及烟酒市场	Food, Beverages, Tobacco, and Liquor Markets	27	21355	19192	1058030	229.2
食品饮料市场	Food and Beverage Markets	8	8766	8647	301570	97.9
茶叶市场	Tea Markets	3	1160	1160	220000	34.1
烟酒市场	Tobacco and Liquor Markets	8	3912	3423	178050	49.1
其他食品饮料及烟酒市场	Other Food, Beverages, Tobacco, and Liquor Markets	8	7517	5962	358410	48.1
纺织、服装、鞋帽市场	Textile, Garments, Footgear, and Hats Markets	66	59251	57634	2459007	742.4
布料及纺织品市场	Fabrics and Textile Markets	11	5765	5532	405001	168.1
服装市场	Clothing Markets	39	41591	40566	1375836	413.0
鞋帽市场	Shoes and Hats Markets	6	2952	2924	123237	57.1
其他纺织服装鞋帽市场	Others	10	8943	8612	554933	104.2
日用品及文化用品市场	Daily Use and Cultural Goods Markets	15	13374	12799	604936	207.6
小商品市场	Merchandise Markets	7	9841	9295	364552	150.8
箱包市场	Case and Bag Markets	1	150	150	8400	2.0

17-11 续表 continued

类别	Category	市场数量(个) Number of Markets (unit)	摊位数(个) Number of Booths (unit)	年末出租摊位数(个) Number of Booths Rented at Year End (unit)	年末营业面积(平方米) Operating Area at Year End (sq.m)	成交额(亿元) Turnover (100 million yuan)
玩具市场	Toy Markets	2	1023	1009	106660	15.6
文具市场	Stationery Markets					
图书、报刊杂志市场	Books, Newspapers and Magazines Markets	2	260	260	15324	3.5
音像制品及电子出版物市场	Video products and E-journal Markets					
体育用品市场	Sports Goods Markets					
其他日用品及文化用品市场	Other Daily Use and Cultural Goods Markets	3	2100	2085	110000	35.6
黄金、珠宝、玉器等首饰市场	Gold,Jewelry,Jade Markets	3	2324	2154	308579	34.7
电器、通讯器材、电子设备市场	Electrical Appliances, Communication Appliances, Electronic Equipment Markets	10	2987	2933	330300	98.7
家电市场	Household Appliances Markets	5	1418	1400	258800	62.4
通讯器材市场	Communication Appliances	1	120	115	6000	2.7
照相、摄像器材市场	Camera Equipment Markets					
计算机及辅助设备市场	Computers and Auxiliary Equipment Markets	4	1449	1418	65500	33.6
其他电器、通讯器材、电子设备市场	Others					
医药、医疗用品及器材市场	Medicine,Medical Supplies and Equipment Markets	1	968	863	60000	5.1
中药材市场	Chinese Medicine Markets	1	968	863	60000	5.1
其他医药、医疗用品及器材市场	Others					
家具、五金及装饰材料市场	Furniture,Hardware,and Decorative Materials Markets	68	33701	31426	4066211	676.3
家具市场	Furniture Markets	14	5566	5376	616007	122.3
装饰材料市场	Decoration Materials Markets	28	9605	9052	1359053	254.4
灯具市场	Lamps Markets	3	1270	1270	268000	45.1
厨具、盥洗设备市场	Kitchen Utensils and Washing Equipment Markets	1	366	348	21608	2.4
五金材料市场	Hardware Materials Markets	15	10210	9227	1080721	160.1
其他装修市场	Others	7	6684	6153	720822	92.1
汽车、摩托车及零配件市场	Automobile, Motorcycle and Spare Parts Markets	30	5524	5340	1314399	332.4
汽车市场	Automobile Markets	16	1796	1764	1028040	191.6
摩托车市场	Motorcycle Markets					
机动车零配件市场	Motor Vehicle Spare Parts Markets	14	3728	3576	286359	140.8
花、鸟、鱼、虫市场	Flowers,Birds,Fish,Insects Markets	2	1600	1600	139960	44.4
花卉市场	Flower Markets	2	1600	1600	139960	44.4
鸟市场	Bird Markets					
观赏鱼市场	Ornamental Fish Markets					
其他花鸟鱼虫市场	Others					
旧货市场	Second Hand Markets	2	516	460	47000	7.0
古玩、古董、字画市场	Antique,Antiques,Calligraphy and Painting Markets					
邮票、硬币市场	Stamps,Coins Markets					
其他旧货市场	Other Second Hand Markets	2	516	460	47000	7.0
其他专业市场	Others	8	4269	3851	339550	28.6
二、按营业状态分组	**Grouped by Operating Status**					
1.常年营业	Perennial operating	532	399095	376393	37131994	8784.8
2.季节性营业	Seasonal operating	26	15025	14249	1770967	254.2
3.其他	Others					
三、按经营方式分组	**Grouped by Operating Mode**					
1.以批发为主	Wholesale	395	304644	284249	32322807	8040.2
2.以零售为主	Retail	163	109476	106393	6580154	998.8
四、按经营环境分组	**Grouped by Operating Environment**					
1.露天式	Open Air	176	99868	93985	14364622	3033.1
2.封闭式	Closed	330	258978	247172	18789767	5148.0
3.其他	Others	52	55274	49485	5748572	858.0

17－12 亿元以上商品交易市场成交情况(2013年)

Basic Statistics on Commodity Exchange Markets of Turnover above 100 Million Yuan(2013)

类　　别	Category	年末出租摊位数(个) Number of Booths Rented at Year end (unit)	全年成交额(亿元) Turnover (100 million yuan)
合　计	**Total**	**390642**	**9039.0**
1.食品、饮料、烟酒类	Food, Beverages, Tobacco and Liquor	176842	2863.0
(1)粮油、食品类	Grain、Oil and Food	161469	2657.2
#粮油类	Grain and Oil	12836	354.1
肉禽蛋类	Meal,Doultr and Eggs	11864	131.5
水产品类	Aquatil Prodults	30961	648.1
蔬菜类	Vegetables	75631	962.5
干鲜果品类	Dried and Fresh Molons and Fruits	26221	478.6
(2)饮料类	Beverages	5501	96.8
(3)烟酒类	Tobacco and Liquor	9872	109.0
2.服装、鞋帽、针、纺织品类	Clothing, Shoes, Hats and Textiles	85562	1022.1
(1)服装类	Clothing	52623	500.9
(2)鞋帽类	Shoes and Hats	15116	196.3
(3)针、纺织品类	Knitwear and Textiles	17823	324.8
3.化妆品类	Cosmetics	3520	41.4
4.金银珠宝类	Gold,Silver and Jewelry	1802	34.0
5.日用品类	Articles for Daily Use	21706	278.6
#洗涤用品类	Washing Articles	5533	28.7
儿童玩具类	Children Toys	4009	31.3
6.五金电料类	Hardware & Electrical Materials	13256	252.1
7.体育、娱乐用品类	Sports & Recreational Articles	1749	22.0
8.书报杂志类	Newspapers and Magazines	861	5.7
9.电子出版物及音像制品类	E-journals and Video Products	915	4.4
10.家用电器和音像器材类	Household Appliances and Video Appliance	3669	96.3
11.中西药材类	Traditional Chinese and Western Medicines	1050	6.0
#西药类	Western Medicines	121	0.5
中草药及中成药品类	Traditional Chinese Medicines	915	5.2
12.文化办公用品类	Cultural and Offices Appliances	4751	74.6
13.家具类	Furniture	8049	175.4
14.通讯器材类	Communication Appliances	1193	20.4
15.煤炭及制品类	Coal and Related Products	85	1.7
16.木材及制品类	Wood and Wooden Products	5792	341.2
17.石油及制品类	Petroleum and Related Products	82	11.1
18.化工材料及制品类	Chemical Materials and Related Products	3224	138.7
#化肥类	Fertilizers	426	16.5
19.金属材料类	Metal Materials	7834	2088.5
20.建筑及装潢材料类	Building and Decoration Materials	23954	690.6
21.机电产品及设备类	Mechanical & Electrical Products	5356	148.5
#农机类	Agricultural Machineries	726	29.5
22.汽车类	Automobiles	5046	332.6
23.种子饲料类	Seeds and Feedstuff	943	18.6
24.棉麻类	Cotton and Hemp	1791	194.1
25.其他类	Others	11610	177.4

17-13 各市亿元以上商品交易市场情况(2013年)

Basic Statistics on Commodity Exchange Markets of Turnover above 100 Million Yuan by Region(2013)

地 区	Region	市场数量(个) Number of Markets	摊位数(个) Number of Booths	年末出租摊位数(个) Number of Booths Rented at Year End (unit)	年末营业面积(平方米) Operating Area at Year End (sq.m)	成交额(万元) Turnover (10 000 yuan)
全省总计	**Total**	**558**	**414120**	**390642**	**38902961**	**90390067**
济南市	Jinan	35	21198	20134	1848165	4976404
青岛市	Qingdao	64	65373	63088	5766179	12556200
淄博市	Zibo	25	16095	15559	1213830	4050337
枣庄市	Zaozhuang	28	22228	20335	959348	2868103
东营市	Dongying	15	8403	7729	657086	554774
烟台市	Yantai	25	23507	22751	1873897	3598656
潍坊市	Weifang	34	31789	29859	3339493	6643365
济宁市	Jining	26	21230	20586	2178957	2445883
泰安市	Tai'an	11	19764	19321	2945068	6410087
威海市	Weihai	13	7696	7696	297212	587633
日照市	Rizhao	13	20864	16911	1889000	3758981
莱芜市	Laiwu					
临沂市	Linyi	58	37613	36630	4003071	12934917
德州市	Dezhou	113	61001	59110	7414892	13757177
聊城市	Liaocheng	15	16611	14725	1957258	4773994
滨州市	Binzhou	18	9105	8080	931983	8401019
菏泽市	Heze	65	31643	28128	1627522	2072537

17-14 连锁门店及配送中心分布情况(2013年)

Distribution of Stores and Distribution Centers of chain stores of Wholesale and Retail Trades and Hotel and Catering Services(2013)

单位：个 (unit)

地 区	Region	门店总数 Number of Stores	直营店数 Under Direct Management	加盟店数 Through License Arrangement	配送中心数 Distribution Centers	自有 Under Direct Management
合 计	**Total**	**12171**	**9049**	**3122**	**171**	**151**
批发和零售业	**Wholesale and etail Trades**	**11728**	**8609**	**3119**	**169**	**149**
北 京	Beijing	145	18	127		
天 津	Tianjin	1	1			
河 北	Hebei	164	11	153		
山 西	Shanxi	1	1			
内蒙古自治区	Inner Mongolia	1	1			
辽 宁	Liaoning	2	2			
吉林省	Jilin	1	1			
黑龙江省	Heilongjiang	1	1			
上 海	Shanghai	1	1			
江 苏	Jiangsu	6	6			
浙 江	Zhejiang	4	4			
安 徽	Anhui	1	1			
福 建	Fujian	2	2			
江 西	Jiangxi	2	2			
山 东	Shandong	11374	8535	2839	169	149
济 南	Jinan	809	673	136	10	10
青 岛	Qingdao	3281	2274	1007	42	38
河 南	Henan	11	11			
湖 北	Hubei	1	1			
湖 南	Hunan	1	1			
广 东	Guangdong	2	2			
海南省	Hainan	1	1			
重 庆	Chongqing	1	1			
四 川	Sichuan	1	1			
云 南	Yunnan	1	1			
陕西省	Shanxi	1	1			
甘肃省	Ganshu					
宁夏回族自治区	Ningxia	1	1			
新 疆	Xinjiang	1	1			
住宿和餐饮业	**Hotel and Catering Services**	**443**	**440**	**3**	**2**	**2**
山 东	Shandong	443	440	3	2	2
济 南	Jinan	75	75			
青 岛	Qingdao	186	183	3	2	2

注：本表数据是指总部设在山东的连锁企业的门店及配送中心的分布情况。

a)Data in this table refers to the distribution of stores and distribution centers of chain stores that headquarters in Shandong.

17-15 批发和零售业连锁经营情况(2013年)

指标	Item	连锁总店(总部)数(个) Number of chain head stores (unit)	合计 Total
总计	**Total**	**150**	**11728**
一、按行业分组	**by Sector**		
批发业	Wholesale Trade	19	5326
零售业	Retail Trade	131	6402
二、按登记注册类型分组	**by Status of Registration**		
内资企业	Domestic Funded Enterprises	140	11278
国有企业	State-owned Enterprises	5	126
集体企业	Collective-owned Enterprises	4	173
股份合作企业	Cooperative Enterprises	1	12
联营企业	Joint Ownership Enterprises		
有限责任公司	Limited Liability Corporations	55	3942
股份有限公司	Share-holding Corporations Limited	20	5566
私营企业	Private Enterprises	50	1379
其他企业	Other Enterprises	5	80
港、澳、台商投资企业	Enterprises with Funds from Hong Kong, Macao and Taiwan	3	327
合资经营企业(港或澳、台资)	Joint-ventures Enterprises	2	197
合作经营企业(港或澳、台资)	Cooperative Enterprises		
港、澳、台商独资经营企业	Enterprises with Sole Investment	1	130
港、澳、台商投资股份有限公司	Share-holding Corporations Ltd. With Funds from Hong Kong,Macao and Taiwan		
其他港澳台投资企业	Others		
外商投资企业	Foreign Funded Enterprises	7	123
中外合资经营企业	Joint-venture Enterprises	2	67
中外合作经营企业	Cooperation Enterprises	1	2
外资企业	Enterprises with Sole Foreign Funds	4	54
外商投资股份有限公司	Share-holding Corporations Ltd. With Foreign Investment		
其他外商投资企业			
三、按连锁零售业态分组	**by Business Categories**		
便利店	Convenience Store	3	60
折扣店	Discount store		
超　市	Supermarket	27	2231
大型超市	Large supermarket	9	524
仓储会员店	Warehouse club stores		
百货商店	Department store	8	764
专业店	Professional store	82	6636
其中：加油站	In:Gas Station	14	3398
专卖店	Specialty store	9	466
家居建材商店	Home-furnishings store	1	2
厂家直销中心	Factory Outlet Center		
其　他	Others	11	1045

Business of chain operation of Wholesale and Retail Trade(2013)

门店总数(个) Number of Stores(unit)		年末零售营业面积(平方米) Operational Area(sq.m)			年末从业人员数(人) Engaged Persons(person)		
直营店 Under Direct Management	加盟店 Through License Arrangement	合 计 Total	直营店 Under Direct Management	加盟店 Through License Arrangement	合 计 Total	直营店 Under Direct Management	加盟店 Through License Arrangement
8609	**3119**	**13438081**	**13139007**	**299074**	**179176**	**168335**	**10841**
3663	1663	3145037	3023721	121316	28423	23255	5168
4946	1456	10293044	10115286	177758	150753	145080	5673
8159	3119	12891579	12592505	299074	167161	156320	10841
126		27265	27265		788	788	
38	135	200041	181489	18552	1210	786	424
12		11453	11453		332	332	
2434	1508	3486854	3396985	89869	47492	44733	2759
4214	1352	8678951	8495618	183333	104571	97165	7406
1258	121	446112	439392	6720	12207	11958	249
77	3	40903	40303	600	561	558	3
327		114787	114787		3721	3721	
197		75158	75158		2344	2344	
130		39629	39629		1377	1377	
123		431715	431715		8294	8294	
67		325031	325031		5022	5022	
2		15719	15719		1383	1383	
54		90965	90965		1889	1889	
60		37713	37713		691	691	
1688	543	2748107	2673398	74709	42298	40341	1957
136	388	1996823	1954488	42335	26246	25122	1124
330	434	4590730	4534248	56482	62033	59646	2387
5560	1076	1574718	1551186	23532	27313	26129	1184
3398		1014552	1014552		8772	8772	
410	56	36634	33634	3000	2066	1958	108
2		6700	6700		61	61	
423	622	2446656	2347640	99016	18468	14387	4081

17-15 续表 1 continued

指 标	Item	连锁门店商品购进额(万元) Total Purchases of chain store(10000 yuan)		
		合计 Total	直营店 Under Direct Management	加盟店 Through License Arrangement
总 计	**Total**	**24893256**	**24246727**	**646529**
一、按行业分组	**by Sector**	**12167069**	**11865263**	**301806**
批发业	Wholesale Trade	12726187	12381464	344723
零售业	Retail Trade			
二、按登记注册类型分组	**by Status of Registration**			
内资企业	Domestic Funded Enterprises	23256949	22610420	646529
国有企业	State-owned Enterprises	701975	701975	
集体企业	Collective-owned Enterprises	336475	156192	180283
股份合作企业	Cooperative Enterprises	11085	11085	
联营企业	Joint Ownership Enterprises			
有限责任公司	Limited Liability Corporations	3696319	3557153	139166
股份有限公司	Share-holding Corporations Limited	17665833	17393311	272522
私营企业	Private Enterprises	809724	755178	54546
其他企业	Other Enterprises	35538	35526	12
港、澳、台商投资企业	Enterprises with Funds from Hong Kong, Macao and Taiwan	164736	164736	
合资经营企业(港或澳、台资)	Joint-ventures Enterprises	97536	97536	
合作经营企业(港或澳、台资)	Cooperative Enterprises			
港、澳、台商独资经营企业	Enterprises with Sole Investment	67201	67201	
港、澳、台商投资股份有限公司	Share-holding Corporations Ltd. With Funds from Hong Kong,Macao and Taiwan			
其他港澳台投资企业	Others			
外商投资企业	Foreign Funded Enterprises	1471571	1471571	
中外合资经营企业	Joint-venture Enterprises	606531	606531	
中外合作经营企业	Cooperation Enterprises	737931	737931	
外资企业	Enterprises with Sole Foreign Funds	127109	127109	
外商投资股份有限公司	Share-holding Corporations Ltd. With Foreign Investment			
其他外商投资企业	Others			
三、按连锁零售业态分组	**by Business Categories**			
便利店	Convenience Store	40355	40355	
折扣店	Discount store			
超 市	Supermarket	2711024	2581957	129067
大型超市	Large supermarket	2458977	2408994	49984
仓储会员店	Warehouse club stores			
百货商店	Department store	4929403	4816962	112441
专业店	Professional store	12038421	11877278	161143
其中：加油站	In:Gas Station	10345705	10345705	
专卖店	Specialty store	307742	267968	39774
家居建材商店	Home-furnishings store	7226	7226	
厂家直销中心	Factory Outlet Center			
其 他	Others	2400107	2245987	154120

17-15 续表 2 continued

指 标	Item	连锁门店商品销售额(万元) Sale Value of chain store(10000 yuan)		
		合计 Total	直营店 Under Direct Management	加盟店 Through License Arrangement
总 计	**Total**	**28119819**	**27569947**	**549872**
一、按行业分组	**by Sector**			
批发业	Wholesale Trade	13336418	13128030	208389
零售业	Retail Trade	14783400	14441917	341483
二、按登记注册类型分组	**by Status of Registration**			
内资企业	Domestic Funded Enterprises	26200506	25650634	549872
国有企业	State-owned Enterprises	710717	710717	
集体企业	Collective-owned Enterprises	427978	253297	174681
股份合作企业	Cooperative Enterprises	15341	15341	
联营企业	Joint Ownership Enterprises			
有限责任公司	Limited Liability Corporations	4398937	4235157	163780
股份有限公司	Share-holding Corporations Limited	19786445	19629415	157030
私营企业	Private Enterprises	827307	772941	54366
其他企业	Other Enterprises	33780	33766	14
港、澳、台商投资企业	Enterprises with Funds from Hong Kong, Macao and Taiwan	221604	221604	
合资经营企业(港或澳、台资)	Joint-ventures Enterprises	117707	117707	
合作经营企业(港或澳、台资)	Cooperative Enterprises			
港、澳、台商独资经营企业	Enterprises with Sole Investment	103897	103897	
港、澳、台商投资股份有限公司	Share-holding Corporations Ltd. With Funds from Hong Kong,Macao and Taiwan			
其他港澳台投资企业	Others			
外商投资企业	Foreign Funded Enterprises	1697709	1697709	
中外合资经营企业	Joint-venture Enterprises	749527	749527	
中外合作经营企业	Cooperation Enterprises	821894	821894	
外资企业	Enterprises with Sole Foreign Funds	126288	126288	
外商投资股份有限公司	Share-holding Corporations Ltd. With Foreign Investment			
其他外商投资企业	Others			
三、按连锁零售业态分组	**by Business Categories**			
便利店	Convenience Store	39882	39882	
折扣店	Discount store			
超 市	Supermarket	3378275	3236378	141897
大型超市	Large supermarket	2751822	2689048	62773
仓储会员店	Warehouse club stores			
百货商店	Department store	5379816	5296261	83555
专业店	Professional store	12804030	12614581	189449
其中：加油站	In:Gas Station	10987975	10987975	
专卖店	Specialty store	309378	269600	39778
家居建材商店	Home-furnishings store	7226	7226	
厂家直销中心	Factory Outlet Center			
其 他	Others	3449390	3416970	32420

17－16　住宿和餐饮业连锁经营情况(2013年)

指 标 名 称	Indicator	连锁总店或总部数(个) Number of chain head stores (unit)	门店总数(个) Number of Stores (unit)
总　计	**Total**	**12**	**443**
一、按行业分组	**by Sector**		
住宿业	Hotel Services	2	11
餐饮业	Catering Services	10	432
二、按登记注册类型分组	**by Status of Registration**		
内资企业	Domestic Funded Enterprises	8	76
国有企业	State-owned Enterprises		
集体企业	Collective-owned Enterprises		
股份合作企业	Cooperative Enterprises		
联营企业	Joint Ownership Enterprises		
有限责任公司	Limited Liability Corporations	5	51
股份有限公司	Share-holding Corporations Limited		
私营企业	Private Enterprises	3	25
其他企业	Other Enterprises		
港、澳、台商投资企业	Enterprises with Funds from Hong Kong, Macao and Taiwan	1	19
合资经营企业(港或澳、台资)	Joint-ventures Enterprises		
合作经营企业(港或澳、台资)	Cooperative Enterprises		
港、澳、台商独资经营企业	Enterprises with Sole Investment	1	19
港、澳、台商投资股份有限公司	Share-holding Corporations Ltd. With Funds from Hong Kong, Macao and Taiwan		
其他港澳台投资企业			
外商投资企业	Foreign Funded Enterprises	3	348
中外合资经营企业	Joint-venture Enterprises		
中外合作经营企业	Cooperation Enterprises		
外资企业	Enterprises with Sole Foreign Funds	3	348
外商投资股份有限公司	Share-holding Corporations Ltd. With Foreign Investment		
其他外商投资企业			

Business of chain operation of Hotels and Catering Services(2013)

直营店 Under Direct Management	年末从业人员(人) Engaged Persons (person)	直营店 Under Direct Management	年末餐饮营业面积(平方米) Operational Area (sq.m)	直营店 Under Direct Management	客房数(间) Number of rooms (room)	直营店 Under Direct Management	床位数(个) Number of Beds (unit)	直营店 Under Direct Management
440	**22070**	**21981**	**179323**	**179323**	**1250**	**750**	**2160**	**1160**
8	314	225	5000	5000	1250	750	2160	1160
432	21756	21756	174323	174323				
73	1352	1263	60528	60528	1250	750	2160	1160
51	830	830	16828	16828	350	350	700	700
22	522	433	43700	43700	900	400	1460	460
19	148	148	949	949				
19	148	148	949	949				
348	20570	20570	117846	117846				
348	20570	20570	117846	117846				

17-16 续表

指标名称	Indicator	餐位数(位) Number of Diningseats (unit)	直营店 Under Direct Management
总　计	**Total**	**53528**	**53528**
一、按行业分组	**by Sector**		
住宿业	Hotel Services	650	650
餐饮业	Catering Services	52878	52878
二、按登记注册类型分组	**by Status of Registration**		
内资企业	Domestic Funded Enterprises	10598	10598
国有企业	State-owned Enterprises		
集体企业	Collective-owned Enterprises		
股份合作企业	Cooperative Enterprises		
联营企业	Joint Ownership Enterprises		
有限责任公司	Limited Liability Corporations	5574	5574
股份有限公司	Share-holding Corporations Limited		
私营企业	Private Enterprises	5024	5024
其他企业	Other Enterprises		
港、澳、台商投资企业	Enterprises with Funds from Hong Kong,Macao and Taiwan	560	560
合资经营企业(港或澳、台资)	Joint-ventures Enterprises		
合作经营企业(港或澳、台资)	Cooperative Enterprises		
港、澳、台商独资经营企业	Enterprises with Sole Investment	560	560
港、澳、台商投资股份有限公司	Share-holding Corporations Ltd. With Funds from Hong Kong, Macao and Taiwan		
其他港澳台投资企业			
外商投资企业	Foreign Funded Enterprises	42370	42370
中外合资经营企业	Joint-venture Enterprises		
中外合作经营企业	Cooperation Enterprises		
外资企业	Enterprises with Sole Foreign Funds	42370	42370
外商投资股份有限公司	Share-holding Corporations Ltd. With Foreign Investment		
其他外商投资企业			

continued

连锁门店商品购进额（万元）Total Purchases of chain store (10000 yuan)	直营店 Under Direct Management	统一配送商品购进额 Centralized Purchases and Delivery	连锁门店营业额（万元）Bussiness Revenue of chain store (10000 yuan)	直营店 Under Direct Management	餐费收入 From Meals	直营 Under Direct Management
174269	**174269**	**154570**	**313789**	**313153**	**308324**	**308324**
103	103	103	5148	4512	529	529
174166	174166	154467	308641	308641	307795	307795
21211	21211	1511	38589	37953	33851	33851
5664	5664	1501	19839	19839	17978	17978
15547	15547	11	18750	18114	15873	15873
7017	7017	7017	7017	7017	6289	6289
7017	7017	7017	7017	7017	6289	6289
146042	146042	146042	268183	268183	268183	268183
146042	146042	146042	268183	268183	268183	268183

17-17 主要年份社会消费品零售总额

Retail Sale of Consumer Goods in Major Years

单位:亿元 (100 million yuan)

年 份 Year	社会消费品零售总额 Retail Sale of Consumer Goods	按所在地分 by Location			按行业分 by Sector				
		市 City	县 County	县以下 Under County Level	批发和零售业 Wholesale and Retail Trades	住宿和餐饮业 Hotels and Catering Services	制造业 Manufacturing	农业生产者 Agricultural Producers	其他行业 Other Sectors
1949	6.23				3.92	0.63	1.68		
1952	19.01				13.23	1.92	3.21	0.53	0.12
1957	26.00				21.86	1.08	2.19	0.51	0.45
1962	30.49				25.39	1.37	1.98	1.60	0.15
1965	33.85				29.92	1.83	1.35	0.60	0.15
1970	40.94				36.53	1.37	1.87	0.95	0.22
1975	60.32				51.98	2.72	2.85	1.54	1.22
1978	79.73	23.39	21.14	35.19	68.40	3.65	4.57	2.34	0.77
1979	92.22	27.46	23.10	41.66	78.38	4.25	6.09	2.64	0.86
1980	114.01	32.36	27.78	53.86	94.61	5.03	10.00	3.38	0.99
1981	131.47	35.84	34.40	61.23	107.10	5.82	13.42	3.53	1.60
1982	141.48	41.63	34.22	65.64	112.90	7.64	14.12	4.82	2.00
1983	162.14	47.85	37.49	76.80	127.67	9.83	16.93	5.16	2.55
1984	189.08	66.58	37.98	84.52	147.25	11.23	20.57	6.16	3.87
1985	227.03	84.16	46.50	96.38	173.62	13.86	25.27	8.94	5.34
1986	261.64	96.22	54.18	111.25	194.85	15.48	31.38	12.32	7.61
1987	300.69	119.11	58.69	122.89	217.34	18.16	41.14	14.91	9.14
1988	392.37	164.12	73.40	154.85	287.09	22.88	49.85	20.50	12.05
1989	430.74	199.91	72.75	158.09	315.80	23.93	49.86	26.34	14.81
1990	460.13	218.97	79.19	161.96	338.02	25.07	50.24	30.41	16.38
1991	536.03	263.90	86.76	185.36	392.19	30.67	59.41	35.48	18.28
1992	653.23	336.37	99.77	217.08	471.87	37.56	77.87	44.17	21.76
1993	884.71	481.28	124.74	278.69	617.53	53.08	125.63	68.12	20.35
1994	1210.08	670.38	171.83	367.87	813.17	87.13	142.79	113.75	53.24
1995	1583.96	921.86	177.40	484.70	1024.82	129.88	194.83	158.40	76.03
1996	1916.51	1134.57	195.48	586.46	1226.57	168.65	243.40	176.32	101.57
1997	2237.83	1378.50	219.31	640.02	1425.50	194.69	279.73	232.73	105.18
1998	2564.54	1572.06	246.20	746.28	1600.27	238.50	328.26	271.84	125.67
1999	2872.82	1763.91	275.79	833.12	1807.00	281.54	344.74	304.52	135.02
2000	3264.05	2017.18	313.35	933.52	2075.94	339.46	359.05	332.93	156.67
2001	3634.60	2253.45	352.56	1028.59	2340.68	399.81	363.46	356.19	174.46
2002	4078.02	2577.31	379.26	1121.45	2691.49	477.13	358.87	362.94	187.59
2003	4644.86	2977.36	469.13	1198.37	3836.66	585.25			222.95
2004	5290.50	3320.64	588.76	1381.10	4444.04	661.06			185.40
2005	6166.94	3890.93	687.50	1588.51	5173.89	776.51			216.54
2006	7217.13	4593.55	804.90	1818.68	6044.60	925.47			247.06
2007	8607.45	5488.52	971.12	2147.81	7205.96	1123.47			278.02
2008	10658.76	6766.32	1240.07	2652.37	9314.97	1063.78			280.00
2009	12362.97	8038.46	1437.80	2886.71	10348.40	1673.61			340.96
2010	14620.30								
2011	17155.49								
2012	19651.94								
2013	22294.84								

注：2005－2008年社会消费品零售总额及分组数据，根据国家统一办法，依据第二次经济普查数据进行了调整。自2010年，社会消费品零售总额分组重新调整。

a)According to national regulation,data in this table from 2005 to 2008 are modified on the second national economic census.Since 2010,the group of Retail Sale of Consumer Goods has been adjusted.

17-18 各市社会消费品零售总额(2013年)

Retail Sale of Consumer Goods by Region(2013)

地区	Region	绝对额（亿元）Amount (100 million yuan)					比上年增长（%）Growth Rate (%)				
		社会消费品零售总额 Total Retail Sales of Consumer Goods	按经营地分 by Operation Place		按消费形态分 by Consumption Pattern		社会消费品零售总额 Total Retail Sales of Consumer Goods	按经营地分 by Operation Place		按消费形态分 by Consumption pattern	
			城镇 Urban	乡村 Rural	商品零售 Retail Sales	餐饮收入 Catering Income		城镇 Urban	乡村 Rural	商品零售 Retail Sales	餐饮收入 Catering Income
全省总计	**Total**	**22294.84**	**17923.62**	**4371.22**	**20056.62**	**2238.23**	**13.4**	**12.9**	**15.9**	**13.6**	**12.1**
济南市	Jinan	2743.35	2496.63	246.72	2269.02	474.33	13.4	13.5	12.3	14.9	6.5
青岛市	Qingdao	2986.81	2490.40	496.41	2685.15	301.67	13.3	13.6	12.0	13.4	12.9
淄博市	Zibo	1568.17	1338.51	229.66	1421.92	146.25	13.5	13.5	13.0	13.7	11.3
枣庄市	Zaozhuang	645.08	482.20	162.88	89.32	555.76	13.5	13.3	14.0	12.5	14.8
东营市	Dongying	593.72	523.07	70.65	554.81	38.91	13.5	13.1	16.1	14.3	3.2
烟台市	Yantai	2158.68	1728.23	430.45	1997.47	161.21	13.5	13.3	14.2	13.4	14.1
潍坊市	Weifang	1830.39	1316.75	513.64	1652.66	177.74	13.4	13.2	13.7	13.9	8.5
济宁市	Jining	1534.11	1225.85	308.26	1355.34	178.77	13.5	13.9	12.1	13.8	12.1
泰安市	Tai'an	1066.39	941.41	124.98	939.39	127.00	13.5	12.9	18.8	13.3	15.5
威海市	Weihai	1082.18	788.80	293.38	997.12	85.07	13.5	13.9	12.4	14.2	5.9
日照市	Rizhao	486.57	395.52	91.04	449.38	37.19	13.4	13.4	13.9	13.5	12.5
莱芜市	Laiwu	257.75	227.25	30.51	232.60	25.15	13.0	11.8	22.8	14.6	0.3
临沂市	Linyi	1789.76	1345.27	444.48	1698.25	91.50	13.3	12.8	14.9	13.6	7.6
德州市	Dezhou	1007.42	806.80	200.63	913.28	94.15	13.6	13.5	15.0	13.0	17.8
聊城市	Liaocheng	851.80	602.32	249.47	747.79	104.00	13.4	12.6	15.3	13.5	12.1
滨州市	Binzhou	664.90	455.39	209.51	586.42	78.48	13.2	13.4	12.8	13.5	10.6
菏泽市	Heze	1027.75	913.86	113.89	929.57	98.18	13.7	13.6	14.5	14.1	9.8

主要统计指标解释

社会消费品零售总额 指批发和零售业、住宿和餐饮业以及其他行业直接售给城乡居民和社会集团的消费品零售额。其中，对居民的消费品零售额，是指售予城乡居民用于生活消费的商品金额；对社会集团的消费品零售额，是指售给机关、社会团体、部队、学校、企事业单位、居委会或村委会等，公款购买的用作非生产、非经营使用与公共消费的商品金额。

社会消费品零售总额包括：售给城乡居民作为生活消费用的商品金额和修建房屋用的建筑材料，以及售给来华的外国人、华侨、港澳台同胞的消费品金额。

不包括：城市居民间或居民委托信托商店卖出的商品；售给农业、工业、建筑业等行业用于生产的商品。

批发零售业商品购、销、存总额 指各种登记注册类型的批发、零售业企业(单位)以本企业(单位)为总体的，从国内、国外市场购进的商品总量，销售和出口的商品总量、库存商品总量等情况。该指标可以反映商品流转过程中商品的购进、销售、库存之间的比例关系和存在的问题。

商品购进总额 指从本企业(单位)以外的单位和个人购进(包括从境外直接进口)作为转卖或加工后转卖的商品总额。它反映批发零售贸易业从国内、国外市场上购进商品的总量。商品购进总额包括：(1)从工农业生产者购进的商品；(2)从出版社、报社的出版发行部门购进的图书、杂志和报纸；(3)从各种登记注册类型的批发零售贸易企业(单位)购进的商品；(4)从其他单位购进的商品，如从机关、团体、企业等单位购进的剩余物资，从餐饮业、服务业购进的商品，从海关、市场管理部门购进的缉私和没收的商品，从居民手中收购的废旧商品等；(5)从国(境)外直接进口的商品。不包括企业(单位)为自身经营用和未通过买卖行为而收入的商品以及销售退回、商品升溢等。

商品销售总额 指对本企业(单位)以外的单位和个人出售(包括对境外直接出口)的商品总额。它反映批发零售贸易业在国内市场上销售商品以及出口商品的总量。商品销售总额包括：(1)售给城乡居民和社会集团消费用的商品；(2)售给工业、农业、建筑业、运输邮电业、批发零售贸易业、餐饮业、服务业等作为生产、经营使用的商品；(3)售给批发零售贸易业作为转卖或加工后转卖的商品；(4)对国(境)外直接出口的商品。不包括出售本企业(单位)自用的废旧包装用品、未通过买卖行为付出的商品、经本单位介绍，由买卖双方直接结算，本单位只收取手续费的业务、购货退出的商品以及商品损耗和损失等。

批发零售业库存 指报告期末各种登记注册类型的批发零售贸易企业(单位)已取得所有权的商品。它反映批发零售贸易企业(单位)的商品库存情况和对市场商品供应的保证程度。期末库存包括：(1)存放在批发零售贸易业经营单位(如门市部、批发站、经营处)仓库、货场、货柜和货架中的商品；(2)挑选、整理、包装中的商品；(3)已记入购进而尚未运到本单位的商品，即发货单或银行承兑凭证已到而货未到的部分；(4)寄放他处的商品，如因购货方拒绝承付而暂时存放在购货方的商品和已办完加工成品收回手续而未提回的商品；(5)委托其他单位代销(未作销售或调出)尚未售出的商品；(6)代其他单位购进尚未交付的商品。不包括所有权不属于本单位的商品、拨付除批发零售贸易业以外的其他行业所属独立核算加工厂等加工生产尚未收回成品的商品、代国家物资储备部门保管的商品等。

库存总额采用的计算价格是：农副产品采购单位按购进价计算；批发单位按进货价计算；零售单位按核算价格计算，即按什么价格核算就按什么价格计算。

住宿餐饮业营业额 指住宿和餐饮业法人企业、产业活动单位在经营活动中因提供服务或销售商品等取得的收入，包括客房收入、餐费收入、商品销售收入和其他收入。客房收入指住宿和餐饮业法人企业、产业活动单位在经营活动中因提供住宿服务取得的客房收入。餐费收入指住宿和餐饮业法人企业、产业活动单位因为顾客提供就餐服务取得的收入，包括经烹饪、调制加工后出售的各种食品，如主食、炒菜、凉拌菜等的收入。商品销售收入指住宿和餐饮业法人企业、产业活动单位伴随服务而出售商品所取得的收入。其他收入指营业收入中除客房收入、餐费收入、商品销售收入以外的其他收入，包括娱乐、健身和商务服务等。

亿元商品交易市场成交额 指年成交额达到亿元以上，经工商部门批准、专门从事商品批发、零售业务活动的市场。其市场所有摊位成交总额称为商品交易市场成交额。

连锁企业（或称连锁店、连锁公司） 指在核心企业或总店的领导下，由分散的、经营同类商品或服务的企业或活动单位，采取共同方针，实行集中采购和分散销售的有机结合，通过规范化经营，实现规模效益的经济联合组织形式。一般连锁店应由若干个分店组成。其经营特征：(1)经营同类商品；(2)使用统一商号；(3)统一采购配送，采购与销售相分离（部分商品可根据物流合理和保质保鲜原则，由供应商直接送货到门店，其余均由总部统一配送）。

连锁门店包括下列三种形式：

直营连锁：也叫正规连锁。连锁门店均由总部独资或控股开设，在总部的直接领导下统一经营。总部采取纵深似的管理方式，直接下令掌管所有的零售门店，零售门店也必须完全接受总部指挥。他是大型垄断商业资本通过吞并、兼并或独资、控股等途径，发展壮大自身实力和规模的一种形式。

特许连锁：各连锁门店（被特许人）通过合同形式，取

得使用总部（特许人）商标、商号、经营技术和销售总部开发的商品的特许权，各加盟连锁门店为独立法人，在总部指导下统一经营。

自由连锁：也称自愿连锁。连锁公司的门店均为独立法人，各自的资产所有权关系不变，在公司总部的指导下共同经营。各成员店使用共同的店名，与总部订阅有关购、销、宣传等方面的合同，并按合同开展经营活动。在合同规定的范围之外，各成员店可以自由活动。根据自愿原则，各成员店可自由加入连锁体系，也可自由退出。

特许连锁加上自由连锁等于加盟连锁。

Explanatory Notes on Main Statistical Indicators

Total Retail Sales of Consumer Goods refers to the sum of consumer goods sold by the wholesale and retail trades, hotel and catering trades and other sectors to urban and rural residents and social groups.Retail sales of consumer goods sold to residents refers to the commodities sold to urban and rural residents for their daily use.Retail sales of consumer goods sold to social groups refers to the commodities sold to agencies, social groups, military units, schools, enterprises, institutions, urban subdistrict committee and village committee for non-production and non-operation use and purchased by public money of these units.

The Retail Sales of Consumer Goods Includes commodities sold to urban and rural residents for their daily use, building material sold to them for the construction and repair of houses and consumer goods sold to foreigners, overseas Chinese and Chinese compatriots from Hong Kong, Macao and Taiwan.

The Retail Sales of Consumer Goods excludes commodities sold by trust shops commissioned by urban residents and sold among the urban residents. It also excludes commodities sold to agricultural, industrial, construction and other industries for the production.

Purchase, Sales and Stock of Commodities by Wholesale and Retail Trades refers to the total volume of commodities purchased, total volume of sales and exports, and the stock of commodities by wholesale and retail enterprises (establishments) of different status of registration from domestic and overseas markets. This indictor reflects the relationship among purchase, sales and stock of commodities in the circulation of goods and reveals the existing problems.

Total Purchases of Commodities refer to the total value of purchases of commodities by the enterprises (establishments) from other establishments or individuals (including direct import from abroad) for the purpose of re selling, either with or without further processing of the commodities purchased. This indicator is used to show the total value of purchases of commodities by wholesale and retail establishments from domestic and overseas markets. The total purchases include: (1) agricultural and industrial products purchased from producers; (2) books, magazines and newspapers purchased from distribution departments of the publishers; (3) commodities purchased from wholesale and retail establishments of different status of registration; (4) commodities purchased from other units, such as surplus materials purchased from government agencies, enterprises or institutions, commodities purchased from catering and service establishments, confiscated goods purchased from customs authorities or market management agencies, second hand goods and wastes purchased from residents; and (5) commodities directly imported from abroad. Excluded are commodities purchased by enterprises (establishments) for use in their own business operation, commodities obtained without buying or selling procedures, rejected commodities, etc.

Total Sales of Commodities refer to value of commodities sold by the establishments to other establishments and individuals (including direct export). This indicator is used to show the total value of sales of commodities at domestic markets and export. The total sales include: (1) commodities sold to urban and rural residents and social groups for their consumption; (2) commodities sold to establishments in industry, agriculture, construction, transportation, post and telecommunications, wholesale and retail trades, catering trade and public utility for their production and operation; (3) commodities sold to wholesale and retail establishments for re selling, with or without further processing;and (4)commodities for direct export to other countries. Excluded are selling of waste packaging materials used by the establishments (units) themselves, commodities transferred without buying or selling procedures, commission income from brokerage in transactions whose settlement is directly handled by buyers and sellers, rejected commodities in the purchase, loss in commodities, etc.

Commodity Stock of Wholesale and Retail Enterprises refers to total commodities possessed by wholesale and retail enterprises (units) of various types of registration status at the end of the reference period, which reflects the commodity stock level of various wholesale and retail enterprises and the potential for market supply. It includes: (1) commodities located in storage, garages, counters, and shelves of operating units (such as sale stores, wholesale centers, and operating offices) of wholesale and retail enterprises; (2) commodities in the process of selecting, sorting, and packing; (3) commodities not arrived but recorded as purchase in the account, i.e. commodities not arrived but payment receipts for the commodities from the sellers or the banks arrived; (4) commodities deposited in other places rather than places mentioned above, for instance: commodities in the hold of purchasers temporarily due to the refusal of payment and commodities not taken back after going through the formalities; (5) commodities entrusted to other units to sell but not sold yet; (6) commodities purchased for other units but not delivered yet. Commodities not included as stock are those not owned by the enterprises (units), those allocated to financially independent factories rather than wholesale and retail enterprises for processing but not taken back yet, and finally those put in stock by wholesale and retail enterprises on behalf of the state material reserves units.

For the calculation of the value of commodities stock, the value is calculated at purchasing prices in agricultural goods purchasing units and wholesale units, and at the accounting prices in retail units.

Business Revenue of Hotels and Catering Services: refer to revenue received from providing services or selling commodities by corporate enterprises and establishments engaged in hotel and catering services, including income from hotel rooms, from catering services, from selling of commodities and from other services. Income from hotel rooms refers to income of corporate enterprises and establishments by providing lodging services. Income from catering services refers to income of corporate enterprises and establishments by providing catering services, including selling of cooked or prepared foods such as stable food, cooked dishes or cold dishes. Income from selling of commodities refers to income of corporate enterprises and establishments by selling commodities that accompany the services they provide. Income from other activities refers to income received other than income from hotel rooms, catering services or selling of commodities, such as income from providing recreation, fitness or business services.

Volume of Transaction at Large Commodity Markets (with transaction value over 100 million yuan) refers to markets approved by the industrial and commercial administration departments, which specialize in wholesale and retail of commodities with an annual transaction of over 100 million yuan. The sum of sales of all sellers in the markets makes up the transaction value of the markets.

Chain Enterprises (also called chain stores or chain corporations) refer to a form of joint economic entities under which scattered enterprises or establishments engaged in providing homogeneous commodities or services, with the central leadership of core enterprise or headquarters and guided by common policies, conduct centralized purchase and distributed selling of commodities, in order to gain better efficiency through standardized operation. Consisting of a number of branch stores, the chain stores have in general following features: 1) homogeneous commodities, 2) unique name of stores, 3) centralized purchase and delivery which is separated from distributed selling operation (most commodities are delivered from the headquarters except some items which, from logistics, quality or freshness considerations, might be delivered by the suppliers directly).

Chain stores have 3 categories:

a) Chain stores under direct management: These are formal chain stores invested or controlled by the headquarters. They operate under the direct and unified management from the headquarters. Adopting a direct management approach, the headquarters give orders and control all retail stores, which follow completely the directives from the headquarters. Large monopolized commercial companies develop and expand their business through purchasing, merging, direct investment and controlling of shares.

b) Chain stores through special permit: Through contracts, chain stores (or their owners) obtain licenses from the headquarters to use designated trade marks, names, operation know how, and to sell the commodity developed by the headquarters. Under this arrangement, each store in the chain is an independent legal entity and operates under the guidance from the headquarters.

c) Chain stores through voluntary arrangement: Under this arrangement, all stores operate together under the guidance of the headquarters, while maintaining their status of independent legal entities with full ownership of their assets. They use the same store name, sign contracts with the headquarters concerning purchase, sale, publicity, etc. and operate under the contract. They are free to engage in other activities which are not bounded in the contract. They could join or leave the chain on voluntary basis.

Chain stores through special permit and those through voluntary arrangement make up chain stores through license arrangement.

第18篇

教育和科技

Education,Science and Technology

简 要 说 明

一、本篇资料的主要内容

本篇资料反映了全省教育和科技事业基本情况。教育部分主要包括高等教育、中等教育、初等教育、成人高等教育、职业教育、幼儿园等方面基本情况；科技部分主要包括科技成果、专利、规模以上工业科技活动和全社会科技活动情况；

二、本篇资料的来源

1.教育部分中，技工学校的资料来源于省人力资源和社会保障厅规划财务处，其他资料来源于省教育厅发展规划处。

2.科技部分中，科技成果资料来源于省科学技术厅，专利资料来源于省知识产权局，规模以上工业企业科技活动和全社会科技活动资料来源于省统计局统计年报。

本篇资料由省统计局社科处整理提供。

Brief Introduction

I. Content

Data in this chapter show the basic conditions of education and technology. Data on education show the development of higher education, secondary education, primary education, vocational education and kindergartens. Data on technology show the basic conditions of scientific and technological achievements and prizes, number of patent applications examined and granted, scientific and technological activities of industrial enterprises above designate size and basic conditions of R&D institutions.

II. Source of Data

(1)Data on the basic conditions of technical schools are provided by the Planning and Finance Division of Shandong Human Resources and Social Security Department and other data on education are provided by the Planning and Finance Division of Shandong Provincial Education Department.

(2)Data on scientific and technological are provided by Department of Science and Technology of Shandong Province. Data on patents are provided by Shandong Provincial Intellectual Property Office. Data on scientific and technological activities come from the annual report of scientific and technological activities, which is provided by Shandong Provincial Bureau of Statistics.

Data in this chapter are provided and compiled by the Division of Social, Science and Technology Statistics of Shandong Provincial Bureau of Statistics.

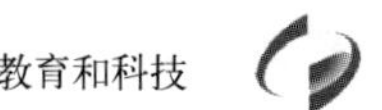

18-1 各级各类学校基本情况(2013年)

Basic Statistics on Education Institutions(2013)

项 目	Item	学校数(所) Number of Schools (unit)	招生数(人) New Enrollment (person)	在校学生数(人) Total Enrol -lment (person)	毕业生数(人) Graduates (person)	教职工数(人) Teachers and Staff (person)	#专任教师 Full-time Teachers
高等教育	**Higher Education**						
研究生培养机构	Institutions Providing Postgraduate Programs	**33**	**26404**	**72962**	**22623**		
普通高校	Regular Institutions of Higher Education	29	26189	72333	22427		
科研机构	Research Institutions	4	215	629	196		
普通高等学校	Regular Institutions of Higher Education	**140**	**524937**	**1690678**	**473248**	**142240**	**98685**
本科院校	Universities with Full Undergraduate Courses	64	324476	1146684	286167	96582	66856
#独立学院	Non-university Tertiary	12	26574	92822	25653	7287	5028
专科(高职)院校	Colleges with Specialized Courses	76	200461	543994	187081	45658	31829
#高等职业学校	Vocational and Technical Colleges	70	183806	496614	172026	42304	29307
成人高等教育	Institutions of Higher Education for Adult	11	165522	459803	128297	2843	1982
民办的其他高等教育机构	Other Private Institutions of Higher Education	91				4370	2646
中等教育	**Secondary Education**						
高中阶段教育	Senior Secondary Education						
普通高中	Regular Senior Secondary Schools	547	588897	1705043	509383	151362	119011
中等职业学校	Vocational Secondary Education	525	363547	1031585	378626	66810	50243
技工学校	Technical Schools	207	144165	369922	121782	30860	23977
职业技术培训机构	Vocational and Technical Training						
初中阶段教育	Junior Secondary Education						
普通初中	Regular Junior Secondary Schools	2917	996384	3179800	1050979	314726	263329
初等教育	**Primary Education**						
普通小学	Regular Primary Schools	11151	1156903	6259820	1033007	383692	387312
特殊教育学校	**Special Education**	144	3340	20946	2887	5684	4692
学前教育	**Pre-school Education**	18528	1161003	2624305	964663	202288	132518

18-2　主要年份普通高等教育基本情况

Basic Statistics on Higher Education in Major Years

年　份 Year	学校数 (所) Number of Schools (unit)	教职工数 (人) Teachers and Staff (person)	#专任教师 Full-time Teachers	招生数 (人) New Enrollment (person)	在校学生数 (人) Total Enrollment (person)	毕业生数 (人) Graduates (person)
1949	7	1908	484	1405	3969	70
1952	7	3684	1024	2777	6753	1703
1955	7	3397	1471	3280	8915	1825
1957	7	4518	2114	3122	12532	1686
1962	26	10144	4318	3496	26001	7148
1965	16	9156	3898	5621	22164	6102
1970	16	10185	4526			9162
1975	21	13858	5601	7366	17582	6033
1976	22	15035	5941	8896	21340	6072
1977	27	17712	7028	13192	25735	7203
1978	34	20202	7855	19712	38390	7015
1979	35	23544	9478	12856	44771	5364
1980	35	26130	10347	14402	51427	7684
1981	37	27512	10379	14160	59645	6311
1982	37	30381	12065	15765	51794	23993
1983	41	31535	12943	19827	55276	16806
1984	47	33591	13919	24862	66429	13563
1985	49	36383	14974	32745	83567	16159
1986	49	39009	15951	30211	92422	21183
1987	50	41620	16716	32972	95891	29428
1988	50	43990	17585	35714	101281	30869
1989	51	46037	18162	34308	103928	31766
1990	49	46704	18377	35023	105822	33104
1991	49	46839	17825	36067	107093	34500
1992	51	47483	18059	57878	130188	34994
1993	51	48156	18405	57918	151758	33935
1994	49	49537	19460	55036	156639	50457
1995	49	50829	19932	55611	160398	52083
1996	49	51490	20079	56544	169184	47835
1997	48	50374	20414	56950	175920	50141
1998	49	50261	20581	62994	187473	51477
1999	52	49624	21252	82410	213679	49612
2000	58	54910	24764	124817	303826	49687
2001	65	64362	30902	183553	449360	69583
2002	75	72408	37412	218719	583601	94697
2003	85	84391	45457	273894	761417	117253
2004	97	93653	53847	327452	946124	166959
2005	104	109920	64636	400573	1171284	224611
2006	109	121167	74676	445034	1338122	268384
2007	111	128761	81889	453479	1440378	355735
2008	114	134072	87432	514176	1534009	411143
2009	128	136753	89734	501082	1592974	431598
2010	133	139100	91413	495722	1631373	444003
2011	139	142698	94621	497292	1645589	472882
2012	137	142370	96058	498621	1658490	474266
2013	140	142240	98685	527539	1698545	475858

注：普通高等教育数据含普通高校、部分成人高校举办的高职班和电大普通专科班。

a)Data includes regular HEIS,higher vocational hold by some adult HEIS and regular vocational secondary courses held by eduction institutions.

18-3　主要年份中等专业教育基本情况
Basic Statistics on Vocational Secondary Education in Major Years

年　份 Year	学校数 (所) Number of Schools (unit)	招生数 (人) New Enrollment (person)	毕业生数 (人) Graduates (person)	在校学生数 (人) Total Enrollment (person)	教职工数 (人) Teachers and Staff (person)	#专任教师 Full-time Teachers
1949	34	4784	1778	13738	1207	441
1950	48	7734	4292	14206	1663	709
1951	80	11179	4855	21918	3372	1307
1952	171	33756	5223	50175	6845	2744
1953	76	8478	23488	33516	4916	1812
1954	69	9478	9812	32458	4509	1807
1955	58	7738	11553	25336	3707	1477
1956	90	30047	9403	45706	6522	2573
1957	86	7972	12089	40738	6112	2742
1958	394	106779	15584	129494	8704	4537
1959	487	58777	21286	110617	11394	4955
1960	474	79722	32699	143184	15798	7893
1961	198	10395	22687	65735	12433	6008
1962	85	585	16909	23599	6072	2797
1963	79	9685	13814	18942	5883	3312
1964	94	15282	6751	27420	6086	2769
1965	275	35768	2242	72974	9197	4850
1966	158	2831	3403	50097	9128	4310
1967	160	2810	11544	41288	9159	4388
1968	155	11861	28731	24411	9461	4328
1969	128	2107	10537	15956	8410	3942
1970	126	2648	12356	6238	8121	3997
1971	135	18497	11758	12823	7776	5403
1972	140	9746	1313	11581	8756	3773
1973	122	16377	1980	25717	8366	3771
1974	129	18963	9440	34035	10175	4434
1975	144	21442	15786	40798	11378	5038
1976	178	23328	19908	44345	13296	5522
1977	176	23195	29665	33142	14004	5649
1978	189	25961	9006	49466	14814	6158
1979	195	26574	2882	75484	16080	6792
1980	203	28137	35212	68593	17617	7898
1981	165	27797	32661	63864	18563	8115
1982	174	29235	26782	66640	20482	9204
1983	179	31570	21413	77601	21503	9775
1984	188	33597	27166	84125	22539	10184
1985	208	45163	30024	100176	24511	11333
1986	227	44130	31422	114039	27320	12807
1987	214	40120	36247	103128	26820	12846
1988	225	44606	33551	114168	28985	14522
1989	230	48407	28370	134515	29314	14719
1990	236	48634	35423	148504	31634	16000
1991	240	52092	45259	155092	31842	15617
1992	234	55353	52088	158309	32857	15972
1993	241	77875	51360	185062	34354	16769
1994	243	89643	50801	222551	35066	17526
1995	244	95442	58680	258801	36084	18211
1996	255	105468	78496	289827	38030	19898
1997	252	112348	90545	311161	38458	20291
1998	254	114956	99483	327031	39160	20949
1999	251	122331	106740	344062	39274	21311
2000	243	93493	103629	333184	37241	20409
2001	200	92215	110827	310508	28002	15607
2002	165	115941	111333	314135	27005	15369
2003	154	94625	64046	256655	23630	13761
2004	145	87889	65953	260276	21621	12771
2005	134	86044	75076	257161	20406	12193
2006	130	90432	79902	264456	20563	12634
2007	135	98634	92275	283231	20985	13223
2008	130	93217	83077	271905	20308	13224
2009	124	99212	88355	271993	19981	13093

18-4 主要年份普通中学基本情况

Basic Statistics on Senior and Junior Secondary Education in Major Years

年 份 Year	学校数 (所) Number of Schools (unit)	招生数 (万人) New Enrollment (10 000 persons)	毕业生数 (万人) Graduates (10 000 persons)	在校学生数 (万人) Total Enrollment (10 000 persons)	教职工数 (人) Teachers and Staff (person)	#专任教师 Full-time Teachers
1949	66	1.08	0.34	3.89	3431	1585
1952	189	6.12	0.99	10.44	10170	4507
1955	218	6.74	5.08	17.51	14778	6756
1957	1004	17.64	6.20	33.99	24369	14054
1962	1247	15.04	12.77	43.21	37062	21542
1965	6166	34.06	11.67	80.74	53914	37339
1970	13938	103.39	58.50	188.13	122751	100261
1975	14621	172.20	113.98	305.11	200906	161092
1976	19822	263.31	127.48	437.85	275864	228657
1977	20171	260.62	161.35	522.33	330445	277784
1978	17361	210.68	218.75	478.22	318128	264663
1979	16322	176.14	192.39	418.22	304551	246035
1980	14646	144.10	107.90	407.91	309538	247920
1981	12974	125.17	117.55	361.45	296240	233102
1982	11160	119.41	106.37	328.57	271664	212707
1983	9971	112.21	86.35	315.39	256926	200957
1984	9175	115.88	85.31	334.42	257968	201521
1985	9038	123.80	96.87	356.32	268321	209202
1986	8259	125.02	105.22	376.19	283726	220304
1987	7877	125.52	116.95	379.54	297083	232958
1988	7474	125.17	120.41	373.53	307364	241845
1989	6997	123.30	118.61	363.74	315494	245260
1990	6699	125.60	115.14	367.30	324027	249459
1991	6310	129.17	115.30	372.98	329927	253428
1992	5897	132.87	115.58	382.49	335020	258308
1993	5640	139.14	115.88	395.28	337259	260896
1994	5429	154.67	116.82	427.15	345640	268514
1995	5073	167.06	118.14	470.46	358301	279301
1996	4820	169.69	122.97	512.22	375463	294849
1997	4693	178.19	141.95	541.38	392365	310926
1998	4635	201.28	159.91	571.54	404824	322785
1999	4586	222.20	164.88	620.43	414538	333884
2000	4575	234.18	167.96	678.60	430754	350353
2001	4684	220.94	188.59	702.18	451014	359665
2002	4648	201.65	205.62	689.17	461898	369664
2003	4606	192.94	222.82	654.34	468627	374811
2004	4569	192.32	213.80	628.34	473687	379100
2005	4404	179.71	207.29	592.49	470584	377133
2006	4175	164.60	196.70	554.04	462298	372370
2007	4039	162.49	191.02	520.31	454920	370255
2008	3893	160.54	172.88	502.14	445545	367658
2009	3750	160.24	158.65	499.34	442447	372550
2010	3645	164.12	156.89	501.07	438787	372082
2011	3569	161.83	157.80	501.58	462765	376760
2012	3522	159.88	153.20	492.64	464942	376819
2013	3464	158.53	156.04	488.48	466088	382340

18–5 主要年份技工学校基本情况

Basic Statistics on Technical Schools in Major Years

年 份 Year	学校数 (所) Number of Schools (unit)	招生数 (人) New Enrollment (person)	毕业生数 (人) Graduates (person)	在校学生数 (人) Total Enrollment (person)	教职工数 (人) Teachers and Staff (person)	#专任教师 Full-time Teachers
1953	1	150		150	25	15
1955	2	452	150	802	206	72
1957	6	1525	452	2300	614	213
1962	19	1274	906	5188	2078	688
1965	18	2336	1381	6662	1214	503
1970	6		452		639	106
1975	26	3407	1700	5652	1751	345
1976	26	3144	1704	5841	2204	435
1977	29	6083	5421	6414	3189	735
1978	64	13669	301	19651	7042	1563
1979	72	11673	4950	26632	7055	1951
1980	94	15698	9854	32208	8974	2978
1981	100	9323	11190	29605	9749	3474
1982	103	9379	12857	25953	10154	3474
1983	106	10698	11562	24343	10560	3508
1984	119	12851	8624	28302	11215	3732
1985	134	16748	9219	35163	14142	3423
1986	163	22069	10035	47114	19968	3928
1987	206	28114	11281	63839	22647	5390
1988	236	40381	16036	87832	26382	5996
1989	256	40821	22402	105330	27843	7088
1990	266	42429	28654	118605	19084	10084
1991	279	44081	39679	122591	33739	11210
1992	290	46436	39628	128557	37579	12233
1993	302	55920	42320	142660	37222	12853
1994	306	67812	45358	165989	39351	13424
1995	312	70251	65457	169023	38891	13948
1996	312	77593	62981	185253	37747	13778
1997	305	74054	65310	192675	35160	14059
1998	305	55668	59292	188493	33806	14035
1999	302	50896	71460	161531	28871	14531
2000	279	48008	66546	137718	24484	14066
2001	278	53283	55769	132122	23152	16060
2002	249	83186	49634	165386	22190	13072
2003	244	105896	46247	212811	20684	13371
2004	249	121444	58834	274432	21370	14607
2005	229	138505	78091	325924	22049	15058
2006	197	148625	98239	357648	22309	16211
2007	200	159954	110278	385325	26744	23586
2008	197	161000	121000	415000	24700	18847
2009	196	147000	140300	396200	24963	19378
2010	209	136995	133615	397719	18183	14962
2011	208	149407	123404	381503	24379	21050
2012	213	154546	113066	401207	29909	21451
2013	207	144165	121782	369922	30860	23977

18-6 主要年份小学基本情况
Basic Statistics on Primary Schools in Major Years

年 份 Year	学校数 (所) Number of Schools (unit)	招生数 (万人) New Enrollment (10 000 persons)	毕业生数 (万人) Graduates (10 000 persons)	在校学生数 (万人) Total Enrollment (10 000 persons)	教职工数 (人) Teachers and Staff (person)	#专任教师 Full-time Teachers
1949	27476	64.85	5.92	193.00	47640	45710
1952	55096	138.44	15.52	453.75	130791	122107
1955	52171	91.05	19.65	432.74	135050	126975
1957	52337	90.99	43.32	490.88	153512	146366
1962	58670	125.37	40.61	487.56	185043	180870
1965	143202	289.83	44.92	966.72	322560	316441
1970	79041	206.71	138.66	813.58	331613	296931
1975	82327	240.58	143.75	1091.22	401530	390571
1976	78698	215.88	208.06	1059.68	403562	391905
1977	78137	220.55	198.87	1035.87	399653	388337
1978	79375	234.57	181.42	1041.84	395247	384540
1979	78828	219.38	164.83	1040.06	407704	393271
1980	78796	211.68	155.64	1041.70	418828	402739
1981	78829	197.06	154.84	1017.62	417223	400449
1982	77893	190.23	159.74	978.73	414849	395455
1983	76610	184.50	160.87	946.26	414753	393013
1984	74314	176.38	160.80	927.50	410443	387448
1985	71062	167.67	164.07	894.06	405550	379751
1986	65447	161.76	158.81	870.41	412879	384564
1987	64095	152.42	158.86	844.87	421864	394296
1988	63006	156.57	154.47	830.01	432249	404509
1989	62321	162.45	149.77	823.19	439419	408468
1990	61845	158.09	144.84	818.21	446395	414653
1991	59976	156.99	143.85	815.15	447368	414924
1992	56885	163.94	141.97	826.21	450396	416662
1993	54009	185.75	145.75	853.57	448575	415928
1994	50824	206.15	153.03	895.54	448601	414912
1995	47068	205.33	154.07	940.36	456568	422989
1996	40458	194.37	152.29	971.86	463651	429345
1997	37377	183.70	155.59	990.19	468548	434671
1998	34480	146.34	173.92	951.34	467987	435156
1999	29453	116.04	191.40	870.72	451063	418828
2000	26017	104.48	195.12	774.88	440161	408200
2001	21342	101.36	176.17	699.19	422905	390374
2002	19590	107.26	144.10	662.59	414600	383816
2003	18303	107.86	128.24	642.78	410968	380066
2004	16943	110.17	124.69	627.80	410264	378793
2005	15871	104.27	113.31	615.37	410394	377729
2006	14611	107.18	101.69	623.02	415117	381673
2007	14064	111.46	103.87	634.01	420353	386641
2008	13503	104.61	107.48	632.98	420552	387957
2009	12858	101.78	109.47	626.81	421057	389962
2010	12405	111.30	110.26	629.25	417504	387453
2011	12047	119.40	106.82	644.07	393612	386280
2012	11573	109.55	106.16	627.67	387203	382562
2013	11151	115.69	103.30	625.98	383692	387312

18-7 1985-2013年成人高等教育基本情况

Basic Statistics on Adult Education from 1985 to 2013

年份 Year	学校数 (所) Number of Schools (unit)	招生数 (人) New Enrollment (person)	毕业生数 (人) Graduates (person)	在校学生数 (人) Total Enrollment (person)	教职工数 (人) Teachers and Staff (person)	#专任教师 Full-time Teachers
1985	53	41358	14543	85909	7918	3677
1986	55	38305	18626	119123	9514	4417
1987	58	30789	30352	110258	8900	3847
1988	53	43784	35680	101606	10179	4137
1989	53	43386	30687	115753	11552	4754
1990	53	32580	29317	114764	12745	5164
1991	54	26409	40382	104560	12669	4926
1992	51	49078	41748	105427	12883	5017
1993	53	71210	31104	149282	12648	5257
1994	53	81379	30786	196381	13048	5872
1995	53	61032	55764	198934	13159	6037
1996	53	59850	65204	194454	13308	6495
1997	53	65775	74017	185029	14096	6925
1998	46	73618	61603	198780	13023	6557
1999	40	87117	61611	221161	14335	7131
2000	40	82423	70810	219977	14090	7084
2001	34	103165	57373	255775	13911	6841
2002	29	111023	69723	316605	11797	6182
2003	27	128242	79518	373086	9877	5300
2004	24	132313	107645	268112	11056	6247
2005	24	108707	118379	258521	11481	6683
2006	24	95858	34999	295189	12775	7516
2007	23	106857	97584	297085	12627	7537
2008	22	152713	93079	355307	7390	4840
2009	21	136048	105081	377343	6240	4142
2010	18	133191	110347	388741	4225	2946
2011	17	147677	144703	386481	3951	2731
2012	17	166515	120404	428180	4286	2917
2013	11	165522	128297	459803	2843	1982

注：自2001年起成人高等学历教育统计口径调整为不含电大普通专科班及高职。

a)After 2001,adult higher education exclude regular specialized courses and vocational education.

18-8 研究生教育基本情况
Basic Statistics on Postgraduate Education

项　目		Item		2010	2011	2012	2013
一、培养单位数	**（个）**	**Institutions Providing Postgraduate Programs (unit)**		**31**	**31**	**33**	**33**
高等学校	（个）	Regular Institutions of Higher Education	(unit)	27	27	29	29
科研单位	（个）	Research Institutions	(unit)	4	4	4	4
二、招生数	**（人）**	**Enrollment**	**(person)**	**23431**	**24314**	**25483**	**26404**
攻读博士学位	（人）	Appliants for Doctor's Degree	(person)	1920	1954	1980	2033
高等学校	（人）	Regular Institutions of Higher Education	(person)	1844	1877	1905	1954
科研单位	（人）	Research Institutions	(person)	76	77	75	79
攻读硕士学位	（人）	Appliants for Master's Degree	(person)	21511	22360	23503	24371
高等学校	（人）	Regular Institutions of Higher Education	(person)	21349	22218	23372	24235
科研单位	（人）	Research Institutions	(person)	162	142	131	136
三、在校生数	**（人）**	**Total Enrollment**	**(person)**	**65034**	**69004**	**70455**	**72962**
攻读博士学位	（人）	Appliants for Doctor's Degree	(person)	7487	7871	8062	8495
高等学校	（人）	Regular Institutions of Higher Education	(person)	7275	7664	7850	8274
科研单位	（人）	Research Institutions	(person)	212	207	212	221
攻读硕士学位	（人）	Appliants for Master's Degree	(person)	57547	61133	62393	64467
高等学校	（人）	Regular Institutions of Higher Education	(person)	57106	60690	61960	64059
科研单位	（人）	Research Institutions	(person)	441	443	433	408
四、毕业生数	**（人）**	**Graduates**	**(person)**	**15559**	**19112**	**22882**	**22623**
攻读博士学位	（人）	Appliants for Doctor's Degree	(person)	1362	1508	1657	1557
高等学校	（人）	Regular Institutions of Higher Education	(person)	1278	1430	1590	1488
科研单位	（人）	Research Institutions	(person)	84	78	67	69
攻读硕士学位	（人）	Appliants for Master's Degree	(person)	14197	17604	21225	21066
高等学校	（人）	Regular Institutions of Higher Education	(person)	14098	17508	21117	20939
科研单位	（人）	Research Institutions	(person)	99	96	108	127

18-9 各市中等职业学校基本情况(2013年)

Basic Statistics on Secondary Vocational Schools by Region (2013)

地　区	Region	学校数(所) Schools (unit)	招生数(人) New Enrollment (person)	毕业生数(人) Graduates (person)	在校学生数(人) Total Enrollment (person)	专任教师数(人) Full-time Teachers (person)
全省总计	**Total**	**525**	**363547**	**378626**	**1031585**	**50243**
济南市	Jinan	67	25391	30047	75262	3516
青岛市	Qingdao	63	35615	35315	105520	6428
淄博市	Zibo	18	22086	28448	52817	2575
枣庄市	Zaozhuang	18	18275	14041	46565	1744
东营市	Dongying	9	10623	5822	22666	919
烟台市	Yantai	41	26682	32525	84605	4800
潍坊市	Weifang	33	43214	47048	125877	4324
济宁市	Jining	25	17565	21357	64672	3557
泰安市	Tai'an	20	20949	20745	57811	2255
威海市	Weihai	29	9002	10534	30735	2006
日照市	Rizhao	19	14576	9515	36058	1910
莱芜市	Laiwu	14	3507	2696	8530	436
临沂市	Linyi	48	29834	24601	81718	4045
德州市	Dezhou	31	23598	28189	68270	3151
聊城市	Liaocheng	24	12773	22390	35687	3147
滨州市	Binzhou	18	22994	14329	59315	1947
菏泽市	Heze	48	26863	31024	75477	3483

18-10 各市普通中学情况(2013年)

Basic Statistics of Secondary Schools by Region (2013)

地　区	Region	普通高中 Senior Secondary Schools					普通初中 Junior Secondary Schools				
		学校数(所) Schools (unit)	专任教师数(人) Full-time Teachers (person)	招生数(人) New Enrollment (person)	在校学生数(人) Total Enrollment (person)	毕业生数(人) Graduates (person)	学校数(所) Schools (unit)	专任教师数(人) Full-time Teachers (person)	招生数(人) New Enrollment (person)	在校学生数(人) Total Enrollment (person)	毕业生数(人) Graduates (person)
全省总计	**Total**	**547**	**119011**	**588897**	**1705043**	**509383**	**2917**	**263329**	**996384**	**3179800**	**1050979**
济南市	Jinan	36	7090	38128	111920	33974	168	15652	65274	196167	69057
青岛市	Qingdao	59	10135	41341	125516	39397	234	21678	81043	239594	84699
淄博市	Zibo	33	6289	34468	102926	32255	158	15186	42909	181451	49497
枣庄市	Zaozhuang	27	4495	25937	78014	25763	98	9790	40301	125073	44921
东营市	Dongying	19	3359	14602	46051	14022	72	7235	22940	90701	25003
烟台市	Yantai	45	8782	35262	106523	35994	212	21159	51385	215101	62440
潍坊市	Weifang	52	14849	63973	195131	56772	274	25759	88371	268126	102050
济宁市	Jining	36	8854	46933	134699	40953	250	21452	86941	272858	79468
泰安市	Tai'an	33	7048	37034	96599	20206	138	14131	59867	189183	59470
威海市	Weihai	22	3920	12774	38601	13320	86	8842	20626	82609	23457
日照市	Rizhao	18	3636	15822	47981	15246	90	8260	31137	94232	33688
莱芜市	Laiwu	8	1731	13050	33981	7489	45	4415	12672	57514	19270
临沂市	Linyi	50	12776	64667	186227	55612	293	28049	108613	326701	122995
德州市	Dezhou	18	6044	31221	84726	23192	177	13890	65286	188498	61632
聊城市	Liaocheng	31	6280	33587	89272	26839	167	14095	62295	183436	57963
滨州市	Binzhou	19	5145	25179	71004	20228	142	10804	42490	127129	42804
菏泽市	Heze	41	8578	54919	155872	48121	313	22932	114234	341427	112565

18－11 各市小学基本情况(2013年)

Basic Statistics on Primary Schools by Region (2013)

地 区	Region	学校数(所) Schools (unit)	专任教师数(人) Full-time Teachers (person)	招生数(人) New Enrollment (Person)	在校学生数(人) Total Enrollment (person)	毕业生数(人) Graduates (person)
全省总计	**Total**	**11151**	**387312**	**1156903**	**6259820**	**1033007**
济南市	Jinan	602	25209	69882	394228	65877
青岛市	Qingdao	806	32770	93168	496343	81732
淄博市	Zibo	325	15283	42695	218032	43813
枣庄市	Zaozhuang	534	18207	54542	274379	41581
东营市	Dongying	132	7464	21285	115066	23490
烟台市	Yantai	340	18801	53388	256288	52270
潍坊市	Weifang	868	37162	111454	570458	89575
济宁市	Jining	1184	32401	106651	570183	96048
泰安市	Tai'an	560	20007	48093	336429	61767
威海市	Weihai	95	7237	22567	100885	20523
日照市	Rizhao	377	11323	31183	190188	31895
莱芜市	Laiwu	148	4666	11034	60932	12781
临沂市	Linyi	1461	45387	144372	768020	115807
德州市	Dezhou	970	26910	68251	422872	65700
聊城市	Liaocheng	784	23957	88307	430252	67363
滨州市	Binzhou	402	15955	36910	244379	43329
菏泽市	Heze	1563	44573	153121	810886	119456

18－12 各市中小学教职工情况(2013年)

Basic Statistics on Teachers and Staff of Primary and Secondary Schools by Region (2013)

单位：人 (person)

地 区	Region	普通中学教职工 Teachers and Staff of Secondary Schools	#专任教师 Full-time Teachers	小学教职工 Teachers and Staff of Primary Schools	#专任教师 Full-time Teachers
全省总计	**Total**	**466088**	**382340**	**383692**	**387312**
济南市	Jinan	28673	22742	25230	25209
青岛市	Qingdao	37031	31813	33888	32770
淄博市	Zibo	27221	21475	14518	15283
枣庄市	Zaozhuang	17866	14285	18346	18207
东营市	Dongying	14323	10594	5752	7464
烟台市	Yantai	36843	29941	17456	18801
潍坊市	Weifang	48366	40608	35171	37162
济宁市	Jining	37086	30306	33071	32401
泰安市	Tai'an	25222	21179	19898	20007
威海市	Weihai	16074	12762	6092	7237
日照市	Rizhao	14010	11896	11174	11323
莱芜市	Laiwu	7225	6146	4528	4666
临沂市	Linyi	49966	40825	45910	45387
德州市	Dezhou	23740	19934	27936	26910
聊城市	Liaocheng	24000	20375	25051	23957
滨州市	Binzhou	20924	15949	14358	15955
菏泽市	Heze	37518	31510	45313	44573

18−13　各市普通中学专任教师学历情况(2013年)

Basic Statistics on Education of Teachers and Staff of Secondary Schools by Region (2013)

单位:人　　(person)

地　区	Region	普通高中专任教师 Full-time Teachers of Senior Secondary Schools	#本科及以上 With Undergraduate Education or Higher	#专　科 With Specialized Education	普通初中专任教师 Full-time Teachers of Junior Secondary Schools	#本科及以上 With Undergraduate Education or Higher	#专　科 With Specialized Education
全省总计	**Total**	**119011**	**116747**	**2169**	**263329**	**211857**	**49751**
济 南 市	Jinan	7090	7029	57	15652	14097	1416
青 岛 市	Qingdao	10135	10072	58	21678	19565	1991
淄 博 市	Zibo	6289	6227	54	15186	13894	1159
枣 庄 市	Zaozhuang	4495	4423	71	9790	8491	1276
东 营 市	Dongying	3359	3262	91	7235	6225	998
烟 台 市	Yantai	8782	8651	124	21159	17967	3082
潍 坊 市	Weifang	14849	14533	307	25759	21095	4464
济 宁 市	Jining	8854	8720	134	21452	15919	5439
泰 安 市	Tai'an	7048	6957	87	14131	10855	3190
威 海 市	Weihai	3920	3868	51	8842	8101	697
日 照 市	Rizhao	3636	3575	58	8260	6467	1755
莱 芜 市	Laiwu	1731	1721	8	4415	3778	637
临 沂 市	Linyi	12776	12360	378	28049	23693	4228
德 州 市	Dezhou	6044	5781	260	13890	8470	5221
聊 城 市	Liaocheng	6280	6228	52	14095	10558	3420
滨 州 市	Binzhou	5145	5083	62	10804	8396	2301
菏 泽 市	Heze	8578	8257	317	22932	14286	8477

18−14　各市幼儿园情况

Basic Statistics on Kindergartens by Region

地　区	Region	幼儿园数 (所) Number of Kindergartens (unit)		入园(班)儿童数 (人) Number of Children Enrolled (person)		专任教师数 (人) Full-timeTeachers (person)	
		2012	2013	2012	2013	2012	2013
全省总计	**Total**	**17530**	**18528**	**1126287**	**1161003**	**116408**	**132518**
济 南 市	Jinan	1354	1394	58561	57311	9766	10974
青 岛 市	Qingdao	2475	2411	72017	75449	14669	15150
淄 博 市	Zibo	812	802	29497	31582	7960	8044
枣 庄 市	Zaozhuang	637	663	55289	56094	3309	3645
东 营 市	Dongying	420	391	21367	17678	4357	4619
烟 台 市	Yantai	1165	1095	41944	46505	8857	9271
潍 坊 市	Weifang	1724	1751	80218	82302	11733	13575
济 宁 市	Jining	1697	1697	120795	119764	9895	10652
泰 安 市	Tai'an	1051	1112	56914	51821	6261	8591
威 海 市	Weihai	293	280	15988	17883	3379	3401
日 照 市	Rizhao	668	620	29588	28693	3932	3835
莱 芜 市	Laiwu	373	386	9884	11264	2132	2753
临 沂 市	Linyi	2347	2602	190928	176940	11583	15296
德 州 市	Dezhou	637	782	79135	81165	4840	5530
聊 城 市	Liaocheng	320	351	91622	97012	2671	3078
滨 州 市	Binzhou	486	532	44675	42626	3934	4364
菏 泽 市	Heze	1071	1659	127865	166914	7130	9740

18-15 1978-2013年重要科技成果数量

Major Achievements in Science and Technology from 1978 to 2013

单位:项 (unit)

年 份 Year	成 果 数 量 Number of Achievements	#农 业 Agriculture	#工 业 Industry	国际领先 先进水平 Advanced Internationally	国内领先 先进水平 Advanced nationally	省内领先 先进水平 Advanced on Provincial Level
1978	652	116	443	19	283	350
1979	456	90	261	21	149	286
1980	657	195	396	25	210	422
1981	704	169	485	29	201	474
1982	732	153	516	35	298	399
1983	977	209	660	26	378	573
1984	997	196	730	21	420	556
1985	1196	277	758	41	566	589
1986	1337	183	933	75	634	628
1987	1525	264	964	92	838	595
1988	1786	300	1104	118	1045	623
1989	1957	325	1220	135	1081	741
1990	2112	375	1246	150	1148	814
1991	2488	541	1405	175	1503	810
1992	2668	57	1265	327	1538	803
1993	2858	605	1418	372	1745	741
1994	3113	696	1487	416	2131	566
1995	3251	702	1524	466	2272	513
1996	3388	709	1599	471	2353	564
1997	3507	737	1517	456	2678	373
1998	3558	614	1515	724	2516	318
1999	3688	557	1270	744	2737	207
2000	3728	575	1289	599	2861	182
2001	3112	494	1138	506	2439	167
2002	3018	452	1117	486	2371	161
2003	2896	433	1071	466	2276	154
2004	3028	454	1120	485	2392	151
2005	2408	320	539	534	1741	133
2006	2313	338	630	448	1742	123
2007	2346	330	704	543	1662	
2008	2330	301	677	592	1618	
2009	2364	306	849	751	1412	
2010	2367	391	751	676	1316	
2011	2379	305	723	647	1296	
2012	2393	338	853	609	1349	
2013	2332	297	866	681	1067	

18-16 科技成果情况

Basic Statistics on Science and Technology

单位:项 (unit)

类 别	Category	2009	2010	2011	2012	2013
一、国家级科技成果奖励成果	**National Scientific and Techinical Award**	**33**	**36**	**39**	**26**	**21**
国家发明奖	National Invention Award	2	4	6	9	7
国家自然科学奖	State Natural Science Award					1
国家科技进步奖	The State Scientific and Technological Progress Award	31	31	33	17	13
国际合作奖	International Cooperation Award		1			
二、省级重要科技成果	**Important Scientific and Technical Award**	**2364**	**2367**	**2379**	**2393**	**2332**
三、省科学技术奖	**Provincial Science and Technology Award**					
自然科学奖	Natural Science Award	24	18	17	14	17
技术发明奖	Technological Invention Award	18	12	16	13	16
科技进步奖	Scientific and Technological Progress Award	454	467	461	472	413
四、专利情况	**Patent Applications**					
申请量	Number of Patent Applications	66857	80856	109599	128614	155170
其中发明专利	Inventions	13983	17259	25623	40381	67642
授权量	Number of Patent Applications Granted	34513	51490	58843	75522	76976
其中发明专利	Inventions	2865	4106	5856	7454	8913

注:国家自然科学奖每两年评一次。

a)State Natural Science Award is issued every other year.

18-17 各市国内三种专利申请受理数和授权数（2013年）

Patents Application Accepted and Granted by Region(2013)

单位：件 (unit)

地 区	Region	申请受理数合计 Number of Patents Application Accepted	发明 Inventions	实用新型 Utility Models	外观设计 Designs	申请授权数合计 Number of Patents Application Granted	发明 Inventions	实用新型 Utility Models	外观设计 Designs
总 计	**Total**	**155170**	**67642**	**73862**	**13666**	**76976**	**8913**	**58938**	**9125**
济南市	Jinan	22527	11328	10016	1183	12403	2168	9324	911
青岛市	Qingdao	48607	32903	12729	2975	13856	1930	9805	2121
淄博市	Zibo	8552	3148	4093	1311	5203	626	3546	1031
枣庄市	Zaozhuang	3467	997	2043	427	1918	104	1527	287
东营市	Dongying	4254	676	3371	207	2971	184	2671	116
烟台市	Yantai	9131	3953	4424	754	4991	720	3711	560
潍坊市	Weifang	15582	4126	9278	2178	8186	509	6290	1387
济宁市	Jining	7610	1450	5743	417	5453	509	4668	276
泰安市	Tai'an	5780	1921	3576	283	2768	258	2398	112
威海市	Weihai	5296	2102	2375	819	3075	423	2042	610
日照市	Rizhao	2480	535	1844	101	1707	125	1496	86
莱芜市	Laiwu	2197	351	1808	38	1919	112	1791	16
临沂市	Linyi	4774	1187	2227	1360	2838	474	1633	731
德州市	Dezhou	4196	673	2893	630	2807	179	2275	353
聊城市	Liaocheng	2947	627	2012	308	1915	251	1544	120
滨州市	Binzhou	4185	735	3109	341	2931	204	2521	206
菏泽市	Heze	3585	930	2321	334	2035	137	1696	202

18-18 R&D人员折合全时当量情况

Basic Statistics On Full-time Equivalent of R&D Personnel

单位：人年 (man year)

年份 类别	Year Category	R&D人员折合全时当量 Full-time Equivalent of R&D Personnel	基础研究人员 Basic Research Personnel	应用研究人员 Applied Research Personnel	试验发展人员 Experimental Development Personnel
	2010	190329	9481	20070	160777
	2011	228623	11249	19772	197604
	2012	254013	12104	21908	220002
	2013	279331	13597	22883	242851
一、按行业分	**by Sector**				
农、林、牧、渔业	Agriculture,Forestry,Animal Husbandry and Fishing	780	22	93	666
采矿业	Mining	15873	9	1433	14432
制造业	Manufacturing	210236	83	3191	206963
电力、燃气及水的生产和供应业	Production and Supply of Electric Power and Heat Power	1294		59	1235
建筑业	Construction	5489		300	5190
批发和零售业	Wholesale and Retail Trade				
交通运输、仓储和邮政业	Traffic,Transport,Storage and Post	703	19	3	682
住宿和餐饮业	Hotels and Catering Services				
信息传输、软件和信息技术服务业	Information Transfer, Software and Information Technology Services	4764	22	163	4580
金融业	Financial Intermediation	52		35	16
房地产业	Real Estate				
租赁和商务服务业	Leasing and Business Services	273		22	251
科学研究和技术服务业	Scientific Research and Technical Service	12344	2310	4912	5122
水利、环境和公共设施管理业	Management of Water Conservancy,Environment and Public Facilities	92		31	61
居民服务、修理和其他服务业	Households Services, Repair and Other Services				
教　育	Education	17588	8883	7533	1173
卫生和社会工作	Health and Social Work	9836	2250	5104	2482
文化、体育和娱乐业	Culture,Sports and Entertainment	7	1	6	
公共管理、社会保障和社会组织	Public management and Social Organization				
国际组织	International Organization				
二、按地区分	**by Region**				
济南市	Jinan	42871	5506	6519	30845
青岛市	Qingdao	45023	3235	3743	38045
淄博市	Zibo	21817	99	1256	20462
枣庄市	Zaozhuang	6988	131	667	6189
东营市	Dongying	10907	12	990	9905
烟台市	Yantai	29560	477	1096	27988
潍坊市	Weifang	28553	427	1747	26379
济宁市	Jining	14164	1077	780	12307
泰安市	Tai'an	13629	1699	2021	9910
威海市	Weihai	12247	22	623	11602
日照市	Rizhao	2439		153	2286
莱芜市	Laiwu	4159		104	4055
临沂市	Linyi	12920	116	854	11949
德州市	Dezhou	8304	159	613	7533
聊城市	Liaocheng	6953	278	378	6298
滨州市	Binzhou	12191	293	589	11309
菏泽市	Heze	5099	65	190	4844

18-19 R&D经费支出情况

单位：万元

年份 类别	Year Category	R&D经费内部支出合计 Internal Expenditure on R&D	基础研究支出 Basic Research	应用研究支出 Applied Research
2010		6720045	132841	366053
2011		8443766	188276	541682
2012		10203266	224023	644022
2013		11758027	264467	686417
一、按行业分	**by Sector**			
农、林、牧、渔业	Agriculture,Forestry,Animal Husbandry and Fishing	23887	271	807
采矿业	Mining	808852	124	103501
制造业	Manufacturing	9678812	3122	183789
电力、燃气及水的生产和供应业	Production and Supply of Electric Power and Heat Power	40432		927
建筑业	Construction	189119		9929
批发和零售业	Wholesale and Retail Trade			
交通运输、仓储和邮政业	Traffic,Transport,Storage and Post	36140	334	188
住宿和餐饮业	Hotels and Catering Services			
信息传输、软件和信息技术服务业	Information Transfer, Software and Information Technology Services	82682	300	779
金融业	Financial Intermediation	1916		102
房地产业	Real Estate			
租赁和商务服务业	Leasing and Business Services	3702		164
科学研究和技术服务业	Scientific Research and Technical Service	427701	97191	150994
水利、环境和公共设施管理业	Management of Water Conservancy,Environment and Public Facilities	2265		1058
居民服务、修理和其他服务业	Households Services, Repair and Other Services			
教育	Education	334182	124854	154145
卫生和社会工作	Health and Social Work	128281	38262	79984
文化、体育和娱乐业	Culture,Sports and Entertainment	58	9	48
公共管理、社会保障和社会组织	Public management and Social Organization			
国际组织	International Organization International Organizations			
二、按地区分	**by Region**			
济南市	Jinan	1111522	77918	127176
青岛市	Qingdao	2187290	126926	166184
淄博市	Zibo	801502	3280	27979
枣庄市	Zaozhuang	233800	1018	8086
东营市	Dongying	795665	186	75312
烟台市	Yantai	1558510	8549	35330
潍坊市	Weifang	1061861	6413	31423
济宁市	Jining	505752	16300	11693
泰安市	Tai'an	598882	14062	65411
威海市	Weihai	488231	124	15251
日照市	Rizhao	135365		33822
莱芜市	Laiwu	158529		753
临沂市	Linyi	554391	832	20713
德州市	Dezhou	298330	965	14200
聊城市	Liaocheng	451876	2506	15098
滨州市	Binzhou	539038	4887	21562
菏泽市	Heze	216839	502	3195

Basic Statistics On Expenditure on R&D

(10 000 yuan)

试验发展支出 Experimental Development	政府资金 Government Appropriation Funds	企业资金 Self-raised Funds by Enterprises	国外资金 Foreign funds	其他资金 Other Funds	R&D经费外部支出合计 External expenditure on R&D	对国内研究机构的支出 Expenditure On Domestic Research Institutions	对国内高等学校支出 Expenditure On Domestic colleges and universities	对国内企业支出 Expenditure On Domestic Enterprises	对境外支出 Expenditure On Overseas
6221155	588821	6001743	28443	101041	483222	196572	139603	103457	42753
7713809	720630	7562821	36808	123506	481700	194548	157518	81576	48050
9335221	921855	9070407	56712	154293	551699	209214	196407	103954	42033
10807143	985532	10559249	51981	161265	573486	256027	183895	78068	53062
22809	4018	19825		44	1105	861	245		
705227	42890	765010		952	59489	25476	33511	500	2
9491902	272930	9270225	36468	99191	461574	201749	135655	72370	51801
39506	186	40247			5399	4549	833	17	
179190	2433	183689		2998	8473	2567	5370	347	188
35619	1649	34342		149	533	209	251	74	
81602	5807	67348	9365	162	3893	3183	285	374	52
1813		1916							
3537	70	3632			79	22	17	27	14
179515	356183	31252	3162	37104	10843	5271	2021	1206	
1207	16	2241		8	150		150		
55182	202399	111485	2676	17622	21947	12141	5558	3153	1006
10034	96903	28039	302	3036					
	48		9						
906428	227065	837644	13285	33528	46679	19636	18461	4143	4395
1894181	317687	1830686	20028	18889	147452	38514	26451	55129	25013
770244	27217	754806	3713	15768	27125	14980	7927	2152	2066
224697	14599	218391		810	5723	2290	3007	121	305
720167	48200	739752	2262	5451	56189	23109	27707	1989	3384
1514631	57786	1490371	1422	8931	28332	15465	11289	1080	499
1024026	37573	1003838	1858	18593	47965	18618	11809	6361	11177
477760	37056	463775	16	4906	29998	15714	13907	252	80
519409	41034	549541	1438	6868	13726	6907	4860	581	1378
472855	30295	453360	1167	3409	29413	9749	13603	2494	3568
101542	3062	131738	10	554	4713	3038	1356	299	20
157776	5683	149742	10	3094	4833	3834	927	73	
532846	21581	525982	367	6461	28053	18579	8820	539	116
283166	6077	289114	499	2640	6399	3022	3195	79	103
434272	21010	423862	1281	5723	23833	13132	8959	1717	25
512589	25337	489397	3344	20960	35849	17591	16643	982	634
213143	6312	207251	1281	1996	37092	31802	4960	28	301

18−20 R&D人员情况

年份 类别	Year Category	有研究开发活动单位数(个) Number of Units with Research and Development Activities (unit)
2010		2988
2011		3023
2012		3742
2013		4306
一、按行业分	**by Sector**	
农、林、牧、渔业	Agriculture,Forestry,Animal Husbandry and Fishing	34
采矿业	Mining	63
制造业	Manufacturing	3649
电力、燃气及水的生产和供应业	Production and Supply of Electric Power and Heat Power	35
建筑业	Construction	56
批发和零售业	Wholesale and Retail Trade	
交通运输、仓储和邮政业	Traffic,Transport,Storage and Post	13
住宿和餐饮业	Hotels and Catering Services	
信息传输、软件和信息技术服务业	Information Transfer, Software and Information Technology Services	64
金融业	Financial Intermediation	2
房地产业	Real Estate	
租赁和商务服务业	Leasing and Business Services	10
科学研究和技术服务业	Scientific Research and Technical Service	157
水利、环境和公共设施管理业	Management of Water Conservancy,Environment and Public Facilities	8
居民服务、修理和其他服务业	Households Services, Repair and Other Services	
教　育	Education	95
卫生和社会工作	Health and Social Work	118
文化、体育和娱乐业	Culture,Sports and Entertainment	2
公共管理、社会保障和社会组织	Public management and Social Organization	
国际组织	International Organization	
二、按地区分	**by Region**	
济南市	Jinan	573
青岛市	Qingdao	719
淄博市	Zibo	397
枣庄市	Zaozhuang	133
东营市	Dongying	114
烟台市	Yantai	370
潍坊市	Weifang	556
济宁市	Jining	195
泰安市	Tai'an	169
威海市	Weihai	204
日照市	Rizhao	52
莱芜市	Laiwu	46
临沂市	Linyi	252
德州市	Dezhou	135
聊城市	Liaocheng	107
滨州市	Binzhou	150
菏泽市	Heze	131

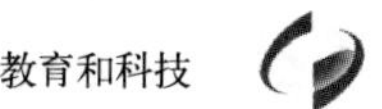

Basic Statistics On R&D Personnel

研究与试验发展人员（人）Research and Development Personnel (person)	全时人员 Full-time Personnel	非全时人员 Part-time Personnel	博士毕业 Doctor	硕士毕业 Master
275360	176314	99046	9900	28961
327256	218662	108594	11822	34966
382057	253493	128564	13342	41509
409441	274390	135051	14478	43445
954	651	303	42	78
24668	12764	11904	349	1985
300489	215873	84616	3726	19940
1636	893	743	54	179
7617	4874	2743	61	562
1408	547	861	11	57
6209	5321	888	36	592
328	46	282		3
324	200	124	3	15
14248	11027	3221	2146	4253
111	81	30	2	3
33349	17262	16087	7480	12611
18081	4846	13235	567	3165
19	5	14	1	2
62111	41643	20468	4631	11094
65232	46863	18369	3479	8920
30193	20183	10010	468	1786
8648	4820	3828	137	605
15278	11230	4048	380	1997
41569	28994	12575	1079	3173
43261	30643	12618	696	3032
22270	12489	9781	718	2821
23793	13538	10255	974	2650
18255	12419	5836	290	1035
4049	2808	1241	65	237
5918	3215	2703	81	317
17444	10622	6822	333	1619
11603	8043	3560	235	909
12783	7933	4850	343	1009
18158	12665	5493	345	1080
7202	4774	2428	180	659

18-21 规模以上工业企业R&D经费支出情况

单位：万元

年 份 类 别	Year Category	R&D经费内部支出合 计 Internal Expenditure on R&D	基础研究支 出 Basic Research
	2010	5892400	5142
	2011	7431352	7444
	2012	9056007	5102
	2013	10528097	3246
一、按企业规模分	**by Enterprise Size**		
大型企业	Large-sized Enterprises	6951257	1615
中型企业	Medium-sized Enterprises	1873045	1175
小型企业	Small-sized Enterprises	1675053	456
微型企业	Micro-enterprises	28741	
二、按登记注册类型分	**by Status of Registration**		
内资企业	Domestic Funded Enterprises	9187869	1231
国有企业	State-owned Enterprises	138542	
集体企业	Collective-owned Enterprises	497841	
股份合作企业	Cooperative Enterprises	4997	
联营企业	Joint Ownership Enterprises	65029	
有限责任公司	Limited Liability Corporations	4210315	1225
股份有限公司	Share-holding Corporations Limited	1702195	6
私营企业	Private Enterprises	2551887	
其他企业	Other Enterprises	17062	
港、澳、台商投资企业	Enterprises with Funds from Hong Kong, Macao and Taiwan	337690	
合资经营企业(港或澳、台资)	Joint-ventures Enterprises	257119	
合作经营企业(港或澳、台资)	Cooperative Enterprises	1354	
港、澳、台商独资经营企业	Enterprises with Sole Investment	66497	
港、澳、台商投资股份有限公司	Share-holding Corporations Ltd. With Funds from Hong Kong, Macao and Taiwan	12721	
外商投资企业	Foreign Funded Enterprises	1002538	2014
中外合资经营企业	Joint-venture Enterprises	587112	1148
中外合作经营企业	Cooperation Enterprises	87645	
外资企业	Enterprises with Sole Foreign Funds	235115	27
外商投资股份有限公司	Share-holding Corporations Ltd. With Foreign Investment	91904	839
三、按工业行业大类分	**by Sector**		
采掘业	**Mining**	**808852**	**124**
煤炭开采和洗选业	Mining and Washing of Coal	458552	
石油和天然气开采业	Extraction of Petroleum and Natural Gas	105333	6
黑色金属矿采选业	Mining of Ferrous Metal Ores	13925	
有色金属矿采选业	Mining of Non-ferrous Metal Ores	154339	
非金属矿采选业	Mining and Processing of Nonmetal Ores	14815	
开采辅助活动	Mining Support Activities	61887	118
其他采矿业	Mining of Other Ores		
制造业	**Manufacturing**	**9678812**	**3122**
农副食品加工业	Processing of Food from Agricultural Products	468815	502
食品制造业	Manufacture of Foods	187933	
酒、饮料和精制茶制造业	Manufacture of Wine, Drinks and Refined Tea	134199	989
烟草制品业	Manufacture of Tobacco	6071	
纺织业	Manufacture of Textile	349914	
纺织服装、服饰业	Manufacture of Textile Wearing Apparel and Finery	99047	
皮革、毛皮、羽毛及其制品和制鞋业	Manufacture of Leather, Fur, Feather & Its Products and Footwear	43116	
木材加工及木 竹、藤、棕、草制品业	Processing of Timbers, Manufacture of Wood, Bamboo, Rattan, Palm, and Straw Products	15457	
家具制造业	Manufacture of Furniture	11486	

Expenditures of Industrial Enterprises above Designated Size on R&D

(10 000 yuan)

应用研究支出 Applied Research	试验发展支出 Experimental Development	政府资金 Government Appropriation Funds	企业资金 Self-raised Funds by Enterprises	国外资金 Foreign funds	其他资金 Other Funds	R&D经费外部支出合计 External expenditure on R&D	对国内研究机构的支出 Expenditure On Domestic Research Institutions	对国内高等学校支出 Expenditure On Domestic colleges and universities	对境外支出 Expenditure On Overseas
93552	5793707	168876	5657574	23030	42921	443343	178233	128849	34653
244720	7179188	207510	7135731	25637	62474	445682	182129	144338	41712
274444	8776461	295552	8620680	43986	95789	504971	189870	178230	40970
288217	10236634	316005	10075481	36468	100143	526462	231774	169999	51803
219766	6729876	195209	6706536	14476	35037	388054	147627	129055	46430
44045	1827826	66755	1767123	18526	20642	95956	66230	24367	2375
23307	1651291	54017	1573137	3466	44433	37335	13461	15917	2998
1100	27641	25	28685		31	5117	4456	661	
236193	8950444	286891	8791001	19167	90810	458161	189015	149311	49386
3237	135305	3558	129713	81	5190	10751	6297	3515	721
5545	492295	8053	487165		2623	59306	2908	2995	13992
339	4658	74	4923			160	30		
1046	63983	55	64974			10959	4754	5845	
108044	4101045	127483	4050252	11723	20857	169273	90646	61750	11718
89889	1612301	72554	1608284	444	20913	129352	47633	40328	19768
27879	2524008	75023	2429170	6919	40775	78209	36596	34878	3187
213	16849	91	16519		452	151	151		
2138	335552	7866	323376	1584	4864	39800	30878	8417	301
1374	255744	5515	246416	324	4864	37449	30625	6659	165
646	708	9	1345			18	8	4	6
118	66379	1493	63744	1260		2144	161	1753	131
	12721	849	11872			189	84		
49886	950638	21248	961104	15717	4468	28501	11881	12272	2115
37611	548353	17454	553996	13003	2660	23757	9581	11216	1822
705	86940	176	87308	161		521	498	23	
1491	233597	712	230041	2553	1809	3365	1273	702	293
10079	80986	2806	89097			859	529	330	
103501	**705227**	**42890**	**765010**		**952**	**59489**	**25476**	**33511**	**2**
36008	422545	6866	451686			28655	13248	14906	2
57873	47454	24475	80859			24934	9973	14960	
1873	12052		13925			75	45	30	
1846	152493	5734	147653		952	3905	1436	2469	
	14815	620	14195			6		6	
5901	55868	5195	56692			1914	774	1141	
183789	**9491902**	**272930**	**9270225**	**36468**	**99191**	**461574**	**201749**	**135655**	**51801**
18941	449373	10062	451061	465	7227	37882	17392	18253	108
162	187772	5210	180658	181	1884	4786	1249	1782	69
14005	119205	2702	130705		792	6850	3869	2655	318
213	5858		6071			335	287	48	
4223	345691	13341	332197		4377	7245	1921	5140	60
474	98573	1262	97752		34	6122	2187	3679	256
	43116	680	42175		261	518	198	320	
508	14949	894	13520		1043	155	71	84	
	11486	10	10642		834	153	51	102	

18−21 续表

单位：万元

类别	Category	R&D经费内部支出合计 Internal Expenditure on R&D	基础研究支出 Basic Research
造纸及纸制品业	Manufacture of Paper and Paper Products	230954	
印刷和记录媒介复制业	Printing, Reproduction of Recording Media	13618	
文教、工美、体育和娱乐用品制造业	Manufacture of Culture, Education,Arts and crafts, Sport and Entertainment Goods	68786	
石油加工、炼焦和核燃料加工业	Processing of Petroleum, Coking and Nucleus Fuel	287223	
化学原料和化学制品制造业	Manufacture of Chemical Raw Material and Chemical Products	1134182	1148
医药制造业	Manufacture of Medicines	611811	24
化学纤维制造业	Manufacture of Chemical Fiber	39659	
橡胶和塑料制品业	Manufacture of Rubber and Plastic	470479	
非金属矿物制品业	Manufacture of Non-metallic Mineral Products	299353	
黑色金属冶炼及压延加工业	Manufacture and Processing of Ferrous Metals	353946	27
有色金属冶炼及压延加工业	Manufacture & Processing of Non-ferrous Metals	626565	
金属制品业	Manufacture of Metal Products	307617	180
通用设备制造业	Manufacture of General Purpose Machinery	701809	
专用设备制造业	Manufacture of Special Purpose Machinery	595826	
汽车制造业	Manufacture of Automotive	647004	
铁路、船舶、航空航天和其他运输设备制造业	Manufacture of Railroad,Marine,Aerospace and Other Transportation Equipment	198117	
电气机械及器材制造业	Manufacture of Electrical Machinery & Equipment	949151	252
计算机、通信和其他电子设备制造业	Manufacture of Computer, Communications and Other Electronic Equipment	727591	
仪器仪表制造业	Manufacture of Measuring Instrument	92250	
其他制造业	Other Manufacture	2278	
废弃资源综合利用业	Comprehensive Utilization of Waste	1010	
金属制品、机械和设备修理业	Metal Products, Machinery and Equipment Repair Industry	3544	
电力、燃气及水的生产和供应业	**Production and Supply of Electric,Gas and Water**	**40432**	
电力、热力的生产和供应业	Production and Supply of Electric Power and Heat Power	38003	
燃气生产和供应业	Production and Supply of Gas	1476	
水的生产和供应业	Production and Supply of Water	953	
四、按地区分	**by Region**		
济南市	Jinan	801135	252
青岛市	Qingdao	1674420	1341
淄博市	Zibo	756675	27
枣庄市	Zaozhuang	218105	
东营市	Dongying	766209	124
烟台市	Yantai	1496277	150
潍坊市	Weifang	1018078	
济宁市	Jining	475124	1148
泰安市	Tai'an	555168	
威海市	Weihai	476182	
日照市	Rizhao	133968	
莱芜市	Laiwu	157545	
临沂市	Linyi	534208	180
德州市	Dezhou	291721	
聊城市	Liaocheng	437764	
滨州市	Binzhou	520516	24
菏泽市	Heze	215002	

continued

(10 000 yuan)

应用研究支　出 Applied Research	试验发展支　出 Experimental Development	政府资金 Government Appropriation Funds	企业资金 Self-raised Funds by Enterprises	国外资金 Foreign funds	其他资金 Other Funds	R&D经费外部支出合计 External expenditure on R&D	对国内研究机构的支出 Expenditure On Domestic Research Institutions	对国内高等学校支出 Expenditure On Domestic colleges and universities	对境外支　出 Expenditure On Overseas
35018	195936	2403	228113		438	6450	3690	1449	1231
	13618	27	13576		15	165	102	9	
	68786	2604	65043		1139	1717	946	504	65
1313	285910	3124	277684	5457	958	26488	16530	5215	3793
18879	1114156	26567	1090186	2975	14455	44312	24689	14928	2657
5107	606681	37755	557435	314	16307	71377	53803	15167	577
	39659	1847	37812			2456	958	1498	
628	469851	7660	455421	1020	6379	21708	3348	15590	2756
10369	288984	14610	279282	394	5067	5753	3927	1247	496
7634	346285	1808	350684	10	1444	13551	6585	6518	
12901	613664	7943	613828	2588	2206	5907	2749	2718	395
9328	298109	6386	298060	1131	2040	9397	4500	2586	2203
22939	678870	28983	662126	1882	8817	20674	7362	5039	7719
3018	592807	22238	561178	1600	10810	9876	4375	4562	730
2287	644717	10699	632069	3181	1055	25060	16640	3887	1698
4072	194045	9557	187494	251	815	43876	10469	10855	9873
9206	939694	25530	920184	202	3236	72438	9063	9235	14633
1707	725884	24593	681980	14818	6200	12784	3556	1968	484
859	91392	4405	87071		775	3527	1225	617	1681
	2278	5	1689		584	10	10		
	1010		1010			3		3	
	3544	25	3519			0		0	
927	**39506**	**186**	**40247**			**5399**	**4549**	**833**	
927	37077	1	38002			5395	4546	833	
	1476		1476						
	953	185	768			4	3	0	
21635	779249	40692	749952	3332	7159	34433	15541	13326	4318
14783	1658296	33468	1618558	14951	7444	118799	20537	20299	24582
13166	743482	21716	721008	3713	10238	25989	14811	7262	1878
119	217986	8169	209240		696	4766	1537	2802	305
75044	691041	47449	711098	2242	5421	55743	22817	27628	3370
12620	1483507	33864	1456510	1413	4491	27794	15223	11060	499
8942	1009136	20696	977982	1858	17542	47439	18485	11515	11177
2936	471041	12743	458741	6	3635	29797	15695	13773	80
45137	510031	10593	542632	1005	938	12550	6593	4625	831
11847	464335	27482	444124	1167	3409	29413	9749	13603	3568
33819	100149	2946	130630		392	4594	2948	1347	19
225	157320	5357	149085	10	3094	4833	3834	927	
17162	516866	17518	510266	367	6058	27326	18579	8106	116
12659	279062	4648	284353	499	2221	6396	3022	3192	103
7584	430180	11780	418992	1281	5711	23685	13010	8933	25
8434	512059	12134	485153	3344	19886	35814	17591	16643	634
2107	212895	4751	207160	1281	1810	37092	31802	4960	301

18-22 规模以上工业企业R&D人员情况

单位：人

年份 类别	Year Category	研究与试验发展人员 Research and Development Personnel
	2010	204906
	2011	252024
	2012	303862
	2013	326793
一、按企业规模分	**by Enterprise Size**	
大型企业	Large-sized Enterprises	192470
中型企业	Medium-sized Enterprises	77171
小型企业	Small-sized Enterprises	55369
微型企业	Micro-enterprises	1783
二、按登记注册类型分	**by Status of Registration**	
内资企业	Domestic Funded Enterprises	279852
国有企业	State-owned Enterprises	6737
集体企业	Collective-owned Enterprises	6869
股份合作企业	Cooperative Enterprises	164
联营企业	Joint Ownership Enterprises	1790
有限责任公司	Limited Liability Corporations	130057
股份有限公司	Share-holding Corporations Limited	61340
私营企业	Private Enterprises	71953
其他企业	Other Enterprises	942
港、澳、台商投资企业	Enterprises with Funds from Hong Kong, Macao and Taiwan	12605
合资经营企业(港或澳、台资)	Joint-ventures Enterprises	8305
合作经营企业(港或澳、台资)	Cooperative Enterprises	120
港、澳、台商独资经营企业	Enterprises with Sole Investment	3318
港、澳、台商投资股份有限公司	Share-holding Corporations Ltd. With Funds from Hong Kong, Macao and Taiwan	862
外商投资企业	Foreign Funded Enterprises	34336
中外合资经营企业	Joint-venture Enterprises	18920
中外合作经营企业	Cooperation Enterprises	1722
外资企业	Enterprises with Sole Foreign Funds	10755
外商投资股份有限公司	Share-holding Corporations Ltd. With Foreign Investment	2926
三、按工业行业大类分	**by Sector**	
采掘业	**Mining**	**24668**
煤炭开采和洗选业	Mining and Washing of Coal	14362
石油和天然气开采业	Extraction of Petroleum and Natural Gas	3987
黑色金属矿采选业	Mining of Ferrous Metal Ores	459
有色金属矿采选业	Mining of Non-ferrous Metal Ores	2793
非金属矿采选业	Mining and Processing of Nonmetal Ores	228
开采辅助活动	Mining Support Activities	2839
其他采矿业	Mining of Other Ores	
制造业	**Manufacturing**	**300489**
农副食品加工业	Processing of Food from Agricultural Products	11493
食品制造业	Manufacture of Foods	5475
酒、饮料和精制茶制造业	Manufacture of Wine, Drinks and Refined Tea	3963
烟草制品业	Manufacture of Tobacco	609
纺织业	Manufacture of Textile	19220
纺织服装、服饰业	Manufacture of Textile Wearing Apparel and Finery	4612
皮革、毛皮、羽毛及其制品和制鞋业	Manufacture of Leather, Fur, Feather & Its Products and Footwear	921
木材加工及木 竹、藤、棕、草制品业	Processing of Timbers, Manufacture of Wood, Bamboo, Rattan, Palm, and Straw Products	506
家具制造业	Manufacture of Furniture	745

Basic Statistics On R&D Personnel of Industrial Enterprises above Designated Size

(person)

本年度参加项目人员 Personnel involved in the project current year	科技管理和服务人员 Technology management and service personnel	全时人员 Full-time Personnel	非全时人员 Part-time Personnel
184206	20700	140123	64783
225292	26732	176275	75749
276593	27269	211149	92713
299528	27265	229530	97263
178008	14462	140879	51591
69813	7358	52666	24505
50114	5255	35154	20215
1593	190	831	952
255792	24060	194057	85795
5829	908	4675	2062
6607	262	6050	819
154	10	120	44
1640	150	1090	700
119413	10644	87520	42537
56133	5207	45312	16028
65209	6744	49065	22888
807	135	225	717
11417	1188	9079	3526
7632	673	5661	2644
109	11	66	54
2866	452	2744	574
810	52	608	254
32319	2017	26394	7942
17591	1329	14556	4364
1675	47	1567	155
10264	491	8193	2562
2777	149	2078	848
23120	**1548**	**12764**	**11904**
13503	859	5572	8790
3588	399	2733	1254
414	45	294	165
2613	180	1403	1390
212	16	198	30
2790	49	2564	275
274999	**25490**	**215873**	**84616**
10731	762	7517	3976
4953	522	3547	1928
3655	308	2893	1070
500	109	58	551
17718	1502	14404	4816
4322	290	2512	2100
846	75	681	240
472	34	267	239
670	75	236	509

18-22 续表

单位：人

类 别	Category	研究与试验发展人员（人）Research and Development Personnel
造纸及纸制品业	Manufacture of Paper and Paper Products	4500
印刷和记录媒介复制业	Printing, Reproduction of Recording Media	568
文教、工美、体育和娱乐用品制造业	Manufacture of Culture, Education,Arts and crafts, Sport and Entertainment Goods	2964
石油加工、炼焦和核燃料加工业	Processing of Petroleum, Coking and Nucleus Fuel	4258
化学原料和化学制品制造业	Manufacture of Chemical Raw Material and Chemical Products	32934
医药制造业	Manufacture of Medicines	19286
化学纤维制造业	Manufacture of Chemical Fiber	1275
橡胶和塑料制品业	Manufacture of Rubber and Plastic	12406
非金属矿物制品业	Manufacture of Non-metallic Mineral Products	12307
黑色金属冶炼及压延加工业	Manufacture and Processing of Ferrous Metals	9407
有色金属冶炼及压延加工业	Manufacture & Processing of Non-ferrous Metals	7503
金属制品业	Manufacture of Metal Products	9594
通用设备制造业	Manufacture of General Purpose Machinery	30894
专用设备制造业	Manufacture of Special Purpose Machinery	24486
汽车制造业	Manufacture of Automotive	16232
铁路、船舶、航空航天和其他运输设备制造业	Manufacture of Railroad,Marine,Aerospace and Other Transportation Equipment	7890
电气机械及器材制造业	Manufacture of Electrical Machinery & Equipment	21987
计算机、通信和其他电子设备制造业	Manufacture of Computer, Communications and Other Electronic Equipment	28750
仪器仪表制造业	Manufacture of Measuring Instrument	4840
其他制造业	Other Manufacture	64
废弃资源综合利用业	Comprehensive Utilization of Waste	59
金属制品、机械和设备修理业	Metal Products, Machinery and Equipment Repair Industry	741
电力、燃气及水的生产和供应业	**Production and Supply of Electric,Gas and Water**	**1636**
电力、热力的生产和供应业	Production and Supply of Electric Power and Heat Power	1565
燃气生产和供应业	Production and Supply of Gas	18
水的生产和供应业	Production and Supply of Water	53
四、按地区分	**by Region**	
济南市	Jinan	33644
青岛市	Qingdao	47305
淄博市	Zibo	27395
枣庄市	Zaozhuang	7431
东营市	Dongying	13938
烟台市	Yantai	37661
潍坊市	Weifang	38963
济宁市	Jining	16701
泰安市	Tai'an	17539
威海市	Weihai	17115
日照市	Rizhao	3916
莱芜市	Laiwu	5691
临沂市	Linyi	15711
德州市	Dezhou	10068
聊城市	Liaocheng	10267
滨州市	Binzhou	16798
菏泽市	Heze	6650

continued

(person)

本年度参加项目人员 Personnel involved in the project current year	科技管理和服务人员 Technology management and service personnel	全时人员 Full-time Personnel	非全时人员 Part-time Personnel
4221	279	2784	1716
541	27	459	109
2727	237	1892	1072
3916	342	2697	1561
29704	3230	22550	10384
17053	2233	14709	4577
1197	78	732	543
11451	955	8613	3793
11283	1024	8208	4099
8544	863	5718	3689
6955	548	5017	2486
8367	1227	6390	3204
28277	2617	23291	7603
22618	1868	17627	6859
14725	1507	11731	4501
7324	566	6052	1838
20043	1944	16340	5647
26937	1813	24235	4515
4453	387	3925	915
40	24	57	7
54	5	20	39
702	39	711	30
1409	**227**	**893**	**743**
1345	220	833	732
17	1	18	
47	6	42	11
30849	2795	25673	7971
42312	4993	35737	11568
24377	3018	18884	8511
6761	670	4532	2899
12700	1238	10168	3770
35124	2537	27221	10440
36045	2918	28348	10615
15725	976	9584	7117
16292	1247	10297	7242
15639	1476	12315	4800
3583	333	2723	1193
5236	455	3118	2573
14425	1286	9632	6079
9287	781	7425	2643
9338	929	7045	3222
15689	1109	12304	4494
6146	504	4524	2126

18－23 规模以上工业企业R&D人员折合全时当量情况

Full-time Equivalent of R&D Personnel of Industrial Enterprises above Designated Size

单位：人年 (man year)

年份 类别	Year Category	R&D人员折合全时当量 Full-time Equivalent of R&D Personnel	基础研究人员 Basic Research Personnel	应用研究人员 Applied Research Personnel	试验发展人员 Experimental Development Personnel
2010		144561	88	1671	142802
2011		180846	162	4237	176447
2012		204398	121	4610	199667
2013		227403	91	4683	222629
一、按企业规模分	**by Enterprise Size**				
大型企业	Large-sized Enterprises	134763	39	3181	131543
中型企业	Medium-sized Enterprises	53591	33	949	52609
小型企业	Small-sized Enterprises	37418	18	489	36911
微型企业	Micro-sized Enterprises	1630		64	1566
二、按登记注册类型分	**by Status of Registration**				
内资企业	Domestic Funded Enterprises	193207	39	4325	188844
国有企业	State-owned Enterprises	5323		94	5229
集体企业	Collective-owned Enterprises	4078		60	4017
股份合作企业	Cooperative Enterprises	121		13	107
联营企业	Joint Ownership Enterprises	1416		22	1393
有限责任公司	Limited Liability Corporations	90245	35	2467	87743
股份有限公司	Share-holding Corporations Limited	41896	3	1137	40756
私营企业	Private Enterprises	49413		519	48894
其他企业	Other Enterprises	717		13	705
港、澳、台商投资企业	Enterprises with Funds from Hong Kong, Macao and Taiwan	9693		43	9650
合资经营企业(港或澳、台资)	Joint-ventures Enterprises	6632		21	6610
合作经营企业(港或澳、台资)	Cooperative Enterprises	62		17	45
港、澳、台商独资经营企业	Enterprises with Sole Investment	2188		5	2184
港、澳、台商投资股份有限公司	Share-holding Corporations Ltd. With Funds from Hong Kong, Macao and Taiwan	811			811
外商投资企业	Foreign Funded Enterprises	24503	53	315	24135
中外合资经营企业	Joint-venture Enterprises	14193	33	148	14012
中外合作经营企业	Cooperation Enterprises	856		15	841
外资企业	Enterprises with Sole Foreign Funds	8197	0	25	8172
外商投资股份有限公司	Share-holding Corporations Ltd. With Foreign Investment	1248	19	127	1102
三、按工业行业大类分	**by Sector**				
采掘业	**Mining**	**15873**	**9**	**1433**	**14432**
煤炭开采和洗选业	Mining and Washing of Coal	8996		573	8424
石油和天然气开采业	Extraction of Petroleum and Natural Gas	2374	3	558	1814
黑色金属矿采选业	Mining of Ferrous Metal Ores	314		24	291
有色金属矿采选业	Mining of Non-ferrous Metal Ores	2005		47	1959
非金属矿采选业	Mining and Processing of Nonmetal Ores	172			172
开采辅助活动	Mining Support Activities	2010	5	232	1773
其他采矿业	Mining of Other Ores				
制造业	**Manufacturing**	**210236**	**83**	**3191**	**206963**
农副食品加工业	Processing of Food from Agricultural Products	8255	10	273	7972
食品制造业	Manufacture of Foods	3805		1	3804
酒、饮料和精制茶制造业	Manufacture of Wine, Drinks and Refined Tea	2971	21	177	2773
烟草制品业	Manufacture of Tobacco	553		13	541
纺织业	Manufacture of Textile	10892		182	10710
纺织服装、服饰业	Manufacture of Textile Wearing Apparel and Finery	3011		18	2994
皮革、毛皮、羽毛及其制品和制鞋业	Manufacture of Leather, Fur, Feather & Its Products and Footwear	495			495
木材加工及木 竹、藤、棕、草制品业	Processing of Timbers, Manufacture of Wood, Bamboo, Rattan, Palm, and Straw Products	359		33	325
家具制造业	Manufacture of Furniture	298			298

18—23 续表 continued

单位：人年 (man year)

类别	Category	R&D人员折合全时当量 Full-time Equivalent of R&D Personnel	基础研究人员 Basic Research Personnel	应用研究人员 Applied Research Personnel	试验发展人员 Experimental Development Personnel
造纸及纸制品业	Manufacture of Paper and Paper Products	2774		102	2672
印刷和记录媒介复制业	Printing, Reproduction of Recording Media	379			379
文教、工美、体育和娱乐用品制造业	Manufacture of Culture, Education,Arts and crafts，Sport and Entertainment Goods	1853			1853
石油加工、炼焦和核燃料加工业	Processing of Petroleum, Coking and Nucleus Fuel	2989		5	2984
化学原料和化学制品制造业	Manufacture of Chemical Raw Material and Chemical Products	24349	33	306	24010
医药制造业	Manufacture of Medicines	15279	6	178	15095
化学纤维制造业	Manufacture of Chemical Fiber	985			985
橡胶和塑料制品业	Manufacture of Rubber and Plastic	8734		17	8718
非金属矿物制品业	Manufacture of Non-metallic Mineral Products	8671		281	8390
黑色金属冶炼及压延加工业	Manufacture and Processing of Ferrous Metals	6961	0	99	6862
有色金属冶炼及压延加工业	Manufacture & Processing of Non-ferrous Metals	5501		92	5409
金属制品业	Manufacture of Metal Products	6806	11	177	6618
通用设备制造业	Manufacture of General Purpose Machinery	19586		663	18923
专用设备制造业	Manufacture of Special Purpose Machinery	16519		109	16410
汽车制造业	Manufacture of Automotive	11535		91	11444
铁路、船舶、航空航天和其他运输设备制造业	Manufacture of Railroad,Marine,Aerospace and Other Transportation Equipment	5553		48	5505
电气机械及器材制造业	Manufacture of Electrical Machinery & Equipment	14729	2	195	14533
计算机、通信和其他电子设备制造业	Manufacture of Computer, Communications and Other Electronic Equipment	22195		111	22084
仪器仪表制造业	Manufacture of Measuring Instrument	3475		22	3453
其他制造业	Other Manufacture	57			57
废弃资源综合利用业	Comprehensive Utilization of Waste	46			46
金属制品、机械和设备修理业	Metal Products, Machinery and Equipment Repair Industry	621			621
电力、燃气及水的生产和供应业	**Production and Supply of Electric,Gas and Water**	**1294**		**59**	**1235**
电力、热力的生产和供应业	Production and Supply of Electric Power and Heat Power	1252		59	1193
燃气生产和供应业	Production and Supply of Gas	11			11
水的生产和供应业	Production and Supply of Water	31			31
四、按地区分	**by Region**				
济南市	Jinan	25710	2	743	24965
青岛市	Qingdao	33304	29	237	33038
淄博市	Zibo	19930	0	380	19550
枣庄市	Zaozhuang	5999		17	5983
东营市	Dongying	9694	9	936	8749
烟台市	Yantai	27230	2	302	26925
潍坊市	Weifang	25960		188	25772
济宁市	Jining	10515	33	84	10398
泰安市	Tai'an	9636		440	9195
威海市	Weihai	11501		206	11295
日照市	Rizhao	2353		134	2219
莱芜市	Laiwu	4010		7	4003
临沂市	Linyi	11677	11	345	11321
德州市	Dezhou	7295		242	7053
聊城市	Liaocheng	6208		106	6102
滨州市	Binzhou	11557	6	283	11268
菏泽市	Heze	4826		32	4794

18−24 按行业分规模以上工业企业新产品开发及生产情况(2013年)

New Products Development and Production of Industrial Enterprises above Designated Size by Industrial Sector(2013)

行业	Sector	新产品项目数(项) New Products (unit)	开发新产品经费(万元) Expenditure on new products Development (10 000 yuan)	新产品产值(万元) Output Value of New Products (10 000 yuan)	新产品销售收入(万元) Sales Revenue of New Products (10 000 yuan)
总计	**Total**	31100	10206343	138105476	142841782
煤炭开采和洗选业	Mining and Washing of Coal	480	328189	2002100	1996541
石油和天然气开采业	Extraction of Petroleum and Natural Gas	40	5629		
黑色金属矿采选业	Mining of Ferrous Metal Ores	14	4181	12238	12050
有色金属矿采选业	Mining of Non-ferrous Metal Ores	54	43596	608912	2824660
非金属矿采选业	Mining and Processing of Nonmetal Ores	18	9799	8567	7692
开采辅助活动	Mining Support Activities	135	58078	9918	9918
其他采矿业	Mining of Other Ores				
农副食品加工业	Processing of Food from Agricultural Products	1049	511595	3921722	4085785
食品制造业	Manufacture of Foods	587	158145	1570648	1539768
酒、饮料和精制茶制造业	Manufacture of Wine, Drinks and Refined Tea	414	113096	836576	1067761
烟草制品业	Manufacture of Tobacco	85	22693	822160	822160
纺织业	Manufacture of Textile	1562	334978	16096384	17577665
纺织服装、服饰业	Manufacture of Textile Wearing Apparel and Finery	767	111496	1409515	1306371
皮革、毛皮、羽毛及其制品和制鞋业	Manufacture of Leather, Fur, Feather & Its Products and Footwear	116	34892	701025	786544
木材加工及木竹、藤、棕、草制品业	Processing of Timbers, Manufacture of Wood, Bamboo, Rattan, Palm, and Straw Products	71	13694	129176	127924
家具制造业	Manufacture of Furniture	38	7896	78683	67565
造纸及纸制品业	Manufacture of Paper and Paper Products	283	166006	4091620	3945097
印刷和记录媒介复制业	Printing, Reproduction of Recording Media	84	27048	151791	93245
文教、工美、体育和娱乐用品制造业	Manufacture of Culture, Education,Arts and crafts, Sport and Entertainment Goods	330	69177	763408	787050
石油加工、炼焦和核燃料加工业	Processing of Petroleum, Coking and Nucleus Fuel	356	353248	7669313	6910649
化学原料和化学制品制造业	Manufacture of Chemical Raw Material and Chemical Products	2973	1039112	16703610	16218744
医药制造业	Manufacture of Medicines	2540	634119	7109286	6463944
化学纤维制造业	Manufacture of Chemical Fiber	109	44186	501187	482271
橡胶和塑料制品业	Manufacture of Rubber and Plastic	1059	509799	6798597	6620634
非金属矿物制品业	Manufacture of Non-metallic Mineral Products	1165	240091	2321875	2200077
黑色金属冶炼及压延加工业	Manufacture and Processing of Ferrous Metals	609	342358	5373048	5540559
有色金属冶炼及压延加工业	Manufacture & Processing of Non-ferrous Metals	564	510636	10940524	10862137
金属制品业	Manufacture of Metal Products	981	286076	3044806	2770333
通用设备制造业	Manufacture of General Purpose Machinery	3246	741735	4911540	6548190
专用设备制造业	Manufacture of Special Purpose Machinery	2521	690221	5466535	6073998
汽车制造业	Manufacture of Automotive	1978	711664	9217161	9173720
铁路、船舶、航空航天和其他运输设备制造业	Manufacture of Railroad,Marine,Aerospace and Other Transportation Equipment	813	239369	3651295	3602048
电气机械及器材制造业	Manufacture of Electrical Machinery & Equipment	3242	932456	11094978	11227421
计算机、通信和其他电子设备制造业	Manufacture of Computer, Communications and Other Electronic Equipment	1946	774745	9095023	10123719
仪器仪表制造业	Manufacture of Measuring Instrument	704	96664	818006	795444
其他制造业	Other Manufacture	4	1716	10902	12462
废弃资源综合利用业	Comprehensive Utilization of Waste	7	2054	10170	10170
金属制品、机械和设备修理业	Metal Products, Machinery and Equipment Repair Industry	32	3931	23024	22585
电力、热力生产和供应业	Production and Supply of Electric Power and Heat Power	107	28020	99360	98616
燃气生产和供应业	Production and Supply of Gas	3	476	30318	25312
水的生产和供应业	Production and Supply of Water	14	3480	475	955

18—25 按行业分规模以上工业企业专利情况(2013年)
Statistics on Patent of Industrial Enterprise above Designated Size by Industrial Sector(2013)

单位：件 (piece)

行业	Sector	专利申请数 Patent Applications	发明专利 Invention Patents	有效发明专利数 Number of Patents In Force
总计	**Total**	**40030**	**15254**	**18340**
煤炭开采和洗选业	Mining and Washing of Coal	660	156	262
石油和天然气开采业	Extraction of Petroleum and Natural Gas	372	135	99
黑色金属矿采选业	Mining of Ferrous Metal Ores	73	8	3
有色金属矿采选业	Mining of Non-ferrous Metal Ores	131	35	74
非金属矿采选业	Mining and Processing of Nonmetal Ores	51	15	13
开采辅助活动	Mining Support Activities	154	79	67
其他采矿业	Mining of Other Ores			
农副食品加工业	Processing of Food from Agricultural Products	1013	501	496
食品制造业	Manufacture of Foods	359	217	274
酒、饮料和精制茶制造业	Manufacture of Wine, Drinks and Refined Tea	358	58	124
烟草制品业	Manufacture of Tobacco	39	10	87
纺织业	Manufacture of Textile	920	291	263
纺织服装、服饰业	Manufacture of Textile Wearing Apparel and Finery	179	49	60
皮革、毛皮、羽毛及其制品和制鞋业	Manufacture of Leather, Fur, Feather & Its Products and Footwear	229	32	22
木材加工及木 竹、藤、棕、草制品业	Processing of Timbers, Manufacture of Wood, Bamboo, Rattan, Palm, and Straw Products	68	46	68
家具制造业	Manufacture of Furniture	61	21	9
造纸及纸制品业	Manufacture of Paper and Paper Products	296	199	241
印刷和记录媒介复制业	Printing, Reproduction of Recording Media	328	136	24
文教、工美、体育和娱乐用品制造业	Manufacture of Culture, Education,Arts and crafts, Sport and Entertainment Goods	657	84	109
石油加工、炼焦和核燃料加工业	Processing of Petroleum, Coking and Nucleus Fuel	249	144	260
化学原料和化学制品制造业	Manufacture of Chemical Raw Material and Chemical Products	3120	1730	2412
医药制造业	Manufacture of Medicines	1826	1209	1950
化学纤维制造业	Manufacture of Chemical Fiber	46	20	80
橡胶和塑料制品业	Manufacture of Rubber and Plastic	902	324	280
非金属矿物制品业	Manufacture of Non metallic Mineral Products	1164	438	930
黑色金属冶炼及压延加工业	Manufacture and Processing of Ferrous Metals	1085	490	376
有色金属冶炼及压延加工业	Manufacture & Processing of Non-ferrous Metals	610	283	360
金属制品业	Manufacture of Metal Products	1350	400	413
通用设备制造业	Manufacture of General Purpose Machinery	4302	1434	2123
专用设备制造业	Manufacture of Special Purpose Machinery	4657	1533	1467
汽车制造业	Manufacture of Automotive	2541	433	545
铁路、船舶、航空航天和其他运输设备制造业	Manufacture of Railroad,Marine,Aerospace and Other Transportation Equipment	911	328	301
电气机械及器材制造业	Manufacture of Electrical Machinery & Equipment	4993	1759	2098
计算机、通信和其他电子设备制造业	Manufacture of Computer, Communications and Other Electronic Equipment	4037	1927	1651
仪器仪表制造业	Manufacture of Measuring Instrument	1057	336	570
其他制造业	Other Manufacture	11	3	9
废弃资源综合利用业	Comprehensive Utilization of Waste	31	14	11
金属制品、机械和设备修理业	Metal Products, Machinery and Equipment Repair Industry	32	8	7
电力、热力生产和供应业	Production and Supply of Electric Power and Heat Power	1083	353	193
燃气生产和供应业	Production and Supply of Gas			
水的生产和供应业	Production and Supply of Water	75	16	9

18–26 高技术产业R&D活动及新产品开发情况(2012年)

Statistics on R&D Activities and New Products Development in High-tech Industry(2012)

行 业	Industry	有R&D活动的企业数(个) Number of Enterprises with R&D Activities (unit)	R&D人员折合全时当量(人年) Full-time Equivalent of R&D Personnel (man year)	R&D经费内部支出(万元) Internal Expenditure on R&D (10 000 yuan)
合 计	**Total**	**472**	**37499**	**1345637**
医药制造业	Medical and Pharmaceutical Products	190	12819	499893
航空、航天器及设备制造业	Aviation and Aircrafts Manufacturing	3	528	1717
电子及通信设备制造业	Electronic and Communication Equipment	152	11892	481267
计算机及办公设备制造业	Electronic Computers and Office Equipments	15	8820	270087
医疗仪器设备及仪器仪表制造业	Medical Treatment Instruments and Meters	112	3438	92671

18–26 续表 continued

行 业	Industry	专利申请数(件) Patent Applications (piece)	拥有发明专利(件) Patents in Force (piece)	新产品开发项目数(项) New Products (units)	新产品开发经费支出(万元) Expenditure on New Products Development (10 000 yuan)
合 计	**Total**	**6970**	**3912**	**5083**	**1427346**
医药制造业	Medical and Pharmaceutical Products	1441	1708	2149	554624
航空、航天器及设备制造业	Aviation and Aircrafts Manufacturing	34	5	7	1979
电子及通信设备制造业	Electronic and Communication Equipment	3304	1268	1773	497656
计算机及办公设备制造业	Electronic Computers and Office Equipments	1187	277	439	272756
医疗仪器设备及仪器仪表制造业	Medical Treatment Instruments and Meters	1004	654	715	100329

注：本表的数据口径为规模以上工业企业。

a)Data in this table cover industrial enterprises above designated size.

18-27 高技术产业基本情况
Statistics on Production and Management in High-tech Industry

项 目		Item		2009	2010	2011	2012
生产经营情况		**Production Operation**					
企业数	(个)	Number of Enterprises	(unit)	1907	1847	1514	1875
从业人员年平均人数	(万人)	Annual Average Number of Persons Engaged	(10 000 persons)	52.3	54.5	55.3	67.5
当年价总产值	(亿元)	Gross Output Value	(100 million yuan)	4555.7	5175.6	6201.1	7881.1
主营业务收入	(亿元)	Revenue from Principal Business	(100 million yuan)	4548.8	5148.8	6121.4	7729.2
利润	(亿元)	Profits	(100 million yuan)	279.1	383.6	463.7	612.9
利税	(亿元)	Pre-tax Profits	(100 million yuan)	407.7	554.7	660.9	901.1
R&D及相关活动情况		**R&D and related Activities**					
有R&D活动的企业数	(个)	Number of Enterprises with R&D Activities	(unit)	354	331	320	472
R&D人员全时当量	(人年)	Full-time Equivalent of R&D Personnel	(man year)	17681	20704	29257	37499
R&D经费内部支出	(亿元)	Internal Expenditure on R&D	(100 million yuan)	60.1	72.0	99.0	134.6
新产品开发经费	(亿元)	Expenditure on New Products Development	(100 million yuan)	72.2	79.5	109.6	142.7
专利申请数	(件)	Number of Patent Applications Examined	(unit)	3371	4129	5611	6970
拥有发明专利数	(件)	Number of Invention Patents	(unit)	1758	1640	2375	3912
固定资产投资情况		**Investment in Fixed Assets**					
施工项目数	(个)	Number of Projects Under Construction	(unit)	715	762	980	1154
#新开工项目数	(个)	Number of New Projects	(unit)	404	464	631	806
全部建成或投产项目数	(个)	Number of Projects Completed or Put into Use	(unit)	342	384	626	695
投资额	(亿元)	Investment	(100 million yuan)	476.8	521.0	695.3	1086.6
新增固定资产	(亿元)	New Added Fixed Assets	(100 million yuan)	214.8	260.7	383.9	598.7

注：生产经营情况的数据口径为规模以上工业企业；2008年R&D及相关活动情况的数据口径为大中型工业企业,2009年开始为规模以上工业。固定资产投资情况的数据口径为规模以上项目。

a)Data on production operation cover industrial enterprises above designated size;2008 data on R&D and related activities cover larger and medium-sized enterprises;Data on investment in fixed assets cover projects above designated size.

主要统计指标解释

普通高等学校 指按照国家规定的设置标准和审批程序批准举办的，通过全国普通高等学校统一招生考试，招收高中毕业生为主要培养对象，实施高等教育的全日制大学、独立设置的学院和高等专科学校、高等职业学校和其他机构。

大学、独立设置的学院主要实施本科层次以上教育，高等专科学校、高等职业学校实施专科层次教育，其他机构是承担国家普通招生计划任务不计校数的机构。包括普通高等学校分校和批准筹建的普通高等学校等。

成人高等学校 指按照国家规定的设置标准和审批程序批准举办的，通过全国成人高等学校统一招生考试，招收具有高中毕业或同等学历的在职从业人员为主要培养对象，利用函授、业余、脱产等多种形式对其实施高等学历教育的学校。包括职工高等学校、农民高等学校、管理干部学院、教育学院、独立函授学院、广播电视大学、其他机构等。其他机构是承担国家成人招生计划任务不计校数的机构。

小学学龄儿童净入学率 指调查范围内已入小学学习的学龄儿童占校内外学龄儿童总数(包括弱智儿童，不包括盲聋哑儿童)的比重。计算公式为：

$$\text{小学学龄儿童净入学率}=\frac{\text{已入学的小学学龄儿童数}}{\text{校内外小学学龄儿童总数}}\times 100\%$$

国家财政性教育经费 包括国家财政预算内教育经费，各级政府征收用于教育的税费，企业办学校教育经费，校办产业、勤工俭学和社会服务收入用于教育的经费。

财政预算内教育经费 指中央、地方各级财政或上级主管部门在年度内安排，并计划拨到教育部门和其他部门主办的各级各类学校、教育事业单位，列入国家预算支出科目的教育经费，包括教育事业拨款、科研经费拨款、基建拨款和其他经费拨款。

研究与试验发展(R&D) 指在科学技术领域，为增加知识总量，以及运用这些知识去创造新的应用进行的系统的创造性的活动，包括基础研究、应用研究、试验发展三类活动。国际上通常采用R&D活动的规模和强度指标反映一国的科技实力和核心竞争力。

基础研究 指为了获得关于现象和可观察事实的基本原理的新知识(揭示客观事物的本质、运动规律，获得新发现、新学说)而进行的实验性或理论性研究，它不以任何专门或特定的应用或使用为目的。其成果以科学论文和科学著作为主要形式。用来反映知识的原始创新能力。

应用研究 指为获得新知识而进行的创造性研究，主要针对某一特定的目的或目标。应用研究是为了确定基础研究成果可能的用途，或是为达到预定的目标探索应采取的新方法(原理性)或新途径。其成果形式以科学论文、专著、原理性模型或发明专利为主。用来反映对基础研究成果应用途径的探索。

试验发展 指利用从基础研究、应用研究和实际经验所获得的现有知识，为产生新的产品、材料和装置，建立新的工艺、系统和服务，以及对已产生和建立的上述各项作实质性的改进而进行的系统性工作。其成果形式主要是专利、专有技术、具有新产品基本特征的产品原型或具有新装置基本特征的原始样机等。在社会科学领域，试验发展是指把通过基础研究、应用研究获得的知识转变成可以实施的计划(包括为进行检验和评估实施示范项目)的过程。人文科学领域没有对应的试验发展活动。主要反映将科研成果转化为技术和产品的能力，是科技推动经济社会发展的物化成果。

研究与试验发展人员 指参与研究与试验发展项目研究、管理和辅助工作的人员，包括项目(课题)组人员，企业科技行政管理人员和直接为项目(课题)活动提供服务的辅助人员。反映投入从事拥有自主知识产权的研究开发活动的人力规模。

研究与试验发展人员全时当量 指全时人员数加非全时人员按工作量折算为全时人员数的总和。例如：有两个全时人员和三个非全时人员(工作时间分别为 20%、30%和70%)，则全时当量为 2+0.2+0.3+0.7=3.2 人年。为国际上比较科技人力投入而制定的可比指标。

R&D 经费内部支出合计 指调查单位用于内部开展R&D 活动（基础研究、应用研究和试验发展）的实际支出。包括用于 R&D 项目（课题）活动的直接支出，以及间接用于 R&D 活动的管理费、服务费、与 R&D 有关的基本建设支出以及外协加工费等。不包括生产性活动支出、归还贷款支出以及与外单位合作或委托外单位进行 R&D 活动而转拨给对方的经费支出。

专　利 是专利权的简称，是对发明人的发明创造经审查合格后，由专利局依据专利法授予发明人和设计人对该项发明创造享有的专有权。包括发明、实用新型和外观设计。反映拥有自主知识产权的科技和设计成果情况。

发　明 指对产品、方法或者其改进所提出的新的技术方案。是国际通行的反映拥有自主知识产权技术的核心指标。

Explanatory Notes on Main Statistical Indicators

Regular Institutions of Higher Learning refer to educational establishments set up according to the government evaluation and approval procedures, enrolling graduates from senior secondary schools and providing higher education courses and training for senior professionals. They include full time universities, colleges, high professional schools, high professional vocational schools and others.

Universities and colleges are mainly providing undergraduate courses; those high professional schools and high professional vocational schools are mainly providing professional trainings; and others refer to educational establishments, which are responsible for enrolling students but not covered in the total number of schools, including: branch schools of universities and colleges, and universities and colleges that have been proved and prepared to construct.

Institutions of Higher Learning for Adults refer to educational establishments, set up in line with relevant rules approved by the government, enrolling staff and workers with senior secondary school or equivalent education, and providing higher education courses in many forms of correspondence, spare time, or full time for adults. Professionals thus trained receive a qualification equivalent to graduates studying regular courses at regular universities, colleges and professional colleges. Institutions of higher learning for adults include schools of high education for staff and workers, schools of high education for peasants, colleges for management cadres, pedagogical colleges, independent correspondence colleges, Radio and TV universities and other educational establishments. Other educational establishments are responsible for enrolling adult students but not covered in the number of schools.

Enrollment Rate of Primary School Age Children refers to the proportion of school age children enrolled at schools to the total number of school age children both in and outside schools (including retarded children, but excluding blind, deaf and mute children). The formula is:

$$\begin{array}{c}\text{Enrolment Rate}\\ \text{of Primary}\\ \text{School - age Children}\end{array} = \frac{\begin{array}{c}\text{Total Primary School - age}\\ \text{Children at Schools}\end{array}}{\begin{array}{c}\text{Total Primary School - age}\\ \text{Children Whether or}\\ \text{Not Attending School}\end{array}} \times 100\%$$

Government Appropriation for Education refers to state budgetary fund for education, taxes and fees collected by governments at all levels that are used for education purpose, education fund for enterprise run schools, income from school run enterprises, work study programme and social services that are used for education purpose.

Budgetary Fund for Education refers to education fund that is planned to allocate to various schools and education institutions by central and local financial departments at various levels within the reference year, which is within the state budgetary expenditure, including: appropriate funds for education, science and research, capital construction and others.

Research and Development (R&D) refers to systematic and creative activities in the field of science and technology aiming at increasing the knowledge and using the knowledge for new application. R&D includes 3 categories of activities: basic research, applied research and experiments and development. The scale and intensity of R&D are widely used internationally to reflect the strength of S&T and the core competitiveness of a country in the world.

Basic Research refers to empirical or theoretical research aiming at obtaining new knowledge on the fundamental principles of phenomena of observable facts to reveal the nature and law of movement of objects and to acquire new discoveries or new theories. Basic research takes no specific or designated application as the aim of the research. Results of basic research are mainly released or disseminated in the form of scientific papers or monographs. This indicator reflects the original innovation capacity of knowledge.

Applied Research refers to creative research aiming at obtaining new knowledge on a specific objective or target. Purpose of the applied research is to identify the possible use of results from basic research, or to explore new (fundamental) methods or new approaches. Results of applied research are expressed in the form of scientific papers, monographs, fundamental models or invention patents. This indicator reflects the exploration of ways to apply the results of basic research.

Experiments and Development refer to systematic activities aiming at using the knowledge from basic and applied researches or from practical experience to develop new products, materials and equipment, to establish new production process, systems and services, or to make substantial improvement on the existing products, process or services. Results of experiment and development activities are embodied in patents, exclusive technology, and monotype of new products or equipment. In social sciences, experiment and development activities refer to the process of converting the knowledge from basic or applied researches into feasible programmes (including conduct of demonstration projects for assessment and evaluation). There are no experiment and development activities in the science of humanities. This indicator reflects the capability of transferring the results of S&T into technique and products, which is the materialized measurement of S&T pushing forward the economic and social development.

R&D Personnel refer to persons engaged in research, management and supporting activities of R&D, including persons in the project teams, persons engaged in the management of S&T activities of enterprises and supporting staff providing direct service to the research projects. This indicator reflects the size of personnel engaged in R&D activities with independent intellectual property.

Full time Equivalent of R&D Personnel refers to the sum of the full time persons and the full time equivalent of part time persons converted by workload. For instance, if there are 2 full time persons and 3 part time workers (20%, 30% and 70% of working hours respectively on R&D activities), the full time equivalent is 2+0.2+0.3+0.7=3.2 person years. This is an internationally comparable indicator of input of personnel in S&T activities.

Total Internal Expenditure of Funds on R&D refers to the real expenditure of surveyed units on their own R&D activities(basic research, application study, test and development)including direct expenditure on R&D activities,expenditure on capital construction and material processing by others.Excluding the expenditure on production activities,return of loan,and fee transferred to coopertated and entrusted agencies on R&D activities.

Patent is an abbreviation for the patent right and refers to the exclusive right of ownership by the inventors or designers for the creation or inventions, given from the patent offices after due process of assessment and approval in accordance with the Patent Law. Patents are granted for inventions, utility models and designs. This indicator reflects the achievements of S&T and design with independent intellectual property.

Inventions refer to the new technical proposals to the products or methods or their modifications. This is universal core indicator reflecting the technologies with independent intellectual property.

第
19
篇

文化、体育和卫生

Culture, Sports and Health

简 要 说 明

一、本篇资料的主要内容

本篇资料反映了全省文化、体育和卫生基本情况。文化部分主要包括文化、文物、广播、电视、档案、报纸杂志出版、图书出版等方面的发展状况。体育部分主要包括运动员、教练员、裁判员发展人数等情况。卫生部分主要包括卫生机构及其人员、床位数、县及县以上医院诊疗人次数、入院人数等基本情况。

二、本篇资料的来源

1.文化部分中，艺术事业、图书馆事业、群众文化事业的资料来源于省文化厅计划财务处，广播电视资料来源于省广播电视局计划财务处，新闻出版有关资料来源于省新闻出版局办公室，档案馆有关资料来源于省档案局法规经济科技处。

2.体育部分的资料来源于省体育局财务经济处。

3.卫生部分的资料来源于省卫生厅信息中心。

本篇资料由省统计局社科处整理提供。

Brief Introduction

I. Content

Data in this chapter show the basic conditions of culture,sports and health. Data on culture show the basic conditions on arts, cultural relics, broadcasting, television, archives and publication. Data on sports mainly include the number of athletes, coaches and referees. Data on health include the number of institutions, personnel, hospital beds.

II. Source of Data

(1)Data on the causes of arts, libraries, mass culture are provided by the Planning and Finance of Shandong Provincial Culture Department. Data on broadcasting and television are provided by the Planning and Finance of Shandong Provincial Administration of Radio and Television. Data on news and publication are provided by the Administrative Office of Shandong Provincial Administration of Press and Publication. Data on archives and publication are provided by the Division of Technology and Economy of Shandong Provincial Archives Administration.

(2)Data on sports are provided by the Division of Planning and Finance of Shandong Provincial Physical Culture Administration.

(3)Data on public health are provided by the Information Center of Shandong Provincial Department of Health.

In this chapter, data are prepared by the Division of Social,Science and Technology Statistics of Shandong Provincial Bureau of Statistics.

19–1 主要年份文化、文物事业基本情况

Number of Institutions for Culture and Cultural Relics of Major Years

年 份 Year	文化(艺术)馆 Cultural Centre		文化站 Cultural Station		艺术表演团体 Art Performance Troups	
	机构数 (个) Number (unit)	人 数 (人) Personnel (person)	机构数 (个) Number (unit)	人 数 (人) Personnel (person)	机构数 (个) Number (unit)	人 数 (人) Personnel (person)
1949	39				46	
1952	166		139		113	
1957	134		283		175	
1962	130		500		180	
1965	141	1261	6	10	176	9923
1970	137	1601			154	9599
1975	151	1891	887	944	157	12709
1976	150	1979	1644	1803	157	13396
1977	155	2110	1988	2185	156	13557
1978	155	2151	2103	2196	155	13219
1979	155	2138	2104	2163	155	12896
1980	155	2251	2117	2197	156	12562
1981	156	2420	2099	2218	157	11930
1982	155	2490	2107	2268	157	11280
1983	155	2609	2102	2172	157	10584
1984	154	2590	2132	2204	159	9922
1985	157	2818	2198	2230	158	9317
1986	159	2940	2276	2292	149	9177
1987	157	2849	2345	2410	139	7751
1988	159	3043	2423	2787	127	7344
1989	159	3140	2452	2643	123	6992
1990	159	3127	2482	2666	119	6703
1991	156	3100	2504	2783	120	6640
1992	156	3129	2481	2798	120	6657
1993	157	3145	2454	2862	119	6430
1994	157	3197	2387	2882	118	6448
1995	158	3265	2363	3117	118	6170
1996	159	3237	2466	3286	118	6090
1997	158	3264	2482	3177	118	6148
1998	158	3252	2494	3339	118	6170
1999	158	3194	2493	3293	117	6077
2000	159	3055	2422	3304	118	5943
2001	159	2975	1912	2943	121	5990
2002	156	2935	1866	3019	121	6030
2003	157	2968	1792	3022	120	5988
2004	159	3136	1783	3190	118	5995
2005	158	2982	1768	3166	117	6066
2006	158	3058	1857	3330	118	6250
2007	157	3012	1826	3715	119	6163
2008	156	3025	1826	3754	119	6254
2009	158	3115	1867	4593	118	6279
2010	158	3055	1855	4543	119	6268
2011	160	3086	1828	4643	116	6163
2012	158	3033	1821	4987	104	5722
2013	159	3062	1807	4915	103	5557

19-1 续表 continued

年 份 Year	剧 场(院) Theaters		图 书 馆 Libraries		博 物 馆 Museums	
	机构数 (个) Number (unit)	人 数 (人) Personnel (person)	机构数 (个) Number (unit)	人 数 (人) Personnel (person)	机构数 (个) Number (unit)	人 数 (人) Personnel (person)
1949	5		3			
1952	15		3			
1957	44		40			
1962	129		84			
1965	128	755	27	257	7	183
1970	83	600	12	193	5	155
1975	81	592	43	436	8	211
1976	71	577	62	564	9	237
1977	76	658	66	621	9	246
1978	75	661	80	737	10	298
1979	77	705	88	876	10	310
1980	71	627	88	924	10	317
1981	72	649	89	1004	9	268
1982	71	667	89	1075	15	338
1983	61	660	89	1131	17	364
1984	65	678	92	1240	19	380
1985	62	705	99	1338	23	488
1986	123	2193	101	1486	30	527
1987	119	2310	105	1613	36	763
1988	116	2388	111	1780	40	876
1989	118	2413	113	1796	40	979
1990	117	2516	115	1876	41	1021
1991	121	2736	118	1956	45	1141
1992	120	2772	122	2055	45	1215
1993	119	2837	126	2178	52	1329
1994	118	2878	126	2256	54	1418
1995	115	2783	130	2318	56	1462
1996	111	2727	131	2359	54	1522
1997	107	2652	131	2471	54	1562
1998	107	2577	131	2536	56	1422
1999	107	2544	133	2555	57	1663
2000	105	2473	133	2506	59	1633
2001	105	2444	136	2503	66	1611
2002	104	2434	140	2559	70	1566
2003	104	2353	140	2573	73	1634
2004	95	2088	142	2633	72	1684
2005	94	1881	145	2690	75	1723
2006	95	2098	143	2624	76	1770
2007	92	1937	145	2640	87	1915
2008	90	1827	147	2606	96	2064
2009	82	1640	150	2669	111	2307
2010	91	1904	149	2680	114	2456
2011	93	2134	150	2697	120	2787
2012	93	2083	150	2647	178	4353
2013	93	1719	153	2760	194	4748

19-2 文化、文物机构人员情况(2013年)
Number of Institution and Personnel in Culture and Culture Relics(2013)

项 目	Item	机构数(个) Number of Institutions (unit)	人员数(人) Number of Employed Persons (person)
总 计	**Total**	**17023**	**97333**
艺术业	Arts	197	7281
艺术表演团体	Arts Performance Troupes	103	5557
艺术表演场馆	Arts Centers	93	1719
艺术创作机构	Art Creation Institutions		
其他艺术	Others		
公共图书馆业	Public Libraries	153	2760
群众文化服务业	Mass Culture	1966	7977
艺术馆、文化馆	Cultural and Art Centers	159	3062
文化站	Cultural Stations	1807	4915
艺术教育业	Culture Education	4	297
文化市场经营机构	Business Units Dealing in Culture Market	13996	63012
文艺科研机构	Art Research	6	93
文物业	Cultural Relics	384	9866
文物保护管理机构	Agency of Relics Preservation	115	3484
文物科研机构	Scientific and Research Historical Relics Agency	9	110
博物馆	Museums	194	4748
文物商店	Cultural Relics Agencies	5	100
其他文化及相关产业	Others	317	6047

注：文化市场经营机构含互联网上网服务营业场所和娱乐场所。
a) Business units dealing in culture market include internet service and entertainment venues.

19-3 各市文化、文物事业基本情况(2013年)
Basic Statistics on Culture and Cultural Relics by Region (2013)

地 区	Region	公共图书馆数(个) Public Libraries (unit)	公共图书馆藏书量(万册) Total Collections (10 000 volumes)	艺术表演团体(个) Performance Troupes (unit)	艺术表演场所(个) Art Performance Places (unit)	群众艺术馆(个) Mass Art Centers (unit)	文化馆(个) Cultural Centers (unit)	文化站(个) Cultural Stations (unit)	文物、文化事业费(万元) Total Expenditures (10 000 yuan)	博物馆(个) Museums (unit)
全省总计	**Total**	**153**	**4422**	**103**	**93**	**18**	**141**	**1807**	**509668**	**194**
济南市	Jinan	11	352	8	9	1	10	141	40951	17
青岛市	Qingdao	13	546	8	10	1	12	136	50192	30
淄博市	Zibo	9	224	3	8	1	8	88	21706	16
枣庄市	Zaozhuang	7	127	3	4	1	6	62	9050	12
东营市	Dongying	6	156	4	1	1	6	40	16485	7
烟台市	Yantai	14	548	10	8	1	13	155	49053	14
潍坊市	Weifang	12	349	6	2	1	12	118	26837	11
济宁市	Jining	11	173	11	9	1	12	152	80910	14
泰安市	Tai'an	7	150	3	4	1	6	87	20943	6
威海市	Weihai	4	138	4	2	1	5	73	13544	6
日照市	Rizhao	5	51	1	2	1	4	53	7481	3
莱芜市	Laiwu	2	49	1		1	1	20	3761	2
临沂市	Linyi	13	308	4	5	1	12	161	16399	18
德州市	Dezhou	12	140	6	8	1	11	133	15574	5
聊城市	Liaocheng	8	110	6	7	1	8	131	22597	11
滨州市	Binzhou	8	139	7	1	1	7	89	11870	7
菏泽市	Heze	10	123	11	9	1	9	168	17229	13

注：全省数据含省本级数据。
a)Provincial data include provincial level data.

19-4 广播电视基本情况

Basic Statistics on Radio and Television Stations

项 目		Item		2011	2012	2013
广播		**Radio**				
广播节目综合人口覆盖率	(%)	Radio Coverage Rate of the Population	(%)	98.2	98.3	98.5
广播节目套数	(套)	Number of Radio Programs	(set)	157	157	158
广播节目制作时间	(万小时)	Length of Radio Programs Produced	(10 000 hours)	47.4	48.2	50.0
公共广播节目播出时间	(万小时)	Length of Public Radio Programs Broadcasted	(10 000 hours)	85.6	87.1	88.3
对外广播节目播出套数	(套)	Number of International Radio Programs Broadcasted	(set)		2	2
对外广播节目播出时间	(万小时)	Length of International Radio Programs Broadcasted	(10 000 hours)		0.9	0.1
广播节目播出语言种类	(种)	Kinds of Languages of Radio Programs Broadcasted	(kind)	1	1	1
电视		**Television**				
电视节目综合人口覆盖率	(%)	TV Coverage Rate of Population	(%)	97.9	98.0	98.2
有线广播电视用户数	(万户)	Number of Users of Cable Radio and TV	(10 000 households)	1802.3	1835.4	1870.2
有线广播电视入户率	(%)	Popularization Rate of Cable Radio and TV	(%)	61.9	61.4	61.8
电视节目套数	(套)	Number of TV Programs	(set)	170	171	188
电视节目制作时间	(万小时)	Length of TV Programs Produced	(10 000 hours)	17.1	20.6	21.3
公共电视节目播出时间	(万小时)	Length of Public TV Programs Broadcasted	(10 000 hours)	96.5	97.4	104.5
电视节目播出语言种类	(种)	Kinds of Languages of TV Programs Broadcasted	(kind)	3	3	3
对外电视节目播出套数	(套)	Number of International TV Programs Broadcasted	(set)	1	1	1
对外电视节目播出时间	(万小时)	Length of International TV Programs Broadcasted	(10 000 hours)	0.9	0.9	0.9
电影		**Movies**				
国有电影制片厂	(个)	State-owned Movie Studios	(unit)	1	1	1
#电影故事片厂		Feature Film Movie Studios		1	1	1
电影院线	(条)	Movie Circuit	(line)	16	20	24
#银幕	(块)	Screen	(unit)	707	1037	1348
电影综合收入	(亿元)	Revenue of Movies	(100 million yuan)	5.0	6.7	
#国内电影票房收入		Domestic Movie Box Office Revenue		4.2	5.8	7.6
广播电视技术及其他		**TV Technology and Others**				
广播电视总收入	(亿元)	Revenue of Radio and TV	(100 million yuan)	106.9	122.9	145.4
广播电视从业人员数	(万人)	Staff and Workers of Radio and TV	(10 000 persons)	4.9	5.0	5.3
中、短波转播发射台	(座)	Transmission and Relaying Stations of Medium and Short Wave Broadcast	(unit)	30	30	30
调频转播发射台	(座)	Relaying Stations of Frequency Modulation Broadcasting	(units)	133	132	133
电视转播发射台	(座)	TV Transmission and Relaying Stations	(units)	156	150	151
微波实有站	(座)	Microwave Stations	(unit)	82	54	38

19–5 图书、期刊和报纸出版情况(2013年)
Number of Books,Magazines and Newspapers Published (2013)

类　别	Item	种 数 (种) Number of Publications (kind)	总印数 (万册、万份) Total Printed Copies (10 000 Copies)
图书总计	**Books**	**13791**	**49813**
马列主义、毛泽东思想	Marxism-Leninism, Mao Zedong Thought	5	1
哲学	Philosophy	54	33
社会科学总论	General Social Sciences	59	32
政治、法律	Politics and Law	44	16
军事	Military Affairs	42	49
经济	Economics	116	42
文化、科学、教育、体育	Culture, Science, Education and Sports	8956	42066
语言、文字	Languages	142	221
文学	Literature	1986	4899
艺术	Arts	1042	1035
历史、地理	History and Geography	213	155
自然科学总论	General Natural Sciences	25	18
数理科学、化学	Mathematics and Chemistry	145	145
天文学、地球科学	Astronomy and Geology	53	39
生物科学	Biology	56	72
医学、卫生	Medicine and Health Care	213	265
农业科学	Agricultural Science	78	28
工业技术	Industrial Technology	412	536
交通运输	Transportation	21	10
航空、航天	Aeronautics and Aerospace	2	1
环境科学	Environmental Science	17	47
综合性图书	General Books	110	103
期刊总计	**Magazine**	**261**	**11998**
综　合	Synthesis	19	354
哲学社会科学	Philosophy and Social Science	69	4586
自然科学技术	Natural Science and Technology	127	1499
文化教育	Culture and Education	32	4491
文学艺术	Literature and Arts	14	1067
画　刊	Pictorial	2	3106
少　儿	Children's Books	6	55
报纸总计	**Newspaper**	**136**	**317318**
综合报	Synthetical Newspaper	39	257093
专业报	Special Newspaper	48	59222
高校校报	College Newspaper	49	1003

19-6 档案馆基本情况(2013年)

Statistics on Archive Institution(2013)

项目		Item		总计 Total	国家综合档案馆 National Comprehen-sive Archive	省级 Provincial Level	市地级 City Level	县级 County Level
档案馆	(个)	Number of Institutions	(unit)	219	163	1	17	145
现有专职人数	(人)	Number of Personnel	(person)	1848	1256		111	1145
档案馆面积	(平方米)	Floor Space of Archives Institution	(sq.m)	491431	380954	49230	102845	228879
馆藏档案		Number of Archives						
全宗	(个)	Whole Volume	(unit)	21678	21491	310	4031	17150
案卷	(卷)	Files	(volume)	18299431	10611252	819808	2781162	7010282
建国前档案案卷	(卷)	Before 1949 Files	(volume)	805043	800316	460612	329334	10370
建国后档案案卷	(卷)	After 1949 Files	(volume)	17424388	9810936	359196	2451828	6999912
馆藏资料	(册)	Number of Material Stored	(volume)	2614901	2395311	86292	471324	1837695
档案资料利用情况		Use of Archiver						
利用档案	(卷次)	Number of Archives Used	(volume-times)	669977	408456	4287	77110	327059
利用资料	(册次)	Number of Material Used	(vomume-times)	32753	26811	203	4750	21858
利用档案人次	(人次)	Number of Persons Using Material	(person-times)	395189	174526	1962	23042	149522
开放案卷	(卷)	Opening Archives	(volume)	5081604	1982808	535290	412520	1034998
开放档案目(案卷级)	(万条)	Catalog of Opening Archives (Files)	(10 000 units)	187187	67491	27	15857	51607

19-6 续表 continued

项目		Item		国家专门档案馆 National Special Archives	部门档案馆 Departm-ent Archives	大型企业档案馆 Enterprise Archive Institution	省、部属事业单位档案馆 Province and Ministry Archive Institution
档案馆	(个)	Number of Institutions	(unit)	18	7	5	26
现有专职人数	(人)	Number of Personnel	(person)	313	38	37	204
档案馆面积	(平方米)	Floor Space of Archives Institution	(sq.m)	40564	4168	37955	27790
馆藏档案		Number of Archives					
全宗	(个)	Whole Volume	(unit)	14	20	61	92
案卷	(卷)	Files	(volume)	2820031	302921	3155268	1339959
建国前档案案卷	(卷)	Before 1949 Files	(volume)	4175		12	540
建国后档案案卷	(卷)	After 1949 Files	(volume)	2815856	302921	3155256	1339419
馆藏资料	(册)	Number of Material Stored	(volume)	20326	35959	120425	42880
档案资料利用情况		Use of Archiver					
利用档案	(卷次)	Number of Archives Used	(volume-times)	104819	56101	22002	78599
利用资料	(册次)	Number of Material Used	(vomume-times)	1135	182	2283	2342
利用档案人次	(人次)	Number of Persons Using Material	(person-times)	93269	83672	4276	39446
开放案卷	(卷)	Opening Archives	(volume)	2320761	213372	244889	319774
开放档案目(案卷级)	(万条)	Catalog of Opening Archives (Files)	(10 000 units)	107078		12611	7

19−7 等级运动员、教练员、裁判员发展人数

Basic Statistics on Athletes, Coaches and Referees

单位:人 (person)

项 目	Item	2009	2010	2011	2012	2013
等级运动员	**Number of Athletes and Referees in Grades**	**4667**	**4831**	**2512**	**3360**	**4650**
国际运动健将	International Master of Sportsmen	12	13	16	7	23
运动健将	Master of Sportsmen	108	95	14	121	110
一 级	First Grade Sportsmen	789	1098	691	1067	572
二 级	Second Grade Sportsmen	3758	3625	1791	2165	3945
聘任教练员	**Employeed Referees**	**83**	**33**	**95**	**29**	
高级职称	Senior Title	11	3	9	1	
中级职称	Intermediate Title	21	15	37	5	
初级职称	Junior Title	51	15	49	23	
等级裁判员	**Number of Referees in Grades**	**2253**	**1900**	**1076**	**1784**	**3213**
国际级	International Referees	1				
国家级	National Referees	10	25	20	55	1
一 级	First Grade Referees	231	352	473	450	544
二 级	Second Grade Referees	2011	1523	583	1279	2668

19−8 分项目分技术等级运动员发展人数(2013年)

Certified Athletes by Type of Sports and Technical Grade(2013)

单位：人 (person)

项 目	Item	合 计 Total	国际级运动健将 International Master of Sportsmen	运动健将 Master of Sportsmen	一级运动员 First Grade Sportsmen	二级运动员 Second Grade Sportsmen
总计	**Total**	**4650**	**23**	**110**	**572**	**3945**
田径	Track and Field Events	1111	6	15	90	1000
游泳	Swimming	112	2	12	26	72
跳水	Diving	13			13	
举重	Weightlifting	18		1	1	16
拳击	Boxing	100			24	76
国际式摔跤	International Wrestling	260		3	4	253
中国式摔跤	Chinese Wrestling	108		4		104
柔道	Judo	144		7	41	96
跆拳道	Taekwondo	106		3	22	81
自行车	Bicycles	78		4	49	25
击剑	Fencing	25			5	20
射击	Shooting	37		3	22	12
射箭	Archery	28	1	3	11	13
赛艇	Rowing	49	6	5		38
皮划艇	Canoe Kayak	73		6	39	28
帆船	Sailing	25	4		18	3
足球	Football	271		4	27	240
篮球	Basketball	454		4	51	399
排球	Volleyball	177				177
乒乓球	Table Tennis	191	2	2	7	180
羽毛球	Badminton	25				25
网球	Tennis	46			6	40
手球	Handball	167		4		163
武术	Wushu	697	1	6	14	676
围棋	Weiqi	108	1	1	2	104
国际象棋	Chess	31				31
中国象棋	Chinese Chess	20		1	7	12
橄榄球	Rugby	39		7		32

19-9 体育系统机构人员情况（2013年）
Number of Institutions and Engaged Persons of Physical Education System(2013)

单位：个、人 (unit,person)

指 标	Item	省级 Provincial Level		地级 Prefectural Level		县级 County Level	
		机构 Institutions	人员 Persons	机构 Institutions	人员 Persons	机构 Institutions	人员 Persons
总 计	**Total**	**34**	**3549**	**72**	**7234**	**174**	**4207**
体育行政机关	Administrative Agencies	1	56		2672		2224
运动项目管理部门	Sports Events Management	18	1532				
本科院校	Colleges	1	544				
体育运动学校	Physical Education and Sports Schools				1618		59
竞技体校	Competitive Sports School	1	318		182		102
少儿体育运动学校(业余体校)	Spare-time Sports School				340		172
单项运动学校	Individual Sports Schools						279
训练基地	Training Bases	3	531		74		
体育场馆	Stadium and Gymnasium	1	162		704		19
科研所	Science and Technology Institute	1	52				
其他事业单位	Other Institutions	7	345		1624		1352
其他	Others	1	9		20		

19-10 卫生总费用
Total Health Expenditure

年份 Year	卫生总费用（亿元） Total Health Expenditure (100 million yuan)	政府卫生支出 Government Health Expenditure		社会卫生支出 Social Health Expenditure		个人现金卫生支出 Out-of-pocket Health Expenditure		人均卫生总费用（元） Per Capita Health Expenditure (yuan)	卫生总费用占GDP比重(%) Health Expenditure as Percentage of GDP (%)
		绝对数（亿元） Level (100 million yuan)	占卫生总费用比重(%) As Percentage of Health Expenditure (%)	绝对数（亿元） Level (100 million yuan)	占卫生总费用比重(%) As Percentage of Health Expenditure (%)	绝对数（亿元） Level (100 million yuan)	占卫生总费用比重(%) As Percentage of Health Expenditure (%)		
1998	195.71	30.66	15.67	56.62	28.93	108.43	55.40	221	2.79
1999	227.96	31.96	14.02	58.05	25.46	137.96	60.52	257	3.04
2000	271.98	34.96	12.85	67.16	24.69	169.85	62.45	302	3.26
2001	301.92	39.60	13.12	90.42	29.95	171.89	56.93	334	3.28
2002	353.46	48.42	13.70	96.92	27.42	208.13	58.88	389	3.44
2003	399.68	59.13	14.79	117.92	29.50	222.64	55.70	438	3.31
2004	448.60	69.68	15.53	136.31	30.39	242.61	54.08	489	2.99
2005	542.13	83.83	15.46	168.77	31.13	289.53	53.41	586	2.93
2006	650.10	108.89	16.75	219.95	33.83	321.26	49.42	698	2.94
2007	801.02	148.01	18.48	272.91	34.07	380.10	47.45	855	3.08
2008	987.17	193.19	19.57	359.72	36.44	434.26	43.99	1048	3.18
2009	1163.20	254.02	21.84	428.68	36.85	480.51	41.31	1228	3.43
2010	1345.30	327.40	24.34	497.02	36.95	520.88	38.72	1403	3.43
2011	1648.65	425.10	25.78	616.02	37.37	607.53	36.85	1711	3.63
2012	1928.88	498.38	25.84	726.42	37.66	704.09	36.50	1992	3.86

19−11 卫生事业基本情况
Basic Statistics of Health Institutions

年 份 Year	卫生机构数（个） Number of Health Institutions (unit)	#医 院、卫生院 Hospitals and Township Hospitals	卫生机构床位数（万张） Number of Beds (10 000 sets)	#医 院、卫生院 Hospitals and Township Hospitals	卫生技术人员数（万人） Medical Technical Personnel (10 000 persons)	#医 生 Doctors
1949	288	112	0.3	0.3	2.6	1.8
1952	1879	223	1.8	0.9	3.9	2.0
1955	4620	221	2.1	1.1	6.0	2.9
1957	10235	232	2.4	1.5	7.3	3.3
1962	19460	349	4.9	3.4	9.0	4.3
1965	16336	502	5.4	3.8	8.9	4.4
1970	6173	2155	6.2	5.7	7.9	3.7
1975	7092	2336	9.3	8.6	12.4	5.0
1976	7438	2402	10.2	9.4	13.6	5.2
1977	8003	2420	11.1	10.3	14.4	5.5
1978	8389	2453	12.0	11.1	15.0	5.7
1979	8731	2541	12.5	11.6	16.1	6.2
1980	8908	2552	12.7	11.7	16.9	6.2
1981	9448	2565	12.9	11.8	17.9	6.9
1982	9830	2583	13.2	12.0	18.7	7.3
1983	9965	2597	13.5	12.2	19.3	7.6
1984	9972	2626	14.1	12.8	19.8	7.7
1985	10304	2623	14.7	13.4	20.5	8.0
1986	10399	2659	15.3	13.9	21.3	8.3
1987	10634	2690	16.2	14.7	22.1	8.7
1988	10475	2767	16.8	15.2	22.8	9.2
1989	10707	2975	17.2	15.5	23.4	10.4
1990	11040	3037	17.7	16.0	24.1	10.7
1991	11141	3066	18.2	16.5	24.1	10.5
1992	10865	3097	18.7	17.1	24.7	10.6
1993	10881	3096	19.5	17.7	25.8	11.1
1994	10654	3134	19.9	18.1	26.4	11.5
1995	10463	3104	20.0	18.2	27.1	11.9
1996	11968	3139	20.0	18.7	28.7	12.8
1997	10993	3151	20.7	19.4	29.4	13.0
1998	11008	3170	20.8	19.6	30.1	13.3
1999	14611	3151	21.3	20.1	30.8	13.9
2000	17118	3150	21.5	20.3	31.5	14.5
2001	17348	3000	21.8	20.7	31.8	14.9
2002	17500	2980	22.1	21.0	32.2	15.4
2003	16025	2929	21.8	20.8	31.1	13.4
2004	16574	2891	23.2	21.6	32.3	13.9
2005	16788	2922	25.1	23.5	32.5	14.1
2006	17016	2942	25.9	24.3	33.7	14.6
2007	15337	3075	28.3	26.5	34.6	15.0
2008	14973	3008	32.0	29.7	37.6	16.0
2009	15094	3024	34.7	32.1	40.6	16.9
2010	16496	3099	38.2	35.1	44.1	17.8
2011	68275	3135	41.6	37.8	48.2	18.6
2012	68840	3188	47.3	43.0	53.0	20.1
2013	75475	3426	49.0	44.6	59.8	23.2

注：1.自2011年，医疗卫生机构数含村卫生室。2.2013年医疗卫生机构数含部分计划生育技术服务机构。
a)Since 2011, the number of health institutions include village health room.
b)2013 data of health institutions include technical service centers for birth control.

19−12 医院工作状况

Basic Statistics of Hospitals above County Level

项目		Item		2010	2011	2012	2013
机构数	(个)	Number of Medical Units	(unit)	1377	1490	1549	1783
诊疗人次数	(万人次)	Number of Patients Treated	(10 000 person-times)	12357	13472	15224	16580
#门诊急诊人次数	(万人次)	Out-Patients and Emergency Patients	(10 000 person-times)	11902	13155	14807	16116
#死亡人数	(人)	Casualties	(person)	19061	21135	21398	22955
观察室收容病人数	(万人次)	Number of Inpatients	(10 000 person-times)	266	616	253	238
#死亡人数	(人)	Casualties In-Patient	(person)	3892	4138	4391	4185
健康检查人数	(万人)	Number of People Having Physical Checkup	(10 000 persons)	937	863	1070	1006
本年入院人数	(万人)	Hospital Admissions	(10 000 persons)	755.8	835.4	1392.4	1029.8
本年出院人数	(万人)	Number of People Discharged from Hospitals	(10 000 persons)	753.4	832.3	1399.2	1023.7
本年住院病人手术人次数	(万人次)	Number of Operations on Inpatients	(10 000 person-times)	189	206	253	245
年底实有病床数	(张)	Beds Owned by Hospitals at the Year-end	(set)	255764	280385	322007	342078
实际开放总床日数	(万床日)	Total Number of Beds Used at Midnight	(10 000 bed-days)	8965	9683	11092	11905
平均每日开放病床数	(张)	Average Number of Beds Used Every Day	(set)	245604	265283	303069	325286
实际占用总床日数	(万床日)	Total Number of Beds Occupied	(10 000 bed-days)	7318	8230	9493	10139
出院者占用总床日数	(万床日)	Total Number of Beds for Patients Discharged	(10 000 bed-days)	7095	8005	9257	9828
病床周转次数	(次)	Turnover of Beds	(time)	30.7	31.4	32.3	31.5
病床工作日	(日)	Days of Beds in Use	(day)	298.0	310.2	313.2	311.7
病床使用率	(%)	Utilization Rate of Beds	(%)	81.6	85.0	85.6	85.2
出院者平均在院日数	(日)	Average Hospitalization Period	(day)	9.4	9.6	9.5	9.6

19-13 各类医疗卫生机构基本情况(2013年)
Basic Statistics on Medical Institutions(2013)

医疗机构分类	Institutions	机构数(个) Number of Institutions (unit)	床位数(张) Number of Beds	卫生技术人员(人) Number of Medical Personnel (person)	执业(助理)医师 Licensed (Assistant) Doctors	注册护士 Registered Nurse	诊疗人次数(万人次) Visit (10 000 times)
总计	**Total**	**75475**	**489677**	**597626**	**231667**	**240131**	**62154**
医院	**Hospital**	**1783**	**342078**	**354108**	**124765**	**166597**	**16580**
综合医院	Genaral Hospital	1158	247855	267683	92951	129309	12685
中医医院	Traditional Chinese Medicine Hospital	169	46411	48249	18996	19721	2419
专科医院	Specialized Hospital	436	44592	35546	11865	16546	1333
基层医疗卫生机构	**Basic Medical Institutions**	**72103**	**122665**	**196725**	**89257**	**60213**	**43807**
社区卫生服务中心(站)	Health Service Center for Community	2308	17406	30548	12307	10520	3081
卫生院	Health Center	1643	104232	113556	45053	32895	8137
乡镇卫生院	Township Health Center	1643	104232	113556	45053	32895	8137
门诊部	Outpatient Department	412	811	4615	2236	1656	276
专业公共卫生机构	**Specialized Public Health Institutions**	**1392**	**20168**	**42930**	**16056**	**12093**	**1736**
专科疾病防治院	Specialized Disease Prevention &Treatment Institute	13	1826	1380	435	460	65
专科疾病防治所(站、中心)	Specialized Disease Prevention &Treatment Center	120	2574	3729	1395	793	138
妇幼保健院(所、站)	Women and Children Care Agencies	160	15437	20150	7559	8651	1396
其他机构	**Other Institutions**	**197**	**4766**	**3863**	**1589**	**1228**	**31**
疗养院	Sanatorium	21	4766	1728	636	720	31
临床检验中心	Clinical Laboratory Center	6		257	30	2	

19-14 各市卫生事业基本情况(2013年)
Statistics on Health Service by Region(2013)

地区	Region	卫生机构数(个) Number of Health Institutions (unit)	医院 Hospitals	疾病预防控制机构数 Sanitation Stations	妇幼保健机构 Maternity and Child Care Center	床位数(张) Beds (set)	医院 Hospitals	卫生机构人员(人) Health Care Institutions personnel (person)	卫生技术人员(人) Medical Technical Personnel (person)	医生 Doctors	注册护士 Nurses
全省总计	**Total**	**75475**	**1783**	**182**	**160**	**489677**	**342078**	**820206**	**597626**	**231667**	**240131**
济南市	Jinan	5368	197	12	12	45465	38001	76955	57700	22752	24189
青岛市	Qingdao	7957	178	27	13	44876	32015	77932	60819	24867	25751
淄博市	Zibo	5011	132	9	9	25919	19058	40645	30755	12451	12005
枣庄市	Zaozhuang	2412	67	8	7	16086	11922	27328	19537	7710	8376
东营市	Dongying	1734	74	6	7	12121	10028	18429	14441	5459	6106
烟台市	Yantai	5333	151	15	14	41766	27236	62271	50217	20001	17631
潍坊市	Weifang	7426	138	17	13	50685	33483	91756	72913	30227	30494
济宁市	Jining	6804	148	14	13	44698	31549	75488	52497	18905	21764
泰安市	Tai'an	4118	98	9	7	27987	20605	48966	34563	12441	14159
威海市	Weihai	2449	30	4	5	17557	11137	24069	18926	6569	7844
日照市	Rizhao	2268	34	5	5	11833	7677	18901	13219	5147	5068
莱芜市	Laiwu	1242	24	3	3	6440	4871	10632	7168	3082	2741
临沂市	Linyi	6977	124	14	14	45483	26925	71398	45889	16319	17793
德州市	Dezhou	4654	69	12	11	22126	14722	39290	25279	10587	9310
聊城市	Liaocheng	5595	85	9	9	24460	17977	39701	26750	9699	10054
滨州市	Binzhou	2514	94	8	8	19144	14076	30477	22581	8131	8577
菏泽市	Heze	3613	140	10	10	33031	20796	65968	44372	17320	18269

注:1.医院中不包括卫生院。2.本表内数字包括诊所、卫生保健所、医务室的机构、人员数。3.妇幼保健机构包括妇幼保健院、所、站。
a)Number of hospitals exclude the township hospitals.b)Data in this table include the number of clinics,health care centers,medical staff.
c)Maternity and child care centers include centers on different level.

主要统计指标解释

卫生机构　是指从卫生行政部门取得《医疗机构执业许可证》，或从民政、工商行政、机构编制管理部门取得法人单位登记证书，为社会提供医疗保健、疾病控制、卫生监督服务或从事医学科研和教育等工作的单位。卫生机构包括医院、疗养院、社区卫生服务中心(站)、卫生院、门诊部、诊所(卫生所、医务室)、村卫生室、急救中心(站)、采供血机构、妇幼保健院(所、站)、专科疾病防治院(所、站)、疾病预防控制中心(防疫站)、卫生监督所、卫生监督检验(监测、检测)机构、医学科研机构、医学在职培训机构、健康教育所(站)等其他卫生机构。

医疗机构　包括医院、社区卫生服务中心(站)、疗养院、卫生院、门诊部、诊所(卫生所、医务室)、妇幼保健院(所、站)、专科疾病防治院(所、站)、急救中心(站)和临床检验中心。医疗机构分为非赢利性医疗机构和赢利性医疗机构。

医　院　包括综合医院、中医医院、中西医结合医院、民族医院、各类专科医院和护理院。

卫生技术人员　指卫生机构中医生、护理人员、药剂人员、检验人员等卫生技术人员。

医　生　指在医疗、预防保健机构工作且取得《执业医师证书》的执业医师和执业助理医师。

卫生服务总费用　反映全国当年用于医疗卫生保健服务所消耗的资金总额，用筹资来源法测算。政府预算卫生支出指各级政府用于卫生事业的财政预算拨款。社会卫生支出指政府预算外的卫生资金投入，主要表现为社会医疗保险。其中包括如企事业单位和乡村集体经济单位举办医疗卫生机构设施建设费，企业职工医疗卫生费，行政事业单位负担的职工公费医疗超支部分等。居民个人卫生支出指城乡居民用自己可支配的经济收入支付的各项医疗卫生费用和医疗保险费用。

Explanatory Notes on Main Statistical Indicators

Health Care Institutions refer to the units which have been qualified the Certification of Health Care Institution by the administration of public health,or qualified the Certification of Corporate Unit by the civil affairs,administration for industry and commerce,commission office for public sector reform,and engaging in medical care,disease prevention and control,health supervision and inspection,medicine research and health education,etc,including:hospitals,sanatoriums,community health service centers(stations),health centers,clinics(health stations and infirmaries),first-aid centres(stations),blood gathering and supplying institutions,women and children care agencies(centres and stations),special disease prevention and curing agencies (centres and stations),disease prevention and control centres(epidemic prevention stations),health supervision and inspection agencies,sanitary inspection institutions,medicinal scientific research and on-job training institutions,health education centres and so on.

Medical Organizations include: hospitals, health service centers (stations) of communities, nursing homes, health centers, clinics, clinics (health stations and infirmaries), maternity and child care agencies (centers and stations), special disease prevention and curing agencies (centers and stations), first aid centers (stations) and clinical inspection centers. Medical organizations are grouped by two types: profit making and non profit making medical organizations.

Hospitals include: polyclinics, traditional Chinese therapeutics and western therapeutics, ethical hospitals, various specialties hospitals and nursing hospitals.

Medical Technical Personnel refers to doctors, assistant nurses, pharmacists, and laboratory technicians working in medical institutions.

Doctors refer to certified physicians and certified assistant physicians with certifications working in medical and health care and prevention agencies.

Total Cost of Health Services reflects the total expenditures on medical and health care services for the whole country, calculated on basis of sources of funding. Health expenditure from government budget refers to budgetary allocation for health undertakings by governments at all levels. Social health expenditure refers to non government budgetary capital input, mainly the health insurance. It includes expenditure on health institutions run by enterprises and rural collective entities, expenditure on medical and health care of employees of enterprises, and excessive health expenditure of government employees that could be covered by the government health care system. Health expenditure on individuals refers to expenditure on health service and health insurance paid by residents from their disposable income.

第20篇

公共管理和社会服务

Public Management and Social Services

简要说明

一、本篇资料的主要内容

本篇资料反映了全省民政、司法、测绘、标准计量和残疾人事业发展情况。

二、本篇资料的来源

1.民政部分的资料来源于省民政厅计划财务处。

2.司法部分的资料来源于省司法厅办公室。

3.测绘部分的资料来源于省国土资源厅测绘管理处。

4.标准计量部分的资料来源于省质量技术监督局计划财务处。

5.残联资料由山东残疾人联合会整理提供。

本篇资料中，测绘和标准计量部分由省统计局综合处加工整理，其他各部分资料由省统计局社科处整理提供。

Brief Introduction

I. Content

Data in this chapter show the basic conditions of civil affairs, legal and judicial affairs, surveying and mapping, standard measuring and work for persons with disabilities .

II. Source of Data

(1)Data on civil affairs are provided by the Division of Planning and Finance of Shandong Provincial Department of Civil Affairs.

(2)Data on legal and judicial affairs are provided by the Administrative Office of Shandong Provincial Department of Justice.

(3)Data on surveying and mapping are provided by the Division of Survey and Mapping of Shandong Provincial Department of Land and Resources.

(4)Data on standard measuring are provided by the Division of Planning and Finance of Shandong Provincial Administration of Quality and Technical Supervision.

(5)Data on Disabled persons are from the Shandong Disabled Persons Federation.

In this chapter, data on surveying are prepared by the Division of Comprehensive Statistics of Shandong Provincial Bureau of Statistics. Other data are prepared by the Division of Social,Science and Technology Statistics of Shandong Provincial Bureau of Statistics.

20-1 民政事业基本情况
Basic Statistics on Civil Affairs

项目		Item		2011	2012	2013
一、救灾工作情况		**calamity Relief**				
救灾支出	(万元)	Expenditures on Calamity Relief	(10 000 yuan)	26380	60973	30256
#生活救济费	(万元)	Expenditure on Victims' Life	(10 000 yuan)	20024	48080	24921
二、社会救助情况		**Social Relief**				
居民最低生活保障		Resident Minimum Livelihood Guarantee				
城镇居民低保人数	(人)	Number of Urban Residents for Minimum Livelihood Guarantee	(person)	605956	530065	487176
城镇最低生活保障支出	(万元)	Expenditures by Urban Residents for Minimum Livelihood Guarantee	(10 000 yuan)	161939	187894	197649
农村居民低保人数	(人)	Number of Rural residents for Minimum Livelihood Guarantee	(person)	2393488	2507064	2598685
农村最低生活保障支出	(万元)	Expenditures by Rural residents for Minimum Livelihood Guarantee	(10 000 yuan)	283800	410136	472997
城乡医疗救助人数	(人次)	Medical Assistance of Civil Affairs Departments		198097	323776	287824
民政部门资助参加医疗保险人数	(人次)	Number of Aid for Medical Insurance in Urban	(person)	215981	218715	164309
民政部门资助参加合作医疗人数	(人次)	Number of Aid for Cooperative Medical Care in Rural	(person)	1942281	1977391	1859876
三、社会福利事业情况		**Social Welfare Institutions**				
单位数	(个)	Number of Institutions	(unit)	2358	2406	2635
床位数	(张)	Number of Beds	(set)	332224	354244	402749
收养人数	(人)	Number of People Adopted	(person)	250021	255291	276538
四、社会福利企业情况		**Social Welfare Enterprises**				
单位数	(个)	Number of Social Welfare Enterprises	(unit)	1424	1385	1298
职工数	(人)	Number of Employees	(person)	100075	99122	94411
#残疾职工	(人)	Physically-challenged	(person)	39991	38312	36890
利润额	(万元)	Profits	(10 000 yuan)	99238	88487	91039
五、社会捐赠情况		**Social Donations**				
资金数	(万元)	Amount	(10 000 yuan)	73023	91860	100899
捐赠衣被总数	(万件)	Number of donated clothing	(10 000 units)	2.9		
六、福利彩票情况		**Welfare Lottery**				
销售额	(万元)	Sales	(10 000 yuan)	1095063	1223638	1344280
提取公益金	(万元)	Public Welfare Fund	(10 000 yuan)	156326	176199	188822

20–2 婚姻登记情况

Basic Statistics on Marriages and Divorces

项　　目		Item		2009	2010	2011	2012	2013
一、国内登记结婚		**Domestic Marriage Registration**						
准予登记结婚	（对）	Registered Marriage	(couple)	917163	924657	969092	933262	891370
#恢复结婚	（对）	Resuming of Marriage	(couple)	8431	8543	7945	4521	4212
初婚人数	（人）	First Marriage	(person)	1662422	1648745	1725831	1640652	1516968
再婚人数	（人）	Number of Remarriage	(person)	174302	200569	212353	225872	265772
男　性	（人）	Male	(person)	82109	106059	104570	108825	124808
女　性	（人）	Female	(person)	92193	94510	107783	117047	140964
二、涉外登记结婚		**Marriage Registration Concerning Foreigners**						
准予登记结婚	（对）	Registered Marriage	(couple)	1199	1135	1212	1166	1231
准予登记结婚人数	（人）	Number of Persons Registered	(person)	2398	2270	2424	2332	2462
国内公民	（人）	Domestic Citizens	(person)	1187	1125	1202	1144	1200
男　性	（人）	Male	(person)	151	153	206	235	335
女　性	（人）	Female	(person)	1036	972	996	909	865
港澳居民	（人）	Compatriots in Hong Kong and Macao	(person)	56	35	47	36	37
台湾居民	（人）	Compatriots in Taiwan	(person)	234	172	210	182	198
华　侨	（人）	Overseas Chinese	(person)	48	37	39	32	32
外国人	（人）	Foreigners	(person)	873	901	926	938	995
三、离婚登记		**Divorce Registration**						
法院受理离婚案件	（件）	Divorce Case Handled	(unit)	92989	97276	104293	107686	110594
准予登记离婚总数	（对）	Number of Registered Divorce	(couple)	151693	167545	181597	196685	225060
民政部门办理离婚	（对）	Divorces Handled through Civil Administration Departments	(couple)	100860	116386	127850	142951	172125
#涉外婚姻	（对）	Divorces Concerning Foreigners	(couple)	87	104	134	133	132
法院调解离婚	（对）	Divorces through Law Court Mediation	(couple)	37370	38592	41131	40660	37655
法院判决离婚	（对）	Divorces through Law Court Judgment	(couple)	13463	12567	12616	13074	15280

20−3 殡葬服务情况
Statistics on Funeral and Interment Services

年 份 地 区	Year Region	殡葬类单位数(个) Number of Funeral and Interment Enterprises (unit)	年末职工总数(人) Employeesat Year-end (person)	火化炉数(台) Number of Cremators (set)	全年处理遗体数(具) Cremated Remains During the Year (bodies)	当年安葬数(人) Number of the Buried During the Year (persons)	火化率(%) Cremation Rate (%)
2005		162	3403	390	540020	15405	97.0
2006		164	3338	397	512846	13058	96.0
2007		165	3450	422	540641	9092	97.0
2008		167	3457	430	565845	10468	98.0
2009		168	3353	440	585799	15814	98.0
2010		166	3372	456	616092	17336	98.5
2011		168	3366	466	610564	17130	98.6
2012		167	3342	474	629825	17098	95.0
2013		168	3372	477	599057	13449	96.2
济南市	Jinan	9	275	36	39860	506	100.0
青岛市	Qingdao	10	206	44	59053	740	100.0
淄博市	Zibo	9	128	26	25336	682	92.0
枣庄市	Zaozhuang	6	103	17	18759	120	73.1
东营市	Dongying	4	70	16	10964		91.0
烟台市	Yantai	13	259	48	51730	1807	100.0
潍坊市	Weifang	18	378	52	60530	5546	100.0
济宁市	Jining	16	446	39	46675	511	84.8
泰安市	Tai'an	9	173	23	36737	30	100.0
威海市	Weihai	8	84	20	21765	948	100.0
日照市	Rizhao	7	67	13	17351	409	92.7
莱芜市	Laiwu	2	49	6	7887	327	96.1
临沂市	Linyi	13	291	39	66808	498	94.8
德州市	Dezhou	14	214	30	34200	400	91.1
聊城市	Liaocheng	10	242	23	29990	376	77.6
滨州市	Binzhou	10	170	22	24779	339	100.0
菏泽市	Heze	10	217	23	46633	210	75.0

20−4 律师、公证工作基本情况
Basic Statistics on Lawyers and Notarization

项　　目		Item		2009	2010	2011	2012	2013
律师工作		**Lawyers**						
律师事务所	(个)	Number of Law Offices	(unit)	991	1106	1199	1283	1372
国资所	(个)	State-owned	(unit)	43	43	43	43	42
合作所	(个)	Cooperative	(unit)					
合伙所	(个)	Partnership	(unit)	816	843	866	893	936
个人发起所	(个)	Initiated by Individual	(unit)	132	219	290	347	394
执业律师	(人)	Number of Lawyers	(person)	10531	12091	14137	15633	16941
专职律师	(人)	Full-time Lawyers	(person)	9638	11608	13102	14497	15724
兼职律师	(人)	Part-time Lawyers	(person)	437	483	506	532	556
公证工作		**Notarization**						
公证处	(个)	Number of Notary Offices	(unit)	158	158	158	158	158
公证员	(人)	Notaries	(person)	852	846	903	908	903
公证员助理	(人)	Assistant Notaries	(person)	317	392	386	369	513
办理各类公证事项	(万件)	Number of Notarized Affairs	(unit)	49.3	51.5	53.0	58.9	64.0

20−5 各市交通事故情况（2013年）
Basic Statistics on Traffic Accidents by Region (2013)

地　区	Region	发生数（起）Number of Traffic Accidents (case)	死亡人数（人）Number of Deaths (person)	受伤人数（人）Number of Injuries (person)	直接财产损失（万元）Direct Property Losses (10 000 yuan)
全省总计	**Total**	**12878**	**3748**	**11970**	**4970**
济 南 市	Jinan	1801	286	1963	443
青 岛 市	Qingdao	1897	333	1841	610
淄 博 市	Zibo	1218	328	1175	557
枣 庄 市	Zaozhuang	301	116	212	123
东 营 市	Dongying	524	144	522	167
烟 台 市	Yantai	661	234	592	117
潍 坊 市	Weifang	1238	323	1143	481
济 宁 市	Jining	831	238	716	393
泰 安 市	Tai'an	495	218	429	166
威 海 市	Weihai	195	166	89	34
日 照 市	Rizhao	479	127	355	171
莱 芜 市	Laiwu	320	70	317	127
临 沂 市	Linyi	536	288	328	189
德 州 市	Dezhou	715	249	554	312
聊 城 市	Liaocheng	1072	241	1229	319
滨 州 市	Binzhou	288	122	221	181
菏 泽 市	Heze	191	162	145	112

注：全省总计含高速交警总队和直属公安局数据。
a)The total including data of high-speed traffic police corps and directly under the provincial public security bureau.

20–6 火灾事故情况（2013年）
Basic Statistics on Fire Accidents(2013)

项目	Item	合计 Total	特大 Extraordinarily Serious	重大 Serious	较大 Comparatively Serious	一般 Ordinary
发生（起）	Fire Accidents (case)	33043			6	33037
死亡（人）	Deaths (person)	75			20	55
受伤（人）	Injuries (person)	54			7	47
直接经济损失（万元）	Direct Economic Losses (10 000 yuan)	27369			236	27132
平均每起事故损失（元）	Average Loss of Fire (yuan)	8282			39383	8213

20–7 各市火灾事故情况（2013年）
Basic Statistic on Fires by Region(2013)

地区	Region	发生数（起） Number of Fire Accidents (case)	死亡人数（人） Number of Deaths (person)	受伤人数（人） Number of Injuries (person)	直接经济损失（万元） Direct Economic Losses (10 000 yuan)
全省总计	**Total**	**33043**	**75**	**54**	**27369**
济南市	Jinan	2869	9	3	1509
青岛市	Qingdao	963	7	11	2458
淄博市	Zibo	1503	6	4	371
枣庄市	Zaozhuang	1592	3	5	1129
东营市	Dongying	1409	5	1	1497
烟台市	Yantai	4073	8	3	3292
潍坊市	Weifang	5151	3	5	3058
济宁市	Jining	2150	2		1687
泰安市	Tai'an	1481	3	1	426
威海市	Weihai	1690	5	5	875
日照市	Rizhao	440	2	2	1542
莱芜市	Laiwu	326	3	4	1113
临沂市	Linyi	2130	5		1752
德州市	Dezhou	1435	6	4	2229
聊城市	Liaocheng	933	2	1	837
滨州市	Binzhou	2134	4		1254
菏泽市	Heze	2764	2	5	2338

20-8 人民检察院审查批准、决定逮捕犯罪嫌疑人和提起公诉被告人情况（2013年）

Arrests of Criminal Suspects and Defendants under Public Prosecution Approved by People's Procuratorate (2013)

案件分类	Category of Cases	批捕、决定逮捕合计 Total of Arrests		决定起诉合计 Total of Public Prosecutions	
		件 (case)	人 (person)	件 (case)	人 (case)
合　计	**Total**	**32987**	**44658**	**53516**	**76259**
公安、安全、监狱机关提请小计	Sub-total of Requests by Departments of State and Public Security and Prisons	31760	43289	51162	73084
危害国家安全案	Offences Against State Security	5	9	2	2
危害公共安全案	Offences Against Public Security	4265	4534	14272	14768
破坏社会主义市场经济秩序案	Offences Against Socialist Economic Order	2234	3011	3329	6286
侵犯公民人身、民主权利案	Offences Against Citizens' Personal and Democratic Rights	8317	10257	13790	18023
侵犯财产案	Offences Against Properties	10610	14958	12921	19539
妨害社会管理秩序案	Offences Against Social Management of Order	6310	10494	6822	14439
危害国防利益案	Offences Against National Defense	19	26	25	27
军人违反职责案	Offences on Dereliction of Duty by Servicemen				
检察机关直接立案侦查案件小计	Sub-total of Cases Handled Directly by Procuratorate's Offices	1227	1369	2355	3175
贪污贿赂案	Offences on Corruption and Bribery	1090	1209	1869	2464
渎职侵权案	Offences on Abuse and Dereliction of Duty	135	158	486	703

20-9 人民法院审理一审案件情况

First Trial Cases by Courts

单位：件　　(case)

年　份 Year	收　案 Cases Accepted	刑　事 Criminal	民　事 Civil	经济纠纷 Economic Disputes	行　政 Administrative
2005	537098	41768	238479	237926	18925
2006	530542	42175	232841	235616	19910
2007	535832	43501	238244	234124	19963
2008	603565	44935	259623	274427	24580
2009	625334	45711	284706	267925	26992
2010	652618	44885	303987	274384	29362
2011	681311	48777	325380	278457	28697
2012	711631	56597	328131	301168	25735
2013	699878	54966	327889	298620	18403

注：一审案件指人民法院按照诉讼级别管辖按第一审程序审理的案件。

a) First trial cases refer to cases accepted by people's courts according to the first trial proceedings.

20-10 分系统测绘持证部门情况(2013年)

Basic Statistics on Surveying and Mapping Departments(2013)

系统名称	Sector	持证单位数(个) Departments with Certificate (unit)	#甲级 First-class	乙级 Second-class	测绘专业技术人员(人) Employed Staff (person)	#高级职称 Senior Title	中级职称 Intermediate Title	测绘服务总值(万元) Output Value (10 000 yuan)
测绘	Surveying and Mapping	3	2	1	584	54	151	25742
国土资源	Land and Resources	87	2	15	1235	162	480	30267
城乡建设与规划	Urban-Rural Construction and Planning	199	5	11	2380	257	878	74866
铁道	Railway	2		1	41	7	13	381
交通运输	Transportation	15		3	398	131	165	3383
水利水电	Water and Hydro	36	2	6	599	180	210	11778
石油	Oil	6	2	3	199	42	87	7591
煤炭	Coal	21	2	3	374	53	110	7060
有色金属	Non-Ferrous Metal	1			5	1	4	34
农业	Agriculture	1			16	7	7	73
地震	Earthquake	1		1	30	10	13	32
海洋	Ocean	13	1	3	204	72	74	2243
科教文卫	Science and Technology, Education,Culture,Health	2	1		67	39	17	1084
冶金	Metallurgy	11	2	4	698	53	147	38562
其他	Others	26	4	8	614	118	217	10798

20-11 各市测绘持证单位个数和人员情况(2013年)

Basic Statistics on Surveying and Mapping Departments by Region(2013)

地区	Region	持证单位数(个) Departments with Certificate (unit)	#甲级 First-class	乙级 Second-class	测绘专业技术人员(人) Surveying and Mapping Technical Personnel (person)	#高级职称 Senior Title	中级职称 Intermediate Title	测绘服务总值(万元) Output Value (10 000 yuan)
全省总计	**Total**	**772**	**28**	**87**	**11114**	**1538**	**3724**	**288712**
济南市	Jinan	94	12	22	3002	475	871	96424
青岛市	Qingdao	90	4	16	1384	250	440	50500
淄博市	Zibo	41	2	3	497	54	181	16476
枣庄市	Zaozhuang	31		3	335	46	113	3248
东营市	Dongying	36	2	7	555	96	218	10720
烟台市	Yantai	72	2	7	959	101	312	39006
潍坊市	Weifang	63	2	2	621	58	187	9641
济宁市	Jining	55		6	720	96	290	11011
泰安市	Tai'an	37	2		384	45	114	7150
威海市	Weihai	33		6	377	33	134	7186
日照市	Rizhao	26	1	1	309	42	108	5599
莱芜市	Laiwu	21		1	161	14	65	2438
临沂市	Linyi	46	1	6	551	68	227	10798
德州市	Dezhou	50		2	428	64	162	4748
聊城市	Liaocheng	27		3	327	44	101	4621
滨州市	Binzhou	23		1	210	21	84	4254
菏泽市	Heze	27		1	294	31	117	4891

20-12 残疾人事业基本情况

Basic Statistics on the Work for Persons with Disabilities

项 目	Item	2011	2012	2013
康复	**Rehabilitation**			
视力残疾康复	Rehabilitation of Persons with Visual Disability			
白内障复明手术 (万例)	Sight-restoring Surgeries for Cataract Patients(10 000 cases)	7.4	5.8	5.4
#贫困白内障患者免费手术	Free Surgeries for Poor Cataract Patients	3.4	2.7	2.0
低视力者配用助视器 (人)	Persons with Low-vision Fitted withVision-aids (person)	1598	2795	3602
盲人定向行走训练 (人)	Blind Persons Receiving Oriention Skill Training (person)	2585	6432	6169
听力语言残疾康复	Rehabilitation of Persons with Hearing and Speech Disability			
新收训聋儿 (人)	Deaf Children Trained (person)	1097	1176	1390
培训家长 (人)	Parents Trained (person)	1819	2465	2794
肢体残疾康复 (人)	Rehabilitation of Persons with Physical Disability (person)			
肢体残疾儿童康复训练	Rehabilitation of Persons with Children Physical Disability	2417	3334	4832
成人肢体残疾人社区、家庭康复训练	Adults with Physical Disability Receiving Rehabilitation Training in Communities and Families	19519	47505	49076
智力残疾康复 (人)	Rehabilitation of Persons with Intellectual Disability (person)			
智残儿童康复训练	Children with Intellectual Disability Receiving Rehabilitation Training	3167	4562	9920
精神病防治康复	Prevention and Rehabilitation of Mental Illness (PRMI)			
开展精神病防治康复工作县(市、区) (个)	Counties/cities/districts Where PRMI Have Been Conducted (unit)	133	132	138
监护精神病人 (万人)	People with Mental Illness under Guardianship (10 000 persons)	33.8	33.9	32.3
监护率 (%)	Guardianship Rate (%)	85.0	84.8	83.7
显好率 (%)	Significant Improvement Rate (%)	63.3	63.1	61.6
社会参与率 (%)	Social Involvement Rate (%)	52.3	52.6	51.3
肇事率 (%)	Violent Events Rate (%)	0.04	0.04	0.03
孤独症儿童机构训练 (人)	Children with Autism Trained in Institutions (person)	855	900	1402
残疾人辅助器具供应服务	Provision of Assistive Devices			
辅助器具供应 (万件)	Assistive Devices (10 000 pieces)	5.0	8.2	9.7
普及型假肢装配 (例)	Low-cost Artificial Limbs Fitted (case)	1130	1263	1722
矫形器装配 (例)	Orthotic Devices Fitted (case)	207	377	624
教育 (人)	**Education (person)**			
未入学学龄残疾儿童少年 (万人)	School-age Disabled Children Unable to Enter School (10 000 persons)	0.5	0.4	0.4
特殊教育普通高中在校生	Students at Special Education Senior High Schools	457	365	632
残疾人中等职业教育在校生	Students at Secondary Vocational Schools for PWDs	518	536	1315
高等院校录取残疾考生	Disable Students Admitted to Higher Education Institutions	395	388	353
就业	**Employment**			
城镇残疾人就业状况	Employed Disabled Persons			
当年安排就业 (万人)	Newly Employed in the Year (10 000 persons)	1.9	1.9	2.1
按比例就业	Employed by Quota Scheme	0.7	0.7	0.6
集中就业	Employed in Collective Form	0.7	0.7	0.8
公益性岗位就业	Employed Through Welfare Post	0.04	0.03	0.03
个体及其他形式就业	Self-employed or Employed in Other Forms	0.5	0.5	0.7
残疾人就业服务机构 (个)	Employment Service Institutions for PWDs (unit)	136	138	141
社会保障 (万人)	**Social Security (10 000 persons)**			
城镇残疾职工参加社会保险	Urban Workers with Disabilities Covered by Social Insurance	18.4	25.3	25.4
城乡残疾人纳入最低生活保障	PWDs Covered by the Basic Living Allowance System	33.2	41.0	42.9
扶贫	**Poverty Alleviation**			
扶贫开展情况 (万人次)	Outcome of Poverty Alleviation (10 000 person-times)			
扶持贫困残疾人	Impoverished PWDs Assisted	8.9	8.2	11.9
实用技术培训	Training on Applied Technologies for PWDs	6.8	5.6	5.0
农村贫困残疾人危房改造	House Renovation for Poor PWDs in Rural Areas			
危房改造 (万户)	House Renovation for Poor PWDs (10 000 households)	0.3	0.5	0.4
受益残疾人 (万人)	PWDs Benefited (10 000 persons)	0.4	0.6	0.5

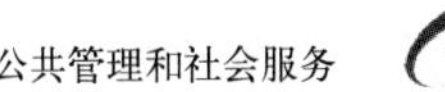

20−13 制造业各大类行业产品质量合格率(2013年)
Product Quality Qualified Rate of Manufacturing Industry

类别	Category	产品质量合格率(%) Product Quality Qualified Rate (%)
农副食品加工业	Processing of Food from Agricultural Products	82.9
食品制造业	Manufacture of Foods	96.2
酒、饮料和精制茶制造业	Manufacture of Wine, Drinks and Refined Tea	94.2
烟草制品业	Manufacture of Tobacco	100.0
纺织业	Manufacture of Textile	88.7
纺织服装、服饰业	Manufacture of Textile Wearing Apparel and Finery	90.9
皮革、毛皮、羽毛及其制品和制鞋业	Manufacture of Leather, Fur, Feather & Its Products and Footwear	100.0
木材加工和木、竹、藤、棕、草制品业	Processing of Timbers, Manufacture of Wood, Bamboo, Rattan, Palm and Straw Products	80.1
家具制造业	Manufacture of Furniture	96.9
造纸和纸制品业	Manufacture of Paper and Paper Products	78.3
印刷和记录媒介复制业	Printing, Reproduction of Recording Media	67.7
文教、工美、体育和娱乐用品制造业	Manufacture of Culture, Education,Arts and crafts，Sport and Entertainment Goods	70.9
石油加工、炼焦和核燃料加工业	Processing of Petroleum, Coking and Nucleus Fuel	100.0
化学原料和化学制品制造业	Manufacture of Chemical Raw Material and Chemical Products	87.1
医药制造业	Manufacture of Medicines	100.0
化学纤维制造业	Manufacture of Chemical Fiber	85.6
橡胶和塑料制品业	Manufacture of Rubber and Plastic	90.7
非金属矿物制品业	Manufacture of Non-metallic Mineral Products	84.3
黑色金属冶炼和压延加工业	Manufacture and Processing of Ferrous Metals	100.0
有色金属冶炼和压延加工业	Manufacture & Processing of Non-ferrous Metals	94.6
金属制品业	Manufacture of Metal Products	87.8
通用设备制造业	Manufacture of General Purpose Machinery	94.9
专用设备制造业	Manufacture of Special Purpose Machinery	87.2
汽车制造业	Manufacture of Automotive	94.6
铁路、船舶、航空航天和其他运输设备制造业	Manufacture of Railroad,Marine,Aerospace and Other Transportation Equipment	100.0
电气机械和器材制造业	Manufacture of Electrical Machinery & Equipment	86.9
计算机、通信和其他电子设备制造业	Manufacture of Computer, Communications and Other Electronic Equipment	100.0
仪器仪表制造业	Manufacture of Measuring Instrument	100.0
其他制造业	Other Manufacture	90.0

20-14 产品质量监督抽查情况(2013年)

Results of Sampling Checks on Product Quality(2013)

类　别	Category	监督检验企业数(个) Number of Enterprises Supervised and Checked (unit)	检验批次(批次) Number of Batch-time Checked (unit)	合格批次(批次) Number of Batch-time Qualified (unit)	批次合格率(%) Rate of Batch-time Qualified (%)
安全带	Safety Belt	12	17	15	88.2
安全帽	Safety Hat	13	20	18	90.0
安全网	Safety Net	30	30	24	80.0
半挂车	Semi Trailer	18	18	17	94.4
苯类产品	Benzene Products	20	20	20	100.0
玻璃酒瓶	Glass Bottles	14	15	15	100.0
餐具洗涤剂	Tableware Detergent	28	34	27	79.4
柴油	Diesel Oil	30	30	30	100.0
车用汽油	Gasoline for Motor Vehicles	27	27	27	100.0
床上用品	Bedding Items	30	30	25	83.3
低压成套开关设备	Low Voltage Switchgear	30	30	19	63.3
电动助力车用密封铅酸蓄电池	Sealed Lead-acid Battery for Electric Bicycle	9	9	7	77.8
电动自行车	Electric Bicycle	15	15	15	100.0
电热水器	Electric Water Heater	25	25	21	84.0
电热毯	Electric Blanket	15	15	12	80.0
儿童服装	Children's Wear	15	15	14	93.3
防火门	Fire-proof Door	9	9	4	44.4
干粉灭火器	Dry Powder Fire Extinguisher	6	6	6	100.0
家用太阳能热水系统	Domestic Solar Water Heating System	20	20	19	95.0
建筑保温材料	Building Insulation Materials	18	18	17	94.4
建筑防水卷材	Building Waterproofing Membrane	30	30	22	73.3
建筑排水用硬聚氯乙烯管材	PVC Pipe for Building Drainage	28	28	19	67.9
劳动防护服装	Labor Protection Clothing	20	20	19	95.0
铝合金建筑型材	Aluminium Alloy Building Section	30	30	29	96.7
轮胎	Tyre	30	30	30	100.0
木家具	Wood Furniture	37	37	36	97.3
农膜	Agricultural Film	30	30	30	100.0
农药杀虫剂	Pesticide	30	30	28	93.3
汽车冷却液	Automobile cooling liquid	30	30	27	90.0
汽车制动软管	Automobile Brake Hose	11	11	8	72.7
日用陶瓷	Ceramics for Daily Use	40	40	38	95.0
食品冷柜	Food Refrigerator	10	11	11	100.0
食品用工具(塑料瓶盖、勺)	Tools for Food (plastic bottle, spoon)	55	88	87	98.9
食品用塑料包装膜、袋	Plastic Packaging Films, Bags for Food	209	314	296	94.3
食品用纸包装、容器	Paper Food Packaging, Containers	68	119	110	92.4
水泥	Cement	275	276	269	97.5
塑料购物袋	Plastic Bags for Shopping	20	20	12	60.0

20－15 各市质量强省和名牌战略实施情况(2013年)

Statistics on Quality Province and Famous Brand Strategy by Region(2013)

单位：个 (unit)

地 区	Region	年度山东名牌产品 Famous-brand Products of Shandong Province of This Year	年末累计山东名牌产品 Famous-brand Products of Shandong end to This Year	年度山东省服务名牌 Famous-brand Services of Shandong of This Year	年末累计山东省服务名牌 Famous-brand Services of Shandong end to This Year	年度省长质量奖 Shandong provincial governor Quality Award of This Year	年末累计省长质量奖 Shandong provincial governor Quality Award end to This Year	年度地理标志保护产品 Products Protected by Geographical Indications of This Year	年末累计地理标志保护产品 Products Protected by Geographical Indications end to This Year
全省总计	**Total**	**540**	**1961**	**185**	**504**		**53**	**3**	**54**
济南市	Jinan	39	153	9	37		10		1
青岛市	Qingdao	69	266	32	78		7		6
淄博市	Zibo	38	147	7	26		3	1	3
枣庄市	Zaozhuang	8	59	5	16			1	4
东营市	Dongying	23	89	9	19		3		1
烟台市	Yantai	59	187	22	74		4		8
潍坊市	Weifang	77	259	27	61		7	1	9
济宁市	Jining	29	117	13	31		3		5
泰安市	Tai'an	27	99	8	28				1
威海市	Weihai	37	129	13	43		4		3
日照市	Rizhao	22	57	5	14		1		1
莱芜市	Laiwu	11	27	1	5		1		
临沂市	Linyi	24	95	5	19		1		2
德州市	Dezhou	19	65	9	15		2		1
聊城市	Liaocheng	17	79	4	10		4		3
滨州市	Binzhou	32	89	8	13		2		3
菏泽市	Heze	9	44	8	15		1		3

20－16 各市标准化工作情况(2013年)

Statistics on Standardization by Region(2013)

地 区	Region	制定国际标准数量 Number of Formulation International Standards		主导制定国家标准数量 Number of Leading Formulation National Standards		制修订地方标准数量 Number of Formulation or Revision Local Standards		采用国际和国外先进标准数量 Number of International and Foreign Advanced Atandard Adopted		标准化实施项目数量 Number of Standardization Project			
										国家级 National		省级 Provincial	
		本年度 This Year	累计 Accumul-ative	本年度 This Year	累计 Accumul-ative	本年度 This Year	累计 Accumul-ative	本年度 This Year	累计 Accumul-ative	本年度 This Year	累计 Accumul-ative	本年度 This Year	累计 Accumul-ative
全省总计	**Total**	**5**	**64**	**55**	**779**	**205**	**1992**	**129**	**10254**	**32**	**325**	**48**	**352**
省直	Shengzhi			5	148	101	1130						
济南市	Jinan	2	6	6	150	21	244	7	609	3	25	8	42
青岛市	Qingdao	3	55	9	215	14	82	1	695	3	26		15
淄博市	Zibo		2	4	57		78	34	734	2	19	4	21
枣庄市	Zaozhuang				4	2	53	3	525	1	11	3	17
东营市	Dongying				27	13	52	32	559	1	13	4	16
烟台市	Yantai			8	44	3	65	18	769	3	30	1	15
潍坊市	Weifang		1	5	42	2	20	4	1206	7	42	5	26
济宁市	Jining			1	16	4	24	3	496	1	12	2	25
泰安市	Tai'an			4	11	4	18	4	711	2	26	6	32
威海市	Weihai			6	22	23	148	4	767	1	16	4	22
日照市	Rizhao				4	3	16	3	485	2	20	2	18
莱芜市	Laiwu			2	10		6		384	1	7		8
临沂市	Linyi			3	10	9	17	13	541	1	18	4	22
德州市	Dezhou			1	7		9	1	401	1	17		14
聊城市	Liaocheng				4	4	10		415	1	14	1	23
滨州市	Binzhou				4	1	9		563	1	14	3	26
菏泽市	Heze			1	4	1	11	2	394	1	15	1	10

主要统计指标解释

粗离婚率　指当年离婚对数占年平均人口的比重，计算公式为：

$$粗离婚率=\frac{当年离婚对数}{年平均人口数}\times 1000‰$$

律　师　指依法取得律师执业证书，担任法律顾问，民事(刑事、行政)案件代理人、刑事案件辩护人、办理非诉讼业务，解答法律询问，代写法律事务文书等，为社会提供法律服务的人员。

公证人员　指在公证处工作的人员总称，包括公证处主任、副主任、公证员、公证员助理(助理公证员)和其他从事辅助性工作的人员。

公证文书　指公证处根据当事人申请，依照事实和法律，按照法定程序制作的，具有法律效力的司法证明文书。根据公证书用途和使用地，公证书分为国内公证书、国内经济公证书、涉外民事公证书、涉外经济公证书四类。

调解民间纠纷　指调解委员会按照法律规定，根据自愿原则，用说服教育的方法调解民间发生的有关民事权利和义务争执的件数，包括调解成功数和调解未成功数。该指标主要反映人民调解委员会的工作量。

受理劳动争议案件数　指劳动争议仲裁委员会根据国家有关规定，对劳动争议当事人的申请予以审查，符合受理条件而正式立案、准备处理的劳动争议案件数。

Explanatory Notes on Main Statistical Indicators

Crude Divorce Rate refers to proportion of divorced people to the annual average population for the reference year, the formula is:

$$\text{Crude Divorce rate} = \frac{\text{number of couples divorced for the reference year}}{\text{annual average population}} \times 1000‰$$

Lawyers are certified legal workers according to law, and who are employed by legal counseling firms to act as legal advisers, agents in criminal or civil lawsuits, or defenders in criminal lawsuits, or to handle non litigious legal affairs, to advise on matters of law or to write legal papers for others, and provide service to the public.

Notary Personnel refer to people working for notary offices including:directors,deputy directors,notaries,assistant notaries and other people providing assistance.

Notary Documents refer to the judicial notary documents drawn up at the request of the interested party and are in accordance with facts and the law and following certain legal proceedings.

Mediation of Civil Disputes refers to number of cases made by mediation committees in mediating in civil disputes concerning civil rights and duties through persuasion and education in accordance with the provisions of law on a voluntary basis, so as to solve disputes by helping the parties involved come to an agreement and understanding, including those unsuccessful ones. This indicator reflects the workload of the mediation committees.

Number of Labour Dispute Cases Accepted refers to the number of cases of labour dispute submitted that, after being reviewed by the labour dispute arbitration committees in line with the relevant national regulations, are accepted and registered for treatment.

第21篇

各县(市、区)主要经济指标

Main Indicators of Counties

（Cities and Districts at County Level）

简 要 说 明

一、本篇资料的主要内容

本篇资料反映了全省各县（市、区）经济社会事业发展基本情况，主要包括人口、土地面积、从业人员、农业、工业、投资、财政、金融、出口、农民收入和教育等方面的内容。

二、本篇资料的来源

本篇资料来源于县域经济统计年报和农村统计年报，由省统计局农村处整理提供。

Brief Introduction

I. Content

Data in this chapter show the development in society and economy of counties or cities on the county level, mainly including population, area, employed persons, agriculture, industry, investment, finance, banking, post services and telecommunication, foreign trade, income of rural households and education.

II. Source of Data

Data in this chapter are based on the annul reports of counties and rural and are provided by the Division of Countryside Statistics of Shandong Provincial Bureau of Statistics.

21-1 各县(市、区)主要经济指标(2013年)

Major Economic Indicators of Counties(Cities and Districts at County Level,2013)

地 区	Region	年末总人口(万人) Total Population at Year-end (10 000 persons)	行政区域土地面积(平方公里) Area of Local land (sq.km)	公共财政预算收入(万元) Local Financial Budgetary Revenue (10 000 yuan)	公共财政预算支出(万元) Local Financial Budgetary Expenditure (10 000 yuan)	年末金融机构各项存款余额(万元) Deposit Balance of Financial Institution at Year-end (10 000 yuan)	城乡居民储蓄存款余额(万元) Urban and Rural Household Savings Deposits (10 000 yuan)
济南市	**Jinan**						
历下区	Lixia	52.5	101	1010017	454591		
市中区	Shizhong	59.5	280	725157	324427		
槐荫区	Huaiyin	39.0	151	330205	228870		
天桥区	Tianqiao	51.1	249	307605	197000		
历城区	Licheng	85.4	1298	532782	410013		
长清区	Changqing	55.6	1178	137071	198857		
平阴县	Pingyin	37.2	827	116876	170438	1288917	801104
济阳县	Jiyang	56.1	1076	146979	226594	1193537	826757
商河县	Shanghe	62.8	1162	66960	211987	1071041	735247
章丘市	Zhangqiu	101.9	1855	408910	509880	4287609	2849695
青岛市	**Qingdao**						
市南区	Shinan	54.8	30	1732655	451293		
市北区	Shibei	87.4	63	800067	472995		
黄岛区	Huangdao	112.2	2096	1380579	1434471	12017764	5305324
崂山区	Laoshan	26.4	396	895066	627425		
李沧区	Licang	32.0	99	420540	274011		
城阳区	Chengyang	49.1	532	768206	715080	7144750	3428563
胶州市	Jiaozhou	81.6	1324	566377	680827	4749683	2722026
即墨市	Jimo	113.8	1780	642985	781610	6310387	3822956
平度市	Pingdu	138.1	3176	596731	691087	4286317	3163567
莱西市	Laixi	73.8	1568	349146	398474	2665323	1966879
淄博市	**Zibo**						
淄川区	Zichuan	64.5	960	239818	309023	3990243	2848024
张店区	Zhangdian	76.0	360	646387	593013	13707728	6012556
博山区	Boshan	45.7	698	177542	206369	2395757	1737311
临淄区	Linzi	61.3	664	494260	468355	6547590	3370041
周村区	Zhoucun	34.2	306	164068	187170	2455536	1803037
桓台县	Huantai	49.8	509	263832	299928	3147117	1494047
高青县	Gaoqing	36.6	831	105018	182276	1065800	644705
沂源县	Yiyuan	56.4	1636	162336	244571	1536436	1003237
枣庄市	**Zaozhuang**						
市中区	Shizhong	53.6	374	212000	290156	3286900	1947400
薛城区	Xuecheng	52.4	508	198575	244090	3302705	1637079
峄城区	Yicheng	39.7	635	76862	170152	673830	436112
台儿庄区	Taierzhuang	31.4	533	70700	133811	644158	453777

21-1 续表 1 continued

地 区	Region	年末总人口(万人) Total Population at Year-end (10 000 person)	行政区域土地面积(平方公里) Area of Local land (sq.km)	公共财政预算收入(万元) Local Financial Budgetary Revenue (10 000 yuan)	公共财政预算支出(万元) Local Financial Budgetary Expenditure (10 000 yuan)	年末金融机构各项存款余额(万元) Deposit Balance of Financial Institution at Year-end (10 000 yuan)	城乡居民储蓄存款余额(万元) Urban and Rural Household Savings Deposits (10 000 yuan)
山亭区	Shanting	51.1	1019	45450	163216	654429	483191
滕州市	Tengzhou	169.3	1495	610186	721675	4204379	3028002
东营市	**Dongying**						
东营区	Dongying	59.8	1187	266980	323456	17696897	5964601
河口区	Hekou	20.1	2267	152816	181465	2125225	1405312
垦利县	Kenli	22.0	2331	181397	245678	2710823	1104409
利津县	Lijin	29.9	1666	101339	201925	951357	484229
广饶县	Guangrao	49.5	1166	350016	442521	4995734	1614396
烟台市	**Yantai**						
芝罘区	Zhifu	70.8	179	473678	264497		
福山区	Fushan	45.3	711	853328	828046	8211681	3112591
牟平区	Mouping	45.6	1375	234038	256266	3115446	1989536
莱山区	Laishan	19.7	285	270018	252732	2843945	1344446
长岛县	Changdao	4.2	57	10518	75743	347822	243511
龙口市	Longkou	63.5	901	715686	715820	7065829	3805878
莱阳市	Laiyang	86.6	1732	110579	253267	2834663	2107544
莱州市	Laizhou	85.4	1928	464507	517747	5325568	3738565
蓬莱市	Penglai	44.9	1129	255449	330872	3243642	2014335
招远市	Zhaoyuan	56.7	1432	415088	459558	4224562	2441287
栖霞市	Qixia	58.8	2016	79397	196258	1775896	1449985
海阳市	Haiyang	66.0	1909	221236	276794	2726355	1830773
潍坊市	**Weifang**						
潍城区	Weicheng	35.4	270	165175	150947		
寒亭区	Hanting	40.3	1301	327192	308574		
坊子区	Fangzi	54.6	895	104026	184320		
奎文区	Kuiwen	48.6	163	553133	311962		
临朐县	Linqu	88.2	1831	103888	237065	2446563	1864260
昌乐县	Changle	61.8	1101	180180	233449	2254005	1401630
青州市	Qingzhou	92.5	1569	343042	405178	5311068	3494023
诸城市	Zhucheng	109.1	2151	570856	610460	4658266	2805339
寿光市	Shouguan	105.8	1990	706900	783814	6396020	3526949
安丘市	Anqiu	95.3	1712	137563	287677	2597960	1943508
高密市	Gaomi	87.9	1527	363343	418865	2974088	2028254
昌邑市	Changyi	58.3	1628	233957	283026	3040114	2107362
济宁市	**Jining**						
市中区	Shizhong	57.7	359	236165	192430	3060047	1700026
任城区	Rencheng	57.3	530	608992	305006	1821659	1307457
微山县	Weishan	71.4	1738	252566	332516	1685641	1037816
鱼台县	Yutai	47.1	654	82086	175854	872232	637455

21-1 续表 2 continued

地 区	Region	年 末 总人口 (万人) Total Population at Year-end (10 000 person)	行政区域 土地面积 (平方公里) Area of Local land (sq.km)	公共财政 预算收入 (万元) Local Financial Budgetary Revenue (10 000 yuan)	公共财政 预算支出 (万元) Local Financial Budgetary Expenditure (10 000 yuan)	年末金融 机构各项 存款余额 (万元) Deposit Balance of Financial Institution at Year-end (10 000 yuan)	城乡居民储 蓄存款余额 (万元) Urban and Rural Household Savings Deposits (10 000 yuan)
金乡县	Jinxiang	64.6	888	100066	226769	1486263	1148360
嘉祥县	Jiaxiang	87.5	975	124321	240068	1864418	1473427
汶上县	Wenshang	78.0	889	112636	249571	1626600	1250400
泗水县	Sishui	62.4	1118	68500	211686	1089900	821100
梁山县	Liangshan	78.4	961	85426	224777	1779267	1397546
曲阜市	Qufu	63.5	815	201090	324447	2141281	1357646
兖州市	Yanzhou	60.7	648	419190	447126	3437490	2093648
邹城市	Zoucheng	116.0	1616	553289	568035	5953417	2767702
泰安市	**Taian**						
泰山区	Taishan	65.1	337	256000	163000	1948000	1285100
岱岳区	Daiyue	96.6	1750	120987	271500	2376000	1644000
宁阳县	Ningyang	82.0	1125	109516	260330	1572379	1181870
东平县	Dongping	79.4	1339	100351	278658	1704613	1257908
新泰市	Xintai	138.7	1934	361117	543823	4657510	2974451
肥城市	Feicheng	98.7	1277	319296	422465	3568979	2345126
威海市	**Weihai**						
环翠区	Huancui	66.2	777	732033	518573	12233457	5463365
文登市	Wendeng	64.3	1829	414877	512307	3586065	2689636
荣成市	Rongcheng	66.9	1526	522399	784778	5257488	3429257
乳山市	Rushan	56.4	1665	244768	329261	2715528	1932185
日照市	**Rizhao**						
东港区	Donggang	82.8	1140	622375	878833	11108442	3767824
岚山区	Lanshan	42.5	772	207202	206050	1849227	896891
五莲县	Wulian	51.7	1497	78540	198855	1732262	1127793
莒 县	Juxian	113.1	1950	92806	298626	3110767	1832122
莱芜市	**Laiwu**						
莱城区	Laicheng	95.2	1740	334675	639903	5767493	3148637
钢城区	Gangcheng	30.6	506	132941	118198	1750000	1030000
临沂市	**Linyi**						
兰山区	Lanshan	114.3	818	546996	353829	15230418	6715101
罗庄区	Luozhuang	61.5	642	232851	200653	2593000	1566400
河东区	Hedong	75.6	834	265066	282361	1701224	1278767
沂南县	Yinan	91.7	1719	115016	282075	1915794	1510763
郯城县	Tancheng	94.5	1195	90066	268285	1621060	1332983
沂水县	Yishui	114.2	2414	180066	364942	2960157	2163738
苍山县	Cangshan	131.2	1724	113117	313320	1998623	1487954
费 县	Feixian	83.4	1660	119789	278635	1909279	1404038
平邑县	Pingyi	103.2	1823	103361	285789	1852061	1307557
莒南县	Junan	102.0	1751	146992	337166	2233082	1749632
蒙阴县	Mengyin	55.3	1602	77640	214870	1301529	972781
临沭县	Linshu	63.5	1010	105723	216321	1791512	1061897

21-1 续表 3 continued

地 区	Region	年末总人口(万人) Total Population at Year-end (10 000 persons)	行政区域土地面积(平方公里) Area of Local land (sq.km)	公共财政预算收入(万元) Local Financial Budgetary Revenue (10 000 yuan)	公共财政预算支出(万元) Local Financial Budgetary Expenditure (10 000 yuan)	年末金融机构各项存款余额(万元) Deposit Balance of Financial Institution at Year-end (10 000 yuan)	城乡居民储蓄存款余额(万元) Urban and Rural Household Savings Deposits (10 000 yuan)
德州市	**Dezhou**						
德城区	Decheng	60.9	544	440751	364591	6744276	3492807
陵 县	Lingxian	59.7	1213	92168	193777	1254240	955670
宁津县	Ningjin	47.4	833	63600	150913	1367667	1114049
庆云县	Qingyun	31.7	502	46616	130554	758109	502696
临邑县	Linyi	54.2	1016	107505	185663	1449520	1042380
齐河县	Qihe	62.9	1411	223869	296135	1586145	1085380
平原县	Pingyuan	46.9	1047	63187	153457	1193258	924065
夏津县	Xiajin	53.0	882	65218	173916	1109834	832286
武城县	Wucheng	39.3	748	70462	152592	1096462	822106
乐陵市	Leling	70.0	1173	86029	215525	1359230	1015791
禹城市	Yucheng	52.7	992	145135	230565	1323443	877214
聊城市	**Liaocheng**						
东昌府区	Dongchangfu	115.9	1443	520380	862395	7798010	3735266
阳谷县	Yanggu	79.5	1066	100061	255596	2339200	1507700
莘 县	Shenxian	101.5	1420	79223	277706	1587317	1318944
茌平县	Chiping	54.3	1003	222086	313025	1702516	1130561
东阿县	Donge	39.8	729	111262	171263	1164194	795403
冠 县	Guanxian	80.1	1161	75156	241074	1497745	1000178
高唐县	Gaotang	49.2	949	112269	224034	1341878	829495
临清市	Linqing	76.3	950	135066	238397	2026679	1564368
滨州市	**Binzhou**						
滨城区	Bincheng	65.4	1041	464389	397348	19268434	8357693
惠民县	Huimin	64.1	1363	71137	231301	1234459	791958
阳信县	Yangxin	45.2	798	59007	173686	846440	526183
无棣县	Wudi	46.2	1586	160850	273336	1199820	720355
沾化县	Zhanhua	39.0	2218	101050	193458	851122	483550
博兴县	Boxing	48.8	900	234636	287452	3717430	1549821
邹平县	Zouping	72.7	1250	558319	586144	5425871	1845006
菏泽市	**Heze**						
牡丹区	Mudan	149.8	1415	455992	824280	5847358	3384404
曹 县	Caoxian	159.5	1974	183001	433395	2086073	1765127
单 县	Shanxian	120.8	1670	162009	329804	1772868	1535748
成武县	Chengwu	69.5	998	85466	213836	1114400	915396
巨野县	Juye	102.2	1308	209615	331068	1881903	1492593
郓城县	Yuncheng	122.7	1643	213418	374104	2337415	1976285
鄄城县	Juancheng	86.2	1032	73372	248793	1452731	1228975
定陶县	Dingtao	66.6	846	66416	190042	1096713	886674
东明县	Dongming	80.3	1370	143711	272300	1599154	1103381

21-1 续表 4 continued

地 区	Region	年末金融机构各项贷款余额(万元) Loan Balance of Financial Institution at Year-end (10 000 yuan)	粮食产量(吨) Output of Grain (ton)	油料产量(吨) Output of Oil-bearing Crops (ton)	蔬菜产量(吨) Output of Vegetables (ton)	水果产量(吨) Output of Fruits (ton)	肉类总产量(吨) Output of Meat (ton)	奶类产量(吨) Output of Milk (ton)
济南市	**Jinan**							
历下区	Lixia							
市中区	Shizhong		29090	75	10638	2762	7374	17312
槐荫区	Huaiyin		19753		7455		2171	8957
天桥区	Tianqiao		51410	669	22594	609	5957	2902
历城区	Licheng		202164	3523	1044906	184419	44940	97402
长清区	Changqing		287300	17561	676667	47139	30629	35151
平阴县	Pingyin	667475	196756	11241	606598	134747	46660	33654
济阳县	Jiyang	600063	543086	14513	1359238	49724	60386	39251
商河县	Shanghe	591846	681976	1154	952365	31194	81012	6508
章丘市	Zhangqiu	2760330	654469	8174	1890721	71634	123307	77103
青岛市	**Qingdao**							
市南区	Shinan							
市北区	Shibei							
黄岛区	Huangdao	10385591	274864	96499	402168	106174	72490	14706
崂山区	Laoshan		1322	551	8839	7009	1926	718
李沧区	Licang							
城阳区	Chengyang	5521668	26848	171	77942	12086	8654	17286
胶州市	Jiaozhou	4039835	412262	39902	1182944	47241	58928	20760
即墨市	Jimo	5044381	477340	77316	626431	15923	73096	44642
平度市	Pingdu	2304006	1438466	138674	2398051	340353	202369	27966
莱西市	Laixi	1733293	592776	90826	1057806	220714	197426	245362
淄博市	**Zibo**							
淄川区	Zichuan	1630999	99104	2195	49583	8743	16680	523
张店区	Zhangdian	9435371	42154	459	19596	2170	5610	3925
博山区	Boshan	1290203	34718	1661	282364	56717	11649	1388
临淄区	Linzi	4685728	369035	14	986867	9931	43554	22705
周村区	Zhoucun	1290131	92773	676	54307	14656	13107	5628
桓台县	Huantai	3368265	376627	47	115400	1147	15984	13561
高青县	Gaoqing	1034352	360128	2312	370026	29660	39726	59434
沂源县	Yiyuan	1059577	51398	15675	430244	1035561	37189	13490
枣庄市	**Zaozhuang**							
市中区	Shizhong	2667600	71159	10619	147361	9934	27939	3953
薛城区	Xuecheng	1647672	216014	6298	235700	12713	32839	308
峄城区	Yicheng	664232	257289	17153	729443	33743	21687	1013
台儿庄区	Taierzhuang	517310	250466	1422	523721	11833	23272	32102

21-1 续表 5 continued

地 区	Region	年末金融机构各项贷款余额(万元) Loan Balance of Financial Institution at Year-end (10 000 yuan)	粮食产量(吨) Output of Grain (ton)	油料产量(吨) Output of Oil-bearing Crops (ton)	蔬菜产量(吨) Output of Vegetables (ton)	水果产量(吨) Output of Fruits (ton)	肉 类总产量(吨) Output of Meat (ton)	奶类产量(吨) Output of Milk (ton)
山亭区	Shanting	516504	132765	23316	153620	126359	38116	8779
滕州市	Tengzhou	4029081	784382	36779	2737857	57424	118540	1096
东营市	**Dongying**							
东营区	Dongying	10579853	57593	104	213873	5145	51017	16439
河口区	Hekou	1175844	31666	996	17590	36014	27438	26552
垦利县	Kenli	2754493	51618	578	33334	10536	26913	31386
利津县	Lijin	1125088	97194	1034	315002	32781	82823	7800
广饶县	Guangrao	5977828	485031	1	879321	9386	87316	100040
烟台市	**Yantai**							
芝罘区	Zhifu		324	150	19133	3446	898	3330
福山区	Fushan	4462716	22169	8777	19322	92501	15931	7209
牟平区	Mouping	1965630	114527	35113	104580	591799	74415	35389
莱山区	Laishan	1759005	20711	5273	36000	33693	11955	2264
长岛县	Changdao	124177	675			215	116	103
龙口市	Longkou	5358793	110171	8766	232055	396689	36820	42734
莱阳市	Laiyang	1555472	471045	94054	561136	369122	93315	67805
莱州市	Laizhou	2690663	578164	52650	243095	311473	83733	11583
蓬莱市	Penglai	2434060	97571	41149	155910	732445	48649	7965
招远市	Zhaoyuan	2536957	271666	65584	77291	567719	54492	9890
栖霞市	Qixia	976523	141586	58949	171417	1568480	24148	1921
海阳市	Haiyang	1999339	290890	83470	391084	420715	47920	17095
潍坊市	**Weifang**							
潍城区	Weicheng		81000	146	44226	20276	14785	5775
寒亭区	Hanting		272500	2153	122912	70595	32103	36365
坊子区	Fangzi		353000	12079	463399	9534	40419	3877
奎文区	Kuiwen		27500		1177		462	965
临朐县	Linqu	1788115	271500	14509	157291	225926	145601	102146
昌乐县	Changle	1925282	252500	38771	1007644	65393	136403	47148
青州市	Qingzhou	3978961	326500	44	1472578	100071	102476	31148
诸城市	Zhucheng	4017746	793500	62341	1146474	72076	341968	4472
寿光市	Shouguan	5884908	603500	245	4244632	104600	170726	6285
安丘市	Anqiu	2033682	389500	50466	1591020	85658	120273	957
高密市	Gaomi	2602005	865500	55857	947807	73586	195373	24388
昌邑市	Changyi	2052859	516000	10243	456356	87195	127711	7563
济宁市	**Jining**							
市中区	Shizhong	2034264	219251		35634	1803	9515	3751
任城区	Rencheng	1072590	244340	700	439548	33560	31667	8547
微山县	Weishan	792105	337926	2425	318893	1222	83933	173
鱼台县	Yutai	414735	266721		702102	2604	34139	1129

21−1 续表 6 continued

地 区	Region	年末金融机构各项贷款余额（万元）Loan Balance of Financial Institution at Year-end (10 000 yuan)	粮食产量（吨）Output of Grain (ton)	油料产量（吨）Output of Oil-bearing Crops (ton)	蔬菜产量（吨）Output of Vegetables (ton)	水果产量（吨）Output of Fruits (ton)	肉类总产量（吨）Output of Meat (ton)	奶类产量（吨）Output of Milk (ton)
金乡县	Jinxiang	918364	45445	192	1529431	20009	47189	6663
嘉祥县	Jiaxiang	891673	566101	2930	681025	13519	58834	8294
汶上县	Wenshang	895400	571306	7929	190721	15723	93917	48985
泗水县	Sishui	615500	213005	64593	599840	53571	90209	4922
梁山县	Liangshan	757057	573563	16667	798662	45355	92684	21419
曲阜市	Qufu	1061292	521225	12801	225874	47605	81463	7775
兖州市	Yanzhou	2281424	419369	3905	564565	3268	107457	5944
邹城市	Zoucheng	4708777	525681	61461	498867	42181	104028	18610
泰安市	**Taian**							
泰山区	Taishan	1313100	57614	121	163239	8891	9370	115523
岱岳区	Daiyue	1759000	509218	29195	2447182	203833	67265	137193
宁阳县	Ningyang	950314	595096	74262	990311	48190	99721	97404
东平县	Dongping	1086810	640360	20657	736305	12890	53697	17799
新泰市	Xintai	2894531	428348	98033	1392069	122292	144806	111649
肥城市	Feicheng	2409336	582059	11050	2173889	133345	79481	83538
威海市	**Weihai**							
环翠区	Huancui	7949546	43954	16522	62593	103037	10839	9471
文登市	Wendeng	2345182	330390	89631	266849	252707	51142	95697
荣成市	Rongcheng	3562662	254049	67790	247999	132343	36532	52883
乳山市	Rushan	1792411	270321	73272	372009	451545	86150	16744
日照市	**Rizhao**							
东港区	Donggang	10093524	213600	47409	100079	82424	35366	2351
岚山区	Lanshan	1760920	160500	43921	163338	46916	36176	1027
五莲县	Wulian	1110619	207600	56869	191668	36929	48381	332
莒　县	Juxian	1929438	438500	98015	666812	71505	91689	18072
莱芜市	**Laiwu**							
莱城区	Laicheng	3237779	244937	11586	783561	55400	53792	1112
钢城区	Gangcheng	2500000	37497	5637	196829	39959	12040	907
临沂市	**Linyi**							
兰山区	Lanshan	11513912	190000	22558	104257	32219	22779	17493
罗庄区	Luozhuang	2231400	161500	12579	84630	4322	15777	31830
河东区	Hedong	1199363	297500	22206	220353	25514	29621	3990
沂南县	Yinan	963106	388000	85771	1141554	71522	161518	14577
郯城县	Tancheng	890830	750500	15713	531918	8052	49218	1467
沂水县	Yishui	2041207	400000	95360	614437	478455	109069	19298
苍山县	Cangshan	1146026	649500	65266	2383545	62412	53582	2369
费　县	Feixian	1045342	289500	85122	486909	185293	47932	3955
平邑县	Pingyi	1045354	317500	86817	357608	207312	64052	2784
莒南县	Junan	1238443	500500	139376	223271	45236	130523	783
蒙阴县	Mengyin	712622	153000	40205	145112	886550	25540	140
临沭县	Linshu	1283673	294000	181377	140555	10772	58573	6312

21-1 续表 7 continued

地 区	Region	年末金融机构各项贷款余额(万元) Loan Balance of Financial Institution at Year-end (10 000 yuan)	粮食产量(吨) Output of Grain (ton)	油料产量(吨) Output of Oil-bearing Crops (ton)	蔬菜产量(吨) Output of Vegetables (ton)	水果产量(吨) Output of Fruits (ton)	肉类总产量(吨) Output of Meat (ton)	奶类产量(吨) Output of Milk (ton)
德州市	**Dezhou**							
德城区	Decheng	4790454	148445	73	177313	21907	25039	6098
陵 县	Lingxian	719739	928058		212993	6474	84209	44070
宁津县	Ningjin	611545	473416	3115	438649	21933	31434	7082
庆云县	Qingyun	507762	213584	1	91068	42078	11844	131
临邑县	Linyi	1056459	712991	22	348571	9831	131315	39555
齐河县	Qihe	1083987	1002993	5656	1173994	7421	118048	23525
平原县	Pingyuan	585414	698118	357	855573	18479	77782	15029
夏津县	Xiajin	604474	322862	2512	198293	23921	36190	1302
武城县	Wucheng	737387	377170	1692	145990	6012	15570	4328
乐陵市	Leling	978856	726873	412	330966	226667	85412	6894
禹城市	Yucheng	1273913	666497	4811	1595538	7950	97279	38100
聊城市	**Liaocheng**							
东昌府区	Dongchangfu	5637025	682010	5858	1323508	19714	77865	14263
阳谷县	Yanggu	1527400	656429	11008	1605239	32269	72500	29100
莘 县	Shenxian	815910	702088	26798	2166614	35862	144120	4282
茌平县	Chiping	1697204	554008	22324	1469412	75276	67608	4400
东阿县	Donge	891500	469647	318	366591	23749	25885	7020
冠 县	Guanxian	1112195	624949	30449	1207790	296082	76456	12039
高唐县	Gaotang	1219056	475023	18319	323723	6998	46817	3761
临清市	Linqing	1716856	496475	2276	396660	81441	26519	11857
滨州市	**Binzhou**							
滨城区	Bincheng	16919869	297511	193	166585	35771	22196	13155
惠民县	Huimin	873577	474653	5532	1016187	118454	65939	9491
阳信县	Yangxin	655665	430972		134217	226242	92855	3719
无棣县	Wudi	1245076	195336	286	28870	179194	96345	2732
沾化县	Zhanhua	735619	139469	1460	90602	261342	55104	2938
博兴县	Boxing	3209463	409793	199	242299	4818	52181	2652
邹平县	Zouping	5491685	712743	1587	215884	35315	89167	78210
菏泽市	**Heze**							
牡丹区	Mudan	3845359	650000	20088	800240	50179	78726	1893
曹 县	Caoxian	1137008	1005000	23423	365632	20597	84570	43048
单 县	Shanxian	1178148	637000	44399	1660783	250196	107162	7003
成武县	Chengwu	710000	423500	1057	876421	31859	54780	871
巨野县	Juye	1135215	400500	9968	788044	78058	52070	3299
郓城县	Yuncheng	1393103	1002000	30546	1065830	55155	89013	2350
鄄城县	Juancheng	722668	502000	60559	426882	36726	67662	1452
定陶县	Dingtao	590203	501000	5818	732889	30115	75817	2569
东明县	Dongming	1595747	522500	62080	395423	32679	49801	2409

21-1 续表 8 continued

地 区	Region	规模以上工业企业(万元) Industrial Enterprises above Designated Size (10 000 yuan)			社会消费品零售额(万元) Total Retail Sales of Consumer Goods (10 000 yuan)	出口总额(万美元) Total Exports (10 000 USD)	固定资产投资完成额(万元) Investment in Fixed Asset (10 000 yuan)
		工业总产值 Gross Industrial Output Value	主营业务收入 Revenue from Principal Business	利税总额 Total Profits and Taxes			
济南市	**Jinan**						
历下区	Lixia	3153457	3203008	466952	6250353	72312	2475102
市中区	Shizhong	3315834	3996872	131415	3520261	42750	1851035
槐荫区	Huaiyin	1632730	1718684	172162	2917678	32006	2298080
天桥区	Tianqiao	789678	787595	48196	3022550	32038	1384233
历城区	Licheng	6721420	7476890	362671	3932789	70828	3351352
长清区	Changqing	1661013	1680011	79946	997021	4827	1703456
平阴县	Pingyin	2546642	2498763	397165	739880	53079	1615326
济阳县	Jiyang	3184990	3018993	519662	897665	13056	1723218
商河县	Shanghe	1292486	1302424	108334	630034	7183	750090
章丘市	Zhangqiu	13410535	13367688	1409113	2753818	75005	3553211
青岛市	**Qingdao**						
市南区	Shinan	1389500	324618	3213	4093092	617338	1849800
市北区	Shibei	3107100	3382800	268574	5152144	151300	2807501
黄岛区	Huangdao	50612113	50758087	4780921	3620845	1316879	12227088
崂山区	Laoshan	6226000	6057319	601000	1435100	371952	1883200
李沧区	Licang	6508255	7526093	527633	2557069	86076	3203608
城阳区	Chengyang	20139063	15713370	989326	1665230	822717	5551624
胶州市	Jiaozhou	21237906	20411394	2731915	2540598	443635	6595327
即墨市	Jimo	22684442	22006170	2383020	3013560	396355	6447732
平度市	Pingdu	16052000	15632000	1506000	2752362	139505	5194000
莱西市	Laixi	10199149	9878845	811073	2065907	216928	4483573
淄博市	**Zibo**						
淄川区	Zichuan	21401781	20558291	2875870	2125529	96354	2806076
张店区	Zhangdian	22872179	21233256	3052860	4935299	128432	4718524
博山区	Boshan	7417828	6982402	805050	1852288	43127	2431692
临淄区	Linzi	28418244	27489472	3082172	1953843	76638	3524652
周村区	Zhoucun	9546056	9267064	1105452	1693763	37497	2196298
桓台县	Huantai	16503261	16507617	841913	1446940	75283	2958140
高青县	Gaoqing	2858035	2842305	322210	395753	13245	1035041
沂源县	Yiyuan	4776435	4656536	916278	1067606	24453	1422996
枣庄市	**Zaozhuang**						
市中区	Shizhong	4815459	4846212	457955	931640	28463	1616541
薛城区	Xuecheng	7389840	8596125	776617	936279	10735	2907121
峄城区	Yicheng	3782280	3733499	385720	500211	6089	1445877
台儿庄区	Taierzhuang	3170848	3128142	284859	517557	6988	958448

21-1 续表 9 continued

地 区	Region	规模以上工业企业(万元) Industrial Enterprises above Designated Size (10 000 yuan)			社会消费品零售额(万元) Total Retail Sales of Consumer Goods (10 000 yuan)	出口总额(万美元) Total Exports (10 000 USD)	固定资产投资完成额(万元) Investment in Fixed Asset (10 000 yuan)
		工业总产值 Gross Industrial Output Value	主营业务收入 Revenue from Principal Business	利税总额 Total Profits and Taxes			
山亭区	Shanting	1785100	1792407	198410	555528	8662	882911
滕州市	Tengzhou	13411256	13706700	1460135	2829063	33719	4571181
东营市	**Dongying**						
东营区	Dongying	11335882	11101784	1464212	2734112	110271	4253940
河口区	Hekou	8542756	8503671	968983	401900	6070	2463217
垦利县	Kenli	19447929	19504859	2743865	463424	42052	3054487
利津县	Lijin	12395811	12386352	1380936	276863	11188	1721844
广饶县	Guangrao	38373521	38395207	4667173	1370907	376895	5005092
烟台市	**Yantai**						
芝罘区	Zhifu	1578859	1478631	87139	3194666	149318	3010581
福山区	Fushan	33942112	33294559	3131553	1776997	1737718	6594114
牟平区	Mouping	8890761	7783373	827654	1214838	78605	3124709
莱山区	Laishan	2640781	2452010	347390	781513	88722	2709913
长岛县	Changdao	30911	31164	4073	152530	3905	52084
龙口市	Longkou	28782212	28007603	3109058	2792122	167879	4716270
莱阳市	Laiyang	7402955	7421161	601106	2208310	86094	1224923
莱州市	Laizhou	15025954	15385299	1924077	2579153	115343	3809682
蓬莱市	Penglai	12873269	13769437	1579245	1159343	106844	3024509
招远市	Zhaoyuan	15699506	17122029	1566338	1419898	137693	3026410
栖霞市	Qixia	2612261	2623616	181655	1074256	35921	1029823
海阳市	Haiyang	3562800	2834600	248514	1307006	79936	3037162
潍坊市	**Weifang**						
潍城区	Weicheng	2984120	2731505	229342	1224660	28485	1781989
寒亭区	Hanting	10868089	10974516	634598	447326	126665	4511241
坊子区	Fangzi	2489547	2529529	157311	671007	41733	1136516
奎文区	Kuiwen	8021714	8000291	1126224	3638800	135725	3540117
临朐县	Linqu	4507410	4512364	241460	1031800	24820	2075124
昌乐县	Changle	8180910	8258864	554995	945971	125949	2086082
青州市	Qingzhou	15097129	14837162	1337900	1811712	39340	3590046
诸城市	Zhucheng	22103808	21817660	1994318	1838276	142932	4024175
寿光市	Shouguan	17001473	17390048	1350682	2257450	188943	4065013
安丘市	Anqiu	3956810	4049717	250916	1208987	72472	1907000
高密市	Gaomi	15639414	15964536	1532452	1394529	138900	3373118
昌邑市	Changyi	9696252	10037072	815169	1244005	51350	2370679
济宁市	**Jining**						
市中区	Shizhong	1399785	1316200	87400	1962958	31512	1290023
任城区	Rencheng	2667100	2987800	582100	1700277	24754	2662271
微山县	Weishan	3372600	3574997	561800	920432	7728	1724462
鱼台县	Yutai	947820	954066	24300	670697	3584	987220

21-1 续表 10 continued

地 区	Region	规模以上工业企业(万元) Industrial Enterprises above Designated Size (10 000 yuan)			社会消费品零售额(万元) Total Retail Sales of Consumer Goods (10 000 yuan)	出口总额(万美元) Total Exports (10 000 USD)	固定资产投资完成额(万元) Investment in Fixed Asset (10 000 yuan)
		工业总产值 Gross Industrial Output Value	主营业务收入 Revenue from Principal Business	利税总额 Total Profits and Taxes			
金乡县	Jinxiang	2020019	1868261	194700	755936	37362	1056290
嘉祥县	Jiaxiang	1869100	1937100	209700	801445	10948	1480900
汶上县	Wenshang	1391600	1427700	147500	828469	8052	1501264
泗水县	Sishui	1339779	1305750	147262	668004	10015	968970
梁山县	Liangshan	2301078	2260945	245700	717232	2706	1477410
曲阜市	Qufu	2062523	2473871	372300	1391073	12934	1745668
兖州市	Yanzhou	12165209	12198300	897455	1644403	79041	3116257
邹城市	Zoucheng	8318596	12856700	1324700	2086548	9049	3091859
泰安市	**Taian**						
泰山区	Taishan	5324157	5168600	603431	2526000	44163	3076200
岱岳区	Daiyue	5719355	5978704	576744	1339500	33020	3664632
宁阳县	Ningyang	10776000	10502327	1543978	1202288	10589	2523056
东平县	Dongping	8783912	9280715	963499	1031048	1697	2092079
新泰市	Xintai	17690264	18701147	1977919	2346761	15201	4331559
肥城市	Feicheng	14622301	13810159	1480617	2091650	32026	4130198
威海市	**Weihai**						
环翠区	Huancui	13641235	14471205	1343839	3757781	710392	5304496
文登市	Wendeng	16529141	16684900	1174001	2605878	97399	4655799
荣成市	Rongcheng	23481310	23424299	2462217	2689919	207423	5509576
乳山市	Rushan	6379286	6181952	545342	1768233	55365	3767260
日照市	**Rizhao**						
东港区	Donggang	8688465	7592623	507883	2243063	203414	4076547
岚山区	Lanshan	9779693	9735220	210863	736785	130297	3891255
五莲县	Wulian	4167108	4126708	220088	597182	22383	1027681
莒 县	Juxian	4118404	4046224	230947	1185120	31824	169499
莱芜市	**Laiwu**						
莱城区	Laicheng	10887129	12184842	486990	1948267	70515	3444055
钢城区	Gangcheng	4862000	6219000	152000	629000	4580	1282211
临沂市	**Linyi**						
兰山区	Lanshan	15006665	13740058	1213604	4687603	105283	5055441
罗庄区	Luozhuang	12622044	14134390	1125022	1524402	79402	2766148
河东区	Hedong	10702477	11317045	649643	1300270	69090	3095871
沂南县	Yinan	5120724	4873517	417629	920584	16959	1415245
郯城县	Tancheng	4416967	4507104	521172	1031320	14019	1385768
沂水县	Yishui	10193747	10007974	934057	1474987	33206	1952962
苍山县	Cangshan	4253675	4245801	474924	1722371	11486	1453731
费 县	Feixian	5769738	5761880	667043	920655	25466	1265625
平邑县	Pingyi	3705987	3990541	366507	1254307	15411	1328249
莒南县	Junan	6264000	6112486	454062	1204585	55988	2289440
蒙阴县	Mengyin	2909830	2879187	229013	884230	7754	956200
临沭县	Linshu	4311491	4613430	270880	883824	29826	1351266

21-1 续表 11 continued

地区	Region	规模以上工业企业(万元) Industrial Enterprises above Designated Size (10 000 yuan)			社会消费品零售额(万元) Total Retail Sales of Consumer Goods (10 000 yuan)	出口总额(万美元) Total Exports (10 000 USD)	固定资产投资完成额(万元) Investment in Fixed Asset (10 000 yuan)
		工业总产值 Gross Industrial Output Value	主营业务收入 Revenue from Principal Business	利税总额 Total Profits and Taxes			
德州市	**Dezhou**						
德城区	Decheng	11402905	11603898	1443898	2283500	66700	3294698
陵　县	Lingxian	7041389	6675082	719208	720000	14674	1416199
宁津县	Ningjin	5760057	5909607	613629	782027	9138	1384764
庆云县	Qingyun	3910431	4164500	424191	562700	4574	872519
临邑县	Linyi	6753641	7509619	856019	888800	37263	1554686
齐河县	Qihe	8080955	8264665	1009045	928100	17806	1589214
平原县	Pingyuan	6455637	6127773	618543	708100	7199	1402721
夏津县	Xiajin	6575919	6574032	739240	664400	1161	951440
武城县	Wucheng	6305196	6303800	750192	624500	2717	1416690
乐陵市	Leling	6042222	6039600	714279	877999	18738	1467814
禹城市	Yucheng	7988946	7781000	900100	865033	19387	1515401
聊城市	**Liaocheng**						
东昌府区	Dongchangfu	8854600	8849500	648400	1820736	60024	3182695
阳谷县	Yanggu	8362229	8337434	878400	1163752	30655	1588895
莘　县	Shenxian	6211800	6407966	681724	1021925	4897	1554027
茌平县	Chiping	12682500	12617200	1260200	738830	11369	2138915
东阿县	Donge	4641321	4635553	727500	500645	7298	923990
冠　县	Guanxian	8617102	8724682	868032	802193	25305	1513402
高唐县	Gaotang	13782400	13899600	1225800	882125	22537	2129688
临清市	Linqing	14539900	14752400	1513700	1277981	38496	2079259
滨州市	**Binzhou**						
滨城区	Bincheng	9894204	9178672	878274	1796163	116579	4112115
惠民县	Huimin	3006770	3037661	243482	813306	6001	1401133
阳信县	Yangxin	2518718	3032995	320478	515424	19055	1200898
无棣县	Wudi	3715765	3490862	287658	666430	2771	2833469
沾化县	Zhanhua	2677468	2706551	218483	628488	1258	1316200
博兴县	Boxing	11145105	13570519	446011	801115	87039	1979557
邹平县	Zouping	32117531	37543785	2358908	1359501	121770	1989918
菏泽市	**Heze**						
牡丹区	Mudan	11532926	10890530	1760028	2038623	23712	2023797
曹　县	Caoxian	6597003	6724347	955191	1590160	50515	980870
单　县	Shanxian	4883408	5201107	695904	1260590	12818	725867
成武县	Chengwu	3679476	3714191	558938	713670	8019	554223
巨野县	Juye	4474679	4540278	601215	1015890	29821	757087
郓城县	Yuncheng	6003481	6577413	844549	1234010	12334	952256
鄄城县	Juancheng	3960343	3986431	721451	837015	21185	575863
定陶县	Dingtao	2887033	2909479	346298	649450	3528	562635
东明县	Dongming	8736165	9027600	818795	823300	13068	975097

21-1 续表 12 continued

地 区	Region	普通中学专任教师数（人）Full-time Teachers in Secondary Schools (person)	小 学专任教师数（人）Full-time Teachers in Primary Schools (person)	普通中学在校学生数（人）Total Enrollment in Secondary Schools (person)	小 学在校学生数（人）Total Enrollment in Primary Schools (person)	农民人均纯收入（元）Per Captita Net Income of Rural Residents (yuan)
济南市	**Jinan**					
历下区	Lixia	2015	2583	27072	44652	
市中区	Shizhong	2576	2302	33406	40305	14698
槐荫区	Huaiyin	1097	1804	12625	31474	16107
天桥区	Tianqiao	1636	2016	20281	33309	12018
历城区	Licheng	4085	3516	56340	63047	14438
长清区	Changqing	2017	2039	26071	30618	12694
平阴县	Pingyin	1295	1404	18348	19380	10836
济阳县	Jiyang	1859	2853	27536	31684	12122
商河县	Shanghe	1855	2561	29435	38589	10639
章丘市	Zhangqiu	4307	4131	56973	61170	15294
青岛市	**Qingdao**					
市南区	Shinan	1064	1767	11880	27661	
市北区	Shibei	1653	3157	19327	45260	
黄岛区	Huangdao	5411	5346	59501	84385	15478
崂山区	Laoshan	1116	1205	11595	16307	17855
李沧区	Licang	1015	1516	12982	24590	
城阳区	Chengyang	2397	2427	25599	43544	16499
胶州市	Jiaozhou	3408	3879	41859	60884	15690
即墨市	Jimo	4804	5268	53895	79626	15682
平度市	Pingdu	5758	5074	64129	76936	15269
莱西市	Laixi	3573	2712	38176	36012	15302
淄博市	**Zibo**					
淄川区	Zichuan	3503	2417	41505	31323	14283
张店区	Zhangdian	3945	5553	56685	91512	17323
博山区	Boshan	2263	1461	26028	18299	13200
临淄区	Linzi	3285	2456	39427	32599	15753
周村区	Zhoucun	1758	1276	24114	18402	13691
桓台县	Huantai	2880	1496	36037	23969	15091
高青县	Gaoqing	1861	1064	23658	17846	10013
沂源县	Yiyuan	2416	2079	36923	25644	12377
枣庄市	**Zaozhuang**					
市中区	Shizhong	1747	1933	19233	45833	11527
薛城区	Xuecheng	2505	2574	39067	41178	10861
峄城区	Yicheng	1169	2156	12720	35944	10600
台儿庄区	Taierzhuang	1017	1404	12771	27238	9148

21-1 续表 13 continued

地 区	Region	普通中学专任教师数(人) Full-time Teachers in Secondary Schools (person)	小 学专任教师数(人) Full-time Teachers in Primary Schools (person)	普通中学在校学生数(人) Total Enrollment in Secondary Schools (person)	小 学在校学生数(人) Total Enrollment in Primary Schools (person)	农民人均纯 收 入(元) Per Captita Net Income of Rural Residents (yuan)
山亭区	Shanting	1469	2660	18912	31058	8600
滕州市	Tengzhou	6512	7148	84257	87756	12053
东营市	**Dongying**					
东营区	Dongying	1001	1159	10249	15255	13348
河口区	Hekou	856	898	11313	13252	12823
垦利县	Kenli	1069	972	14640	12772	12921
利津县	Lijin	1624	1037	10115	15634	11831
广饶县	Guangrao	3067	1269	34496	26992	13659
烟台市	**Yantai**					
芝罘区	Zhifu	3306	1720	44196	29168	17596
福山区	Fushan	1622	1699	23508	23265	16617
牟平区	Mouping	1982	1536	20417	13584	15302
莱山区	Laishan	821	480	7782	9287	16979
长岛县	Changdao	243	155	2121	1160	16588
龙口市	Longkou	3331	1857	34556	28859	17075
莱阳市	Laiyang	4252	2304	38000	33500	12218
莱州市	Laizhou	3868	2160	42662	33384	16205
蓬莱市	Penglai	2041	1277	14437	16946	16350
招远市	Zhaoyuan	2777	1402	30340	22642	16284
栖霞市	Qixia	3330	1879	25271	17991	12090
海阳市	Haiyang	2832	1922	29833	21913	14300
潍坊市	**Weifang**					
潍城区	Weicheng	1484	1671	16174	26544	13961
寒亭区	Hanting	2068	1577	19656	21852	13232
坊子区	Fangzi	2301	2490	24849	37822	13416
奎文区	Kuiwen	1546	1950	13374	38396	14090
临朐县	Linqu	3862	3774	36373	45897	11835
昌乐县	Changle	3068	2749	36893	36575	13037
青州市	Qingzhou	4257	3859	50589	50904	13258
诸城市	Zhucheng	4599	4299	57761	80103	14408
寿光市	Shouguan	5761	3637	64892	66347	14408
安丘市	Anqiu	4286	3856	44305	63283	12131
高密市	Gaomi	4164	3891	47397	63632	13136
昌邑市	Changyi	2480	2037	31282	32639	13331
济宁市	**Jining**					
市中区	Shizhong	1859	1793	28729	40842	10775
任城区	Rencheng	1711	1783	21287	32357	12202
微山县	Weishan	2760	2854	26874	41484	11724
鱼台县	Yutai	1636	1633	22233	29548	10727

21-1 续表 14 continued

地 区	Region	普通中学专任教师数（人） Full-time Teachers in Secondary Schools (person)	小 学专任教师数（人） Full-time Teachers in Primary Schools (person)	普通中学在校学生数（人） Total Enrollment in Secondary Schools (person)	小 学在校学生数（人） Total Enrollment in Primary Schools (person)	农民人均纯 收 入（元） Per Captita Net Income of Rural Residents (yuan)
金乡县	Jinxiang	1643	2498	19886	44256	12136
嘉祥县	Jiaxiang	2741	3238	36129	86596	10655
汶上县	Wenshang	1598	2829	24471	53076	11426
泗水县	Sishui	1767	2547	25429	36667	8701
梁山县	Liangshan	2372	2735	25031	46874	10554
曲阜市	Qufu	2631	2503	28554	35587	11268
兖州市	Yanzhou	2583	2151	28979	38348	13218
邹城市	Zoucheng	4433	5188	47933	63997	12576
泰安市	**Taian**					
泰山区	Taishan	3250	1767	56420	44248	13206
岱岳区	Daiyue	2503	2906	35121	53102	10781
宁阳县	Ningyang	3034	3345	34012	44811	10752
东平县	Dongping	2776	2583	33329	43914	9446
新泰市	Xintai	5075	5595	93484	66859	12885
肥城市	Feicheng	5315	5045	55451	68079	12916
威海市	**Weihai**					
环翠区	Huancui	3622	2512	42960	41294	14542
文登市	Wendeng	3068	1635	25610	20566	16310
荣成市	Rongcheng	3408	1702	32869	25551	17670
乳山市	Rushan	2664	1388	19771	13474	13378
日照市	**Rizhao**					
东港区	Donggang	4535	3624	54470	66305	11625
岚山区	Lanshan	1815	1364	17129	24409	12635
五莲县	Wulian	2915	1967	24684	27700	10829
莒 县	Juxian	4745	4372	45930	71774	10809
莱芜市	**Laiwu**					
莱城区	Laicheng	5010	3713	76353	47027	12047
钢城区	Gangcheng	1136	953	15142	13905	12613
临沂市	**Linyi**					
兰山区	Lanshan	5199	6708	76910	129378	11685
罗庄区	Luozhuang	2033	2907	27609	53612	10380
河东区	Hedong	2578	2693	29464	51790	10330
沂南县	Yinan	3710	3717	42254	51544	10275
郯城县	Tancheng	3575	3862	37996	55789	10298
沂水县	Yishui	4126	4686	48818	56722	10249
苍山县	Cangshan	4278	5638	52504	134837	10323
费 县	Feixian	3017	2523	34599	51619	10288
平邑县	Pingyi	3274	3846	48811	55576	10278
莒南县	Junan	3984	4095	51223	50948	10284
蒙阴县	Mengyin	2287	2190	28276	30390	10378
临沭县	Linshu	2764	2522	34464	45815	10263

21-1 续表 15 continued

地　区	Region	普通中学专任教师数（人）Full-time Teachers in Secondary Schools (person)	小学专任教师数（人）Full-time Teachers in Primary Schools (person)	普通中学在校学生数（人）Total Enrollment in Secondary Schools (person)	小学在校学生数（人）Total Enrollment in Primary Schools (person)	农民人均纯收入（元）Per Captita Net Income of Rural Residents (yuan)
德州市	**Dezhou**					
德城区	Decheng	1590	2624	26743	55812	11264
陵　县	Lingxian	1759	2640	26930	37654	10846
宁津县	Ningjin	1363	2111	15886	39490	10915
庆云县	Qingyun	1300	1631	14420	26305	10682
临邑县	Linyi	2352	2542	24020	35885	10924
齐河县	Qihe	2115	3007	29380	34102	10951
平原县	Pingyuan	1429	2506	23522	27952	10834
夏津县	Xiajin	1796	2574	23749	50878	10704
武城县	Wucheng	976	1714	12180	26851	10906
乐陵市	Leling	2010	2961	27686	53116	10869
禹城市	Yucheng	1672	2445	25234	31218	10903
聊城市	**Liaocheng**					
东昌府区	Dongchangfu	3648	5186	55411	93272	10125
阳谷县	Yanggu	3188	3566	34740	48283	9908
莘　县	Shenxian	2381	3910	32786	76630	10055
茌平县	Chiping	2240	2176	23229	35728	10514
东阿县	Donge	1091	1325	15921	21082	10036
冠　县	Guanxian	1538	2877	19518	56054	9995
高唐县	Gaotang	1749	1880	20267	32449	10294
临清市	Linqing	2420	2880	29784	66427	9946
滨州市	**Binzhou**					
滨城区	Bincheng	2591	3003	36149	46497	11759
惠民县	Huimin	2171	2403	28086	37469	10184
阳信县	Yangxin	1723	1759	23426	29193	9532
无棣县	Wudi	2239	2285	22347	27700	11457
沾化县	Zhanhua	1585	1610	16610	20843	11534
博兴县	Boxing	2331	2221	28785	33950	11691
邹平县	Zouping	3309	2674	42730	48727	12923
菏泽市	**Heze**					
牡丹区	Mudan	5508	7091	87289	116295	9467
曹　县	Caoxian	4448	7454	79247	136279	9180
单　县	Shanxian	3785	5093	70172	87409	9277
成武县	Chengwu	2926	3557	32492	61060	9381
巨野县	Juye	3338	4659	49699	82789	9429
郓城县	Yuncheng	4061	6069	64241	109354	9468
鄄城县	Juancheng	2592	3978	45999	80900	9034
定陶县	Dingtao	2229	2946	28651	49458	9263
东明县	Dongming	2623	3726	39509	87342	9251

附录1

全国各省（市、自治区）主要经济指标

Main Economic Indicators of the Whole Country by Region

简 要 说 明

一、本篇资料的主要内容

本篇资料反映了全国各省、自治区、直辖市经济社会发展基本情况，主要包括行政区划、人口、国内生产总值及其构成、劳动工资、财政、农业、工业、投资、建筑业、交通运输、国内贸易、进出口、价格指数、居民生活和国际旅游等方面的资料。

二、本篇资料的来源

本篇资料来源于中国统计出版社出版的《中国统计摘要 2013》，由省统计局综合处整理。

Brief Introduction

I. Content

Data in this chapter reflect the basic Socio-economic development of some provinces, mainly including divisions of administrative areas, population, GDP and its components, wages, finance, agriculture, industry, investment, construction industry, communications, domestic trade, exports and imports, price indices, livelihood and tourism, etc.

II. Source of Data

Data in this chapter come from China Statistics Abstract 2012 published by China Statistics Press and are prepared and compiled by the Division of Comprehensive Statistics of Shandong Provincial Bureau of Statistics.

附录 1-1 各地区行政区划(2013年底)

Divisions of Administrative Areas by Region(Year-end of 2013)

单位：个 (unit)

省级区划名称	Provinces, Autonomous Regions and Municipalities	地级区划数 Number of Regions at Prefecture Level	#地级市 Cities at Prefecture Level	县级区划数 Number of Regions at County Level	#市辖区 Districts under the Jurisdiction of Cities	#县级市 Cities at County Level	#县 Counties	#自治县 Autonomous Counties
全国总计	**National Total**	**333**	**286**	**2853**	**872**	**368**	**1442**	**117**
北京市	Beijing			16	14		2	
天津市	Tianjin			16	13		3	
河北省	Hebei	11	11	172	37	22	107	6
山西省	Shanxi	11	11	119	23	11	85	
内蒙古自治区	Inner Mongolia	12	9	102	22	11	17	
辽宁省	Liaoning	14	14	100	56	17	19	8
吉林省	Jilin	9	8	60	20	21	16	3
黑龙江省	Heilongjiang	13	12	128	64	18	45	1
上海市	Shanghai			17	16		1	
江苏省	Jiangsu	13	13	100	55	23	22	
浙江省	Zhejiang	11	11	90	34	21	34	1
安徽省	Anhui	16	16	105	43	6	56	
福建省	Fujian	9	9	85	26	14	45	
江西省	Jiangxi	11	11	100	20	10	70	
山东省	**Shandong**	**17**	**17**	**137**	**48**	**29**	**60**	
河南省	Henan	17	17	159	50	21	88	
湖北省	Hubei	13	12	103	38	24	38	2
湖南省	Hunan	14	13	122	35	16	64	7
广东省	Guangdong	21	21	121	58	23	37	3
广西壮族自治区	Guangxi	14	14	110	36	7	55	12
海南省	Hainan	3	3	20	4	6	4	6
重庆市	Chongqing			38	19		15	4
四川省	Sichuan	21	18	183	48	14	117	4
贵州省	Guizhou	9	6	88	13	7	56	11
云南省	Yunnan	16	8	129	13	12	75	29
西藏自治区	Tibet	7	1	74	1	1	72	
陕西省	Shaanxi	10	10	107	24	3	80	
甘肃省	Gansu	14	12	86	17	4	58	7
青海省	Qinghai	8	2	43	5	3	28	7
宁夏回族自治区	Ningxia	5	5	22	9	2	11	
新疆维吾尔自治区	Xinjiang	14	2	101	11	22	62	6
香港特别行政区	Hong Kong Special Administrative Region							
澳门特别行政区	Macao Special Administrative Region							
台湾省	Taiwan							

注：本表资料由民政部提供。

a)Data in this table are provided by the Ministry of Civil Affairs.

附录 1-1 续表 continued

单位:个 (unit)

省级区划名称	Provinces, Autonomous Regions and Municipalities	乡镇级区划数 Number of Regions at Township Level	镇数 Number of Towns	乡数 Number of Townships	#民族乡 Minority Autonomous Township	街道办事处 Street Communities
全国总计	**National Total**	**40497**	**20117**	**12812**	**1035**	**7566**
北京市	Beijing	325	144	38	5	143
天津市	Tianjin	240	121	6	1	113
河北省	Hebei	2246	1045	914	50	286
山西省	Shanxi	1398	564	632		202
内蒙古自治区	Inner Mongolia	1010	493	275	18	242
辽宁省	Liaoning	1521	636	228	60	657
吉林省	Jilin	900	434	184	28	282
黑龙江省	Heilongjiang	1279	495	398	56	386
上海市	Shanghai	208	108	2		98
江苏省	Jiangsu	1265	797	79	1	389
浙江省	Zhejiang	1324	639	264	14	421
安徽省	Anhui	1508	927	330	9	251
福建省	Fujian	1104	616	313	19	175
江西省	Jiangxi	1546	807	594	8	145
山东省	**Shandong**	**1826**	**1107**	**91**		**628**
河南省	Henan	2406	1085	755	12	566
湖北省	Hubei	1232	757	175	10	300
湖南省	Hunan	2407	1138	925	97	344
广东省	Guangdong	1585	1128	11	7	446
广西壮族自治区	Guangxi	1247	722	405	59	120
海南省	Hainan	224	182	21		21
重庆市	Chongqing	1016	611	213	14	192
四川省	Sichuan	4657	1853	2502	98	302
贵州省	Guizhou	1507	782	606	215	119
云南省	Yunnan	1388	652	574	141	162
西藏自治区	Tibet	694	140	544	9	10
陕西省	Shaanxi	1420	1142	74		204
甘肃省	Gansu	1347	478	750	34	119
青海省	Qinghai	395	137	228	28	30
宁夏回族自治区	Ningxia	237	101	92		44
新疆维吾尔自治区	Xinjiang	1035	276	589	42	169
香港特别行政区	Hong Kong Special Administrative Region					
澳门特别行政区	Macao Special AdministrativeRegion					
台湾省	Taiwan					

附录 1-2 地区生产总值
Gross Domestic Product

单位:亿元 (100 million yuan)

地区	Region	2007	2008	2009	2010	2011	2012	2013
北京	Beijing	9846.8	11115.0	12153.0	14113.6	16251.9	17801.0	19500.6
天津	Tianjin	5252.8	6719.0	7521.9	9224.5	11307.3	12885.2	14370.2
河北	Hebei	13607.3	16012.0	17235.5	20394.3	24515.8	26575.0	28301.4
山西	Shanxi	6024.5	7315.4	7358.3	9200.9	11237.6	12112.8	12602.2
内蒙古	Inner Mongolia	6423.2	8496.2	9740.3	11672.0	14359.9	15988.3	16832.4
辽宁	Liaoning	11164.3	13668.6	15212.5	18457.3	22226.7	24801.3	27077.7
吉林	Jilin	5284.7	6426.1	7278.8	8667.6	10568.8	11937.8	12981.5
黑龙江	Heilongjiang	7104.0	8314.4	8587.0	10368.6	12582.0	13691.6	14382.9
上海	Shanghai	12494.0	14069.9	15046.5	17166.0	19195.7	20101.3	21602.1
江苏	Jiangsu	26018.5	30982.0	34457.3	41425.5	49110.3	54058.2	59161.8
浙江	Zhejiang	18753.7	21462.7	22990.4	27722.3	32318.9	34606.3	37568.5
安徽	Anhui	7360.9	8851.7	10062.8	12359.3	15300.7	17212.1	19038.9
福建	Fujian	9248.5	10823.0	12236.5	14737.1	17560.2	19701.8	21759.6
江西	Jiangxi	5800.3	6971.1	7655.2	9451.3	11702.8	12948.5	14338.5
山东	**Shandong**	**25776.9**	**30933.3**	**33896.7**	**39169.9**	**45361.9**	**50013.2**	**54684.3**
河南	Henan	15012.5	18018.5	19480.5	23092.4	26931.0	29810.1	32155.9
湖北	Hubei	9333.4	11328.9	12961.1	15967.6	19632.3	22250.2	24668.5
湖南	Hunan	9439.6	11555.0	13059.7	16038.0	19669.6	22154.2	24501.7
广东	Guangdong	31777.0	36796.7	39482.6	46013.1	53210.3	57067.9	62164.0
广西	Guangxi	5823.4	7021.0	7759.2	9569.9	11720.9	13031.0	14378.0
海南	Hainan	1254.2	1503.1	1654.2	2064.5	2522.7	2855.3	3146.5
重庆	Chongqing	4676.1	5793.7	6530.0	7925.6	10011.4	11459.0	12656.7
四川	Sichuan	10562.4	12601.2	14151.3	17185.5	21026.7	23849.8	26260.8
贵州	Guizhou	2884.1	3561.6	3912.7	4602.2	5701.8	6802.2	8006.8
云南	Yunnan	4772.5	5692.1	6169.8	7224.2	8893.1	10309.8	11720.9
西藏	Tibet	341.4	394.9	441.4	507.5	605.8	695.6	807.7
陕西	Shaanxi	5757.3	7314.6	8169.8	10123.5	12512.3	14451.2	16045.2
甘肃	Gansu	2704.0	3166.8	3387.6	4120.8	5020.4	5650.2	6268.0
青海	Qinghai	797.4	1018.6	1081.3	1350.4	1670.4	1884.5	2101.1
宁夏	Ningxia	919.1	1203.9	1353.3	1689.7	2102.2	2326.6	2565.1
新疆	Xinjiang	3523.2	4183.2	4277.1	5437.5	6610.1	7466.3	8360.2

注:本表按当年价格计算。
a)Data in this table are calculated at current prices.

附录 1-3 地区生产总值和增长速度(2013年)

Gross Domestic Product and Growth Rate(2013)

地区 Region	地区生产总值(亿元) Gross Domestic Product (100 million yuan)	第一产业 Primary Industry	第二产业 Secondary Industry	工业 Industry	建筑业 Construct-ion	第三产业 Tertiary Industry	交通运输、仓储和邮政 Transport, Storage and Post	批发和零售 Wholesale and Retail	地区生产总值比上年增长(%) Growth Rate (%)
北京 Beijing	19500.6	161.8	4352.3	3536.9	815.4	14986.4	883.6	2372.4	7.7
天津 Tianjin	14370.2	188.5	7276.7	6678.6	598.1	6905.0	725.1	1902.5	12.5
河北 Hebei	28301.4	3500.4	14762.1	13194.8	1567.3	10038.9	2377.6	2164.0	8.2
山西 Shanxi	12602.2	773.8	6792.7	6033.0	759.7	5035.8	891.7	1079.5	8.9
内蒙古 Inner Mongolia	16832.4	1599.4	9084.2	7944.4	1139.8	6148.8	1303.7	1547.0	9.0
辽宁 Liaoning	27077.7	2321.6	14269.5	12510.3	1759.2	10486.6	1384.1	2414.3	8.7
吉林 Jilin	12981.5	1509.3	6858.2	6033.4	824.9	4613.9	486.2	1080.6	8.3
黑龙江 Heilongjiang	14382.9	2516.8	5918.2	5090.3	827.9	5947.9	616.0	1458.1	8.0
上海 Shanghai	21602.1	129.3	8027.8	7236.7	791.1	13445.1	935.1	3533.1	7.7
江苏 Jiangsu	59161.8	3646.1	29094.0	25612.2	3481.8	26421.6	2530.0	6273.5	9.6
浙江 Zhejiang	37568.5	1784.6	18446.7	16368.4	2078.2	17337.2	1326.0	4111.4	8.2
安徽 Anhui	19038.9	2348.1	10404.0	8928.0	1475.9	6286.8	707.1	1355.5	10.4
福建 Fujian	21759.6	1936.3	11315.3	9455.3	1860.0	8508.0	1176.2	1789.9	11.0
江西 Jiangxi	14338.5	1636.5	7671.4	6434.4	1237.0	5030.6	678.6	1035.0	10.1
山东 Shandong	**54684.3**	**4742.6**	**27422.5**	**24222.2**	**3200.3**	**22519.2**	**2746.1**	**7523.8**	**9.6**
河南 Henan	32155.9	4059.0	17806.4	15960.6	1845.8	10290.5	1309.3	2072.6	9.0
湖北 Hubei	24668.5	3098.2	12171.6	10531.4	1640.2	9398.8	1078.1	1903.6	10.1
湖南 Hunan	24501.7	3099.2	11517.4	10001.0	1516.4	9885.1	1174.3	2045.7	10.1
广东 Guangdong	62164.0	3047.5	29427.5	27426.3	2001.2	29689.0	2604.4	7039.2	8.5
广西 Guangxi	14378.0	2343.6	6863.0	5749.7	1113.4	5171.4	677.8	1083.1	10.2
海南 Hainan	3146.5	756.5	871.3	551.1	320.2	1518.7	141.0	344.5	9.9
重庆 Chongqing	12656.7	1016.7	6397.9	5249.7	1148.3	5242.0	580.9	984.4	12.3
四川 Sichuan	26260.8	3425.6	13579.0	11578.6	2000.5	9256.1	751.6	1472.6	10.0
贵州 Guizhou	8006.8	1029.1	3243.7	2686.5	557.2	3734.0	775.1	582.1	12.5
云南 Yunnan	11720.9	1895.3	4927.8	3767.6	1160.2	4897.8	273.5	1162.2	12.1
西藏 Tibet	807.7	86.8	292.9	61.2	231.8	427.9	28.8	51.2	12.1
陕西 Shaanxi	16045.2	1526.1	8911.6	7507.3	1404.3	5607.5	657.3	1293.8	11.0
甘肃 Gansu	6268.0	879.4	2821.0	2225.2	595.8	2567.6	347.2	440.3	10.8
青海 Qinghai	2101.1	207.6	1204.3	970.5	233.8	689.2	74.2	126.3	10.8
宁夏 Ningxia	2565.1	223.0	1265.0	944.5	320.5	1077.1	201.7	133.4	9.8
新疆 Xinjiang	8360.2	1468.3	3766.0	3024.3	741.7	3126.0	422.4	480.9	11.0

注：本表绝对数按当年价格计算，增长速度按不变价格计算。
a)Absolute figure are calculated at current prices,growth rate at constant prices.

附录 1-4 地区生产总值构成(2013年)

Composition of Gross Domestic Product by Region(2013)

(地区生产总值=100) (Gross Domestic Product=100)

地区	Region	第一产业 Primary Industry	第二产业 Secondary Industry	工业 Industry	建筑业 Construction	第三产业 Teritary Industry	#交通运输仓储邮政业 Transport, Storage and Post	#批发和零售 Wholesale Retail Sales
北京	Beijing	0.8	22.3	18.1	4.2	76.9	4.5	12.2
天津	Tianjin	1.3	50.6	46.5	4.2	48.1	5.0	13.2
河北	Hebei	12.4	52.2	46.6	5.5	35.5	8.4	7.6
山西	Shanxi	6.1	53.9	47.9	6.0	40.0	7.1	8.6
内蒙古	Inner Mongolia	9.5	54.0	47.2	6.8	36.5	7.7	9.2
辽宁	Liaoning	8.6	52.7	46.2	6.5	38.7	5.1	8.9
吉林	Jilin	11.6	52.8	46.5	6.4	35.5	3.7	8.3
黑龙江	Heilongjiang	17.5	41.1	35.4	5.8	41.4	4.3	10.1
上海	Shanghai	0.6	37.2	33.5	3.7	62.2	4.3	16.4
江苏	Jiangsu	6.2	49.2	43.3	5.9	44.7	4.3	10.6
浙江	Zhejiang	4.8	49.1	43.6	5.5	46.1	3.5	10.9
安徽	Anhui	12.3	54.6	46.9	7.8	33.0	3.7	7.1
福建	Fujian	8.9	52.0	43.5	8.5	39.1	5.4	8.2
江西	Jiangxi	11.4	53.5	44.9	8.6	35.1	4.7	7.2
山东	**Shandong**	**8.7**	**50.1**	**44.3**	**5.9**	**41.2**	**5.0**	**13.8**
河南	Henan	12.6	55.4	49.6	5.7	32.0	4.1	6.4
湖北	Hubei	12.6	49.3	42.7	6.6	38.1	4.4	7.7
湖南	Hunan	12.6	47.0	40.8	6.2	40.3	4.8	8.3
广东	Guangdong	4.9	47.3	44.1	3.2	47.8	4.2	11.3
广西	Guangxi	16.3	47.7	40.0	7.7	36.0	4.7	7.5
海南	Hainan	24.0	27.7	17.5	10.2	48.3	4.5	10.9
重庆	Chongqing	8.0	50.5	41.5	9.1	41.4	4.6	7.8
四川	Sichuan	13.0	51.7	44.1	7.6	35.2	2.9	5.6
贵州	Guizhou	12.9	40.5	33.6	7.0	46.6	9.7	7.3
云南	Yunnan	16.2	42.0	32.1	9.9	41.8	2.3	9.9
西藏	Tibet	10.7	36.3	7.6	28.7	53.0	3.6	6.3
陕西	Shaanxl	9.5	55.5	46.8	8.8	34.9	4.1	8.1
甘肃	Gansu	14.0	45.0	35.5	9.5	41.0	5.5	7.0
青海	Qinghai	9.9	57.3	46.2	11.1	32.8	3.5	6.0
宁夏	Ningxia	8.7	49.3	36.8	12.5	42.0	7.9	5.2
新疆	Xinjiang	17.6	45.0	36.2	8.9	37.4	5.1	5.8

注：本表按当年价格计算。
a)Data in this table are calculated at current prices.

附录 1-5 年末总人口

Basic Statistics on National Population by Region

单位:万人 (10 000 persons)

地　区	Region	2006	2007	2008	2009	2010	2011	2012	2013
全　国	**Total**	**131448**	**132129**	**132802**	**133450**	**134091**	**134735**	**135404**	**136072**
北　京	Beijing	1601	1676	1771	1860	1962	2019	2069	2115
天　津	Tianjin	1075	1115	1176	1228	1299	1355	1413	1472
河　北	Hebei	6898	6943	6989	7034	7194	7241	7288	7333
山　西	Shanxi	3375	3393	3411	3427	3574	3593	3611	3630
内蒙古	Inner Mongolia	2415	2429	2444	2458	2472	2482	2490	2498
辽　宁	Liaoning	4271	4298	4315	4341	4375	4383	4389	4390
吉　林	Jilin	2723	2730	2734	2740	2747	2749	2750	2751
黑龙江	Heilongjiang	3823	3824	3825	3826	3833	3834	3834	3835
上　海	Shanghai	1964	2064	2141	2210	2303	2347	2380	2415
江　苏	Jiangsu	7656	7723	7762	7810	7869	7899	7920	7939
浙　江	Zhejiang	5072	5155	5212	5276	5447	5463	5477	5498
安　徽	Anhui	6110	6118	6135	6131	5957	5968	5988	6030
福　建	Fujian	3585	3612	3639	3666	3693	3720	3748	3774
江　西	Jiangxi	4339	4368	4400	4432	4462	4488	4504	4522
山　东	**Shandong**	**9309**	**9367**	**9417**	**9470**	**9588**	**9637**	**9685**	**9733**
河　南	Henan	9392	9360	9429	9487	9405	9388	9406	9413
湖　北	Hubei	5693	5699	5711	5720	5728	5758	5779	5799
湖　南	Hunan	6342	6355	6380	6406	6570	6596	6639	6691
广　东	Guangdong	9442	9660	9893	10130	10441	10505	10594	10644
广　西	Guangxi	4719	4768	4816	4856	4610	4645	4682	4719
海　南	Hainan	836	845	854	864	869	877	887	895
重　庆	Chongqing	2808	2816	2839	2859	2885	2919	2945	2970
四　川	Sichuan	8169	8127	8138	8185	8045	8050	8076	8107
贵　州	Guizhou	3690	3632	3596	3537	3479	3469	3484	3502
云　南	Yunnan	4483	4514	4543	4571	4602	4631	4659	4687
西　藏	Tibet	285	289	292	296	300	303	308	312
陕　西	Shaanxi	3699	3708	3718	3727	3735	3743	3753	3764
甘　肃	Gansu	2547	2548	2551	2555	2560	2564	2578	2582
青　海	Qinghai	548	552	554	557	563	568	573	578
宁　夏	Ningxia	604	610	618	625	633	639	647	654
新　疆	Xinjiang	2050	2095	2131	2159	2185	2209	2233	2264

注:1.全国总计含中国人民解放军现役军人数,不包括香港、澳门特别行政区和台湾省数据;分省数据不含中国人民解放军现役军人数。

a)The military personnel were included in the national total population,but excluded in the regional total population.The national total population excluded the population of Hong Kong,Macao and Taiwan.

附录 1-6 全社会固定资产投资

Total Investment in Fixed Assets in the Whole Country

单位:亿元 (100 million yuan)

地区	Region	2006	2007	2008	2009	2010	2011	2012	2013
全国总计	**Total**	**109998.2**	**137323.9**	**172828.4**	**224598.8**	**278121.9**	**311485.1**	**374694.7**	**447074.4**
北京	Beijing	3296.4	3907.2	3814.7	4616.9	5403.0	5578.9	6112.4	6847.1
天津	Tianjin	1820.5	2353.1	3389.8	4738.2	6278.1	7067.7	7934.8	9130.3
河北	Hebei	5470.2	6884.7	8866.6	12269.8	15083.4	16389.3	19661.3	23194.2
山西	Shanxi	2255.7	2861.5	3531.2	4943.2	6063.2	7073.1	8863.3	11031.9
内蒙古	Inner Mongolia	3363.2	4372.9	5475.4	7336.8	8926.5	10365.2	11875.7	14215.5
辽宁	Liaoning	5689.6	7435.2	10019.1	12292.5	16043.0	17726.3	21836.3	25107.7
吉林	Jilin	2594.3	3651.4	5038.9	6411.6	7870.4	7441.7	9511.5	10133.5
黑龙江	Heilongjiang	2236.0	2833.5	3656.0	5028.8	6812.6	7475.4	9694.7	12126.0
上海	Shanghai	3900.0	4420.4	4823.1	5043.8	5108.9	4962.1	5117.6	5647.8
江苏	Jiangsu	10069.2	12268.1	15300.6	18949.9	23184.3	26692.6	30854.2	36373.8
浙江	Zhejiang	7590.2	8420.4	9323.0	10742.3	12376.0	14185.3	17649.4	20777.1
安徽	Anhui	3533.6	5087.5	6747.0	8990.7	11542.9	12455.7	15425.8	18621.6
福建	Fujian	2981.8	4287.8	5207.7	6231.2	8199.1	9910.9	12439.9	15327.4
江西	Jiangxi	2683.6	3301.9	4745.4	6643.1	8772.3	9087.6	10774.2	12866.1
山东	**Shandong**	**11111.4**	**12537.7**	**15435.9**	**19034.5**	**23280.5**	**26749.7**	**31256.0**	**36789.1**
河南	Henan	5904.7	8010.1	10490.6	13704.5	16585.9	17769.0	21450.0	26220.9
湖北	Hubei	3343.5	4330.4	5647.0	7866.9	10262.7	12557.3	15578.3	19307.3
湖南	Hunan	3175.5	4154.8	5534.0	7703.4	9663.6	11880.9	14523.2	17846.3
广东	Guangdong	7973.4	9294.3	10868.7	12933.1	15623.7	17069.2	18751.5	22307.8
广西	Guangxi	2198.7	2939.7	3756.4	5237.2	7057.6	7990.7	9808.6	11907.7
海南	Hainan	423.9	502.4	705.4	988.3	1317.0	1657.2	2145.4	2697.4
重庆	Chongqing	2407.4	3127.7	3979.6	5214.3	6688.9	7473.4	8736.2	10429.6
四川	Sichuan	4412.9	5639.8	7127.8	11371.9	13116.7	14222.2	17040.0	20325.2
贵州	Guizhou	1197.4	1488.8	1864.5	2412.0	3104.9	4235.9	5717.8	7373.6
云南	Yunnan	2208.6	2759.0	3435.9	4526.4	5528.7	6191.0	7831.1	9968.3
西藏	Tibet	231.1	270.3	309.9	378.3	462.7	516.3	670.5	876.0
陕西	Shaanxi	2480.7	3415.0	4614.4	6246.9	7963.7	9431.1	12044.5	14867.3
甘肃	Gansu	1022.6	1304.2	1712.8	2363.0	3158.3	3965.8	5145.0	6527.9
青海	Qinghai	408.5	482.8	583.2	798.2	1016.9	1435.6	1883.4	2361.1
宁夏	Ningxia	498.7	599.8	828.9	1075.9	1444.2	1644.7	2096.9	2651.1
新疆	Xinjiang	1567.1	1850.8	2260.0	2725.5	3423.2	4632.1	6158.8	7724.5
不分地区	Not Classified by Region	1947.6	2530.8	3734.9	5779.7	6759.1	5651.3	6106.4	5493.3

附录 1-7　固定资产投资
Investment in Fixed Assets

单位:亿元　　(100 million yuan)

地　区	Region	2006	2007	2008	2009	2010	2011	2012	2013
全国总计	**Total**	**93368.7**	**117464.5**	**148738.3**	**193920.4**	**241430.9**	**302396.1**	**364854.1**	**436527.7**
北　京	Beijing	3012.5	3597.3	3520.9	4149.6	4916.5	5519.8	6064.9	6797.5
天　津	Tianjin	1679.0	2192.2	3175.1	4446.6	5896.5	7040.7	7913.3	9103.0
河　北	Hebei	4403.2	5690.3	7463.8	10476.5	12922.7	15780.3	19104.6	22629.8
山　西	Shanxi	2055.7	2600.2	3194.6	4509.6	5526.6	6837.7	8584.9	10745.3
内蒙古	Inner Mongolia	3264.9	4255.0	5327.0	7143.8	8688.0	10253.0	11749.8	14070.5
辽　宁	Liaoning	4977.8	6576.0	8881.9	11605.1	15106.3	17431.5	21535.4	24791.4
吉　林	Jilin	2366.1	3340.2	4592.7	5958.9	7395.2	7226.6	9262.2	9880.0
黑龙江	Heilongjiang	2040.4	2591.7	3354.8	4695.7	6292.7	7157.9	9375.4	11794.2
上　海	Shanghai	3497.5	4045.1	4404.9	4618.9	4630.5	4959.9	5114.6	5644.1
江　苏	Jiangsu	7479.6	9161.4	11609.7	14266.8	17416.5	26313.5	30473.7	35983.0
浙　江	Zhejiang	5429.3	5996.9	6551.1	7454.3	8438.1	13651.7	17096.0	20189.1
安　徽	Anhui	3050.2	4444.6	5948.6	7945.5	10281.3	12007.9	14943.8	18090.9
福　建	Fujian	2692.4	3829.0	4601.5	5548.6	7385.8	9677.1	12182.5	15045.8
江　西	Jiangxi	2375.4	2954.9	4325.4	6008.1	7856.9	8753.9	10378.4	**12450.8**
山　东	**Shandong**	**8715.5**	**10153.6**	**12529.0**	**15439.1**	**18844.4**	**25907.4**	**30319.8**	**35875.9**
河　南	Henan	4840.8	6609.2	8721.2	11454.9	13934.8	16934.3	20558.6	25321.5
湖　北	Hubei	3038.5	3927.4	5148.8	7183.7	9405.6	12195.4	15148.7	18796.9
湖　南	Hunan	2718.4	3609.5	4880.0	6880.0	8618.0	11407.7	13966.3	17230.1
广　东	Guangdong	6553.7	7368.7	8640.9	10230.1	12599.3	16599.2	18250.1	21795.0
广　西	Guangxi	1947.8	2596.7	3325.9	4689.9	6383.3	7580.9	9345.2	11383.9
海　南	Hainan	397.0	472.8	668.0	942.7	1257.5	1599.1	2064.4	2625.0
重　庆	Chongqing	2252.0	2937.1	3715.9	4855.1	6170.6	7367.0	8610.4	10285.3
四　川	Sichuan	3927.4	5043.4	6362.1	9090.1	11061.4	13687.7	16530.3	19754.4
贵　州	Guizhou	1052.8	1289.1	1609.3	2049.8	2609.4	4026.5	5504.9	7102.8
云　南	Yunnan	2001.9	2443.8	3106.3	4117.5	5052.6	5932.7	7553.5	9621.8
西　藏	Tibet	200.7	230.8	271.3	327.6	405.0	516.3	670.5	876.0
陕　西	Shaanxi	2285.7	3168.8	4286.4	5888.4	7569.9	9109.0	11705.8	14516.7
甘　肃	Gansu	923.9	1177.5	1510.8	2076.4	2808.6	3870.1	5040.0	6407.2
青　海	Qinghai	384.6	443.7	514.0	689.1	840.0	1365.9	1808.7	2285.3
宁　夏	Ningxia	438.7	527.7	735.7	964.2	1292.8	1589.1	2033.0	2577.8
新　疆	Xinjiang	1418.0	1659.2	2025.6	2434.1	3065.1	4445.0	5858.0	7363.4
不分地区	Not Classified by Region	1947.6	2530.8	3734.9	5779.7	6759.1	5651.3	6106.4	5493.3

注：2010年以前为城镇固定资产投资口径，2011年以后为固定资产投资(不含农户)口径。
a)Caliber of data is Investment in Urban Area before 2010 and investment in fixed assets (excluding farmers) after 2011.

附录 1-8 房地产开发企业房屋施工、竣工面积和商品房销售面积
Floor Space of Buildings for Real Estate Development

单位：万平方米 (10 000 sq.m)

地 区	Region	房屋施工面积 Floor Space of Builings under Construction		房屋竣工面积 Floor Space of Builings Completed		商品房销售面积 Floor Space of Builings Sold	
		2012	2013	2012	2013	2012	2013
全国总计	**Total**	**573417.5**	**665571.9**	**99425.0**	**101435.0**	**111303.6**	**130550.6**
北 京	Beijing	13122.5	13886.9	2390.9	2666.4	1943.7	1903.1
天 津	Tianjin	9864.2	10892.2	2542.7	2805.4	1661.7	1847.1
河 北	Hebei	27577.8	29949.1	4894.6	4437.0	5144.9	5675.9
山 西	Shanxi	11714.3	14040.0	1733.0	2284.8	1497.9	1642.8
内蒙古	Inner Mongolia	16507.4	18624.3	2449.1	2638.2	2523.5	2737.7
辽 宁	Liaoning	38502.0	41625.6	6438.2	6152.0	8827.9	9292.3
吉 林	Jilin	10935.8	12181.3	1927.9	2253.6	2452.4	2215.0
黑龙江	Heilongjiang	13485.0	13567.4	3245.7	2932.7	3806.8	3340.0
上 海	Shanghai	13250.0	13516.6	2305.1	2254.4	1898.5	2382.2
江 苏	Jiangsu	45097.5	52574.2	9848.4	9711.6	9019.2	11454.8
浙 江	Zhejiang	33423.0	37647.2	4292.9	4692.3	4005.3	4887.0
安 徽	Anhui	24836.1	30235.2	3965.4	5180.3	4828.8	6265.4
福 建	Fujian	21121.5	26287.3	2232.8	3369.8	3258.9	4676.2
江 西	Jiangxi	9465.6	11995.7	1747.5	1790.3	2397.1	3167.1
山 东	**Shandong**	**42958.9**	**50549.2**	**7325.0**	**7508.5**	**8632.8**	**10329.8**
河 南	Henan	29559.4	35979.3	5870.5	5965.9	5968.5	7310.2
湖 北	Hubei	16819.7	21865.8	3273.7	3040.8	4037.8	5298.5
湖 南	Hunan	21356.9	25400.1	4458.0	4593.8	5150.5	5952.4
广 东	Guangdong	39296.3	46480.5	6356.1	6273.3	7899.0	9836.4
广 西	Guangxi	15018.5	16040.2	2333.6	1712.7	2759.3	2995.6
海 南	Hainan	5109.5	6173.0	856.4	609.4	931.8	1191.2
重 庆	Chongqing	22009.0	26251.9	3990.6	3804.4	4522.4	4817.6
四 川	Sichuan	29865.5	32165.0	5866.6	5108.9	6455.9	7312.8
贵 州	Guizhou	13245.3	17357.0	1416.8	1764.8	2186.9	2972.3
云 南	Yunnan	14362.0	18260.7	1851.6	2019.2	3237.7	3309.3
西 藏	Tibet	47.3	57.7	9.2	18.1	22.5	25.4
陕 西	Shaanxi	15410.6	17240.9	1653.9	1511.7	2755.6	3045.7
甘 肃	Gansu	5635.0	6848.4	844.5	915.6	978.4	1220.0
青 海	Qinghai	1891.2	2376.6	416.2	592.6	263.0	381.6
宁 夏	Ningxia	5033.3	6043.2	1152.0	1104.4	804.4	1048.3
新 疆	Xinjiang	6896.5	9459.5	1736.2	1722.2	1430.3	2017.0

附录 1-9 房地产开发企业(单位)投资和商品房销售额

Investment and Total Sale of Commercial Buildings of Enterprises for Real Estate Development

单位:亿元 (100 million yuan)

地区	Region	房地产开发投资额 Investment for Real Estate		商品房销售额 Total Sale of Commercial Buildings		#住宅 Residential	
		2012	2013	2012	2013	2012	2013
全国总计	**Total**	**71803.8**	**86013.4**	**64455.8**	**81428.3**	**53467.2**	**67694.9**
北京	Beijing	3153.4	3483.4	3308.6	3530.8	2455.5	2434.7
天津	Tianjin	1260.0	1480.8	1365.5	1615.5	1210.6	1443.3
河北	Hebei	3086.5	3445.4	2303.9	2779.7	1914.6	2329.1
山西	Shanxi	1010.5	1308.6	579.9	728.3	513.2	625.1
内蒙古	Inner Mongolia	1291.4	1479.0	1022.8	1177.4	769.4	874.4
辽宁	Liaoning	5455.8	6450.8	4362.8	4759.2	3611.2	3941.9
吉林	Jilin	1310.0	1252.4	1016.9	993.0	836.8	839.7
黑龙江	Heilongjiang	1535.8	1604.8	1548.3	1582.3	1201.9	1305.9
上海	Shanghai	2381.4	2819.6	2669.5	3911.6	2209.0	3264.0
江苏	Jiangsu	6206.1	7241.5	6067.0	7913.7	5089.1	6777.7
浙江	Zhejiang	5226.3	6216.2	4262.7	5396.0	3541.6	4513.9
安徽	Anhui	3151.6	3946.2	2329.9	3182.9	1921.9	2662.0
福建	Fujian	2824.1	3703.0	2817.7	4232.1	2293.9	3410.6
江西	Jiangxi	969.6	1174.6	1137.3	1647.9	931.4	1396.1
山东	**Shandong**	**4708.3**	**5444.5**	**4111.8**	**5215.1**	**3529.5**	**4461.1**
河南	Henan	3035.3	3843.8	2286.7	3074.1	1915.6	2516.3
湖北	Hubei	2539.5	3286.0	2036.2	2790.3	1689.9	2310.0
湖南	Hunan	2210.5	2628.3	2085.2	2525.6	1711.5	2115.0
广东	Guangdong	5352.8	6489.6	6407.8	8941.1	5488.4	7476.1
广西	Guangxi	1554.9	1614.6	1159.8	1375.8	995.8	1166.7
海南	Hainan	886.6	1196.8	735.6	1032.7	701.7	997.0
重庆	Chongqing	2508.4	3012.8	2297.3	2682.8	1972.4	2283.6
四川	Sichuan	3266.4	3853.0	3517.7	4020.3	2816.5	3308.6
贵州	Guizhou	1467.6	1942.5	900.1	1276.7	740.0	988.8
云南	Yunnan	1782.1	2488.3	1362.8	1487.2	1077.1	1192.6
西藏	Tibet	6.9	9.7	7.4	10.6	6.2	8.8
陕西	Shaanxi	1835.9	2240.2	1420.7	1608.1	1215.6	1413.2
甘肃	Gansu	561.0	724.6	349.3	474.1	301.6	418.1
青海	Qinghai	189.7	247.6	106.5	158.8	91.1	146.3
宁夏	Ningxia	429.2	559.0	317.6	443.7	256.2	363.6
新疆	Xinjiang	606.1	825.7	560.5	861.0	458.1	710.7

附录 1-10　地方财政收入

Final Statement of Government Revenue by Region

单位:亿元　(100 million yuan)

地　区	Region	2005	2006	2007	2008	2009	2010	2011	2012
地方总计	**Total**	**14884.2**	**18303.6**	**23572.6**	**28644.9**	**32580.7**	**40610.0**	**52547.1**	**61078.3**
北　京	Beijing	919.2	1117.2	1492.6	1837.3	2026.8	2353.9	3006.3	3314.9
天　津	Tianjin	331.9	417.0	540.4	675.5	821.4	1068.8	1455.1	1760.0
河　北	Hebei	515.7	620.5	789.1	944.6	1066.2	1330.8	1737.8	2084.3
山　西	Shanxi	368.3	583.4	597.9	747.9	805.8	969.7	1213.4	1516.4
内蒙古	Inner Mongolia	277.5	343.4	492.4	649.6	850.8	1070.0	1356.7	1552.8
辽　宁	Liaoning	675.3	817.7	1082.7	1356.1	1591.0	2004.8	2643.2	3105.4
吉　林	Jilin	207.2	245.2	320.7	422.8	487.1	602.4	850.1	1041.3
黑龙江	Heilongjiang	318.2	386.8	440.5	578.4	641.6	755.6	997.6	1163.2
上　海	Shanghai	1417.4	1576.1	2074.5	2358.7	2540.3	2873.6	3429.8	3743.7
江　苏	Jiangsu	1322.7	1656.7	2237.7	2731.1	3228.6	4079.9	5148.9	5860.7
浙　江	Zhejiang	1066.6	1298.2	1649.5	1933.1	2142.4	2608.5	3150.8	3441.2
安　徽	Anhui	334.0	428.0	543.7	724.6	863.9	1149.4	1463.6	1792.7
福　建	Fujian	432.6	541.2	699.5	833.3	932.3	1151.5	1501.5	1776.2
江　西	Jiangxi	252.9	305.5	389.9	488.6	581.2	777.8	1053.4	1372.0
山　东	**Shandong**	**1073.1**	**1356.3**	**1675.4**	**1957.1**	**2198.6**	**2749.4**	**3455.9**	**4059.4**
河　南	Henan	537.7	679.2	862.1	1009.1	1126.1	1381.0	1721.8	2040.3
湖　北	Hubei	375.5	476.1	590.4	710.2	800.4	1011.2	1526.9	1823.1
湖　南	Hunan	395.3	477.9	606.6	722.7	845.0	1066.0	1517.1	1782.2
广　东	Guangdong	1807.2	2179.5	2785.8	3310.0	3649.2	4515.7	5514.8	6229.2
广　西	Guangxi	283.0	342.6	418.8	518.7	620.8	772.3	947.7	1166.1
海　南	Hainan	68.7	81.8	108.3	145.0	178.2	271.1	340.1	409.4
重　庆	Chongqing	256.8	317.7	442.7	577.2	655.6	1018.4	1488.3	1703.5
四　川	Sichuan	479.7	607.6	850.9	1041.7	1174.2	1561.0	2044.8	2421.3
贵　州	Guizhou	182.5	226.8	285.1	349.5	416.5	533.9	773.1	1014.1
云　南	Yunnan	312.6	380.0	486.7	613.6	698.2	871.2	1111.2	1338.2
西　藏	Tibet	12.0	14.6	20.1	24.9	30.1	36.7	54.8	86.6
陕　西	Shaanxi	275.3	362.5	475.2	591.3	733.9	957.9	1500.2	1600.7
甘　肃	Gansu	123.5	141.2	190.9	264.9	286.7	353.6	450.1	520.4
青　海	Qinghai	33.8	42.2	56.7	71.6	87.7	110.2	151.8	186.4
宁　夏	Ningxia	47.7	61.4	80.0	95.0	111.5	153.6	220.0	264.0
新　疆	Xinjiang	180.3	219.5	285.9	361.1	388.8	500.6	720.4	909.0

注：本表数据为地方财政本级收入。
a)Data in this table are the revenue of local governments.

附录 1-11 地方财政支出

Final Statement of Government Expenditure by Region

单位:亿元 (100 million yuan)

地区	Region	2005	2006	2007	2008	2009	2010	2011	2012
地方总计	**Total**	**25154.3**	**30431.3**	**38339.3**	**49052.7**	**60593.8**	**73602.0**	**92733.7**	**107188.3**
北京	Beijing	1058.3	1296.8	1649.5	1956.0	2301.7	2716.0	3245.2	3685.3
天津	Tianjin	442.1	543.1	674.3	869.0	1099.2	1351.3	1796.3	2143.2
河北	Hebei	979.2	1180.4	1506.6	1851.7	2311.8	2778.9	3537.4	4079.4
山西	Shanxi	668.8	915.6	1049.9	1313.1	1556.7	1928.4	2363.9	2759.5
内蒙古	Inner Mongolia	681.9	812.1	1082.3	1465.2	1925.1	2280.5	2989.2	3426.0
辽宁	Liaoning	1204.4	1422.7	1764.3	2151.9	2651.4	3194.4	3905.9	4558.6
吉林	Jilin	631.1	718.4	883.8	1180.1	1479.2	1787.3	2201.7	2471.2
黑龙江	Heilongjiang	787.8	968.5	1187.3	1542.3	1877.7	2253.3	2794.1	3171.5
上海	Shanghai	1646.3	1795.6	2181.7	2593.9	2989.6	3302.9	3914.9	4184.0
江苏	Jiangsu	1673.4	2013.3	2553.7	3201.6	3885.0	4835.2	6221.7	7027.7
浙江	Zhejiang	1265.5	1471.9	1806.8	2208.3	2653.8	3208.4	3842.6	4161.9
安徽	Anhui	713.1	940.2	1243.8	1621.6	2101.0	2566.9	3303.0	3961.0
福建	Fujian	593.1	728.7	910.6	1125.3	1403.8	1678.7	2198.2	2607.5
江西	Jiangxi	564.0	696.4	905.1	1208.4	1548.6	1911.0	2534.6	3019.2
山东	**Shandong**	**1466.2**	**1833.4**	**2261.8**	**2704.7**	**3267.7**	**4145.0**	**5002.1**	**5904.5**
河南	Henan	1116.0	1440.1	1870.6	2283.9	2902.6	3413.2	4248.8	5006.4
湖北	Hubei	778.7	1047.0	1277.3	1638.0	2107.3	2465.2	3214.7	3759.8
湖南	Hunan	873.4	1064.5	1357.0	1717.7	2118.6	2702.5	3520.8	4119.0
广东	Guangdong	2289.1	2553.3	3159.6	3756.7	4305.4	5414.8	6712.4	7387.9
广西	Guangxi	611.5	729.5	985.9	1287.1	1606.3	1994.4	2545.3	2985.2
海南	Hainan	151.2	174.5	245.2	356.0	485.0	578.5	778.8	911.7
重庆	Chongqing	487.4	594.3	768.4	1010.7	1298.4	1771.0	2570.2	3046.4
四川	Sichuan	1082.2	1347.4	1759.1	2965.4	3591.0	4242.5	4674.9	5451.0
贵州	Guizhou	520.7	610.6	795.4	1048.6	1358.8	1640.2	2249.4	2755.7
云南	Yunnan	766.3	893.6	1135.2	1470.7	1949.8	2285.7	2929.6	3572.7
西藏	Tibet	185.5	200.2	275.4	380.7	470.1	551.0	758.1	905.3
陕西	Shaanxi	639.0	824.2	1054.0	1435.6	1839.9	2217.6	2930.8	3323.8
甘肃	Gansu	429.4	528.6	675.3	965.4	1245.6	1466.7	1791.2	2059.6
青海	Qinghai	169.8	214.7	282.2	363.8	486.7	743.4	967.5	1159.1
宁夏	Ningxia	160.3	193.2	241.9	323.1	427.8	555.9	705.9	864.4
新疆	Xinjiang	519.0	678.5	795.2	1056.1	1349.2	1698.9	2284.5	2720.1

注:本表数据为地方财政本级支出。

a)Data in this table are the expenditure of local governments.

附录 1-12 居民消费价格分类指数(2013年)

Consumer Price Indices by Category and Region(2013)

(上年=100) (preceding year=100)

地区	Region	居民消费价格指数 General Index	食品 Food	烟酒及用品 Tobacco, Liquor and Articles	衣着 Clothing	家庭设备用品及服务 Household Facilities, Articles and Services	医疗保健和个人用品 Health Care and Personal Articles	交通和通信 Transportation and Communication	娱乐教育文化 Recreation, Education and Culture	居住 Residence
全国	**Total**	**102.6**	**104.7**	**100.3**	**102.3**	**101.5**	**101.3**	**99.6**	**101.8**	**102.8**
北京	Beijing	103.3	104.7	100.1	101.5	101.7	100.2	99.0	103.9	105.6
天津	Tianjin	103.1	105.8	100.9	101.1	102.0	100.6	98.6	102.5	104.4
河北	Hebei	103.0	105.9	100.6	102.7	101.4	101.9	99.7	101.7	102.0
山西	Shanxi	103.1	106.2	102.1	102.0	101.6	100.8	99.2	102.5	102.5
内蒙古	Inner Mongolia	103.2	106.3	101.5	103.7	100.8	101.4	99.5	101.9	102.3
辽宁	Liaoning	102.4	104.6	100.6	102.1	101.2	101.5	99.7	100.9	102.3
吉林	Jilin	102.9	105.7	100.7	102.1	100.6	101.3	99.5	102.3	102.4
黑龙江	Heilongjiang	102.2	104.3	101.6	102.2	100.0	101.4	98.7	100.7	102.4
上海	Shanghai	102.3	104.4	100.1	100.0	101.3	100.0	100.4	100.1	103.9
江苏	Jiangsu	102.3	104.1	98.7	103.2	102.2	101.1	99.7	101.3	102.5
浙江	Zhejiang	102.3	103.8	99.8	102.9	102.2	100.3	99.4	102.5	102.5
安徽	Anhui	102.4	104.7	98.7	102.1	100.9	101.2	99.9	102.7	101.4
福建	Fujian	102.5	104.0	99.7	101.9	100.4	101.4	99.8	101.9	103.3
江西	Jiangxi	102.5	104.5	100.6	102.8	101.0	101.3	99.7	101.8	101.9
山东	**Shandong**	**102.2**	**104.8**	**100.3**	**103.3**	**100.3**	**101.0**	**99.3**	**101.3**	**101.4**
河南	Henan	102.9	105.6	100.4	102.5	101.5	101.5	100.2	102.9	101.9
湖北	Hubei	102.8	104.9	100.5	102.2	101.9	102.1	99.4	101.5	103.1
湖南	Hunan	102.5	104.2	103.1	102.3	101.8	101.7	100.0	102.1	101.8
广东	Guangdong	102.5	103.6	100.6	101.6	101.8	101.3	99.5	101.9	103.7
广西	Guangxi	102.2	103.8	99.8	102.3	101.1	100.7	99.9	100.8	102.7
海南	Hainan	102.8	103.9	100.6	100.5	101.6	102.8	101.3	101.6	103.4
重庆	Chongqing	102.7	104.1	100.6	106.3	101.6	101.0	98.3	101.4	102.8
四川	Sichuan	102.8	104.8	99.4	100.8	101.9	102.2	100.0	101.6	103.7
贵州	Guizhou	102.5	104.1	101.5	102.3	101.1	101.5	99.6	101.8	103.0
云南	Yunnan	103.1	105.5	100.7	101.0	101.7	102.5	100.2	101.2	103.6
西藏	Tibet	103.6	107.7	100.2	102.2	100.5	100.2	100.4	101.4	102.5
陕西	Shaanxi	103.0	105.6	100.6	102.9	103.0	102.7	98.7	100.8	102.8
甘肃	Gansu	103.2	105.6	101.0	102.7	101.8	102.1	100.0	101.6	102.7
青海	Qinghai	103.9	108.1	99.4	101.7	100.9	101.7	99.0	101.0	104.5
宁夏	Ningxia	103.4	107.2	99.8	103.0	101.3	103.2	98.6	99.7	102.2
新疆	Xinjiang	103.9	108.5	101.7	99.8	101.3	101.4	100.1	101.1	103.4

附录 1-13 城镇居民人均可支配收入
Per Capita Disposable Income of Urban Households

单位:元 (yuan)

地　区	Region	2006	2007	2008	2009	2010	2011	2012	2013
全国总计	**Total**	**11759**	**13786**	**15781**	**17175**	**19109**	**21810**	**24565**	**26955**
北　京	Beijing	19978	21989	24725	26738	29073	32903	36469	40321
天　津	Tianjin	14283	16357	19423	21402	24293	26921	29626	32294
河　北	Hebei	10305	11690	13441	14718	16263	18292	20543	22580
山　西	Shanxi	10028	11565	13119	13997	15648	18124	20412	22456
内蒙古	Inner Mongolia	10358	12378	14433	15849	17698	20408	23150	25497
辽　宁	Liaoning	10370	12300	14393	15761	17713	20467	23223	25578
吉　林	Jilin	9775	11286	12829	14006	15411	17797	20208	22275
黑龙江	Heilongjiang	9182	10245	11581	12566	13857	15696	17760	19597
上　海	Shanghai	20668	23623	26675	28838	31838	36230	40188	43851
江　苏	Jiangsu	14084	16378	18680	20552	22944	26341	29677	32538
浙　江	Zhejiang	18265	20574	22727	24611	27359	30971	34550	37851
安　徽	Anhui	9771	11474	12990	14086	15788	18606	21024	23114
福　建	Fujian	13753	15506	17961	19577	21781	24907	28055	30816
江　西	Jiangxi	9551	11452	12866	14022	15481	17495	19860	21873
山　东	**Shandong**	**12192**	**14265**	**16305**	**17811**	**19946**	**22792**	**25755**	**28264**
河　南	Henan	9810	11477	13231	14372	15930	18195	20443	22398
湖　北	Hubei	9803	11486	13153	14367	16058	18374	20840	22906
湖　南	Hunan	10505	12294	13821	15084	16566	18844	21319	23414
广　东	Guangdong	16016	17699	19733	21575	23898	26897	30227	33090
广　西	Guangxi	9899	12200	14146	15451	17064	18854	21243	23305
海　南	Hainan	9395	10997	12608	13751	15581	18369	20918	22929
重　庆	Chongqing	11570	12591	14368	15749	17532	20250	22968	25216
四　川	Sichuan	9350	11098	12633	13839	15461	17899	20307	22368
贵　州	Guizhou	9117	10678	11759	12863	14143	16495	18701	20667
云　南	Yunnan	10070	11496	13250	14424	16065	18576	21075	23236
西　藏	Tibet	8941	11131	12482	13544	14980	16196	18028	20023
陕　西	Shaanxi	9268	10763	12858	14129	15695	18245	20734	22858
甘　肃	Gansu	8921	10012	10969	11930	13189	14989	17157	18965
青　海	Qinghai	9000	10276	11640	12692	13855	15603	17566	19499
宁　夏	Ningxia	9177	10859	12932	14025	15344	17579	19831	21833
新　疆	Xinjiang	8871	10313	11432	12258	13644	15514	17921	19874

注:本表绝对数按当年价格计算。
a)Absolute figures in this table are calculated at current prices.

附录 1-14 城镇居民人均收支情况(2013年)

Per Capita Income and Expenditure of Urban Households(2013)

单位:元 (yuan)

地区	Region	总收入 Total Income	#可支配收入 Disposable Incom	现金消费支出 Cash Consumption Expenditure	恩格尔系数(%) Engel's Coefficient (%)
全国总计	**Total**	**29547**	**26955**	**18023**	**35.0**
北京	Beijing	45274	40321	26275	31.1
天津	Tianjin	35656	32294	21712	36.6
河北	Hebei	24143	22580	13641	32.3
山西	Shanxi	24014	22456	13166	27.9
内蒙古	Inner Mongolia	26978	25497	19249	31.8
辽宁	Liaoning	27905	25578	18030	32.2
吉林	Jilin	23544	22275	15932	29.2
黑龙江	Heilongjiang	21149	19597	14162	35.8
上海	Shanghai	48879	43851	28155	34.9
江苏	Jiangsu	35131	32538	20371	34.7
浙江	Zhejiang	41241	37851	23257	34.4
安徽	Anhui	25006	23114	16285	39.1
福建	Fujian	33383	30816	20093	37.0
江西	Jiangxi	22949	21873	13851	37.7
山东	**Shandong**	**30628**	**28264**	**17112**	**32.9**
河南	Henan	23687	22398	14822	33.2
湖北	Hubei	25180	22906	15749	39.7
湖南	Hunan	24643	23414	15887	35.1
广东	Guangdong	36504	33090	24133	36.7
广西	Guangxi	25029	23305	15418	37.9
海南	Hainan	24920	22929	15593	44.8
重庆	Chongqing	26850	25216	17814	40.7
四川	Sichuan	23894	22368	16343	39.6
贵州	Guizhou	21413	20667	13703	35.9
云南	Yunnan	24698	23236	15156	37.9
西藏	Tibet	22561	20023	12232	48.1
陕西	Shaanxi	24109	22858	16680	36.4
甘肃	Gansu	20149	18965	14021	36.8
青海	Qinghai	22131	19499	13540	35.3
宁夏	Ningxia	23767	21833	15321	32.0
新疆	Xinjiang	22388	19874	15206	35.0

附录 1-15 农村居民人均纯收入

Per Capita Net Income of Rural Households

单位:元 (yuan)

地区	Region	2006	2007	2008	2009	2010	2011	2012	2013
全国总计	**Total**	**3587**	**4140**	**4761**	**5153**	**5919**	**6977**	**7917**	**8896**
北京	Beijing	8275	9440	10662	11669	13262	14736	16476	18337
天津	Tianjin	6228	7010	7911	8688	10075	12321	14026	15841
河北	Hebei	3802	4293	4795	5150	5958	7120	8081	9102
山西	Shanxi	3181	3666	4097	4244	4736	5601	6357	7154
内蒙古	Inner Mongolia	3342	3953	4656	4938	5530	6642	7611	8596
辽宁	Liaoning	4090	4773	5576	5958	6908	8297	9384	10523
吉林	Jilin	3641	4191	4933	5266	6237	7510	8598	9621
黑龙江	Heilongjiang	3552	4132	4856	5207	6211	7591	8604	9634
上海	Shanghai	9139	10145	11440	12483	13978	16054	17804	19595
江苏	Jiangsu	5813	6561	7356	8004	9118	10805	12202	13598
浙江	Zhejiang	7335	8265	9258	10007	11303	13071	14552	16106
安徽	Anhui	2969	3556	4202	4504	5285	6232	7160	8098
福建	Fujian	4835	5467	6196	6680	7427	8779	9967	11184
江西	Jiangxi	3460	4045	4697	5075	5789	6892	7829	8781
山东	**Shandong**	**4368**	**4985**	**5641**	**6119**	**6990**	**8342**	**9446**	**10620**
河南	Henan	3261	3852	4454	4807	5524	6604	7525	8475
湖北	Hubei	3419	3997	4656	5035	5832	6898	7852	8867
湖南	Hunan	3390	3904	4512	4909	5622	6567	7440	8372
广东	Guangdong	5080	5624	6400	6907	7890	9372	10543	11669
广西	Guangxi	2770	3224	3690	3980	4543	5231	6008	6791
海南	Hainan	3256	3791	4390	4744	5275	6446	7408	8343
重庆	Chongqing	2874	3509	4126	4478	5277	6480	7383	8332
四川	Sichuan	3002	3547	4121	4462	5087	6129	7001	7895
贵州	Guizhou	1985	2374	2797	3005	3472	4145	4753	5434
云南	Yunnan	2250	2634	3103	3369	3952	4722	5417	6141
西藏	Tibet	2435	2788	3176	3532	4139	4904	5719	6578
陕西	Shaanxi	2260	2645	3136	3438	4105	5028	5763	6503
甘肃	Gansu	2134	2329	2724	2980	3425	3909	4507	5108
青海	Qinghai	2358	2684	3061	3346	3863	4608	5364	6196
宁夏	Ningxia	2760	3181	3681	4048	4675	5410	6180	6931
新疆	Xinjiang	2737	3183	3503	3883	4643	5442	6394	7296

注:本表按当年价格计算。

a)Figures in this table are calculated at current prices.

附录 1-16　农村居民家庭人均收支情况(2013年)

Per Capita Income and Expenditure of Urban Households(2013)

单位:元　　(yuan)

地　区	Region	纯收入 Net Income	#工资性收入 Net Income	消费支出 Consumption Expenditure	恩格尔系数(%) Engel's Coefficient (%)
全国总计	**Total**	**8895.9**	**4025.4**	**6625.5**	**37.7**
北　京	Beijing	18337.5	12034.9	13553.2	34.6
天　津	Tianjin	15841.0	9091.5	10155.0	34.9
河　北	Hebei	9101.9	5236.7	6134.1	32.0
山　西	Shanxi	7153.5	4041.1	5812.7	33.0
内蒙古	Inner Mongolia	8595.7	1694.6	7268.3	35.5
辽　宁	Liaoning	10522.7	4209.4	7159.0	35.2
吉　林	Jilin	9621.2	1813.2	7379.7	33.0
黑龙江	Heilongjiang	9634.1	1991.4	6813.6	35.2
上　海	Shanghai	19595.0	12239.4	14234.7	37.5
江　苏	Jiangsu	13597.8	7608.5	9909.8	33.1
浙　江	Zhejiang	16106.0	9204.3	11760.2	35.6
安　徽	Anhui	8097.9	3733.5	5724.5	39.6
福　建	Fujian	11184.2	5193.9	8151.2	44.2
江　西	Jiangxi	8781.5	4422.1	5653.6	42.3
山　东	**Shandong**	**10619.9**	**5127.2**	**7392.7**	**34.5**
河　南	Henan	8475.3	3581.6	5627.7	34.4
湖　北	Hubei	8867.0	3868.2	6279.5	36.8
湖　南	Hunan	8372.1	4595.6	6609.5	38.4
广　东	Guangdong	11669.3	7072.4	8343.5	44.8
广　西	Guangxi	6790.9	2712.3	5205.6	40.0
海　南	Hainan	8342.6	3001.5	5465.6	48.0
重　庆	Chongqing	8332.0	4089.2	5796.4	43.8
四　川	Sichuan	7895.3	3542.8	6308.5	42.2
贵　州	Guizhou	5434.0	2572.6	4740.2	43.0
云　南	Yunnan	6141.3	1729.2	4743.6	44.2
西　藏	Tibet	6578.2	1475.3	3574.0	54.2
陕　西	Shaanxi	6502.6	3151.2	5724.2	31.8
甘　肃	Gansu	5107.8	2203.4	4849.6	37.1
青　海	Qinghai	6196.4	2347.5	6060.2	30.9
宁　夏	Ningxia	6931.0	2878.4	6489.7	31.2
新　疆	Xinjiang	7296.5	1311.8	6119.1	33.9

附录 1-17 农林牧渔业总产值及增长速度(2013年)

Gross Output Value and Growth Rate of Farming,Forestry, Animal Husbandry and Fishery(2013)

地区	Region	农林牧渔业总产值(亿元) Gross Output Value (100 million yuan)	#农业 Farming	#林业 Forestry	#牧业 Animal Husbandry	#渔业 Fishery	农林牧渔业总产值比上年增长(%) Growth Rate (%)
全国总计	**Total**	**96995.3**	**51497.4**	**3902.4**	**28435.5**	**9634.6**	**4.0**
北京	Beijing	421.8	170.4	75.9	154.8	12.8	2.1
天津	Tianjin	412.4	217.2	3.1	108.6	73.2	3.8
河北	Hebei	5832.9	3473.3	96.3	1818.2	178.7	3.3
山西	Shanxi	1447.0	932.1	90.1	338.8	9.5	4.5
内蒙古	Inner Mongolia	2699.5	1328.1	96.1	1208.5	29.0	4.7
辽宁	Liaoning	4349.7	1673.9	136.5	1675.4	689.3	4.1
吉林	Jilin	2670.6	1261.7	98.1	1198.5	36.7	3.5
黑龙江	Heilongjiang	4633.3	2856.3	180.6	1430.1	82.5	4.7
上海	Shanghai	323.5	172.3	9.6	70.0	59.9	-2.9
江苏	Jiangsu	6158.0	3167.8	107.3	1222.2	1351.1	2.6
浙江	Zhejiang	2837.4	1336.8	141.5	546.2	758.0	0.4
安徽	Anhui	4009.2	2003.3	233.1	1171.4	439.1	3.4
福建	Fujian	3282.0	1376.3	293.8	513.8	986.3	4.5
江西	Jiangxi	2578.4	1072.8	252.7	796.4	370.2	4.5
山东	**Shandong**	**8750.0**	**4509.9**	**120.3**	**2359.0**	**1397.4**	**3.8**
河南	Henan	7198.1	4202.3	152.3	2486.3	93.5	4.4
湖北	Hubei	5160.6	2678.1	122.0	1395.4	748.4	5.6
湖南	Hunan	5043.6	2726.8	287.7	1467.4	309.9	2.7
广东	Guangdong	4946.8	2444.7	249.4	1106.9	975.3	2.2
广西	Guangxi	3755.2	1868.3	287.6	1101.2	366.7	4.4
海南	Hainan	1144.9	485.4	121.2	225.5	275.5	6.2
重庆	Chongqing	1513.7	909.2	48.0	482.8	53.8	4.6
四川	Sichuan	5620.3	2903.5	179.4	2267.6	177.5	3.5
贵州	Guizhou	1663.0	997.1	69.9	482.7	38.3	6.0
云南	Yunnan	3056.0	1639.4	293.3	962.6	70.4	7.0
西藏	Tibet	128.0	57.9	2.7	64.2	0.2	4.0
陕西	Shaanxi	2562.5	1714.8	67.6	643.7	17.8	4.8
甘肃	Gansu	1517.7	1104.5	22.5	253.4	2.0	4.9
青海	Qinghai	310.3	138.3	5.7	160.1	1.3	5.6
宁夏	Ningxia	430.0	269.0	9.8	120.0	13.2	4.7
新疆	Xinjiang	2538.9	1806.1	48.1	604.2	17.2	7.2

注：本表绝对数按当年价格计算，增长速度按可比价格计算。
Absolute figures in this table are calculated at current prices while growth rate at constant prices.

附录 1-18 主要农产品产量(2013年)

Output of Major Agriculture Products(2013)

单位:万吨 (10 000 tons)

地区	Region	粮食 Grain	油料 Oil Crops	棉花 Cotton	蔬菜 Vegetables	水果 Fruits	肉类 Meat	#猪肉 Pork	#牛肉 Beef	#羊肉 Mutton	奶类 Milk
全国总计	**Total**	**60193.8**	**3517.0**	**629.9**	**73512.0**	**25093.0**	**8535.0**	**5493.0**	**673.2**	**408.1**	**3649.5**
北京	Beijing	96.1	1.0	0.02	266.9	103.8	41.8	24.6	2.1	1.2	61.5
天津	Tianjin	174.7	0.6	4.8	455.1	54.2	46.5	29.8	3.3	1.5	68.5
河北	Hebei	3365.0	151.1	45.7	7902.1	1863.3	448.8	265.3	52.3	29.1	465.7
山西	Shanxi	1312.8	19.5	3.1	1198.5	711.8	83.2	61.2	5.2	6.2	87.2
内蒙古	Inner Mongolia	2773.0	158.1	0.2	1421.1	294.8	244.9	73.4	51.8	88.8	778.6
辽宁	Liaoning	2195.6	113.6	0.1	3270.9	944.7	420.1	233.6	43.2	8.1	125.7
吉林	Jilin	3551.0	84.0	0.6	938.1	234.7	262.7	136.3	45.0	4.2	48.3
黑龙江	Heilongjiang	6004.1	19.0		946.1	274.4	221.3	133.4	39.7	11.8	522.5
上海	Shanghai	114.2	1.5	0.4	398.4	74.7	23.8	18.3		0.6	26.5
江苏	Jiangsu	3423.0	150.4	20.9	5237.8	814.2	383.2	229.9	3.2	7.8	59.9
浙江	Zhejiang	734.0	37.8	2.8	1764.3	715.7	174.3	138.8	1.1	1.7	18.2
安徽	Anhui	3279.6	225.4	25.1	2418.0	905.1	403.8	253.4	18.1	15.0	25.3
福建	Fujian	664.4	28.8	0.0	1729.7	744.3	211.2	157.7	2.6	2.1	15.3
江西	Jiangxi	2116.1	119.3	13.1	1257.6	637.8	321.9	245.1	12.7	1.1	12.2
山东	**Shandong**	**4528.2**	**349.6**	**62.1**	**9658.2**	**3028.8**	**774.8**	**392.9**	**67.9**	**33.7**	**281.2**
河南	Henan	5713.7	589.1	19.0	7112.5	2599.7	699.1	454.1	80.6	24.8	328.8
湖北	Hubei	2501.3	333.2	46.0	3578.3	920.5	430.1	330.6	20.2	8.2	15.8
湖南	Hunan	2925.7	224.4	19.8	3603.5	879.4	519.2	430.6	18.2	10.7	8.9
广东	Guangdong	1315.9	101.0		3144.5	1485.4	435.2	277.8	7.0	0.9	14.1
广西	Guangxi	1521.8	57.2	0.2	2435.6	1433.4	420.0	261.3	14.3	3.2	9.6
海南	Hainan	190.9	10.9		524.8	439.5	82.9	50.5	2.6	1.1	0.2
重庆	Chongqing	1148.1	53.1	0.01	1600.6	319.3	207.8	155.0	7.6	3.0	6.8
四川	Sichuan	3387.1	290.4	1.3	3910.7	840.1	690.4	510.8	31.1	24.5	71.1
贵州	Guizhou	1030.0	91.5	0.1	1500.4	167.7	199.7	163.7	14.1	3.5	5.5
云南	Yunnan	1824.0	60.7	0.0	1625.4	634.5	359.4	276.0	31.8	14.0	59.3
西藏	Tibet	96.2	6.4		67.0	1.3	26.8	1.5	15.9	8.6	33.0
陕西	Shaanxi	1215.8	59.5	5.8	1629.4	1764.4	112.6	88.3	7.5	7.0	188.5
甘肃	Gansu	1138.9	69.7	7.1	1578.7	611.5	91.0	50.8	17.2	16.6	39.1
青海	Qinghai	102.4	32.6		158.9	3.0	31.8	9.9	10.3	10.5	28.7
宁夏	Ningxia	373.4	16.8	0.002	509.0	264.3	27.4	7.1	8.7	9.0	104.2
新疆	Xinjiang	1377.0	60.6	351.8	1669.9	1326.9	139.4	31.3	37.8	49.7	139.2

注：水果产量含果用瓜。

a)Data of output of fruits include yield of melon and fruit.

附录 1–19 主要工业产品产量(2013年)

Output of Major Industrial Products(2013)

地区	Region	原油(万吨) Crude Petroleum Oil (10 000 tons)	发电量(亿千瓦小时) Electricity (100 million kwh)	生铁(万吨) Pig Iron (10 000 tons)	粗钢(万吨) Crude Steel (10 000 tons)	钢材(万吨) Steel (10 000 tons)	水泥(万吨) Cement (10 000 tons)
全国总计	**Total**	**20946.9**	**53975.9**	**70897.0**	**77904.1**	**106762.2**	**241613.6**
北京	Beijing		335.8		2.3	219.0	900.5
天津	Tianjin	3044.5	624.3	2214.2	2289.5	6640.9	951.9
河北	Hebei	591.0	2499.4	17027.6	18849.6	22861.6	12676.2
山西	Shanxi		2627.9	4303.2	4519.6	4486.2	4984.8
内蒙古	Inner Mongolia		3520.7	1367.2	1978.6	1797.7	6395.7
辽宁	Liaoning	1001.0	1544.3	5698.0	5972.9	6863.0	6005.2
吉林	Jilin	620.3	769.5	1116.2	1245.4	1510.1	3391.0
黑龙江	Heilongjiang	4001.0	834.0	716.3	740.2	631.0	4028.5
上海	Shanghai	7.2	959.5	1637.6	1800.6	2322.8	750.3
江苏	Jiangsu	201.5	4289.4	6690.6	8469.1	12398.0	17991.9
浙江	Zhejiang		2939.3	1059.8	1387.0	3823.4	12462.9
安徽	Anhui		1965.8	2017.3	2351.5	3138.6	12131.4
福建	Fujian		1767.7	588.3	1624.6	2782.8	7890.4
江西	Jiangxi		874.6	2012.2	2156.6	2463.8	9204.2
山东	**Shandong**	**2765.6**	**3500.0**	**6580.3**	**6351.0**	**8109.1**	**16217.8**
河南	Henan	476.5	2861.8	2551.9	2736.0	4255.2	16764.4
湖北	Hubei	80.1	2158.2	2416.2	2887.8	3344.9	11042.5
湖南	Hunan		1347.0	1739.8	1746.5	1977.9	11264.7
广东	Guangdong	1291.8	3964.8	1149.9	1442.9	3384.5	13394.9
广西	Guangxi	43.7	1259.5	1567.6	1666.6	2790.7	10707.5
海南	Hainan	26.5	230.7			27.0	1988.4
重庆	Chongqing		627.4	556.2	608.9	1269.6	6127.0
四川	Sichuan	22.4	2597.3	2011.4	1711.5	2785.2	13897.1
贵州	Guizhou		1676.3	529.9	485.2	562.6	8140.5
云南	Yunnan		2148.4	1936.5	1883.9	2053.9	9009.2
西藏	Tibet		29.1				295.8
陕西	Shaanxi	3688.0	1508.7	882.5	916.9	1565.2	8545.5
甘肃	Gansu	72.8	1195.0	897.5	953.9	1021.6	4412.7
青海	Qinghai	214.5	600.3	135.1	147.6	130.8	1786.3
宁夏	Ningxia	6.1	1096.5	123.0	32.2	149.8	1914.3
新疆	Xinjiang	2792.5	1611.7	1370.7	1176.9	1395.3	5040.2

附录 1-19 续表 continued

地　区	Region	布（亿米） Cloth (100 million m)	家用电冰箱（万台） Home Refrigerators (10 000 units)	农用化肥（万吨） Chemical Fertilizes (10 000 tons)	汽车（万辆） Motor Vehicles (10 000 sets)	程控交换机（万线） Program Controlled Switchboards (10 000 lines)	移动电话机（万部） Cell Phones (10 000 units)	微型电子计算机（万部） Micro computers (10 000 units)
全国总计	**Total**	**882.7**	**9261.0**	**7037.0**	**2211.7**	**3115.7**	**145561.0**	**33661.0**
北　京	Beijing		83.7		200.0	759.0	18716.7	1141.1
天　津	Tianjin	2.1	49.3	13.5	55.7	4.0	10336.3	1072.2
河　北	Hebei	63.4		218.4	97.4	7.7		
山　西	Shanxi	0.5		446.1			2387.6	
内蒙古	Inner Mongolia			113.6	1.7			
辽　宁	Liaoning	3.5	84.8	77.1	108.0	58.4	2715.0	0.2
吉　林	Jilin	0.4		48.8	164.7			
黑龙江	Heilongjiang	0.1		61.5	10.5			3.5
上　海	Shanghai	1.4	153.9	2.1	226.9	126.9	4384.9	8101.3
江　苏	Jiangsu	81.1	1063.1	250.8	107.2	5.2	3019.6	7520.7
浙　江	Zhejiang	153.5	939.6	33.1	30.6	125.5	987.8	164.3
安　徽	Anhui	10.0	2973.9	277.3	100.7		1.1	671.8
福　建	Fujian	60.4		44.1	20.6		3841.8	1284.8
江　西	Jiangxi	7.8	101.5	107.3	36.8	1.2	5513.4	7.7
山　东	**Shandong**	**128.5**	**524.4**	**826.3**	**150.9**	**30.9**	**5096.7**	**119.1**
河　南	Henan	31.3	517.8	488.6	40.6		9720.7	
湖　北	Hubei	79.3	226.1	1156.9	158.7	56.1	714.8	97.9
湖　南	Hunan	3.5	21.0	135.5	32.1	116.8	87.5	34.7
广　东	Guangdong	27.5	1946.0	45.7	231.6	1821.9	73672.3	2028.7
广　西	Guangxi	0.2		105.7	186.9			
海　南	Hainan			65.9	10.8			
重　庆	Chongqing	5.4	320.0	215.4	184.0		3545.7	5593.5
四　川	Sichuan	17.2	89.7	473.7	80.5		814.4	5916.2
贵　州	Guizhou	0.1	155.3	533.6			4.7	
云　南	Yunnan			341.9	8.0	2.1		
西　藏	Tibet							
陕　西	Shaanxi	5.7	10.9	100.7	10.5			
甘　肃	Gansu			62.4	2.1			
青　海	Qinghai			425.2				
宁　夏	Ningxia	0.1		70.3				
新　疆	Xinjiang	0.4		361.8	1.0			

附录 1-20 规模以上工业主要经济指标(2013年)
Main Indicators on Economic Efficiency of Industrial Enterprises above Designated Size(2013)

单位:亿元 (100 million yuan)

地区	Region	主营业务收入 Revenue from Principal Business	主营业务成本 Cost of Principal Business	主营业务税金及附加 Taxes and Other Charges on Princpal Business	销售费用 Cost of Business	税金总额 Total Taxes	利润总额 Total Profits
全国总计	**Total**	**1029149.8**	**877522.4**	**15617.7**	**25339.6**	**45748.5**	**62831.0**
北京	Beijing	18624.8	15798.3	282.4	828.8	804.2	1254.8
天津	Tianjin	27011.1	23208.4	318.0	635.0	1177.3	1992.8
河北	Hebei	45766.3	40019.9	423.2	727.5	1536.2	2560.9
山西	Shanxi	18404.7	15687.3	162.6	534.6	897.9	547.9
内蒙古	Inner Mongolia	19550.8	15732.7	272.6	477.7	1065.0	1682.6
辽宁	Liaoning	52150.4	45093.2	856.5	1076.9	2106.5	2461.6
吉林	Jilin	21950.7	18396.7	496.1	788.1	1106.2	1230.1
黑龙江	Heilongjiang	13569.8	10694.5	665.0	297.3	1268.5	1150.2
上海	Shanghai	34533.5	28569.0	910.7	1263.7	1815.9	2415.2
江苏	Jiangsu	132270.4	115111.6	1127.4	2876.6	5112.6	7834.1
浙江	Zhejiang	61765.5	53100.9	671.3	1487.0	2298.6	3385.9
安徽	Anhui	33079.5	28607.4	420.9	814.0	1287.9	1758.8
福建	Fujian	32847.1	28241.1	376.9	833.3	1293.8	1959.5
江西	Jiangxi	26700.2	23246.9	272.3	421.1	1125.7	1756.7
山东	**Shandong**	**132130.3**	**114856.6**	**1495.8**	**2402.8**	**5408.8**	**8715.4**
河南	Henan	59454.8	51194.0	640.5	1088.7	2077.1	4410.8
湖北	Hubei	37864.5	32146.6	733.4	1138.6	1680.2	2080.7
湖南	Hunan	31616.6	25830.0	849.3	849.2	1973.0	1585.1
广东	Guangdong	103655.0	88559.8	1144.6	3519.5	3683.7	5854.9
广西	Guangxi	16726.0	14228.6	318.7	408.0	846.8	874.0
海南	Hainan	1640.7	1312.8	80.9	60.8	143.7	110.8
重庆	Chongqing	15417.1	13149.8	225.1	426.2	805.0	878.4
四川	Sichuan	35251.8	29353.2	576.0	998.8	1820.3	2168.4
贵州	Guizhou	6878.4	5383.6	286.6	228.9	600.4	477.3
云南	Yunnan	9773.1	7587.1	786.7	264.0	1226.8	549.1
西藏	Tibet	93.4	80.2	1.5	6.0	9.8	7.2
陕西	Shaanxi	17763.0	13753.7	522.7	424.7	1378.8	1973.3
甘肃	Gansu	8443.7	7321.0	266.4	129.9	458.7	286.7
青海	Qinghai	2045.4	1632.6	47.4	63.9	138.3	141.3
宁夏	Ningxia	3374.5	2879.5	68.4	69.3	168.1	139.1
新疆	Xinjiang	8608.0	6745.8	329.8	199.0	659.3	795.4

附录 1-20 续表 continued

单位:亿元 (100 million yuan)

地 区	Region	亏损企业亏损总额 Lossed Value of Loss-suffering Enterprises	应收帐款净额 Net Value of Accounts Receivable	存货 Stock	产成品 Finished Product	资产合计 Total Assets	负债合计 Total Liabilities
全国总计	**Total**	**5732.5**	**95693.4**	**95402.4**	**32759.5**	**850625.9**	**491708.3**
北 京	Beijing	176.5	3412.9	2216.3	687.7	31398.3	16363.6
天 津	Tianjin	144.6	3090.7	2730.3	859.4	22059.4	14095.8
河 北	Hebei	275.7	2781.5	3753.7	1256.8	36040.2	21164.6
山 西	Shanxi	381.6	1991.0	2016.8	759.8	28058.3	20011.0
内蒙古	Inner Mongolia	195.3	1600.7	1553.8	587.0	23141.7	13893.7
辽 宁	Liaoning	390.3	3412.4	4320.9	1349.0	37989.3	22220.0
吉 林	Jilin	181.7	1274.5	1507.9	529.7	15257.9	8354.6
黑龙江	Heilongjiang	192.4	1179.1	1629.2	518.2	14059.2	8033.3
上 海	Shanghai	281.2	5528.1	4475.1	1364.2	33538.3	16885.8
江 苏	Jiangsu	507.9	14922.6	11189.1	4067.5	92081.7	52286.7
浙 江	Zhejiang	242.5	8790.3	7741.0	3041.0	59633.1	35787.5
安 徽	Anhui	132.5	2895.9	2780.7	977.8	25168.1	14957.1
福 建	Fujian	129.1	3320.3	3197.7	1218.7	24671.1	13489.3
江 西	Jiangxi	69.3	1141.1	1665.3	635.2	13640.1	7402.1
山 东	**Shandong**	**279.3**	**6703.0**	**8869.6**	**2780.3**	**81534.8**	**46142.1**
河 南	Henan	234.2	3463.6	3577.6	1190.5	42021.9	20506.4
湖 北	Hubei	145.8	3081.6	3504.5	1256.2	30131.8	16968.4
湖 南	Hunan	73.1	2322.8	2251.2	713.4	19031.6	10284.8
广 东	Guangdong	393.7	13404.0	10918.4	3503.6	77943.5	44656.6
广 西	Guangxi	123.9	1206.8	1598.6	656.0	13063.4	8215.2
海 南	Hainan	18.3	176.9	254.4	96.7	2328.0	1243.4
重 庆	Chongqing	115.4	1589.0	1321.8	469.8	13135.9	8315.1
四 川	Sichuan	317.7	3325.2	3463.0	1150.7	34729.2	21804.2
贵 州	Guizhou	129.5	609.5	901.0	260.9	9703.6	6155.2
云 南	Yunnan	154.3	833.1	1985.5	498.9	15344.4	9918.3
西 藏	Tibet	13.2	14.8	17.2	4.1	548.6	186.7
陕 西	Shaanxi	121.6	1741.8	2070.0	721.8	22443.1	12581.2
甘 肃	Gansu	85.2	548.5	1669.6	440.7	10159.4	6537.5
青 海	Qinghai	45.7	197.0	310.9	107.4	4597.7	3045.7
宁 夏	Ningxia	51.7	334.4	602.2	214.3	5588.0	3717.6
新 疆	Xinjiang	143.9	800.3	1309.1	452.3	14238.0	8615.7

附录 1-21 规模以上工业主要经济效益指标(2013年)

Main Indicators on Economic Efficiency of Industrial Enterprises above Designated Size(2013)

地区	Region	总资产贡献率(%) Ratio of Total Assets to Industrial Output Value (%)	资本保值增值率(%) Value-insured and Appreciaton Rate of Total Assets (%)	资产负债率(%) Assets-Liability Ratio (%)	流动资产周转次数(次) Number of Times of Annual of Turnover Circulating Funds (time)	成本费用利润率(%) Ratio of Profits to Industrial Cost (%)	产品销售率(%) Sales Rate (%)
全国总计	**Total**	**15.0**	**112.2**	**57.8**	**2.7**	**6.6**	**97.8**
北　京	Beijing	7.7	108.1	52.1	1.5	7.1	99.2
天　津	Tianjin	16.1	111.8	63.9	2.4	8.0	98.4
河　北	Hebei	13.6	113.1	58.7	3.2	6.0	97.9
山　西	Shanxi	7.3	100.3	71.3	1.7	3.1	95.3
内蒙古	Inner Mongolia	13.9	109.5	60.0	2.4	9.7	97.3
辽　宁	Liaoning	14.1	110.5	58.5	3.2	5.1	97.6
吉　林	Jilin	17.5	108.0	54.8	3.5	6.1	98.4
黑龙江	Heilongjiang	19.1	105.8	57.1	2.4	9.8	97.8
上　海	Shanghai	13.7	109.0	50.4	1.8	7.6	99.1
江　苏	Jiangsu	16.2	111.2	56.8	2.8	6.3	98.5
浙　江	Zhejiang	11.8	107.7	60.0	1.9	5.8	97.3
安　徽	Anhui	14.5	113.0	59.4	3.2	5.7	97.5
福　建	Fujian	16.0	111.9	54.7	2.8	6.4	97.4
江　西	Jiangxi	24.4	119.4	54.3	4.6	7.2	99.1
山　东	**Shandong**	**18.8**	**111.9**	**56.6**	**3.4**	**7.0**	**98.9**
河　南	Henan	18.5	127.1	48.8	3.4	8.1	98.5
湖　北	Hubei	15.0	119.1	56.3	3.0	5.9	97.3
湖　南	Hunan	21.6	116.9	54.0	4.1	5.6	98.5
广　东	Guangdong	13.9	113.2	57.3	2.4	6.0	97.4
广　西	Guangxi	15.7	112.6	62.9	3.0	5.7	95.0
海　南	Hainan	12.9	109.5	53.4	1.9	7.6	95.8
重　庆	Chongqing	15.6	118.0	63.3	2.7	6.1	97.9
四　川	Sichuan	14.1	110.3	62.8	2.5	6.7	97.9
贵　州	Guizhou	14.0	119.4	63.4	1.9	7.8	94.8
云　南	Yunnan	14.6	116.4	64.6	1.8	6.4	95.4
西　藏	Tibet	3.7	105.2	34.0	0.7	7.5	94.0
陕　西	Shaanxi	17.0	110.8	56.1	2.0	12.9	95.2
甘　肃	Gansu	9.5	107.9	64.4	2.2	3.6	93.7
青　海	Qinghai	8.2	110.6	66.2	1.5	7.6	92.1
宁　夏	Ningxia	8.1	114.0	66.5	1.8	4.4	97.7
新　疆	Xinjiang	12.8	110.8	60.5	2.1	10.6	97.3

附录 1-22 建筑业总产值和房屋建筑面积

Output Value of Construction and Floor Space of Buildings

地　区	Region	总产值(亿元) Total Output Value (100 million yuan)		施工面积(万平方米) Floor Space of Buildings Under Construction (10 000 sq.m)		竣工面积(万平方米) Floor Space of Buildings Completed (10 000 sq.m)	
		2012	2013	2012	2013	2012	2013
全国总计	**Total**	**137217.9**	**159313.0**	**986427.5**	**1129967.7**	**358736.2**	**389244.9**
北　京	Beijing	6588.3	7407.1	41660.3	48791.3	8406.2	8212.7
天　津	Tianjin	3258.6	3670.5	12484.9	12791.0	2876.7	3394.7
河　北	Hebei	4865.1	5203.9	35270.4	35847.6	12419.9	12336.0
山　西	Shanxi	2668.2	2983.8	10991.1	12868.6	3161.7	3498.3
内蒙古	Inner Mongolia	1441.0	1540.5	10550.7	8906.0	3659.0	3624.7
辽　宁	Liaoning	7547.4	8743.4	40049.8	44279.7	17465.4	18738.4
吉　林	Jilin	1990.4	2200.2	13133.1	12202.6	6026.6	6325.4
黑龙江	Heilongjiang	2374.0	2450.6	8563.5	8085.5	4340.8	4115.7
上　海	Shanghai	4843.4	5102.8	27961.5	29148.7	6476.1	6274.3
江　苏	Jiangsu	18423.6	21712.2	166779.1	192982.1	61241.7	67932.4
浙　江	Zhejiang	17332.7	20066.4	166969.2	185443.1	55467.8	60569.3
安　徽	Anhui	4230.4	4970.3	33335.6	37117.2	13346.2	14257.4
福　建	Fujian	4424.5	5459.4	41821.8	48509.5	12343.8	13187.1
江　西	Jiangxi	2789.6	3459.5	18889.4	24897.2	10148.8	11883.8
山　东	**Shandong**	**7281.3**	**8467.7**	**56902.1**	**64589.9**	**21526.9**	**23737.3**
河　南	Henan	6009.1	7082.4	38328.7	43422.9	16397.6	17244.3
湖　北	Hubei	7043.4	8343.4	39113.9	47915.0	20397.3	22076.4
湖　南	Hunan	4407.9	5256.0	36412.2	43141.9	13398.8	15528.5
广　东	Guangdong	6514.4	7729.2	42431.7	53506.1	13485.4	13323.6
广　西	Guangxi	1867.1	2271.4	15076.6	18198.0	5028.7	5814.8
海　南	Hainan	283.1	285.3	2281.2	2192.0	811.8	907.7
重　庆	Chongqing	3975.7	4731.9	26269.7	29745.9	11601.8	12184.4
四　川	Sichuan	6240.3	7239.5	38550.9	49382.8	15750.0	18294.3
贵　州	Guizhou	1039.2	1365.0	8257.7	12174.3	1863.3	2450.5
云　南	Yunnan	2383.7	2888.8	13374.0	15649.9	5919.4	6446.2
西　藏	Tibet	86.4	82.1	198.8	211.9	138.2	119.9
陕　西	Shaanxi	3529.4	3993.8	17065.7	19250.0	5386.7	6133.2
甘　肃	Gansu	1364.6	1708.3	8165.9	10238.2	3227.4	3751.2
青　海	Qinghai	325.8	396.4	774.4	1136.6	344.1	417.4
宁　夏	Ningxia	467.0	564.7	3736.8	4665.9	1524.2	1927.8
新　疆	Xinjiang	1622.3	2071.5	11026.5	13210.8	4554.0	5640.3

附录 1-23 建筑业主要效益指标(2013年)

Main Economic Indicators on Construction Enterprises(2013)

地区	Region	企业个数(个) Number of Enterprises (unit)	直接从事生产经营活动的平均人数(万人) Average Number of Employed Persons (10 000 persons)	按建筑业总产值计算的劳动生产率(元/人) Labor Productivity in Terms of Total Output Value (yuan/person)	人均竣工产值(元/人) Per Capita Output Value of Buildings Completed (yuan/person)	人均施工面积(平方米/人) Per Capita Floor Space of Buildings Under Construction (sq.m/person)	人均竣工面积(平方米/人) Per Capita Floor Space of Buildings Completed (sq.m/person)
全国总计	**Total**	**79528**	**4904.3**	**324842**	**183917**	**230.4**	**79.4**
北京	Beijing	3114	87.9	842475	375136	554.9	93.4
天津	Tianjin	1600	68.9	532842	225610	185.7	49.3
河北	Hebei	2395	120.9	430534	216179	296.6	102.1
山西	Shanxi	2189	100.4	297286	154769	128.2	34.9
内蒙古	Inner Mongolia	866	56.6	272421	153298	157.5	64.1
辽宁	Liaoning	6005	235.3	371612	229095	188.2	79.6
吉林	Jilin	1854	62.1	354323	230297	196.5	101.9
黑龙江	Heilongjiang	1965	101.2	242193	117035	79.9	40.7
上海	Shanghai	2860	122.3	417313	193744	238.4	51.3
江苏	Jiangsu	9305	768.5	282532	214644	251.1	88.4
浙江	Zhejiang	5884	653.1	307251	188000	283.9	92.7
安徽	Anhui	2674	166.0	299427	154116	223.6	85.9
福建	Fujian	2648	224.7	242927	146632	215.9	58.7
江西	Jiangxi	1626	108.7	318287	198722	229.1	109.3
山东	**Shandong**	**5912**	**296.9**	**280704**	**146102**	**215.8**	**76.2**
河南	Henan	4697	233.6	303213	157505	185.9	73.8
湖北	Hubei	3197	171.6	486265	237903	279.3	128.7
湖南	Hunan	1984	196.5	267424	166467	219.5	79.0
广东	Guangdong	4395	204.4	378116	181939	261.8	65.2
广西	Guangxi	1091	71.4	318323	174763	255.0	81.5
海南	Hainan	146	6.3	455360	316699	349.8	144.8
重庆	Chongqing	2394	158.5	298643	150836	187.7	76.9
四川	Sichuan	3389	268.9	269274	140751	183.7	68.0
贵州	Guizhou	605	37.0	368854	151390	329.0	66.2
云南	Yunnan	2236	103.3	279802	148718	151.6	62.4
西藏	Tibet	164	2.8	294010	128352	75.9	43.0
陕西	Shaanxi	1397	106.9	373459	149853	180.0	57.4
甘肃	Gansu	1225	57.1	299229	150396	179.3	65.7
青海	Qinghai	381	13.7	290417	105884	83.3	30.6
宁夏	Ningxia	514	23.8	237415	182141	196.2	81.1
新疆	Xinjiang	972	75.5	274400	168776	175.0	74.7

附录 1−24　客运量和旅客周转量(2013年)
Passenger Traffic and Passenger-Kilometers(2013)

地　区	Region	客运量(万人) Passenger Traffic (10 000 persons)	#铁　路 Railways	#公　路 Highways	#水　运 Waterways	旅客周转量(亿人公里) Passenger Kilometers (100 million passenger km)	#铁　路 Railways	#公　路 Highways	#水　运 Waterways
全国总计	**Total**	**2122992**	**210597**	**1853463**	**23535**	**27571.7**	**10595.6**	**11250.9**	**68.3**
北　京	Beijing	64161	11680	52481		254.0	118.0	136.1	
天　津	Tianjin	17995	3352	14556	87	267.1	178.4	88.6	0.1
河　北	Hebei	61718	8762	52956		1163.7	867.2	296.5	
山　西	Shanxi	34899	6294	28487	118	386.6	189.8	196.6	0.1
内蒙古	Inner Mongolia	20819	4635	16184		360.5	187.1	173.4	
辽　宁	Liaoning	91735	13033	78168	534	941.7	572.7	362.4	6.5
吉　林	Jilin	34148	6629	27403	116	413.7	244.8	168.7	0.2
黑龙江	Heilongjiang	45566	10107	35102	357	473.3	256.8	216.1	0.4
上　海	Shanghai	11691	7972	3476	243	195.0	75.3	119.1	0.6
江　苏	Jiangsu	151444	13435	135555	2454	1365.3	514.0	847.3	4.0
浙　江	Zhejiang	135348	11052	121185	3111	1025.1	437.0	583.0	5.1
安　徽	Anhui	126710	7210	119433	67	1286.3	552.1	734.0	0.2
福　建	Fujian	55107	6501	46895	1711	542.7	209.2	330.6	2.8
江　西	Jiangxi	65067	6945	57915	207	930.7	622.6	307.7	0.4
山　东	**Shandong**	**75074**	**9246**	**64019**	**1809**	**1083.8**	**552.4**	**520.3**	**11.0**
河　南	Henan	136237	10532	125450	255	1574.7	861.9	712.4	0.4
湖　北	Hubei	91522	10410	80670	442	1052.4	634.1	415.1	3.2
湖　南	Hunan	159726	9231	149015	1480	1565.1	840.3	721.9	2.9
广　东	Guangdong	153120	17658	133305	2157	1780.9	570.1	1202.5	8.4
广　西	Guangxi	49275	3275	45606	394	611.3	193.7	415.7	1.9
海　南	Hainan	13328	1389	10583	1356	112.4	25.2	85.0	2.2
重　庆	Chongqing	65183	3251	61243	689	465.4	124.9	333.3	7.3
四　川	Sichuan	134775	8240	124145	2390	912.1	310.1	599.2	2.9
贵　州	Guizhou	83436	4322	77359	1755	593.6	211.2	377.9	4.5
云　南	Yunnan	47626	3189	43392	1045	431.9	106.5	323.1	2.2
西　藏	Tibet	1455	129	1326		42.4	11.4	31.0	
陕　西	Shaanxi	70133	6123	63650	360	745.2	421.4	323.1	0.7
甘　肃	Gansu	36163	2522	33556	85	595.4	383.2	212.0	0.2
青　海	Qinghai	4790	592	4140	58	95.3	54.9	40.3	0.1
宁　夏	Ningxia	8418	594	7568	256	102.9	44.5	58.3	0.1
新　疆	Xinjiang	40926	2286	38640		544.5	224.8	319.6	
不分地区	Not Classified by Region	35397				5656.8			

注：1.不分地区合计为民航完成数。2.2013年公路水路运输量为新口径数据，数据源自2013年交通运输业经济统计专项调查。
a)The total passenger traffic not classified by region refers to that completed by civil aviation.
b)Since 2013,data on highways and waterways has new caliber and from the 2013 transportation economic statistical survey.

附录 1−25 货运量和货物周转量(2013年)
Freight Traffic and Freight Ton-kilometers(2013)

地区	Region	货运量(万吨) Total (10 000 tons)	#铁路 Railways	#公路 Highways	#水运 Waterways	货物周转量(亿吨公里) Total (100 million ton-km)	#铁路 Railways	#公路 Highways	#水运 Waterways
全国总计	**Total**	**4102495**	**396697**	**3076648**	**559738**	**168164.8**	**29173.9**	**55738.1**	**79187.5**
北京	Beijing	25748	1097	24651		1051.1	894.9	156.2	
天津	Tianjin	45233	8349	28206	8678	3097.4	515.9	313.7	2267.8
河北	Hebei	198009	22469	172492	3048	11674.1	4233.6	6577.9	862.5
山西	Shanxi	156045	73181	82834	30	3592.4	2313.7	1278.6	0.1
内蒙古	Inner Mongolia	164346	67288	97058		4462.0	2589.2	1872.7	
辽宁	Liaoning	206868	20566	172923	13379	11970.3	1341.1	2792.0	7837.2
吉林	Jilin	44811	6516	38063	232	1681.3	580.0	1100.0	1.3
黑龙江	Heilongjiang	61094	14561	45288	1245	1930.0	949.2	972.9	7.9
上海	Shanghai	84305	702	43877	39726	14332.7	14.8	352.4	13965.5
江苏	Jiangsu	181775	7157	103709	70909	9924.6	381.2	1790.4	7753.0
浙江	Zhejiang	188679	4831	107186	76662	8951.2	272.1	1322.1	7357.0
安徽	Anhui	396391	11566	284534	100291	12335.3	877.7	6544.0	4913.7
福建	Fujian	96674	3636	69876	23162	3939.6	163.5	821.4	2954.7
江西	Jiangxi	135172	5217	121279	8676	3640.1	612.7	2829.0	198.4
山东	**Shandong**	**264100**	**22876**	**227746**	**13478**	**8194.2**	**1487.4**	**5494.8**	**1212.0**
河南	Henan	184823	12929	162040	9854	7259.8	2153.3	4488.0	618.5
湖北	Hubei	131000	5646	100945	24409	4751.8	914.3	2046.3	1791.3
湖南	Hunan	184535	5169	156269	23097	3832.3	950.3	2329.5	552.4
广东	Guangdong	349011	9711	261273	78027	9228.6	309.7	3003.4	5915.5
广西	Guangxi	151143	6916	124677	19550	3856.4	809.4	1857.2	1189.8
海南	Hainan	17325	960	10290	6075	621.0	13.1	75.4	532.5
重庆	Chongqing	87241	2475	71842	12924	2298.9	182.6	695.9	1420.4
四川	Sichuan	167759	8970	151689	7100	2248.6	816.7	1273.1	158.8
贵州	Guizhou	72703	6461	65100	1142	1294.6	658.3	610.6	25.6
云南	Yunnan	104329	5146	98675	508	1361.9	428.3	922.0	11.6
西藏	Tibet	1850	72	1778		103.4	22.0	81.5	
陕西	Shaanxi	141579	35767	105566	246	3200.6	1514.7	1685.0	0.8
甘肃	Gansu	51463	6381	45072	10	2362.0	1550.7	811.2	
青海	Qinghai	13372	3784	9588		451.9	249.2	202.8	
宁夏	Ningxia	40914	8412	32502		873.0	363.6	509.4	
新疆	Xinjiang	66908	7288	59620		1796.8	868.2	928.5	
不分地区	Not Classified by Region	87291	598		17281	21846.7	142.3		17639.1

注：1.不分地区合计中包括铁路行包运输、管道运输企业、民航运输企业及中远集团海外公司完成数。
2.2013年公路水路运输量为新口径数据，数据源自2013年交通运输业经济统计专项调查。

a)The data not classified by region refers to railway baggage freight、pipelines、civil aviation and that completed by companies abroad under the china ocean shipping(group) company.

b)Since 2013,data on highways and waterways has new caliber and from the 2013 transportation economic statistical survey.

附录 1–26　社会消费品零售总额

Total Retail Sale of Consumer Goods

单位:亿元　　(100 million yuan)

地　区	Region	2007	2008	2009	2010	2011	2012	2013
全国总计	**Total**	**93571.6**	**114830.1**	**132678.4**	**156998.4**	**183918.6**	**210307.0**	**237809.9**
北　京	Beijing	3835.2	4645.5	5309.9	6229.3	6900.3	7702.8	8375.1
天　津	Tianjin	1650.6	2078.7	2430.8	2860.2	3395.1	3921.4	4470.4
河　北	Hebei	4053.8	4991.1	5764.9	6821.8	8035.5	9254.0	10516.7
山　西	Shanxi	1953.3	2421.1	2809.0	3318.2	3903.4	4506.8	5139.3
内蒙古	Inner Mongolia	1964.0	2463.0	2855.3	3384.0	3991.7	4572.5	5114.2
辽　宁	Liaoning	4097.8	5032.4	5812.6	6887.6	8095.3	9304.2	10581.4
吉　林	Jilin	2038.3	2549.2	2957.3	3504.9	4119.8	4772.9	5426.4
黑龙江	Heilongjiang	2386.2	2928.3	3401.8	4039.2	4750.1	5491.0	6251.2
上　海	Shanghai	3873.3	4577.2	5173.2	6070.5	6814.8	7412.3	8052.0
江　苏	Jiangsu	7985.9	9905.1	11484.1	13606.8	15988.4	18331.3	20796.5
浙　江	Zhejiang	6271.3	7533.3	8622.3	10245.4	12028.0	13588.3	15225.5
安　徽	Anhui	2451.9	3045.2	3527.8	4197.7	4955.1	5736.6	6542.4
福　建	Fujian	3212.3	3866.7	4481.0	5310.0	6276.2	7256.5	8275.3
江　西	Jiangxi	1718.9	2142.0	2484.4	2956.2	3485.1	4027.2	4576.1
山　东	**Shandong**	**8607.5**	**10658.8**	**12363.0**	**14620.3**	**17155.5**	**19651.9**	**22294.8**
河　南	Henan	4690.3	5815.4	6746.4	8004.2	9453.6	10915.6	12426.6
湖　北	Hubei	4115.8	5109.7	5928.4	7013.9	8275.2	9562.5	10885.9
湖　南	Hunan	3419.2	4222.6	4913.7	5839.5	6884.7	7921.9	9018.6
广　东	Guangdong	10731.3	12986.6	14891.8	17458.4	20297.5	22677.1	25453.9
广　西	Guangxi	1932.7	2395.8	2790.7	3312.0	3908.2	4516.6	5133.1
海　南	Hainan	370.9	463.2	537.5	639.3	759.5	870.8	992.9
重　庆	Chongqing	1711.1	2147.1	2479.0	2938.6	3487.8	4033.7	4599.8
四　川	Sichuan	4105.6	4944.8	5758.7	6810.1	8006.6	9268.6	10561.4
贵　州	Guizhou	858.2	1075.2	1247.3	1482.7	1751.6	2075.9	2366.2
云　南	Yunnan	1422.5	1764.7	2051.1	2542.4	3038.1	3511.6	4004.6
西　藏	Tibet	112.6	130.0	156.6	185.3	219.0	254.6	293.2
陕　西	Shaanxi	1837.3	2317.1	2699.7	3195.7	3790.0	4383.8	4999.5
甘　肃	Gansu	854.4	1023.6	1183.0	1394.5	1648.0	1906.5	2173.8
青　海	Qinghai	212.6	259.7	300.5	350.8	410.5	476.0	544.1
宁　夏	Ningxia	239.5	295.4	339.3	403.6	477.6	542.9	610.5
新　疆	Xinjiang	857.5	1041.5	1177.5	1375.1	1616.3	1858.6	2108.2

附录 1-27 货物进出口总额(按经营单位所在地分)

Total Volume of Imports and Exports (by Location of Foreign Trade Managing Units)

单位:亿美元 (100 million USD)

地 区	Region	2006	2007	2008	2009	2010	2011	2012	2013
全国总计	**Total**	**17604.4**	**21765.7**	**25632.6**	**22075.4**	**29740.0**	**36418.6**	**38671.2**	**41596.9**
北 京	Beijing	1580.4	1930.0	2716.9	2147.3	3017.2	3895.6	4081.1	4291.3
天 津	Tianjin	644.6	714.5	804.0	638.3	821.0	1033.8	1156.3	1285.1
河 北	Hebei	185.3	255.2	384.2	296.3	420.6	536.0	505.6	549.0
山 西	Shanxi	66.3	115.8	144.0	85.7	125.8	147.4	150.4	157.9
内 蒙 古	Inner Mongolia	59.6	77.4	89.2	67.7	87.3	119.3	112.6	120.0
辽 宁	Liaoning	483.9	594.7	724.3	629.3	807.1	960.4	1040.9	1144.9
吉 林	Jilin	79.1	103.0	133.3	117.4	168.5	220.6	245.6	258.6
黑 龙 江	Heilongjiang	128.6	173.0	231.3	162.3	255.2	385.2	375.9	388.8
上 海	Shanghai	2275.2	2828.5	3220.6	2777.1	3689.5	4375.5	4365.9	4412.2
江 苏	Jiangsu	2839.8	3494.7	3922.7	3387.4	4658.0	5395.8	5479.6	5508.1
浙 江	Zhejiang	1391.4	1768.5	2111.3	1877.3	2535.3	3093.8	3124.0	3357.9
安 徽	Anhui	122.5	159.3	201.8	156.8	242.7	313.1	392.8	455.6
福 建	Fujian	626.6	744.5	848.2	796.5	1087.8	1435.2	1559.4	1693.3
江 西	Jiangxi	61.9	94.5	136.2	127.8	216.2	314.7	334.1	367.5
山 东	**Shandong**	**952.1**	**1224.7**	**1584.1**	**1390.5**	**1891.6**	**2358.9**	**2455.4**	**2671.6**
河 南	Henan	97.9	127.9	174.8	134.8	178.3	326.2	517.4	599.5
湖 北	Hubei	117.6	148.7	207.1	172.5	259.3	335.9	319.6	363.8
湖 南	Hunan	73.5	96.9	125.5	101.5	146.6	189.4	219.5	251.7
广 东	Guangdong	5272.0	6341.9	6849.7	6110.9	7849.0	9134.7	9840.2	10915.9
广 西	Guangxi	66.7	92.6	132.4	142.5	177.4	233.6	294.8	328.3
海 南	Hainan	28.5	35.1	45.3	48.8	86.5	127.6	143.2	149.8
重 庆	Chongqing	54.7	74.4	95.2	77.1	124.3	292.1	532.0	687.0
四 川	Sichuan	110.2	143.8	221.1	241.7	326.9	477.2	591.4	645.7
贵 州	Guizhou	16.2	22.7	33.7	23.0	31.5	48.9	66.3	82.9
云 南	Yunnan	62.2	87.9	96.0	80.5	134.3	160.3	210.1	257.9
西 藏	Tibet	3.3	3.9	7.7	4.0	8.4	13.6	34.2	33.2
陕 西	Shaanxi	53.6	68.9	83.3	84.1	121.0	146.5	148.0	201.3
甘 肃	Gansu	38.2	55.2	61.0	38.7	74.0	87.3	89.0	102.3
青 海	Qinghai	6.5	6.1	6.9	5.9	7.9	9.2	11.6	14.0
宁 夏	Ningxia	14.4	15.8	18.8	12.0	19.6	22.9	22.2	32.2
新 疆	Xinjiang	91.0	137.2	222.2	139.5	171.3	228.2	251.7	275.6

附录 1-28 货物进出口总额(按境内目的地、货源地分)

Total Volume of Imports and Exports (by Destination and Origion of Goods in China)

单位:亿美元　　(100 million USD)

地　区	Region	2006	2007	2008	2009	2010	2011	2012	2013
全国总计	**Total**	**17604.4**	**21765.7**	**25632.6**	**22075.4**	**29740.0**	**36418.6**	**38671.2**	**41596.9**
北　京	Beijing	704.6	820.4	950.4	870.9	1106.9	1293.0	1286.7	1315.6
天　津	Tianjin	672.8	755.6	869.0	720.3	916.1	1116.8	1228.5	1346.1
河　北	Hebei	234.8	344.7	508.8	402.7	620.5	841.5	822.9	903.3
山　西	Shanxi	96.6	152.4	201.9	93.2	138.6	162.2	165.9	171.6
内蒙古	Inner Mongolia	61.1	90.9	104.3	94.6	116.8	148.2	139.7	143.8
辽　宁	Liaoning	524.2	651.8	821.6	698.5	952.9	1129.5	1183.4	1213.8
吉　林	Jilin	87.0	113.1	136.2	118.8	170.2	230.5	244.8	252.2
黑龙江	Heilongjiang	140.7	184.3	204.2	133.6	183.4	261.6	282.1	274.0
上　海	Shanghai	2212.3	2738.7	3138.8	2733.3	3654.4	4331.5	4341.6	4342.4
江　苏	Jiangsu	2990.4	3722.5	4304.7	3659.3	4987.8	5812.4	5886.7	5933.0
浙　江	Zhejiang	1600.8	1992.0	2444.1	2107.1	2872.5	3514.1	3481.9	3655.1
安　徽	Anhui	122.5	157.4	195.5	156.6	233.8	303.3	329.6	389.6
福　建	Fujian	648.9	752.9	867.2	812.4	1105.5	1345.7	1461.9	1544.9
江　西	Jiangxi	72.5	103.1	150.1	138.3	209.5	279.9	302.4	336.6
山　东	**Shandong**	**1106.4**	**1408.0**	**1876.4**	**1635.2**	**2251.6**	**2845.6**	**2966.5**	**3149.6**
河　南	Henan	109.8	142.1	198.9	150.7	200.2	355.9	543.3	627.7
湖　北	Hubei	121.1	153.1	213.6	176.7	260.3	337.5	324.4	356.3
湖　南	Hunan	79.8	102.0	136.0	116.1	156.1	201.0	214.5	243.1
广　东	Guangdong	5418.3	6524.1	7177.8	6319.9	8340.1	10067.9	11153.3	12817.0
广　西	Guangxi	76.1	104.7	148.6	135.6	195.5	323.2	408.7	387.0
海　南	Hainan	33.9	70.7	95.9	84.8	103.7	134.5	145.6	147.5
重　庆	Chongqing	53.1	71.6	90.5	77.2	118.3	244.8	452.4	587.9
四　川	Sichuan	106.7	136.2	199.3	215.2	263.0	401.1	517.0	550.9
贵　州	Guizhou	22.1	32.0	48.1	27.3	34.6	49.2	50.5	47.6
云　南	Yunnan	63.8	88.0	93.3	74.6	103.3	122.6	121.2	158.3
西　藏	Tibet	2.3	3.2	3.5	2.9	5.9	11.0	21.2	21.0
陕　西	Shaanxi	69.2	82.4	104.6	86.7	117.0	140.8	151.9	202.2
甘　肃	Gansu	44.4	58.7	65.6	44.8	73.9	78.3	71.6	68.4
青　海	Qinghai	9.4	6.8	8.0	7.2	8.2	7.6	8.1	8.6
宁　夏	Ningxia	16.1	19.6	25.8	19.6	25.7	28.1	26.7	26.1
新　疆	Xinjiang	102.1	154.4	249.8	161.3	213.6	299.2	336.3	375.7

附录 1-29 货物进出口总额(2013年)

Total Volume of Imports and Exports (2013)

单位:亿美元 (100 million USD)

地区	Region	按经营单位所在地分 by Location of Foreign Tade Managing Units		按境内目的地、货源地分 by Destination and Origion of Goods	
		出口额 Exports	进口额 Imports	出口额 Exports	进口额 Imports
全国总计	**Total**	**22093.7**	**19503.2**	**22093.7**	**19503.2**
北京	Beijing	631.1	3660.1	332.2	983.4
天津	Tianjin	490.1	795.0	489.4	856.7
河北	Hebei	309.6	239.4	408.4	494.9
山西	Shanxi	80.0	78.0	97.5	74.1
内蒙古	Inner Mongolia	40.9	79.0	52.6	91.3
辽宁	Liaoning	645.4	499.5	534.4	679.5
吉林	Jilin	67.6	191.0	57.2	195.0
黑龙江	Heilongjiang	162.3	226.5	122.4	151.6
上海	Shanghai	2041.8	2370.4	1887.9	2454.5
江苏	Jiangsu	3288.1	2220.0	3338.1	2594.8
浙江	Zhejiang	2487.5	870.4	2624.2	1030.9
安徽	Anhui	282.5	173.0	224.6	165.0
福建	Fujian	1064.8	628.5	943.2	601.7
江西	Jiangxi	281.7	85.8	233.0	103.6
山东	**Shandong**	1345.1	1326.5	1415.5	1734.1
河南	Henan	359.9	239.6	385.8	241.9
湖北	Hubei	228.4	135.4	209.9	146.5
湖南	Hunan	148.2	103.5	144.0	99.1
广东	Guangdong	6363.7	4552.2	7320.4	5496.5
广西	Guangxi	186.9	141.4	94.0	293.1
海南	Hainan	37.1	112.8	31.7	115.8
重庆	Chongqing	468.0	219.0	382.1	205.8
四川	Sichuan	419.5	226.2	327.6	223.3
贵州	Guizhou	68.9	14.0	32.1	15.5
云南	Yunnan	159.4	98.5	87.7	70.6
西藏	Tibet	32.7	0.5	20.5	0.5
陕西	Shaanxi	102.3	99.0	102.3	100.0
甘肃	Gansu	46.8	55.6	14.3	54.1
青海	Qinghai	8.5	5.6	3.5	5.0
宁夏	Ningxia	25.5	6.7	18.0	8.1
新疆	Xinjiang	222.7	52.9	159.3	216.4

附录 1-30 外商投资企业进出口总额

Volume of Import and Export of Foreign-funded Enterprises

单位:万美元 (10 000 USD)

地　区	Region	2012			2013		
		进出口总额 Total	出口额 Exports	进口额 Imports	进出口总额 Total	出口额 Exports	进口额 Imports
全国总计	**Total**	**189412020**	**102262008**	**87150012**	**191840258**	**104374888**	**87465370**
北　京	Beijing	7447913	2134714	5313199	7453717	2266717	5187000
天　津	Tianjin	7743452	3281385	4462067	8014472	3281855	4732617
河　北	Hebei	1775182	942078	833103	1598057	846410	751647
山　西	Shanxi	443295	221498	221798	542062	360433	181629
内蒙古	Inner Mongolia	175005	87697	87309	162855	77859	84996
辽　宁	Liaoning	4703771	2350651	2353120	4502229	2192250	2309979
吉　林	Jilin	1103267	149685	953582	1073053	130031	943022
黑龙江	Heilongjiang	104585	55994	48590	141492	58264	83228
上　海	Shanghai	28991183	13867677	15123507	28855744	13674014	15181730
江　苏	Jiangsu	35777574	20466975	15310599	33933820	19420473	14513347
浙　江	Zhejiang	10318702	6298108	4020594	9976433	6206380	3770053
安　徽	Anhui	997466	459109	538356	1196650	526528	670123
福　建	Fujian	7391259	3912712	3478547	7544632	4165086	3379546
江　西	Jiangxi	1329891	646261	683630	1276446	634414	642031
山　东	**Shandong**	**10197143**	**6048932**	**4148210**	**10102873**	**5823864**	**4279009**
河　南	Henan	3378057	1874349	1503708	3992610	2298191	1694418
湖　北	Hubei	1383267	762005	621262	1402606	732394	670211
湖　南	Hunan	628079	293674	334405	635621	329770	305851
广　东	Guangdong	57123712	34051040	23072672	59209355	35730345	23479010
广　西	Guangxi	962586	354223	608363	947291	366629	580662
海　南	Hainan	1148420	161005	987415	1094688	186262	908427
重　庆	Chongqing	2494705	1616612	878092	3764602	2581122	1183480
四　川	Sichuan	3020240	1826060	1194180	3135193	1907760	1227433
贵　州	Guizhou	19009	11753	7256	21963	10418	11545
云　南	Yunnan	62375	34126	28249	84373	37119	47254
西　藏	Tibet	41	15	26	14	14	
陕　西	Shaanxi	614911	303991	310920	1100024	492400	607624
甘　肃	Gansu	11796	9806	1990	7275	4989	2286
青　海	Qinghai	4899	2406	2493	8789	1363	7426
宁　夏	Ningxia	32800	21816	10984	34919	19281	15638
新　疆	Xinjiang	27438	15651	11788	25163	12210	12953

附录2

国际统计资料

International Statistical Data

简 要 说 明

一、本篇资料的主要内容

本篇资料反映了近年来世界主要国家经济社会事业发展基本情况，主要包括人口、土地面积、国内生产总值及其增长、农业、工业、国际贸易、直接投资、国际旅游、国际储备、外债、医疗卫生、互联网用户、人文发展指数和世界 500 强等方面的内容。

二、本篇资料的来源

本篇资料来源于中国统计出版社出版的《国际统计年鉴 2013》，由省统计局综合处整理。

Brief Introduction

I. Content

Data in this chapter show the social and economic indicators of other countries, mainly including population, territory, GDP, agriculture, industry, international trade, direct investment, international tourism, international reserve, international debts, public health, internet users, indicators on development of population and culture, and TOP500 of international companies, etc.

II. Source of Data

Data in this chapter come from International Statistical Yearbook 2012 published by China Statistics Press and are prepared and compiled by the Division of Comprehensive Statistics of Shandong Provincial Bureau of Statistics.

附录2-1　中国主要指标居世界的位次

Ranking of China in the World in Terms of Main Indicators

资料来源：联合国FAO数据库、联合国贸发会议数据库、世界贸易组织数据库、世界银行WDI数据库、国际货币基金组织数据库。
Source: FAO Database;UNCTAD Database;WTO Database;World Bank WDI Database;IMF Database.

指　标	Indicator	1978	1980	1990	2000	2005	2010	2011
国土面积	Country Area	4	4	4	4	4	4	4
人　口	Population	1	1	1	1	1	1	1
国内生产总值	Gross Domestic Product	10	11	11	6	5	2	2
人均国民总收入①	GNI per capita ①	175(188)	177(188)	178(200)	141(207)	128(208)	120(215)	114(214)
进出口贸易总额	Foreign Trade Total	29	26	15	8	3	2	2
出口额	Exports	30	28	14	7	3	1	1
进口额	Imports	27	22	17	9	3	2	2
外商直接投资	Foreign Direct Investment Inflow		60	12	9	4	2	2
外汇储备	Foreign Exchange Reserves	38	37	7	2	2	1	1

注：①括号中所列为参加排序的国家和地区数。
Note: ① The number in the parentheses indicates the number of countries or territories the order based on.

附录2-2　中国主要指标占世界的比重

Major Chinese Indicators as Percentage of the World

资料来源：联合国FAO数据库、联合国统计司数据库、世界银行WDI数据库、国际货币基金组织数据库。
Source: FAO Database; UNSD Database; World Bank WDI Database; IMF Database.

单位：%　　(%)

指　标	Indicator	1978	1980	1990	2000	2005	2010	2011
国土面积	Country Area	7.2	7.2	7.2	7.2	7.2	7.2	7.2
人　口	Population	22.3	22.1	21.4	20.6	20.1	19.4	19.3
国内生产总值	Gross Domestic Product	1.8	1.7	1.6	3.7	4.9	9.4	10.5
进出口贸易总额	Foreign Trade Total	0.8	0.9	1.7	3.6	6.7	9.7	9.9
出口额	Exports	0.8	0.9	1.8	3.9	7.3	10.3	10.4
进口额	Imports	0.8	1.0	1.5	3.4	6.1	9.0	9.5
外商直接投资	Foreign Direct Investment Inflow		0.1	1.7	2.9	7.4	8.8	8.1
外汇储备	Foreign Exchange Reserves				8.6	19.0	30.7	31.2
稻谷产量	Rice Production	36.4	36.0	37.0	31.7	28.7	28.3	28.0
小麦产量	Wheat Production	12.1	12.5	16.6	17.0	15.5	17.6	16.7
玉米产量	Maize Production	14.2	15.8	20.1	17.9	19.6	21.1	21.8
大豆产量	Soybeans Production	10.1	9.8	10.2	9.6	7.6	5.7	5.6

附录2-3 中国农业主要产品产量居世界的位次
Ranking of China in the World in Terms of Major Agricultural Products

资料来源：联合国FAO数据库。
Source: United Nations FAO Database.

项 目	Item	1978	1980	1990	2000	2005	2009	2010	2011
谷 物	Cereals	2	1	1	1	1	1	1	1
肉 类①	Meat①	3	3	1	1	1	1	1	1
籽 棉	Seed Cotton	3	2	1	1	1	1	1	1
大 豆	Soybeans	3	3	3	4	4	4	4	4
花 生	Groundnuts in Shell	2	2	2	1	1	1	1	1
油菜籽	Rapeseed	2	2	1	1	1	1	1	2
甘 蔗	Sugar Cane	7	9	4	3	3	3	3	3
茶 叶	Tea	2	2	2	2	1	1	1	1
水 果②	Fruit②	9	10	4	1	1	1	1	1

注：①1990年以前为猪、牛、羊肉产量的位次。②不包括瓜类。
Note: ①Data refer to pork,beef and mutton prior to 1990.②Excluding melons.

附录2-4 中国工业主要产品产量居世界的位次
Ranking of China in the World in Terms of Major Industrial Products

资料来源：联合国统计月报数据库、联合国FAO数据库。
Source: United Nations MBS Database; FAO Database.

项 目	Item	1978	1980	1990	2000	2005	2009	2010	2011
粗 钢	Crude Steel	5	5	4	2	1	1	1	1
煤	Coal	3	3	1	1	1	1	1	1
原 油	Crude Petroleum	8	6	5	5	5	4	4	4
发电量	Electricity	7	6	4	2	2	2	1	1
水 泥	Cement	4	4	1	1	1	1	1	1
化 肥	Fertilizer	3	3	3	1	1	1	1	
棉 布	Woven Cotton Fabrics	1	1	1	2	2	1	1	1

附录2-5 国土面积与人口密度

Surface Area and Population Density

资料来源：世界银行WDI数据库。
Source: World Bank WDI Database.

国家和地区	Country or Area	国土面积（万平方公里）Surface Area (10 000 sq.km)	人口密度（人/平方公里）Population Density (persons/sq.km)		
		2010	2000	2005	2010
世　界	World	13426.9	47.2	50.1	53.2
中　国	China	960.0	135.4	139.8	143.4
中国香港	Hong Kong, China	0.1	6396.4	6538.6	6782.9
中国澳门	Macao, China	…	15423.8	17192.5	19416.3
孟加拉国	Bangladesh	14.4	995.6	1080.0	1142.3
文　莱	Brunei Darussalam	0.6	62.1	68.9	75.7
柬埔寨	Cambodia	18.1	70.5	75.7	80.1
印　度	India	328.7	354.5	383.4	411.9
印度尼西亚	Indonesia	190.5	117.8	125.5	132.4
伊　朗	Iran	174.5	40.1	42.8	45.4
以色列	Israel	2.2	290.6	320.2	352.3
日　本	Japan	37.8	348.1	350.5	349.7
哈萨克斯坦	Kazakhstan	272.5	5.5	5.6	6.0
韩　国	Korea, Rep.	10.0	476.1	497.0	508.9
老　挝	Laos	23.7	23.0	24.9	26.9
马来西亚	Malaysia	33.1	71.3	79.4	86.4
蒙　古	Mongolia	156.4	1.6	1.6	1.8
缅　甸	Myanmar	67.7	68.8	70.9	73.4
巴基斯坦	Pakistan	79.6	187.5	205.8	225.2
菲律宾	Philippines	30.0	259.3	286.9	312.8
新加坡	Singapore	0.1	6011.8	6273.2	7252.4
斯里兰卡	Sri Lanka	6.6	304.6	313.3	329.3
泰　国	Thailand	51.3	123.6	130.6	135.3
越　南	Viet Nam	33.1	249.6	265.7	280.3
埃　及	Egypt	100.1	68.0	74.5	81.5
尼日利亚	Nigeria	92.4	135.8	153.5	173.9
南　非	South Africa	121.9	36.2	38.9	41.2
加拿大	Canada	998.5	3.4	3.6	3.8
墨西哥	Mexico	196.4	51.4	54.8	58.3
美　国	United States	983.2	30.8	32.3	33.8
阿根廷	Argentina	278.0	13.5	14.1	14.8
巴　西	Brazil	851.5	20.6	22.0	23.0
委内瑞拉	Venezuela	91.2	27.6	30.1	32.7
捷　克	Czech Rep.	7.9	132.9	132.5	136.2
法　国	France	54.9	111.2	115.4	118.8
德　国	Germany	35.7	235.6	236.5	234.6
意大利	Italy	30.1	193.6	199.2	205.6
荷　兰	Netherlands	4.2	471.7	483.4	492.6
波　兰	Poland	31.3	126.3	124.6	125.5
俄罗斯联邦	Russian Fed.	1709.8	8.9	8.7	8.7
西班牙	Spain	50.5	80.7	87.0	92.4
土耳其	Turkey	78.4	82.7	88.5	94.5
乌克兰	Ukraine	60.4	84.9	81.3	79.2
英　国	United Kingdom	24.4	243.4	248.9	257.2
澳大利亚	Australia	774.1	2.5	2.7	2.9
新西兰	New Zealand	26.8	14.7	15.7	16.6

附录2-6 国内生产总值

Gross Domestic Product

资料来源：世界银行WDI数据库。
Source: World Bank WDI Database.
单位：亿美元 (100 million USD)

国家和地区	Country or Area	1990	2000	2005	2009	2010	2011
世　界	**World**	**219769**	**323293**	**456753**	**578767**	**631360**	**699937**
高收入国家	**High Income**	**182734**	**264422**	**359145**	**411975**	**431195**	**466435**
经合组织高收入国家	**High Income: OECD**	**176812**	**253122**	**343245**	**391877**	**408271**	**439313**
非经合组织高收入国家	**High Income: nonOECD**	**5906**	**11333**	**15956**	**20179**	**23063**	**27516**
中等收入国家	**Middle Income**	**35622**	**57201**	**95212**	**163003**	**196554**	**229755**
中等偏下收入国家	**Lower Middle Income**	**8682**	**12640**	**20715**	**34676**	**41813**	**47533**
中等偏上收入国家	**Upper Middle Income**	**26933**	**44560**	**74487**	**128303**	**154712**	**182215**
中低收入国家	**Low and Middle Income**	**37029**	**58886**	**97690**	**167057**	**201014**	**234763**
东亚和太平洋	**East Asia and Pacific**	**6708**	**17272**	**30729**	**63662**	**76364**	**93039**
欧洲和中亚	**Europe and Central Asia**	**9518**	**7099**	**17015**	**26099**	**30633**	**36159**
拉丁美洲和加勒比	**Latin America and Caribbean**	**11163**	**20541**	**26738**	**40567**	**50386**	**56502**
中东和北非国家	**Middle East and North Africa**	**2663**	**4335**	**6343**	**10620**	**12045**	
南　亚	**South Asia**	**4117**	**6228**	**10453**	**16846**	**20480**	**22718**
撒哈拉以南非洲	**Sub-Saharan Africa**	**3003**	**3418**	**6438**	**9415**	**11033**	**12457**
低收入国家	**Low Income**	**1452**	**1667**	**2412**	**3915**	**4251**	**4744**
最不发达地区	**Least Developed Countries**	**1593**	**1865**	**3140**	**5515**	**6161**	**6804**
重债穷国	**Heavily Indebted Poor Countries**	**1319**	**1398**	**2290**	**3910**	**4308**	**4680**
中　国	China	3569	11985	22569	49913	59305	73185
中国香港	Hong Kong, China	769	1691	1778	2093	2245	2437
中国澳门	Macao, China	30	61	118	213	283	364
阿富汗	Afghanistan			68	142	172	203
阿尔巴尼亚	Albania	21	37	84	121	119	130
阿尔及利亚	Algeria	620	548	1023	1381	1620	1887
安哥拉	Angola	103	91	282	755	825	1010
安提瓜和巴布达	Antigua and Barbuda	4	8	10	12	12	11
阿根廷	Argentina	1414	2842	1832	3071	3687	4460
亚美尼亚	Armenia	23	19	49	86	94	102
澳大利亚	Australia	3141	4169	6965	9242	11316	13718
奥地利	Austria	1648	1921	3050	3818	3766	4185
阿塞拜疆	Azerbaijan	89	53	132	443	529	634
巴哈马	Bahamas	32	63	77	77	78	78
巴　林	Bahrain	42	80	135	193	229	
孟加拉国	Bangladesh	301	471	603	894	1004	1106
巴巴多斯	Barbados	17	26	30	36	41	37
白俄罗斯	Belarus	174	127	302	493	552	551
比利时	Belgium	2028	2327	3774	4734	4667	5115
伯利兹	Belize	4	8	11	13	14	15
贝　宁	Benin	18	23	43	66	66	73
百慕大	Bermuda	16	35	49	58	58	
不　丹	Bhutan	3	4	8	13	15	17
玻利维亚	Bolivia	49	84	95	173	196	244
波　黑	Bosnia and Herzegovinian		55	109	171	166	181
博茨瓦纳	Botswana	38	56	103	115	149	176
巴　西	Brazil	4620	6447	8822	16217	21430	24767
文　莱	Brunei Darussalam	35	60	95	107	124	
保加利亚	Bulgaria	207	129	289	486	477	535
布基纳法索	Burkina Faso	31	26	55	83	88	102
布隆迪	Burundi	11	8	11	18	20	23
柬埔寨	Cambodia		37	63	104	112	129
喀麦隆	Cameroon	112	101	166	222	225	255
加拿大	Canada	5827	7249	11338	13376	15770	17361
佛得角	Cape Verde	3	5	10	16	17	19

附录2-6 续表 1 continued

单位：亿美元 (100 million USD)

国家和地区	Country or Area	1990	2000	2005	2009	2010	2011
中　　非	Central African Rep.	15	10	14	20	20	22
乍　　得	Chad	17	14	53	71	85	95
智　　利	Chile	316	752	1231	1726	2163	2486
哥伦比亚	Colombia	403	1004	1465	2362	2888	3317
科 摩 罗	Comoros	3	2	4	5	5	6
刚果(金)	Congo, Dem. Rep.	93	43	72	112	131	156
刚果(布)	Congo, Rep.	28	32	61	96	120	147
哥斯达黎加	Costa Rica	74	159	200	294	362	410
科特迪瓦	Cote D'Ivoire	108	104	164	230	229	241
克罗地亚	Croatia	248	215	448	634	609	639
古　　巴	Cuba	286	306	426			
塞浦路斯	Cyprus	56	93	170	235	231	247
捷　　克	Czech Rep.	387	588	1301	1962	1977	2152
丹　　麦	Denmark	1358	1601	2577	3111	3122	3327
吉 布 提	Djibouti	5	6	7	10		
多米尼克	Dominica	2	3	4	5	5	5
多米尼加	Dominican Rep.	71	240	340	468	516	556
厄瓜多尔	Ecuador	104	159	369	520	580	670
埃　　及	Egypt	431	998	897	1890	2189	2295
萨尔瓦多	El Salvador	48	131	171	207	214	231
赤道几内亚	Equatorial Guinea	1	13	82	122	145	198
厄立特里亚	Eritrea		6	11	19	21	26
爱沙尼亚	Estonia	50	57	139	192	188	222
埃塞俄比亚	Ethiopia	121	82	123	320	297	317
法罗群岛	Faeroe Islands		11	17	22		
斐　　济	Fiji	13	17	30	29	32	38
芬　　兰	Finland	1389	1218	1958	2397	2365	2661
法　　国	France	12442	13263	21366	26197	25490	27730
加　　蓬	Gabon	60	51	87	109	132	171
冈 比 亚	Gambia	3	8	6	10	11	11
格鲁吉亚	Georgia	77	31	64	108	116	144
德　　国	Germany	17145	18864	27663	32986	32589	35706
加　　纳	Ghana	59	50	107	260	322	392
希　　腊	Greece	933	1244	2401	3218	2991	2987
格 陵 兰	Greenland	10	11	17	13		
格林纳达	Grenada	2	5	7	8	8	8
危地马拉	Guatemala	77	193	272	377	413	469
几 内 亚	Guinea	27	31	29	42	47	51
几内亚比绍	Guinea-Bissau	2	2	6	8	8	10
圭 亚 那	Guyana	4	7	8	20	23	
海　　地	Haiti	29	37	42	65	66	73
洪都拉斯	Honduras	30	71	97	141	153	173
匈 牙 利	Hungary	331	464	1103	1266	1286	1400
冰　　岛	Iceland	64	87	163	121	126	141
印　　度	India	3266	4747	8342	13611	16843	18480
印度尼西亚	Indonesia	1144	1650	2859	5396	7080	8468
伊　　朗	Iran	1160	1013	1920	3310		
伊 拉 克	Iraq		259	313	642	811	1154
爱 尔 兰	Ireland	478	975	2033	2231	2053	2173
马 恩 岛	Isle of Man		16	29			
以 色 列	Israel	525	1249	1340	1949	2174	2429
意 大 利	Italy	11334	11040	17863	21111	20436	21948
牙 买 加	Jamaica	46	90	113	124	139	151

附录2-6 续表 2 continued

单位：亿美元 (100 million USD)

国家和地区	Country or Area	1990	2000	2005	2009	2010	2011
日　　本	Japan	31037	47312	45719	50351	54884	58672
约　　旦	Jordan	40	85	126	238	264	288
哈萨克斯坦	Kazakhstan	269	183	571	1153	1480	1862
肯 尼 亚	Kenya	86	127	187	306	322	336
基里巴斯	Kiribati		1	1	1	2	2
韩　　国	Korea, Rep.	2638	5334	8449	8341	10149	11162
科 威 特	Kuwait	184	377	808	1059	1243	1766
吉尔吉斯斯坦	Kyrgyzstan	27	14	25	47	48	59
老　　挝	Laos	9	17	27	58	72	83
拉脱维亚	Latvia	74	78	160	259	240	283
黎 巴 嫩	Lebanon	28	173	219	349	390	422
莱 索 托	Lesotho	5	7	14	17	22	24
利比里亚	Liberia	4	5	5	9	10	12
利 比 亚	Libya	289	339	440	624		
列支敦士登	Liechtenstein	14	25	37	48		
立 陶 宛	Lithuania	105	114	260	368	363	427
卢 森 堡	Luxemburg	127	203	377	519	530	595
前南马其顿	Macedonia, FYR	45	36	60	93	91	102
马达加斯加	Madagascar	31	39	50	85	87	99
马 拉 维	Malawi	19	17	28	47	51	57
马来西亚	Malaysia	440	938	1380	1929	2378	2787
马尔代夫	Maldives	2	6	10	19	21	21
马　　里	Mali	24	24	53	90	94	106
马 耳 他	Malta	25	40	60	81	82	89
马绍尔群岛	Marshall Islands	1	1	1	2	2	2
毛里塔尼亚	Mauritania	10	13	22	30	36	41
毛里求斯	Mauritius	27	46	63	88	97	113
墨 西 哥	Mexico	2627	5814	8489	8824	10359	11553
密克罗尼西亚	Micronesia, Fed.	1	2	3	3	3	3
摩尔多瓦	Moldova	36	13	30	54	58	70
摩 纳 哥	Monaco	25	26	43	61		
蒙　　古	Mongolia	26	11	25	46	62	86
黑　　山	Montenegro		10	23	41	41	46
摩 洛 哥	Morocco	258	370	595	909	908	1002
莫桑比克	Mozambique	25	42	66	97	92	128
纳米比亚	Namibia	24	39	73	89	111	123
尼 泊 尔	Nepal	36	55	81	129	160	189
荷　　兰	Netherlands	2949	3851	6385	7934	7742	8363
新 西 兰	New Zealand	445	516	1131	1174	1425	
尼加拉瓜	Nicaragua	10	39	49	62	66	73
尼 日 尔	Niger	25	18	34	53	54	60
尼日利亚	Nigeria	285	460	1122	1686	1968	2359
挪　　威	Norway	1176	1683	3041	3748	4178	4858
阿　　曼	Oman	117	199	309	469	578	718
巴基斯坦	Pakistan	400	740	1096	1618	1769	2111
帕　　劳	Palau	1	1	1	2	2	2
巴 拿 马	Panama	53	116	155	241	268	307
巴布亚新几内亚	Papua New Guinea	32	35	49	79	95	129
巴 拉 圭	Paraguay	53	71	75	143	183	239
秘　　鲁	Peru	263	533	794	1269	1539	1767
菲 律 宾	Philippines	443	810	1031	1683	1996	2248
波　　兰	Poland	645	1713	3039	4309	4698	5145
葡 萄 牙	Portugal	777	1173	1918	2341	2272	2375

附录2-6 续表 3 continued

单位：亿美元 (100 million USD)

国家和地区	Country or Area	1990	2000	2005	2009	2010	2011
波多黎各	Puerto Rico	306	617	828	952	963	
卡 塔 尔	Qatar	74	178	430	976	1273	1730
罗马尼亚	Romania	383	371	989	1611	1616	1798
俄罗斯联邦	Russian Fed.	5168	2597	7640	12226	14875	18578
卢 旺 达	Rwanda	26	17	26	53	56	64
圣基茨和尼维斯	Saint Kitts and Nevis	2	4	5	7	7	7
圣卢西亚	Saint Lucia	4	7	9	11	12	12
圣文森特和格林纳丁斯	Saint Vincent and the Grenadines	2	4	6	7	7	7
萨 摩 亚	Samoa	1	2	4	5	6	6
圣马力诺	San Marino		8	14			
圣多美和普林西比	Sao Tome and Principe			1	2	2	2
沙特阿拉伯	Saudi Arabia	1168	1884	3156	3767	4508	5768
塞内加尔	Senegal	57	47	87	128	129	143
塞尔维亚	Serbia		61	252	401	384	450
塞 舌 尔	Seychelles	4	6	9	8	10	10
塞拉利昂	Sierra Leone	6	6	12	19	19	22
新 加 坡	Singapore	361	959	1235	1759	2132	2397
斯洛伐克	Slovakia	117	287	613	872	871	960
斯洛文尼亚	Slovenia	174	200	357	491	469	495
所罗门群岛	Solomon Islands	3	4	4	6	7	8
南　　非	South Africa	1120	1329	2471	2830	3635	4082
西 班 牙	Spain	5210	5803	11308	14556	13833	14908
斯里兰卡	Sri Lanka	80	163	244	421	496	592
苏　　丹	Sudan	124	124	274	546	670	551
苏 里 南	Suriname	4	9	18	39	44	
斯威士兰	Swaziland	11	15	26	29	37	40
瑞　　典	Sweden	2444	2473	3706	4058	4619	5381
瑞　　士	Switzerland	2382	2499	3725	4923	5294	6357
叙 利 亚	Syrian Arab Republic	123	193	289	539	591	
塔吉克斯坦	Tajikistan	26	9	23	50	56	65
坦桑尼亚	Tanzania	43	102	141	214	229	237
泰　　国	Thailand	853	1227	1764	2635	3189	3456
东 帝 汶	Timor-Leste		3	5	8	9	11
多　　哥	Togo	16	13	21	32	32	36
汤　　加	Tonga	1	2	3	3	4	4
特立尼达和多巴哥	Trinidad And Tobago	51	82	161	197	209	225
突 尼 斯	Tunisia	123	215	323	435	442	459
土 耳 其	Turkey	1507	2666	4830	6146	7311	7731
土库曼斯坦	Turkmenistan	32	29	81	187	200	241
乌 干 达	Uganda	43	62	92	158	172	168
乌 克 兰	Ukraine	815	313	861	1172	1364	1652
阿 联 酋	United Arab Emirates	507	1043	1806	2703	2976	3602
英　　国	United Kingdom	10126	14772	22805	21714	22519	24316
美　　国	United States	57508	98988	125643	138636	144471	150940
乌 拉 圭	Uruguay	93	228	174	305	394	467
乌兹别克斯坦	Uzbekistan	134	138	143	328	393	454
瓦努阿图	Vanuatu	2	3	4	6	7	8
委内瑞拉	Venezuela	470	1171	1455	3294	3938	3165
越　　南	Viet Nam	65	312	529	972	1064	1240
也　　门	Yemen	56	96	168	251	310	338
赞 比 亚	Zambia	33	32	72	128	162	192
津巴布韦	Zimbabwe	88	67	58	58	75	99

附录2-7 人均国内生产总值

GDP per Capita

资料来源：世界银行WDI数据库。
Source: World Bank WDI Database.

单位：美元 (USD)

国家和地区	Country or Area	1990	2000	2005	2009	2010	2011
世　界	**World**	**4139**	**5284**	**7024**	**8491**	**9158**	**10037**
高收入国家	**High Income**	**18618**	**25189**	**33049**	**36761**	**38229**	**41095**
经合组织高收入国家	**High Income: OECD**	**19301**	**25990**	**34200**	**38098**	**39487**	**42262**
非经合组织高收入国家	**High Income: nonOECD**	**9038**	**14951**	**19211**	**21914**	**24543**	**28811**
中等收入国家	**Middle Income**	**932**	**1294**	**2028**	**3319**	**3957**	**4575**
中等偏下收入国家	**Lower Middle Income**	**491**	**594**	**897**	**1412**	**1676**	**1877**
中等偏上收入国家	**Upper Middle Income**	**1317**	**1943**	**3121**	**5225**	**6257**	**7321**
中低收入国家	**Low and Middle Income**	**856**	**1162**	**1804**	**2933**	**3486**	**4021**
东亚和太平洋	**East Asia and Pacific**	**418**	**952**	**1624**	**3268**	**3894**	**4713**
欧洲和中亚	**Europe and Central Asia**	**2429**	**1781**	**4264**	**6465**	**7551**	**8872**
拉丁美洲和加勒比	**Latin America and Caribbean**	**2557**	**3995**	**4865**	**7043**	**8650**	**9593**
中东和北非国家	**Middle East and North Africa**	**1181**	**1563**	**2089**	**3263**	**3639**	
南　亚	**South Asia**	**351**	**445**	**689**	**1047**	**1254**	**1371**
撒哈拉以南非洲	**Sub-Saharan Africa**	**588**	**513**	**853**	**1131**	**1293**	**1424**
低收入国家	**Low Income**	**285**	**258**	**334**	**500**	**532**	**581**
最不发达地区	**Least Developed Countries**	**309**	**283**	**424**	**683**	**747**	**806**
重债穷国	**Heavily Indebted Poor Countries**	**359**	**292**	**419**	**646**	**695**	**735**
中　国	China	314	949	1731	3749	4433	5445
中国香港	Hong Kong, China	13478	25374	26092	29882	31758	34457
中国澳门	Macao, China	8313	14129	24493	40121	51999	65550
阿富汗	Afghanistan			228	425	501	576
阿尔巴尼亚	Albania	639	1200	2666	3796	3701	4030
阿尔及利亚	Algeria	2452	1794	3112	3952	4567	5244
安道尔	Andorra	19498	17539	32608			
安哥拉	Angola	993	656	1712	4069	4322	5148
安提瓜和巴布达	Antigua and Barbuda	6295	10334	12193	13830	13006	12596
阿根廷	Argentina	4330	7696	4736	7665	9124	10941
亚美尼亚	Armenia	637	621	1598	2803	3031	3305
澳大利亚	Australia	18405	21766	34149	42101	50746	60642
奥地利	Austria	21470	23974	37067	45638	44885	49707
阿塞拜疆	Azerbaijan	1237	655	1578	4950	5843	6916
巴哈马	Bahamas	12361	21258	24130	22807	22665	22431
巴　林	Bahrain	8582	12489	18571	16518	18184	
孟加拉国	Bangladesh	286	364	429	608	675	735
巴巴多斯	Barbados	6591	9565	11109	13181	15035	13453
白俄罗斯	Belarus	1705	1273	3090	5183	5819	5820
比利时	Belgium	20350	22697	36011	43849	42833	46469
伯利兹	Belize	2185	3331	3821	4049	4064	4133
贝　宁	Benin	387	346	562	766	741	802
百慕大	Bermuda	26321	56042	76543	90161	89739	
不　丹	Bhutan	504	749	1242	1772	2088	2288
玻利维亚	Bolivia	731	1011	1044	1774	1979	2421
波　黑	Bosnia and Herzegovinian		1491	2896	4534	4427	4821
博茨瓦纳	Botswana	2743	3204	5468	5822	7427	8680
巴　西	Brazil	3087	3696	4743	8392	10993	12594
文　莱	Brunei Darussalam	13964	18350	26248	27390	31008	
保加利亚	Bulgaria	2377	1579	3733	6403	6335	7158
布基纳法索	Burkina Faso	333	212	385	522	536	600
布隆迪	Burundi	202	131	154	222	242	271
柬埔寨	Cambodia		294	471	744	795	900
喀麦隆	Cameroon	916	643	945	1157	1147	1271
加拿大	Canada	20968	23560	35088	39656	46212	50345

附录2-7 续表 1 continued

单位：美元 (USD)

国家和地区	Country or Area	1990	2000	2005	2009	2010	2011
佛得角	Cape Verde	973	1233	2055	3256	3345	3798
中 非	Central African Rep.	507	259	336	459	451	483
乍 得	Chad	289	168	542	648	761	823
智 利	Chile	2393	4878	7549	10179	12640	14394
哥伦比亚	Colombia	1213	2524	3404	5173	6238	7067
科摩罗	Comoros	571	359	602	748	736	809
刚果(金)	Congo, Dem. Rep.	257	87	125	175	199	231
刚果(布)	Congo, Rep.	1172	1027	1723	2434	2970	3563
哥斯达黎加	Costa Rica	2411	4069	4633	6404	7774	8676
科特迪瓦	Cote D'Ivoire	862	628	908	1191	1161	1195
克罗地亚	Croatia	5185	4862	10090	14323	13774	14488
古 巴	Cuba	2710	2753	3789			
塞浦路斯	Cyprus	9642	13422	22431	29428	28779	30670
捷 克	Czech Rep.	3375	5725	12706	18707	18789	20407
丹 麦	Denmark	26423	29980	47547	56330	56278	59684
吉布提	Djibouti	804	753	877	1203		
多米尼克	Dominica	2345	4718	5341	7085	6964	7126
多米尼加	Dominican Rep.	983	2793	3670	4776	5195	5530
厄瓜多尔	Ecuador	1009	1291	2751	3648	4008	4569
埃 及	Egypt	759	1476	1209	2371	2698	2781
萨尔瓦多	El Salvador	900	2211	2825	3354	3460	3702
赤道几内亚	Equatorial Guinea	353	2410	13521	17960	20703	27478
厄立特里亚	Eritrea		173	245	364	403	482
爱沙尼亚	Estonia	3193	4144	10330	14345	14045	16556
埃塞俄比亚	Ethiopia	250	125	166	394	358	374
斐 济	Fiji	1836	2075	3655	3377	3687	4391
芬 兰	Finland	27852	23530	37319	44890	44091	49391
法 国	France	21384	21775	33819	40477	39170	42377
加 蓬	Gabon	6407	4103	6322	7409	8768	11114
冈比亚	Gambia	328	606	423	585	608	625
格鲁吉亚	Georgia	1611	692	1470	2441	2614	3203
德 国	Germany	21584	22946	33543	40275	39852	43689
加 纳	Ghana	398	260	495	1090	1319	1570
希 腊	Greece	9190	11396	21621	28521	26433	26427
格陵兰	Greenland	18327	19004	29903	22508		
格林纳达	Grenada	2298	5120	6788	7450	7500	7780
危地马拉	Guatemala	857	1717	2140	2689	2873	3178
几内亚	Guinea	463	373	325	427	474	502
几内亚比绍	Guinea-Bissau	240	174	419	562	551	629
圭亚那	Guyana	547	972	1105	2690	2994	
海 地	Haiti	403	424	444	656	664	726
洪都拉斯	Honduras	624	1143	1412	1896	2019	2226
匈牙利	Hungary	3186	4543	10937	12635	12863	14044
冰 岛	Iceland	25009	30929	54885	37974	39463	44072
印 度	India	363	450	732	1127	1375	1489
印度尼西亚	Indonesia	621	773	1258	2273	2952	3495
伊 朗	Iran	2115	1550	2754	4526		
伊拉克	Iraq		1063	1135	2066	2532	3501
爱尔兰	Ireland	13604	25629	48866	50034	45873	48423
以色列	Israel	11264	19859	19330	26032	28522	31282
意大利	Italy	19983	19388	30479	35073	33788	36116
牙买加	Jamaica	1921	3479	4263	4615	5133	5562
日 本	Japan	24754	37292	35781	39473	43063	45903

附录2-7 续表 2 continued

单位：美元 (USD)

国家和地区	Country or Area	1990	2000	2005	2009	2010	2011
约 旦	Jordan	1268	1764	2326	4027	4370	4666
哈萨克斯坦	Kazakhstan	1647	1229	3771	7165	9070	11245
肯 尼 亚	Kenya	366	406	526	775	795	808
基里巴斯	Kiribati	395	812	1184	1306	1519	1760
韩 国	Korea, Rep.	6153	11347	17551	16959	20540	22424
科 威 特	Kuwait	8827	19434	35688	40023	45437	62664
吉尔吉斯斯坦	Kyrgyzstan	609	280	476	871	880	1075
老 挝	Laos	206	326	475	954	1158	1320
拉脱维亚	Latvia	2796	3301	6973	11476	10723	12726
黎 巴 嫩	Lebanon	963	4612	5394	8321	9227	9904
莱 索 托	Lesotho	330	380	662	796	1004	1106
利比里亚	Liberia	181	186	170	229	247	281
利 比 亚	Libya	6669	6480	7626	9957		
列支敦士登	Liechtenstein	49041	75606	105440	134915		
立 陶 宛	Lithuania	2841	3267	7604	11034	11046	13339
卢 森 堡	Luxemburg	33182	46458	80960	104354	104512	115038
前南马其顿	Macedonia, FYR	2342	1785	2937	4528	4434	4925
马达加斯加	Madagascar	273	252	282	422	421	467
马 拉 维	Malawi	200	155	215	327	339	371
马来西亚	Malaysia	2418	4006	5286	6902	8373	9656
马尔代夫	Maldives	980	2285	3362	6230	6570	6405
马 里	Mali	279	214	403	601	613	669
马 耳 他	Malta	7192	10377	14810	19564	19625	21209
马绍尔群岛	Marshall Islands	1660	2127	2643	2838	3015	3169
毛里塔尼亚	Mauritania	511	490	717	896	1045	1151
毛里求斯	Mauritius	2506	3861	5054	6922	7584	8797
墨 西 哥	Mexico	3116	5817	7973	7876	9133	10064
密克罗尼西亚	Micronesia, Fed.	1528	2181	2285	2528	2678	2852
摩尔多瓦	Moldova	972	354	831	1526	1632	1967
摩 纳 哥	Monaco	80312	75382	121386	172676		
蒙 古	Mongolia	1168	471	991	1690	2250	3056
黑 山	Montenegro		1556	3601	6569	6510	7197
摩 洛 哥	Morocco	1033	1272	1931	2828	2795	3054
莫桑比克	Mozambique	182	233	317	423	394	535
纳米比亚	Namibia	1661	2062	3491	3983	4876	5293
尼 泊 尔	Nepal	190	225	298	438	535	619
荷 兰	Netherlands	19722	24180	39122	47998	46597	50087
新 西 兰	New Zealand	12907	13376	27354	27197	32620	
尼加拉瓜	Nicaragua	245	776	898	1088	1139	1243
尼 日 尔	Niger	319	165	262	351	349	374
尼日利亚	Nigeria	292	372	803	1091	1242	1452
挪 威	Norway	27732	37473	65767	77610	85443	98102
阿 曼	Oman	6255	8775	12721	17280	20791	25221
巴基斯坦	Pakistan	358	512	691	949	1019	1194
帕 劳	Palau	5096	6252	7306	8095	8370	8730
巴 拿 马	Panama	2199	3931	4776	6956	7614	8590
巴布亚新几内亚	Papua New Guinea	774	655	804	1181	1382	1845
巴 拉 圭	Paraguay	1241	1323	1267	2254	2840	3635
秘 鲁	Peru	1213	2061	2881	4412	5292	6009
菲 律 宾	Philippines	719	1048	1205	1836	2140	2370
波 兰	Poland	1694	4454	7963	11294	12303	13463
葡 萄 牙	Portugal	7779	11471	18186	22016	21358	22330
波多黎各	Puerto Rico	8652	16192	21670	25455	25863	

附录2-7 续表 3 continued

单位：美元 (USD)

国家和地区	Country or Area	1990	2000	2005	2009	2010	2011
卡 塔 尔	Qatar	15537	30053	52425	61075	72398	92501
罗马尼亚	Romania	1651	1651	4572	7500	7539	8405
俄罗斯联邦	Russian Fed.	3485	1775	5337	8616	10481	13089
卢 旺 达	Rwanda	364	214	281	509	529	583
圣基茨和尼维斯	Saint Kitts and Nevis	3788	8599	10394	13307	12847	13364
圣卢西亚	Saint Lucia	2962	4622	5361	6413	6890	7001
圣文森特和格林纳丁斯	Saint Vincent and the Grenadines	1845	3684	5070	6153	6172	6291
萨 摩 亚	Samoa	695	1391	2287	2880	3249	3532
圣多美和普林西比	Sao Tome and Principe			746	1209	1215	1473
沙特阿拉伯	Saudi Arabia	7236	9401	13127	14051	16423	20540
塞内加尔	Senegal	789	494	802	1055	1034	1119
塞尔维亚	Serbia		809	3391	5484	5273	6203
塞 舌 尔	Seychelles	5265	7579	11061	9637	11130	11711
塞拉利昂	Sierra Leone	163	153	240	323	325	374
新 加 坡	Singapore	11845	23815	28953	35274	41987	46241
斯洛伐克	Slovakia	2211	5330	11385	16100	16036	17646
斯洛文尼亚	Slovenia	8699	10045	17855	24051	22898	24142
所罗门群岛	Solomon Islands	977	1065	881	1147	1261	1517
南 非	South Africa	3182	3020	5235	5738	7272	8070
西 班 牙	Spain	13410	14414	26056	31707	30026	32244
斯里兰卡	Sri Lanka	463	855	1242	2057	2400	2835
苏 丹	Sudan	468	362	713	1286	1538	1234
苏 里 南	Suriname	981	1911	3593	7486	8292	
斯威士兰	Swaziland	1292	1508	2540	2827	3503	3725
瑞 典	Sweden	28557	27869	41041	43640	49257	56927
瑞 士	Switzerland	35472	34787	50083	63568	67644	80391
叙 利 亚	Syrian Arab Republic	999	1209	1561	2692	2893	
塔吉克斯坦	Tajikistan	496	139	358	734	820	935
坦桑尼亚	Tanzania	172	308	375	506	527	529
泰 国	Thailand	1495	1943	2644	3835	4614	4972
东 帝 汶	Timor-Leste		381	462	710	766	896
多 哥	Togo	444	270	391	535	527	584
汤 加	Tonga	1194	1926	2573	3072	3435	4168
特立尼达和多巴哥	Trinidad And Tobago	4170	6311	12231	14772	15614	16699
突 尼 斯	Tunisia	1507	2245	3219	4169	4194	4297
土 耳 其	Turkey	2784	4189	7088	8554	10050	10498
土库曼斯坦	Turkmenistan	881	645	1707	3745	3967	4722
图 瓦 卢	Tuvalu	980	1480	2289	2664	3190	3634
乌 干 达	Uganda	243	256	325	488	515	487
乌 克 兰	Ukraine	1570	636	1829	2545	2974	3615
阿 联 酋	United Arab Emirates	28033	34395	44385	38960	39625	45653
英 国	United Kingdom	17688	25083	37867	35129	36186	38818
美 国	United States	23038	35082	42516	45192	46702	48442
乌 拉 圭	Uruguay	2991	6914	5252	9117	11742	13866
乌兹别克斯坦	Uzbekistan	651	558	547	1182	1377	1546
瓦努阿图	Vanuatu	1080	1470	1862	2526	2875	3335
委内瑞拉	Venezuela	2381	4819	5475	11606	13658	10810
越 南	Viet Nam	98	402	642	1130	1224	1411
也 门	Yemen	473	544	811	1077	1291	1361
赞 比 亚	Zambia	418	317	626	1006	1253	1425
津巴布韦	Zimbabwe	839	535	458	468	595	776

附录2-8　三次产业对国内生产总值增长的贡献率

Share of the Contributions of the Three Strata of Industry to the Increase of GDP

资料来源：世界银行WDI数据库。
Source: World Bank WDI Database.

单位：%　　(%)

国家和地区	Country or Area	第一产业对国内生产总值增长的贡献率 Contributions of the Primary Industry to the Increase of GDP		第二产业对国内生产总值增长的贡献率 Contributions of the Secondary Industry to the Increase of GDP		第三产业对国内生产总值增长的贡献率 Contributions of the Tertiary Industry to the Increase of GDP	
		2000	2011	2000	2011	2000	2011
中　国	China	4.4	4.6	60.8	51.6	34.8	43.7
孟加拉国	Bangladesh	30.4	14.9	25.8	36.2	43.8	48.9
文　莱	Brunei Darussalam	2.3	-2.7②	66.5	35.2②	31.2	67.5②
柬埔寨	Cambodia	-1.7	19.0②	64.2	58.1②	37.4	22.8②
印　度	India	…	6.2	37.7	14.5	62.3	79.3
印度尼西亚	Indonesia	6.1	6.9	53.9	32.4	40.0	60.6
伊　朗	Iran	10.2	11.1③	60.1	47.0③	29.7	41.9③
日　本	Japan	1.2	-2.1②	29.8	79.9②	68.9	22.3②
哈萨克斯坦	Kazakhstan	-3.2	4.8	60.1	22.7	43.2	72.6
韩　国	Korea, Rep.	0.7	-2.4②	50.9	69.3②	48.4	33.0②
老　挝	Laos	38.5	1.9	26.1	63.5	35.5	34.6
马来西亚	Malaysia	6.0	2.2②	70.6	48.2②	23.4	49.6②
蒙　古	Mongolia	316.7	0.5	-25.5	27.7	-191.3	71.7
巴基斯坦	Pakistan	39.1	10.7	7.7	-0.7	53.2	90.0
菲律宾	Philippines	10.8	6.9	50.1	30.6	39.1	62.5
新加坡	Singapore	-0.1	…	46.1	43.9	54.0	56.1
斯里兰卡	Sri Lanka	4.4	7.2	34.2	17.4	61.4	75.4
泰　国	Thailand	15.2	677.3	49.2	1646.7	35.6	-2224.0
越　南	Viet Nam	16.2	6.7	51.0	44.6	32.8	48.7
埃　及	Egypt	8.9	-14.3	30.5	-10.8	60.7	125.2
尼日利亚	Nigeria		-2.6③		-1.1③		103.7③
南　非	South Africa	1.9	0.6	21.7	15.8	76.4	83.5
加拿大	Canada	-0.7	1.0②	47.8	50.1②	52.9	48.9②
墨西哥	Mexico	0.3	0.9	32.0	37.3	67.7	61.8
美　国	United States	3.0	-1.4②	14.9	37.3②	82.1	64.1②
阿根廷	Argentina	15.0	3.0	137.4	14.2	-52.4	82.8
巴　西	Brazil	1.9	9.3	16.9	16.0	81.2	74.7
委内瑞拉	Venezuela	9.6	5.1②	50.2	100.4②	40.2	-5.6②
捷　克	Czech Rep.	2.6	-3.7②	53.2	66.0②	44.2	37.7②
法　国	France	-1.0	-2.5①	26.9	58.7①	74.2	43.8①
德　国	Germany	-0.1	-.1②	38.1	56.9②	62.0	43.2②
意大利	Italy	-1.5	1.1②	26.5	32.8②	75.1	66.1②
荷　兰	Netherlands	1.1	1.3②	30.7	41.0②	68.2	57.7②
波　兰	Poland	-5.0	-1.5②	35.1	70.6②	69.9	30.9②
俄罗斯联邦	Russian Fed.	8.5	-16.7②	48.2	72.4②	43.3	44.3②
西班牙	Spain	6.0	-78.6②	28.3	-874.5②	65.7	1053.1②
土耳其	Turkey	13.7	2.4	32.1	44.3	54.1	53.3
乌克兰	Ukraine	22.7	22.3	49.0	53.3	28.3	24.4
英　国	United Kingdom	-0.1	-1.0②	9.3	34.6②	90.9	66.4②
澳大利亚	Australia	4.0	19.5	25.8	11.7	70.2	68.7
新西兰	New Zealand	5.4	-1.1①	5.8	233.0①	88.7	-131.9①

注：①2009年数据。②2010年数据。③2008年数据。
Note:①Data refer to 2009.②Data refer to 2010.③Data refer to 2008.

附录2-9 资本形成总额、消费支出及净出口对国内生产总值增长的贡献率

Share of the Contributions of Gross Capital Formation, Final Consumption Expenditure and External Balance on Goods and Services to the Increase of GDP

资料来源：世界银行数据库。
Source: World Bank Database.

单位：% (%)

国家和地区	Country or Area	资本形成总额 Gross Capital Formation		消费支出 Final Consumption Expenditure		净出口 External Balance on Goods and Services	
		2000	2011	2000	2011	2000	2011
中　　国	China	22.4	48.8	65.1	55.5	12.5	-4.3
中国香港	Hong Kong, China		35.6①		59.4①		5.0①
中国澳门	Macao, China	-172.1	9.7	-73.7	14.8	345.9	75.5
文　　莱	Brunei Darussalam	-122.5	25.6①	-0.5	-63.0①	223.0	137.4①
印度尼西亚	Indonesia	46.9	32.9	20.3	40.8	32.7	26.3
伊　　朗	Iran	37.5		74.7		-12.2	
以 色 列	Israel		86.6		56.6		-43.2
日　　本	Japan		62.7②		5.0②		32.4②
哈萨克斯坦	Kazakhstan	33.7	29.2	47.3	96.3	19.0	-25.5
韩　　国	Korea, Rep.	51.8③	51.6①	35.8③	46.0①	12.4③	2.4①
马来西亚	Malaysia	195.8	99.1①	158.6	49.5①	-254.5	-48.6①
巴基斯坦	Pakistan		35.4④		127.1④		-62.5④
菲 律 宾	Philippines		70.3①		37.1①		-7.4①
新 加 坡	Singapore	81.9	43.1	82.1	32.9	-64.0	24.0
泰　　国	Thailand	52.5	10.6	72.1	64.2	-24.6	25.3
埃　　及	Egypt		30.0		47.4		22.5
南　　非	South Africa	10.2		66.7		23.1	
加 拿 大	Canada	28.4	48.7④	53.1	439.4④	18.5	-388.1④
墨 西 哥	Mexico	16.1③		88.3③		-4.4③	
阿 根 廷	Argentina		46.8①		75.4①		-22.2①
巴　　西	Brazil		64.0④		94.4④		-58.4④
委内瑞拉	Venezuela	49.8		84.1		-33.9	
捷　　克	Czech Rep.		-17.2		-22.4		139.6
法　　国	France	46.6		64.4		-11.0	
德　　国	Germany	50.7⑤	45.0	88.5⑤	32.9	-39.2⑤	22.1
意 大 利	Italy	33.2	64.5②	52.6	13.7②	14.2	21.9②
荷　　兰	Netherlands	7.2	92.5	58.7	-35.7	34.2	43.2
俄罗斯联邦	Russian Fed.	85.8	-911.1①	36.2	-366.1①	-22.0	1377.2①
西 班 牙	Spain	55.2⑤		72.6⑤		-27.8⑤	
土 耳 其	Turkey	68.5⑤	93.3①	-13.9⑤	55.2①	45.4⑤	-48.5①
英　　国	United Kingdom	50.4③		85.2③		-35.6③	
澳大利亚	Australia	22.0	94.0	68.6	160.9	9.4	-154.9
新 西 兰	New Zealand	-6.1	95.6①	21.9	103.5①	84.1	-99.1①

注：①2010年数据。②2009年数据。③1998年数据。④2008年数据。⑤1999年数据。
Note:①Data refer to 2010.②Data refer to 2009.③Data refer to 1998.④Data refer to 2008.⑤Data refer to 1999.

附录2-10　年中人口

Mid-year Population

资料来源：世界银行WDI数据库。
Source: World Bank WDI Database.

国家和地区	Country or Area	年中人口（万人） Mid-year Population (10 000 persons)				增长率(%) Growth Rate (%)
		2000	2005	2010	2011	2011
世　界	**World**	**611813.1**	**650318.6**	**689437.8**	**697373.8**	**1.2**
高收入国家	**High Income**	**104973.5**	**108671.1**	**112791.6**	**113500.4**	**0.6**
中等收入国家	**Middle Income**	**442206.1**	**469524.9**	**496665.8**	**502192.4**	**1.1**
中低收入国家	**Low and Middle Income**	**506839.6**	**541647.5**	**576646.1**	**583873.4**	**1.3**
低收入国家	**Low Income**	**64633.5**	**72122.6**	**79980.4**	**81681.0**	**2.1**
中　国	China	126264.5	130372.0	133782.5	134413.0	0.5
中国香港	Hong Kong, China	666.5	681.3	706.8	707.2	0.1
中国澳门	Macao, China	43.2	48.1	54.4	55.6	2.2
阿富汗	Afghanistan	2595.1	2990.5	3438.5	3532.0	2.7
阿尔巴尼亚	Albania	307.2	314.2	320.4	321.6	0.4
阿尔及利亚	Algeria	3053.4	3288.8	3546.8	3598.0	1.4
美属萨摩亚	American Samoa	5.8	6.3	6.8	7.0	1.6
安道尔	Andorra	6.5	7.8	8.5	8.6	1.5
安哥拉	Angola	1392.6	1648.9	1908.2	1961.8	2.8
安提瓜和巴布达	Antigua and Barbuda	7.8	8.4	8.9	9.0	1.0
阿根廷	Argentina	3693.1	3868.1	4041.2	4076.5	0.9
亚美尼亚	Armenia	307.6	306.6	309.2	310.0	0.3
阿鲁巴岛	Aruba	9.0	10.1	10.7	10.8	0.6
澳大利亚	Australia	1915.3	2039.5	2230.0	2262.1	1.4
奥地利	Austria	801.2	822.8	839.0	841.9	0.3
阿塞拜疆	Azerbaijan	804.9	839.2	905.4	916.8	1.2
巴哈马	Bahamas	29.8	31.9	34.3	34.7	1.2
巴　林	Bahrain	63.8	72.5	126.2	132.4	4.8
孟加拉国	Bangladesh	12959.2	14058.8	14869.2	15049.4	1.2
巴巴多斯	Barbados	26.8	27.1	27.3	27.4	0.2
白俄罗斯	Belarus	1000.5	977.6	949.0	947.3	-0.2
比利时	Belgium	1025.1	1047.9	1089.6	1100.8	1.0
伯利兹	Belize	25.0	29.2	34.5	35.7	3.4
贝　宁	Benin	651.8	763.4	885.0	910.0	2.8
百慕大	Bermuda	6.2	6.4	6.4	6.5	0.7
不　丹	Bhutan	57.1	65.9	72.6	73.8	1.7
玻利维亚	Bolivia	830.7	914.7	993.0	1008.8	1.6
波　黑	Bosnia and Herzegovinian	369.4	378.1	376.0	375.2	-0.2
博茨瓦纳	Botswana	175.8	187.6	200.7	203.1	1.2
巴　西	Brazil	17442.5	18598.7	19494.6	19665.5	0.9
文　莱	Brunei Darussalam	32.7	36.3	39.9	40.6	1.7
保加利亚	Bulgaria	817.0	774.0	753.4	747.6	-0.8
布基纳法索	Burkina Faso	1229.4	1419.8	1646.9	1696.8	3.0
布隆迪	Burundi	637.4	725.1	838.3	857.5	2.3
柬埔寨	Cambodia	1244.7	1335.8	1413.8	1430.5	1.2
喀麦隆	Cameroon	1567.8	1755.4	1959.9	2003.0	2.2
加拿大	Canada	3077.0	3231.2	3412.6	3448.3	1.0
佛得角	Cape Verde	43.7	47.3	49.6	50.1	0.9
开曼群岛	Cayman Islands	4.0	5.2	5.6	5.7	0.9
中　非	Central African Rep.	370.2	401.8	440.1	448.7	1.9
乍　得	Chad	822.2	978.6	1122.7	1152.5	2.6
海峡群岛	Channel Islands	14.5	14.9	15.3	15.4	0.3
智　利	Chile	1542.0	1630.2	1711.4	1727.0	0.9
哥伦比亚	Colombia	3976.4	4304.1	4629.5	4692.7	1.4
科摩罗	Comoros	56.2	64.3	73.5	75.4	2.6
刚果(金)	Congo, Dem. Rep.	4962.6	5742.1	6596.6	6775.8	2.7
刚果(布)	Congo, Rep.	313.6	353.3	404.3	414.0	2.4
哥斯达黎加	Costa Rica	391.9	430.9	465.9	472.7	1.4
科特迪瓦	Cote D'Ivoire	1658.2	1802.1	1973.8	2015.3	2.1

附录2-10 续表 1 continued

国家和地区	Country or Area	年中人口（万人）Mid-year Population (10 000 persons)				增长率(%) Growth Rate (%)
		2000	2005	2010	2011	2011
克罗地亚	Croatia	442.6	444.2	441.8	440.7	-0.2
古　巴	Cuba	1110.4	1125.4	1125.8	1125.4	…
塞浦路斯	Cyprus	94.3	103.3	110.4	111.7	1.2
捷　克	Czech Rep.	1027.2	1023.6	1052.0	1054.6	0.2
丹　麦	Denmark	534.0	541.9	554.8	557.4	0.5
吉布提	Djibouti	73.2	80.8	88.9	90.6	1.9
多米尼克	Dominica	7.0	6.9	6.8	6.8	-0.1
多米尼加	Dominican Rep.	859.2	926.4	992.7	1005.6	1.3
厄瓜多尔	Ecuador	1234.5	1342.6	1446.5	1466.6	1.4
埃　及	Egypt	6764.8	7420.3	8112.1	8253.7	1.7
萨尔瓦多	El Salvador	594.0	605.1	619.3	622.7	0.6
赤道几内亚	Equatorial Guinea	52.0	60.8	70.0	72.0	2.8
厄立特里亚	Eritrea	366.8	448.6	525.4	541.5	3.0
爱沙尼亚	Estonia	137.0	134.6	134.0	134.0	…
埃塞俄比亚	Ethiopia	6557.8	7426.4	8295.0	8473.4	2.1
法罗群岛	Faeroe Islands	4.6	4.8	4.9	4.9	0.3
斐　济	Fiji	81.2	82.3	86.1	86.8	0.9
芬　兰	Finland	517.6	524.6	536.3	538.7	0.4
法　国	France	6091.1	6317.6	6507.6	6543.7	0.6
法属波立尼西亚	French Polynesia	23.8	25.5	27.1	27.4	1.1
加　蓬	Gabon	123.5	137.1	150.5	153.4	1.9
冈比亚	Gambia	129.7	150.4	172.8	177.6	2.7
格鲁吉亚	Georgia	441.8	436.1	445.3	448.6	0.7
德　国	Germany	8221.2	8246.9	8177.7	8172.6	-0.1
加　纳	Ghana	1916.5	2164.0	2439.2	2496.6	2.3
直布罗陀	Gibraltar	2.7	2.9	2.9		
希　腊	Greece	1091.7	1110.4	1131.6	1130.4	-0.1
格陵兰	Greenland	5.6	5.7	5.7	5.7	0.4
格林纳达	Grenada	10.2	10.3	10.4	10.5	0.4
关　岛	Guam	15.5	16.9	18.0	18.2	1.2
危地马拉	Guatemala	1123.7	1271.7	1438.9	1475.7	2.5
几内亚	Guinea	834.4	904.1	998.2	1022.2	2.4
几内亚比绍	Guinea-Bissau	124.1	136.8	151.5	154.7	2.1
圭亚那	Guyana	73.3	74.6	75.4	75.6	0.2
海　地	Haiti	864.5	934.7	999.3	1012.4	1.3
洪都拉斯	Honduras	621.8	687.9	760.1	775.5	2.0
匈牙利	Hungary	1021.1	1008.7	1000.0	997.1	-0.3
冰　岛	Iceland	28.1	29.7	31.8	31.9	0.3
印　度	India	105389.8	114004.3	122461.4	124149.2	1.4
印度尼西亚	Indonesia	21339.5	22730.3	23987.1	24232.6	1.0
伊　朗	Iran	6534.2	6973.2	7397.4	7479.9	1.1
伊拉克	Iraq	2431.4	2759.8	3203.1	3296.2	2.9
爱尔兰	Ireland	380.5	416.0	447.4	448.7	0.3
马恩岛	Isle of Man	7.7	8.0	8.3	8.3	0.6
以色列	Israel	628.9	693.0	762.4	776.6	1.8
意大利	Italy	5694.2	5860.7	6048.3	6077.0	0.5
牙买加	Jamaica	258.9	265.0	270.2	270.9	0.3
日　本	Japan	12687.0	12777.3	12745.0	12781.7	0.3
约　旦	Jordan	479.8	541.2	604.7	618.1	2.2
哈萨克斯坦	Kazakhstan	1488.4	1514.7	1632.3	1655.8	1.4
肯尼亚	Kenya	3125.4	3561.5	4051.3	4161.0	2.7
基里巴斯	Kiribati	8.4	9.2	10.0	10.1	1.5
朝　鲜	Korea, Dem.	2289.4	2374.6	2434.6	2445.1	0.4
韩　国	Korea, Rep.	4700.8	4813.8	4941.0	4977.9	0.7

附录2-10 续表 2 continued

国家和地区	Country or Area	年中人口（万人） Mid-year Population (10 000 persons)				增长率(%) Growth Rate (%)
		2000	2005	2010	2011	2011
科威特	Kuwait	194.1	226.4	273.7	281.8	2.9
吉尔吉斯斯坦	Kyrgyzstan	489.8	516.3	544.8	550.7	1.1
老挝	Laos	531.7	575.3	620.1	628.8	1.4
拉脱维亚	Latvia	237.3	230.1	223.9	222.0	-0.9
黎巴嫩	Lebanon	374.2	405.2	422.8	425.9	0.8
莱索托	Lesotho	196.4	206.6	217.1	219.4	1.0
利比里亚	Liberia	284.7	318.3	399.4	412.9	3.3
利比亚	Libya	523.1	577.0	635.5	642.3	1.1
列支敦士登	Liechtenstein	3.3	3.5	3.6	3.6	0.8
立陶宛	Lithuania	350.0	341.4	328.7	320.3	-2.6
卢森堡	Luxemburg	43.6	46.5	50.7	51.7	2.0
前南马其顿	Macedonia, FYR	200.9	203.8	206.1	206.4	0.2
马达加斯加	Madagascar	1536.4	1788.6	2071.4	2131.5	2.9
马拉维	Malawi	1122.9	1282.3	1490.1	1538.1	3.2
马来西亚	Malaysia	2341.5	2610.0	2840.1	2885.9	1.6
马尔代夫	Maldives	27.3	29.5	31.6	32.0	1.3
马里	Mali	1129.5	1317.7	1537.0	1584.0	3.0
马耳他	Malta	38.1	40.4	41.6	41.9	0.7
马绍尔群岛	Marshall Islands	5.2	5.2	5.4	5.5	1.4
毛里塔尼亚	Mauritania	264.3	304.7	346.0	354.2	2.3
毛里求斯	Mauritius	118.7	124.3	128.1	128.6	0.4
墨西哥	Mexico	9996.0	10648.4	11342.3	11479.3	1.2
密克罗尼西亚	Micronesia, Fed.	10.7	10.9	11.1	11.2	0.4
摩尔多瓦	Moldova	364.0	359.5	356.2	355.9	-0.1
摩纳哥	Monaco	3.5	3.5	3.5	3.5	0.1
蒙古	Mongolia	241.1	254.7	275.6	280.0	1.6
黑山	Montenegro	63.3	62.7	63.1	63.2	0.1
摩洛哥	Morocco	2879.3	3039.2	3195.1	3227.3	1.0
莫桑比克	Mozambique	1820.1	2077.0	2339.1	2393.0	2.3
缅甸	Myanmar	4495.8	4632.1	4796.3	4833.7	0.8
纳米比亚	Namibia	189.6	208.0	228.3	232.4	1.8
尼泊尔	Nepal	2440.1	2728.2	2995.9	3048.6	1.7
荷兰	Netherlands	1592.6	1632.0	1661.5	1669.6	0.5
新喀里多尼亚	New Caledonia	21.3	23.4	24.7	24.9	0.8
新西兰	New Zealand	385.8	413.4	436.8	440.5	0.9
尼加拉瓜	Nicaragua	507.4	542.4	578.8	587.0	1.4
尼日尔	Niger	1092.2	1299.4	1551.2	1606.9	3.5
尼日利亚	Nigeria	12368.9	13982.3	15842.3	16247.1	2.5
北马里亚纳群岛	Northern Mariana Islands	6.8	6.7	6.1	6.1	0.4
挪威	Norway	449.1	462.3	488.9	495.2	1.3
阿曼	Oman	226.4	243.0	278.2	284.6	2.3
巴基斯坦	Pakistan	14452.2	15864.5	17359.3	17674.5	1.8
帕劳	Palau	1.9	2.0	2.0	2.1	0.7
巴拿马	Panama	295.6	323.8	351.7	357.1	1.5
巴布亚新几内亚	Papua New Guinea	537.9	609.5	685.8	701.4	2.2
巴拉圭	Paraguay	534.4	589.8	645.5	656.8	1.7
秘鲁	Peru	2586.2	2755.9	2907.7	2940.0	1.1
菲律宾	Philippines	7731.0	8554.6	9326.1	9485.2	1.7
波兰	Poland	3845.4	3816.5	3818.4	3821.6	0.1
葡萄牙	Portugal	1022.6	1054.9	1063.7	1063.7	…
波多黎各	Puerto Rico	381.1	382.1	372.2	370.7	-0.4
卡塔尔	Qatar	59.1	82.1	175.9	187.0	6.1
罗马尼亚	Romania	2244.3	2163.4	2143.8	2139.0	-0.2
俄罗斯联邦	Russian Fed.	14630.3	14315.0	14192.0	14193.0	…

附录2−10 续表 3 continued

国家和地区	Country or Area	年中人口（万人）Mid-year Population (10 000 persons)				增长率(%) Growth Rate (%)
		2000	2005	2010	2011	2011
卢 旺 达	Rwanda	809.8	920.2	1062.4	1094.3	3.0
圣基茨和尼维斯	Saint Kitts and Nevis	4.4	4.9	5.2	5.3	1.2
圣卢西亚	Saint Lucia	15.6	16.4	17.4	17.6	1.1
圣文森特和格林纳丁斯	Saint Vincent and the Grenadines	10.8	10.9	10.9	10.9	…
萨 摩 亚	Samoa	17.7	18.0	18.3	18.4	0.4
圣马力诺	San Marino	2.7	3.0	3.2	3.2	0.6
圣多美和普林西比	Sao Tome and Principe	14.1	15.3	16.5	16.9	1.9
沙特阿拉伯	Saudi Arabia	2004.5	2404.1	2744.8	2808.3	2.3
塞内加尔	Senegal	950.6	1087.2	1243.4	1276.8	2.6
塞尔维亚	Serbia	751.6	744.1	729.1	726.1	-0.4
塞 舌 尔	Seychelles	8.1	8.3	8.7	8.6	-0.6
塞拉利昂	Sierra Leone	414.3	515.3	586.8	599.7	2.2
新 加 坡	Singapore	402.8	426.6	507.7	518.4	2.1
斯洛伐克	Slovakia	538.9	538.7	543.0	544.0	0.2
斯洛文尼亚	Slovenia	198.9	200.0	204.9	205.2	0.2
所罗门群岛	Solomon Islands	40.9	47.0	53.8	55.2	2.6
索 马 里	Somalia	739.9	836.0	933.1	955.7	2.4
南 非	South Africa	4400.0	4719.8	4999.1	5058.7	1.2
西 班 牙	Spain	4026.3	4339.8	4607.1	4623.5	0.4
斯里兰卡	Sri Lanka	1910.2	1964.4	2065.3	2086.9	1.0
苏 丹	Sudan	2755.6	3077.8	3360.4	3431.8	2.1
苏 里 南	Suriname	46.7	49.9	52.5	52.9	0.9
斯威士兰	Swaziland	101.1	101.7	105.6	106.8	1.2
瑞 典	Sweden	887.2	903.0	937.8	945.3	0.8
瑞 士	Switzerland	718.4	743.7	782.6	790.7	1.0
叙 利 亚	Syrian Arab Republic	1598.9	1848.4	2044.7	2082.0	1.8
塔吉克斯坦	Tajikistan	617.3	645.3	687.9	697.7	1.4
坦桑尼亚	Tanzania	3403.8	3883.1	4484.1	4621.8	3.0
泰 国	Thailand	6315.5	6669.8	6912.2	6951.9	0.6
东 帝 汶	Timor-Leste	83.0	98.3	114.3	117.6	2.9
多 哥	Togo	479.4	540.8	602.8	615.5	2.1
汤 加	Tonga	9.8	10.1	10.4	10.5	0.4
特立尼达和多巴哥	Trinidad And Tobago	129.2	131.5	134.1	134.6	0.4
突 尼 斯	Tunisia	956.4	1002.9	1054.9	1067.4	
土 耳 其	Turkey	6362.8	6814.3	7275.2	7364.0	1.2
土库曼斯坦	Turkmenistan	450.1	474.8	504.2	510.5	1.2
特克斯和凯科斯群岛	Turks and Caicos Islands	1.9	3.1	3.8	3.9	2.1
图 瓦 卢	Tuvalu	0.9	1.0	1.0	1.0	0.2
乌 干 达	Uganda	2421.3	2843.1	3342.5	3450.9	3.2
乌 克 兰	Ukraine	4917.6	4710.5	4587.1	4570.6	-0.4
阿 联 酋	United Arab Emirates	303.3	406.9	751.2	789.1	4.9
英 国	United Kingdom	5889.3	6022.4	6223.1	6264.1	0.7
美 国	United States	28216.2	29551.7	30935.0	31159.2	0.7
美属维尔京群岛	Virgin Islands(US)	10.9	11.0	11.0	11.0	-0.1
乌 拉 圭	Uruguay	330.1	330.6	335.7	336.9	0.4
乌兹别克斯坦	Uzbekistan	2465.0	2616.7	2856.2	2934.1	2.7
瓦努阿图	Vanuatu	18.5	21.1	24.0	24.6	2.5
委内瑞拉	Venezuela	2431.1	2657.7	2883.4	2927.8	1.5
越 南	Viet Nam	7763.1	8239.4	8692.8	8784.0	1.0
约旦河西岸和加沙	West Bank and Gaza	300.4	357.5	390.5	401.9	2.9
也 门	Yemen	1772.3	2064.9	2405.3	2480.0	3.1
赞 比 亚	Zambia	1020.2	1146.2	1292.6	1347.5	4.2
津巴布韦	Zimbabwe	1250.9	1257.1	1257.1	1275.4	1.4

附录2-11 万美元国内生产总值能耗

Energy Consumption per Ten Thousand USD of GDP

资料来源：世界银行WDI数据库。
Source: World Bank WDI Database.
单位：吨标准油/万美元 (ton of oil equivalent per 10 000 USD)

国家和地区	Country or Area	2000	2005	2007	2008	2009	2010
世　界	**World**	**3.01**	**3.00**	**2.92**	**2.93**	**2.97**	
高收入国家	**High Income**	**2.04**	**1.93**	**1.84**	**1.82**	**1.81**	**1.81**
中等收入国家	**Middle Income**	**7.34**	**7.07**	**6.59**	**6.53**	**6.48**	
低收入国家	**Low Income**	**11.83**	**10.88**	**10.42**	**10.18**	**9.93**	
中　国	China	9.14	8.89	7.99	7.86	7.68	
中国香港	Hong Kong, China	0.79	0.61	0.61	0.59	0.64	
孟加拉国	Bangladesh	3.95	3.89	3.80	3.78	3.78	
文　莱	Brunei Darussalam	4.09	3.82	4.78	5.32	4.66	
柬埔寨	Cambodia	10.89	8.33	7.32	6.98	6.96	
印　度	India	9.63	8.17	7.55	7.54	7.61	
印度尼西亚	Indonesia	9.43	8.72	8.07	7.76	7.81	
伊　朗	Iran	12.76	13.24	12.88	13.33	13.65	
以色列	Israel	1.46	1.46	1.39	1.39	1.33	1.29
日　本	Japan	1.10	1.04	0.99	0.96	0.97	0.97
哈萨克斯坦	Kazakhstan	19.45	16.94	18.30	18.56	17.44	
韩　国	Korea, Rep.	3.53	3.16	3.02	3.02	3.04	3.08
马来西亚	Malaysia	5.04	5.29	5.22	5.23	4.86	
蒙　古	Mongolia	20.79	16.45	16.34	15.26	16.17	
巴基斯坦	Pakistan	8.59	8.07	7.95	7.70	7.67	
菲律宾	Philippines	4.99	3.86	3.35	3.34	3.24	
新加坡	Singapore	2.01	1.54	1.09	1.15	1.28	
斯里兰卡	Sri Lanka	5.10	4.54	4.06	3.71	3.71	
泰　国	Thailand	5.90	6.10	5.88	5.97	5.94	
越　南	Viet Nam	11.84	11.38	10.66	10.59	10.88	
埃　及	Egypt	4.52	5.12	4.95	4.86	4.72	
尼日利亚	Nigeria	19.53	16.83	15.13	14.95	13.64	
南　非	South Africa	8.61	8.13	7.77	8.10	7.90	
加拿大	Canada	3.47	3.31	3.15	3.06	3.01	2.93
墨西哥	Mexico	2.50	2.67	2.54	2.59	2.66	2.45
美　国	United States	2.30	2.08	2.00	1.96	1.93	1.94
阿根廷	Argentina	2.14	2.14	1.99	1.94	1.87	
巴　西	Brazil	2.93	2.91	2.89	2.90	2.81	
委内瑞拉	Venezuela	4.82	5.01	4.04	3.94	4.13	
捷　克	Czech Rep.	6.97	6.25	5.63	5.32	5.26	5.16
法　国	France	1.90	1.88	1.76	1.78	1.76	1.78
德　国	Germany	1.79	1.74	1.59	1.59	1.60	1.60
意大利	Italy	1.55	1.59	1.49	1.48	1.46	1.49
荷　兰	Netherlands	1.90	1.92	1.80	1.77	1.80	1.89
波　兰	Poland	5.20	4.63	4.28	4.12	3.89	4.05
俄罗斯联邦	Russian Fed.	23.84	18.64	16.38	15.94	16.25	
西班牙	Spain	2.10	2.08	1.96	1.87	1.78	1.80
土耳其	Turkey	2.86	2.53	2.68	2.63	2.74	2.69
乌克兰	Ukraine	42.80	31.59	26.23	25.40	25.30	
英　国	United Kingdom	1.51	1.31	1.16	1.16	1.15	1.17
澳大利亚	Australia	2.59	2.44	2.39	2.38	2.38	2.23
新西兰	New Zealand	3.26	2.64	2.60	2.69	2.73	2.82

附录2–12 广义货币占国内生产总值比重

Money and Quasi Money (M2) as Percentage of GDP

资料来源：世界银行WDI数据库。
Source: World Bank WDI Database.

单位：% (%)

国家和地区	Country or Area	2000	2005	2007	2008	2009	2010	2011
中　国	**China**	**137.0**	**153.0**	**151.8**	**151.3**	**179.0**	**180.8**	**180.1**
中国香港	Hong Kong, China	227.8	257.1	303.8	305.0	331.8	331.5	334.8
中国澳门	Macao, China	173.4	143.4	127.6	114.0	124.5	107.3	101.9
孟加拉国	Bangladesh	34.6	54.5	58.4	58.9	62.9	67.4	69.5
文　莱	Brunei Darussalam	85.7	57.8	54.1	53.6	76.8	74.5	
柬埔寨	Cambodia	13.0	19.3	32.2	28.4	37.5	41.6	38.9
印　度	India	53.9	64.5	71.0	75.8	78.0	77.3	77.8
印度尼西亚	Indonesia	53.9	43.4	41.8	38.3	38.2	38.4	38.7
伊　朗	Iran	36.4	36.8	40.2	36.1	45.0		
以色列	Israel	86.2	98.3	99.9	104.7	104.5	87.7	92.1
日　本	Japan	240.6	206.8	203.2	209.5	227.4	226.6	240.0
哈萨克斯坦	Kazakhstan	15.3	27.2	36.0	39.0	44.0	38.9	35.7
韩　国	Korea, Rep.	68.5	65.5	60.9	67.1	72.5	75.6	78.1
老　挝	Laos	16.5	19.1	24.1	24.3	30.8	35.9	
马来西亚	Malaysia	122.7	130.0	129.7	124.0	145.9	139.0	143.1
蒙　古	Mongolia	21.1	37.5	48.4	34.6	43.7	55.6	59.2
缅　甸	Myanmar	31.5						
巴基斯坦	Pakistan	38.6	49.2	50.5	45.2	41.8	41.2	37.9
菲律宾	Philippines	57.7	54.3	60.5	59.4	62.1	61.4	59.8
新加坡	Singapore	105.1	105.3	111.2	132.6	149.1	130.0	135.7
斯里兰卡	Sri Lanka	38.4	41.7	39.3	34.6	37.4	37.4	38.1
泰　国	Thailand	114.5	111.4	106.4	109.1	117.0	116.1	128.3
越　南	Viet Nam	44.6	77.3	109.6	101.9	115.2	125.1	109.4
埃　及	Egypt	76.7	97.1	96.2	88.4	83.1	80.7	76.1
尼日利亚	Nigeria	22.2	17.7	28.0	36.4	40.7	37.7	34.9
南　非	South Africa	54.1	69.9	82.7	84.6	81.2	78.3	76.1
加拿大	Canada	73.1	151.9	114.7	126.0			
墨西哥	Mexico	27.3	27.5	26.4	26.7	30.4	31.3	31.4
美　国	United States	71.0	74.9	82.1	87.2	88.8	83.5	86.0
阿根廷	Argentina	31.8	31.4	30.8	26.2	27.6	29.2	28.8
巴　西	Brazil	47.3	54.6	61.8	64.1	69.4	68.8	74.4
委内瑞拉	Venezuela	19.8	22.6	31.3	28.8	35.6	31.6	36.6
捷　克	Czech Rep.	63.7	58.2	65.0	70.2	72.5	73.1	74.5
法　国	France	101.0	118.0	133.2	140.2	145.9	150.1	158.9
德　国	Germany	169.6	182.2	183.0	188.1	193.4	185.5	181.4
意大利	Italy	81.5	94.6	113.2	126.0	140.9	152.3	153.6
荷　兰	Netherlands	138.2	184.3	194.8	198.5	223.0	225.2	231.6
波　兰	Poland	40.6	43.5	47.8	52.4	53.7	55.4	58.0
俄罗斯联邦	Russian Fed.	21.5	33.4	42.8	39.4	49.2	52.7	52.8
西班牙	Spain	97.8	141.0	184.6	194.2	209.9	210.8	199.7
土耳其	Turkey	34.5	40.5	43.8	48.6	54.6	56.1	54.9
乌克兰	Ukraine	18.6	44.0	55.0	54.4	53.4	55.2	52.1
英　国	United Kingdom	106.1	129.6	152.8	176.4	181.4	179.6	166.6
澳大利亚	Australia	67.4	78.9	100.0	105.1	99.8	106.6	106.3
新西兰	New Zealand	80.4	79.9	87.0	94.3	92.6	95.2	

附录2-13 生产者价格指数

Producer Price Indices

资料来源：联合国统计月报数据库。
Source: UN Monthly Bulletin of Statistics Database.

2005年=100 (2005=100)

国家和地区	Country or Area	2007	2008	2009	2010	2011
中国香港	Hong Kong, China					
工业产品价格指数	Industrial Products	105.3	111.1	109.2	115.8	
孟加拉国	Bangladesh					
按生产阶段分	by Stage of Processing					
中间产品价格指数	Intermediate Products			218.5	218.3	
按最终用途分	by End-Use					
消费品价格指数	Consumers' Goods			294.3	296.8	
投资用品价格指数	Capital Goods			269.3	280.8	
印　度	India					
按供给组成分	by Components of Supply					
国内供应价格指数	Domestic Supply	111.1	120.8	123.7	135.5	148.4
农业产品价格指数	Agricultural Products	118.8	127.4	143.6	169.0	184.3
工业产品价格指数	Industrial Products	109.7	117.3	119.2	125.7	134.9
按生产阶段分	by Stage of Processing					
原材料价格指数	Raw Materials	119.0	131.6	144.2	171.8	192.5
伊　朗	Iran					
按供给组成分	by Components of Supply					
国内供应价格指数	Domestic Supply	125.5	168.6	181.1	211.2	
农业产品价格指数	Agricultural Products	130.5	179.5	200.7	225.5	
工业产品价格指数	Industrial Products	123.5	166.7	171.7	209.5	
按生产阶段分	by Stage of Processing					
原材料价格指数	Raw Materials	132.1				
以色列	Israel					
按供给组成分	by Components of Supply					
工业产品价格指数	Industrial Products	108.3		115.0	116.3	125.4
日　本①	Japan①					
按供给组成分	by Components of Supply					
国内供应价格指数	Domestic Supply	107.4	113.2	102.3	100.0	107.2
国内生产价格指数	Domestic Production	104.0	108.7	103.0	100.0	105.0
农业产品价格指数	Agricultural Products	97.4	98.7	96.1	100.0	96.0
工业产品价格指数	Industrial Products	103.8	108.4	102.8	100.0	104.7
进口产品价格指数	Import Products	122.4	133.0	99.3	100.0	116.9
按生产阶段分	by Stage of Processing					
原材料价格指数	Raw Materials	132.6	165.2	110.4	100.0	151.1
中间产品价格指数	Intermediate Products	109.7	115.7	105.6	100.0	109.7
按最终用途分	by End-Use					
消费品价格指数	Consumers' Goods	100.0	100.9	96.8	100.0	96.6
投资用品价格指数	Capital Goods	98.9	98.0	95.9	100.0	93.1
韩　国	Korea, Rep.					
按供给组成分	by Components of Supply					
国内供应价格指数	Domestic Supply	102.3	111.1	110.9	115.1	
国内生产价格指数	Domestic Production		111.1	110.9	115.1	122.1
农业产品价格指数	Agricultural Products	100.1	101.0	107.1	118.1	127.6
工业产品价格指数	Industrial Products	99.8	113.0	111.2	115.9	124.8
按生产阶段分	by Stage of Processing					
原材料价格指数	Raw Materials	120.1	179.2	152.9	177.5	221.2
中间产品价格指数	Intermediate Products	102.1	120.8	118.8	123.7	134.0
按最终用途分	by End-Use					
消费品价格指数	Consumers' Goods	99.6	105.4	108.3	112.5	118.3
投资用品价格指数	Capital Goods	96.6	105.9	115.0	111.6	113.9
马来西亚	Malaysia					
按供给组成分	by Components of Supply					
国内供应价格指数	Domestic Supply	108.8	119.9	111.1	117.3	127.8
国内生产价格指数	Domestic Production	111.2	125.8	112.2	120.9	135.4
进口产品价格指数	Import Products	104.0	108.2	108.8	110.2	112.8

附录2-13　续表 1　continued

2005年=100　　(2005=100)

国家和地区	Country or Area	2007	2008	2009	2010	2011
巴基斯坦	Pakistan					
按供给组成分	by Components of Supply					
国内供应价格指数	Domestic Supply	117.4	147.2	100.0	119.2	
农业产品价格指数	Agricultural Products	119.7	152.6	100.0	127.5	
工业产品价格指数	Industrial Products	106.9	119.8	124.8	151.3	
按生产阶段分	by Stage of Processing					
原材料价格指数	Raw Materials	128.1	148.5	170.9	262.4	
菲律宾	Philippines					
按供给组成分	by Components of Supply					
国内供应价格指数	Domestic Supply	108.6	125.0	119.8	126.9	137.9
工业产品价格指数	Industrial Products		113.0	111.5	105.9	106.9
按生产阶段分	by Stage of Processing					
新加坡	Singapore					
按供给组成分	by Components of Supply					
国内供应价格指数	Domestic Supply	105.5	113.1	97.5	102.1	110.7
国内生产价格指数	Domestic Production	101.2	104.2	90.7	91.8	96.7
进口产品价格指数	Import Products	101.3	103.9	95.7	96.4	101.0
泰国	Thailand					
按供给组成分	by Components of Supply					
国内供应价格指数	Domestic Supply	110.5	124.2	119.5	130.7	137.9
国内生产价格指数	Domestic Production					
农业产品价格指数	Agricultural Products	134.2	162.0	171.3	209.2	204.0
工业产品价格指数	Industrial Products	106.8	118.8	112.1	119.4	128.5
进口产品价格指数	Import Products					
按生产阶段分	by Stage of Processing					
原材料价格指数	Raw Materials	111.9	129.6	120.5	141.7	159.2
中间产品价格指数	Intermediate Products	108.2	125.2	106.9	119.0	
按最终用途分	by End-Use					
消费品价格指数	Consumers' Goods	125.7	149.8	165.3	185.8	176.0
投资用品价格指数	Capital Goods	100.5	101.1	101.6	102.2	103.7
越南	Viet Nam					
按供给组成分	by Components of Supply					
农业产品价格指数	Agricultural Products	118.3	165.1			
工业产品价格指数	Industrial Products	111.4	135.7			
进口产品价格指数	Import Products	109.1	128.9			
埃及	Egypt					
按供给组成分	by Components of Supply					
国内生产价格指数	Domestic Production			148.7	156.1	180.9
农业产品价格指数	Agricultural Products			185.2	202.1	244.6
按生产阶段分	by Stage of Processing					
原材料价格指数	Raw Materials			144.5	152.4	202.3
中间产品价格指数	Intermediate Products			135.7	129.7	141.5
按最终用途分	by End-Use					
消费品价格指数	Consumers' Goods			106.3	110.2	111.2
投资用品价格指数	Capital Goods			136.3	140.6	156.6
南非	South Africa					
按供给组成分	by Components of Supply					
国内生产价格指数	Domestic Production	119.5	136.6	136.5	144.8	156.9
农业产品价格指数	Agricultural Products	146.5	156.1	157.6	155.3	165.9
进口产品价格指数	Import Products	118.1	137.4	120.5	124.2	136.5
加拿大	Canada					
按供给组成分	by Components of Supply					
农业产品价格指数	Agricultural Products	112.2	126.2	117.6	117.3	133.8
工业产品价格指数	Industrial Products	103.9	108.4	104.6	105.7	110.5
按生产阶段分	by Stage of Processing					
原材料价格指数	Raw Materials	120.2	136.0	104.9	117.2	135.1
间产品价格指数	Intermediate Products	106.4	111.7	105.4	107.9	114.0

附录2-13 续表 2 continued

2005年=100 (2005=100)

国家和地区	Country or Area	2007	2008	2009	2010	2011
按最终用途分	by End-Use					
投资用品价格指数	Capital Goods	96.1	97.2	101.4	96.8	95.8
墨 西 哥	Mexico					
按供给组成分	by Components of Supply					
国内供应价格指数	Domestic Supply	111.2	119.8	125.8	130.0	136.4
国内生产价格指数	Domestic Production	110.3	118.1	123.4	128.6	137.4
农业产品价格指数	Agricultural Products	110.7	120.6	133.2	139.6	147.9
工业产品价格指数	Industrial Products	108.3	114.3	123.0	126.3	132.0
进口产品价格指数	Import Products	110.2	119.5	115.0	119.9	128.9
按生产阶段分	by Stage of Processing					
中间产品价格指数	Intermediate Products	112.3	123.0	126.6	133.4	145.2
按最终用途分	by End-Use					
消费品价格指数	Consumers' Goods	109.5	116.5	124.4	129.1	134.7
投资用品价格指数	Capital Goods	113.8	125.2	128.1	131.6	139.1
美 国	United States					
按供给组成分	by Components of Supply					
国内供应价格指数	Domestic Supply	109.7	120.5	109.9	117.4	
国内生产价格指数	Domestic Production		120.5	109.9	117.4	127.7
农业产品价格指数	Agricultural Products	121.1	136.2	113.6	127.5	157.6
工业产品价格指数	Industrial Products	109.3	120.0	109.1	116.7	126.1
按生产阶段分	by Stage of Processing					
原材料价格指数	Raw Materials	113.7	138.2	96.2	116.5	136.9
中间产品价格指数	Intermediate Products	110.9	122.3	112.0	119.1	129.8
按最终用途分	by End-Use					
消费品价格指数	Consumers' Goods	108.2	116.2	111.7	117.9	126.8
投资用品价格指数	Capital Goods	103.4	106.4	108.4	108.8	110.5
阿 根 廷	Argentina					
按供给组成分	by Components of Supply					
国内供应价格指数	Domestic Supply	123.1	140.6	149.8	172.2	195.3
国内生产价格指数	Domestic Production	123.5	140.9	150.6	173.9	197.6
农业产品价格指数	Agricultural Products	162.3	156.7	160.3	208.3	238.1
工业产品价格指数	Industrial Products	121.1	140.2	150.2	170.3	191.4
进口产品价格指数	Import Products	118.6	138.1	139.1	151.6	167.1
委内瑞拉	Venezuela					
按供给组成分	by Components of Supply					
国内供应价格指数	Domestic Supply	131.5	162.4	212.6	270.3	330.3
国内生产价格指数	Domestic Production	135.4	169.3	222.7	283.9	350.7
农业产品价格指数	Agricultural Products	163.8	234.7	376.1	538.2	715.1
工业产品价格指数	Industrial Products	129.8	164.3	199.2	250.0	301.9
进口产品价格指数	Import Products	119.4	140.7	181.0	227.3	266.1
白俄罗斯	Belarus					
按供给组成分	by Components of Supply					
国内生产价格指数	Domestic Production	131.6	151.6	172.3	195.7	
工业产品价格指数	Industrial Products	125.9	144.4	165.4	187.9	335.6
按生产阶段分	by Stage of Processing					
中间产品价格指数	Intermediate Products	132.9	153.9	179.2	210.7	413.0
按最终用途分	by End-Use					
消费品价格指数	Consumers' Goods	115.4	131.9	150.1	164.1	264.1
投资用品价格指数	Capital Goods	116.2	126.6	136.1	147.7	242.0
捷 克	Czech Rep.					
按供给组成分	by Components of Supply					
农业产品价格指数	Agricultural Products	118.1	128.9	96.6	101.7	121.4
工业产品价格指数	Industrial Products	105.8	110.5	107.0	108.3	114.3
进口产品价格指数	Import Products	99.2	96.0	92.6	94.5	98.5

附录2-13 续表 3 continued

2005年=100 (2005=100)

国家和地区	Country or Area	2007	2008	2009	2010	2011
按生产阶段分	by Stage of Processing					
中间产品价格指数	Intermediate Products	105.7	108.6	100.8	102.8	109.7
按最终用途分	by End-Use					
消费品价格指数	Consumers' Goods	101.8	105.6	104.1	102.1	106.8
投资用品价格指数	Capital Goods	101.9	102.2	103.1	100.7	100.6
法　国	France					
按供给组成分	by Components of Supply					
国内供应价格指数	Domestic Supply	117.4	124.0	108.1	116.2	
农业产品价格指数	Agricultural Products	117.4	124.0	108.1	116.2	128.9
工业产品价格指数	Industrial Products	105.3	110.3	104.1	107.3	113.0
按生产阶段分	by Stage of Processing					
中间产品价格指数	Intermediate Products	107.9	111.7	105.5	108.4	114.9
按最终用途分	by End-Use					
消费品价格指数	Consumers' Goods	101.7	105.0	100.3	100.1	102.2
投资用品价格指数	Capital Goods	101.9	104.0	104.0	104.3	105.6
德　国	Germany					
按供给组成分	by Components of Supply					
国内供应价格指数	Domestic Supply	106.0	111.0			
国内生产价格指数	Domestic Production	106.8	112.6	108.0	109.7	
农业产品价格指数	Agricultural Products	119.9	124.3	100.7	114.9	130.7
工业产品价格指数	Industrial Products	107.8	112.7	108.0	109.7	115.9
进口产品价格指数	Import Products	105.1	109.4	100.1	107.4	115.9
按生产阶段分	by Stage of Processing					
中间产品价格指数	Intermediate Products	107.4	110.8	105.0	109.1	114.9
按最终用途分	by End-Use					
消费品价格指数	Consumers' Goods	104.0	106.9	105.6	106.2	109.9
投资用品价格指数	Capital Goods	101.6	101.6	102.4	102.5	103.7
意 大 利	Italy					
按供给组成分	by Components of Supply					
工业产品价格指数	Industrial Products	108.7	115.1	108.9	112.2	117.8
按生产阶段分	by Stage of Processing					
中间产品价格指数	Intermediate Products	110.5	113.0	106.6	110.6	117.1
按最终用途分	by End-Use					
消费品价格指数	Consumers' Goods	104.3	107.9	106.9	107.5	111.0
投资用品价格指数	Capital Goods	103.9	109.0	109.0	109.0	110.6
荷　兰	Netherlands					
按供给组成分	by Components of Supply					
工业产品价格指数	Industrial Products	109.6	124.4	112.2	116.6	126.9
按生产阶段分	by Stage of Processing					
中间产品价格指数	Intermediate Products	113.0	121.0	108.4	115.4	127.5
按最终用途分	by End-Use					
消费品价格指数	Consumers' Goods	106.6	112.1	109.6	113.8	121.6
投资用品价格指数	Capital Goods	106.1	110.3	110.0	110.8	112.8
波　兰	Poland					
按供给组成分	by Components of Supply					
国内生产价格指数	Domestic Production	107.6	113.4	116.1	120.4	129.7
工业产品价格指数	Industrial Products	103.9	109.2	106.4	109.5	118.8
按生产阶段分	by Stage of Processing					
原材料价格指数	Raw Materials	110.7	125.9	134.2	149.4	169.8
中间产品价格指数	Intermediate Products	112.1	115.7	112.8	116.2	126.3
按最终用途分	by End-Use					
消费品价格指数	Consumers' Goods	100.5	101.3	103.1	101.4	103.9
投资用品价格指数	Capital Goods	98.9	97.5	97.3	92.5	92.4
俄罗斯联邦	Russian Fed.					
按供给组成分	by Components of Supply					
农业产品价格指数	Agricultural Products	121.1	151.2	147.0	156.3	181.6
工业产品价格指数	Industrial Products	128.2	155.7	144.5	162.2	190.9

附录2-13　续表 4　continued

2005年=100　(2005=100)

国家和地区	Country or Area	2007	2008	2009	2010	2011
西 班 牙	Spain					
按供给组成分	by Components of Supply					
工业产品价格指数	Industrial Products	109.2	116.3	112.4	115.9	124.0
按生产阶段分	by Stage of Processing					
中间产品价格指数	Intermediate Products	112.5	118.7	112.3	115.5	122.5
按最终用途分	by End-Use					
消费品价格指数	Consumers' Goods	105.7	110.3	109.6	109.8	112.5
投资用品价格指数	Capital Goods	106.5	109.2	110.0	109.5	111.6
土 耳 其	Turkey					
按供给组成分	by Components of Supply					
国内供应价格指数	Domestic Supply	116.2	131.0	132.6	143.9	
国内生产价格指数	Domestic Production		131.0	132.6	143.9	159.9
农业产品价格指数	Agricultural Products	114.9	128.8	131.8	158.1	166.6
工业产品价格指数	Industrial Products	116.7	131.5	132.8	141.0	158.3
乌 克 兰	Ukraine					
按供给组成分	by Components of Supply					
农业产品价格指数	Agricultural Products	141.3	151.9	168.8	229.6	270.8
工业产品价格指数	Industrial Products	131.0	177.5	189.0	228.5	271.9
英　国	United Kingdom					
按供给组成分	by Components of Supply					
国内生产价格指数	Domestic Production	104.4	111.4	113.2	117.9	
农业产品价格指数	Agricultural Products	116.6	142.4	136.8	142.4	156.7
工业产品价格指数	Industrial Products	102.9	111.4	113.2	117.9	124.5
进口产品价格指数	Import Products	104.2	117.8	122.5	130.5	143.4
按生产阶段分	by Stage of Processing					
原材料价格指数	Raw Materials	113.0	138.1	132.9	146.1	168.6
中间产品价格指数	Intermediate Products	114.0	118.7	118.0	122.4	130.6
按最终用途分	by End-Use					
消费品价格指数	Consumers' Goods	95.6	111.2	115.2	117.4	123.5
投资用品价格指数	Capital Goods	122.5	106.5	109.8	112.2	114.6
澳大利亚	Australia					
按供给组成分	by Components of Supply					
国内供应价格指数	Domestic Supply	106.6	112.4	113.7	115.3	118.8
国内生产价格指数	Domestic Production	108.5	114.8	115.3	118.6	123.2
农业产品价格指数	Agricultural Products	111.0	123.6	113.4	117.6	129.7
工业产品价格指数	Industrial Products	110.5	119.6	113.1	115.3	119.2
进口产品价格指数	Import Products	95.8	98.0	104.3	96.5	93.0
按生产阶段分	by Stage of Processing					
原材料价格指数	Raw Materials	111.9	123.3	119.0	120.4	127.5
中间产品价格指数	Intermediate Products	111.0	120.0	117.3	118.5	124.3
按最终用途分	by End-Use					
消费品价格指数	Consumers' Goods	106.5	112.6	114.9	118.0	124.0
投资用品价格指数	Capital Goods	106.8	112.3	112.8	113.4	114.8
新 西 兰	New Zealand					
按供给组成分	by Components of Supply					
农业产品价格指数	Agricultural Products	106.9	120.8	122.5	132.3	146.0
工业产品价格指数	Industrial Products	110.8	127.3	121.2	126.4	133.7
按生产阶段分	by Stage of Processing					
中间产品价格指数	Intermediate Products	108.7	120.4	118.6	121.8	127.5

注：①2010年=100。
Note:①2010=100.

附录2-14 消费者价格指数

Consumer Price Indices

资料来源：联合国统计月报数据库。
Source: UN Monthly Bulletin of Statistics Database.

2005年=100 (2005=100)

国家和地区	Country or Area	消费者价格指数 Consumer Price Indices			食品消费价格指数 Food Consumer Price Indices		
		2009	2010	2011	2009	2010	2011
中　国①	China①	119.6	123.5	130.2	153.9	165.2	184.7
中国香港	Hong Kong, China	109.2	111.7	117.6	118.4	121.2	129.7
中国澳门②	Macao, China②	116.0	119.3	126.2	133.8	140.2	151.6
孟加拉国①	Bangladesh①	168.8	182.5	202.0	177.2	195.1	220.1
柬埔寨③	Cambodia③	99.3	103.3	109.0	99.7	104.0	110.7
印　度①	India①	163.1	182.7	198.9	173.1	193.8	208.1
印度尼西亚④	Indonesia④	115.1	120.3	127.4	124.6	136.0	148.6
伊　朗⑤	Iran⑤	203.0	228.2	277.2	218.6	254.1	320.0
以色列	Israel	110.9	113.9	117.8	123.0	126.1	130.5
日　本⑥	Japan⑥	100.7	100.0	99.7	100.3	100.0	99.6
韩　国⑥	Korea, Rep.⑥	97.1	100.0	104.0	94.0	100.0	108.1
老　挝	Laos	120.2	127.4	137.0	134.5	144.9	159.1
马来西亚⑥	Malaysia⑥	98.3	100.0	103.2	97.6	100.0	104.8
蒙　古②	Mongolia②	150.9	166.2	181.3	160.9	180.7	194.5
缅　甸②	Myanmar②	144.6	155.7	163.5	143.3	154.2	159.7
巴基斯坦①	Pakistan①	205.5	234.0	249.8	229.6	268.0	306.7
菲律宾②	Philippines②	116.0	120.4	126.2	124.5	129.5	136.5
新加坡	Singapore	110.6	113.7	119.6	115.2	116.8	120.3
斯里兰卡	Sri Lanka	103.5	109.9	117.3	103.1	110.3	120.0
泰　国④	Thailand④	104.5	108.0	112.1	116.5	122.8	132.6
越　南	Viet Nam	152.9	166.9	195.1	179.4	198.6	247.6
埃　及	Egypt	155.8	173.1	190.5	179.0	214.5	247.8
尼日利亚①	Nigeria①	296.6	337.9	374.5	309.6	355.8	392.4
南　非③	South Africa③	107.1	111.7	117.3	109.4	111.0	118.9
加拿大	Canada	106.9	108.9	112.0	114.1	115.7	120.1
墨西哥	Mexico	119.3	124.2	128.5	129.4	134.5	141.4
美　国	United States	109.8	111.7	115.2	113.3	113.7	119.2
阿根廷	Argentina	139.4	152.9	168.9	136.9	155.6	170.2
巴　西	Brazil	119.7	125.7	134.1	127.7	135.5	147.5
委内瑞拉③	Venezuela③	127.1	162.9	205.4	128.0	170.1	221.1
捷　克	Czech Rep.	113.3	114.9	117.1	109.7	111.3	116.4
法　国	France	106.2	107.8	110.1	108.5	109.3	111.5
德　国	Germany	107.0	108.2	110.7	110.8	112.5	115.7
意大利⑥	Italy⑥	98.5	100.0	102.8	99.8	100.0	102.4
荷　兰	Netherlands	105.4	106.7	109.2	107.9	107.8	110.2
波　兰	Poland	111.6	114.5	119.4	116.5	119.6	125.5
俄罗斯联邦	Russian Fed.	152.3	162.8	176.5	160.6	171.2	189.8
西班牙	Spain	110.4	112.4	116.0	113.1	112.2	114.5
土耳其	Turkey	139.9	151.9	161.7	150.2	166.1	176.5
乌克兰	Ukraine	178.6	195.3	210.9	175.3	194.5	206.9
英　国	United Kingdom	111.3	116.4	122.5	122.9	126.8	134.3
澳大利亚	Australia	112.6	115.8	119.7	119.7	121.6	127.5
新西兰	New Zealand	112.3	114.9	119.5	122.9	124.0	130.7

注：①2000年=100。②2006年=100。③2008年=100。④2007年=100。⑤2004年=100。⑥2010年=100。
Note:①2000=100.②2006=100.③2008=100.④2007=100.⑤2004=100.⑥2010=100.

附录2-15 主要农产品产量

Production of Major Farm Crops

资料来源：联合国FAO数据库。
Source:FAO Database.
单位：万吨 (10 000 tons)

国家和地区	Country or Area	谷物 Cereals,Total 2000	谷物 Cereals,Total 2010	国家和地区	Country or Area	稻谷 Rice, Paddy 2000	稻谷 Rice, Paddy 2010
世　界	**World**	**206019.7**	**245766.2**	**世　界**	**World**	**59935.6**	**69632.4**
中　国	China	40733.7	49773.5	中　国	China	18981.4	19721.2
美　国	United States	34262.8	40167.0	印　度	India	12746.5	14396.3
印　度	India	23493.1	26016.3	印度尼西亚	Indonesia	5189.8	6646.9
印度尼西亚	Indonesia	6157.5	8479.7	孟加拉国	Bangladesh	3762.8	5006.1
巴　西	Brazil	4589.3	7519.2	越　南	Viet Nam	3253.0	3998.9
法　国	France	6569.9	6828.5	缅　甸	Myanmar	2132.4	3320.5
俄罗斯联邦	Russian Fed.	6432.6	5962.4	泰　国	Thailand	2584.4	3159.7
孟加拉国	Bangladesh	3950.3	5187.5	菲律宾	Philippines	1238.9	1577.2
阿根廷	Argentina	3875.6	4620.4	巴　西	Brazil	1109.0	1123.6
加拿大	Canada	5109.0	4541.0	美　国	United States	865.8	1102.7
越　南	Viet Nam	3453.7	4459.8	日　本	Japan	1186.3	1060.0
德　国	Germany	4527.1	4431.4	柬埔寨	Cambodia	402.6	824.5
乌克兰	Ukraine	2380.7	3867.9	巴基斯坦	Pakistan	720.4	723.5
泰　国	Thailand	3052.9	3636.9	韩　国	Korea, Rep.	719.7	613.6
缅　甸	Myanmar	2196.1	3504.8	马达加斯加	Madagascar	248.1	473.8
墨西哥	Mexico	2799.1	3492.3	埃　及	Egypt	600.1	433.0
巴基斯坦	Pakistan	3046.1	3481.1	斯里兰卡	Sri Lanka	286.0	430.1
澳大利亚	Australia	3444.7	3350.6	尼泊尔	Nepal	421.7	402.4
土耳其	Turkey	3224.9	3274.1	尼日利亚	Nigeria	329.8	321.9
波　兰	Poland	2234.1	2712.0	老　挝	Laos	220.2	307.1
伊　朗	Iran	1287.4	2227.2	秘　鲁	Peru	189.2	283.1
菲律宾	Philippines	1690.1	2214.9	马来西亚	Malaysia	214.1	254.8
英　国	United Kingdom	2398.9	2094.6	朝　鲜	Korea, Dem.	169.0	242.6
埃　及	Egypt	2010.6	1954.1	哥伦比亚	Colombia	269.4	241.2
尼日利亚	Nigeria	2137.0	1952.9	马　里	Mali	74.3	230.8
西班牙	Spain	2455.6	1933.5	伊　朗	Iran	197.2	228.8
意大利	Italy	2066.1	1882.5	厄瓜多尔	Ecuador	124.7	170.6
罗马尼亚	Romania	1049.9	1671.3	意大利	Italy	123.0	151.6
埃塞俄比亚	Ethiopia	802.0	1548.4	几内亚	Guinea	114.1	149.9
南　非	South Africa	1452.7	1469.9	委内瑞拉	Venezuela	67.7	125.0
匈牙利	Hungary	1003.6	1230.4	阿根廷	Argentina	90.4	124.1
哈萨克斯坦	Kazakhstan	1154.0	1211.6	乌拉圭	Uruguay	120.9	114.9
日　本	Japan	1279.6	1136.3	坦桑尼亚	Tanzania	78.2	110.5
塞尔维亚	Serbia		929.1	俄罗斯联邦	Russian Fed.	58.6	106.1
柬埔寨	Cambodia	418.3	901.9	塞拉利昂	Sierra Leone	19.9	102.7
丹　麦	Denmark	941.3	877.2	西班牙	Spain	82.7	92.6
摩洛哥	Morocco	199.6	783.4	土耳其	Turkey	35.0	86.0
尼泊尔	Nepal	711.6	776.3	科特迪瓦	Cote D'Ivoire	62.2	72.3
乌兹别克斯坦	Uzbekistan	391.4	741.6	阿富汗	Afghanistan	26.0	67.2
保加利亚	Bulgaria	438.7	702.7	塞内加尔	Senegal	20.2	60.4
坦桑尼亚	Tanzania	362.3	698.6	多米尼加	Dominican Rep.	58.1	56.7
捷　克	Czech Rep.	646.0	688.4	圭亚那	Guyana	44.9	55.6
白俄罗斯	Belarus	456.5	672.6	加　纳	Ghana	24.9	49.2
马　里	Mali	231.0	641.8	古　巴	Cuba	55.3	45.4
韩　国	Korea, Rep.	750.1	634.5	尼加拉瓜	Nicaragua	29.0	45.4

附录2-15 续表 1 continued

单位：万吨 (10 000 tons)

国家和地区	Country or Area	小麦 Wheat		国家和地区	Country or Area	玉米 Maize	
		2000	2010			2000	2010
世　　界	**World**	**58569.0**	**65365.5**	**世　　界**	**World**	**59247.9**	**84030.8**
中　　国	China	9963.6	11518.1	美　　国	United States	25185.2	31616.5
印　　度	India	7636.9	8080.0	中　　国	China	10617.8	17754.1
美　　国	United States	6063.9	6006.2	巴　　西	Brazil	3187.9	5539.5
俄罗斯联邦	Russian Fed.	3445.6	4150.8	墨 西 哥	Mexico	1755.7	2330.2
法　　国	France	3735.3	4078.7	阿 根 廷	Argentina	1678.1	2267.7
德　　国	Germany	2162.2	2410.7	印度尼西亚	Indonesia	967.7	1832.8
巴基斯坦	Pakistan	2107.9	2331.1	印　　度	India	1204.3	1406.0
加 拿 大	Canada	2653.6	2316.7	法　　国	France	1601.8	1397.5
澳大利亚	Australia	2210.8	2213.8	南　　非	South Africa	1143.1	1281.5
土 耳 其	Turkey	2100.9	1966.0	乌 克 兰	Ukraine	384.8	1195.3
乌 克 兰	Ukraine	1019.7	1685.1	加 拿 大	Canada	695.4	1171.5
伊　　朗	Iran	808.8	1502.9	罗马尼亚	Romania	489.8	904.2
阿 根 廷	Argentina	1614.7	1491.5	意 大 利	Italy	1013.8	882.8
英　　国	United Kingdom	1670.4	1487.8	尼日利亚	Nigeria	410.7	730.6
哈萨克斯坦	Kazakhstan	907.4	963.8	塞尔维亚	Serbia		720.7
波　　兰	Poland	850.3	948.8	埃　　及	Egypt	647.5	718.3
埃　　及	Egypt	656.4	716.9	匈 牙 利	Hungary	498.4	696.7
意 大 利	Italy	746.4	685.0	菲 律 宾	Philippines	451.1	637.7
乌兹别克斯坦	Uzbekistan	353.2	673.0	坦桑尼亚	Tanzania	196.5	473.6
巴　　西	Brazil	166.2	617.1	越　　南	Viet Nam	200.6	460.7
罗马尼亚	Romania	445.6	581.2	泰　　国	Thailand	447.3	445.5
西 班 牙	Spain	729.4	561.1	土 耳 其	Turkey	230.0	431.0
丹　　麦	Denmark	469.3	506.0	德　　国	Germany	332.4	407.3
摩 洛 哥	Morocco	138.1	487.6	埃塞俄比亚	Ethiopia	268.3	389.7
阿 富 汗	Afghanistan	146.9	453.2	巴基斯坦	Pakistan	164.3	370.7
捷　　克	Czech Rep.	408.4	416.2	马 拉 维	Malawi	250.1	341.9
保加利亚	Bulgaria	278.1	399.5	肯 尼 亚	Kenya	216.0	322.2
匈 牙 利	Hungary	369.3	376.4	西 班 牙	Spain	399.2	317.9
墨 西 哥	Mexico	349.3	367.7	巴 拉 圭	Paraguay	64.7	310.9
阿尔及利亚	Algeria	76.0	310.0	俄罗斯联邦	Russian Fed.	153.0	308.4
叙 利 亚	Syrian Arab Republic	310.6	308.3	赞 比 亚	Zambia	104.0	279.6
埃塞俄比亚	Ethiopia	123.5	307.6	奥 地 利	Austria	185.2	216.9
土库曼斯坦	Turkmenistan	169.0	300.0	委内瑞拉	Venezuela	169.0	214.5
伊 拉 克	Iraq	38.4	274.9	克罗地亚	Croatia	152.6	206.8
瑞　　典	Sweden	237.2	218.4	保加利亚	Bulgaria	80.4	204.4
比 利 时	Belgium	168.8	185.0	莫桑比克	Mozambique	118.0	187.8
白俄罗斯	Belarus	96.6	173.9	加　　纳	Ghana	101.3	187.2
立 陶 宛	Lithuania	123.8	170.8	尼 泊 尔	Nepal	141.5	185.5
塞尔维亚	Serbia		163.0	伊　　朗	Iran	112.0	173.6
希　　腊	Greece	232.6	160.0	希　　腊	Greece	209.4	172.0
尼 泊 尔	Nepal	118.4	155.7	波　　兰	Poland	92.3	171.6
智　　利	Chile	149.3	152.4	朝　　鲜	Korea, Dem.	104.1	168.3
奥 地 利	Austria	131.3	151.8	喀 麦 隆	Cameroon	74.1	167.4

附录2-15　续表 2　continued

单位：万吨　　(10 000 tons)

国家和地区	Country or Area	大豆 Soybeans 2000	2010	国家和地区	Country or Area	根茎类作物 Roots and Tubers 2000	2010
世　界	**World**	**16129.1**	**26499.2**	**世　界**	**World**	**69937.6**	**72998.4**
美　国	United States	7505.4	9060.6	中　国	China	18987.8	16244.6
巴　西	Brazil	3273.5	6875.6	尼日利亚	Nigeria	6516.4	7285.0
阿 根 廷	Argentina	2013.6	5267.6	印　度	India	3212.5	4573.2
中　国	China	1541.2	1508.3	巴　西	Brazil	2663.2	2879.9
印　度	India	527.6	1273.6	印度尼西亚	Indonesia	1926.9	2751.0
巴 拉 圭	Paraguay	298.0	746.0	泰　国	Thailand	1937.0	2245.5
加 拿 大	Canada	270.3	434.5	俄罗斯联邦	Russian Fed.	3398.0	2114.1
玻利维亚	Bolivia	119.7	191.7	加　纳	Ghana	1318.7	2094.0
乌 拉 圭	Uruguay	0.7	181.7	美　国	United States	2392.2	1942.1
乌 克 兰	Ukraine	6.4	168.0	乌 克 兰	Ukraine	1983.8	1870.5
俄罗斯联邦	Russian Fed.	34.2	122.2	刚果(金)	Congo, Dem. Rep.	1652.8	1636.8
印度尼西亚	Indonesia	101.8	90.7	安 哥 拉	Angola	468.4	1568.7
南　非	South Africa	15.4	56.6	越　南	Viet Nam	391.4	1028.5
意 大 利	Italy	90.4	55.3	德　国	Germany	1369.4	1020.2
塞尔维亚	Serbia		54.1	乌 干 达	Uganda	784.2	881.5
尼日利亚	Nigeria	42.9	39.4	波　兰	Poland	2423.2	876.6
朝　鲜	Korea, Dem.	35.0	35.0	孟加拉国	Bangladesh	331.1	823.7
越　南	Viet Nam	14.9	29.7	白俄罗斯	Belarus	871.8	783.1
日　本	Japan	23.5	22.3	科特迪瓦	Cote D'Ivoire	667.9	782.9
缅　甸	Myanmar	9.7	20.0	马 拉 维	Malawi	483.2	767.5
泰　国	Thailand	31.2	17.7	法　国	France	643.4	721.6
乌 干 达	Uganda	12.0	17.5	埃塞俄比亚	Ethiopia	471.3	715.8
墨 西 哥	Mexico	10.2	16.8	荷　兰	Netherlands	822.7	684.4
伊　朗	Iran	14.2	16.3	莫桑比克	Mozambique	587.8	673.9
柬 埔 寨	Cambodia	2.8	15.7	坦桑尼亚	Tanzania	590.9	655.4
克罗地亚	Croatia	6.5	15.4	贝　宁	Benin	416.1	606.5
罗马尼亚	Romania	7.0	15.0	英　国	United Kingdom	663.6	605.6
法　国	France	20.1	14.0	秘　鲁	Peru	470.3	563.4
哈萨克斯坦	Kazakhstan	0.4	11.4	喀 麦 隆	Cameroon	354.6	533.6
摩尔多瓦	Moldova	1.2	11.1	卢 旺 达	Rwanda	290.8	521.3
韩　国	Korea, Rep.	11.3	10.5	哥伦比亚	Colombia	351.5	498.1
奥 地 利	Austria	3.3	9.5	土 耳 其	Turkey	537.0	454.9
土 耳 其	Turkey	4.5	8.7	马达加斯加	Madagascar	345.3	442.3
匈 牙 利	Hungary	3.1	8.5	加 拿 大	Canada	456.7	442.2
马 拉 维	Malawi		7.3	柬 埔 寨	Cambodia	20.2	437.0
厄瓜多尔	Ecuador	9.4	7.0	埃　及	Egypt	206.6	413.8
孟加拉国	Bangladesh		7.0	伊　朗	Iran	365.8	405.5
澳大利亚	Australia	10.5	6.0	日　本	Japan	447.9	370.0
津巴布韦	Zimbabwe	14.4	5.7	巴基斯坦	Pakistan	230.1	357.0
卢 旺 达	Rwanda	1.4	5.7	比 利 时	Belgium	292.2	345.6
哥伦比亚	Colombia	3.9	5.4	阿尔及利亚	Algeria	120.8	329.0
埃　及	Egypt	1.1	4.3	罗马尼亚	Romania	347.0	328.4
委内瑞拉	Venezuela	0.5	4.0	菲 律 宾	Philippines	252.1	293.4

附录2-15　续表 3　continued

单位：万吨　(10 000 tons)

国家和地区	Country or Area	花生 Groundnuts, with Shell 2000	2010	国家和地区	Country or Area	油菜籽 Rapeseed 2000	2010
世　界	**World**	**3472.8**	**3795.4**	**世　界**	**World**	**3951.8**	**5907.1**
中　国	China	1451.6	1570.9	中　国	China	1138.1	1308.2
印　度	India	648.0	564.0	加拿大	Canada	720.5	1186.6
尼日利亚	Nigeria	290.1	263.6	印　度	India	578.8	641.0
美　国	United States	148.1	188.6	德　国	Germany	358.6	569.8
缅　甸	Myanmar	63.4	134.1	法　国	France	347.7	481.6
塞内加尔	Senegal	106.2	128.7	英　国	United Kingdom	115.7	223.0
印度尼西亚	Indonesia	129.2	77.9	澳大利亚	Australia	177.5	218.1
苏　丹	Sudan	94.7	76.3	波　兰	Poland	95.8	207.8
阿根廷	Argentina	42.0	61.1	乌克兰	Ukraine	13.2	147.0
加　纳	Ghana	20.9	53.1	美　国	United States	90.9	111.4
越　南	Viet Nam	35.5	48.6	捷　克	Czech Rep.	84.4	104.2
喀麦隆	Cameroon	19.7	46.0	罗马尼亚	Romania	7.6	94.3
尼日尔	Niger	11.3	40.6	俄罗斯联邦	Russian Fed.	14.8	67.0
乍　得	Chad	35.9	39.4	丹　麦	Denmark	29.4	58.0
刚果(金)	Congo, Dem. Rep.	38.2	37.1	保加利亚	Bulgaria	2.0	54.5
布基纳法索	Burkina Faso	16.9	34.0	匈牙利	Hungary	17.9	53.1
马　里	Mali	19.3	31.5	立陶宛	Lithuania	8.1	41.5
坦桑尼亚	Tanzania	5.2	30.0	伊　朗	Iran	…	38.0
马拉维	Malawi	12.2	29.8	白俄罗斯	Belarus	7.3	37.5
几内亚	Guinea	20.0	29.2	斯洛伐克	Slovakia	13.4	32.3
巴　西	Brazil	18.5	26.2	瑞　典	Sweden	12.2	27.9
埃　及	Egypt	18.7	20.3	拉脱维亚	Latvia	1.0	22.6
尼加拉瓜	Nicaragua	9.7	18.0	孟加拉国	Bangladesh	24.9	22.2
乌干达	Uganda	13.9	17.2	芬　兰	Finland	7.1	17.9
赞比亚	Zambia	5.2	16.4	奥地利	Austria	12.5	17.1
中　非	Central African Rep.	10.5	14.0	巴基斯坦	Pakistan	29.7	16.2
冈比亚	Gambia	13.8	13.8	爱沙尼亚	Estonia	3.9	13.1
贝　宁	Benin	12.1	11.7	哈萨克斯坦	Kazakhstan	0.3	10.9
安哥拉	Angola	1.3	11.5	土耳其	Turkey	…	10.7
津巴布韦	Zimbabwe	19.1	10.6	巴拉圭	Paraguay	…	8.8
肯尼亚	Kenya	3.0	9.9	瑞　士	Switzerland	3.9	6.8
土耳其	Turkey	7.8	9.7	意大利	Italy	4.1	5.0
塞拉利昂	Sierra Leone	1.5	9.4	智　利	Chile	4.8	4.4
科特迪瓦	Cote D'Ivoire	7.2	9.0	阿尔及利亚	Algeria	2.9	4.3
南　非	South Africa	13.6	8.8	巴　西	Brazil	4.1	4.2
墨西哥	Mexico	14.2	8.2	比利时	Belgium	1.4	4.2
莫桑比克	Mozambique	12.4	7.0	埃塞俄比亚	Ethiopia	1.4	4.0
几内亚比绍	Guinea-Bissau	2.0	7.0	摩尔多瓦	Moldova	0.1	3.7
巴基斯坦	Pakistan	9.1	6.8	西班牙	Spain	5.0	3.6
孟加拉国	Bangladesh	3.2	5.4	乌拉圭	Uruguay	…	3.4
老　挝	Laos	1.3	5.1	克罗地亚	Croatia	2.9	3.3
摩洛哥	Morocco	3.9	5.0	南　非	South Africa	…	3.3
多　哥	Togo	2.6	4.7	塞尔维亚	Serbia		2.4

附录2-15 续表 4 continued

单位：万吨 (10 000 tons)

国家和地区	Country or Area	芝麻 Sesame Seed 2000	芝麻 Sesame Seed 2010	国家和地区	Country or Area	籽棉 Seed Cotton 2000	籽棉 Seed Cotton 2010
世　界	**World**	**278.8**	**383.6**	**世　界**	**World**	**5310.4**	**6829.9**
缅　甸	Myanmar	29.6	72.3	中　国	China	1325.1	1791.0
印　度	India	51.8	62.3	印　度	India	512.8	1779.7
中　国	China	81.2	58.8	美　国	United States	958.1	947.4
埃塞俄比亚	Ethiopia	1.6	31.4	巴基斯坦	Pakistan	547.6	570.0
苏　丹	Sudan	28.2	24.8	乌兹别克斯坦	Uzbekistan	300.2	344.3
乌干达	Uganda	9.7	17.0	巴　西	Brazil	201.0	293.1
尼日利亚	Nigeria	7.2	11.6	土耳其	Turkey	226.1	127.3
布基纳法索	Burkina Faso	0.7	9.1	土库曼斯坦	Turkmenistan	103.0	100.0
尼日尔	Niger	1.4	8.6	澳大利亚	Australia	178.7	93.9
索马里	Somalia	2.3	7.1	阿根廷	Argentina	41.8	75.4
中　非	Central African Rep.	3.7	5.0	希　腊	Greece	129.7	70.0
坦桑尼亚	Tanzania	3.9	4.8	叙利亚	Syrian Arab Republic	108.2	62.8
泰　国	Thailand	3.9	4.8	布基纳法索	Burkina Faso	21.3	53.0
埃　及	Egypt	3.7	4.6	尼日利亚	Nigeria	39.9	48.6
莫桑比克	Mozambique	0.5	4.6	墨西哥	Mexico	22.4	44.1
孟加拉国	Bangladesh	2.2	4.5	埃　及	Egypt	55.4	37.8
巴拉圭	Paraguay	0.8	4.0	坦桑尼亚	Tanzania	12.3	31.5
墨西哥	Mexico	4.1	3.8	塔吉克斯坦	Tajikistan	33.5	31.1
乍　得	Chad	3.3	3.5	马　里	Mali	24.3	26.1
阿富汗	Afghanistan	2.3	3.2	哈萨克斯坦	Kazakhstan	28.7	24.0
巴基斯坦	Pakistan	5.1	3.1	伊　朗	Iran	49.7	23.2
柬埔寨	Cambodia	1.0	3.0	贝　宁	Benin	34.0	22.5
伊　朗	Iran	2.7	2.8	缅　甸	Myanmar	17.6	20.0
危地马拉	Guatemala	1.9	2.8	喀麦隆	Cameroon	20.4	19.0
也　门	Yemen	1.8	2.6	科特迪瓦	Cote D'Ivoire	40.2	18.8
越　南	Viet Nam	1.7	2.5	莫桑比克	Mozambique	3.5	17.5
委内瑞拉	Venezuela	3.3	2.4	苏　丹	Sudan	14.7	13.6
土耳其	Turkey	2.4	2.4	津巴布韦	Zimbabwe	32.7	11.5
斯里兰卡	Sri Lanka	0.5	1.7	玻利维亚	Bolivia	4.5	10.7
巴　西	Brazil	1.5	1.6	赞比亚	Zambia	6.2	10.7
乌兹别克斯坦	Uzbekistan	2.0	1.6	乌干达	Uganda	7.6	8.2
肯尼亚	Kenya	1.0	1.4	西班牙	Spain	29.5	8.1
马　里	Mali	0.4	1.3	乍　得	Chad	18.0	7.6
韩　国	Korea, Rep.	3.2	1.3	吉尔吉斯斯坦	Kyrgyzstan	8.8	7.4
贝　宁	Benin	1.0	1.0	埃塞俄比亚	Ethiopia	4.6	7.0
老　挝	Laos	0.5	0.9	秘　鲁	Peru	15.4	6.4
伊拉克	Iraq	1.4	0.6	阿富汗	Afghanistan	5.7	5.4
塞内加尔	Senegal	0.1	0.5	孟加拉国	Bangladesh	4.1	4.7
刚果(金)	Congo, Dem. Rep.	0.5	0.5	伊拉克	Iraq	3.3	4.5
叙利亚	Syrian Arab Republic	0.4	0.5	几内亚	Guinea	6.6	4.0
塞拉利昂	Sierra Leone	0.1	0.4	阿塞拜疆	Azerbaijan	9.2	3.8
沙特阿拉伯	Saudi Arabia	0.3	0.4	哥伦比亚	Colombia	11.1	3.6
尼加拉瓜	Nicaragua	0.4	0.4	印度尼西亚	Indonesia	2.8	3.4

附录2-15 续表 5 continued

单位：万吨 (10 000 tons)

国家和地区	Country or Area	甘蔗 Sugar Cane		国家和地区	Country or Area	甜菜 Sugar Beets	
		2000	2010			2000	2010
世　界	**World**	**125749.9**	**168544.5**	**世　界**	**World**	**25010.2**	**22845.2**
巴　西	Brazil	32770.5	71915.7	法　国	France	3112.1	3191.0
印　度	India	29932.4	27775.0	美　国	United States	3254.1	2894.0
中　国	China	6929.9	11145.4	德　国	Germany	2787.0	2385.8
泰　国	Thailand	5405.2	6880.8	俄罗斯联邦	Russian Fed.	1405.4	2225.6
墨西哥	Mexico	4410.0	5042.2	土耳其	Turkey	1882.1	1794.2
巴基斯坦	Pakistan	4633.3	4937.3	乌克兰	Ukraine	1319.9	1374.9
菲律宾	Philippines	2449.1	3400.0	波　兰	Poland	1313.4	982.3
澳大利亚	Australia	3816.5	3145.7	中　国	China	807.4	929.6
阿根廷	Argentina	1840.0	2900.0	埃　及	Egypt	289.0	784.0
印度尼西亚	Indonesia	2390.0	2650.0	英　国	United Kingdom	907.9	648.4
美　国	United States	3611.4	2482.1	荷　兰	Netherlands	679.8	528.0
哥伦比亚	Colombia	3500.0	2027.3	比利时	Belgium	615.2	446.5
危地马拉	Guatemala	1655.2	1839.2	伊　朗	Iran	433.2	389.7
南　非	South Africa	2387.6	1601.6	白俄罗斯	Belarus	147.4	377.0
越　南	Viet Nam	1504.4	1594.7	意大利	Italy	1237.0	355.0
埃　及	Egypt	1570.6	1570.9	西班牙	Spain	793.0	339.9
古　巴	Cuba	3640.0	1130.0	塞尔维亚	Serbia		332.5
缅　甸	Myanmar	580.1	971.5	奥地利	Austria	256.0	313.2
秘　鲁	Peru	753.5	966.1	日　本	Japan	367.3	309.0
委内瑞拉	Venezuela	883.2	950.0	捷　克	Czech Rep.	280.9	306.5
厄瓜多尔	Ecuador	540.2	834.7	摩洛哥	Morocco	288.3	243.6
洪都拉斯	Honduras	397.4	781.9	丹　麦	Denmark	334.5	235.6
苏　丹	Sudan	498.2	752.7	瑞　典	Sweden	260.2	197.4
玻利维亚	Bolivia	360.2	743.8	叙利亚	Syrian Arab Republic	117.5	149.3
肯尼亚	Kenya	394.2	571.0	智　利	Chile	309.3	142.0
伊　朗	Iran	236.7	568.5	瑞　士	Switzerland	140.9	130.2
孟加拉国	Bangladesh	691.0	530.4	克罗地亚	Croatia	48.2	124.9
巴拉圭	Paraguay	224.5	513.1	斯洛伐克	Slovakia	96.2	97.8
萨尔瓦多	El Salvador	514.0	512.7	罗马尼亚	Romania	66.7	83.8
斯威士兰	Swaziland	388.5	500.0	摩尔多瓦	Moldova	94.4	83.8
尼加拉瓜	Nicaragua	352.4	489.4	匈牙利	Hungary	197.6	81.9
多米尼加	Dominican Rep.	451.1	478.1	希　腊	Greece	303.3	76.2
毛里求斯	Mauritius	511.0	436.6	立陶宛	Lithuania	88.2	72.3
赞比亚	Zambia	160.0	405.0	芬　兰	Finland	104.6	54.2
哥斯达黎加	Costa Rica	380.0	373.5	加拿大	Canada	82.1	50.8
津巴布韦	Zimbabwe	422.8	310.0	阿塞拜疆	Azerbaijan	4.7	25.2
马达加斯加	Madagascar	218.9	300.0	土库曼斯坦	Turkmenistan	23.0	23.4
莫桑比克	Mozambique	39.7	280.0	哈萨克斯坦	Kazakhstan	27.3	15.2
圭亚那	Guyana	271.0	276.6	吉尔吉斯斯坦	Kyrgyzstan	45.0	13.9
坦桑尼亚	Tanzania	135.5	275.0	葡萄牙	Portugal	46.2	13.7
尼泊尔	Nepal	210.3	259.3	巴基斯坦	Pakistan	15.9	5.3
马拉维	Malawi	210.0	250.0	阿尔巴尼亚	Albania	4.2	4.0
乌干达	Uganda	147.6	240.0	黎巴嫩	Lebanon	34.2	3.7
埃塞俄比亚	Ethiopia	217.7	240.0	委内瑞拉	Venezuela	1.7	2.1
牙买加	Jamaica	202.5	196.8	哥伦比亚	Colombia	1.2	1.9
留尼汪	R闂nion	184.5	193.0	伊拉克	Iraq	0.8	1.8

附录2-15 续表 6 continued

单位：万吨 (10 000 tons)

国家和地区	Country or Area	茶叶 Tea 2000	茶叶 Tea 2010
世　界	**World**	**298.7**	**451.8**
中　国	China	70.4	146.8
印　度	India	82.6	99.1
肯 尼 亚	Kenya	23.6	39.9
斯里兰卡	Sri Lanka	30.6	28.2
土 耳 其	Turkey	13.9	23.5
越　南	Viet Nam	7.0	19.9
伊　朗	Iran	5.0	16.6
印度尼西亚	Indonesia	16.3	15.0
阿 根 廷	Argentina	7.4	8.9
日　本	Japan	8.5	8.5
泰　国	Thailand	3.2	6.7
马 拉 维	Malawi	4.2	6.7
孟加拉国	Bangladesh	4.6	6.0
乌 干 达	Uganda	2.9	4.1
坦桑尼亚	Tanzania	2.4	3.6
缅　甸	Myanmar	1.9	3.2
卢 旺 达	Rwanda	1.5	2.5
津巴布韦	Zimbabwe	2.2	2.1
巴　西	Brazil	0.8	1.8
尼 泊 尔	Nepal	0.5	1.7
莫桑比克	Mozambique	1.1	1.6
马来西亚	Malaysia	0.6	0.9
布 隆 迪	Burundi	0.7	0.8
巴布亚新几内亚	Papua New Guinea	0.6	0.7
埃塞俄比亚	Ethiopia	0.4	0.5
喀 麦 隆	Cameroon	0.4	0.4
格鲁吉亚	Georgia	2.4	0.4
秘　鲁	Peru	0.6	0.3
刚果(金)	Congo, Dem. Rep.	0.2	0.3
厄瓜多尔	Ecuador	0.1	0.3
毛里求斯	Mauritius	0.1	0.2
南　非	South Africa	1.3	0.1
韩　国	Korea, Rep.	0.1	0.1
玻利维亚	Bolivia	0.1	0.1
赞 比 亚	Zambia	0.1	0.1
留 尼 汪	R閿nion	0.1	0.1
马达加斯加	Madagascar	0.1	0.1
危地马拉	Guatemala	0.1	0.1
老　挝	Laos	…	0.1
阿塞拜疆	Azerbaijan	0.1	0.1
俄罗斯联邦	Russian Fed.	0.2	…
巴 拿 马	Panama	…	…
哥伦比亚	Colombia	…	…
马　里	Mali	…	…
葡 萄 牙	Portugal	…	…
塞 舌 尔	Seychelles	…	…

国家和地区	Country or Area	水果(不包括瓜类) Fruit excl. Melons 2000	水果(不包括瓜类) Fruit excl. Melons 2010
世　界	**World**	**47434.6**	**60921.4**
中　国	China	6450.3	12218.5
印　度	India	4300.1	8479.1
巴　西	Brazil	3698.7	3928.7
美　国	United States	3280.5	2538.4
意 大 利	Italy	1799.0	1690.8
菲 律 宾	Philippines	1075.1	1618.2
墨 西 哥	Mexico	1330.7	1525.6
西 班 牙	Spain	1611.6	1518.4
印度尼西亚	Indonesia	841.3	1486.8
土 耳 其	Turkey	1086.1	1394.6
伊　朗	Iran	1228.8	1212.6
乌 干 达	Uganda	1009.1	1020.4
尼日利亚	Nigeria	928.3	998.0
埃　及	Egypt	696.6	958.1
厄瓜多尔	Ecuador	767.1	929.2
法　国	France	1126.5	869.2
泰　国	Thailand	869.7	855.9
哥伦比亚	Colombia	685.1	799.0
阿 根 廷	Argentina	717.4	744.6
巴基斯坦	Pakistan	518.6	650.7
越　南	Viet Nam	436.3	601.4
南　非	South Africa	511.1	591.4
智　利	Chile	389.0	567.4
秘　鲁	Peru	318.7	481.6
哥斯达黎加	Costa Rica	381.1	462.0
加　纳	Ghana	239.1	436.4
坦桑尼亚	Tanzania	185.4	431.0
孟加拉国	Bangladesh	136.1	395.5
危地马拉	Guatemala	197.3	395.2
喀 麦 隆	Cameroon	199.4	387.9
阿尔及利亚	Algeria	142.8	353.6
澳大利亚	Australia	308.4	331.3
摩 洛 哥	Morocco	268.1	329.2
希　腊	Greece	415.2	323.0
卢 旺 达	Rwanda	230.4	294.1
肯 尼 亚	Kenya	214.8	293.3
日　本	Japan	382.1	289.9
波　兰	Poland	224.7	277.4
韩　国	Korea, Rep.	262.6	273.4
乌兹别克斯坦	Uzbekistan	141.5	269.8
刚果(金)	Congo, Dem. Rep.	242.7	254.1
俄罗斯联邦	Russian Fed.	340.2	246.2
巴布亚新几内亚	Papua New Guinea	166.6	242.2
委内瑞拉	Venezuela	319.0	230.2
德　国	Germany	529.1	220.1
多米尼加	Dominican Rep.	103.2	219.6

附录2-16　国际互联网用户

Internet Users

资料来源：世界银行WDI数据库。
Source: World Bank WDI Database.
单位：个/千人　　(unit per 1 000 persons)

国家和地区	Country or Area	2000	2007	2008	2009	2010	2011
世　界	World	**67.60**	**205.78**	**231.87**	**257.40**	**295.15**	**327.73**
高收入国家	High Income	**308.34**	**671.13**	**691.41**	**699.93**	**728.55**	**756.02**
中等收入国家	Middle Income	**17.00**	**127.16**	**158.67**	**191.57**	**234.47**	**271.99**
低收入国家	Low Income	**1.16**	**21.82**	**28.07**	**33.62**	**45.21**	**59.35**
中　国	China	17.85	160.44	226.62	289.77	343.90	383.98
中国香港	Hong Kong, China	283.22	643.03	662.09	692.44	718.51	750.33
中国澳门	Macao, China	136.09	473.27	492.40	540.00	538.00	580.00
孟加拉国	Bangladesh	0.71	18.00	25.00	31.00	37.00	50.00
文　莱	Brunei Darussalam	89.96	446.80	460.00	490.00	530.00	560.00
柬埔寨	Cambodia	0.47	4.90	5.10	5.30	12.60	31.00
印　度	India	5.28	39.50	43.80	51.20	75.00	100.70
印度尼西亚	Indonesia	9.26	57.86	79.17	69.20	109.20	180.00
伊　朗	Iran	9.34	94.70	102.40	110.70	160.00	210.00
以色列	Israel	199.64	463.86	576.31	612.26	656.83	681.66
日　本	Japan	297.19	735.70	747.15	773.85	776.49	787.09
哈萨克斯坦	Kazakhstan	6.72	40.18	109.87	179.15	310.25	440.44
韩　国	Korea, Rep.	437.30	770.19	789.89	795.79	816.22	814.64
老　挝	Laos	1.11	16.40	35.50	60.00	70.00	90.00
马来西亚	Malaysia	213.85	557.00	558.00	559.00	563.00	610.00
蒙　古	Mongolia	12.56	121.93	124.90	126.00	129.00	200.00
缅　甸	Myanmar		2.17	2.20	2.20	2.50	9.80
巴基斯坦	Pakistan		68.00	70.00	75.00	80.00	90.00
菲律宾	Philippines	19.82	59.70	62.20	90.00	250.00	290.00
新加坡	Singapore	350.29	679.45	680.42	684.20	711.36	750.61
斯里兰卡	Sri Lanka	6.35	39.25	58.74	88.74	121.20	151.27
泰　国	Thailand	36.89	200.30	182.00	201.00	224.00	237.00
越　南	Viet Nam	2.58	209.49	241.53	268.20	309.75	354.50
埃　及	Egypt	6.41	160.50	180.10	242.80	302.00	356.20
尼日利亚	Nigeria	0.64	67.70	158.60	200.00	240.00	284.30
南　非	South Africa	54.41	81.63	85.21	100.87	180.51	209.47
加拿大	Canada	511.29	733.06	767.20	801.71	800.42	826.79
墨西哥	Mexico	50.81	208.10	217.10	263.40	310.50	361.50
美　国	United States	431.30	752.62	742.18	712.12	742.47	782.36
阿根廷	Argentina	70.39	259.47	281.13	340.00	400.00	477.04
巴　西	Brazil	28.71	308.80	338.30	392.20	406.50	450.00
委内瑞拉	Venezuela	33.65	209.14	259.93	328.57	375.59	404.38
捷　克	Czech Rep.	97.53	518.26	626.86	641.39	686.44	728.89
法　国	France	138.70	637.49	681.85	690.63	772.84	767.70
德　国	Germany	302.67	753.88	783.47	794.85	825.27	834.43
意大利	Italy	231.29	408.72	445.74	488.75	537.40	568.17
荷　兰	Netherlands	438.11	861.44	877.27	897.87	907.07	921.27
波　兰	Poland	72.57	486.88	532.59	591.21	624.72	650.21
俄罗斯联邦	Russian Fed.	19.83	248.67	270.59	292.36	433.15	493.13
西班牙	Spain	136.34	547.73	590.64	620.32	658.09	679.22
土耳其	Turkey	37.62	286.30	343.70	364.00	398.20	421.00
乌克兰	Ukraine	7.12	65.18	109.37	177.69	230.85	302.55
英　国	United Kingdom	268.13	749.79	782.33	778.00	777.55	817.07
澳大利亚	Australia	467.84	696.07	717.21	740.83	758.93	789.48
新西兰	New Zealand	473.84	698.29	721.80	798.26	830.06	861.82

附录2-17 世界主要国家和地区货物进出口总额

Merchandise Imports and Exports by Country or Area

资料来源：世界贸易组织数据库。
Source: WTO Database.
单位：亿美元 (100 million USD)

国家和地区	Country or Area	2000	2005	2008	2009	2010	2011
世 界	World	**131800**	**213550**	**326810**	**252780**	**307380**	**366930**
中 国	China	4743	14219	25633	22075	29729	36419
中国香港	Hong Kong, China	4167	5923	7632	6817	8421	9665
中国澳门	Macao, China	52	70	79	57	65	88
孟加拉国	Bangladesh	153	232	392	369	470	606
文 莱	Brunei Darussalam	50	77	129	96	114	154
柬 埔 寨	Cambodia	33	70	112	100	119	163
印 度	India	939	2425	5159	4221	5766	7672
印度尼西亚	Indonesia	1090	1627	2671	2134	2934	3775
伊 朗	Iran	426	963	1711	1296	1663	1936
以 色 列	Israel	691	899	1290	972	1196	1433
日 本	Japan	8588	11108	15439	11327	14639	16776
哈萨克斯坦	Kazakhstan	139	452	1091	716	911	1262
韩 国	Korea, Rep.	3327	5457	8573	6866	8916	10796
老 挝	Laos	9	14	25	25	38	51
马来西亚	Malaysia	1802	2556	3564	2813	3632	4147
蒙 古	Mongolia	12	22	62	40	62	113
缅 甸	Myanmar	40	57	112	111	136	173
巴基斯坦	Pakistan	199	414	627	492	592	694
菲 律 宾	Philippines	768	907	1095	843	1100	1120
新 加 坡	Singapore	2723	4297	6580	5156	6627	7753
斯里兰卡	Sri Lanka	126	152	224	174	221	305
泰 国	Thailand	1310	2291	3570	2861	3782	4573
越 南	Viet Nam	301	692	1434	1270	1571	2037
埃 及	Egypt	199	354	746	680	794	894
尼日利亚	Nigeria	297	712	1362	906	1282	1710
南 非	South Africa	597	1139	1824	1357	1751	2185
加 拿 大	Canada	5214	6829	8755	6465	7904	9151
墨 西 哥	Mexico	3458	4424	6096	4712	6085	7106
美 国	United States	20412	26338	34569	26613	32474	37463
阿 根 廷	Argentina	515	690	1275	945	1246	1579
巴 西	Brazil	1141	1962	3803	2867	3935	4929
委内瑞拉	Venezuela	497	797	1446	982	1053	1402
捷 克	Czech Rep.	611	1546	2888	2180	2596	3138
法 国	France	6666	9676	13330	10457	11331	13099
德 国	Germany	10490	17480	26312	20464	23137	27262
意 大 利	Italy	4793	7579	11047	8220	9343	10807
荷 兰	Netherlands	4514	7702	12189	9410	10907	12597
波 兰	Poland	808	1911	3793	2860	3378	3951
俄罗斯联邦	Russian Fed.	1502	3692	7635	4952	6493	8458
西 班 牙	Spain	2714	4814	7023	5206	5814	6829
土 耳 其	Turkey	823	1903	3340	2431	2994	3758
乌 克 兰	Ukraine	285	704	1525	853	1124	1511
英 国	United Kingdom	6335	8981	10931	8357	9672	11110
澳大利亚	Australia	1354	2314	3875	3198	4143	5141
新 西 兰	New Zealand	272	479	649	505	620	748

附录2-18 货物出口总额

Merchandise Export

资料来源：世界贸易组织数据库。
Source: WTO Database.

单位：亿美元 (100 million USD)

国家和地区	Country or Area	2000	2005	2008	2009	2010	2011
世　界	World	**64560**	**104950**	**161400**	**125420**	**152740**	**182550**
中　国	China	2492	7620	14307	12016	15778	18984
中国香港	Hong Kong, China	2027	2921	3702	3294	4007	4556
中国澳门	Macao, China	25	25	20	10	9	9
孟加拉国	Bangladesh	64	93	154	151	192	244
文　莱	Brunei Darussalam	39	62	103	72	89	124
柬 埔 寨	Cambodia	14	31	47	42	51	70
印　度	India	424	996	1948	1649	2264	3046
印度尼西亚	Indonesia	654	870	1396	1196	1581	2006
伊　朗	Iran	287	563	1137	788	1013	1315
以 色 列	Israel	314	428	613	479	584	678
日　本	Japan	4792	5949	7814	5807	7698	8226
哈萨克斯坦	Kazakhstan	88	278	712	432	600	883
韩　国	Korea, Rep.	1723	2844	4220	3635	4664	5552
老　挝	Laos	3	6	11	11	17	24
马来西亚	Malaysia	982	1410	1995	1574	1986	2270
蒙　古	Mongolia	5	11	25	19	29	48
缅　甸	Myanmar	16	38	69	67	87	93
巴基斯坦	Pakistan	90	161	203	175	214	253
菲 律 宾	Philippines	398	413	491	384	515	483
新 加 坡	Singapore	1378	2296	3382	2698	3519	4095
斯里兰卡	Sri Lanka	54	63	85	73	86	102
泰　国	Thailand	691	1109	1778	1524	1953	2288
越　南	Viet Nam	145	324	627	571	722	969
埃　及	Egypt	53	129	262	231	264	305
尼日利亚	Nigeria	210	505	863	567	840	1160
南　非	South Africa	300	516	808	617	809	968
加 拿 大	Canada	2766	3605	4565	3166	3879	4524
墨 西 哥	Mexico	1664	2142	2913	2297	2983	3496
美　国	United States	7819	9011	12874	10560	12783	14804
阿 根 廷	Argentina	263	404	700	557	681	840
巴　西	Brazil	551	1185	1979	1530	2019	2560
委内瑞拉	Venezuela	335	557	950	576	657	926
捷　克	Czech Rep.	291	781	1468	1130	1330	1623
法　国	France	3276	4634	6162	4848	5235	5961
德　国	Germany	5518	9709	14462	11200	12589	14723
意 大 利	Italy	2405	3731	5427	4069	4473	5232
荷　兰	Netherlands	2331	4064	6379	4979	5743	6610
波　兰	Poland	317	894	1705	1365	1597	1874
俄罗斯联邦	Russian Fed.	1056	2438	4716	3034	4006	5220
西 班 牙	Spain	1153	1926	2815	2273	2544	3087
土 耳 其	Turkey	278	735	1320	1021	1139	1349
乌 克 兰	Ukraine	146	342	670	398	515	685
英　国	United Kingdom	2854	3845	4598	3529	4057	4732
澳大利亚	Australia	639	1061	1873	1543	2126	2704
新 西 兰	New Zealand	133	217	306	249	314	377

附录2-19 货币汇率(年平均价)

Exchange Rate (Period Average)

资料来源：世界银行WDI数据库。
Source: World Bank WDI Database.
单位：1美元合本币数 (local currency unit per US dollar)

国家和地区	Country or Area	2000	2005	2008	2009	2010	2011
中　　国	China	8.28	8.19	6.95	6.83	6.77	6.46
中国香港	Hong Kong, China	7.79	7.78	7.79	7.75	7.77	7.78
中国澳门	Macao, China	8.03	8.01	8.02	7.98	8.00	8.02
孟加拉国	Bangladesh	52.14	64.33	68.60	69.04	69.65	74.15
文　　莱	Brunei Darussalam	1.72	1.66	1.42	1.46	1.36	1.26
柬 埔 寨	Cambodia	3840.75	4092.50	4054.17	4139.33	4184.92	4058.50
印　　度	India	44.94	44.10	43.51	48.41	45.73	46.67
印度尼西亚	Indonesia	8421.78	9704.74	9698.96	10389.94	9090.43	8770.43
伊　　朗	Iran	1764.95	8963.96	9428.53	9864.30	10254.18	10616.31
以 色 列	Israel	4.08	4.49	3.59	3.93	3.74	3.58
日　　本	Japan	107.77	110.22	103.36	93.57	87.78	79.81
哈萨克斯坦	Kazakhstan	142.13	132.88	120.30	147.50	147.35	146.62
韩　　国	Korea, Rep.	1130.96	1024.12	1102.05	1276.93	1156.06	1108.29
老　　挝	Laos	7887.64	10655.17	8744.22	8516.05	8258.77	8058.40
马来西亚	Malaysia	3.80	3.79	3.34	3.53	3.22	3.06
蒙　　古	Mongolia	1076.67	1205.25	1165.80	1437.80	1357.06	1265.52
缅　　甸	Myanmar	6.52	5.82	5.44	5.58	5.64	5.44
巴基斯坦	Pakistan	53.65	59.51	70.41	81.71	85.19	86.34
菲 律 宾	Philippines	44.19	55.09	44.32	47.68	45.11	43.31
新 加 坡	Singapore	1.72	1.66	1.42	1.46	1.36	1.26
斯里兰卡	Sri Lanka	77.01	100.50	108.33	114.95	113.06	110.57
泰　　国	Thailand	40.11	40.22	33.31	34.29	31.69	30.49
越　　南	Viet Nam	14167.75	15858.92	16302.25	17065.08	18612.92	20509.75
埃　　及	Egypt	3.47	5.78	5.43	5.55	5.62	5.93
尼日利亚	Nigeria	101.70	131.27	118.55	148.90	150.30	154.70
南　　非	South Africa	6.94	6.36	8.26	8.47	7.32	7.26
加 拿 大	Canada	1.49	1.21	1.07	1.14	1.03	0.99
墨 西 哥	Mexico	9.46	10.90	11.13	13.51	12.64	12.42
美　　国	United States	1.00	1.00	1.00	1.00	1.00	1.00
阿 根 廷	Argentina	1.00	2.90	3.14	3.71	3.90	4.11
巴　　西	Brazil	1.83	2.43	1.83	2.00	1.76	1.67
委内瑞拉	Venezuela	0.68	2.09	2.15	2.15	2.58	4.29
捷　　克	Czech Rep.	38.60	23.96	17.07	19.06	19.10	17.70
法　　国	France	1.09	0.80	0.68	0.72	0.76	0.72
德　　国	Germany	1.09	0.80	0.68	0.72	0.76	0.72
意 大 利	Italy	1.09	0.80	0.68	0.72	0.76	0.72
荷　　兰	Netherlands	1.09	0.80	0.68	0.72	0.76	0.72
波　　兰	Poland	4.35	3.24	2.41	3.12	3.02	2.96
俄罗斯联邦	Russian Fed.	28.13	28.28	24.85	31.74	30.37	29.38
西 班 牙	Spain	1.09	0.80	0.68	0.72	0.76	0.72
土 耳 其	Turkey	0.63	1.34	1.30	1.55	1.50	1.68
乌 克 兰	Ukraine	5.44	5.13	5.27	7.79	7.94	7.97
英　　国	United Kingdom	0.66	0.55	0.54	0.64	0.65	0.62
澳大利亚	Australia	1.73	1.31	1.19	1.28	1.09	0.97
新 西 兰	New Zealand	2.20	1.42	1.42	1.60	1.39	1.27

附录2-20 外商直接投资
Foreign Direct Investment

资料来源：联合国贸发会议FDI数据库。
Source: UNCTAD FDI Database .
单位：亿美元 (100 million USD)

国家和地区	Country or Area	外商直接投资 FDI Inflows			对外直接投资 FDI Outflows		
		2000	2005	2011	2000	2005	2011
世　界	World	**14005.41**	**9807.27**	**15244.22**	**12266.33**	**8885.61**	**16943.96**
中　国	China	407.15	724.06	1239.85	9.16	122.61	651.17
中国香港	Hong Kong, China	619.38	336.25	831.56	593.74	271.96	816.07
中国澳门	Macao, China	-0.01	12.40	43.65		0.60	0.62
孟加拉国	Bangladesh	5.79	8.45	11.36	0.02	0.03	0.09
文　莱	Brunei Darussalam	5.50	2.89	12.08	0.30	0.15	0.10
柬埔寨	Cambodia	1.49	3.81	8.92	0.07	0.06	0.24
印　度	India	35.88	76.22	315.54	5.14	29.85	147.52
印度尼西亚	Indonesia		83.36	189.06		30.65	77.71
伊　朗	Iran	1.94	31.36	41.50	0.22	4.52	3.60
以色列	Israel	69.57	48.18	113.74	25.56	14.35	29.98
日　本	Japan	83.23	27.75	-17.58	315.57	457.81	1143.53
哈萨克斯坦	Kazakhstan	12.83	19.71	129.10	0.04	-1.46	45.30
韩　国	Korea, Rep.	90.04	70.55	46.61	42.33	63.66	203.55
老　挝	Laos	0.34	0.28	4.50	0.10		0.07
马来西亚	Malaysia	37.88	40.65	119.66	20.26	30.76	152.58
蒙　古	Mongolia	0.54	1.88	47.15		0.02	0.94
缅　甸	Myanmar	2.08	2.36	8.50			
巴基斯坦	Pakistan	3.09	22.01	13.27	0.11	0.45	0.62
菲律宾	Philippines	22.40	18.54	12.62	1.25	1.89	0.09
新加坡	Singapore	155.15	180.90	640.03	66.50	115.89	252.27
斯里兰卡	Sri Lanka	1.73	2.72	3.00	0.02	0.38	0.50
泰　国	Thailand	34.10	80.67	95.72	-0.20	5.29	106.34
越　南	Viet Nam	12.98	19.54	74.30		0.65	9.50
埃　及	Egypt	12.35	53.76	-4.83	0.51	0.92	6.26
尼日利亚	Nigeria	13.10	49.78	89.15	1.69	0.15	-8.24
南　非	South Africa	8.87	66.47	58.07	2.71	9.30	6.35
加拿大	Canada	667.95	256.92	409.32	446.78	275.38	495.69
墨西哥	Mexico	181.10	244.07	195.54	3.63	64.74	89.46
美　国	United States	3139.97	1048.09	2269.37	1426.26	153.69	3966.56
阿根廷	Argentina	104.18	52.65	72.43	9.01	13.11	14.88
巴　西	Brazil	327.79	150.66	666.60	22.82	25.17	-10.29
委内瑞拉	Venezuela	47.01	25.89	53.02	5.21	11.67	1.73
捷　克	Czech Rep.	49.85	116.53	54.05	0.43	-0.19	11.52
法　国	France	432.52	849.49	409.45	1774.49	1149.78	901.46
德　国	Germany	1982.77	474.39	404.02	565.57	758.93	543.68
意大利	Italy	133.75	232.91	290.59	66.86	393.62	472.10
荷　兰	Netherlands	638.55	390.47	171.29	756.34	1230.72	318.67
波　兰	Poland	94.45	102.93	151.39	0.17	34.37	58.60
俄罗斯联邦	Russian Fed.	27.14	128.86	528.78	31.77	127.67	672.83
西班牙	Spain	395.75	250.20	294.76	582.13	418.29	372.56
土耳其	Turkey	9.82	100.31	158.76	8.70	10.64	24.64
乌克兰	Ukraine	5.95	78.08	72.07	0.01	2.75	1.92
英　国	United Kingdom	1187.64	1760.06	539.49	2333.71	808.33	1070.86
澳大利亚	Australia	156.12	-242.46	413.17	42.21	-311.37	199.99
新西兰	New Zealand	13.47	15.48	33.69	6.10	-15.21	28.56

附录2-21 外汇储备与黄金储备
Foreign Exchange Reserves and Gold Reserves

资料来源：国际货币基金组织IFS数据库。
Source: IMF IFS Database.

国家和地区	Country or Area	外汇储备（亿美元） Foreign Exchange Reserves(100 million USD)			黄金储备（万盎司） Gold Reserves(10 000 ounces)		
		2000	2005	2011	2000	2005	2011
世　界	World	**19358.6**	**43199.6**	**101956.1**	**106603.9**	**99151.7**	**100322.9**
发达国家	Developed Countries	**12170.3**	**20784.9**	**33987.7**	**81688.3**	**74421.0**	**70517.7**
发展中国家	Developing Economies				**14028.4**	**13886.6**	
中　国	China	1655.7	8188.7	31811.5	1270.0	1929.0	3389.0
中国香港	Hong Kong, China	1075.4	1242.4	2852.6	6.7	6.7	6.7
中国澳门	Macao, China	33.2	66.9	340.3			
孟加拉国	Bangladesh	14.9	27.7	77.8	10.9	11.3	43.4
文　莱	Brunei Darussalam	3.6	4.3	21.3			6.3
柬埔寨	Cambodia	5.0	9.5	33.5	40.0	40.0	40.0
印　度	India	372.6	1310.2	2629.3	1150.2	1150.2	1793.2
印度尼西亚	Indonesia	282.8	329.3	1036.1	310.1	310.0	235.0
以色列	Israel	231.6	278.4	730.5			
日　本	Japan	3472.1	8288.1	12212.5	2454.7	2460.2	2460.2
哈萨克斯坦	Kazakhstan	15.9	60.8	246.5	184.0	192.1	263.6
韩　国	Korea, Rep.	958.6	2099.7	2982.3	43.9	45.8	175.0
老　挝	Laos	1.4	2.2	6.6	1.7	14.6	28.5
马来西亚	Malaysia	274.3	693.8	1289.6	117.0	117.0	117.0
蒙　古	Mongolia	1.8	3.3	22.1	8.5		11.3
缅　甸	Myanmar	2.2	7.7	70.0	23.1	23.1	23.4
巴基斯坦	Pakistan	15.0	98.2	134.7	209.1	209.8	207.0
菲律宾	Philippines	129.8	158.0	657.0	722.8	496.8	511.7
新加坡	Singapore	795.1	1155.0	2353.6	409.6	409.6	409.6
斯里兰卡	Sri Lanka	9.8	25.8	61.7	33.6	16.7	32.1
泰　国	Thailand	319.3	505.0	1652.0	236.7	270.0	490.0
越　南	Viet Nam	34.2	90.5	131.3			
埃　及	Egypt	129.1	205.1	136.6	243.2	243.2	243.1
尼日利亚	Nigeria	99.1	282.8	326.4	68.7	68.7	68.7
南　非	South Africa	57.9	182.6	398.5	590.0	398.7	401.9
加拿大	Canada	290.2	306.6	528.1	118.4	10.9	10.9
墨西哥	Mexico	351.4	730.2	1374.9	24.9	10.8	340.8
美　国	United States	312.4	378.4	518.8	26161.1	26155.1	26149.9
阿根廷	Argentina	244.1	227.4	400.8	1.9	176.0	198.5
巴　西	Brazil	324.3	532.2	3433.8	211.8	108.0	108.0
委内瑞拉	Venezuela	126.3	234.5	60.0	1024.0	1147.0	1176.0
捷　克	Czech Rep.	130.2	291.4	378.5	44.6	43.5	40.0
法　国	France	321.1	240.0	261.5	9724.5	9085.2	7830.1
德　国	Germany	496.7	397.7	380.8	11151.9	11020.7	10919.4
意大利	Italy	224.2	235.3	341.6	7882.9	7882.9	7882.9
荷　兰	Netherlands	70.0	70.8	91.6	2931.5	2234.3	1969.1
波　兰	Poland	263.2	404.9	896.9	330.6	330.8	330.9
俄罗斯联邦	Russian Fed.	242.6	1756.9	4411.6	1235.9	1243.8	2838.8
西班牙	Spain	295.2	85.9	258.4	1682.9	1471.7	905.4
土耳其	Turkey	223.1	504.0	766.6	373.9	373.3	628.0
乌克兰	Ukraine	11.0	189.9	303.9	45.4	78.0	90.1
英　国	United Kingdom	341.6	358.5	562.4	1567.3	999.3	997.5
澳大利亚	Australia	167.8	409.7	360.0	256.3	256.5	256.7
新西兰	New Zealand	36.2	86.9	152.4			

附录2-22　研究与开发经费支出和公共教育经费支出占国内生产总值比重
Research and Development Expenditure and Public Spending on Education as Percentage of GDP

资料来源：世界银行WDI数据库。
Source: World Bank WDI Database.
单位：%　　(%)

国家和地区	Country or Area	研究与开发经费支出占国内生产总值比重 Research and Development Expenditure as of GDP			公共教育经费支出占国内生产总值比重 Public Spending on Education, Total as of GDP		
		2000	2005	2009	2000	2005	2009
世　界	**World**	**2.13**	**2.04**	**2.14①**	**3.97**	**4.43**	**4.56①**
高收入国家	**High Income**	**2.42**	**2.32**	**2.43①**	**4.96**	**5.35**	**5.26**
中等收入国家	**Middle Income**	**0.66**	**0.86**	**1.07①**	**3.96**	**4.10**	**4.39①**
中　国	China	0.90	1.33	1.47①	1.91②		
中国香港	Hong Kong, China	0.47	0.79	0.79		4.20	4.49
中国澳门	Macao, China		0.09	0.08	3.68	2.36	2.57
孟加拉国	Bangladesh				2.38		2.23
文　莱	Brunei Darussalam				3.71		
柬埔寨	Cambodia				1.67	1.70	2.10
印　度	India	0.77	0.78	0.76③	4.41	3.13	3.09④
印度尼西亚	Indonesia	0.07	0.05	0.08	1.07⑤	2.87	3.53
伊　朗	Iran		0.74	0.79①	4.39	4.72	4.68
以色列	Israel	4.32	4.41	4.27	6.49	6.12	5.83
日　本	Japan	3.04	3.32	3.45①	3.67	3.52	3.42①
哈萨克斯坦	Kazakhstan	0.18	0.28	0.23	3.26	2.26	3.06
韩　国	Korea, Rep.	2.30	2.79	3.36①	3.76②	4.15	5.05
老　挝	Laos				1.50	2.43	2.26①
马来西亚	Malaysia	0.47		0.64④	5.97	7.48	5.79
蒙　古	Mongolia	0.19	0.24	0.24	5.55		5.15
缅　甸	Myanmar	0.11			0.57		
巴基斯坦	Pakistan	0.13	0.44	0.46	1.84	2.25	2.69
菲律宾	Philippines		0.11	0.11③	3.27	2.43	2.65
新加坡	Singapore	1.85	2.19	2.66①	3.38		3.08
斯里兰卡	Sri Lanka	0.14		0.11①	3.05⑥		2.06
泰　国	Thailand	0.25	0.24	0.21③	5.41	4.23	4.13
越　南	Viet Nam						5.32①
埃　及	Egypt	0.19	0.24	0.21		4.79	3.76①
尼日利亚	Nigeria			0.22③			
南　非	South Africa	0.60⑤	0.90	0.93①	5.59	5.28	5.47
加拿大	Canada	1.91	2.05	1.96	5.56	4.93	4.77①
墨西哥	Mexico	0.37	0.41	0.37③	4.86	5.01	5.29
美　国	United States	2.71	2.57	2.79①	5.04②	5.27	5.40
阿根廷	Argentina	0.44	0.46	0.52①	4.60		6.03
巴　西	Brazil	1.02	0.97	1.08①	4.01	4.53	5.72
委内瑞拉	Venezuela	0.38	0.23				3.69③
捷　克	Czech Rep.	1.21	1.41	1.53	3.97	4.26	4.52
法　国	France	2.15	2.11	2.23	5.69	5.67	5.89
德　国	Germany	2.45	2.49	2.82	4.46	4.53	4.57①
意大利	Italy	1.05	1.09	1.27	4.45	4.41	4.67
荷　兰	Netherlands	1.83	1.90	1.84	4.96	5.48	5.94
波　兰	Poland	0.64	0.57	0.68	5.01	5.47	5.10
俄罗斯联邦	Russian Fed.	1.05	1.07	1.25	2.94	3.77	4.10①
西班牙	Spain	0.91	1.12	1.38	4.28	4.23	4.98
土耳其	Turkey	0.48	0.59	0.85	2.59		2.86④
乌克兰	Ukraine	0.96	1.17	0.86	4.17	6.06	5.28③
英　国	United Kingdom	1.81	1.73	1.87	4.51	5.42	5.63
澳大利亚	Australia	1.57		2.35①	4.69	4.72	5.11
新西兰	New Zealand	0.98②	1.14	1.17③	6.76②	6.38	6.42

注：①2008年数据。②1999年数据。③2007年数据。④2006年数据。⑤1997年数据。⑥1998年数据。
Note:①Data refer to 2008.②Data refer to 1999.③Data refer to 2007.④Data refer to 2006.⑤Data refer to 1997.⑥Data refer to 1998.

附录2-23 医疗支出占国内生产总值比重及人均医疗支出
Health Expenditure as Percentage of GDP and Per Capita Health Expenditure

资料来源：世界银行WDI数据库。
Source: World Bank WDI Database.

国家和地区	Country or Area	医疗支出占国内生产总值的比重(%) Health Expenditure, Total as Percentage of GDP(%)			人均医疗支出(美元) Health Expenditure per Capita (USD)		
		2000	2005	2010	2000	2005	2010
世　　界	World	**9.22**	**9.72**	**10.60**	**10.39**	**484.08**	**682.03**
高收入国家	High Income	**10.10**	**10.90**	**12.55**	**12.55**	**2562.27**	**3660.29**
中等收入国家	Middle Income	**5.35**	**5.43**	**5.83**	**5.70**	**71.80**	**109.72**
低收入国家	Low Income	**4.00**	**4.82**	**5.28**	**5.34**	**11.45**	**15.32**
中　　国	China	4.62	4.73	5.15	5.07	43.72	80.58
孟加拉国	Bangladesh	2.82	3.21	3.41	3.48	9.09	12.08
文　　莱	Brunei Darussalam	3.01	2.49	3.04	2.84	540.70	640.08
柬 埔 寨	Cambodia	5.76	6.38	5.29	5.61	16.54	28.94
印　　度	India	4.61	4.03	4.16	4.05	20.68	29.97
印度尼西亚	Indonesia	1.97	2.06	2.48	2.61	15.84	26.84
伊　　朗	Iran	4.60	5.67	5.65	5.60	225.62	153.83
以 色 列	Israel	7.32	7.63	7.63	7.63	1450.87	1477.55
日　　本	Japan	7.69	8.16	9.51	9.49	2827.45	2907.88
哈萨克斯坦	Kazakhstan	4.16	4.07	4.48	4.29	50.87	152.99
韩　　国	Korea, Rep.	4.79	5.73	6.92	6.93	543.06	1005.40
老　　挝	Laos	3.19	4.27	4.35	4.47	10.24	20.84
马来西亚	Malaysia	3.18	4.13	4.59	4.39	128.12	222.07
蒙　　古	Mongolia	4.90	3.79	5.71	5.44	22.34	34.27
缅　　甸	Myanmar	2.12	2.12	2.12	1.97	3.26	4.92
巴基斯坦	Pakistan	3.03	2.78	2.19	2.20	14.56	18.34
菲 律 宾	Philippines	3.43	3.65	3.60	3.61	33.47	42.12
新 加 坡	Singapore	2.80	3.04	4.13	3.96	648.25	897.16
斯里兰卡	Sri Lanka	3.72	4.04	3.20	2.95	33.12	50.54
泰　　国	Thailand	3.40	3.55	4.17	3.88	66.84	94.90
越　　南	Viet Nam	5.44	5.97	6.90	6.84	21.54	37.57
埃　　及	Egypt	5.43	5.25	4.84	4.66	75.78	63.39
尼日利亚	Nigeria	4.56	6.60	6.08	5.07	16.95	52.61
南　　非	South Africa	8.47	8.81	9.16	8.94	250.68	452.94
加 拿 大	Canada	8.84	9.39	11.40	11.30	2082.27	3297.81
墨 西 哥	Mexico	5.07	5.87	6.47	6.32	324.25	471.54
美　　国	United States	13.41	14.72	17.61	17.89	4703.47	6258.60
阿 根 廷	Argentina	8.95	8.45	9.53	8.10	688.97	399.86
巴　　西	Brazil	7.16	8.17	8.75	9.01	265.19	387.27
委内瑞拉	Venezuela	5.69	5.43	6.02	4.91	273.12	295.53
捷　　克	Czech Rep.	6.55	7.24	7.99	7.88	361.61	879.69
法　　国	France	10.07	11.10	11.89	11.88	2184.26	3801.85
德　　国	Germany	10.29	10.69	11.72	11.64	2366.05	3635.10
意 大 利	Italy	8.06	8.59	9.43	9.53	1546.86	2613.41
荷　　兰	Netherlands	7.96	9.83	11.98	11.92	1908.71	3861.65
波　　兰	Poland	5.52	6.21	7.35	7.46	246.98	494.20
俄罗斯联邦	Russian Fed.	5.40	5.19	5.57	5.08	96.01	278.14
西 班 牙	Spain	7.21	8.29	9.57	9.54	1030.06	2150.71
土 耳 其	Turkey	4.95	5.45	6.75	6.74	204.49	382.19
乌 克 兰	Ukraine	5.56	6.91	7.80	7.72	35.54	126.80
英　　国	United Kingdom	7.05	8.26	9.79	9.64	1766.67	3115.71
澳大利亚	Australia	8.03	8.43	8.73	8.73	1728.46	3157.75
新 西 兰	New Zealand	7.72	8.85	9.97	10.10	1054.71	2379.93

附录3

山东省统计局工作大事记

Chronicle of Events of Shandong Provincial Bureau

简 要 说 明

一、本篇资料的主要内容

本篇按时间顺序记载了 2012 年山东省统计局发生的大事要事，包括局领导重要活动、方法制度改革、统计法制建设、统计基层基础建设、统计信息化建设、统计干部队伍建设等方面的内容。

二、本篇资料的来源

本篇资料由省统计局办公室整理提供。

Brief Introduction

I. Content

Events happened in 2012 of Shandong Statistical Bureau are recorded in time order, mainly including important activities of leaders, reform of statistical laws, development of primary-level statistical work, construction of information system, and training of statistics professionals, etc.

II. Source of Data

Data and files are provided by the Administrative Office of Shandong Provincial Bureau of statistics.

2013 年山东省统计局工作大事记

1 月 4 日—20 日，省统计局开展山东省 2012 年度科学发展综合考核群众满意度电话调查工作。

1 月 10 日，省统计局印发《中共山东省统计局党组关于进一步改进工作作风的若干规定》。

1 月 16 日，省委副书记、省长姜大明主持召开省政府常务会议，听取省统计局局长潘振文关于全国统计工作会议精神和第三次经济普查工作情况的汇报。会议决定成立山东省第三次经济普查工作领导和办事机构，并以省政府文件下发《山东省人民政府关于开展全省第三次经济普查的通知》。

1 月 22 日，国家统计局局长马建堂对省统计局报送的《山东省统计局关于 2012 年工作总结情况的报告》作出批示："2012 年，山东省统计局开拓进取，攻坚克难，积极推进统计四大工程建设，大力夯实统计基层基础，不断改革统计制度方法，全面加强统计法制建设，积极主动为全省经济社会发展提供统计服务，各项工作都取得了新进展。希望在新的一年里，进一步深入贯彻落实党的十八大精神，不断创新工作思路，奋发进取，扎实工作，认真组织实施好第三次全国经济普查的各项准备工作和各项常规统计调查，大力巩固深化拓展统计四大工程，积极创建服务型统计，深入推进统计改革创新、规范统一和公开透明，不断提高统计能力、统计数据质量和政府统计公信力，努力开创山东统计改革发展的新局面。"

2 月 4 日，省政府正式印发《山东省人民政府关于开展第三次全省经济普查的通知》。

2 月 27 日，山东省政府在济南召开全省统计工作暨第三次经济普查动员会议。省委常委、常务副省长孙伟出席会议并讲话，省统计局党组书记、局长潘振文作工作报告。会议由省政府副秘书长张德宽主持。

2 月 28 日，省统计局公布《2012 年山东省国民经济和社会发展统计公报》。

2 月，山东省统计局服务业统计综合处正式单独设立。

3 月 2 日，省委常委、常务副省长孙伟在省统计局《2012 年度工作总结》上批示：过去一年，省统计局和全省统计部门围绕中心、服务大局，坚持求真务实，依法加强统计，做了大量工作。信息搜集处理和统计调查方式方法更加科学有效，统计服务质量和水平有所提升，统计基层基础工作更加扎实，为各级各部门了解实情、制定政策、编制规划、科学决策、指导工作提供了重要依据，应予充分肯定。

3 月 19 日，省统计局印发《山东省统计系统"统计质量效益年"活动实施方案》。

4 月 15 日，山东省统计局、山东省 1%人口和劳动力抽样调查领导小组办公室联合下发通知，要求开展全省 1%人口和劳动力抽样调查。

4 月 17 日，省统计局成立山东省统计行政复议委员会。

4 月，省统计局荣获省委、省政府授予的"统筹解决人口问题履行职责成绩突出单位"荣誉称号。

5 月 16 日，国家统计局在山东召开部分地区第三次全国经济普查座谈会。国务院第三次经济普查领导小组副组长、国家统计局局长马建堂出席会议并讲话。会议期间，山东省省委书记姜异康，代省长郭树清，省委副书记王军民，省政法委书记才利民，常务副省长孙伟，省委秘书长雷建国，副省长邓向阳等省领导分别会见了马建堂局长一行。

5 月 21 日，省统计局局长潘振文到聊城调研，聊城市委常委、常务副市长李希信陪同。调研期间，市委书记林峰海、市长王忠林分别会见了潘振文一行。

5 月 30 日，省统计局举办"人口结构变化对未来中国经济影响"视频讲座。

6 月 8 日，省统计局下发通知，宣布组建山东省第三次经济普查领导小组办公室。

6 月 27 日，省统计局局长潘振文、纪检组长刘福谋一行赴庆云县东辛店镇孔李社区调研推进第二批"第一书记"包村帮扶工作。

7月12日—15日，第三次全国经济普查山东综合试点布置暨培训会议在济宁邹城召开。国务院第三经济普查领导小组办公室综合试点工作组组长、国家统计局数管中心副主任李金宽，山东省第三次经济普查领导小组办公室主任、省统计局副巡视员刘绍辉出席会议并讲话。

7月16日，省统计局召开党的群众路线教育实践活动动员会议。省统计局党组书记、局长、局党的群众路线教育实践活动领导小组组长潘振文作动员讲话，省委第五督导组组长贺可存出席会议并讲话。

7月30日—31日，全省统计局长座谈会议在淄博召开。省统计局局长潘振文到会并讲话，副局长刘银田主持会议并作会议总结，副局长刘兴慧通报了上半年全省经济形势，副巡视员刘绍辉主持会议。

8月13日，省统计局党组书记、局长、局党的群众路线教育实践活动领导小组组长潘振文深入到联系点菏泽牡丹区调研。期间，潘振文与市委书记于晓明，市委副书记、市长孙爱军，市委常委、常委副市长段伯汉，市委常委、市委秘书长尹玉明等，就当前经济形势和统计工作、群众路线教育实践活动等交换了意见。

8月13日，省统计局下发通知，要求建立全省重点企业联系制度。

8月，于涛任省统计局副局长、党组成员，周尊考任副巡视员。

8月26日—9月3日，2013年山东统计系统业务骨干培训班在成都举办，省统计局副局长于涛出席开班仪式并讲话。

8月29日,省政府召开第三次经济普查电视电话会议,省委常委、常务副省长孙伟出席会议并讲话。

9月12日,由山东省统计局主办,青岛市统计局、国家统计局青岛调查队、青岛市社科联承办，山东省暨青岛市第四届“中国统计开放日”庆祝宣传活动在青岛隆重举行。青岛市委常委、常务副市长牛俊宪，市人大常委会副主任吴淑玲，市政协副主席郄晋生，省统计局副局长刘兴慧到场参加活动。

9月22日，省第三次经济普查领导小组办公室举行第三次经济普查倒计时100天启动揭牌仪式。省第三次经济普查领导小组副组长、省统计局局长潘振文，省第三次经济普查领导小组办公室主任、省统计局副巡视员刘绍辉出席启动仪式并讲话。

10月14日,省三经普办、省委宣传部联合下发《关于认真做好第三次经济普查宣传动员工作的通知》。

10月17—18日,国家统计局副局长李强一行到山东督查第三次经济普查工作。在鲁期间，李强与省委常委、青岛市市委书记李群，市委常委、常务副市长牛俊宪；日照市市委书记杨军，市委副书记、市长李同道，市委常委、常务副市长钱焕涛等就三经普及统计工作交换了意见。省统计局局长潘振文，山东调查总队总队长刘同星等分别陪同督查与调研活动。

10月21日，省统计局印发《山东省统计局各专业业务工作考核实施办法（试行)》、《全省统计工作创新奖评选办法（试行)》、《山东省统计局“统计分析工作标兵”评选办法（试行)》和《山东省统计局“统计政务信息工作标兵”评选办法（试行)》。

11月6日，省统计局印发《山东省统计局公文处理工作规定》。

11月7日，省统计局党组召开党的群众路线教育实践活动专题民主生活会。局党组书记、局长潘振文主持会议，省委第五督导组副组长李帅到会指导并讲话。

11月15日，省统计局开始进行2013年度山东省检察工作群众满意度电话调查。11月22日晚，省检察院检察长吴鹏飞，在省统计局局长潘振文、副局长刘兴慧陪同下，到社情民意调查中心现场查看电话调查工作。

11月，省委书记姜异康，省委副书记、省长郭树清，副省长孙绍聘分别对省统计局报送的《关于我省城镇化统计工作的汇报》作出批示。

11月，省统计局荣获“2012年度全省服务业发展先进单位”、“信息安全管理先进单位”称号。

12月2日，省统计局召开局党组专题民主生活会情况通报会。党组书记、局长潘振文主持会议并讲话，刘银田副局长通报了局党组专题民主生活会情况。

12月3日，省统计局印发《反映经济转型升级综合统计制度实施方案》。

12月4日，山东省第三次经济普查暨统计法宣传月活动启动仪式在东营市举行。活动由省委宣传部、省统计局、东营市政府、省三经普领导小组办公室联合举办。省三经普领导小组副组长、省委宣传部副巡视员孙杏林，东营市三经普领导小组组长、市委常委、副市长赵豪志，省经普办主任、省统计局副巡视员刘绍辉出席仪式。

12 月 20 日，山东省生产力学会第三届会员代表大会在济南召开。省生产力学会名誉会长李殿魁出席会议，省统计局局长潘振文、省社科联副主席张宏明到会并讲话。

12 月 30 日，山东统计政务微博开通。

12 月 31 日，省统计局局长潘振文做客山东人民广播电台《阳光政务热线》，介绍宣传统计职能、统计工作、第三次全国经济普查等，并接听群众热线，回应群众关切。

12 月，省统计局举办全省统计系统纪念《统计法》30 周年书画摄影展。

12 月，省统计局荣获省财政厅“2013 年度预算编制工作先进单位”称号。

12 月，省总工会、省委宣传部、省文明办、省经信委联合发出关于表彰山东省第十六届职工职业道德标兵单位、标兵个人、先进单位、先进个人的决定。省统计局能源处荣获本届“职工职业道德建设标兵单位”荣誉称号和“富民兴鲁”劳动奖状。